**COLEÇÃO
ABERTURA
CULTURAL**

Copyright © 1999 by Routledge
Publicado por meio de acordo com a editora original, Routledge,
membra da Taylor & Francis Group LLC.
Copyright da edição brasileira © 2021 É Realizações
Título original: *Maps of Meaning – The Architecture of Belief*

Editor | Edson Manoel de Oliveira Filho

Produção editorial e projeto gráfico | É Realizações Editora

Capa | Angelo Allevato Bottino

Preparação de texto | Mariana Cardoso

Revisão da tradução | André de Leones

Revisão | Cristian Clemente

Diagramação | Nine Design/Mauricio Nisi Gonçalves

Reservados todos os direitos desta obra. Proibida toda e qualquer reprodução desta edição por qualquer meio ou forma, seja ela eletrônica ou mecânica, fotocópia, gravação ou qualquer outro meio de reprodução, sem permissão expressa do editor.

CIP-BRASIL. CATALOGAÇÃO NA PUBLICAÇÃO
SINDICATO NACIONAL DOS EDITORES DE LIVROS, RJ

P578m
2. ed.

Peterson, Jordan B., 1962-
Mapas do significado : a arquitetura da crença / Jordan B. Peterson ; tradução Augusto Cesar. - 2. ed., rev. e ampl. - São Paulo : É Realizações, 2021.
720 p. ; 25 cm. (Abertura cultural)

Tradução de: Maps of meaning : the architecture of belief
Inclui índice
ISBN 978-65-86217-37-7

1. Arquétipo (Psicologia). 2. Significação (Psicologia). 3. Mitologia - Aspectos psicológicos. I. Cesar, Augusto. II. T tulo.

21-71083   CDD: 155.264
             CDU: 159.923

Camila Donis Hartmann - Bibliotecária - CRB-7/6472
18/05/2021 18/05/2021

É Realizações Editora, Livraria e Distribuidora Eireli
Rua França Pinto, 498 · São Paulo SP · 04016-002
Telefone: (5511) 5572 5363
atendimento@erealizacoes.com.br · www.erealizacoes.com.br

Este livro foi impresso pela Gráfica Paym em março de 2023. Os tipos são da família Weiss BT, Credit Valley e Black Jack. O papel do miolo é o off Lux Cream 70 g., e o da capa, cartão Ningbo C2S 300 g.

MAPAS DO SIGNIFICADO

A Arquitetura da Crença

Jordan B. Peterson

TRADUÇÃO DE AUGUSTO CESAR

2ª edição revista e ampliada
2ª Impressão

É Realizações
Editora

*Proclamarei coisas ocultas
desde a fundação do mundo.*
Mateus 13,35

Sumário

Prefácio – *Descensus ad Inferos* 11

1. Mapas da Experiência: Objeto e Significado 27

2. Mapas do Significado: Três Níveis de Análise 51
   Vida Normal e Revolucionária: Duas Histórias Prosaicas 53
      Vida Normal 57
      Vida Revolucionária 65
   Função Neuropsicológica: A Natureza da Mente 68
      A Valência das Coisas 69
      Território Inexplorado: Fenomenologia e Neuropsicologia 82
      Exploração: Fenomenologia e Neuropsicologia 90
      Território Explorado: Fenomenologia e Neuropsicologia 110
   Representação Mitológica: Os Elementos Constitutivos da Experiência ... 150
      Introdução 152
      O *Enuma Eliš*: Um Exemplar Abrangente da Categorização Narrativa ... 174
      O Dragão do Caos Primordial 208
      A Grande Mãe: Imagens do Desconhecido (ou Território Inexplorado) ... 224
      Historinha de Criança 256
      O Filho Divino: Imagens do Conhecedor, o Processo Exploratório ... 261
      O Grande Pai: Imagens do Conhecido (ou Território Explorado) 274

3. Aprendizagem e Aculturação: Adoção de um Mapa Compartilhado 311

4. O Aparecimento da Anomalia: Desafio para o Mapa Compartilhado 335
   Introdução: A Estrutura Paradigmática do Conhecido 337
   Formas Particulares de Anomalia: O Estranho, o Estrangeiro, a Ideia Estranha
   e o Herói Revolucionário 351
      O Estranho 352
      O Estrangeiro 357
      A Ideia Estranha 359

  O Herói Revolucionário...388
 A Ascensão da Autorreferência e a Permanente Contaminação da
 Anomalia pela Morte...402

5. Os Irmãos Hostis: Arquétipos de Resposta ao Desconhecido...................435
 Introdução: O Herói e o Adversário...436
 O Adversário: Surgimento, Desenvolvimento e Representação......................440
  O Adversário em Ação: Degradação Voluntária do Mapa do Significado...457
  O Adversário em Ação: Uma Alegoria do Século XX.............................480
 Adaptação Heroica: Reconstrução Voluntária do Mapa do Significado..........515
  A Doença Criativa e o Herói..517
  O Procedimento Alquímico e a Pedra Filosofal...............................560
   Nota Introdutória...560
   O "Mundo Material" como "Locus do Desconhecido" Arcaico...................571
   Representação Episódica na Cristandade Medieval...........................584
   A Prima Materia..594
   O Rei da Ordem...598
   A Rainha do Caos...601
   A Peregrinação...604
   A Conjunção..613
 Conclusão: A Divindade do Interesse..622
  Introdução...623
  A Divindade do Interesse...635

Posfácio..653
Referências..671
Permissões...683
Índice...685

Figuras

1.1	O Domínio e os Elementos Constitutivos do Conhecido	44
1.2	O Ciclo Metamitológico do Caminho	48
2.1	Vida Normal	64
2.2	Adaptação Revolucionária	67
2.3	A Natureza Ambivalente da Novidade	85
2.4	Surgimento da "Novidade Normal" no Curso do Comportamento Direcionado ao Objetivo	86
2.5	Surgimento da "Novidade Revolucionária" no Curso do Comportamento Direcionado ao Objetivo	88
2.6	As Unidades Motora e Sensorial do Cérebro	91
2.7	A Regeneração da Estabilidade a Partir do Domínio do Caos	101
2.8	O Homúnculo Motor	114
2.9	Os Hemisférios Cerebrais Gêmeos e Suas Funções	121
2.10	A Estrutura Múltipla da Memória	129
2.11	Abstração da Sabedoria e a Relação de Tal Abstração com a Memória	138
2.12	Transformação Conceitual da Relação Meios/Fins de Estática para Dinâmica	143
2.13	Revolução Delimitada	145
2.14	Histórias Encaixadas, Processos de Geração e Sistemas de Memória Múltipla	149
2.15	Os Elementos Constitutivos da Experiência	172
2.16	Os Elementos Constitutivos Positivos da Experiência, Personificados	173
2.17	O Nascimento do Mundo dos Deuses	179
2.18	A "Morte" de Apsu e o (Res)surgimento de Tiamat como Ameaça	185
2.19	"Mundo" dos Deuses: Organização Hierárquica	189
2.20	O *Enuma Eliš* em Representação Esquemática	193
2.21	A Batalha entre Osíris e Seth no Domínio da Ordem	200
2.22	A Descida Involuntária e a Desintegração de Osíris	201
2.23	O Nascimento e o Retorno de Hórus, Filho Divino da Ordem e do Caos	202
2.24	Encontro Voluntário com o Submundo	203
2.25	Ascensão e Reintegração do Pai	203
2.26	Os Elementos Constitutivos da Experiência como Personalidade, Território e Processo	208
2.27	O Ouroboros – Dragão Pré-Cosmogônico do Caos	214
2.28	O Nascimento dos Pais do Mundo	219
2.29	Os Elementos Constitutivos do Mundo em Relação Dinâmica	220

2.30 Novidade, a Grande Mãe, como Filha do Ouroboros 234
2.31 A Personificação Espontânea do Território Inexplorado 238
2.32 O Território Inexplorado como Mãe Destrutiva 243
2.33 O Território Inexplorado como Mãe Criativa 250
2.34 A "Genealogia Celestial" das Mães Destrutiva e Criativa 252
2.35 O Herói Exploratório como Filho da Mãe Celestial 267
2.36 A Metamitologia do Caminho, Revisitada 269
2.37 Castelo, Herói, Serpente e a Virgem: São Jorge e o Dragão 270
2.38 O Processo de Exploração e Atualização como Metaobjetivo da Existência 272
2.39 Ordem, o Grande Pai, como o Filho do Ouroboros 301
2.40 Território Explorado como o Pai Protetor, Ordenado 302
2.41 Território Explorado como o Pai Tirânico 307
2.42 A "Genealogia Celestial" dos Pais Tirânico e Protetor 308
2.43 O Herói Exploratório como Filho do Grande Pai 309
3.1 "Morte" e "Renascimento" do Iniciado Adolescente 322
4.1 A Estrutura Paradigmática do Conhecido 348
4.2 O Conhecido: Grupos e Indivíduos Encaixados 349
4.3 A Representação Fragmentada do "Procedimento e Costume" na Imagem
    e na Palavra 362
4.4 A "Morte Dupla" do Herói Revolucionário 390
4.5 O Redentor Crucificado como Dragão do Caos e da Transformação 398
4.6 A "Jornada" Socialmente Destrutiva e Redentora do Herói Revolucionário 399
4.7 A Descida (Voluntária) do Buda 416
4.8 A Árvore-Mundo como Ponte entre o "Céu" e o "Inferno" 422
4.9 A Árvore-Mundo e os Elementos Constitutivos da Experiência 423
4.10 Gênesis e Descendência 434
5.1 O Diabo como Espírito Aéreo e Intelecto Ímpio 445
5.2 O Círculo Vicioso do Adversário 465
5.3 Os Elementos Constitutivos da Existência, Reprise 476
5.4 O Surgimento de Cristo a Partir da Identidade do Grupo e do Caos 539
5.5 Árvore-Mundo da Morte e Redenção 559
5.6 O *Opus* Alquímico como "História Normal" 592
5.7 O *Opus* Alquímico como "História Revolucionária" 594
5.8 O Lobo como *Prima Materia*, Devorando o Rei Morto 607
5.9 Dragão do Caos como "Local de Nascimento" do Cristo e do *Lapis* 612
5.10 O *Opus* Alquímico como Mito de Redenção 622
5.11 A Restituição da Maçã Mística [Cristo] à Árvore do Conhecimento 645
5.12 O Eterno Retorno do *Bodhisattva* 646

PREFÁCIO

Descensus ad Inferos

O que não conseguimos ver nos protege daquilo que não entendemos. O que não conseguimos ver é cultura, em sua manifestação intrapsíquica ou interna. O que não entendemos é o caos que originou a cultura. Se a estrutura da cultura for abalada, o caos, inadvertidamente, retornará. Faremos qualquer coisa – qualquer coisa – para nos defender de tal retorno.

> O simples fato de um problema geral ter afetado e dominado alguém por completo é garantia de que o indivíduo realmente o vivenciou e talvez tenha extraído algo desse sofrimento. Então, o problema transparecerá, diante dos nossos olhos, em sua vida pessoal, mostrando-nos, assim, uma verdade.[1]

Fui criado sob os auspícios protetores, por assim dizer, da igreja cristã. Isso não significa que minha família fosse explicitamente religiosa. Na minha infância, participava das cerimônias religiosas conservadoras com minha mãe, mas ela não era uma fiel dogmática ou autoritária, e nunca discutíamos assuntos religiosos em casa. Meu pai parecia essencialmente agnóstico, pelo menos no sentido tradicional. Ele se recusava até mesmo a colocar os pés na igreja, exceto no caso de casamentos e funerais. Apesar disso, resquícios históricos da moralidade cristã permeavam nossa casa de maneira bem íntima, condicionando nossas expectativas e respostas interpessoais. Afinal, enquanto eu crescia, a maioria das pessoas ainda frequentava a igreja; além disso, todas as regras e expectativas que norteavam a classe média eram judaico-cristãs por natureza. Mesmo o número crescente dos intolerantes ao ritual formal e à crença ainda aceitava de modo tácito – e também cumpria – as regras que definiam jogo cristão.

Por volta dos meus doze anos, minha mãe me matriculou nas aulas de crisma, as quais serviriam como introdução a minha participação adulta na igreja. Não gostava

---

[1] Jung, C.G. (1978a), p. 78; também: "Embora aparentemente paradoxal, a pessoa que toma para si a humilhação do povo é adequada para governar; e é adequado para liderar quem toma para si os desastres do país" (Lao-Tsé, 1984c).

daquelas aulas. Não gostava da atitude dos meus colegas de classe abertamente religiosos (que eram poucos) e não invejava a falta de posição social deles. Não gostava da atmosfera escolar dessas aulas. O mais importante, contudo, é que não engolia o que eles ensinavam. Certa vez, perguntei ao ministro de que forma ele conciliava a história do Gênesis com as teorias criacionistas da ciência moderna. Ele não havia alcançado tal conciliação; além do mais, no fundo de seu coração, parecia mais convencido da perspectiva evolucionária. De qualquer maneira, eu já procurava uma desculpa para abandonar as aulas, e essa foi a gota d'água. Religião era para os ignorantes, fracos e supersticiosos. Parei de frequentar a igreja e aderi ao mundo moderno.

Embora tivesse crescido em um ambiente cristão – e tido uma infância bem-sucedida e feliz, de certo modo por causa disso –, estava mais do que disposto a abandonar a estrutura que me havia nutrido. Ninguém realmente se opôs à minha insubordinação, tampouco, fosse na igreja ou em casa – em parte porque os que eram profundamente religiosos (ou que teriam desejado ser) não tinham contra-argumentos intelectualmente aceitáveis a seu dispor. Afinal, muitos dos dogmas básicos da crença cristã eram incompreensíveis, se não absurdos. O parto virginal era uma impossibilidade, assim como a noção de que alguém pudesse ressuscitar dos mortos.

Meu ato de rebeldia precipitou uma crise familiar ou social? Não. Minhas ações eram tão previsíveis, em certo sentido, que não aborreceram ninguém, exceto minha mãe (e mesmo ela logo se resignou ao inevitável). Os outros membros da igreja – minha "comunidade" –, bastante acostumados aos atos de deserção cada vez mais frequentes, nem repararam.

Meu ato de rebeldia me aborreceu no âmbito pessoal? Apenas de uma maneira que só fui capaz de perceber muitos anos depois. Desenvolvi uma preocupação precoce com questões políticas e sociais de larga escala quase na mesma época em que parei de frequentar a igreja. Por que alguns países, alguns povos, eram ricos, felizes e bem-sucedidos, enquanto outros estavam condenados à miséria? Por que as potências da Organização do Tratado do Atlântico Norte (Otan) e a União Soviética promoviam um ataque mútuo e incessante? Como era possível que as pessoas agissem como os nazistas na Segunda Guerra Mundial? Implícita nessas considerações específicas, havia uma questão mais ampla, mas na época mal conceitualizada: de que forma o mal – em particular o mal fomentado por grupos – veio a desempenhar seu papel no mundo?

Abandonei as tradições que me sustentavam quase na mesma época em que deixava a infância para trás. Em decorrência, não dispunha de uma "filosofia" mais ampla e socialmente construída para auxiliar meu entendimento enquanto me conscientizava dos problemas existenciais que acompanham a maturidade. As consequências finais dessa ausência levaram anos para se manifestar por completo. Mas, nesse meio-tempo, minha preocupação inicial com questões de justiça moral encontrou resolução imediata. Comecei a trabalhar como voluntário para um partido político moderadamente socialista e adotei a linha dele.

A meu ver, a injustiça econômica era a razão de todo o mal. Essa injustiça poderia ser corrigida pelo rearranjo das organizações sociais. Eu poderia desempenhar um papel nessa revolução admirável, levando a cabo minhas crenças ideológicas. A dúvida desapareceu; meu papel era claro. Em retrospectiva, fico impressionado com quanto minhas ações – reações – eram, no fundo, estereotipadas. Racionalmente, não conseguia aceitar as premissas da religião conforme as entendia. Então, recorri aos sonhos de utopia política e poder pessoal. A mesma armadilha ideológica capturou milhões de outras pessoas nos últimos séculos.

Aos dezessete anos, deixei minha cidade natal. Mudei para uma localidade próxima, onde frequentei as aulas de uma pequena faculdade que oferecia os dois primeiros anos de graduação. Lá me envolvi em política universitária – que era mais ou menos de esquerda naquela época –, sendo eleito para o conselho diretor, composto de pessoas política e ideologicamente conservadoras: advogados, médicos e empresários. Todos eles eram bem (pelo menos do ponto de vista pragmático) instruídos, práticos, confiantes, francos; todos tinham conquistado algo valioso e difícil. Era impossível não admirá-los, muito embora não compartilhasse da posição política deles. Essa admiração me incomodou.

Como estudante politizado e funcionário ativo do partido, participei de vários congressos de agremiações de esquerda. Esperava emular os líderes socialistas. A esquerda tinha uma longa e honrosa história no Canadá, e atraía pessoas bastante competentes e preocupadas. No entanto, não conseguia nutrir respeito pelos numerosos ativistas de baixo escalão do partido que encontrava nessas reuniões. Pareciam viver só para reclamar. Quase sempre não tinham carreira, nem família, nem educação completa – nada senão ideologia. Eram rabugentos, irritáveis e pequenos, em todos os sentidos da palavra. Tive de encarar a imagem invertida do problema encontrado no conselho diretor: eu estava longe de admirar grande parte dos indivíduos que acreditavam nas mesmas coisas que eu. Essa complicação adicional aprofundou meu conflito existencial.

Meu colega de quarto na faculdade, um cínico perspicaz, mostrou-se cético com relação a minhas crenças ideológicas. Ele dizia que o mundo não podia ser encapsulado dentro das fronteiras da filosofia socialista. Eu praticamente chegara a essa conclusão por conta própria, mas não o admitia verbalmente. Pouco tempo depois, li *O Caminho para Wigan Pier*, de George Orwell. Esse livro solapou de vez não apenas minha ideologia socialista, mas também minha fé nas posições ideológicas em si. No famoso ensaio que conclui o livro (escrito para o – e certamente para a consternação do – Clube do Livro da Esquerda Britânica), Orwell descreveu a grande falha do socialismo e o motivo de seu frequente fracasso em atrair e manter o poder democrático (pelo menos na Grã-Bretanha). Em essência, Orwell disse que os socialistas, no fundo, não gostavam dos pobres. Eles apenas odiavam os ricos.[2] Essa ideia me impressionou de imediato. A ideologia socialista serviu para mascarar ressentimento e ódio, alimentados pelo fracasso. Muitos dos ativistas do partido que eu conhecera usavam os ideais de justiça social para racionalizar a busca por vingança pessoal.

Quem era culpado por eu ser pobre, inculto ou não admirado? Obviamente, os ricos, instruídos e respeitados. Muito conveniente, então, que as demandas da vingança e da justiça abstrata se articulassem! Portanto, seria correto obter recompensa daqueles mais afortunados que eu.

Era óbvio que meus colegas socialistas e eu não estávamos dispostos a ferir ninguém. Pelo contrário. Estávamos dispostos a melhorar as coisas, mas pretendíamos começar com outras pessoas. Acabei por perceber a tentação nessa lógica, a falha evidente, o perigo, mas também consegui ver que ela não caracterizava com exclusividade o socialismo. Qualquer pessoa disposta a mudar o mundo transformando os outros deveria ser tratada com suspeita. As tentações dessa posição eram muito grandes para resistir.

Na época, não era a ideologia *socialista* que representava o problema, mas sim a ideologia em si, porque dividia o mundo de modo simplista entre os que pensavam e agiam de modo adequado e os que pensavam e agiam de modo inadequado. A ideologia permitia que o crente se escondesse das próprias fantasias e de desejos desagradáveis e inadmissíveis. Essas percepções afetaram minhas crenças (até mesmo minha fé nas crenças) e os planos que eu tinha formulado com base nelas. Digamos que já não soubesse distinguir quem era bom e quem era mau – então, não sabia mais

---

[2] "Às vezes, eu olho para um socialista – do tipo intelectual, que escreve panfletos, com seu pulôver, seu cabelo desgrenhado e suas citações marxistas – e me pergunto que diabo de causa ele realmente *tem*. Difícil acreditar que seja o amor por alguém, em especial pela classe trabalhadora, de quem está mais distanciado do que qualquer outra pessoa" (Orwell, G. [1981], p. 156-157).

quem apoiar ou quem combater. Essa situação se mostrou bastante incômoda, tanto pragmática quanto filosoficamente. Almejava ser advogado corporativo – havia feito o teste de admissão na Faculdade de Direito e dois anos de cursos preparatórios. Desejava conhecer o modo de agir dos meus inimigos e seguir carreira política. Esse plano se desintegrou. O mundo, era evidente, não precisava de mais um advogado, e eu não acreditava mais que soubesse o suficiente para me disfarçar de líder.

Ao mesmo tempo, desencantei-me com o estudo de Ciência Política, meu curso anterior. Adotei essa disciplina para aprender mais sobre a estrutura das crenças humanas (e pelos motivos práticos previamente descritos e orientados à carreira). Meu interesse se manteve durante o tempo em que frequentei o ensino médio, ocasião em que fui apresentado à história da filosofia política. Entretanto, meu interesse desapareceu quando me mudei para o *campus* da Universidade de Alberta. Ensinaram-me que as pessoas eram motivadas por forças racionais; que as crenças e ações humanas eram determinadas por pressões econômicas. Essa explicação não me pareceu suficiente. Não podia acreditar (e ainda não acredito) que os produtos – os "recursos naturais", por exemplo – possuíssem valor intrínseco e autoevidente. Na ausência deste, o valor das coisas tinha de ser social ou culturalmente (ou mesmo individualmente) determinado. Esse ato de determinação me pareceu resultar da filosofia moral adotada pela sociedade, cultura ou pessoa em questão. O que as pessoas valorizavam em termos econômicos refletia o que acreditavam ser importante. Isso significava que a motivação real teria de residir no domínio do valor, da moralidade. Os cientistas políticos que estudei ou não pensavam dessa maneira, ou não consideravam isso relevante.

Minhas convicções religiosas, malformadas desde o começo, desapareceram quando eu era muito jovem. Minha confiança no socialismo (isto é, na utopia política) evaporou quando percebi que o mundo não era um mero local de atividades econômicas. Minha fé na ideologia pereceu quando passei a perceber que a identificação ideológica em si representava um problema profundo e misterioso. Não aceitava as explicações teóricas que a área de estudos por mim escolhida tinha a oferecer, e não existiam mais motivos práticos para manter meu rumo inicial. Terminei o bacharelado de três anos e saí da universidade. Todas as minhas crenças – que haviam dado ordem ao caos da minha existência, ao menos por um tempo – haviam se revelado ilusórias; não via mais sentido nas coisas. Fiquei à deriva; não sabia o que fazer nem o que pensar.

Mas e quanto aos outros? Existiria, em algum lugar, evidência de que os problemas que eu agora enfrentava tivessem sido resolvidos por alguém e de algum modo aceitável? O comportamento e as atitudes habituais de amigos e familiares não ofereciam solução alguma. Era certo que meus conhecidos não estavam mais focados ou satisfeitos do que eu. Suas crenças e modos de ser pareciam apenas disfarçar a dúvida frequente e uma profunda inquietude. Ainda mais perturbador, no plano mais geral, era o fato de que algo realmente insano estava acontecendo. As grandes sociedades do mundo trabalhavam de modo febril na construção de uma máquina nuclear de capacidade imensuravelmente destrutiva. Alguém, ou algo, arquitetava planos terríveis. Por quê? Pessoas que pareciam normais e bem adaptadas conduziam seus negócios de forma trivial, como se nada daquilo importasse. Por que não estavam perturbadas? Não estavam prestando atenção? E eu, também não?

Minha preocupação com a generalizada insanidade social e política e o mal do mundo – sublimada pela paixão temporária pelo socialismo utópico e pela maquinação política – retornou, vingativa. Cada vez mais, a misteriosa Guerra Fria ocupava o proscênio da minha consciência. Como as coisas haviam chegado àquele ponto?

> A história é apenas um hospício
> ela revirou todas as pedras
> e sua leitura cuidadosa
> deixa pouco por conhecer

Não entendia a corrida nuclear: o que poderia ser tão importante que valesse a pena arriscar uma aniquilação – não apenas do presente, mas do passado e do futuro? *O que poderia justificar a ameaça de destruição total?*

Desprovido de soluções, pelo menos estava em posse do problema.

Voltei para a universidade e comecei a estudar Psicologia. Visitei uma prisão de segurança máxima nos arredores de Edmonton, sob supervisão de um excêntrico professor adjunto da Universidade de Alberta. Sua principal função era dar assistência psicológica aos detentos. A prisão estava cheia de assassinos, estupradores e assaltantes violentos. Na minha primeira visita ao local, acabei na academia, perto da sala de levantamento de pesos. Usava uma capa de lã comprida, datada de 1890, aproximadamente, que comprara em Portugal, e um par de botas de couro de cano alto. O psicólogo que me acompanhava desapareceu de modo inesperado, deixando-me sozinho. Logo me vi cercado por homens desconhecidos, alguns dos quais enormes e mal-encarados. Um deles, em particular, ficou gravado em minha memória. Era extremamente musculoso e tinha o peito tatuado, além de uma cicatriz horrorosa, que se estendia da clavícula ao torso. Talvez fosse de uma cirurgia cardíaca. Ou de um ferimento de machado. De qualquer forma, o ferimento teria matado um homem menor – alguém como eu.

Alguns prisioneiros que não primavam pela boa vestimenta sugeriram trocar suas roupas pelas minhas. Não me pareceu uma boa troca, mas fiquei sem saber como recusar. O acaso veio em meu auxílio sob a forma de um indivíduo baixinho, magricela e barbudo. Ele disse que havia sido enviado pelo psicólogo e me pediu que o acompanhasse. Era apenas um entre muitos outros indivíduos (muito maiores) que, naquele momento, cercavam minha capa e a mim. Assim, acreditei na palavra dele. Saímos da academia de ginástica e entramos no pátio da prisão; ele, o tempo todo, falava baixo, mas de forma razoável, sobre algo banal (não me recordo do tema). Eu olhava de relance para as portas da academia enquanto nos afastávamos. Por fim, meu supervisor apareceu e me chamou. Deixamos o prisioneiro barbudo e nos dirigimos ao escritório. O psicólogo me contou que o baixinho aparentemente inofensivo que me escoltara para fora da academia havia assassinado dois policiais, depois de forçá-los a cavar as próprias covas. Um dos policiais tinha filhos pequenos e implorou pela vida em nome deles enquanto cavava – pelo menos, segundo testemunho do próprio assassino.

Fiquei realmente chocado.

É óbvio que já havia lido sobre essas coisas – mas elas nunca tinham sido tão reais aos meus olhos. Jamais conhecera alguém que tivesse sido afetado, ainda que de maneira indireta, por algo desse tipo, e com certeza não conhecia ninguém que tivesse, de fato, feito algo tão terrível. Como era possível que o homem com quem eu conversara – aparentemente tão normal (e dando a impressão de ser tão irrelevante) – pudesse ter feito uma coisa tão horrível?

Algumas das disciplinas que eu estudava na época eram lecionadas em grandes auditórios, onde os alunos se sentavam em fileiras descendentes, uma após a outra. Em uma dessas disciplinas – *Introdução à Psicologia Clínica*, de forma bastante apropriada –, vivenciei uma compulsão recorrente. Eu me sentava em uma cadeira, atrás de uma pessoa qualquer, e ouvia o professor. Em algum momento da palestra, infalivelmente, surgia o desejo de enfiar a ponta da minha caneta no pescoço da pessoa à frente. Esse impulso não era avassalador – por sorte –, mas poderoso o bastante para me perturbar. Que tipo de pessoa terrível teria tal impulso? Não eu. Nunca fui agressivo. Sempre fui o menor e o mais jovem entre meus colegas de classe.

Voltei ao presídio cerca de um mês após a primeira visita. Durante minha ausência, dois prisioneiros tinham atacado alguém que suspeitavam ser um informante. Eles o seguraram ou amarraram e esmagaram uma de suas pernas com um cano de chumbo. Fiquei chocado de novo, mas dessa vez tentei algo diferente. Tentei imaginar, *realmente imaginar*, como eu teria de ser para fazer tal coisa. Concentrei-me nessa tarefa por dias a fio – e tive uma revelação assustadora. O aspecto de fato horrível dessa atrocidade não se encontrava em sua impossibilidade ou distanciamento, conforme presumi em minha inocência, mas sim em sua *facilidade*. Eu não era muito diferente dos prisioneiros violentos – não *qualitativamente* diferente. Poderia fazer o que faziam (embora não o tivesse feito).

Essa descoberta me transtornou. Eu não era quem pensava ser. Contudo, o desejo de enfiar uma caneta em alguém surpreendentemente desapareceu. Em retrospecto, diria que o desejo comportamental se manifestara em conhecimento explícito – transposto da emoção e da imagem para a realização concreta – e, portanto, não tinha mais "motivo" para existir. O "impulso" só tinha ocorrido por causa da pergunta que eu tentava responder: "Como é que os homens são capazes de fazer coisas tão terríveis uns aos outros?" Eu queria dizer *outros* homens, é claro – *homens maus* –, mas, pelo menos, eu formulara a pergunta. Não havia motivo para achar que receberia uma resposta previsível ou sem sentido do ponto de vista pessoal.

Ao mesmo tempo, algo estranho acontecia com minha capacidade de comunicação. Sempre gostei de me envolver em discussões, não importava o tópico. Achava que era um tipo de jogo (não que fosse algo extraordinário). Mas, de súbito, não era mais capaz de conversar – ou melhor, não *tolerava mais ouvir minha conversa*. Comecei a escutar uma "voz" dentro da minha cabeça comentando minhas opiniões. Toda vez que eu dizia algo, ela também dizia – algo crítico. A voz utilizava um refrão padrão em um tom um tanto enfadonho e pragmático:

> Você não acredita nisso.
> Isso não é verdade.
> Você não acredita nisso.
> Isso não é verdade.

A "voz" aplicava esses comentários a quase toda frase que eu dizia.

Não conseguia entender o que era isso. Sabia que a fonte do comentário era parte de mim, mas esse conhecimento só aumentou minha confusão. *Qual* parte precisamente *era* eu – *a parte que falava* ou *a parte que criticava*? Se fosse a que falava, então qual era a que criticava? Se fosse a que criticava – bom, então: como era possível que quase tudo o que eu dizia pudesse ser falso? Em minha ignorância e confusão, decidi-me por um experimento. Tentei verbalizar apenas coisas que meu crítico interno deixasse passar sem contestar. Isso significava realmente ouvir o que eu dizia, falar com muito menos frequência e quase sempre parar no meio de uma frase, um tanto constrangido, para reformular meus pensamentos. Logo percebi que me sentia muito menos agitado e mais confiante quando só dizia coisas às quais a "voz" não se opunha. Isso sem dúvida me proporcionou certo alívio. Meu experimento fora um sucesso; eu era a parte que criticava. Apesar disso, levei muito tempo para me reconciliar com a ideia de que quase todos os meus pensamentos não eram reais, não eram verdadeiros – ou, pelo menos, não eram meus.

Tudo aquilo em que eu "acreditava" eram coisas que considerava boas, admiráveis, respeitáveis, corajosas. Contudo, não eram coisas minhas – eu as tinha roubado. Absorvera a maior parte delas de livros. Por ter entendido essas coisas de forma abstrata, presumira que tivesse direito sobre elas – presumira que pudesse adotá-las como se fossem minhas; presumira que elas eram *eu*. Minha cabeça estava entupida de ideias alheias; entupida de argumentos que não podia refutar de maneira lógica. Eu não sabia, na ocasião, que um argumento irrefutável não é necessariamente verdadeiro, nem que o direito de se identificar com certas ideias tinha de ser conquistado.

Mais ou menos nessa época, li algo de Carl Gustav Jung que me ajudou a entender o que vivenciava. Foi ele quem formulou o conceito de *persona*: a máscara que "dissimula a individualidade".[3] A adoção dessa máscara, segundo Jung, permite que cada um de nós – e aqueles ao redor – acredite ser autêntico. Jung disse:

> Quando analisamos a *persona*, retiramos a máscara e descobrimos que o que parecia ser individual é, no fundo, coletivo; em outras palavras, a *persona* era apenas uma máscara da psique coletiva. Fundamentalmente, a *persona* não é nada real: ela é um acordo entre o indivíduo e a sociedade com relação àquilo que uma pessoa deveria aparentar ser. Essa pessoa recebe um nome, um título, exercita uma função, ela é isso ou aquilo. Em certo sentido, tudo isso é real, mas, em relação à individualidade essencial da *persona* a quem se refere, é apenas uma realidade secundária, a construção de um meio-termo na elaboração do qual, com frequência, os outros têm mais influência do que o próprio indivíduo. A *persona* é uma aparência, uma realidade bidimensional.[4]

Apesar da minha facilidade com as palavras, eu não era real. Foi doloroso admitir isso.

Comecei a ter sonhos absolutamente insuportáveis. Até então, minha vida onírica, até onde me lembro, fora bastante monótona; ademais, nunca tive uma imaginação

---

[3] Jung, C.G. (1970a), p. 157.
[4] Ibidem, p. 158.

visual particularmente boa. Entretanto, meus sonhos se tornaram tão horríveis e arrebatadores em termos emocionais, que passei a ter medo de dormir. Tive sonhos tão vívidos quanto a realidade. Não conseguia escapar deles nem ignorá-los. Em geral, eles giravam em torno de um único tema: guerra nuclear e devastação total – os piores males que eu, ou algo em mim, poderia imaginar:

> *Meus pais viviam em uma casa comum estilo rancho, em um bairro de classe média em uma pequena cidade ao Norte de Alberta. Estava sentado no porão escuro dessa casa, na sala de estar, assistindo à TV com minha prima Diane, que era, na verdade, a mulher mais linda que eu já tinha visto. De súbito, um repórter interrompeu o programa. A imagem e o som da TV se distorceram e a tela ficou estática. Minha prima levantou-se e foi verificar o cabo atrás do aparelho. Ela tocou o cabo e entrou em convulsão, espumando pela boca, embora permanecesse em pé, paralisada por uma potente descarga elétrica.*
>
> *Um clarão de luz brilhante, vindo de uma pequena janela, inundou o porão. Subi correndo as escadas. Nada restava da parte térrea da casa. Tudo fora completa e cuidadosamente arrasado, restando apenas o piso, que agora servia de teto do porão. Chamas vermelhas e alaranjadas cobriam o céu por todo o horizonte. Até onde podia ver, nada restara, exceto esquálidas ruínas negras, despontando aqui e ali: nenhuma casa, nenhuma árvore, nenhum sinal de outros seres humanos ou de qualquer tipo de vida. A cidade inteira e tudo ao redor na pradaria haviam sido destruídos por completo.*
>
> *Uma forte chuva lamacenta se iniciou. A lama obscurecia tudo e deixava a terra marrom, úmida, plana e opaca, e o céu plúmbeo, até mesmo cinza. Pessoas desesperadas e em choque começaram a se aglomerar. Elas carregavam latas de comida amassadas e sem rótulo, contendo nada além de purê e vegetais, e permaneciam na lama, exaustas e desgrenhadas. Cachorros surgiram, vindos da parte inferior das escadas do porão, onde tinham estabelecido residência sem nenhuma explicação aparente. Estavam em pé, apoiados nas patas traseiras. Eram magros como galgos e tinham focinhos pontudos. Pareciam criaturas de um ritual – como Anúbis, das tumbas egípcias. Carregavam pratos com pedaços de carne queimada, e queriam trocar a carne pelas latas. Peguei um prato. Nele, havia um pedaço redondo de carne, de dez centímetros de diâmetro por dois de espessura, malcozido, oleoso, com uma medula óssea no meio. De onde aquilo viera?*
>
> *Tive um pensamento horrível. Desci as escadas correndo, até a minha prima. Os cachorros a tinham matado e ofereciam a carne dela aos sobreviventes do desastre.*

Tive sonhos apocalípticos de igual intensidade duas ou três vezes por semana, durante um ano ou mais, enquanto assistia às aulas na universidade e trabalhava – como se nada fora do comum estivesse acontecendo na minha cabeça. Entretanto, algo com que não tinha familiaridade estava ocorrendo. Estava sendo afetado, de forma simultânea, por eventos em dois "planos". No primeiro plano, havia as ocorrências normais e previsíveis que compartilhava diariamente com as pessoas. Mas, no segundo (exclusivamente meu, ou assim eu pensava), figuravam imagens horrorosas e estados emocionais intensos e intoleráveis. Naquela época, esse mundo idiossincrático, subjetivo – que as pessoas costumam tratar como ilusório –, a mim parecia se encontrar de algum modo *atrás* do mundo que todos conheciam e consideravam real. Mas o que significava *real*? Quanto mais de perto eu olhava, menos compreensíveis as coisas ficavam. Onde *estava* o real? Qual era a base disso tudo? Sentia que não seria capaz de viver sem saber.

Meu interesse pela Guerra Fria transformou-se em verdadeira obsessão. Pensava na preparação suicida e homicida daquela guerra a cada minuto, todos os dias, desde o momento em que acordava até o último segundo antes de dormir. Como essa condição surgira? Quem era o responsável?

> *Sonhei que estava correndo por um estacionamento de shopping center, tentando escapar de algo. Corria pelos carros estacionados, abria uma porta, rastejava pelo banco da frente, abria a outra porta e ia para o próximo carro. De repente, as portas de um carro se fecharam. Eu estava no banco do passageiro. O carro começou a andar sozinho. Uma voz disse, com firmeza: "Não tem como escapar daqui". Estava em uma viagem, em direção a um lugar para o qual não queria ir. Não era o motorista.*

Fiquei muito deprimido e ansioso. Tinha pensamentos ligeiramente suicidas, mas, de modo geral, só desejava que tudo aquilo sumisse. Queria me deitar e mergulhar no meu sofá, deixando apenas meu nariz para fora – como o *snorkel* de um mergulhador acima da superfície da água. Minha consciência das coisas era intolerável.

Certa noite, cheguei tarde em casa, vindo de uma festa na faculdade, chateado e com raiva. Peguei uma tela e algumas tintas. Fiz um esboço grosseiro e tosco de um Cristo crucificado – ofuscante e demoníaco – com uma naja enrolada na cintura nua, como um cinto. O quadro me perturbou – apesar do meu agnosticismo, pareceu-me um tanto herético. Mas não sabia o que ele significava ou por qual motivo o pintara. De onde saíra aquilo?[5] Não prestava atenção a ideias religiosas havia

---

[5] Dez anos depois, quando estava para terminar este manuscrito, uma aluna minha, Heidi Treml, escreveu:

> Durante a viagem do Egito para Canaã, os israelitas, impacientes, acusavam Deus e Moisés de os conduzirem pelo deserto para morrer. Por causa dessa reclamação, Iahweh espalhou serpentes venenosas entre os israelitas. Aqueles que não foram picados pelas serpentes se arrependeram e pediram que Moisés interviesse perante Deus. Iahweh instruiu Moisés a fazer uma serpente de bronze [ou flamejante] e colocá-la no topo de um poste para que os que fossem picados pudessem contemplá-la e viver. Moisés assim o fez, e, sempre que uma cobra picava alguém, esta pessoa olhava para a estátua de bronze

anos. Escondi o quadro embaixo de algumas roupas velhas no meu guarda-roupa, depois me sentei no chão com as pernas cruzadas. Deixei a cabeça pender. Naquele momento, ficou claro que eu não possuía o mínimo entendimento real sobre mim ou os outros. Tudo aquilo em que acreditava a respeito da natureza da sociedade e da minha própria revelara-se falso, aparentemente o mundo tinha enlouquecido e algo estranho e assustador acontecia na minha cabeça. James Joyce afirmou: "A história é um pesadelo do qual estou tentando acordar".[6] Para mim, a história *era* literalmente um pesadelo. Naquele momento, mais do que qualquer coisa, eu queria acordar e fazer meus sonhos desaparecerem.

Desde então, tento achar um sentido na capacidade humana, na *minha capacidade*, para o mal – particularmente para os males associados à crença. Comecei procurando o sentido nos meus sonhos. Afinal, não podia ignorá-los. Talvez estivessem tentando me dizer algo? Não tinha nada a perder ao admitir essa possibilidade. Li *A Interpretação*

---

e vivia (Números 21,5-10). João, o Evangelista, fala de Jesus explicando a Nicodemos: "Ninguém subiu ao céu, a não ser aquele que desceu do céu, o Filho do Homem. Como Moisés levantou a serpente no deserto, assim é necessário que seja levantado o Filho do Homem, a fim de que todo aquele que crer tenha nele vida eterna" (João 3,13-15).

Treml apontou que a serpente tem sido amplamente considerada tanto um agente de morte (por causa do seu veneno) quanto um agente de transformação e renascimento (porque ela pode trocar sua pele). Essa extrema ambivalência característica a torna um representante apto do "numinoso" (seguindo Rudolf Otto, cujas ideias são descritas posteriormente neste manuscrito). O *numinoso* é capaz de invocar tremor e medo (*mysterium tremendum*) e atração poderosa e fascinação (*mysterium fascinans*). Treml comentou também: "se uma pessoa conseguisse sustentar o olhar da serpente – que simbolizava seu maior medo – ela seria curada".

Por que Cristo foi assimilado à serpente na minha pintura e no Novo Testamento? (Entenda que eu não sabia nada sobre essa relação quando fiz o esboço original.) Isso tem algo a ver com sua representação como juiz no Apocalipse:

Conheço tua conduta: não és frio nem quente. Oxalá fosses frio ou quente! Assim, porque és morno, nem frio nem quente, estou para te vomitar da minha boca. Pois dizes: sou rico, enriqueci-me e de nada mais preciso. Não sabes, porém, que és tu o infeliz: miserável, pobre, cego e nu. Aconselho-te a comprares de mim ouro purificado no fogo para que enriqueças, vestes brancas para que te cubras e não apareça a vergonha da tua nudez, e colírio para que unjas os olhos e possas enxergar. Quanto a mim, repreendo e corrijo todos os que amo (Apocalipse 3,15-19).

A ideia do Salvador pressupõe necessariamente o Juiz – e um juiz do tipo mais implacável – porque o Salvador é uma representação mitológica do que é ideal, e o ideal sempre se sustenta no julgamento perante o real. A imagem arquetípica do Salvador, que representa perfeição e completude, portanto, é aterrorizante na exata proporção à distância pessoal do ideal.

[6] Joyce, J. (1986), p. 28.

dos Sonhos, de Freud, e achei útil. Pelo menos, Freud levara o assunto a sério – mas não podia considerar meus sonhos a satisfação de desejos. Além disso, eles pareciam de natureza mais *religiosa* do que sexual. Tinha uma vaga ideia de que Jung desenvolvera um conhecimento especializado sobre mito e religião, então comecei a examinar seus escritos. Seu pensamento recebia pouco crédito dos acadêmicos que eu conhecia, mas eles não estavam particularmente preocupados com sonhos. Quanto a mim, não conseguia deixar de me preocupar com os meus. Eram tão intensos que pensei que pudessem me enlouquecer. (Qual era a alternativa? Acreditar que os terrores e as dores causados por eles não eram *reais*?)

Na maior parte do tempo, não conseguia entender aonde Jung queria chegar. Ele defendia uma ideia que eu não era capaz de apreender; falava uma língua que eu não compreendia. No entanto, de vez em quando, entendia suas afirmações com clareza. Ele propôs esta observação, por exemplo:

> Deve-se admitir que os conteúdos arquetípicos do inconsciente coletivo podem, com frequência, assumir formas horríveis e grotescas nos sonhos e nas fantasias, de modo que nem mesmo o mais determinado dos racionalistas está imune a pesadelos devastadores e medos assombrosos.[7]

A segunda parte dessa afirmação por certo parecia se aplicar a mim, embora a primeira ("os conteúdos arquetípicos do inconsciente coletivo") permanecesse misteriosa e obscura. Mesmo assim, era promissor. Jung, pelo menos, reconhecera que as coisas que aconteciam comigo *podiam acontecer*. Além disso, oferecera pistas para as causas. Então, continuei lendo. Logo me deparei com a hipótese que se segue. Ali estava uma possível solução para os problemas que eu enfrentava – ou, pelo menos, a descrição de um lugar onde procurar tal solução:

> A elucidação psicológica de imagens [...] (sonho e fantasia) que não podem ser omitidas em silêncio ou cegamente ignoradas conduz, de maneira lógica, às profundezas da fenomenologia religiosa. A história da religião, no seu sentido mais amplo (incluindo, portanto, mitologia, folclore e psicologia primitiva), é a arca do tesouro das formas arquetípicas, com base nas quais o clínico pode traçar paralelos úteis e comparações esclarecedoras com o intuito de acalmar e esclarecer uma consciência desnorteada. É absolutamente necessário fornecer para essas imagens fantásticas, que emergem tão estranhas e ameaçadoras aos olhos da mente, algum tipo de contexto a fim de torná-las

---

[7] Jung, C.G. (1968b), p. 32.

mais inteligíveis. A experiência tem mostrado que a melhor maneira de fazer isso é por meio do material mitológico comparativo.[8]

De fato, o estudo do "material mitológico comparativo" fez meus horríveis sonhos desaparecerem. A cura forjada por esse estudo, entretanto, deu-se à custa de uma transformação completa e não raro dolorosa: aquilo que, agora, acredito ser o mundo – e, por conseguinte, o modo como ajo – está em tamanho desacordo com aquilo em que acreditava quando mais jovem, que eu poderia muito bem ser uma pessoa completamente diferente.

Descobri que as crenças constroem o mundo de maneira muito real – que as crenças *são* o mundo, em um sentido mais que metafísico. Contudo, essa descoberta não fez de mim um relativista moral; muito pelo contrário. Fiquei convencido de que o mundo-que-é-crença é organizado; de que existem absolutos morais universais (embora eles sejam estruturados de tal modo que uma vasta gama de opiniões humanas permaneça viável e benéfica). Acredito que os indivíduos e as sociedades que desprezam esses absolutos – por ignorância ou oposição deliberada – estão condenados ao sofrimento e à eventual dissolução.

Aprendi que os significados dos substratos mais profundos dos sistemas de crença podem se tornar explicitamente compreensíveis, mesmo para o pensador racional cético – e que, assim representados, podem ser vivenciados como fascinantes, profundos e necessários. Aprendi por que as pessoas travam guerras – por que razão o desejo de manter, proteger e expandir o domínio da crença motiva até mesmo os atos mais incompreensíveis de opressão e crueldade estimulados por grupos – e o que poderia ser feito para amenizar essa tendência, apesar de sua universalidade. Aprendi, por fim, que o aspecto terrível da vida pode ser, na verdade, uma precondição necessária para sua existência – e que, por conseguinte, é possível considerar tal precondição compreensível e aceitável. Espero poder levar os leitores deste livro às mesmas conclusões, sem exigir nenhuma "suspensão" irracional do "julgamento crítico" – exceto aquela necessária para conhecer e considerar os argumentos que apresento. Estes podem ser resumidos da seguinte forma:

> O mundo pode ser interpretado, de forma válida, como uma instância de ação, bem como um lugar de coisas. Descrevemos o mundo como um lugar de coisas, usando os métodos formais da ciência. Contudo, as técnicas da narrativa – mito, literatura e drama – retratam o mundo como uma instância de

---

[8] Ibidem, p. 32-33.

ação. As duas formas de representação têm sido desnecessariamente definidas em discordância, pois ainda não formamos um quadro claro dos seus respectivos domínios. O domínio da primeira é o mundo objetivo – aquilo que é, de acordo com a perspectiva da percepção intersubjetiva. O domínio da última é o mundo do valor – aquilo que é e aquilo que deveria ser, de acordo com a perspectiva da emoção e da ação.

O mundo como uma instância de ação é composto em essência de três elementos constitutivos, que tendem a se manifestar em padrões típicos de representação metafórica. O primeiro é o território inexplorado – a Grande Mãe, a natureza, fonte criativa e destrutiva, e local de repouso final de todas as coisas determinadas. O segundo é o território explorado – o Grande Pai protetor e tirânico, a cultura, sabedoria ancestral cumulativa. O terceiro é o processo que faz a mediação entre o território inexplorado e o explorado – o Filho Divino, o indivíduo arquetípico, Palavra exploratória criativa e adversário vingativo. Estamos tão adaptados a esse mundo de personagens divinos quanto ao mundo objetivo. Tal adaptação significa que o ambiente é, na "realidade", tanto uma instância de ação quanto um lugar de coisas.

A exposição desprotegida ao território inexplorado produz medo. O indivíduo é protegido de tal medo por consequência da imitação ritual do Grande Pai – por consequência da adoção da identidade de grupo, que restringe o significado das coisas, conferindo previsibilidade às interações sociais. Contudo, quando a identificação com o grupo se torna absoluta – quando tudo deve ser controlado, quando o desconhecido não tem mais permissão para existir –, o processo exploratório criativo que atualiza o grupo não pode mais se manifestar. Essa restrição da capacidade adaptativa aumenta, de modo dramático, a probabilidade de agressão social.

A rejeição do desconhecido é equivalente à "identificação com o diabo", o equivalente mitológico e adversário eterno do herói exploratório criador do mundo. Tais rejeição e identificação são consequência do orgulho luciferiano, que afirma: *tudo o que sei é tudo o que é necessário saber*. Esse orgulho é uma presunção totalitária de onisciência – é adotar o lugar de Deus por meio da "razão" –, algo que inevitavelmente gera uma condição de ser pessoal e social indistinguível do inferno. Esse inferno desenvolve-se devido à exploração criativa – impossível sem (humilde) reconhecimento do desconhecido –, constituindo o processo que constrói e mantém a estrutura adaptativa protetora que insufla vida em grande parte do seu significado aceitável.

A "identificação com o diabo" amplifica os perigos inerentes à identificação de grupo, que tende, por si só, à estultificação patológica. A lealdade ao interesse pessoal – significado subjetivo – pode servir de antídoto à tentação avassaladora constantemente imposta pela possibilidade de negação da anomalia. O interesse pessoal – significado subjetivo – revela-se na junção do território explorado com o inexplorado, sendo um indício da participação no processo que assegura a continuidade da adaptação salutar do indivíduo e da sociedade.

A lealdade ao interesse pessoal é equivalente à identificação com o herói arquetípico – o "salvador" –, que mantém sua associação com a Palavra criativa em face da morte, a despeito da pressão do grupo para se conformar. A identificação com o herói serve para diminuir a insuportável valência motivacional do desconhecido; ademais, fornece ao indivíduo uma posição que, de forma simultânea, transcende e mantém o grupo.

Resumos similares precedem cada capítulo (e subcapítulo). Lidos como uma unidade, apresentam uma imagem completa, embora compactada, do livro. Eles devem ser lidos em primeiro lugar, após este prefácio. Desse modo, a totalidade do argumento que apresento poderá vir em rápido auxílio na compreensão das partes.

1
MAPAS DA EXPERIÊNCIA

Objeto e Significado

O mundo pode ser interpretado, de forma válida, como uma instância de ação ou um lugar de coisas.

A primeira interpretação – mais primordial e menos compreendida com a devida clareza – encontra sua expressão nas artes ou humanidades, no ritual, no drama, na literatura e na mitologia. O mundo como instância de ação é um lugar de valor, um lugar onde todas as coisas possuem significado. Esse significado, moldado em consequência da interação social, tem implicação na ação, ou – em um nível de análise mais profundo – na configuração do esquema interpretativo que produz ou guia a ação.

A outra interpretação – o mundo como um lugar de coisas – encontra sua expressão formal em métodos e teorias da ciência. A ciência possibilita a determinação, cada vez mais precisa, das propriedades consensualmente validáveis das coisas e a utilização eficiente das coisas especificadas como ferramentas (uma vez que a instrução designada para tal uso tenha sido determinada por meio da aplicação de processos narrativos mais fundamentais).

Nenhuma imagem completa do mundo pode ser gerada sem recorrer a ambos os métodos de interpretação. O fato de uma interpretação, em geral, encontrar-se em desacordo com a outra significa apenas que a natureza de seus respectivos domínios permanece insuficientemente discriminada. Partidários da visão de mundo mitológica tendem a considerar as declarações de seus credos indistinguíveis do "fato" empírico, mesmo que essas declarações tenham sido formuladas bem antes da noção de realidade objetiva surgir. Aqueles que, por sua vez, aceitam a perspectiva científica – que supõem que ela seja ou poderia se tornar completa –, esquecem-se de que, hoje em dia, um fosso intransponível divide o que é do que deveria ser.

> Precisamos saber quatro coisas:
> o que existe,
> o que fazer com o que existe,
> que há uma diferença entre saber *que existe*
> e saber *o que fazer com o que existe,*
> e o que é essa diferença.

Explorar alguma coisa, "descobrir o que ela é" significa, sobretudo, descobrir sua relevância para a produção motora, dentro de determinado contexto social, e, mais particularmente, determinar com precisão sua natureza sensorial ou material objetiva. Isso é conhecimento, no mais básico dos sentidos – e, com frequência, constitui conhecimento suficiente.

Imagine que uma bebê, no decurso de suas primeiras tentativas exploratórias, suba em um balcão para conseguir tocar uma frágil e cara escultura de vidro. Ela observa sua cor, vê seu brilho, sente que a escultura é lisa, fria e firme ao toque. De repente, a mãe intervém, agarra sua mão e diz a ela para *nunca mais tocar naquele* objeto. A criança acabou de aprender várias coisas importantes sobre a escultura – por certo, identificou suas propriedades sensoriais. Mas o mais importante é que ela determinou que, abordada da maneira errada, a escultura é perigosa (pelo menos na presença da mãe); descobriu também que a escultura, na sua presente configuração inalterada, tem mais importância do que sua tendência exploratória – pelo menos (uma vez mais) do ponto de vista da mãe. A bebê, ao mesmo tempo, conheceu um objeto, a partir da perspectiva empírica, *e seu status socioculturalmente determinado.* O objeto empírico pode ser considerado as propriedades sensoriais "intrínsecas" ao objeto. O *status do objeto*, por sua vez, consiste em seu significado – consiste em sua implicação no comportamento. Tudo aquilo que uma criança conhece possui essa dupla natureza, vivenciada por ela como parte de uma totalidade unificada. Tudo *é* algo e *significa* algo – e a distinção entre essência e significância não é necessariamente suscitada.

A significância de algo – especificada na realidade como consequência da atividade exploratória conduzida no meio que cerca a criança – tende "naturalmente" a se assimilar ao próprio objeto. Afinal de contas, o objeto é a causa proximal ou o estímulo que "dá ensejo" à ação realizada na sua presença. Para pessoas que operam com naturalidade, como a criança, o significado de algo é, de certo modo, *parte* indissociável da coisa, parte de sua mágica. A mágica, com certeza, deve-se à apreensão do significado cultural e intrapsíquico específico da coisa, e não às suas qualidades sensoriais objetivamente determináveis. Todos entendem a criança que afirme, por exemplo: "Vi um homem assustador"; sua descrição é imediata e concreta, mesmo tendo atribuído ao objeto da percepção uma qualidade que seja, na verdade, dependente do contexto e subjetiva. Afinal, é difícil perceber a natureza subjetiva do medo e não sentir a ameaça como parte do mundo "real".

A atribuição automática de significado às coisas – ou a incapacidade inicial em distinguir cada uma delas – é uma característica da narrativa, do mito, não do pensamento científico. A narrativa captura de modo preciso a natureza da experiência bruta. As coisas *são* assustadoras, pessoas *são* irritantes, eventos *são* promissores, a comida *é* satisfatória – pelo menos nos termos de nossa experiência básica. Apesar disso, a mente moderna, que julga ter transcendido o domínio do mágico, ainda é capaz de reações "irracionais" (leia-se motivadas). Caímos no encanto da experiência sempre que atribuímos nossa frustração, agressão, devoção ou luxúria à pessoa ou situação que existe como "causa" proximal de tal agitação. Ainda não somos "objetivos", mesmo nos momentos mais lúcidos (e graças a Deus por isso). De imediato, mergulhamos em um filme ou livro e, de bom grado, suspendemos a descrença. Ficamos impressionados ou aterrorizados, apesar de nós mesmos, na presença de um representante cultural suficientemente poderoso (um ídolo intelectual, uma superestrela do esporte, um ator de cinema, um líder político, o papa, uma beldade famosa, até mesmo nosso superior no trabalho) – ou seja, na presença de alguém que personifique de maneira adequada os valores e ideais quase sempre implícitos que nos protegem da desordem e nos levam adiante. Semelhantes ao indivíduo medieval, nem precisamos da pessoa para gerar tal afeto. O ícone bastará. Gastamos grandes somas de dinheiro em peças de vestuário ou itens pessoais usados pelos famosos e infames de nosso tempo.[1]

Com efeito, a mente "natural", pré-experimental ou mítica está *primariamente* preocupada com o significado – que, em essência, tem implicação na ação –, e não com a natureza "objetiva". O objeto formal, conforme conceitualizado pela consciência moderna e cientificamente orientada, poderia parecer aos olhos daqueles ainda possuídos pela imaginação mítica – se eles ao menos conseguirem "vê-lo" – uma carcaça irrelevante, como aquilo que sobrou de um objeto após tudo o que é intrinsecamente intrigante ter sido removido dele. Para os pré-experimentalistas, a coisa é mais verdadeiramente o significado de suas propriedades sensoriais, já que eles se baseiam na experiência subjetiva – no afeto, ou na emoção. E, na verdade – na vida real –, saber o que algo *é* ainda significa saber duas coisas sobre esse algo: sua *relevância motivacional* e

---

[1] Fita métrica de Jacqueline Kennedy Onassis vendida por 45 mil dólares em 1996 (Could, L.; Andrews, D.; Yevin, J. [dezembro de 1996], p. 46).

a *natureza específica de suas qualidades sensoriais*. As duas formas de saber não são idênticas; além disso, a experiência e o registro da primeira necessariamente precedem o desenvolvimento da segunda. Uma coisa deve ter impacto emocional antes de atrair atenção suficiente para ser explorada e mapeada, de acordo com suas propriedades sensoriais. Essas propriedades sensoriais – de importância superior para o experimentalista ou empirista – são significativas somente até o ponto em que servirem como pistas para determinar a relevância afetiva específica ou a significância comportamental. Temos de saber o que as coisas *são* não para saber o que elas são, mas para *manter um registro do que significam* – para entender o que significam para nosso comportamento.

Foram necessários séculos de firme disciplina e treinamento intelectual, religioso, protocientífico e científico para produzir uma mente capaz de se concentrar em fenômenos que ainda não são, ou que deixaram de ser, imediata e intrinsecamente apelativos – para produzir uma mente que considere o *real* algo separável do *relevante*. Como alternativa, podemos sugerir que o mito ainda não desapareceu por inteiro da ciência, devotada como ela é ao progresso humano, e que esse significativo remanescente é que possibilita aos cientistas manter seu fervoroso entusiasmo enquanto estudam sem parar suas moscas-das-frutas.

De que forma, precisamente, as pessoas pensavam não muito tempo atrás, antes de serem experimentalistas? O que as coisas eram antes de serem coisas objetivas? Essas perguntas são muito difíceis. As "coisas" que existiam antes do desenvolvimento da ciência experimental não parecem ser válidas, seja como coisas *ou* como o significado das coisas para a mente moderna. A questão da natureza da substância do sol (a título de exemplo) ocupou a mente daqueles que praticavam a "ciência" pré-experimental da alquimia por várias centenas de anos. Não teríamos presumido que o sol possui uma substância uniforme, única, e com certeza não teríamos contestado as propriedades atribuídas a esse elemento hipotético pelo alquimista medieval, se tivéssemos aceitado sua existência. Carl Gustav Jung, que passou boa parte de seus últimos anos estudando padrões de pensamento medievais, caracterizou o sol:

> O sol significa, sobretudo, o ouro, com o qual ele compartilha o símbolo [alquímico]. Mas, assim como o ouro "filosófico" não é o ouro "comum", o sol não é apenas o ouro metálico, nem o globo celeste. Às vezes, o sol é uma substância ativa contida no ouro e é extraído [alquimicamente] como *tinctura rubea* (tintura vermelha). Por vezes, como corpo celeste, ele é o possuidor de raios magicamente eficazes e transformadores. Como ouro e corpo celeste, ele contém um enxofre ativo vermelho, quente e seco. Por causa do seu

enxofre vermelho, o sol alquímico, assim como seu ouro correspondente, é vermelho. Como todo alquimista sabia, o ouro deve sua cor vermelha à mistura de Cu (cobre), que eles interpretavam como *Kypris* (a Cipriota, Vênus), mencionada na alquimia grega como a substância transformadora. Vermelhidão, calor e secura são as qualidades clássicas do egípcio Set (Tifão Grego), o princípio do mal que, tal como o enxofre alquímico, está intimamente conectado ao diabo. E, assim como Tifão possui seu reino no mar proibido, o sol, como *sol centralis*, possui seu mar, sua "água perceptível bruta", e, como *sol coelestis*, possui sua "água perceptível sutil". Essa água-marinha (*aqua pontica*) é extraída do sol e da lua [...].

A substância ativa do sol possui efeitos favoráveis. Na forma do tão conhecido "bálsamo", ela goteja do sol e produz limões, laranjas, vinho e, no reino mineral, ouro.[2]

Quase não conseguimos entender essa descrição, contaminada por associações imaginativas e mitológicas próprias da mente medieval. Contudo, essa contaminação fantástica é que torna a descrição alquímica digna de análise – não com base na perspectiva da história da ciência, preocupada com a avaliação de ideias objetivas ultrapassadas, mas na perspectiva da psicologia, centrada na interpretação de estruturas subjetivas de referência.

"Nele [o Oceano Índico, neste exemplo] estão imagens do Céu e da Terra, do verão, do outono, do inverno e da primavera, do masculino e do feminino. Se chamais isso de espiritual, o que fazeis é provável; se corpóreo, falastes a verdade; se celestial, não mentis; se terreno, falastes bem."[3] O alquimista não conseguia separar suas ideias subjetivas sobre a natureza das coisas – isto é, sua *hipótese* – das coisas em si. Suas hipóteses, por sua vez – produtos da sua imaginação –, derivavam das pressuposições "explanatórias" inquestionáveis e irreconhecíveis que formavam sua cultura. O homem medieval vivia, por exemplo, em um universo que era *moral* – onde tudo, até mesmo os minérios e metais, aspiravam acima de tudo à perfeição.[4] As coisas, para a mente alquímica, eram em grande parte caracterizadas, portanto, por sua natureza *moral* – pelo seu impacto sobre aquilo que descreveríamos como afeto, emoção ou motivação; logo, eram caracterizadas por sua *relevância* ou seu *valor* (que é o impacto sobre o afeto). A descrição dessa relevância tomou a forma de narrativa, forma mítica – como no exemplo retirado de Jung, em que características negativas, demoníacas

---

[2] Jung C.G. (1976b), p. 92-93.
[3] Ibidem, p. 10-11.
[4] Eliade, M. (1978b).

são atribuídas ao aspecto sulfúrico da substância do sol. O grande feito da ciência foi retirar o *afeto* da *percepção*, digamos assim, e possibilitar a descrição das experiências apenas nos termos de suas características consensualmente compreensíveis. Contudo, os afetos gerados pelas experiências também são *reais*. Os alquimistas, cujas conceitualizações intercalam afeto com sentido, tratavam o afeto como algo inevitável (embora não "soubessem" disso – não *de modo explícito*). Nós retiramos o afeto da coisa e, assim, podemos manipular brilhantemente a coisa. Ainda somos vítimas, contudo, das emoções incompreendidas geradas pela coisa – dir-se-ia, na presença dela. Perdemos o universo mítico da mente pré-experimental, ou pelo menos deixamos de promover seu desenvolvimento. Essa perda deixou nosso maior poder tecnológico mais perigosamente à mercê de nossos sistemas de avaliação ainda inconscientes.

Antes da era de Descartes, Bacon e Newton, o homem vivia em um mundo animado, espiritual, saturado de significado, imbuído de propósito moral. A natureza desse propósito era revelada nas histórias que as pessoas contavam umas para as outras – histórias sobre a estrutura do cosmos e o lugar do homem. Mas agora pensamos de maneira empírica (pelo menos achamos que pensamos assim), e os espíritos que no passado habitavam o universo desapareceram. As forças liberadas pelo advento do experimento causaram destruição no mundo mítico. Jung afirma:

> Como o mundo parecia totalmente diferente para o homem medieval! Para ele, a Terra estava eternamente fixa e em repouso no centro do universo, circundada pelo curso de um sol que, solícito, cedia seu calor. Os homens eram todos filhos de Deus sob o cuidado amoroso do Pai Superior, que os preparava para a bem-aventurança eterna; e todos sabiam exatamente o que deviam fazer e como deviam conduzir-se para ascender de um mundo corruptível para uma existência incorruptível e jubilosa. Essa vida não mais nos parece real, nem em sonho. Há muito tempo que a ciência natural transformou esse belo véu em farrapos.[5]

Mesmo que o indivíduo medieval não estivesse, em todos os casos, carinhosa e completamente encantado com suas crenças religiosas (ele acreditava com firmeza no inferno, por exemplo), com certeza não estava atormentado pelo excesso de dúvidas racionais e incertezas morais que afligem sua contraparte moderna. A religião, para a mente pré-experimental, não era tanto uma questão de fé, mas sim uma questão de fato – o que significa que o predominante ponto de vista religioso não era apenas mais uma teoria convincente entre muitas outras.

---

[5] Jung, C.G. (1933), p. 204.

Nos últimos séculos, a capacidade de sustentar uma crença explícita em um "fato" religioso tem enfraquecido severamente – primeiro no Ocidente, e depois em todos os lugares. Uma linhagem de grandes cientistas e iconoclastas demonstrou que o universo não gira em torno do homem, que nossa noção de um status à parte e de "superioridade" em relação ao animal não tem base empírica, e que não há Deus algum no Paraíso (nem mesmo um Paraíso ao alcance dos olhos). Como resultado, não acreditamos mais em nossas próprias histórias – não acreditamos sequer que essas histórias nos foram úteis no passado. Os objetos da descoberta científica revolucionária – as montanhas de Galileu no orbe lunar; as órbitas planetárias elípticas de Kepler – manifestaram-se em aparente violação à ordem mítica, com base na sua presunção da perfeição celestial. Os novos fenômenos produzidos pelos procedimentos de experimentalistas não poderiam *ser*, não poderiam existir, a partir da perspectiva definida pela tradição. Além disso – e mais importante ainda –, as novas teorias que surgiram para dar sentido à realidade empírica apresentaram uma ameaça severa à integridade dos modelos tradicionais de realidade, que tinham dado ao mundo determinado significado. O cosmos mitológico tinha o homem como ponto central; o universo objetivo era heliocêntrico no início, e menos do que isso depois. O homem não ocupa mais o palco central. O mundo é, em decorrência, um lugar completamente diferente.

A perspectiva mitológica tem sido destituída pela empírica; ou assim parece. Isso deveria significar também o desaparecimento da moralidade baseada em tal mito, assim como desapareceu a crença na ilusão confortável. Friedrich Nietzsche demonstrou isso com clareza há mais de cem anos:

> Quando se abandona a fé cristã, subtrai-se de si mesmo também o direito à moral cristã [...]. O cristianismo é um sistema, uma visão elaborada e total das coisas. Se arrancamos dele um conceito central, a fé em Deus, despedaçamos também o todo: já não temos nada de necessário nas mãos. O cristianismo pressupõe que o homem não sabe, não pode saber o que para ele é bom e o que é mau: acredita em Deus, o único a saber. A moral cristã é uma ordem; sua origem é transcendente; ela está além de toda crítica, de todo direito à crítica; ela tem a verdade apenas se Deus for a verdade – ela se sustenta ou cai com a fé em Deus. – Se os [ocidentais modernos] realmente acreditam saber por si, "intuitivamente", o que é bom e o que é mau; se, portanto, julgam não mais necessitar do cristianismo como garantia da moral, isso mesmo é consequência do domínio do juízo de valor cristão e expressão da força e profundidade desse domínio: de modo que a origem da moral

[moderna] foi esquecida, de modo que a natureza muito condicionada de seu direito à existência não é mais percebida.[6, 7]

Nietzsche argumenta que, se as pressuposições de uma teoria forem invalidadas, então a teoria foi invalidada. Mas, nesse caso, a "teoria" sobrevive. Os princípios fundamentais da tradição moral judaico-cristã continuam a governar todo aspecto do comportamento individual atual e dos valores básicos do ocidental comum – mesmo que ele seja ateu e bem-educado; mesmo que suas noções abstratas e declarações pareçam iconoclastas. Ele não mata nem rouba (ou, se o faz, esconde suas ações, mesmo da própria consciência), e teoricamente tende a tratar o próximo como a si mesmo. Os princípios que governam sua sociedade (e cada vez mais todas as outras)[8] ainda se baseiam nas noções míticas do valor individual – direito intrínseco e responsabilidade –, apesar da evidência científica de causalidade e determinismo na motivação humana. Por fim, em sua cabeça – mesmo quando esporadicamente criminosa –, a vítima de um crime ainda clama ao céu por "justiça" e o criminoso consciente ainda *merece* punição pelos seus atos.

Portanto, nossos sistemas de pensamento pós-experimental e nossos sistemas de motivação e ação coexistem em união paradoxal. Um é "atualizado"; o outro, arcaico. Um é científico; o outro, tradicional, até mesmo supersticioso. Tornamo-nos ateus em nossa descrição, mas é evidente que continuamos religiosos – isto é, *morais* – em nossa atitude. O que aceitamos como verdadeiro e a forma como agimos não são mais proporcionais. Continuamos agindo como se nossa experiência tivesse significado – como se nossas atividades tivessem valor transcendente –, mas somos incapazes de justificar essa crença em termos intelectuais. Estamos presos a nossa capacidade de abstração: ela nos fornece informações descritivas precisas, mas também enfraquece a crença na utilidade e no significado da existência. Esse problema tem sido considerado trágico (a mim parece no mínimo ridículo) – e explorado em minúcias na filosofia e na literatura existenciais. Nietzsche descreveu essa condição moderna como a consequência (inevitável e necessária) da "morte de Deus":

> Não ouviram falar daquele homem louco que em plena manhã acendeu uma lanterna e correu ao mercado, e pôs-se a gritar incessantemente: "Procuro Deus!

---

[6] Nietzsche, F. (1981), p. 69-70. Nietzsche se referiu ao "inglês" no original; o ponto de vista que ele criticava é tão bem sustentado agora que minha substituição por "ocidentais modernos" parece perfeitamente oportuna.

[7] Em *Crepúsculo dos Ídolos*, IX, 5 (tradução de Paulo César de Souza. São Paulo: Companhia das Letras, 2013). (N. E.)

[8] Fukuyama, F. (1993).

Procuro Deus!"? – E como lá se encontrassem muitos daqueles que não criam em Deus, ele despertou com isso uma grande gargalhada. Então ele está perdido? perguntou um deles. Ele se perdeu como uma criança? disse um outro. Está se escondendo? Ele tem medo de nós? Embarcou num navio? Emigrou? – gritavam e riam uns para os outros. O homem louco se lançou para o meio deles e trespassou-os com seu olhar. "Para onde foi Deus?", gritou ele, "Já lhes direi! Nós o matamos – vocês e eu. Somos todos seus assassinos! Mas como fizemos isso? Como conseguimos beber inteiramente o mar? Quem nos deu a esponja para apagar o horizonte? Que fizemos nós ao desatar a terra do seu sol? Para onde se move ela agora? Para onde nos movemos nós? Para longe de todos os sóis? Não caímos continuamente? Para trás, para os lados, para a frente, em todas as direções? Existem ainda "em cima" e "embaixo"? Não vagamos como que através de um nada infinito? Não sentimos na pele o sopro do vácuo? Não se tornou ele mais frio? Não anoitece eternamente? Não temos que acender lanternas de manhã? Não ouvimos o barulho dos coveiros a enterrar Deus? Não sentimos o cheiro da putrefação divina? – também os deuses apodrecem! Deus está morto! Deus continua morto! E nós o matamos! Como nos consolar, a nós, assassinos entre os assassinos? O mais forte e mais sagrado que o mundo até então possuíra sangrou inteiro sob os nossos punhais – quem nos limpará este sangue? Com que água poderíamos nos lavar? Que ritos expiatórios, que jogos sagrados teremos de inventar? A grandeza desse ato não é demasiado grande para nós? Não deveríamos nós mesmos nos tornar deuses, para ao menos parecer dignos dele? [...].[9, 10]

Estamos em uma situação absurda e lamentável – quando os pensamentos se voltam de forma involuntária para analisar nossa situação. Parece impossível acreditar que a vida seja intrínseca e religiosamente significativa. Continuamos agindo e pensando "como se" – como se nada fundamental tivesse realmente mudado. Isso não altera o fato de que nossa integridade desapareceu.

As grandes forças do empirismo e da racionalidade e a grande técnica do experimento mataram o mito, e ele não pode ser ressuscitado – ou assim parece. Contudo, ainda *agimos* conforme os preceitos de nossos antepassados, embora não possamos mais justificar nossas ações. Nosso comportamento é moldado (em termos ideais, pelo menos) pelas mesmas regras míticas – *não matarás, não cobiçarás* – que guiaram nossos ancestrais ao longo dos milhares de anos vividos sem o benefício do pensamento empírico formal. Isso significa que essas regras são tão poderosas – tão necessárias,

---

[9] Nietzsche, F. In: Kaufmann, W. (1975), p. 126.
[10] Em *A Gaia Ciência*, 125 (tradução de Paulo César de Souza. São Paulo: Companhia das Letras, 2012). (N. E.)

pelo menos – que continuam existindo (e expandem seu domínio) mesmo na presença de teorias explícitas que enfraquecem sua validade. É um mistério. E aqui vai outro:

Como civilizações antigas, complexas e admiráveis conseguiram se desenvolver e florescer, no início, se se baseavam em disparates? (Se uma cultura sobrevive e cresce, isso não seria um indício, de certo modo até profundo, de que as ideias nas quais ela se baseia são válidas? Se os mitos são meras prototeorias supersticiosas, por que funcionaram? Por que foram lembrados? Afinal de contas, as grandes ideologias racionalistas – fascistas, digamos, ou comunistas – demonstraram sua inutilidade no espaço de poucas gerações, apesar de sua natureza convincente do ponto de vista intelectual. As sociedades tradicionais, baseadas em noções religiosas, sobreviveram – inalteradas em essência, em alguns casos, por dezenas de milhares de anos. Como essa longevidade pode ser compreendida?) Seria mesmo sensato argumentar que tradições consistentemente bem-sucedidas se baseiam em ideias que estão erradas, não importando sua utilidade?

Será que o problema não está em nossa falta de entendimento sobre como as noções tradicionais podem estar *certas*, apesar da *aparência* de extrema irracionalidade?

Não é provável que isso indique uma ignorância filosófica moderna, e não um erro filosófico ancestral?

Cometemos o grande equívoco de presumir que o "mundo do espírito" descrito pelos nossos predecessores era o "mundo da matéria" moderno, conceitualizado de forma primitiva. Isso não é verdade – pelo menos não da maneira simples em que acreditamos no geral. O cosmos descrito pela mitologia *não* era o mesmo lugar conhecido pelos praticantes da ciência moderna – mas isso não significa que ele não era *real*. Ainda não encontramos Deus lá em cima, nem o diabo lá embaixo, porque não sabemos, ainda, como encontrar o "lá em cima" e o "lá embaixo".

Não sabemos sobre o que nossos ancestrais falavam. Isso não é surpresa, porque eles também não "sabiam" (e de fato não lhes importava não saber). Considere este arcaico mito de criação[11] da Suméria – o "berço da História":

> Até o momento, nenhum texto cosmogônico propriamente dito foi descoberto, mas algumas alusões nos permitem reconstruir os momentos decisivos da criação, conforme os sumérios a conceberam. A deusa Nammu (cujo nome é

---

[11] Há pelo menos quatro narrativas sumérias (entre elas, o *Enuma Eliš*, detalhado mais adiante) que descrevem a origem do cosmos. Eliade supõe uma "pluralidade de tradições" muito provavelmente derivada dos povos cuja união produziu a civilização suméria (Eliade, M. [1978b], p. 59).

escrito com a pictografia representando o mar primordial) é apresentada como "a mãe que deu à luz o Céu e a Terra" e os "ancestrais que geraram todos os deuses". O tema das águas primordiais, imaginado como uma totalidade imediatamente cósmica e divina, é bastante frequente nas cosmogonias arcaicas. Também nesse caso, a massa aquosa identifica-se com a Mãe original que, por partenogênese, deu à luz o primeiro casal, o Céu (An) e a Terra (Ki), encarnando os princípios masculino e feminino. Esse primeiro casal uniu-se de tal modo, a ponto de se fundir no *hieros gamos* [casamento místico]. Da sua união nasceu En-lil, o deus da atmosfera. Outro fragmento nos informa que En-lil separou seus pais [...]. O tema cosmogônico da separação do Céu e da Terra também é bastante disseminado.[12]

O mito é típico das descrições arcaicas da realidade. O que significa dizer que os sumérios acreditavam que o mundo emergiu de um "mar primordial", que era a mãe de todos, e que o Céu e a Terra foram separados pelo ato de uma deidade? Não sabemos. No entanto, nossa ignorância abissal a esse respeito não tem sido superada por uma prudência apropriada. Parecemos presumir que histórias como essas – mitos – eram equivalentes em função e intenção (embora inferiores do âmbito metodológico) à descrição empírica ou pós-experimental. Foi sobretudo essa insistência fundamentalmente absurda que desestabilizou o efeito da tradição religiosa diante da organização do raciocínio e do comportamento da moral humana. O "mundo" dos sumérios não era a realidade objetiva, conforme a interpretamos hoje. Ele era ao mesmo tempo mais e menos – mais, no sentido de que esse mundo "primitivo" continha fenômenos que não consideramos parte da "realidade", tais como afeto e significado; menos, no sentido de que os sumérios não conseguiam descrever (ou conceber) muitas das coisas que os processos da ciência nos têm revelado.

O mito *não* é protociência primitiva. É um fenômeno qualitativamente diferente. A ciência pode ser considerada uma "descrição do mundo com relação a aspectos consensualmente compreensíveis" ou uma "especificação do modo mais eficiente de se alcançar um fim (conforme um fim definido)". O mito pode ser considerado mais precisamente uma "descrição do mundo conforme ele *significa* (para a *ação*)". O universo mítico é *um lugar para agir*, não *um lugar para compreender*. O mito descreve as coisas em termos de sua valência afetiva única ou compartilhada, seu valor, sua significância motivacional. Portanto, o Céu (An) e a Terra (Ki) dos sumérios não são o Céu e a Terra do homem moderno; eles são o Grande Pai e a Grande Mãe de todas as coisas (incluindo a coisa – En-lil, que é, na verdade, um processo – que, em certo sentido, deu origem a ambos).

---

[12] Ibidem, p. 57-58.

Não entendemos o pensamento pré-experimental, por isso tentamos explicá-lo em termos do que entendemos – o que significa que o minimizamos, definindo-o como bobagem. Afinal, pensamos cientificamente – assim acreditamos –, e pensamos que sabemos o que isso significa (dado que o pensamento científico pode, em princípio, ser definido). Estamos familiarizados com o pensamento científico e o valorizamos sobremaneira – então, tendemos a presumir que ele é tudo o que há em termos de pensamento (que todas as outras "formas de pensamento" são aproximações, quando muito, do ideal do pensamento científico). Mas isso não é correto. Mais fundamentalmente, pensar também é *especificação de valor*, especificação de implicação no comportamento. Isso significa que, no que concerne ao valor, a *categorização* – determinação (ou até mesmo percepção) do que constitui uma única coisa ou uma classe de coisas – é o ato de *agrupar conforme a implicação no comportamento*.

A categoria suméria de Céu (An), por exemplo, é um domínio de fenômenos com implicações similares em termos comportamentais ou de afeto; o mesmo pode ser dito sobre a categoria da Terra (Ki) *e todas as outras categorias míticas*. O fato de o "domínio do Céu" possuir implicações de ação – possuir importância motivacional – faz dele uma *deidade* (algo que controla o comportamento ou ao qual, pelo menos, devemos servir). A compreensão do fato de que tal sistema de classificação possui significado real requer que se pense de modo diferente (e também requer que se aprenda a pensar sobre pensar de modo diferente).

Os sumérios estavam preocupados, acima de tudo, com o modo de agir (estavam preocupados com o valor das coisas). De fato, suas descrições da realidade (às quais atribuímos características protocientíficas) compreendem sua visão do mundo *como fenômeno – como lugar para agir*. Eles não "sabiam" disso – não *de maneira explícita* – mais do que nós. Mas, ainda assim, isso era verdadeiro.

O esforço empírico é devotado à descrição objetiva do *que é* – à determinação do que, em se tratando de dado fenômeno, pode ser validado e descrito de forma consensual. Os objetos desse processo podem ser do passado, presente ou futuro, e de natureza estática ou dinâmica: uma boa teoria científica possibilita a previsão e o controle do tornar-se (da "transformação"), bem como do ser. Contudo, segundo essa perspectiva, o "afeto" gerado pelo encontro com um "objeto" não faz parte do que esse objeto *é*, e deve, portanto, ser eliminado de considerações ulteriores (junto com qualquer outra coisa subjetiva) – no mínimo, deve ser eliminado da definição como um *aspecto real do objeto*.

O minucioso processo empírico de identificação, comunicação e comparação comprovou-se um meio bastante eficiente para se especificar a natureza das características relativamente invariáveis do mundo apreensível de forma coletiva. Infelizmente, essa útil metodologia não é aplicável à determinação do *valor* – à consideração do *que deveria ser*, à especificação da direção que as coisas *deveriam* tomar (ou seja, à descrição do futuro que deveríamos construir como resultado de nossas ações). Necessariamente, esses atos de avaliação constituem decisões morais. Podemos usar informações geradas como resultado da aplicação da ciência para guiar essas decisões, mas não podemos confirmar se elas estão corretas. Falta-nos um processo de verificação, no domínio da moral, que seja tão poderoso ou universalmente aceitável quanto o método experimental (empírico) o é no reino da descrição. Essa carência não permite que nos esquivemos do problema. Nenhuma sociedade ou indivíduo funcional consegue deixar de fazer um julgamento moral, não importa o que possa ser dito ou imaginado sobre a necessidade de tal julgamento. Ação *pressupõe* avaliação, ou seu equivalente implícito ou "inconsciente". Agir é literalmente manifestar preferência por um conjunto de possibilidades, em comparação com um conjunto infinito de alternativas. Se quisermos viver, devemos agir. Agindo, atribuímos valor. Desprovidos de onisciência, somos dolorosamente forçados a tomar decisões diante da ausência de informações suficientes. Tradicionalmente falando, é nosso conhecimento do bem e do mal, nossa sensibilidade moral, que nos concede essa capacidade. São nossas convenções mitológicas, funcionando implícita ou explicitamente, que guiam nossas escolhas. Mas o que são essas convenções? Como devemos entender o fato de *sua existência*? Como devemos entender tais *convenções*?

Mais uma vez, foi Nietzsche quem colocou o dedo na ferida moderna, vital às questões de valência ou significado: não, conforme outrora, "como agir dentro dos limites de determinada cultura", mas "se é o caso de acreditar que a pergunta sobre como agir sequer pode ser razoavelmente feita, quanto mais respondida":

> Precisamente porque os filósofos da moral conheciam os fatos morais apenas grosseiramente, num excerto arbitrário ou compêndio fortuito, como moralidade do seu ambiente, de sua classe, de sua Igreja, do espírito de sua época, de seu clima e seu lugar – precisamente porque eram mal informados e pouco curiosos a respeito de povos, tempos e eras, não chegavam a ter em vista os verdadeiros problemas da moral – os quais só emergem na comparação de muitas morais. Por estranho que possa soar, em toda "ciência da moral" sempre faltou o problema da própria moral: faltou a suspeita de que ali havia algo problemático.[13, 14]

---

[13] Nietzsche, F. (1966), p. 97-98.
[14] Em *Além do Bem e do Mal*, p. 186 (tradução de Paulo César de Souza. São Paulo: Companhia das Letras, 2005). (N. E.)

Esse "problema da moralidade" — *existe algo moral, em qualquer sentido geral realista, e, se existir, como pode ser compreendido?* — é uma questão que agora adquiriu extrema importância. Temos o poder tecnológico de fazer o que quisermos (por certo, qualquer coisa destrutiva; potencialmente, qualquer coisa criativa); imiscuídas a esse poder, contudo, há incerteza existencial, superficialidade e confusão igualmente acentuadas. Nossos constantes intercâmbios multiculturais e capacidade de raciocínio crítico minaram nossa fé nas tradições de nossos antepassados, talvez por uma boa razão. No entanto, o indivíduo não consegue viver sem crença — sem ação e avaliação —, e a ciência não consegue fornecer essa crença. Apesar disso, precisamos depositar a fé em alguma coisa. Seriam os mitos aos quais recorremos desde a ascensão da ciência mais sofisticados, menos perigosos e mais complexos do que aqueles que rejeitamos? As estruturas ideológicas que dominaram as relações sociais no século XX não parecem menos absurdas do que os sistemas de crença mais antigos que elas suplantaram; falta-lhes, além disso, um tanto do mistério incompreensível que, necessariamente, continua fazendo parte da produção genuinamente artística e criativa. As proposições fundamentais do fascismo e do comunismo eram racionais, lógicas, formuláveis, compreensíveis — e terrivelmente erradas. Nenhuma grande luta ideológica no momento derrama lágrimas pela alma do mundo, mas é difícil acreditar que tenhamos superado nossa ingenuidade. O surgimento do movimento da Nova Era no Ocidente, por exemplo — como compensação pelo declínio da espiritualidade tradicional —, oferece prova suficiente de nossa contínua capacidade de engolir um camelo enquanto coamos um mosquito.

Poderíamos fazer melhor? É possível entender em que poderíamos acreditar de forma razoável, até admirável, após entender que devemos acreditar? Nosso vasto poder faz do autocontrole (e, talvez, da autocompreensão) uma necessidade — então, ao menos em princípio, temos a motivação. Ademais, os tempos são auspiciosos. O terceiro milênio do cristianismo está despontando — no fim de uma era em que demonstramos, para a aparente satisfação de todos, que certas formas de regulação social não funcionam (mesmo quando julgadas pelos próprios critérios de sucesso). Afinal, vivemos no rescaldo dos grandes experimentos estatais do século XX, conduzidos conforme Nietzsche profetizou:

> Na doutrina do socialismo esconde-se mal uma "vontade de negação da vida": há que ser homens ou raças malfadados para excogitar tal doutrina. Na realidade, eu desejaria que fosse provado por algumas grandes tentativas que em uma sociedade socialista a vida se nega, corta as suas próprias raízes. A Terra é grande o bastante, e o homem é sempre ainda inesgotável o bastante para que um tal aprendizado

prático e *demonstratio ad absurdum*, mesmo se fosse ganho e pago com um imenso investimento de vidas humanas, não merecesse parecer digno de desejo.[15, 16]

Parecem existir algumas restrições "naturais" ou mesmo – ouso dizer? – "absolutas" na maneira pela qual os seres humanos podem agir como indivíduos e em sociedade. Algumas pressuposições morais e teorias estão *erradas*; a natureza humana não é infinitamente maleável.

Tornou-se mais ou menos evidente, por exemplo, que uma racionalidade pura, abstrata e não fundamentada na tradição – a racionalidade que definiu o comunismo soviético, da concepção à dissolução – parece absolutamente incapaz de determinar e explicitar com exatidão o que deve guiar o comportamento individual e social. Alguns sistemas não funcionam, mesmo que façam sentido abstrato (até mesmo mais sentido do que sistemas alternativos, hoje em dia operantes, incompreensíveis e desenvolvidos de modo acidental). Alguns padrões de interação interpessoal – que constituem o Estado, na medida em que ele existe como modelo de comportamento social – não produzem os fins esperados, não conseguem se sustentar ao longo do tempo e podem até produzir fins contrários, devorando aqueles que professaram seu valor e os colocaram em prática. Talvez isso ocorra porque sistemas planejados, lógicos e inteligíveis não consideram o aspecto irracional, transcendente, incompreensível e não raro ridículo do caráter humano, conforme descrito por Dostoiévski:

> Pergunto-vos agora: o que se pode esperar do homem, como criatura provida de tão estranhas qualidades? Podeis cobri-lo de todos os bens terrestres, afogá-lo em felicidade, de tal modo que apenas umas bolhazinhas apareçam na superfície desta, como se fosse a superfície da água; dar-lhe tal fartura, do ponto de vista econômico, que ele não tenha mais nada a fazer a não ser dormir, comer pão de ló e cuidar da continuação da história universal – pois mesmo neste caso o homem, unicamente por ingratidão e pasquinada, há de cometer alguma ignomínia. Vai arriscar até o pão de ló e desejar, intencionalmente, o absurdo mais destrutivo, o mais antieconômico, apenas para acrescentar a toda esta sensatez positiva o seu elemento fantástico e destrutivo. Desejará conservar justamente os seus sonhos fantásticos, a sua mais vulgar estupidez, só para confirmar a si mesmo (como se isto fosse absolutamente indispensável) que os homens são sempre homens e não teclas de piano, que as próprias leis da natureza tocam e ameaçam tocar de tal modo que atinjam um ponto em que não se possa desejar

---

[15] Nietzsche, F. (1968a), p. 77-78.
[16] Em *A Vontade de Poder*, 125 (tradução de Marcos Sinésio Pereira Fernandes e Francisco José Dias de Moraes. Rio de Janeiro: Contraponto, 2008). (N. E.)

nada fora do calendário. Mais ainda: mesmo que ele realmente mostrasse ser uma tecla de piano, mesmo que isto lhe fosse demonstrado, por meio das ciências naturais e da matemática, ainda assim ele não se tornaria razoável e cometeria intencionalmente alguma inconveniência, apenas por ingratidão e justamente para insistir na sua posição. E, no caso de não ter meios para tanto, inventaria a destruição e o caos, inventaria diferentes sofrimentos e, apesar de tudo, insistiria no que é seu! Lançaria a maldição pelo mundo e, visto que somente o homem pode amaldiçoar (é um privilégio seu, a principal das qualidades que o distinguem dos outros animais), provavelmente com a mera maldição alcançaria o que lhe cabe: continuaria convicto de ser um homem e não uma tecla de piano! Se me disserdes que tudo isso também se pode calcular numa tabela, o caos, a treva, a maldição – de modo que a simples possibilidade de um cálculo prévio vai tudo deter, prevalecendo a razão –, vou responder-vos que o homem se tornará louco intencionalmente, para não ter razão e insistir no que é seu! Creio nisto, respondo por isto, pois, segundo parece, toda a obra humana realmente consiste apenas em que o homem, a cada momento, demonstre a si mesmo que é um homem e não uma tecla! Ainda que seja com os próprios costados, mas que o demonstre; ainda que seja como um troglodita, mas que demonstre. E, depois disso, como não pecar, como não louvar o fato de que isto ainda não exista e que a vontade ainda dependa o diabo sabe de quê...[17, 18]

Também possuímos hoje, de forma acessível e completa, a sabedoria tradicional de grande parte da raça humana – possuímos uma descrição precisa dos mitos e rituais que contêm e condicionam os valores implícitos e explícitos de quase todos os que já viveram. Esses mitos estão preocupados, fundamental e apropriadamente, com a natureza da existência humana bem-sucedida. Uma cuidadosa análise comparativa desse grande corpo da filosofia religiosa poderá permitir que determinemos de modo provisório a natureza da motivação e da moralidade humanas essenciais – caso estejamos dispostos a admitir nossa ignorância e assumir o risco. A especificação exata das associações mitológicas subjacentes poderá compreender o primeiro estágio de desenvolvimento na evolução consciente de um sistema de moralidade verdadeiramente universal. O estabelecimento de tal sistema, aceitável tanto para mentes empíricas quanto religiosas, poderia se revelar um auxílio inestimável na redução dos conflitos intrapsíquicos, interindividuais e intergrupais. A fundamentação de tal análise

---

[17] Dostoiévski, F. In: Kaufmann, W. (1975), p. 75-76.
[18] Em *Memórias do Subsolo*, p. 43-5 (tradução de Boris Schnaiderman. São Paulo: Editora 34, 2000). (N. E.)

comparativa dentro de uma psicologia (ou mesmo de uma neuropsicologia) realizada por meio de uma pesquisa estritamente empírica poderá nos conceder a possibilidade de uma forma de validação convergente, e nos ajudar a superar o velho problema de derivar o *devemos* do *somos*; ajudar-nos a ver de que forma *o que devemos fazer* pode estar inextricavelmente associado a *o que é que somos*.

Uma análise séria da mitologia, do tipo proposto aqui, não é uma mera discussão sobre eventos "históricos" encenados no palco do mundo (conforme o religioso tradicional poderia supor), tampouco uma mera investigação sobre a crença primitiva (conforme o cientista tradicional poderia presumir). Na verdade, ela é o exame, a análise e a subsequente incorporação de uma estrutura de significado, que contém dentro de si uma organização hierárquica da valência experiencial. A imaginação mítica está preocupada com o mundo à maneira do fenomenólogo que procura descobrir a natureza da realidade subjetiva em vez de se preocupar com a descrição do mundo objetivo. O mito e o drama que faz parte do mito fornecem respostas imagéticas à seguinte pergunta: "como o atual estado de experiência pode ser conceitualizado em abstrato, com relação ao seu *significado*?" (ou seja, sua relevância emocional [subjetiva, biologicamente baseada, socialmente construída] ou significância motivacional). Significado quer dizer implicação por produção comportamental; portanto, o mito apresenta logicamente informações relevantes para os problemas morais mais fundamentais: *"o que deveria ser? (o que deveria ser feito?)"*. O futuro desejável (o objeto de *o que deveria ser*) pode ser conceitualizado apenas em relação ao presente, que serve pelo menos como um ponto necessário de contraste e comparação. Chegar a algum lugar no futuro pressupõe estar em algum lugar no presente; além disso, a desejabilidade do *local para onde se viaja* depende da valência do local que ficou vago. A pergunta *"o que deveria ser feito?"* (qual linha deveria ser viajada?), portanto, contém dentro dela, digamos assim, três subperguntas, que podem ser formuladas como segue:

1. *O que é?* Qual é a natureza (ou seja, a *significância*) do atual estado de experiência?
2. *O que deveria ser?* Para qual fim (desejável, valioso) esse estado deveria estar se encaminhando?
3. *Portanto, como deveríamos agir?* Qual é a natureza dos processos específicos pelos quais o presente estado poderia ser transformado naquele que é desejado?

Uma compreensão ativa do objetivo do comportamento, conceitualizado em relação ao presente interpretado, serve para limitar ou fornecer determinada estrutura para avaliação dos eventos em curso, os quais emergem devido ao comportamento atual. O objetivo é um estado imaginário, consistindo em "um lugar" de motivação desejável ou afeto – um estado que existe somente na imaginação, como algo (potencialmente) preferível ao presente. (Portanto, a construção do objetivo significa o estabelecimento de uma teoria sobre o status relativo ideal dos estados motivacionais – sobre o que é *bom*.) Esse futuro imaginado constitui uma *visão da perfeição*, por assim dizer, gerada à luz de todo o conhecimento presente (pelo menos sob condições excelentes), com o qual aspectos específicos e gerais da experiência em andamento são sempre comparados. Essa visão da perfeição é a terra prometida, em termos mitológicos – conceitualizada como um domínio espiritual (um estado psicológico), uma utopia política (um Estado, literalmente falando), ou ambos, ao mesmo tempo.

Respondemos à pergunta *"o que deveria ser?"* formulando uma imagem do futuro desejado.

Não conseguimos imaginar esse futuro, exceto em relação ao presente (interpretado) – e é nossa interpretação da aceitabilidade emocional do presente que engloba nossa resposta à pergunta *"o que é?"* ("qual é a natureza [ou seja, a *significância*] do estado atual da experiência?").

Respondemos à pergunta *"como então deveríamos agir?"* determinando a estratégia mais eficiente e autoconsistente, considerando todos os aspectos, para transformar o futuro preferido em realidade.

Nossas respostas a essas três perguntas fundamentais – modificadas e construídas no curso de nossas interações sociais – constituem nosso conhecimento, na medida em que ele tenha qualquer relevância comportamental; constituem nosso conhecimento com base na perspectiva mitológica. A estrutura do *conhecido* mítico – o que é, o que deveria ser e como ir de um para o outro – é apresentada na Figura 1.1: O Domínio e os Elementos Constitutivos do Conhecido.

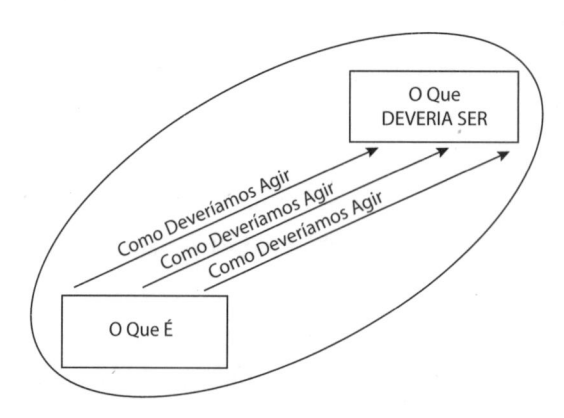

Figura 1.1: O Domínio e os Elementos Constitutivos do Conhecido

O conhecido é o território explorado, um lugar de estabilidade e familiaridade; é a "cidade de Deus", entendida de modo profano. Ele encontra personificação metafórica nos mitos e nas narrativas que descrevem a comunidade, o reino ou o Estado. Esses mitos e narrativas guiam nossa capacidade de entender a significância estrita, específica e motivacional do presente, vivenciada em relação a determinado futuro desejado e identificável, permitindo-nos construir e interpretar padrões apropriados de ação dentro dos limites desse esquema. Todos nós produzimos certos modelos do que é, do que deveria ser, e de como transformar um no outro. Produzimos esses modelos comparando nossos próprios desejos, à medida que encontram expressão na fantasia e na ação, com os desejos dos outros – indivíduos, famílias e comunidades – que habitualmente encontramos. "Como agir" constitui o aspecto mais essencial do contrato social; o domínio do *conhecido é*, portanto, o "território" que habitamos com todos aqueles que compartilham das nossas tradições e crenças implícitas e explícitas. Os mitos descrevem a existência desse "território compartilhado e determinado" como um aspecto fixo da existência – o qual ele é, assim como a cultura é um aspecto imutável do ambiente humano.

As "narrativas do conhecido" – rituais patrióticos, histórias de heróis ancestrais, mitos e símbolos de identidade cultural ou racial – descrevem um território estabelecido, tecendo diante de nossos olhos uma teia de significado que, compartilhada com os outros, elimina a necessidade de disputa pelo significado. Todos os que conhecem e aceitam as regras podem jogar o jogo – sem brigar por causa das regras dele. Isso gera paz, estabilidade e prosperidade em potencial – um bom jogo. O bom, contudo, é inimigo do melhor; um jogo mais atrativo sempre poderá existir. O mito retrata o que é conhecido e realiza uma função que, se limitada a isso, poderia ser considerada de importância crucial. Mas o mito também apresenta informações que são bem mais profundas – quase inexprimíveis, uma vez que (devo argumentar) sejam entendidas do modo apropriado. Todos nós produzimos modelos do que é, do que deveria ser, e de como transformar um no outro. Mudamos nosso comportamento quando as consequências dele não são o que gostaríamos. Mas, às vezes, uma mera mudança de comportamento não é suficiente. Devemos mudar não só o que fazemos, mas o que consideramos importante. Isso significa reconsiderar a natureza da significância motivacional do presente, e reconsiderar a natureza ideal do futuro. Essa é uma transformação radical, até mesmo revolucionária, sendo um processo de complexa realização – mas o pensamento mítico tem representado a natureza dessa mudança de forma sublime e notavelmente detalhada.

A estrutura gramatical básica da mitologia transformacional, digamos assim, surge mais claramente revelada na forma de "caminho", "*way*" (como em "*American way of life*")[19]. O grande crítico literário Northrop Frye comenta sobre a ideia de caminho à medida que ela se manifesta na literatura e na escrita religiosas:

> Seguir uma narrativa está intimamente ligado à metáfora literária central da jornada, em que temos uma pessoa fazendo a jornada e a estrada, caminho ou direção tomada, a palavra mais simples para isso sendo "caminho" [*way*]. Jornada é uma palavra relacionada a *jour* e *journée* ["dia", em francês], e jornadas metafóricas, derivando, como muitas vezes derivam, de métodos mais lentos de locomoção, em geral possuindo em seu núcleo a concepção da jornada do dia, o espaço que conseguimos abranger durante o ciclo do sol. Por meio de uma ampliação metafórica muito simples, temos o ciclo do dia como um símbolo para o todo da vida. Assim, no poema de Housmann, "Reveille" ["Toque de Alvorada"] ("Acorda, rapaz: quando a jornada acabar / Haverá tempo suficiente para dormir"), despertar pela manhã é uma metáfora da continuação da jornada da vida, uma jornada que termina com a morte. O protótipo para a imagem é o Livro de Eclesiastes, que nos exorta a trabalhar enquanto é dia, antes que a noite venha e nenhum homem consiga fazê-lo [...].
>
> A palavra "*way*" é um bom exemplo da forma como a língua é construída sobre uma série de analogias metafóricas. O significado mais comum de "*way*", em inglês, é um método ou maneira de proceder, mas método e maneira sugerem certa repetição sequencial, e a repetição nos leva à essência metafórica de uma estrada ou caminho [...]. Na Bíblia, "*way*" costuma traduzir o *derek* hebraico e o *hodos* grego, e por toda a Bíblia há uma forte ênfase no contraste entre um caminho reto que nos leva ao nosso destino e um caminho divergente que nos desorienta ou confunde. Esse contraste metafórico assombra toda a literatura cristã: começamos a ler a *Commedia* de Dante, e o terceiro verso fala de um caminho perdido ou apagado: "*ché la diritta via era smarrita*". Outras religiões têm a mesma metáfora: o budismo fala do que normalmente é chamado em inglês de caminho óctuplo [*eightfold path*]. No taoismo chinês, o Tao costuma ser reproduzido como "caminho" por Arthur Waley e outros, embora eu entenda que o caractere que representa a palavra seja formado de radicais que significam algo como "cabeça-indo". O livro sagrado do taoismo, o *Tao te Ching*, inicia declarando que o Tao sobre o qual se pode falar não é o Tao verdadeiro: em outras palavras, estamos sendo advertidos a tomar cuidado com as armadilhas da linguagem metafórica, ou, em uma frase oriental comum, a não confundir a lua com o dedo apontado

---

[19] Embora a referida expressão seja mais comumente traduzida como "modo americano de vida", o termo "caminho" é mais condizente com o sentido pretendido pelo autor, inclusive no espírito do que é explicado por Frye no trecho citado a seguir. (N. E.)

para ela. Mas, continuando a leitura, descobrimos afinal que o Tao pode ser, até certo ponto, caracterizado: o caminho é especificamente o "caminho do vale", a direção tomada pela humildade, auto-obliteração, e o tipo de relaxamento, ou inação, que torna toda ação efetiva.[20]

O "caminho" é a trilha da vida e seu propósito.[21] Mais precisamente, o conteúdo do caminho é a trilha específica da vida. A forma do caminho, seu aspecto mais fundamental, é a possibilidade aparentemente intrínseca ou hereditária de postular ou ser guiado por uma ideia central. Essa forma aparentemente intrínseca encontra sua expressão na tendência de cada indivíduo, geração após geração, de primeiro perguntar e, depois, buscar uma resposta à pergunta "qual é o sentido da vida?".

A noção central de caminho sustenta a manifestação de mais quatro mitos específicos, ou classes de mitos, e oferece uma resposta mais completa, de forma dramática, às três perguntas apresentadas antes (*qual é a natureza* [ou seja, a significância] *do ser atual?, para qual finalidade* [desejável] *esse estado deveria estar se dirigindo?* e, por fim, *quais são os processos pelos quais o estado presente poderia ser transformado naquilo que é desejado?*). As quatro classes incluem:

1. mitos que descrevem um estado estável atual ou preexistente (às vezes um paraíso, às vezes uma tirania);
2. mitos que descrevem a aparição de algo anômalo, inesperado, ameaçador e promissor dentro desse estado inicial;
3. mitos que descrevem a dissolução do estado estável preexistente em caos, como resultado da ocorrência anômala ou inesperada;
4. mitos que descrevem a regeneração da estabilidade (paraíso reconquistado [ou tirania regenerada]) a partir da mistura caótica da experiência prévia de dissolução e das informações anômalas.

A metamitologia do caminho, por assim dizer, descreve a maneira pela qual ideias específicas (mitos) sobre o presente, o futuro e o modo de transformação de um no outro são construídas a princípio e, depois, reconstruídas em sua totalidade, quando

---

[20] Frye, N. (1990), p. 90-92.

[21] Richard Wilhelm traduziu o Tao chinês, o chão do ser, o *caminho*, como *"sinn"*, o equivalente alemão para "significado" (Wilhelm, R. [1971], p. IV). O *caminho* é uma trilha da vida, guiado pelos processos manifestos fora da área circunscrita por estruturas cognitivas definidas, lógicas, internamente consistentes. De acordo com tal perspectiva, experiências significativas poderiam ser consideradas "postes de sinalização" que marcam a trilha para um novo modo de ser. Qualquer forma de arte que produza uma captura estética ou intimação de significado poderia, desse modo, servir como tal poste de sinalização – ao menos em princípio (ver Soljenítsyn, A.I. [1990], p. 623-30).

necessário. A noção cristã tradicional (e não apenas a cristã) de que o homem caiu de um "estado de graça" original na sua condição atual, moralmente degenerada e emocionalmente insuportável – acompanhado de um desejo de "retorno ao Paraíso" – constitui um exemplo único desse "metamito". A moralidade cristã, portanto, pode ser razoavelmente considerada o "plano de ação" cuja meta é o restabelecimento, ou estabelecimento, ou conquista (às vezes, no "além-mundo") do "reino de Deus", o futuro ideal. A ideia de que o homem necessita de redenção – e de que o restabelecimento de um Paraíso há muito perdido pode constituir tal redenção – surge como tema comum da mitologia entre os membros de culturas humanas extremamente diversas e há muito separadas.[22] Essa associação surge porque o homem, eternamente autoconsciente, sofre desde sempre com sua existência e anseia constantemente por alívio.

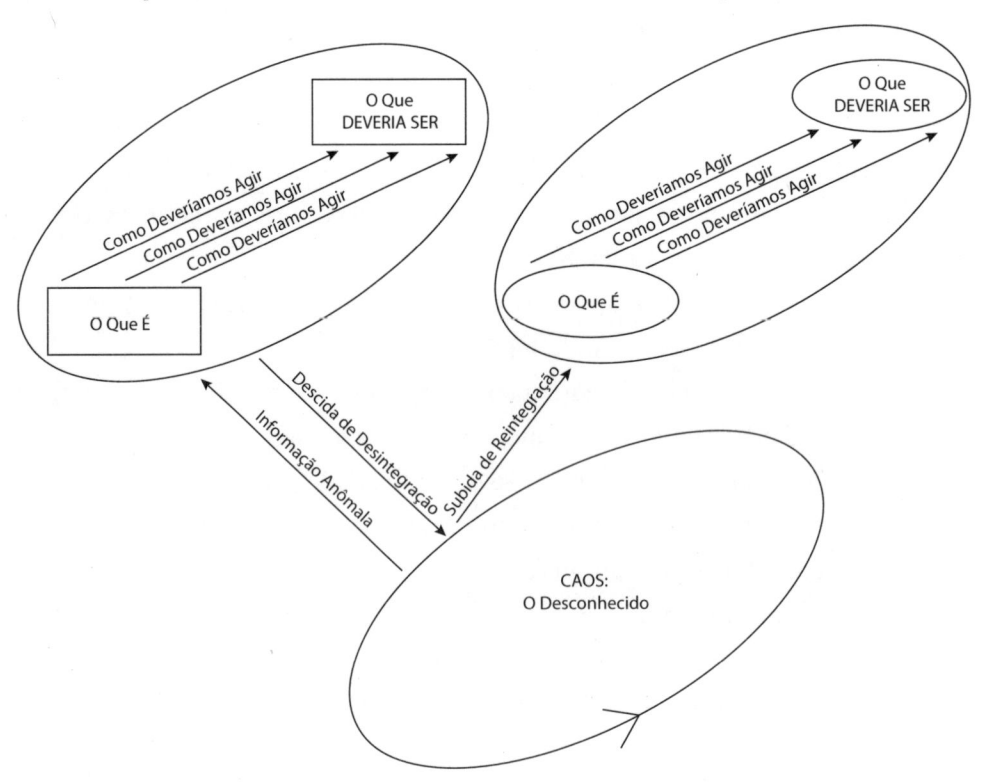

Figura 1.2: O Ciclo Metamitológico do Caminho

A Figura 1.2: O Ciclo Metamitológico do Caminho retrata de forma esquemática o "círculo" do caminho, que "começa" e "termina" no mesmo ponto – com

---

[22] Ver, por exemplo, Eliade, M. (1975).

o estabelecimento do conhecimento moral condicional, mas determinado (crença). A crença é abalável, pois finita – o que equivale a dizer que o mistério infinito que circunda o entendimento humano pode, a qualquer momento, adentrar nossos modelos provisórios de como agir e destruir sua estrutura. O modo de agirmos como crianças, por exemplo, poderá ser perfeitamente apropriado para as condições da infância; os processos de amadurecimento mudam as condições da existência, introduzindo anomalia onde existia apenas certeza, exigindo não apenas uma mudança de planos, mas a reconceitualização de onde os planos poderiam levar e a que ou a quem eles se referem, no presente.

O conhecido, nossa história atual, protege-nos do desconhecido, do *caos* – isto é, fornece à nossa experiência uma estrutura determinada e previsível. O caos possui uma natureza toda própria. Essa natureza é vivenciada como *valência afetiva*, na primeira exposição, não como *propriedade objetiva*. Se algo desconhecido ou imprevisível ocorre enquanto, motivados, levamos nossos planos adiante, primeiro ficamos *surpresos*. Essa surpresa – que é uma combinação de apreensão e curiosidade – engloba nossa *resposta emocional instintiva à ocorrência de algo que não desejávamos*. O surgimento de algo inesperado é a prova de que não sabemos como agir – por definição, pois é a elaboração daquilo que usamos como evidência da integridade do nosso conhecimento. Se estamos em um lugar onde não sabemos como agir, estamos (provavelmente) em apuros – podemos aprender algo novo, mas ainda assim estamos em apuros. Quando estamos em apuros, ficamos com medo. Quando estamos no domínio do conhecido, digamos, não há motivo para ter medo. Fora desse domínio, reina o pânico. É por esse motivo que não gostamos de ver nossos planos interrompidos e nos agarramos ao que podemos entender. Mas essa estratégia conservadora nem sempre funciona, pois o que entendemos sobre o presente não é, necessariamente, suficiente para lidarmos com o futuro. Isso significa que temos de ser capazes de modificar o que entendemos, mesmo que, ao fazer isso, arrisquemos nos destruir. O truque, claro, é modificar e ainda assim permanecer em segurança. O que não é tão simples. O excesso de modificação cria o caos. Pouca modificação cria estagnação (e, logo, quando irrompe o futuro para o qual não estamos preparados – caos).

A exposição involuntária ao caos significa encontro acidental com as forças que minam o mundo conhecido. As consequências afetivas desse encontro podem ser literalmente esmagadoras. É por essa razão que os indivíduos se mostram bastante motivados para evitar manifestações repentinas do desconhecido. E é por isso que os indivíduos farão praticamente tudo para garantir que suas "histórias" culturais protetoras permaneçam intactas.

2
MAPAS DO SIGNIFICADO

Três Níveis de Análise

Os seres humanos estão biologicamente preparados para responder a informações anômalas – à novidade. Essa resposta instintiva inclui redirecionamento da atenção, geração de emoção (medo, a princípio e em termos gerais; depois, curiosidade) e compulsão comportamental (interrupção da atividade em andamento, em primeiro lugar e em termos gerais; depois, abordagem ativa e exploração). Esse padrão de resposta instintiva impulsiona a aprendizagem – em particular, mas não com exclusividade, a aprendizagem do comportamento apropriado. Toda essa aprendizagem ocorre – ou ocorreu originalmente – como consequência do contato com a novidade ou anomalia.

O que é novo depende, é óbvio, do que é conhecido – é necessariamente definido em oposição ao que é conhecido. Além disso, o que é conhecido é sempre condicionalmente conhecido, uma vez que o conhecimento é necessariamente limitado. Nosso conhecimento condicional, até onde for relevante para a regulação da emoção, consiste em nossos modelos de significância emocional do presente, definidos em oposição a um estado futuro idealizado, hipotético ou fantasiado. Avaliamos o "presente insuportável" em relação ao "futuro ideal". Agimos para transformar "onde estamos" em "onde gostaríamos de estar".

Quando nossas tentativas de transformar o presente saem conforme o planejado, permanecemos posicionados com firmeza no *domínio do conhecido* (metaforicamente falando). Mas quando nossos comportamentos produzem resultados indesejados – isto é, quando erramos –, adentramos o *domínio do desconhecido*, governado por forças emocionais mais primordiais. Erros de "pequena escala" nos forçam a reconstruir nossos planos, mas nos permitem manter nossos objetivos e conceitualizações das condições presentes. Erros catastróficos, por sua vez, forçam-nos não apenas a reavaliar nossos meios, mas também nossos pontos de partida e nossos fins. Essa reavaliação supõe necessariamente uma desregulação emocional extrema.

O "domínio do conhecido" e o "domínio do desconhecido" podem, razoavelmente, ser considerados elementos constitutivos permanentes da experiência humana – até mesmo do ambiente humano. Independentemente da cultura, do local e da época, os indivíduos são forçados a adaptarem-se à realidade da cultura (o domínio do conhecido, em termos gerais) e ao fato de sua extrema insuficiência (já que o domínio do desconhecido permanece necessariamente vigente, a despeito do nível de "adaptação" prévia). Logo, parece que o cérebro humano – e o cérebro dos animais superiores – adaptou-se à eterna presença desses dois "lugares"; o cérebro possui um modo de operação quando se encontra em território explorado, e outro quando está em território inexplorado. No mundo inexplorado, a prudência – expressa pelo medo e pela imobilidade comportamental – predomina a princípio, mas poderá ser substituída pela curiosidade – expressa pela esperança, pelo entusiasmo e, sobretudo, pelo comportamento exploratório criativo. A exploração criativa do desconhecido e a consequente geração de conhecimento são a construção ou atualização de padrões de comportamento e representação, de modo que o desconhecido, aterrorizante e irresistível de início, é transformado em algo benéfico (ou, pelo menos, irrelevante). A presença da capacidade para a exploração criativa e a geração de conhecimento pode ser considerada o terceiro e último elemento constitutivo permanente da experiência humana (além do domínio do "conhecido" e do "desconhecido").

As representações mitológicas do mundo – que são representações da realidade como instância de ação – retratam a inter-relação entre todos os três elementos constitutivos da experiência humana. Em geral, atribui-se ao eterno desconhecido – a natureza, metaforicamente falando, criativa e destrutiva, fonte e destino de todas as coisas determinantes – um caráter feminino afetivamente ambivalente (como a "mãe" e eventual "devoradora" de tudo e de todos). Por sua vez, o eterno conhecido – cultura, território definido, tirânico e protetor, disciplinado e restritivo, consequência cumulativa do comportamento heroico ou exploratório – costuma ser considerado masculino (em oposição à "mãe" natureza). E, por fim, o conhecedor eterno – o processo que faz a medição entre o conhecido e o desconhecido – é o cavaleiro que mata o dragão do caos, o herói que substitui a desordem e a confusão pela clareza e pela certeza, o deus sol que eternamente mata as forças da escuridão, e a "palavra" que engendra a criação cósmica.

VIDA NORMAL E REVOLUCIONÁRIA: DUAS HISTÓRIAS PROSAICAS

Contamos para nós mesmos histórias sobre quem somos, onde gostaríamos de estar e como vamos chegar lá. Essas histórias regulam nossas emoções, determinando a significância de todas as coisas que encontramos e todos os eventos que vivenciamos. Consideramos positivas as coisas que nos mantêm em nosso caminho, negativas as que impedem nosso progresso, e irrelevantes aquelas que não fazem nem uma coisa nem outra. A maioria das coisas é irrelevante – e isso é bom, já que temos recursos de atenção limitados.

Os inconvenientes interferem em nossos planos. Não gostamos de inconvenientes e evitamos lidar com eles. Não obstante, ocorrem comumente – tão comumente, na verdade, que podem ser considerados uma característica integrante, previsível e constante do ambiente humano. Adaptamo-nos a essa característica – possuímos os recursos intrínsecos para lidar com inconvenientes – e nos beneficiamos ao fazê-lo, ficando mais fortes.

Inconvenientes ignorados acumulam-se em vez de desaparecerem. Quando se acumulam em número suficiente, produzem uma catástrofe – uma catástrofe autoinduzida, para ser exato, mas que pode ser indistinguível de um "fenômeno da natureza". Os inconvenientes interferem na integridade de nossos planos – tendemos, assim, a fingir que não estão lá. As catástrofes, por sua vez, interferem por completo na integridade de nossas histórias, desregulando nossas emoções de forma substancial. Por sua natureza, são mais difíceis de ignorar – embora isso não nos impeça de tentar.

Os inconvenientes são comuns; infelizmente, as catástrofes também – autoinduzidas ou não. Estamos adaptados às catástrofes, também aos inconvenientes, enquanto características ambientais constantes. Podemos resolver a catástrofe, assim como podemos lidar com a inconveniência – embora a um custo mais alto. Como consequência dessa adaptação, dessa capacidade de resolução, a catástrofe pode rejuvenescer. Ela também pode destruir.

Quanto mais ignoramos as inconveniências em determinada catástrofe, maior a probabilidade de essa catástrofe ser destrutiva.

Ao longo do último meio século de investigação sobre as funções intelectual e emocional, aprendemos o suficiente para possibilitar o desenvolvimento de uma teoria geral provisória de regulação emocional. A descrição do papel desempenhado pela reação à novidade ou anomalia no processamento de informações humanas é sem dúvida central para tal teoria. Um conjunto de evidências convincentes sugere que nossas respostas afetivas, cognitivas e comportamentais ao desconhecido ou ao imprevisível estão "conectadas"; sugere que essas respostas constituem elementos estruturais inatos dos próprios processos da consciência. De modo involuntário, atentamos às coisas que ocorrem de modo contrário às nossas previsões – que ocorrem apesar de nossos desejos, conforme expressos por expectativas. Essa atenção involuntária engloba grande parte daquilo a que nos referimos quando dizemos "consciência". Nossa atenção inicial constitui o primeiro passo no processo pelo qual ajustamos nosso comportamento e esquemas interpretativos ao mundo da experiência – presumindo que o fazemos; constitui, também, o primeiro passo para modificar o mundo a fim de transformá-lo no que desejamos, em vez do que ele é atualmente.

As pesquisas modernas sobre o papel da novidade na emoção e no pensamento começaram com os russos – E. N. Sokolov, O. Vinogradova, A. R. Luria (e, mais recentemente, E. Goldberg) –, que adotaram uma abordagem em muitos aspectos singular para com a função humana. Ao que parece, sua tradição teve origem em Pavlov, que considerava o arco reflexo um fenômeno de importância central, e no legado intelectual marxista, que considerava o trabalho – a ação criativa – a característica definidora do homem. Quaisquer que sejam os precedentes históricos específicos, os russos consideraram a produção motora e seus equivalentes abstratos o aspecto crucialmente relevante da existência humana. Essa posição intelectual os distinguiu, em termos históricos, de seus colegas ocidentais, que tendem (tendiam) a considerar o cérebro uma máquina de processamento de informações semelhante ao computador. Os psicólogos no Ocidente concentraram suas energias em estabelecer de que maneira o cérebro determina o que existe, por assim dizer, a partir do ponto de vista objetivo. Os russos, por outro lado, dedicaram-se ao papel do cérebro no controle do comportamento e na geração de afetos e emoções associados a esse comportamento. Os modernos que fazem experimentos com animais – sobretudo Jeffrey Gray[1] – adotaram a linha russa e obtiveram um sucesso impressionante. Agora sabemos, ao menos em termos gerais, como responder às coisas (chatas, irritantes, assustadoras, promissoras) que não esperamos.

O pioneiro psicofisiologista russo E. N. Sokolov começou a trabalhar com a "base reflexa" da atenção na década de 1950. No início dos anos 1960, esse trabalho avançou até o ponto em que ele pôde formular as seguintes proposições fundamentais. Primeira:

---

[1] Gray, J.A. (1982; 1987); Gray, J.A. e McNaughton, N. (1996); Gray, J.A. et al., 1996.

Uma possível abordagem para a análise do processo reflexo é considerar o sistema nervoso um mecanismo capaz de modelar o mundo externo por meio de mudanças específicas que ocorrem em sua estrutura interna. Nesse sentido, um conjunto distinto de mudanças no sistema nervoso é isomórfico com o agente externo que ele reflete e ao qual se assemelha. Assim como um modelo interno que se desenvolve no sistema nervoso em resposta ao efeito de agentes no ambiente, a imagem realiza a função vital de modificar a natureza do comportamento, permitindo ao organismo prever eventos e se ajustar ativamente ao seu ambiente.[2]

E segunda:

Meu primeiro encontro com fenômenos que indicavam que as divisões mais altas do sistema nervoso central formam modelos de agentes externos envolveu o estudo de reações às "novas" [características do estímulo. Eu caracterizei essas reações como] *reflexos de orientação*. A característica peculiar do reflexo de orientação é que, após várias aplicações do mesmo estímulo (em geral, de cinco a quinze), a resposta desaparece (ou, como geralmente se diz, "é extinta"). Contudo, a menor mudança possível no estímulo é suficiente para despertar a resposta [...]. A pesquisa sobre o reflexo de orientação indica que ele não ocorre como resultado direto da excitação recebida; em vez disso, é produzido por sinais de discrepância que se desenvolvem quando sinais aferentes (isto é, *recebidos*) são comparados com o traço formado no sistema nervoso por um sinal anterior.[3]

Sokolov estava preocupado sobretudo com a modelagem de eventos no mundo externo objetivo – em essência, presumindo que, quando modelamos, modelamos *fatos*. A maioria dos acadêmicos que seguiram o mesmo caminho adotou essa suposição central, ao menos de forma implícita. Essa posição requer alguma modificação. Modelamos fatos, mas nos *preocupamos* com a valência, ou valor. Portanto, nossos mapas do mundo contêm o que podemos considerar dois tipos distintos de informação: sensorial e afetiva. Não basta saber que alguma coisa *é*. É também necessário saber o que ela *significa*. Pode-se até argumentar que animais – e seres humanos – estão *primariamente preocupados* com a significância afetiva ou emocional do ambiente.

Como nossos primos animais, dedicamo-nos ao básico: essa coisa (nova) vai me comer? Posso comê-la? Ela me perseguirá? Eu deveria persegui-la? Posso copular com ela? *Podemos* construir modelos de "realidade objetiva", o que sem dúvida é útil. No entanto, *devemos* modelar significados para sobreviver. Nossos mapas de significado

---

[2] Sokolov, E.N. (1969), p. 672.
[3] Ibidem, p. 673.

mais fundamentais – mapas que têm uma estrutura narrativa – retratam *o valor motivacional de nosso estado atual*, concebido *em contraste com um ideal hipotético*, acompanhado *por planos de ação*, os que são nossas noções pragmáticas sobre como conseguir o que queremos.

A descrição desses três elementos – estado atual, estado futuro ideal e meios de mediação ativa – constitui as precondições necessárias e suficientes para a tessitura da narrativa mais simples, que é um meio de descrever a valência de determinado ambiente, em relação a um conjunto de padrões de ação temporal e espacialmente vinculados. Chegar ao ponto "b" pressupõe que se está no ponto "a" – você não pode planejar movimento na ausência de uma posição inicial. O fato de que o ponto "b" constitui o objetivo final significa que ele é avaliado como superior ao ponto "a" – que ele é um lugar mais desejável, quando examinado em necessário contraste com a posição atual. É a melhoria percebida no ponto "b" que torna o mapa inteiro significativo ou carregado de afeto; é a capacidade de construir pontos finais hipotéticos ou abstratos, tais como "b" – e compará-los com "o presente" –, que torna os seres humanos capazes de usar seu sistema cognitivo para modular suas reações afetivas.[4]

O domínio mapeado por uma narrativa funcional (que, quando encenada, produz os resultados desejados) pode ser razoavelmente considerado "território explorado", já que os eventos que "lá" ocorrem são previsíveis. Por outro lado, qualquer lugar onde planos encenados produzam consequências inesperadas, ameaçadoras ou punitivas pode ser considerado "território inexplorado". O que acontece "lá" não corresponde aos nossos desejos. Isso significa que um lugar familiar, onde coisas imprevisíveis começam a acontecer, deixa de ser familiar (mesmo que seja o mesmo lugar quanto à sua localização espacial estrita, segundo a perspectiva "objetiva"). Sabemos agir em alguns lugares, e não sabemos agir em outros. Os planos que colocamos em ação às vezes funcionam, às vezes não. Portanto, os domínios experienciais que habitamos – nossos "ambientes", digamos assim – são permanentemente caracterizados pelo previsível e controlável, em justaposição ao imprevisível e incontrolável. O universo é composto de "ordem" e "caos", pelo menos de acordo com a perspectiva metafórica. No entanto, por mais estranho que pareça, foi a esse universo "metafórico" que nosso sistema nervoso parece ter se adaptado.

---

[4] Esses "mapas" são tão importantes para nós, tão vitais, que sua mera descrição abstrata (atuada, verbalmente transmitida ou escrita) é intrinsecamente interessante, capaz de nos envolver em um mundo simulado (ver Oatley, K. [1994]).

O que Sokolov [5] descobriu, em termos simples, é que os seres humanos (e outros animais bem abaixo na cadeia filogenética) são caracterizados por sua resposta inata ao que não conseguem prever, não querem e não conseguem entender. Sokolov identificou as características centrais da maneira como respondemos ao desconhecido à estranha categoria de *todos os eventos que ainda não foram categorizados*. A noção de que respondemos de maneira "instintivamente padronizada" ao surgimento do desconhecido possui implicações profundas. Estas podem ser encontradas, em primeiro lugar, na forma narrativa.

Vida Normal

*Se os problemas forem aceitos,
e resolvidos antes de aumentarem,
eles podem até ser evitados antes que a confusão comece.
Desse modo, será possível preservar a paz.*[6]

Você trabalha em um escritório; está subindo na hierarquia corporativa. Sua atividade diária reflete esse objetivo superior. Você está constantemente envolvido em uma ou outra atividade concebida para produzir a ascensão do seu *status*, segundo a perspectiva da hierarquia corporativa. Hoje, terá de participar de uma reunião que poderá ter importância vital para seu futuro. Você tem uma imagem na cabeça sobre a natureza dessa reunião e as interações que vão caracterizá-la. Você imagina o que gostaria de conquistar. Sua imagem desse futuro potencial é uma *fantasia*, mas ela se baseia, desde que você seja sincero, em todas as informações relevantes, derivadas de experiências passadas, ao seu dispor. Você tem participado de muitas reuniões. Sabe o que provavelmente vai ocorrer durante qualquer reunião, dentro de limites razoáveis; sabe como vai se comportar, e qual efeito seu comportamento terá sobre os outros. Seu modelo de futuro desejado baseia-se com clareza no que você sabe agora.

Você também tem um modelo constantemente operacional do presente. Você entende sua *posição* (algo subordinada) dentro da empresa, ou seja, sua importância em relação aos que estão acima e abaixo de você na hierarquia. Entende a importância das experiências que ocorrem com regularidade em seu trabalho: sabe a

---

[5] Vinogradova, O. (1961; 1975); Luria, A.R. (1980).
[6] Lao-Tsé (1984b).

quem dar ordens, a quem ouvir, quem está fazendo um bom trabalho, quem pode ser seguramente ignorado, e assim por diante. Você sempre compara essa condição atual (insatisfatória) com a ideal, na qual você seria cada vez mais respeitado, poderoso, rico e feliz, livre de ansiedade e sofrimento, ascendendo rumo ao pleno sucesso. Você está sempre envolvido em tentativas de transformar o presente, conforme o entende agora, no futuro, como espera que ele seja. Suas ações são concebidas para produzir seu ideal – concebidas para transformar o presente em algo cada vez mais parecido com o que você quer. Você confia em seu modelo de realidade, em sua história; quando o coloca em ação, obtém *resultados*.

Você se prepara mentalmente para a reunião. Você se vê desempenhando um papel importantíssimo – decidindo com determinação a direção que a reunião vai tomar, produzindo um impacto poderoso sobre os colegas de trabalho. Você está no escritório, preparando-se para sair. A reunião vai ocorrer em outro prédio, a alguns quarteirões de distância. Você formula planos provisórios de comportamento concebidos para não se atrasar. Estima que chegará lá em quinze minutos.

Você sai do escritório no 27º andar e aguarda o elevador. Os minutos passam mais e mais. O elevador não chega. Você não tinha considerado essa possibilidade. Quanto mais espera, mais nervoso fica. Seus batimentos cardíacos começam a subir enquanto você se prepara para agir (ação ainda não especificada). Suas mãos suam. Seu rosto se ruboriza. Você se repreende por não ter previsto o impacto potencial de tal atraso. Talvez não seja tão esperto quanto pensa. Você começa a revisar seu modelo de si. Não há tempo para isso agora: você tira essas ideias da cabeça e se concentra na tarefa em questão.

O inesperado acabou de se manifestar na forma de um elevador que não chega. Você planejava utilizá-lo para chegar aonde pretendia; ele não apareceu. Seu plano de ação original não está produzindo os efeitos desejados. Era, pela sua própria definição, um plano ruim. Você precisa de outro – e rápido. Por sorte, há uma estratégia alternativa à disposição. As escadas! Você corre para o fim do corredor. Tenta a porta da escadaria. Trancada. Você xinga o pessoal da manutenção. Está frustrado e ansioso. O desconhecido emergiu mais uma vez. Você tenta sair por outro lugar. Sucesso! A porta se abre. A esperança salta em seu peito. Você ainda pode chegar a tempo. Desce as escadas correndo – todos os 27 andares – e alcança a rua.

Você está, a essa altura, desesperadamente atrasado. Enquanto se apressa, monitora o entorno: continua progredindo rumo ao seu objetivo? Qualquer um que atravesse seu caminho o irrita – senhoras idosas com problemas de locomoção; crianças brincando, felizes; namorados passeando. Você é uma boa pessoa, na maioria das circunstâncias – ao menos na sua opinião. Por que, então, essas pessoas inocentes o irritam tanto assim? Você se aproxima de um cruzamento movimentado. O semáforo de pedestres está vermelho. Você se exaspera e resmunga de forma estúpida na calçada. Sua pressão sobe. A luz verde se acende, afinal. Você sorri e avança com rapidez. Sobe correndo uma ladeira. Não está em grande forma física. De onde veio toda essa energia? Você se aproxima do prédio onde se dará a reunião. Olha o relógio de relance. Cinco minutos para começar: sem problema. Uma sensação de alívio e satisfação inunda seu corpo. Você *chegou*; logo, não é um idiota. Se acreditasse em Deus, você O agradeceria.

Se tivesse chegado cedo – se tivesse planejado da forma correta –, os outros pedestres e diversos obstáculos não o teriam afetado de modo algum. Você poderia até tê-los apreciado – os que inspirassem beleza, pelo menos – ou, no mínimo, não os teria classificado como obstáculos. Talvez tivesse até usado seu tempo para desfrutar dos arredores (improvável) ou pensar em outras questões de real importância – como a reunião do dia seguinte.

Você continua em seu caminho. De repente, escuta uma série de ruídos altos às suas costas – ruídos que lembram um grande veículo motorizado colidindo com uma pequena barreira de concreto (muito parecida com um meio-fio). Você está em segurança na calçada – ou assim pensava um segundo atrás. Suas fantasias da reunião desaparecem. O fato de estar atrasado não parece mais relevante. Você para de correr, instantaneamente detido em seu caminho pela emergência desse novo fenômeno. Seu sistema auditivo localiza os sons em três dimensões. Você involuntariamente direciona seu tronco, pescoço, cabeça e olhos para o local de onde os sons parecem emanar.[7] Suas pupilas se dilatam e os olhos se arregalam.[8] Os batimentos cardíacos se aceleram à medida que seu corpo se prepara para iniciar uma medida adaptativa – assim que o caminho apropriado dessa ação tiver sido especificado.[9]

Você explora essa ocorrência inesperada de forma ativa, tão logo direciona sua atenção para ela, fazendo uso de todos os recursos sensoriais e cognitivos que puder reunir. Você gera diversas hipóteses sobre a possível causa do ruído antes mesmo de se virar. Será que um furgão subiu no meio-fio? A imagem passa com rapidez pela sua cabeça. Será que algo pesado caiu de um prédio? O vento derrubou um *outdoor*

---

[7] Öhman, A. (1979); Vinogradova, O. (1961).

[8] Ibidem.

[9] Obrist, P.A. et al. (1978).

ou uma placa de trânsito? Seus olhos perscrutam com vigor a área relevante. Você vê um caminhão descendo a rua, carregado com peças de uma ponte, depois de passar por um buraco na via. Mistério resolvido. Você determinou a significância motivacional específica do que, há apenas alguns segundos, era o desconhecido perigoso e ameaçador, e ela é zero. Um caminhão carregado passou por um buraco. Grande coisa! Seu coração desacelera. Pensamentos sobre a reunião iminente voltam ao palco da sua mente. A jornada inicial continua como se nada tivesse ocorrido.

O que está acontecendo? Por que você ficou assustado e frustrado com a ausência do elevador esperado, com a presença da senhora de bengala, dos namorados felizes, das máquinas barulhentas? Por que suas emoções e comportamento estão oscilando?

A descrição detalhada dos processos que regem essas ocorrências afetivas comuns fornece a base para o entendimento adequado da motivação humana. Em essência, o que Sokolov e seus colegas descobriram é que o desconhecido, experienciado na relação com seu modelo atualmente existente de presente e futuro, tem significância motivacional *a priori* – ou, em outras palavras, que o desconhecido pode servir como um *estímulo não condicionado*.

Qual é a significância motivacional *a priori* do desconhecido? Essa pergunta pode mesmo ser feita? Afinal, por definição, o desconhecido ainda não foi explorado. Pelos ditames da lógica padrão, nada pode ser dito sobre algo que ainda não foi encontrado. Contudo, não estamos preocupados com informações sensoriais – tampouco com atributos materiais particulares –, mas, sim, com *valência*. A valência, em e por si mesma, pode, com mais simplicidade, ser considerada bipolar: negativa ou positiva (ou, é claro, nenhuma dessas duas hipóteses). Estamos familiarizados o bastante com o potencial máximo do espectro da valência, negativo e positivo, para cercar a possibilidade de limites provisórios. De modo geral, o *pior* desconhecido seria a morte (ou, talvez, um longo sofrimento seguido de morte); a constatação de nossa mortalidade vulnerável fornece o caso-limite. O melhor desconhecido é mais difícil de especificar, mas algumas generalizações podem se mostrar aceitáveis. Gostaríamos de ficar ricos (ou pelo menos nos livrar de qualquer tipo de carência), cheios de boa saúde, ser sábios e bem-amados. O maior bem que o desconhecido pode conferir, pois, seria aquele que nos permitisse transcender nossas limitações inatas (pobreza, ignorância, vulnerabilidade), em vez de continuarmos miseravelmente sujeitos a elas. A "área" emocional que o desconhecido abrange, portanto, é muito ampla, indo desde nosso maior temor até os desejos mais intensos.

É claro que o desconhecido é definido em contraposição ao conhecido. Tudo aquilo que é *não* entendido ou *não* explorado é desconhecido. A relação entre os domínios de "cognição" e "emoção", muitas vezes (e injustamente) separados, pode ser compreendida com mais clareza à luz desse fato bastante óbvio. É a ausência de uma satisfação *esperada*, por exemplo, que se revela penosa, dolorosa[10] – a emoção é gerada como resposta padrão à alteração repentina e imprevisível na estrutura teoricamente compreendida do mundo. É o indivíduo à espera de um aumento por causa do seu trabalho excepcional – o indivíduo que configura um futuro desejado com base em seu entendimento do presente – que fica magoado quando alguém "menos merecedor" é promovido antes dele (afinal de contas, "é por nossas virtudes que somos bem punidos").[11, 12] O empregado cujas expectativas foram arruinadas – que foi ameaçado e magoado – provavelmente vai trabalhar com menos intensidade no futuro, com mais ressentimento e raiva. Por outro lado, a criança que não terminou o dever de casa fica eufórica quando toca o alarme anunciando o fim da aula antes de ser chamada pelo professor. O alarme sinaliza *a ausência de uma punição esperada* e, portanto, induz um afeto positivo, alívio, felicidade.[13]

Portanto, parece que *a imagem de um objetivo* (uma fantasia sobre a natureza do futuro desejado, concebido em relação a um modelo de significância do presente) fornece boa parte da estrutura que determina a significância motivacional dos eventos atuais em andamento. O indivíduo usa seu conhecimento para construir uma situação hipotética, cujo equilíbrio motivacional dos eventos em andamento é otimizado: nela, há satisfação suficiente, punição mínima, ameaça tolerável e esperança abundante, tudo equilibrado em conjunto e de maneira adequada, no longo e no curto prazos. Essa situação de excelência poderia ser concebida como um padrão de avanço na carreira, tendo em vista uma condição de longo prazo, significando a perfeição, já que poderia ser alcançada profanamente (traficante mais rico, mulher em um casamento feliz, diretor de uma grande empresa, professor titular em Harvard). Como alternativa, a perfeição pode ser considerada a ausência de tudo o que é desnecessário e os prazeres de uma vida ascética. A questão é que um estado desejável de coisas futuro é conceitualizado na fantasia e usado como ponto de chegada para as operações no presente. Essas operações podem ser concebidas como elos de uma corrente (com a ponta da corrente ancorada na condição futura desejável).

---

[10] Gray, J.A. (1982).
[11] Nietzsche, F. (1968a), p. 88.
[12] Aforismo 132 de *Além do Bem e do Mal*. (N. E.)
[13] Gray, J.A. (1982).

Uma reunião (como a mencionada antes) pode ser vista por seus participantes como um elo da corrente que, hipoteticamente, poderia conduzir ao estado paradisíaco de diretor (ou algo menos desejável, mas ainda assim bom). Logo, a reunião (bem realizada), como *subobjetivo*, teria a mesma significância motivacional que o objetivo, embora em menor intensidade (já que é apenas uma pequena parte de um todo maior e mais importante). A reunião *exemplar* será conceitualizada no ideal — como todas as condições almejadas — como uma situação dinâmica em que, *considerando todas as coisas*, o estado motivacional é otimizado. A reunião é imaginada, uma representação do resultado desejado é formulada, e um plano de comportamento concebido para gerar o resultado é elaborado e executado. A "reunião imaginada" é fantasia, mas fantasia baseada em conhecimento passado (pressupondo que o conhecimento tenha, de fato, sido gerado, e que o planejador seja capaz de usá-lo e esteja disposto a tal).

Todos os sistemas afetivos que governam a resposta à punição, à satisfação, à ameaça e à promessa ajudam a conquistar o resultado ideal. Qualquer coisa que interfira em tal conquista (idosas de bengala) será considerada ameaçadora e/ou punitiva; qualquer coisa que signifique uma probabilidade maior de sucesso (um trecho aberto na calçada) será considerada promissora[14] ou satisfatória. É por esse motivo que os budistas acreditam que tudo é *Maia*, ou ilusão:[15] *a significância motivacional dos eventos em andamento é claramente determinada pela natureza do objetivo ao qual o comportamento se dedica*. Esse objetivo é conceitualizado no imaginário episódico — na fantasia. Sempre comparamos o mundo presente com o mundo idealizado na fantasia, emitimos um juízo afetivo, e agimos a partir disso. As promessas e satisfações triviais indicam que vamos bem, que progredimos ao encontro de nossos objetivos. Uma abertura inesperada no fluxo dos pedestres aparece diante de nós quando estamos com pressa; avançamos com rapidez, contentes com esse fato. Chegamos a determinado lugar um pouco antes do planejado e ficamos satisfeitos com nosso planejamento inteligente. Promessas ou satisfações profundas, por sua vez, validam nossas conceitualizações globais — indicam que nossas emoções provavelmente deverão permanecer reguladas no caminho que escolhemos.

---

[14] Uso o termo "promessa" aqui em parte porque ele serve como um bom contraponto (isto é, simétrico) a "ameaça". O termo "promessa" usado aqui significa "prêmio de incentivo" ou "dica para satisfação", ou "dica para recompensa consumatória". Além disso, nenhum dos termos parece particularmente apropriado à condição positiva induzida pelo contato com a novidade. A novidade não parece razoavelmente categorizada como um "prêmio" ou "recompensa"; além disso, o afeto positivo pode ser gerado por meio do contato com a novidade, na ausência de quaisquer condicionantes (Gray, J.A. [1982]), de tal modo que o termo "dica" parece inapropriado.

[15] Eliade, M. (1978b); Jung, C.G. (1969).

Ameaças ou punições triviais indicam falhas em nossos *meios* de atingir os fins desejados. Modificamos nosso comportamento em conformidade com isso e eliminamos a ameaça. Quando o elevador não chega na hora desejada, pegamos a escada. Quando um farol vermelho nos atrasa, assim que ele abre, apressamo-nos um pouco mais do que em outras condições. Ameaças e punições profundas (leia-se: trauma) possuem uma natureza qualitativamente diferente. Ameaças e punições profundas comprometem nossa capacidade de acreditar *que as conceitualizações do presente são válidas e que nossos objetivos são apropriados*. Essas ocorrências prejudicam a crença em nossos *fins* (e, com frequência, em nosso ponto de partida).

Construímos nosso mundo idealizado, na fantasia, de acordo com todas as informações que temos à disposição. Usamos o que sabemos para construir uma imagem do que poderíamos ter e, portanto, do que deveríamos fazer. Mas comparamos nossa interpretação do mundo conforme ele se apresenta no presente ao *mundo desejado, na imaginação*, não à mera expectativa; comparamos o que temos (na interpretação) ao que *queremos* e não ao que apenas pensamos que *será*. O estabelecimento de nosso objetivo e o consequente empenho são motivados: perseguimos o que *desejamos* em nossas tentativas constantes de otimizar os nossos estados afetivos. (Naturalmente, usamos nosso comportamento para garantir que os nossos sonhos sejam realizados; isso é "adaptação saudável". Mas ainda comparamos o que está acontecendo ao que queremos – ao que desejamos ser –, não apenas ao que esperamos friamente.)

Os mapas que configuram nosso comportamento motivado possuem certa estrutura abrangente. Contêm dois polos fundamentais e mutuamente interdependentes, *presente e futuro*. O presente é a experiência sensorial conforme ela se manifesta para nós atualmente – conforme a entendemos agora – e recebe sua significância motivacional de acordo com os nossos conhecimentos e desejos atuais. O futuro é uma imagem, parcial ou não, da perfeição, com a qual comparamos o presente, na medida em que compreendemos a sua significância. *Sempre que existe uma incompatibilidade entre os dois, o inesperado ou novo ocorre* (por definição), prende a nossa atenção e ativa os sistemas intrapsíquicos que governam o medo e a esperança.[16] Lutamos para trazer as ocorrências novas de volta ao reino da imprevisibilidade ou para explorá-las em seu potencial previamente negligenciado, alterando nosso comportamento ou nossos padrões de representação. Concebemos um caminho conectando o presente ao futuro. Esse caminho é "composto" pelos comportamentos necessários para produzir as transformações que desejamos – necessários para

---

[16] Gray, J.A. (1982; 1987); Gray, J.A. e McNaughton, N. (1996).

transformar o presente (eternamente) insuficiente no futuro paradisíaco (cada vez mais distante). Esse caminho é *normalmente* concebido como linear, digamos assim, como algo análogo à noção de *ciência normal* de Thomas Kuhn, na qual padrões conhecidos de comportamento que funcionam sobre um presente entendido produzirão um futuro cuja desejabilidade é um dado inquestionável.[17]

Qualquer coisa que interfira nos nossos meios potenciais para um fim específico é punitiva ou ameaçadora no sentido bastante trivial descrito há pouco. O encontro com punições ou ameaças dessa categoria simplesmente nos obriga a escolher um meio alternativo dentre os vários que geralmente temos. Uma situação similar ocorre com promessas e satisfações. Quando um meio produz o fim desejado (ou proporciona o progresso ao longo do caminho), sentimos satisfação (e esperança – já que um fim intermediário *alcançado* também significa uma probabilidade maior de sucesso, mais adiante, no futuro). Essa satisfação encerra nossos comportamentos particulares; trocamos os objetivos e continuamos rumo ao futuro. A modificação de nossos meios, como consequência da significância motivacional dos resultados daqueles meios, poderia ser considerada uma adaptação *normal*. A estrutura da adaptação normal está retratada de modo esquemático na Figura 2.1: Vida Normal. Postulamos um objetivo, em imagem e palavra, e comparamos as condições presentes com esse objetivo. Avaliamos a importância dos eventos em andamento à luz da sua relação percebida com o objetivo. Quando necessário, modificamos os nossos resultados comportamentais – nossos meios – a fim de tornar a conquista do objetivo ainda mais provável. Modificamos nossas ações dentro do jogo, mas aceitamos as regras sem questionar. Avançamos em uma direção linear do presente para o futuro.

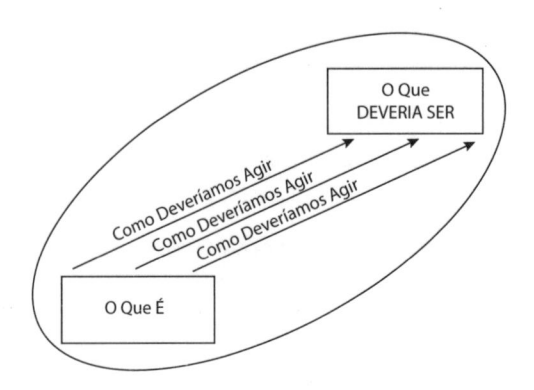

Figura 2.1: Vida Normal

---

[17] Kuhn, T.S. (1970).

Vida Revolucionária

O modelo *revolucionário* de adaptação – reitero, considerado similar à *ciência revolucionária* de Kuhn[18] – é mais complexo. Suponhamos que você retorne da sua reunião. Você chegou a tempo e, pelo que pôde notar, tudo correu conforme o planejado. Você notou que seus colegas pareciam um pouco irritados e confusos com seu comportamento, já que tentou controlar a situação, mas atribuiu isso aos ciúmes – à inabilidade deles de compreender a majestade das suas conceitualizações. Você está, por conseguinte, satisfeito – temporariamente satisfeito –, e logo começa a pensar no dia seguinte enquanto caminha de volta para o trabalho. Você retorna ao escritório. Há uma mensagem na secretária eletrônica. Sua chefe quer vê-lo. Você não esperava isso. Seu batimento cardíaco acelera um pouco: boa ou ruim, essa notícia exige uma *preparação para a ação*.[19] O que ela quer? Fantasias de um futuro potencial emergem. Talvez ela tenha ouvido sobre seu comportamento na reunião e queira parabenizá-lo pelo excelente trabalho. Você caminha até o escritório dela, apreensivo, mas esperançoso.

Você bate à porta e entra, jubiloso. Sua chefe olha para você e desvia o rosto, um tanto descontente. Sua apreensão aumenta. Ela faz um gesto para que se sente, o que você faz. O que está acontecendo? Ela diz: "Tenho péssimas notícias para você". Isso não é bom. Não é o que você queria. Seus batimentos cardíacos sobem de maneira desagradável. Você concentra toda a atenção em sua chefe. "Veja", diz ela, "recebi vários relatórios muito desfavoráveis sobre seu comportamento nas reuniões. Parece que todos os seus colegas o consideram um negociador rígido e autoritário. Além disso, tem ficado cada vez mais evidente que você é incapaz de responder de forma positiva a comentários sobre as suas limitações. Por fim, parece que não entende direito a finalidade de seu trabalho ou a função desta empresa".

Você está mais do que chocado – paralisado, imobilizado. Sua visão do futuro na empresa desaparece, substituída pelo risco de desemprego, desgraça social e fracasso. Você tem dificuldade para respirar. Fica vermelho e transpira; seu rosto é uma máscara de horror evidente. Você não consegue acreditar que sua chefe seja tão cretina. "Você está conosco há cinco anos", ela prossegue, "e é óbvio que seu desempenho provavelmente não vai melhorar. Definitivamente, você não é adequado para esse tipo de carreira, e está atrapalhando o progresso de muitas outras pessoas competentes ao

---

[18] Ibidem.
[19] Obrist, P.A. et al. (1978).

redor. Por causa disso, decidimos rescindir seu contrato conosco a partir de agora. Se eu fosse você, faria uma boa autoavaliação".

Você acabou de receber informações inesperadas, mas de uma magnitude diferente das anomalias, irritações, ameaças e frustrações insignificantes que perturbaram seu equilíbrio pela manhã. Você acabou de ser brindado com a prova irrefutável de que as suas caracterizações do presente e do futuro ideal são seriamente – talvez irreparavelmente – defeituosas. Suas pressuposições sobre a natureza do mundo estão erradas. O mundo que você conhece acabou de desmoronar ao seu redor. Nada é o que parecia; tudo é, mais uma vez, inesperado e novo. Você sai do escritório em choque. No corredor, outros funcionários desviam o olhar de você, por vergonha. Como não previu isso? Como pôde estar tão errado em seu julgamento?

Talvez todos estejam querendo puxar seu tapete.

Melhor não pensar nisso.

Atordoado, você cambaleia até sua casa e desmorona no sofá. Está imóvel. Magoado e aterrorizado. Você acha que vai ficar louco. E agora? Como vai encarar as pessoas? O presente recompensador, confortável e previsível desapareceu. O futuro abriu-se à sua frente como um poço, e você caiu dentro dele. Durante o mês seguinte, você não consegue agir. Seu entusiasmo foi sufocado. Você dorme e acorda em horários estranhos; seu apetite está descontrolado. Fica ansioso, sem esperança e agressivo, em intervalos de tempo imprevisíveis. Você trata mal sua família e se tortura. Pensamentos suicidas entram no teatro de sua imaginação. Você não sabe o que pensar ou fazer: você é vítima de uma guerra emocional interna.

Seu encontro com o terrível desconhecido abalou os alicerces de sua visão de mundo. Você foi involuntariamente exposto ao *inesperado e revolucionário*. O caos devorou sua alma. Isso significa que seus objetivos de longo prazo precisam ser reconstruídos e a significância motivacional dos eventos em seu ambiente atual, reavaliada – literalmente *revalorizada*. Essa capacidade de completa revalorização à luz de novas informações é ainda mais particularmente humana do que a referida capacidade de exploração do desconhecido e geração de novas informações. Às vezes, no curso de nossas ações, evocamos fenômenos cuja existência é impossível, segundo os métodos habituais de interpretação (os quais são, basicamente, um modo de atribuir significância motivacional aos eventos). Ocasionalmente, a exploração desses novos fenômenos e a integração das descobertas ao nosso conhecimento significam a reconceitualização de tal conhecimento[20]

---

[20] Kuhn, T.S. (1970).

(e a consequente reexposição ao desconhecido, não mais inibido pelo nosso modo de classificação).²¹ Isso quer dizer que o simples movimento do presente para o futuro é vez por outra interrompido por uma completa ruptura e reformulação, uma reconstituição do que o presente *é* e do que o futuro *deveria ser*. A ascensão do indivíduo, por assim dizer, é pontuada por períodos de dissolução e renascimento.²² Assim, o modelo mais geral de adaptação humana – conceitualizado, de forma mais simples, como *condição estável, violação, crise, retificação*²³ – acaba se parecendo com a Figura 2.2: Adaptação Revolucionária. Os processos de adaptação revolucionária, adotados e representados, estão na base de diversos fenômenos culturais, que vão dos ritos de iniciação "primitiva"²⁴ às concepções de sistemas religiosos sofisticados.²⁵ De fato, as nossas culturas são erguidas sobre o alicerce de uma única grande história: *paraíso, encontro com o caos, queda e redenção.*

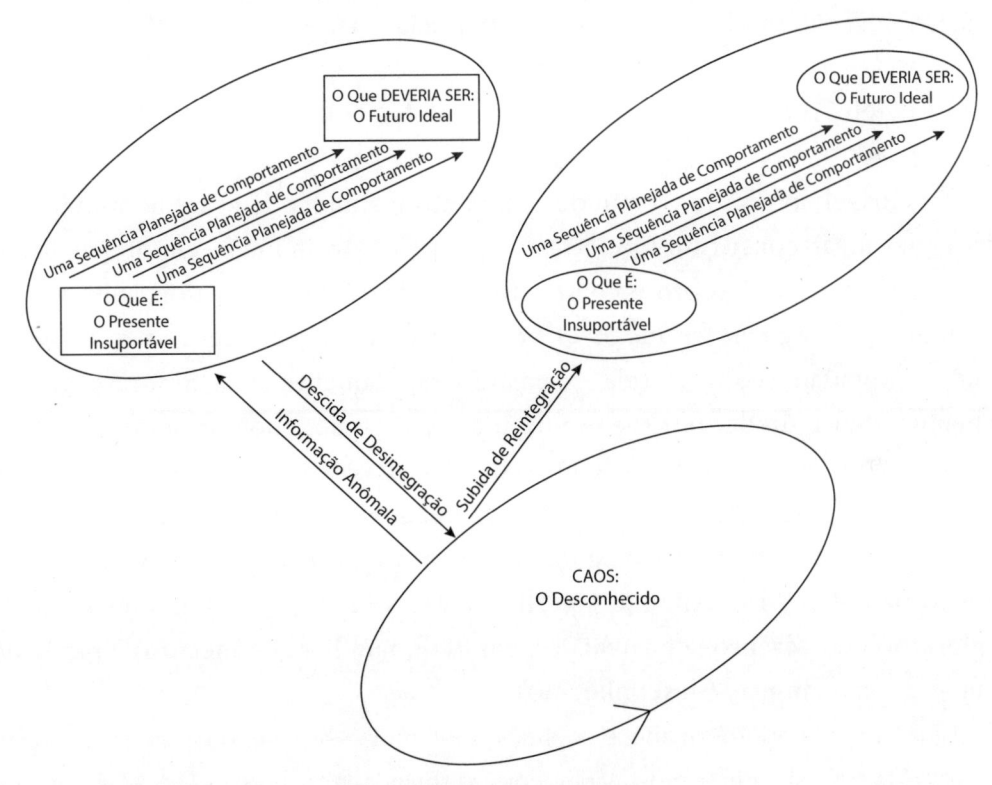

Figura 2.2: Adaptação Revolucionária

---

²¹ Jung, C.G. (1976b), p. 540-41.
²² Jung, C.G. (1967a; 1968; 1967b); Ellenberger, H. (1970); Campbell, J. (1968); Eliade, M. (1964; 1978b; 1982; 1985); Piaget, J. (1977).
²³ Bruner, J. (1986).
²⁴ Eliade, M. (1965).
²⁵ Jung, C.G. (1967a; 1968b; 1969; 1967b); Eliade, M. (1978b; 1982; 1985).

Um mês após a demissão, um novo pensamento vem à sua cabeça. Embora nunca se tenha permitido admitir, você não gostava de verdade do seu trabalho. Só o aceitou porque sentia que era o que esperavam de você. Nunca deu seu máximo lá porque queria fazer outra coisa — algo que as outras pessoas achavam arriscado ou tolo. Você tomou uma péssima decisão tempos atrás. Talvez precisasse desse soco para voltar ao caminho certo. Você começa a imaginar um novo futuro — no qual talvez não esteja tão "seguro", mas fazendo o que de fato quer fazer. A possibilidade de um sono tranquilo retorna, e você volta a se alimentar direito. Está mais tranquilo, menos arrogante, mais tolerante — exceto nos momentos de maior fraqueza. Os outros fazem comentários — alguns de admiração; outros de inveja — sobre a mudança que percebem em você. É um homem que se recupera de uma longa enfermidade — um homem renascido.

FUNÇÃO NEUROPSICOLÓGICA: A NATUREZA DA MENTE

É razoável considerar o mundo, enquanto instância de ação, como um "lugar" — um lugar constituído pelo familiar e pelo não familiar, em eterna justaposição. De fato, o cérebro é composto em grande parte por dois subsistemas adaptados para agir nesse lugar. O hemisfério direito, em termos gerais, responde à novidade com cautela, formando rapidamente uma hipótese global. O hemisfério esquerdo, por sua vez, tende a permanecer no comando quando as coisas — isto é, coisas explicitamente categorizadas — estão correndo conforme o planejado. O hemisfério direito elabora imagens metafóricas, de forma rápida e global, baseadas na valência das coisas novas; o esquerdo, com sua maior aptidão para detalhes, explicita e verbaliza essas imagens. Assim, a capacidade exploratória do cérebro "constrói" o mundo do familiar (conhecido) a partir do mundo do não familiar (desconhecido).

Quando o mundo permanece conhecido e familiar — isto é, quando nossas crenças mantêm sua validade —, nossas emoções permanecem sob controle. Mas, quando o mundo subitamente se transforma em algo novo, nossas emoções se desregulam ao tentar se equiparar à relativa novidade dessa transformação, e somos forçados a recuar ou a explorar mais uma vez.

A Valência das Coisas

Mas quem examinar os impulsos básicos do homem [...] descobrirá que todos eles já fizeram filosofia alguma vez – e que cada um deles bem gostaria de se apresentar como finalidade última da existência e legítimo senhor dos outros impulsos. Pois todo impulso ambiciona dominar: e portanto procura filosofar.[26, 27]

É verdade que o homem foi criado para servir aos deuses, que, antes de tudo, devem ser alimentados e vestidos.[28]

Podemos fazer listas de coisas *em geral* boas e ruins, que pareceriam razoáveis aos olhos dos outros, porque tendemos a fazer julgamentos de significado de formas relativamente padrões e previsíveis. A comida, para usar um exemplo simples, é *boa*, presumindo que seja preparada de modo palatável, ao passo que um golpe na cabeça é *ruim* na proporção direta de sua força. A lista de coisas em geral boas e ruins pode ser ampliada sem muito esforço. Água, abrigo, afeto e contato sexual são bons; doenças, secas, fomes e brigas são ruins. As semelhanças essenciais dos nossos julgamentos de significado podem facilmente nos levar a concluir que a bondade ou a ruindade das coisas ou situações é algo mais ou menos fixo. Contudo, a interpretação subjetiva – e seus efeitos sobre a avaliação e o comportamento – complica esse quadro simples. Trabalharemos, gastaremos energia e superaremos obstáculos para conseguir algo bom (ou evitar algo ruim). Mas não trabalharemos por comida se tivermos comida suficiente – pelo menos, não trabalharemos muito; não trabalharemos por sexo se estivermos satisfeitos com nossos níveis atuais de atividade sexual; e poderíamos ficar muito felizes em passar fome se isso significasse que nosso inimigo ficaria faminto. Nossas previsões, expectativas e desejos condicionam nossas avaliações a um grau impossível de especificar. As coisas não possuem significado absolutamente *fixo*, apesar de nossa capacidade de generalizar sobre seu valor. São nossas preferências pessoais, portanto, que determinam a importância do mundo (mas essas preferências têm restrições!).

O significado que atribuímos aos objetos ou situações não é estável. O que é importante para uma pessoa não é necessariamente importante para outra; da mesma

---

[26] Nietzsche, F. (1968a), p. 203-204.

[27] Em *Além do Bem e do Mal*, seção 6. (N. E.)

[28] Eliade, M. (1978b), p. 59.

forma, as necessidades e os desejos da criança diferem daqueles do adulto. O significado das coisas depende em um grau profundo e basicamente indeterminável da relação dessas coisas com o objetivo que temos em mente no momento. O significado muda quando os objetivos mudam. Essa mudança necessariamente transforma as expectativas e os desejos contingentes que acompanham esses objetivos. Experienciamos as "coisas" de forma pessoal e idiossincrática, apesar do amplo acordo interpessoal sobre o valor delas. Os objetivos que perseguimos individualmente – os resultados que esperamos e desejamos como indivíduos – determinam o significado de nossa experiência. O psicoterapeuta existencialista Viktor Frankl conta uma história, relacionada às suas experiências como prisioneiro em um campo de concentração nazista, que frisa essa questão de maneira muito impressionante:

> Tome como exemplo algo que aconteceu na nossa viagem de Auschwitz para o campo afiliado a Dachau. Fomos ficando cada vez mais tensos à medida que nos aproximávamos de uma ponte sobre o Danúbio que o trem teria de atravessar para chegar a Mauthausen, segundo os companheiros de viagem mais experientes. Para quem nunca passou por nada parecido, é impossível imaginar a festa que os prisioneiros fizeram no vagão quando perceberam que o trem não ia cruzar a ponte e, em vez disso, rumava "apenas" para Dachau.
>
> E, de novo, o que aconteceu ao chegarmos àquele campo após uma viagem de dois dias e três noites? Não havia espaço suficiente para que todos se agachassem ao mesmo tempo no piso do vagão. A maioria tinha feito toda a viagem em pé, enquanto alguns se revezavam para agachar na escassa palha encharcada de urina humana. Quando chegamos, a primeira notícia importante que soubemos dos prisioneiros mais antigos era que esse campo comparativamente pequeno (população de 2.500) não tinha "forno", nem crematório, nem gás! Isso significava que uma pessoa que se tornasse um "Moslem" [incapaz para o trabalho] não podia ser levada diretamente para a câmara de gás, mas teria de esperar até que um "comboio para doentes" fosse providenciado para retornar a Auschwitz. Essa alegre surpresa animou bastante a todos. O desejo do guarda sênior de nosso pavilhão em Auschwitz tinha se realizado: viemos o mais rápido possível para um campo que não tinha "chaminé" – ao contrário de Auschwitz. Rimos e contamos piadas apesar de tudo pelo que passaríamos, e passamos, nas horas seguintes.
>
> Quando nós, os recém-chegados, fomos contados, faltava um prisioneiro. Então, tivemos de esperar ao relento, na chuva e no frio, até que encontrassem o desaparecido. Por fim, ele foi encontrado em um pavilhão onde havia caído no sono, exausto. Depois, a chamada virou um desfile de punição. Durante toda a noite e

até o final da manhã seguinte, tivemos de ficar em pé, congelados e completamente ensopados após o estresse da longa viagem. Ainda assim, estávamos todos muito contentes! Não havia chaminé nesse campo, e Auschwitz estava muito longe.[29]

Nada gera mais terror e medo do que um campo de concentração – a menos que o campo encontrado seja melhor que o campo esperado. Nossos desejos, esperanças e anseios – que são sempre condicionais – definem o contexto dentro do qual as coisas e situações que encontramos assumem um determinado significado; definem até o contexto no qual entendemos a "coisa" ou "situação". Presumimos que as coisas têm um significado mais ou menos fixo porque compartilhamos uma "condição" mais ou menos fixa com os outros – pelos menos, com aqueles outros que nos são familiares, que compartilham de nossos pressupostos e visões de mundo. As coisas (culturalmente determinadas) que tomamos como certas – e que são, portanto, invisíveis – determinam as nossas respostas afetivas aos "estímulos ambientais". Presumimos que essas coisas são atributos permanentes do mundo; mas não são. Nossas situações – e, portanto, nossos "contextos de interpretação" – podem mudar dramaticamente, a qualquer momento. Somos, de fato, sortudos (e, em geral, inconscientes dessa sorte) quando elas não mudam.

Por fim, não é possível determinar como ou se algo é significativo observando as *características objetivas* dessa coisa. O valor não é invariante, em contraste com a realidade objetiva; além disso, não é possível derivar um *deveria ser* de um *é* (esta é a "falácia naturalista" de David Hume). Mas é possível determinar o *significado condicional* de uma coisa, observando como o comportamento (o próprio comportamento ou de alguém ou outrem) é conduzido na presença dessa coisa (ou na ausência). As "coisas" (objetos, processos) surgem – para a experiência subjetiva, pelo menos – como resultado de comportamentos. Digamos, por exemplo, que o comportamento "a" produz o fenômeno "b" (lembrando que estamos falando de comportamento em um contexto particular). Por conseguinte, o comportamento "a" se torna mais frequente. Pode-se, então, deduzir que o fenômeno "b" é considerado positivo pelo agente sob observação, no "contexto" particular que constitui a situação observada. Se o comportamento "a" diminuir de frequência, é razoavelmente possível chegar à conclusão oposta. O agente observado considera "b" negativo.

O psicólogo comportamental B. F. Skinner originalmente definiu o reforço como um estímulo que produzia uma mudança na frequência de determinado

---

[29] Frankl, V. (1971), p. 70-72.

comportamento.[30] Repugnava-lhe a preocupação com os porquês e portantos internos ou intrapsíquicos do reforço; preferia, em vez disso, trabalhar pela definição. Se um estímulo aumentou a frequência de manifestação de determinado comportamento, foi positivo. Se diminuiu a frequência daquele comportamento, foi negativo. Skinner, é claro, reconheceu que a valência de determinado estímulo dependia do contexto. Um animal teve que ser "privado da comida" (no linguajar normal, *fome*) antes que a comida pudesse servir como reforço positivo. E, à medida que o animal, sendo alimentado, ficava menos privado de comida, a valência e a potência do reforço *comida* diminuíam.

Skinner acreditava que as discussões sobre o estado interno de um animal (ou de um humano) eram desnecessárias. Conhecendo o histórico de reforço de um animal, você poderia determinar qual "estímulo" era mais provável de ter valência positiva ou negativa. O problema fundamental desse argumento é uma questão de parcimônia. É impossível conhecer o "histórico de reforço" de um animal – em especial se esse animal for tão complexo e de vida tão longa quanto um ser humano. Isso equivale a dizer: "Você deve saber tudo o que já aconteceu com aquele animal"; análogo à velha alegação determinista de que "se você soubesse a posição e o impulso atuais de cada partícula no universo, poderia determinar todas as posições e impulsos futuros". Você não consegue saber todas as posições e os impulsos atuais: os problemas de aferição são intransponíveis e, de qualquer forma, o princípio de incerteza torna isso impossível. De maneira similar, você não tem acesso ao "histórico de reforço" – e, mesmo que tivesse, sua medição iria alterá-lo. (Não estou fazendo uma alegação de "incerteza" formal para a psicologia; apenas esboçando o que espero ser uma analogia útil.)

Skinner abordou esse problema limitando sua preocupação às situações experimentais *tão simples que somente o histórico imediato de reforço desempenhasse um papel determinante no contexto*. Esse limite "implícito" possibilitou que ele se desviasse da questão fundamental e fizesse generalizações impróprias. Não importava como um rato tinha se relacionado com sua mãe seis meses antes se você conseguisse "privá-lo de comida" o suficiente. A privação de comida (no curto prazo), por exemplo, anulava as diferenças individuais do rato – pelo menos na condição experimental em questão – e, assim, poderia ser utilmente ignorada. De modo semelhante, se você deixar seres humanos famintos, esteja razoavelmente certo de que eles se preocuparão com comida. Contudo, mesmo nesse caso extremo, você não consegue prever como essa preocupação vai se manifestar, ou quais considerações (éticas) poderão

---

[30] Skinner, B.F. (1966; 1969).

desempenhar um papel intermediário ou até determinante. Alexander Soljenítsyn debruçou-se sobre esse problema durante o período que passou no "Arquipélago Gulag" (o sistema soviético de campos de prisioneiros):

> No Campo de Samarka, em 1946, um grupo de intelectuais tinha atingido o limite da morte: eles estavam desgastados pela fome, pelo frio e pelo trabalho além de suas forças. E eles eram até mesmo privados do sono. Não havia lugar para se deitar. Os barracões de alojamento ainda não tinham sido construídos. Eles roubavam? Ou chiavam? Ou choramingavam sobre suas vidas arruinadas? Não! Prevendo a aproximação da morte em questão de dias em vez de semanas, eis como passaram, insones, seu último tempo livre, sentados contra a parede: Timofeev-Ressovsky reuniu todos em um "seminário" e eles se apressaram em compartilhar uns com os outros o que cada um sabia e os demais, não – eles proferiram suas últimas palestras uns para os outros. Padre Savely falou sobre a "morte digna"; um sacerdote acadêmico, sobre patrística; um dos padres uniatas, sobre alguma coisa na área de escritos dogmáticos e canônicos; um engenheiro elétrico, sobre os princípios energéticos do futuro; e um economista de Leningrado, sobre como o esforço para criar princípios da economia soviética tinha fracassado por falta de ideias novas. Os participantes diminuíam de uma sessão para a outra – já estavam no necrotério.
>
> O tipo de indivíduo que se interessa por tudo isso à medida que fica cada vez mais fragilizado pela morte que se aproxima – esse, sim, é um intelectual![31]

A experiência anterior – aprendizagem – não se limita a *condicionar*; pelo contrário, essa experiência determina a natureza exata do quadro de referência ou contexto que será trazido para apoiar a análise de determinada situação. Essa estrutura cognitiva de referência age como o *intermediário* entre a aprendizagem anterior, a experiência atual e o desejo futuro. Esse intermediário é um objeto válido de exploração científica – um fenômeno tão real quanto qualquer coisa abstrata é real –, e é de longe mais parcimonioso e acessível, como tal fenômeno, que a soma total do histórico de reforço não interpretado (e, em todo caso, não mensurável). Os quadros de referência, influenciados na sua estrutura pela aprendizagem, especificam a valência da experiência em andamento; determinam o que pode ser considerado, em determinado tempo e lugar, bom, ruim ou indiferente. Além disso, inferências sobre a natureza do quadro de referência que governa o comportamento dos outros (isto é, olhar o mundo pelos olhos de outra pessoa) poderão produzir resultados mais

---

[31] Soljenítsyn, A.I. (1975), p. 605-606.

úteis, mais amplamente generalizáveis (como "percepções" da "personalidade" do outro) e que exigem menos recursos cognitivos do que as tentativas de entender os detalhes de determinado histórico de reforço.

A valência pode ser positiva ou negativa, conforme os primeiros behavioristas observaram. Mas positivo e negativo não são fins opostos de um *continuum* – não de uma maneira direta.[32] Os dois "estados" parecem ortogonais, embora (talvez) mutuamente inibitórios. Além disso, positivo e negativo não são simples: cada um pode ser subdividido de uma maneira mais ou menos satisfatória pelo menos uma vez. As coisas avaliadas positivamente, por exemplo, podem ser *satisfatórias* ou *promissoras* (podem servir como recompensas consumatórias ou de incentivo, respectivamente).[33] Muitas coisas satisfatórias são consumíveis, no sentido literal, conforme descrito antes. A comida, por exemplo, é uma recompensa consumatória para a fome – o que supõe ser avaliada diante das circunstâncias como uma satisfação. Da mesma maneira, a água satisfaz o homem privado de líquido. O contato sexual é recompensador para o libidinoso, e o abrigo é desejável para aqueles carentes de proteção. Às vezes, estímulos mais complexos também são satisfatórios ou recompensadores. Tudo depende do que se deseja no momento, e de como esse desejo se apresenta. Uma leve reprimenda verbal pode muito bem estimular sentimentos de alívio no indivíduo que espera uma surra física severa – o que, em teoria, implica dizer que a *ausência de uma punição esperada* pode servir, de maneira bem eficaz, como recompensa (na verdade, é a forma de recompensa preferida pelo tirano). Independentemente da forma, satisfações alcançadas produzem saciedade, calma e prazer sonolento, e interrupção (temporária) dos comportamentos direcionados àquele fim – embora seja muito provável que os comportamentos que culminam em uma conclusão satisfatória se manifestem no futuro, quando o desejo "instintivo" ou "voluntário" reemergir.

As promessas, que também são positivas, podem ser consideradas mais *abstratamente* significativas do que as satisfações, já que indicam potência em vez de atualidade[34]. As promessas – dicas de recompensas consumatórias ou satisfações – indicam a conquista

---

[32] Gray, J.A. (1982); Gray, J.A. e McNaughton, N. (1996); Pihl, R.O. e Peterson, J.B. (1993; 1995); Tomarken, A.J.; Davidson, R.J.; Wheeler, R.E.; Doss, R.C. (1992); Wheeler, R.E.; Davidson, R.J.; Tomarken, A.J. (1993); Tomarken, A.J.; Davidson, R.J. e Henriques, J.B. (1990); Davidson, R.J. e Fox, N.A. (1982).

[33] Gray, J.A. (1982); Ikemoto, S. e Panksepp, J. (1996).

[34] Os termos "potência" e "atualidade" são aqui usados no sentido aristotélico. No caso, as promessas seriam algo possível, que existe em latência, mas que ainda não se realizou, isto é, não se transformou em atualidade ou ato (N. E.)

iminente de alguma coisa desejada ou potencialmente desejável. Contudo, sua qualidade mais abstrata não as torna secundárias ou *necessariamente aprendidas*, conforme outrora se pensava; muitas vezes, nossa resposta à satisfação potencial é tão básica ou primária quanto a nossa resposta à satisfação em si. As promessas (indicadores de satisfação) têm sido consideradas, teoricamente, prêmios de incentivo, porque induzem à *locomoção adiante* – que é, simplesmente, o movimento na direção do lugar no qual o indicador sugere que a satisfação ocorrerá.[35] A curiosidade,[36] a esperança[37] e a excitação tendem a acompanhar a exposição às dicas de recompensas (e estão associadas à subsequente locomoção adiante).[38] Comportamentos que produzem promessas – como aqueles que resultam em satisfações – também aumentam de frequência com o tempo.[39]

Coisas avaliadas negativamente – cuja estrutura espelha a dos seus equivalentes positivos – podem ser *punitivas* ou *ameaçadoras.*[40] As punições – um grupo diverso de estímulos ou contextos, conforme definido imediatamente abaixo – parecem compartilhar uma característica (ao menos segundo a perspectiva da teoria descrita neste livro): elas indicam a impossibilidade temporária ou final de se implementar um ou mais meios, ou de se conquistar um ou mais fins desejados. Alguns estímulos são quase que universalmente sentidos como punição porque sua aparência indica uma probabilidade reduzida de se realizar praticamente qualquer plano imaginável – de se obter qualquer satisfação ou futuro potencial desejável. A maioria das coisas ou situações que produzem lesão física entra nessa categoria. Em termos mais gerais, as punições podem ser concebidas como estados involuntários de privação (de comida, água, temperatura ideal[41] ou contato social),[42] como decepções[43] ou frustrações[44] (que são *ausências de recompensas esperadas*),[45] e como estímulos suficientemente intensos para causar danos aos sistemas com que se deparam. As punições interrompem a ação ou induzem à retirada ou fuga (locomoção para trás),[46] e engendram o

---

[35] Wise, R.A. (1988); Wise, R.A. e Bozarth, M.A. (1987).
[36] Gray, J.A. (1982).
[37] Mowrer, O.H. (1960).
[38] Wise, R.A. (1988); Wise, R.A. e Bozarth, M.A. (1987).
[39] Gray, J.A. (1982).
[40] Revisado em Gray, J.A. (1982).
[41] Skinner, B.F. (1966; 1969).
[42] Panksepp, J.; Siviy, S.; Normansell, L.A. (1985).
[43] Gray, J.A. (1982).
[44] Ibidem; Dollard, J. e Miller, N. (1950).
[45] Gray, J.A. (1982).
[46] Ibidem.

estado emocional comumente conhecido como *dor* ou *mágoa*. Os comportamentos que culminam em punição e subsequente mágoa tendem a *se extinguir* – diminuir de frequência com o tempo.[47]

As ameaças, que também são negativas, indicam um potencial, assim como as promessas – mas um potencial para a punição, para a mágoa, para a dor. As ameaças – indicadores de punição – são estímulos que indicam uma probabilidade acentuada de punição e mágoa.[48] Elas são abstratas, tal como as promessas; contudo, como as promessas, *elas não são necessariamente secundárias ou aprendidas*.[49] Fenômenos inesperados, por exemplo – que constituem ameaças inatamente reconhecíveis –, nos paralisam em nossos caminhos e provocam *ansiedade*,[50] tal como, sem dúvida, certos estímulos de medo inatos – como cobras.[51] Comportamentos que culminam na produção de indicadores de punição – que originam situações caracterizadas pela ansiedade – tendem a diminuir de frequência com o tempo (muito como aqueles que produzem punição imediata).[52]

Em termos simples, *as satisfações e seus indicadores são bons; as punições e ameaças são ruins*. Tendemos a avançar[53] (sentir esperança, curiosidade, alegria) e depois consumir (fazer amor, comer, beber) na presença de coisas boas; e tendemos a parar (sentindo ansiedade) e a depois nos retirar, recuar (sentindo dor, decepção, frustração, solidão), quando confrontados com o que não gostamos. Nas situações mais básicas – quando sabemos o que estamos fazendo, quando lidamos com algo familiar –, essas tendências fundamentais são suficientes. Contudo, nossas situações reais quase sempre são mais complexas. Se as coisas ou situações fossem diretas ou simplesmente positivas ou negativas, boas ou ruins, não teríamos de fazer julgamentos a respeito delas; não teríamos de pensar em nosso comportamento, e em como e quando ele deve ser modificado – de fato, não teríamos que *pensar* em nada. Mas nos deparamos com o constante problema da ambivalência no significado, o que equivale a dizer que uma coisa ou situação pode ser, ao mesmo tempo, ruim e boa (ou boa de duas maneiras conflitantes; ou ruim de duas maneiras conflitantes).[54] Um *cheesecake*, por exemplo, é *bom*

---

[47] Ibidem.
[48] Ibidem.
[49] Ibidem.
[50] Ibidem.
[51] Revisado em Gray, J.A. (1982).
[52] Dollard, J. e Miller, N. (1950).
[53] Wise, R.A. (1988); Wise, R.A. e Bozarth, M.A. (1987).
[54] Dollard, J. e Miller, N. (1950).

quando considerado a partir da perspectiva de privação de comida ou fome, mas *ruim* quando considerado com base na perspectiva da aparência social e da figura esbelta exigida por tal aparência. A criança aprendendo a ir ao banheiro sozinha e que acabou de fazer xixi na cama pode, simultaneamente, ficar satisfeita pela consecução de um objetivo biologicamente vital e apreensiva com relação às possíveis consequências interpessoais, socialmente construídas, daquela satisfação. Tudo tem um custo, e o custo deve ser levado em conta ao avaliar o significado de algo. O significado depende do contexto; os contextos – em uma só palavra, histórias – constituem objetivos, desejos, vontades. É lamentável, sob a perspectiva de uma adaptação sem conflitos, que tenhamos muitos objetivos – muitas histórias, muitas visões do futuro ideal –, e que a busca por um deles com frequência interfira em nossas chances (ou nas chances de outrem) de obter outro.

Resolvemos o problema dos significados contraditórios interpretando o valor das coisas dentro dos limites de nossas histórias – mapas ajustáveis de experiência e potencial, cujo conteúdo específico é influenciado pelas demandas de nosso ser físico. Nosso sistema nervoso central é composto por muitos subsistemas "conectados" ou automatizados, responsáveis pela regulação biológica – pela manutenção da homeostase da temperatura, garantindo uma ingestão calórica adequada e monitorando os níveis de dióxido de carbono no plasma (por exemplo). Cada um desses subsistemas tem um trabalho a fazer. Se esse trabalho não for feito dentro de determinados intervalos de tempo, o sistema todo será paralisado, talvez permanentemente. Então, nada será alcançado. Portanto, *devemos* realizar certas ações se quisermos sobreviver. Mas isso não significa que nossos comportamentos sejam *determinados* – não de uma maneira simplista, pelo menos. Os subsistemas que compõem nossa estrutura compartilhada – responsáveis, quando operacionais, por nossos instintos (sede, fome, alegria, desejo sexual, raiva etc.) – não parecem assumir diretamente o controle de nosso comportamento, tampouco nos transformam em autômatos comandados. Pelo contrário, parecem influenciar nossos planos e fantasias, alterando e modificando o conteúdo e a importância comparativa de nossos objetivos, nosso futuro ideal (concebido em comparação ao presente "insuportável", conforme interpretado no momento).

Cada subsistema básico possui a própria imagem, particular e específica, do que constitui o ideal – o objetivo mais válido em qualquer momento. Se uma pessoa não come há vários dias, sua visão de futuro (imediatamente) desejável muito provavelmente incluirá a imagem do ato de comer. Da mesma forma, se alguém for privado de água, é bem provável que seu objetivo será o ato de beber. Compartilhamos uma estrutura biológica fundamental como seres humanos, pelo que tendemos a concordar, de modo geral, com o que deve ser considerado valioso (pelo menos em um contexto específico). O que isso significa, em essência, é que podemos fazer estimativas *probabilísticas* sobre as coisas que um determinado indivíduo e uma determinada cultura podem considerar desejáveis, em qualquer momento. Além disso, podemos aumentar a precisão de nossas estimativas por meio da privação programada (porque essa privação especifica o contexto interpretativo). Não obstante, nunca teremos certeza, no curso complexo e normal dos eventos, o que exatamente alguém desejará.

O juízo acerca da significância das coisas ou situações se torna mais complicado quando a concretização de um objetivo biologicamente estabelecido interfere na busca ou conquista de outro.[55] Para qual fim devemos orientar nossas ações, por exemplo, quando nos sentimos simultaneamente libidinosos e culpados, ou com frio, sedentos e assustados? E se a única maneira de conseguir comida for roubando, digamos, de outra pessoa também faminta, fraca e dependente? De que forma nosso comportamento é guiado quando nossos desejos competem – ou seja, quando querer uma coisa torna provável que percamos outra ou várias outras coisas? Não há razão para presumir, afinal, que cada um de nossos subsistemas particularmente especializados concordará, em qualquer momento, sobre o que constitui o "bem" mais imediatamente desejável. Essa falta de anuência fácil nos torna *intrinsecamente propensos ao conflito intrapsíquico* e à desregulação afetiva (emocional) associada. Manipulamos nossos ambientes e crenças a fim de lidar com esse conflito – mudamos a nós mesmos, ou as coisas ao redor, com o intuito de aumentar a esperança e a satisfação, e diminuir o medo e a dor.

Depende das funções corticais "superiores" – das partes executoras do cérebro[56], filogeneticamente mais novas e mais "avançadas" – emitir juízo sobre o valor relativo das condições desejadas (e, de modo semelhante, determinar a ordem apropriada para a manifestação dos meios).[57] Esses sistemas avançados, idealmente, devem levar em conta todos os estados do desejo e determinar o caminho apropriado para a expressão deles. A todo momento, tomamos *decisões* sobre o que deve ser considerado valioso, mas os subsistemas neurológicos que nos mantêm vivos e são exclusivamente responsáveis por nossa manutenção, em diferentes aspectos, têm voz nessas decisões – um voto. Cada parte nossa, do reino que somos, depende da operação saudável de cada

---

[55] Ibidem.
[56] Luria, A.R. (1980).
[57] Goldman-Rakic, P.S. (1987); Shallice, T. (1982); Milner, B.; Petrides, M.; Smith, M.L. (1985).

uma das outras partes. Logo, ignorar algum bem é arriscar tudo. Ignorar as demandas de um subsistema necessário é apenas garantir que, depois, ele falará com a voz do injustamente oprimido; é garantir que isso tomará nossa fantasia de forma inesperada, transformando o futuro em algo imprevisível. Portanto, nossos "caminhos ideais", da perspectiva de nossa comunidade interna, nossa fisiologia básica, devem ser propriamente *inclusivos*. Além disso, as avaliações e ações dos outros influenciam os nossos estados pessoais de emoção e motivação enquanto, inevitavelmente, perseguimos os nossos objetivos individuais em um contexto social. O objetivo *claro e óbvio* pelo qual nossas funções superiores trabalham deve, portanto, ser a construção de um estado em que todas as nossas necessidades e as necessidades dos outros sejam simultaneamente atendidas. Esse objetivo superior, ao qual todos nós teoricamente aspiramos, é uma fantasia complexa (e com frequência implícita) – uma visão ou um mapa da terra prometida. Esse mapa, essa história – esse *quadro de referência* ou *contexto de interpretação* –, é o futuro (ideal) que contrasta necessariamente com o presente (insuportável) e inclui planos concretos, elaborados para transformar esse presente naquele futuro. Os significados mutáveis que compõem as nossas vidas dependem, pela sua natureza, da estrutura explícita desse contexto interpretativo.

Selecionamos o que *deveríamos* valorizar dentre aquelas coisas que *devemos* valorizar. Logo, nossas escolhas são, em termos gerais, previsíveis. Assim deve ser, já que precisamos realizar certas ações para sobreviver. Mas a previsibilidade é limitada. O mundo é complexo o bastante não só para que um dado problema tenha várias soluções válidas, mas, também, para que até mesmo a definição de "solução" possa variar. As escolhas particulares mais apropriadas ou prováveis de todas as pessoas, entre elas, nós mesmos, não podem ser determinadas precisamente de antemão (não em circunstâncias normais, pelo menos). Contudo, apesar da nossa insuperável e definitiva ignorância, nós agimos – decidindo, a cada momento, o que deve ser considerado digno de procura, e determinando o que pode ser ignorado, ao menos temporariamente, durante essa busca. Somos capazes de agir e obter os resultados que desejamos porque proferimos *juízos de valor*, usando toda a informação a nosso dispor. Determinamos que vale a pena ter algo, em determinados tempo e lugar, e transformamos a posse disso em nosso objetivo. E, tão logo algo se torna nosso objetivo – seja o que for –, *ele parece adotar a significância da satisfação (da recompensa consumatória)*. Parece que basta algo ser realmente *considerado* valioso para adotar o aspecto emocional do valor. É dessa maneira que nossas funções cognitivo-verbais de ordem superior atuam para regular as nossas emoções. É este o motivo pelo qual podemos desempenhar papéis ou trabalhar para fins "meramente simbólicos", e também a razão pela qual o teatro e a literatura[58] (e até mesmo os eventos esportivos) podem ter efeitos indiretos tão profundos sobre nós. Contudo, o mero fato de algo ser desejado não significa necessariamente que a sua obtenção sustentará a vida (como uma satisfação "verdadeira" poderia fazê-lo) – ou que a simples consideração transformará algo no que não é. Portanto, é necessário (isto é, se você deseja existir) construir objetivos – modelos do futuro desejado – que sejam *razoáveis* a partir da perspectiva da experiência anterior, baseados na necessidade biológica. Esses objetivos levam em consideração a necessidade de lidar com as nossas limitações intrínsecas; de satisfazer os nossos subsistemas biológicos hereditários; de acalmar esses "deuses" transpessoais, que sempre exigem ser vestidos e alimentados.

O fato de que esses objetivos *deveriam* ser razoáveis não significa que eles têm de sê-lo ou serão (pelo menos, no curto prazo) – ou que a noção de "razoável" possa ser fácil ou definitivamente determinada. O sonho de um homem é o pesadelo de outro; o conteúdo de um futuro ideal (e o presente interpretado) pode variar e varia de forma dramática entre os indivíduos. Uma anoréxica, por exemplo, tem por objetivo um emagrecimento da silhueta que pode ser incompatível com a vida. Como resultado, ela considera o alimento algo a ser evitado – algo punitivo ou ameaçador. Essa crença não a protegerá da inanição, embora afete vigorosamente sua determinação, no curto prazo, da valência do chocolate. O homem obcecado pelo poder pode sacrificar tudo – incluindo a família – para concretizar sua ambição tacanha. A consideração empática pelos outros, tarefa demorada, é um mero obstáculo ao seu progresso rumo àquelas coisas que considera de máximo valor. Logo, sua fé no valor do progresso torna até mesmo o amor ameaçador e frustrante. Nossas crenças, em resumo, podem mudar nossas reações a tudo – mesmo a coisas tão primárias ou fundamentais quanto o alimento e a família. Contudo, permanecemos indeterminadamente limitados pelos nossos limites biológicos.

É particularmente difícil especificar o valor de uma ocorrência quando ela apresenta um significado a partir de um quadro de referência (com relação a um objetivo particular), e um significado diferente, ou até mesmo contrário, a partir de outra estrutura tão ou mais importante e relevante. Estímulos que existem dessa forma constituem *problemas de adaptação não resolvidos*. Eles apresentam um mistério, que é o que fazer em sua presença (pausar, consumir, parar, recuar ou avançar, no mais básico dos níveis; ficar ansioso, satisfeito, magoado ou esperançoso). É evidente que algumas coisas ou situações podem ser satisfatórias ou punitivas, pelo menos a partir do "quadro de referência" existente

---

[58] Oatley, K. (1994).

no momento, e podem, assim, ser consideradas (avaliadas, executadas) de maneira descomplicada. Outras coisas e situações, no entanto, permanecem repletas de significados contraditórios ou indeterminados. (Muitas coisas, por exemplo, são satisfatórias ou promissoras no curto prazo, mas punitivas no médio ou longo prazo.) Essas circunstâncias constituem prova de que os nossos sistemas de avaliação ainda não são suficientemente sofisticados para promover uma adaptação completa – elas demonstram, de forma indiscutível, que os nossos processos de avaliação ainda são incompletos:

Um cérebro em um tanque dirige uma vagoneta descontrolada, aproximando-se de uma bifurcação nos trilhos. O cérebro está conectado à vagoneta de tal forma que pode determinar que direção ela tomará. Há apenas duas opções: o lado direito ou o esquerdo da bifurcação. Não existe possibilidade de a vagoneta descarrilar ou parar, e o cérebro está ciente disso. À direita nos trilhos, há um funcionário da ferrovia, Jones, que certamente será morto se o cérebro virar a vagoneta na sua direção. Se Jones viver, matará em seguida cinco homens por causa de trinta órfãos (um dos cinco homens que matará planeja destruir uma ponte que um ônibus transportando os órfãos vai cruzar naquela noite). Um dos órfãos que serão mortos teria crescido e se tornado um tirano que obrigou homens bons e úteis a fazer coisas ruins, outro se tornaria John Sununu, um terceiro inventaria o lacre para latas de alumínio.

Se o cérebro no tanque escolher os trilhos à esquerda, a vagoneta certamente atingirá e matará outro funcionário da ferrovia, Leftie, e atingirá e destruirá dez corações que seriam transplantados em dez pacientes no hospital local, os quais morrerão sem os corações dos doadores. São os únicos corações disponíveis e o cérebro está ciente disso. Se o funcionário à esquerda dos trilhos viver, ele também matará cinco homens – na verdade, os mesmos cinco que o funcionário à direita mataria. Contudo, Leftie matará como consequência involuntária do salvamento de dez homens: ele inadvertidamente matará os cinco homens enquanto transporta os dez corações para o hospital local a fim de serem transplantados. Outra consequência do ato de Leftie é que os órfãos no ônibus seriam poupados. Entre os cinco homens mortos por Leftie, está o indivíduo responsável por colocar o cérebro no controle da vagoneta. Se os dez corações e Leftie forem mortos pela vagoneta, os dez pacientes de transplante de coração morrerão e seus rins serão usados para salvar as vidas de vinte pacientes de transplante de rins, um dos quais crescerá e curará o câncer, e outro crescerá e será Hitler. Há outros rins e máquinas de diálise disponíveis, mas o cérebro não sabe disso.

Parta do princípio de que a escolha do cérebro, qualquer que seja, servirá como exemplo para outros cérebros em tanques, de tal modo que os efeitos de sua decisão serão amplificados. Também pressuponha que, se o cérebro escolher o lado direito da bifurcação, uma guerra injusta, mas sem crimes de guerra, ocorrerá, e que, se o cérebro optar pela esquerda, haverá uma guerra justa repleta de crimes de guerra. Além disso, há um demônio cartesiano intermitentemente ativo enganando o cérebro, de tal forma que este nunca tem certeza de estar sendo enganado.

Pergunta: eticamente falando, o que o cérebro deveria fazer?[59]

Não podemos agir de duas maneiras ao mesmo tempo – não podemos avançar e recuar, não podemos parar e andar, não de forma concomitante. Quando confrontados com estímulos cujo significado é indeterminado, entramos em conflito. Esse conflito deve ser resolvido antes que uma ação adaptativa possa ocorrer. Na verdade, podemos fazer apenas uma coisa por vez, embora circunstâncias confusas, ameaçadoras, perigosas ou imprevisíveis possam nos impelir a tentar muitas coisas de modo simultâneo.

Território Inexplorado: Fenomenologia e Neuropsicologia

O dilema dos significados contraditórios simultâneos só pode ser *resolvido* de duas maneiras relacionadas (embora possa ser evitado de muitas outras). Podemos *alterar os nossos comportamentos*, nas situações difíceis, para que eles não gerem mais consequências que não desejamos ou não conseguimos interpretar. Alternativamente, podemos *reformular os nossos contextos de avaliação* (nossos objetivos e interpretações do presente) para que eles deixem de produzir implicações paradoxais relativas à importância de determinada situação. Esses processos de modificação comportamental e reformulação constituem *atos de reavaliação trabalhosa*, o que significa uma completa reconsideração exploratória do que antes foi considerado apropriado ou importante.

Portanto, coisas ou situações com significados indeterminados desafiam nossa competência adaptativa; forçam-nos a reavaliar as circunstâncias atuais e alteram nossos comportamentos atuais. Essas circunstâncias surgem quando algo que temos sob controle, de uma determinada perspectiva, apresenta problemas ou fica fora de controle segundo outra perspectiva. Fora de controle significa, em essência, imprevisível: uma coisa está fora do alcance quando as nossas interações com ela produzem fenômenos cujas propriedades não podem ser determinadas de antemão. Desse modo, ocorrências novas ou inesperadas, que surgem quando os nossos planos não resultam conforme o esperado, constituem um importante – talvez o mais importante – subconjunto da ampla classe de estímulos cujos significados são indeterminados. Algo

---

[59] Patton, M.F. (1988), p. 29.

inesperado ou novo ocorre necessariamente em relação ao que é conhecido; é sempre identificado e avaliado em relação a nosso plano atualmente operacional (ou seja, uma coisa familiar em um lugar inesperado (ou em uma ocasião inesperada) é, na verdade, uma coisa *não familiar*). A esposa de um adúltero, por exemplo, é bem conhecida por ele, talvez, quando está em casa. Ela e seu comportamento constituem *território explorado*. Contudo, ela é um tipo de fenômeno inteiramente diferente, da perspectiva do afeto (e das implicações na produção de comportamento), se aparecer de forma inesperada no quarto de motel favorito do marido e flagrá-lo no meio de um encontro amoroso. Qual será a reação do marido na presença da esposa quando ela o surpreender? Em primeiro lugar, é muito provável que fique desconcertado – depois, inventará uma história que explique seu comportamento (se conseguir, em tão pouco tempo). Ele precisa pensar em algo novo, *fazer algo inédito*. Ele tem que administrar a esposa, a quem julgava enganar – sua esposa, cuja mera presença inesperada no motel é a prova de seu inesgotável mistério residual. Nossos padrões habituais de ação são suficientes apenas para coisas e situações de significância determinada – por definição: só sabemos como agir na presença do familiar. O surgimento do inesperado nos expulsa da complacência inconsciente, axiomática, e nos força a (dolorosamente) *pensar*.

As implicações das ocorrências novas ou imprevisíveis são, por definição, desconhecidas. Essa observação carrega a semente de uma pergunta difícil e útil: qual é a significância do desconhecido? Parece lógico pressupor que a resposta é nenhuma – algo inexplorado não pode ter significado, pois significado algum lhe foi atribuído até o momento. A verdade, contudo, é exatamente o oposto. Mesmo as coisas que não entendemos têm significado. Se você não pode dizer o que uma coisa significa por não saber o que é, o que ela significa, então? Nada não é a resposta – de fato, o inesperado nos perturba de maneira frequente e previsível. Em vez de nada, aquilo pode ser qualquer coisa, e este é precisamente o cerne do problema. Coisas imprevisíveis não são irrelevantes antes que determinemos seu significado específico. Coisas que ainda não exploramos possuem significância antes de nos adaptarmos a elas, antes de classificarmos a sua relevância, antes de determinarmos a sua implicação no comportamento. Coisas imprevistas, indesejadas, que ocorrem enquanto realizamos nossos planos cuidadosamente concebidos – essas coisas vêm carregadas, *a priori*, de significados positivos e negativos. O surgimento de coisas ou situações inesperadas indica, no mínimo, que erramos em algum estágio da concepção dos nossos planos – em algo trivial, se tivermos sorte; ou de um modo que pode ser devastador para as nossas esperanças e desejos, e para a nossa autoestima, se não tivermos sorte.

Coisas inesperadas ou imprevisíveis – coisas novas, para ser mais preciso (especificamente, a classe das coisas novas) – possuem um leque de significância potencialmente infinito, ilimitado. O que significa algo que pode ser qualquer coisa? Nos extremos, significa *o pior que poderia ser* (ou, pelo menos, o pior que você consegue imaginar) e, inversamente, *o melhor que poderia ser* (ou o melhor que você pode conceber). Algo novo pode apresentar a possibilidade de um sofrimento insuportável, seguido de uma morte sem sentido – uma ameaça de significância quase ilimitada. Aquela dor nova e aparentemente irrelevante, mas ainda assim estranha e preocupante, que você sentiu hoje de manhã, por exemplo, enquanto se exercitava, talvez signifique justamente o surgimento do câncer que vai matá-lo de forma lenta e dolorosa. Alternativamente, algo inesperado pode significar uma oportunidade inimaginável para a expansão da competência geral e do bem-estar. Seu antigo emprego, monótono mas seguro, desaparece de modo inesperado. Um ano depois, você está fazendo o que de fato quer, e sua vida é incomparavelmente melhor.

Uma coisa ou situação inesperada que aparece no curso do comportamento orientado para um objetivo constitui um estímulo intrinsecamente problemático: ocorrências novas são, ao mesmo tempo, indicadores de punição (ameaças) e indicadores de satisfação (promessas).[60] Esse status *a priori* paradoxal está representado de forma esquemática na Figura 2.3: A Natureza Ambivalente da Novidade. Coisas imprevisíveis, possuidoras de um caráter paradoxal, ativam, por conseguinte, dois sistemas emocionais antitéticos, cujas atividades mutuamente inibidoras fornecem motivação básica para a cognição abstrata, cujo esforço cooperativo é crítico para o estabelecimento da memória permanente, e cujos substratos físicos constituem elementos universais do sistema nervoso humano. Desses dois sistemas, aquele que é mais rapidamente ativado[61] rege a inibição do comportamento em curso, a interrupção da atividade atual direcionada para o objetivo;[62] o segundo sistema, igualmente poderoso, mas um pouco mais conservador,[63] rege a exploração, a ativação geral do comportamento[64] e a locomoção para frente.[65] A operação do primeiro parece estar associada à ansiedade, ao medo e à apreensão, ao afeto negativo – reações subjetivas universais ao ameaçador

---

[60] Gray, J.A. (1982).
[61] Dollard, J. e Miller, N. (1950).
[62] Gray, J.A. (1982); Gray, J.A. et al. (1991).
[63] Dollard, J. e Miller, N. (1950).
[64] Gray, J.A. (1982); Fowles, D.C. (1980; 1983; 1988; 1994).
[65] Wise, R.A. (1988); Wise, R.A. e Bozarth, M.A. (1987); Gray, J.A. (1982).

e ao inesperado.⁶⁶ A operação do outro sistema, por sua vez, parece estar associada à esperança, à curiosidade e ao interesse, ao afeto positivo – respostas subjetivas ao promissor e inesperado.⁶⁷ O processo de exploração do desconhecido emergente é, portanto, guiado pela interação entre as emoções de curiosidade/esperança/excitação, por um lado, e de ansiedade, por outro; ou, para descrever esses fenômenos sob outro ponto de vista, entre os diferentes sistemas motores responsáveis pela abordagem (locomoção para a frente) e pela inibição do comportamento atual.

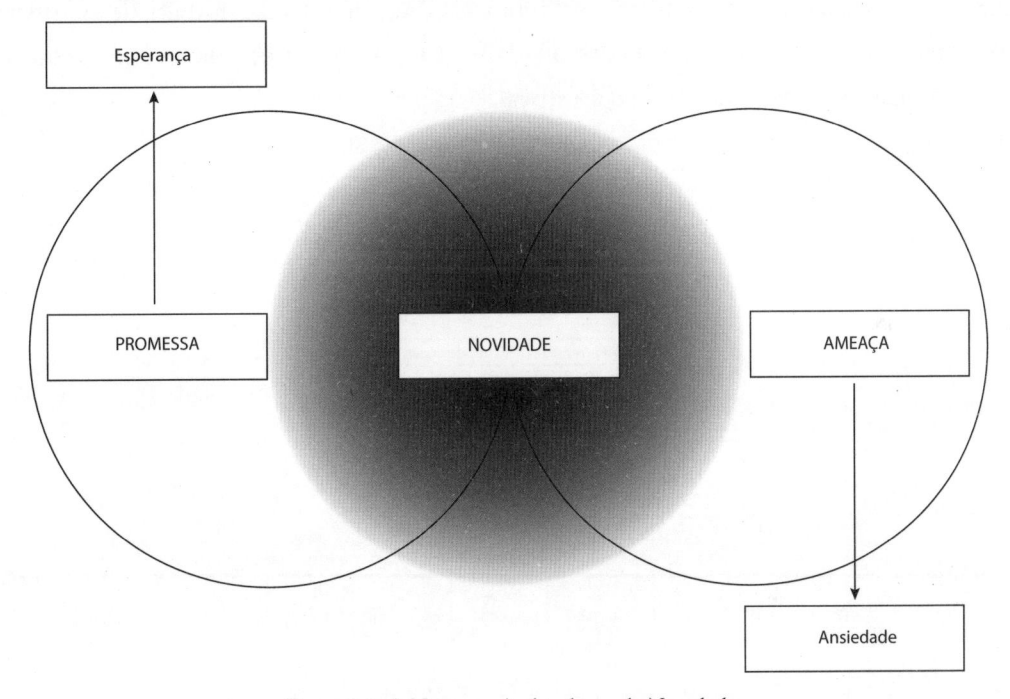

Figura 2.3: A Natureza Ambivalente da Novidade

O "desconhecido ambivalente" ocorre de duas "formas", por assim dizer (conforme mencionado antes). A novidade "normal" emerge dentro do "território" circunscrito pela escolha de um ponto final ou objetivo particular (isto é, após a chegada ao ponto específico "b" ter sido considerada a atividade possível mais importante *neste momento e neste lugar*). Algo "normalmente" novo constitui uma ocorrência que deixa intactos o ponto de partida e o objetivo atuais, mas que indica que os *meios* para atingir esse objetivo devem ser modificados. Digamos, por exemplo, que você esteja em seu escritório. Você está acostumado a caminhar por um corredor vazio para chegar ao

---

⁶⁶ Gray, J.A. (1982).
⁶⁷ Wise, R.A. (1988); Wise, R.A. e Bozarth, M.A. (1987).

elevador. Está tão acostumado a realizar essa atividade que consegue fazê-la de maneira "automática" – tanto que, não raro, lê enquanto anda. Um dia, enquanto lê, você tropeça em uma cadeira que alguém deixou no meio do corredor. Essa é uma novidade normal. Você não precisa alterar seu objetivo atual, exceto de maneira temporária e trivial; é provável que não fique muito aborrecido pelo obstáculo inesperado. Chegar ao elevador ainda é uma possibilidade real, inclusive dentro do prazo desejado; tudo o que precisa fazer é contornar a cadeira (ou movê-la para outro lugar, se estiver se sentindo particularmente altruísta). A Figura 2.4: Surgimento da "Novidade Normal" no Curso do Comportamento Direcionado ao Objetivo oferece uma representação abstrata desse processo de adaptação trivial.

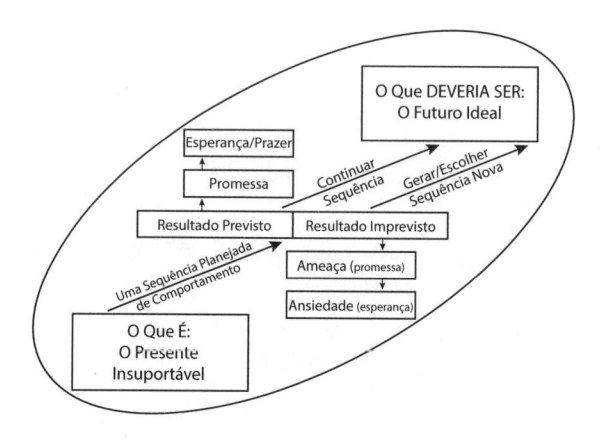

Figura 2.4: Surgimento da "Novidade Normal" no Curso do Comportamento Direcionado ao Objetivo

A novidade revolucionária é algo completamente diferente. Às vezes, o surgimento repentino do inesperado significa tomar o caminho "b" em vez do caminho "a" para a casa da avó. Às vezes, esse surgimento implica uma dúvida emergente sobre a própria existência da avó (pense no "lobo" e na "Chapeuzinho Vermelho"). Eis um exemplo: estou sentado sozinho em meu escritório, em um edifício alto, à noite. De repente, penso: "Vou entrar no elevador, descer três andares e pegar algo para comer" (sendo mais preciso, a fome domina minha imaginação de maneira súbita, usando-a para os próprios fins). Essa fantasia constitui uma imagem espacial e temporariamente limitada do futuro ideal – um futuro possível "real", esculpido como um objeto distinguível (logo, utilizável), oriundo do domínio infinito dos potenciais futuros possíveis. Uso essa imagem definida para avaliar os eventos e processos que constituem o presente interpretado, enquanto ele se desenrola ao meu redor, ao caminhar na direção do elevador (rumo à lanchonete). *Quero* fazer a realidade corresponder a minha fantasia – para subjugar a minha motivação (para agradar aos deuses, por assim dizer). Se o inesperado ocorrer – digamos, o elevador não estiver funcionando –, a incompatibilidade me paralisa temporariamente. Substituo meu plano atual por uma estratégia comportamental alternativa, concebida para atingir o mesmo fim. Isso significa que eu não reconfiguro o mapa temporal e espacialmente limitado que estou usando para avaliar as minhas circunstâncias – que estou usando para regular as minhas emoções. Tudo o que preciso fazer é mudar a *estratégia*.

Decido usar as escadas para ir à lanchonete. Se as escadas estiverem fechadas para reforma, a situação ficará mais complicada. Minha fantasia original – "descer até a lanchonete e comer" – baseava-se em uma hipótese implícita: eu *consigo descer até lá*. Esse pressuposto, do qual eu não estava realmente ciente (o qual pode ser considerado *axiomático* para os propósitos da operação atual), foi violado. A história "descer para comer" só fazia sentido em um ambiente caracterizado por meios válidos de transporte entre os andares. A existência desses meios constituía um fato óbvio – eu uso o elevador ou as escadas com tanta frequência que sua presença assumiu o aspecto de uma constante justificadamente ignorada. Uma vez que dominei as escadas e o elevador – uma vez que aprendi a sua localização, sua posição e os seus mecanismos –, pude dá-los como certos e presumir a sua irrelevância. Fenômenos previsíveis (leia-se "completamente explorados e, portanto, adaptados") não atraem a atenção; eles não exigem "consciência". Não é preciso gerar novos quadros de referência ou estratégias comportamentais em sua presença.

Assim: os elevadores estão quebrados; as escadas, fechadas. O mapa que eu usava para avaliar o meu ambiente foi invalidado; meus *fins* não são mais sustentáveis. Logo, necessariamente, os meios para esses fins (meus planos de ir à lanchonete) tornaram-se completamente irrelevantes. Não sei mais o que fazer. Isso significa, em um sentido não trivial, que não sei mais *onde estou*. Presumia estar em um lugar familiar – na verdade, muitas coisas familiares não mudaram (o piso, por exemplo). No entanto, algo fundamental foi alterado – e eu não sei o *quão* fundamental isso é. Agora estou em um lugar do qual não consigo sair facilmente. Sou confrontado por vários novos problemas, além da minha fome não resolvida – pelo menos em potencial ("Será que vou chegar em casa hoje à noite?"; "Tenho que chamar alguém para me 'resgatar'?"; "Quem *poderia* me resgatar?"; "Para quem eu telefono para pedir ajuda?"; "E se houver um incêndio?"). Meu velho plano, minha velha "história" ("Vou descer e pegar algo para comer") desapareceu, e eu não sei como avaliar minhas circunstâncias atuais. Minhas emoções, anteriormente restringidas pela existência de um plano temporariamente válido, reemergem em um emaranhado confuso. Estou ansioso ("O que vou fazer? E se *houve* um incêndio?"), frustrado ("Com certeza, não vou mais conseguir trabalhar hoje à noite nessas condições!"), com raiva ("Quem poderia ser tão estúpido a ponto de bloquear todas as saídas?") e curioso ("Mas que diabos está acontecendo aqui, afinal?"). Algo desconhecido ocorreu e destruiu todos os meus planos. Um mensageiro do caos, metaforicamente falando, perturbou a minha estabilidade emocional. A Figura 2.5: Surgimento da "Novidade Revolucionária" no Curso do Comportamento Direcionado ao Objetivo apresenta de forma gráfica esse estado de coisas.

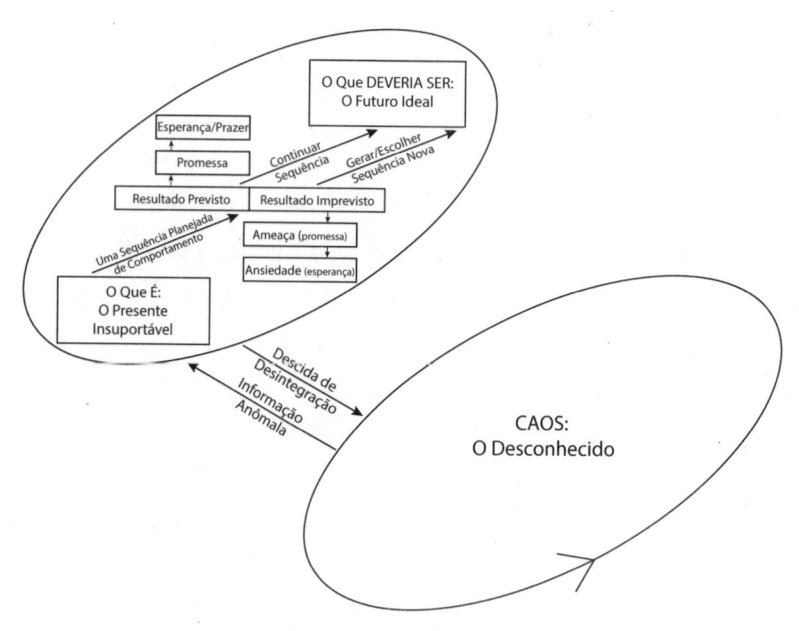

Figura 2.5: Surgimento da "Novidade Revolucionária" no Curso do Comportamento Direcionado ao Objetivo

Os planos que formulamos são mecanismos concebidos para transformar o futuro perfeito imaginado em algo real. Uma vez formulados, os planos governam nosso comportamento — *até cometermos um erro*. O erro, que é o surgimento de uma coisa ou situação não prevista, comprova a natureza incompleta dos nossos planos — indica que esses planos e as suposições sobre as quais eles foram elaborados contêm equívocos e devem ser corrigidos (ou, Deus nos livre, abandonados). Enquanto tudo estiver correndo conforme o plano, permanecemos em solo familiar — mas, ao errar, *entramos em território inexplorado*.

O conhecido e o desconhecido são sempre relativos porque o que é inesperado depende inteiramente do que esperamos (desejamos) – do que tínhamos *planejado e presumido* antes. O inesperado ocorre constantemente porque é impossível, na falta da onisciência, formular um modelo inteiramente preciso do que está, de fato, acontecendo ou do que deveria acontecer; é impossível determinar quais resultados o comportamento atual vai produzir, afinal. Como consequência, erros na representação do presente insuportável e do futuro desejado ideal são inevitáveis, assim como erros na implementação *e* representação dos meios pelos quais o primeiro pode ser transformado no último. A infinita capacidade humana de errar significa que, no curso da experiência humana, o encontro com o desconhecido é inevitável; significa que a probabilidade desse encontro é tão certa, independentemente do lugar e do tempo da existência individual, quanto a morte e os impostos. Paradoxalmente, a existência (variável) do desconhecido *pode ser, portanto, considerada uma constante ambiental*. Logo, a adaptação à "existência" desse domínio deve ocorrer em todas as culturas e em todos os períodos históricos – independentemente das particularidades de quaisquer circunstâncias sociais ou biológicas.

Desvios do resultado desejado constituem eventos (relativamente) novos, indicativos de erros na suposição, seja no nível da análise da condição, do processo atual ou do futuro ideal. Essas incompatibilidades – ocorrências imprevisíveis, não redundantes ou novas – abarcam de forma constante os elementos mais intrinsecamente significativos e interessantes do campo experiencial humano. Esses interesses e significados indicam a presença de novas informações e constituem um estímulo predominante para a ação humana (e animal).[68] É onde o imprevisível emerge que jaz a possibilidade de toda informação nova e útil. É durante o processo de exploração do imprevisível ou inesperado que todo conhecimento e sabedoria são gerados, que todos os limites de competência adaptativa são alargados, que todos os territórios desconhecidos são explorados, mapeados e conquistados. Assim, o domínio sempre existente do desconhecido constitui a matriz da qual emerge todo conhecimento condicional. Tudo o que agora é conhecido por todos, tudo o que foi transformado em previsível, era desconhecido de todos no passado, e teve de ser transformado em previsível – benéfico, na melhor das hipóteses; irrelevante, na pior – como consequência da adaptação ativa orientada à exploração. A matriz é de amplitude indeterminável; a despeito do nosso enorme repositório cultural, a despeito da sabedoria herdada de nossos ancestrais,

---

[68] Gray, J.A. (1982).

ainda somos fundamentalmente ignorantes e assim permaneceremos, não importa o quanto aprendamos. O domínio do desconhecido nos cerca como um oceano cerca uma ilha. Podemos aumentar a área da ilha, mas nunca tiraremos muito do mar.

Exploração: Fenomenologia e Neuropsicologia

O não familiar existe como uma característica invariante da experiência. Permanecemos ignorantes e agimos cercados pela incerteza. Mas, fundamentalmente, sempre sabemos algo, não importa quem sejamos ou quando vivamos. Tendemos a ver o "ambiente" como algo objetivo, mas uma das suas características mais básicas – a familiaridade, ou a falta dela – é algo virtualmente definido pelo subjetivo. Essa subjetividade ambiental também é não trivial: a mera "interpretação" de um fenômeno pode determinar se prosperamos ou adoecemos, vivemos ou morremos. De fato, parece que a categorização ou caracterização do ambiente como desconhecido/conhecido (natureza/cultura, estranho/familiar) pode ser considerada mais "fundamental" do que qualquer caracterização objetiva – se pressupusermos que aquilo a que nos adaptamos é, por definição, a realidade; pois o cérebro humano e o cérebro dos animais superiores se especializou para funcionar no "domínio da ordem" e no "domínio do caos". E é impossível entender essa especialização, a não ser que esses domínios sejam considerados algo mais que uma mera metáfora.

Normalmente, usamos nossas concepções dos processos cognitivos para esclarecer o trabalho do cérebro (usamos nossos modelos de pensamento para determinar "qual deve ser o caso" em termos fisiológicos). Contudo, a investigação neuropsicológica avançou até o ponto em que o procedimento reverso é igualmente útil. O que sabemos sobre as funções cerebrais pode esclarecer as nossas concepções sobre a cognição (na verdade, sobre a "realidade" em si mesma) e fornecer "restrições objetivas" apropriadas para essas concepções. O pensamento iluminista lutou para separar "razão" e "emoção"; investigações empíricas da estrutura e das funções do cérebro – cujo forte impulso inicial foi consequência dessa separação – demonstraram, em vez disso, que os dois domínios são mutuamente interdependentes e essencialmente integrados.[69] Vivemos em um universo caracterizado pela interação constante entre *yin* e *yang*, caos e ordem: a emoção providencia um roteiro inicial quando não sabemos o que estamos fazendo, quando apenas a razão não basta.[70] A "cognição", pelo

---

[69] Damásio, A.R. (1994; 1996); Bechara, A. et al. (1996; 1997).
[70] Bechara, A. et al. (1996; 1997); Damásio, A.R. (1994).

contrário, permite-nos construir e manter os nossos ambientes ordenados, e manter o caos – e o afeto – sob controle.

O cérebro pode ser satisfatoriamente encarado como algo composto de três unidades primárias – motora, sensorial e afetiva – ou constituído de um par de hemisférios combinados, direito e esquerdo. Cada forma de subdivisão conceitual possui suas vantagens teóricas; ademais, as duas não são mutuamente excludentes. Em primeiro lugar, trataremos da descrição das unidades, retratadas de modo esquemático na Figura 2.6: As Unidades Motora e Sensorial do Cérebro.

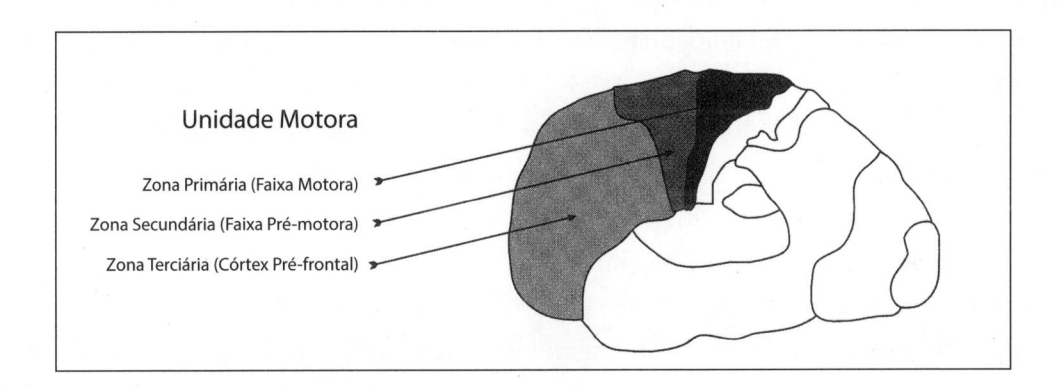

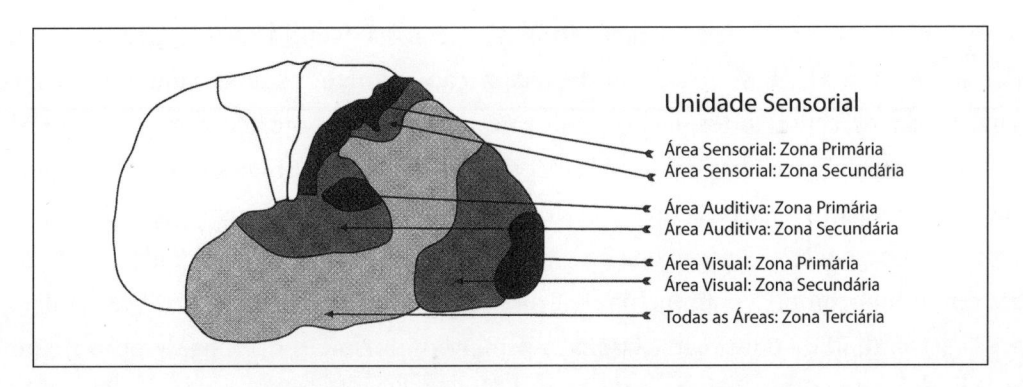

Unidade Motora

Zona Primária (Faixa Motora)
Zona Secundária (Faixa Pré-motora)
Zona Terciária (Córtex Pré-frontal)

Unidade Sensorial

Área Sensorial: Zona Primária
Área Sensorial: Zona Secundária
Área Auditiva: Zona Primária
Área Auditiva: Zona Secundária
Área Visual: Zona Primária
Área Visual: Zona Secundária
Todas as Áreas: Zona Terciária

Figura 2.6: As Unidades Motora e Sensorial do Cérebro

A maior parte das estruturas neocorticais (e muitas das subcorticais) atingiu seu maior e mais complexo nível de desenvolvimento no *Homo sapiens*. Isso é verdadeiro sobretudo em relação à unidade motora,[71] que compreende a metade anterior ou dianteira do neocórtex comparativamente mais recente (composta pelos lobos motor, pré-motor

---

[71] Luria, A.R. (1980); Nauta, W.J.H. (1971).

e pré-frontal). Esse elevado nível de desenvolvimento é parcialmente responsável pelo aumento da inteligência humana, pela versatilidade comportamental e pela amplitude da experiência, atual e potencial, e está na base da nossa capacidade de formular planos e intenções, organizá-los em programas de ação e regular a sua execução.[72]

A unidade sensorial,[73] que compreende a metade posterior do neocórtex (composta pelos lobos parietal, occipital e temporal), é responsável pela construção dos mundos independentes de nossos sistemas sensoriais (sobretudo a visão, a audição e o tato) e por sua integração no campo perceptivo unificado que constitui a nossa experiência consciente.[74] A unidade sensorial processa as informações geradas no curso das ações planejadas pela unidade motora e constrói o mundo reconhecível e familiar a partir dessas informações.

Por fim, a "unidade límbica" – filogeneticamente antiga, inserida sob as dobras do neocórtex – compara[75] a natureza das consequências comportamentais, conforme elas ocorrem, com um modelo dinâmico, existente na fantasia, do que *deveria ocorrer*, do que *se desejava que acontecesse*. Portanto, a sinalização da *significância motivacional*, ou *importância afetiva*, constitui o que talvez seja a maior responsabilidade do sistema límbico – além da inculcação (integralmente relacionada) e renovação da memória ("integralmente relacionada", já que são os eventos *significantes* que transformam o conhecimento e que estão armazenados na memória [sendo mais específico, que *alteram* a memória]). Esse processo de sinalização envolve, necessariamente, a comparação do presente indesejável, conforme entendido agora, com o futuro ideal, conforme atualmente imaginado. A capacidade de gerar tal contraste parece depender das operações realizadas no interior da parte comparativamente mais antiga e central do cérebro, em particular nas estruturas estreitamente integradas conhecidas como hipocampo[76] e amígdala.[77] A natureza desse processo comparativo talvez possa ser entendida com mais clareza, a princípio, por meio da consideração de um fenômeno conhecido como *potencial cortical relacionado a eventos*.

---

[72] Luria, A.R. (1980); Granit, R. (1977).

[73] Luria, A.R. (1980).

[74] Ibidem.

[75] Sokolov, E.N. (1963); Vinogradova, O. (1975); Gray, J.A. (1982; 1987); Gray, J.A. e McNaughton, N. (1996).

[76] Gray, J.A. (1982; 1987); Gray, J.A. e McNaughton, N. (1996); Sokolov, E.N. (1969); Vinogradova, O. (1975); Halgren, E. et al. (1980); Watanabe, T. e Niki, H. (1985).

[77] Ver Aggleton, J.P. (1993).

O cérebro produz de modo constante um padrão de mudança da atividade elétrica no curso de suas operações. O eletroencefalograma (EEG) fornece um quadro geral desse padrão. Nele, eletrodos são colocados em determinada disposição no couro cabeludo do indivíduo, permitindo que os padrões de atividade elétrica, gerados no curso da atividade neurológica, sejam detectados, monitorados e, até certo ponto, localizados. (O cérebro produz atividade elétrica suficiente para ser detectada no crânio e no tecido ao redor, embora a interferência produzida por esse tecido circundante dificulte a avaliação do EEG.) As capacidades assaz limitadas dessa tecnologia têm sido bastante ampliadas pelas capacidades analíticas do computador. O *potencial cortical relacionado a eventos* é uma medida da atividade cerebral obtida por computador a partir dos registros do EEG, dos quais se calcula a média nos diferentes intervalos após o sujeito sob avaliação ter recebido algum tipo de estímulo. A natureza desse estímulo pode variar. No caso mais simples, é apenas algo sensorial, como um som apresentado de forma repetida via fones de ouvido estéreos. Em casos mais complexos, o potencial cortical relacionado a eventos é monitorado após a apresentação de um estímulo com valência afetiva – o que significa monitorar algo que deve ser "discriminado, reconhecido ou avaliado de outra forma".[78] Talvez a maneira mais simples de produzir um evento desse tipo seja inserir de modo aleatório e imprevisível um tom de frequência distinta em uma sequência repetitiva de tons previsíveis (embora o estímulo também possa ser visual ou tátil). Esses eventos atípicos são caracterizados por uma (relativa) novidade (a novidade sempre é relativa) e evocam um padrão de atividade elétrica cortical que difere daquele produzido pelos tons previsíveis. Qualquer evento que possua implicações específicas ou conhecidas na alteração do comportamento em curso também produzirá um potencial, como acontece com o atípico.

Em geral, o potencial cortical relacionado a eventos produzido por eventos raros ou de algum modo significativos apresenta-se como uma onda com uma linha temporal e uma forma características. Tem-se prestado mais atenção aos elementos dessa onda ocorridos no primeiro meio segundo (500 milissegundos) após a exposição ao estímulo. Enquanto o primeiro meio segundo passa, a polaridade da onda sofre alteração. Picos e depressões ocorrem em momentos diferentes e mais ou menos padronizados (e em "locais" essencialmente previsíveis), e foram, assim, identificados e nomeados. Potenciais relacionados a eventos (PREs) são negativos

---

[78] Halgren, E. (1992), p. 205.

(N) ou positivos (P) dependendo da polaridade, e numerados conforme a sua ocorrência no tempo. Os primeiros aspectos do PRE (<200 ms) variam com a alteração na qualidade puramente sensorial de um evento. As ondas denominadas N200 (200 ms negativos) e P300 (300 ms positivos), por sua vez, variam com a *significância afetiva e a magnitude* do estímulo, e podem ser evocadas pela ausência de um evento que era esperado, mas não ocorreu. O psicofisiologista Eric Halgren afirma:

> Podem-se resumir as condições cognitivas que evocam o N2/P3 como a apresentação de estímulos que são novos ou que são sinais para tarefas comportamentais, e que, por isso, devem ser atendidos e processados. Essas condições de evocação e consequências funcionais são idênticas àquelas descobertas relativas ao reflexo de orientação.[79]

Halgren considera o N2/P3 e o reflexo de orientação autônomo como "diferentes partes de um complexo global de reações organísmicas evocadas por estímulos merecedores de avaliação posterior".[80] Ele nomeia esse padrão de resposta geral de *complexo* de orientação. Um conjunto substancial de provas sugere que os sistemas amigdaliano e hipocampal estão envolvidos de forma crucial na produção das ondas N2/P3, embora outros sistemas cerebrais também participem. (Também é de grande interesse observar que uma onda adicional, a N4, é produzida quando sujeitos experimentais humanos são expostos a símbolos abstratos com significância integral, tais como rostos e palavras escritas, faladas ou sinalizadas em um contexto significativo.[81] Em tal contexto, o N4 ocorre após o N2, mas antes do P3, e aumenta de magnitude em função da dificuldade de se integrar a palavra com o contexto em que ela aparece. A amígdala e o hipocampo também são diretamente responsáveis pela produção dessa onda – e, portanto, pela síntese contextual, que é um aspecto vital da derivação do significado, ou seja, da significância para o comportamento, dado o desejo de se atingir um objetivo específico.)

Os processos que se revelam comportamentalmente no complexo de orientação e eletrofisiologicamente nas ondas N2/N4/P3 parecem desempenhar um papel central nos múltiplos processos que vivenciamos (e entendemos) como consciência. Outro psicofisiologista, Arne Öhman,[82] postula que a orientação inicia uma sequência de "processamento controlado", que é difícil, lenta, acompanhada pela

---

[79] Ibidem.
[80] Ibidem, p. 206.
[81] Halgren, E. (1992).
[82] Öhman, A. (1979; 1987).

consciência, sequencial e generativa (aqui denominada de *comportamento exploratório*), em contraposição ao "processamento automático", que é habitual, "inconsciente" e imediato (e ocorre no "território explorado"). Ao que parece, o complexo de orientação só se manifesta quando determinado sujeito experimental fica ciente de alguma relação entre o *input* sensorial e a ação motora. Da mesma maneira, a onda N2/P3 só aparece quando o estímulo experimental utilizado "capturou a atenção do sujeito e atingiu a consciência dele ou dela".[83] Logo, a consciência (estreitamente associada à orientação, para os efeitos do presente argumento) aparece como um fenômeno fundamentalmente envolvido na avaliação da novidade e vital para ela – parece vital para o posicionamento do imprevisível em um contexto definido e determinado como consequência da modificação comportamental realizada no território do desconhecido. Isso significa que a consciência desempenha um papel central e importante na *geração do mundo previsível e compreendido a partir do domínio do inesperado*. Tais resposta, posicionamento e geração permanecem eternamente mediadas pelas forças gêmeas da esperança/curiosidade e da ansiedade – forças produzidas, não por acaso, pelas mesmas estruturas que regem a orientação "reflexiva" e a produção motora exploratória.

A presença constante e universal do incompreensível no mundo suscitou uma resposta adaptativa da nossa parte e de todas as outras criaturas com sistemas nervosos altamente desenvolvidos. Evoluímos para operar de modo bem-sucedido em um mundo eternamente composto pelo previsível em justaposição paradoxal com o imprevisível. Na verdade, a combinação *do que exploramos e do que ainda precisamos avaliar* abrange nosso ambiente, desde que sua natureza possa ser amplamente especificada – e é com esse ambiente que a nossa estrutura fisiológica se tornou compatível. Um conjunto dos sistemas que constituem nossos cérebro e mente governa a atividade quando somos guiados por nossos planos – quando estamos no domínio do *conhecido*. Outro conjunto parece operar quando nos deparamos com algo inesperado – quando entramos no reino do *desconhecido*.[84]

A "unidade límbica" gera o reflexo de orientação, entre outras tarefas. O reflexo de orientação, que se manifesta na emoção, no pensamento e no comportamento,

---

[83] Halgren, E. (1992), p. 206.

[84] Para análises comprobatórias, ver Tucker, D.M. e Williamson, P.A. (1984); Davidson, R.J. (1984a; 1984b; 1992); Goldberg, E.; Podell, K. e Lovell, H. (1994); Goldberg, E. (1995); Goldberg, E. e Costa, L.D. (1981); para alguma indicação sobre por que dois sistemas diferentes podem, de fato, ser necessários, ver Grossberg, S. (1987).

está no cerne da resposta humana fundamental ao novo ou desconhecido. Esse reflexo toma um curso biologicamente determinado, de natureza antiga, primordial como a fome ou a sede, básico como a sexualidade, e que existe de maneira similar no reino animal, muito abaixo na cadeia do ser orgânico. O reflexo de orientação é a reação instintiva geral à categoria de todas as ocorrências que ainda não foram categorizadas – é a resposta ao inesperado, novo ou desconhecido *per se*, e não a qualquer aspecto discriminado da experiência, a qualquer situação ou coisa especificamente definível. O reflexo de orientação está no âmago do processo que gera conhecimento (condicional) dos fenômenos sensoriais *e* relevância ou valência motivacional. No sentido mais fundamental, esse conhecimento é a maneira de se comportar, e o que esperar como consequência, em uma situação específica, definida pela circunstância ambiental externa culturalmente modificada e pelo estado motivacional interno igualmente modificado. Ele também é a informação sobre o que *é*, a partir da perspectiva objetiva – é o registro daquela experiência sensorial que ocorre durante o comportamento atual.

O reflexo de orientação substitui respostas aprendidas específicas quando o incompreensível surge de repente. A ocorrência do imprevisível, do desconhecido, fonte de medo e esperança, cria uma convulsão no comportamento atual especificamente direcionado ao objetivo. O surgimento do inesperado comprova a natureza incompleta da história que atualmente guia esse comportamento; constitui evidência de erro no âmbito da descrição operacional do estado atual, da representação do estado futuro desejado ou da concepção dos meios para transformar um no outro. O surgimento do desconhecido motiva um comportamento exploratório curioso, esperançoso, regulado pelo medo, como meio de atualizar o modelo operacional da realidade, baseado na memória (atualizar o *conhecido*, por assim dizer, que é o território definido ou familiar). A produção simultânea de dois estados emocionais antagônicos, como esperança e medo, significa conflito, e o inesperado provoca conflito intrapsíquico como nenhuma outra coisa. A magnitude e a intensidade potencial desse conflito não podem ser avaliadas sob circunstâncias normais porque, em circunstâncias normais – no território definido –, as coisas estão correndo conforme o planejado. É somente quando os nossos objetivos foram destruídos que a verdadeira significância da experiência ou do objeto descontextualizado se revela – e tal revelação se apresenta primeiro na forma do medo.[85] Estamos protegidos

---

[85] Dollard, J. e Miller, N. (1950).

desse conflito – de sermos subjugados pelo terror instintivo – pela compilação histórica das informações adaptativas geradas no curso da exploração prévia conduzida pela novidade. Estamos protegidos da imprevisibilidade por nossas crenças culturalmente determinadas, pelas histórias que compartilhamos. Essas histórias nos dizem como pressupor e agir para manter os valores determinados, compartilhados e restritos que compõem nossos mundos familiares.

O reflexo de orientação – a gravitação involuntária da atenção para a novidade – estabelece a base para o surgimento do comportamento exploratório (voluntariamente controlado).[86] O comportamento exploratório possibilita a classificação do inesperado em geral e (*a priori*) motivacionalmente significante nos domínios de relevância motivacional especificados e determinados. No caso de algo com real (pós-investigação) significância, relevância significa punição ou satisfação específica dentro do contexto, ou seus supostos equivalentes de "segunda ordem": ameaça ou promessa (uma vez que algo ameaçador implica punição, e algo promissor implica satisfação). Deve-se observar que essa é uma categorização em conformidade com a implicação na produção motora ou no comportamento, e não relativa à propriedade sensorial (ou formalizada, objetiva).[87] Em geral, presumimos que a finalidade da exploração é a produção de um panorama das qualidades objetivas do território explorado. Isso é evidentemente – mas apenas em parte – verdadeiro. Contudo, os motivos pelos quais produzimos esses panoramas (somos motivados a produzi-los) não costumam ser levados em suficiente consideração. Todo subterritório explorável, digamos assim, tem seu aspecto sensorial, mas é a relevância emocional ou motivacional do novo domínio que de fato importa. Basta saber que algo é duro e vermelho reluzente para deduzir que está quente e, portanto, é perigoso – é punitivo, se for tocado. Precisamos saber a sensação e a aparência dos objetos para deduzir o que pode ser comido e o que poderia nos comer.

Quando exploramos um novo domínio, estamos mapeando a significância motivacional ou afetiva das coisas ou situações que são características das nossas interações direcionadas a um objetivo dentro de tal domínio, e usamos as informações sensoriais que encontramos para identificar o que é importante. É a determinação do significado *específico*, ou significância emocional, no território previamente inexplorado – não a identificação das características objetivas – que nos permite inibir o surgimento do terror e da curiosidade induzidos pela novidade que o território, de outro modo,

---

[86] Öhman, A. (1979; 1987).
[87] Brown, R. (1986); Rosch, E. et al. (1976); Lakoff, G. (1987); Wittgenstein, L. (1968).

evoca de forma automática. Nós nos sentimos confortáveis em lugares novos assim que descobrimos que nada existe lá que possa nos ameaçar ou machucar (mais especificamente, quando ajustamos nossos comportamentos e esquemas de representação para que nada lá pareça ou seja capaz de nos ameaçar ou machucar). A consequência da exploração que possibilita a regulação emocional (que gera segurança, em essência) não é uma descrição objetiva, como um cientista poderia fazer, mas uma categorização das implicações de uma ocorrência inesperada para a especificação dos meios e dos fins. Tal categorização é o que um objeto "é", segundo a perspectiva do afeto arcaico e da experiência subjetiva. O reflexo de orientação e o comportamento exploratório que se segue à sua manifestação também possibilitam a diferenciação do desconhecido nas categorias familiares da realidade objetiva. No entanto, essa capacidade é um desenvolvimento tardio, surgiu há apenas quatrocentos anos[88] e não pode ser considerada básica para o "pensamento". A especificação das qualidades sensoriais coletivamente apreensíveis de alguma coisa — em geral consideradas, no mundo moderno, como o aspecto essencial da descrição da realidade — serve apenas como auxílio para o processo mais fundamental de *avaliação*, determinando a natureza precisa dos fenômenos relevantes ou potencialmente relevantes.

Quando as coisas estão correndo conforme o planejado — isto é, quando as nossas ações satisfazem os nossos desejos —, nós nos sentimos seguros, até mesmo felizes. Quando nada corre mal, os sistemas corticais expressamente responsáveis pela organização e implementação do comportamento direcionado ao objetivo permanecem firmes no controle. No entanto, quando planos e fantasias corticalmente gerados são destruídos, esse controle desaparece. Os sistemas "límbicos" hipocampal e amigdaliano, comparativamente antigos, entram em ação, modificando o afeto, a interpretação e o comportamento. O hipocampo parece ser particularmente especializado em comparar a realidade (interpretada) do presente, já que ela se manifesta na esfera subjetiva, com as fantasias de futuro ideal construídas pela unidade motora (agindo, por sua vez, como o mediador de ordem superior — o rei, por assim dizer — de todos os subsistemas especializados que formam os componentes mais fundamentais ou primários do cérebro). Essas fantasias comandadas pelo desejo poderiam ser consideradas hipóteses motivadas sobre a probabilidade relativa dos eventos produzidos durante a atividade em curso direcionada ao objetivo. O que você *espera* que aconteça — o que *quer* que aconteça, na verdade, pelo menos

---

[88] Eliade, M. (1978b).

na maioria das situações – é um modelo gerado por você, usando o que já sabe em conjunto com o que está aprendendo enquanto age. O comparador hipocampal[89] verifica, de forma constante e "inconsciente", o que "de fato" está acontecendo, em comparação com o que deveria acontecer. Isso significa que o comparador contrasta o "presente insuportável", *na medida em que é compreendido* (pois também é um modelo), com o futuro ideal, conforme imaginado; significa que ele compara o resultado interpretado do comportamento ativo com uma imagem das consequências pretendidas de tal comportamento. A experiência passada – habilidade e representação do fruto da habilidade (ou da memória, conforme é aplicada) – governa o comportamento até um erro ser cometido. Quando ocorre algo que não era pretendido – quando o resultado efetivo, conforme interpretado, não combina com o resultado desejado, conforme postulado –, o hipocampo altera o modo e se prepara para atualizar o armazenamento da memória cortical. O controle comportamental muda do córtex para o sistema límbico – para a amígdala, ao que parece, que governa a determinação provisória da significância afetiva dos eventos imprevisíveis e apresenta um rendimento poderoso para os centros do controle motor.[90] Essa mudança de controle possibilita a ativação das estruturas que governam a acentuada intensidade norteadora do processamento e da exploração sensoriais.

O córtex "superior" controla o comportamento até o desconhecido surgir – até ele cometer um erro de julgamento, até a memória não servir mais –, até a atividade que ele governa produzir uma incompatibilidade entre o que é desejado e o que efetivamente ocorre. Quando essa incompatibilidade ocorre, o afeto apropriado (medo e curiosidade) emerge. Mas como uma emoção relevante à situação pode se ligar ao que, por definição, ainda não foi encontrado? Tradicionalmente, a significância é ligada a coisas ou situações outrora irrelevantes como consequência da aprendizagem, ou seja, as coisas não significam *nada* até que seu significado seja aprendido. Mas nenhum aprendizado ocorreu diante do desconhecido – e, mesmo assim, a emoção se revela na presença do erro. Logo, parece que o tipo de emoção despertada pelo imprevisível não é aprendida – ou seja, o novo ou inesperado vem pré-carregado de afeto. Como de costume, as coisas não são irrelevantes. Elas se *tornam* irrelevantes como consequência do comportamento exploratório (bem-sucedido). Quando encontradas pela primeira vez, no entanto, elas são significativas.

---

[89] Sokolov, E.N. (1969); Vinogradova, O. (1975); Gray, J.A. (1982); Gray, J.A. (1987); Gray, J.A. e McNaughton, N. (1996).
[90] Aggleton, J.P. (1993).

É a amígdala, no fundo, que parece responsável pela geração (desinibida) desse significado *a priori* – terror e curiosidade.

A amígdala parece responder de modo automático a todas as coisas ou situações, *a menos que seja instruída a não fazer isso*. Ela é instruída a não fazer isso – é funcionalmente inibida – quando comportamentos em curso direcionados ao objetivo produzem os resultados desejados (pretendidos).[91] No entanto, quando um erro ocorre – indicando que os atuais planos motivados e objetivos guiados pela memória são insuficientes –, a amígdala é liberta da inibição e dota de significado a ocorrência imprevisível. Qualquer coisa desconhecida é, ao mesmo tempo, perigosa e promissora: evoca ansiedade, curiosidade, excitação e esperança *automaticamente* e *antes do que normalmente consideraríamos exploração ou classificação (mais específica do contexto)*. As operações da amígdala são responsáveis por garantir que o desconhecido seja considerado com respeito, conforme a decisão padrão. Com efeito, a amígdala diz: "Se você não sabe o que significa, é melhor prestar atenção". A atenção constitui o estágio inicial do comportamento exploratório, motivado pela operação amigdaliana – composta pela interação entre a ansiedade,[92] que impele à cautela diante da ameaça da novidade, e a esperança, que compele à aproximação da promessa de novidade.[93] A aproximação regulada pela cautela permite a atualização da memória sob as formas da habilidade e da representação. A memória atualizada pela exploração inibe a produção de um afeto a priori. Em terreno familiar – no território explorado –, não sentimos medo algum (e, comparativamente, pouca curiosidade).

A produção do comportamento desejado (o que deveria ser) é proposta inicialmente; se a estratégia atual fracassar, o sistema de abordagem e exploração é ativado,[94] embora permaneça sob o controle da ansiedade. O sistema de abordagem (e seu equivalente, em abstração) gera (1) sequências alternativas de comportamento, cujo objetivo é a produção de uma solução para o dilema atual; (2) conceitualizações alternativas do objetivo desejado; ou (3) reavaliação da significância motivacional do estado atual. Isso significa (1) que uma nova estratégia para se atingir o objetivo desejado poder ser inventada, ou (2) que um objetivo substituto, servindo para a mesma função, poder ser escolhido; ou (3) que a estratégia comportamental pode ser abandonada em razão

---

[91] Para uma discussão sobre a simplicidade e a utilidade geral dos sistemas "padrão ativado" (em oposição ao "padrão desativado"), ver Brooks, A. e Stein, L.A. (1993); Brooks, A. (1991).

[92] LeDoux, J.E. (1992).

[93] Ibidem.

[94] Luria, A.R. (1980).

do custo de sua implementação. No último caso, a noção inteira do que constitui a "realidade", pelo menos em relação à história ou estrutura de referência atualmente em uso, pode ter que ser reconstruída. Esse estado de coisas deveras problemático é apresentado de forma esquemática, em sua forma bem-sucedida, na Figura 2.7: A Regeneração da Estabilidade a Partir do Domínio do Caos.[95]

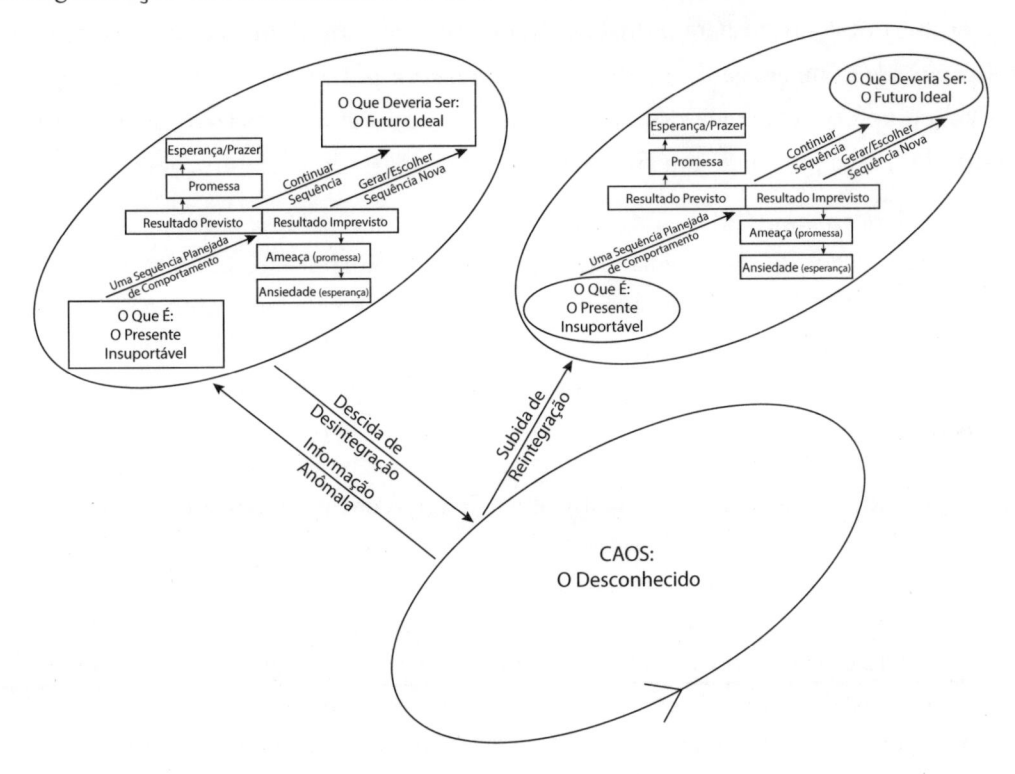

Figura 2.7: A Regeneração da Estabilidade a Partir do Domínio do Caos

Em geral, a atividade exploratória culmina em restrição, expansão ou transformação do repertório comportamental. Em circunstâncias excepcionais, anormais – isto é, quando um grande erro foi cometido –, essa atividade culmina em *revolução*, na modificação de toda a história que guia a avaliação afetiva e a programação comportamental. Essa modificação revolucionária significa a atualização da realidade modelada, passado, presente e futuro, por meio da incorporação das informações geradas durante o comportamento exploratório. A exploração bem-sucedida transforma o desconhecido no esperado, desejado e previsível; estabelece medidas comportamentais apropriadas (e expectativas dessas medidas) para o próximo contato. A exploração malsucedida,

---

[95] Parece-me estar relacionada ao dilema da plasticidade-estabilidade descrito por Grossberg, S. (1987).

por sua vez – evitar ou escapar –, deixa o objeto novo firmemente entrincheirado na sua categoria inicial, "natural", provocadora de ansiedade. Essa observação prepara o palco para uma constatação fundamental: seres humanos não aprendem a temer objetos ou situações novas, ou nem mesmo "aprendem" a temer algo que antes parecia seguro quando ele manifesta uma propriedade perigosa. O medo é a posição *a priori*, a resposta natural a tudo para o qual nenhuma estrutura de adaptação comportamental foi projetada e inculcada. O medo é a reação *inata* a tudo o que não foi tornado previsível como consequência do comportamento exploratório criativo, bem-sucedido, realizado na sua presença, em algum momento do passado. LeDoux diz:

> Está comprovado que estímulos emocionalmente neutros podem adquirir a capacidade de evocar uma reação emocional impressionante após um emparelhamento temporal com um evento aversivo. O condicionamento não cria novas respostas emocionais, mas, em vez disso, permite apenas que novos estímulos sirvam de gatilhos capazes de ativar reações emocionais existentes, de espécies específicas e com frequência conectadas. Em ratos, por exemplo, um tom puro previamente combinado com um choque na pata evoca uma reação de medo condicionada, que consiste em comportamento paralisante acompanhado de uma miríade de ajustes autônomos, incluindo aumento da pressão arterial e do ritmo cardíaco.[96] Respostas similares são expressas quando ratos de laboratório são expostos a um gato pela primeira vez, mas, após lesões na amígdala, essas respostas não mais se apresentam,[97] sugerindo que as respostas são geneticamente especificadas (já que aparecem quando o rato vê um gato, um predador natural, pela primeira vez) e envolvem a amígdala. O fato de o estímulo elétrico da amígdala ser capaz de evocar os padrões de resposta similares[98] apoia ainda mais a noção de que as respostas são programadas.[99]

O medo não é condicionado; a segurança é desaprendida na presença de coisas ou contextos particulares, como consequência da violação da pressuposição explícita ou implícita. A psicologia comportamental clássica está errada da mesma maneira que as nossas suposições folclóricas estão erradas: o medo não é secundário, não é aprendido; a segurança é secundária, aprendida. Tudo que não é explorado é dotado *a*

---

[96] Blanchard, D.C. e Blanchard, R.J. (1972); Bouton, M.E. e Bolles, R.C. (1980); LeDoux, J.E.; Sakaguchi, A. e Reis, D.J. (1984).
[97] Blanchard, D.C. e Blanchard, R.J. (1972).
[98] Kapp, B.S.; Pascoe, J.P. e Bixler, M.A. (1984); Iwata, J.; Chida, K. e LeDoux, J.E. (1987).
[99] LeDoux, J.E. (1992).

priori de apreensão. Qualquer coisa ou situação que abale os alicerces do familiar e do seguro deve, portanto, ser temida.[100]

---

[100] Um trabalho recente conduzido sobre três fenômenos relacionados – inibição latente, inibição pré-pulso e pré-ativação negativa – ilustra a validade essencial desse ponto de vista. "Inibição latente" (IL) é a dificuldade de aprender que "a" significa "b", quando "a" anteriormente significava "c" (e "c", na maior parte das vezes, é nada) (ver Lubow, R.E. [1989], para uma análise da literatura; Gray, J.A. e McNaughton, N. [1996] e Gray, J.A., Feldon J., Rawlins, J.N.P., Hemsley, D.R. e Smith, A.D. [1991] para uma discussão da neuropsicologia putativa). Se você expõe um rato preso numa gaiola repetidamente a uma luz intermitente, combinada com um choque, ele ficará com medo da luz. Em termos clássicos, a luz se tornou um *estímulo condicionado* para o choque, evocando, assim, o medo. Entretanto, se você expôs o rato antes à mesma luz repetidamente sem qualquer consequência, ele leva, então, muito mais tempo para aprender a nova conexão luz/choque. A IL fornece um exemplo da dificuldade de aprendizagem (nova valência), resultante de uma aprendizagem prévia (uma alternativa é oferecida pelo efeito de bloqueio relacionado de Kamin (Jones, S.H.; Gray, J.A. e Hemsley, D.R. [1992]). A capacidade de IL caracteriza uma variedade de espécies animais, bem como o ser humano; os fenômenos em si podem ser evocados usando vários paradigmas experimentais diferentes (usando estímulos "não condicionados" de valências diferentes). Os esquizofrênicos de primeiro ataque agudo e seus "primos" próximos (esquizótipos) – subjugados por sua experiência cotidiana – manifestam IL reduzida, assim como indivíduos que tomam anfetaminas ou outros agonistas dopaminérgicos (que causam intensificação do comportamento exploratório, ver Wise, R.A. e Bozarth, M.A. [1987]). Medicamentos antipsicóticos, que diminuem a significância *a priori* das coisas, normalizam essa diminuição.

A inibição pré-pulso (IPP) ocorre quando a magnitude da resposta em forma de susto a um "estímulo" intenso, inesperado (um barulho alto), é atenuada por consequência de uma "dica" (como um barulho similar, mas menos intenso) dada entre 30-500 ms antes. A dica aparentemente diminui a novidade relativa (a imprevisibilidade) do estímulo subsequente mais intenso, pelo menos entre indivíduos normais; como alternativa, ela pode ser considerada como análoga à exposição graduada (o procedimento pelo qual terapeutas comportamentais "dessensibilizam" as respostas de medo dos seus pacientes). Os esquizofrênicos, mais uma vez, ou as pessoas com anormalidades cognitivas relacionadas (Swerdlow, N.R., Filion, D., Geyer, M.A. e Braff, D.L. [1995]) manifestam IPP reduzida, indicando, talvez, que não conseguem efetivamente usar a capacidade de prever, com base na experiência passada, para modular suas respostas afetivas/psicofisiológicas aos estímulos que "intrinsecamente demandam" resposta (aos "estímulos não condicionados", na terminologia antiga).

Indivíduos que participam do paradigma de "pré-ativação negativa" devem aprender a responder a um estímulo que aparece no mesmo local recém-ocupado (< 350 ms) por um estímulo irrelevante ou de distração. Indivíduos normais são melhores na definição de um local como irrelevante do que os esquizofrênicos ou esquizótipos – consequentemente, seus tempos de reação, quando "estimulados negativamente", são mais longos (Swerdlow, N.R., Filion, D., Geyer, M.A. e Braff, D.L. [1995]). O paradigma de pré-ativação negativa, assim como os outros, demonstra que a irrelevância (a característica mais importante do "estímulo condicionado" não associado) deve ser aprendida e poderá ser desaprendida (às vezes, com consequências devastadoras). Portanto, a questão aqui é o status *a priori* do estímulo condicionado com relação à valência, e como esse status poderia ser alterado ou "explorado".

É difícil para nós formular uma imagem nítida dos efeitos subjetivos dos sistemas que dominam a nossa resposta inicial ao verdadeiramente imprevisível, pois lutamos com todas as forças para assegurar que tudo ao nosso redor permaneça normal. Sob condições "normais", portanto, esses sistemas primordiais nunca operam com força total. Pode-se afirmar, com certo grau de justificativa, que devotamos as nossas vidas inteiras a garantir que jamais teremos que enfrentar algo desconhecido no sentido revolucionário – *pelo menos, não acidentalmente*. Nosso sucesso ao fazer isso nos ilude sobre a verdadeira natureza, poder e intensidade de nossas respostas emocionais potenciais. Enquanto pessoas civilizadas, estamos seguros. Conseguimos prever os comportamentos dos outros (isto é, se eles compartilharem das nossas histórias); além disso, somos capazes de controlar nossos ambientes bem o suficiente para garantir que a nossa sujeição à ameaça e à punição permaneça mínima. São as consequências cumulativas da nossa luta adaptativa – nossas culturas – que possibilitam a previsão

---

Os experimentos que utilizam IL (e procedimentos relacionados) são fascinantes – e extremamente importantes – porque demonstram que a irrelevância da maioria das coisas irrelevantes dependentes do contexto não é dada. A irrelevância deve ser aprendida; ademais, essa aprendizagem é poderosa o bastante para interferir na aprendizagem subsequente, quando as contingências motivacionais mudam. A curiosidade original ou o aspecto indutor de esperança das coisas agora familiares parece ser conduzido por ativação dopaminérgica desinibida conduzida pela amígdala no núcleo *accumbens* (Gray, J.A., Feldon J., Rawlins, J.N.P., Hemsley, D.R. e Smith, A.D. [1991]), o qual é o mesmo centro ativado pela maioria das, senão todas, drogas de abuso "positivamente reforçadoras" (Wise, R.A. e Bozarth, M.A. [1987]). O "aspecto indutor de medo" – que deve coexistir logicamente – tem recebido menos atenção (embora o papel da amígdala na produção de medo conduzido por novidade esteja bem estabelecido, conforme descrito antes). São esses aspectos idênticos – ameaça e promessa, induzindo *a priori* medo e esperança (relevância, em sua forma mais fundamental) – que costumam se encontrar além) das "portas da percepção" (Huxley, A. [1956]) de William Blake, emprestando à existência em si seu significado "intrínseco" (e às vezes esmagador):

"Se as portas da percepção estivessem limpas, tudo se mostraria ao homem tal como é, infinito. Porque o homem se fechou até ver todas as coisas pelas fissuras estreitas de sua caverna." (Blake, W. [1946], p. 258.)

Os eventos fisiológicos ou ambientais que abrem essas portas nos possibilitam perceber a natureza original das coisas; essa percepção, quando involuntária (como parece ser no caso da esquizofrenia, por exemplo), tem força suficiente para aterrorizar e, talvez, destruir. A valência *a priori* do objeto é potente e potencialmente aterrorizadora (tão aterrorizadora, literalmente, quanto qualquer coisa imaginável). Nossas circunstâncias normais, nossa aprendizagem prévia, protegem-nos dessa valência; elas nos blindam, restringem o nosso "acesso" ao significado como tal. Eventos que interferem na estabilidade dessa aprendizagem ou na sua validade condicional têm a capacidade de possibilitar que o significado ressurja, expondo sua força terrível.

e o controle. Contudo, a existência das nossas culturas nos cega para a natureza das nossas verdadeiras naturezas (emocionais) – pelo menos quanto à amplitude dessa natureza e às consequências de sua emergência.

No passado, exames experimentais do reflexo de orientação não lançaram muita luz sobre nosso verdadeiro potencial para a resposta emocional porque foram realizados sob circunstâncias excepcionalmente controladas. Indivíduos avaliados por suas respostas à "novidade" geralmente são apresentados a estímulos que só são novos segundo a mais "normal" das maneiras. Um tom, por exemplo, que se diferencie imprevisivelmente de outro (ou que surja numa ocasião relativamente imprevisível) ainda é um tom, algo experimentado milhares de vezes antes, em um laboratório, hospital ou universidade, sob a jurisdição de uma equipe confiável e dedicada a minimizar a natureza causadora de ansiedade do procedimento experimental. As circunstâncias controladas do experimento (que são, de fato, as suposições teóricas implícitas e, portanto, invisíveis, do experimento) nos levaram a minimizar a importância do reflexo de orientação e a interpretar de forma errônea a natureza do seu desaparecimento.

Na situação laboratorial padrão, orientação significa "atenção", não temor, e a sua gradual eliminação com a apresentação de estímulos repetidos é considerada uma "habituação" – algo monótono, similar à aclimatação automática, ao ajuste ou à dessensibilização. No entanto, a habituação não é um processo passivo, pelo menos em níveis de processamento corticais superiores. Ela apenas parece passiva *quando observada sob circunstâncias relativamente triviais*. Na realidade, ela é sempre a consequência da exploração ativa e a subsequente modificação do comportamento ou esquema interpretativo. O tom laboratorial (relativamente) novo visado, por exemplo, é investigado por sua estrutura subjacente pelos sistemas corticais envolvidos na audição. Esses sistemas analisam ativamente os elementos constituintes de cada som.[101] O sujeito é levado a "esperar" ou prever um tipo de som e receber outro. O outro inesperado tem importância indeterminada naquele contexto particular, e por isso é considerado (comparativamente) significativo – ameaçador e promissor. O tom inesperado apresenta-se repetidamente. O indivíduo exploratório observa que as repetições nada significam no contexto que define a situação experimental (nada punitivo, satisfatório, ameaçador ou promissor) e deixa de reagir. Ele não se "habituou" aos estímulos, apenas. Ele mapeou sua significância dependente do contexto, que é zero. Esse processo parece trivial *porque a situação experimental o tornou assim*. Na vida real, ele é tudo, menos monótono.

---

[101] Luria, A.R. (1980), p. 30-32.

Um trabalho clássico sobre a "emoção" e a motivação animais foi realizado sob circunstâncias similares às situações artificialmente restritas que definem a maioria dos trabalhos sobre a orientação humana. Animais, geralmente ratos, são treinados para ter medo – ou inibir seu comportamento – na presença de um estímulo neutro combinado repetidamente com uma punição "não condicionada" (um estímulo cuja valência motivacional é negativa na suposta ausência do aprendizado – ou, pelo menos, na ausência da interpretação). O rato é colocado no ambiente experimental e tem permissão para se familiarizar com o entorno. O estímulo neutro pode ser uma luz; o estímulo não condicionado, um choque elétrico. A luz se acende; o piso da gaiola é eletrificado por um breve momento. Essa sequência ocorre de forma repetida. Logo, o rato fica "paralisado" assim que a luz aparece. Ele desenvolveu uma "resposta condicionada", manifestando inibição comportamental (e, em teoria, medo) a algo previamente neutro. Procedimentos desse tipo efetivamente *produzem* medo. Contudo, as restrições ou os axiomas contextuais implícitos desses procedimentos levam os pesquisadores a tirar conclusões estranhas sobre a natureza da "aquisição" do medo.

Em primeiro lugar, experimentos assim sugerem que o medo, em determinada situação, é algo necessariamente aprendido. Em segundo lugar, sugerem que o medo existe como consequência da exposição à punição, e apenas por causa dessa exposição. O problema dessa interpretação é que o rato inevitavelmente ficou com medo assim que foi colocado no novo ambiente experimental, mesmo que ainda não tivesse acontecido nada terrível. Depois que permitem explorar, ele se acalma. É só então que ele é considerado normal. Em seguida, o experimento atira o rato para fora de sua normalidade adquirida apresentando a ele algo inesperado e doloroso – o estímulo não condicionado, em conjunção com o estímulo neutro. Então, ele "aprende" a ter medo. De fato, o que aconteceu é que a ocorrência inesperada força o rato a retomar a condição em que estava (ou a mesma condição de uma maneira exagerada) quando entrou na gaiola pela primeira vez. O choque elétrico e a luz indicam ao rato (lembram o rato de) que ele está outra vez em território inexplorado. Seu medo, no território inexplorado, é tão normal quanto sua complacência nos ambientes que ele mapeou e que não apresentam nenhum perigo. Consideramos o rato calmo como o rato real porque projetamos as interpretações errôneas da nossa própria natureza habitual sobre os animais experimentais. É como D.O. Hebb afirma:

> [A urbanidade caracterizando a nós mesmos,] [...] a parte civilizada, amigável e admirável da humanidade, bem educada e que não vive em um estado de medo constante [...] depende tanto de que evitemos de forma bem-sucedida o

estímulo perturbador quanto de uma sensibilidade reduzida [ao estímulo que produz medo] [...]. A possibilidade de colapso emocional pode [muito bem] ser dissimuladora, levando [animais e seres humanos] a encontrar ou criar um ambiente no qual os estímulos à resposta emocional excessiva sejam mínimos. Tão eficiente é a nossa sociedade nesse sentido que seus membros – especialmente os da alta sociedade e educados – talvez sequer desconfiem de algumas das suas próprias potencialidades. Em geral, o indivíduo pensa na educação, em sentido lato, como a produção de um adulto talentoso, emocionalmente estável, sem relação com o ambiente no qual esses traços devem aparecer. Até certo ponto, isso pode ser verdadeiro. Mas a educação também pode ser vista como o meio para se estabelecer um ambiente social protetor, no qual a estabilidade emocional seja possível. Talvez ela fortaleça o indivíduo contra medos e fúrias irracionais, mas, por certo, produz uma uniformidade de aparência e comportamento que reduz a frequência com a qual o membro individual da sociedade encontra as causas de tal emoção. Segundo essa visão, a suscetibilidade à perturbação emocional não pode ser reduzida. Na verdade, ela pode aumentar. O casulo protetor da uniformidade, na aparência pessoal, nas maneiras e na atividade social em geral, fará pequenos desvios dos costumes parecerem cada vez mais estranhos e, assim (se a tese geral for boa), cada vez mais intoleráveis. Os inevitáveis pequenos desvios dos costumes se tornarão cada vez maiores, e os membros da sociedade, vendo que toleram bem desvios triviais, continuarão a pensar em si mesmos como socialmente adaptáveis.[102]

Nossa regulação emocional depende tanto (ou mais) da estabilidade e da previsibilidade do ambiente social (da manutenção de nossas culturas) quanto dos processos "internos", classicamente relacionados à força do ego ou da personalidade. A ordem social é uma precondição necessária para a estabilidade psicológica: são, em primeiro lugar, as nossas companhias e suas ações (ou inações) que estabilizam ou desestabilizam nossas emoções.

Um rato (uma pessoa) é uma criatura complacente quando em território explorado. Contudo, quando em território inexplorado, ela é tudo, menos calma. Um rato transportado de sua gaiola para um ambiente novo e desconhecido – uma gaiola nova, por exemplo – vai, em primeiro lugar, ficar paralisado (mesmo que nunca tenha sido punido na nova situação). Se nada terrível acontecer (nada punitivo, ameaçador ou imprevisível), ele começará a cheirar e examinar o ambiente, a mover a cabeça para coletar novas informações sobre o local intrinsecamente assustador que agora habita.

---

[102] Hebb, D.O. e Thompson, W.R. (1985), p. 766.

Aos poucos, começará a se deslocar pelo local. Explorará a gaiola inteira com confiança crescente. Está mapeando o novo ambiente em busca de valência afetiva. Ele quer descobrir – algo aqui vai me matar? Há algo que eu possa comer? Há mais alguém aqui – alguém hostil ou amigável? Um possível parceiro? Ele está interessado em apurar se o novo lugar contém qualquer coisa de interesse determinado para um rato e o explora, da melhor forma que é capaz, para fazer esse julgamento. Ele não está primariamente interessado na natureza "objetiva" das novas circunstâncias – um rato não consegue, de fato, determinar o que é objetivo e o que é apenas uma "opinião pessoal". E tampouco se importa com isso. Ele só quer saber o que deveria fazer.

O que acontece se um animal encontra algo verdadeiramente inesperado – algo que simplesmente não deveria existir, segundo sua estrutura de referência ou sistema de crença atual? A resposta a essa pergunta lança uma enorme luz sobre a natureza do reflexo de orientação em sua manifestação total. Psicólogos experimentais modernos começaram a examinar a resposta dos animais às fontes naturais de mistério e ameaça. Eles deixam os animais organizarem os próprios ambientes, ambientes realistas, e depois os expõem aos tipos de circunstâncias surpreendentes que podem encontrar na vida real. A aparição de um predador no espaço anteriormente seguro (espaço antes explorado e mapeado como útil ou irrelevante) constitui um tipo de surpresa realista. Blanchard e colegas descrevem o comportamento naturalista dos ratos nessas condições:

> Quando um gato é apresentado a grupos mistos estabelecidos de ratos de laboratório vivendo em um sistema de tocas visíveis, os comportamentos das cobaias mudam dramaticamente, em muitos casos por 24 horas ou mais.[103] O comportamento defensivo ativo inicial, fuga para o sistema de túneis/tocas, é seguido por um período de imobilidade durante o qual os ratos fazem vocalizações ultrassônicas de 22 kHz, que parecem servir como gritos de alarme, a um ritmo elevado.[104] À medida que a paralisação acaba, o afastamento proxêmico da área aberta dá espaço, pouco a pouco, a um padrão de "avaliação de risco" da área onde o gato foi encontrado. Durante minutos ou horas antes de saírem, as cobaias colocam suas cabeças para fora das aberturas do túnel para examinar a área onde o gato se encontrava, e quando saem, seus padrões de locomoção são caracterizados por [comportamentos que, em teoria, reduzem sua visibilidade e vulnerabilidade aos predadores e por] "corridas laterais" muito breves para dentro e fora da área aberta. Parece que essas atividades

---

[103] Blanchard, R.J. e Blanchard, D.C. (1989).
[104] Blanchard, D.C.; Blanchard, R.J. e Rodgers, R.J. (1991).

de avaliação de risco envolvem a coleta ativa de informações sobre a possível fonte de perigo,[105] fornecendo uma base para o retorno gradual aos comportamentos não defensivos.[106] A avaliação de risco ativa não é observada durante a exposição inicial pós-gato, quando a paralisação e o afastamento da área aberta são os comportamentos dominantes, mas atinge seu pico em torno de 7 a 10 horas depois, e então declina gradualmente. Comportamentos não defensivos[107], tais como comer, beber e atividades sexuais e agressivas, tendem a se reduzir durante o mesmo período.[108]

O surgimento inesperado de um predador onde nada além de território definido existia anteriormente aterroriza os ratos – tanto que eles "gritam" por causa disso, de maneira persistente, por um longo período de tempo. Assim que esse terror inicial é atenuado – o que só ocorre se nada mais horrível ou punitivo acontecer –, a curiosidade é desinibida e os ratos retornam à cena do crime. O espaço "renovado" pela presença do gato deve ser transformado mais uma vez em território explorado *como consequência da modificação ativa do comportamento (e do esquema representacional), não pela dessensibilização passiva ao inesperado*. Os ratos correm pelo território "contaminado" pela presença do gato para descobrir se algo perigoso (para ratos que correm) ainda está à espreita. Se a resposta for "não", então o espaço é definido, uma vez mais, como território doméstico (que é aquele lugar onde comportamentos corriqueiros produzem fins desejados). Os ratos transformam o desconhecido perigoso em território familiar por consequência da exploração voluntária. Na ausência dessa exploração, o terror reina desenfreado.

É bastante esclarecedor considerar as respostas dos ratos aos seus semelhantes, que constituem "território explorado", em contraste com a sua atitude perante "estranhos", cujo comportamento não é previsível. Os ratos são animais altamente sociais, perfeitamente capazes de viver em paz com seus concidadãos familiares. Mas eles não gostam de membros de outros grupos de ratos; vão caçá-los e matá-los. Intrusos acidentais ou intencionais são tratados da mesma maneira. Os ratos se identificam pelo cheiro. Se um pesquisador retira um rato benquisto de seu entorno familiar, esfrega nele um novo odor e o devolve aos colegas, ele será imediatamente executado por aqueles que o amavam. O "novo" rato constitui "território inexplorado"; sua presença

---

[105] Pinel, J.P.J. e Mana, M.J. (1989).
[106] Blanchard, R.J.; Blanchard, D.C. e Hori, K. (1989).
[107] Blanchard, R.J. e Blanchard, D.C. (1989).
[108] Blanchard, D.C.; Veniegas, R.; Elloran, I. e Blanchard, R.J. (1993).

é considerada uma ameaça (não sem razão) a tudo o que é seguro naquele momento.[109] Os chimpanzés, perfeitamente capazes de matar "demônios estrangeiros" (mesmo aqueles que no passado eram familiares), agem de forma muito parecida.[110]

Território Explorado: Fenomenologia e Neuropsicologia

Quando exploramos, transformamos o *status* e o significado indeterminados da coisa desconhecida em algo determinado – no pior caso, tornando-a não ameaçadora, não punitiva; no melhor, manipulando-a e/ou categorizando-a para que seja útil. Os animais realizam essa transformação no curso da ação real, isto é, eles constroem seus mundos mudando suas posições e ações diante do desconhecido e mapeando as consequências dessas mudanças e alterações nos termos de sua valência afetiva ou motivacional. Quando um animal encontra uma situação inesperada, tal como um novo objeto colocado em sua gaiola, ele primeiro fica paralisado, observando o objeto. Se nada terrível acontece enquanto está imóvel, ele se movimenta devagar e monitora, a certa distância, as reações do objeto a essas cautelosas atividades exploratórias. Talvez o animal fareje a coisa ou a arranhe – tentando determinar para o que ela pode ser boa (ou ruim). Ele mapeia a utilidade e a valência do objeto, concebidas em relação à sua atividade em andamento (e talvez a possíveis padrões de atividade no futuro). O animal constrói seu mundo de significâncias a partir das informações geradas no curso – ou por consequência – do comportamento exploratório atual. A aplicação de programas experimentais de busca, elaborados primariamente a partir da reserva de comportamento aprendido (imitado) e instintual, ou manifesto como tentativa e erro, envolve alteração comportamental (exploração, jogo) e a subsequente transformação do *input* sensorial e afetivo. Quando um animal explora algo novo de forma ativa, ele altera a qualidade sensorial e a significância motivacional daquele aspecto da sua experiência, como consequência de sua estratégia exploratória. Isso significa que o animal exibe uma variedade de comportamentos em determinada situação misteriosa e monitora os resultados. É a interpretação organizada desses resultados e dos comportamentos que os produzem que *constitui o mundo*, passado, presente e futuro, do animal (em conjunção com o desconhecido, é claro – o qual suplanta constantemente a capacidade de representação).

---

[109] Lorenz, K. (1974).
[110] Goodall, J. (1990).

Não é exagero dizer que o animal evoca as propriedades do objeto, sensoriais e afetivas (ou até mesmo as concretiza), por meio da sua capacidade de investigação criativa.[111] Animais relativamente simples – em comparação, digamos, com os primatas

---

[111] Exploração *não é* a mera especificação das propriedades "inerentes" da coisa ou situação inesperada. A verdadeira natureza das coisas ou situações (a partir da perspectiva da valência e da classificação objetiva) depende das estratégias comportamentais empregadas na sua presença e dos fins perseguidos no momento. Isso significa que uma determinada experiência deve ser considerada uma propriedade emergente do comportamento em um grau não especificável no presente. Isso parece tão verdadeiro para os aspectos puramente objetivos da experiência [que constituem o assunto principal da ciência; ver Kuhn, T.S. [1970]; Feyeraband, P.K. [1981]) quanto para os subjetivos.

A *palavra* em si, como no caso em questão, não pode mais ser razoavelmente considerada um "rótulo" para uma "coisa" (Wittgenstein, L. [1968], p. 46e-47e). A noção de que um *conceito* é um rótulo para um *objeto* não é nada além de uma versão de ordem ligeiramente superior do mesmo erro. Em resumo, Wittgenstein apontou que nosso senso de "coisa" unificada não é apenas dado (Wittgenstein, L. [1968]). Temos a tendência a pensar os objetos que percebemos como "estando lá" de alguma maneira essencial; mas vemos a árvore antes dos galhos. Apesar desse fenômeno conceitual, a árvore não tem precedência objetiva sobre os galhos (ou sobre as folhas, as células que formam as folhas, ou a floresta, por falar nisso). Roger Brown, seguindo a trilha de Wittgenstein, demonstrou que os "objetos" têm seus "níveis básicos" – seus níveis de resolução, em essência, que parecem ser mais fácil e rapidamente aprendidos pelas crianças, e que são constantes em todas as culturas (Brown, R. [1986]).

Wittgenstein resolveu o problema "palavras não são rótulos para objetos" ao postular que uma palavra era uma ferramenta. Uma palavra desempenha um papel em um jogo e é semelhante a uma peça em um jogo de xadrez (Wittgenstein, L. [1968], p. 46e-47e). "O significado de uma peça é o seu papel no jogo" (Wittgenstein, L. [1968], p. 150e). Ele também observou que o "jogo" não possui "apenas regras, mas um propósito" (Wittgenstein, L. [1968], p. 150e).

Wittgenstein se dirigia a um princípio geral: um objeto é *definido*, até mesmo percebido (categorizado como uma unidade em vez de uma multiplicidade), em relação à sua utilidade enquanto meio para um determinado fim. Em um sentido básico, um objeto é uma ferramenta ou um obstáculo. O que percebemos como objetos são fenômenos que podem ser facilmente utilizados (para suprir nossos desejos) – ao menos em princípio (ou coisas que podem interferir na nossa consecução dos fins desejados). Os facilitadores são avaliados positivamente (como incentivos e recompensas); os obstáculos, negativamente (como punições ou ameaças). Os facilitadores e os obstáculos normais têm uma valência menor, falando em termos relativos; suas contrapartes revolucionárias podem produzir uma emoção extraordinária (pense no "*Eureka!*" de Arquimedes). Assim, o que pode ser razoavelmente analisado no fluxo ambiental como um objeto é, em grande parte, determinado pelo objetivo que temos em mente enquanto interagimos com esse fluxo. Essa situação complexa também é complicada pelo fato de que a valência dos objetos, uma vez considerados objetos, ainda pode mudar com a alteração dos propósitos que perseguimos (porque as ferramentas em uma situação podem com facilidade se tornar obstáculos – ou algo irrelevante – em outra). Por fim, muitas coisas que poderiam se manifestar como

de ordem superior, incluindo o homem – são limitados em relação aos comportamentos que manifestam devido à estrutura da sua fisiologia. Um rato não consegue pegar nada com as mãos, por exemplo, para examiná-lo em detalhes – e também não possui a capacidade visual de se concentrar intensamente nas características minúsculas que conseguimos perceber. Mas os primatas não humanos de ordem superior têm uma empunhadura mais desenvolvida, que possibilita uma exploração mais detalhada, além de possuírem um córtex pré-frontal relativamente sofisticado. Isso significa que esses primatas conseguem gerar mais recursos a partir do mundo, diretamente, e são cada vez mais capazes de modelar e agir. O córtex pré-frontal é a parte mais recente da unidade motora e "cresceu" a partir dos centros de controle motor direto no decorrer da evolução cortical.[112] Maior sofisticação no desenvolvimento dos centros pré-frontais significa, em parte, capacidade mais elevada para a exploração *abstrata*, isto é, investigação na ausência de movimento real, o que indica a capacidade de aprender observando os outros e por meio da análise de ações potenciais antes que elas aflorem no comportamento. Isso significa uma capacidade crescente para o *pensamento*, tido como ação e representação abstratas.[113] A ação e o pensamento produzem fenômenos. Novos atos e pensamentos produzem necessariamente novos fenômenos. Logo, a exploração criativa, concreta e abstrata, está ligada em um sentido direto ao ser. A capacidade ampliada para a exploração significa existir em um mundo qualitativamente diferente – e até mesmo novo. É claro que todo esse argumento sugere que animais mais complexos e comportamentalmente flexíveis habitam ("constroem", se preferir)[114] um universo mais complexo.

Os humanos possuem um desenvolvimento cortical – pré-frontal e outros – que é único em sua grande massa e, acima de tudo, em sua estrutura. Vários índices de desenvolvimento têm sido usados para representar a natureza da relação entre o cérebro e a inteligência. Massa total é uma medida, o grau de convolução da superfície, outra. A primeira medida é contaminada pelo tamanho do animal. Animais maiores tendem a ter cérebros maiores em termos absolutos. Isso não os torna necessariamente mais inteligentes. A massa cerebral corrigida em proporção com o tamanho do corpo constitui o quociente de encefalização, uma medida aproximada comum da inteligência

---

objetos em determinado momento ou lugar não se manifestarão (porque são aparentemente irrelevantes para a tarefa em questão e permanecem invisíveis).

[112] Luria, A.R. (1980).
[113] Granit, R. (1977).
[114] Agnew, N.M. e Brown, J.L. (1990).

animal.[115] O grau de convolução da superfície constitui uma útil medida adicional. A massa cinzenta, que, em teoria, faz grande parte do trabalho associado à inteligência, ocupa a superfície do cérebro, e sua área cresce de forma significativa por meio das dobras. Alguns representantes da família dos cetáceos (golfinhos e baleias) possuem quocientes de encefalização similares aos do homem, e superfícies cerebrais mais convolutas,[116] embora a espessura do neocórtex cetáceo seja quase a metade da dos seres humanos.[117] A análise desse alto nível de desenvolvimento nervoso tem levado à especulação sobre a potencial amplitude sobre-humana da capacidade do cetáceo.[118] Contudo, são a estrutura e a organização do córtex, e não apenas a massa, ou mesmo a massa relativa ou a área da superfície, que definem de forma mais clara a natureza e o alcance da experiência e da competência de uma espécie. Mais especificamente, é a corporificação do cérebro que importa. A estrutura cerebral reflete necessariamente a corporificação, apesar da arcaica suposição da independência entre espírito e matéria (ou alma e corpo, ou mente e corpo), pois o corpo é, em um sentido primário, o ambiente ao qual o cérebro se adaptou.

O corpo é especificamente representado no neocórtex. Com frequência, essa representação recebe a forma esquemática do *homúnculo* ou "pequeno homem". O homúnculo foi "descoberto" por Wilder Penfield,[119] que mapeou a superfície dos córtices de seus pacientes neurocirúrgicos, estimulando-os eletricamente, de modo minucioso, ponto a ponto. Ele fez isso para descobrir o que diferentes áreas do cérebro estavam fazendo, de modo a causar o menor dano possível ao tentar tratar cirurgicamente a epilepsia, o câncer ou outras formas de anormalidade cerebral. Ele explorou a superfície do cérebro de um de seus pacientes (acordado) com um eletrodo (pacientes passando por neurocirurgia estão com frequência acordados, uma vez que o cérebro não sente dor) e monitorou os resultados, diretamente ou perguntando ao paciente o que ele ou ela sentia. Em alguns casos, esse estímulo produzia visões; noutros evocava memórias; às vezes, produzia movimentos ou sensações. Dessa maneira, Penfield determinou de que forma o corpo era mapeado no sistema nervoso central – como era encarnado, por assim dizer, na representação intrapsíquica. Ele estabeleceu, por exemplo, que os homúnculos se apresentam sob duas formas: motora e sensorial – a primeira associada à

---

[115] Holloway, R.L. e Post, D.G. (1982).
[116] Jerison, H.J. (1979).
[117] Ridgeway, S.H. (1986).
[118] Lilly, J.C. (1967).
[119] Penfield, W. e Rasmussen, T. (1950).

zona primária da unidade motora; a última, à zona primária da área sensorial da unidade sensorial. A forma motora – representada esquematicamente na Figura 2.8: O Homúnculo Motor – é a de maior interesse para nós, pois a nossa discussão se concentra na produção motora. O homúnculo motor é uma "criaturinha" muito estranha. Seu rosto (em especial, a boca e a língua) e mãos (sobretudo os polegares) são grosseiramente desproporcionais em relação ao resto do "corpo". Isso se dá porque áreas comparativamente grandes do córtex motor são direcionadas para controlar o rosto e as mãos, os quais são capazes de realizar um número imenso de operações complexas e sofisticadas. O homúnculo motor é uma figura interessante. Pode ser considerado o corpo, na medida em que o corpo tenha algo a ver com o cérebro. É útil considerar a estrutura do homúnculo porque ele é profundamente representativo de nossa natureza essencial enquanto expressa na emoção e no comportamento.

Figura 2.8: O Homúnculo Motor

A característica mais extraordinária do homúnculo motor, por exemplo – a mão com seu polegar opositor –, é o atributo definidor do ser humano. A habilidade de manipular e explorar as características de objetos grandes e pequenos – restrita, como capacidade geral, aos primatas superiores – prepara o terreno para extrair uma gama ampliada de suas propriedades, para a sua utilização como ferramentas (para uma transformação mais abrangente de seu potencial infinito em realidade definível). A mão, usada também para duplicar a ação e a função dos objetos, permite, em primeiro lugar, a imitação (e indicação), e depois uma completa representação linguística.[120] Usada para a linguagem escrita, a mão também possibilita a transferência de longa distância (temporal e espacial) da sua habilidade para outrem (e a elaboração e a ampliação da exploração durante o processo de escrita, que é pensamento mediado pela mão). Mesmo o desenvolvimento da língua falada, o expoente máximo da habilidade motora analítica, pode ser razoavelmente considerado uma extensão abstrata da habilidade humana de desmontar e depois remontar as coisas de uma maneira original. A interação entre mão e cérebro literalmente permitiu que o indivíduo alterasse a estrutura do mundo. A análise da estrutura e da função do cérebro deve levar em conta esse fato primário. Um golfinho ou uma baleia possui um cérebro grande, complexo – um sistema nervoso bastante desenvolvido –, mas não consegue moldar seu mundo. Ele está preso, por assim dizer, à sua forma similar a um tubo de ensaio, especializada para a vida oceânica. Ele não consegue alterar de modo direto a forma de seu ambiente material de nenhuma maneira complexa. Logo, é provável que seu cérebro não esteja preparado para realizar nenhuma função tradicionalmente "criativa" (de fato, como se poderia suspeitar, falta-lhe a estruturação sofisticada e característica dos cérebros primatas).[121]

Mas não é apenas a mão que constitui essa crucial distinção humana, embora seja o fator isolado mais óbvio e, talvez, mais importante. O que caracteriza o ser humano individual é mais um estilo ou melodia de adaptação. Esse estilo é a adaptação para a exploração do desconhecido, dentro de um contexto social. Essa adaptação é a capacidade (mediada pela fala) de criação, elaboração, recordação, descrição e subsequente comunicação de novos padrões comportamentais, e de representar as consequências (não raro novas) desses padrões. A própria mão se tornou mais útil pelo desenvolvimento da postura vertical, que ampliou o alcance visual e libertou a parte superior do corpo das demandas da locomoção. A fina musculatura da face, dos lábios e da língua – sobrerrepresentadas, uma vez mais, no homúnculo motor – ajudou a possibilitar a comunicação sutil. O desenvolvimento da linguagem explícita ampliou imensamente o poder dessa comunicação. A troca cada vez mais detalhada

---

[120] Brown, R. (1986).
[121] Garey, L.J. e Revishchin, A.V. (1990).

de informações possibilitou que os recursos de todos se tornassem os recursos de cada um, e vice-versa. Esse processo de *feedback* ampliou enormemente o alcance e a utilidade da mão, fornecendo a cada mão a habilidade, pelo menos em potencial, de todas as outras mãos, existentes agora ou antes. A evolução da restrita parte central do olho, que ampliou em 10 mil vezes o *input* na área visual primária, e que também é representada inter-hemisfericamente em vários locais corticais de ordem superior,[122] foi de vital importância para o desenvolvimento da linguagem visual e possibilitou a observação próxima, simplificando a coleta de informações detalhadas. A combinação de mão e olho capacitou o *Homo sapiens* a manipular as coisas de formas qualitativamente distintas de qualquer outro animal. O indivíduo pode descobrir como as coisas são sob várias condições, voluntariamente geradas ou acidentalmente encontradas (e mesmo assim examinadas) – de cabeça para baixo, voando no ar, colidindo contra outras coisas, despedaçadas, aquecidas no fogo, e assim por diante. A combinação de mão e olho possibilitou aos seres humanos experimentar e analisar a natureza (emergente) das coisas. Essa habilidade revolucionária foi ampliada de forma significativa pela aplicação da linguagem falada (e escrita) mediada pela mão.

O estilo humano de adaptação também se estende do que é evidentemente físico ao mais sutilmente psicológico. O fenômeno da consciência, por exemplo – sem dúvida, a característica definidora do ser humano –, parece relacionado, de algum modo desconhecido, à amplitude da ativação celular no neocórtex. Assim, as características corpóreas com grandes áreas de representação cortical são também e mais completamente representadas na consciência (em potencial, pelo menos). Isso pode se revelar de forma imediata para a consciência subjetiva pelo mero contraste entre a capacidade de controle e monitoração da mão, por exemplo, e a bem menos representada extensão das costas. É evidente que a consciência também se expande ou aperfeiçoa no decorrer das atividades projetadas para ampliar ou aprimorar a competência adaptativa – durante a exploração criativa. O processamento de informações sensoriais novas ou interessantes, associado ao complexo de orientação, à consciência elevada e à concentração focada, ativa grandes áreas do neocórtex. De modo similar, a mobilização cortical ampliada ocorre durante a fase prática da aquisição de habilidade, quando a consciência parece ser necessária para o desenvolvimento do controle. A área de tal envolvimento ou mobilização diminui em tamanho à medida que o movimento se torna habitual e inconsciente, ou quando as informações sensoriais perdem o interesse ou novidade.[123]

---

[122] Granit, R. (1977).

[123] Ibidem.

Por fim, conforme observamos antes, um prazer intrínseco de natureza intensa parece acompanhar a ativação dos sistemas corticais ativados durante a atividade exploratória psicomotora, realizada diante do desconhecido. A operação desses sistemas parece ser mediada, em parte, pelo neurotransmissor dopamina[124] – envolvido na produção das respostas subjetivas e comportamentais aos indicadores de recompensa, na forma de esperança, curiosidade e abordagem ativa.

Os seres humanos desfrutam da capacidade de investigação, classificação e consequente comunicação, o que é qualitativamente diferente do que caracteriza qualquer outro animal. A estrutura material do *Homo sapiens* é ideal para a exploração e a disseminação dos resultados correspondentes; espiritualmente – psicologicamente –, o homem é caracterizado pela capacidade inata de obter um prazer real dessa atividade. Nossos atributos físicos (as habilidades da mão, combinadas às outras especializações do ser humano) definem quem somos e nos permitem extrair de maneira contínua novas propriedades a partir de elementos outrora estáveis e previsíveis da experiência. O objeto – qualquer objeto – nos serve como uma fonte de possibilidades ilimitadas (ou, pelo menos, de possibilidades limitadas apenas pela capacidade do gênio exploratório exibida em qualquer momento específico). Animais simples realizam operações simples e habitam um mundo cujas propriedades são igualmente limitadas (um mundo onde a maior parte das "informações" permanece "latente"). Os seres humanos conseguem manipular – separar e juntar – com uma facilidade muito maior do que qualquer outra criatura. Além disso, a nossa capacidade de comunicação, tanto verbal como não verbal, representa um facilitador quase inacreditável para a exploração e a subsequente diversidade de adaptação.

Em muitos casos, o pensamento pode ser considerado uma forma abstrata de exploração – a capacidade de investigar, sem a necessidade de ação motora direta. A análise abstrata (verbal e não verbal) do inesperado ou novo desempenha um papel muito maior para os humanos do que para os animais[125] – um papel que costuma ter primazia sobre a ação. É apenas quando essa capacidade falha de forma parcial ou completa nos humanos – ou quando ela desempenha um papel paradoxal (amplificando a significância ou o perigo potencial do desconhecido por meio da rotulação negativa definitiva, mas "falsa") – que a exploração ativa (ou a prevenção ativa), com suas limitações e perigos, torna-se necessária. A substituição da ação exploratória potencialmente perigosa pelo pensamento cada vez mais flexível e abstrato

---

[124] Wise, R.A. e Bozarth, M.A. (1987).
[125] Granit, R. (1977).

significa a possibilidade de crescimento do conhecimento sem exposição direta ao perigo, constituindo uma grande vantagem do desenvolvimento da inteligência. A inteligência abstrata característica do ser humano desenvolveu-se paralelamente à rápida evolução do cérebro. Podemos comunicar uns aos outros os resultados e interpretações das nossas manipulações (e a natureza dos procedimentos que as constituem), atravessando imensas barreiras espaciais e temporais. Essa capacidade de exploração, elaboração verbal e comunicação de tais resultados e interpretações, por sua vez, aumenta de modo significativo nossa capacidade de exploração (já que temos acesso a todas as estratégias comunicadas e aos esquemas interpretativos acumulados ao longo do tempo, gerados no curso da atividade criativa de outrem). Em termos simples, isso significaria apenas que temos sido capazes de "descobrir" mais aspectos do mundo. Parece-me mais acurado, contudo, reconhecer as limitações dessa perspectiva e abrir espaço para a percepção de que novos procedimentos e modos de interpretação literalmente produzem novos fenômenos. A *palavra* possibilita um pensamento diferenciado e eleva de forma significativa a capacidade de ação exploratória. O mundo da experiência humana é constantemente transformado e renovado por consequência de tal exploração. Dessa maneira, sem cessar, a palavra engendra novas criações.

A capacidade de criar novos comportamentos e categorias de interpretação em resposta à emergência do desconhecido pode ser considerada a marca primária da consciência humana – na verdade, do ser humano. Nosso engajamento nesse processo literalmente nos permite esculpir o mundo a partir da massa indiferenciada da "existência" inobservada e inencontrada (uma forma de existência que só existe em termos hipotéticos, como uma ficção necessária; uma forma sobre a qual nada pode ser experimentado e pouco pode ser dito de maneira precisa). Nós esculpimos o mundo como consequência das nossas interações diretas com o desconhecido – mais especificamente, com as nossas mãos, que nos possibilitam manipular as coisas, mudar seus aspectos sensoriais e, o mais importante, alterar a sua importância para nós, dar a elas um novo *valor*, mais desejável. A capacidade de manipular com destreza é particularmente humana e tem nos possibilitado alterar de maneira radical a natureza de nossa experiência. Contudo, igualmente particular é a nossa capacidade de exploração abstrata, que é pensada sobre a ação (e suas consequências), na ausência da ação (e suas consequências). O modo como conduzimos nossa exploração abstrata parece ligado com tanta firmeza às estruturas fisiológicas de nosso cérebro quanto o modo como nos movemos, enquanto exploramos. Em circunstâncias novas, nossa produção comportamental é mediada pelos sistemas que governam o medo (e a inibição correspondente) e a esperança (e a ativação apropriada). O mesmo ocorre quando pensamos abstratamente – mesmo quando pensamos sobre como os outros pensam.[126]

A exploração animal é de natureza primariamente motora. Um animal deve se mover ao redor de uma coisa ou situação não familiar para determinar a sua relevância afetiva e a sua natureza sensorial. Esse processo de mover-se experimentalmente ao redor surge como consequência da interação entre os sistemas de avaliação mutuamente regulatórios ou inibitórios, cujas responsabilidades são a identificação do perigo ou ameaça em potencial e da satisfação ou promessa em potencial. No caso humano, cada um desses sistemas aparentemente domina, no curso do desenvolvimento normal, um de nossos hemisférios corticais gêmeos: o *direito* governa a resposta à ameaça (e à punição), ao passo que o *esquerdo* controla a resposta à promessa e, talvez (embora de forma bem menos clara), à satisfação.[127] Em outras palavras, isso significa que o hemisfério direito rege nossas respostas iniciais ao desconhecido, enquanto o esquerdo é mais apto para ações realizadas quando sabemos o que estamos fazendo. Isso ocorre, em parte, porque tudo aquilo que foi explorado em minúcias revelou-se, de fato, promissor ou satisfatório (ou, pelo menos, irrelevante). Se a ameaça ou punição ainda paira no ar – isto é, em algum lugar em que devemos estar –, a nossa adaptação comportamental é, por definição, insuficiente (e o inesperado não foi conquistado). Fomos incapazes de modificar as nossas ações para extrair do ambiente – na verdade, do "desconhecido" – as consequências que desejávamos produzir.

Richard Davidson e seus colegas têm investigado a relação entre os diferentes padrões de atividade cortical elétrica e os estados de humor em adultos e crianças. Eles concluíram que os dois hemisférios do cérebro humano são especializados de formas distintas para o afeto, pelo menos no que diz respeito às suas regiões frontais. Sinais de afeto positivo (como o sorriso genuíno nas crianças) são acompanhados por uma ativação comparativamente elevada do córtex frontal esquerdo. Estados negativos de afeto (como aqueles que ocorrem na depressão crônica), por sua vez, são acompanhados pela ativação elevada do hemisfério frontal direito.[128] Fortes evi-

---

[126] Oatley, K. (1994).

[127] Para análises de referência, ver Tucker, D.M. e Williamson, P.A. (1984); Davidson, R.J. (1984a); Davidson, R.J. (1984b); Davidson, R.J. (1992); Goldberg, E.; Podell, K. e Lovell, H. (1994); Goldberg, E. (1995); Goldberg, E. e Costa, L.D. (1981); para indicação do porquê de dois sistemas diferentes de fato poderem ser necessários, ver Grossberg, S. (1987).

[128] Fox, N.A. e Davidson, R.J. (1986; 1988).

dências adicionais sustentam essa alegação geral. Em termos mais fundamentais: parece que os hemisférios gêmeos do cérebro são especializados de formas distintas (1) para operar em território inexplorado, onde a natureza e a valência das coisas permanecem indeterminadas, e (2) para operar em território explorado, no qual as coisas foram consideradas irrelevantes ou positivas em decorrência de uma exploração prévia. Nosso cérebro contém dois sistemas emocionais, por assim dizer. Um funciona quando não sabemos o que fazer e inicia o processo (exploratório) que cria o território seguro. O outro funciona quando estamos, de fato, seguros. A presença desses dois subsistemas, mas não a sua "localização", já é conhecida há bastante tempo; muitas décadas atrás, Maier e Schneirla[129] e Schneirla[130] cogitaram a hipótese de que mecanismos de "retirada" e "abordagem" (característicos de animais em quase todos os níveis da escala evolutiva) forneciam a base para tal motivação. A natureza desses dois sistemas pode ser mais bem compreendida ao se relacionar o estado emocional à atividade motora, conforme fizemos antes.

Cada hemisfério, direito e esquerdo, parece ter o que poderia ser descrito como uma *família* de funções relacionadas, retratada na Figura 2.9: Os Hemisférios Cerebrais Gêmeos e Suas Funções. O hemisfério direito, menos fluente em linguagem do que seu gêmeo no geral mais dominante, parece ser especializado em inibição e extinção de comportamento (e, portanto, na produção de emoção negativa); geração e manipulação de imagens visuais (e auditivas) complexas; coordenação de atividades motoras brutas e reconhecimento rápido e global de padrões.[131] O hemisfério direito parece ficar *"on-line"* quando a incerteza inunda uma situação específica – ele parece ser particularmente bom em gerenciar o comportamento quando o que *é* e *o que fazer* ainda não foram especificados com clareza.[132] Pode-se postular, por conseguinte, *que esse hemisfério ainda está sob controle límbico*, uma vez que o sistema límbico é responsável por detectar a novidade e iniciar o comportamento exploratório. Esse mecanismo de controle arcaico "conduziria", então, os processos de geração de "hipóteses" imagéticas que constituem os processos de exploração abstrata – fantasia – usados para dar uma forma determinada (e muitas vezes bizarra) ao desconhecido.

---

[129] Maier, N.R.F. e Schneirla, T.C. (1935).
[130] Schneirla, T.C. (1959).
[131] Ver análise de Springer, S.P. e Deutsch, G. (1989).
[132] Goldberg, E. (1995); Goldberg, E. e Costa, L.D. (1981); Goldberg, E.; Podell, K. e Lovell, H. (1994).

Hemisfério Esquerdo	Hemisfério Direito
Operação no Território Explorado	Operação no Território Inexplorado
Afeto Positivo	Afeto Negativo
Ativação do Comportamento	Inibição do Comportamento
Processamento da Palavra	Processamento de Imagem
Pensamento Linear	Pensamento Holístico
Reconhecimento de Detalhe	Reconhecimento de Padrão
Geração de Detalhe	Geração de Padrão
Ação Motora Fina	Ação Motora Grossa

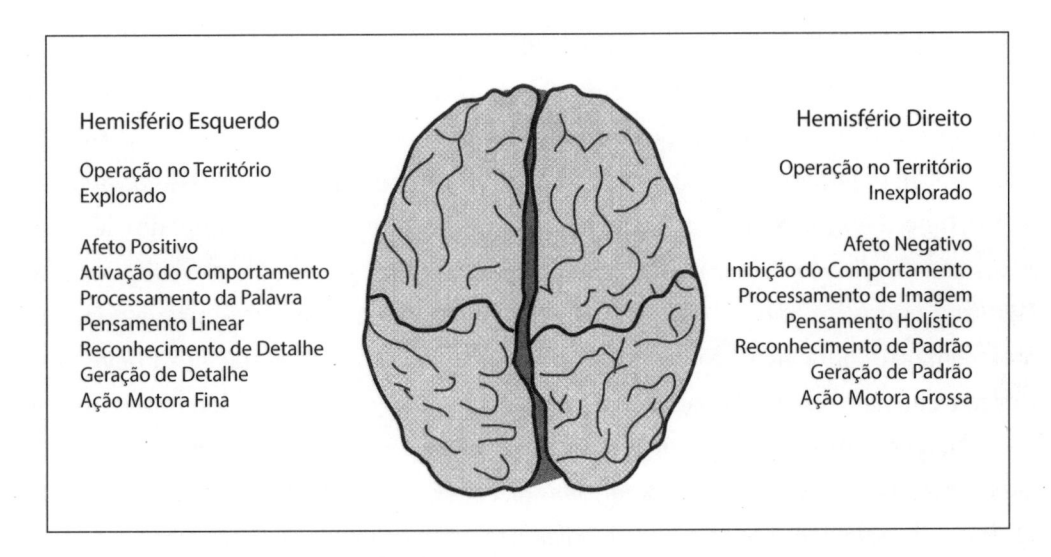

Figura 2.9: Os Hemisférios Cerebrais Gêmeos e Suas Funções

O hemisfério esquerdo, por sua vez, parece particularmente habilidoso no processamento linguístico e na comunicação, em pensar de forma detalhada, linear, nas habilidades motoras refinadas, e na compreensão de totalidades a partir de seus elementos constituintes.[133] O hemisfério esquerdo — sobretudo a sua (sub)unidade frontal ou motora — também governa o comportamento de abordagem[134] na presença de indicadores de satisfação, está integralmente envolvido na produção de afeto positivo e parece particularmente bom na realização de atividades práticas, aplicando modos familiares de apreensão. O esquerdo parece no auge quando o que *é e o que deveria ser feito* não são mais problemas; quando a tradição rege o comportamento, e a natureza e o significado das coisas foram relativamente estabelecidos. A dupla especialização do esquerdo — para o que tem sido praticado e para o que é positivo — pode ser entendida, em parte, da seguinte maneira: o afeto positivo domina o território conhecido, por definição. Uma coisa ou situação foi explorada de forma ideal (e, portanto, é mais bem conhecida) se tiver sido transformada, pelas adaptações comportamentais manifestas na sua presença, em algo de uso determinado (ou satisfação) ou em potencial para tal (em promessa).

O hemisfério direito, ao contrário do esquerdo, parece ter permanecido em contato direto e se especializado no encontro com o *desconhecido* e seus terrores, os quais

---

[133] Springer, S.P. e Deutsch, G. (1989).
[134] Fox, N.A. e Davidson, R.J. (1986); Fox, N.A. e Davidson, R.J. (1988).

são percebidos no domínio do instinto, da motivação e do afeto, muito antes que possam ser classificados ou compreendidos em termos intelectuais. A capacidade do hemisfério direito para a inibição e a extinção do comportamento (para induzir cautela durante uma exploração, gerar reação de fuga, produzir afeto negativo) assegura que se dê o devido respeito ao inexplicável (e, portanto, perigoso) quando ele surge. A aptidão do direito para o reconhecimento de padrões globais (consequência da sua estrutura neurofisiológica básica)[135] ajuda a garantir que uma noção provisória (uma representação fantástica) do evento desconhecido (como ele é, que ação deveria ser tomada na sua presença, quais outras coisas ou situações ele nos lembra) possa ser formulada com rapidez. O hemisfério direito parece integralmente envolvido nos estágios iniciais da análise do inesperado ou novo – e sua hipótese *a priori* é sempre esta: *este lugar (desconhecido), este espaço não familiar, este território inexplorado é perigoso e, portanto, compartilha das propriedades de todos os lugares e territórios perigosos conhecidos, bem como de todos aqueles que permanecem desconhecidos*. Essa forma de processamento de informação – "a" é "b" – é metafórica; a geração de metáfora (fundamental na construção de narrativas – sonhos, dramas, histórias e mito) pode muito bem ser considerada o primeiro estágio da construção de hipótese. Já que os comportamentos adaptativos específicos das situações são gerados como consequência da exploração, essa rotulação provisória ou hipótese (ou fantasia) pode muito bem sofrer uma modificação (presumindo que nada realmente punitivo ou determinantemente ameaçador ocorra); essa modificação constitui uma aprendizagem adicional e mais detalhada. Na ausência de punição ou ameaça adicional (incluindo a novidade), a ansiedade recua; a esperança ocupa a vanguarda afetiva, acompanhada pelo desejo de avançar e explorar (sob o controle do hemisfério esquerdo).

O hemisfério direito parece ser capaz de lidar com informações menos determinadas. Ele consegue usar formas de cognição mais difusas, mais globais[136] e mais inclusivas para conciliar a princípio o que ainda não pode ser entendido, mas inegavelmente existe. O hemisfério direito usa sua capacidade de generalização massiva e compreensão imagética para colocar o estímulo novo em um contexto inicialmente significativo, o que é a forma *a priori* de categorização apropriada. Esse contexto é definido pela significância motivacional da coisa nova, que é primeiramente revelada pelo simples fato da novidade (que a torna ao mesmo tempo ameaçadora e promissora) e, depois, no curso de sua exploração detalhada.

---

[135] Goldberg, E. e Costa, L.D. (1981).
[136] Goldberg, E. (1995).

O hemisfério direito permanece preocupado com a questão "como é essa coisa nova?" (significando, "o que deveria ser feito na presença dessa ocorrência inesperada?") e não se importa com "o que é essa coisa, objetivamente?". "Como é essa coisa nova?" significa "ela é perigosa, ou ameaçadora (em primeiro lugar e acima de tudo), satisfatória ou promissora?". A categorização conforme a valência significa que a coisa é o que ela representa para o comportamento.

O caos que constitui o desconhecido é tornado previsível – é transformado no "mundo" – pela geração de comportamentos e modos de representação adaptativos. É o processo de exploração comandado pela novidade que, no caso individual, produz esses comportamentos e estratégias de classificação. Contudo, não somos apenas indivíduos. Existimos em um ambiente social muito complexo, caracterizado pela constante troca de informações relativas aos meios e fins de adaptação "apropriada". A capacidade humana de geração de comportamento autorregulatório e representação expandiu-se imensamente, de certa forma para além da nossa compreensão, por meio de nossa capacidade de comunicação verbal e não verbal. Conseguimos aprender mediante discussão e leitura – conseguimos absorver informações diretamente de nossos ancestrais mortos, mas letrados. Há mais, contudo – também podemos aprender com todos que agem no curso natural das coisas ou dramaticamente, e também podemos armazenar os comportamentos de indivíduos com os quais temos contato (diretamente, copiando-os; ou indiretamente, por meio de intermediação da narrativa e das formas de arte dramática). É, claro, a nossa capacidade de copiar, de imitar,[137] que subjaz a nossa capacidade de fazer as coisas que não "entendemos" necessariamente (isto é, que não conseguimos descrever de forma explícita). Em parte, é por essa razão que precisamos de uma "psicologia".

Padrões de adaptação comportamental e representacional são gerados no decorrer da exploração ativa e do "contato com o desconhecido". Uma vez gerados, no entanto, esses padrões não permanecem necessariamente estáveis. Eles são modificados, moldados, aprimorados e se tornam eficientes, como consequência da troca comunicativa. O indivíduo "a" produz um novo comportamento, "b" o modifica, "c" modifica este, "d" modifica radicalmente a modificação de "c", e assim por diante *ad infinitum*. O mesmo processo se aplica às representações (metáforas, digamos, ou conceitos explícitos). Isso significa que nossos processos exploratórios assimilativos e acomodativos se estendem, na verdade, por vastos períodos de tempo e espaço.

---

[137] Donald, M. (1993).

Parte dessa extensão – talvez a parte mais óbvia – é mediada pela alfabetização. Um elemento igualmente complexo e sutil, contudo, é mediado pela mimese.

Padrões de adaptação comportamental e esquemas de classificação ou representação podem ser derivados da observação de outrem (e, por falar nisso, da auto-observação). Como agimos na presença das coisas, no seu contexto sempre variável e geralmente social, é o que essas coisas significam (ou até mesmo o que são), antes que esse significado (ou o que elas são) possa ser categorizado de modo mais abstrato (ou objetivo). Logo, o que uma coisa é pode ser determinado (na ausência de informações mais úteis) pelo exame de como a ação é conduzida em sua presença, o que significa dizer que, se alguém corre de algo, é seguro pressupor que essa coisa é perigosa (a ação define, de fato, tal suposição). Assim, a observação dos padrões das ações realizadas pelos membros de qualquer comunidade social, incluindo a do sujeito observador, necessariamente possibilita a derivação e a classificação do esquema de valor provisório. Se você observa alguém (até mesmo você) se aproximar de algo, pode pressupor que a coisa da qual se aproximou é boa, pelo menos em algum contexto determinado, mesmo que você não saiba mais nada sobre ela. Afinal, saber o que fazer é classificar a coisa antes que ela seja abstraída: classificação em termos de relevância motivacional, com os aspectos sensoriais dos fenômenos servindo apenas como uma pista para o reconhecimento daquela relevância motivacional.[138]

Por certo, muitas das nossas habilidades e estratégias automatizadas de classificação são "obscuras" para a consciência explícita. Nossos sistemas múltiplos de memória e seus modos de representação qualitativamente diferentes – descritos mais adiante – asseguram que isso seja assim. Essa obscuridade significa essencialmente que "entendemos" mais do que "sabemos"; é por esse motivo que os psicólogos continuam a depender das noções de "inconsciente" para fornecer explicações sobre o comportamento. Essa inconsciência – o deus psicanalítico – é a nossa capacidade para o armazenamento implícito de informações sobre a natureza e valência das coisas. Essas informações são geradas no curso da exploração ativa e modificadas, com

---

[138] "Acreditamos que os estados interno e externo que constituem a resposta aos estímulos são idênticos à 'avaliação' dos estímulos" (Kling, A.S. e Brothers, L.A. [1992], p. 372); "o afeto é, nada mais, nada menos, do que a confluência e a integração das informações sensoriais em várias modalidades, combinadas com coativação imediata dos sistemas efetores somáticos (motor, autônomo e endócrino)" (p. 371); "conexões recíprocas entre o núcleo amigdaloide e a formação hipocampal podem servir para ligar os padrões de resposta afetiva à codificação de percepções na memória, proporcionando, assim, um rápido acesso aos estados motivacionais apropriados quando situações sociais complexas ou indivíduos particulares são reencontrados" (p. 356).

frequência até se tornar irreconhecíveis, por uma comunicação constante, multigeracional e interpessoal. Vivemos em grupos sociais; a maior parte das nossas interações é de natureza social. Passamos a maior parte do tempo com outras pessoas e, quando estamos sozinhos, ainda desejamos entender, prever e controlar os nossos comportamentos pessoais. Portanto, nossos mapas da "parte compreendida do mundo" são, em grande parte, *mapas de padrões de ações – de comportamentos estabelecidos* por consequência da exploração criativa e modificados no decorrer de intermináveis interações sociais. Observamo-nos em ação; com base nessa ação, fazemos inferências sobre a natureza do mundo (incluindo *aqueles atos que são parte do mundo*).

Sabemos que o hemisfério direito – sua parte frontal, pelo menos – é especializado na resposta à punição e à ameaça. Também sabemos que lesões no hemisfério direito prejudicam a nossa capacidade de detectar padrões e entender o significado das histórias.[139] Seria um exagero sugerir que as capacidades emocionais, imagéticas e narrativas do hemisfério direito desempenham um papel-chave nos estágios iniciais da transformação de algo novo e complexo, tais como os comportamentos alheios (ou os nossos próprios) e a valência das coisas novas, em algo inteiramente compreendido? Quando encontramos algo novo, afinal, nós geramos fantasias (imagéticas, verbais) sobre a sua natureza potencial. Isso significa que tentamos determinar como a coisa inesperada pode estar relacionada a algo que já dominamos – ou, pelo menos, a outras coisas que ainda não dominamos. Dizer "este problema não resolvido se parece com este outro problema que ainda não resolvemos" é um passo no caminho para a solução. Dizer "eis como estes fenômenos (ainda essencialmente misteriosos) parecem estar associados" é uma intuição do tipo que precede o conhecimento detalhado; é a capacidade de ver a floresta, embora ainda sem distinguir os tipos de árvores. Antes de podermos verdadeiramente dominar algo novo (isto é, antes de podermos efetivamente limitar sua significância indeterminada a algo previsível, até mesmo irrelevante), *imaginamos* o que ele poderia ser. Nossas representações imaginativas constituem, na verdade, as nossas adaptações iniciais. Nossas fantasias abrangem parte da estrutura que usamos para inibir as nossas respostas à significância *a priori* do desconhecido (mesmo que essas fantasias facilitem a geração de informações mais detalhadas e concretas). Não há razão para pressupor que sejamos capazes de compreender de forma explícita essa capacidade, em parte porque ela parece efetivamente servir como uma *precondição necessária ou axiomática, explicitamente, para a capacidade de compreender.*

---

[139] Vitz, P.C. (1990).

As capacidades exclusivamente especializadas do hemisfério direito parecem permitir que ele transforme as repetidas observações das imagens comportamentais de padrões de ações que o hemisfério esquerdo e verbal consegue organizar, com cada vez mais lógica e detalhe, em *histórias*. Uma história é um mapa de significado, uma "estratégia" para a regulação emocional e a produção comportamental – uma descrição de como agir em uma circunstância para assegurar que ela retenha sua relevância motivacional positiva (ou que, pelo menos, ela reduza suas qualidades negativas ao menor grau possível). Ao que parece, a história é gerada, em seus estágios iniciais, pela capacidade de reconhecimento de imagens e padrões, característica do hemisfério direito, o qual está integralmente envolvido na cognição narrativa[140] e nos processos que auxiliam ou são análogos a tal cognição. O hemisfério direito tem a habilidade de decodificar os aspectos não verbais e melódicos do discurso, de sentir empatia (ou se envolver, de modo mais geral, nas relações interpessoais), e a capacidade de compreender imagens, metáforas e analogias.[141] Os sistemas "linguísticos" do hemisfério esquerdo "terminam" a história, acrescentando lógica, ordem temporal adequada, consistência interna, representação verbal e a possibilidade de rápida comunicação explícita abstrata. Dessa maneira, o nosso conhecimento explícito do valor expande-se por meio da análise dos nossos próprios "sonhos". As interpretações que "funcionam" – isto é, que melhoram a nossa capacidade de regular as nossas próprias emoções (em outras palavras, de transformar o mundo atual no mundo desejado) – *são qualificadas como válidas*. É dessa maneira que verificamos a exatidão das nossas suposições cada vez mais abstratas.

O processo de exploração criativa – a função do *conhecedor*, por assim dizer, que gera território explorado – tem como seus propósitos aparentes um aumento da amplitude do repertório motor (habilidade) e a alteração dos esquemas representacionais. Cada um desses dois propósitos parece acompanhado pela construção de uma forma específica de conhecimento e seu subsequente armazenamento na memória permanente. A primeira forma tem sido denominada *saber como*. A unidade motora, encarregada de originar novas estratégias comportamentais quando as velhas falham (quando produzem resultados indesejados), produz padrões de ação alternativos, aplicados experimentalmente para se chegar ao resultado desejado. A permanente instanciação do novo comportamento, empreendida se o comportamento for bem-sucedido, pode ser considerada o desenvolvimento de uma nova *habilidade. Saber como* é habilidade. O segundo tipo de saber, que é representacional (*uma imagem ou modelo de*

---

[140] Ibidem.
[141] Ibidem.

algo, em vez da coisa em si) tem sido referida como *saber que*[142] – eu prefiro *saber o que*. A exploração de uma nova circunstância, evento ou coisa produz um novo *input* sensorial e afetivo durante a interação ativa ou abstrata entre o sujeito explorador e o objeto em questão. Esse novo *input* sensorial constitui a base para a construção, elaboração e atualização de um modelo representacional (espacial e temporal) quadridimensional e permanente, mas modificável, do campo experimental, nas suas manifestações presentes e potencialmente futuras. Esse modelo, eu gostaria de propor, é uma história.

O sistema hipocampal – que, como já vimos, é parte essencial da regulação da ansiedade – está envolvido de maneira crítica na transferência das informações obtidas pela observação da atividade em andamento para a memória permanente[143] e fornece a base fisiológica (em conjunto com as estruturas corticais superiores) para o desenvolvimento e a elaboração dessa representação mnésica. O hemisfério direito, ativado pelo desconhecido e capaz de gerar padrões com rapidez, fornece a imageria inicial – o conteúdo da fantasia – para a história. O hemisfério esquerdo fornece estrutura e comunicabilidade para esses padrões (por exemplo, ao se interpretar um quadro, um romance, uma peça de teatro ou uma conversa). O hipocampo nota a incompatibilidade; isso desinibe a amígdala (talvez não diretamente). Essa desinibição "libera" a ansiedade e a curiosidade, conduzindo a exploração. O hemisfério direito, nessas condições de motivação, obtém padrões relevantes para o encapsulamento do desconhecido emergente a partir das informações ao seu dispor. Grande parte dessas informações pode ser extraída do ambiente social e das interações comportamentais e estratégias de representação – propriedades emergentes de exploração e comunicação – que estão "embutidas" na estrutura social. A maioria dessas informações ainda está implícita – isto é, codificada em *padrão* comportamental. Ela ainda é *saber como*, antes de ter sido abstraída e explicitada como *saber o que*. O hemisfério esquerdo fica cada vez mais envolvido à medida que a translação "ascendente na hierarquia da abstração" ocorre.

Informações do *saber como*, descritas alternativamente como *processuais*, habituais, disposicionais ou habilidosas, e informações do *saber o que*, alternativamente descritas como *declarativas*, episódicas, factuais, autobiográficas ou representacionais, parecem fisiologicamente distintas em sua base material e separáveis no curso do desenvolvimento filogenético ou ontogenético.[144] O conhecimento processual

---

[142] Ryle, G. (1949).

[143] Milner, B. (1972); Zola-Morgan, S.; Squire, L.R. e Amaral, D.G. (1986); Teylor, T.J. e Discenna, P. (1985; 1986).

[144] Squire, L.R. e Zola-Morgan, S. (1990).

desenvolve-se muito antes do conhecimento declarativo, na evolução e no desenvolvimento individual, e aparece representado de forma "inconsciente", expresso puramente na performance. Por sua vez, o conhecimento declarativo – conhecimento do que – constitui uma imaginação episódica ao mesmo tempo conscientemente acessível e comunicável (o mundo na fantasia) e inclui até o conhecimento semântico (mediado linguisticamente) desenvolvido há pouco tempo, cujas operações possibilitam, em grande parte, a representação abstrata e a comunicação dos conteúdos da imaginação. Squire e Zola-Morgan[145] representaram a relação entre essas formas de memória de acordo com o esquema da Figura 2.10: A Estrutura Múltipla da Memória.[146] A base neuroanatômica do *saber como* permanece relativamente não especificada. A geração de habilidade parece estar, em parte, sob o domínio da unidade cortical pré-motora/motora; o "armazenamento" parece envolver o cerebelo. A existência do *saber o que*, por sua vez, parece depender da função intacta da unidade cortical sensorial em interação com o sistema hipocampal.[147] No entanto, muito do nosso *saber o que* – nossa descrição do mundo – diz respeito a *saber como*, que é conhecimento comportamental, sabedoria. Muito do nosso conhecimento descritivo – conhecimento representacional – é uma representação do que constitui a sabedoria (não sendo essa sabedoria em si mesma). Obtivemos nossa descrição de sabedoria observando como agimos, em nossas interações sociais regidas culturalmente, e pela representação dessas ações.

---

[145] Ibidem.

[146] Squire e Zola-Morgan (1990), p. 138, afirmam:

"O termo declarativo, que temos usado, captura a noção de que um tipo de memória pode ser 'declarado'; ele pode ser trazido à mente explicitamente, como uma proposição ou imagem. A capacidade de memória declarativa pode ser uma conquista relativamente recente da evolução, aparecendo a princípio nos vertebrados com o desenvolvimento do hipocampo, e pode estar ontogeneticamente atrasada. O conhecimento processual, por sua vez, pode ser expresso apenas por meio do desempenho, e o conteúdo desse conhecimento não é acessível à consciência. O conhecimento processual é considerado filogeneticamente primitivo e ontogeneticamente precoce [...]. Concordamos com Tulving e seus colegas que a distinção episódico-semântica, a qual tem algo interessante a dizer sobre a estrutura da memória normal, é um subconjunto da memória declarativa (proposicional)". (Squire, L.R. e Zola-Morgan, S. [1990], p. 138.)

Minha pressuposição é de que uma história é uma representação semântica de uma representação episódica dos resultados do sistema processual: uma descrição verbal de uma imagem de comportamento (e as consequências desse comportamento).

[147] Schachter, D.L. (1994).

```
                    Memória
                   /        \
          Processual      Declarativa
                          (Proposicional)
                          /          \
                    Episódica      Semântica
```

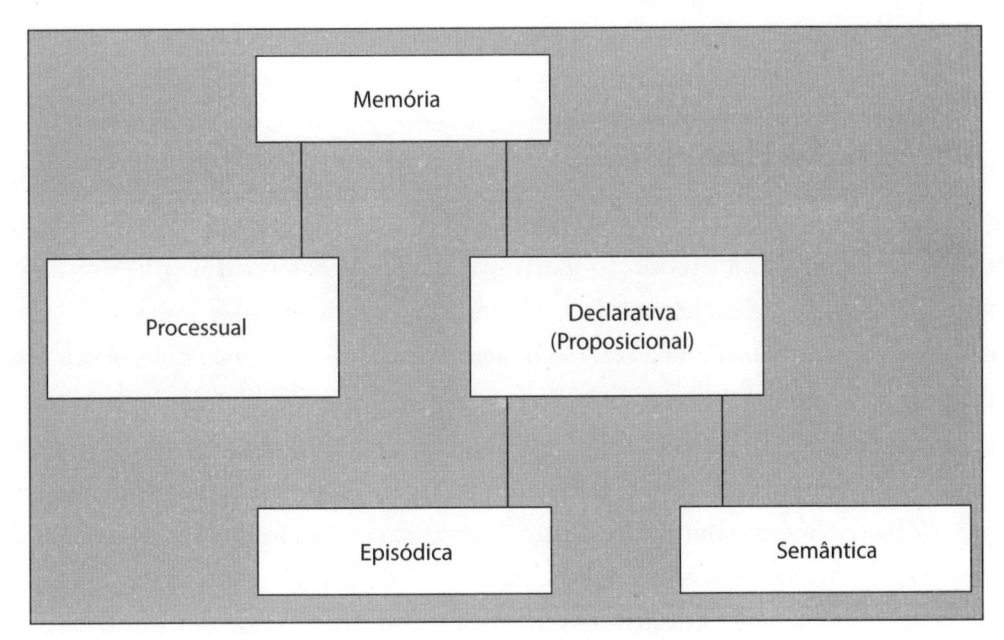

Figura 2.10: A Estrutura Múltipla da Memória

Sabemos *como*, isto é, como agir para transformar o mundo misterioso e sempre ameaçador do presente naquilo que desejamos, bem antes de *sabermos como* sabemos como, ou *por que* sabemos como. Isso quer dizer, por exemplo, que uma criança aprende a *agir* de modo apropriado (presumindo que ela o faça) bem antes de poder oferecer explicações abstratas ou descrições de seu comportamento.[148] Uma criança pode ser "boa" sem ser um filósofo moral. Essa ideia ecoa a noção do psicólogo do desenvolvimento Jean Piaget no tocante ao desenvolvimento da criança, de que a adaptação no nível sensório-motor ocorre antes das – e estabelece as bases para as – formas mais abstratas de adaptação que caracterizam a vida adulta. Piaget considerava a *representação imagética* como um intermediário entre a inteligência sensório-motora e o estágio (mais alto ou mais abstrato) das "operações formais"; além disso, ele acreditava que a imitação – a "encenação" de um objeto – servia como um pré-requisito necessário para tal representação imagética (retrato em imagem ou palavra, não em comportamento). O processo do *jogo* aparece como uma forma de imitação de ordem superior, ou mais abstrata, segundo essa perspectiva. Piaget apresenta duas teses principais:

> A primeira é que, no campo do jogo e da imitação, é possível rastrear a transição da assimilação e da acomodação sensório-motora para a assimilação e a acomodação mentais que caracterizam os inícios da representação [...]. [A segunda

---
[148] Kagan, J. (1984).

é que] as várias formas de representação interagem. Há representação quando um modelo ausente é imitado. Há representação no jogo simbólico, na imaginação e até mesmo nos sonhos; os sistemas de conceitos e relações lógicas, ambos em suas formas intuitivas e operacionais, sugerem representação.[149]

Piaget acreditava que a imitação poderia ser descrita em termos de acomodação: "Se houver primazia da acomodação (correspondência de comportamento) sobre a assimilação (alteração de esquemas) [...], a atividade tende a se tornar imitação".[150] Isso sugere que a criança que imita *personifica*, de fato, mais informações do que *"entende"* (representa). Ele continua: "A representação [...] pode ser vista como um tipo de imitação interiorizada e, portanto, uma continuação da acomodação".[151] (Com relação ao modelo de sistema de memória de três estágios (ao qual Piaget não está se referindo de maneira direta, é óbvio): "mesmo que houvesse justificativa para relacionar os vários estágios do desenvolvimento mental a níveis neurológicos bem definidos, o fato é que, apesar da relativa descontinuidade das estruturas, há uma certa continuidade funcional, cada estrutura preparando para seus sucessores enquanto utiliza seus predecessores".)[152]

Em termos filogenéticos, o que pode ser dito sobre as crianças parece mais ou menos verdadeiro: nossas culturas (que absorvemos enquanto crianças por meio do processo de imitação) consistem, sobretudo, em padrões de atividades realizadas em um contexto social. O que os pais são para os filhos, as culturas são para os adultos: não sabemos como surgiram os padrões pelos quais agimos (ou os conceitos que utilizamos), ou a que "propósitos" precisos (quais "objetivos" de longo prazo) eles atualmente servem. Esses padrões são, de fato, "propriedades emergentes" das interações sociais de longo prazo. Ademais, não conseguimos descrever bem esses padrões, de maneira abstrata (explícita, semântica), mesmo que os dupliquemos de maneira exata (e inconsciente) em nosso comportamento (e possamos representá-los episodicamente em nossos esforços literários). Não sabemos *por que* fazemos o que fazemos, ou, em outras palavras, o que é que nós somos (ao contrário de todas as teorias ideológicas). Olhamos para nós mesmos e nos assombramos; nosso assombro assume a forma da história ou, mais fundamentalmente, do *mito*. Os mitos que descrevem o conhecido, o território explorado, constituem o que sabemos sobre nosso saber como, antes que possamos afirmar de modo explícito o que é que sabemos como. Em parte, o mito

---

[149] Piaget, J. (1962), p. 3.
[150] Ibidem, p. 5.
[151] Ibidem.
[152] Ibidem, p. 6.

é a imagem de nossa ação adaptativa, conforme formulada pela imaginação, antes de sua contenção explícita em linguagem abstrata; o mito é o intermediário entre a ação e a representação linguística abstrata dessa ação. O mito é a essência destilada das histórias que contamos a nós mesmos sobre os padrões de nosso próprio comportamento, conforme eles se desenrolam nos mundos social e impessoal da experiência. Aprendemos a história, *a qual não entendemos* (isto é, não conseguimos tornar explícita), pela observação. Representamos os padrões de ação que encontramos na ação (*isto é o ritual*), na imagem e na palavra: agimos, depois representamos o nosso comportamento de maneira cada vez mais abstrata, cada vez mais explícita, "conscientemente".

Assim, as características centrais do nosso comportamento (socialmente determinado) tornam-se elementos-chave – personagens – em nossas histórias. A geração e o constante refinamento dessas histórias, contadas e recontadas durante séculos, permitem que determinemos, de forma cada vez mais clara e precisa, em que consiste o comportamento adequado (e inadequado) em um ambiente permanentemente caracterizado pela interação entre segurança e imprevisibilidade. Somos extremamente (incontrolavelmente) imitativos, extraordinariamente sociais e interminavelmente exploratórios. Essas características nos permitem gerar e comunicar imagens representadas e, ao mesmo tempo, servem como o ponto central de investigação dessas imagens. Nossa capacidade para a ação criativa nos liberta, o tempo todo, das demandas sempre mutáveis do "ambiente". A habilidade para representar a ação criativa – para duplicar a criatividade observada em nossas próprias ações, e para representar essa criatividade em detalhe e essência – permite que todos se beneficiem das ações criativas de todos os outros (pelo menos, todos aqueles com quem a comunicação puder, em tese, ocorrer). Nossa sociabilidade garante que os nossos comportamentos sejam estruturados com a comunidade social em mente, pelo menos no longo prazo, e aumenta as nossas chances de exposição à inteligência criativa. Observamos os outros agindo de uma forma que consideramos admirável e duplicamos suas ações. Dessa maneira, obtemos as habilidades dos outros. Contudo, nossa capacidade para a abstração nos permite levar a facilidade para a imitação um passo adiante: conseguimos aprender a imitar não apenas os comportamentos precisos que constituem a adaptação, mas *o processo pelo qual esses comportamentos foram gerados*. Ou seja – podemos aprender não apenas a habilidade, mas a meta-habilidade (podemos aprender a imitar o padrão do comportamento que gera novas habilidades). É a encapsulação da meta-habilidade em uma história que a torna incrível.

Nossa tendência imitativa, expressa em comportamento, parece encontrar seu equivalente mais abstrato na capacidade de admirar, que é um elemento constitutivo permanente, inato ou facilmente adquirido, do nosso estado intrapsíquico. Essa capacidade para o fascínio, esse desejo de copiar, não raro serve para impelir um desenvolvimento psicológico e cognitivo adicional. A atitude cheia de veneração que os garotos menores adotam em relação aos seus heróis, por exemplo, constitui a expressão externa da força que os impulsiona a personificar ou encarnar (ou até mesmo inventar) qualidades heroicas muitas vezes mal definidas. A capacidade de imitação aparece de forma mais abstrata na tendência humana de agir "como se"[153] – de se identificar com outrem –, de se tornar o outro, em fantasia (ou seja, identificar-se ritualmente com, ou adotar de forma inconsciente, a história do outro). (Isso significa – a capacidade de adotar o objetivo de outra pessoa como se fosse o seu.)[154] A capacidade de agir "como se" é expressa em admiração (variando, em intensidade, do simples respeito por alguém competente até a veneração abjeta) e, de maneira ainda mais abstrata, em posse ideológica. Nenhum "instinto" independente precisa ser necessariamente postulado para explicar essa capacidade mimética (embora possa muito bem existir um): talvez sejam necessárias apenas a capacidade de observar que outra pessoa atingiu um objetivo também valorizado pelo observador (essa observação fornece a motivação necessária) e a habilidade de duplicar os procedimentos observados que levaram a tal conquista.

A propensão mimética, expressa em ação imitativa, proporciona uma tremenda expansão da competência comportamental;[155] possibilita que a *habilidade* de cada um se torne a capacidade de todos. Contudo, a precisa facilidade duplicativa ainda conserva limitações consideráveis. Comportamentos específicos preservam sua importância adaptativa apenas dentro de ambientes particulares, restritos (apenas dentro de estruturas de referência limitadas). Se as contingências ambientais mudarem (por qualquer motivo), a utilidade das estratégias projetadas para a circunstância original (e transmitidas por meio de imitação) poderá ser dramaticamente restringida ou até mesmo revertida. A capacidade para a abstração da imitação – que é, nos estágios iniciais, a capacidade para o jogo dramático – supera as restrições específicas da imitação exata, elaborando a reprodução de atos particulares, removendo o comportamento a ser copiado de seu contexto específico inicial, estabelecendo sua representação e sua generalização declarativas de primeiro nível. Jogar possibilita a extensão permanente da competência e da confiança por meio da *pretensão*, isto é, por meio da ação metafórica e simbólica (que é o uso semântico da representação episódica), e a expansão natural

---

[153] Adler, A. (1958); Vaihinger, H. (1924).
[154] Oatley, K. (1994).
[155] Donald, M. (1993).

da gama comportamental a partir de contextos seguros, previsíveis, autodefinidos, para o mundo desconhecido da experiência. O jogo cria um mundo regido por leis na fantasia – em representação episódica ou imagética –, no qual o comportamento pode ser ensaiado e dominado, antes da sua expressão no mundo real, com consequências reais. O jogo é outra forma de comportamento "como se", que possibilita uma experimentação com narrativas ficcionais – descrições simuladas dos estados atual e desejado do mundo, com planos de ação anexados, projetados para transformar um no outro. *Jogar* significa estabelecer – ou transformar ficcionalmente – objetivos "fictícios". Estes dão valência aos fenômenos que, em outros contextos, permaneceriam sem sentido (valência informativa, sem ser *verdadeira*). O jogo permite que experimentemos com os próprios meios e fins, sem nos sujeitarmos às consequências efetivas do comportamento *"real"*, e que nos beneficiemos no processo do ponto de vista emocional. Os objetivos do jogo não são reais; mas os prêmios de incentivo que acompanham o movimento para um objetivo fictício – estes são *reais* (embora limitados, assim como as ansiedades induzidas pelo jogo). A realidade limitada de tal afeto é responsável, ao menos em parte, pelo interesse intrínseco que motiva e acompanha o jogo (ou a imersão em qualquer atividade dramática).

O jogo transcende a imitação na medida em que é menos limitado pelo contexto; ele possibilita a abstração de princípios essenciais a partir de instâncias de comportamento específicas (admiráveis). O jogo possibilita o estabelecimento inicial de um modelo mais geral do que constitui um comportamento admissível (ou ideal). Outrossim, a elaboração do jogo dramático em drama formal *ritualiza* o jogo, abstraindo seus elementos-chave um nível acima, e ainda destila os aspectos vitalmente interessantes do comportamento – que são representativos (não por acaso) daquele ativo padrão exploratório e comunicativo no qual toda adaptação necessariamente se baseia. O ritual teatral representa de modo dramático as consequências individuais e sociais dos padrões comportamentais estilizados e destilados, com base na sua expressão de diferentes hipóteses de valor e expectativas de resultado. O drama formal reveste a personalidade com ideias potentes, explorando diferentes caminhos de ação direcionada ou motivada, encenando conflitos de forma catártica, oferecendo modelos rituais para emulação ou rejeição. A *persona* dramática incorpora a sabedoria comportamental da história. De forma análoga, de uma maneira menos abstrata, menos ritualizada, o comportamento atual dos pais dramatiza a história mimética acumulada para os filhos.

O surgimento da narrativa, que contém muito mais informações do que explicitamente apresenta, também desincorpora o conhecimento que existe em latência nos padrões comportamentais. A narrativa apresenta a representação semântica do jogo ou drama – oferece, em essência, representações episódicas abstraídas da interação social e do esforço individual – e possibilita que padrões comportamentais contidos inteiramente na representação linguística se encarnem na forma dramática no palco privado da imaginação individual. Na verdade, grande parte das informações derivadas de uma história já está contida na *memória episódica*. De certo modo, pode-se afirmar que as palavras da história agem apenas como uma deixa para se recuperar informações que já estão no sistema mnésico (do ouvinte), embora, talvez, não tenham sido transformadas em uma forma capaz de comunicação explícita (semântica) ou alteração de procedimento.[156,157] É por esse motivo que Shakespeare pode ser visto como um precursor de Freud (pense em *Hamlet*): Shakespeare "sabia" o que Freud depois "descobriu", mas o sabia de modo mais implícito, mais imagético, mais processual. (Isso não quer dizer que Shakespeare era menos brilhante, apenas que seu nível de abstração era diferente.) As ideias, afinal, vêm de algum lugar; elas não surgem, espontaneamente, do nada. Toda teoria psicológica complexa tem um longo período de desenvolvimento histórico (desenvolvimento que pode não estar evidentemente ligado ao surgimento final da teoria).

A interpretação do porquê das consequências dramáticas retratadas na narrativa – em geral deixado para a imaginação da plateia – constitui a análise da *moral* da história. A transmissão dessa moral – dessa regra de comportamento ou representação – é o propósito da narrativa, assim como a fascinação, captura involuntária do interesse, é

---

[156] Uma ideia é (em parte) uma ação abstrata, cujas consequências podem ser analisadas em fantasia abstrata. A distância entre a ideia e a ação aumentou no curso da história evolucionária recente. As pessoas da Idade Média, não habituadas ao discurso retórico, eram facilmente capturadas pela emoção ou inspiradas à ação por palavras passionais (ver Huizinga, J.[1967]). No mundo moderno, inundado por discursos sem sentido, as palavras perderam muito do seu poder processual imediato, em condições normais. Contudo, a música ainda inconscientemente compele ao movimento, à dança ou, pelo menos, à compulsão de seguir a batida. Mesmo os chimpanzés parecem capazes de serem tomados por ritmos simples (ver Campbell, J. [1987], p. 358-59). Além disso, os indivíduos modernos ainda são afetados e motivados com facilidade pelo drama, por exemplo, o exibido nos filmes – de forma muito semelhante aos "primitivos" afetados pelo ritual –, e podem facilmente se perder no ato de agir "como se" o drama estivesse de fato acontecendo. Na ausência dessa absorção, que é significativa, o drama perde seu interesse. Também a retórica – a chamada para a ação – ainda domina a publicidade, com impacto evidente.

[157] O drama "significativo" ou a informação significativa, por si só, tem essa característica porque produz afeto, indicativo de ocorrência fora da previsibilidade, e porque implica algo para a alteração do comportamento. O fenômeno do significado ocorre quando a informação pode ser traduzida de um "nível" de memória para outro, ou para todos os outros.

o seu meio (predeterminado biologicamente). Com o desenvolvimento da história, a mera descrição dos padrões comportamentais/representacionais significativamente importantes (e, portanto, convincentes) torna-se capaz de promover a imitação ativa. Nesse ponto, o sistema semântico, ativando imagens na memória episódica, prepara o palco para a alteração do procedimento em si. Isso significa o estabelecimento de um "ciclo de retorno", no qual as informações podem subir e descer os "níveis de consciência" – com o ambiente social como um intermediário necessário –, transformando a si mesmas e se expandindo enquanto se movimentam. O desenvolvimento da narrativa significa abstração verbal do conhecimento desincorporado em memória episódica e incorporado no comportamento. Ele representa a capacidade de disseminar tal conhecimento ampla e rapidamente por meio de uma população que se comunica com um gasto mínimo de tempo e energia. Por fim, ele significa a preservação intacta de tal conhecimento, de forma simples e precisa, para as gerações futuras. A descrição narrativa dos padrões comportamentais arquetípicos e dos esquemas representacionais – *mito* – aparece como uma precondição essencial para a construção social e a subsequente regulação do pressuposto, da ação e do desejo individuais complexamente civilizados.

É somente depois que a sabedoria comportamental (processual) se tornou "representada" na memória episódica e retratada em drama e narrativa que ela passa a ser acessível à formulação verbal "consciente" e à modificação potencial na abstração. O conhecimento processual não é representacional, em sua forma básica. Apesar disso, informações do saber como, geradas no decorrer da atividade exploratória, podem ser *transferidas* de indivíduo para indivíduo, na comunidade social, por meio da imitação. Piaget aponta, por exemplo, que as crianças primeiro agem sobre os objetos e determinam as "propriedades" dos mesmos de acordo com essas ações, e depois, quase de imediato, imitam a si mesmas, transformando as suas próprias ações espontâneas iniciais em algo a ser representado e ritualizado.[158] O mesmo processo ocorre na interação interpessoal, em que a ação de outra pessoa torna-se com rapidez algo a ser imitado e ritualizado (e então abstraído e codificado). Assim, um rito compartilhado, em que o comportamento de cada pessoa é modificado pelo de outra, pode surgir na ausência da "consciência" da estrutura do rito; contudo, uma vez que o ritual social esteja estabelecido, sua estrutura pode rapidamente ser descrita e codificada (presumindo que haja capacidade cognitiva e nível de maturação suficientes). Esse processo pode ser observado na prática durante a construção espontânea (e posterior codificação) das

---

[158] Piaget, J. (1932).

brincadeiras infantis.[159] A organização dessas "brincadeiras" – e a sua elaboração, por meio de comunicação repetida – constitui a base para a construção da cultura em si.

O comportamento é imitado, depois abstraído no jogo, formalizado no drama e na história, cristalizado no mito e codificado na religião – e só então é criticado na filosofia, e munido, *post-hoc*, de fundamentos racionais. As afirmações filosóficas explícitas relativas aos fundamentos e à natureza do comportamento ético, apresentadas de forma verbalmente compreensível, não foram estabelecidas por meio de esforço racional. Sua concepção como tal é (sem dúvida) um esforço secundário, conforme Nietzsche reconheceu:

> O que os filósofos denominavam "fundamentação da moral", exigindo-a de si, era apenas, vista à luz adequada, uma forma erudita da ingênua fé na moral dominante, um novo modo de expressá-la [...].[160, 161]

A filosofia explícita (moral) surge da mitologia da cultura, baseada no procedimento, tornada progressivamente mais abstrata e episódica por meio da ação ritual e da observação dessa ação. O processo de aumento da abstração permitiu que o "sistema" do *saber o que* gerasse uma representação, na imaginação, dos "predicados implícitos" do comportamento governados pelo "sistema" do *saber como*. A geração dessas informações foi necessária para, simultaneamente, garantir uma previsão exata do comportamento dos outros (e do *eu*) e programar o comportamento social previsível por meio da troca de informações morais abstratas (processuais). Nietzsche também afirma:

> Os conceitos filosóficos individuais não são algo fortuito e que se desenvolve por si, mas crescem em relação e em parentesco um com o outro; embora surjam de modo aparentemente repentino e arbitrário na história do pensamento, não deixam de pertencer a um sistema, assim como os membros da fauna de uma região terrestre – tudo isto se confirma também pelo fato de os mais diversos filósofos preencherem repetidamente um certo esquema básico de filosofias possíveis. À mercê de um encanto invisível, tornam a descrever sempre a mesma órbita: embora se sintam independentes uns dos outros com sua vontade crítica ou sistemática, algo neles os conduz, alguma coisa os impele numa ordem definida, um após o outro – precisamente aquela inata e sistemática afinidade entre os conceitos. O seu pensamento, na realidade, não é tanto descoberta quanto reconhecimento, relembrança; retorno a uma

---

[159] Piaget, J. (1962).
[160] Nietzsche, F. (1966), p. 98.
[161] Em *Além do Bem e do Mal*, seção 186. (N. E.)

primeva, longínqua morada perfeita da alma, de onde os conceitos um dia brotaram – neste sentido, filosofar é um atavismo de primeiríssima ordem.[162, 163]

O sistema do saber o que, declarativo (episódico e semântico), desenvolveu uma descrição da atividade do saber como, procedimento, por meio de um complexo e demorado processo de abstração. A ação e a imitação da ação precedem, em termos desenvolvimentais, a descrição explícita ou a descoberta das regras que governam a ação. A adaptação por meio do jogo e do drama precedeu o desenvolvimento do pensamento linguístico e forneceu a base de onde ele surgiu. Cada "estágio" de desenvolvimento – ação, imitação, jogo, ritual, drama, narrativa, mito, religião, filosofia, racionalidade – oferece uma representação generalizada e detalhada cada vez mais abstrata da sabedoria comportamental embutida e estabelecida durante o estágio anterior. A introdução da representação semântica no reino humano do comportamento permitiu a continuidade e a expansão cada vez maior do processo cognitivo originário de ação, imitação, jogo e drama. A língua transformou o drama em narrativa mítica, a narrativa em religião formal, e a religião em filosofia crítica, proporcionando a expansão exponencial da capacidade adaptativa. Consideremos, uma vez mais, as palavras de Nietzsche:

> Gradualmente foi se revelando para mim o que toda grande filosofia foi até o momento: a confissão pessoal de seu autor, uma espécie de memórias involuntárias e inadvertidas; e também se tornou claro que as intenções morais (ou imorais) de toda filosofia constituíram sempre o germe a partir do qual cresceu a planta inteira.[164, 165]

O sistema provê (constitui?) a memória para o comportamento. Essa memória inclui a representação imitativa de comportamentos gerados de maneira espontânea no curso da ação individual criativa, cujas circunstâncias originárias exatas se perderam nas brumas da história, mas foram integradas em um padrão comportamental consistente ao longo do tempo (integrado no *caráter* culturalmente determinado). Integração significa equilíbrio ativo de demandas motivacionais concorrentes subjetivamente alicerçadas dentro do contexto do ambiente social, significa internalização da expressão comportamental socialmente regulada do desejo subjetivo. Essa internalização constitui a construção de uma hierarquia de valor (dominância); significa a determinação da propriedade

---

[162] Nietzsche, F. (1968a), p. 217.
[163] Em *Além do Bem e do Mal*, seção 20 (p. 24). (N. E.)
[164] Ibidem, p. 203.
[165] Em *Além do Bem e do Mal*, seção 6. (N. E.)

contextual relativa (moralidade) de padrões de ação imitados ou incorporados de outro modo. Essa construção "precede", de forma inevitável, a representação semântica ou episódica das bases da construção, embora tal representação de segunda ordem, uma vez estabelecida, torne-se capaz (indiretamente) de modificar o procedimento em si (o que é imaginado pode, então, ser encenado). Esse é o ciclo que alimenta o desenvolvimento da própria "consciência" explícita: o procedimento é estabelecido, depois representado, depois alterado em abstração, depois praticado; o procedimento muda como consequência da modificação abstraída e praticada; essa mudança, por sua vez, produz uma alteração na sua representação, e assim por diante, e por aí afora, de indivíduo para indivíduo, ao longo da cadeia de gerações. Esse processo pode ocorrer "externamente", como consequência da interação social, ou "internamente", como consequência da palavra e da atividade exploratória abstrata mediada pelas imagens ("pensamento"). Esse ciclo interativo e sua suposta relação com as estruturas cognitivas/da memória subjacentes estão representados esquematicamente na Figura 2.11: Abstração da Sabedoria e a Relação de Tal Abstração com a Memória. (São indicadas apenas algumas das interações entre os "estágios" de conhecimento, por uma questão de simplicidade do esquema.)

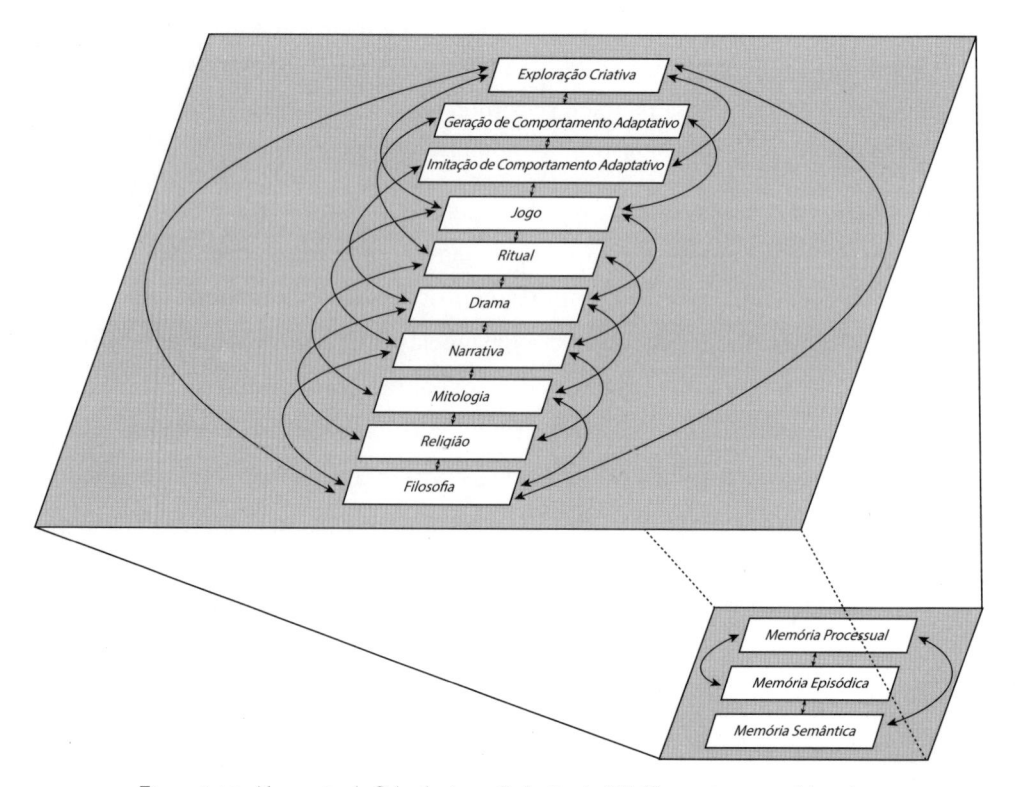

Figura 2.11: Abstração da Sabedoria e a Relação de Tal Abstração com a Memória

O conhecimento comportamental é gerado durante o processo de exploração criativa. As consequências dessa exploração – os padrões comportamentais adaptativos gerados – são imitadas e representadas mais abstratamente. O jogo possibilita a generalização do conhecimento imitado e a integração de comportamentos obtidos via fontes diversas (uma "coisa boa a fazer" poderá conflitar em determinada situação com outra; "coisas boas a fazer", portanto, devem ser classificadas quanto ao seu valor dependente do contexto, significância ou *dominância*). Cada estágio sucessivo de abstração modifica todos os outros, assim como nossa capacidade de falar, por exemplo, expandiu nossa capacidade de jogar. À medida que o processo de abstração continua e as informações vitais para a sobrevivência são representadas de maneira mais simples e eficiente, o que é representado se transforma dos detalhes de quaisquer ações adaptativas no padrão de adaptação mais geral e amplamente apropriado – o padrão da exploração criativa em si. Em outras palavras: atos individuais de encontro voluntário e bem-sucedido com o desconhecido podem ser bastante imitados; podem suscitar imitação espontânea. Mas alguns aspectos mais essenciais ("prototípicos")[166] caracterizam todos esses atos. Com o aumento da abstração e da amplitude da representação, os aspectos essenciais acabam dominando os particulares. Conforme Eliade[167] aponta, as culturas tradicionais (ou seja, iletradas) possuem uma memória histórica que pode se estender apenas por umas poucas gerações – isto é, tanto quanto o indivíduo mais velho viver. Eventos que ocorreram antes disso são condensados em algo semelhante ao "tempo do sonho" do aborígine australiano, o período "trans-histórico" no qual gigantes ancestrais caminharam pela terra e estabeleceram padrões de comportamento que constituem o modo de ser atual. Essa condensação, a "mitologização" da História, é muito útil do ponto de vista do *armazenamento eficiente*. Aprendemos a imitar (e a lembrar) não heróis individuais, as figuras históricas "objetivas" do passado, mas o que aqueles heróis representavam: *o padrão de ação que os tornou heróis*. Esse padrão é o ato do encontro voluntário e bem-sucedido com o desconhecido, a geração de sabedoria por meio da exploração. (Também não estou tentando sugerir que os sistemas de memória episódica ou semântica possam alterar diretamente o procedimento, mas, sim, que as operações dos sistemas episódicos/semânticos alteram o mundo, e as alterações do mundo alteram o procedimento. O efeito da linguagem e da imagem sobre o comportamento é, em geral, secundário – mediado pelo ambiente –, mas não é menos profundo por causa disso.)

---

[166] Wittgenstein, L. (1968).
[167] Eliade, M. (1978b).

O fato de que as muitas "histórias" que vivemos podem ser codificadas e transmitidas em diferentes níveis de "abstração", desde o puramente motor ou processual (transmitido por imitação) ao mais puramente semântico (transmitido por meio da filosofia ética explícita, digamos), torna conceitualmente difícil a compreensão de sua estrutura e de suas inter-relações. Essa dificuldade é agravada pelo fato de que diferentes histórias possuem diferentes "resoluções" espaçotemporais – isto é, podemos ser governados por considerações simples a curto prazo, em um dado momento, e por considerações mais complexas, a longo prazo, no momento seguinte. Uma pessoa casada poderia pensar, por exemplo: "Acho o(a) cônjuge do meu amigo particularmente atraente; gostaria de fazer amor com ele(a)" – avaliando aquele indivíduo positivamente –, e, então, corrigir de imediato: "O(a) cônjuge do meu amigo flerta com todo mundo de modo descarado e tem cara de quem só traz problemas". Talvez esses dois pontos de vista sejam válidos. Por certo, não é incomum que o mesmo "estímulo" possua valências opostas. Caso contrário, como eu disse antes, jamais teríamos de pensar.

Todo fenômeno apreensível possui uma infinidade de usos e significâncias potenciais. É por essa razão que é possível que cada um de nós se afogue em possibilidades. Mesmo algo tão simples como uma folha de papel não é tão simples assim, exceto na medida em que determinantes contextuais implícitos façam-na parecer assim. Wittgenstein pergunta:

> Aponte para um pedaço de papel! E agora aponte para sua forma, – agora para sua cor, – agora para seu número (isto soa estranho!). Ora, como o fez? Você dirá que cada vez 'tinha em mente' algo diferente ao apontar. E se eu perguntar como isso se passa, você dirá que concentrou sua atenção na cor, na forma, etc. Ora, pergunto outra vez, como isso se passa.[168, 169]

Uma faca de cozinha, por exemplo, é algo usado para cortar legumes no jantar? Algo para se desenhar, uma natureza-morta? Um brinquedo para se atirar no alvo? Uma chave de fendas para consertar uma prateleira? Um instrumento para cometer um assassinato? Nos primeiros quatro casos, ela "possui" uma valência positiva. No último caso, negativa – a menos que você esteja passando por um surto de raiva. Como sua multiplicidade funcional e afetiva essencial é reduzida a algo singular e, portanto, útil? Você não pode consertar a prateleira e fazer o jantar ao mesmo tempo e no mesmo lugar. Mas você pode precisar fazer as duas coisas em algum momento, e isso significa

---

[168] Wittgenstein, L. (1968), p. 16e.

[169] Em *Investigações Filosóficas*, seção 33 (p. 23). Coleção Os Pensadores. Tradução de José Carlos Bruni. São Paulo: Nova Cultural, 1989. (N. E.)

que você deve manter os múltiplos usos e valências como possibilidades. Isso significa que você deve (1) escolher um curso de ação e eliminar os demais, mas (2) manter os outros para consideração futura, de forma a garantir que seu leque de ações possíveis permaneça o mais amplo possível.

Como essa constante concorrência pode ser amenizada? Como o processo de amenização pode ser considerado no que diz respeito ao fato adicional complicador da personificação e da abstração em vários níveis das histórias? Até agora consideramos os "fins" e os "meios" de uma determinada estrutura de referência (uma história) como fenômenos qualitativamente diferentes, ecoando um dilema que permeia a ética, enquanto campo de estudo. O fim ou objetivo de uma dada sequência planejada de comportamento constitui uma imagem do futuro desejado, a qual serve como ponto de contraste em relação ao presente insuportável. Os meios pelos quais esse fim pode ser alcançado incluem os passos comportamentais efetivos que possam vir a ser dados na busca de tal mudança desejável. Essa parece ser uma perspectiva muito razoável, na qual os meios e os fins podem ser distinguidos a qualquer momento e de forma proveitosa. *Para onde estamos indo* é evidentemente diferente de *como chegaremos lá*. Mas essa utilidade conceitual é apenas provisória – e, na verdade, a distinção "meios/fins" obscurece uma descrição mais detalhada e abrangente. Meios e fins, planos e objetivos, não são qualitativamente diferentes em nenhum sentido definitivo e podem ser transformados um no outro a qualquer momento. Essa transformação ocorre, com efeito, sempre que surge um problema: sempre que o desconhecido se manifesta no decorrer do nosso comportamento atual. É desse modo que mudamos a resolução espaçotemporal (mudamos a "configuração" ou alteramos nossas "estruturas de referência") a fim de reavaliar as nossas ações e reconsiderar a propriedade de nossos desejos.

Nossas histórias – nossos quadros de referência – parecem ter uma estrutura "encaixada" ou hierárquica. Em qualquer momento, a nossa atenção ocupa apenas um nível dessa estrutura. Essa capacidade para atenção restrita nos dá a aptidão de fazer juízos provisórios, mas necessários, sobre a valência e a utilidade dos fenômenos. No entanto, também podemos alterar os níveis de abstração – *podemos voluntariamente concentrar nossa atenção, quando necessário, em histórias que mapeiam áreas maiores ou menores do espaço-tempo* (desculpem a referência einsteiniana, mas ela é, de fato, acurada nesse caso, já que nossas histórias têm uma duração, bem como uma área) – "quando necessário", neste caso, significa *dependendo do estado de nossas operações atuais*. Por exemplo, digamos que você esteja na cozinha e queira ler um livro no escritório. Uma imagem de você lendo um livro em sua cadeira favorita ocupa o polo "fins" ou "futuro desejado" de sua história atualmente operacional (em contraste com o você ainda-muito-iletrado do presente). Essa "história" pode ter uma duração projetada de, digamos, dez minutos; além disso, ela "ocupa" um universo definido pela presença de meia dúzia de "objetos" relevantes (uma luminária de leitura, uma cadeira, o chão que você tem que percorrer para chegar à cadeira, o livro em si, seus óculos de leitura) e pelo espaço limitado que eles ocupam. Você chega à sua cadeira. Seu livro está na mão. Você vai acender a luminária – clarão! – a lâmpada queimou. O desconhecido – o inesperado, nesse contexto – acaba de se manifestar. Você muda a "configuração". Agora, seu objetivo, ainda encaixado na história "ler um livro", é "consertar a luminária". Você ajusta seus planos, encontra uma lâmpada nova e faz a troca. Clarão! Ela também está queimada. Dessa vez, você sente cheiro de fio queimado. Preocupante. O livro agora foi esquecido – é irrelevante, dada a atual situação. Há algo de errado com a luminária (e, por conseguinte, em um nível ligeiramente mais geral, com todos os planos futuros que dependem dessa luminária)? Você explora. O cheiro não vem da luminária. É a tomada elétrica na parede! A placa que cobre a tomada está quente! O que significa isso? Sua apreensão sobe vários níveis de resolução espaçotemporal. Talvez haja algo de errado com a fiação da própria casa! A luminária já foi esquecida. De repente, garantir que a sua casa não se incendeie se tornou a prioridade. Como ocorre essa mudança de atenção?

A Figura 2.12: Transformação Conceitual da Relação Meios/Fins de Estática para Dinâmica apresenta um esquema tripartite, projetado para nos levar do estado em que conceitualizamos meios e fins como distintos para o estado em que os vemos como elementos isomórficos, aos quais são conferidos *status* distintos apenas de forma provisória. O subdiagrama (1) é familiar e representa a história "normal", composta pelo estado presente, pelo estado futuro desejado e por três dos diversos meios que podem ser utilizados para transformar o primeiro no último. Esse subdiagrama baseia-se no pressuposto de que muitos meios podem ser usados para ir do ponto "a" ao ponto "b"; mas, na verdade, apenas um meio (o "mais eficiente" ou de outro modo desejável) será empregado a cada vez. (Afinal, temos apenas um sistema de produção motora – e, portanto, uma "consciência"?) O subdiagrama (2) é uma versão transformada do (1), mostrando que os "planos" do (1) podem ser mais bem conceitualizados como "histórias" em si mesmas – mostrando que uma "grande" história (uma que ocupe um grande domínio espaçotemporal) é, na verdade, composta por "pequenas" histórias encaixadas. O subdiagrama (2) ainda se baseia na premissa de que várias histórias menores podem ser utilizadas como meios para um fim maior. Se sua empresa está falindo, você pode demitir metade dos funcionários, abrir uma nova linha de produtos ou cortar os salários da diretoria. Cada uma dessas abordagens, todas concebidas para o mesmo propósito, são sem dúvida diferentes (e complexas) em sua estrutura interna. Você pode fazer mais de uma, mas se duas dessas múltiplas coisas entrarem em conflito, uma terá de ser subordinada à outra. Os planos (e os fins) adquirem importância comparativa, e são organizados em conformidade. Essa situação, na qual a importância relativa dos planos (potencialmente conflituosos) foi fixada, é representada no subdiagrama (3), que será nossa representação da escolha.[170]

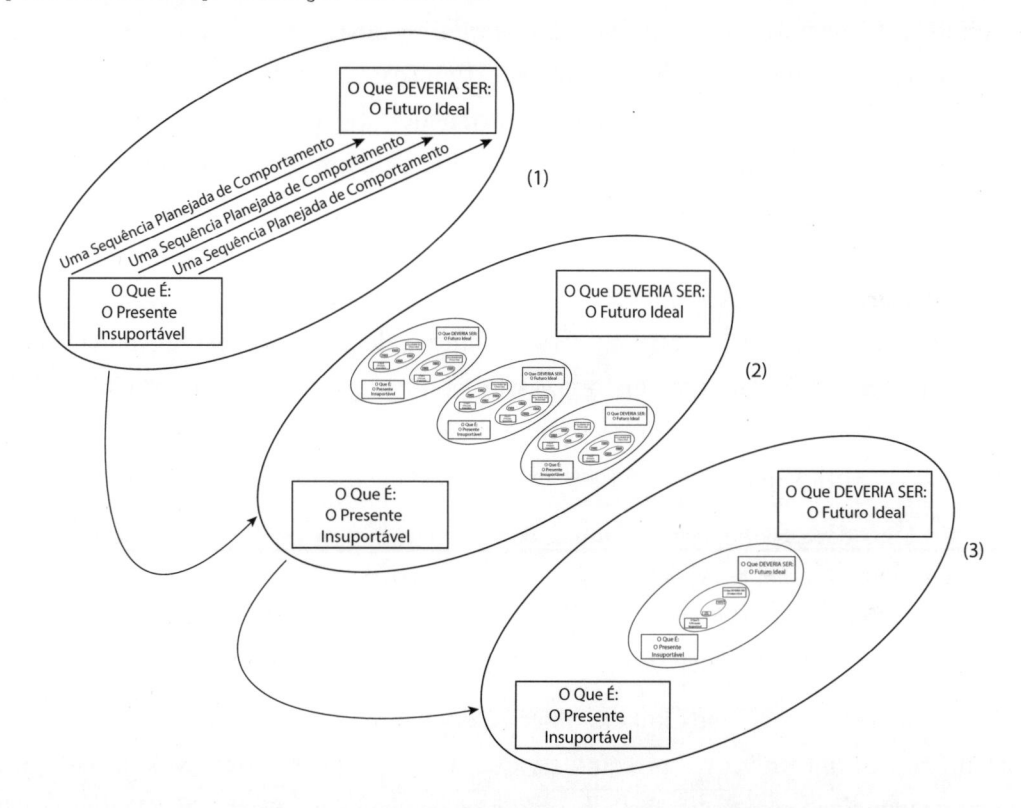

Figura 2.12: Transformação Conceitual da Relação Meios/Fins de Estática para Dinâmica

Em qualquer lugar e hora, consideramos apenas um número fixo de "variáveis" como meios e fins. Isso é absolutamente necessário, pois a ação requer a exclusão tanto quanto (ou mais do que) a inclusão.[171] No entanto, aquelas coisas que consideramos "variáveis relevantes" (e seu *status* de relevantes, ou não) têm de ser mutáveis.

---

[170] Uma noção similar de "hierarquia de objetivo" foi apresentada por Carver, C.S. e Scheier, M.F. (1982).

[171] Eysenck, H.J. (1995).

Temos de decidir e, ainda assim, conservar a capacidade de alterar nossas decisões. Nosso córtex pré-frontal – essencial para a ação direcionada ao objetivo[172] – parece nos permitir essa liberdade: ele o faz por meio da "sequenciação temporal" de eventos e ações,[173] pelo exame da informação contextual e pela utilização desse exame para governar o *comportamento*,[174] e pela alteração da configuração.[175] Ele desempenha essa multiplicidade de operações, eu sugiro, ao considerar uma coisa, depois outra, como a "recompensa consumatória" atualmente operativa – como o objetivo para o qual o comportamento deve se devotar, como o "futuro desejado" contra o qual o "presente insuportável", na forma da experiência emergente, deve ser comparado e avaliado. A estrutura na Figura 2.12, subdiagrama (3), é uma estrutura de nível múltiplo, encaixada, composta por objetivos e planos interdependentes que abarcam a "história da vida". Essa conceitualização ajuda a explicar a ideia de um "passo ao longo do caminho" (uma escadaria ou escada para o Céu, falando em termos metafóricos).[176]

Cada passo – cada sub-história – tem a mesma *estrutura* (mas não o mesmo *conteúdo*) que todas aquelas histórias "acima" e "abaixo". Isso significa que é de esperar que todos os elementos de uma "boa" história espelhem, de alguma forma profunda, todos os outros elementos: que uma história, assim como o próprio mundo, possa ser lida (e lida corretamente) em múltiplos e multíplices níveis informativos de análise. Isso dá às boas histórias sua qualidade *polissêmica*. É por essa razão que Frye pode afirmar:

> Uma das experiências de leitura mais comuns é a sensação de descobertas ulteriores a serem feitas dentro da mesma estrutura de palavras. O sentimento é algo próximo de "há mais a ser tirado disso" ou, pode-se dizer, de algo que admiramos de forma particular, que obtemos algo novo dali toda vez que o lemos.[177]

Um fenômeno que constitui um objetivo em um nível pode ser considerado como um prêmio de incentivo no próximo, já que a conquista dos objetivos subsidiários é uma precondição para a conquista de objetivos de nível mais elevado (isso implica que a maioria das recompensas consumatórias possuirá, simultaneamente, um aspecto de

---

[172] Shallice, T. (1982).
[173] Milner, B.; Petrides, M. e Smith, M.L. (1985).
[174] Petrides, M. e Milner, B. (1982).
[175] Milner, B. (1963).
[176] "Teve um sonho: Eis que uma escada se erguia sobre a terra e o seu topo atingia o céu, e anjos de Deus subiam e desciam por ela! Eis que Iahweh estava de pé diante dele e lhe disse: 'Eu Sou *Iahweh*, o Deus de Abraão, teu pai, e o Deus de Isaac'." (Gênesis 28,12-13).
[177] Frye, N. (1982), p. 220.

incentivo). As operações cognitivas dependentes do córtex pré-frontal intacto podem subir e descer esses níveis, por assim dizer, fixando-se em um deles e possibilitando uma determinada ação, quando esta for considerada mais apropriada (tornando as outras implícitas naquele local e momento); reorganizando e reconstituindo os níveis e suas respectivas condições quando isto se tornar necessário. A Figura 2.13: Revolução Delimitada lança luz sobre esse processo e, ao mesmo tempo, sobre o enigma da novidade relativa. Como pode uma coisa ser radicalmente nova, um pouco nova, ligeiramente familiar ou completamente familiar? A resposta simples é: um dado fenômeno (uma "coisa" ou "situação") pode ter sua utilidade e/ou significado transformado em um nível de análise, mas não em outro. Isso significa que a novidade pode ser "delimitada"; que algo pode ser novo de uma maneira, mas permanecer familiar de outra. Esse nível "familiar" superior fornece "muralhas" de segurança. Essas muralhas circundam um território delimitado dentro do qual uma mudança necessária pode ocorrer sem medo ou catástrofe.

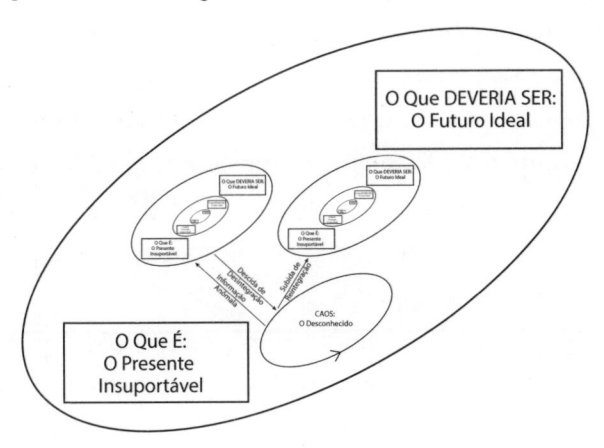

Figura 2.13: Revolução Delimitada

Eis uma "história" exemplar: sou um estudante universitário. Quero ser médico. Não sei exatamente por que, mas essa questão nunca se tornou relevante (isto é, meu desejo é uma suposição implícita, um axioma do meu comportamento). Tive um bom aproveitamento no ensino médio. Tenho boas notas na universidade, no curso preparatório para a faculdade de Medicina. Fiz o MCAT[178]. Não passei: vinte por cento de acertos. Súbita e inesperadamente, percebo que não serei médico.

---

[178] O Medical College Admission Test (MCAT), Teste de Admissão em Faculdades de Medicina, é um exame padronizado que os estudantes universitários nos Estados Unidos, no Canadá, na Austrália e nas ilhas do Caribe precisam fazer para ingressar no curso

Meu mundo caiu. Minhas emoções, que estavam sob controle graças a determinadas valências que minha história em curso atribuiu ao fenômeno experimental, agora (re)emergem, violentas – no caos. Sou uma ruína envolta em depressão e ansiedade. Enquanto me recupero, reavalio minha vida. Sou disciplinado e tenho boas competências acadêmicas. Gosto da universidade; gosto de trabalhar com pessoas. Muitos dos predicados da história de médico ainda estão intactos e não precisam de modificação. Devo subir na hierarquia, então! – talvez pela primeira vez. Não questionamos uma história quando ela está funcionando! Se ela produz os resultados desejados, está *correta*! Por que eu queria ser médico? Por segurança financeira. Porque esperavam isso de mim (por motivos de tradição – meu pai era médico). Por motivos de *status*. Porque eu poderia aplacar o sofrimento dos outros e ser uma boa pessoa. Então – organização hierárquica (isto requer [ou até mesmo é] pensamento): (1) quero ajudar as pessoas; (2) preciso de alguma segurança financeira; (3) gostaria de ficar na área de saúde; (4) talvez o *status* não seja tão importante quanto eu pensava (e, portanto, pode ser "sacrificado" para tranquilizar os deuses enfurecidos e restaurar a ordem no cosmos). Vou me tornar um *técnico na área médica* ou talvez até mesmo um *enfermeiro*. Ainda posso ser uma "boa pessoa" mesmo que não me torne um médico, e talvez essa seja a coisa mais importante de todas. Reorganização concluída. Utilidade dos fenômenos experimentais restabelecida. Integridade emocional e estabilidade reconquistadas. Que bom que não tomei nenhuma atitude precipitada!

É interessante e instrutivo examinar as representações orientais da realidade (isto é, do "cosmos") à luz dessa conceitualização. A realidade é feita de interpretações encaixadas que dão forma determinada aos objetos (como implementos) e à valência desses objetos. No entanto, toda interpretação está sujeita à transformação, em todos os níveis. Essa transformação constante (e necessária), em conjunção com a existência de uma estabilidade no mínimo transiente (e necessária), constitui o "mundo". Mircea Eliade descreve a versão indiana da doutrina do "eterno retorno" – a natureza cíclica infinitamente encaixada do "universo" (concebido como a totalidade da experiência, não como "realidade objetiva").

> Um ciclo completo, um *mahayuga*, abrange 12 mil anos. Ele termina com uma dissolução, uma *pralaya*, repetida de forma mais drástica (*mahapralaya*, a Grande Dissolução) no fim do milésimo ciclo. Pois o esquema paradigmático "criação-destruição-criação-etc." é reproduzido *ad infinitum*. Os 12 mil anos de

---

de Medicina, depois de concluir a *pre-med school* (isto é, os cursos preparatórios, "pré-medicina"). (N. E.)

um *mahayuga* eram considerados anos divinos, cada um com a duração de 360 anos, o que perfaz um total de quatro milhões e trezentos e vinte mil anos para um único ciclo cósmico. Mil desses *mahayugas* constituem um *kalpa* (forma); 14 *kalpas* perfazem um *manvantara* (assim chamado porque cada *manvantara* é supostamente governado por Manu, o mítico Rei-Ancestral). Um *kalpa* é equivalente a um dia na vida de Brahma; um segundo *kalpa*, a uma noite. Cem desses "anos" de Brahma, ou seja, 311 trilhões de anos humanos, constituem a vida de Brahma. Mas nem mesmo essa duração da vida do deus exaure o tempo, pois os deuses não são eternos, e as criações e destruições cósmicas se sucedem umas às outras, para sempre.[179]

Toda "experiência de aprendizagem" inspirada pela novidade e conduzida pela exploração tem um elemento revolucionário; ocorre que essas reconstruções envolvendo histórias de "tamanhos" muito limitados (ou seja, áreas espaçotemporais) liberam apenas uma quantidade proporcional de emoção. A *dicotomia* normal/revolucionária, portanto, não é válida – é sempre uma questão de grau. Inconveniências de pequena escala exigem pequenas modificações na história de vida. Catástrofes de larga escala, por sua vez, abalam tudo. Os "maiores desastres" ocorrem quando as maiores histórias que encenamos são ameaçadas de dissolução, em consequência de uma transformação "ambiental" radical. Essa transformação pode ocorrer no curso natural das coisas, quando acontece um terremoto ou um "ato de Deus" similar; pode ser gerada internamente como consequência da ação herética; ou pode emergir quando os "demônios estrangeiros" – emissários do caos – ameaçam nossos territórios explorados (nossas histórias encaixadas, nossa estabilidade cultural). No último caso, podemos muito bem recorrer à guerra como uma alternativa considerada emocionalmente desejável.

Nossas histórias estão encaixadas (uma coisa leva à outra) e organizadas hierarquicamente (buscar "a" é superior a buscar "b" (amor é mais importante que dinheiro)). Dentro dessa hierarquia encaixada, nossa consciência – nossa apercepção – parece ter um nível "natural" de resolução ou categorização. Essa resolução padrão se reflete no fato, conforme aludido antes, do nível básico do objeto. "Vemos" algumas coisas *naturalmente*; isto é, na terminologia de Roger Brown, em um nível que nos proporciona "máxima informação com mínimo esforço cognitivo".[180] Não sei o que conduz o mecanismo que determina o nível apropriado de análise. Elementos de probabilidade e previsibilidade devem desempenhar algum papel. Afinal, é cada vez

---

[179] Eliade, M. (1957), p. 107-108.
[180] Brown, R. (1965), p. 476.

mais inútil especular sobre áreas espaçotemporais cada vez maiores, já que o número de variáveis a serem consideradas aumenta com rapidez, mesmo exponencialmente (e, portanto, a probabilidade de previsão exata diminui). Talvez a resposta seja algo parecido com "vence a solução mais simples que não gere problemas evidentes adicionais", que eu suponho ser uma variante da navalha de Occam. Desse modo, a manobra cognitiva/exploratória mais simples, que transforme uma ocorrência imprevisível em *condicionalmente* previsível ou familiar, terá maior probabilidade de ser adotada. Esse é outro exemplo da comprovação por meio da utilidade — se uma solução "funciona" (se serve para alavancar o progresso em direção a um determinado objetivo), então ela está "certa". Talvez seja o córtex frontal que determine o que pode ser o contexto mais parcimonioso possível, dentro do qual determinada nova ocorrência pode ser avaliada. Então, a noção seria que uma ocorrência nova dá início a um procedimento exploratório, parte do qual é devotado à determinação do nível de análise mais apropriado para conduzir uma avaliação. Isso envolveria a alteração das histórias. Além disso, um determinado estímulo não é, obviamente, avaliado em todos os níveis de análise possíveis de forma simultânea. Isso constituiria uma carga cognitiva impossível. Parece que o córtex se fixa temporariamente no nível escolhido e depois age "como se" esse fosse o único nível relevante. Com essa manobra, a valência de algo pode parecer estabelecida de forma similar. É somente essa arbitrária restrição de dados que torna o entendimento— e a ação – possíveis.

De qualquer forma: enquanto organismos biológicos, estamos adaptados a entender o nosso ambiente como um domínio com fronteiras temporais e espaciais específicas — isto é, um lugar de tamanho determinado e com uma duração definida. Dentro desse "ambiente", concebido com tais tamanho e duração, certos fenômenos "saltam sobre nós" e "clamam para serem nomeados".[181] No entanto, sempre que essas "categorias naturais" de interpretação e seus esquemas associados de ação nos decepcionam, temos de examinar a escala de resolução espaçotemporal de cima a baixo. Fazemos isso observando o quadro geral, quando somos obrigados, ou nos concentrando nos detalhes que podem ter nos escapado previamente. Pode-se considerar que tanto os detalhes quanto o quadro geral escoam e se arrastam, em primeiro lugar, para dentro do inconsciente (onde existem como objetos potenciais de cognição), e depois para o desconhecido (onde existem como informação latente ou fatos não descobertos). O inconsciente pode, então, ser considerado o mediador entre o

---

[181] Brown, R. (1965), p. 478.

desconhecido, que sempre nos cerca, e o domínio que nos é tão familiar que seu conteúdo se tornou explícito. Esse mediador, eu sugeriria, são aqueles processos metafóricos, imagéticos, dependentes da atividade límbica motivada pelo hemisfério direito, que nos ajudam a, inicialmente, formular nossas histórias. A Figura 2.14: Histórias Encaixadas, Processos de Geração e Sistemas de Memória Múltipla ajuda a explicar a ideia desse "inconsciente" – as histórias de abrangência mais ampla, determinadas por interações sociais complexas, têm natureza episódica (imagética) ou até mesmo processual (manifestas apenas em comportamento socialmente modificado). Existe uma janela muito estreita de "quadros de referência" expressáveis – histórias conscientes. Peça a uma criança pequena ou a um adulto sem sofisticação para descrever a "lógica" de seus comportamentos.

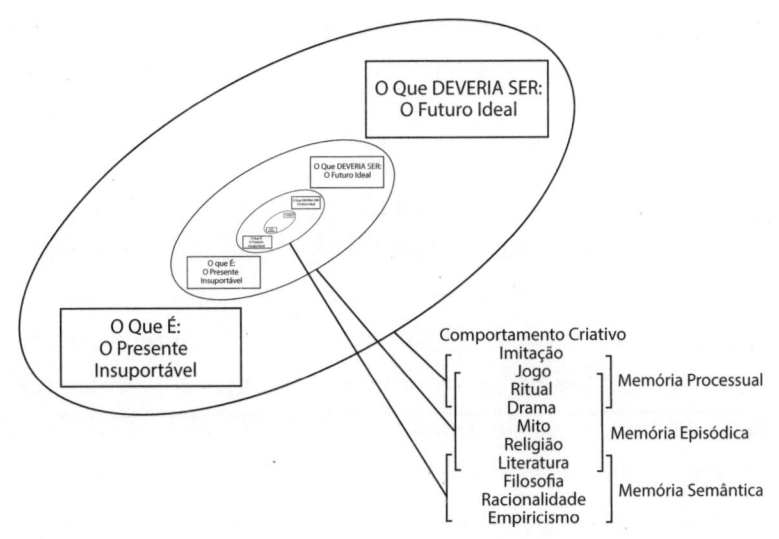

Figura 2.14: Histórias Encaixadas, Processos de Geração e Sistemas de Memória Múltipla

Todos os níveis de análise – ou seja, todos os sistemas de categorização e esquemas para ação passíveis de definição (toda história determinada) – foram construídos interpessoalmente no curso do comportamento exploratório e da comunicação das estratégias e resultados correspondentes. Nossos níveis naturais de entendimento, as histórias que ocupam nossa atenção com mais facilidade ou por contumácia, são relativamente acessíveis à consciência e suscetíveis de formulação e comunicação verbal/semântica explícitas. As histórias de nível superior, que cobrem uma vastidão mais ampla de território espaçotemporal, são cada vez mais complexas e, portanto, não podem ser formuladas de maneira simples. O mito entra em cena para preencher essa lacuna.

REPRESENTAÇÃO MITOLÓGICA: OS ELEMENTOS CONSTITUTIVOS DA EXPERIÊNCIA

O mito representa o mundo como uma instância de ação. O mundo como instância de ação é formado por três elementos constitutivos da experiência, existentes desde sempre, e um quarto, que os precede. O desconhecido, o conhecedor e o conhecido constituem o mundo como lugar de drama; o "caos pré-cosmogônico" indeterminado que precede seu surgimento serve como fonte suprema de todas as coisas (entre elas, os três elementos constitutivos de experiência).

O caos pré-cosmogônico tende a assumir formas metafóricas como o ouroboros, serpente que devora a própria cauda, representando a união da matéria e do espírito, e a possibilidade de transformação. O ouroboros serve como "fonte primordial" dos pais do mundo mitológico (a *Grande Mãe*, natureza, deidade do desconhecido, criativa e destrutiva; o *Grande Pai*, cultura, deidade do familiar, tirânico e protetor) e de seu *"Filho Divino"* (o Conhecedor, a *Palavra* geradora, o processo de exploração).

O antigo mito mesopotâmico da criação – *Enuma Eliš* – fornece um exemplo concreto da interação dessas personalidades. Esse mito apresenta quatro personagens principais ou conjuntos de personagens: *Tiamat*, o dragão feminino do caos, deusa primordial da criação (nesse mito, como acontece com frequência, o ouroboros e a Grande Mãe estão fundidos); *Apsu*, marido e consorte de Tiamat; os deuses mais velhos, filhos de Tiamat e Apsu; e *Marduk*, deidade solar e herói mítico. Tiamat simboliza o grande desconhecido, a matriz do mundo; Apsu, o conhecido, o padrão que possibilita a existência regulada. Os deuses mais velhos simbolizam os atributos psicológicos comuns à humanidade (os fragmentos ou elementos constitutivos da consciência) e caracterizam uma representação mais completa dos elementos constitutivos do conhecido patriarcal; Marduk, a maior das deidades secundárias, representa o eterno processo de mediação entre a matriz e a existência regulada.

A união original de Tiamat com Apsu gera os deuses mais velhos. Imprudentes, esses deuses matam Apsu, de quem inconscientemente dependem. Tiamat ressurge para se vingar, e decide destruir tudo o que criou. Seus "filhos" enviam um voluntário após o outro para subjugá-la. Todos fracassam. Por fim, Marduk se oferece para a batalha. Ele é eleito rei – o maior dos deuses, o "determinador de destinos" – e confronta Tiamat voluntariamente. Ele a despedaça e cria o cosmos com os seus pedaços. O imperador mesopotâmico, que ritualmente personifica

Marduk, encena essa batalha durante as festividades do Ano-Novo, quando o "velho mundo" é renovado.

O *Enuma Eliš* expressa em imagem e narrativa a ideia de que a função psicológica que empresta ordem ao caos (1) cria o cosmos e (2) deveria ocupar uma posição superior nos domínios intrapsíquico e social. As ideias contidas nesse mito recebem uma elaboração mais clara nas obras egípcias de especulação metafísica posteriores, que tratam mais diretamente da ideia da renovação heroica da cultura.

Os três elementos constitutivos da experiência, e o quarto que os precede, podem ser vistos, em um nível de resolução superior, como sete personagens universais (passíveis de assumir qualquer uma das várias identidades específicas de determinada cultura). O mito descreve as interações desses personagens. O grande dragão do caos – o ouroboros, a serpente que devora a si mesma – pode ser conceitualizado como pura informação (latente) antes de ser analisado no mundo do familiar, do não familiar e do sujeito experienciador. O ouroboros é o material que compõe o conhecimento categórico antes que ele se torne conhecimento; é o "elemento" primário do mundo, decomposto no cosmos, no caos circundante e no processo exploratório que "separa" os dois.

A Grande Mãe bivalente (segundo e terceiro personagens) é criação e destruição, simultaneamente – a fonte de todas as coisas novas, a provedora benevolente e amante do herói; as forças destrutivas do desconhecido, a fonte do medo em si, sempre conspirando para destruir a vida. O filho divino bivalente (quarto e quinto) é o deus sol, o herói que viaja ao submundo para resgatar seus ancestrais incapacitados, o filho messiânico da mãe virgem, salvador do mundo – e simultaneamente seu adversário declarado, arrogante e desonesto. O Grande Pai bivalente (sexto e sétimo) é o rei sábio e o tirano, proteção cultural das forças terríveis da natureza, segurança para o fraco e sabedoria para o tolo. Ao mesmo tempo, contudo, ele é a força que devora a própria prole, que governa seu reino com uma mão cruel e injusta, e que suprime com vigor qualquer sinal de dissidência ou diferença.

Forças terríveis e caóticas espreitam por trás da fachada do mundo normal. Essas forças são mantidas à distância por meio da manutenção da ordem social. Mas o reino da ordem é insuficiente porque a própria ordem se torna autoritária e mortal, caso lhe seja permitida uma expressão desregulada ou permanente. As ações do herói constituem um antídoto para as forças mortais do caos e a tirania da ordem. O herói cria ordem a partir do caos e reconstrói aquela ordem, quando necessário. Suas ações asseguram, ao mesmo tempo, que a novidade permaneça tolerável e a segurança permaneça flexível.

> *Mefistófeles: — Sinceramente, antes que vás, te gabo;*
> *Vejo quão bem conheces já o diabo.*
> *Vês esta chave? Toma-a!*
> *Fausto: — Essa coisinha?*
> *Mefistófeles: — Pega-a: hás de ver que não é tão mesquinha.*
> *Fausto: — Cresce ela em minha mão, reluz, cintila!*
> *Mefistófeles: — Agora vês de que vale o possuí-la?*
> *Marca o lugar exato a sua luz;*
> *Segue-a aos baixos: ela às Mães te conduz.*[182, 183]

Introdução

Observadores razoáveis e informados – pelo menos, desde a época de Frazier[184] – têm estabelecido a dispersão espacial e temporal bastante difundida das histórias cosmogônicas, dos contos de heróis e vilões, dos rituais de iniciação e das representações imagéticas padrões, tais como a virgem e a criança. Essas histórias, contos, rituais e imagens com frequência diferem quanto aos detalhes e à ordenação temporal; contudo, por vezes, são idênticas. É possível que essa similaridade seja consequência da disseminação a partir de uma única fonte, centenas de séculos atrás. Mas essa hipótese não explica por que as histórias padrões são *lembradas*, uma vez disseminadas, e transmitidas para as gerações seguintes com poucas alterações estruturais. É razoável supor que, no longo prazo, nossa espécie "esqueça" a maior parte do que é inútil: não esquecemos nossos mitos, contudo. Com efeito, muito da atividade considerada "cultural" representa, na verdade, o esforço para garantir que esses mitos sejam sempre representados e comunicados.

Carl Gustav Jung tentou explicar a aparente universalidade da interpretação do mundo com a hipótese do "inconsciente coletivo". Jung acreditava que símbolos religiosos ou mitológicos brotaram de uma fonte universal, cujo ponto último de origem era biológico (e hereditário). Seu "inconsciente coletivo" era composto por "complexos", definidos como propensões hereditárias para o comportamento ou a classificação. A posição junguiana, que quase nunca é entendida de modo correto, despertou mais escárnio do que merecia. Jung não estava a par do conhecimento que possuímos

---

[182] Goethe, J.W. (1976).
[183] Do Fausto – Segunda Parte (6257-6264), de Goethe, na tradução de Jenny Klabin Segall (ed. 34). (N. E.)
[184] Frazier, J.G. (1994).

acerca dos mecanismos de hereditariedade (uma limitação necessariamente compartilhada por todos os membros da sua geração); a noção de "memórias coletivas" parece impossível – um lamarquismo – sob a perspectiva moderna. No entanto, Jung não acreditava de fato que as memórias individuais pudessem ser transmitidas – embora seus escritos, que são muito difíceis, nem sempre deixem isso claro. Quando aborda de maneira formal o inconsciente coletivo, ele se esforça para salientar que é a possibilidade de categorização que é herdada, não o conteúdo da memória em si. Porém, ele com frequência escreve como se o conteúdo também pudesse ser herdado.

A irritação geral para com a hipótese junguiana da "memória hereditária" cegou os psicólogos e outras pessoas para o fato extraordinário de que as narrativas parecem *ser* padronizadas ao longo de diversas culturas. O próprio fato de todas as culturas utilizarem o que é clara e rapidamente identificável como "narrativas" (ou ao menos como "ritos", os quais têm uma natureza dramática, é evidente) aponta fortemente para uma associação subjacente entre estrutura e finalidade. Ainda se poderia objetar: tentativas de atribuir uma padronização compreensível a tais narrativas não podem ser demonstradas sem uma teoria da interpretação, e esta pode estar apenas "lendo" padrões que, na verdade, não "existem". Claro que a mesma objeção pode ser aplicada – e aplicada de forma válida – à interpretação literária, ao estudo da História, à análise dos sonhos e à antropologia. Fenômenos culturais não podem ser entendidos senão a partir de uma perspectiva cultural. Esse problema fundamental (entre outros) dificulta a *verificação* das teorias no "domínio do valor".

Não obstante, é necessário agir para viver. Ação pressupõe crença e interpretação (implícitas, se não explícitas). A crença deve se basear na fé, em última instância (ao passo que os critérios pelos quais uma teoria moral pode ser avaliada devem ser também *escolhidos*). Contudo, não há razão para que tal fé não possa ser informada e avaliada de forma crítica. Parece razoável presumir que uma análise multicultural dos sistemas de crença, e sua comparação com as produções essencialmente literárias das humanidades, poderia constituir um meio para se alcançar essas informações. Essa foi a abordagem de Jung. O "mecanismo causal" que ele construiu para explicar o que tinha descoberto – isto é, o "inconsciente coletivo" – parece elaborado de forma insuficiente, segundo a perspectiva empírica moderna (embora a ideia seja muito mais complexa, e bem menos facilmente dispensável, do que em geral se admite). Isso não significa que devamos descartar a metodologia de Jung ou ridicularizar suas ideias de outro modo valiosas. Grandes mentes modernas, trabalhando em áreas fora da psicologia, também concluíram que as histórias possuem estruturas universais.

Como pode a existência de histórias padronizadas – histórias arquetípicas, se você preferir – ser reconciliada com a aparente *impossibilidade* de o conteúdo da memória ser herdado? Devemos direcionar a nossa atenção para o fenômeno da linguagem, e os processos de sua "armazenagem" e transmissão, para encontrar uma resposta. A habilidade linguística humana parece ter uma base biológica relativamente específica. Outros animais não possuem uma linguagem, em seus estados naturais, nem podem aprender uma em nenhum nível sofisticado. Crianças humanas, pelo contrário – mesmo quando apresentam sérias deficiências intelectuais –, aprendem uma linguagem com facilidade e a utilizam de forma natural e criativa. O uso da linguagem é uma característica intrínseca do *Homo sapiens*, e a própria estrutura da linguagem parece biologicamente enraizada. Apesar disso, as linguagens humanas diferem. Um falante nativo de japonês não consegue entender um falante nativo de francês, embora possa ser evidente para ambos que o outro está usando uma linguagem. É possível que dois fenômenos sejam diferentes em um nível de análise e semelhantes em outro.

A pergunta a ser feita é: a qual banco de dados, por assim dizer, a criança recorre quando aprende a falar (ler, escrever)? A criança ouve as pessoas ao seu redor. Ela não é explicitamente "ensinada" a falar, embora algum ensinamento explícito ocorra. Sua propensão biológica encontra uma realidade cultural: a existência da linguagem na cultura. Seus pais servem de intermediários primários da cultura: *eles incorporam a linguagem no seu comportamento* e a transmitem à criança durante suas atividades diárias. Não obstante, não se pode afirmar que eles são os "criadores" da linguagem, embora possam usá-la de forma idiossincrática – e até criativa. A "criadora" é a capacidade para a atividade linguística humana – qualquer que seja. As consequências cumulativas dessa capacidade, expressas durante séculos, modificaram o comportamento de todos os indivíduos que compõem determinada "cultura" linguística. Indivíduos identificáveis servem de agentes temporários da memória incorporada para a cultura como um todo, em qualquer local e momento; apesar disso, a perda de determinado indivíduo não apresenta ameaça ao "conhecimento" da cultura. Isso ocorre porque a linguagem é "lembrada" – isto é, incorporada – no comportamento de todos os seus falantes. As crianças apreendem a língua interagindo com os adultos, os quais incorporam a linguagem. Assim, elas aprendem a falar e aprendem a saber que possuem uma linguagem, e até a observar e estudar o fato de que têm uma linguagem.

O mesmo se aplica ao comportamento moral e à crença que o "sustenta". Os adultos personificam a sabedoria comportamental de sua cultura para os filhos. As crianças interagem com os adultos, que servem de "emissários culturais". Óbvio que determinado adulto pode ser um representante melhor ou pior, assim como um pai pode ser mais ou menos letrado. Todavia, um mau exemplo pode ser tão exemplar quanto um bom exemplo; além disso, as crianças raramente são limitadas em sua exposição a um único "herói". De fato, mesmo que não haja outros adultos por perto, eles são inevitavelmente representados por procuração no "entretenimento": ritual, drama, literatura e mito. Os padrões comportamentais que formam as nossas histórias, portanto, podem ser considerados "armazenados" no nosso comportamento (social). Isso implica que tais padrões podem ser abstraídos desse comportamento a qualquer hora. O "inconsciente coletivo" é, segundo essa perspectiva, sabedoria comportamental incorporada em sua forma mais fundamental – são as consequências cumulativas transmitidas da *exploração* e da *cultura* sobre a *ação*.

Nossa capacidade de abstração nos permite derivar os elementos constitutivos da própria adaptação bem-sucedida a partir da observação dos padrões comportamentais que se desenrolam sem parar no mundo *conforme ele realmente existe*. Os padrões comportamentais que constituem a interação adulta, por exemplo, são bastante sofisticados e condicionados até o mais ínfimo dos gestos por séculos de trabalho cultural. Podemos extrair "imagens" desses padrões; essas imagens, tão sofisticadas quanto os comportamentos que representam, constituem os blocos de construção de nossas histórias e nossa autocompreensão. (O adulto admirável, um indivíduo identificável, mantém sua casa limpa e arrumada, reconcilia seus irmãos em guerra e aprende difíceis lições morais quando tal aprendizagem é necessária. O herói arquetípico cria ordem a partir do caos, leva paz ao mundo e reestrutura a sociedade quando ela se torna rígida e anacrônica.) O "inconsciente coletivo" que constitui a base da mitologia religiosa compartilhada é, na verdade, o comportamento, os procedimentos gerados, transmitidos, imitados e modificados por todos os que já viveram, em toda parte. Imagens desses comportamentos e do "lugar" transcendente onde ocorrem (o universo do caos e da ordem) constituem *metáforas*, imagens simbólicas. As metáforas intermediam nossa sabedoria processual e nosso conhecimento explícito; constituem o ponto declarativo imagético da transição entre o ato e a palavra.

Passamos centenas de milhares de anos observando as nossas ações e contando histórias sobre como agimos. Uma boa história possui uma qualidade universal, o que significa que ela se expressa em uma língua que todos entendemos. Toda linguagem universalmente compreensível deve ter referentes universais, e isso significa que uma boa história precisa comunicar algo acerca dos aspectos da experiência que todos compartilhamos. Mas o que todos os seres humanos compartilham, não importando local nem data de nascimento? É razoável supor que algo permaneceria constante, por exemplo, ao longo dos séculos que nos separam de nossos ancestrais da Idade da Pedra, através das barreiras ideológicas e religiosas que dividem os habitantes de nossas nações modernas? Nossos remotos predecessores viviam muito mais próximos da natureza, e os problemas que os afligiam parecem muito distantes de nossa luta diária atual. A grande diferença entre nós e eles parece análoga, em termos de distância, se não exatamente quanto ao tipo, àquela alcançada entre os variados mundos culturais de hoje – ao grande abismo que ainda separa o místico religioso hindu, por exemplo, do banqueiro de investimentos de Manhattan. Não surpreende que um mundo caracterizado por vidas humanas tão diferentes continue repleto de constantes conflitos intergrupais, e tampouco surpreende que pareçamos ter superado nossa sabedoria tradicional. Mas será que existem pressuposições fundamentais sobre as quais possamos concordar e compartilhar, apesar de nossas diferenças?

A maioria dos objetos da experiência possui algumas propriedades comuns, embora variem com relação a outras. Em geral, as semelhanças e diferenças são significativas. O mesmo acontece com os indivíduos e as culturas. No entanto, parecemos particularmente cientes de nossas diferenças, e não das nossas semelhanças. Até mesmo grupos de pessoas que têm muito em comum, pelo menos da perspectiva de estrangeiros mais distantes – os católicos e os protestantes irlandeses vêm à mente –, parecem assaz conscientes dos fatores que os tornam únicos em sua afiliação social. Acredito que isso se dê, em parte, porque não somos construídos para nos concentrarmos no previsível e familiar. Nossa atenção gravita com naturalidade para os aspectos de nossos ambientes, natural e social, que contêm informações. As similaridades do sérvio e do croata estão ocultas um para o outro, digamos, por um muro de habituação, mas as diferenças se destacam de forma profunda.

Formular a pergunta "o que dois ou mais seres, coisas ou situações distinguíveis podem *compartilhar*?" é, na verdade, questionar "em que níveis de análise duas ou mais coisas podem ser consideradas a mesma coisa? E em que níveis elas se diferenciam?". São os detalhes da nossa individualidade –tempo e local específicos – que nos diferenciam uns dos outros. Contudo, o que nos une é a existência desses detalhes: o fato de cada um de nós possuir um tempo e local específicos, e as implicações desse fato para a natureza da nossa existência. Nossas vidas estão abertas à possibilidade, mas permanecem eternamente limitadas pela doença, pela morte e pela subjugação à estrutura social. Como seres sociais mutáveis, limitados, estamos todos envolvidos em uma empreitada gigantesca, cooperativa e competitiva. Não entendemos as regras que, em última instância, governam essa empreitada; não podemos afirmar de modo explícito *por que* fazemos o que fazemos. Nossas constituições democráticas, por exemplo – que contêm os axiomas mais fundamentais do "corpo de leis" que imitamos (que rege nosso comportamento) –, estão inextricavelmente implícitas na concepção dos *direitos naturais* (isto é, estão implícitas em uma declaração de fé: "Consideramos essas verdades evidentes por si mesmas"). Por conseguinte, estamos todos *imitando uma história que não entendemos*. Essa história cobre a mais ampla vastidão possível de tempo e espaço (pelo menos, a vastidão relevante para nós), e ainda assim está implicitamente "contida" em nosso comportamento (embora representada, em parte, em imageria episódica e descrição semântica). Essa contenção parcialmente implícita constitui nossos rituais e mitologias e fornece as estruturas de referência de "nível superior" e "inconscientes", dentro das quais as nossas histórias individuais condicionais e expressáveis retêm a sua validade.

É impossível apreciar de forma apropriada a natureza das categorias da imaginação mitológica sem entender um pouco do processo de categorização. O ato de categorização nos possibilita lidar com o misterioso e complexo mundo que habitamos como se ele fosse mais simples – como se ele fosse, de fato, compreensível. Realizamos esse ato de simplificação ao tratar objetos ou situações que compartilham certo aspecto da estrutura, função ou implicação como se fossem idênticos. As pessoas são muito boas em categorizar – tão boas, na verdade, que essa habilidade é tida como natural e parece simples. Ela não é tão simples, contudo. Nem as "regras" subjacentes à categorização, nem o ato em si, têm-se mostrado fáceis de descrever. Roger Brown, o eminente psicolinguista, afirma:

> Até por volta de 1973, as experiências psicológicas sobre a formação de categorias concebiam as categorias humanas segundo o modelo do "conjunto apropriado". Os triângulos são um conjunto apropriado, o que significa que os membros da classe dos triângulos são definíveis de forma precisa, em termos de uma confluência de atributos verdadeiros a todos os membros do conjunto, e a nenhum dos não membros. Um triângulo é uma figura fechada com três lados. Do fato de que existe uma definição clara, segue-se que a afiliação ao conjunto não é uma questão de grau; um triângulo não é mais essencialmente triangular do que qualquer outro. Uma entidade é ou não é um triângulo.
>
> Em retrospecto, é espantoso que a psicologia tenha sido capaz de pensar, por tanto tempo, nas categorias da vida real como conjuntos apropriados. Devíamos ter nos preocupado mais com a dificuldade extrema que todos temos para definir qualquer coisa "natural", e natural, conforme utilizado aqui, inclui não apenas cachorros e cenouras, mas também artefatos como cadeiras, carros e lápis. Eu sei

que vocês conseguem distinguir esses itens quando o veem, mas tentem listar os verdadeiros atributos de todos os cachorros e de nenhum gato, urso ou hiena, ou de todas as cenouras e de nenhum rabanete ou nabo, ou de todas as cadeiras e de nenhuma mesa, rede, banco ou balanço.[185]

No estado natural, por assim dizer, os seres humanos não pensam como lógicos ou sequer como empiristas. É necessário treinamento para se pensar assim. Na ausência desse treinamento, entretanto, nós ainda pensamos, mas de forma mais subjetiva – como seres "desarrazoados", idiossincraticamente emocionais, que habitam corpos de determinado tamanho, com propriedades específicas e limitadas. Nossas categorias *naturais*, que são os agrupamentos que geramos de forma espontânea, não consistem apenas em propriedades consensualmente apreensíveis compartilhadas pelas coisas e situações com que nos deparamos. Tampouco as categorias naturais são delimitadas com firmeza; suas fronteiras são confusas e se sobrepõem. A construção de conjuntos apropriados é possível – o que é óbvio, já que eles existem, – e a habilidade de construir e usar esses conjuntos tem se mostrado útil de várias e várias formas. No entanto, a capacidade que sustenta essa construção aparenta ser relativamente nova, em termos filogenéticos, e parece depender, ao menos em parte, da habilidade de se pensar *empiricamente* e considerar as coisas *objetivamente*. Na ausência de tal habilidade – que exige treinamento especializado (ou, no mínimo, a imersão em uma cultura como a nossa, em que tal pensamento se tornou um lugar-comum), as pessoas tendem naturalmente para o desenvolvimento do que tem sido (recentemente) descrito como "modelo cognitivo". Os modelos cognitivos são caracterizados por uma quantidade de propriedades distintivas (conforme parafraseado, em parte, de George Lakoff):[186]

1. Eles são *incorporados* com relação ao seu conteúdo, o que, em essência, significa que podem ser usados sem necessariamente serem definidos; são implícitos na ação sem necessariamente serem explícitos na descrição. Duas coisas classificadas dentro do mesmo modelo cognitivo são duas coisas que evocam o mesmo comportamento e, portanto, podem ser consideradas, pelo menos a partir da perspectiva da ação, uma única coisa. Se você estiver utilizando um modelo cognitivo e alguém pedir que descreva seu conteúdo ("Do que é feito um *cachorro*?"), você pode dizer: "Não sei dizer, mas reconheço um quando vejo". Você sabe, por exemplo, que um cachorro é algo amigável, que pode

---

[185] Brown, R. (1986), p. 470.
[186] Lakoff, G. (1987), p. 12-13.

ser acariciado e com o qual se pode brincar – embora esse conhecimento não constitua tudo o que você considera um *cachorro*. Na verdade, a maior parte dos conceitos que você usa é incorporada no mais básico dos níveis – é habitual, processual, motora, comportamental. Você é capaz de usar esses conceitos sem pensar. Aqueles que não são assim só podem ser aplicados de forma lenta, com plena atenção consciente, e com esforço.

2. Eles são qualificados pela *caracterização de nível básico* e *primazia de nível básico*. Esses termos significam, respectivamente, que os fenômenos mais "naturalmente" apreensíveis pela mente humana – perceptíveis como um todo, ou *gestalt*; nomeáveis, comunicáveis, manipuláveis, memorizáveis – servem de material para a categorização inicial, e que essas categorias iniciais fornecem a base para o desenvolvimento de conceitos mais abstratos (inclusive para o ponto de comparação, para se determinar o que consideramos abstrato). "Mais naturalmente apreensíveis" significa assimilados e nomeados em primeiro lugar (em geral, com nomes curtos), e conceitualizados no nível da ação distintiva (em associação a certos comportamentos característicos, tais como afagar para a categoria "gato", e cheirar para a categoria "flor"). Nossas categorias de nível básico refletem nossa estrutura tanto quanto a estrutura do mundo externo: concebemos com mais precisão as coisas que se apresentam a nós de forma mais simples. Os níveis de categoria "mais alto" e "mais baixo" que circundam esses fenômenos de nível básico naturalmente apreensíveis poderiam ser considerados, por sua vez, "conquistas da imaginação", para usar a expressão de Roger Brown.[187] Percebemos o "gato", por exemplo, e *inferimos* a espécie que contém o gato ou o subtipo que o torna *siamês*. Em geral, as nossas categorias de nível básico ocupam o ponto mediano das nossas hierarquias conceituais: generalizamos quando "subimos" e especializamos quando "descemos".

3. Eles podem ser usados no raciocínio *metonímico* ou *de ponto de referência*. O raciocínio metonímico é *simbólico*, no sentido psicanalítico ou literário. *Metonímico* significa *intercambiável, e mais*. O fato de os objetos em um modelo cognitivo possuírem propriedades metonímicas significa que todos, ou qualquer um desses objetos, podem representar todos ou qualquer um dos outros. Essa capacidade faz sentido, já que todos os objetos em determinada categoria são, por definição, considerados equivalentes em algum sentido não trivial (de maneira geral, em termos

---

[187] Brown, R. (1965), p. 321.

de *implicação para a ação*). A capacidade humana para a metáfora, a apreciação estética e a alusão parece integralmente relacionada à capacidade para o raciocínio metonímico e o uso de modelos cognitivos fartamente significativos.

4. Eles são caracterizados por *gradiência de afiliação* e de *centralidade*. Gradiência de afiliação implica grau de afiliação, o que seria o mesmo que dizer que uma avestruz, por exemplo, é um pássaro, mas talvez não tanto quanto um tordo – porque o tordo possui mais propriedades centrais à categoria *pássaro*. Uma coisa pode ser um exemplar melhor ou pior da sua categoria; se for pior, ainda pode ser colocada dentro dessa categoria.

5. Eles contêm fenômenos associados como uma consequência da *semelhança familiar*, um termo usado pela primeira vez nesse contexto por Ludwig Wittgenstein.[188] As coisas com semelhanças familiares compartilham similaridades com um objeto potencialmente hipotético. O irmão Smith prototípico, citando um exemplo famoso,[189] pode ter bigode escuro, olhos redondos, calvície, óculos com aro de tartaruga, barba escura, pescoço magro, orelhas grandes e queixo retraído. Talvez existam seis irmãos Smith no total, dos quais nenhum apresenta todas as propriedades do Smith prototípico. Morgan Smith tem queixo retraído, orelhas grandes, pescoço fino e é calvo – mas não usa óculos, bigode ou barba. Terry, por sua vez, usa óculos, bigode e barba – mas é cabeludo, tem orelhas pequenas e pescoço normal. Nelson tem indícios de calvície, olhos redondos, e barba e bigode escuros – e assim por diante com relação a Lance, Randy e Lyle. Nenhum dos irmãos se parece de forma exata com o outro, mas, se você os visse juntos, diria: "Esses homens são todos parentes".

6. Eles originam o fenômeno da *polissemia*, uma característica definidora do mito. Uma história polissêmica é escrita e pode ser lida de forma válida em diversos níveis. O fenômeno da polissemia, discutido em detalhes mais adiante neste livro, surge quando a relação dos objetos dentro de um modelo cognitivo específico é, em certo sentido, análoga à relação obtida entre os modelos cognitivos. Grandes obras da literatura são sempre polissêmicas da seguinte forma: os personagens dentro da história mantêm entre si a mesma relação que as coisas de significância mais geral mantêm umas com as outras, no contexto mais amplo do mundo. A contenda de Moisés contra o faraó egípcio, por exemplo, citando uma história que abordaremos depois, também pode ser lida

---

[188] Wittgenstein, L. (1968), p. 66-71.
[189] Ver Armstrong, S.L.; Gleitman, L.R.; Gleitman, H. (1983).

como uma alegoria da luta do oprimido contra o opressor, ou, de forma ainda mais genérica, como a rebelião do salvador (destruidor do mundo (causador de inundações)) contra a sociedade.

Afirmar que duas coisas separáveis pertencem à mesma categoria é algo arriscado. Presumimos, sem pensar, que agrupamos as coisas por consequência de algo sobre elas, e não por causa de algo sobre nós. O que todas as *cadeiras* têm em comum, então? A qualquer cadeira pode faltar alguns dos atributos mais comuns das cadeiras, tais como pernas, costas ou descanso de braço. Um toco de árvore é uma cadeira? Sim, se você puder se sentar nele. De fato, não é algo sobre um objeto, considerado enquanto coisa independente, que o torna uma cadeira; em vez disso, é algo sobre seu potencial para interação conosco. A categoria "cadeira" contém objetos que servem a uma função que valorizamos. Pode-se sentar eficientemente em cadeiras – ao menos em potencial. Nossa ação diante de um objeto constitui uma forma de classificação elementar, mas fundamental (constitui, na verdade, a mais fundamental de todas as classificações; a classificação da qual todas as divisões abstratas derivam). A categoria "todas as coisas que fazem você querer fugir ao olhar para elas" pode ser considerada, por exemplo, uma forma muito básica de construto. Intimamente relacionada a essa categoria, embora ligeiramente superior na hierarquia de abstração, pode estar a categoria "todos os objetos a serem temidos" ou "todos os objetos que são perigosos quando abordados de uma maneira, mas benéficos quando abordados de outra".

É um esquema de classificação desse tipo, significativo mas "irracional", que Jung descreveu como um *complexo* – um dos elementos constitutivos do "inconsciente coletivo". Um complexo é, em parte, um grupo de fenômenos unidos pela significância compartilhada (que é (em essência) *implicação para a ação* ou *equivalência emocional*). Jung acreditava que muitos complexos tinham uma base arquetípica (ou universal) enraizada na biologia, e que esse enraizamento tinha algo especificamente relacionado com a memória. Parece que a verdade é um pouco mais complicada. Classificamos as coisas de acordo com a sua aparência, com a sua forma de agir e com a sua significância para nós, que é uma indicação de como agir na sua presença – e podemos misturar todos ou qualquer um desses atributos, de forma irracional (mas significativa), em um único esquema. Categorizamos coisas variadas de maneira similar, nas diversas culturas, porque compartilhamos um aparato perceptivo, impulsos motivacionais e estados emocionais, bem como a estrutura da memória e a forma física, manifestas no comportamento observável. A imaginação possui suas categorias naturais, cujas existências dependem da interação entre nossas mentes incorporadas e o mundo da experiência compartilhada; fenômenos particulares enquadram-se nessas categorias de modo mais ou menos previsível. As histórias descrevem as interações dos conteúdos das categorias da imaginação, as quais são incorporadas, na forma de personagens dramáticos. Os personagens têm uma natureza previsível e desempenham suas relações de modo padronizado e sempre fascinante, repetidas vezes, em todos os lugares do mundo.

Então, agora temos a observação dos pontos em comum da estrutura e uma teoria plausível para explicar a presença dessa comunalidade. Logo, talvez fosse razoável descrever a natureza dos padrões universais na narrativa – colocando, ao mesmo tempo, várias e rigorosas restrições adicionais a essa descrição, por uma questão de precaução (dada a dificuldade de se verificar "teorias interpretativas"). Em primeiro lugar, tornemos a descrição razoavelmente aceitável e internamente consistente – ou seja, encontremos um modo que dê sentido ao mito sem entrar em conflito com os pressupostos do empirismo e da ciência experimental, e que pareça aplicável às histórias derivadas de muitos e muitos lugares e épocas diferentes. Façamos, além disso, com que a descrição seja simples, já que uma boa teoria deve ser simples – de tal forma que lembrar a estrutura interpretativa seja muito mais fácil do que lembrar as histórias em si. Façamos, também, com que ela seja atraente segundo uma perspectiva emocional. Boas teorias possuem um componente afetivo por vezes descrito como "beleza". De forma simultânea, essa beleza aparece como eficácia – o mesmo tipo de eficácia que caracteriza uma ferramenta bem-feita – e como o que poderia ser descrito como uma "janela de possibilidades". Uma boa teoria permite que você use as coisas – coisas que outrora pareciam inúteis – para fins desejáveis. Como consequência, essa teoria carrega um sentimento geral de excitação e esperança. Uma boa teoria sobre a estrutura do mito deve permitir a você observar como uma história que, antes, você sequer conseguia entender, pode lançar uma luz nova e útil sobre o significado da vida. Por fim, restrinjamos a descrição fazendo com que ela caiba no que se sabe sobre a forma como o cérebro, de fato, opera (e que foi descrita antes); vamos nos assegurar de que o mundo do mito, à medida que for interpretado, seja o mesmo mundo percebido pela mente.

A operação dentro desse conjunto de restrições possibilita a geração da seguinte hipótese direta: as histórias míticas "parcialmente implícitas", ou as fantasias que guiam nossa a adaptação em geral, parecem descrever ou exibir ou incorporar três elementos constitutivos permanentes da experiência humana: o *desconhecido*, ou território inexplorado; o *conhecido*, ou território explorado; e o processo – o *conhecedor* – que faz a mediação entre eles. Esses três elementos constituem o cosmos – isto é, o mundo da experiência – a partir da perspectiva narrativa ou mitológica.

Não importa onde um indivíduo viva – e não importa quando –, ele enfrenta o mesmo conjunto de problemas ou, talvez, o mesmo conjunto de metaproblemas, já que os detalhes diferem interminavelmente. Ele é uma criatura cultural e precisa aceitar a existência dessa cultura. Ele deve dominar a esfera do *conhecido* – território explorado –, o conjunto de interpretações e esquemas comportamentais que ele compartilha com seus concidadãos sociais. Deve entender seu papel dentro dessa cultura – um papel definido pela necessidade de preservação, manutenção e transmissão da tradição, bem como pela capacidade de revolução e atualização radical dessa tradição, quando tal atualização tornar-se necessária. Ele também deve ser capaz de tolerar e até mesmo se beneficiar da existência do *desconhecido* transcendental – território inexplorado –, o aspecto da experiência que não pode ser abordado pela mera aplicação de procedimentos memorizados e habituais. Por fim, ele deve se adaptar à presença de si mesmo – deve enfrentar o problema infinitamente trágico do *conhecedor*, o processo exploratório, o sujeito limitado, mortal; deve servir como eterno mediador entre o "submundo" criativo e destrutivo do desconhecido e o reino patriarcal, seguro e opressor da cultura humana.

Não podemos ver o *desconhecido* porque estamos protegidos dele por tudo o que é familiar e não questionado. Além disso, estamos habituados ao que é *familiar e conhecido* – por definição –, e somos, portanto, amiúde incapazes de compreender a sua estrutura (muitas vezes, somos até mesmo incapazes de perceber que ele está lá). Por fim, permanecemos ignorantes da *nossa própria natureza verdadeira* em virtude de sua intrínseca complexidade e porque agimos para com nós mesmos e os outros de um modo socializado, ou seja, de forma previsível – e, assim, nós nos blindamos para o nosso próprio mistério. Contudo, as figuras do mito incorporam o mundo – "visível" e "invisível". Por meio da análise dessas figuras, podemos vir a perceber o que o significado realmente significa, e de que forma ele se revela em relação a nossas ações. É por meio dessa análise que podemos nos dar conta da amplitude e da profundidade potenciais de nossas próprias emoções, e da natureza do nosso ser verdadeiro; entender nossa capacidade para grandes atos de maldade – e grandes atos de bondade – e as motivações para participar deles.

Considere mais uma vez este arcaico mito de criação da Suméria:

> Até o momento, nenhum texto cosmogônico propriamente dito foi descoberto, mas algumas alusões nos permitem reconstruir os momentos decisivos da criação, conforme os sumérios a concebiam. A deusa Nammu (cujo nome é escrito com o pictograma que representa o mar primordial) é apresentada como

"a mãe que deu à luz o Céu e a Terra" e a "ancestral que gerou todos os deuses". O tema das águas primordiais, imaginadas como uma totalidade a um só tempo cósmica e divina, é bem frequente nas cosmogonias arcaicas. Também nesse caso a massa aquosa é identificada como a Mãe original que, por partogênese, deu à luz o primeiro casal, o Céu (An) e a Terra (Ki), encarnando os princípios masculino e feminino. Esse primeiro casal foi unido, até o ponto de fusão, no *hieros gamos* [casamento místico]. Da sua união nasceu En-lil, o deus da atmosfera. Outro fragmento nos informa que En-lil separou seus pais [...]. O tema cosmogônico da separação do Céu e da Terra também é amplamente disseminado.[190]

O "Céu" e a "Terra" dos sumérios são categorias de entendimento, características da cultura suméria, e não devem ser confundidos com o céu e a terra do pensamento empírico moderno. "An" e "Ki" são, em vez disso, o Grande Pai e a Grande Mãe de todas as coisas (incluindo o filho que os "dá à luz"), dramaticamente representados. Essa narrativa um tanto quanto paradoxal é prototípica; as mitologias da criação tendem a se manifestar nesse padrão. No *Enuma Eliš*, por exemplo – o mito de criação registrado em escrita mais antigo que possuímos –, o herói/deidade mesopotâmica Marduk enfrenta o dragão fêmea aquático Tiamat (mãe de todas as coisas, incluindo do próprio Marduk), despedaça-o e cria o mundo a partir de seus pedaços.[191] O deus Marduk serve explicitamente como *exemplo* para o imperador mesopotâmico,[192] cujo trabalho é garantir que o cosmos exista e permaneça estável, como consequência de seu adequado comportamento "moral", *definido por imitação de Marduk*. Na tradição judaico-cristã, é o *Logos*[193] – a palavra de Deus – que cria ordem a partir do caos, e é na imagem do *Logos* que o homem ("Façamos o homem a nossa imagem, como nossa semelhança" (Gênesis 1,26)) é criado. Essa ideia possui claros precedentes adicionais na cosmologia egípcia inicial e posterior (como veremos). De modo similar, no Oriente distante, o cosmos é imaginado como sendo composto pela

---

[190] Eliade, M. (1978b), p. 57-58.
[191] Heidel, A. (1965).
[192] Eliade, M. (1978b).
[193] "Logos λόγος. Teol. e Filos. [Gr. *logos* palavra, enunciado, discurso, razão, f. *log-*, variante ablativa de *leg-* em *leg-ein* dizer]. Um termo usado pelos filósofos gregos (esp. helenistas e neoplatonistas) em determinadas aplicações metafísicas e teológicas desenvolvidas a partir de um ou de ambos os sentidos comuns 'razão' e 'palavra'; também adotado em três passagens dos escritos joaninos do Novo Testamento (cuja versão em inglês traduz como 'palavra') como uma designação de Jesus Cristo; por isso, é empregado pelos teólogos cristãos, especialmente aqueles versados na filosofia grega, como um título da Segunda Pessoa da Trindade. A palavra grega é usada pelos escritores modernos sem tradução em exposições históricas de especulação filosófica antiga e em discussões da doutrina da Trindade nos seus aspectos filosóficos" (*Oxford English Dictionary: CD-ROM for Windows* [1994]).

interação entre *yang* e *yin*, caos e ordem[194] – isto é, território desconhecido ou inexplorado e território conhecido ou explorado. *Tao*, conforme a perspectiva oriental, é o padrão de comportamento que atua como mediador entre eles (semelhante a En-lil, Marduk e o *Logos*), continuamente gerando, destruindo e regenerando o universo. Para o homem oriental, a vida no Tao é o bem superior, o "caminho" e o "significado"; o objetivo ao qual todos os outros objetivos devem continuar subordinados.

Nossas narrativas descrevem o mundo conforme sua implicação ampla, mas classificável, na produção motora – conforme seu *significado*. Coletamos informações sobre a natureza do mundo, em seu significado para o comportamento, observando a nós mesmos e aos outros que constituem nossos grupos sociais *agirem* no mundo. Chegamos a conclusões sobre os significados fundamentais das coisas observando as nossas respostas a elas. Dessa maneira, o desconhecido torna-se classificável porque respondemos à sua manifestação de modo previsível. Ele conduz nossas *ações* e nos "faz" *sentir*. Ele nos paralisa de medo e, ao mesmo tempo, incita-nos a avançar; aguça a nossa curiosidade e aperfeiçoa os nossos sentidos. Ele nos oferece novas informações e maior bem-estar, ao custo potencial de nossas vidas. Observamos as nossas respostas, que são biologicamente predeterminadas, e chegamos a conclusões apropriadas. O desconhecido é intrinsecamente *interessante*, de uma forma tal que propõe um dilema sem fim. Ele promete e ameaça ao mesmo tempo. Ele aparece como a hipotética "fonte" suprema de todas as informações determinadas, e como a unidade máxima de todas as coisas agora discrimináveis. Ele cerca todas as coisas eternamente; engendra todas as coisas e retoma todas as coisas. Portanto, pode-se paradoxalmente afirmar que *sabemos* coisas específicas sobre o domínio do desconhecido, que entendemos algo a seu respeito, que podemos representá-lo e agir em relação a ele, mesmo que ainda não tenha sido explorado. Essa habilidade paradoxal é uma capacidade não trivial. Dado que o desconhecido constitui um componente inerradicável do "ambiente", por assim dizer, precisamos saber o que ele é, o que significa; precisamos entender as suas implicações no comportamento e a sua valência afetiva.

O território *explorado* é algo completamente diferente. Nele, são úteis as ações habituais e familiares, em vez dos comportamentos temerosos, hesitantes ou exploratórios que atuam onde nada é certo. Ações habituais e familiares existem, como regra geral, porque foram bem-sucedidas, porque sua implementação é suficiente para transformar em abrigo seguro e fecundo aquilo que, de outro modo, seria território inexplorado.

---

[194] Eliade, M., op. cit; Jung, C.G. (1967b).

Como temos nos esforçado para demonstrar, o desconhecido não perde sua significância motivacional a priori – promessa e ameaça – por causa do processo passivo de "habituação". A adaptação é *ativa*. A "habituação", exceto no mais trivial dos sentidos, é uma consequência da exploração criativa bem-sucedida, o que significa a geração de padrões comportamentais que transformam o significado indeterminado de alguma coisa recém-encontrada em algo positivo, na melhor das hipóteses – neutro, na pior. O fogo é perigoso ou benéfico? Depende de como ele é abordado – ou seja, o potencial do fogo para causar danos ou benefícios depende do contexto. Quais dos seus muitos "potenciais" o fogo manifestará depende da estratégia comportamental realizada em sua presença. O fogo aquece nossas casas. De vez em quando – se não formos suficientemente cuidadosos –, ele pode incendiar uma delas. O que o fogo faz – ou seja, o que ele *é*, do ponto de vista da significância motivacional – depende de como lidamos com ele.

Perdemos o nosso medo do fogo não porque nos habituamos a ele, mas porque aprendemos a controlá-lo. Aprendemos a especificar e limitar sua valência afetiva "intrinsecamente" ambivalente por meio da modificação do nosso próprio comportamento na sua presença. O fogo, na medida em que consigamos controlá-lo, torna-se previsível, não ameaçador – até mesmo familiar e reconfortante. Outrossim, todas as coisas que conseguimos controlar (ou seja, que conseguimos dobrar às nossas vontades) foram tornadas previsíveis – por definição. O "território" do "território explorado" é definido, ao menos de forma geral, pela *segurança*. O território seguro é aquele lugar onde sabemos como agir. "Saber como agir" significa "estar seguro de que as nossas ações atuais produzirão os resultados desejados no futuro". A significância afetiva dos fenômenos que constituem o "território explorado" foi mapeada. Esse mapa assume a forma da história, que descreve a valência das ocorrências presentes, a forma do futuro desejado e os meios que poderão ser úteis para transformar um no outro. Quaisquer territórios que as nossas histórias consigam tornar benéficos constituem "solo familiar".

Solo familiar – território explorado – é aquele lugar onde *coisas* não familiares não existem. No entanto, muitas das coisas que encontramos são outras pessoas. Isso significa que o "território explorado" também é o lugar onde *comportamentos* não familiares não são encontrados. Em solo familiar, nós nos envolvemos em atividades habituais, com outras pessoas que estão fazendo a mesma coisa (perseguindo os mesmos objetivos, cujas emoções podem ser entendidas, cujas crenças são iguais às nossas, e cujas ações são previsíveis). Muito do que sabemos fazer é comportamento adequado à sociedade – é ação individual adequada, adaptada, modificada pelo comportamento cumulativo dos outros que nos cercam. Dessa forma, "explorado" significa necessariamente "onde a atividade humana se tornou previsível", bem como "onde o curso dos eventos 'naturais' pode ser determinado de forma precisa". Por conseguinte, os mapas que tornam o território familiar consistem, em larga medida, em *representações do comportamento* – do comportamento pessoal, que manifestamos, e do comportamento dos outros, que sempre encontramos e aos quais ajustamos as nossas ações pessoais. Logo, mapeamos os nossos próprios comportamentos e os dos outros, porque tais comportamentos constituem uma grande parte do mundo. Mas nem sempre entendemos o que fazemos – não se pode dizer que nossas ações possam ser explicitamente compreendidas. Nossos padrões comportamentais são complexos em demasia, e a psicologia é uma ciência jovem. O escopo de nossa sabedoria comportamental ultrapassa a amplitude da nossa interpretação explícita. Agimos, até mesmo ensinamos, e ainda assim não entendemos. Como podemos fazer o que não conseguimos explicar?

Já vimos que podemos representar o que não entendemos – que obtemos conhecimento sobre a natureza do desconhecido (sobre o fato de que ele é eternamente ameaçador e promissor), observando o nosso comportamento em sua presença. Fazemos algo similar com relação ao mundo social e aos comportamentos que o compõem. Observamos como os outros agem – e imitamos, e aprendemos a agir, como consequência. Além disso, aprendemos a *representar* o mundo social – território explorado, em grande parte – observando as ações que nele ocorrem; explorando o mundo social em si. Essas representações são, em primeiro lugar, padrões de ações, e depois histórias – uma vez que a natureza dos padrões comportamentais tenha sido identificada e representada de maneira declarativa. Uma boa história retrata um padrão comportamental com uma grande "vastidão" de território válido. Conclui-se, portanto, que a maior de todas as histórias retrata o padrão de comportamento com o maior dos territórios concebíveis.

Nós imitamos e mapeamos comportamentos adaptativos – comportamentos que alcançam com eficácia um fim desejado – de modo a transformar o misterioso desconhecido no desejável e previsível; assim, os aspectos sociais e não sociais da nossa experiência permanecem sob nosso controle. Os comportamentos particulares que imitamos e representamos, organizados em uma unidade coerente, compartilhados com outros, constituem as nossas culturas; constituem a forma pela qual conferimos ordem à nossa existência. Nossos mapas de comportamento adaptativo contêm descrições do mundo no qual esse comportamento se manifesta – contêm descrições dos territórios explorado e não explorado –, bem como representações dos comportamentos em si. As histórias que a humanidade conta sobre o passado pessoal e histórico constituem expressões do conteúdo do sistema de memória declarativa, que é o sistema que sabe *o que*. Em geral, as histórias são contadas sobre objetos animados, seres emocionais, motivados, e podem ser consideradas descrições de comportamentos, incluindo antecedentes, consequências e contextos. As histórias contêm descrições dos resultados do sistema processual – que é o sistema que sabe *como* – e inferências (explícitas e implícitas) sobre a existência e a natureza dos fatores ("pressuposições" implícitas, não verbais e não declarativas), motivacionais e emocionais, que guiam e governam tais resultados. Logo, o sistema *saber o que* contém uma descrição verbal, imaginativa, complexa, social e historicamente construída (mas ainda um tanto quanto "inconsciente") das ações do sistema *saber como*. Essa descrição assume forma narrativa. A capacidade para tal representação emerge como consequência de um processo de desenvolvimento complexo e longo, que origina a ação e culmina na produção da capacidade para a cognição abstrata.

O sistema episódico, gerador de representações do mundo experiencial, contém um modelo elaborado do mundo fenomenológico, composto, em grande parte, por comportamentos humanos gerados pelo outro e pelo próprio eu, os fenômenos mais complexos e afetivamente relevantes no campo humano da experiência. Essa representação assume a forma imaginativa, dramática, depois narrativa, mítica, já que o modelo é construído na fantasia e depois descrito pelo sistema semântico. A "realidade" narrativa/mítica é o mundo, concebido na imaginação, constituído pela representação imagética do padrão comportamental central à "moralidade", e que se desenrola em um ambiente permanentemente caracterizado pela interação entre o conhecido e o desconhecido. Essa "realidade" é o mundo como lugar de ação, e não como "lugar de coisas objetivas".

> O mundo é um grande palco
> E os homens e as mulheres são atores.
> Têm as suas entradas e saídas,
> E o homem tem vários papéis na vida.[195, 196]

Antes do surgimento da metodologia empírica, que possibilitou a separação metódica de sujeito e objeto na descrição, o modelo do mundo continha inferências abstratas sobre a natureza da existência, derivadas, primariamente, de observações do comportamento humano. Em essência, isso significa que o homem pré-experimental observava a "moralidade" no seu comportamento e inferia (por meio do processo

---

[195] Shakespeare, W. (1952a), p. 608.
[196] Trecho de uma fala de Jaques na peça *Como Quiserem* (ato 2, cena 7), de William Shakespeare, na tradução de Barbara Heliodora (*Teatro Completo*, editora Nova Aguilar). (N. E.)

antes descrito) a existência de uma fonte ou base racional para essa moralidade na estrutura do próprio "universo". Claro que esse "universo" é *o campo experiencial* – afeto, imaginação e tudo o mais –, e não o mundo "objetivo" construído pela mente pós-empírica. Esse "modelo de realidade" pré-científico consistia, primordialmente, em representações narrativas de padrões comportamentais (e dos contextos que os cercam), e se preocupava sobretudo com a significância motivacional dos eventos e processos. Conforme esse modelo se tornava mais abstrato – conforme o sistema semântico analisava as informações apresentadas em formato narrativo, mas não entendidas –, o homem gerava hipóteses imaginativas sobre a natureza do comportamento humano ideal no ambiente arquetípico. Esse ambiente arquetípico era (é) composto por três domínios, que com facilidade se tornam três "personagens":

O *desconhecido* é território inexplorado, natureza, o inconsciente, força dionisíaca, o *id*, a deusa Grande Mãe, a rainha, a matriz, a matriarca, o receptáculo, o objeto a ser fertilizado, a fonte de todas as coisas, o estranho, o sensual, o estrangeiro, o local de retorno e descanso, a boca da terra, o ventre da besta, o dragão, a madrasta má, o profundo, o fecundo, a grávida, o vale, o abismo, a caverna, inferno, morte e túmulo, a lua (governante da noite e do escuro misterioso), a emoção incontrolável, a matéria e a terra.[197] Qualquer história que faça alusão a qualquer um desses fenômenos envolve todos eles de imediato. O túmulo e a caverna, por exemplo, conotam o aspecto destrutivo do maternal – dor, luto e perda, água profunda, e a floresta escura; por sua vez, a fonte na floresta (a água e a floresta em seu aspecto alternativo) evoca santuário, paz, renascimento e renovação.

O *conhecedor* é o explorador criativo, o ego, o Eu, o olho, o falo, o arado, o sujeito, o consciente, o iluminado ou *esclarecido*, o brincalhão, o bobo, o herói, o covarde; o espírito (em oposição à matéria, em oposição ao dogma); o sol, filho do desconhecido e do conhecido (filho da Grande Mãe e do Grande Pai).[198] O personagem central de uma história deve desempenhar o papel de herói ou vilão; deve representar o sol (ou, como alternativa, o adversário – o poder que eternamente se opõe ao "domínio da luz").

O *conhecido* é território explorado, cultura, controle apolíneo, superego, a consciência, o racional, o rei, o patriarca, o velho sábio e o tirano, o gigante, o ogro, o ciclope, ordem, autoridade e peso esmagador da tradição, dogma, o céu diurno, o compatriota, a ilha, as alturas, os espíritos ancestrais e a atividade dos mortos.[199] A autoridade e seu perigo desempenham papéis centrais em contos interessantes porque a sociedade

---

[197] Neumann, E. (1954; 1955); Jung, C.G. (1976b; 1967b; 1968b; 1967a); Eliade, M. (1978b).
[198] Ibidem.
[199] Ibidem.

humana é hierárquica e o mundo social organizado é onipresente. A autoridade e o poder se manifestam, implícita ou explicitamente, em todas as relações humanas; não podemos viver – nunca vivemos – sem os outros. As relações de poder e a autoridade constituem uma constante eternamente desafiadora e necessária do domínio humano da experiência.

O desconhecido é *yang*, frio, escuro e feminino; o conhecido é *yin*, quente, brilhante e masculino; o conhecedor é o homem vivendo no *Tao*, no fio da navalha, no caminho reto e estreito, na estrada apropriada, no significado, no reino dos Céus, no topo da montanha, crucificado nos galhos da árvore do mundo – é o indivíduo que voluntariamente cria o espaço entre a natureza e a cultura. A interpretação das palavras em relação a esses protótipos (desconhecido, conhecedor, conhecido) é complicada por seu significado mutável: *Terra*, por exemplo, é o desconhecido (feminino) em relação ao Céu, mas o conhecido (masculino) em relação à água; *dragão* é, ao mesmo tempo, feminino, masculino e sujeito. Essa capacidade de mudança dos significados não é ilógica, só não é "apropriada".[200] O significado transforma a si mesmo interminavelmente pela mudança no contexto interpretativo – é, em parte, determinado por esse contexto (essa estrutura de referência, essa história). A mesma palavra em duas frases – uma irônica, por exemplo, a outra direta – pode ter dois significados diferentes, até mesmo opostos. De forma similar, uma frase tirada do contexto do parágrafo pode ser interpretada de maneira inteiramente estranha à intenção do autor. A admissão da propriedade do significado dependente de contexto não é ilógica ou indicativa de raciocínio negligente, nem tampouco primitiva – é apenas o reconhecimento de que o contexto determina a significância. Entretanto, a dependência do contexto dificulta a interpretação de um determinado símbolo – sobretudo quando removido de seu entorno ou meio culturalmente construído.

O desconhecido, o conhecido e o conhecedor compartilham de uma tremenda bivalência afetiva: o domínio da natureza, a Grande Mãe, contém tudo o que é criativo e destrutivo, pois criação e destruição estão ligadas de maneira integral. O velho deve ser destruído para abrir caminho para o novo; a fonte misteriosa de todas as coisas (isto é, o desconhecido) também é seu destino final. Outrossim, o domínio da cultura, o Grande Pai, é simultânea e incessantemente tirania e ordem, pois a segurança do indivíduo e da propriedade é sempre obtida à custa da liberdade absoluta. O sujeito eterno, homem, o conhecedor, encontra-se, de igual modo, em conflito: o pequeno deus da terra também é um verme mortal, corajoso e covarde, heroico e traiçoeiro, possuidor de um grande e

---

[200] Brown, R. (1986).

perigoso potencial, conhecedor do bem e do mal. O desconhecido, por definição, não pode ser descrito. O conhecido é muito complicado para ser entendido. O conhecedor – o ser humano individual consciente – desafia, da mesma forma, a própria capacidade de compreensão. No entanto, a interação entre essas "forças" fundamentalmente insondáveis constitui o mundo no qual agimos e ao qual devemos nos adaptar. Configuramos nosso comportamento de acordo com ele; as categorias naturais[201] que usamos para apreender o mundo refletem essa configuração.

> O Tao existia antes de seu nome,
> e a partir de seu nome os opostos evoluíram,
> dando origem a três divisões,
> e depois a nomes abundantes.
> Essas coisas acolhem receptivamente,
> alcançando a harmonia interna,
> e por meio de sua unidade criam
> o mundo interior do homem.[202]

O mundo mitológico – o mundo enquanto drama, história, instância de ação – parece ser composto de três elementos constitutivos e um "quarto" que precede, segue e cerca estes três. Esses elementos, no que talvez seja seu padrão mais fundamental de inter-relação, são retratados na Figura 2.15: Os Elementos Constitutivos da Experiência. Essa figura pode ser conceitualizada como três discos empilhados uns sobre os outros, "repousando" em um fundo amorfo. Esse fundo – o caos, fonte final e destino de todas as coisas – envolve o "mundo" e inclui tudo o que agora é separado e identificável: sujeito e objeto; passado, presente e futuro; "consciente" e "inconsciente"; matéria e espírito. A Grande Mãe e o Grande Pai – os pais do mundo (território inexplorado e explorado, respectivamente; natureza e cultura) – podem ser utilmente considerados a "prole" primordial do caos primevo. A Grande Mãe – o desconhecido, como se manifesta na experiência – é a deidade feminina que dá à luz e a tudo devora. Ela é o imprevisível tal como é encontrado, e por isso é caracterizada, de forma simultânea, pelas extremas valências positiva e negativa. O Grande Pai é a ordem anteposta ao caos; a civilização erguida contra a natureza, com o auxílio da natureza. Ele é a força benevolente que protege os indivíduos do encontro catastrófico com o que ainda não é entendido; são os muros que cercaram o Buda durante seu amadurecimento e que encapsularam o

---

[201] Brown, R. (1986); Rosch, E. et al. (1976); Lakoff, G. (1987).
[202] Lao-Tsé (1984a).

Éden hebraico. Mas, em contrapartida, o Grande Pai é o tirano que proíbe o surgimento (ou até mesmo a existência hipotética) de algo novo. O Filho Arquetípico é o filho da ordem e do caos – cultura e natureza –, sendo, portanto, claramente seu fruto. No entanto, de modo paradoxal, sendo a deidade que separa a Terra (mãe) do Céu (pai), ele também é o processo que dá origem a seus pais. Essa situação paradoxal surge porque a existência da ordem definida e do território inexplorado definido em oposição a essa ordem só pode vir a existir à luz da consciência, que é a faculdade que conhece (e não conhece). O Filho Arquetípico, assim como seus pais, tem um aspecto positivo e um aspecto negativo. O aspecto positivo reconstrói de maneira contínua o território definido como consequência da "assimilação" do desconhecido (como consequência da união "incestuosa" (isto é, "sexual" – leia-se *criativa*) com a Grande Mãe). O aspecto negativo rejeita ou destrói qualquer coisa que não entenda ou não vá entender.

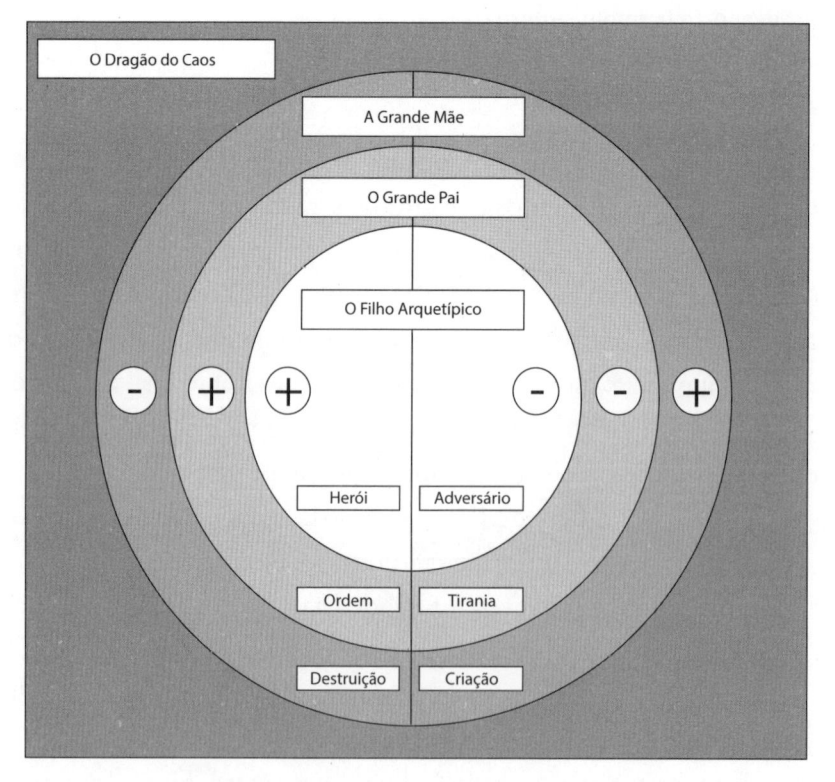

Figura 2.15: Os Elementos Constitutivos da Experiência

A Figura 2.16: Os Elementos Constitutivos Positivos da Experiência, Personificados[203] retrata a *Virgem Abrideira*, uma escultura francesa do século XV que representa os "elementos constitutivos do mundo" de forma personificada e exclusivamente

---

[203] *Vierge Ouvrante*, reproduzida como placa em 177, em Neumann, E. (1955).

positiva. A personificação desse tipo é regra; a exclusão categórica ou a inclusão de acordo com a valência (todos os elementos "maus"; todos os elementos "bons") é quase tão comum. Afinal, todas as coisas *positivas* são razoavelmente apreendidas como similares ou idênticas — assim como todas as coisas *negativas*. É em parte por essa razão que o terror do desconhecido, a tirania do Estado e o aspecto perverso do homem são "contaminados" uns pelos outros — é por esse motivo que o demônio e o desconhecido são percebidos com facilidade como tais. Da perspectiva cristã padrão, *A Virgem Abrideira* é uma obra estranha, pois retrata Maria, a "mãe de Deus", como superior a Deus, o Pai, e a Cristo, o filho. Contudo, essa posição superior é perfeitamente válida segundo uma perspectiva mitológica mais geral (embora não exclusivamente válida). Cada "elemento constitutivo da experiência" pode ser considerado progenitor, ou prole, com relação a qualquer outro (como os pais do mundo dão à luz o filho divino; como o filho divino separa os pais do mundo; como a ordem deriva do caos; como o caos é definido pela ordem). Então, a "sequência geracional" cristã mais familiar (que pode ser Deus → Maria → Cristo) é apenas uma das muitas configurações "válidas" (e sequer é a única que caracteriza o cristianismo).

Figura 2.16: Os Elementos Constitutivos Positivos da Experiência, Personificados

O mundo da experiência é composto pelo conhecido – território explorado – em paradoxal justaposição com o desconhecido – território inexplorado. Noções arcaicas da "realidade" pressupõem que o mundo familiar é um espaço sagrado, cercado pelo caos (povoado por vários demônios, répteis, espíritos e bárbaros – nenhum dos quais *distinguível de fato*). O mundo da ordem e do caos pode ser considerado o palco para o homem – para os aspectos gêmeos do homem, a saber: o aspecto que questiona, explora e transforma (que voluntariamente expande o domínio e a estrutura da ordem, da cultura) e o aspecto que se opõe a tais questionamento, exploração e transformação. A grande história é, portanto, o bem *versus* o mal, encenada contra o infindável fluxo do ser, conforme for simbolizado. As forças do "bem" têm um caráter eterno (da mesma forma que os objetos platônicos são representados, eternos, no espaço supracelestial); infelizmente, o mesmo ocorre com as forças do mal. Essa eternidade existe porque todos os membros da espécie *Homo sapiens* são, em essência, equivalentes, iguais perante Deus: damos por nós como criaturas vulneráveis, mortais, atiradas em um universo curvado à nossa criação e proteção – e à nossa transformação e destruição. Nossa "atitude" perante este universo ambivalente pode assumir apenas uma das duas formas prototípicas: positiva ou negativa. A natureza precisa dessas duas formas (que só podem ser consideradas "personalidades" complexas) e do contexto em que elas operam, o que constitui o tema central do mito (e, ouso afirmar, o tema apropriado das humanidades e belas-artes).

A análise de uma série de mitos – série que, eu argumentaria, está na base da civilização ocidental em si – deve tornar esses tópicos forçosamente autoevidentes. Começaremos por uma discussão sobre o *Enuma Eliš*. Essa história mesopotâmica da criação, elaborada de forma detalhada e complexa ao longo de muitos séculos, é o mito cosmogônico completo mais antigo ao nosso dispor. Passaremos dos sumérios para a cosmologia egípcia antiga; depois, a partir desses exemplos específicos, faremos uma discussão mais geral sobre a representação mitológica.

O *Enuma Eliš*: Um Exemplar Abrangente da Categorização Narrativa

Em geral, os mitos da criação são considerados tentativas primitivas ou supersticiosas de exercer a mágica da ciência moderna. Presumimos que os nossos ancestrais estavam tentando fazer o mesmo que nós quando construímos nossas teorias cosmológicas e descrevemos a geração do mundo objetivo. Essa pressuposição está errada. Nossos ancestrais não eram tão ingênuos quanto achamos, e suas teorias da geração do cosmos não eram uma mera ciência primitiva. As teorias arcaicas da criação tentavam explicar a existência do mundo experienciado em sua totalidade (ou seja, incluindo o *significado*), e não apenas o fato isolado da existência do mundo material. O mundo experienciado em sua totalidade é feito das coisas materiais com as quais estamos familiarizados e das valências que consideramos epifenomênicas; dos objetos da experiência e do sujeito que passa pela experiência. O mundo criado nos mitos arcaicos da criação é fenomenológico em vez de material – ele inclui todos os aspectos da experiência, contemplando aquelas coisas que agora consideramos apenas subjetivas. A mente arcaica ainda não tinha aprendido a esquecer o que era importante. Logo, as histórias antigas da criação do mundo se concentram em toda a realidade, e não só nesses aspectos distantes e abstratos que consideramos puramente objetivos.

A ciência pode ser considerada a "descrição do mundo com relação aos aspectos que são consensualmente compreensíveis" ou a "especificação do modo mais eficiente de se alcançar um fim (dado um fim definido)". A narrativa – mais fundamentalmente, o mito – pode ser considerado, de forma mais precisa, a descrição do mundo conforme o que ele *significa* (para a *ação*). O universo mítico é um *lugar para agir*, não um *lugar para compreender*. Assim, o mito descreve as coisas em termos de sua valência afetiva única ou compartilhada, seu valor, sua significância motivacional. Se pudermos contar (ou encenar) uma história sobre algo, pode-se afirmar que mapeamos essa coisa, ao menos em parte. Contamos histórias sobre o desconhecido, o conhecedor e o conhecido, e por isso podemos dizer, de modo um tanto paradoxal, que nos adaptamos ao imprevisível, ao *fato* de que podemos nos adaptar ao imprevisível e ao próprio território explorado, onde tudo se tornou seguro. Embora o desconhecido seja verdadeiramente desconhecido, pode-se considerar que ele tenha características estáveis, de forma geral. Essas características são reveladas nas ações que executamos em resposta ao surgimento de coisas inesperadas.

O mundo conforme experienciado é composto por todas as coisas que nos são familiares e que classificamos de acordo com a sua relevância, por todas as coisas com as quais não estamos familiarizados e que têm uma relevância toda própria, e pelo processo que faz a mediação entre elas, transformando o não familiar em familiar e, às vezes, tornando o estranho, previsível. O domínio do não familiar pode ser considerado a fonte última de todas as coisas, uma vez que geramos todo o nosso conhecimento determinado por consequência da exploração do que não entendemos. Contudo, o processo de exploração deve ser igualmente considerado seminal, pois nada familiar pode ser gerado a partir do imprevisível na ausência da ação e da concepção exploratórias. O domínio do conhecido – criado no processo de exploração – é o mundo familiar, terra firme, separado do mar maternal do caos. Esses três domínios constituem os pilares fundamentais do mundo do mito arcaico. Antes discutimos de maneira breve um arcaico mito de criação sumério que descreve o "mundo" como consequência da separação dos pais cósmicos, *An* (Céu) e *Ki* (Terra), por *En-lil*, seu filho e deus da atmosfera. Os antigos egípcios encaravam a situação de modo similar:

> Assim como muitas outras tradições, a cosmogonia egípcia tem início com o surgimento de uma montanha acima das águas primordiais. A aparição desse "Primeiro Lugar" acima da imensidão aquática significa o surgimento da Terra, mas também o início da luz, da vida e da consciência. Em Heliópolis, o lugar chamado de "Colina de Areia", que formava parte do templo do sol, era associado à colina primordial. Hermópolis era famosa por seu lago, do qual o lótus cosmogônico emergiu. Mas outras localidades tiraram vantagem do mesmo privilégio. De fato, cada cidade, cada santuário, era considerado um "centro do mundo", o lugar onde a Criação começou. Por vezes, a montanha inicial se torna a montanha cósmica na qual o faraó subia para encontrar o deus sol.
>
> Outras versões mencionam o ovo primordial, que continha o "Pássaro da Luz" [...], ou o lótus original que gerou o Sol Filho ou, por fim, a serpente primitiva, primeira e última imagem do deus Atum. (E, de fato, o capítulo 175 do *Livro dos Mortos* profetiza que quando o mundo retornar ao estado do caos, Atum se tornará a nova serpente. Em Atum, podemos reconhecer o Deus supremo e oculto, ao passo que Rá, o Sol, é sobretudo o Deus manifesto [...].) Os estágios da criação – cosmogonia, teogonia, criação dos seres humanos etc. – são apresentados de várias formas. De acordo com a teologia solar de Heliópolis, uma cidade situada no cume do Delta, o deus Rá-Atum-Khepri (as três formas do sol, meio-dia, ocaso e aurora, respectivamente) criou o primeiro casal divino, Shu (a Atmosfera) e Tefnut, que se tornaram os pais do deus Geb (a Terra) e da deusa Nut (o Céu). O demiurgo realizou o ato da criação se masturbando ou cuspindo. As expressões são ingenuamente grosseiras, mas seu significado é claro: as deidades nascem da própria substância do deus supremo. Assim como na tradição sumária, Céu e Terra foram unidos em um *hieros gamos* ininterrupto até o momento em que foram separados por Shu, o deus da atmosfera [em outras tradições similares, Ptah]. De sua união, nasceram Osíris e Ísis, Seth e Néftis [que serão discutidos depois].[204]

---

[204] Eliade, M. (1978b), p. 88-89.

Os mitos primordiais da criação tendem a retratar a origem das coisas como consequência de pelo menos um entre dois eventos relacionados. De forma simbólica, o universo nasce, por exemplo, como resultado da ação de uma deidade hermafrodita primeva. Ou, então, ele surge da interação entre espíritos ou princípios masculinos e femininos ligeiramente mais diferenciados (com frequência, a prole do deus mais primordial) – surgindo, por exemplo, da interação entre o Céu, associado (com mais frequência) ao pai, e a Terra (em geral, mas não invariavelmente, retratada como um personagem feminino). Imagens desse último exemplo continuam embutidas, de forma latente, no mito de criação mais antigo (Javista) no familiar livro do Gênesis, do Velho Testamento. A história javista começa no quarto versículo do segundo capítulo do Gênesis e descreve o Deus masculino soprando vida (espírito) na *adamah*, mãe Terra, criando, assim, o primeiro homem (hermafrodita), Adão.[205] Em relatos alternativos, mais vívidos e dramáticos – como o do *Enuma Eliš*, o mito de criação babilônico –, o demiurgo criador mata um dragão, ou uma serpente, e constrói o universo com as partes de seu corpo. As duas formas da história, muito diferentes em sua superfície, compartilham uma estrutura gramatical profunda, por assim dizer; utilizam metáforas que estão intimamente associadas, psicológica e historicamente, para passar sua mensagem fundamental:

> No hino de criação babilônico *Enuma Eliš* [("quando acima"),[206] de cerca de 650 a.C., na sua única forma existente; deriva de uma tradição com pelo menos dois mil anos de idade], o deus do mar de água doce, Apsu, foi morto, e sua viúva Tiamat, deusa das águas "amargas" ou salgadas, ameaçou os deuses de destruição. Marduk, o campeão dos deuses, matou Tiamat e a dividiu em duas, criando o Céu com uma metade e a Terra com a outra. De forma similar, a criação no Gênesis tem início com um "firmamento" separando as águas acima das águas abaixo, ambas sucedendo um mundo que era sem forma (*tohu*) e vazio, com as trevas cobrindo o abismo (*tehom*). As palavras hebraicas são consideradas etimologicamente relacionadas a Tiamat, e no Antigo Testamento há muitas outras alusões à criação como o ato de matar um dragão ou monstro.[207]

É fácil ou, pelo menos, parece fácil entender por que a mente pré-experimental pode, com frequência, ter associado a criação de tudo o que existe com a feminilidade – com a fonte de nova vida através do nascimento (de forma mais evidente, com a

---

[205] Ver Frye, N. (1990).
[206] Heidel, A. (1965).
[207] Frye, N. (1982), p. 146.

causa e a origem concreta de todas as coisas vivas). O papel do masculino na criação original – o papel desempenhado pelo "princípio masculino", sendo mais preciso – é, em comparação, mais difícil de compreender, assim como o papel do macho na procriação é menos óbvio. No entanto, o mais disseminado dos mitos da criação – e, sem dúvida, o mais forte e influente – reverte essencialmente o modelo padrão de origem mítica e dá ênfase especial ao elemento masculino. Na tradição judaico-cristã, a criação depende da existência e da ação do *Logos*, a consciência discriminatória ou o espírito exploratório, miticamente masculino, associado de modo inextricável à habilidade linguística – ao Verbo, como diz São João (naquilo que talvez tenha sido concebido para constituir a afirmação de abertura do Novo Testamento, estruturalmente paralela ao início do Gênesis):[208]

> No princípio era o Verbo e o Verbo estava com Deus e o Verbo era Deus. No princípio, ele estava com Deus. Tudo foi feito por meio dele e sem ele nada foi feito. O que foi feito nele era a vida, e a vida era a luz dos homens; e a luz brilha nas trevas, mas as trevas não a apreenderam (João 1,1-4).

A ênfase explícita colocada pela tradição judaico-cristã sobre a primazia da palavra e seus equivalentes metafóricos a torna única, de certa forma, no panteão dos mitos de criação. Os judeus primitivos foram, talvez, os primeiros a postular de forma clara que a atividade no domínio miticamente masculino do espírito estava ligada, de alguma forma integral, à construção e ao estabelecimento da experiência como tal. É impossível entender por que a tradição judaico-cristã tem um poder tão grande – ou compreender a natureza da relação entre a psique e o mundo – sem analisar a rede de significados que forma a doutrina da Palavra.

Existe um claro precedente psicológico para a filosofia dos primeiros judeus (e dos cristãos posteriores) nas escolas mesopotâmica e egípcia de especulação metafísica – em seus rituais, imagens e atos de representação verbal abstrata. O mito de criação mesopotâmico, que consideraremos em primeiro lugar – o *Enuma Eliš* –, retrata o surgimento do primeiro mundo como consequência da união (sexual, geradora, criativa) das deidades primitivas Apsu e Tiamat. Apsu, masculino, serviu como o *procriador* do Céu e da Terra, antes de sua identificação como tal (antes de serem nomeados). Tiamat, "ela, que deu à luz todos eles",[209] era a sua consorte. No início, Apsu e Tiamat existiam (?) indistinguíveis um do outro, "ainda misturados em suas

---

[208] Idem (1990).
[209] Tablet 1:4; Heidel, A. (1965), p. 18.

águas"[210] quando "nenhuma terra de pasto fora ainda formada, e nem mesmo um pântano de juncos podia ser vislumbrado; quando nenhum dos outros deuses tinha sido criado, quando eles não tinham ainda sido chamados pelos seus nomes, e seus destinos ainda não haviam sido determinados".[211] Sua união *ourobórica* serviu como a fonte da qual saíram estruturas e processos ou espíritos mais diferenciados, mas ainda fundamentais: "naquela época, foram os deuses criados com eles".[212] O "ovo pré-cosmogônico" "habitado" por Tiamat e Apsu deu origem ao "mundo dos deuses" inicial. Esse processo é retratado esquematicamente na Figura 2.17: O Nascimento do Mundo dos Deuses.

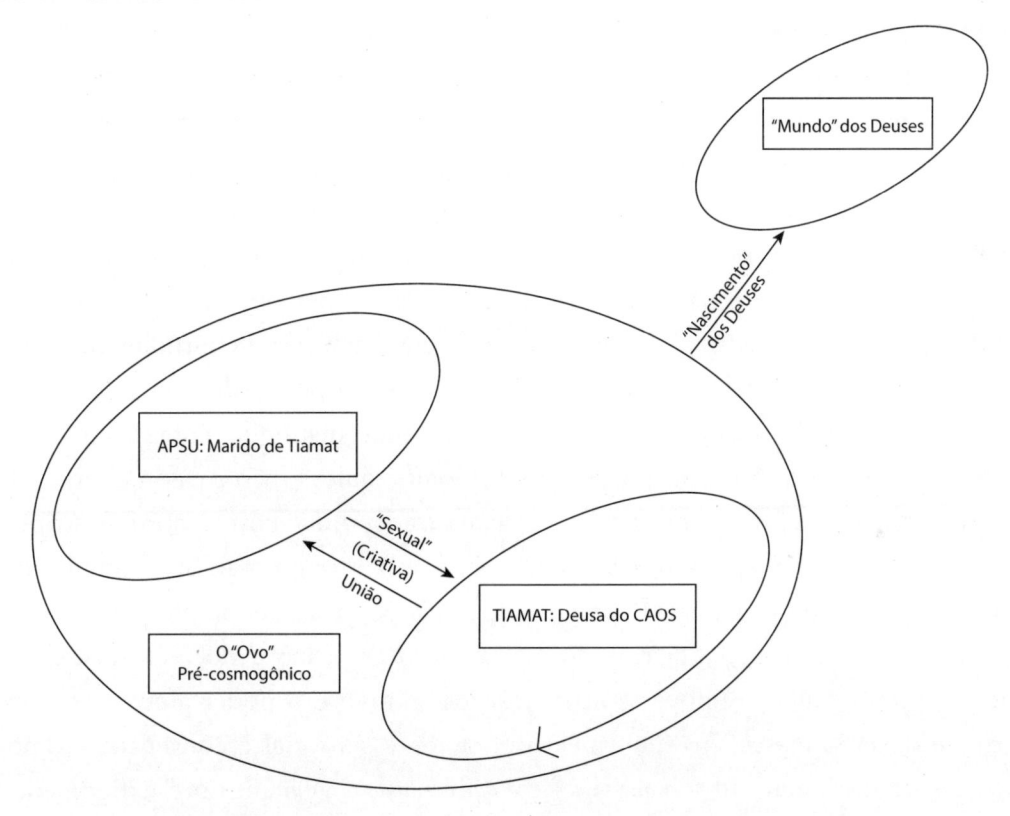

Figura 2.17: O Nascimento do Mundo dos Deuses

Os deuses mesopotâmicos – tais como as deidades em toda parte – são algo um pouco misterioso para a mente moderna. As culturas arcaicas estão repletas de deidades. Parece que somos incapazes de localizá-las agora. Ao que parece, elas não

---

[210] Tablet 1:5; Heidel, A. (1965), p. 18.
[211] Tablet 1:6-8; Heidel, A. (1965), p. 18.
[212] Tablet 1:9; Heidel, A. (1965), p. 18.

fazem parte do mundo externo objetivo. Assim, é tentador considerar esses seres como construções imaginativas, personificações de estados ou impulsos afetivos ou emocionais subjetivos, a forma encarnada da experiência subjetiva. Mas o termo "personificação" implica um ato voluntário – indica o uso consciente da metáfora, por parte do indivíduo levado a representar e que sabe estar representando. Contudo, não há indicação de que *seja um ato de criação consciente* a criar a deidade pré-experimental; na verdade, o contrário parece mais verdadeiro: é a "ação da deidade" que suscita o empenho criativo, como tal, por parte do sujeito criador. Logo, o deus deve ser mais do que um sujeito; mais do que a concepção narrativa original que o sujeito tem de si mesmo.

Os fenômenos que hoje descreveríamos como emoções ou forças motivadoras, à luz da perspectiva da nossa autoconsciência moderna, comparativamente diferenciada e aguçada, não parecem ter sido experienciados exatamente como "internos" em sua forma original. Pelo contrário, eles fizeram suas aparições como parte e parcela da experiência (o evento, ou sequência de eventos) que os originou, e adotaram a forma representacional inicial na personificação imaginativa. A ideia moderna de "estímulo" pode ser considerada um resquício rudimentar dessa forma de pensamento – uma forma que concede o poder do controle afetivo e comportamental ao objeto (ou que não consegue distinguir entre aquele que provoca uma resposta e a resposta em si). Como adultos, não pensamos mais de forma "anímica", exceto nos momentos mais fracos ou jocosos, porque atribuímos motivação e emoção a nossa própria ação, e não (em geral) ao estímulo que a origina de forma proximal. Podemos separar a coisa de sua implicação porque somos aprendizes e beneficiários do pensamento empírico e do método experimental. Conseguimos remover a atribuição do motivo e o poder afetivo do "objeto", e deixá-lo existir em seu aspecto puramente sensorial e consensual; somos capazes de distinguir entre *o que somos* e *o que o mundo é*. A mente pré-experimental não conseguia (não consegue) fazer isso, pelo menos não de forma consistente; ela não conseguia discernir, de forma confiável, *o objeto* de *seu efeito no comportamento*. São o objeto e seu efeito que, na totalidade, constituem um deus (mais precisamente, são uma *classe* de objetos e seus efeitos que constituem um deus).

Um deus, assim considerado – em específico, um deus potente e poderoso, dotado de uma história –, constitui o modo pelo qual um grupo ou família de estímulos de significância motivacional isomórfica se revela ou captura a imaginação coletiva (comunicada) de uma determinada cultura. Essa representação é uma combinação peculiar (do ponto de vista empírico posterior) de fenômenos psicológicos e sociológicos e "fatos" objetivos – uma mistura indistinguível de sujeito e objeto (de emoção e experiência sensorial), transpessoal por natureza (pois é uma "construção" historicamente elaborada e uma experiência imaginativa compartilhada). Mas, apesar disso, a deidade primitiva serve como representação precisa da base do ser, pois é afeto e subjetividade, bem como simples objeto (antes que ambos sejam destilados ou separados do modo adequado) – porque ela é *experiência* primordial, em vez de uma mera *coisa* primordial.

Assim, os "filhos originais de Tiamat e Apsu" – os "filhos mais velhos" – deveriam ser considerados personificações dos fenômenos intrapsíquicos e transpessoais arcaicos que suscitam a motivação humana, e também daqueles aspectos do mundo objetivo que ativam esses sistemas intrapsíquicos. Os sumérios consideravam-se destinados a "vestir e alimentar" tais deuses porque se viam como servos, em certo sentido, do que chamaríamos de forças instintivas, "provocadas" pelo "ambiente". De forma razoável, essas forças podem ser consideradas da mesma forma que os sumérios as consideravam – como deidades habitando um "lugar supracelestial", existente desde antes da aurora da humanidade. A atração erótica, por exemplo – um deus poderoso –, tem uma história desenvolvimental que antecede o surgimento da humanidade, está associada aos "estímulos" liberadores relativamente "inatos" (aqueles que caracterizam a beleza erótica), tem um poder terrível e possui uma existência que "transcende" a de qualquer indivíduo que esteja "possuído" em dado momento. *Pã*, o deus grego da natureza, produzia/representava o medo (produzia "pânico"); *Ares*, ou o *Marte* romano, a fúria bélica e a agressão. Nós não personificamos mais esses "instintos", exceto para fins de ornamentação literária; então, não pensamos neles como "existentes" em um "lugar" (como o Céu, por exemplo). Mas a ideia de que esses instintos habitam um espaço – e de que guerras ocorram nesse espaço – é uma metáfora de extrema força e utilidade explanatórias. As forças de motivo transpessoal guerreiam umas com as outras durante vastos períodos de tempo; cada uma é forçada a chegar a um acordo com seus poderosos "oponentes" na hierarquia intrapsíquica. As batalhas entre os diferentes "caminhos de vida" (ou diferentes filosofias) que eternamente caracterizam as sociedades humanas podem ser utilmente visualizadas como um combate realizado por diferentes padrões de valor (e, portanto, por diferentes hierarquias de motivação). As "forças" envolvidas nessas guerras não perecem, pois são "imortais": os seres humanos agindo como "peões dos deuses" durante tais ocasiões não são tão afortunados.

Voltando ao *Enuma Eliš*: as deidades secundárias/patriarcais do panteão celestial mesopotâmico – incluindo os casais *Lahmu* e *Lahamu* e *Kishar* e *Anshar* – surgiram como consequência direta das interações da "unidade" sexualizada original de Tiamat e Apsu, o mais primevo dos casais. Esse ovo pré-cosmogônico não diferenciado (uma metáfora comum em outros mitos da criação) "contém" uma junção entre "ordem" (o princípio "masculino") e "caos" (o princípio "feminino"). Essa junção são os "pais do mundo", presos em "abraço criativo" (são espírito e matéria, concebidos alternativamente, ainda "uma coisa"). A união de Tiamat e Apsu origina filhos – os instintos primordiais ou forças da vida que, por sua vez, engendram seres mais individualizados. O *Enuma Eliš* em si não gasta muito tempo dando substância às características específicas dessas forças da vida, pois se preocupa com questões mais gerais. Lahmu e Lahamu e Kishar e Anshar são personagens incidentais, servindo apenas como intermediários entre os protagonistas reais do drama – Marduk, um deus temporão, individualizado, e Tiamat, sua mãe traidora. Assim, Kishar e Anshar servem apenas de progenitores de *Anu*, que por sua vez "gerou *Ea*",[213] seu semelhante, "o mestre de seus pais",[214] "repleto de entendimento, sábio, de força poderosa, muito mais forte que seu avô, Anshar",[215] sem "rival entre os deuses seus irmãos".[216]

Os deuses mais velhos servem apenas para se reproduzir e agir de forma barulhenta. Suas algazarras e movimentações incessantes aborrecem os pais divinos; perturbam "as partes íntimas de Tiamat".[217] Então, Tiamat e Apsu conspiram para "devorar" seus filhos. Essa é uma ocorrência mitológica comum; ela ecoou depois na história de Iahweh, Noé e o Dilúvio. Os deuses dão à luz o cosmos, mas sempre tentam destruí-lo.

Contudo, Ea vem a saber da trama de seus pais e mata Apsu – e, acrescentando o insulto à injúria, constrói uma casa sobre os seus restos mortais (e dá à casa o nome de Apsu, como zombaria ou recordação). Para essa casa, ele traz a noiva, *Damkina*, que logo dá à luz Marduk, o herói da história, "o mais sábio dos sábios, o mais sábio dos deuses",[218] investido de "impressionante majestade".[219] Quando Ea viu seu filho:

---

[213] *Ea* também é conhecido como Nudimmud, no texto original. Usei a primeira denominação aqui por questão de simplificação.
[214] Tablet 1:17; Heidel, A. (1965), p. 18.
[215] Tablet 1:18-19; Heidel, A. (1965), p. 18.
[216] Tablet 1:20; Heidel, A. (1965), p. 18.
[217] Tablet 1:23; Heidel, A. (1965), p. 19.
[218] Tablet 1:80; Heidel, A. (1965), p. 21.
[219] Tablet 1:86; Heidel, A. (1965), p. 21.

> Ele se alegrou, ele sorriu, seu coração se encheu de alegria.
> Ele o distinguiu e lhe conferiu dupla equidade com os deuses,
> E assim foi altamente exaltado e os superou em tudo.
> Engenhosamente organizados, além da compreensão, eram seus membros,
> Inadequados para o entendimento humano, difíceis de se olhar.
> Quatro eram seus olhos, quatro eram suas orelhas.
> Quando seus lábios se mexiam, labaredas eram lançadas.
> Cada uma das suas quatro orelhas cresceu muito,
> E também os seus olhos, para tudo observar.
> Ele foi exaltado entre os deuses, sua forma era insuperável;
> Seus membros eram gigantescos, era insuperável em altura.
> Mariyutu, Mariyutu:
> Filho do deus sol, o deus sol dos deuses![220]

Marduk é caracterizado pelas associações metafóricas da consciência. Ele possui capacidades sensoriais exageradas; suas palavras são caracterizadas pelo poder criativo e destrutivo (pela capacidade transformadora do fogo). Ele é o "deus sol", acima de tudo, o que significa que ele é assimilado como (ou, para ser mais específico, ocupa o mesmo "espaço categórico" de) "vista", "visão", "iluminação", "esclarecimento", "aurora", a "eliminação da escuridão" e a "morte da noite".

No meio de toda essa ação – planos de guerra, morte, nascimento –, *Anu* (avô de Marduk, pai de Ea) se ocupa com a geração dos quatro ventos. Seu trabalho ergue ondas sobre a superfície das águas ocupadas por Tiamat e as subdeidades primárias/matriarcais (não identificadas antes) que (aparentemente) a acompanham lá. Essa nova intrusão a incomoda para além do tolerável, estando já irritada pelo barulho de sua prole e pela morte do marido. Ela decide livrar o universo dos deuses mais velhos (secundários/patriarcais) de uma vez por todas, e começa a produzir horríveis "soldados" para auxiliá-la na batalha:

> [...] gerando serpentes monstruosas
> De dentes afiados e abundantes presas.
> Com veneno ao invés de sangue ela preencheu seus corpos.
> Dragões ferozes ela vestiu com terror,
> Ela os coroou com glória assustadora e os fez semelhantes a deuses,
> De tal modo que quem os vir perecerá de terror.[221]

---

[220] Tablet 1:90-102; Heidel, A. (1965), p. 21-22.
[221] Tablet 1:133-138; Heidel, A. (1965), p. 23.

A furiosa Tiamat – o desconhecido, caos, no seu aspecto terrível ou destrutivo – produz onze espécies de monstros para ajudá-la na batalha – entre eles, a víbora, o dragão, o grande leão, o cão raivoso, o homem-escorpião e o demônio da tempestade. Ela elege a primeira cria, de nome *Kingu*, para reinar sobre todos eles, dando-lhe "a tábua dos destinos"[222] para simbolizar sua ascensão e domínio. A história continua:

> Depois que Tiamat fez grandes preparativos,
> Ela estava pronta para se juntar à batalha com os deuses, sua progênie.
> Para vingar Apsu, Tiamat fez esse mal.
> A Ea foi revelado que ela se preparava para o ataque.
> Quando Ea soube disso,
> Ficou entorpecido pelo medo e sentou-se em tristeza silente.
> Depois que refletiu sobre o assunto e sua ira abrandou,
> Ele foi até Anshar, seu [tatar]avô.
> E, ao chegar na presença de Anshar, seu [tatar]avô.
> Comunicou-lhe tudo aquilo que Tiamat planejara.[223]

Agora, conquanto Apsu não seja bem descrito no *Enuma Eliš*, fica claro que ele é o consorte masculino de Tiamat. O consorte "masculino" da "deusa do desconhecido" é inevitavelmente o "deus do conhecido" (ou seu "progenitor" e dependente, o *conhecedor*). É o "conhecido" que serve como proteção do desconhecido, seja ele entendido ou não. Ea mata Apsu, o que significa que ele inconscientemente se despe da proteção.

Assim, Ea poderia ser razoavelmente considerado um representante dessa parte da humanidade eternamente (e ignorantemente) desdenhosa da tradição e disposta a enfraquecer ou destruir o passado sem entender sua necessidade ou natureza. Aqueles que se encontram "inconscientemente" protegidos do mundo exterior pelos muros da cultura poderão ficar irritados com as limitações que esses muros representam e, de forma imprudente, derrubá-los. Essa arte da destruição, disfarçada de sopro de liberdade, permite que o terrível desconhecido volte a inundar tudo. A Grande Mãe é uma força terrível na ausência de proteção patriarcal. O *Enuma Eliš* salienta esse aspecto fundamental de forma implícita. Essa condição é representada de forma esquemática na Figura 2.18: A "Morte" de Apsu e o (Res)surgimento de Tiamat como Ameaça.

---

[222] Tablet 1:156; Heidel, A. (1965), p. 24.
[223] Tablet 2:1-10; Heidel, A. (1965), p. 25.

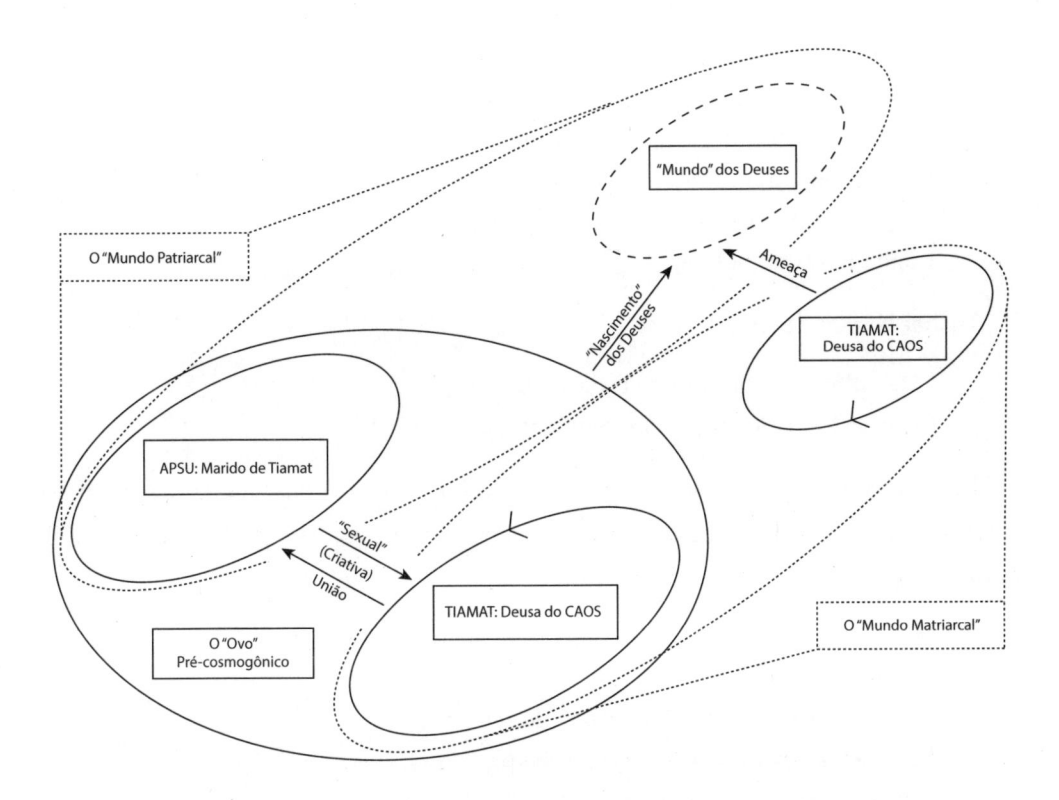

Figura 2.18: A "Morte" de Apsu e o (Res)surgimento de Tiamat como Ameaça

Anshar está terrivelmente transtornado com a notícia da fúria de Tiamat. Ele exorta Ea a atacar Tiamat. Ea fracassa, merecidamente, e Anshar envia Anu em seu lugar. Ele também é derrotado e retorna dominado pelo terror. Em desespero, e como última esperança, Anshar e Ea convocam Marduk, o jovem deus sol:

> Ea chamou Marduk para a sua sala particular;
> Ele o aconselhou, revelando-lhe os planos em seu coração:
> "Marduk, considera a minha ideia, ouve o teu pai.
> Tu és ele, meu filho, que alivia seu coração;
> Aproxima-te da presença de Anshar, pronto para a batalha;
> Fala e te apresenta; quando ele o vir, ficará tranquilo".
> [Marduk] ficou feliz com as palavras de seu pai;
> Ele se aproximou e se apresentou a Anshar.
> Quando Anshar o viu, seu coração se encheu de alegria;
> Ele beijou seus lábios, seu medo foi eliminado.
> "Anshar, não fiques em silêncio, mas abre os teus lábios;
> Eu irei e realizarei tudo o que está em teu coração!

> Que homem é esse que trouxe a guerra contra ti?
> Tiamat, que é uma mulher, vem armada contra ti!
> Meu pai, criador, fica feliz e alegra-te;
> Logo pisarás no pescoço de Tiamat!
> Sim, meu pai, criador, fica feliz e alegra-te;
> Logo pisarás no pescoço de Tiamat!"

Anshar responde:

> "Meu filho, conhecedor de toda a sabedoria,
> Silencia Tiamat com teu encantamento sagrado".[224]

As "palavras mágicas" de Marduk (lembre-se: quando fala, ele lança labaredas) são clara e razoavelmente retratadas como uma das armas mais poderosas na batalha contra as forças do caos. Anshar continua:

> "Na biga da tempestade rapidamente segue o caminho!
> [...] vira as costas dela!"
> O senhor ficou feliz com a palavra de seu pai;
> Seu coração exultou, e ele disse a seu pai:
> "Senhor dos deuses, destino dos grandes deuses,
> Se eu de fato serei seu vingador,
> Para derrotar Tiamat e mantê-lo vivo,
> Convoque a assembleia e *proclame meu destino supremo* [ênfase dada.]
> Quando estiverem alegremente sentados juntos na Corte da Assembleia,
> Possa eu por meio do discurso da minha boca determinar os destinos ao invés do senhor.
> O que eu criar permanecerá inalterado,
> O comando dos meus lábios não retornará [...], não será mudado".[225]

Alexander Heidel, que fez a tradução do *Enuma Eliš* citada aqui, comenta:

> Marduk exige autoridade suprema e incontestada como preço por arriscar sua vida no combate com Tiamat. Portanto, quando os deuses, no festival de Ano-Novo [ver discussão abaixo], convocaram a Corte da Assembleia, "eles serviram com reverência" a Marduk, "rei dos deuses do Céu e da Terra", e nesse espírito decidiram os destinos. Os deuses, de fato, "continuam a determinar os destinos muito depois de Marduk receber os poderes que aqui ele deseja";[226]

---

[224] Tablet 2:96-117; Heidel, A. (1965), p. 28-29.
[225] Tablet 2:118-129; Heidel, A. (1965), p. 29-30.
[226] Jacobsen, T. (1943).

mas a decisão final permaneceu com Marduk, de modo que, em última análise, foi ele quem decidiu os destinos.[227]

Esse é um exemplo da "organização hierárquica dos deuses", um conceito não raro encapsulado na mitologia e ao qual retornaremos. Todos os filhos originais de Tiamat são deuses mais velhos, poderosos e impessoais, "forças psicológicas" – as "deidades" que eternamente governam ou constituem a motivação e o afeto humanos. A questão da ordenação apropriada dessas forças (*"quem*, ou *o que*, deve governar?") é o problema central da moralidade e o problema primário enfrentado por indivíduos humanos e organizações sociais. A "solução" suméria para esse problema foi a elevação de Marduk – o deus sol que voluntariamente enfrenta o caos – à posição de "rei" (e a subjugação dos outros deuses a esse "rei"):

> Anshar abriu sua boca
> E endereçou estas palavras a Kaka, seu vizir:
> "Kaka, meu vizir, que muito alegrou meu coração,
> Para Lahmu e Lahamu te enviarei;
> Tu sabes como discernir e és capaz de relatar.
> Porque os deuses, meus pais, serão trazidos perante mim.
> Deixa-os trazer todos os deuses até mim!
> Deixa-os conversar e sentar para o banquete.
> Deixa-os comer pão e preparar o vinho.
> De Marduk, o vingador deles, deixa-os decretar o destino.
> Pode ir, Kaka, vá e apresenta-te perante eles.
> Repete diante deles o que estou prestes a dizer.
> Anshar, teu filho, me enviou.
> O comando de seu coração ele me encarregou de transportar,
> Dizendo: Tiamat, nossa progenitora, nos odeia.
> Ela fez uma reunião e se irritou furiosamente.
> Todos os deuses penderam para seu lado;
> Mesmo aqueles que vós criastes marcham ao lado dela.
> Eles se separaram e ficaram do lado de Tiamat;
> Eles estavam com raiva, eles tramaram, sem descansar dia ou noite;
> Eles aceitaram a luta, enfurecidos e encolerizados;
> Eles fizeram uma reunião e planejaram o conflito.
> Mãe Hubur [Tiamat], que dá forma a todas as coisas,
> Acrescentou assim armas irresistíveis, gerando serpentes monstruosas

---

[227] Heidel, A. (1965), p. 30-31.

De afiados dentes e abundantes presas.
Com veneno ao invés de sangue ela preencheu seus corpos.
Dragões ferozes ela vestiu com terror,
Ela os coroou com glória assustadora e os fez semelhantes a deuses.
De tal modo que quem os vir perecerá de terror,
De tal modo que seus corpos possam saltar para a frente e nenhum recuar.
Ela criou a víbora, o dragão e o *labumum*
O grande leão, o cão raivoso e o homem-escorpião,
Movendo tempestades de demônios, a libélula e o bisão,
Portando armas abundantes, sem medo da batalha.
Poderosos e irresistíveis são seus decretos.
Ao todo, onze monstros desse tipo ela criou.
Daqueles entre os deuses, seu primeiro filho, que formou sua assembleia,
Ela exaltou Kingu; entre os seus ela o tornou grande.
Para marchar à frente do exército, para dirigir as forças,
Para levantar armas para o combate, para lançar o ataque,
O alto comando da batalha,
Ela confiou à sua mão; ela o fez se sentar na assembleia, dizendo:
Lancei um feitiço sobre ti, fiz-te grande na assembleia dos deuses.
O domínio sobre todos os deuses coloquei em tua mão.
Sejas tu grandemente exaltado, tu meu único esposo!
Que teus nomes se tornem maiores que os de Anunnaki!
Ela deu a ele a tábua dos destinos, ela a prendeu em seu peito, dizendo:
'Quanto a ti, teu comando não será alterado, a palavra de tua boca será confiável!'
Agora, após Kingu ter sido exaltado e recebido o domínio supremo,
Eles decretaram os destinos dos deuses, filhos dela, dizendo:
'Que o abrir de nossas bocas silencie o deus-fogo!
Que vosso veneno esmagador vença a noite inimiga!'
Enviei Anu, mas ele não pôde enfrentá-la.
Ea também ficou com medo e retornou.
Então Marduk, o mais sábio dos deuses, seu filho, apresentou-se.
Seu coração o impeliu a enfrentar Tiamat.
Ele abriu sua boca e disse para mim:
'Se eu de fato serei seu vingador,
Para derrotar Tiamat e mantê-lo vivo,
Convoque a assembleia e proclame meu destino supremo.
Quando estiverem alegremente sentados juntos na Corte da Assembleia,
Possa eu por meio do discurso da minha boca determinar os destinos ao invés do senhor.

O que eu criar permanecerá inalterado,
O comando dos meus lábios não retornará nulo, não será alterado.'
Apressai-vos para mim, então, e rapidamente preparai para ele o seu destino,
Que ele possa ir encontrar seu inimigo poderoso!".[228]

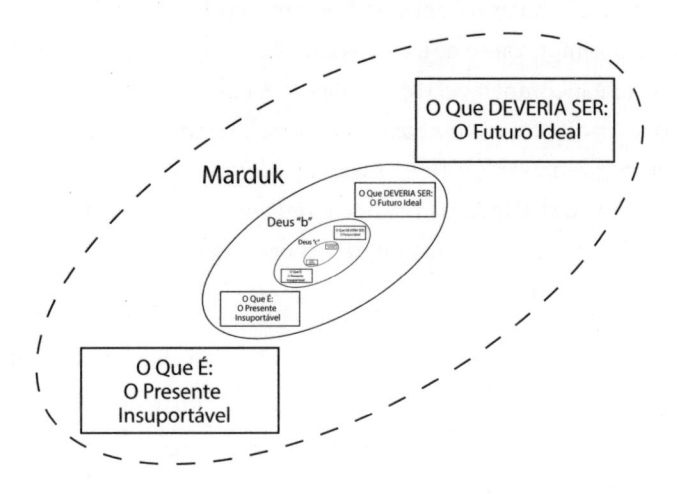

Figura 2.19: "Mundo" dos Deuses: Organização Hierárquica

A "organização hierárquica dos deuses" é representada esquematicamente na Figura 2.19: "Mundo" dos Deuses: Organização Hierárquica, que retrata Marduk como a personalidade superior ou o padrão de ação, "concebido" para transformar o presente insuportável em futuro desejado. O *Enuma Eliš* declara essencialmente: "Quando as coisas estão normais, qualquer deus pode governar. Contudo, no caso de uma verdadeira crise, todos recorrem ao deus sol (a personificação da 'consciência'). Assim, talvez seja razoável presumir que ele deveria sempre reinar, supremo". A "formulação" dessa "hipótese" foi um insuperável golpe de gênio e uma jogada decisiva na história da mente ocidental.

O vizir Kaka segue seu caminho, conforme ordenado, e espalha a palavra entre as deidades mais velhas (secundárias/patriarcais), que se reúnem para contemplar a batalha iminente:

> Eles vieram à presença de Anshar e ocuparam a Corte da Assembleia;
> Eles beijaram uns aos outros enquanto se reuniam na assembleia;
> Eles conversaram e se sentaram para o banquete.
> Eles comeram pão e prepararam vinho.
> O doce vinho dissipou seus medos;

---
[228] Tablet 3:1-66; Heidel, A. (1965), p. 30-33.

> Seus corpos incharam enquanto ingeriam a bebida forte.
> Excessivamente despreocupados estavam, seu espírito estava exaltado;
> De Marduk, seu vingador, eles decretaram o destino.
> Erigiram para ele um suntuoso estrado para o trono,
> E ele ocupou seu lugar perante os pais para receber a soberania.
> "Tu és o mais importante entre os grandes deuses,
> Teu destino é incomparável, teu comando é como o de Anu.
> Deste dia em diante, teu comando não será alterado.
> Para exaltar e rebaixar – este será o teu poder!
> Confiável será o discurso da tua boca, teu comando não será em vão.
> Nenhum dentre os deuses infringirá tua prerrogativa."[229]

Os deuses colocam "a indumentária cheia de estrelas do céu noturno"[230] no meio deles. Ao comando da boca de Marduk – mediante sua palavra –, ela aparece; ao seu comando, ela desaparece, "como o céu noturno na passagem do sol".[231] De forma inequívoca, Marduk faz parte do panteão que derrota pela eternidade o dragão da noite. A história continua:

> Quando os deuses, seus pais, contemplaram o poder de sua palavra,
> Eles ficaram felizes e fizeram uma homenagem, dizendo: "Marduk é rei!"
> Eles lhe concederam o cetro, o trono e o manto real;
> Eles lhe deram uma arma inelutável para golpear o inimigo, dizendo:
> "Vá e acabe com a vida de Tiamat.
> Que os ventos carreguem o sangue dela para longe dos caminhos".
> Após os deuses, seus pais, terem determinado o destino de [Marduk],
> Eles o lançaram na estrada – no caminho para o sucesso e a conquista.[232]

Marduk reúne seus armamentos – arco, clava e raio –, reveste-se de chamas e tece uma rede para envolver Tiamat. Ele é um mestre do fogo e das armas – isto é, um mestre da tecnologia que serve fundamentalmente para transformar o mundo desconhecido e aterrorizante em algo confortável, produtivo e familiar. Ele é capaz de enlaçar o desconhecido; limitar sua esfera de ação, e colocá-lo sob controle. Ele desperta os ventos e a tempestade para auxiliá-lo, usando as forças da natureza contra ela própria. Ele veste uma cota de malha aterrorizante e usa na cabeça um "elmo

---

[229] Tablet 3:131-138, 4:1-10; Heidel, A. (1965), p. 35-36.
[230] Conforme Campbell, J. (1964), p. 82.
[231] Ibidem.
[232] Tablet 4:27-34; Heidel, A. (1965), p. 37-38.

capaz de instilar o terror". Assim cuidadosamente preparado e prevenido contra o veneno, ele pega o "caminho direto" até Tiamat. De forma voluntária, ele confronta a novidade (reemergente) na ocasião da sua escolha, após cuidadosa preparação, e sem hesitar. Sua mera aparição instila terror no coração de *Kingu* e em sua legião de monstros (assim como Cristo, muito tempo depois, aterroriza o Demônio e seus seguidores). Marduk confronta Tiamat, acusa-a de traição e a desafia para a batalha.

> Quando Tiamat soube disso
> Ela entrou em um frenesi e perdeu a razão.
> Tiamat gritava alto e furiosamente,
> Até as próprias raízes de suas pernas balançavam para frente e para trás.
> Ela entoa um encantamento, repetidamente lançando seu feitiço;
> Quanto aos deuses da batalha, eles afiam as suas armas.
> Tiamat e Marduk, o mais sábio dos deuses, avançaram um contra o outro;
> Eles se arrojaram para o combate mano a mano, aproximaram-se para a batalha.[233]

Marduk preenche Tiamat com um "vento nocivo" que distende sua barriga. Quando ela abre a boca para devorá-lo, ele lança uma flecha que rasga suas partes internas e dilacera seu coração. Ele a subjuga por completo, derruba sua carcaça e fica em pé sobre ela. Seu encontro voluntário com as forças do desconhecido produz uma vitória decisiva. Ele arrebanha os subordinados dela – entre eles, Kingu, de quem toma a tábua dos destinos – e os prende com a rede. Então, ele se volta para Tiamat:

> O senhor pisou no dorso de Tiamat,
> E com a clava poderosa rachou seu crânio.
> Ele cortou as artérias de seu sangue
> E fez com que o vento Norte as levasse para longe dos caminhos [...].
> Ele a cindiu em duas partes como a um mexilhão.
> Metade ele posicionou para formar o céu (com ela) como um telhado.
> Ele afixou a trave e colocou vigilantes;
> A eles ordenou que não deixassem as águas escaparem.
> Ele cruzou os céus e examinou as regiões.
> Ele se colocou diante de Apsu, a moradia de Ea.
> O senhor mediu as dimensões de Apsu,
> E uma grande estrutura ele estabeleceu, chamada Esharra [Terra].[234]

---

[233] Tablet 4:87-94; Heidel, A. (1965), p. 40.
[234] Tablet 4:129-144; Heidel, A. (1965), p. 42-43.

Marduk, então, constrói a ordem celestial, criando o ano, definindo os doze signos do zodíaco, determinando o movimento das estrelas, dos planetas e da lua.[235] Por fim, ele se digna a criar o homem (a partir de Kingu, o maior e mais culpado dos aliados de Tiamat), de modo que "sobre ele serão impostos os serviços dos deuses, para que estes possam estar em repouso";[236] depois, Marduk retorna os deuses aliados às suas moradias celestiais apropriadas. Gratos, eles lhe dão um presente:

> Agora, ó Senhor, que estabeleceste a nossa liberdade do serviço compulsório,
> Qual será o sinal de nossa gratidão perante ti?
> Vamos, permita-nos fazer algo cujo nome será "Santuário".
> Será uma moradia para o nosso descanso à noite; vamos, permita-nos repousar lá![237]

A moradia é a Babilônia, centro da civilização, espaço sagrado mítico, perpetuamente dedicada a Marduk.

A narrativa mítica do *Enuma Eliš* descreve a natureza da relação eterna entre a fonte (incognoscível) de todas as coisas, os "deuses" que governam a vida humana e o sujeito ou processo que constrói determinada experiência por meio do encontro voluntário com o desconhecido. A "história completa" apresentada no mito de criação sumério é retratada esquematicamente na Figura 2.20: O *Enuma Eliš* em Representação Esquemática. Tiamat é retratada ao mesmo tempo como a coisa que gera tudo (como mãe de todos os deuses); como aquilo que destrói todas as coisas; como a consorte do princípio espiritual patriarcal, de quem a criação também depende (Apsu); e, por fim, como a coisa que é despedaçada pelo herói que constrói o mundo. Marduk, o "filho" caçula do instinto, é o herói que voluntariamente enfrenta o poder criativo/destrutivo que constitui o "lugar" do qual todas as coisas emergem. Ele é a deidade marcial, exemplar para a cultura do Ocidente, que violentamente trincha o desconhecido em pedaços, e constrói o mundo previsível a partir desses pedaços.

---

[235] O papel de Iahweh na criação é considerado de forma similar em relação à Raabe ou Leviatã – a serpente a partir da qual o mundo é construído. Isaías 51,9 afirma, por exemplo: "Desperta, desperta! Mune-te de força, ó braço de Iahweh! Desperta como nos dias antigos, nas gerações de outrora. Por acaso não *és* tu aquele que despedaçou Raabe, que trespassou o Dragão?". O Salmo 74 contém várias passagens comparáveis (14-17): "tu esmagaste as cabeças do Leviatã / dando-o como alimento às feras selvagens. / Tu abriste fontes e torrentes, / tu fizeste secar rios inesgotáveis; // o dia te pertence, e a noite é tua, / tu firmaste a luz e o sol, / tu puseste todos os limites da terra, / tu formaste o verão e o inverno".

[236] Tablet 6:8; Heidel, A. (1965), p. 46.

[237] Tablet 6:49-51; Heidel, A. (1965), p. 48.

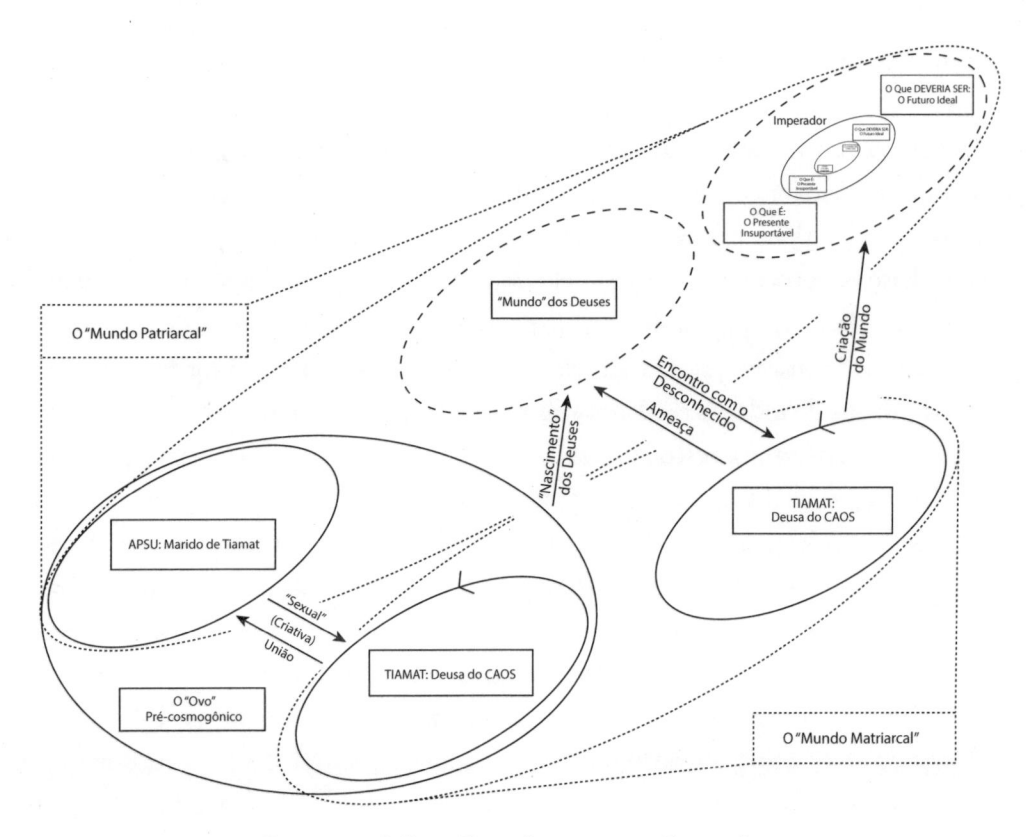

Figura 2.20: O *Enuma Eliš* em Representação Esquemática

Essa história contém uma noção complexa e sofisticada de causalidade. Nenhum dos seus elementos existe em contradição com qualquer outro, embora cada um deles ressalte aspectos distintos do mesmo processo. Algo deve existir, antes da construção das coisas identificáveis (algo que não pode ser imaginado na ausência de um sujeito). Essa coisa pode ser retratada de maneira útil como a "mãe devoradora de tudo". Entretanto, os elementos particulares, familiares e discrimináveis da experiência humana existem tal como são porque o sujeito consciente pode detectá-los, construí-los e transformá-los. Logo, o papel do "filho herói" no "nascimento" das coisas é tão primal quanto o da mãe, embora essa parte seja um pouco mais difícil de compreender. Ainda assim, os sumérios conseguem representar isso de forma narrativa. É um passo relativamente pequeno a partir desse retrato dramático/imagético do herói para a doutrina cristã mais explícita do *Logos* – a Palavra criadora (e de lá para nossa noção de "consciência").

A história mítica de Marduk e Tiamat se refere à capacidade do indivíduo de explorar voluntariamente e criar coisas como consequência disso. O herói divide o mundo do imprevisível – território inexplorado, simbolizado por Tiamat – em seus elementos distinguíveis; tece uma rede de significado determinado, capaz de englobar o vasto desconhecido; personifica a essência "masculina" divina, cuja característica mais importante é a capacidade de transformar o caos em ordem. O assassinato de um monstro totalizante e a construção do universo com as partes do seu corpo são uma representação simbólica (metafórica) do processo central e adaptativo do encontro heroico com o desconhecido não diferenciado e a consequente construção ou geração da ordem diferenciada. Esse é o processo, emulado pelo imperador da Mesopotâmia (que ritualmente personificava Marduk), que serviu de base para a sua autoridade – e que, de fato, *serve para reforçar a ideia da autoridade legal até o presente*. A identificação do imperador mesopotâmico com a mais divina de todas as deidades (de acordo com o julgamento e a eleição daqueles poderes idênticos) lhe emprestou poder e serviu para manter a ordem social e psicológica entre seu povo. Além disso, o imperador mesopotâmico manteve com seu povo a mesma relação que Marduk manteve com ele: como modelo ritual para emulação, como a personalidade cujas ações serviram de padrão para todas as ações realizadas no reino – como a personalidade que era o Estado, *na medida em que o Estado definia e ordenava as interações interpessoais* (que, afinal de contas, era e é sua função primária). Assim, a Babilônia era conceitualizada como "o reino de deus na Terra" – ou seja, como uma imitação profana do Céu. O imperador servia a esse "Céu imitado" como o "imitador de Marduk", pelo menos enquanto fosse conservador, justo, corajoso e criativo. Eliade comenta sobre a sacralidade do soberano mesopotâmico e descreve os rituais concebidos para manter essa sacralidade:

> Na Babilônia, o *Enuma Eliš* era recitado no templo no quarto dia do festival de Ano-Novo. Esse festival, chamado de *zagmuk* ("início do ano") em sumério e *akitu* em acádio [obs.: os sumérios e os acádios se uniram para formar a Babilônia], ocorria durante os primeiros doze dias do mês de Nisan. Ele compreendia várias sequências, das quais mencionaremos as mais importantes: (1) um dia de expiação para o rei, correspondente ao "cativeiro" de Marduk; (2) a libertação de Marduk; (3) os combates rituais e uma procissão triunfal, encabeçada pelo rei, até o *Bit Akitu* (a casa do festival de Ano-Novo), onde um banquete era realizado; (4) o *hieros gamos* [casamento místico] do rei com uma hierodula [escrava/prostituta sagrada] personificando a deusa; e (5) a determinação dos destinos pelos deuses.[238]

O significado de determinada terminologia e a natureza das últimas duas sequências devem ser esclarecidos aqui:

Em primeiro lugar (com relação ao item 4), deve-se observar que *hieros gamos* significa *casamento místico* – o casamento do rei e da rainha ou deusa. Esse casamento proporciona a representação dramática da união da tendência exploratória (encarnada

---

[238] Eliade, M. (1978b), p. 73-74.

pelo rei) com o aspecto positivo do desconhecido, encarnado pela *hierodula*. Marduk (o rei) é originalmente "silenciado", simbolizando seu desaparecimento temporário (ver a descrição de Osíris abaixo) durante as operações normais ou rotineiras do Estado. Ele é libertado para encontrar Tiamat; ele o faz por meio da união sexual. Essa união sexual (leia-se criativa) – a justaposição do processo do saber, personificado pelo rei (Marduk), com o desconhecido, personificado por Tiamat (encarnada pela *hierodula*) – é o que dá origem à geração de novas informações e padrões de adaptação. Desse modo, o processo de geração de conhecimento é assimilado pelo domínio da união sexual como o processo criativo primordial. Em geral, a deidade do caos, ou o desconhecido, aparece mais como feminina (e como metade negativa e metade positiva) uma vez que a divisão inicial entre ordem e caos tenha sido estabelecida. A *atribuição* da feminilidade a essa deidade, por assim dizer, ocorre mais fundamentalmente porque o desconhecido serve como a matriz a partir da qual determinadas formas nascem. A atribuição negativa (Tiamat serve de exemplo) existe porque o desconhecido tem um aspecto destrutivo; o positivo (a *hierodula* aqui, *Ísis* no mito egípcio de *Osíris*, *Maria* no cristianismo), porque o desconhecido é também criativo ou gerador.

Em segundo lugar (com relação ao item 5), deve-se observar que o rei (em sua encarnação como deus) servia para "determinar os destinos" porque ele era tanto herói – modelo ritual para emulação – quanto regente absoluto. Como tais, ele literalmente controlava os destinos individuais, atuando, assim, na prática e na representação, como o indivíduo mais poderoso na sociedade e a "estratégia" mais dominante na hierarquia de adaptação comportamental. No entanto, o que não podia determinar por lei, ele devia oferecer via exemplo criativo (já que o "corpo das leis", como personificação da sabedoria passada, é insuficiente para lidar com os desafios do presente). Essa ideia é desenvolvida de forma muito mais explícita pelos egípcios, como veremos. De volta à história de Eliade:

> A primeira sequência desse cenário mítico-ritual – a humilhação do rei e o cativeiro de Marduk – indica a regressão do mundo ao caos pré-cosmogônico. No santuário de Marduk, o alto sacerdote removia os emblemas do rei (cetro, anel, cimitarra e coroa) e batia em seu rosto. Então, ajoelhado, o rei emitia uma declaração de inocência: "Eu não pequei, ó senhor das terras, não fui negligente com relação à tua divindade". O alto sacerdote, falando em nome de Marduk, respondia: "Não tenha medo... Marduk ouvirá tua prece. Ele aumentará teu domínio".
>
> Nesse ínterim, as pessoas procuravam por Marduk, que supostamente estava "em silêncio na montanha" (uma fórmula indicando a "morte" de uma deidade) [...] [em consequência de uma descida] "longe do sol e da luz".

Quando o mundo "regressa" ao "caos pré-cosmogônico", o herói está sempre ausente. Afinal, o herói é a encarnação do processo por meio do qual o caos é transformado em ordem. Se o caos leva a melhor, isso ocorre, por definição, devido à atual escassez de heroísmo. Logo, pode-se afirmar que a reaparição da Grande Mãe, em sua aparência terrível, a morte do Grande Pai (que serve de proteção contra a esposa criativa e destrutiva) e a ausência do herói (que transforma caos em ordem) representam, todos, diferentes formas de se contar a mesma história – a história que descreve um *desequilíbrio fatal nos poderes dos elementos constitutivos da experiência*. Eliade prossegue, descrevendo a "redescoberta" ou ressurgimento de Marduk.

[...] Por fim, ele era entregue e os deuses se reuniam (ou melhor, suas estátuas eram reunidas) para determinar os destinos. (Esse episódio corresponde, no *Enuma Eliš*, à ascensão de Marduk ao posto de deus supremo). O rei conduzia a procissão ao Bit Akitu, um edifício situado fora da cidade [*fora do domínio da civilização, ou ordem*]. A procissão representava o exército dos deuses avançando contra Tiamat. De acordo com a inscrição de Sennacherib, podemos supor que a batalha primordial era mimetizada com o rei personificando Assur (o deus que substituíra Marduk). O *hieros gamos* ocorria após o retorno do banquete no Bit Akitu. O último ato consistia na determinação dos destinos para cada mês do ano. Ao ser "determinado", o ano era *criado ritualmente*, isto é, a boa fortuna, a fertilidade e a riqueza do novo mundo recém-nascido eram garantidas [...].

O papel do rei no *akitu* é insuficientemente conhecido. Sua "humilhação" corresponde ao regresso do mundo ao caos e ao cativeiro de Marduk na montanha. O rei personifica o deus na batalha contra Tiamat e no *hieros gamos* com uma hierodula. Mas a identificação com o deus nem sempre é indicada; como vimos, durante a sua humilhação, o rei se dirige a Marduk. Mesmo assim, a sacralidade do soberano mesopotâmico é amplamente documentada [...].

Embora o rei reconhecesse a sua geração terrena, ele era considerado um "filho de deus" [...]. Essa descida dúplice transformou o rei no intermediário supremo entre deuses e homens. O soberano representava o povo perante os deuses, e era ele quem expiava os pecados de seus súditos. Por vezes, ele precisava ser morto pelos crimes de seu povo; esse é o motivo pelo qual os assírios tinham um "substituto para o rei". Os textos proclamam que o rei vivera na companhia dos deuses no jardim fabuloso que contém a Árvore da Vida e a Água da Vida [...]. O rei é o "enviado" dos deuses, o "pastor do povo", nomeado por deus para estabelecer a justiça e a paz na Terra [...].

É possível afirmar que o rei compartilhava da modalidade divina, mas sem se tornar um deus. Ele *representava* o deus, e isso, nos níveis arcaicos da cultura, também implicava que ele era, de certa forma, aquele que personificava. De qualquer maneira, enquanto mediador entre o mundo dos homens e o mundo dos deuses, o rei mesopotâmico efetuava, na sua própria pessoa, uma união ritual entre as duas modalidades da existência, a divina e a humana. Foi em virtude dessa natureza dúplice que o rei era considerado, ao menos metaforicamente, o criador da vida e da fertilidade.[239]

Marduk, em sua manifestação como *Namtillaku*, também era "o deus que restaura a vida",[240] aquele que pode restaurar todos os "deuses arruinados, embora eles fossem sua própria criação; o senhor que, por encantamento sagrado, restitui os deuses mortos à vida".[241] Essa ideia ecoa por meio da antiga teologia egípcia, conforme descrito abaixo. Marduk também é *Namshub*, "o deus brilhante que ilumina nosso caminho"[242] – que, uma vez mais, assimila-o ao sol –, e *Asaru*, o deus da ressurreição, que "faz a erva verde crescer".[243] O que quer que Marduk representasse também era considerado central para a criação de rica abundância,[244] da misericórdia[245] e da justiça,[246] do amor familiar[247] e, o que é ainda mais interessante, para a "criação de coisas engenhosas" a partir do "conflito com Tiamat".[248] Com efeito, os mesopotâmicos se dirigiam a ele por cinquenta nomes diferentes. Cada nome correspondia a um atributo ou propriedade valiosa e independente (que, é provável, foram deuses distintos em algum momento), agora considerados claramente dependentes dele para existir. Parece evidente que a atribuição desses cinquenta nomes a Marduk tenha se dado em paralelo ao movimento rumo ao monoteísmo descrito no próprio *Enuma Eliš* (com todos os deuses se organizando voluntariamente sob o domínio do Marduk) e que tenha ocorrido na sociedade mesopotâmica, nos níveis humano e histórico. Pode-se afirmar que os mesopotâmicos "vieram a entender" (em ritual e imagem, pelo menos) que todos os processos de sustentação da vida que veneravam em representação eram aspectos secundários do processo exploratório/criativo/rejuvenescedor personificado por Marduk.

Um padrão similar de conceitualização ritual e secundária caracterizou a antiga sociedade egípcia. Na cosmologia egípcia mais remota (cerca de 2700 a.C.), o deus

---

[239] Ibidem, p. 74-76.
[240] Tablet 6:151; Heidel, A. (1965), p 52.
[241] Tablet 6:152-153; Heidel, A. (1965), p. 53.
[242] Tablet 6:155-156; Heidel, A. (1965), p. 53.
[243] Tablet 7:1-2; Heidel, A. (1965), p. 53.
[244] Tablet 7:21; Heidel, A. (1965), p. 54.
[245] Tablet 7:30; Heidel, A. (1965), p. 55.
[246] Tablet 7:39; Heidel, A. (1965), p. 55.
[247] Tablet 7:81; Heidel, A. (1965), p. 57.
[248] Tablet 7:112, 7:115; Heidel, A. (1965), p. 58.

Ptah, uma manifestação espiritualizada de *Atum*, a serpente que a tudo circunda, cria "por meio de sua mente (seu 'coração') e sua palavra (sua 'língua')".[249] Eliade afirma:

> Ptah é proclamado o deus maior, e Atum é considerado apenas o autor do primeiro casal divino. É Ptah "quem cria os deuses" [...].
>
> Em resumo, a teogonia e a cosmogonia são efetivadas pelo poder criativo do pensamento e da palavra de um único deus. Aqui, por certo nos deparamos com a expressão mais alta da especulação metafísica egípcia. Como John Wilson observa,[250] é *no início* da história egípcia que encontramos uma doutrina que pode ser comparada à teologia cristã do *Logos* [ou Palavra].[251]

Os egípcios "entenderam" que o consciente e a habilidade linguística eram vitais para a existência das coisas – precisamente tão vitais quanto a incognoscível matriz do seu ser. Essa ideia ainda não permeou por completo o nosso entendimento explícito (já que atribuímos a existência das coisas unicamente ao seu "substrato" material), apesar de sua centralidade para o pensamento cristão. Os egípcios viam Ptah – a palavra espermática – como o rei original ou primordial (leia-se "celestial"). Tal como na Mesopotâmia, em suma, ele cedeu esse poder no domínio terreno ao seu sucessor, o faraó (seu filho "real" ou "literal", do ponto de vista egípcio [já que o Faraó era visto *como* deus]). O poder criativo assim transferido era literalmente definido pelos egípcios como a habilidade de colocar ordem (*maᶜat*) "no lugar do Caos".[252] Eliade comenta:

> São os mesmos termos usados por Tut-ankh-Amon (Tutancâmon) quando ele restaurou a ordem após a "heresia" de Akh-en-Aton (Aquenáton), ou de Pepi II: "Ele colocou *maᶜat* no lugar da falsidade (da desordem)". De forma similar, o verbo *khay*, "brilhar", é usado indistintamente para descrever o surgimento do sol no momento da criação ou em cada aurora e a aparição do faraó na cerimônia de coroação, em festivais ou no conselho privado.
>
> O faraó é a encarnação de *maᶜat*, um termo traduzido como "verdade", mas cujo significado geral é "boa ordem" e, por conseguinte, "correção", "justiça". *Maᶜat* pertence à criação original; logo, ele reflete a perfeição da Era Dourada. Dado ele constituir a fundação do cosmos e da vida, *maᶜat* pode ser conhecido por cada indivíduo separadamente. Em textos de diferentes origens e períodos, há declarações como estas: "Estimule seu coração a conhecer *maᶜat*"; "Eu te faço conhecer a coisa de *maᶜat* no teu coração; que tu possas fazer o que é certo para

---

[249] Eliade, M. (1978b), p. 89.
[250] Em Pritchard, J.B. (1955), p. 4.
[251] Eliade, M. (1978b), p. 89-90.
[252] Ibidem, p. 91.

ti!". Ou: "Eu era um homem que amava *ma'at* e odiava o pecado. Pois eu sabia que ele (o pecado) é uma abominação para Deus". E, de fato, é Deus quem concede o conhecimento necessário. Um príncipe é definido como "aquele que sabe a verdade (*ma'at*) e a quem Deus ensina". O autor de uma oração para Rá clama: "Que tu possas dar *ma'at* ao meu coração!".

Enquanto *ma'at* encarnado, o faraó constitui o exemplo paradigmático para todos os seus súditos. Como o vizir Rekh-mi-Re (Rekhmire) expressa: "Ele é um deus que nos faz viver por seus atos". O trabalho do faraó garante a estabilidade do cosmos e do Estado, e, desse modo, a continuidade da vida. E, com efeito, a cosmogonia é repetida toda manhã, quando o deus solar "repele" a serpente Apófis, embora sem conseguir destruí-la; pois o caos (= a escuridão original) representa virtualidade; logo, ele é indestrutível. A *atividade política do faraó repete a proeza de Rá: ele também "repele" Apófis; em outras palavras, ele se certifica de que o mundo não retorne ao caos. Quando os inimigos aparecerem nas fronteiras, eles serão assimiliados por Apófis* [o deus do caos primordial], *e a vitória do faraó reproduzirá o triunfo de Rá* [ênfase nossa].²⁵³

As ideias de realeza, criatividade e renovação são apresentadas sob um viés diferente e mais sofisticado no mito central de Osíris, que serviu de base alternativa para a teologia egípcia.

A história de Osíris e seu filho *Hórus* é, de certo modo, muito mais complexa do que o mito de criação mesopotâmico ou a história de Rá, e descreve as interações entre os "elementos constitutivos da experiência" de forma bastante condensada. Osíris foi um rei primevo, uma figura ancestral legendária, que governou o Egito de modo sábio e justo. Seu irmão maligno, *Seth* – a quem Osíris não compreendia²⁵⁴ –, ergueu-se contra ele. A Figura 2.21: A Batalha entre Osíris e Seth no Domínio da Ordem retrata esse conflito como uma "guerra" no "domínio (celestial) da ordem". Seth mata Osíris (isto é, envia-o para o submundo) e desmembra seu corpo para que ele jamais seja "encontrado". A Figura 2.22: A Descida Involuntária e Desintegração de Osíris retrata a "descida involuntária e a desintegração" de Osíris e sua quase "existência" no submundo do caos.

---

²⁵³ Ibidem, p. 91-92. É de interesse adicional observar que os egípcios proibiram os estrangeiros de entrar em seus santuários, os quais eram "imagens microcósmicas do país"; egípcios nativos eram os únicos "habitantes legítimos" do Egito, o "primeiro país formado" e o "centro do mundo". Os estrangeiros traziam desordem (Eliade, M. [1978b], p. 90).

²⁵⁴ Eliade comenta: "Quando Hórus desceu ao outro mundo e ressuscitou Osíris, ele concedeu a ele o poder do 'saber'. Osíris era uma vítima fácil porque 'não sabia', não tinha conhecimento da verdadeira natureza de Seth [...]" (Eliade, M. [1978b], p. 100, nota 41). A história de Osíris é, em parte, uma parábola sobre os perigos da incapacidade de reconhecer o mal.

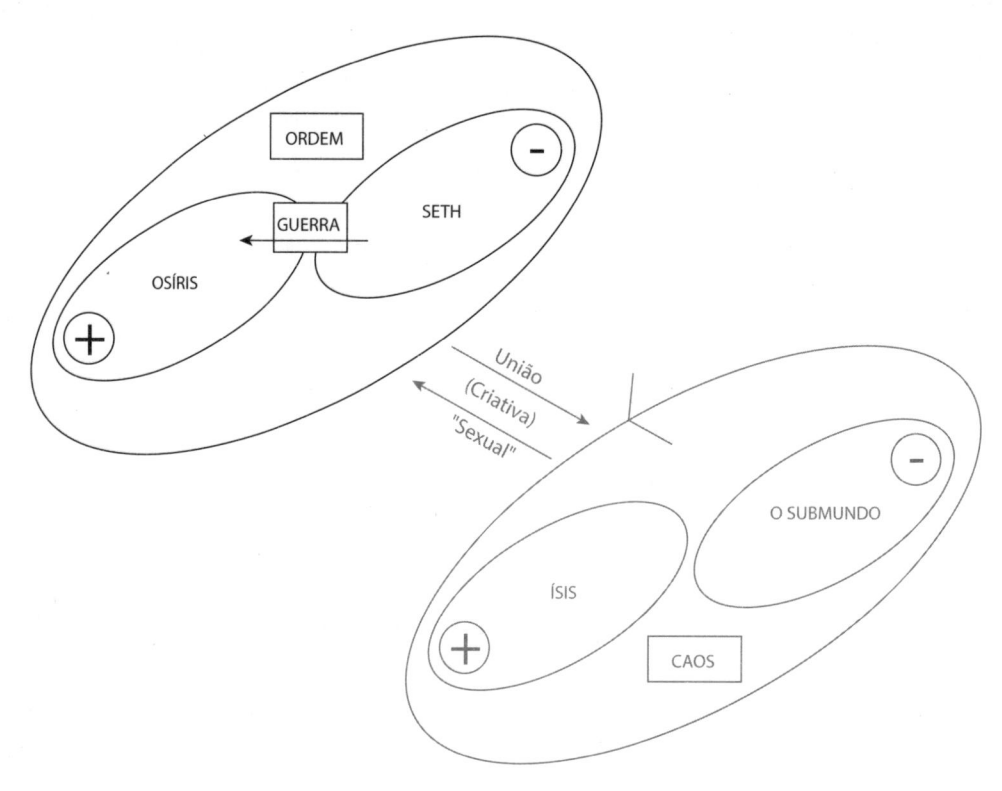

Figura 2.21: A Batalha entre Osíris e Seth no Domínio da Ordem

A morte de Osíris significa duas coisas importantes: (1) a tendência de uma ideia reinante (estática), um sistema de avaliação ou uma história particular — não importando quão magnífica ou apropriada tenha sido no início — tornar-se cada vez mais irrelevante com o tempo; e (2) os perigos que necessariamente se acumulam em um estado que "esquece" ou se recusa a admitir a existência da imortal deidade do mal. Seth, irmão e opositor do rei, representa o "gêmeo hostil" ou "adversário" mítico que eternamente se opõe ao processo do encontro criativo com o desconhecido; significa, termos alternativos, um padrão de adaptação caracterizado pela oposição absoluta ao estabelecimento da ordem divina. Quando esse princípio toma o controle — isto é, usurpa o trono —, o "rei legítimo" e seu reinado estão necessariamente condenados. Seth e figuras como ele — amiúde representadas nas narrativas como o "braço direito" corrupto ou o "conselheiro do outrora grande rei" — veem a própria existência humana com desprezo. Essas figuras são motivadas apenas a proteger ou avançar em sua posição na hierarquia do poder, mesmo quando a ordem predominante for claramente contraproducente. De forma inevitável, suas ações aceleram o processo de decadência endêmico a todas as estruturas. Osíris, embora grandioso, era profundamente ingênuo

– no mínimo, cego para a existência do mal "imortal". Essa cegueira e o descuido dela resultante causam (ou, pelo menos, aceleram) o falecimento de Osíris.

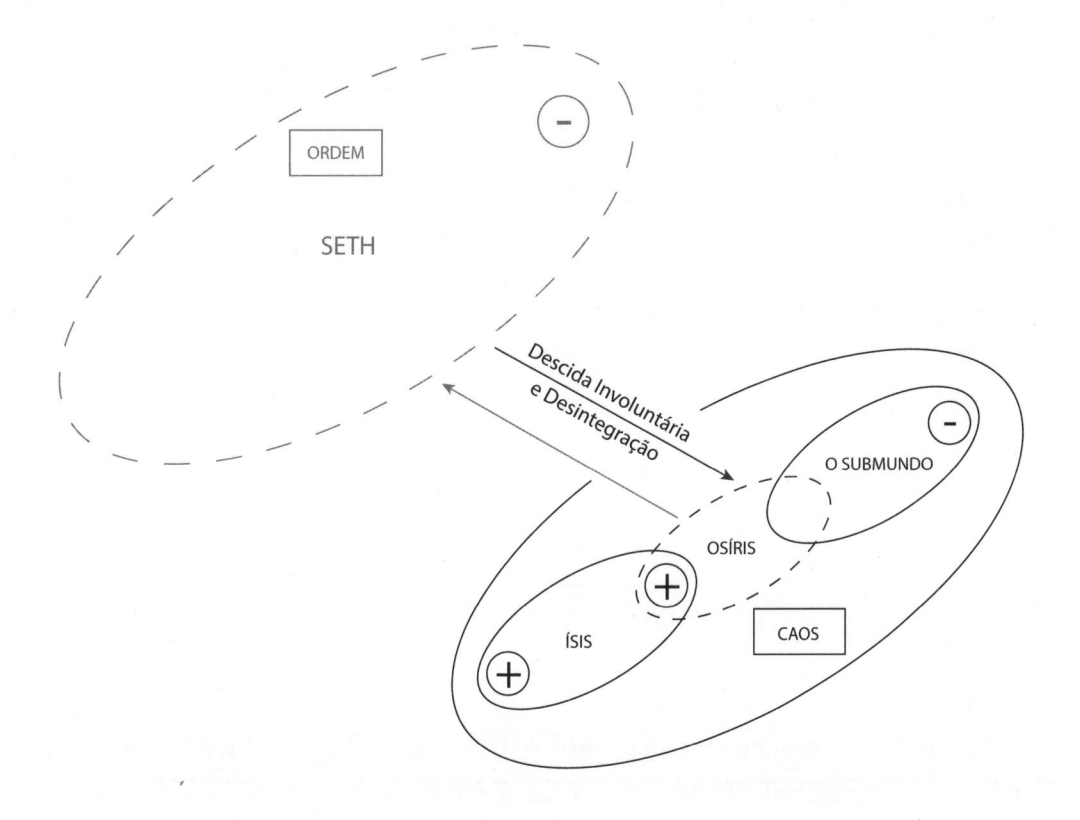

Figura 2.22: A Descida Involuntária e a Desintegração de Osíris

Osíris tem uma esposa, como convém ao "rei da ordem". Ísis, como equivalente mítico de Osíris, é representativa do aspecto positivo do desconhecido (tal como a *hierodula* no ritual de Ano-Novo mesopotâmico). Ela possui extraordinários poderes mágicos, como seria de se esperar, dado seu *status*. Ela reúne os pedaços espalhados de Osíris e engravida usando o seu falo desmembrado. Essa história tem um significado profundo: a degeneração do estado ou domínio da ordem e sua descida ao caos servem apenas para tornar frutífero esse domínio e "engravidá-lo". No caos se esconde um grande potencial. Quando uma grande organização se desintegra, é despedaçada, os pedaços ainda podem ser moldados de forma útil ou originar outra coisa (talvez algo mais vital e ainda maior). Assim, Ísis dá à luz um filho, Hórus, que retorna ao reino que é seu por direito para confrontar o tio maligno. Esse processo é representado de forma esquemática na Figura 2.23: O Nascimento e o Retorno de Hórus, Filho Divino da Ordem e do Caos.

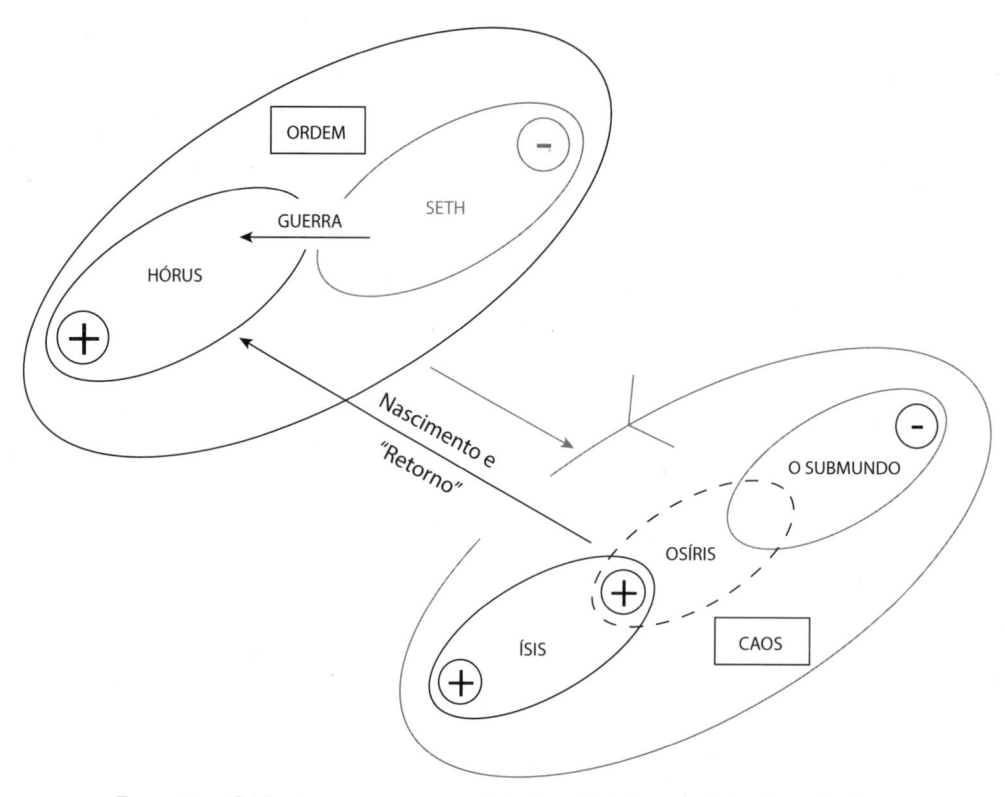

Figura 2.23: O Nascimento e o Retorno de Hórus, Filho Divino da Ordem e do Caos

Hórus trava uma difícil batalha contra Seth – pois as forças do mal são difíceis de derrotar – e perde um olho no processo. Não obstante, Seth é derrotado; Hórus recupera seu olho. A história poderia acabar aqui, a integridade narrativa intacta, com a merecida ascensão do agora inteiro e vitorioso Hórus ao trono. Contudo, Hórus faz o inesperado, descendo *voluntariamente* ao submundo para encontrar seu pai (conforme retratado esquematicamente na Figura 2.24: Encontro Voluntário com o Submundo). É a representação desse movimento – reminiscente da jornada voluntária de Marduk ao "submundo" de Tiamat – que constitui a contribuição brilhante e original da teologia egípcia.

Hórus descobre Osíris, subsistindo em um estado de torpor. Ele oferece o olho recuperado a seu pai – de forma que Osíris possa "ver" outra vez. Eles retornam, unidos e vitoriosos, e estabelecem um reino revitalizado. O reino do "filho e do pai" representa um progresso em relação ao reino exclusivo do pai ou do filho, na medida em que ele une a sabedoria do passado (isto é, dos mortos) conquistada a duras penas à capacidade adaptativa do presente (isto é, dos vivos). O (re)estabelecimento e a melhoria do domínio da ordem são esquematicamente representados na Figura 2.25: Ascensão e Reintegração do Pai.

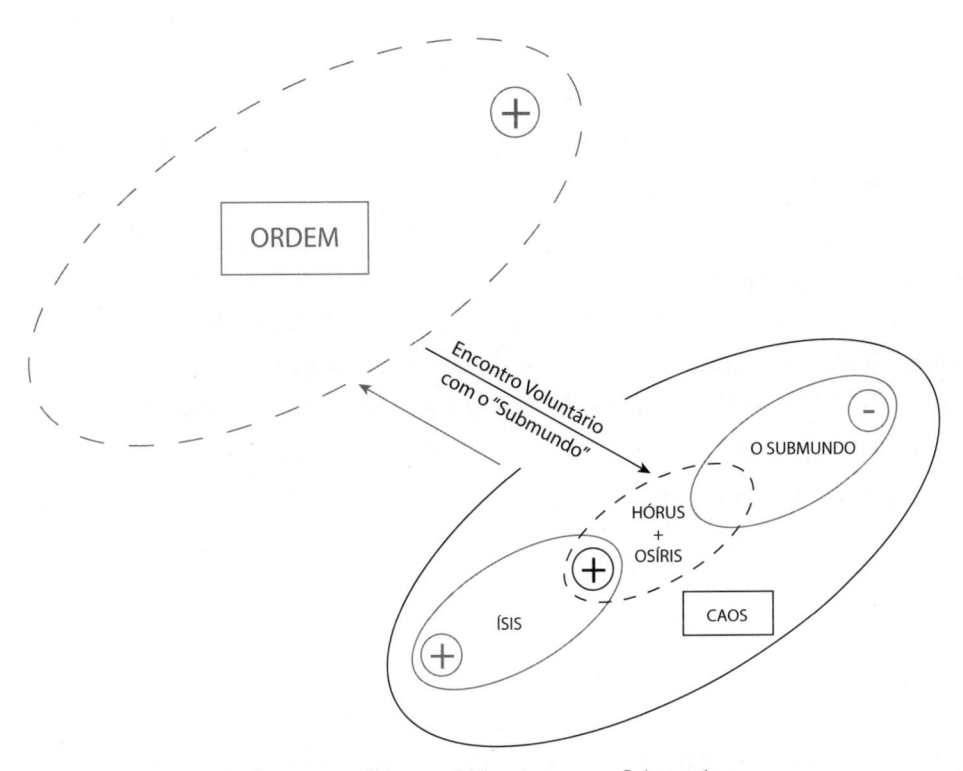

Figura 2.24: Encontro Voluntário com o Submundo

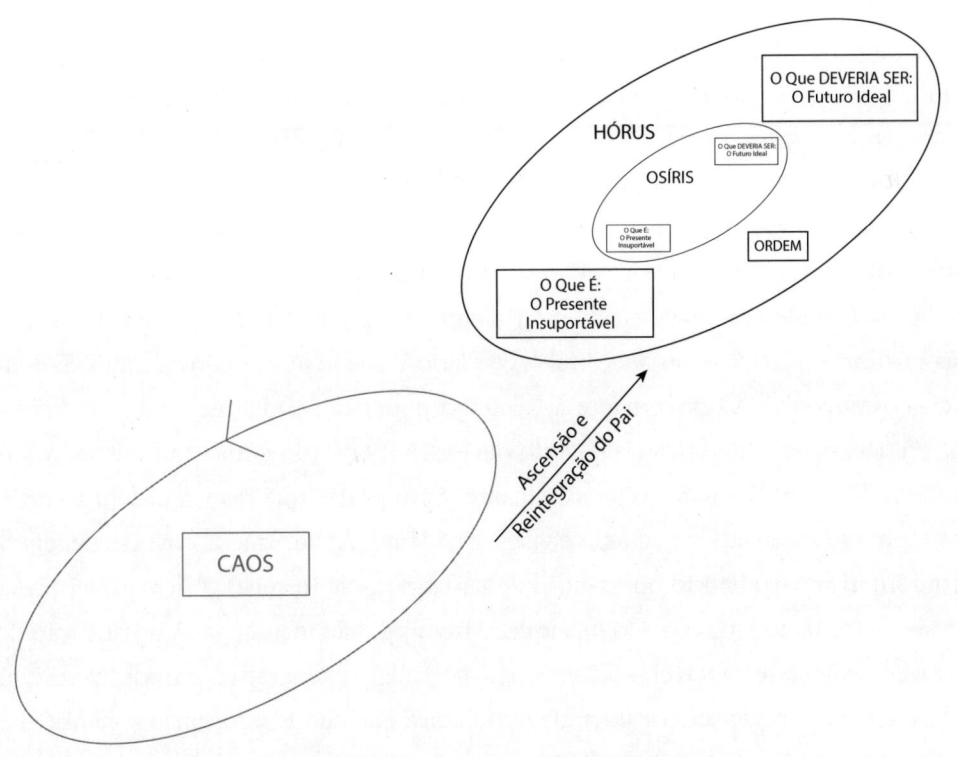

Figura 2.25: Ascensão e Reintegração do Pai

Na história de Osíris, a senescência/morte do pai (apresentada como consequência da traição de Seth) é superada pelo filho mítico, o herói que derrota (temporariamente) o poder do mal, e que rejuvenesce o pai. Em comparação, Marduk, o supremo deus mesopotâmico, é um simples herói: ele esculpe o mundo familiar a partir do não familiar. Hórus, igualmente valente, é mais completo e mais sofisticado. Ele não se contenta com a própria ascensão, sentindo-se incompleto sem o pai. Assim, ele viaja voluntariamente ao submundo, liberta as forças desintegradas da tradição lá aprisionadas e as torna parte de si. Esse padrão de comportamento constitui uma elaboração do padrão representado por Marduk — ou por Rá, o deus sol egípcio.

Marduk cria ordem a partir do caos. Essa capacidade, que é teoricamente personificada na forma do imperador mesopotâmico, concede à autoridade temporal o poder que lhe é de direito. A mesma ideia, elaborada de modo substancial, aplica-se ao Egito. Osíris constitui o velho Estado, outrora grande, mas perigosamente anacrônico. Hórus partilha da essência da tradição (ele é filho de seu pai), mas é vivificado por uma infusão de "novas informações" (sua mãe, afinal, é o "aspecto positivo do desconhecido"). Enquanto versão atualizada de seu pai, ele é capaz de lidar com os problemas do presente (isto é, com o mal emergente representado por seu tio). Apesar de vitorioso sobre o tio, ele está incompleto, pois seu jovem espírito não tem a sabedoria do passado. Então, ele viaja rumo ao desconhecido, onde seu pai repousa "sem vida" — ou seja, incompreendido, sem personificação ou encarnação (em ação) no presente. Hórus se une ao pai e se torna o governante ideal — a consciência da jovem vida presente unida à sabedoria da tradição.

O faraó egípcio "morto" — ou seja, o governante cuja morte precedeu a ascensão do faraó atual — era assimilado por (ocupava o mesmo espaço categórico que) Osíris. Isso significava que ele era considerado equivalente ao "espírito que fundou o Estado" — o deus-criador arquetípico ou ancestral legendário cujas ações corajosas eram de importância cosmogônica. O governante atual (cujo poder dependia muito das tradições de seus predecessores, modificadas quando necessário) era tido como equivalente a Hórus e a Rá, o deus sol. Portanto, o faraó reinante era o poder que gerava ordem a partir do caos (como Rá) e o poder que rejuvenescia a ordem uma vez que ela tivesse degenerado em autoritarismo irrefletido ou tradição demasiado rígida (e cega). Ademais, ele *era Osíris rejuvenescido* (o "faraó morto") — logo, ele era a tradição, não mais cega. A sofisticação dessa ideia de liderança respeitável — poder criativo, poder regenerativo e tradição revivificada — dificilmente pode ser considerada outra coisa que não extraordinária. Também é de imenso interesse histórico e relevância moderna que os egípcios cada vez mais passaram a considerar Osíris-Hórus um exemplo, não apenas do faraó, *mas de todo indivíduo no reino*. Eliade afirma, com relação à prática funerária egípcia posterior:

> Os textos outrora inscritos nas paredes das câmaras ocultas nas pirâmides erguidas para os faraós são agora reproduzidos dentro dos caixões da nobreza e até mesmo de pessoas totalmente desfavorecidas. Osíris se torna o modelo para todos aqueles que esperam vencer a morte. Um *Texto de Sarcófago* proclama: "Agora tu és o filho de um rei, um príncipe, enquanto teu coração (isto é, o espírito) estiver contigo". Seguindo o exemplo de Osíris, e com a ajuda dele, os mortos são capazes de se transformar em "almas", isto é, em seres espirituais perfeitamente integrados e consequentemente indestrutíveis. Assassinado e desmembrado, Osíris foi "reconstituído" por Ísis e reanimado por Hórus. Dessa maneira, ele inaugurou um novo modo de existência: de sombra impotente, ele se tornou uma "pessoa" que "sabe", um ser espiritual devidamente iniciado.[255]

Esse desenvolvimento também pode ser considerado ilustrativo da crescente psicologização, abstração e internalização da ideação religiosa: nos estágios iniciais da representação, as deidades são vistas como plurais, e como membros individualistas e rebeldes de uma comunidade supracelestial (isto é, transpessoal e imortal). Em seguida, elas são integradas a uma hierarquia, à medida que a cultura se torna mais integrada e mais segura quanto à valorização relativa e à virtude moral – e um único deus, com uma profusão de características relacionadas, torna-se dominante. Portanto, *o desenvolvimento do monoteísmo é paralelo à integração moral intrapsíquica e intracultural*. À medida que o cidadão comum se identifica com mais e mais clareza com esse padrão monoteísta, integrado, a natureza externa deste, como atributo dos deuses, retrocede. Ela se torna com mais evidência um atributo do ser humano individual, e mais parecida com o que se consideraria um traço psicológico. O aspecto subjetivo de deus – a qualidade intrapsíquica dele ou dela – torna-se mais evidente, pelo menos para as intuições mais sofisticadas, e a possibilidade de uma "relação pessoal" com a divindade surge como possibilidade no nível conceitual da análise. O processo estava apenas no começo, em abstração, na Mesopotâmia e no Egito; os antigos israelitas concretizaram-no de forma mais clara, com efeitos poderosos e duradouros. Não parece desproposidado considerar esse desenvolvimento como precursor da revolução cristã – que concedeu a todo indivíduo o *status* de "filho de deus" – e como algo implicitamente similar à nossa noção moderna de "direito humano" intrínseco.

---

[255] Ibidem, p. 100.

O faraó egípcio, assim como o rei mesopotâmico, simbolizava a encarnação material do processo que separa a ordem do caos; ao mesmo tempo, o faraó/rei literalmente personificava o Estado. Por fim, o faraó/rei era o rejuvenescedor de seu próprio "pai". Portanto, o faraó/rei "ideal" era o processo exploratório que originava o Estado, o Estado em si e o processo revivificador (exploratório) que atualizava o Estado quando este corria o risco de uma calcificação demasiado conservadora. Essa conceitualização bastante complexa e sofisticada alcança amplitude e profundidade adicionais por meio da consideração de seu elemento psicológico. O Estado não é apenas cultural; é também "espiritual". Conforme costume e tradição são estabelecidos, eles são incutidos em cada indivíduo e passam a fazer parte de sua estrutura intrapsíquica. O Estado é, portanto e ao mesmo tempo, personalidade e organização social — personalidade e ordem social unidas no esforço de manter o terror do caos à distância (ou, melhor ainda, unidas no esforço de fazer algo positivamente útil com ele). Isso significa que o herói/rei que estabelece, personifica e atualiza o mundo social, também é a mesma força que estabelece, personifica e atualiza o mundo intrapsíquico, a *personalidade* — e que um ato de atualização não pode, necessária ou razoavelmente, ser distinguido do outro. Ao "melhorar" o mundo, o herói melhora a si mesmo; ao melhorar a si mesmo, ele serve de exemplo para o mundo.

A princípio, a "personalidade do Estado" era, na verdade, um modelo humano de ritual (um herói) a se observar e imitar (uma entidade representada no padrão comportamental); depois, uma história sobre tais modelos rituais (uma entidade representada na imaginação); e, por fim — e só muito mais tarde —, uma construção abstrata das regras descrevendo os direitos explícitos e as responsabilidades do cidadão (uma entidade de palavras, o "corpo" da lei). Essa construção cada vez mais abstrata e detalhada se desenvolve da imitação para a representação abstrata, e compreende regras e esquemas de interpretações úteis para a manutenção da estabilidade da interação interpessoal. O estabelecimento dessas regras e esquemas concede significado determinado à experiência humana ao trazer previsibilidade a todas as situações sociais (a todas as coisas encontradas interpessoalmente). A mesma coisa pode ser afirmada à luz da perspectiva psicológica. É a incorporação da "personalidade do Estado", dominada pela figura do herói, que confere ordem à comunidade interna da necessidade e do desejo, ao caos gerador da alma.

O herói/deidade da cultura mesopotâmica Marduk representa a capacidade do processo de exploração de gerar o mundo da experiência; os deuses egípcios Hórus-Osíris representam a versão ampliada dessa capacidade, o que significa não apenas geração do mundo a partir do desconhecido, mas transformação do padrão da adaptação que constitui o conhecido, quando tal transformação se torna necessária.

Às vezes, a "adaptação" é apenas uma questão de ajuste dos meios para um fim. Mais raramente, mas de forma igualmente necessária, a adaptação é a reconceitualização do "que é conhecido" (presente insuportável, futuro desejável e meios para conquistá-lo) porque o que é conhecido está desatualizado e, portanto, é mortal. É a soma desses processos que se manifesta na tradição judaico-cristã como a mítica Palavra de Deus (e que é personificada em Cristo, o herói da cultura cristã). Essa é a força que gera sujeito e objeto a partir do caos primordial (e, portanto, que "precede" a existência de ambos); a força que engendra a tradição que torna a existência vulnerável possível diante da ameaça mortal constante; e a força que atualiza a tradição protetora quando ela se torna insustentável e tirânica por conta de sua idade.

Os mitos sumérios e egípcios retratam ideias de máxima complexidade, em forma de ritual, drama e imagens. Essa forma não é uma mistificação proposital, mas o modo pelo qual as ideias emergem, antes de estarem desenvolvidas o bastante para serem explicitamente compreensíveis. Encenamos e formulamos modelos completos, "impressionistas", do mundo da experiência (o mundo que sempre tivemos de entender) muito antes que os "conteúdos" desses modelos pudessem ser entendidos da maneira como hoje concebemos o entendimento.

Uma breve análise das teologias suméria e egípcia, e da relação dessas teologias com a ação política, lançou uma luz substancial sobre como muitas das nossas ideias modernas mais importantes se desenvolveram (e sobre o que essas ideias de fato significam). Esse entendimento, derivado de dois ou três exemplos específicos, pode ser mais aprimorado por meio de uma discussão mais geral. Dessa forma, voltamos nossa atenção da análise de histórias completas – que têm como vantagem uma natureza mais convincente – para a descrição detalhada dos personagens mitológicos cujas essência e interações constituem o mundo. A totalidade do mundo, que inclui a significância das coisas experimentadas, bem como as coisas em si, é composta pelo que foi explorado e tornado familiar; pelo que ainda tem que ser encontrado e é, portanto, imprevisível; e pelo processo que realiza a mediação entre os dois. Um elemento final deve ser também considerado: o estado do ser que inclui ou precede a divisão de tudo nesses três elementos constitutivos. Esse estado pode ser considerado a verdadeira fonte de todas as coisas, sujeitos e objetos – o ancestral único e o destino final de todos. O "mundo" completo "da experiência" mitológica é retratado de modo esquemático na Figura 2.26: Os Elementos Constitutivos da Experiência como Personalidade,

Território e Processo. Nossa discussão se volta, em primeiro lugar, para a natureza diversa das representações do estado original, indiferenciado (a condição do caos primordial), e depois para uma descrição mais elaborada de seus "filhos" – os pais divinos, natureza e cultura, e o filho divino, simultaneamente filho, criador primordial e eterno adversário.

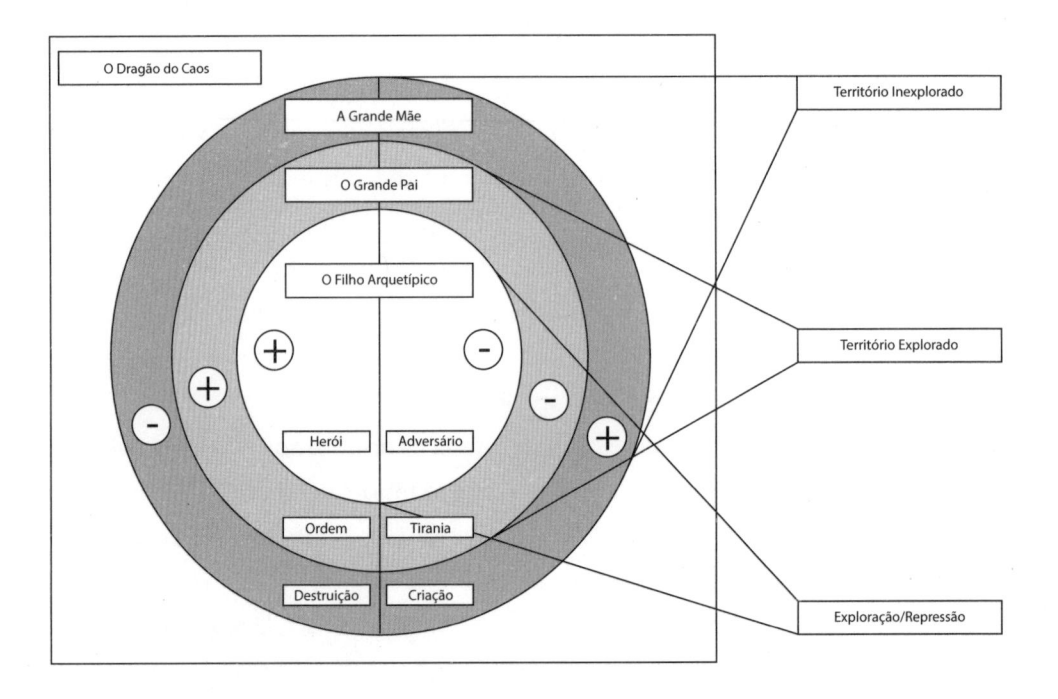

Figura 2.26: Os Elementos Constitutivos da Experiência como Personalidade, Território e Processo

O Dragão do Caos Primordial

A fonte das coisas é o ilimitado. De onde elas surgem, para lá elas devem também por necessidade regressar. Pois elas se penitenciam e compensam umas às outras por suas injustiças na ordem do tempo.[256]

Pode parecer fútil especular sobre a natureza do que existia antes de qualquer experiência, ou de algo que ainda não foi explorado. Fútil ou não, essa especulação ocupou grande parte do tempo do ser humano, à medida que ele tentava entender o mistério de seu surgimento e do mundo que se viu ocupando. Parece impossível

---

[256] Anaximandro de Mileto (c. 610 a.C.-c. 546 a.C.).

determinar o que *existia* antes de existir qualquer coisa; o mito se ocupa dessa tarefa, a despeito de sua impossibilidade. Ele faz isso usando a ferramenta da metáfora. As afirmações metafóricas do mito funcionam porque o desconhecido ou as coisas em parte conhecidas inevitavelmente compartilham características importantes com coisas investigadas de forma mais cuidadosa, compreendidas ou familiares. Logo, dois ou mais objetos ou situações vêm a ocupar o mesmo espaço mitológico ou categórico porque compartilham forma, função ou capacidade similares para induzir afeto e instigar o comportamento. Uma raiz de mandrágora, por exemplo, tem a natureza de um homem, simbolicamente falando, por ter a *forma* de um homem; Marte é um planeta belicoso por ser vermelho, e vermelho, a cor do sangue, está indelevelmente associado à agressão; o metal mercúrio (e o "espírito" que o habita) é similar à água do mar porque ambos servem como solventes ou agentes de transformação; a escuridão e o animal da floresta são o mesmo porque ambos são não familiares – porque ambos inibem o comportamento em curso quando aparecem, porque ambos provocam *medo*. A metáfora liga coisa com coisa, situação com situação, concentrando-se nas características fenomenológicas, afetivas, funcionais e motivacionais que as situações conectadas compartilham. Por meio dessa ligação, aquilo que de outro modo permaneceria inteiramente misterioso pode começar a ser compreendido.

Os mitos da origem retratam metaforicamente a natureza do potencial infinito que caracterizava o ser antes da aurora da experiência. Essa construção simbólica geral assume muitas formas particulares; pode-se dizer que cada uma delas constitui uma tentativa parcial de representar o todo irrepresentável. Essas formas particulares variam, em natureza, do específico e concreto para o geral e abstrato, e seu desenvolvimento é influenciado pelas condições ambientais e culturais vigentes no momento de seu surgimento. O processo de representação metafórica fornece uma ponte – e uma ponte cada vez mais comunicável – entre o que pode ser diretamente explorado, vivenciado e "compreendido" e o que permanece eternamente desconhecido.

Símbolos míticos do caos inicial são quadros imaginativos cuja finalidade é a representação de uma totalidade paradoxal, um "Estado" (o que já é dizer algo muito determinado) autossuficiente, uniforme e completo, onde tudo agora distinto reside em união: um Estado onde ser e não ser, início e fim, matéria e energia, espírito e corpo, consciência e inconsciência, feminilidade e masculinidade, noite e dia permanecem compostos, antes de sua discriminação em elementos separáveis da experiência. Nesse "Estado", todos os pares concebíveis de opostos e forças contraditórias existem juntos, no interior do abraço que a tudo abarca de um Deus onisciente, onipresente, onipotente e completamente misterioso. Essa precondição "paradisíaca", a que nada falta, caracterizada por absoluta conclusão, existe em oposição ao mundo profano, imperfeito e parcial, insustentavelmente suspenso no tempo e no espaço; ela circunda este mundo por inteiro, como a noite circunda o dia, compreendendo o início das coisas, o manancial de tudo e, de forma similar, o local de descanso e o ponto de destino de tudo. William James recorreu à poesia na sua tentativa de conceitualizar esse lugar:

> Nenhuma verbosidade consegue descrevê-lo, porque a verbosidade é outra,
> Incoerente, coerente – o mesmo.
> E ele se dissipa! E é infinito! E é infinito! [...].
> Você não vê a diferença, não vê a identidade?
> Opostos constantemente unidos!
> Eu te dizer para escrever e não escrever é a mesma coisa!
> Extremo – extremo, extremo! [...].
> Alguma coisa, e outra que não aquela coisa!
> Intoxicação, e outra coisa que não a intoxicação.
> Toda tentativa de melhoria – toda tentativa de alteridade
> – é uma –
> Ele se dissipa para sempre e para sempre enquanto nos movemos.[257]

Esse Estado – "a totalidade de todas as coisas" – pode ser considerado o mundo objetivo na ausência do sujeito, embora essa conceitualização seja muito estreita, já que o caos primordial também contém aquilo que evolui no sujeito, quando diferenciado. O que pode ser considerado como o ponto de vista objetivo padrão se baseia na ideia de que as "coisas", conforme são percebidas, existem independentemente do observador. De certa perspectiva, isso é verdade. As coisas têm uma natureza que parece independente da vontade subjetiva, e seguem suas próprias leis de existência e desenvolvimento – a despeito dos nossos desejos. No entanto, o trabalho de determinar o que é uma coisa na ausência do sujeito é muito mais difícil do que se poderia inicialmente imaginar. Certamente é o caso – como vimos – que o *valor* de um objeto pode mudar com as alterações na estrutura de referência. No entanto, parece ser verdadeiro que o que um *objeto* é "sem considerar outros fatores" também está sujeito a tal mudança. Qualquer objeto determinado – uma mesa, digamos – existe *como uma mesa* porque é entendido apenas de maneira muito limitada e restrita. Algo é uma mesa em um nível de análise particular e isolado, especificado pela natureza do observador. Na ausência

---

[257] William James, nos espasmos de intoxicação por óxido nitroso. Citado por Tymoczko, D. (maio de 1996), p. 100.

desse observador, alguém poderia perguntar: o que é que está sendo apreendido? O nível apropriado de análise e especificação é subatômico, atômico ou molecular (ou os três ao mesmo tempo)? A mesa deveria ser considerada um elemento indistinguível da Terra sobre a qual repousa, ou do sistema solar, que contém a Terra, ou da galáxia em si? O mesmo problema surge a partir da perspectiva da temporalidade. O que agora é uma mesa foi outrora uma árvore; antes disto, terra – antes disso, rocha; antes disso, estrela. O que agora é uma mesa também tem diante de si uma história desenvolvimental igualmente complexa e longa, aguardando à sua "frente"; ela será, talvez, cinza, depois terra, depois – em um futuro bem distante – parte do sol outra vez (quando o sol finalmente reenvolver a Terra). A mesa é o que "é" somente em um intervalo muito restrito de resolução espaçotemporal (o espaço que precisamente caracteriza a nossa consciência). Então, o que é a mesa enquanto objeto independente – "livre", digamos, das restrições que caracterizam o ponto de vista humano evidentemente limitado? O que pode ser conceitualizado em todos os níveis de análise espacial e temporal de forma simultânea? A "existência" da coisa inclui suas interações com tudo o que ela influencia, e do qual sofre influência, em termos gravitacionais e eletromagnéticos? Essa coisa é tudo aquilo que foi outrora, tudo que é e tudo o que será ao mesmo tempo? Onde, então, residem suas fronteiras? Como ela pode ser distinguida de outras coisas? E, sem essa distinção, de que modo se pode dizer que ela existe?

Pergunta: o que é um objeto na ausência de um quadro de referência? Resposta: tudo é concebível, ao mesmo tempo – é algo que constitui a união de todos os opostos atualmente discrimináveis (e algo que não pode, portanto, ser facilmente distinguido de nada).

Não estou dizendo que não existem coisas tais como "coisas" – o que, é claro, seria patentemente absurdo. Também é evidente que as "coisas" que apreendemos são governadas por regras – o cosmos tal como o experienciamos é compreensível de forma ordenada e racional. O que afirmo é que as coisas "objetivas" são, na verdade, o produto de uma interação entre o que quer que constitua nossa consciência limitada e o que quer que constitua o "plano de fundo" ilimitado que compõe o mundo na ausência de um sujeito. Esse é um posicionamento informado pela mitologia – em particular, pelos mitos da origem.

Mitos arcaicos que descrevem a origem suprema se preocupam com a representação da fonte, não dos *objetos*, no sentido moderno, mas dos *sujeitos e da experiência desses sujeitos* (parte dos quais pode ser considerada objeto). Esses mitos tipicamente descrevem a gênese do mundo da experiência relacionada à existência de um deus primordial, retratando a divisão desse deus nos pais do mundo e detalhando a separação desses pais por seu próprio "filho". Essa é a divisão da serpente do caos hermafrodita, que abrange tudo, autodevoradora e que se alimenta da Terra/matéria e do Céu/espírito, e a subsequente discriminação daquelas "forças contrárias primordiais" em aspectos identificáveis do ser. O mito indo-europeu de *Indra* e *Vritra* oferece um exemplo representativo:

> O mito central de Indra, o mais importante dos mitos no Rig Veda, narra sua batalha vitoriosa contra Vritra, o dragão gigantesco que aprisionou as águas no "vazio das montanhas". Fortalecido pelo *soma*, Indra derruba a serpente no chão com seu *vajra* ("raio"); a arma forjada por Tvastar dilacera sua cabeça e liberta as águas, deságuam no mar como "vacas mugindo" (RV 1.32).
>
> A batalha de um deus contra um monstro ofídio ou marinho constitui um tema mitológico bastante difundido. Basta recordar a luta entre Rá e Apófis, entre o deus sumério Ninurta e Asag, Marduk e Tiamat, o deus da tempestade hitita e a serpente Illuyanka, Zeus e Tifão, o herói iraniano Traetaona e o dragão de três cabeças Azhi Dahaka. Em certos casos (Marduk-Tiamat, por exemplo), a vitória do deus constitui a condição prévia para a cosmogonia. Em outros casos, o que está em jogo é a inauguração de uma nova era ou o estabelecimento de uma nova soberania (cf. Zeus-Tifão, Baal-Yam). Em resumo, é por meio do assassinato de um monstro ofídio – símbolo do virtual, do "caos", mas também do "autóctone" – que uma nova "situação" cósmica ou institucional passa a existir. Um recurso característico, e comum a todos esses mitos, é o medo ou uma primeira derrota do campeão (Marduk e Rá hesitam antes de lutar; no início, a serpente Illuyanka triunfa ao mutilar o deus; Tifão triunfa ao cortar e levar consigo os tendões de Zeus). De acordo com o *Satapatha Brahmana* (1.6.3-17), Indra, ao ver Vritra pela primeira vez, foge para o local mais distante possível, e o *Markandeya Purana* o descreve como "doente de medo" e ansioso pela paz.[258]
>
> Não há vantagem alguma em nos determos nas interpretações naturalistas desse mito; a vitória sobre Vritra tem sido descrita como uma chuva trazida por uma tempestade de raios, ou como a libertação das águas da montanha (Oldenberg), ou como os triunfos do sol sobre o frio que tinha "aprisionado" as águas ao congelá-las (Hillebrandt). Por certo, elementos naturalistas estão presentes uma vez que o mito é multivalente; a vitória de Indra é equivalente, entre outras coisas, ao triunfo da vida sobre a esterilidade e a morte resultantes da imobilização das águas por Vritra. Mas a estrutura do mito é cosmogônica. No Rig Veda 1.33.4, é

---

[258] Esses mitos expressam o fato de que o desconhecido tende a se manifestar primeiramente de uma forma aterrorizante.

dito que, por meio de sua vitória, o deus criou o sol, o céu e a aurora. Segundo outro hino (RV 10.113.4-6), Indra, tão logo nasceu, separou o Céu da Terra, fixou a abóbada celeste e, ao lançar o *vajra*, despedaçou Vritra, que mantinha as águas cativas na escuridão. Agora, o Céu e a Terra são os pais dos deuses (1.185.6); Indra é o mais jovem (3.38.1) e também o último deus a nascer porque colocou um fim na hierogamia [união mística] do Céu e da Terra: "Com sua força, ele separou esses dois mundos, Céu e Terra, e fez com que o sol brilhasse" (8.3.6). Após esse feito demiúrgico, Indra nomeou Varuna cosmocrator e guardião de *sta* (que tinha permanecido oculto no mundo inferior; 1.62.1). [...]

Há outros tipos de cosmogonias indianas que explicam a criação do mundo a partir de uma *matéria-prima*. Não é o caso do mito que acabamos de resumir, pois nele um certo tipo de "mundo" já existia. Porque o Céu e a Terra estavam já formados e tinham engendrado os deuses. Indra apenas separou os pais cósmicos e, ao lançar o *vajra* em Vritra, colocou fim à imobilidade ou até mesmo à "virtualidade", simbolizada pelo modo de ser do dragão. [Indra se depara com Vritra "não dividido, não acordado, mergulhado no sono mais profundo, deitado" (RV 4.19.3)]. De acordo com certas tradições, o "modelador" dos deuses, Tvastar, cujo papel no Rig Veda não fica claro, construiu para si uma casa e criou Vritra como uma espécie de teto, e também como paredes, para sua habitação. Dentro dessa moradia circundada por Vritra, o Céu, a Terra e as Águas existiam. Indra explode em pedaços essa mônada primordial ao romper com a "resistência" e a inércia de Vritra. Em outras palavras, o mundo e a vida não poderiam ter nascido exceto pelo assassinato de um Ser amorfo. Em incontáveis variações, esse mito é bastante difundido.[259]

O deus-serpente teriomórfico primordial é *potencial* infinito; é o que o ser é antes do surgimento da capacidade para a experiência. Esse potencial tem sido representado como o dragão que devora a si mesmo (mais comumente) porque essa imagem (retratada na Figura 2.27: O Ouroboros – Dragão Pré-Cosmogônico do Caos)[260] simboliza de forma apropriada a *união de opostos incomensuráveis*. O ouroboros é simultaneamente representativo de dois elementos primordiais antitéticos. Sendo uma cobra, o ouroboros é uma criatura da terra, da *matéria*; como pássaro (um animal alado), ele é uma criatura do ar, do céu, *espírito*. O ouroboros simboliza a união do *conhecido* (associado ao espírito) com o *desconhecido* (associado à matéria), do explorado com o inexplorado; simboliza a justaposição dos princípios "masculinos" de segurança, tirania e ordem com

---

[259] Eliade, M. (1978b), p. 205-207.
[260] Derivado de "O Dragão que Consome a Si", uma figura alegórica nas obras de Lamspringk, reproduzida como placa LIXa em Jung (1967a).

os princípios "femininos" da escuridão, dissolução, criatividade e do caos. Além disso, sendo uma cobra, o ouroboros tem a capacidade de trocar de pele – de "renascer". Assim, ele também representa a possibilidade de transformação e simboliza o *conhecedor*, que pode transformar o caos em ordem, e a ordem em caos. O ouroboros representa ou constitui tudo o que é a partir do que ainda não foi encontrado, antes de sua diferenciação por consequência da exploração e da classificação ativas. Ele é a fonte de todas as informações que compõem o mundo determinado da experiência e, ao mesmo tempo, é o local de nascimento do sujeito experienciador.

Figura 2.27: O Ouroboros – Dragão Pré-Cosmogônico do Caos

O ouroboros é uma coisa, assim como tudo o que ainda não foi explorado é uma coisa; ele existe em todo lugar, o tempo todo. Ele é completamente autossuficiente, completamente autorreferencial: ele alimenta, fecunda e devora a si próprio. Ele une o início e o fim, o ser e o tornar-se, no infinito círculo de sua existência. Ele serve de símbolo para a base da realidade em si. É o "conjunto de todas as coisas que ainda não são coisas", origem primordial e ponto supremo de retorno para todo objeto discriminável e todo sujeito independente. Ele serve como progenitor de tudo o que conhecemos, de tudo o que não conhecemos e do espírito que constitui nossa capacidade de conhecer e não conhecer. É o mistério que ressurge constantemente quando soluções para problemas antigos causam novos problemas; é o mar do caos que cerca a ilha do conhecimento do homem – e também a fonte desse conhecimento. Ele é toda nova experiência gerada pelo tempo, que trabalha sem parar a fim de, uma vez mais, transformar o temporariamente previsível em desconhecido. Ele serviu a humanidade como o mais onipresente e potente dos deuses primordiais:

> Este é o antigo símbolo egípcio sobre o qual se afirma: *"Draco interfecit se ipsum, maritat se ipsum, impraegnat se ipsum"*. Ele mata, casa e engravida a si mesmo. É homem e mulher, gerando e concebendo, devorando e dando à luz, ativo e passivo, acima e abaixo, ao mesmo tempo.
>
> Como Serpente Celestial, o ouroboros era conhecido na Babilônia antiga; em tempos posteriores, na mesma área, era com frequência representado pelos mandeanos; sua origem é atribuída por Macróbio aos fenícios. É o arquétipo do εντοπαν, o Todo que é Um, surgindo como Leviatã e Aion, como Oceano, e também como o Ser Primordial, que diz: "Sou Alfa e Ômega". Como Cnef da antiguidade, ele é a Cobra Primordial, a "deidade mais antiga do mundo pré-histórico". O ouroboros remonta ao Apocalipse de São João e aos gnósticos, bem como aos sincretistas romanos; há imagens suas nas pinturas em areia dos índios Navajo e em Giotto; é encontrado no Egito, na África, no México e na Índia, entre os ciganos como um amuleto, e em textos alquímicos.[261]

O ouroboros é Tiamat, o dragão que habita as profundezas, transformado por Marduk no mundo; Apófis, a serpente que toda noite devora o sol; e Raabe, o Leviatã, morto por Iahweh durante a criação do cosmos:

> A tua esperança seria ilusória,
>   pois somente o vê-lo atemoriza.
> Ninguém é tão feroz para excitá-lo;
>   quem, então, iria me enfrentar?
> Quem me adiantou algo para que eu o reembolse?
>   Tudo o que há debaixo dos céus me pertence!
> Não quero calar seus membros,
>   o detalhe de suas façanhas, a beleza de seus membros.
> Quem abriu sua couraça
>   e penetrou por sua dupla armadura?
> Quem abriu as portas de suas fauces,
>   rodeadas de dentes terríveis?
> Seu dorso são fileiras de escudos,
>   soldados com selos de pedra,

---

[261] Neumann, E. (1954), p. 10-11.

> tão unidos uns aos outros,
>> que nem um sopro por ali passa.
> Ligados estreitamente entre si
>> e tão bem conexos, que não podem se separar.
> Seus espirros relampejam faíscas,
>> e seus olhos são como arrebóis da aurora.
> De suas fauces irrompem tochas acesas
>> e saltam centelhas de fogo.
> De suas narinas jorra fumaça,
>> como de caldeira acesa e fervente.
> Seu hálito queima como brasas,
>> e suas fauces lançam chamas.
> Em seu pescoço reside a força,
>> diante dele corre o pavor.
> Quando se ergue, as ondas temem
>> e as vagas do mar se afastam.
> Os músculos de sua carne são compactos,
>> são sólidos e não se movem.
> Seu coração é duro como rocha,
>> sólido como uma pedra molar.
> A espada que o atinge não resiste,
>> nem a lança, nem o dardo, nem o arpão.
> O ferro para ele é como palha;
>> o bronze, como madeira carcomida.
> A flecha não o afugenta,
>> as pedras da funda são felpas para ele.
> A maça é para ele lasca,
>> ri-se do sibilo dos dardos.
> Seu ventre coberto de cacos pontudos
>> é uma grade de ferro que se arrasta sobre o lodo.
> Faz ferver o abismo como uma caldeira,
>> e transforma o mar em queimador de perfumes.
> Deixa atrás de si uma esteira brilhante,
>> como se oceano tivesse cabeleira branca.
> Na terra ninguém se iguala a ele,
>> pois foi feito para não ter medo.
> Afronta os mais altivos,
>> ele é rei sobre todos os filhos do orgulho. (Jó 41,1-26)

O ouroboros é aquilo que existe como puro potencial não qualificado, antes da manifestação de tal potencial, na experiência do sujeito limitado; é a possibilidade infinita de uma imprevisibilidade dramática que ainda reside no mais completamente explorado e familiar dos objetos (coisas, outras pessoas, nós mesmos). Essa imprevisibilidade não é apenas possibilidade ou potencial material; ela é também significado. O domínio do caos – que é onde o que fazer ainda não foi especificado – é um "lugar" caracterizado pela presença de emoções potentes, desalento, depressão, medo, falta de raízes, perda e desorientação. É o aspecto afetivo do caos que constitui aquilo que é mais claramente conhecido sobre o caos. É a "escuridão, a seca, a suspensão das normas e a morte".[262] Ele é o terror do escuro da noite, que se enche de demônios da imaginação, mas exerce um fascínio misterioso; é o fogo que magicamente reduz determinada coisa a outra; é o horror e a curiosidade engendrados pelo estranho e pelo estrangeiro.

O ouroboros – a matriz primordial – contém em forma embrionária tudo aquilo que pode, em princípio, ser experienciado, e a coisa que realiza a experienciação. Portanto, a grande serpente (a matriz) é consciência – *espírito*, antes de se manifestar – e *matéria*, antes de ser separada do espírito. Essa grande ideia mitológica encontra eco em certas teorias modernas do desenvolvimento do sujeito; em particular, entre aquelas chamadas *construtivistas*. O suíço Jean Piaget, famoso psicólogo do desenvolvimento, afirmou, por exemplo, que o sujeito experienciador constrói a si mesmo na infância, como resultado de sua atividade exploratória.[263] Ele age e se observa agindo; em seguida, imita a ação, formando uma representação primordial de si – depois, formula um modelo mais abstrato das próprias ações. *Assim, o indivíduo é criado com base na informação gerada no curso da atividade exploratória.* Contemporaneamente, o mundo passa a existir:

> tu esmagaste as cabeças do Leviatã
> dando-o como alimento às feras selvagens.
> Tu abriste fontes e torrentes,
> tu fizeste secar rios inesgotáveis;
>
> o dia te pertence, e a noite é tua,
> tu firmaste a luz e o sol,
> tu puseste todos os limites da terra,
> tu formaste o verão e o inverno.
> (Salmo 74,14-17.)

---

[262] Eliade, M. (1978b), p. 145.
[263] Evans, P.I. (1973). Ver também nota de rodapé 134, do Capítulo 5.

Ações têm consequências. As consequências das ações constituem o mundo – o mundo familiar, quando são previsíveis; o mundo do inesperado, quando não são.

O estado da origem tem sido representado mais abstratamente como um círculo, a mais perfeita das formas geométricas, ou como uma esfera, sem começo ou fim, simétrica em todos os eixos. Platão, no *Timeu*, descreveu a fonte primária como redonda, lá no início.[264] No Oriente, o mundo e seu significado brotam da interação circundada e união do *yang* claro, espiritual, masculino, com o *yin* escuro, material, feminino.[265] De acordo com os adeptos da alquimia medieval, os objetos distinguíveis da experiência (e os sujeitos que os vivenciaram) surgiram do caos redondo, que era um receptáculo esférico do elemento primordial.[266] O Deus do islã, do judaísmo e do cristianismo, "o Alfa e o Ômega, o Primeiro e o Último, o Princípio e o Fim" (Apocalipse 22,13) coloca-se fora ou além da mudança mundana e une os opostos temporais dentro do grande círculo de seu ser. A assimilação da origem por um círculo encontra eco narrativo em mitos que descrevem o paraíso como o fim ao qual a vida é, ou deveria ser, devotada (pelo menos da perspectiva da "alma imortal"). Na verdade, o Reino de Deus, prometido por Cristo, é o restabelecimento do Paraíso (embora seja um Paraíso caracterizado pela reconciliação de forças opostas, e não pela dissolução regressiva na unidade pré-consciente). Tal restabelecimento fecha o círculo do ser temporal.

O estado inicial ourobórico é o "lugar" onde todas as coisas opostas foram (serão) unidas; o grande dragão autodevorador cuja divisão em elementos constituintes é a precondição para a própria experiência. Esse estado inicial é um "lugar" livre de problemas, e por isso tem um aspecto paradisíaco; no entanto, o preço a ser pago pelo paraíso ourobórico é a própria existência. A existência em si mesma só vem a ser quando a unidade original de todas as coisas é rompida – quando o mais primordial dos deuses é assassinado. O surgimento das coisas, no entanto, traz consigo o problema do conflito – um problema que deve ser resolvido, de preferência, sem se eliminar a existência em si.

O ouroboros é o pai unificado do conhecido, o Grande Pai (o território explorado e o familiar), e do desconhecido, a Grande Mãe (a informação anômala e o imprevisível). Ele também pode ser considerado o único avô andrógino do herói, filho da noite e do dia, mediador entre o conhecido e o desconhecido, cujo

---

[264] Cornford, F.M. (1956).
[265] Wilhelm, R. (1971), p. liv-lvii.
[266] Ibidem.

ser constitui uma precondição necessária para a existência das coisas diferenciadas (e que pode, portanto, ser também considerado uma *causa prima*). Os pais do mundo, Terra e Céu, surgem quando o dragão ourobórico passa por uma primeira divisão. A Figura 2.28: O Nascimento dos Pais do Mundo apresenta o "nascimento do mundo" de forma esquemática, na medida em que foi conceitualizado pela imaginação mítica. O caos que constitui a totalidade se divide entre o que já foi explorado e o que ainda está para sê-lo.

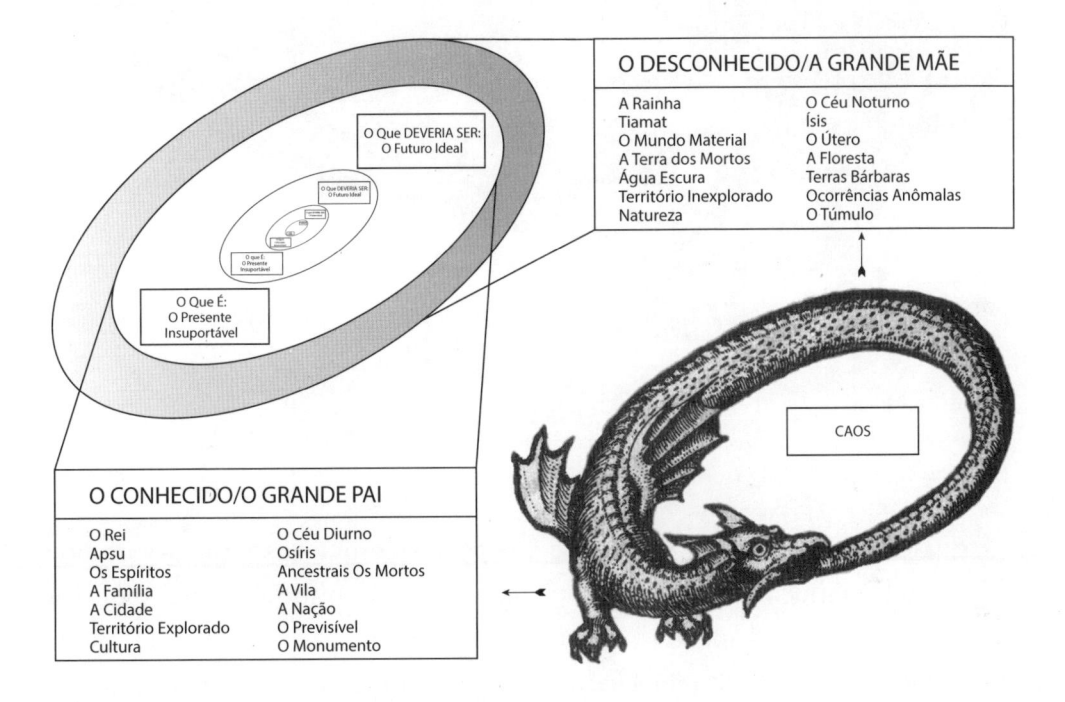

O Que DEVERIA SER: O Futuro Ideal

O DESCONHECIDO/A GRANDE MÃE

A Rainha — O Céu Noturno
Tiamat — Ísis
O Mundo Material — O Útero
A Terra dos Mortos — A Floresta
Água Escura — Terras Bárbaras
Território Inexplorado — Ocorrências Anômalas
Natureza — O Túmulo

O Que É: O Presente Insuportável

CAOS

O CONHECIDO/O GRANDE PAI

O Rei — O Céu Diurno
Apsu — Osíris
Os Espíritos — Ancestrais Os Mortos
A Família — A Vila
A Cidade — A Nação
Território Explorado — O Previsível
Cultura — O Monumento

Figura 2.28: O Nascimento dos Pais do Mundo

Segundo a perspectiva mítica, essa divisão equivale ao surgimento do cosmos – e, portanto, à criação ou ao gênesis em si. Uma coisa está faltando – a existência do explorador e a natureza da sua relação com o que é conhecido e o que ainda está para sê-lo. Com o "nascimento" do explorador – com sua construção a partir da interação entre cultura e natureza –, o "mundo" inteiro passa a existir. Esse "surgimento da experiência" é retratado na Figura 2.29: Os Elementos Constitutivos do Mundo em Relação Dinâmica. O "conhecedor" é simultaneamente filho da natureza e da cultura, criador da cultura (como resultado de seu encontro com a natureza ou mundo desconhecido) e a "pessoa" para quem o desconhecido é uma realidade.

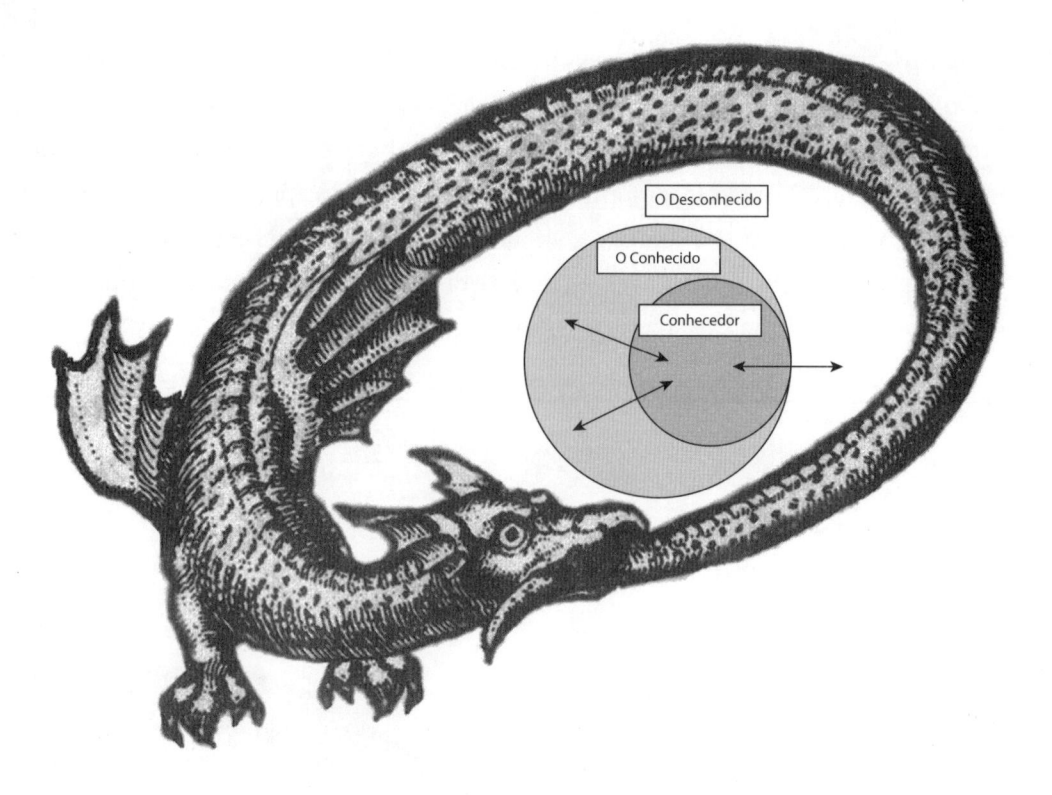

Figura 2.29: Os Elementos Constitutivos do Mundo em Relação Dinâmica

É quase impossível superestimar até que ponto o esquema de categorização de "pai do mundo" influencia os (ou, alternativamente, é derivado dos) pressupostos e atividades humanas fundamentais. O "mundo" é território explorado, rodeado por mistério; esse mistério é experienciado como caos indiferenciado e com frequência ameaçador. Tudo o que "ocupa" tal caos é *diretamente percebido como* (não abstratamente conceitualizado como) *idêntico* a ele – é diretamente percebido como desconhecido e causador de ansiedade. O estrangeiro, portanto – o ocupante da "morada dos dragões" (Isaías 34,13)[267] –, é *naturalmente* apreendido como um agente do caos disforme. Eliade afirma:

> Uma das características excepcionais das sociedades tradicionais é a oposição que elas presumem existir entre seu mundo habitado e o espaço desconhecido e indeterminado que o rodeia. O primeiro é o mundo (mais precisamente, nosso mundo), o cosmos; tudo o que está fora não é mais um cosmos, mas uma espécie

---

[267] Na edição de que dispomos (Bíblia de Jerusalém), o profeta fala em "morada para os chacais". (N. E.)

de "outro mundo", um espaço caótico, estrangeiro, povoado por fantasmas, demônios, "estrangeiros" (que são identificados com os [mais precisamente, não se distinguem dos] demônios e almas dos mortos).[268]

Tudo *do lado de fora* ocupa o mesmo espaço categórico que o dragão do caos ou a terrível mãe. Os primeiros indo-europeus equiparavam a destruição dos inimigos nas batalhas com o assassinato de Vritra por Indra;[269] os antigos egípcios consideravam os hicsos, "bárbaros", equivalentes a Apófis, a serpente que à noite devora o sol;[270] e os iranianos arcaicos (zoroastrianos) equiparam a luta do rei Fereydoun contra um usurpador estrangeiro – o dragão Dahaka – com a luta cosmogônica do herói Traetaona contra Dahaka, a serpente primordial do caos.[271] Os inimigos dos hebreus do Antigo Testamento também sofrem o mesmo destino: são considerados equivalentes a Raabe, ou Leviatã, a serpente derrotada por Iahweh na sua batalha para estabelecer o mundo ("Fala e dize-lhe: Assim diz o Senhor Iahweh: Eis que estou contra ti, Faraó, rei do Egito, grande dragão deitado no meio do Nilo, tu que dizes: 'O Nilo é meu, fui eu que o fiz" [Ezequiel 29,3]; e também: "Devorou-me, consumiu-me, Nabucodonosor, o rei da Babilônia, ele me deixou como um prato vazio, engoliu-me como um dragão, encheu o seu ventre de minhas melhores partes, ele me expulsou" [Jeremias 51,3]). Eliade continua:

> À primeira vista, essa clivagem no espaço parece se dever à oposição entre um território habitado e organizado – portanto cosmicizado – e o espaço desconhecido que se estende para além de suas fronteiras; de um lado, há um cosmos; do outro, um caos. Mas veremos que, se todo território habitado é um cosmos, isso ocorre precisamente porque ele foi, em primeiro lugar, consagrado, porque, de uma forma ou de outra, ele é o trabalho dos deuses ou está em comunicação com o mundo dos deuses. O mundo (ou seja, o nosso mundo) é um universo dentro do qual o sagrado já se manifestou; no qual, por conseguinte, a separação de plano a plano se tornou possível e repetível.

---

[268] Eliade, M. (1957), p. 29.
[269] "O combate de Indra serviu de modelo para as batalhas que os arianos tiveram que travar contra os Dasa (também chamados de vrtani): 'aquele que triunfa em uma batalha, ele verdadeiramente mata Vritra' (Maitrayana-Samhita 2.1.3)." Eliade, M. (1978b), p. 207.
[270] Ibidem, p. 104, nota de rodapé 48.
[271] Ibidem, p. 320. Eliade também aponta que o nome Fereydoun deriva de Traetaona (Traetaona – Freton – Fereydoun) e afirma: "No Irã, assim como em outros lugares, o processo de historicização de temas e personagens míticos é contrabalanceado por um processo contrário: os adversários reais da nação ou império são imaginados como monstros, e em especial como dragões".

Não é difícil ver por que o momento religioso implica o momento cosmogônico. O sagrado revela a realidade absoluta e, ao mesmo tempo, possibilita a orientação; logo, ele *funda o mundo*, no sentido de fixar os limites e estabelecer a ordem do mundo.

Tudo isto fica muito claro no ritual védico de tomada de posse de um território; a posse se torna legalmente válida por meio da edificação de um altar de fogo consagrado a Agni. "Alguém pode afirmar que está instalado após construir um altar de fogo (*garhapatya*), e todos aqueles que constroem o altar de fogo estão legalmente estabelecidos" (*Shatapatha Brahmana*, VII, 1,1,1-4). Pela edificação de um altar de fogo, Agni é tornado presente e a comunicação com o mundo dos deuses é assegurada; o espaço do altar se torna um espaço sagrado. Mas o significado do ritual é muito mais complexo, e, se considerarmos todas as suas ramificações, entenderemos por que a consagração de um território é equivalente a torná-lo um cosmos, a *cosmicizá*-lo. Pois, de fato, a construção de um altar para Agni não é senão a reprodução – em escala microcósmica – da Criação. A água que se mistura ao barro é equiparada à água primordial; o barro que forma a base do altar simboliza a Terra; as paredes laterais representam a atmosfera, e assim por diante. E a construção do altar é acompanhada por cânticos que proclamam qual região cósmica acaba de ser criada (*Shatapatha Brahmana* I,9,2,29 etc.). Assim, a construção de um altar de fogo – que valida por si só a tomada de posse de um novo território – equivale a uma cosmogonia.

Um território desconhecido, estrangeiro e desocupado (que muitas vezes significa "desocupado por nosso povo") ainda compartilha da modalidade fluída e larval do caos. Ao ocupá-lo e, sobretudo, ao estabelecer-se nele, o homem simbolicamente o transforma em um cosmos por meio de uma repetição ritual da cosmogonia. O que deve se tornar o "nosso mundo" deve, primeiro, ser "criado", e toda criação tem um modelo paradigmático – a criação do universo pelos deuses. Quando os colonizadores escandinavos tomaram posse da Islândia (*Landnám*) e a desobstruíram, eles não consideraram essa iniciativa um empreendimento original ou um trabalho humano e profano. Para eles, seu trabalho era apenas a repetição de um ato primordial, a transformação do caos em cosmos pelo ato divino da criação. Quando cultivaram o solo do ermo, eles estavam, na verdade, repetindo o ato dos deuses, que tinham organizado o caos dando a ele estrutura, formas e normas.

Seja um caso de lavrar terra não cultivada ou de conquista e ocupação de um território já habitado por "outros" seres humanos, a tomada de posse ritual deve sempre repetir a cosmogonia. Pois, segundo as sociedades arcaicas, tudo o que não é "nosso mundo", ainda não é mundo. Um território só pode se transformar em nosso ao ser criado sob nova forma, isto é, consagrado. Esse comportamento religioso em relação a terras desconhecidas continuou, mesmo no Ocidente, até o alvorecer dos tempos modernos [e se refletiu recentemente quando os astronautas americanos fincaram a "bandeira" na Lua]. Os conquistadores espanhóis e portugueses, descobrindo e conquistando territórios, tomaram posse deles em nome de Jesus Cristo [o *Logos* de criação do mundo].[272]

Uma forma similar de ritual e ideação domina processos mesmo tão "simples" quanto o estabelecimento de um novo edifício. Na Índia,

> antes de uma única pedra ser assentada, o "astrólogo mostra qual lugar nos alicerces fica exatamente acima da cabeça da serpente que sustenta o mundo. O pedreiro prepara uma pequena cavilha de madeira da árvore khadira, e com um coco crava a cavilha na terra nesse ponto particular, de modo a prender a cabeça da serpente firmemente no chão [...]. Se essa serpente alguma vez balançar sua cabeça de modo bem violento, ela despedaçará o mundo".[273] Uma pedra de fundação é colocada acima da cavilha. A pedra angular, portanto, é situada exatamente no "centro do mundo". Mas, ao mesmo tempo, o ato de fundação repete o ato cosmogônico, pois "prender" a cabeça da serpente, cravar a cavilha, é imitar o gesto primordial de Soma (Rig Veda II,12,1) ou de Indra, quando este último "feriu a Serpente em sua toca" (Rig Veda VI,17,9), e com seu raio " decepou a cabeça dela" (Rig Veda I,52,10).[274]

A ordem – território explorado – é construída a partir do caos e existe, de modo simultâneo, em oposição a esse caos (ao "novo" caos, mais precisamente: para o desconhecido *agora definido em oposição ao território explorado*). Tudo o que não é ordem – ou seja, não previsível, não utilizável – é, por padrão (por definição), *caos*. O estrangeiro – cujos comportamentos não podem ser previstos, que não é parente, seja pelo sangue ou pelo costume, que não é um habitante do "cosmos", cuja existência e domínio não foram sacralizados – é *equivalente* ao caos (e não apenas metaforicamente equiparado ao caos). Como tal, sua aparição significa ameaça, assim como seus padrões de ação e crenças têm a capacidade de abalar a sociedade em si, de dissolver e inundar o mundo, e de reinstituir o domínio do ouroboros.

---

[272] Eliade, M. (1957), p. 29-32.
[273] Stevenson, M.S. (1920), p. 354.
[274] Eliade, M. (1991b), p. 19.

A Grande Mãe: Imagens do Desconhecido
(ou Território Inexplorado)

A Mãe das Canções, a mãe de nossa semente inteira, gerou-nos no início. Ela é a mãe de todas as raças dos homens e a mãe de todas as tribos. Ela é a mãe do trovão, a mãe dos rios, a mãe das árvores e de todos os tipos de coisas. Ela é a mãe das canções e danças. Ela é a mãe das pedras do irmão mais velho. Ela é a mãe do grão e de todas as coisas. Ela é a mãe do irmão mais novo francês e dos estrangeiros. Ela é a mãe da parafernália da dança e de todos os templos, e a única mãe que temos. Ela é a mãe dos animais, a única, e a mãe da Via Láctea. Foi a própria mãe que começou a batizar. Ela nos deu o prato de coca feito de pedra calcária. Ela é a mãe da chuva, a única que temos. Só ela é a mãe de todas as coisas, só ela. E a mãe deixou uma memória em todos os templos. Com seus filhos, os salvadores, ela deixou canções e danças como um lembrete. Assim os sacerdotes, pais e irmãos mais velhos relataram.[275]

A representação da cultura, do conhecido, é comparativamente simples; é abstração de segunda ordem, descrição daquilo que já foi submetido à ordem. A representação da cultura é o encapsulamento daquilo para o qual a adaptação comportamental ocorreu anteriormente; daquelas coisas ou situações cujas propriedades sensoriais, implicações afetivas e significâncias motivacionais foram e são agora especificadas. A representação do conhecedor, o sujeito humano, é também a representação daquilo que é sempre encontrado em todas as interações interpessoais e em todos os estados autoconscientes: é o retrato daqueles aspectos de um conjunto de dados infinitamente complexo que foram, no mínimo, experienciados, senão esgotados. A representação do desconhecido, no entanto, parece impossível, uma contradição em termos. Como pode o que ainda não foi encontrado ser compreendido, entendido, materializado, confrontado ou adaptado? Mas o que não foi encontrado deve ser compreendido. O alcance da nossa experiência sempre supera o domínio do nosso conhecimento determinado. Portanto, estamos sujeitos a um contato constante com o desconhecido. Ele aparece todas as vezes que cometemos um erro, todas as vezes que nossas pressuposições estão erradas – todas as vezes que nossos comportamentos não produzem as consequências

---

[275] Neumann, E. (1955), Placa, Parte II.

que esperamos e desejamos. A ausência de representação específica, adequada para circunstâncias inexplicáveis, não mitiga a necessidade de medidas apropriadas – mesmo que a natureza dessa ação ainda não possa ser especificada. Isso significa que a natureza do desconhecido como tal deve ser representada de forma a conceber os padrões de ação *que são amplamente adequados para resposta ao que ainda não pode (e não pode eternamente) ser previsto ou controlado*. Somos, de fato, capazes de um conjunto de habilidades paradoxais: sabemos o que fazer quando não sabemos o que fazer; sabemos como representar o que fazer quando não sabemos o que fazer; por fim, sabemos como representar o que ainda não foi encontrado. Essas capacidades adaptativas – impossíveis, à primeira vista – enriquecem enormemente a nossa capacidade de nos comportarmos com sucesso em face de nossa experiência misteriosa, e de comunicar e ampliar essa capacidade.

Se ocorrer um erro de juízo, interpretação ou comportamento, e aparecer algo inesperado, essa coisa inesperada tem propriedades identificáveis: é perigosa e promissora. O perigo é um potencial para o castigo, a frustração, a decepção, o isolamento social, os danos físicos – até mesmo a morte. No entanto, cada momento de ameaça é, ao mesmo tempo, um momento de oportunidade. A mudança que abala o presente previsível e ordenado também significa potencial para o progresso em um futuro mais promissor. O inesperado é a informação em si, informação necessária para a constante expansão da capacidade adaptativa. Essa informação vem embalada em perigo e promessa. Para obter a informação prometida, o perigo deve ser superado. Esse processo de superação necessária e eterna constrói e transforma os nossos repertórios comportamentais e esquemas de representação, o tempo todo.

Tudo o que sabemos atualmente sobre o sujeito e os objetos da experiência humana foi, em algum momento, apenas o desconhecido indistinto – que era muito mais do que aquilo que ainda ficou por ser descoberto acerca das qualidades sensoriais coletivamente apreensíveis do mundo. O desconhecido pode se manifestar no domínio empírico consensualmente validável, como um aspecto do mundo material; outrossim, ele pode surgir como uma nova significância onde nenhuma era evidente antes. O que é conhecido e familiar não representa ameaça, mas também não oferece possibilidade para além do que já foi previamente determinado. A coisa ou situação explorada foi associada a comportamentos que a tornam benéfica, numa situação ideal, ou pelo menos irrelevante. O desconhecido onipresente, pelo contrário, apresenta ameaça e promessa de amplitudes infinitas, impossíveis de se encapsular e também impossíveis de se ignorar. O desconhecido, inesperado ou imprevisível é a fonte de todo conhecimento condicional – e o lugar para onde tal conhecimento "retorna", por assim dizer, quando não é mais útil. Tudo aquilo que sabemos, sabemos porque alguém explorou algo que não entendia – explorou algo que temia, que o fascinava. Tudo aquilo que sabemos, sabemos porque alguém gerou algo valioso no curso de um encontro com o inesperado.

"A civilização avança ampliando o número de operações importantes que podemos realizar sem pensar nelas."[276] Todas as coisas que conhecemos não exigem mais a nossa atenção. Conhecer algo é fazê-lo automaticamente, sem pensar, categorizá-lo em uma olhada rápida (ou menos do que isso), ou ignorá-lo por completo. O sistema nervoso é "projetado" para eliminar a previsibilidade das nossas considerações, e para concentrar recursos analíticos limitados onde a concentração produziria resultados úteis. Vamos a lugares nos quais a mudança ocorre; onde algo que ainda não foi modelado está em curso, onde algo está acontecendo sem que comportamentos tenham sido erigidos ao redor – onde algo ainda não compreendido está ocorrendo. A própria consciência pode ser considerada como aquele órgão especializado na análise e classificação de eventos imprevisíveis. Atenção e concentração naturalmente gravitam para aqueles elementos no campo da experiência que contêm a maior concentração de novidade, ou que são os menos esperados, anteriores ao que poderia ser normalmente considerado processamento cognitivo superior. O sistema nervoso responde à mudança irregular e elimina a regularidade. Há informações limitadas, positivas e negativas, no que é previsível. A ocorrência nova, pelo contrário, pode ser considerada uma janela para o "espaço transcendente", onde recompensa e punição existem em potencial eterno e ilimitado.

O desconhecido ou inesperado ou novo aparece quando os planos dão errado: quando a adaptação comportamental ou o esquema interpretativo falha em produzir o que é desejado ou prever o que ocorre. O surgimento do inesperado ou imprevisível inibe a atividade em curso direcionada ao objetivo na ausência de vontade consciente. De forma concomitante a essa inibição da atividade, ocorre um inexorável redirecionamento da atenção para o evento inesperado. O inesperado agarra o comportamento e gera, de forma espontânea, afetos antitéticos, variando em intensidade de acordo com a improbabilidade da ocorrência, criando maior interesse, medo, curiosidade intensa ou absoluto terror. Essa significância motivacional parece ter sido experienciada como uma característica intrínseca do desconhecido, anterior à divisão formal e rigorosa do mundo da experiência em objeto empírico e observador subjetivo – e ainda é fundamentalmente experienciada dessa maneira hoje. Rudolf Otto, em sua investigação seminal sobre a natureza da experiência religiosa, descreveu essa experiência como

---

[276] Whitehead, A.N. (1958), p. xx.

numinosa,[277] involuntariamente arrebatadora, indicativa de uma significância acima do normal e da média. A experiência "numinosa" tem dois aspectos: *mysterium tremendum*, que é a capacidade de invocar temor e tremor; e *mysterium fascinans*, a capacidade de poderosamente atrair, fascinar e compelir. Esse poder numinoso, de importância divina, é a extrema relevância afetiva e o concomitante direcionamento do comportamento pelo objeto (desconhecido). Esse "poder" é comumente considerado pelos que se encontram sujeitos a ele como uma manifestação de Deus, personificação do desconhecido e fonte suprema de todo conhecimento condicional:

> Por vezes, sua sensação pode chegar como uma onda suave, penetrando a mente com um ânimo tranquilo de profunda adoração. Ela pode se transformar em uma atitude mais definida e duradoura da alma, continuando, tal como era, eletrizantemente vibrante e ressonante, até perecer, por fim, e a alma retornar ao estado "profano" e não religioso da experiência cotidiana. Ela pode irromper em súbitas erupções vindas das profundezas da alma, com espasmos e convulsões, ou levar aos excitamentos mais estranhos, ao frenesi inebriado, ao transporte e ao êxtase. Ela tem suas formas selvagens e demoníacas, e pode afundar até um horror medonho e estarrecedor. Ela tem seus antecedentes grosseiros e bárbaros, e manifestações precoces, e, de novo, poderá se desenvolver em algo belo e puro e glorioso. Ela pode se tornar a humildade silenciosa, trêmula e muda da criatura na presença de – quem ou do quê? Na presença daquilo que é um *mistério* inexprimível e está acima de todas as criaturas.[278]

Não se pode dizer que algo não representado possa ser entendido – não conforme o uso habitual do termo. No entanto, o entendimento do desconhecido – que, em teoria, não pode ser representado – é vital para a continuidade da sobrevivência. O desejo de representar o desconhecido, de capturar sua essência, é, em consequência, potente o bastante para dirigir a construção da cultura, a rede que restringe a fonte incognoscível de todas as coisas. O ímpeto para a representação do domínio do inesperado surgiu (e surge) como resultado da intrínseca significância afetiva ou emocional, biologicamente determinada, do desconhecido ou novo mundo. Representações do desconhecido constituem tentativas de se elaborar mais sobre a sua natureza, de iluminar a sua significância emocional e motivacional (iluminar o seu *ser*, a partir da perspectiva mítica ou pré-científica). Isso é a categorização de tudo aquilo que ainda não foi explorado e representado, a serviço da adaptação ao que ainda não foi compreendido. Isso é a tentativa

---

[277] Otto, R. (1958).
[278] Ibidem, p. 12-13.

de formular uma concepção da "categoria de todas as coisas ainda não categorizadas", de tal forma que uma instância útil possa ser adotada com relação a essa categoria.

O novo inspira sem cessar o pensamento e se permite ser envolvido, embora inevitavelmente transcenda todas as tentativas de classificação definitiva. Logo, o desconhecido oferece uma constante e poderosa fonte de "energia" para a exploração e a geração de novas informações. O desejo de formular uma representação de algo que supere a classificação definitiva e permaneça eternamente motivante pode muito bem ser entendido como um impulso prepotente e irresistível. Esse impulso constitui o que pode ser considerado o impulso religioso mais fundamental – constitui a tentativa culturalmente universal de definir e estabelecer um relacionamento com Deus – e sustenta o estabelecimento da ordem histórica civilizada. O produto desse impulso, o complexo culturalmente construído, existente na fantasia – o *símbolo*, composto por representação comunicável de todas as coisas constantemente ameaçadoras e promissoras para o homem –, afeta e estrutura a experiência de cada indivíduo, embora permaneça impessoal, distinto e separado:

> O símbolo vivo formula um fator inconsciente essencial, e quanto mais difundido for esse fator, mais geral será o efeito do símbolo, pois ele toca um acorde correspondente em cada psique. Uma vez que, para determinada época, ele é a melhor expressão daquilo que ainda é desconhecido, ele deve ser fruto das mentes mais complexas e diferenciadas dessa era. Mas, para surtir qualquer efeito, ele deve acolher o que existe de mais comum em um grande grupo de indivíduos. Isso nunca pode ser o que há de mais diferenciado, o mais difícil de atingir, pois, assim, apenas uns poucos o alcançarão ou compreenderão. O fator comum deve ser algo ainda tão primitivo que sua ubiquidade não possa ser colocada em dúvida. Somente quando o símbolo abarca e expressa isso da forma mais elevada possível é que sua eficácia é geral. Aqui reside a potência do símbolo social vivo e de seu poder redentor.[279]

Essa representação dinâmica pode fazer parte da experiência subjetiva de uma miríade de pessoas, e assim ter a "própria" existência biologicamente fundamentada, culturalmente determinada e independente de qualquer pessoa em qualquer momento – até mesmo seguir suas próprias regras intrínsecas de desenvolvimento –, e mesmo assim falhar em existir "objetivamente", segundo a nossa definição atual de "objetivo".

Representações ritualizadas, dramáticas ou míticas do desconhecido – o domínio que emerge quando um erro é cometido – parecem ter fornecido o material inicial para os aspectos mais fundamentais e primordiais das religiões formalizadas. A apreciação da

---
[279] Jung, C.G. (1971), p. 477.

natureza do desconhecido como categoria se desenvolveu em decorrência da observação da nossa resposta inerente ao que não esperávamos, manifesta como padrão previsível de afeto e comportamento: medo e curiosidade, terror e esperança, inibição da atividade em curso e exploração cautelosa, "habituação" e geração de novas estratégias comportamentais apropriadas à especificidade das situações. Duas coisas são uma só, do ponto de vista empírico, se elas compartilharem de características sensoriais coletivamente apreendidas. Duas coisas são uma só, segundo a perspectiva metafórica, dramática ou mítica – segundo a perspectiva da categoria natural –, se elas produzirem o mesmo estado de ser subjetivo (afeto ou motivação) ou tiverem o mesmo status funcional (que é a implicação para o comportamento). Experiências que compartilham um tom afetivo parecem ser categorizáveis em complexos únicos, de natureza simbólica (do ponto de vista da cognição abstrata) – elas surgem como produtos da cultura que evoluíram no ambiente social característico do *Homo sapiens* ancestral, e depois desapareceram. Esses complexos podem desempenhar um papel útil na promoção do comportamento adaptativo geral diante de objetos temidos e promissores, na ausência de informação detalhada gerada por exploração e referente à natureza explícita desses objetos.

Essas representações podem ser consideradas o resultado da representação de primeiro nível – da imitação, conforme Piaget apontou –, e então, mais tarde, o resultado da representação de segunda ordem, mais abstrata (de compreensão simbólica). A compreensão pode ser alcançada no nível mais inclusivo, embora primário, por meio do ritual e da mimese. Um fenômeno desconhecido, fascinante, mas incompreensível, ainda assim pode ser representado ritualmente, pode ser *encenado*. A representação secundária dessa "atuação" constitui a forma inicial da representação abstrata. Para entender o leão, por exemplo – ou sua presa –, é necessário, em primeiro lugar, "tornar-se" o leão ou a presa – imitar fisicamente e, depois, representar a mímica na imaginação. É dessa maneira que o filho imita o pai, o qual mais tarde se tornará. A personificação dos pais pela criança significa a sua incorporação do conhecimento dos pais, ao menos na medida em que esse conhecimento seja ação. A criança encena o pai sem entendê-lo e sem compreender as razões da encenação. Pode-se dizer, metaforicamente, que a criança imitadora está possuída pelo *espírito do pai*, assim como o pai esteve possuído em sua própria infância. O "espírito do pai" pode ser concebido, nesse esquema representacional, como uma entidade independente do pai em particular, ou do filho em particular – como algo que se manifesta na imaginação e na posse do comportamento, geração após geração, de forma mais ou menos constante e tradicional. Outrossim, o desconhecido, que pode ser considerado simultaneamente objeto e sujeito – que se manifesta no mundo perceptível, no afeto, e adere ao comportamento –, também pode ser considerado (ou se manifestar na imaginação como) uma entidade transpessoal (ou o resultado das ações de uma entidade transpessoal). O "caçador primordial" ancestral, aterrorizado por algo desconhecido no mato, retrata seu encontro com o que o aterrorizou ao encenar o demônio desconhecido, quando retorna à aldeia. Essa encenação é ao mesmo tempo personificação e representação – é hipótese de nível básico relativa à natureza do desconhecido como tal. Alternativamente, ele talvez crie uma imagem, um ídolo, da coisa – e dê forma concreta ao que, até então, era apenas compulsão comportamental. O desconhecido aparece primeiro de forma simbólica, como uma personalidade independente, quando não pode ser concebido de qualquer outra forma, e depois surge *como se* fosse uma personalidade (em um disfarce evidentemente metafórico). São fartas as evidências de adoção de "personalidade" por "complexos" representacionais ou quase representacionais.[280] Tais "complexos" podem "construir-se" ao longo de muitos

---

[280] Há boas evidências da efetiva independência das subpersonalidades na imaginação humana (nos sistemas de memória episódica e processual [?]), e provas irrefutáveis do uso da personalidade metafórica no ritual, na arte e na literatura. Há muitas formas de experiência normal que envolvem a participação explícita de personalidades "estrangeiras", ou personalidades parciais. Estas incluem os sonhos, nos quais os personagens aparecem na experiência em formas conhecidas e desconhecidas, e seguem o que parecem ser as próprias leis de comportamento intrínsecas e com frequência incompreensíveis (ver Jung, C. G. [1968b]), para uma análise de uma série extensa de sonhos (do físico Wolfgang Pauli, por coincidência).

Os humores, chegando ao estágio da consciência, influenciam a percepção, a memória, a cognição e o comportamento, produzindo desconcertantes explosões de tristeza e ódio por parte da pessoa que é tão influenciada. (Jung identificou a "anima", o arquétipo do feminino, com o humor [ver Ibidem, p. 70].) A "imaginação ativa" (ver Ibidem, p. 190), um processo que pode ser comparado com o sonhar acordado intencional – tendo o humor como foco –, pode gerar imagens e fantasias associadas àquele humor. A participação nesse processo ajuda a iluminar a estrutura das "personalidades" associadas a determinados estados de convulsão emocional.

Em estados de tensão anormal e de colapso psicopatológico ou neurológico, os efeitos das personalidades estrangeiras são facilmente observáveis. Indivíduos afligidos pela síndrome de Tourette parecem "possuídos" por um espírito complexo, na falta de melhor descrição, cuja personalidade estranhamente corresponde àquela do *trickster* do índio norte-americano (ver Sacks, O. [1987]; Jung, C. G. [1968a], p. 255-74).

O colapso esquizofrênico envolve a aparente participação de muitas personalidades fragmentadas, que fazem sua aparição em vozes e desejos "estranhos" à mente agredida do psicótico (ver Jung, C. G. [1967a]; Romme, M.A.; e Escher, A. D. [1989]). Doty, fisiologista e pesquisador de esquizofrenia, afirma:

> Entre os critérios de diagnóstico mais reconhecidos, estão os sintomas de "primeira ordem" identificados por Kurt Schneider. Conforme resumido por Crow e

Johnstone, eles são: "(1) ouvir os pensamentos de alguém ditos em voz alta dentro da própria cabeça; (2) ouvir vozes discutindo; (3) ouvir vozes que comentam o que a pessoa está fazendo; (4) sentir influência corporal (que as funções corporais são afetadas por uma agência externa); (5) sentir que os pensamentos do indivíduo estão sendo retirados ou inseridos em sua cabeça; (6) difusão de pensamento ou a experiência de que os pensamentos do indivíduo são transmitidos aos outros; (7) percepção delirante (a atribuição de significância especial a uma percepção particular); e (8) sentimentos ou vontades vivenciados como se impostos sobre os pacientes por outrem". Essa lista de sintomas esquizofrênicos de primeira ordem é singularmente fascinante no presente contexto, pois, conforme Nasrallah expressa de forma astuta, eles todos podem ser resumidos pela ideia básica "de que, no cérebro esquizofrênico, a consciência não integrada do hemisfério direito pode se tornar um 'alienígena invasor' no hemisfério esquerdo verbalmente expressivo". Em outras palavras, eles são prototípicos do que alguém pode esperar caso a comunicação inter-hemisférica seja tão distorcida que o hemisfério esquerdo não consiga mais identificar a origem das atividades no hemisfério direito como pertencente à consciência unificada do eu (Doty, R.W. [1989], p. 3).

Cleghorn relatou que os esquizofrênicos que sofrem de alucinações auditivas são caracterizados por um aumento de absorção de glicose (determinado via tomografia por emissão de *pósitrons* – PET) em regiões do hemisfério direito, correspondentes às áreas da linguagem do hemisfério esquerdo (Cleghorn, J.M. [1988]). Doty sugere que essas estruturas do hemisfério direito podem ter sido liberadas da inibição tônica pelo centro de linguagem dominante do hemisfério esquerdo no curso do colapso esquizofrênico (Doty, R.W. [1989]).

O transtorno dissociativo de identidade (personalidade múltipla), uma condição historicamente cíclica (ver Ellenberger, H.F. [1970]), emerge quando as "personalidades" e representações do indivíduo, externas ao eu central, aparecem sem memória unificada, com frequência naquelas pessoas com tendências dissociativas, punidas de forma severa e arbitrária quando muito novas.

O transtorno obsessivo-compulsivo reduz suas vítimas à dominação total por um objeto de experiência ou um pensamento, produzindo padrões comportamentais e cognitivos estranhos àqueles afligidos (e àqueles relativos ao afligido) (Rapoport, J. [1989]).

Rituais xamânicos e religiosos, ritos de iniciação primitivos e produtos químicos psicoativos produzem mudanças fisiológicas complexas dentro do cérebro do indivíduo, ativando complexos com base afetiva que, de outro modo, não poderiam alcançar a consciência, produzindo percepções e afetos de outro modo não atingíveis, com consequências não raro dramáticas. (É digno de nota, a esse respeito, que LSD e outras drogas psicotomiméticas e alucinógenas são caracterizadas por seu efeito nas projeções do tronco encefálico serotoninérgico filogeneticamente antigo (ver Doty, R.W. [1989]).)

Convulsões epiléticas, com frequência acompanhadas por estranhas mudanças perceptivas, emocionais e cognitivas, abrangem desde o que inspira reverência e é sagrado até o demoníaco e aterrorizante (ver Ervin, F.; Smith, M. [1986]). A discussão apresentada neste capítulo é particularmente interessante na medida em que descreve alterações patológicas, não de cognição sistemática, mas de *significado*. Ervin descreve casos em que pacientes epiléticos recusam tratamento farmacológico, colocando em risco seu bem-estar fisiológico e psicológico, porque não estão dispostos a renunciar à "aura" pré-epilética – uma condição de experiência alterada, precedendo a convulsão epilética

séculos, como resultado dos esforços exploratórios e criativos de vários indivíduos diferentes, unidos dentro da rede comunicativa da cultura.

Foi desse modo que, ao longo de vastos períodos de tempo, o domínio "transpessoal" da imaginação se tornou povoado por "espíritos". Jung descreveu o "espaço" ocupado por tais "espíritos" como o *pleroma* (um termo gnóstico).[281] O pleroma pode ser descrito como o mundo subjetivo da experiência, na recordação – o mundo episódico, talvez, na perspectiva da teoria moderna da memória –, embora representações aparentemente apreensíveis de modo coletivo, sob certas circunstâncias peculiares (por exemplo, a Virgem Maria, na Iugoslávia, antes da devastadora guerra entre a Sérvia e a Bósnia muçulmana, ou as "naves alienígenas" (óvnis) durante a Guerra Fria), também possam ser incluídas aí. O pleroma é o "espaço" no qual o paraíso e o inferno existem; o lugar onde os ideais "supracelestiais" de Platão residem, a terra do sonho e da fantasia. Ele parece ter uma estrutura quadridimensional, como a do espaço-tempo objetivo (e da memória),[282] mas é caracterizado por uma tremenda imprecisão no que diz respeito à categoria e à temporalidade. Os "espíritos" que habitam o pleroma, em seu estado "natural", são *deidades* – misturas indistintas de sujeito e objeto, significância motivacional e aspecto sensorial, elaboradas em representações personificadas pelos esforços de muitos. Isso significa apenas que uma representação é um *construto social*, com *raízes históricas* (até mesmo *biológicas*) – como qualquer ideia –, e que o espírito que habita a imaginação não é, necessariamente, uma ficção criada pela pessoa que "tem" essa imaginação. O diabo não é fruto específico do cristão. É mais acurado observar que a figura do diabo – ou de Cristo, aliás – habita a mente do cristão (e de todos os cristãos), e que essa habitação ocorre como resultado de processos sociais e históricos transpessoais, operando quase completamente além da esfera de controle individual.[283] Da mesma forma, não se pode afirmar que é a própria

---

per se. Essa "aura" pode ter algo da qualidade da revelação – produzindo uma forte percepção aparentemente subjetiva sobre o "significado mais profundo do universo", por exemplo (embora ela seja mais comumente associada ao terror extremo). Antes que esses estados sejam rotulados como patológicos, necessariamente delirantes, deve-se lembrar de que Dostoiévski era epilético, alterado, e talvez tenha aprofundado a percepção psicológica por meio dos processos de sua doença. Essas convulsões também induzem a acessos violentos completamente dissociados do estado comportamental normal do indivíduo (ver Mark, V.H.; Ervin, F.R. [1970]).

[281] Ver Jung, C.G. (1967b).

[282] Com relação à estrutura potencialmente quadridimensional do sistema de memória humana, ver Teylor, T.J.; Discenna, P. (1986).

[283] Ver Russell, J.B. (1986).

criança quem cria os monstros que habitam a sua imaginação. Eles crescem lá, por assim dizer, e depois são observados subjetivamente – são alimentados por declarações casuais por parte dos adultos, por padrões de ação que a criança observa, mas não consegue explicar, por emoções e estados motivacionais que surgem repentina e imprevisivelmente, pelas fantasias em livros, televisão e teatro.

Eventos ou experiências que permanecem além do alcance da exploração, assimilação e acomodação mantêm-se firmemente entrincheirados no, ou automaticamente atribuídos ao, domínio do desconhecido, ameaçador e promissor. A categoria de *todos os eventos que ainda não podem ser categorizados*, no entanto, pode ser modelada por meio da aplicação metafórica de ocorrências parcialmente compreensíveis, mas indutoras de afeto, cuja relevância emocional de algum modo corresponde à do desconhecido. Por exemplo, cada uma das coisas específicas que significam perigo – ou, em alternativa, uma melhoria de vida – parece facilmente associada a qualquer outra coisa específica, caracterizada pela mesma propriedade, mas também com a novidade em si, o que gera medo e esperança como parte de sua natureza (subjetivamente) intrínseca. Essas experiências parecem inter-relacionadas de acordo com os estados similares, afetivos ou comportamentais que inspiram – os efeitos motivacionais que engendram, anteriores ao desenvolvimento da "habituação" no curso do comportamento exploratório.[284] O "sistema límbico" arcaico tem o próprio método de classificação, por assim dizer, experienciado em privado como emoção – ou como comportamento realizado de forma espontânea – e manifesto fora do reino da presunção condicional abstrata culturalmente determinada.[285] Todas as coisas novas encontradas, evitadas por ignorância ou medo involuntário ou manifesto de modo intencional, estão potencial ou ativamente ligadas a tudo o que permanece fora da competência individual e/ou da classificação cultural. Todas as coisas que produzem medo podem ser subjetivamente consideradas um aspecto da mesma coisa (subterrânea). O que é essa coisa?

O desconhecido como tal envolve todas as coisas, mas só existe em estado hipotético, e encontra representação na forma simbólica do ouroboros, conforme vimos.

---

[284] Jung afirma: "Todo conteúdo numinoso [...] possui uma tendência à autoamplificação, isto é, ele forma o núcleo de uma agregação de sinônimos" (Jung, C.G. [1976b], p. 458). Conteúdos da memória com a mesma valência afetiva tendem a se agrupar. Esse fenômeno há muito foi reconhecido no caso de depressão. Pessoas deprimidas são caracterizadas por uma distorção relativa à percepção, à lembrança e à concepção de punições: decepção, frustração (ausências de recompensas esperadas), solidão e dor (ver Beck, A. [1979]).

[285] Ver Gall, J. (1988).

A desintegração ou divisão do ouroboros dá origem a todas as coisas, entre elas, a desordem ou imprevisibilidade, *que é definida em oposição ao que foi explorado.* Esse domínio mais estreitamente definido da desordem ou imprevisibilidade – que é o desconhecido enquanto é, de fato, experienciado (e não como entidade hipotética) – tende a ser retratado como algo distintamente feminino, como a filha da grande serpente, como a matriz de todo ser determinado. É útil considerar a Grande Mãe o agente primário da serpente do caos – como a representante da serpente, digamos, no domínio do profano.

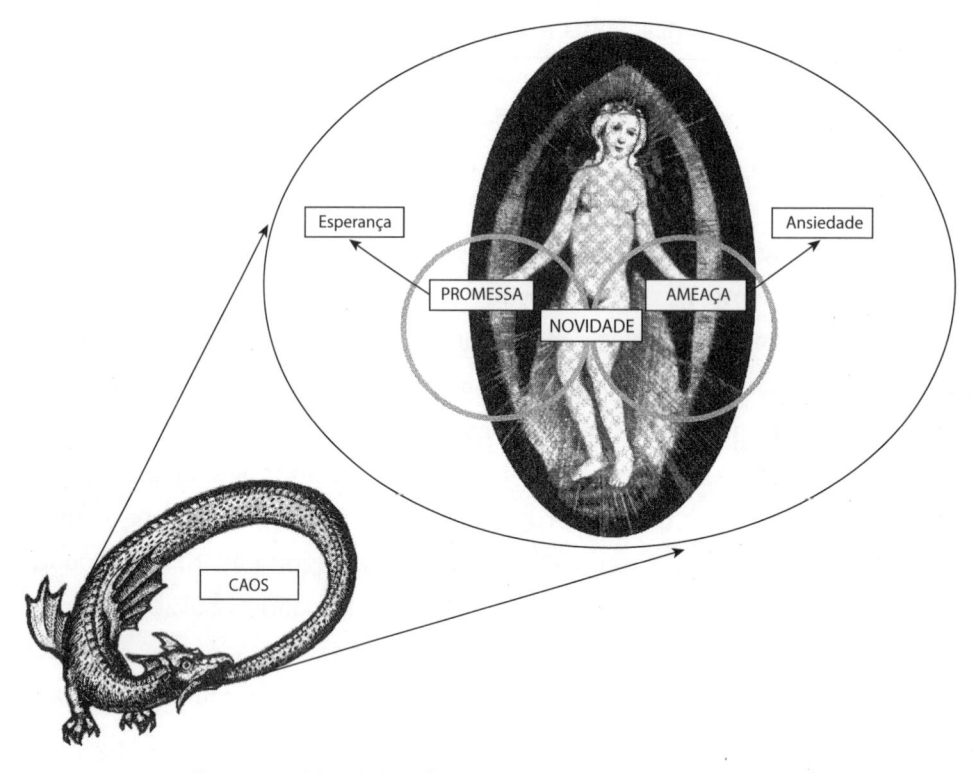

Figura 2.30: Novidade, a Grande Mãe, como Filha do Ouroboros

A serpente do caos pode ser vista à espreita "atrás" da Grande Mãe, conforme veremos, e muitas vezes ela adota características de "réptil" (material) ou de pássaro (espiritual). Essa relação é esquematicamente representada na Figura 2.30: Novidade, a Grande Mãe,[286] como Filha do Ouroboros. Na encarnação retratada, a Grande Mãe é Vênus, deusa da fertilidade e do amor. Como mãe alada – pássaro e matéria –, ela é "espírito" e "terra" de uma só vez; as asas poderiam ser substituídas com facilidade pelo ícone de uma cobra, o que ligaria sua figura mais intimamente à terra (e

---

[286] Esta figura se origina da pintura em prato *O Triunfo de Vênus*, reproduzida como placa 62 em Neumann, E. (1955).

à ideia de transformação). A cápsula que a envolve, por exemplo – encontrada com frequência envolvendo Cristo (como filho da Mãe Divina) ou Maria (a própria Mãe Divina) na arte medieval tardia e no começo do Renascimento –, é a *mandorla* ou *vesica pisces*, a "bexiga dos peixes", que parece ter servido como representação sexual/simbólica da fonte de todas as coisas desde muito antes do início da história escrita.[287]

O ouroboros e a figura da Grande Mãe costumam se sobrepor porque o "caos que compõe o estado original" é difícil de distinguir do "caos definido em oposição à ordem estabelecida". Duas coisas que não têm características distinguíveis (como é o caso dos "dois domínios do caos") são difíceis de separar uma da outra. Mas as distinções entre as figuras do ouroboros e da Grande Mãe são tão importantes quanto as semelhanças. Uma imensa diferença prevalece entre a *possibilidade* de algo desconhecido e uma coisa realmente desconhecida (a diferença entre potencial e realidade). Eliade fornece um exemplo de uma cuidadosa tentativa de desembaraçar as categorias, extraído de Lao-Tsé:

> Em outro fragmento cosmogônico (cap. 25), o Tao é denominado "um ser perfeito e indiferenciado, nascido antes do Céu e da Terra [...]. Podemos considerá-lo a Mãe deste mundo, mas não sei seu nome; vou chamá-lo de Tao; e, se ele deve ser nomeado, seu nome será: o Imenso (*ta*)". O ser "perfeito e indiferenciado" é assim interpretado por um comentador do século II a.C.: "a unidade misteriosa [*Hung-t'ung*] do Céu e da Terra caoticamente [*hun-tun*] constitui [a condição] do bloco não entalhado". Portanto, o Tao é uma totalidade primordial, viva e criativa, mas sem nome e sem forma. "Aquilo sem nome é a origem do Céu e da Terra. Aquilo que tem um nome é a Mãe dos dez mil seres."[288]

O desconhecido como tal é a coisa "em e por si mesma". Por outro lado, o desconhecido conforme é encontrado (por determinado indivíduo, em uma situação específica) é a *matriz de todo ser* – a fonte real de informação que, uma vez explorada e categorizada, constitui o "cosmos" ou a ordem (e, nesse caso, o *agente explorador*).

Lao-Tsé também diz, em uma tentativa de esclarecer mais a situação:

> A divindade do Vale não morre: ela é a Fêmea Obscura. O portão da Fêmea Obscura – eis a origem do Céu e da Terra.[289]

---

[287] O *vesica pisces* é um símbolo muito complexo, associado de forma simultânea ao peixe que é serpente (morador da água), ao falo e ao útero. Ver Johnson, B. (1988), em particular a "Parte Nove: O Peixe".

[288] Eliade, M. (1982), p. 20-21.

[289] Ibidem, p. 21.

O desconhecido parece ser geralmente conceitualizado ou representado simbolicamente como fêmea, em primeiro lugar, porque a genitália feminina – escondida, privada, inexplorada, produtiva – serve como "passagem" ou "portal" para o "mundo desconhecido (divino) ou fonte da criação", e, portanto, passa com facilidade a representar esse "lugar". A novidade e a feminilidade compartilham identidade analógica ou categórica à luz dessa perspectiva: ambas constituem uma janela, por assim dizer, para o mundo "além". A mulher, na medida em que é submetida a exigências naturais, não é apenas um modelo para a natureza – ela é a natureza divina, na imaginação e na realidade. Ela literalmente *personifica* a matriz do ser biológico e, como tal, fornece uma figura apropriada para a modelagem metafórica do fundamento de todas as coisas. O corpo feminino constitui a *fronteira* entre a experiência normal e a totalidade da qual todas as formas emergem. As crianças vêm das mães; essa hipótese, baseada na observação direta, explica a fonte provisória dos indivíduos em particular. A origem *per se* partilha da mesma natureza inefável essencial – partilha do que quer que seja característico da mãe (experienciável) e de outros pontos de origem identificáveis, que não podem ser descritos ou compreendidos (tais como as cavernas onde os minérios "nascem e amadurecem" ou o solo onde as plantações medram). A matriz de todas as coisas é algo *feminino*, como as mães da experiência; é algo com uma natureza infinitamente fecunda e renovada (maternal e virginal) – algo que define a fertilidade e, portanto, a feminilidade em si. As coisas vêm de algum lugar; todas as coisas têm seu local de nascimento. A relação expressa do homem com a natureza, mãe eterna, imita de forma incessante a relação de um filho específico com a própria mãe – ou, para ser mais preciso, a criança e a mãe imitam a vida e o mundo.

O desconhecido – na forma como pode ser encontrado – é feminino, com qualidades paradoxais. A Grande e Terrível Mãe de Todas as Coisas promete sem parar; e, sem dúvida, ela também ameaça. O resultado de um encontro com o desconhecido – que constitui a precondição necessária para geração de novas informações (para geração do "cosmos" e do sujeito experienciador) – não pode ser especificado de antemão; algo novo pode ser benéfico ou destrutivo. A feminilidade compartilha valência emocional com a novidade e a ameaça, promovendo a utilidade da fêmea como o moinho metafórico, devido à união que existe dentro da experiência entre a criação de uma coisa e a destruição e transformação de outra.[290] Os processos de embriogênese em si demandam que o sangue mude de forma, na medida em que o feto se desenvolve

---

[290] Neumann, E. (1955), p. 31-32.

no "sangue" de sua mãe. O próprio ato do nascimento é traumático, doloroso, perigoso e assustador, recapitulando o tema natural da criação, transformação e destruição. A nutrição está vinculada integralmente à morte e ao terror, mesmo desde o início, quando a metamorfose do sangue em leite transforma a mãe em alimento para o lactente. Além disso, a natureza é feminina por causa da relação isomórfica que existe entre a dependência da criança da benevolência e dos caprichos maternais e a submissão do adulto à realidade biológica. Os lactentes humanos estão instintivamente preparados para estabelecer uma relação com a mãe e responder com vitalidade à manifestação do interesse materno. A experiência de mundo primordial de todo indivíduo é a experiência da mãe, que é o mundo em si, nos estágios iniciais de desenvolvimento (desde que o mundo tenha alguma significância motivacional, qualquer que seja). (Na verdade, para os indivíduos suficientemente prejudicados em seu desenvolvimento psicológico, o "mundo" nunca evolui para algo diferente da "mãe".)[291] Além disso, a ontogênese do indivíduo, e a simbiose mãe-filho, é comparável à filogênese da humanidade e à relação desta com – ou sua dependência da – a terra e o mar. A situação infantil arquetípica, que remete a um tempo anterior ao estabelecimento da própria cultura, é recapitulada na idade adulta com os objetos maternos de medo, respeito, esperança, amor e gratidão abstraídos na própria experiência.

Os aspectos ameaçadores da Grande Mãe ganham representação metafórica na forma de quimeras de lugares, animais, gestos, expressões e coisas geradores de ansiedade. No entanto, esses elementos – diversos sob uma perspectiva objetiva (do ponto de vista da "configuração apropriada") – se unem para produzir uma imagem do perigo potencial onipresente e inerente a qualquer coisa imprevisível. A Grande Mãe – território inexplorado – é o escuro, o caos da noite, o inseto, os mundos reptiliano e ofídico, o corpo ferido, a máscara de raiva ou terror: toda a panóplia de experiências indutoras de medo, comumente encontradas (e imaginadas) pelo *Homo sapiens*. Um complexo dinâmico de tais objetos aparece como a representação imaginável mais sutil e exata do desconhecido – algo capaz de caracterizar de forma simultânea a efetiva picada da cobra, a vida do fogo, a picada do escorpião, a armadilha da aranha –, a personificação mais adequada do desejo manifesto das forças transformadoras vitais da natureza, geradoras de morte, dissolução, destruição e criação sem fim. Experiências temidas, fundadas no inexplicável, adquirem representação na fantasia, como espíritos produtores de medo. Esses espíritos, revestidos de determinadas ocorrências indutoras de ansiedade, dão

---

[291] Essa condição clássica freudiana é inteligente e precisamente retratada no filme *Crumb* (Zwigoff, T. [1995]).

forma a aspectos da experiência que, de outro modo, permanecem inexplicáveis – além da compreensão, da perspectiva da adaptação condicional, da ação e do pensamento abstrato, mas impossíveis de ignorar, do ponto de vista do afeto. A "personalidade" de tais seres constitui a personificação da significância motivacional incompreensível e, muitas vezes, intolerável – compreende a representação do terreno da experiência emocional violenta, capaz de induzir a posse cognitiva e comportamental, e impossível de ser incorporado ao domínio do ser normal e culturalmente estabelecido. A Figura 2.31: A Personificação Espontânea do Território Inexplorado apresenta tal figura e seu processo de desenvolvimento de maneira cômica.[292] Representações dinâmicas equivalentes desse tipo, embora mais sérias, são as deidades, deuses nascidos da experiência humana, detentores de status transpessoal quase objetivo – como a Palavra –, manifestações do não familiar, do outro, do desconhecido e do imprevisível.

Figura 2.31: A Personificação Espontânea do Território Inexplorado

O que agora pode ser tranquilamente descrito como um símbolo arcaico ou deus do passado também pode razoavelmente ser considerado a manifestação de uma personalidade "independente" primordial – a "personificação" unificada em

---

[292] Shelton, G. "The Adventures of Fat Freddy's Cat". *The Best of the Rip Off Press*, (1980), p. 45.

ritual ou na imaginação de determinado conjunto de fenômenos unidos por sua equivalência afetiva ou funcional. Com o tempo, essas personalidades – deidades – perderam relevância afetiva e conceitual como resultado da constante expansão da capacidade humana adaptativa, e foram "decompostas" em aspectos menos complexos e mais determinados da experiência. Em sua forma original, essas "personalidades representacionais" se revelaram dentro da experiência criativa e compensatória de indivíduos excepcionais, assolados pela própria e incompreensível tragédia pessoal (embora não puramente idiossincrática). A realização concreta de tal manifestação – a transformação em uma produção artística ou história impactante, por exemplo – atraiu de modo involuntário a atenção dos pares e inspirou sentimentos de fascínio e admiração. A elaboração cultural dessa produção ao longo dos séculos deu origem à "existência" elaborada de seres transpessoais, de poder transcendente, que habitavam o "espaço" definido pela imaginação coletiva da humanidade e se comportavam de acordo com os ditames das próprias almas irracionais baseadas no mito. Essas "representações" serviram como imagens ativas, detalhando a todos o que ainda era explicitamente desconhecido, apenas parcialmente conhecido; elas apontavam o caminho para aspectos da experiência que estão além do alcance da apreensão abstrata "consciente", mas são perigosos de se ignorar.

Não há uma maneira fácil para o sujeito limitado formular uma representação precisa do desconhecido ilimitado, da natureza, do solo da existência. O desconhecido é a matriz de tudo, a fonte de todo nascimento e o local do repouso final. *Ele se esconde atrás de nossa identidade pessoal e da nossa cultura; ele constantemente ameaça e engendra tudo o que fazemos, tudo o que entendemos e tudo o que somos.* Ele jamais pode ser eliminado de forma permanente, uma vez que toda solução proporciona apenas o criadouro para uma multidão de novos problemas. O desconhecido é o inimigo eterno e o maior amigo do *Homo sapiens*, sempre desafiando a facilidade individual de adaptação e representação, sempre empurrando homens e mulheres para profundezas maiores e alturas mais significativas. O desconhecido como Natureza aparece como um poder imenso, formidável e paradoxal, aplicado ao mesmo tempo em uma direção e no seu oposto. A fome, o desejo de autopreservação, leva as criaturas vivas a devorarem umas às outras de modo rapace, e os caçadores não têm misericórdia das presas. A sexualidade submete a vontade individual de modo inexorável e muitas vezes trágico à demanda da espécie, e a existência se mantém em sofrimento, transformação e morte intermináveis. A vida gera e destrói a si mesma em um ciclo impiedoso, e o indivíduo permanece constantemente sujeito a forças além da compreensão ou do controle. O desejo de existir permeia tudo o que vive e se manifesta de maneira terrível em impulsos incontroláveis, em um contraponto interminável de fecundidade e decadência. Os aspectos mais básicos, fundamentais e necessários da experiência são, ao mesmo tempo, os mais perigosos e inaceitáveis.

"Objetos" empíricos (clássicos) são uma coisa ou outra. Por sua vez, a natureza – o grande desconhecido – é uma coisa e seu oposto (afetivo), ao mesmo tempo e no mesmo lugar. A experiência nova, primitiva, foi (e continua sendo) demasiado complexa para ser absorvida de início pela compreensão racional, conforme esta é entendida nos dias atuais. A imaginação mítica, "disposta" a sacrificar a clareza discriminatória por uma precisão fenomenológica inclusiva, forneceu a necessária ponte desenvolvimental. As primeiras personificações da natureza são, portanto, combinações simbólicas de atributos racionalmente irreconciliáveis; monstros femininos em essência que representam o animal e o humano, a criação e a destruição, o nascimento e a cessação da experiência. O psicólogo analítico Erich Neumann, que escreveu um livro decisivo, abrangente e útil sobre o simbolismo do feminino, afirma:

> Nas fases iniciais da consciência, a numinosidade [ou seja, a valência emocional] do arquétipo [...] excede o poder de representação do homem de tal forma que, a princípio, nenhuma forma pode ser conferida a ela. E, mais tarde, quando o arquétipo primordial toma forma na imaginação do homem, suas representações são muitas vezes monstruosas e inumanas. Essa é a fase das criaturas quiméricas compostas por diferentes animais, ou por animais e pelo homem – os grifos, as esfinges, as harpias, por exemplo –, e também de monstruosidades como mães barbadas e fálicas. É somente quando a consciência aprende a olhar para os fenômenos com certo distanciamento, a reagir com mais sutileza, a diferenciar e distinguir [essa é uma função de exploração e seus processos abstratos relacionados], que a mistura de símbolos que prevalecem no arquétipo primordial se separa em grupos de símbolos característicos de um único arquétipo ou de um grupo de arquétipos relacionados; em suma, eles se tornam reconhecíveis.[293]

Os aspectos terríveis da Grande Mãe primordial têm sido representados, simbolizados, de várias maneiras, mas sua realidade subjacente e ideação essencial permanecem imediatamente reconhecíveis. Neumann afirma:

> Essas figuras são horrivelmente parecidas. Sua absoluta repugnância nos faz hesitar, quer elas representem um crânio, a cabeça de uma cobra ou hipopótamo, um rosto similar ao humano ou uma cabeça contendo duas facas de pedra

---

[293] Neumann, E. (1955), p. 12-13.

sustentadas por um corpo formado de partes de cobras, panteras, leões, crocodilos e seres humanos. Tão grande é a qualidade inumana, extra-humana e super-humana nessa experiência de pavor que o homem pode visualizá-la somente por meio de fantasmas. Mas tudo isso – e isso não deve ser esquecido – é uma imagem não só do Feminino, mas particular e específica do Maternal. Porque, de uma maneira profunda, a vida e o nascimento sempre estão ligados à morte e à destruição. É por isso que essa Terrível Mãe é "Grande", e esse nome também é dado a Tuéris, o monstro gestante, hipopótamo e crocodilo, leoa e mulher, em um só corpo. Ela também é letal e protetora. Há uma semelhança assustadora com Hator, a bondosa deusa bovina, que, na forma de um hipopótamo, é a deusa do submundo. Ela tem um aspecto positivo e, ao mesmo tempo, é a deusa da guerra e da morte.

No curso do desenvolvimento posterior[294] dos valores patriarcais, ou seja, das deidades masculinas do sol e da luz, o aspecto negativo do Feminino foi submerso. Hoje, ele é discernível apenas como um conteúdo da era primordial ou do inconsciente. Assim, a terrível Tuéris, bem como as terríveis Hator, Ísis, Nit e outras, podem ser reconstituídas a partir de imagens que foram "retocadas", mas não podem ser vistas diretamente. Apenas a monstro Ammit ou Aman, que devora as almas condenadas no julgamento dos mortos, aponta pelo seu paralelismo para o terrível aspecto de Tuéris. Ammit foi descrita do seguinte modo: "Sua parte dianteira (é de) crocodilo, sua parte traseira (é de) hipopótamo, e o meio (é de) leão". O caráter feminino, de mãe-animal, dessa criatura de muitos peitos é tão evidente quanto o do monstro que empunha a terrível faca e guarda um dos portões do submundo através dos quais as almas dos mortos devem passar.

Ammit devora as almas que não resistiram ao julgamento da meia-noite dos mortos no submundo. Mas seu papel se tornou subordinado, pois a religião de Osíris e Hórus e seus mistérios agora promete renascimento e ressurreição a todas as almas humanas, e não apenas, como originalmente, à alma do Faraó. A certeza do sucesso mágico em seguir o caminho do sol, comunicada pelos sacerdotes a cada homem após a morte, recobriu o medo primordial representado por Ammit. Mas, originalmente, ela era o terrível espírito ancestral da cultura matriarcal, no qual o Feminino retoma o que dele nasceu – assim como ocorre entre os habitantes primitivos da ilha melanésia de Malakula ou nas culturas elevadas do México.[295]

---

[294] É meu entendimento que essa progressão não foi demonstrada, e que as deidades "patriarcais" estão em secundária relação "psicológica", em vez de histórica, com as deidades matriarcais (como "coisas derivadas da matriz"). Além disso, conforme discutimos, o "desconhecido" também pode ser considerado algo "derivado" do "conhecido" (como "coisas definidas em oposição ao conhecido"). Para os propósitos deste livro, contudo, a relação precisa temporal/histórica das várias deidades umas com as outras é de importância secundária, comparada ao fato e ao significado de sua existência como "categorias" eternas da imaginação.

[295] Ibidem, p. 153-157.

Sem dúvida, a Terrível Mãe desafia e ameaça o indivíduo. Ela é deusa da ansiedade, da depressão e do caos psicológico – deusa da possibilidade da dor e da morte. Ela é o horror, na medida em que o horror possa ser imaginado, e é o fundamento desse horror, e além. Ela expõe e usa em seu favor a constante vulnerabilidade mortal. Paradoxalmente, ela permuta, oferecendo continuidade da vida em troca da morte sacrificial. Ela exige reconciliação sem oferecer a certeza da sobrevivência. Ela personifica o potencial para a salvação e o problema central da vida; impele o indivíduo involuntariamente para uma maior expansão da consciência, ou induz à contração involuntária, levando à morte.[296] A Grande Mãe estimula – empurra (com a certeza da mortalidade) e puxa (com a possibilidade de redenção) – o desenvolvimento da consciência e da autoconsciência. A identificação da morte com o desconhecido destruiu de forma permanente e irremediável qualquer possibilidade de habituação final – mais precisamente, de adaptação – ao mundo da experiência. Por conseguinte, o homem é o animal (incuravelmente) ansioso:

> Assim, o ventre da terra se torna a boca mortalmente devoradora do submundo e, junto ao ventre fecundado e à caverna protetora de terra e montanha, ele abocanha o abismo do inferno, o buraco negro das profundezas, o ventre devorador do túmulo e da morte, e a escuridão sem luz, do nada. Pois essa mulher que gera vida e todas as coisas vivas na terra é a mesma que as retoma para si, que persegue suas vítimas e as captura com laço e rede. A doença, a fome, a miséria e, acima de tudo, as guerras são suas ajudantes, e, entre todos os povos, as deusas da guerra e da caça expressam a experiência da vida do homem como o exato sangue da fêmea. Essa Terrível Mãe é a terra faminta que devora os próprios filhos e engorda com seus cadáveres; é o tigre e o abutre, o abutre e o caixão, o sarcófago devorador de carne a lamber, voraz, a semente sangrenta de homens e feras, e, uma vez fecundada e saciada, lançando-o mais uma vez em novo nascimento, atirando-o à morte, de novo e de novo à morte.[297]

O terrível feminino tem sido representado por figuras como a quimera, a esfinge, o grifo e a górgona, que combinaram e unificaram os mais díspares, embora relacionados, aspectos da natureza (aqueles aspectos que individual e intrinsecamente inspiram

---

[296] Ver Bowlby, J. (1969). Bowlby investigou o curioso fato de que uma proporção substancial de bebês órfãos ou isolados por outros motivos, que recebiam alimentação adequada, cuidados físicos básicos e abrigo, ainda assim "falhavam em medrar" e morriam. Uma pesquisa mais recente foi dedicada à investigação dos processos subjacentes à ligação social em geral, e à ligação maternal em particular, e se concentrou em parte no papel do sistema opiáceo, que também está envolvido em regular a reação à dor, à frustração e à decepção – à punição, de modo geral (revisto em Pihl, R.O.; Peterson, J.B. [1992]).

[297] Neumann, E. (1955), p. 149-150.

terror e deferência). Figuras parecidas com a Górgona e suas "irmãs" costumam aparecer em todo o mundo.[298] Tal como a *Coatlicue* asteca, cujos terríveis enfeites para a cabeça eram compostos de crânios, a Terrível Mãe era a deusa da morte e do desmembramento, objeto de homenagem sacrifical. Como Deusa da Serpente, ela era sagrada na antiga Creta e adorada pelos romanos. Seus equivalentes modernos ainda subsistem em Bali e na Índia. A deusa hindu *Kali* – retratada na Figura 2.32: O Território Inexplorado como Mãe Destrutiva[299] – tem oito braços, como uma aranha, e está sentada em uma teia de fogo. Cada um de seus braços segura uma ferramenta de criação ou arma de destruição. Ela usa uma tiara de crânios, tem seios fálicos, pontudos, e olhos agressivos que nos encaram. Uma serpente, símbolo do antigo poder impessoal, da transformação e do renascimento, está enrolada ao redor de sua cintura. Simultaneamente, ela devora e dá à luz um homem adulto. Medusa, o monstro grego, com seus cabelos de cobras, manifesta um semblante tão terrível que a mera exposição transforma homens fortes em pedra – paralisa-os de medo para sempre. Essa górgona é um tardio resquício "vestigial", por assim dizer, de uma deusa primitiva que personificava, ao mesmo tempo, a incrível fecundidade produtiva da natureza e o desrespeito impiedoso pela vida.

Figura 2.32: O Território Inexplorado como Mãe Destrutiva

---

[298] Ver ibidem.
[299] *Kali, a Devoradora*, reproduzida como placa 66 em Ibidem.

Uma descrição neuropsicológica da resposta do cérebro ao inesperado – como a que encontramos antes – é uma coisa; a representação mitológica é outra. A análise da figura da Grande e Terrível Mãe é salutar; ajuda a gerar entendimento sobre do que nossas culturas – ou seja, nossa identificação ritual com os mortos – nos protegem. Somos protegidos contra os terrores de nossa imaginação (e das coisas que geram tais terrores) pelo revestimento de familiaridade garantido pelas estruturas de ação e interpretação compartilhadas. Esses "muros" cumprem tão bem com seu propósito que é fácil esquecermos nossa vulnerabilidade mortal; de fato, geramos essas paredes para auxiliar nesse processo de esquecimento. Mas é impossível compreender por que razão somos tão motivados a manter nossas culturas – nossas crenças e padrões de ação associados – sem observar nem avaliar as horríveis figuras geradas pelos nossos ancestrais.

A Grande Mãe, em seu disfarce negativo, é a força que induz a criança a chorar na ausência dos pais. Ela é o galho que agarra o viajante à noite, nas profundezas da floresta. Ela é a força terrível que motiva a perpetração de atrocidades – estupro premeditado e matança dolorosa – no desenrolar de uma guerra. Ela é agressão sem inibição de medo e culpa; é sexualidade na ausência de responsabilidade; dominância sem compaixão; ganância sem empatia. Ela é o *id* freudiano, a inconsciência contaminada pelo desconhecido e pelo terror mortal, e as moscas no cadáver de um gatinho. Ela é tudo que salta na noite, que arranha e morde, que guincha e uiva; ela é o desânimo paralisante, o horror, os gritos que acompanham a loucura. A Grande Mãe aborta filhos e é o feto morto; gera a pestilência e é a peste; ela torna a caveira algo horrivelmente atraente e é, ela própria, todas as caveiras. Desvelá-la é correr o risco de enlouquecer, fitar o abismo, perder o rumo, lembrar traumas reprimidos. Ela é o molestador de crianças, o golem, o bicho-papão, o monstro do pântano, o zumbi cadavérico e apodrecido que ameaça os vivos. Ela é a progenitora do diabo, o "filho estranho do caos". Ela é a serpente, e Eva, a sedutora; ela é a *femme fatale*, o inseto no unguento, o câncer oculto, a doença crônica, a praga dos gafanhotos, a causa da seca, a água envenenada. Ela usa o prazer erótico como isca para manter o mundo vivo e a reprodução; ela é um monstro gótico que se alimenta do sangue dos vivos. Ela é a água que, de forma ameaçadora, atinge o cume da barragem prestes a desmoronar; o tubarão nas profundezas, a criatura de olhos arregalados no fundo da floresta, o grito do animal desconhecido, as garras do urso e o sorriso do criminoso insano. A Grande e Terrível Mãe protagoniza todos os filmes de terror, toda comédia de humor negro; ela fica à espreita do ignorante tal como um crocodilo espreita no pântano. Ela é o mistério insondável da vida; ela se torna mais ameaçadora a cada recuo.

Sonhei que vi minha avó materna sentada à margem de uma piscina, que também era um rio. Na vida real, ela sofria de Alzheimer e regredira a um estado semiconsciente. No sonho, ela também havia perdido sua capacidade de autocontrole. Sua região genital estava um pouco exposta; tinha a aparência de um tapete de pelos grossos. Ela se acariciava, distraída. Ela caminhou até mim com um punhado de pelos pubianos compactado em algo que parecia um grande pincel de pintor. Ela tentava tocar meu rosto com aquilo. Levantei meu braço várias vezes para desviar sua mão; por fim, não querendo machucá-la ou perturbá-la ainda mais, deixei que ela fizesse o que queria. Ela acariciou meu rosto com o pincel, gentilmente, e falou como uma criança: "Não é macio?". Olhei para seu rosto arruinado e disse: "Sim, vovó, é macio".

Atrás dela, surgiu um velho urso branco. Ele ficou em pé à direita dela, à minha esquerda. Estávamos todos à beira da piscina. O urso era velho, como um cachorrinho envelhecido. Ele não conseguia enxergar muito bem, parecia desolado e agia de modo imprevisível. Começou a rosnar e a mover sua cabeça para mim — exatamente como cães malvados rosnam e olham pouco antes de morder você. Ele abocanhou minha mão esquerda. Nós dois caímos na piscina, que àquela altura estava mais parecida com um rio. Eu empurrava o urso para longe com minha mão livre. Gritei: "Papai, o que devo fazer?". Peguei um machado e acertei a nuca do urso, com força, várias vezes, até matá-lo. Ele caiu na água, mole. Tentei trazer seu corpo para a margem. Algumas pessoas vieram me ajudar. Eu gritei: "Tenho que fazer isso sozinho!". Enfim, tirei o urso da água. Afastei-me dali, ao longo da margem. Meu pai apareceu e colocou seu braço em meu ombro. Eu me senti exausto, mas satisfeito.

O desconhecido nunca desaparece; ele é um elemento constituinte permanente da experiência. A capacidade de representar os aspectos terríveis do desconhecido nos permite conceitualizar o que ainda não foi encontrado e praticar a adoção da atitude apropriada em face do que não entendemos.

> Pois sou a primeira e a última.
> Sou a honrada e a desprezada.
> Sou a meretriz e a santa.
> Sou a esposa e a virgem.[300]

O aspecto positivo da matriz de todos os seres — a "irmã gêmea" de Kali, digamos assim — permanece em nítido contraste com a Terrível Mãe. O desconhecido benéfico é a fonte da plenitude e do conforto eternos. É a "feminilidade positiva", metaforicamente falando, que constitui a base para a própria esperança — para a fé e a crença na bondade essencial das coisas necessárias à manutenção voluntária da vida e da cultura. Como resultado, a "irmã" benéfica adquiriu a amplitude e a profundidade da representação mítica metafórica equivalentes às da Terrível Mãe. O aspecto benéfico da matriz

---

[300] De MacRae, G.W. (Trad.) (1988), p. 297.

de todas as coisas — a "virgem" eternamente fecunda (porque é eternamente renovada), a mãe do salvador — é a personificação da fonte útil, um auxílio constante à labuta dolorosa, ao sofrimento trágico e à preocupação existencial. O próprio conhecimento redentor surge do encontro gerador com o desconhecido, da exploração de aspectos das coisas e situações novas; ele é parte do potencial das coisas, implícito nelas, intrínseco a sua natureza. Esse conhecimento redentor é *sabedoria*, conhecimento de como agir, gerado como consequência do relacionamento apropriado estabelecido com o aspecto positivo do desconhecido, a fonte de todas as coisas:

> A Sabedoria é radiante, não fenece,
> facilmente é contemplada por aqueles que a amam
> e se deixa encontrar por aqueles que a buscam.
> Ela mesma se dá a conhecer aos que a desejam.
> Quem por ela madruga não se cansa:
> encontra-a sentada à porta.
> Meditá-la é, com efeito, a perfeição da inteligência;
> quem vigia por ela
> logo se isenta de preocupações;
> ela mesma busca, em toda parte, os que a merecem;
> benigna, aborda-os pelos caminhos,
> e a cada pensamento os precede.
> Seu princípio é o desejo autêntico de instrução,
> o afã da instrução é o amor,
> o amor é a observância de suas leis,
> e o respeito das leis é garantia de incorruptibilidade
> e a incorruptibilidade aproxima de Deus.
> Portanto, o desejo da Sabedoria eleva à realeza.
> (Sabedoria de Salomão [Apócrifos], 6,12-20.)

Também:

> Por isso supliquei, e inteligência me foi dada;
> invoquei, e o espírito da Sabedoria veio a mim.
> Eu a preferi aos cetros e tronos,
> julguei, junto dela, a riqueza como um nada.
> Não a equiparei à pedra mais preciosa,
> pois todo o ouro, ao seu lado, é um pouco de areia;
> junto dela a prata vale quanto o barro.
> Amei-a mais que a saúde e a beleza

> e me propus tê-la como luz,
> pois seu brilho não conhece o ocaso.
> Com ela me vieram todos os bens,
> de suas mãos, riqueza incalculável.
> De todos eles gozei, pois é a Sabedoria quem os traz,
> mas ignorava que ela fosse a mãe de tudo.
> O que aprendi sem fraude, eu o comunicarei sem ciúme,
> sua riqueza não escondo:
> é um tesouro inesgotável para os homens;
> os que a adquirem atraem a amizade de Deus,
> recomendados pelos dons da instrução.
> Que Deus me conceda falar conforme ouço
> e um pensar semelhante a este dom,
> pois ele não só mostra o caminho da Sabedoria,
> mas também dirige os sábios.
> (Sabedoria 7,7-15.)

A sabedoria pode ser personificada como *um espírito que eternamente oferece*, que proporciona aos seus seguidores riquezas inesgotáveis. Ela deve ser mais valorizada do que o *status* ou os bens materiais, como a fonte de todas as coisas. Com a inexatidão categórica característica do pensamento metafórico e sua correspondente riqueza de conotação, *o ato de valorizar esse espírito também é Sabedoria*. Então, a própria matriz acaba se fundindo com – isto é, agrupada na mesma categoria que – a atitude que faz dessa matriz algo benéfico. Essa fusão ocorre porque a capacidade geradora primal caracteriza tanto a "fonte de todas as coisas" *quanto* as atitudes e ações exploratórias/esperançosas que fazem dessa fonte coisas determinadas. Consideraríamos apenas a última – a "postura subjetiva" – algo claramente psicológico (como algo semelhante à "sabedoria" no sentido moderno). É mais provável que a primeira seja considerada "externa", do nosso ponto de vista – algo além da intervenção subjetiva. Mas acontece que, sem a atitude apropriada ("Pedi e vos será dado; buscai e achareis; batei e vos será aberto; pois todo aquele que pede recebe; aquele que busca acha e ao que bate se lhe abrirá" [Mateus 7,7-8]), o desconhecido é um deserto estéril.[301] Expectativa e fé determinam

---

[301] Uma confluência similar – e esclarecedora – de atitude também caracteriza a terminologia de Cristo em relação a si mesmo. Ele deve ser considerado tanto o modelo para a postura subjetiva ("Eu sou o Caminho, a Verdade e a Vida" [João 14,6]), mas também a fonte da "água da vida" ("'Se alguém tem sede, venha a mim e beberá, aquele que crê em mim!' Conforme a palavra da Escritura: De seu seio jorrarão rios de água viva" [João 7,37-38]).

a "resposta" do desconhecido (assim como a abordagem corajosa elimina a ansiedade antecipatória, e a exploração faz do inesperado algo valioso). Então, a categorização indiscriminada que caracteriza essas passagens tem seu valor.

Somos motivados a proteger os produtos de nossa exploração, nossos territórios familiares, porque fenômenos inexplorados são intrinsecamente significativos, e esse significado é suscetível de se apresentar como ameaça. No entanto, a probabilidade de que o significado do território inexplorado constitua uma ameaça *parece ser uma função do contexto interpretativo dentro do qual ele faz sua aparição*. Se o desconhecido for abordado de modo voluntário (ou seja, "como se" fosse benéfico), é provável que seu aspecto promissor apareça de forma mais visível. Se o desconhecido fizer sua aparição malgrado nosso desejo, é provável que se manifeste em seu aspecto mais puramente ameaçador. Isso significa que, se estivermos dispostos a admitir a existência dessas coisas que não compreendemos, elas provavelmente adotarão uma face positiva. A rejeição do desconhecido, por outro lado, aumenta o risco de que ele use um semblante assustador quando inevitavelmente se manifestar. Parece-me que esta é uma das mensagens essenciais do Novo Testamento, com sua insistência expressa (embora difícil de interpretar) de que Deus deve ser considerado inteiramente bom.

O aspecto benéfico do desconhecido é algo indisponível para o "indigno", algo eterno e puro; algo que cria uma relação com aqueles que estão dispostos, de geração em geração; e algo que propicia a amizade com Deus. O desconhecido também é algo que pode ser conceitualizado fazendo uso de simbolismo sexual: algo que pode ser "conhecido" no sentido bíblico. Unido a ele, como a uma "noiva", o desconhecido produz todas as coisas que são boas:

> Tudo conheço, oculto ou manifesto,
> pois a Sabedoria, artífice do mundo, mo ensinou!
> Nela há um espírito inteligente, santo,
> único, múltiplo, sutil,
> móvel, penetrante, imaculado,
> lúcido, invulnerável, amigo do bem, agudo,
> incoercível, benfazejo, amigo dos homens,
> firme, seguro, sereno,
> tudo podendo, tudo abrangendo,
> que penetra todos os espíritos
> inteligentes, puros, os mais sutis.
> A Sabedoria é mais móvel que qualquer movimento
> e, por sua pureza, tudo atravessa e penetra.

Ela é eflúvio do poder de Deus,
uma emanação puríssima da glória do Onipotente,
pelo que nada de impuro nela se introduz.
Pois ela é reflexo da luz eterna,
espelho nítido da atividade de Deus
e imagem de sua bondade.
Por outro lado, sendo só, ela tudo pode;
sem nada mudar, tudo renova
e, entrando nas almas santas de cada geração,
delas fez amigos de Deus e profetas;
pois Deus ama só quem habita com a Sabedoria.
Ela é mais bela que o sol,
supera todas as constelações;
comparada à luz do dia, sai ganhando,
pois a luz cede lugar à noite,
ao passo que sobre a Sabedoria não prevalece o mal.
Ela se estende com vigor de um extremo ao outro do mundo
e governa o universo com bondade.
Eu a quis, e a busquei desde a minha juventude,
pretendi tomá-la como esposa,
enamorado de sua formosura.
Ela faz brilhar sua nobre origem vivendo
na intimidade de Deus,
pois o Senhor de tudo a amou.
Ela é iniciada na ciência de Deus,
ela é quem decide o que ele faz.
Se, na vida, a riqueza é um bem apetecível,
quem mais rico que a Sabedoria, que tudo opera?
E se é a inteligência quem opera,
quem mais do que ela é artífice do que existe? (Sabedoria 7,22-8,6).[302]

O terrível desconhecido compele à representação; o mesmo ocorre com o desconhecido benéfico. Somos levados a representar o fato de que a possibilidade reside em cada evento incerto, que a promessa nos acena das profundezas de cada mistério. A transformação, correspondente ao surgimento da mudança, significa a morte de tudo o que é velho e decadente – significa a morte de tudo cuja existência, se mantida, resultaria apenas em sofrimento adicional por parte daqueles que ainda se esforçam

---

[302] Estou em dívida com Mike McGarry por me mostrar essas passagens.

para sobreviver. O terrível desconhecido, que paralisa ao aparecer, também é auxílio para o sofredor, calma para o perturbado, paz para o guerreiro, percepção e descoberta para o perplexo e curioso – é a joia redentora na cabeça do sapo ou no covil do dragão cuspidor de fogo. O desconhecido é o fogo que queima e protege, o objeto transcendente infinitamente misterioso que dá e tira ao mesmo tempo. O aspecto positivo do desconhecido, encarnado como a deusa greco-romana de muitos seios *Diana* ou *Ártemis*, amante dos animais, é retratado na Figura 2.33: O Território Inexplorado como Mãe Criativa.[303]

Figura 2.33: O Território Inexplorado como Mãe Criativa

Tudo o que *contém, abriga e produz* existe como fonte para a representação simbólica desse elemento promissor – ocupando a mesma categoria que ele. A fruta que se distingue por sua propriedade de gerar semente, como a romã ou a papoula, fornece o tema adequado para a contenção de gravidez. O porco se destaca como representante da fertilidade, e a vaca – o animal sagrado da Índia – como a personificação

---

[303] *"Diana de Éfeso"* (placa 35, em Neumann, E. [1955]).

do princípio da nutrição. O molusco "representa" geração e fertilidade por causa de sua forma similar à vulva. Itens inanimados, como caixas, sacos e cochos, contêm e abrigam, ao passo que objetos semelhantes, tais como camas, berços e ninhos, são caracterizados por uma função protetora e, por conseguinte, maternal.[304] Representações humanizadas – estatuetas de deusas nuas, entre os mais antigos objetos de representação conhecidos[305] – parecem representar a fecundidade e a faceta produtiva da natureza, em forma antropomórfica. A criação e subsequente apreciação dessas figuras talvez tenham ajudado indivíduos e sociedades em seus esforços para esclarecer a natureza da relação humana com o aspecto protetor da existência. Os criadores de tais estatuetas colocaram muita ênfase nas características coletivas e impessoais de geração, tais como seios, quadris e genitais (características cujas funções permanecem, em grande parte, fora de controle voluntário), mas dedicaram pouca atenção às características que definem a individualidade autoconsciente – como as do rosto. Essas figuras aparentemente representavam o receptáculo da vida e foram feitas à imagem da mulher, cujo corpo gerou a vida humana e o alimento para essa vida. O corpo-receptáculo representava a natureza benéfica em si:

> Todas as funções vitais básicas ocorrem nesse esquema de corpo-receptáculo, cujo "interior" é um desconhecido. Suas zonas de entrada e saída são de especial importância. Comida e bebida são colocadas nesse receptáculo desconhecido, enquanto algo "nasce" em todas as funções criativas, da eliminação de resíduos e emissão de semente até a emanação de respiração e palavra. *Todas* as aberturas do corpo – olhos, ouvidos, nariz, boca (umbigo), reto, zona genital –, bem como a pele, têm, como locais de troca entre o interior e o exterior, um destaque numinoso para o homem primitivo. Portanto, elas são distinguidas como zonas "ornamentais" e protegidas, e, na autorrepresentação artística do homem, elas desempenham um papel especial como ídolos.[306]

O desconhecido, fonte de todas as informações determinadas, é simultaneamente destrutivo e criativo. O terrível aspecto da Grande Mãe ameaça tudo de dissolução. Sua irmã positiva é o aspecto regenerativo do ser. A Figura 2.34: A "Genealogia Celestial" das Mães Destrutiva e Criativa exibe a relação entre as duas irmãs "discerníveis",

---

[304] Ver Idem.
[305] Ver, por exemplo, as *"Vênuses"* de Willendorf, Menton e Lespugne (retratadas na placa 1, em Neumann, E. [1955]).
[306] Idem, p. 39.

sua derivação do desconhecido unificado, mas ambivalente, e suprema "descendência" do "dragão do caos".

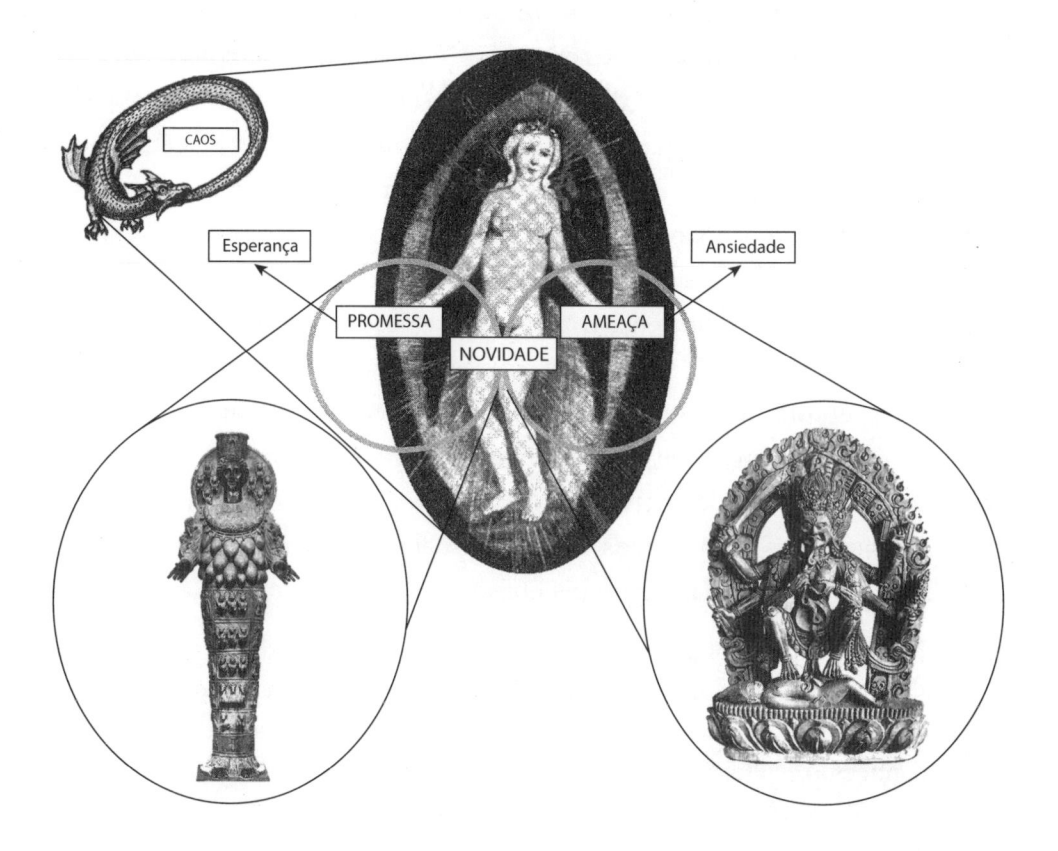

Figura 2.34: A "Genealogia Celestial" das Mães Destrutiva e Criativa

A capacidade de "restringir a aparência da Terrível Mãe" e "propiciar a concretização de sua Irmã Benevolente" (isto é, a capacidade de diminuir a ameaça e maximizar a promessa e a satisfação) pode muito bem ser considerada o segredo de uma adaptação bem-sucedida. A existência de representações dos aspectos gêmeos do desconhecido possibilitou a *prática da adaptação* em face de tais representações; possibilitou a exposição do indivíduo, na imaginação e na ação, de forma controlada, a representações fortemente construídas dessas coisas que ele ou ela estava destinado a temer mais, às quais estava necessariamente mais vulnerável, mas que não podiam ser evitadas para sempre. "Rituais" similares subjazem a toda forma de psicoterapia moderna bem-sucedida. Para usar um exemplo específico, o tratamento moderno para transtornos de ansiedade – "dessensibilização" – consiste em expor o indivíduo, "ritualisticamente" (ou seja, sob circunstâncias que se tornam previsíveis pela autoridade), a estímulos novos ou de outra maneira ameaçadores (com a reação apropriada modelada por essa autoridade).[307] Tal dessensibilização, em teoria, induz à "habituação"; o que ocorre, na verdade, é que *a exploração guiada, no curso da terapia comportamental, produz reclassificação e ajuste comportamental* (de modo que a coisa outrora aterrorizante, ou a coisa mais uma vez aterrorizante, é transformada – de volta – em algo controlável, familiar e *conhecido*). Além disso, a exposição voluntária ensina ao indivíduo anteriormente tomado pela ansiedade a lição não trivial *de que ele ou ela é capaz de enfrentar o "lugar do medo" e prevalecer*. O processo de exposição voluntária guiada parece produzir benefícios terapêuticos mesmo quando a "coisa a ser evitada" é traumática[308] – quando poderia parecer cruel, de uma perspectiva "superficialmente" empática, insistir na exposição e no "processamento".

O ritual de exposição voluntária *fomenta a identificação mimética com o herói* (quer isto seja reconhecido de modo explícito ou não); ensina ao indivíduo que o espírito exploratório corajoso sempre pode prevalecer sobre a ameaça. São a identificação mimética e seus equivalentes e consequências abstratos aquilo que explicam o aumento da confiança geral e das capacidades que tendem a acompanhar o treinamento à exposição. A reclassificação e a regulação comportamental, correspondentes à exposição terapêutica, colocam as forças outrora terríveis do desconhecido de volta no domínio do conhecimento, no domínio do conhecido – expandem o "território explorado" caos adentro –, e colocam a "Grande Mãe" sob a restrição de seu "consorte", a cultura, o Grande Pai. Isso é "criação do cosmos" baseada em exploração a partir do caos pré-cosmogônico e promoção da identificação implícita com o *Logos*, a Palavra criativa e redentora.

A análise de fenômenos muito mais dramáticos, bastante difundidos, mas metaforicamente equivalentes do ritual sacrifical – um rito cuja mera existência compeliu um autor perspicaz a defender a insanidade essencial do homem[309] –, proporciona um conhecimento adicional sobre a natureza da capacidade de transformar ameaça em promessa. Já discutimos o fato de que a valência de um objeto muda com o contexto da interpretação. É o conhecimento dessa ideia que permite a compreensão do significado da atitude sacrifical. A bela fisionomia da mãe benéfica é a face que o desconhecido adota *quando abordado a partir da perspectiva apropriada*. Tudo o que é desconhecido é ao mesmo tempo aterrorizante e promissor; são a coragem e o gênio (e a graça de

---

[307] Ver McGlynn, F.D.; Cornell, C.C. (1985); Chambless, D.L. (1985).
[308] Foa, E.B; Molnar, C.; Cashman, L. (1995). Ver também Pennebaker, J.W. (1997); Pennebaker, J.; Mayne, T.J.; Francis, M.E. (1997).
[309] Koestler, A. (1976).

Deus) que determinam o aspecto dominante. A força incontrolável e a sede de sangue do touro são o poder que, quando domesticado, serve para incentivar, proteger e gerar o rebanho. A força devastadora da súbita combustão explosiva é um transporte confiável e eficiente quando devidamente aproveitada. A górgona da natureza auxilia quando abordada pelo corajoso, pelo honesto e pelo humilde.

Os rituais religiosos primários, servindo a um propósito adaptável, "baseado" no conhecimento dos mecanismos de abordagem adequados, evoluíram para se adequar ao espaço que cerca a deidade primária, personificação do desconhecido. O drama ubíquo do sacrifício humano, (proto)típico da prática religiosa primordial, encenava a ideia de que a essência do homem era algo a ser voluntariamente oferecido à devastação da natureza – algo a ser justaposto no encontro criativo com o terrível desconhecido. A oferenda, no ritual, muitas vezes foi devorada, literal ou simbolicamente, como auxílio à personificação do espírito humano imortal, como auxílio à incorporação do processo heroico. Esses rituais eram abstraídos e alterados conforme se desenvolviam – com a mudança na natureza da entidade sacrifical (com a constância da "ideação" subjacente).

Por volta de 1871, na Índia, o festival que homenageia a Grande Mãe, na forma de Durga[310] ou Kali, era acompanhado pelo abate diário de vinte búfalos, duzentas e cinquenta cabras, e duzentos e cinquenta porcos. A areia encharcada de sangue dos poços sacrificiais era trocada duas vezes por dia – removida e sepultada na terra para assegurar a fertilidade. O abate de animais é um desenvolvimento relativamente tardio do ponto de vista psicológico, e, em geral, é precedido pelo, e está no lugar do, sacrifício ritual de vítimas humanas. O indólogo Heinrich Zimmer afirma:

> Em seu "aspecto horrível" (*ghora-rupa*), a deusa, como Kali, "a escura", levanta o crânio cheio de sangue borbulhante até seus lábios; sua imagem devocional a mostra vestida de vermelho-sangue, em pé em um barco que flutua em um mar de sangue: em meio à inundação de vida, à seiva sacrificial, que ela exige que possa, em sua graciosa manifestação (*sundara-murti*) como mãe do mundo (*jagad-amba*), conceder a existência a novas formas de vida em um processo de procriação incessante, e que, como ama do mundo (*jagad-dhatri*), poderá com seus seios amamentar e assim lhes ofertar o alimento "pleno de nutrição" (*anna-purna*). Uma antiga concepção, que se estende até a Idade da Pedra: a natureza deve receber ajuda a cada passo; nem mesmo ela pode realizar nada sozinha. Ela não é mais autossuficiente do que o homem. Nada acontece por

---

[310] Durga é a contraparte benevolente de Kali.

si só, seja no cosmos ou nos seres humanos. O homem deve realizar ritos clamorosos para libertar a lua das garras do eclipse, para dissipar seus demônios; e, se o sol deve ser liberado de sua debilidade de inverno e ascender cada vez mais alto com o ano que nasce, uma jovem, simbolizando o sol, deve balançar cada vez mais alto em direção ao céu. A fim de dar fruto e nutrir a vida, a mãe terra exige ser fertilizada e fortalecida por libações de sangue, o fluido vital.[311]

Na verdade, o misterioso e aparentemente "irracional" ritual de sacrifício dramatiza ou encena duas ideias criticamente importantes e relacionadas: a primeira, que a essência do homem – isto é, o aspecto divino – deve ser constantemente "ofertada" ao desconhecido, deve se apresentar de forma voluntária ao poder criativo/destrutivo que constitui a Grande Mãe, encarnação do imprevisível (conforme vimos); e a segunda, *que a "coisa mais amada" deve ser destruída – isto é, sacrificada – para que o aspecto positivo do desconhecido se manifeste.*

A primeira ideia é "baseada" na noção de que o desconhecido deve ser encontrado, voluntariamente, para que novas informações sejam geradas, para que novos padrões comportamentais sejam construídos; a segunda ideia é "baseada" na observação de que um apego impróprio ou desatualizado, ou de outro modo inválido – tal como apego a um inadequado padrão de comportamento ou crença –, transforma o mundo em desperdício, interferindo no processo de adaptação em si. O apego rígido, inflexível, às "coisas de valor inapropriadas" – indicativo de dominação por uma hierarquia de valores patológica (um "deus morto") – é equivalente à negação do herói. Alguém miserável e inútil em meio à abundância – apenas como ilustração – é infeliz por causa de seu apego às "coisas" erradas. Muitas vezes, a infelicidade resulta do pensamento imaturo ou rígido – uma consequência da sobrevalorização de fenômenos que são, na verdade, triviais. O neurótico se agarra às coisas que o tornam infeliz, enquanto desvaloriza processos, oportunidades e ideias que o libertariam, caso os adotasse. O sacrifício da "coisa mais amada" para "apaziguar os deuses" é a personificação em forma de procedimento da ideia de que o aspecto benevolente do desconhecido retornará se o esquema de adaptação atual (o "rei regente") for suficientemente alterado (isto é, destruído e regenerado). Um indivíduo despido de sua "identificação" com o que antes valorizava é, ao mesmo tempo, alguém que enfrenta o desconhecido – e, portanto, alguém que, "inconscientemente", imita o herói. O voluntário que estiver "se despindo" de tal identidade transforma o suplicante em um "novo homem" – pelo menos se o

---

[311] Zimmer, H. (1982), p. 74-75.

sacrifício tiver sido genuíno. Isso não significa que tais ideias não possam degenerar em um ritual sem sentido, vazio e cruel.

A relação íntima entre fixação no passado, rejeição do heroísmo e negação do desconhecido é explicada com mais frequência na forma narrativa (talvez porque a associação seja tão complexa que ainda não tenha sido explicitada). O conto de fadas que se segue – um "grito de alerta" do "inconsciente" psicanalítico – pode servir de exemplo útil. Ele me ocorreu de maneira espontânea, de uma só vez, enquanto eu tentava ajudar um homem que conhecia e que passava por uma crise psicológica. Seu apego ao desnecessário e supérfluo estava colocando seu futuro em sério perigo, mas ele não conseguia admiti-lo. Queria avisá-lo de que ele acabaria pagando um alto preço por sua imprudência. Mas ele ignorou a história, pelo menos no curto prazo – com consequências previsíveis.

Historinha de criança

Era uma vez um homem que tinha um longo e difícil caminho pela frente. Ele caminhava por uma estrada cheia de pedras e vegetação rasteira, quando viu um gnomozinho brilhante, de grandes dentes brancos e peruca preta, sentado à beira da estrada. Ele tamborilava em um tronco com dois ossos brancos e cantarolava sozinho de um jeito esquisito. O gnomozinho disse:

– John, pra que trabalhar tanto? Pra que andar tão rápido? De uma forma ou de outra, ninguém sabe se você vai mesmo chegar ao seu destino. Venha aqui. Quero lhe mostrar uma coisa.

Então, John saiu da estrada. De qualquer forma, ele estava cansado de caminhar, porque as pessoas ficavam jogando paus e pedras em sua direção. O gnomozinho disse: – Quero lhe vender uma joia vermelha brilhante. Barato. Tome aqui – e de seu manto ele puxou o maior rubi que o homem já vira. Devia pesar uns cinquenta quilos, e brilhava como o sol.

O gnomo disse:

– Gostou? É uma pedra encantada. O que você vai me dar por ela?

E o homem respondeu:

– Não tenho muito... muito dinheiro. Mas vou te dar tudo o que tenho. – O gnomo pareceu chateado, e John acrescentou: – Eu poderia pagar um pouco mais todo mês.

O gnomo aceitou:

– Justo! Compre agora, pague depois. Está ótimo pra mim. Sou a favor de planos de parcelamento.

Então, o homem deu ao gnomo todo o seu dinheiro e prometeu pagar o resto depois. E o gnomo voltou para o meio do mato, rangendo os dentes, rindo e tremendo.

Quanto mais o homem pensava no rubi e no grande negócio que fizera, mais feliz ficava. Ele voltou para a estrada com o coração mais leve, mas logo descobriu que não conseguia avançar muito, pois cinquenta quilos era muito peso para carregar. Ele disse para si:

— Pra que continuar? Tenho o que quero. Por que não fico aqui, segurando meu rubi? E, quando as pessoas passarem, elas poderão ver como me dei bem!

Então, ele parou. Um pouco mais tarde, um de seus amigos apareceu e o viu ali em pé. Seu amigo disse:

— John, por que não vem comigo? Acabei de abrir um novo negócio e preciso de ajuda! Corra, vamos! Ele será inaugurado em breve!

John gostou da proposta, mas seu amigo estava com pressa. Além disso, será que ele não via o rubi? Como poderia andar depressa ao lado dele? Onde colocaria a joia? Então, ele disse:

— Obrigado, mas preciso cuidar da minha joia. Talvez eu o veja mais tarde.

O amigo o olhou como se ele fosse louco, mas estava com muita pressa. Então, apenas deu de ombros e disse:

— Tudo bem, John. Até mais tarde — e foi embora rapidinho.

Um pouco depois, outro amigo passou e disse:

— John! Bom ver você! Vou voltar pra escola! Há várias coisas maravilhosas para aprender! Coisas ótimas para fazer! O mundo está cheio de problemas não resolvidos! Preciso de ajuda! Quer vir comigo?

John gostou muito da ideia, mas esse amigo também parecia estar com pressa. Além disso, era cansativo ficar em pé ao lado da estrada, segurando a joia, e ele precisava de toda a energia para isso. Então, ele disse para esse amigo:

— Obrigado, mas tenho que cuidar da minha joia. Ela não é bonita? Talvez a gente se veja mais tarde.

O amigo o olhou como se ele fosse louco, mas estava com muita pressa. Então, apenas deu de ombros e disse:

— Espero que tudo corra bem para você. Até mais tarde.

Muitos amigos vieram e foram embora, e os anos passaram. A joia ficou cada vez mais pesada, mas o homem ficou cada vez mais apegado a ela. O único problema era que ninguém parecia notar como ela era bonita. As pessoas simplesmente passavam, apressadas, e falavam sobre seus planos

e ninguém tinha um rubi tão grande

e não parecia que alguém pudesse conseguir um rubi tão grande

então, ele achava que alguém poderia ter dito alguma coisa,

algo assim, pelo menos:

— Belo rubi, John. Queria ter um desses, com certeza.

Mas isso nunca aconteceu.

Certo dia, alguém desconhecido veio pela estrada. Ele estava curvado e era magro, e seu cabelo era grisalho, embora não parecesse tão velho. Carregava nos braços uma grande pedra suja e não conseguia avançar muito.

A estranha figura se aproximou e fitou John. Então, sorriu e disse:

— Por que você está aí parado feito um estúpido, com essa pedra grande e feia nas suas mãos velhas e cansadas? Você parece bem idiota. Aposto que queria ter um rubi grande como este que eu carrego!

E John pensou: "Esse pobre-diabo está delirando. Ele carrega uma pedra – quem tem um rubi sou eu!"

Então, ele disse:

— Desculpe, mas o senhor está tristemente enganado. Sou eu que tenho a joia. Conheci um gnomozinho à beira da estrada que a vendeu para mim. Ainda estou pagando por ela, embora não muito! Você está carregando uma pedra!

O exausto estranho pareceu irritado. Disse:

— Não sei que brincadeira é essa, senhor. Isso aí é uma pedra. Eu tenho uma joia. O gnomozinho que o senhor descreveu a vendeu para mim e disse que era a única! Eu a carrego comigo há vinte anos, e nunca vou soltá-la!

John disse:

— Mas eu carrego a minha há vinte anos também! Ela não pode ser apenas uma pedra!

Pedra ou joia? Eles continuaram discutindo.

De repente, o gnomozinho apareceu como se nunca tivesse saído dali! Só que, dessa vez, ele não era tão pequeno. Ele era maior, mais vermelho e ameaçador, e sua risada soava como o estrídulo de correntes.

— Parem de discutir, vocês dois! Nunca vi um espetáculo tão patético. Vocês estão carregando pedras, os dois. E, se tivessem tido o bom senso de colocá-las no chão por um segundo ou dois, teriam visto isso! Bom, pelo menos foram dedicados. Eu fiz uma brincadeira perversa. Me sinto mal. Então, vou lhes dar o que realmente merecem. Vocês querem o que realmente merecem?

John e o magrelo estranho assentiram, ansiosos. Até que enfim, pensaram.

— Vocês ainda não viram nada. Joguem as pedras fora!

Então, John e o magrelo estranho obedeceram. Ao atingir o chão, cada pedra se partiu ao meio. De dentro delas saiu um fluxo de vorazes vermes brancos, que atacaram e devoraram os homens, enquanto eles se debatiam e gritavam.

Logo, nada restava, exceto um osso da perna de cada um. O gnomozinho pegou os ossos e saiu da estrada. Ele se sentou em um tronco e começou a tamborilar.

Ele tamborilava, e esperava, e cantarolava uma estranha melodia:

> "Uma imagem de comida
> alimenta todo o clã faminto
> a imagem do bem
> torna o homem saudável
> Pra que percorrer o caminho?
> Pra que trabalhar?
> Apenas sorria e sorria!
> o sucesso
> afinal
> é uma bobagem!
> A vida não é real
> esta é a mensagem que dou
> É mais fácil assim
> aliás
> quem quer viver?"

São ideias sobre a "necessidade do sacrifício" que sustentam, por exemplo, o ritual bastante conhecido, mas explicitamente incompreensível, da comunhão cristã (dizendo de forma mais precisa, o ritual da comunhão cristã serve como precursor comportamental para essas ideias explícitas). O herói cristão – Cristo – é o espírito que se oferece de modo voluntário para a cruz, a sepultura, o sofrimento e a morte, para a mãe terrível. Tal espírito é, acima de tudo, "humilde" – termo muito paradoxal nesse contexto. Arrogância é a crença na onisciência pessoal. A humildade heroica, colocada contra tal arrogância, significa o reconhecimento do constante erro pessoal, unido à crença na capacidade de *transcender* esse erro (de enfrentar o desconhecido e, por conseguinte, atualizar a crença falível). Logo, "humilde" significa "maior do que o dogma" (já que o espírito do homem é um "poder maior" que as leis que regem seu comportamento). O corpo de Cristo (representado, na comunhão ritual, pela hóstia de trigo "que eternamente ressuscita") é o receptáculo do espírito encarnado da deidade morta, renascida e redentora. Esse "corpo" é devorado ritualmente – ou seja, é incorporado – para auxiliar os participantes do ritual em sua identificação com Cristo, o deus (sol) que eternamente morre e ressuscita. A construção desse terrível ritual indicava a permanência da conceitualização abstrata de um aspecto estrutural permanente de (toda) psique humana – o aspecto heroico, a *Palavra* – como participante ativo, individualmente condenado, ainda que miticamente eterno, destinado ao contato trágico com a ameaça e a promessa do desconhecido, e, mesmo assim, participante permanente do processo redentor adaptativo.

O ato ritual de exposição é realizado para simultaneamente aplacar ou minimizar o aspecto cruel da natureza e permitir o estabelecimento de contato com o benévolo. Segundo a perspectiva moderna, pode-se afirmar (de forma muito mais abstrata) que o encontro cauteloso, cuidadoso e exploratório com o desconhecido e o ameaçador constitui a precondição para a transformação desse desconhecido no promissor (ou, pelo menos, no mundano), como consequência da mudança no comportamento ou na interpretação. Nós, modernos, interpretamos essa "mudança na experiência" como alteração no estado subjetivo. A mente pré-experimental, menos capaz de diferenciar com clareza o sujeito do objeto, mais preocupada com a significância motivacional da experiência, observa, por outro lado, *que o caráter de indução de medo do objeto retrocedeu* (como consequência da coragem do explorador ou da benevolência da coisa em questão).

O sacrifício *ritual* era uma variante (comportamental pré-abstrata) inicial da "ideia" de heroísmo, da crença no poder individual – a encenação da ideia de que a exposição voluntária ao desconhecido (ou a dissolução da coisa mais favorecida) constituía uma precondição necessária (1) para a emergência da "deusa" benéfica e (2) para uma contínua adaptação bem-sucedida. A incorporação do indivíduo sacrificial, na realidade (em canibalismo ritual) ou na cerimônia religiosa (na missa, por exemplo), significava a assimilação do herói cultural. Essa incorporação era uma tentativa "pré-consciente" de personificar a essência heroica, de fortalecer os elementos constitutivos da comunidade contra o medo paralisante da morte e da escuridão – de fortalecer o indivíduo e o grupo social contra o medo do desconhecido em si. O ritual sacrificial estava *encenando* o herói antes que essa "encenação" pudesse ser representada em abstração, em drama, em história. Então, a representação narrativa mais abstrata do alvo do "sacrifício heroico" veio retratar o surgimento da deusa benéfica, capaz de derramar recompensas sobre o homem, seu eterno amante e filho.

O espírito eternamente disposto a arriscar a destruição pessoal (mais abstratamente, intrapsíquica) para obter conhecimento redentor pode ser considerado o *representante arquetípico do processo adaptativo como tal*. A mente pré-experimental considerava a união traumática desse representante "masculino" com o desconhecido feminino destruidor e procriador um precedente necessário para a renovação e o renascimento contínuos do indivíduo e da comunidade. A rigor, essa é uma ideia tão magnífica quanto aquela contida no mito de Osíris/Hórus; uma ideia que acrescenta profundidade adicional à brilhante "hipótese moral" contida nesse mito. O herói exploratório, filho divino do conhecido e do desconhecido, corajosamente enfrenta o desconhecido, une-se a ele de forma criativa – abandonando toda pretensão de "conhecimento absoluto" preexistente –, acumula novas informações, retorna à comunidade e revitaliza sua tradição. É a essa história mais completa que agora dedicamos nossa atenção.

O Filho Divino: Imagens do Conhecedor, o Processo Exploratório

> *Desperta, desperta! Mune-te de força, ó braço de Iahweh! Desperta como nos dias antigos, nas gerações de outrora. Por acaso não és tu aquele que despedaçou Raabe, que trespassou o Dragão? (Isaías 51,9)*

O grande dragão andrógino do caos é também a figura mítica que guarda um grande tesouro, escondido nas profundezas de uma montanha, ou que esconde uma princesa virgem em sua caverna. Ele é a serpente alada e cuspidora de fogo da transformação – a união indescritível de tudo agora discriminado, que constantemente trama para retomar o que produziu. A Grande e Terrível Mãe, filha do caos, destrói aqueles que se aproximam dela por acidente, sem cuidado, ou com uma atitude inadequada, mas derrama todas as coisas boas sobre aqueles que a amam (e que agem de modo adequado). O Grande e Terrível pai, filho do caos, gera filhos próprios, mas, em seguida, tenta esmagá-los ou até mesmo devorá-los: ele é precondição para a existência, mas impedimento para sua elaboração bem-sucedida. O que possivelmente poderia constituir "o padrão de ação adequado" em face dessa contradição permanente e multifacetada?

No caso concreto, o ato de criatividade fundamental no reino humano é a construção de um padrão de comportamento que produz resultados emocionalmente desejáveis em uma situação que antes se afigurava repleta de imprevisibilidade, perigo e promessa. Atos criativos, apesar de seus detalhes particulares, têm uma estrutura sempre identificável porque sempre ocorrem nas mesmas condições: o que é conhecido é sempre "extraído" do desconhecido. Por conseguinte, é perpetuamente possível derivar e rederivar as características centrais do metapadrão de comportamento que, sempre e necessariamente, significa avanço humano. Os seres humanos têm curiosidade sobre a estrutura e a função de tudo, sobretudo de si mesmos; nossa capacidade de contar histórias reflete nossa capacidade de descrever a nós mesmos. Tem sido dito que Freud apenas recapitulou Shakespeare. Mas foi a genialidade de Freud, apesar de seus múltiplos erros, que conseguiu trazer aquilo que Shakespeare retratou de forma dramática *para um nível superior de abstração*, em direção ao filosófico (ou até mesmo empírico). Freud transferiu as informações sobre comportamento da narrativa implícita para a teoria explícita (ou, pelo menos, para a teoria mais explícita). Shakespeare realizou uma manobra semelhante, como todos os contadores de histórias, em um nível mais "básico" – *ele abstraiu a partir do que ainda era comportamental, a partir do que ainda não havia sido efetivamente capturado em drama.*

Durante a exploração, esquemas de comportamento e representação são modificados de modo experimental na esperança de se conseguir, por meios engenhosos, qualquer resultado atualmente vislumbrado. Tal exploração também produz alteração do mundo sensorial – já que o mundo se altera com a mudança do local físico e da produção motora. A exploração produz transformação na *hipótese que guia o comportamento* e na *expectativa de resultado comportamental*: produz aprendizado no modo *saber como* e *saber o quê*. Em termos mais gerais, novo aprendizado significa a aplicação de novos meios para o mesmo fim, o que significa que o padrão de pressuposições subjacentes ao modelo interno do presente e do futuro desejado permanece essencialmente intacto. Essa forma de readaptação pode ser descrita como criatividade *normal* e constitui a maior parte do pensamento humano. No entanto, em raras ocasiões, a atividade em curso (especificamente orientada para o objetivo ou exploratória) produz uma incompatibilidade mais profunda e inquietante. Isso é mais estressante (e também mais promissor) e requer uma atualização mais radical da modelação – requer uma reprogramação guiada pela exploração da suposição comportamental fundamental e da representação semântica ou episódica associada. Essa reprogramação constitui também a criatividade, mas do tipo *revolucionário*, em geral associada ao gênio. Portanto, exploração é criação *e* recriação do mundo. A geração de novas informações por meio do contato com o desconhecido representa a construção da experiência em si; a destruição de modos anteriores de adaptação e de representação ("mundos" anteriores) significa o retorno do "território explorado" à condição inexplorada que o precedeu e, em seguida, sua reestruturação de forma mais abrangente. Esse é o encontro com a Grande e Terrível Mãe, e a morte e a ressurreição do Filho e do Pai.

Uma nova maneira de se lidar com (ou seja, *de se comportar com relação a* ou *de classificar*) um desconhecido emergente é o *dom do herói*. Esse dom exige ser entregue; *obriga* a comunicação – seja diretamente (digamos, na forma de imitação imediata) ou indiretamente (na forma de descrição abstrata ou narrativa). Não existe distinção qualitativa real entre a transformação dos meios e a transformação dos fins (como já observamos): aquilo que constitui os "fins" em um nível inferior de análise se torna os "meios" em um nível superior. Daí se segue que o "dom do herói" constitui adaptação normal e revolucionária *simultaneamente* – adaptação normal, na medida em que esquemas de ação e representação são ampliados, de modo que o desconhecido se torna benéfico; revolucionária, na medida em que o antigo é reestruturado para dar lugar ao novo. Essa reestruturação equivale ao estabelecimento da *paz* – a paz que caracteriza o paraíso mítico onde o leão convive com o cordeiro. Essa paz surge como resultado da organização hierárquica dos "deuses da tradição" sob o domínio do herói. Isso significa que o herói exploratório criativo é também agente da paz em sua manifestação completa:

> *Sonhei que estava em pé no pátio gramado de uma catedral de pedra, em um dia brilhante e ensolarado. O pátio era imaculado, uma extensa área verde bem conservada. Enquanto estava lá, vi uma placa de grama ser puxada para debaixo da terra como uma porta de correr. Debaixo dessa "porta" havia um buraco retangular que sem dúvida era uma sepultura. Eu estava em um antigo cemitério, cuja existência fora esquecida. Um rei medieval, portando sólida armadura, ergueu-se de sua sepultura e quedou-se atento à cabeceira do seu local de sepultamento. Placas similares deslizaram para trás, uma após a outra, em vários lugares. De cada uma se levantou um rei, cada um de um período diferente.*
>
> *Os reis eram todos poderosos pelos próprios méritos; agora, no entanto, ocupavam o mesmo território. Ficaram preocupados que lutariam entre si e me perguntaram como isso poderia ser evitado. Eu lhes contei o significado da cerimônia de casamento cristã – um ritual concebido para submeter os dois participantes centrais à autoridade superior de Cristo, o herói cristão, e disse que esse era o caminho para a paz.*
>
> *Se todos os grandes reis se curvassem voluntariamente à figura do herói, não haveria mais motivo para a guerra.*

Todo território não mapeado – isto é, todo lugar onde o que fazer não foi especificado – também constitui o campo de batalha dos reis ancestrais. Os padrões de ação e interpretação aprendidos, que rivalizam por aplicação quando uma nova situação surge, podem ser considerados de forma útil, metaforicamente, como as personificações atuais de estratégias adaptativas formuladas como resultado do comportamento exploratório passado – como estratégias adaptativas inventadas e construídas pelos heróis do passado, "inconscientemente" imitadas e duplicadas pelos que estão vivos agora. Assim, a adaptação ao novo território – ou seja, ao inesperado – também significa uma mediação bem-sucedida entre as estratégias habituais ou arcaicas que competem por dominância sobre a produção comportamental na nova situação. Portanto, o ordenamento classificatório dessas estratégias "beligerantes" – a construção de uma "hierarquia de dominância" comportamental específica para o contexto (que corresponde ao modelo narrativo encaixado proposto antes) – constitui adaptação, bem como criação de novos comportamentos ou modos de interpretação específicos da situação (que, de qualquer maneira, são inevitavelmente compostos por fragmentos do passado). O processo de exploração, incluindo seus aspectos de assimilação e acomodação, está, por conseguinte, forçosamente enredado no processo de pacificação. A exploração, em dada situação, dificilmente pode ser considerada completa até que as tendências e teorias que lutam pela predominância naquela situação tenham sido organizadas para que o conflito interno (ou externalizado) e o transtorno emocional cessem.

O herói exploratório, salvador da humanidade, despedaça o caos primordial e cria o mundo; resgata seu falecido pai do submundo e o ressuscita; e organiza os "nobres" que ocupam seu reino em uma hierarquia eficaz, flexível e dinâmica. Não existe nenhuma diferença categórica entre o indivíduo que explora e o indivíduo que reconstrói a "sociedade" como resultado daquela exploração. A acomodação de novas informações é parte fundamental do processo exploratório: uma anomalia não é processada até que esquemas interpretativos existentes antes de seu surgimento tenham sido reconfigurados para levar em conta a sua presença. Portanto, todo explorador é, por necessidade, um revolucionário – e todo revolucionário *bem-sucedido* é um pacificador.

Agimos de forma apropriada antes de entender como agimos – assim como as crianças aprendem a se comportar antes que possam descrever as razões de seu comportamento. É somente por meio da observação de nossas ações, acumuladas e destiladas ao longo dos séculos, que acabamos por compreender as próprias motivações e os padrões de comportamento que caracterizam nossas culturas (e estas mudam conforme as modelamos). *A adaptação ativa precede a compreensão abstraída da base para tal adaptação.* Esse necessariamente é o caso, porque somos mais complexos do que somos capazes de compreender, assim como o mundo ao qual devemos nos ajustar.

Em primeiro lugar, agimos. Em seguida, vislumbramos o padrão que constitui nossas ações. Depois, usamos esse padrão para guiar nossas ações. É o estabelecimento da conexão consciente (declarativa) entre o comportamento e suas consequências (isto é, o estabelecimento de um novo processo de *feedback*) que nos permite postular abstratamente um futuro desejado, agir de forma a criá-lo e julgar a relevância dos fenômenos emergentes com base em sua aparente relevância para esse futuro. Essa capacidade parece baseada em algum salto desenvolvimental – pelo menos na medida em que a "história guia" tenha se tornado consciente (ou tenha sido representada na memória semântica ou episódica, em oposição a permanecer implicitamente incorporada no comportamento) – e é pouco provável que caracterize crianças muito jovens (ou animais, a propósito). Jean Piaget resolveu o problema do comportamento "ligado ao objetivo" em criaturas ainda não capazes de conceitualização abstrata por meio da pressuposição de que os "objetivos" estão a princípio implícitos em operações de reflexo sensório-motoras, que são instintivas. Em essência, isso significa que aquilo que depois é história primeiramente é *padrão* – o padrão de comportamento socialmente modificado que constitui o ser humano. É apenas mais tarde, quando os sistemas cognitivos (semânticos ou episódicos) "de ordem superior" são ativados, que os objetivos se tornam explicitamente imaginados (e podem de ser analisados de modo abstrato antes de sua encenação). Assim, é possível agir de maneira que pareça direcionada a objetivos antes que tais objetivos tenham se manifestado. Rychlak descreve a observação de Piaget: "A lógica não parece ser inata às crianças, interagindo estas conceitualmente por meio da construção de esquemas desde o primeiro momento. As construções iniciais são feitas biologicamente, e é só algum tempo depois que a criança esquematiza os padrões reflexivos já em curso [...]".[312]

Primeiro, vem o padrão de ação, guiado pelo instinto, moldado sem percepção consciente pelas consequências das "recompensas" e "punições" socialmente mediadas (determinadas em "estrutura e local" pelas convenções sociais atuais, produtos de forças históricas). Em seguida, vem a capacidade de imaginar o fim para o qual o comportamento "deve" ser dirigido. Informações geradas pela observação do comportamento fornecem a base para a construção de fantasias sobre esses fins. Ações que satisfazem as emoções têm um padrão; a abstração nos permite representar e duplicar esse padrão, como um fim. As abstrações de nível superior, por conseguinte, permitem representar o padrão comportamental mais universalmente aplicável: aquele que caracteriza o herói, que eternamente transforma o desconhecido em algo seguro e benéfico; que eternamente reconstrói o seguro e o benévolo, quando eles degeneraram em tirania.

O mito do herói veio para representar a natureza essencial da possibilidade humana, conforme manifesta no comportamento adaptativo, como resultado da observação e da nova representação de tal comportamento, conduzidas cumulativamente ao longo de milhares de anos. O mito do herói fornece a estrutura que governa, mas não determina o curso geral da história; ele expressa uma preconcepção fundamental de mil maneiras diferentes. Essa ideia (análoga em estrutura à hipótese moderna, embora não seja explicitamente formulada ou racionalmente construída da mesma maneira) torna a criatividade individual socialmente aceitável e proporciona

---

[312] Rychlak, J.F. (1981), p. 767.

a precondição para a mudança. A pressuposição mais fundamental do mito do herói é a de que a natureza da experiência humana pode (deve) ser melhorada pela alteração voluntária na atitude e na ação humanas individuais. Essa afirmação – *a hipótese histórica* – é uma expressão de fé na própria possibilidade humana e constitui a ideia verdadeiramente revolucionária do homem histórico.

Todos os comportamentos adaptativos específicos (que são atos que restringem o destrutivo ou aumentam o potencial benéfico do desconhecido) seguem um padrão geral. Esse "padrão" – que, *no mínimo*, produz os resultados pretendidos (e, portanto, desejados) – inevitavelmente atrai interesse social. Comportamentos "interessantes" ou "admiráveis" geram imitação e descrição. Essas imitações e descrições podem ser, a princípio, de um *comportamento interessante ou admirável*, mas, depois, são da *classe de comportamentos interessantes e admiráveis*. A classe é, então, imitada como um guia geral para ações específicas; é redescrita, redestilada e imitada mais uma vez. Passo a passo, a imagem do herói se torna cada vez mais clara e cada vez mais aplicável. O padrão de comportamento característico do herói – isto é, o avanço voluntário diante do desconhecido perigoso e promissor, resultando em geração de algo de valor e, de forma simultânea, em dissolução e reconstrução do conhecimento atual, da *moral* atual – vem a formar o núcleo transcultural da *boa história*. Essa história – que é o que fazer quando você já não sabe o que fazer – define o padrão de comportamento implícito em todos os sistemas genuinamente religiosos (ademais, fornece a base para o "devido respeito ao indivíduo" que sustenta nossa concepção de direitos naturais). Representações do ouroboros, o dragão do caos, e de sua filha, a Grande Mãe, são retratos simbólicos do desconhecido. A representação mitológica do herói e sua construção cultural são, pelo contrário, a análise e o retrato de *quem ou o que é que sabe* e *do que é conhecido*. O feminino criativo e destrutivo é a personalidade manifesta na mitologia por tudo o que é desconhecido, ameaçador e promissor sobre e dentro da existência. O mito tende a retratar a consciência individual geradora sempre disposta a enfrentar esse poder desconhecido como masculina, em essência – contrastando com a feminilidade inconsciente, impessoal e imprevisível, e à luz de sua natureza "seminal", ativa, "frutífera".

Os "estágios" iniciais do desenvolvimento da figura do herói assumem a forma de representações míticas da criança ou do adolescente, total ou parcialmente dominadas pela potente força materna.[313] Essa criança ou adolescente é o indivíduo específico sob a influência da mãe particular – e o *Homo sapiens*, a espécie, sujeito à

---

[313] Ver Neumann, E. (1954; 1955).

natureza. A "consciência individual geradora" como "filho eterno da mãe virginal" é representada na Figura 2.35: O Herói Exploratório como Filho da Mãe Celestial.[314] Em sua forma mais madura, o herói – outrora "filho da mãe celestial" – pode ser retratado como o "amante da Grande Mãe" (a mãe cujo corpo ele "penetra" para, em união criativa – sexual –, morrer e reencarnar – fertilizar e impregnar). A Grande Mãe é a meretriz sagrada, a prostituta da Babilônia, bem como a Mãe Virgem, uma donzela para sempre renovada, para sempre jovem, pertencente a todos os homens e a nenhum deles. É comum o mito utilizar o motivo (simbolicamente sexual) do *incesto celestial* – a imagem do encontro que engole e devora, repleto de potencial criativo – para representar a união com o feminino primordial, para retratar o *ato de encontro criativo (ou destrutivo) entre o herói e as possibilidades da própria vida*. Isso é "conhecimento" como ato sexual, criativo: a "união voluntária geradora" da consciência e do caos produz – ou revive – a ordem e o cosmos.

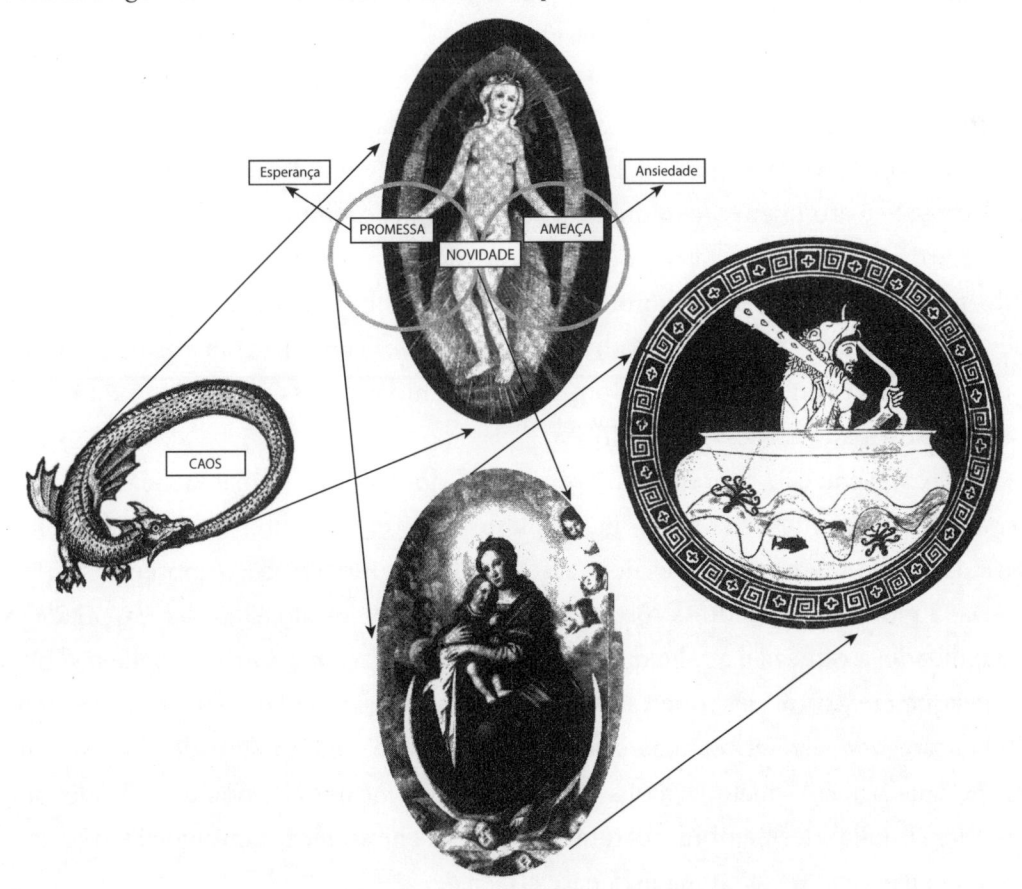

Figura 2.35: O Herói Exploratório como Filho da Mãe Celestial

---

[314] Derivado de fonte desconhecida.

A mitologia do herói, *in toto*, retrata o desenvolvimento e o estabelecimento de uma personalidade capaz de enfrentar as condições mais extremas da existência. A jornada ou viagem do herói tem sido representada na mitologia e no ritual de várias maneiras, mas as múltiplas representações parecem estar de acordo com o mito do caminho, conforme já descrito: uma comunidade ou um modo de vida harmonioso, previsível e estável em estrutura e função, é inesperadamente ameaçado pelo surgimento do desconhecido e de forças perigosas (antes controladas). Um indivíduo de origem humilde e nobre se levanta, por livre escolha, para combater essa ameaça. Esse indivíduo é exposto a grandes testes e riscos pessoais ou passa por uma dissolução física e psicológica. Mesmo assim, ele supera a ameaça, é magicamente restaurado (com frequência melhorado) e, em decorrência disso, recebe uma grande recompensa. Ele retorna à sua comunidade com a recompensa e (re)estabelece a ordem social (às vezes, após uma crise gerada por seu retorno).

Essa que é a mais fundamental das histórias é retratada esquematicamente na Figura 2.36: A Metamitologia do Caminho, Revisitada.[315] O caos gera novidade, promissora e ameaçadora; o herói deixa sua comunidade voluntariamente para enfrentar esse caos. Seu ato criativo/exploratório sufoca a ameaça implícita no caos e liberta o que é promissor de suas garras. A incorporação dessa promessa libertada (dessa informação "redentora") – simbolizada pela união com a virgem ou pela descoberta do tesouro – transforma o herói. Seu comportamento transformado (enriquecido) serve, então, de modelo para a comunidade. Assim, o grupo é por sua vez transformado e reestabilizado.

A representação suprema ou arquetípica do estado original "ameaçado" é o paraíso inconsciente de si (mas "incompleto") que existia antes da "queda" da humanidade. De modo mais prosaico, esse estado é a inocência e o potencial da infância, a glória do passado, a força do reino bem governado, o poder da cidade, a estabilidade, a riqueza e a felicidade da família. A ameaça mais primordial é o súbito (re)aparecimento ou descoberta de uma das manifestações da Terrível Mãe: uma inundação, um terremoto, uma guerra, um monstro (algum tipo de dragão), um peixe, uma baleia – qualquer coisa imprevisível ou inesperada que destrói, devora, prende, engolfa, desmembra, tortura, aterroriza, enfraquece, confunde, asfixia, sufoca ou envenena (essa é uma lista parcial).

---

[315] Castelo derivado de um temenos, no *Viatorium* de Maier (1651) (placa 31 em Jung, C.G. [1968b]); São Jorge derivado de Ripa, C. (1630); *Virtude* (Didi-Huberman, G.; Garbetta, R.; Morgaine, M. [1994], p. 50).

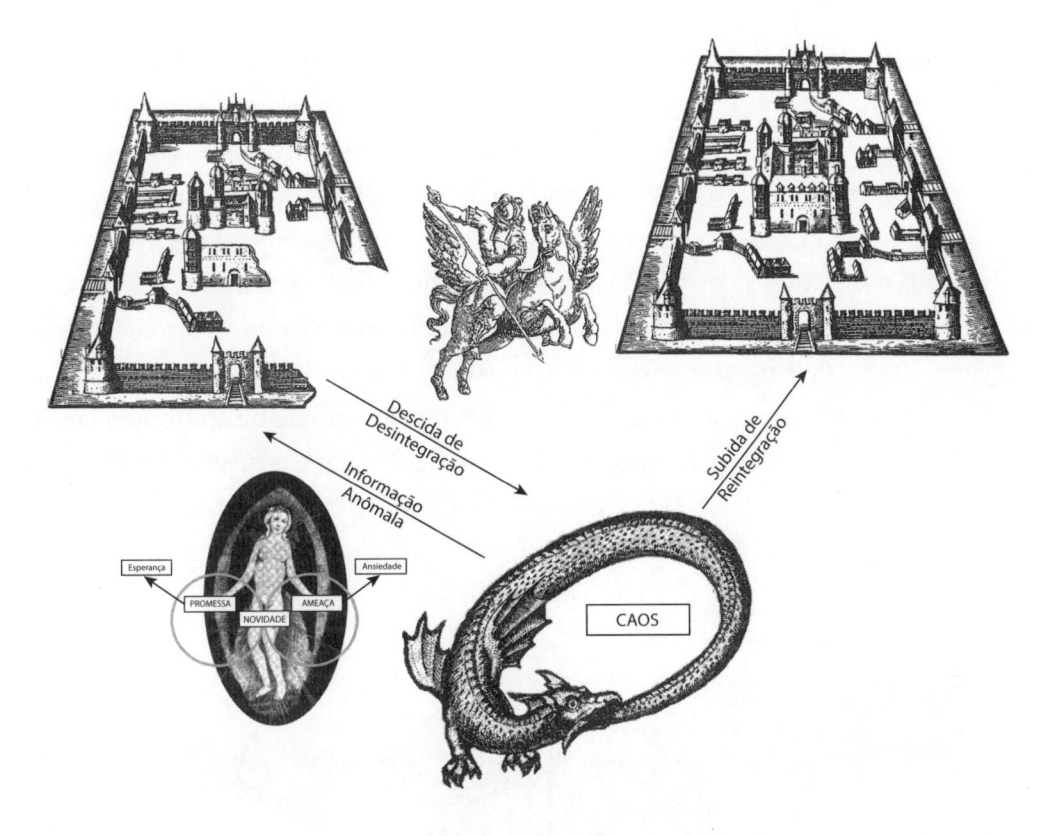

Figura 2.36: A Metamitologia do Caminho, Revisitada

O herói, produto do parentesco divino e do nascimento milagroso, sobrevivente de uma infância perigosa, enfrenta a Terrível Mãe em um combate frente a frente, sendo devorado. Ele é engolido por um grande peixe, ou cobra, ou baleia, e passa um tempo no submundo, no escuro, no inverno, no reino dos mortos ou no inferno; enfrenta um dragão, uma górgona, uma bruxa ou uma sedutora; é atingido por água, fogo, tempestade, animais perigosos; é atormentado, enterrado vivo, hipnotizado, desmembrado, estripado e iludido. Ele derrota o monstro, libertando aqueles que foram derrotados antes, e ganha ou recupera um objeto de valor perdido ou não descoberto antes, uma mulher (virginal) ou um tesouro. Muito mais velho, muito mais sábio, ele retorna para casa, transformado em personagem, ostentando o que ganhou, e se reúne de forma triunfal com a comunidade, que está muito enriquecida – ou até mesmo totalmente transformada – por sua fortuna.[316]

---

[316] Essa breve descrição é um resumo das informações (isomórficas) contidas nos escritos de Carl Jung (em particular em Jung, C.G. [1967a]); Joseph Campbell (em particular em Campbell, J. [1968; 1987]); Northrop Frye (em particular em Frye, N. [1982; 1990]) e Erich Neumann (em particular em Neumann, E. [1954; 1955]).

A batalha do herói é um motivo frequente na escultura, no desenho e na pintura inspirados na mitologia. Um exemplo representativo é apresentado na Figura 2.37: Castelo, Herói, Serpente e a Virgem: São Jorge e o Dragão.[317] Todos os elementos do "metamito" estão retratados nesse desenho: a comunidade ameaçada, representada pela cidade ou castelo murado; o dragão alado, que emergiu do submundo (e cuja caverna está cercada pelos ossos dos mortos); o herói, armado com a espada, que "despedaça" o leviatã e cria o mundo; e a virgem, liberta das garras do dragão e que representa o aspecto benevolente, criativo e frutífero do desconhecido. (Em geral, nessas representações, a cidade é retratada em uma montanha – a serpente, em um vale ou ao lado de um rio. A batalha ocorre no crepúsculo, quando a deidade sol encontra o dragão da noite.[318])

Figura 2.37: Castelo, Herói, Serpente e a Virgem: São Jorge e o Dragão

Mitos solares retratam a jornada do herói utilizando, de modo simultâneo, os motivos da luta com o dragão e da "viagem marítima noturna". No típico mito solar, o herói é identificado com o sol, portador da luz da consciência, devorado durante a

---

[317] Bellini, J. (século XV). *São Jorge Lutando com o Dragão*. Em Didi-Huberman, G.; Garbetta, R.; Morgaine, M. (1994), p. 102. Dezenas de exemplos representativos são fornecidos nesse volume.

[318] Didi-Huberman, G.; Garbetta, R.; Morgaine, M. (1994), p. 53, 59, 64, 65, 67, 69, 74, 77, 81.

noite pela serpente da água do Ocidente. À noite, ele batalha terrivelmente com esse monstro e emerge vitorioso pela manhã, ascendendo renovado no Oriente:

> Nessa sequência de perigo, batalha e vitória, a luz – cuja significância para a consciência ressaltamos repetidas vezes – é o símbolo central da realidade do herói. O herói sempre é um portador da luz e um emissário da luz. No ponto mais baixo da viagem marítima noturna, quando o herói sol viaja pelo submundo e deve sobreviver à luta com o dragão, o novo sol é aceso à meia-noite e o herói vence as trevas. Nesse mesmo ponto mais baixo do ano, Cristo nasce como o brilhante Redentor, como a luz do ano e a luz do mundo, e é venerado com a árvore de Natal no solstício de inverno. A nova luz e a vitória são simbolizadas pela iluminação da cabeça, coroada e adornada com uma auréola.[319]

Os imperadores da Mesopotâmia e os faraós do Egito eram deuses solares, representantes da deidade solar encarnada, vencedora eterna da interminável batalha entre ordem e caos, luz e trevas, conhecido e desconhecido. Em um sentido alegórico, eles podem ser considerados os primeiros indivíduos verdadeiros – pelo menos na perspectiva da tradição histórica ocidental. O povo egípcio dedicou todo o seu esforço cultural à glorificação de seus governantes – motivados inconscientemente por sua participação na (sua identificação imitativa com a) essencial estatura de deus do faraó. Essa ideia foi mais desenvolvida (abstraída e generalizada) pelos gregos, que atribuíram uma alma a cada grego, e levada a sua conclusão lógica pelos judeus e cristãos, que concederam a cada pessoa um valor individual absoluto e inviolável perante (ou uma identidade [potencial] com) Deus.

A Grande Mãe é a personificação do desconhecido, do novo. O herói – seu filho e amante, fruto do casamento místico – é a representação dramática (primeiro, comportamental concreta; depois, imitativa/imagética; e, então, verbal) do padrão de ação capaz de fazer uso criativo do desconhecido. O potencial de expressão (e admiração desse; ou representação) desse padrão constitui uma característica hereditária da psique humana, expressa constantemente em comportamento durante o curso da atividade cultural humana. A contenção desse padrão em imagem dinâmica, no mito, segue séculos de observação e geração de hipóteses relacionadas com a natureza central do *Homo sapiens*, o animal histórico. O desenvolvimento de tal contenção seguiu um caminho complexo de descrição cada vez mais abstrata e redescrição do eu e do outro.

---

[319] Neumann, E. (1954), p. 160-161.

O herói é um *padrão* de ação, projetado para encontrar sentido no desconhecido; ele surge necessariamente onde os seres humanos são bem-sucedidos. A adesão a esse padrão central assegura que o respeito pelo processo de exploração (e a necessária reconfiguração da crença resultante desse processo) permaneça sempre *superior a todas as outras considerações, incluindo a de manutenção da crença estável*. É por isso que Cristo, o herói definidor da tradição ética ocidental, é capaz de dizer "Eu sou o Caminho, a Verdade e a Vida. Ninguém vem ao Pai a não ser por mim" (João 14,6); é por isso que a adesão ao modo oriental (Tao) – existente na fronteira entre o caos (*yin*) e a ordem (*yang*) – assegura que o "cosmos" continuará a perdurar. A Figura 2.38: O Processo de Exploração e Atualização como Metaobjetivo da Existência apresenta esquematicamente o "maior objetivo" da vida, conceitualizado a partir da seguinte perspectiva: a identificação com o processo de construção e atualização de objetivos específicos e eventuais decorrentes do ambiente recebe nesse esquema uma precedência necessária sobre a identificação com qualquer objetivo particular e concretizado. Assim, o espírito se eleva sobre o dogma.

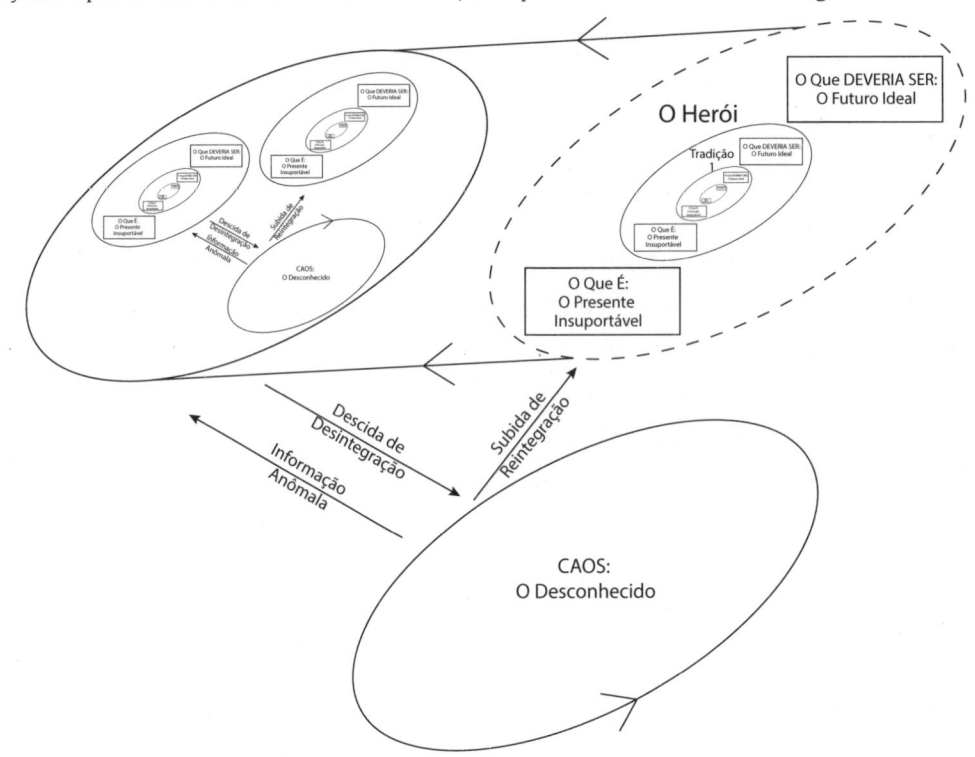

Figura 2.38: O Processo de Exploração e Atualização como Metaobjetivo da Existência

Usamos as histórias para regular nossas emoções e governar nosso comportamento. Elas fornecem ao presente que habitamos um determinado ponto de referência – o futuro desejado. O "futuro desejado" ideal não é um estado, mas um processo: o processo (intrinsecamente convincente) de mediação entre a ordem e o caos; o processo da encarnação do *Logos* – a Palavra –, o qual é o princípio da criação do mundo.[320] A identificação com esse processo, em vez de com qualquer um de seus resultados determinados (isto é, com quaisquer "ídolos" ou *estruturas de referência fixas ou ideologias*), garante que a emoção permanecerá regulada de modo ideal e que a ação continuará possível, independentemente de como e quando o ambiente mude. Como resultado de tal identificação, o respeito pela crença assume o segundo lugar em relação ao respeito pelo processo gerador da crença.

O herói é a representação narrativa do indivíduo eternamente disposto a tomar uma atitude criativa, infinitamente capaz de originar novos padrões comportamentais, eternamente especializado em transformar uma coisa antes ameaçadora ou desconhecida em algo inofensivo ou positivamente benéfico. É a representação declarativa do padrão de comportamento característico do herói que, cedo ou tarde, vem para aproximar a história do *salvador*. Por trás de todo aventureiro, explorador, criador, revolucionário e pacificador específico (isto é, *histórico*), esconde-se a imagem do "filho de deus", que coloca seu caráter impecável contra a tirania e o desconhecido. O exemplo arquetípico ou supremo do salvador é o redentor do mundo, o Messias – herói criador e redentor do mundo, revolucionário social e grande reconciliador. É a soma total da atividade do Messias, acumulada ao longo do tempo, que constitui a cultura, o Grande Pai, a própria ordem – território explorado, o domínio do conhecido. Mas, na sociedade "metaestável", o Pai, embora saudável, está subordinado ao Filho: todos os valores fixos permanecem necessariamente sujeitos ao padrão de ser representado pelo herói. Na "Cidade de Deus" – isto é, no reino humano arquetípico –, o Messias governa eternamente:

> Eu continuava contemplando, nas minhas visões noturnas,
> quando notei, vindo sobre as nuvens do céu, um como Filho do Homem.
> Ele adiantou-se até ao Ancião
> e foi introduzido à sua presença.
> A ele foi outorgado o poder,
> a honra e o reino,
> e todos os povos, nações e línguas o serviram.
> Seu império é império eterno
> que jamais passará,
> e seu reino jamais será destruído. (Daniel 7,13-14.)

---

[320] Idem, 1954; 1955; Jung, C.G. (1976b; 1967b; 1968b; 1967a); Eliade, M. (1978b).

O Grande Pai: Imagens do Conhecido
(ou Território Explorado)

Todos os comportamentos adaptativos particulares (e esquemas interpretativos – esquemas de *valor*) são gerados no decorrer do tempo pelo eterno padrão de comportamento descrito em linguagem mítica como característico do herói arquetípico, o deus sol. Esses comportamentos e esquemas se acumulam ao longo dos séculos (como resultado de imitação e de outras formas de comunicação da memória), mas não *concordam* necessariamente, não são necessariamente correspondentes. Nossos métodos adaptativos conquistados com dificuldade lutam pela predominância, muitas vezes com violência, dentro de determinado indivíduo, entre indivíduos dentro das sociedades e entre sociedades. Surge, então, o problema da *organização*. Como você organiza suas possibilidades, uma vez que as tenha originado ou copiado de alguém? Como é possível usar de maneira racional o acúmulo de conhecimento e sabedoria? Afinal, existem várias oportunidades para a geração de comportamento em qualquer situação; além disso, a possibilidade de interpretação torna até mesmo a "situação" mutável. Como podemos amalgamar possibilidades concorrentes – a multiplicidade de escolhas potenciais – em algum tipo de unidade, o tipo de unidade que possibilita a coexistência mútua (e a coexistência mutuamente benéfica)? Em resumo, como é possível construir e manter uma sociedade?

O conhecimento processual, gerado no curso do comportamento heroico, não é organizado e integrado ao grupo e ao indivíduo como resultado do mero acúmulo. O procedimento "a", apropriado para a situação 1, e o procedimento "b", apropriado para a situação 2, podem colidir em mútua oposição violenta na situação 3. Sob tais condições, conflitos intrapsíquicos ou interpessoais necessariamente emergem. Quando tal antagonismo surge, torna-se necessária uma reavaliação moral. Como consequência de tal reavaliação, opções comportamentais são brutalmente ordenadas e classificadas, ou, com menos frequência, sistemas morais inteiros são devastados, reorganizados e substituídos. Tais organização e reorganização ocorrem como consequência da "guerra" em suas variantes concreta, abstrata, intrapsíquica e interpessoal. No caso mais básico, um indivíduo é submetido a um conflito intolerável, como resultado da incompatibilidade (afetiva) percebida em dois ou mais resultados apreendidos de determinado procedimento comportamental. Na esfera puramente intrapsíquica, tal conflito surge muitas vezes quando a conquista do que é desejado nesse momento necessariamente interfere na conquista do que é desejado (ou no afastamento do que é temido) no futuro.

A resolução satisfatória e permanente de tal conflito (entre tentação e "pureza moral", por exemplo) exige a construção de um sistema moral abstrato, *poderoso o suficiente para permitir que o que uma ocorrência significa para o futuro governe a reação ao que ela significa agora*. Até mesmo essa construção, contudo, é necessariamente incompleta quando considerada apenas um fenômeno "intrapsíquico". O indivíduo, outrora capaz de coerentemente integrar as demandas motivacionais concorrentes na esfera privada, mesmo assim continua destinado ao conflito com o outro, no curso das inevitáveis transformações da experiência pessoal. Isso significa que a pessoa que tem de chegar a um acordo consigo mesma, pelo menos em princípio, ainda está sujeita à desregulação afetiva inevitavelmente produzida pela interação interpessoal. Também é o caso de que essa sujeição seja, de fato, indicativa de uma organização "intrapsíquica" insuficiente, já que muitas "necessidades" básicas só podem ser satisfeitas por meio da cooperação de outrem.

Os problemas criados pelo "*eu* futuro", cuja existência ainda potencial deve ser levada em conta e utilizada para reger a ação no presente, são muito semelhantes àqueles criados pela existência dos outros, cujas respostas afetivas são igualmente hipotéticas (já que não podem ser experimentadas diretamente, mas apenas inferidas). Porém, o indivíduo adequadamente socializado foi treinado para conceder a esse "outro abstrato" (*o eu* futuro e outra pessoa) um estatuto ontológico equivalente ao do *eu* experiente – foi treinado para usar a existência daquele outro como guia para "ação e interpretação apropriadas" no presente. Isso significa que, para o ser social, todas as ações individuais vêm a ser avaliadas com relação a suas prováveis consequências atuais e futuras, para o eu e para os outros provavelmente afetados. Essa avaliação pode ocorrer de modo direto – isto é, como questão de "deliberação consciente"; de maneira alternativa, o indivíduo bem socializado pode agir "como se" tivesse pensado sobre o problema, permanecendo em caminhos morais bastante conhecidos (estabelecidos no âmbito da pressão histórica cumulativa produzida pela necessidade de manter a ordem psíquica e social). As informações mais implícitas existentes no último caso são "ali colocadas" como consequência da troca de informações emocionais, resultantes de determinados padrões de ação, na ausência potencial de raciocínio explícito: por exemplo, alguém é informado por um gesto sutil de desprezo que determinado comportamento (agradável, em teoria, e até mesmo aparentemente inofensivo) é "simplesmente inaceitável", o que significa que, de acordo com os costumes, ele é considerado prejudicial para o eu e para os outros de alguma maneira não facilmente observada, mas ainda assim importante. São essas regras arbitrárias que constituem as informações implícitas codificadas na estrutura social – informações não necessariamente colocadas lá por meios racionais, não necessariamente "compreendidas" em nenhum sentido declarativo; no entanto, informações representáveis e transmissíveis como consequência do reconhecimento e da análise de padrões ao longo do tempo.

Assim, as "histórias" pelas quais os indivíduos vivem (que compreendem seus esquemas de interpretação, que guiam suas ações, que regulam suas emoções) são estruturas emergentes moldadas pela necessidade de organizar as demandas biológicas internas concorrentes, durante períodos variáveis, na presença de outros confrontados com a mesma sina. Essa similaridade de *demanda* (limitada pela estrutura fisiológica) e *contexto* (limitado pela realidade social) produz similaridade de *resposta*. É essa similaridade de resposta, por sua vez, que está na base do emergente "ponto de vista moral compartilhado", o qual explica a similaridade multicultural no mito. Aliás, isso significa que tais "pontos de vista compartilhados" se referem a algo *real*, ao menos na medida em que a realidade seja atribuída às propriedades emergentes (e a maioria das coisas que, sem questionamento, consideramos reais são precisamente essas propriedades emergentes).

As reações de um primogênito hipotético para com seu irmão recém-nascido podem servir como ilustração concreta das interações entre o individual, o interpessoal e o social. O irmão mais velho pode ser positivamente atraído para o recém-nascido por tendências naturais de filiação e curiosidade. Mas, ao mesmo tempo, esse recém-chegado pode estar recebendo uma quantidade substancial de atenção dos pais, por vezes em detrimento da criança mais velha. Essa alteração no cuidado parental com frequência produz frustração, manifesta em comportamento agressivo por parte do irmão destronado. Assim, a criança mais velha entrará em conflito interno como resultado de seu afeto pelo novo membro da família: terá curiosidade sobre a sua natureza e irritação diante da existência da criatura, das demandas e influências sobre as interações (outrora) previsíveis da unidade social familiar. A atitude protetora dos pais, que restringem a agressão por parte do filho mais velho, complica ainda mais as coisas – estabelece as exigências adicionais da unidade social em uma situação já difícil.

Como esse filho pode resolver seus conflitos? Ele deve construir para si uma *personalidade* para lidar com o novo irmão (deve se tornar um irmão mais velho adequado). Isso significa que ele pode subordinar sua agressão ao medo, à culpa e à vergonha produzidos pela adjudicação dos pais em nome do bebê. Ou seja, ele pelo menos "agirá como um ser humano" quando próximo do bebê, na presença direta de seus pais. Ele também pode aprender a agir *como se* a reação agressiva motivada por sua mudança de *status* fosse menos desejável, no total, do que a resposta filial. Sua postura *como se* poderá ser facilmente amparada por uma inteligente mudança na interpretação: de forma razoável, ele pode obter do irmão caçula parte da atenção que seus pais já não lhe dedicam – se for diligente e genuíno em suas tentativas de ser amigável. Ele também pode desenvolver alguns interesses mais independentes, adequados à sua nova posição como membro relativamente maduro da família. No primeiro caso, mais simples (quando ele subordina sua agressão ao medo), a criança organiza seus estados motivacionais, conforme manifestos no comportamento. No último, uma situação revolucionária, a criança reestrutura as pressuposições implícitas que originalmente levaram ao surgimento do conflito. De uma forma ou de outra, a situação é resolvida (reescrita) no curso do que pode ser descrito de forma razoável como uma guerra interna – acompanhada por intensas e inevitáveis explosões de dor, medo e raiva. A personalidade que surge como resultado de tal guerra é, pelo menos no caso revolucionário, algo "mais parecido com o herói" do que a personalidade que existia antes da mudança nas circunstâncias ambientais.

A situação do casamento fornece outro exemplo ilustrativo, relevante para uma situação entre adultos. No casamento, o desejo de autoexpressão individual é necessariamente limitado pelo desejo de manutenção da relação íntima interpessoal e pela adoção do papel social "respeitável" que constitui tal manutenção. O macho, não mais solteiro, poderá tentar exercer seu modo de atividade pré-nupcial, mais puramente dependente do desejo pessoal e do capricho, limitado por quaisquer obrigações sociais mínimas necessárias que ele possa ter adquirido anteriormente. Logo ele descobrirá, caso tenha um parceiro adequadamente assertivo, que seus desejos e vontades (até então individualistas) produzem conflitos na vida de casado, manifestos em brigas interpessoais e na consequente desregulação emocional.

Os confrontos que costumam acompanhar o estabelecimento de uma relação afiliativa permanente surgem como resultado da incompatibilidade das pressuposições e proposições morais individuais (implícitas e explícitas) na esfera interpessoal (surgem como resultado de uma "guerra" interpessoal de "deuses implícitos"). Esses conflitos podem ser resolvidos de várias maneiras. Um parceiro pode, por meio da aplicação judiciosa de castigo físico ou psicológico, tornar o outro impotente, por assim dizer, e subordinado – permanentemente frustrado, infeliz, ansioso e hostil. Assim, o casamento pode perder muito do seu valor ou se dissolver por completo. Isso não constitui uma "solução" – é uma mera regressão, em face da anomalia emergente, à "personalidade única" preexistente. Como alternativa, cada parceiro pode decidir levar "o outro" em séria consideração e reorganizar o comportamento pessoal (e o valor emergente) de acordo com isso. Esse processo não ocorrerá sem a capacidade de se envolver em conflito aberto (trocar informações muitas vezes perturbadoras, falando de modo realista) ou sem a coragem de voluntariamente se submeter à experiência da emoção negativa (incluindo ansiedade, culpa e vergonha, à medida que falhas e insuficiências anteriormente "inconscientes" – implícitas – venham à tona). A subjugação mítica dos parceiros em um casamento à autoridade superior de Cristo, o herói da cultura, ritualmente representada na cerimônia de casamento cristão, constitui um auxílio simbólico para esse processo.[321]

A subordinação *voluntária* dos desejos pessoais dos dois indivíduos à ordem moral superior personificada nos padrões de ação do salvador cristão, por exemplo, significa acordo implícito sobre a natureza dos princípios transcendentes que podem ser consultados quando a mediação entre os desejos e pressuposições incompatíveis tornar-se necessária. Isso significa que a "personalidade" constituída pela "união mística" de ambos os parceiros no casamento supostamente deve aproximar Cristo – para se colocar como uma entidade superior aos indivíduos "menos completos" que compõem o "casal casado". Esse processo de subordinação voluntária "a uma deidade superior" é semelhante ao processo histórico transpessoal prolongado descrito no *Enuma Eliš* com relação à ascendência de Marduk. Por meio de conflito (e cooperação), dentro do "invólucro" do casamento, novas morais são criadas – novos padrões de comportamento (e de hipótese e expectativa) manifestam-se e são representados internamente. Esse processo pode ser levado a um desfecho saudável por meio da participação mútua no ritual religioso patrocinado pela comunidade. Como alternativa, os indivíduos podem ter sucesso, ou falhar, em isolamento.

Estados motivacionais competem por predominância no presente, nas esferas puramente subjetivas e interpessoais, e também competem no decorrer do tempo. O que é amedrontador agora poderá ser tolerado por vir a significar menos punição (ou menos medo, ou mais prazer, ou mais esperança) no futuro, desde que a inteligência ou o costume possa fazer esse juízo; de forma similar, o grupo social e a pressão adicional que ele produz são tolerados porque o grupo constitui a solução imaginável atualmente mais eficaz para o problema da adaptação. Esse grupo, a personificação atual do costume humano, é o resultado de uma batalha entre várias formas de ser travada ao longo de gerações.

---

[321] Ver Jung, C.G. (1970a).

Embora a "batalha por predominância" que caracteriza a troca de informações moralmente relevantes possa ser facilmente imaginada como uma guerra (e muitas vezes é travada na forma de uma guerra genuína), ela se manifesta com mais frequência como uma luta entre "crenças". No último caso, é a perda da *fé*, em vez da vida, que determina o resultado da batalha. Em parte, os seres humanos podem substituir a perda da fé pela morte porque são capazes de construir seus "territórios" de maneira abstrata (criando crenças a partir deles) e de abstratamente abandoná-los uma vez que não forem mais sustentáveis. Os animais, menos capazes de abstração, também são capazes de perder a fé, em vez da vida, embora "encenem" essa perda nas rotinas comportamentais, e não em batalhas verbais ou imagéticas (em vez de utilizar argumentação). É a capacidade de "simbolicamente se render" e "destruir simbolicamente" que, em grande parte, subjaz à capacidade dos animais individuais de se organizarem em grupos sociais (que requerem uma organização hierárquica) e de manterem e atualizarem esses grupos uma vez estabelecidos. Pode-se dizer isso de forma semelhante sobre os seres humanos (que também se envolvem em guerras abstratas, no nível processual, bem como em guerras reais e argumentações).

Ideias fortes produzem demonstrações profundas de fé ou, colocando de outra forma: demonstrações inabaláveis de fé são indícios da força de uma ideia. A força de uma ideia integradora, ou seu equivalente processual pré-abstrato, poderia ser considerada razoavelmente mensurada por sua capacidade de inibir impulsos concorrentes – em particular aqueles motivados pelo medo. Demonstrações de dominância em grupos de primatas e de outros animais sociais complexos de ordem superior fornecem um exemplo útil disso. A maioria das disputas por dominância é resolvida antes de se transformar em agressão física. É o animal mais capacitado a manter sua posição em face do desafio – apesar da ameaça, a despeito do medo – que provavelmente sairá vencedor no caso de tal disputa. Logo, a capacidade de manter a posição territorial quando desafiado é um indício do grau de integração do estado intrapsíquico no que diz respeito à motivação atual (ou seja, um indício do quão "convencido" está determinado animal de que pode – deve – manter sua posição). Essa integração constitui o poder – *carisma*, no reino humano – tornado mais evidente na demonstração comportamental. A certeza com que uma posição é mantida (seja uma posição territorial, um nicho de dominância hierárquica ou uma noção abstrata) – na medida em que isso possa ser inferido a partir do comportamento observável, tal como no caso da ausência de medo – constitui uma indicação válida da força integradora potencial daquela posição; constitui uma indicação de quanto a criatura acredita na retidão (justiça, bondade) de sua postura. A força integradora das crenças desse tipo pode ser determinada com precisão por meio do desafio (já que a capacidade de suportar o desafio depende dessa força). Isso significa que a capacidade dos detentores de uma ideia de suportar o desafio sem vacilar constitui um critério *afetivo* (não empírico [?]) para determinar a verdade daquela ideia – ou, pelo menos, de sua utilidade intrapsíquica. Daí o poder do mártir e a relutância até mesmo dos totalitários modernos em permitir que seus inimigos sejam sacrificados publicamente.

A organização do comportamento em termos de utilidade comparativa é juízo (processual, episódico ou semântico) proferido sobre o valor. Tal juízo constitui uma decisão sobre a "natureza do bem e do mal" do ponto de vista narrativo ou mítico. Tais determinações de valor são decisões cuja função é organizar o comportamento individual presente orientado para o futuro, manifesto no contexto (inevitavelmente) social de acordo com a sabedoria da experiência do passado. Em geral, o conteúdo dos esquemas comportamentais miticamente transmitidos e de seus arranjos baseados em valor permanece implícito, fora do domínio da compreensibilidade descritiva, por causa de sua estrutura extremamente complexa, que evoluiu por meio da ação de processos evolutivos sobretudo não declarativos. A revolta emocional causada pela aplicação simultânea de estratégias comportamentais ou interpretativas inadequadas fornece o impulso para a organização dessas estratégias. Essa organização surge como resultado da "luta pela dominação" intrapsíquica ou interpessoal – ela emerge em consequência de uma luta quase darwiniana pela sobrevivência.

Ao longo dos séculos, as ações dos heróis ancestrais, imitadas diretamente e depois representadas no mito, foram transformadas, simplificadas, racionalizadas e estimuladas – reduzidas, por assim dizer, de modo cada vez mais preciso às suas formas "platônicas". Portanto, a cultura é a soma total da sobrevivência a comportamentos historicamente organizados e hierarquicamente determinados e a representações abstratas de segunda e terceira ordens, e mais: é a integração destes, ao longo de intermináveis conflitos sociais e intrapsíquicos, em um padrão único de comportamento – um sistema único de moralidade, que rege de forma simultânea a conduta pessoal, a interação interpessoal, e a sua descrição imagética/semântica. Esse padrão é o "ideal corpóreo" da cultura, seu modo de transformar o presente insuportável no futuro desejado, sua força motriz, sua personalidade central. Essa personalidade, expressa em comportamento, é primeiro personificada no rei ou imperador, socialmente (onde ela forma a base para "soberania"). Abstratamente representada – imitada, encenada, ritualizada e contada –, ela se torna algo cada vez mais psicológico. Esse "personagem cultural" personificado e representado é transmitido ao longo das gerações, transmutando na forma, mas não na essência – transmitido pela instrução direta, por meio da imitação, e como consequência da capacidade humana de incorporar características de personalidade temporariamente incorpóreas em narrativas.

O "conflito integrador" de ideias complexas, dando origem ao "personagem central da cultura", aparece como um processo que se estende por séculos incontáveis. Esse processo representado a si mesmo, na mitologia, como a "batalha dos deuses no paraíso", que Eliade descreveu como o "conflito entre gerações divinas".[322] Eliade discute as mitologias hitita/hurrita e cananita (cerca de 1740-1200 a.C.) e a sua relação com mitos semelhantes da antiga Fenícia e de outros lugares. Na teogonia hitita, a relativa soberania dos deuses foi determinada pela guerra travada entre eles:

> O episódio inicial, "Realeza no Céu", explica a sucessão dos primeiros deuses. No início, Alalu era rei, e Anu, o mais importante dos deuses, curvou-se diante dele e o serviu. Mas, após nove anos, Anu o atacou e derrotou. Então, Alalu se refugiou no mundo subterrâneo, e Kumarbi se tornou o novo servo do soberano. Nove anos se passaram, e Kumarbi, por sua vez, atacou Anu. Este fugiu, voando para o céu, mas Kumarbi o perseguiu, agarrou seus pés e o atirou no chão, depois mordeu suas "entranhas". Enquanto ele ria e se regozijava de sua façanha, Anu lhe disse que havia sido fecundado. Kumarbi cuspiu o que ainda restava em sua boca, mas uma parte da virilidade de Anu entrou em seu corpo e ele se tornou grande com três deuses. O resto do texto está bastante mutilado, mas presume-se que os filhos de Anu, sob a liderança de Teshub, o deus tempestade, guerrearam com Kumarbi e o destronaram.[323]

Eliade continua, referindo-se à arcaica *História Fenícia*, de Filo de Biblos:

> O primeiro deus soberano [fenício] foi Eliun (em grego, Hypistos, "O Mais Alto"), correspondente na mitologia hitita/hurrita a Alalu. De sua união com Bruth, veio ao mundo Urano (correspondente a Anu) e Ge (Geia). Estes dois, por sua vez, geraram quatro filhos, dos quais o primeiro, El (ou Crono), corresponde a Kumarbi. Como resultado de uma briga com sua esposa, Urano tenta destruir sua progênie, mas El forja uma serra (ou lança?) para si, expulsa o pai e se torna o soberano. Por fim, Baal (representando a quarta geração e correspondente a Teshub e Zeus) conquista a soberania; de forma excepcional, ele a obtém sem combate.

---

[322] Ver Eliade, M. (1978b), p. 147.
[323] Ibidem, p. 145-146.

De imediato, é importante ressaltar o caráter "especializado" e ao mesmo tempo sincrético desse mito, e não só em sua versão hurrita/hitita (na qual, além disso, há uma série de elementos sumério-acadianos). O *Enuma Eliš*[324] também apresenta (1) uma série de gerações divinas, (2) a batalha dos deuses jovens contra os deuses velhos, e (3) a vitória de Marduk, que desse modo assume a soberania.

Em resumo: todos os mitos que recontam os conflitos entre sucessivas gerações de deuses para a conquista da soberania universal justificam, por um lado, a posição exaltada do último deus conquistador e, por outro, explicam a presente estrutura do mundo e a condição atual da humanidade.[325]

Os "deuses" são forças transpessoais, "instintivas" e socialmente modificadas, compreendendo elementos universais da experiência humana. Sua organização, como consequência do combate, é uma descrição poética e abstrata da maneira pela qual padrões de comportamento emergentes e esquemas interpretativos – posições morais, por assim dizer – lutam pela predominância e, assim, organizam-se ao longo do tempo.

A maneira pela qual determinada sociedade veio a organizar suas hierarquias comportamentais está implícita em seu modo de atribuir valor aos, ou de perceber valor nos, "objetos" (isto é, *implícita no seu modo de restringir o significado manifesto pelos objetos dentro de uma amplitude e uma magnitude aceitáveis*). A consequência brutalmente organizada da "batalha dos deuses" constitui a tradição que estrutura a hierarquia intrapsíquica de valores, regula a interação interpessoal e mantém a emoção individual sob controle (pois as consequências dos comportamentos individual e social, quando guiados pela tradição, permanecem previsíveis). Determinado comportamento, manifesto na *ausência* de outro ser, não produz necessariamente o mesmo resultado quando ocorre na *presença* de outros. Duas crianças e um brinquedo não representam a mesma situação que uma criança e um brinquedo (porque, em certo sentido, o *brinquedo* não é o mesmo – não segundo a perspectiva fenomenológica). As tendências comportamentais dos indivíduos passam por uma constante modificação na situação social, pois o fato da presença da sociedade na situação altera a relevância motivacional de todos os objetos ali. Duas crianças com um brinquedo têm de chegar a um acordo, que é a modificação mútua do comportamento, antes que o brinquedo possa ser o que ele é quando encontrado sozinho – diversão em vez de problemas.

---

[324] Ver a seção O *Enuma Eliš*: Um Exemplar Abrangente da Categorização Narrativa, neste livro.

[325] Eliade, M. (1978b), p. 147-149.

As tendências comportamentais dos indivíduos são padrões de ações imitados originalmente, estabelecidos por consequência do comportamento heroico. Contudo, a interação mútua entre padrões de ação no mundo social resulta em sua inevitável modificação. Os padrões de comportamento – aqueles motivados por agressão, por exemplo, ou amor, ou medo – possuem uma base transpessoal, que explica, em parte, sua personificação como deuses (ou sua *existência* como deuses, segundo uma perspectiva interpretativa mais liberal). É o confronto constante entre esses deuses que possibilita sua coexistência mútua e sua organização social. Vários "deuses" podem operar simultaneamente no domínio de um brinquedo disputado, por exemplo (no território desconhecido provocado pelo fato de algo desejável, mas singular, encontrar-se em um ambiente social). O "deus da guerra" (Ares, digamos, para efeito de argumentação) pode emergir de "dentro" de uma criança ou de ambas – neste caso, uma briga terá início. O vencedor, supondo que haja um, provavelmente será mais belicoso no futuro, em situações sociais caracterizadas pela ambiguidade. O perdedor poderá ter outros pensamentos (por exemplo, ser dominado pelo *Pân[ico]* ao se deparar com conflitos por brinquedos que possam ocorrer na interação com estranhos [pode vir a chorar e se retirar]). Por outro lado, no caso otimista, uma ou as duas crianças podem *negociar* uma solução justa, de tal forma que ambas ficarão satisfeitas e nenhuma se machucará. A "negociação" de um "acordo justo" pressupõe que cada criança trate a outra como um "objeto de valor" – ou seja, como alguém que deve ser levado em conta no curso das decisões comportamentais. Esse *levar os outros em conta* é o reconhecimento de seu valor implícito – seus "direitos humanos básicos" – como membros (mitologicamente equivalentes) da comunidade. Esse reconhecimento, encenado antes de ser entendido, fornece a base para a organização das sociedades sobre outro um alicerce que não o da força. No entanto, apesar da falta de entendimento explícito, no entanto, o fato da negociação é indicativo da identificação com o herói (o eterno "meio para a paz"), pois ele é o pacificador divino, em uma de suas muitas facetas. O surgimento da negociação durante um período de disputa é, por conseguinte, tanto "encarnação espontânea do salvador" quanto fonte de informação para a derivação de histórias sobre a natureza do herói (úteis para futura referência).

No caso de crianças envolvidas em disputas por brinquedos: um pai que permita o acesso preferencial da criança mais forte ao objeto desejado está fazendo a alegação moral de que a coisa – e o desejo agressivo pela coisa, que pode muito bem se fundir com ela – é algo de valor superior ao estado emocional ou bem-estar físico do outro a ser derrotado. Como alternativa, os pais podem exigir que as crianças façam uma mediação entre suas exigências competitivas sem recorrer à "lei do mais forte" e construam para si uma hierarquia de valor que governe o comportamento na situação caótica definida pelo brinquedo único, mas mutuamente desejável. É a soma de tais interações, conduzidas no território outrora inexplorado, hierarquicamente organizado, que vem a compor a cultura.

No caso da sociedade como um todo: o "significado" de um objeto – isto é, a significância daquele objeto para a regulação emocional e a produção comportamental – é determinado pelas consequências sociais de comportamentos assumidos e inferências elaboradas em sua presença. Assim, forças motivacionais internas lutam pela predominância sob a influência do controle social. Por exemplo, a valência dos avanços eróticos feitos por uma determinada mulher – isto é, quer seu comportamento evoque a "deusa do amor" ou o "deus do medo" – dependerá de sua posição atual em uma dada hierarquia social. Se for solteira e agir de acordo com o contexto, ela poderá ser considerada desejável; se, por outro lado, for a esposa alcoolizada de um homem grande e perigoso, ela poderá ser colocada na categoria de "algo de que é melhor fugir rapidamente".

Quando a exploração culmina em castigo, para usar outro exemplo, a tendência exploratória associada a essa situação ficará sob o controle inibitório do medo. Quando essa subordinação ocorre como consequência da investigação de um objeto natural, a interpretação seria de que algo foi aprendido sobre a natureza do mundo (sobre aquela parte dele que é perigosa, em todo caso). O processo é prolongado de modo complexo na esfera social. Um padrão de ação motivado (até mesmo o estado motivado em si) pode ficar sob o controle inibitório do medo porque sua expressão comportamental dentro da comunidade social resulta em rejeição social (ou outro castigo interpessoalmente mediado). Assim, pode-se dizer que a estrutura do estado motivacional interno reflete as consequências do comportamento realizado na natureza e nos mundos sociais – ou, mais especificamente, *que existe uma relação isomórfica entre o estado da representação interna dos estados motivacionais e o mundo social externo*. É por esse motivo que um estado político e um estado psicológico podem, em certo sentido, ser considerados idênticos (e também o motivo pelo qual indivíduos se identificam tão facilmente com seus agrupamentos sociais).

O significado culturalmente determinado de um objeto – aprendido originalmente como um aspecto do objeto – é, na verdade e em grande parte, informação implícita sobre a natureza da atual hierarquia de dominância, parcialmente transformada em hipótese abstrata sobre o valor relativo das coisas (incluindo o eu e os outros).

Quem possui o que, por exemplo, determina *o que as coisas significam*, e *quem possui o que* é dependente da hierarquia de dominância. O significado de um objeto é determinado pelo valor atribuído a ele, manifesto nos termos do sistema (socialmente determinado) de promessas, recompensas, ameaças e punições associado à exposição, o contato e o uso ou mau uso do objeto. Por sua vez, isso é determinado pela significância afetiva do objeto (sua relevância, ou falta dela, para a conquista de um determinado objetivo), em combinação com sua escassez ou prevalência, e o poder (ou falta dele) daqueles que julgam sua natureza. De acordo com essa observação, o psicoterapeuta existencialista Ludwig Binswanger afirma:

> Todas as "metamorfoses dos instintos egoístas em sociais" e, por conseguinte, dito de forma apropriada, todas as metamorfoses do mal em boas disposições e bons impulsos, ocorrem, segundo Freud, sob compulsão. "Originalmente, isto é, na história humana, [tais transformações ocorreram] apenas sob compulsão externa, mas [ocorreram] trazendo ao mundo disposições hereditárias para tais transformações, e também por meio de sua perpetuação e reforço 'durante a vida do indivíduo em si'." De fato, todo esse "desenvolvimento" toma a direção na qual a compulsão externa é introjetada e em que, no caso do superego humano, é completamente absorvida. Essa transformação ocorre, como sabemos, "pela mistura de componentes eróticos": "aprendemos a valorizar ser amados como uma vantagem por força da qual podemos viver sem outras vantagens". Assim, a cultura é "obtida através da renúncia de gratificações instintuais e promovida por cada novo desenvolvimento que serve aos propósitos da renúncia".
>
> Em tudo isso, estamos diante do puro espécime do *homo natura*: instinto corporal, conquista de prazer (sacrificar um ganho menor por um maior), a inibição por causa da compulsão ou de pressões da sociedade (o protótipo sendo a família), uma história desenvolvimental no sentido das transformações ontogenéticas e filogenéticas das compulsões externas em internas, e a herança dessas transformações.[326]

O fato de determinada estratégia comportamental (planejada ou exploratória) produzir um resultado positivo ou negativo em uma situação específica vai depender, para animais sociais, da natureza do ambiente social no qual ela se manifesta. Qualquer "objeto" capaz de propiciar um comportamento é *necessariamente parte de um contexto social, entre animais sociais; esse contexto social desempenha um papel importante na determinação do valor do*

---

[326] Binswanger, L. (1963), p. 152-153.

objeto. É a determinação social do valor que ajuda a tornar um objeto neutro, perigoso, promissor ou satisfatório – em grande parte, independentemente das propriedades "objetivas" do item em questão. A significância afetiva socialmente determinada do objeto é "naturalmente" vivenciada como um aspecto do objeto – o que equivale a dizer que o carisma que irradia de um violão de Elvis Presley faz "parte" do violão. Isto significa que o significado dos objetos em um contexto social é, *na verdade, informação sobre a estrutura desse contexto social* (assim como "parte" do objeto – sua "mágica" – a partir da perspectiva mitológica ou narrativa).

A identificação do significado dependente do contexto de objetos no ambiente social, que é a determinação dos padrões de comportamento cuja manifestação é apropriada naquela situação, significa encontro com a estrutura cultural projetada para trazer previsibilidade ao fluxo em andamento de eventos. A participação nos processos e representações que compreendem essa estrutura (ou seja, a *adoção da identidade social*) significa maior capacidade de prever o comportamento do eu e do outro – e, portanto, capacidade para regular a emoção através do fluxo e refluxo da vida. *Muita imprevisibilidade potencial permanece "restringida" pela identidade compartilhada que constitui a cultura.* Essa identidade social, que é uma história sobre como as coisas são e como deveriam ser – "coisas" que incluem o eu e o outro –, fornece o quadro que restringe a significância motivacional *a priori, de outro modo insuportável*, do objeto experiencial que, em última instância, é incognoscível. O desconhecido circunda o indivíduo, como o oceano cerca uma ilha; produz afeto e compele o comportamento sempre que mostra sua face terrível, mas promissora. A cultura é construída apesar dessa (em cooperação com, em deferência a essa) força onipresente, e serve como barreira, aplacando a emoção, fornecendo proteção contra a exposição à insustentável face de Deus.

É o aspecto *conservador* da sociedade que assegura que o passado, tal como é atualmente *reencarnado* e *lembrado*, continue a servir como fonte suprema da virtude moral e da proteção emocional. Esse passado relembrado é o Pai mítico, que ecoa de forma mais abstrata em uma das "pessoas" da Trindade Cristã. O poder do passado recebe o devido reconhecimento, por exemplo, no ritual de devoção aos antepassados, motivado pelo desejo de permanecer "em comunicação" com os mortos (de reter a sabedoria, o poder protetor e a mão orientadora dos mortos). Tal motivação compreendia uma força suficiente para dar impulso à construção de megálitos – "testamentos do passado" de pedra maciça – em uma zona geográfica que se estende da Europa Ocidental e do Norte até o Tibete e a Coreia, passando pelo Oriente Médio, de 4000 a.C.

até os dias atuais.³²⁷ Os megálitos, assim como as modernas necrópoles ou cemitérios, são locais dos mortos, monumentos e auxílios à memória e à continuidade da cultura. Eliade afirma:

> Os megálitos têm uma relação com certas ideias concernentes à existência após a morte. A maioria deles é construído no curso de cerimônias destinadas a defender a alma durante sua viagem para o além; mas eles também asseguram uma pós-existência interna, tanto aos que os erguem durante a sua própria vida quanto àqueles para quem são construídos após a morte. Além disso, os megálitos constituem a incomparável ligação entre os vivos e os mortos; acredita-se que eles perpetuam as virtudes mágicas daqueles que os construíram ou para quem foram construídos, garantindo, assim, a fertilidade dos homens, dos rebanhos e das colheitas.³²⁸

E mais:

> Por força das construções megalíticas, os mortos desfrutam de um poder excepcional; no entanto, uma vez que a comunicação com os antepassados é assegurada ritualmente, esse poder pode ser compartilhado com os vivos [...]. O que caracteriza as religiões megalíticas é o fato de que as ideias de *perenidade* e de *continuidade entre a vida e a morte* são apreendidas por meio da *exaltação dos antepassados identificados ou associados com as pedras*.³²⁹

O que é gravado na pedra, por assim dizer, é *lembrado*, e o que é lembrado (na ausência de meios permanentes de comunicação escrita) é o valor da cultura, a significância das descobertas de todos aqueles cuja existência precedeu o momento presente. O passado, tornado metaforicamente presente em forma de pedra, é o herói mítico ancestral – é Osíris, o fundador da comunidade. Em comunidades tradicionais, a imitação inspirada pelo fascínio das ações daquele personagem principal, modificadas pelo tempo e pela representação abstrata, retém a força primária e potente (mesmo em culturas revolucionárias como a nossa). A ação do homem pré-experimental consiste em duplicação ritual e simultânea observação do tabu – ação delimitada pelo costume. Quando esse homem se esforça para produzir determinado fim, ele segue um padrão exemplar. Esse padrão foi estabelecido pelos seus progenitores ancestrais em um tempo que subsume todos os tempos, e em um espaço "divino" (na verdade,

---

³²⁷ Ver Eliade, M. (1978b), p. 114-125.
³²⁸ Ibidem, p. 123.
³²⁹ Ibidem, p. 124.

intrapsíquico-comunitário). Sua tradição, afinal, não é apenas a força do passado – é essa força tal como *existe e é representada no presente*. O que é lembrado assume a representação como um padrão – como aquele padrão de comportamento característico dos "seres sobrenaturais" criadores da cultura e que viveram antes da recordação dos vivos. Esse padrão é comportamento tradicional, tal como estabelecido e organizado por aqueles que eram capazes de originar a adaptação – ou, poderia se dizer, conforme estabelecido e organizado pelo espírito humano central e imortal que luta constantemente contra o medo da morte e cria as condições que promovem a vida:

> Para o homem das sociedades tradicionais, tudo aquilo que já aconteceu de significante – isto é, tudo o que é criativo e poderoso –, ocorreu no início, no Tempo dos mitos.
>
> De certa forma, quase se poderia dizer que, para o homem das sociedades arcaicas, a história é "fechada"; que ela se esgotou nos poucos e estupendos eventos do início. Ao revelar os diferentes modos de pesca no fundo do mar para os polinésios no início do Tempo, o Herói mítico esgotou todas as formas possíveis daquela atividade em uma única tacada; desde então, sempre que vão pescar, os polinésios repetem o gesto exemplar do Herói mítico, isto é, imitam um modelo transumano.
>
> Mas, adequadamente considerada, essa história preservada nos mitos é fechada apenas na aparência. Se o homem das sociedades primitivas tivesse se contentado com a eterna imitação dos poucos gestos exemplares revelados pelos mitos, não haveria explicação para as inúmeras inovações que ele aceitou no decorrer do Tempo. Não existe essa coisa de sociedade primitiva absolutamente fechada. Não conhecemos nenhuma que não tenha emprestado alguns elementos culturais de fora; nenhuma que, como resultado desses empréstimos, não tenha mudado pelo menos alguns aspectos das suas instituições; nenhuma que, em resumo, não tenha história. Mas, ao contrário da sociedade moderna, as sociedades primitivas aceitaram todas as inovações como tantas "revelações", como tendo uma origem super-humana. Acreditava-se que os objetos ou armas que foram emprestados, as instituições e padrões de comportamento que foram imitados, os mitos ou crenças que foram assimilados, estavam carregados de poder mágico religioso; de fato, os objetos foram percebidos e os homens fizeram um esforço para adquiri-los por essa razão. Tampouco isso é tudo. Esses elementos foram adotados porque se acreditava que os Antepassados tinham recebido as primeiras revelações culturais de Seres Sobrenaturais. E, uma vez que as sociedades tradicionais não têm memória histórica no sentido estrito, demorou apenas algumas gerações, às vezes até menos, para que uma inovação recente fosse investida de todo o prestígio das revelações primordiais.

Em última análise, poderíamos dizer que, embora estivessem "abertas" para a história, as sociedades tradicionais tendem a projetar toda nova aquisição no Tempo primordial, a encaixar todos os eventos no mesmo horizonte atemporal do início mítico.[330]

A estrutura social que emerge com o passar do tempo, por consequência da "batalha dos deuses", pode ser comparada de forma mais precisa com uma personalidade (a personalidade *adotada por todos os que compartilham da mesma cultura*). Na verdade, ela é a personalidade dos "heróis mortos do passado" (o "herói, conforme anteriormente percebido"), e é simbolizada com mais frequência pela figura do Grande Pai, personificação simultânea da ordem e da tirania. A cultura liga a natureza. O Grande Pai arquetípico protege seus filhos do caos; retém a água pré-cosmogônica da qual todas as coisas derivaram e à qual tudo retornará; e serve de progenitor do herói. A capacidade protetora da tradição benevolente, materializada na forma da ordem política, constitui um tema narrativo/mitológico comum. Para os nossos propósitos, isso pode ser ilustrado por meio da consideração e análise de um conto folclórico polonês: *O Alfaiate Alegre Que Se Tornou Rei*.[331] Nitechka, o herói da história, é um simples alfaiate. Ele corajosamente ajuda uma cigana ferida – isto é, age com humanidade perante uma estranha, uma estrangeira, uma "emissária do caos". Em retribuição, a cigana lhe oferece informações "redentoras" – diz que, se ele caminhar para o Oeste, se tornará rei. Ele ganha um espantalho – "o Conde" – como companheiro e tem uma série de aventuras com ele. Por fim, os dois viajantes chegam à cidade de Pacanow e observam os acontecimentos ali – com grande espanto:

> Por toda a cidade, estava ensolarado e agradável; mas, sobre Pacanow, a chuva caía do céu como de um balde.
> "Eu não vou entrar aí", disse o Espantalho, "porque o meu chapéu vai se molhar".
> "E nem eu desejo me tornar rei de um reino tão molhado", disse o Alfaiate.
> Só então os moradores da cidade perceberam os dois e correram em sua direção, liderados pelo Burgomestre montado em um bode com ferraduras.
> "Caros senhores", eles disseram, "talvez possam nos ajudar".
> "O que aconteceu com vocês?", perguntou Nitechka.
> "Dilúvio e destruição nos ameaçam. Nosso Rei morreu há uma semana, e desde então uma terrível chuva tem caído sobre nossa linda cidade. Não conseguimos sequer acender o fogo em nossas casas por causa de toda essa água a escorrer pelas chaminés. Pereceremos, excelentíssimos senhores!"

---

[330] Idem, 1965, p. xi.
[331] Borski, L.M.; Miller, K.B. (1956).

"Que pena", disse Nitechka muito sabiamente.

"Oh, pena mesmo! E estamos mais tristes ainda pela filha do falecido rei, pois a coitada não consegue parar de chorar e isso traz ainda mais água."

"Isso piora as coisas ainda mais", respondeu Nitechka ainda mais sabiamente.

"Ajude-nos, ajude-nos!", continuou o Burgomestre. "Vocês sabem da recompensa imensurável que a princesa prometeu dar a quem parar a chuva? Ela prometeu casar-se com ele, e então ele se tornará rei."

O enredo básico é estabelecido. O alfaiate – aquele que costura, remenda e amarra – é o herói. Apesar de simples (pobre na aparência exterior, humilde, disposto a assumir riscos, atencioso e gentil), ele tem a capacidade de se tornar Rei. Ele viaja para uma cidade ameaçada por um dilúvio (pelo caos, sob o disfarce de "retorno das águas primordiais"). Esse dilúvio começou após a recente morte do Rei. A filha do rei – equivalente benévolo (jovem, bonita, boa) às forças do feminino negativo (a chuva incessante) – parece disposta a se unir com aquele que salvar o reino. Ela representa o potencial embutido no caos voluntariamente confrontado (embora seja equiparada à sua parceira primordial, a Grande Mãe, por suas lágrimas de "chuva").

Nitechka percebe que ele deve trazer de volta o "clima agradável". Ele pondera a situação por três longos dias. Por fim, recebe uma revelação:

"Eu sei de onde a chuva vem!"

"De onde?"

"Do céu." [Isto é, do "paraíso".]

"Eh!", resmungou o Espantalho. "Eu sei disso também. Obviamente ela não cai de baixo para cima, mas ao contrário."

"Sim", disse Nitechka, "mas por que ela só cai sobre a cidade, e não em outro lugar?"

"Porque o tempo é bom em outro lugar."

"Você é um idiota, Sr. Conde", disse o Alfaiate. "Mas, diga, há quanto tempo tem chovido?"

"Eles dizem que desde que o Rei morreu."

"Está vendo? Agora eu sei tudo! O Rei era tão grande e poderoso que, quando morreu e foi para o Paraíso, ele fez um enorme buraco no céu."

"Oh, oh, é verdade!"

A morte do Rei – o modelo ritual para emulação, a figura que traz ordem ou previsibilidade para a interação interpessoal empreendida entre seus súditos – significa a dissolução potencial da segurança e da proteção. A morte do Rei (seu "retorno ao paraíso", ou ao reino dos mortos) é equivalente ao rompimento de um muro de proteção. O desconhecido, do qual seus súditos estavam protegidos, derrama-se através do muro quebrado. O reino corre risco de inundação:

> "Através do buraco, a chuva caiu, e vai cair até o fim do mundo [ênfase nossa] se o buraco não for costurado!"
> Conde Espantalho olhou para ele, admirado.
> "Em toda a minha vida, eu nunca vi um Alfaiate tão sábio", ele disse.

Nitechka ordena aos moradores da cidade que tragam "todas as escadas da cidade", "amarrem-nas juntas" e "as encostem no céu". Ele sobe a escada levando uma centena de agulhas, uma delas com a linha passada:

> O Conde Espantalho ficou embaixo e desenrolou o carretel onde havia cento e cinquenta quilômetros de linha.
> Ao chegar ao topo, Nitechka viu que havia um enorme buraco no céu, tão grande quanto a cidade. Um pedaço rasgado do céu estava pendurado, e através deste buraco a água se derramava.

Esse fragmento narrativo é particularmente interessante, pois é evidente que, de algum modo, a água está vindo "de trás" do céu. Em geral, o céu é utilizado na mitologia como um símbolo "masculino" (o céu diurno, pelo menos), e tende a ser equiparado à mesma categoria natural que "o rei". Parece haver danos à *estrutura geral* do céu "masculino", produzidos pela morte de um rei específico, que constitui a ruptura através da qual o *material pré-cosmogônico* (em forma de água) é derramado. A "morte do rei" e a "ruptura no céu" são equivalentes em significado à morte de Apsu, no *Enuma Eliš* – a morte que anunciou o reaparecimento de Tiamat. Nesse conto, no entanto, Nitechka "conserta a estrutura do céu" (um ato equivalente à reconstituição de Osíris) em vez de lutar diretamente contra o "dragão do caos":

> Então, ele começou a trabalhar e costurou e costurou por dois dias. Seus dedos ficaram rijos e ele ficou muito cansado, mas não parou. Quando terminou de costurar, ele passou o céu a ferro e, depois, exausto, desceu as escadas.
> Mais uma vez, o sol brilhou sobre Pacanow. Conde Espantalho quase enlouqueceu de alegria, assim como todos os outros habitantes da cidade. A princesa enxugou seus olhos cansados de chorar, atirou-se no pescoço do Nitechka e o beijou com carinho.

A "união criativa" do herói com o "aspecto benevolente do desconhecido" está evidentemente se aproximando.

> Nitechka estava muito feliz. Ele olhou ao redor e lá estavam o Burgomestre e os Vereadores trazendo um cetro de ouro e uma linda coroa para ele, e gritando:
>
> "Longa vida ao Rei Nitechka! Longa vida a ele! Longa vida a ele! E deixem que ele seja o marido da princesa, e deixem que ele reine feliz!"
>
> Assim, o pequeno Alfaiate reinou feliz por um longo tempo, e a chuva nunca mais caiu em seu reino.

Esse conto de fadas constitui um exemplo específico de um tipo mais geral de história: a saber, a história do "deus que prende".[332] O deus que prende pode ser Marduk, que aprisiona Tiamat na rede que seu pai, Anu, lhe deu – nesse caso, o aprisionamento é claramente benevolente (até mesmo "gerador do mundo"). O aprisionamento também pode ser conceitualizado como a prerrogativa do soberano, que prende seus "inimigos" – isto é, aqueles que ameaçam a estabilidade do reino – com cabos, cordas e restrições legais. Em resumo, o aprisionamento traz ordem, mas o excesso de ordem pode ser perigoso. A linha que encerra *O Alfaiate Alegre* nos informa que a chuva nunca cai no reino recém-estabelecido. Embora isso possa soar como um final feliz para aqueles que recentemente foram inundados com água, ele não será um artifício tão adequado se engendrar uma seca. Podemos recorrer a outro exemplo literário para ilustrar esse ponto.

No famoso romance infantil *Uma Ruga no Tempo*, um garotinho com poderes mágicos passa a ser habitado por um espírito extraterrestre poderoso e patriarcal enquanto tenta resgatar seu pai de "poderes obscuros" que ameaçam o universo. Quando possuído, esse menino, Charles Wallace, comenta com a irmã:

> "Você tem que parar de lutar e relaxar. Relaxar e ser feliz. Ah, Meg, se você simplesmente relaxasse, perceberia que todos os nossos problemas acabaram. Você não entende a que lugar maravilhoso nós chegamos. Sabe, nesse planeta tudo está em perfeita ordem porque todo mundo aprendeu a relaxar, a ceder, a se submeter. Tudo o que você precisa fazer é olhar em silêncio e com firmeza nos olhos de nosso bom amigo aqui, porque ele é nosso amigo, querida irmã, que ele irá lhe acolher como me acolheu."[333]

Todos aqueles que habitam o Estado dominado pelo "bom amigo" se comportam de maneira programática e idêntica. Qualquer um que se diferencie é "ajustado" de forma dolorosa, ou eliminado. Não existe espaço para desordem de nenhum tipo:

---

[332] Eliade, M. (1991a).
[333] L'Engle, M. (1997), p. 136.

> A voz monótona e estranha de Charles Wallace doeu em seus ouvidos. "Meg, você devia ser *um pouco* inteligente. Por que acha que temos guerras em casa? Por que acha que as pessoas ficam confusas e infelizes? Porque todos vivem suas próprias vidas, individuais, separadas. Tenho tentado lhe explicar da forma mais simples possível que [neste Estado] os indivíduos se livraram de [...] [aqui há] UMA mente. É ELA. E é por isso que todos são tão felizes e eficientes [...]."
>
> "Aqui ninguém sofre", Charles entoou. "Ninguém jamais é infeliz."[334]

A restrição de significado (necessária) típica de uma dada cultura é consequência da uniformidade do comportamento, imposta por essa cultura, com relação a objetos e situações. O impulso em direção à uniformidade é a principal característica do Estado "patriarcal" (já que todos os que agem da mesma maneira específica se tornaram confortavelmente "previsíveis"). Contudo, o Estado se torna cada vez mais tirânico à medida que a pressão por uniformidade aumenta. Como o impulso para a similitude se torna extremo, todos se tornam a "mesma" pessoa – isto é, a imitação do passado se torna total. Toda variabilidade comportamental e conceitual é, assim, forçada a partir do corpo político. O Estado, então, torna-se verdadeiramente *estático*: paralisado ou amortecido, transformado em pedra, em linguagem mitológica. A falta de variabilidade em ação e ideação torna a sociedade e os indivíduos que a compõem cada vez mais vulneráveis à transformação "ambiental" abrupta (isto é, a um influxo involuntário de mudanças "caóticas"). É possível gerar um colapso social completo pela resistência constante à mudança incremental. É dessa maneira que os deuses ficam desgostosos com sua criação, o homem – e sua estupidez deliberada –, e devastam o mundo. A necessidade de intercâmbio de informações entre "conhecido" e "desconhecido" significa que o *Estado arrisca a própria morte ao exigir um excesso de uniformidade*. Em geral, esse risco recebe representação narrativa como "a senescência e a fragilidade do velho Rei" ou como "a doença mortal do Rei, provocada pela falta de 'água' (que é o 'caos pré-cosmogônico' no seu aspecto positivo)". Essas "ideias" são bem ilustradas no conto de fadas dos irmãos Grimm, *A Água da Vida*:[335]

> Era uma vez um rei tão doente que não se acreditava que sua vida pudesse ser salva. Ele tinha três filhos e todos estavam muito aflitos por sua causa, e eles foram para os jardins do castelo e choraram com o pensamento de que o rei poderia morrer. Um velho se aproximou deles e perguntou a causa de sua dor. Eles responderam que seu pai estava morrendo e nada poderia salvá-lo.

---

[334] Ibidem, p. 142.
[335] Irmãos Grimm (1945), p. 171-178.

O velho disse: "Só há um remédio que eu conheço. É a Água da Vida. Se bebê-la, ele vai se recuperar, mas ela é muito difícil encontrar".

Os dois filhos mais velhos decidiram buscar a Água da Vida, um após o outro, depois de obter a relutante permissão de seu pai. Ambos encontram um anão no início de suas viagens, e falam de forma grosseira com ele. O anão joga uma maldição neles, por causa de seu orgulho, e eles rapidamente acabam encurralados em um desfiladeiro da montanha.

Então, o "filho mais novo" parte. Ele é humilde e tem a "atitude certa" para com o que não compreende. Assim, ao encontrar o anão – que desempenha o mesmo papel que a cigana em O *Alfaiate Alegre* –, ele recebe algumas informações valiosas:

"Como você falou de modo cordial comigo, e não foi arrogante como seus falsos irmãos, vou lhe ajudar e dizer como encontrar a Água da Vida. Ela flui de uma fonte no pátio de um castelo encantado.[336] Mas você nunca vai entrar a menos que eu lhe dê uma barra de ferro e dois pães. Bata três vezes na porta do castelo com a vara e ela se abrirá. Dentro, você vai encontrar dois leões com as bocas escancaradas, mas, se jogar um pão para cada, eles ficarão quietos. Então, você deve se apressar para pegar a Água da Vida antes das doze badaladas, ou os portões do castelo se fecharão e você ficará preso lá dentro."

A história está dizendo algo: quando você não sabe para onde está indo, é contraproducente presumir que saberá como chegar lá. Esse ponto é um exemplo específico de uma moral mais geral: indivíduos arrogantes ("orgulhosos") presumem que sabem quem e o que são importantes. Isso os torna demasiado soberbos para prestar atenção quando estão com problemas – demasiado soberbos, sobretudo, para atentar às coisas ou pessoas que habitualmente desprezam. A "seca do ambiente" ou "a senescência do rei" resulta de uma hierarquia de valor muito rígida, muito arrogante. ("O que ou quem pode ser razoavelmente ignorado" faz parte de tal hierarquia tanto quanto "em quem ou em que devemos prestar atenção.") Quando um problema surge, a tradicional hierarquia de valor deve ser revista. Isso significa que, de repente, o outrora humilde e desprezado pode deter o segredo da vida eterna[337] – e que aqueles que

---

[336] São imagens do paraíso.

[337] Frye declara, com relação a este tema:

"Há um tema recorrente nos primeiros livros da Bíblia: o ato de ignorar o primogênito, que normalmente tem o direito legal de primogenitura, em favor de um irmão mais jovem. O primogênito de Adão, Caim, foi exilado, e a linha de descendência foi transferida para Set. Não é dito que Cam, o filho rejeitado de Noé, é o mais velho, mas o mesmo padrão ocorre. É ordenado a Abraão que rejeite seu filho Ismael porque teria um filho mais novo (Isaac). O filho mais velho de Isaac, Esaú, perde seu direito

se recusam a admitir seu erro, como os "irmãos mais velhos", inevitavelmente terão problemas. A história continua:

> O príncipe agradeceu ao anão, pegou a barra de ferro e os pães, e partiu. Ao chegar ao castelo, tudo aconteceu exatamente como o anão dissera. Na terceira batida, os portões se abriram, e, após acalmar os leões com os pães, ele entrou no castelo. No grande salão, ele encontrou vários príncipes encantados e tirou os anéis de seus dedos. Ele também pegou uma espada e um pão que estavam perto deles.

Os príncipes encantados podem ser considerados equivalentes, em um sentido importante, a Osíris, o "herói ancestral" cujo potencial se encontra inutilizado no submundo após ter sido desmembrado por Seth. Os príncipes encantados são forças ancestrais com poderes mágicos (como os "reis mortos" no sonho do adro que discutimos anteriormente). A viagem do jovem príncipe até o "castelo encantado" equivale a uma descida voluntária ao perigoso reino dos mortos. Seu "encontro com os ancestrais mortos" lhe permite acessar um pouco de seu poder (na forma de suas ferramentas e outros pertences). O jovem príncipe também se depara com o "aspecto benevolente do desconhecido" no submundo, como se poderia esperar, em sua personificação típica:

> Ao passar para a próxima sala, ele encontrou uma bela donzela que se alegrou com sua chegada. Ela abraçou o príncipe e disse que ele era o seu salvador, e que, se ele voltasse em um ano, ela se casaria com ele. Ela também lhe disse onde encontrar a fonte de água encantada, e que ele deveria se apressar para sair do castelo antes das doze badaladas.
>
> Então, ele prosseguiu e chegou a um quarto onde havia uma bela cama recém-feita e, como estava muito cansado, resolveu descansar um pouco. Ele se deitou e adormeceu. Acordou às quinze para a meia-noite. Saltou assustado, correu para a fonte, pegou um pouco de água em um copo que estava ali perto e correu para fora. O relógio bateu assim que ele chegou ao portão de ferro, e este bateu com tanta rapidez que arrancou um pedaço de seu calcanhar.

---

de nascença para Jacó por meio de manobras bastante duvidosas por parte de Jacó, algumas delas apoiadas por sua mãe. O filho mais velho de Jacó, Rúben, perde sua herança pelo motivo dado em Gênesis 49,4. O filho mais novo de José, Efraim, toma precedência sobre o mais velho, Manassés. O mesmo tema se estende, embora não seja essencialmente alterado, na história da fundação da monarquia, cujo primeiro rei escolhido, Saul, é rejeitado, e sua linhagem é transferida para Davi, que é praticamente o seu filho adotivo (1 Samuel 18,2). Na literatura posterior, o tema é levado para um momento muito anterior: se olharmos o quinto livro do *Paraíso Perdido*, por exemplo, veremos o arquétipo do ciúme de um filho mais velho, Lúcifer ou Satã, pela preferência dada ao mais jovem, Cristo" (Frye, N. [1982], p. 180-181).

Ele estava feliz por ter conseguido um pouco da Água da Vida e voltou logo para casa. Ele novamente passou pelo anão, que disse ao ver a espada e o pão: "Essas coisas serão de muita serventia para você. Você será capaz de derrubar exércitos inteiros com a espada, e o pão nunca acabará."

A espada e o pão são as formas concretas assumidas pela "possibilidade" liberada durante a jornada heroica do príncipe no terrível desconhecido. A espada é uma ferramenta que pode encontrar seu uso na batalha contra forças negativas. O pão é mágico do mesmo modo que os pães e peixes na história da provisão milagrosa de Cristo:

Naqueles dias, novamente uma grande multidão se ajuntou e não tinha o que comer, por isso ele chamou os discípulos e disse-lhes: "Tenho compaixão da multidão, porque já faz três dias que está comigo e não tem o que comer. Se os mandar em jejum para casa, desfalecerão pelo caminho, pois muitos vieram de longe." Seus discípulos lhe responderam: "Como poderia alguém, aqui no deserto, saciar com pão a tanta gente?" Ele perguntou: "Quantos pães tendes?" Responderam: "Sete." Mandou que a multidão sentasse pelo chão e, tomando os sete pães, deu graças, partiu-os e deu-os aos seus discípulos para que eles os distribuíssem. E eles os distribuíram à multidão. Tinham ainda alguns peixinhos. Depois de os ter abençoado, mandou que os distribuíssem também. Eles comeram e ficaram saciados. Dos pedaços que sobraram, recolheram sete cestos. E eram cerca de quatro mil. E então os despediu. Imediatamente, subindo para o barco com seus discípulos, partiu para a região de Dalmanuta.

Saíram os fariseus e começaram a discutir com ele. Para pô-lo à prova, pediam-lhe um sinal vindo do céu. Suspirando profundamente em seu espírito, ele disse: "Por que esta geração procura um sinal? Em verdade vos digo que a esta geração nenhum sinal será dado." E, deixando-os, embarcou de novo e foi para a outra margem.

Eles haviam esquecido de levar pães e tinham apenas um pão no barco. Ele recomendou então: "Cuidado! Guardai-vos do fermento dos fariseus e do fermento de Herodes." Eles, no entanto, refletiam entre si, porque não tinham pães. Mas, percebendo, ele disse: "Por que pensais que é por não terdes pães? Ainda não entendeis e não compreendeis? Tendes o coração endurecido? Tendes olhos e não vedes, ouvidos e não ouvis? Não vos lembrais de quando parti os cinco pães para cinco mil homens, quantos cestos cheios de pedaços recolhestes?" Disseram-lhe: "Doze". – "E dos sete para quatro mil, quantos cestos de pedaços recolhestes?" Disseram-lhe: "Sete". Então lhes disse: "Nem assim compreendeis?" (Marcos 8,1-21.)

O herói provê "comida que nunca acaba".

De volta à história: o anão diz ao príncipe onde seus irmãos podem ser encontrados – e avisa que eles têm corações maus e devem ser deixados à sua sorte. Mesmo assim, o jovem príncipe vai à procura dos irmãos, resgata-os e conta para eles tudo o que aconteceu.

> Então, eles cavalgaram juntos e chegaram a uma terra assolada pela fome e pela guerra. O Rei pensou que seria completamente arruinado, tão grande era a miséria.
>
> O príncipe foi até ele e lhe deu o pão, com o qual ele alimentou e saciou todo o seu reino. O príncipe também lhe deu sua espada, e com ela o rei derrotou todos os exércitos de seus inimigos, e então pôde viver em paz e tranquilidade. Depois, o príncipe pegou sua espada e seu pão de volta, e os três irmãos continuaram sua cavalgada.
>
> Mas, em seguida, tiveram que passar por mais dois países assolados pela guerra e pela fome, e a cada vez o príncipe dava sua espada e seu pão ao rei, e dessa forma salvou três reinos.

O conto faz esse desvio para nos ajudar a entender a utilidade geral do que foi resgatado do "reino encantado, onde habita a princesa". Os tesouros recolhidos daquele reino têm uma capacidade poderosa, protetora, revitalizadora, não importa onde sejam aplicados.

Na viagem de volta para casa, os dois irmãos mais velhos enganam o mais jovem, trocando a verdadeira Água da Vida por água salgada do mar (os "arrogantes irmãos mais velhos" substituem o "aspecto benevolente da Grande Mãe" por sua "contraparte destrutiva"). Ao chegar em casa, o filho mais novo inadvertidamente dá essa água venenosa ao seu pai, deixando-o mais doente. Então, os irmãos mais velhos curam o rei envenenado com a água genuína, mas roubada, mascarando suas almas perversas com a aparência de benevolência, e providenciam para que seu irmão infeliz seja banido e morto. Contudo, o caçador designado para matá-lo não consegue fazê-lo, e deixa o jovem príncipe escapar. Então, a maré começa a virar. As generosas proezas anteriores do jovem príncipe são reveladas, e o velho rei se arrepende:

> Depois de um tempo, três carroças carregadas de ouro e pedras preciosas são trazidas ao rei para seu filho mais novo. Elas foram enviadas pelos reis que tinham sido salvos pela espada e pelo pão milagroso do príncipe, e que agora queriam mostrar sua gratidão.
>
> Então, o velho rei pensou: "E se meu filho for mesmo inocente?". E disse ao seu povo: "Se pelo menos ele ainda estivesse vivo! Como lamento ter ordenado que fosse morto".

> "Ele ainda está vivo", disse o caçador. "Não consegui encontrar impulso em meu coração para fazer o que foi ordenado." E contou ao rei o que tinha acontecido.
>
> Um peso saiu do coração do rei ao ouvir a boa notícia, e ele enviou uma grande proclamação a todas as partes de seu reino para que seu filho voltasse para casa, onde seria recebido com grande gentileza.
>
> Nesse meio-tempo, a princesa está se preparando para o retorno do príncipe. Ela tinha ordenado a construção de uma estrada de puro ouro brilhante que levasse diretamente ao seu castelo, e disse ao seu povo que quem viesse cavalgando por ela seria seu verdadeiro noivo, e eles deveriam permitir que entrasse. Mas qualquer um que viesse às margens da estrada não seria a pessoa certa, e não teria permissão para entrar.
>
> Depois de quase um ano, o príncipe mais velho decidiu ir até a princesa e, ao se anunciar como seu salvador, ganharia uma esposa e um reino. Então, ele cavalgou e, ao ver a bela estrada de ouro, pensou que seria uma pena enorme cavalgar sobre ela, de modo que saiu da estrada e cavalgou à sua margem direita. Mas, ao chegar ao portão, o povo disse que não era o noivo certo, e ele teve que ir embora.
>
> Logo depois veio o segundo príncipe, e, ao ver a bela estrada dourada, ele pensou que seria uma pena enorme cavalgar sobre ela, e então ele veio pela sua margem esquerda. Mas, ao chegar ao portão, também lhe disseram que não era o noivo certo, e ele teve que ir embora como seu irmão.

Os dois príncipes mais velhos estão muito presos aos seus pensamentos tradicionais de poder, riqueza e glória para se concentrar no que é de verdadeira importância. Por causa de seu "grande respeito" pelo ouro de que a estrada é feita, eles perdem uma grande oportunidade. Sua admiração exagerada por bens materiais os cega para a possibilidade de estabelecer uma relação com a fonte de todas as coisas boas – disfarçada de princesa (desempenhando um "papel" semelhante àquele da Sabedoria de Salomão). O filho mais novo não comete tal erro:

> Quando o ano quase chegava ao fim, o terceiro príncipe saiu da floresta para cavalgar até sua amada e, por meio dela, esquecer todas as dores passadas. Assim ele prosseguiu, pensando apenas nela e desejando estar com ela, de tal forma que nem viu a estrada dourada. Seu cavalo galopou no meio da estrada e, ao chegar ao portão, este se abriu e a princesa o recebeu com alegria, chamando-o de seu salvador e senhor do seu reino. O casamento foi celebrado sem demora e com muita alegria. Quando acabou, ela lhe contou que seu pai o havia chamado de volta e perdoado. Então, ele foi ver seu pai e lhe disse tudo:

como seus irmãos o tinham enganado e obrigado a manter silêncio. O velho rei queria puni-los, mas eles tinham tomado um navio e velejado para longe, mar adentro, e nunca mais voltaram.

O velho rei está morrendo por falta de água. Ele tem dois filhos mais velhos, que poderiam socorrê-lo, mas eles têm a mente estreita, são tradicionais, materialistas, egoístas e rígidos. Falta-lhes o "espírito" apropriado para a busca. O filho mais novo, um herói de verdade, presta atenção ao que o "sensato" ignora, faz uma viagem ao desconhecido, e traz de volta o que é necessário. É a jornada do herói que revitaliza o rei. Osíris definha no submundo – a despeito da grandeza passada – sem Hórus.

Foi o surgimento da postura heroica, miticamente representada pelo homem como igual em divindade ao desconhecido ou à Natureza, que forneceu a precondição para a geração de adaptações comportamentais concretas ao mundo da experiência. O surgimento do heroísmo significou a construção da cultura: conhecimento processual historicamente determinado e sua descrição comunicável. A construção da cultura é a criação do Grande e Terrível Pai mítico, tirano e rei sábio como intermediário entre o indivíduo vulnerável e o mundo natural e avassalador. Esse Pai é a *consequência* da ação heroica voluntária – efeito integrado e temporariamente resumido do comportamento exploratório criativo –, bem como o *progenitor* daqueles que passam à ação heroica. Esse paradoxal filho e pai do herói é *primeiramente* "personalidade" (procedimento), e apenas *em segundo lugar* representação abstrata de primeira e segunda ordens da personalidade (e, sem dúvida, ele não é descrição cumulativa do mundo "objetivo"). Isso também pode ser observado, mesmo nos dias de hoje, quando os membros de culturas totalitárias, como a Coreia do Norte moderna, colapsam em verdadeira histeria diante da morte de seu líder, que é a personificação da ordem e do significado determinado. Essas tendências também não estão restritas àqueles dominados por regimes totalitários. Frye afirma:

> A função primária do rei é representar, para os súditos, a unidade da sua sociedade de uma forma individual. Elizabeth II consegue atrair multidões onde quer que apareça, não porque haja algo notável sobre sua aparência, mas porque ela dramatiza a metáfora da sociedade como um "corpo" único. Outras sociedades têm outras figuras, mas parece haver uma eloquência simbólica especial, mesmo um *pathos*, sobre o monarca *de jure*, cuja posição foi adquirida por puro acidente de nascimento, e que não tem poder executivo. Ao mesmo tempo, a maioria das sociedades tem vivido sem figuras monárquicas; líderes "carismáticos", ditadores e similares são, quase invariavelmente, sinistros e regressivos; a

mística da realeza dada como certa nas peças de Shakespeare significa pouco para nós agora; e teólogos falando sobre a "soberania" de Deus correm o risco de alienar seus leitores ao tentarem equipar a vida religiosa às metáforas de uma forma de organização social bárbara e anacrônica. É natural que nossos veículos de comunicação empreguem a metáfora da realeza tão incessantemente ao nos dizer o que a França ou o Japão ou o México "está" fazendo, como se fossem seres individuais. Mas a mesma figura foi utilizada na minha juventude, para minha grande indignação, para aumentar o prestígio de ditadores: "Hitler está construindo estradas em toda a Alemanha", "Mussolini está drenando os pântanos na Itália", e similares. Aqueles que empregaram essa figura muitas vezes eram pessoas democratas que simplesmente não conseguiam parar de usar a metáfora da realeza. É como se o soberano pudesse ser o mais atraente dos ícones ou o mais perigoso dos ídolos.[338]

O Grande Pai é um produto da história – ou é a história em si, na medida em que ela é encenada e relembrada de forma espontânea –, instanciado intrafisicamente durante o processo de socialização, e incorporado nas interações sociais e nos significados específicos de objetos que compõem determinada cultura. Essa estrutura culturalmente determinada – essa rede inibitória, esse *representante intrapsíquico da unidade social* – fornece fenômenos experienciais de significância determinada. Essa significância determinada é significado restrito – reduzido a partir do significado geral do desconhecido, *per se*, para o particular –, e não relevância ou importância adicionada a um plano de fundo neutro. O desconhecido se manifesta de uma forma intrinsecamente significativa: uma forma composta por ameaça e promessa. O significado específico dos objetos discriminados a partir do desconhecido consiste em restrições daquela importância geral (com frequência, de restrições até zero – até a irrelevância). Contudo, tal restrição é puramente condicional, e só permanece intacta enquanto o modelo culturalmente determinado do próprio significado mantiver sua utilidade funcional (incluindo a credibilidade). "Manter sua utilidade funcional" significa, desde que a cultura pressuponha uma descrição atual razoável, um objetivo final crível e viável da transformação do primeiro no último (viável para o indivíduo e para a manutenção e a expansão da própria cultura).

A Figura 2.39: Ordem, o Grande Pai, como o Filho do Ouroboros[339] retrata esquematicamente o Grande Pai como a descendência masculina do caos pré-cosmogônico;

---

[338] Frye, N. (1982).
[339] Figura de Deus derivada de *São Jorge e o Dragão*, de um italiano anônimo (século XV). Em Didi-Huberman, G.; Garbetta, R.; Morgaine, M. (1994), p. 65.

como personificação do conhecido, do previsível, do familiar; como segurança e tirania, simultaneamente. O Grande Pai é a sociedade patriarcal, tradição, pompa e circunstância, o complexo militar-industrial e o superego: exigente, rígido, injusto, perigoso e necessário. Ele é ambivalente tal e qual a Grande Mãe, sua "esposa". Sob o disfarce do pai literal, ele é a proteção dos filhos, que são imaturos e vulneráveis demais para lidar com o desconhecido. De forma mais abstrata, ele é o padrão de comportamento que o pai representa, que se torna "internalizado" durante o amadurecimento. O Grande Pai pega a possibilidade infinita do espírito que o infante representa e a forja em algo limitado, mas real. Ele é a conduta encarnada, governando todas as interações sociais.

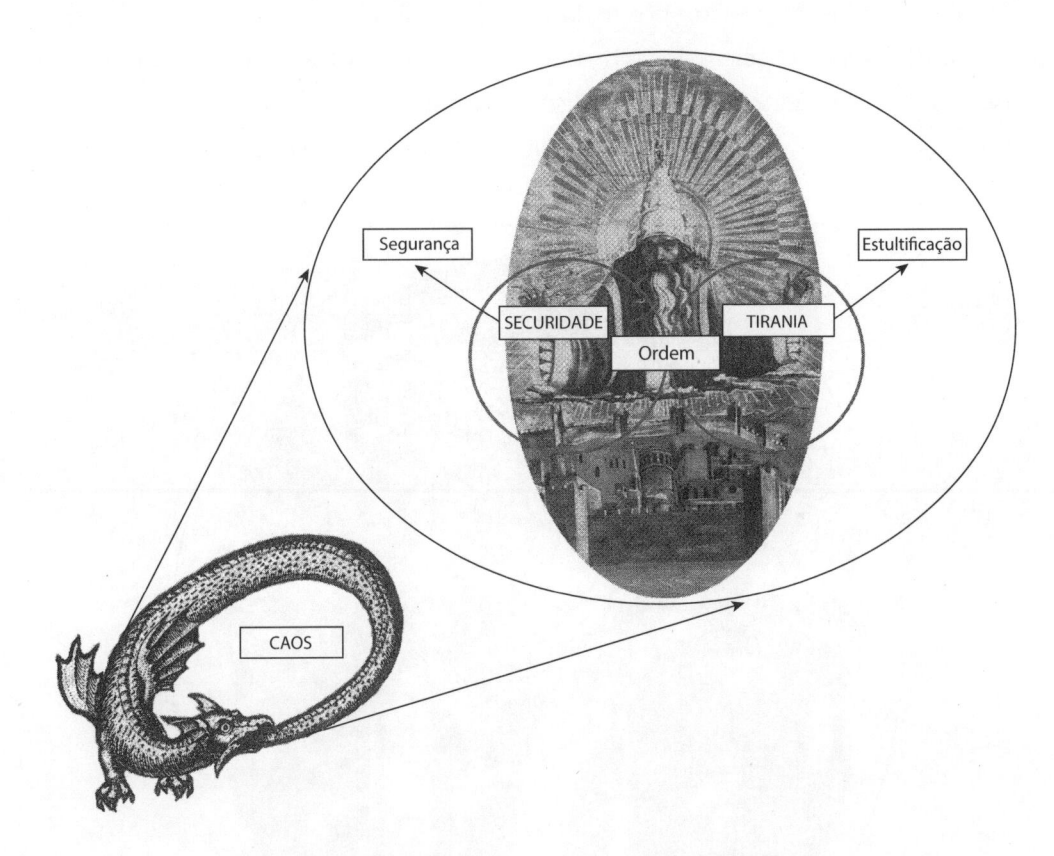

Figura 2.39: Ordem, o Grande Pai, como o Filho do Ouroboros

A Figura 2.40: Território Explorado como Pai Protetor, Ordenado[340] apresenta o Grande Pai como o rei sábio, a segurança. O rei sábio mantém a estabilidade, não

---

[340] Derivada da *Figurea et emblemata* no *Musaeum hermeticum* (Museu Hermético) de Lambspringk (1678) (placa 179 em Jung, C.G. [1968b]).

porque tem medo do desconhecido, mas porque nada de novo pode ser construído sem um alicerce sólido. Ele é a rotina adaptativa, desenvolvida pelos heróis do passado, cuja adoção por eles no presente possibilita o controle e a segurança. Ele é uma casa com portas; uma estrutura que abriga, mas não reprime; um mestre que ensina e disciplina, mas não doutrina ou esmaga. Ele representa a tradição, promovendo a cooperação entre pessoas cuja cultura compartilhada possibilita, ou até mesmo facilita, a confiança. O Grande Pai como Rei Sábio mantém um pé sobre a Terrível Mãe; os monstros do caos são trancados em sua masmorra ou banidos para as regiões inferiores do reino. Ele é a personalidade dos heróis mortos (isto é, os padrões de ação e as hierarquias de valor estabelecidos no passado por meio da exploração) organizada de acordo com o princípio do "respeito pelo valor intrínseco dos vivos". Isso faz dele o rei que aceita conselhos de seus súditos – que está disposto a entrar em intercâmbio criativo com aqueles que "domina" legalmente e a se beneficiar do aconselhamento do "indigno".

Figura 2.40: Território Explorado como o Pai Protetor, Ordenado

O conhecimento da necessidade dessa interação entre o forte e o fraco emergiu na consciência ocidental explícita sobretudo por meio das ações dos antigos profetas hebreus. O filósofo da religião Huston Smith retira dois exemplos da Bíblia para ilustrar essa questão:

> Um [exemplo] é a história de Nabot, que, por se recusar a entregar a vinha de sua família para o rei Acab, foi falsamente acusado de blasfêmia e subversão, e então apedrejado; como a blasfêmia era um crime capital, sua propriedade foi, em seguida, revertida ao trono. Quando a notícia dessa farsa chegou a Elias, a palavra do Senhor veio até ele, dizendo:
>
> ("Levanta-te e desce ao encontro de Acab, rei de Israel, que está em Samaria. Ele se encontra na vinha de Nabot, aonde desceu para dela tomar posse. Isto lhe dirás: Assim fala Iahweh: Mataste e ainda por cima roubas! Tu lhe dirás: Assim fala Iahweh: No mesmo lugar em que os cães lamberam o sangue de Nabot, o cães lamberão também o teu." [1 Reis 21,18-19].)
>
> Esse relato carrega uma importância revolucionária para a história humana, pois é a história de como alguém sem posição oficial tomou o lado de um homem injustiçado e denunciou um rei face a face em razão da injustiça. Alguém pesquisará em vão os anais da história em busca de um paralelo. Elias não era um sacerdote. Ele não tinha nenhuma autoridade formal para o terrível julgamento que realizou. Na época, o padrão normal seria que ele fosse morto de imediato pelos guarda-costas. Mas o fato de ele estar "falando por" uma autoridade que não a dele próprio era tão transparente que o rei aceitou o pronunciamento de Elias como justo.
>
> A mesma sequência impressionante ocorreu no incidente de Davi e Betsabeia. Do alto de seu telhado, Davi espiou Betsabeia se banhando e a desejou. Mas havia um obstáculo: ela era casada. Para a realeza daqueles dias, isso era um problema pequeno; Davi simplesmente tramou para se livrar do marido dela. Urias foi mandado à linha de frente, com instruções de que fosse colocado em combate e o apoio retirado, para que fosse morto. Tudo correu como planejado; com efeito, o procedimento pareceu rotineiro até chegar ao conhecimento do profeta Natã. Sentindo imediatamente que "a ação que Davi praticara desagradou a Iahweh", ele foi direto até o rei, que tinha poder absoluto sobre sua vida, e lhe disse:
>
> (Assim diz Iahweh, Deus de Israel: "Eu te ungi rei de Israel, eu te salvei das mãos de Saul, eu te dei a casa do teu senhor, eu coloquei nos teus braços as mulheres do teu senhor, eu te dei a casa de Israel e de Judá, e se isso não é suficiente, eu te darei qualquer coisa. Por que desprezaste Iahweh e fizeste o que lhe desagrada? Tu feriste à espada Urias, o heteu; sua mulher, tomaste-a por tua mulher, e a ele mataste pela espada dos amonitas. Agora, a espada não mais se

apartará da tua casa, porquanto me desprezaste e tomaste a mulher de Urias, o heteu, para que ela se tornasse tua mulher".

Assim diz Iahweh: "Na tua própria casa farei surgir a desgraça contra ti. Tomarei as tuas mulheres, debaixo dos teus olhos, e as darei ao teu próximo, que se deitará com as tuas mulheres à luz deste sol. Tu agiste em segredo, mas eu cumprirei tudo isso perante a face de todo o Israel e à luz do sol".

Davi disse a Natã: "Pequei contra Iahweh!" Então Natã disse a Davi: "Por sua parte, Iahweh perdoa a tua falta: não morrerás. Mas, por teres ultrajado a Iahweh com o teu procedimento, o filho que tiveste morrerá." [2 Samuel 12,7-14].)

O ponto surpreendente em cada uma dessas histórias não é o que os reis fizeram, pois estavam apenas exercendo as prerrogativas universalmente aceitas da realeza em sua época. O fato revolucionário e sem precedentes é a forma como os profetas desafiaram suas ações.[341]

Smith conclui:

> Expresso de forma abstrata, o Princípio Profético pode ser colocado como se segue: O pré-requisito da estabilidade política é a justiça social, pois está na natureza das coisas que a injustiça não perdurará. Expressa de forma teológica, essa passagem diz: Deus tem padrões elevados. A deidade não tolerará para sempre a exploração, corrupção e a mediocridade.[342]

A restrição a princípio "indeclarável" do "respeito pelos mais fracos" fornece a precondição para o surgimento de princípios abstratos e declaráveis de justiça social. As sociedades que carecem de tal restrição, ou que, com o passar do tempo, vêm a esquecer a necessidade de tal restrição, arriscam sofrer a "vingança de Deus":

> Assim falou Iahweh:
> Por três crimes de Moab,
> e por quatro, não o revogarei!
> Porque queimou os ossos do rei de Edom até calciná-los,
> enviarei fogo contra Moab,
> e ele devorará os palácios de Cariot.
> Então, morrerá Moab em meio ao barulho,
> em meio ao grito de guerra, ao som da trombeta.
> Exterminarei o juiz de seu meio,
> e com ele matarei todos os príncipes,
> disse Iahweh.

---

[341] Smith, H. (1991), p. 289-290.
[342] Ibidem, p. 292.

Assim falou Iahweh:
Por três crimes de Judá,
e por quatro, não o revogarei!
Porque desprezaram a lei de Iahweh
e não guardaram os seus decretos,
suas mentiras os seduziram,
aquelas atrás das quais os seus pais correram,
enviarei fogo contra Judá,
e ele devorará os palácios de Jerusalém.

Assim falou Iahweh:
Por três crimes de Israel,
e por quatro, não o revogarei!
Porque vendem o justo por dinheiro
e o indigente por um par de sandálias.
Eles esmagam sobre o pó da terra a cabeça dos fracos
e tornam torto o caminho dos pobres;
um homem e seu pai vão à mesma jovem
para profanar o meu santo nome.
Eles se estendem sobre vestes penhoradas,
ao lado de qualquer altar,
e bebem vinho daqueles que estão sujeitos a multas,
na casa de seu deus.
Mas eu destruíra diante deles o amorreu,
cuja altura era como a altura dos cedros,
e que era forte como os carvalhos!
Destruí seu fruto por cima,
e suas raízes por baixo!
E eu vos fiz subir da terra do Egito
e vos conduzi pelo deserto, durante quarenta anos,
para tomar posse da terra do amorreu!
Suscitei de vossos filhos, profetas,
e de vossos jovens, nazireus!
Não foi, realmente, assim, israelitas?
Oráculo de Iahweh.

Mas vós fizestes os nazireus beber vinho
e ordenastes aos profetas:
"Não profetizeis!"

> Pois bem! Eu vos taxarei no lugar
> como é taxado um carro cheio de feixes!
> A fuga será impossível ao ágil,
> o homem forte não empregará a sua força
> e o herói não salvará a sua vida.
> Aquele que maneja o arco não ficará de pé,
> o homem ágil não se salvará com os seus pés,
> o cavaleiro não salvará a sua vida,
> e o mais corajoso entre os heróis fugirá nu, naquele dia,
> oráculo de Iahweh. (Amós 2,1-16.)

Tais sociedades são *tirânicas*. Sociedades tirânicas violam os princípios implícitos sobre os quais a própria sociedade é fundada. Isso as torna inevitavelmente autodestrutivas.[343]

A Figura 2.41: Território Explorado com o Pai Tirânico[344] apresenta as forças da tradição como um "rei devorador do filho". A tendência conservadora de qualquer cultura, lutando para se manter, pode facilmente se transformar no peso sufocante da autoridade absoluta. Como tirano, o Grande Pai destrói o que ele outrora foi e solapa aquilo de que ainda depende. O tirano é a força de tudo o que foi, incluindo tudo aquilo que uma vez foi bom, contra tudo o que poderia ser. Esse é o aspecto do Grande Pai que motiva a rebelião adolescente e dá origem às narrativas ideológicas que atribuem à sociedade tudo o que produz algo de negativo no homem. É o Pai Tirânico que consome os próprios filhos e aprisiona a princesa virginal em um lugar inacessível. O Pai Tirânico governa absoluto, enquanto o reino definha ou fica paralisado; suas decrepitude e idade são superadas apenas por sua arrogância, inflexibilidade e cegueira para o mal. Ele é a personificação do Estado autoritário ou totalitário, cujo "objetivo" é a redução de todos os que estão atualmente vivos à manifestação de uma única personalidade "passada" e morta. Quando todos são iguais, tudo é previsível; todas as coisas são de valor estritamente determinável, e tudo o que é desconhecido (e que causa medo) está escondido da vista. Infelizmente, é claro, toda coisa imprevisível e que causa medo também é informativa, e novas informações são vitais para o ajuste bem-sucedido e contínuo.

---

[343] Há certa evidência, em nossos tempos, de que os próprios aspirantes a tiranos estão começando a perceber isso. Muitas das "transições para a democracia" características dos últimos trinta anos foram transferências voluntárias de poder por parte de tiranos militares, incapazes de acreditar na justiça da própria "força". Ver Fukuyama, F. (1993).

[344] Derivada da *Figurea et emblemata* no *Musaeum hermeticum* (Museu Hermético) de Lambspringk (1678) (placa 168 em Jung, C.G. [1968b]).

Figura 2.41: Território Explorado como o Pai Tirânico

Em seu duplo disfarce, o Grande Pai é o tabu, a barreira levantada contra a intrusão do perigosamente imprevisível, a comporta que controla o oceano. Ele é a proteção para os tolos e o impedimento para o gênio, e a precondição para o gênio e a punição para os tolos. Sua ambivalência é inevitável e deve ser reconhecida, pois tal reconhecimento serve como antídoto eficaz para o ingênuo pensamento utópico ideologicamente motivado. Qualquer coisa que protege e promove (e que, portanto, é previsível e poderosa) tem necessariamente a capacidade de abafar e oprimir (e pode manifestar essas capacidades de forma imprevisível em qualquer situação). Logo, nenhuma utopia política estática é possível –e o reino de Deus permanece espiritual, não mundano. O reconhecimento da natureza essencialmente ambivalente do previsível – estupidificante, mas segura – significa descartar as teorias simplistas que atribuem a existência do sofrimento humano e do mal apenas ao Estado, ou que presumem que o Estado é tudo o que há de bom e que o indivíduo deve existir apenas como subordinado ou escravo. O rei é uma parede. Paredes proporcionam uma barreira para o súbito afluxo do desconhecido e bloqueiam o progresso. Uma função pressupõe a outra (embora qualquer uma possa certamente vir a dominar). A Figura 2.42: A "Genealogia Celestial" dos Pais Tirânico e Protetor retrata a relação entre dois aspectos discerníveis do conhecido, sua derivação do conhecido unificado, mas ambivalente, e sua "descida" original do "dragão do caos".

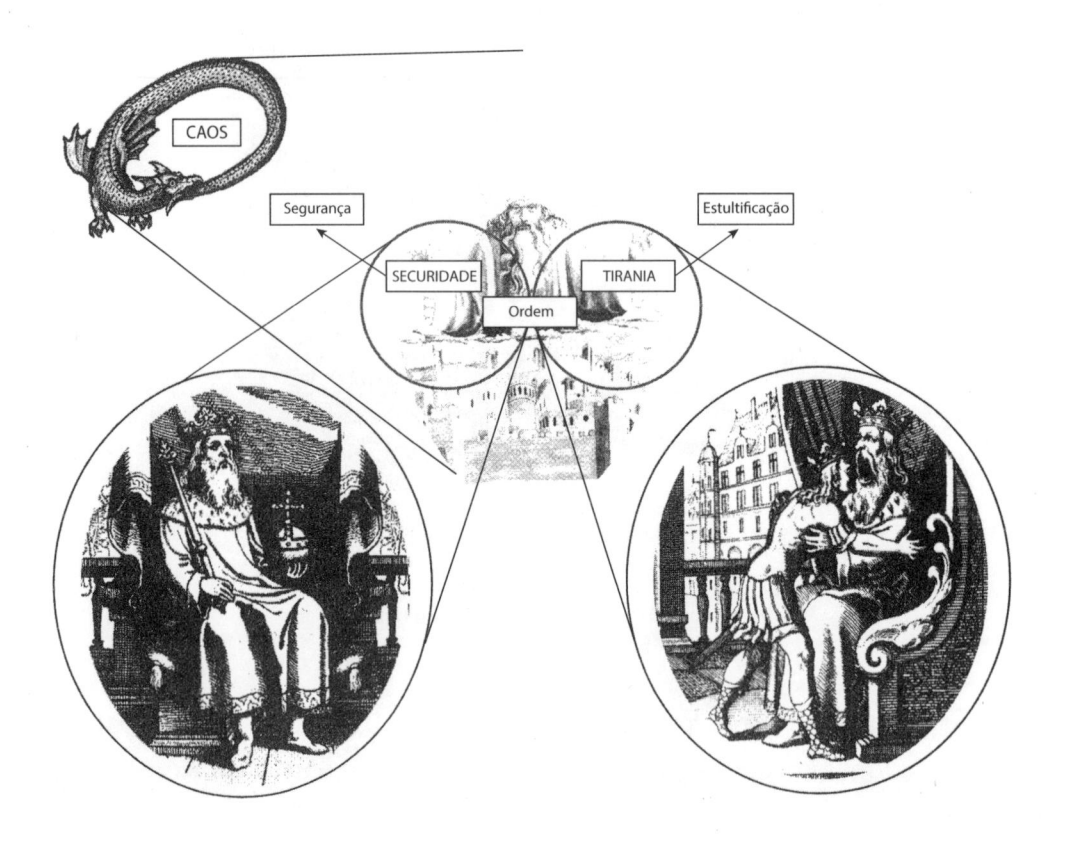

Figura 2.42: A "Genealogia Celestial" dos Pais Tirânico e Protetor

O Grande Pai é ordem *versus* caos; o passado *versus* o presente; o velho *versus* o jovem. Ele é o espírito ancestral cuja força se estende para além da sepultura, que deve ser mantido sob controle com um ritual potente e humilde. Ele é a personalidade única composta das consequências da eterna guerra entre todos os grandes heróis do passado e paira sobre o indivíduo em desenvolvimento, sob o disfarce do pai real, como um deus. O Grande Pai é o antigo imperador, perigosamente desatualizado – um poderoso guerreiro em sua juventude, agora sob o feitiço de uma força hostil. Ele é o eterno entrave à noiva virgem, o pai tirânico que deseja manter a filha fecunda sob um firme controle. Ele é o autoritário que governa a terra devastada pela seca; o zelador do castelo onde tudo foi levado à estagnação.

O Grande Pai é proteção e assistência necessárias para o crescimento, mas, em última instância, a absoluta identificação com sua personalidade e sua força destrói o espírito. Cultura, carreira e papel não esgotam suficientemente as possibilidades do indivíduo. Assim, a Figura 2.43 retrata o Herói Exploratório – descendente do caos e da ordem – como Filho do Grande Pai.[345]

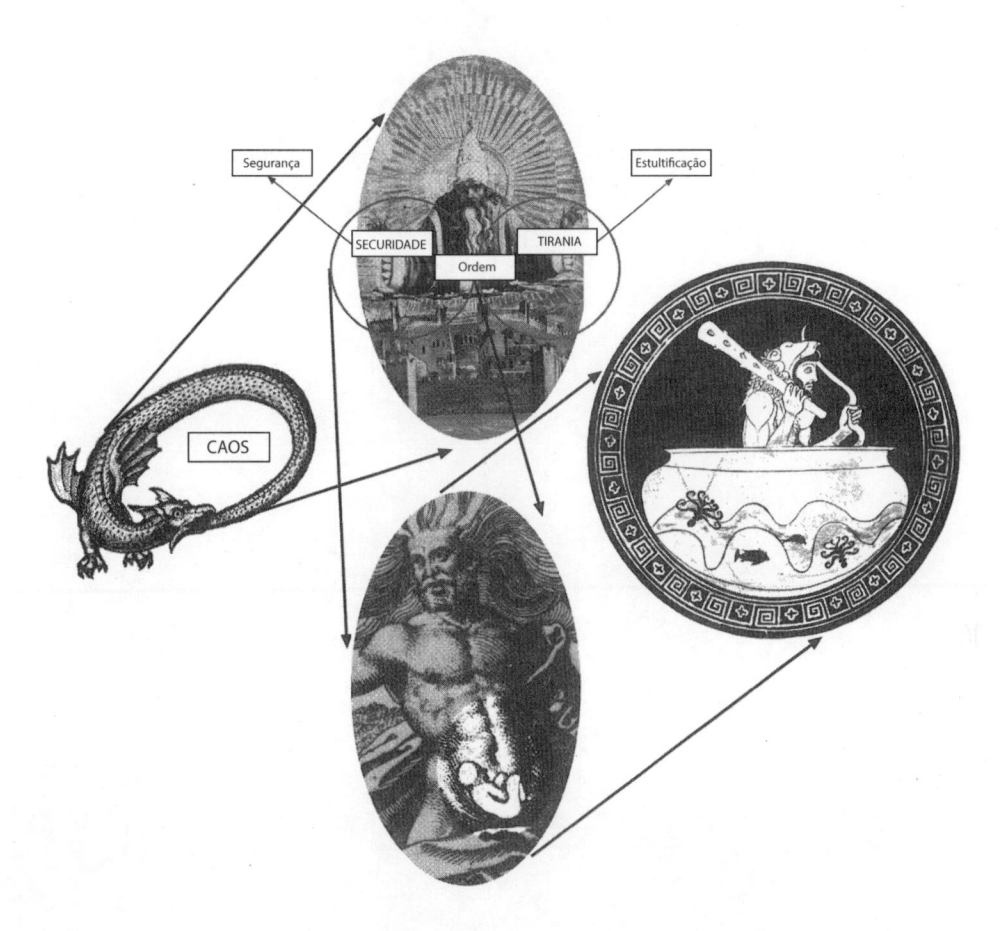

Figura 2.43: O Herói Exploratório como Filho do Grande Pai

---

[345] "Pai grávido" derivado da *Tabula smaragdina* em Maier, *Scrutinium chymicum* (1687) (placa 210 em Jung, C.G. [1968b]).

3
APRENDIZAGEM E ACULTURAÇÃO

Adoção de um Mapa Compartilhado

As ideologias podem ser consideradas mitos incompletos – histórias parciais, cuja natureza envolvente é uma consequência da apropriação de ideias mitológicas. A filosofia que atribui um mal individual à patologia da força social constitui uma dessas histórias parciais. Embora a sociedade, o Grande Pai, possua um aspecto tirânico, ela também abriga, protege, treina e disciplina o indivíduo em desenvolvimento – e coloca restrições necessárias em seu pensamento, sua emoção e seu comportamento.

A submissão à autoridade legal pode ser considerada de forma mais razoável à luz da metáfora do aprendizado. A dependência infantil deve ser substituída pela adesão ao grupo, antes do desenvolvimento completo da maturidade. Essa adesão fornece à sociedade outro indivíduo para utilizar como "ferramenta", e proporciona a esse sujeito em processo de amadurecimento, mas ainda vulnerável, a proteção necessária (com uma "identidade" reforçada pelo grupo). Portanto, a capacidade de respeitar as regras sociais, independentemente das especificidades da disciplina, pode ser considerada um estágio necessário de transição no movimento da infância para a idade adulta.

Desse modo, a disciplina deve ser considerada uma habilidade que pode ser desenvolvida por meio da adesão ao ritual estrito ou pela imersão em um rigoroso sistema de crença ou hierarquia de valores. Uma vez que tal disciplina é atingida, ela pode escapar dos limites do seu precursor desenvolvimental. É dessa maneira que a verdadeira liberdade é alcançada. É nesse nível de análise que todas as tradições e os dogmas religiosos e culturais genuínos são equivalentes, não importando o conteúdo: eles todos são mestres cujo serviço pode culminar no desenvolvimento de autodomínio e na consequente transcendência da tradição e do dogma.

A aprendizagem é necessária, mas não deve ser glamorizada por isso. Sistemas dogmáticos formam mestres severos e irracionais. Sistemas de crença e ação moral – e aqueles que são identificados com eles – estão preocupados sobretudo com a automanutenção e a preservação da previsibilidade e da ordem. As tendências (necessariamente) conservadoras dos grandes sistemas os tornam tirânicos e mais do que dispostos a esmagar o espírito daqueles a quem "servem". No entanto, a aprendizagem é um precursor da liberdade, e nada útil e necessário é desprovido de perigo.

A adoção dessa perspectiva analítica permite certo relativismo moral aliado a uma moralidade absolutista de ordem superior. Os detalhes de um sistema disciplinar podem carecer de certa importância. Contudo, o fato de que a adesão a tal sistema é necessária não pode ser ignorado.

Todos nós temos familiaridade com a história da natureza benevolente, ameaçada pelas forças vorazes do indivíduo corrupto e da sociedade da máquina. O enredo é sólido, os personagens, críveis, mas a Mãe Natureza também são os mosquitos-da-malária, os vermes parasitários, o câncer e a Síndrome da Morte Súbita do Lactente. A história da tradição pacífica e ordeira, solapada pelos incautos e decadentes (com a ameaça sempre presente do caos à espreita no segundo plano), também é familiar, atraente e verdadeira – exceto que as forças da tradição, embora protetoras, tendem a ser cegas e a se preocupar mais com a própria estabilidade do que com o bem-estar de quem está sujeito a elas. Além disso, todos já ouvimos e nos identificamos com a história do pioneiro corajoso – arado na mão, determinado a arrancar à força a vida boa e o estado estável das forças intransigentes da natureza –, embora, de vez em quando, estejamos cientes de que as "forças intransigentes" tão heroicamente moldadas incluíam os habitantes originais dizimados de nossa paisagem outrora estrangeira. Por fim, todos conhecemos a história do indivíduo benevolente, genuíno e inocente, cujo acesso foi negado às forças nutritivas do mundo natural e verdadeiro, corrompido pela restrição irracional da sociedade. Esse conto também tem seus adeptos – até porque é reconfortante acreditar que tudo de "ruim" vem de fora, e não de dentro.

Essas histórias são todas *ideologias* (e há muitas outras delas). As ideologias são atraentes, inclusive para a mente moderna educada – crédula, apesar do seu ceticismo –, sobretudo se aqueles que as incorporam ou promovem dão todas as oportunidades para o ouvinte se identificar com os personagens criativos e positivos da história, e negar sua associação com o negativo. Ideologias são poderosas e perigosas. Seu poder advém da apropriação incompleta, mas eficaz, das ideias mitológicas. Seu perigo advém da atratividade combinada à incompletude. As ideologias contam apenas parte da história, mas contam essa parte como se fosse a história completa. Isso significa que elas não levam em conta vastos domínios do mundo. É imprudência agir no mundo como se apenas um conjunto de seus elementos constitutivos existisse. Os elementos ignorados conspiram, por assim dizer, como consequência de sua repressão, e inevitavelmente tornam sua existência conhecida de algum modo indesejável.

O conhecimento da gramática da mitologia pode muito bem constituir um antídoto para a ingenuidade ideológica. Mitos genuínos são capazes de representar a totalidade das forças conflitantes, funcionando em qualquer situação. Toda força positiva tem seu "inimigo" onipresente e eterno. Assim, o aspecto benéfico do "ambiente natural" é visto de forma apropriada à luz de sua capacidade de arbitrariamente infligir sofrimento e morte. A capacidade de acolhimento e proteção da sociedade, portanto, é entendida à luz de sua potente tendência à tirania e à eliminação da diversidade necessária. O aspecto heroico do indivíduo é considerado à luz da figura sempre à espreita do adversário: arrogante, covarde e cruel. Uma história que dê conta de todos esses "elementos constitutivos da realidade" é equilibrada e estável, em contraste com a ideologia – e é pouco provável que produza uma explosão de psicopatologia social. Mas as forças que compõem o mundo como instância de ação debatem-se o tempo todo em oposição. Como é possível estabelecer um caminho entre elas, digamos assim – configurar um modo de ser que leve "todas as coisas" em conta, sem ser destruído no processo? Uma descrição desenvolvimental da relação entre "as forças do indivíduo, da sociedade e do caos" pode auxiliar na compreensão de sua adequada interação.

Atendi um homem imaturo de trinta e poucos anos durante meu trabalho como psicólogo estagiário. Ele estava sempre trabalhando em propósitos contraditórios para si mesmo, colocando obstáculos no caminho para, em seguida, tropeçar neles. (Na ocasião, essa era a verdade literal. Ele vivia com a mãe desde que se divorciara. Sugeri que começasse a limpar a vida limpando o quarto – um passo mais difícil do que se pode casualmente pressupor para alguém que é habitual e filosoficamente indisciplinado. Quando faltava apenas metade do quarto para limpar, ele colocou o aspirador de pó na entrada do cômodo. Por uma semana, teve de pular o aspirador, mas não o tirou de lá nem terminou a tarefa. Essa situação poderia ser razoavelmente considerada uma amostra polissêmica de sua vida.) Essa pessoa tinha procurado ajuda porque seu casamento desintegrado produzira um filho, a quem ele amava (ou, pelo menos, queria amar). Decidiu fazer terapia porque não queria que o filho crescesse tão mal quanto ele. Tentei assustá-lo para que se comportasse direito porque acreditava (e acredito) que o terror é um ótimo e mal utilizado motivador. (A ansiedade – algo inerradicável – pode trabalhar contra você ou a seu favor.)

Passamos muito tempo delineando de forma minuciosa as consequências de seu comportamento indisciplinado naquele ponto da vida (sem carreira bem-sucedida, nenhum relacionamento íntimo, um filho pequeno em meio a uma família desfeita) e os prováveis resultados futuros, no longo prazo (aumento da aversão a si mesmo, cinismo com relação à vida, aumento da crueldade e da busca por vingança, desesperança e desespero). Também discutimos a necessidade de disciplina – isto é, de uma adesão a um código moral coerente e difícil – para ele mesmo e seu filho.

Ele, é claro, tinha a preocupação de que qualquer tentativa de sua parte de moldar o comportamento do filho interferiria no desenvolvimento natural e no desabrochar do potencial inato da criança. Então, pode-se dizer, usando a terminologia de Jung, que ele era um "expoente inconsciente"[1] da filosofia de Rousseau:

> Com essa simplicidade, eu deveria ter demonstrado que o homem é bom por natureza, e que são apenas nossas instituições que o tornam mal![2]

Esse é o Rousseau que várias vezes colocou os próprios filhos em orfanatos, pois a existência deles era inconveniente (e, devemos pressupor, prejudicial para o desabrochar de sua bondade intrínseca). De qualquer forma, a ardente esperança de toda pessoa indisciplinada (mesmo de um gênio indisciplinado) é que sua inutilidade e estupidez atuais sejam culpa de outra pessoa. Se – no melhor dos casos – a culpa for da *sociedade*, então a sociedade pode ser forçada a pagar. Esse malabarismo transforma o indisciplinado no admirável rebelde, pelo menos aos próprios olhos, permitindo que ele busque vingança injustificada disfarçado de herói revolucionário. É difícil imaginar uma paródia mais absurda do comportamento heroico.

Certa vez, um paciente me contou um sonho:

> Meu filho estava dormindo no berço dentro de uma casinha. Relâmpagos brilhavam pela janela e rodopiavam dentro da casa. Os relâmpagos eram poderosos e belos, mas eu estava com medo de que eles incendiassem a casa.

Interpretação de sonhos é algo difícil e incerto, mas acreditei que essa imagem era interpretável no contexto de nossas conversas. O relâmpago representava o potencial implícito na criança. Esse potencial era uma força extremamente forte e útil – como a eletricidade. Mas a eletricidade só é útil quando aproveitada. Caso contrário, ela incendeia casas.

---

[1] Jung, C.G. (1968b), p. 86.
[2] Morley, J. (1923), p. 127.

Não posso falar muito sobre o desfecho desse caso específico, já que o contato durante a residência com pessoas que procuram ajuda psicológica tende a ter tempo limitado. Meu paciente parecia, pelo menos, mais afetado negativamente por seu comportamento imaturo, o que me pareceu um início razoável; além disso, ele entendeu (ao menos explicitamente, embora ainda não processualmente) que a disciplina poderia ser o pai do herói, e não apenas seu inimigo. O despertar de tal compreensão significava o início de uma filosofia de vida madura e saudável da parte dele. Tal filosofia foi descrita em detalhes explícitos por Friedrich Nietzsche, apesar de sua postura teoricamente "antidogmática".

Nietzsche tem sido, aqui e ali, considerado um grande inimigo do cristianismo. Creio, no entanto, que ele foi conscientemente salutar nesse papel. Quando a estrutura de uma instituição se torna corrupta – em especial, de acordo com os próprios princípios –, criticá-la é um ato de amizade. Nietzsche também é tido como um individualista fervoroso e um revolucionário social – como o profeta do super-homem e o supremo destruidor da tradição. No entanto, ele foi muito mais sofisticado e complexo do que isso. Ele via a "disciplina intolerável" da igreja cristã, que "desprezava", como uma precondição necessária e admirável para a liberdade do espírito europeu, o qual considerava ainda não plenamente realizado:

> Toda moral é, em contraposição ao *laisser aller* ["deixar ir"], um pouco de tirania contra a "natureza", e também contra a "razão": mas isso ainda não constitui objeção a ela, caso contrário se teria de proibir sempre, a partir de alguma moral, toda espécie de tirania e desrazão. O essencial e inestimável em toda moral é o fato de ela ser uma demorada coerção: para compreender o estoicismo ou Port-Royal, ou o puritanismo, recorde-se sob que coerção toda língua obteve até hoje vigor e liberdade – a coerção métrica, a tirania da rima e do ritmo. Quanto trabalho se deram os poetas e oradores de cada nação! – sem excetuar alguns prosadores de hoje, em cujo ouvido mora uma consciência implacável – "por uma tolice", como dizem os broncos utilitários, acreditando-se espertos –, "em submissão a leis arbitrárias", como dizem os anarquistas, julgando-se "livres" e até mesmo de espírito livre. Mas o fato curioso é que tudo o que há e houve de liberdade, finura, dança, arrojo e segurança magistral sobre a Terra, seja no próprio pensar, seja no governar, ou no falar e convencer, tanto nas artes como nos costumes, desenvolveu-se apenas graças à "tirania de tais leis arbitrárias"; e, com toda a seriedade, não é pequena a probabilidade de que justamente isso seja "natureza" e "natural" – e não aquele *laisser aller*!

Todo artista sabe quão longe do sentimento de deixar-se levar se acha seu estado "mais natural", seu livre ordenar, pôr, dispor, criar nos momentos de "inspiração" – e com que rigor e sutileza ele obedece então às mil leis que troçam de toda formulação por conceitos, devido justamente à sua natureza e precisão (comparado a elas, mesmo o conceito mais firme tem algo de frouxo, múltiplo, ambíguo).

O essencial, "no céu como na terra", ao que parece, é, repito, que se *obedeça* por muito tempo e *numa* direção: daí surge com o tempo, e sempre surgiu, alguma coisa pela qual vale a pena viver na terra, como virtude, arte, música, dança, razão, espiritualidade – alguma coisa transfiguradora, refinada, louca e divina. A prolongada sujeição do espírito, a desconfiada coerção na comunicação dos pensamentos, a disciplina que se impôs o pensador, a fim de pensar sob uma diretriz eclesiástica ou cortesã ou com pressupostos aristotélicos, a duradoura vontade espiritual de interpretar todo acontecimento segundo um esquema cristão, e redescobrir e justificar o Deus cristão em todo e qualquer acaso – tudo o que há de violento, arbitrário, duro, terrível e antirracional nisso revelou-se como o meio através do qual o espírito europeu viu disciplinada sua força, sua inexorável curiosidade e sutil mobilidade: mesmo reconhecendo a quantidade insubstituível de força e espírito que aí teve de ser sufocada, suprimida e estragada (pois nisso, como em tudo, a natureza se mostra como é, em toda a sua magnificência pródiga e *indiferente*, que nos revolta, mas que é nobre).

O fato de que por milênios os pensadores europeus pensaram tão somente a fim de provar algo – hoje, bem ao contrário, para nós é suspeito todo pensador que quer "provar algo" –, o fato de que sempre estiveram certos do que *deveria* resultar de suas mais rigorosas reflexões, como outrora ocorria na astrologia asiática, ou ainda hoje na inócua interpretação cristã-moralista que relaciona os eventos pessoais à "glória de Deus" e "salvação da alma" – essa tirania, esse arbítrio, essa extrema e grandiosa estupidez *educou* o espírito; ao que parece, a escravidão é, no sentido mais grosseiro ou no mais sutil, o meio indispensável também para a disciplina e cultivo espiritual. Considere-se toda moral sob esse aspecto: a "natureza" nela é que ensina a odiar o *laisser aller*, a liberdade excessiva, e que implanta a necessidade de horizontes limitados, de tarefas mais imediatas – que ensina o *estreitamento das perspectivas* e em determinado sentido também a estupidez, como condição de vida e crescimento.

"Deves obedecer seja a quem for, e por muito tempo: *senão* perecerás, e perderás a derradeira estima por ti mesmo" – esse me parece ser o imperativo categórico da natureza, o qual certamente não é "categórico", como dele exige o velho Kant (daí o "senão"), nem se dirige ao indivíduo (que importa a ela o indivíduo!), mas sim a povos, raças, eras, classes, mas sobretudo ao inteiro bicho "homem", ao *homem*.[3, 4]

Essa é a *filosofia de aprendizagem* — útil para conceitualizar a relação necessária entre subordinação a uma potente instituição social historicamente construída e o eventual desenvolvimento da verdadeira liberdade.

Uma criança não pode viver sozinha. Sozinha, ela se afoga em possibilidades. O desconhecido suplanta a capacidade adaptativa individual, no início. É apenas a transmissão de padrões comportamentais historicamente determinados — e, secundariamente, suas descrições concomitantes — que possibilita a sobrevivência na juventude. Esses padrões de comportamento e hierarquias de valor — que as crianças imitam e, em seguida, aprendem de forma expressa — dão uma estrutura segura ao ser inseguro. É o grupo, a princípio na forma dos pais, que se coloca entre a criança e a catástrofe psicológica certa. A depressão, a ansiedade e o colapso físico, característicos da separação muito precoce dos pais, resultam da exposição ao "muito desconhecido" e da incorporação de "muito pouca" estrutura cultural. O longo período de dependência humana deve ser suprido com a disponibilização de um ambiente social estável — com interações sociais previsíveis, que atendam demandas motivacionais individuais; com o fornecimento de padrões comportamentais e esquemas de valor capazes de transformar o desconhecido imprevisível e assustador em seu equivalente benéfico. Isso significa que a transformação da dependência infantil envolve a adoção do comportamento ritual (até mesmo horários regulares das refeições e de dormir são rituais) e a incorporação de uma moralidade (uma estrutura de referência) com alicerce inevitavelmente metafísico.

A transição bem-sucedida da infância para a adolescência significa *identificação com o grupo*, em vez de prolongamento da dependência dos pais. A identificação com o grupo oferece ao indivíduo uma fonte de proteção do desconhecido alternativa, generalizada e não parental, e fornece ao grupo os recursos de outra alma. O grupo constitui um padrão de adaptação historicamente validado (comportamentos específicos, descrições de comportamento e descrições gerais). A identificação do indivíduo com esse padrão o fortalece quando ele precisa se separar dos pais e dar um passo em direção à vida adulta, e fortalece o grupo, na medida em que, agora, o grupo tem acesso às habilidades do indivíduo. A identificação do indivíduo com esse padrão

---

[3] Nietzsche, F. (1966), p. 100-102.
[4] Fragmento 188 de *Além do Bem e do Mal*. (N. E.)

sustenta sua capacidade ainda em maturação de andar com os próprios pés — apoia a determinação de se afastar do mundo materno-dependente, por demais abrangente e seguro. Portanto, a identificação com o grupo vem substituir o apelo à autoridade parental enquanto "modo de ser diante do desconhecido". Ela fornece uma estrutura para as relações sociais (com o eu e os outros), determina o significado dos objetos, proporciona um fim desejável como ideal e estabelece um procedimento aceitável (modo aceitável para a "conquista do paraíso terrestre").

A identificação pessoal com o grupo significa socialização, personificação individual das valorações do grupo — primariamente, tal como elas se expressam no comportamento. Os valores do grupo constituem julgamento histórico acumulado proferido sobre a importância relativa de determinados estados de motivação, com a devida consideração da intensidade, conforme expresso na ação individual, no contexto social. Todas as sociedades são compostas de indivíduos cujas ações constituem a incorporação do passado criativo. Esse passado criativo pode ser conceitualizado como a síntese de toda atividade comunicativa exploratória criadora de cultura, incluindo o próprio ato de síntese.

O mito compreende a descrição do conhecimento processual; constitui representação semântica/episódica da sabedoria comportamental acumulada, de forma cada vez mais abstrata. A introdução do indivíduo outrora dependente na adolescência ao mundo do mito e do comportamento ancestral constitui a *transmissão* da cultura — assimilação do Grande Pai, personalidade historicamente determinada e sua representação — como adaptação ao, explicação do e proteção contra o desconhecido, a Grande e Terrível Mãe. Essa introdução atinge seu ápice com a iniciação, o ritual primário que significa transmissão cultural — o evento que destrói a união "inconsciente" entre a criança e a mãe biológica.

A criança nasce em um estado de dependência atroz. A mãe que cuida é, ao mesmo tempo, a força individual e a personificação da beneficência biológica impessoal — é a mãe virgem mítica eterna, consorte material de Deus. A criança vem equipada com a capacidade de responder a essa presença que nutre de modo inato, de desenvolver uma relação simbiótica com sua cuidadora e de crescer cada vez mais forte. O amadurecimento da capacidade exploratória criativa, que constitui a base para a autossuficiência madura, parece depender, pela sua própria gênese, da manifestação da solicitude materna: do amor, promoção equilibrada da capacidade individual e proteção contra o perigo. O toque suave e o cuidado seduzem a criança à vida, à expansão da independência, ao potencial para a força e a capacidade individuais.⁵ A ausência de tal atenção significa fracasso em medrar, depressão e dano psíquico, até mesmo a morte.⁶

O indivíduo em fase de amadurecimento necessariamente (tragicamente, heroicamente) cresce para além do domínio da proteção maternal paradisíaca no curso do desenvolvimento; necessariamente atinge uma apreensão cujos desejo por perigo e necessidade de vida ultrapassam a capacidade de proteção materna. Isso significa que a criança em crescimento eventualmente vem a enfrentar problemas – como se relacionar com os colegas nas brincadeiras exclusivas do grupo; como selecionar um amigo entre uma infinidade de potenciais amigos – o que não pode ser resolvido (na verdade, pode se tornar mais difícil) com o envolvimento da mãe benévola. Tais problemas podem ser considerados consequências emergentes do próprio processo de amadurecimento; do aumento da possibilidade de ação e compreensão necessariamente relacionado ao amadurecimento. Uma criança de quatro anos, fazendo a transição para o jardim de infância, não pode usar hábitos e esquemas de representação de uma criança de três anos para trilhar seu caminho no novo mundo social. Uma criança de treze anos não pode usar a personalidade de uma de sete – não importando quão saudável seja – para resolver os problemas endêmicos da adolescência. O grupo entra em cena – de modo mais evidente, durante a adolescência – e fornece abrigo protetor "permeável" para a criança velha demais para a mãe, mas não velha o bastante para ficar sozinha. Os rituais de iniciação difundidos de modo universal – morte "espiritual" induzida e o subsequente renascimento – catalisam o desenvolvimento da personalidade adulta; seguem o padrão fundamental do mito do caminho cíclico, cosmogônico circular. Os ritos culturalmente determinados e os processos biológicos associados à iniciação constituem a destruição absoluta da personalidade infantil, da dependência infantil – estabilidade inicial "paradisíaca" e inconsciente –, para a catálise necessária da identificação de grupo. Esses rituais tendem a ser mais complexos e de maior alcance para os meninos do que para as meninas. Em parte, isso talvez ocorra porque o desenvolvimento masculino parece ser mais facilmente desorientado, de forma socialmente nociva, do que o feminino (os adolescentes masculinos são mais agressivos e delinquentes)⁷, e, por outro lado, porque a transição feminina para a

---

⁵ Field, T.M. et al. (1986).
⁶ Polan, H.J.; Ward, M.J. (1994); Berkowitz, C.D.; Senter, S.A. (1987); também nota de rodapé 285, do Capítulo 2.
⁷ Hyde, J.S. (1984); Saner, H.; Ellickson, P. (1996).

idade adulta é catalisada "pela natureza" na forma de um amadurecimento rápido, em comparação, e do início naturalmente dramático da menstruação.

O grupo ao qual o iniciado é apresentado consiste em uma complexa mistura de padrões comportamentais estabelecidos e depois organizados no passado, como consequência da voluntária exploração comunicativa criativa. O grupo é a expressão atual de um padrão de comportamento desenvolvido ao longo de centenas de milhares de anos. Esse padrão é construído de comportamentos estabelecidos a princípio por heróis criativos – por indivíduos capazes e dispostos a fazer e pensar algo que ninguém fora capaz de fazer ou pensar antes. A integração desses comportamentos em uma hierarquia estável, e a representação abstrata deles, no curso de um processo que se inicia com a imitação e termina na descrição semântica, produz uma estrutura processual e declarável, cuja *incorporação* aumenta de forma dramática o repertório comportamental do indivíduo e sua capacidade descritiva, preditiva e representacional. Essa incorporação – que é sobretudo implícita e, portanto, invisível – é a *identificação com o grupo*. Identificação com o grupo significa a disponibilização de significados determinados como antídoto para a ignorância excruciante e a exposição ao caos.

Uma infinidade de rituais (específicos) evoluiu para catalisar tal identificação. A catálise com frequência parece necessária, assim como o movimento para a adolescência é de vital importância, mas psicologicamente desafiador, pois envolve um sacrifício voluntário da dependência infantil (que é uma forma válida de adaptação, mas baseada em suposições – implícitas – adequadas apenas para a condição da infância). Em geral, esses rituais de transição são baseados na adoção da estrutura narrativa fundamental – o Caminho – antes apresentada. A iniciação ritual, por exemplo – um onipresente recurso formal da cultura pré-experimental[8] –, ocorre perto do início da, ou na puberdade, quando é crítico para o desenvolvimento psicológico ulterior e para a manutenção da segurança tribal que os meninos transcendam a dependência da mãe. Muitas vezes, essa separação ocorre sob condições propositalmente assustadoras e violentas. No padrão de iniciação geral, os homens, agindo como uma unidade (como a *personificação da história social*),[9] separam os iniciados das mães, que oferecem certa quantidade de resistência mais ou menos dramatizada e alguma tristeza verdadeira (pela "morte" dos filhos).

---

[8] Ver Eliade, M. (1965).

[9] Isso se assemelha ao *animus* de Jung. Ver Jung, C.G. (1968a).

Os meninos sabem que estão prestes a serem apresentados a algum poder monstruoso que existe na noite, na floresta ou caverna, nas profundezas do desconhecido. Esse poder, capaz de devorá-los, atua como a misteriosa deidade da iniciação. Uma vez retirados da mãe, os meninos começam seu ritual. Em geral, isso envolve certa mistura de regressão induzida da personalidade – descida ao estado de "caos pré-cosmogônico", existente antes mesmo da primeira infância – e indução de um medo avassalador, acompanhado por graves dificuldades físicas ou espirituais, ou tortura. Os iniciados são, muitas vezes, proibidos de falar e podem ser alimentados pelos homens. Eles podem ser circuncidados, mutilados ou enterrados vivos – sujeitos a intensa punição, submetidos a um pavor intenso. Simbolicamente, são colocados dentro da boca da Terrível Mãe e renascem como homens, como membros adultos da "tribo", que é o acúmulo histórico das consequências do comportamento adaptativo. (De fato, os iniciados passam com frequência, e literalmente, pelo corpo de alguma besta construída, auxiliados pelos anciões da tribo, que servem como agentes dessa deidade.)[10] Quando o rito é concluído com êxito, os iniciados não são mais crianças, dependentes da benevolência arbitrária da natureza – na forma de suas mães –, mas são membros da tribo dos homens, porta-estandartes ativos de sua cultura específica, cuja personalidade anterior foi destruída, por assim dizer, pelo fogo. Eles enfrentaram com sucesso o pior julgamento com o qual provavelmente vão se deparar na vida.

O terror induzido pela exposição ritual às forças do desconhecido parece colocar o cérebro em um estado caracterizado pela sugestionabilidade aprimorada – ou, pelo menos, por uma necessidade drasticamente maior de ordem, pela necessidade de uma *narrativa* coerente e significativa. A pessoa que se encontra em um "estado" em que não sabe mais o que fazer ou o que esperar é bastante motivada a escapar desse estado por quaisquer meios necessários. O ato de se distanciar de um modo de adaptação anterior, gerado pela drástica mudança de local social (de "contexto"), produz dentro da psique daqueles assim considerados um estado de acentuada apreensão e intenso desejo de restabelecimento da previsibilidade e do sentido. Essa acentuada apreensão é, como vimos, a consequência da "renovação" do ambiente: um desafio colocado sobre a integridade de uma personalidade anterior, suficiente para abalar sua estrutura e para "libertar", do domínio da ação e da avaliação familiares, fenômenos aos quais o indivíduo estava previamente adaptado. Assim "livres", os fenômenos "possuem" outra vez "energia" suficiente para motivar sua reconceitualização (isto é, fazer daquele processo

---

[10] Eliade, M. (1965).

de reconceitualização algo importante e suficientemente vital para ser impresso na memória – em encarnação permanente como "personalidade").

Os iniciados ritualmente "reduzidos" e aterrorizados, incapazes de confiar nas estratégias adaptativas utilizadas durante a infância, necessitam desesperadamente de novas explicações e novos padrões de comportamento para sobreviver no que é, afinal de contas, um novo ambiente. Esse novo ambiente é a sociedade dos homens, onde as mulheres são parceiras sexuais e iguais em vez de fontes de conforto dependente; onde a provisão de alimentos e abrigo é uma responsabilidade, e não algo dado; onde a segurança – a autoridade final, na forma do pai – não existe mais. Quando a "personalidade" infantil é destruída, a personalidade adulta – uma manifestação da cultura transmitida – é inculcada. A "narrativa" ou ritual iniciatório geral é apresentado esquematicamente na Figura 3.1: "Morte" e "Renascimento" do Iniciado Adolescente.

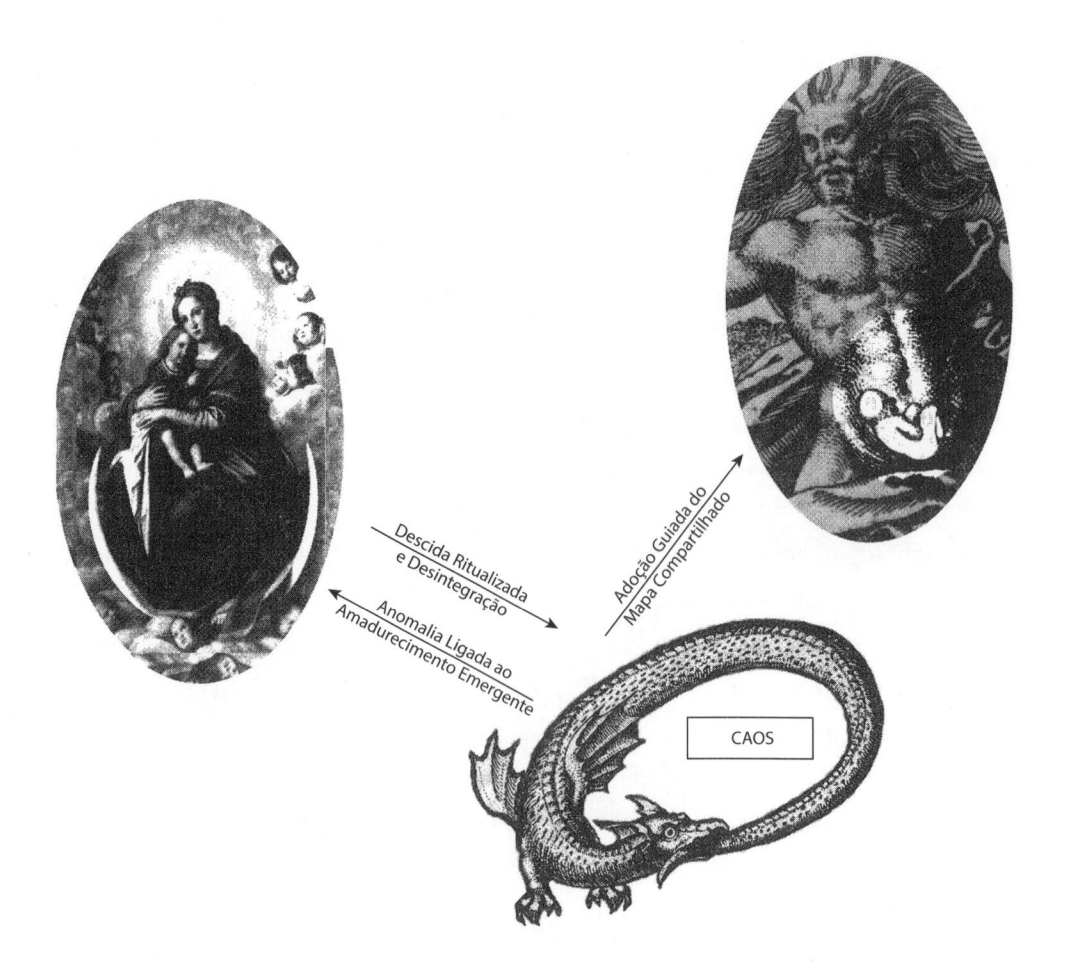

Figura 3.1: "Morte" e "Renascimento" do Iniciado Adolescente

Comparativamente mais abstrato, o rito do batismo é baseado em princípios semelhantes. O batismo é a representação dramática ou episódica do ato ou ritual de iniciação – ou, no mínimo, encontra-se a meio caminho entre as formas inteiramente "inconscientes" ou processuais de iniciação e seus equivalentes simbólicos semanticamente abstraídos. O batismo é nascimento espiritual (renascimento), em oposição ao nascimento da carne. A pia da Igreja, que contém a água batismal, é um análogo simbólico do útero[11] (o *uterus ecclesiasticus*), o lugar "original" que transforma o caos pré-cosmogônico em matéria personificada em espírito (em "personalidade"). Quando o iniciado é mergulhado na (hoje aspergido com) água batismal, ele é simbolicamente reduzido da estabilidade insuficiente ao caos; é afogado como um ser profano e depois ressuscitado; é reunido (de modo incestuoso, falando do âmbito mítico) com a Grande Mãe e, em seguida, renascido formalmente na comunidade do espírito.[12] Essas reduções abstratas para a "morte" e reconstruções simbólicas constituem ritualização e representação dos processos infinitamente necessários à revitalização da personalidade individual e do grupo social. Eliade afirma:

> A maioria das provações iniciadoras implica, de forma mais ou menos clara, uma morte ritual seguida de ressurreição ou novo nascimento. O momento central de toda iniciação é representado pela cerimônia que simboliza a morte do neófito e seu retorno à irmandade dos vivos. Mas ele retorna à vida como um novo homem, assumindo outro modo de ser. A morte iniciatória significa o fim imediato da infância, da ignorância e da condição profana [...].
>
> Todos os ritos de renascimento ou ressurreição, e os símbolos que eles implicam, indicam que o neófito alcançou outro modo de existência, inacessível àqueles que não passaram pelas provações iniciatórias, que não provaram a morte. Devemos notar essa característica da mentalidade arcaica: a crença de que um estado não pode ser alterado sem, primeiro, ser aniquilado – no presente caso, sem a morte da criança para a infância. É impossível exagerar a importância dessa obsessão por inícios, que, em suma, é a obsessão pelo início absoluto, a cosmogonia. Para uma coisa ser bem-feita, ela deve ser feita como se fosse pela primeira vez. Mas, na primeira vez, a coisa – essa classe de objetos, esse animal, esse comportamento específico – não existia: quando, no início, esse objeto, esse animal, essa instituição veio a existir, foi como se, através do poder dos Deuses, ela surgisse do não ser.

---

[11] Ver Neumann, E. (1955), p. 61.
[12] Ibidem. Em particular, o Capítulo 15.

A morte iniciatória é indispensável para o início da vida espiritual. Sua função deve ser entendida em relação ao que ela prepara: nascimento para um modo de ser superior [...]. A morte iniciatória muitas vezes é simbolizada, por exemplo, pelas trevas, pela noite cósmica, pelo ventre telúrico, pela cabana, barriga de um monstro. Todas essas imagens expressam uma regressão a um estado pré-formal, a um modo de ser latente (complementar ao Caos pré-cosmogônico), em vez de total aniquilação (no sentido em que, por exemplo, um membro das sociedades modernas concebe a morte). Essas imagens e símbolos da morte ritual estão relacionados de forma inextricável à germinação, com a embriologia; eles já indicam uma nova vida no curso da preparação [...].

Para o pensamento arcaico, então, o homem é feito – ele não se faz inteiro por si só. São os velhos iniciados, os mestres espirituais, que o fazem. Mas esses mestres aplicam o que lhes foi revelado no início dos tempos por Seres Sobrenaturais. Eles são apenas os representantes desses Seres; de fato, em muitos casos, eles os encarnam. Isso é como dizer que, para se tornar um homem, é necessário se assemelhar a um modelo mítico.[13]

Grupos são indivíduos, uniformes na aceitação de um padrão comportamental e um esquema de valores coletivos e historicamente determinados. A internalização desse padrão e sua descrição (os mitos – e as filosofias, em culturas mais abstratas – que o acompanham) produzem simultaneamente a capacidade de agir em determinado ambiente (social), de prever os resultados de tal ação e de determinar o significado de eventos gerais (*significado* intimamente associado a resultados comportamentais). Essa internalização culmina na construção de estruturas de "personalidade" processuais implícitas e declaráveis explícitas, que são mais ou menos isomórficas por natureza, que constituem, de maneira simultânea, o hábito e o conhecimento moral. Hábito é um modo de ser, uma estratégia geral para a "redenção" nas esferas "natural" e "cultural", moldado pelo intercâmbio social de informações repletas de afeto, dominado ao ponto do automatismo "inconsciente". Conhecimento moral é a representação fixa do (outrora) "desconhecido"; é a geração da capacidade de prever o comportamento dos objetos, das outras pessoas e do eu. A soma total da representação exata e comportamentalmente relacionada do mundo como instância de ação constitui a estrutura que reduz o significado múltiplo do plenário existencial para um domínio restrito e, portanto, controlável. Esse significado múltiplo é a ansiedade no primeiro contato (ou sob condições incontroladas,

---

[13] Eliade, M. (1965), p. xii-xiv.

avassaladoras ou involuntárias de exposição) – ansiedade que, de outro modo, seria gerada em resposta a tudo. Portanto, a interferência na encarnação catalisada pela iniciação do grupo adolescente é a interrupção ou falha em (re)criar a estrutura que proporciona alívio para a ansiedade existencial insuportável.

Uma sociedade "funciona" até o grau em que oferece aos seus membros a capacidade de prever e controlar os eventos em seu campo experiencial – até o grau em que fornece uma barreira, uma proteção contra o desconhecido ou inesperado. A cultura fornece um modelo ritual para a emulação comportamental e uma heurística para o desejo e a previsão – procedimentos ativos para o comportamento nos mundos social e não social, além da descrição dos processos nos mundos social e não social, incluindo processos comportamentais. Assim, a incorporação da cultura significa a adaptação fixa ao desconhecido; significa, ao mesmo tempo, a inibição do medo induzido pela novidade, a regulação do comportamento interpessoal e a disponibilização do modo de ser redentor. O grupo é a estrutura histórica que a humanidade construiu entre o indivíduo e o terrível desconhecido. A representação intrapsíquica da cultura – o estabelecimento da identidade de grupo – protege os indivíduos do medo avassalador de sua própria experiência; do contato com o significado a priori das coisas e situações. Essa é a intercessão do Grande Pai mítico contra o terrível mundo da Grande Mãe. Tal intercessão é a disponibilização de um esquema específico direcionado ao objetivo, permitindo a transformação dos caprichos da experiência individual em eventos positivos, dentro de um contexto social, sob a proteção contra o insuportável desconhecido.

Essa estrutura cultural historicamente determinada é feita de respostas corajosamente formuladas e criativamente integradas às situações que surgem comumente no curso da experiência humana, arranjadas segundo sua importância relativa, organizadas para minimizar, ao mesmo tempo, os conflitos interpessoais externos e os motivacionais intrapsíquicos, e para permitir a adaptação permanente. Essa estrutura socialmente transmitida (sobretudo não verbal) de suposição, expectativa e comportamento é muito estável, na maioria dos casos. Ela viu tudo e fez tudo, digamos assim, e não pode ser comprometida com facilidade. Na maioria das situações, ela governa de maneira eficiente a interação social, a expectativa geral e a organização do comportamento dirigido a um objetivo. Na sua forma imitativa implícita, dramática e narrativa, ela é excepcionalmente durável e bastante resistente à revolução social ingênua.[14] No entanto, essa estabilidade só é vantajosa em tempos estáveis. Em circuns-

---

[14] Há evidência, por exemplo, de que as culturas dinásticas do Egito Antigo existiram de maneira quase inalterada por um período de mil e quinhentos anos (após a Quinta

tâncias excepcionais – quando o ambiente muda com rapidez, por razões alheias ou não à atividade humana –, a "personalidade" histórica deve ser alterada ou até mesmo qualitativamente reconfigurada para permitir que uma adaptação igualmente rápida ocorra. Esse processo de rearranjo se baseia necessariamente na interrupção (morte) da velha ordem. A dissolução da velha ordem significa retorno (potencial) do significado determinado dos objetos experienciais ao seu estado de caos pré-classificado – simultânea e insuportavelmente ameaçador, e secundária e infinitamente promissor. A compreensão da inevitabilidade dessa dissolução, por mais vaga que seja, constitui uma potente barreira para o processo de readaptação criativa.

A estrutura histórica "protege a si" e à sua estrutura de duas maneiras relacionadas. Em primeiro lugar, ela inibe de forma intrínseca comportamentos recompensadores, mas "antissociais" (aqueles que podem abalar a estabilidade da cultura de grupo), ao associá-los à punição certa (ou, pelo menos, à ameaça de punição). Essa punição pode incluir a aplicação efetiva de sanções indesejáveis ou, de forma mais "sutil", a suspensão do "direito de servir como representante reconhecido da estrutura social". Isso significa, no último caso, a perda individual forçada da identificação com (imitação de, internalização de) tal estrutura social (ao menos para o outrora socializado) e a indução de culpa ou ansiedade esmagadora, por consequência da perda do objetivo, da dissolução do valor e da subsequente reexposição à novidade da experiência descontextualizada. É o potencial para tal estado afetivamente insuportável que constitui o poder do banimento – que pode ser usado pelas sociedades de forma "consciente" para punir os infratores – ou que pode ser vivenciado como um estado autoinduzido por indivíduos descuidados, arrogantes ou ignorantes ao ponto de "matar" aquilo que os sustenta.[15]

Dinastia, 2500-2300 a.C.). Eliade, M. (1978b), p. 86.

[15] Este é o tema mítico de *Crime e Castigo*, de Dostoiévski (1993). Raskólnikov, o protagonista socialista "revolucionário" de Dostoiévski, coloca-se acima de Deus (mais ou menos à maneira do super-homem de Nietzsche) e resolve cometer um crime (assassinato), justificado elaborada e cuidadosamente pelo apelo à racionalidade desmitologizada. O crime é bem-sucedido, mas Raskólnikov é incapaz de suportar seu fardo e o confessa, em razão de uma compulsão intrapsíquica (na ausência de uma necessidade objetiva). Como resultado, consegue reconquistar sua identidade (protetora) com a comunidade em geral.

Em anos recentes, esse tema foi revisitado por Woody Allen, grande admirador da literatura russa, em seu filme *Crimes e Pecados* (1989). O protagonista de Allen, um médico respeitado, mata a amante para impedir que ela abale a (falsa) segurança de sua família. Ao contrário de Raskólnikov, o bom médico não sofre nenhum trauma psíquico duradouro, e tudo "volta ao normal" em menos de um ano. O filme, plácido na superfície, é mais assustador do que o livro torturante de Dostoiévski. Neste último, impera a ordem

Em segundo lugar, a estrutura histórica culturalmente determinada protege e mantém a si mesma por meio da promoção ativa da participação individual em estratégias comportamentais que satisfaçam a demanda individual e, ao mesmo tempo, aumentem a estabilidade do grupo. A maneira socialmente construída de uma *profissão*, por exemplo, possibilita ao indivíduo que a encarna a oportunidade de agir de forma significativa de modo tal que apoie ou, pelo menos, não comprometa a estabilidade da estrutura historicamente determinada que regula a função de seu sistema de resposta a ameaças. Por conseguinte, a adoção de uma "personalidade profissional" socialmente sancionada dá ao indivíduo iniciado e identificado a oportunidade de prazer aprovado pelos pares e derivado do objetivo intrínseco, relativamente livre de punição, vergonha e culpa. A concorrência potencialmente perturbadora entre modos de ser socialmente santificados, dentro de determinado grupo social, também está sujeita à minimização cultural. Cada uma das muitas profissões cuja união compreende uma complexa sociedade operacional é consequência das atividades heroicas do passado que estabeleceram a profissão, modificada pelas atividades também heroicas que possibilitaram sua manutenção e "atualização" (na presença de outras atividades concorrentes e da demanda "ambiental" em constante mudança). "Advogado" e "médico", por exemplo, são duas ideologias personificadas, encaixadas dentro de esquemas narrativos abrangentes mais complexos, cujos domínios de atividade, conhecimento e competência foram delimitados, um contra o outro, até ambos poderem ocupar o mesmo "território" sem o aparecimento de conflitos destrutivos e contraproducentes. Essa é a "organização dos reis mortos", por assim dizer, sob o domínio do "herói": médicos e advogados estão sujeitos a "princípios (legais) de ordem superior" que regem seu comportamento, de forma que um grupo pode tolerar – pelo menos dentro da razão – a presença do outro.

O sistema patriarcal devidamente estruturado satisfaz as necessidades do presente enquanto "leva em conta" as do futuro; ao mesmo tempo, ele equilibra as demandas do eu com as dos outros. A adequação da "solução cultural" é julgada pela resposta afetiva individual. Essa base de verificação em afeto universalmente constante, combinada às restrições adicionais da estabilidade e da adaptabilidade, significa a construção inevitável de grupos humanos e de sistemas morais

---

moral (baseada no respeito pelo valor intrínseco do indivíduo), contrastando com a racionalidade presunçosa. No filme, a falta de sentido racional prevalece de modo absoluto – embora permaneça levemente velada pela amabilidade e pretensão urbanas.

humanos com características e processos de geração centralmente identificáveis. A construção de um grupo bem-sucedido, a mais difícil das proezas, significa o estabelecimento de uma sociedade composta por indivíduos que agem no próprio interesse (o suficiente, pelo menos, para tornar sua vida suportável) e que, ao fazer isso, simultaneamente mantêm e desenvolvem a própria cultura. A "demanda por satisfazer, proteger e adaptar, individual e socialmente" – e fazê-lo durante vastos e variáveis períodos –, coloca severas restrições intrínsecas sobre a forma como as sociedades humanas bem-sucedidas podem funcionar. Pode-se dizer que tais restrições fornecem limites universais para a moralidade humana aceitável. A natureza do que constitui essa aceitabilidade promove conflito ou debate direto quanto aos detalhes, mas o quadro global é necessariamente claro. Esse quadro é apresentado e representado em ritual, mitologia e narrativa, que sempre retratam temas intrinsecamente significativos, representando a si próprios de forma fascinante. Nietzsche afirma:

> Os conceitos filosóficos individuais não são algo fortuito e que se desenvolve por si, mas crescem em relação e em parentesco um com o outro; embora surjam de modo aparentemente repentino e arbitrário na história do pensamento, não deixam de pertencer a um sistema, assim como os membros da fauna de uma região terrestre – tudo isto se confirma também pelo fato de os mais diversos filósofos preencherem repetidamente um certo esquema básico de filosofias possíveis. À mercê de um encanto invisível, tornam a descrever sempre a mesma órbita: embora se sintam independentes uns dos outros com sua vontade crítica ou sistemática, algo neles os conduz, alguma coisa os impele numa ordem definida, um após o outro – precisamente aquela inata e sistemática afinidade entre os conceitos. O seu pensamento, na realidade, não é tanto descoberta quanto reconhecimento, relembrança; retorno a uma primeva, longínqua morada perfeita da alma, de onde os conceitos um dia brotaram – neste sentido, filosofar é um atavismo de primeiríssima ordem[16,17]

A adoção de um modo de ser particular possibilita, de forma concomitante, a determinação do significado dos objetos e a moralidade dos comportamentos. Os objetos adquirem importância de acordo com sua utilidade percebida – relativa a sua capacidade de se mover para mais longe do presente insuportável, rumo ao

---

[16] Nietzsche, F. (1968a), p. 217.
[17] Seção 20 de *Além do Bem e do Mal*. (N. E.)

futuro ideal; outrossim, o comportamento moral é visto como um ato que promove e o comportamento imoral como um ato que impede ou prejudica esse movimento. É claro que a identificação do que constitui a base para se estabelecer a natureza da moralidade ou o valor comparativo dos objetos não é algo simples. De fato, tal julgamento compreende a exigência constante e central de adaptação. Nenhuma solução ou resposta fixa para esse problema pode ser oferecida – a essa questão "da natureza do ideal mais elevado" ou "da natureza do bem maior" – porque o ambiente que coloca a questão, por assim dizer, muda o tempo todo, à medida que o tempo avança (essa mudança constitui, de fato, o avanço do tempo). Todavia, o fato constante da eterna mudança não elimina a utilidade de todas as respostas "morais", pois tais respostas devem ser formuladas antes que qualquer ação ou interpretação possa ocorrer. O tempo apenas torna a oferta de estrutura fixa como solução uma eterna tolice – estrutura fixa, isto é, em oposição ao *processo* (neste caso, o processo comunicativo, criativo e padronizado de estrutura adaptativa geradora).

O conflito, nos planos individual e social, constitui uma controvérsia sobre o valor comparativo das experiências, dos objetos e dos comportamentos. O pressuposto não declarativo "a", no qual o comportamento "a" (hipoteticamente) se baseia, fica sujeito ao pressuposto "b", "b" ao "c", e assim por diante, de acordo com algum esquema ou conceito implícito de valor supremo que se manifesta, primeiro, no comportamento e no conflito comportamental, muito antes que possa ser representado de forma episódica ou semântica. Pode-se dizer que o surgimento de um esquema de valor supremo é uma consequência inevitável da evolução social e exploratória do homem. A estrutura cultural, encarnada de modo intrapsíquico, tem origem na ação criativa, na imitação dessa ação, na integração de ação e ação imitada – constitui ação adaptativa e representação do padrão integrado de ação. Os procedimentos podem ser mapeados na memória episódica e abstraídos em essência pelo sistema semântico. Esse processo resulta na construção de uma história ou narrativa. Qualquer narrativa contém implicitamente um conjunto de pressuposições morais. A representação desse código moral (primariamente social) em forma de memória episódica constitui a base para o mito; fornece a base e o material para um eventual desenvolvimento linguisticamente mediado do dogma religioso ou da moralidade codificada. As vantagens dessa codificação são aquelas concedidas pela abstração *per se* – facilidade de comunicação, facilitação da transformação – e pela declaração formal de princípios (historicamente santificados) úteis na mediação de disputas emergentes e centradas em valores. Entre as desvantagens – mais sutis, e mais facilmente não reconhecidas – estão o encerramento prematuro do esforço criativo e a dependência dogmática da sabedoria do passado (morto).

Os seres humanos, como animais sociais, agem "como se" motivados por um sistema (limitado) de conjunto de virtudes morais mais ou menos internamente consistentes e integradas, mesmo na ausência de uma representação explícita (declarativa) desse sistema. A natureza dessas virtudes, personificadas no comportamento, em sua origem, tem se tornado mais e mais consciente (mais representada no pensamento declarativo e na lembrança) no curso da evolução cognitiva humana socialmente mediada. No entanto, é muito difícil determinar e afirmar de modo explícito em que consiste o comportamento virtuoso; descrever com exatidão como é que as pessoas deveriam agir (e agem) para identificar aqueles fins aos quais o comportamento deve ser dedicado, e fornecer justificativa explícita e rigorosa para tais alegações. A cultura é, em grande medida, um código moral compartilhado, e os desvios desse código são, em geral, identificados com facilidade, ao menos *post-hoc*. Mas ainda é o caso que a descrição do domínio da moralidade tende a exceder a capacidade do pensamento declarativo, e que a natureza de muito do que pensamos como comportamento moral ainda está, portanto, incorporada no procedimento inconsciente. Como resultado, é fácil nos confundirmos quanto à natureza da moral e tirarmos conclusões "fixas" inadequadas, inoportunas e perigosas.

O conservador venera a própria cultura, apropriadamente, como a criação daquilo que merece lealdade primária, lembrança e respeito. Essa criação é a solução concreta para o problema de adaptação: "como se comportar?" (e como isso pode ser representado e comunicado?). Por conseguinte, é muito fácil errar na atribuição de valor e venerar a solução específica em si, em vez da fonte dessa solução. Daí a injunção bíblica:

> Não terás outros deuses diante de mim.
> Não farás para ti imagem esculpida de nada que se assemelhe ao que existe lá em cima nos céus, ou embaixo na terra, ou nas águas que estão debaixo da terra.
> Não te prostrarás diante desses deuses e não os servirás, porque eu, Iahweh teu Deus, *sou um* Deus ciumento, que puno a iniquidade dos pais sobre os filhos até a terceira e a quarta geração dos que me odeiam [...]. (Êxodo 20,3-5.)

Essa injunção "arbitrária" existe, em grande parte, porque uma atenção muito menos explícita geralmente é dada (*pode* ser dada, nos estágios iniciais da representação abstrata) ao mais fundamental, mas mais abstrato e difícil, *metaproblema* da adaptação – "como é (ou foi) determinado como se comportar?" ou "qual é a natureza do procedimento comportamental que leva ao estabelecimento de um ordenamento classificatório das formas válidas de como se comportar? (que leva à adaptação bem--sucedida, como tal?)" e "como isso pode ser representado e comunicado?". A resposta às perguntas "o que constitui o valor mais elevado?" ou "qual é o bem maior?" é, na realidade, a solução *para o metaproblema*, não o problema, embora as soluções para o último tenham sido e sejam, no presente, constantemente confundidas com soluções para o primeiro – para o constante detrimento (muitas vezes mortal) daqueles que tentam resolver o primeiro.

A precisa natureza daquilo que constitui a moralidade ainda foge à exposição declarativa. A estrutura moral, codificada no comportamento, é muito complexa para se formular de modo completo e consciente. No entanto, essa estrutura permanece um sistema integrado (em essência, uma personalidade historicamente determinada e sua representação), um produto dos esforços determinados (processuais e declarativos) dedicados à adaptação integrada, e não uma mera compilação aleatória ou mesmo incompreensível de rituais e crenças. A cultura é uma estrutura destinada à conquista de certos fins (afetivamente baseados), no presente imediato e no longo prazo. Como tal, dada estrutura cultural deve necessariamente atender a uma série de requisitos rigorosos e limitados de forma drástica: (1) deve ser autossustentável (no sentido de promover atividades que lhe permitam manter sua forma central); (2) deve ser flexível o bastante para permitir a constante adaptação a circunstâncias ambientais constantemente mutantes; e (3) deve conquistar a lealdade dos indivíduos que a compõem.

O primeiro requisito é tão fundamental, mesmo no curto prazo, que parece autoevidente. Uma cultura deve promover atividades que possibilitem a própria manutenção, ou devorará a si mesma. O segundo requisito – flexibilidade – é mais difícil de cumprir, sobretudo em conjunto com o primeiro (automanutenção). Uma cultura deve promover atividade que apoie a si mesma, mas, ao mesmo tempo, deve permitir inovações suficientes para que uma alteração essencialmente imprevisível na circunstância "ambiental" possa ser atendida com a devida alteração na atividade comportamental. Culturas que tentam se manter por meio do fomento à adesão absoluta a princípios tradicionais tendem a falhar sem demora no segundo requisito e a se desmantelar de forma abrupta. Culturas que permitem mudanças irrestritas, por sua vez, tendem a fracassar no primeiro e também a se desmantelar com rapidez. O terceiro requisito (lealdade da população) pode ser considerado um pré-requisito para os outros dois. Uma cultura duradoura deve ter apoio (voluntário) daqueles que a compõem.

Isso significa, em última análise, que seu modo de funcionamento deve permanecer verificado pela soma total de afeto individual; significa que aqueles que constituem o grupo devem permanecer satisfeitos com seu funcionamento – devem obter recompensa suficiente, proteção contra punição, provisão de esperança e alívio de ameaça para tornar suportáveis as exigências de manutenção do grupo. Além disso, a solução do grupo deve *parecer* ideal – em comparação com todas ou quaisquer alternativas reais ou imagináveis. A atração irresistível de ideologias utópicas simplistas, mesmo no "cético" século XX, é uma prova da severa dificuldade desse requisito final.

Em circunstâncias aquém do ideal, o problema da "proteção para o indivíduo em desenvolvimento" e da "manutenção da estrutura social protetora e uniforme" é resolvido pelo sacrifício permanente da diversidade individual em favor da estabilidade e da identidade do grupo. Essa solução bane o medo de forma eficaz, no curto prazo, mas também elimina o potencial necessário e a capacidade de transformação "adaptativa". A solução aquém do ideal para o problema do perigo autoritário ou totalitário, por sua vez, é denegritória para o papel da sociedade, é atribuir o mal aos seus efeitos, é degeneração das habilidades tradicionais e de aprendizagem. Isso é sacrificar o Pai Terrível sem reconhecer a necessidade de sua ressurreição – e é, portanto, um convite à intrusão do caos. A solução para o problema da necessidade de identificação do grupo deve, pelo contrário, ser encontrada na filosofia da aprendizagem: cada indivíduo deve voluntariamente se submeter a um mestre – um "rei sábio" – cujo objetivo não é tanto a manutenção e a proteção da própria identidade e *status*, mas a construção de um indivíduo (um "filho") capaz de transcender as restrições do grupo.

Portanto, o "rei sábio" ideal, a quem a subordinação pode ser considerada necessária, deve ser um indivíduo cuja "identidade" esteja aninhada dentro de uma hierarquia cujo território mais distante está ocupado pelo herói exploratório, ou um grupo sobre o qual se pode dizer o mesmo. Assim, o "grupo" ou mestre ideal pode ser conceitualizado, mais uma vez, como Osíris (as tradições do passado) encaixado em Hórus/Rá (o processo que originalmente criou essas tradições, e que agora as atualiza). Isso significa que o "metaproblema" de adaptação – *"qual é a natureza do procedimento comportamental que leva ao estabelecimento e ao ordenamento classificatório das formas válidas do como se comportar? (que leva à adaptação bem-sucedida, como tal?)"* – foi resolvido pelos grupos que asseguram que suas tradições, admiradas e imitadas, sejam, no entanto, subordinadas à autoridade final do herói criativo. Então, o "bem maior" torna-se "imitação (veneração) do processo representado pelo herói", que, conforme os antigos sumérios diziam, restaura todos os "deuses arruinados, embora eles fossem sua própria criação".[18]

A moralidade humana é atividade exploratória (e subsídio para tal), realizada em um contexto social suficientemente estável, funcionando dentro de limitações severas, personificada em ação, secundariamente representada, comunicada e abstratamente elaborada em memória episódica e semântica. Essa moralidade – ato e pensamento – é não arbitrária na estrutura e dirigida de modo específico ao objetivo. Ela é baseada na conceitualização do bem maior (que, em sua forma mais elevada, é uma organização social estável que possibilita a manifestação do processo de adaptação criativa), imaginado em comparação com o presente representado. Tal atividade conceitual possibilita a determinação do comportamento aceitável e a limitação imposta sobre o significado dos objetos (sempre considerados, nos termos de sua utilidade funcional, ferramentas, em certo sentido, para a conquista de um fim desejado).

O estado patológico leva a imitação do "corpo das leis" ao extremo e às tentativas de governar cada detalhe da vida individual. Essa "imitação total" reduz a flexibilidade comportamental do estado e deixa a sociedade cada vez mais vulnerável à devastação por meio da transformação ambiental (por meio do influxo da "mudança caótica"). Assim, o estado sofre por falta de "água da vida", até ser repentinamente inundado e banido do mapa. O estado saudável, por sua vez, compele a imitação mais na forma de afiliação voluntária (até o estabelecimento da competência e da disciplina individuais). Após a bem-sucedida "aprendizagem", o indivíduo é competente para servir como seu próprio mestre – para servir como uma encarnação autônoma do herói. Isso significa que a capacidade do indivíduo para a "imitação cultural" – isto é, sua capacidade de subserviência à ordem tradicional – tem sido subordinada à sua capacidade de funcionar como processo que faz a mediação entre a ordem e o caos. Logo, cada indivíduo "adequadamente socializado" vem a atuar como Hórus (o rei Sol, o filho do Grande Pai), depois de adquirir a sabedoria de Osíris a duras penas.

A adoção da identidade de grupo – a aprendizagem do adolescente – disciplina o indivíduo e traz a necessária previsibilidade para suas ações dentro do grupo social. A identidade do grupo, no entanto, é uma construção do passado, moldada para lidar com eventos característicos do passado. Embora seja razoável

---

[18] Tablet 6:152-153; Heidel, A. (1965), p. 53. Ver nota de rodapé 231, do Capítulo 2.

ver tal identidade como um estágio necessário do desenvolvimento, é patológico vê-la como o ponto-final do desenvolvimento humano. O presente consiste, em grande medida, de novos problemas, e a dependência da sabedoria dos mortos, não importando quão heroicos, eventualmente compromete a integridade dos vivos. O aprendiz bem treinado, no entanto, possui as habilidades dos mortos e a inteligência dinâmica dos vivos. Isso significa que ele pode se beneficiar do – até mesmo se alegrar com o – inevitável contato com a anomalia em suas formas mais variadas. Portanto, o nível de moralidade mais elevado governa o comportamento nesses espaços onde a tradição *não* governa. O herói exploratório está em casa no território inexplorado – é amigo do estrangeiro, ouvido receptivo à nova ideia, e um revolucionário social cauteloso, disciplinado.

4
O APARECIMENTO DA ANOMALIA

Desafio para o Mapa Compartilhado

Teorias morais necessariamente compartilham características comuns com outras teorias. Em geral, uma das características compartilhadas mais importantes das teorias é sua dependência de pressuposições "extrateóricas". As pressuposições "extrateóricas" de teoremas morais explícitos parecem tomar forma implícita na imagem e, mais fundamentalmente, na ação. Comportamentos morais e esquemas de avaliação surgem como consequência da interação comportamental desenvolvida no mundo social: cada indivíduo, motivado a regular suas emoções por meio da ação, modifica o comportamento de outros que operam no mesmo ambiente. A consequência dessa modificação mútua, operando ao longo do tempo, é o surgimento de um padrão de comportamento estável, "projetado" para corresponder às necessidades individuais e sociais de forma simultânea. Eventualmente, esse padrão comportamental vem a ser codificado em imagem, anunciado na narrativa e representado de modo explícito em palavras. No indivíduo integrado – ou no estado integrado –, a ação, a imaginação e o pensamento verbal explícito são isomórficos: crenças explícitas e mediadas por imagens e comportamentos reais formam uma unidade coerente. Teorias verbais da moralidade (regras explícitas) correspondem às imagens tradicionais do comportamento moral, e a ação realizada se mantém em concordância com ambas. Essa moralidade integrada empresta previsibilidade ao comportamento, constitui a base para o estado estável e ajuda a garantir que a emoção permaneça sob controle.

O surgimento da anomalia constitui uma ameaça à integridade da tradição moral que rege o comportamento e a avaliação. Coisas ou situações estranhas podem representar um desafio para a estrutura de determinado sistema de ação e suas crenças relacionadas; podem representar um desafio em níveis de organização comparativamente restritos ("normais") ou mais amplos ("revolucionários"). Uma seca prolongada, por exemplo, destrutiva no nível social – ou a ocorrência de uma doença grave ou deficiência, destrutiva no pessoal –, pode forçar a reconstrução do comportamento e a reanálise das crenças que acompanham, seguem ou sustentam esse comportamento. O aparecimento de um estranho – ou, mais comumente, de um grupo de estranhos – pode produzir efeito semelhante. O estrangeiro representa e segue crenças diferentes, utilizando diferentes instrumentos e conceitos. A mera existência dessas crenças, ações e ferramentas anômalas – em geral, a consequência de processos evolutivo-sociais prolongados, complexos e poderosos – pode ser suficiente para transformar por completo ou até mesmo destruir a cultura que as encontrar desprepa-rada. As culturas também podem ser perturbadas internamente por consequência da "ideia estranha" – ou, de forma similar, pelas ações do revolucionário.

A capacidade de abstrair, de codificar a moral em imagem e palavra, tem facilitado a comunicação, a compreensão e o desenvolvimento do comportamento e da interação comportamental. No entanto, a capacidade de abstração também tem comprometido a estabilidade da tradição moral. Uma vez que um procedimento foi encapsulado em imagem – e, particularmente, em palavra –, fica mais fácil modificá-lo de modo "experimental"; mas também fica mais fácil casualmente criticá-lo e descartá-lo. Essa capacidade de fácil modificação é muito perigosa, pois as regras morais explícitas e declaráveis que caracterizam determinada cultura tendem a existir por razões ainda implícitas e fundamentais. Portanto, a capacidade de abstração, que facilitou a comunicação de ideias muito complexas e apenas parcialmente compreendidas, é também a capacidade de enfraquecer a própria estrutura que empresta previsibilidade à ação e restringe o significado *a priori* das coisas e situações. Nossa capacidade de abstração é capaz de abalar nosso "inconsciente", isto é, nossa identidade social, imagética e processual, perturbando nossa estabilidade emocional e minando nossa integridade (ou seja, o isomorfismo entre nossas ações, imaginações e teorias ou códigos morais explícitos). Esse abalo nos deixa vulneráveis à possessão por ideologias simplistas e suscetíveis ao cinismo, ao desespero existencial e à fraqueza em face da ameaça.

A capacidade humana de abstração sempre em expansão – central para a "consciência" humana – nos permitiu produzir modelos de nós mesmos que são suficientemente complexos e amplos para levar em conta os limites temporais da vida individual. Os mitos do "conhecimento do bem e do mal" e da "queda do paraíso" representam o surgimento dessa capacidade representacional, disfarçada de "evento histórico". A consequência desse "evento" – qual seja, o desenvolvimento da "autoconsciência" – é a capacidade de representar a morte e de compreender que a possibilidade da morte faz "parte" do desconhecido. Essa "contaminação da anomalia com a possibilidade da morte" aumentou drasticamente o poder emocional e a significância motivacional do desconhecido, e conduziu à produção de sistemas complexos de ação e de crença concebidos para levar aquela terrível possibilidade em conta.

Esses sistemas de ação e crença são religiosos. Eles são os meios tradicionais para se lidar com a sombra jogada sobre a vida pelo conhecimento da mortalidade. Nossa incapacidade de compreender as tradições religiosas – e o consequente menosprezo consciente de suas perspectivas – diminui de modo drástico a utilidade do que elas têm a oferecer.

Somos conscientes o bastante para desestabilizar nossas crenças e nossos padrões tradicionais de ação, mas não conscientes o bastante para compreendê-los. No entanto, se as razões para a existência das tradições se tornarem mais explícitas, talvez possamos desenvolver maior integridade social e intrapsíquica. A capacidade de desenvolver essa compreensão pode nos ajudar a usar nossa capacidade racional para apoiar, em vez de destruir, os sistemas morais que nos disciplinam e protegem.

INTRODUÇÃO: A ESTRUTURA PARADIGMÁTICA DO CONHECIDO

O "conhecido" é uma estrutura hierárquica composta de "muros dentro de muros". O indivíduo se encontra no meio de uma série de anéis concêntricos, compostos de "personalidades" integradas de seus ancestrais, encaixadas (ao menos idealmente) na figura do herói exploratório. Os muros internos dependem, para sua proteção – para sua existência e validade permanentes –, da integridade dos muros externos. Quanto mais "externo" for determinado muro, mais "implícita" é sua estrutura – isto é, mais ele está encarnado em comportamento e imagem, em vez de explícito em palavra. Além disso, quanto mais "externo" o muro, mais velha é a "personalidade", mais ampla é a faixa de sua aplicabilidade e maior é a magnitude da emoção que mantém sob controle. Grupos – e indivíduos – podem compartilhar alguns níveis do conhecido, mas não outros. As semelhanças explicam a "identidade compartilhada de grupo", na medida em que ela existe; as diferenças explicam a identificação do outro com as forças do caos.

Rituais projetados para fortalecer a identidade mantêm o caos à distância, mas ameaçam a identificação individual com o herói exploratório – uma identidade da qual, em última análise, a manutenção do grupo depende. Portanto, para o bem do grupo, o indivíduo não deve se tornar subserviente ao grupo.

> *Os aspectos para nós mais importantes das coisas estão ocultos pela sua simplicidade e trivialidade. (Podemos não notá-los por tê-los sempre diante dos nossos olhos.) Os homens não se dão conta dos verdadeiros fundamentos de sua pesquisa. A menos que uma vez tenham se dado conta disto. – E isto significa: não nos damos conta daquilo que, uma vez visto, é o mais marcante e o mais forte.*[1,2]

Um sistema moral – um sistema da cultura – necessariamente tem características em comum com outros sistemas. A mais fundamental das características compartilhadas dos sistemas foi identificada por Kurt Gödel. O Teorema da Incompletude de Gödel demonstrou que qualquer sistema internamente lógico e coerente de proposições deve *necessariamente* ser baseado em suposições que não podem ser comprovadas dentro dos limites daquele sistema. O filósofo da ciência Thomas Kuhn, discutindo o progresso da ciência, descreveu sistemas similares, baseados em pressupostos implícitos, como *paradigmáticos*. Sistemas paradigmáticos explicitamente científicos, o foco da atenção de Kuhn, estão preocupados com a previsão e o controle de eventos cuja existência pode ser verificada de maneira formal específica, e oferecem "problemas modelares e soluções para uma comunidade de praticantes".[3] O pensamento pré-experimental – que significa, em primeiro lugar, o pensamento moral (pensamento sobre o significado ou importância de eventos [objetos e comportamentos]) – também aparece necessariamente caracterizado pela estrutura paradigmática.

Um paradigma é uma ferramenta cognitiva complexa, cujo uso pressupõe a aceitação de um número limitado de axiomas (ou *definições do que constitui a realidade para fins de argumento e ação*), cujas interações produzem uma estrutura explanatória e preditiva internamente consistente. O pensamento paradigmático pode ser descrito como o pensamento cujo domínio foi formalmente limitado; pensamento que age "como se" algumas perguntas tivessem sido respondidas de maneira definitiva. As "limitações do domínio" ou as "respostas às perguntas" compõem as afirmações axiomáticas do paradigma, que são, segundo Kuhn, "explicitamente" formuladas – semanticamente representadas, conforme o argumento aqui exposto – ou deixadas "implícitas" – incorporadas na fantasia (episódica) ou comportamento personificado. A validade dos

---

[1] Wittgenstein, L. (1958), p. 50.
[2] Item 129 das *Investigações Filosóficas*, de Wittgenstein, na tradução de José Carlos Bruni. (N. E.)
[3] Kuhn, T.S. (1970), p. viii.

axiomas deve ser aceita na fé ou (pelo menos) demonstrada pelo uso de uma abordagem que seja externa ao paradigma em questão (que representa a mesma coisa que a fé, de acordo com a perspectiva "interna ao paradigma").

Em alguns aspectos, um paradigma é como um jogo. O jogo é opcional, mas, uma vez iniciado, deve ser regido por regras (socialmente verificadas). Essas regras não podem ser questionadas com o jogo em andamento (ou, se forem, *é um jogo diferente*. Crianças que discutem sobre como jogar futebol não estão jogando futebol. Em vez disso, estão engajadas em uma forma de filosofia). O pensamento paradigmático possibilita a compreensão de uma infinidade de "fatos" por meio da aplicação de um sistema finito de pressuposições – possibilita, em última análise, que o sujeito limitado formule compreensão provisória suficiente do objeto experiencial ilimitado (incluindo o sujeito).

A cultura humana tem, por necessidade, uma estrutura paradigmática – dedicada não à descrição objetiva do que é, mas à descrição da relevância afetiva acumulada, ou significado, do que é. A capacidade de determinar a relevância motivacional de um objeto ou situação depende, por sua vez, da representação de um estado (hipoteticamente) ideal (concebido em contraste à conceitualização do presente) e da geração de uma sequência de ação projetada para atingir esse ideal. São artigos de fé (declarados, não declarados e indeclaráveis) que sustentam essa representação tripartida e mantêm todo o processo em operação. Esses "artigos de fé" são, por assim dizer, axiomas da moralidade – alguns explícitos (representados de forma declarativa em imagem e palavra), a maioria ainda implícita – que evoluíram no curso da exploração humana e da organização social, ao longo de centenas de milhares de anos. Em seus estados puramente implícitos, esses axiomas são extremamente resistentes a alterações. Uma vez explicitados (em parte), os axiomas morais logo se tornam tema de um interminável debate, cuidadoso e minucioso ou descuidado e casual. Tal debate é útil para se manter e ampliar a adaptação, mas também muito perigoso, pois é a existência contínua de axiomas morais incontestados que mantém vivas a importância de outro modo insuportável dos eventos limitados e a possibilidade de ação sem entraves.

Uma estrutura paradigmática permite determinada organização de informações (ilimitadas), segundo princípios limitados. O sistema da geometria euclidiana fornece um exemplo clássico. O indivíduo que deseja gerar um resultado visado de comportamento como consequência da aplicação dos princípios euclidianos é obrigado, pela necessidade, a aceitar certos axiomas "pela fé". Esses axiomas são os seguintes:

1. Um segmento de linha reta pode ser desenhado para unir quaisquer dois pontos.
2. Qualquer segmento de reta pode ser estendido indefinidamente em uma linha reta.
3. Dado qualquer segmento de reta, um círculo pode ser desenhado tendo o segmento como raio e uma extremidade como centro.
4. Todos os ângulos retos são congruentes.
5. Se duas linhas fazem intersecção com uma terceira, de tal maneira que a soma dos ângulos internos de um lado seja menor do que dois ângulos retos, então as duas linhas devem inevitavelmente se intersectar naquele lado, se estendidas o suficiente.[4]

É a interação de cada um dos cinco postulados iniciais – que são tudo o que necessariamente deve ser lembrado, ou compreendido, para a geometria se provar útil – que dá origem à estrutura euclidiana lógica e internamente consistente com a qual todos estamos familiarizados. O que é verdade, a partir da perspectiva dessa estrutura, pode ser estabelecido por referência a esses postulados iniciais. No entanto, os postulados devem ser aceitos. Sua validade não pode ser demonstrada dentro dos limites do sistema. Mas eles podem ser "prováveis" de dentro dos limites de outro sistema – embora a integridade desse sistema ainda vá continuar dependente, por necessidade, de diferentes postulados, até um fim indeterminado A validade de determinada estrutura parece necessariamente assentada em pressuposições "inconscientes" – a pressuposição de que o espaço tem três dimensões, no caso da geometria euclidiana (uma pressuposição sem dúvida questionável).

Em muitos casos, parece que os pressupostos das declarações semânticas explícitas assumem uma forma episódica ou imagética. Os postulados euclidianos, por exemplo, parecem se basear em "fatos observáveis" (imagens "do mundo da experiência", conforme ele é interpretado). Euclides fundamentou seu sistema explícito abstrato (semântico) em "absolutos" observáveis. Pode-se demonstrar concretamente, por exemplo, que quaisquer dois pontos desenhados na areia podem ser unidos por determinada linha. A reiterada ilustração desse "fato" parece (aceitavelmente) convincente – assim como, de forma similar, a demonstração ("empírica") de que qualquer segmento de reta pode ser estendido indefinidamente em uma

---

[4] Tirado de Hofstadter, D.R. (1979), p. 89.

linha reta. Esses postulados (e os três restantes) não podem ser provados dentro dos limites da própria geometria, mas parecem verdadeiros e serão aceitos como tais por *consequência de exemplo prático*. Isso significa que a crença nas pressuposições euclidianas depende da aceitação da experiência prática como certeza suficiente. O euclidiano desenha uma linha na areia, digamos assim, e diz que "as questões param aqui".

De forma semelhante, parece que o que é verdadeiro segundo a perspectiva episódica se baseia na aceitação da validade e na suficiência de operações processuais específicas. Como uma coisa é representada na memória episódica, por exemplo – que é o que uma coisa é, desde que saibamos o que ela é –, parece depender de como ela foi investigada e das "pressuposições" implícitas que conduzem ou limitam as estratégias comportamentais aplicadas a ela no decorrer da exploração criativa. Kuhn afirma:

> Cientistas podem concordar que um Newton, um Lavoisier, um Maxwell ou um Einstein produziram uma solução aparentemente duradoura para um grupo de problemas especialmente importantes e mesmo assim discordar, algumas vezes sem estarem conscientes disso, a respeito das características abstratas específicas que tornam essas soluções permanentes. Isto é, podem concordar na identificação de um paradigma, sem entretanto entrar num acordo (ou mesmo tentar obtê-lo) quanto a uma interpretação ou racionalização completa a respeito daquele. A falta de uma interpretação padronizada ou de uma redução a regras que goze de unanimidade não impede que um paradigma oriente a pesquisa. A ciência normal pode ser parcialmente determinada através da inspeção direta dos paradigmas. Esse processo é frequentemente auxiliado pela formulação de regras e suposições, mas não depende dela. Na verdade, a existência de um paradigma nem mesmo precisa implicar a existência de qualquer conjunto completo de regras.

Ele continua, em uma nota de rodapé:

> Michael Polanyi[5] desenvolveu brilhantemente um tema muito similar, argumentando que muito do sucesso do cientista depende do "conhecimento tácito", isto é, do conhecimento adquirido através da prática e que não pode ser articulado explicitamente.[6, 7]

O euclidiano traça uma linha ligando dois pontos na areia e aceita, pela fé, a suficiência dessa demonstração comportamental e a certeza evidente de seu resultado

---

[5] Polyani, M. (1958).
[6] Kuhn, T.S. (1970), p. 44.
[7] Em *A Estrutura das Revoluções Científicas* (tradução de Beatriz Vianna Boeira e Nelson Boeira, 12. ed. São Paulo: Perspectiva, 2013). (N. E.)

(em parte, porque nenhuma conceitualização alternativa pode ser imaginada no presente). A geometria euclidiana funcionou e foi considerada completa durante séculos porque permitiu a previsão e o controle de todos aqueles fenômenos experienciáveis que surgiram por consequência da atividade humana, limitados em seu domínio pela capacidade comportamental do passado. Há duzentos anos, não sabíamos como agir concretamente, ou pensar abstratamente, de uma forma que produzisse alguma situação cuja natureza não pudesse ser descrita por Euclides. Esse não é mais o caso. Muitas geometrias alternativas e mais inclusivas foram geradas no decorrer do último século. Esses novos sistemas descrevem a natureza da "realidade" – os fenômenos que surgem como consequência do comportamento em curso – de maneira mais completa.

É claro que todas as representações de objetos (ou situações, ou sequências comportamentais) são condicionais, pois podem ser alteradas de forma imprevisível ou até mesmo transformadas por inteiro como consequência de uma exploração adicional (ou por causa do surgimento espontâneo de alguma anomalia). Logo, o modelo (inibidor de ansiedade, especificador de objetivo) do objeto da experiência é inevitavelmente *contingente* – depende, para sua validade, da manutenção daquelas condições (invisíveis) aplicadas e daqueles contextos (não identificados) que eram relevantes quando a informação foi originalmente gerada. Por consequência, o conhecimento é mutável – como Nietzsche observou:

> Ainda há ingênuos observadores de si mesmos que acreditam existir "certezas imediatas"; por exemplo, "eu penso", ou, como era superstição de Schopenhauer, "eu quero": como se aqui o conhecimento apreendesse seu objeto puro e nu, como "coisa em si", e nem de parte do sujeito nem de parte do objeto ocorresse uma falsificação. Repetirei mil vezes, porém, que "certeza imediata", assim como "conhecimento absoluto" e "coisa em si", envolve uma contradictio *in adjecto* [contradição no adjetivo]: deveríamos nos livrar, de uma vez por todas, da sedução das palavras! Que o povo acredite que conhecer é conhecer até o fim; o filósofo tem de dizer a si mesmo: se decomponho o processo que está expresso na proposição "eu penso", obtenho uma série de afirmações temerárias, cuja fundamentação é difícil, talvez impossível – por exemplo, que sou eu que pensa, quem tem de haver necessariamente um algo que pensa, que pensar é atividade e efeito de um ser que é pensado como causa, que existe um "Eu", e finalmente que já está estabelecido o que designar como pensar – que eu sei o que é pensar. Pois se eu já não tivesse me decidido comigo a respeito, por qual medida julgaria que o que está acontecendo não é talvez "sentir" ou "querer". Em resumo, aquele "eu penso" pressupõe que eu compare meu estado

momentâneo com outros estados que em mim conheço, para determinar o que ele é: devido a essa referência retrospectiva a um "saber" de outra parte, ele não tem para mim, de todo modo, nenhuma "certeza" imediata. – No lugar dessa "certeza imediata", em que o povo pode crer, no caso presente, o filósofo depara com uma série de questões de metafísica, verdadeiras questões de consciência para o intelecto, que são: "De onde retiro o conceito de pensar? Por que acredito em causa e efeito? O que me dá o direito de falar de um Eu, e até mesmo de um Eu como causa, e por fim de um Eu como causa de pensamentos?" Quem, invocando uma espécie de intuição do conhecimento, se aventura a responder de pronto essas questões metafísicas, como faz aquele que diz: "eu penso, e sei que ao menos isso é verdadeiro, real e certo" – esse encontrará hoje à sua espera, num filósofo, um sorriso e dois pontos de interrogação. "Caro senhor", dirá talvez o filósofo, "é improvável que o senhor não esteja errado; mas por que sempre a verdade?" [8, 9]

O "objeto" sempre permanece como algo capaz de transcender os "limites" de sua representação; é algo que inevitavelmente retém sua essência misteriosa, sua conexão com o desconhecido e seu potencial para inspirar esperança e medo. O objeto "real" ou "transcendental", por si só, desde que algo assim possa ser considerado, é a soma total de suas propriedades exploradas, *mais aquilo que permanece inexplorado – o próprio desconhecido*.

Nossa compreensão de dado fenômeno é sempre limitada pelos recursos temporais, econômicos e tecnológicos que temos a nosso dispor. O conhecimento é necessariamente contingente, embora não seja menos "objetivo", necessariamente, nem menos "conhecimento", por causa disso. Nossas representações de objetos (ou de situações, ou de sequências comportamentais) são atualmente aceitas como válidas *porque servem a seus propósitos como ferramentas*. Se podemos manipular nossos modelos na imaginação, aplicar as soluções geradas dessa forma no mundo "real" e produzir o resultado desejado, presumimos que nosso entendimento seja válido – e suficiente. Não é senão até fazermos algo, e produzirmos um resultado inesperado, que nossos modelos são considerados insuficientes. Isso significa que nossas representações atuais de determinado fenômeno se baseiam no pressuposto (implícito) de que ocorreu uma exploração suficiente desse fenômeno. "Exploração suficiente" é um julgamento feito por consequência de uma sequência de ação que atinge seu fim desejado ("o que funciona" é "verdadeiro"). Um *procedimento é considerado suficiente*

---

[8] Nietzsche, F. (1968a), p. 213, seção 16.
[9] Seção 16 de *Além do Bem e do Mal*. (N. E.)

quando atinge seu fim desejado – quando atinge seu objetivo. Arquetipicamente, a natureza desse objetivo é o estabelecimento – ou o movimento na direção – de um estado paradisíaco caracterizado pelo alívio estável e dinâmico do sofrimento (insuportável), pela libertação da ansiedade (paralisante), pela abundância de esperança e pela provisão abundante de recompensa primária – a terra pacífica de "leite e mel", em linguagem mítica. Isso quer dizer apenas que o conhecimento serve aos propósitos da vida, em vez de existir por si mesmo.

Algumas formas contingentes de conhecimento – comportamentos, digamos, e esquemas de valor – são provas de valor duradouro, produzindo o resultado desejado em uma ampla variedade de contextos. Estes são "relembrados" – armazenados em ritual e mito – e transmitidos geração após geração. Com o passar do tempo, eles são integrados a todos os outros comportamentos e esquemas de valor existentes, em uma hierarquia que possibilita suas várias expressões. Essa hierarquia, conforme descrita antes, é composta das ações e avaliações dos heróis do passado, organizadas por outros heróis em um caráter social estável, compartilhadas por todos os membros da mesma cultura (assim como a Igreja cristã constitui o corpo simbólico de Cristo). Essa hierarquia foi e continua sendo moldada por ciclos infinitos de *feedback* afetivo, já que os meios e objetivos escolhidos por cada indivíduo e pela sociedade em geral são modificados pelas ações e reações da sociedade e pela presença eterna e inerradicável do próprio desconhecido. A "hierarquia de motivação" resultante pode ser caracterizada de forma mais precisa como uma *personalidade* – a figura "ancestral" mítica que todos imitam, conscientemente (com plena participação do sistema semântico e episódico, do pensamento racional e da imaginação) ou inconscientemente (em ação, apenas, apesar da expressa "descrença"). O padrão comportamental hierarquicamente estruturado (personalidade) que constitui a cultura vem, com a passagem do tempo, a ser representado de forma secundária, isomórfica, em memória episódica e, em seguida, codificado de modo explícito à medida que o desenvolvimento cognitivo atual torna isto possível. Portanto, o código moral explícito é baseado em pressuposições que são válidas apenas a partir da perspectiva episódica; por sua vez, essas representações episódicas derivam sua validade do conhecimento processual, projetado para atender necessidades afetivas na comunidade social e na presença do desconhecido.

Para existir, uma filosofia moral, que é um padrão de comportamento e de interpretação, depende de uma mitologia, que é uma coleção de imagens de comportamentos que surgem, por sua vez, como resultado da interação social (cooperação e competição), projetados para atender exigências emocionais. Essas exigências assumem o que, em essência, é uma forma universalmente constante e limitada, como consequência de sua base psicobiológica inata e a expressão social dessa base. Daí (conforme sugerido antes) as "formas" limitadas do mito. Northrop Frye afirma a esse respeito:

> Eu deveria distinguir entre as preocupações primária e secundária, embora não haja uma linha fronteiriça verdadeira entre elas. As preocupações secundárias resultam do contrato social e incluem laços patrióticos e de outro tipo, como lealdade, crenças religiosas e atitudes e comportamentos condicionados pela classe. Eles se desenvolvem a partir do aspecto ideológico do mito e, por conseguinte, tendem a ser diretamente expressos na linguagem da prosa ideológica. No estágio mítico, eles muitas vezes acompanham um ritual. Tal ritual pode ser concebido, por exemplo, para inculcar em um garoto que ele será admitido na sociedade dos homens em um ritual exclusivo para homens; que ele pertence a essa tribo ou grupo e não àquela, fato que provavelmente determinará a natureza do seu casamento; que esses e não aqueles são seus totens especiais ou deidades tutelares.
>
> Preocupações primárias podem ser consideradas em quatro áreas principais: comida e bebida, junto com necessidades corporais relacionadas; sexo; propriedade (ou seja, dinheiro, posses, abrigo, roupas e tudo o que constitui propriedade no sentido do que é "apropriado" para a vida de alguém); liberdade de movimento. O objeto geral da preocupação primária é expresso na frase bíblica "vida em abundância". Na sua origem, as preocupações primárias não são individuais ou sociais em uma referência assim tão genérica, anterior às reivindicações conflitantes do singular e do plural. Mas, conforme a sociedade se desenvolve, elas se tornam as reivindicações do corpo individual distintas daquelas do corpo político. A fome é um problema social, mas apenas o indivíduo passa fome. Então, uma tentativa sustentada de expressar preocupações primárias pode se desenvolver apenas em sociedades cujo senso de individualidade também se desenvolveu. Os axiomas das preocupações primárias são os clichês mais simples e diretos possíveis de serem formulados: que a vida é melhor que a morte, a felicidade melhor que a angústia; a saúde melhor que a doença, a liberdade melhor que a escravidão, para todas as pessoas, sem exceção significativa.
>
> O que chamamos de ideologia está estreitamente ligado às preocupações secundárias e consistem, em grande medida, de suas racionalizações. E, quanto mais olhamos para os mitos ou padrões narrativos, mais claramente suas ligações com a preocupação primária se destacam [...]. Esse enraizamento do mito

poético na preocupação primária explica o fato de que os temas míticos, distintos dos mitos ou histórias individuais, são limitados em número.[10]

O código moral (explícito) é validado por meio da referência à narrativa (religiosa, mítica); a narrativa é representação (primariamente episódica) da tradição comportamental; a tradição emerge como consequência da adaptação individual às exigências das condições naturais, manifestas (universalmente) na emoção, geradas em um contexto social. A representação episódica – que é a representação do resultado de um procedimento e o procedimento em si – baseia-se na crença na suficiência e validade daquele procedimento; de forma mais sutil, ela tem a mesma estrutura – pelo menos na medida em que é uma representação exata do comportamento – e, portanto, contém a estrutura hierárquica (implícita) do conhecimento processual historicamente determinado de forma mais explícita.

Assim, durante longos períodos históricos, a "imagem" encapsula com precisão cada vez maior o comportamento, e as histórias encontram sua forma essencial e cativante. Frye afirma, com relação ao processo subjacente à "construção" do Novo e do Antigo Testamentos:

> A unidade literária da Bíblia é um subproduto de outra coisa – poderíamos chamá-la de subproduto inconsciente se soubéssemos algo, qualquer coisa, sobre os processos mentais envolvidos. A primeira parte do Antigo Testamento, com suas referências ao Livro de Jasar e similares, parece ter destilado e fermentado uma rica literatura poética para extrair um tipo diferente de essência verbal, e o mesmo processo pode ser visto, em menor escala, no Novo Testamento [...]. O trabalho editorial feito sobre esse material poético anterior não foi uma tentativa de reduzi-lo da poesia para uma espécie de acepção mais simples de prosa, presumindo que tal coisa exista. Esse tipo de acepção implica um apelo direto à credulidade, ao infantilismo, que é uma característica tão exasperante das ideologias religiosas populares e de outro tipo. O que temos é, antes, uma absorção de uma apresentação poética e mítica que nos leva para além do mito, para outra coisa. Ao fazê-lo, ela enganará aqueles que supõem que mito significa apenas algo que não aconteceu.[11]

A codificação semântica de segunda ordem é fundamentada na representação episódica; tende, ao longo do tempo, a reproduzir a estrutura hierárquica dessa representação; e é baseada na aceitação da validade das memórias processual e episódica. Logo, os

---

[10] Frye, N. (1990), p. 42-44.
[11] Frye, N. (1990), p. 103-104.

conteúdos semântico, episódico e processual compartilham (no indivíduo intrapsiquicamente integrado, "consciente" ou psicologicamente saudável) uma estrutura hierárquica idêntica, em suas respectivas formas de ação ou representação. Essa moralidade integrada empresta previsibilidade ao comportamento individual e interpessoal, constitui a base para o estado estável, e ajuda a garantir que a emoção continue controlada e regulada.

A Figura 4.1: A Estrutura Paradigmática do Conhecido apresenta a "personalidade" de um típico indivíduo ocidental – nesse caso, um empresário de classe média e pai. Sua vida individual está encaixada em uma "personalidade" cada vez mais transpessoal, compartilhada, com raízes históricas profundas, cada vez mais implícitas. As "histórias menores", encaixadas dentro das maiores, dependem, para a permanência da sua utilidade, da manutenção das maiores – como a estabilidade econômica da família de classe média, por exemplo, depende do sistema capitalista, como o sistema capitalista está encaixado no pensamento ocidental humanista, como o humanismo depende da noção de valor inerente do indivíduo (da noção de "direitos individuais"), e como o valor inerente do indivíduo depende da sua associação, ou identificação ritual, com o herói comunicativo exploratório. Os níveis "externos" de organização, mais abrangentes, podem existir apenas no comportamento – ou seja, o indivíduo em questão pode ter pouco ou nenhum conhecimento semântico ou imagético explícito de suas raízes históricas, embora ele ainda possa "agir" com uma personalidade historicamente condicionada. Por certo, também é possível – e é cada vez mais a norma – que um indivíduo negue a "crença" explícita na validade da ética judaico-cristã ou na existência de qualquer herói "exploratório transpessoal". Essa negação, no nível da "consciência" explícita (verbalizável), interfere apenas na integridade da personalidade em questão. O aspecto processual que constitui, em grande parte, a crença judaico-cristã (por exemplo) – e até mesmo a identificação ritual com o herói, até certo ponto (a "imitação de Cristo") – quase inevitavelmente permanece intacto (pelo menos no caso do "cidadão respeitável"). Portanto, o indivíduo moderno educado "age", mas não "acredita". Pode-se dizer que a falta de isomorfismo entre a autorrepresentação abstrata explícita e as ações realizadas na realidade cria uma substancial confusão existencial – e suscetibilidade à súbita dominância por qualquer ideologia que forneça uma explicação "mais completa". Tão ou ainda mais perturbadora é a tendência da falta de "crença" explícita que se manifesta, pouco a pouco, na alteração da representação imagética e do comportamento (já que ideias mudam ações ao longo do tempo) e compromete "invisivelmente" a estabilidade intrapsíquica e social.

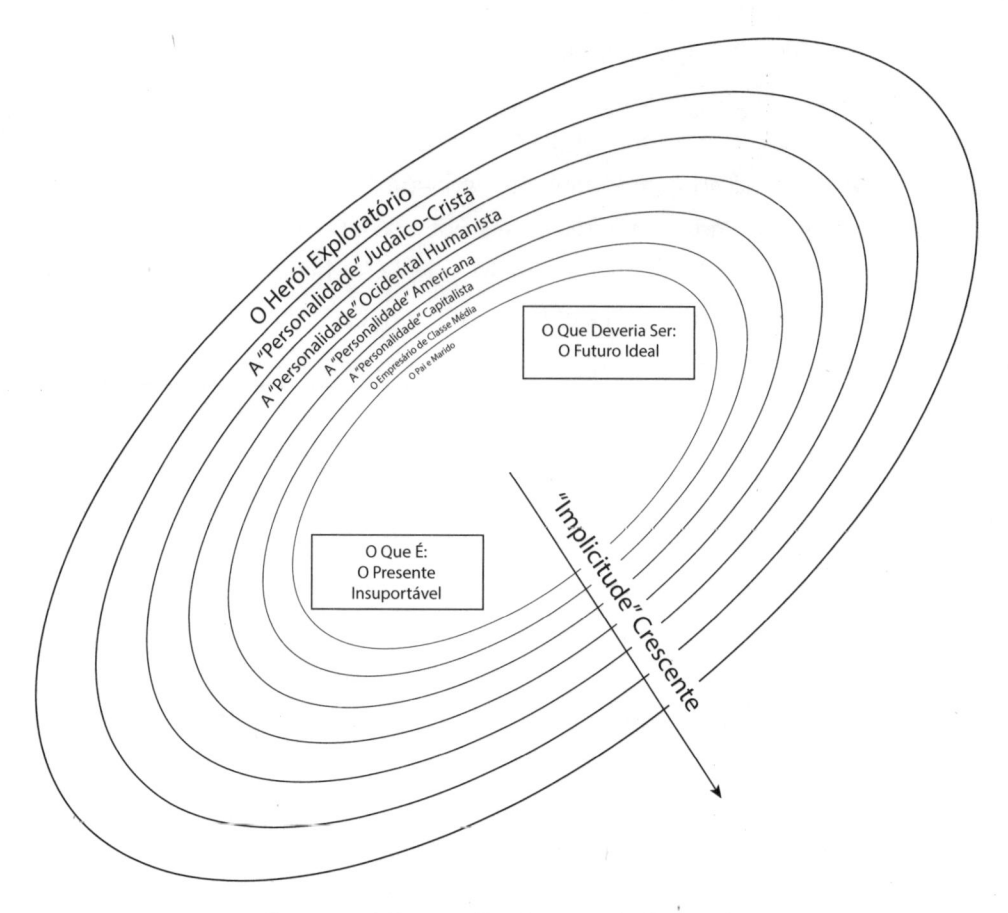

Figura 4.1: A Estrutura Paradigmática do Conhecido

Labels da figura (de fora para dentro):
- O Herói Exploratório
- A "Personalidade" Judaico-Cristã
- A "Personalidade" Ocidental Humanista
- A "Personalidade" Americana
- A "Personalidade" Capitalista
- O Empresário de Classe Média
- O Pai e Marido
- O Que Deveria Ser: O Futuro Ideal
- O Que É: O Presente Insuportável
- "Implicitude" Crescente

Grupos e indivíduos poderão diferir em seus objetivos, valores e comportamentos em um nível de análise, enquanto compartilham características comuns em níveis "mais altos", mais implícitos. A Figura 4.2: O Conhecido: Grupos e Indivíduos Encaixados retrata três desses grupos. Esse número é arbitrário: católicos, protestantes e cristãos ortodoxos gregos, por exemplo, podem ser considerados envolvidos por sua participação na "personalidade" judaico-cristã; embora eles possam, num piscar de olhos, brigar entre si ("dentro" dos limites dessa personalidade), eles são capazes de unir forças com entusiasmo para eliminar uma ameaça, real ou não, de judeus ou muçulmanos. Também haverá diferenças e semelhanças *dentro* de cada um desses três grupos. Cada comunidade de crentes pode ter suas seitas distintas, separadas uma da outra por certo período histórico (e pelas alterações na estrutura de valor e comportamento que acompanham essa divergência). Por fim, os indivíduos dentro dos grupos também divergirão de acordo com seus interesses individuais e crenças idiossincráticas. (Paradoxalmente, é a fidelidade a essas características *individuais* que, de forma mais verdadeira, une todas as pessoas na "adoração" ao herói exploratório. Isso significa que o "nível" mais interno da organização da personalidade – aquele aspecto que é de fato único, em vez de compartilhado – também é o nível externo, do qual depende a estabilidade de toda a estrutura.)

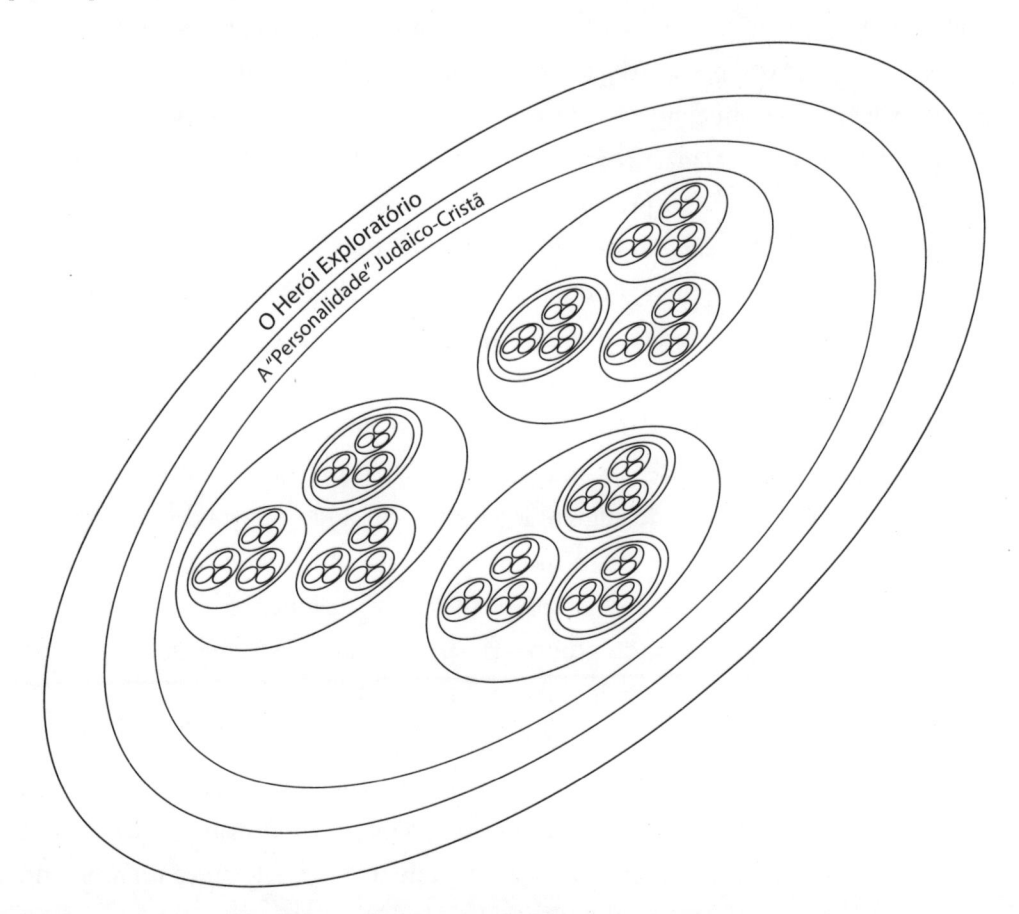

Figura 4.2: O Conhecido: Grupos e Indivíduos Encaixados

O surgimento da anomalia – o "ressurgimento da Grande Mãe" – constitui uma ameaça à integridade da tradição moral que rege o comportamento e a avaliação. É por essa razão que, muitas vezes, resiste-se ao ajuste à anomalia – nas muitas formas "mitologicamente equivalentes" que ela assume – de forma passiva (pela "falha em levá-la em conta") e agressiva (tentando erradicar a sua fonte). Anomalias podem ter seu efeito em diferentes "níveis", como já vimos. As ameaças mais profundas minam a estabilidade das "personalidades" que cobrem o maior número de pessoas, têm as mais profundas raízes históricas, estão baseadas de modo mais completo na imagem e no comportamento – são aplicáveis de forma mais ampla, independentemente da situação ("cobrem" o máximo possível de tempo e espaço). Parecemos "conscientes", em certo sentido, do perigo de anomalias profundas, talvez porque uma quantidade substancial de emoção negativa e consideração cognitiva abstrata possa ser provocada pela simples sugestão de sua possibilidade ("e se nós *estivéssemos* de fato ameaçados por demônios estrangeiros?"). Nossa tendência a nos identificarmos pessoalmente com nossos respectivos países, digamos – fomentar e ter orgulho de nosso patriotismo –, reflete o "conhecimento" de que nossas integridade pessoal e segurança estão completamente atreladas, para melhor ou pior, ao destino de nossas culturas. Somos, portanto, motivados a proteger essas culturas, defender nossas sociedades e a nós mesmos contra o "retorno do terrível Dragão do Caos." (No entanto, nossas tentativas de reforçar a segurança de parte de nossa identidade de proteção amiúde enfraquecem nossa estabilidade em uma ordem superior do ser. O "modo de vida" americano – inglês, russo, chinês –, por exemplo, é uma figura mais visível – e pessoalmente menos exigente – do que o herói exploratório, embora também seja uma parte menos criticamente importante das nossas identidades pessoais e culturais centrais. Isso significa que as tentativas de aumentar a força do Estado à custa do indivíduo são contraproducentes, mesmo que elas possam servir para aumentar o sentido da ordem e regular a emoção no curto prazo. O patriotismo – ou qualquer tentativa semelhante de fortalecimento da identidade do grupo – deve necessariamente ser delimitado pela consideração suprema da capacidade criativa do indivíduo.)

O indivíduo é protegido do caos em sua plena manifestação pelos muitos "muros" que o cercam. Todo espaço fora de determinado muro, no entanto – apesar de seu provável encapsulamento pelas estruturas de proteção adicionais –, parece relativamente perigoso para qualquer pessoa que esteja dentro daquele muro no momento. Todo "território externo" evoca medo. Essa "equivalência" não significa, porém, que todas as ameaças sejam equivalentemente potentes – apenas que qualquer coisa "externa" compartilha a capacidade de amedrontar (ou iluminar) qualquer coisa "interna". Os desafios apresentados aos níveis "mais altos" da ordem são sem dúvida os mais profundos e os mais prováveis de engendrar as reações mais completas. Contudo, a observação da resposta para essas ameaças pode ser complicada pelo problema do intervalo de tempo: desafios apresentados a personalidades extremamente "implícitas" podem evocar reações que se estendam por séculos, na forma de exploração e argumentação abstratas, revisão da ação e guerra entre pontos de vista alternativos e opostos (como é o caso, por exemplo, dos cristãos católicos e protestantes). O fato de que as ameaças apresentadas aos níveis "mais altos" da ordem são as mais profundas é complicado, para dizer de outra maneira, pela "implicitude" desses níveis e por sua "invisibilidade". Ademais, as estruturas encaixadas dentro de determinada personalidade podem ter força intrínseca suficiente para resistir por um longo tempo após os muros externos que as protegia e fornecia integridade estrutural terem sido violados e destruídos. A estabilidade de uma estrutura política e social outrora encaixada em um preconceito religioso danificado pode ser comparada a um edifício que permanece em pé após um terremoto: superficialmente, parece intacto, mas um pequeno abalo pode ser suficiente para ele desmoronar. A "morte de Deus" no mundo moderno parece um fato consumado, e talvez um evento cujas repercussões não se comprovaram fatais. Mas a agitação existencial e a incerteza filosófica características dos três primeiros quartos do século XX demonstram que ainda não nos assentamos de volta em solo firme. Nosso atual estado milagroso de relativa paz e tranquilidade econômica não deve nos cegar para o fato de que temos buracos escancarados no espírito.

O caos "oculto" ou formalizado pelo estabelecimento da ordem temporal pode se manifestar de novo a qualquer momento. Ele pode fazê-lo de diversas formas de aparente diversidade. Contudo, qualquer ressurgimento do caos — seja qual for o motivo — pode ser considerado o mesmo tipo de evento, do ponto de vista da emoção, da significância motivacional ou do significado. Isso é o mesmo que dizer que todas as coisas que ameaçam o *status quo*, independentemente de suas características "objetivas", tendem a ser colocadas na mesma "categoria natural" por consequência da sua identidade afetiva. O bárbaro fora dos portões é, portanto, indistinguível do herege que está lá dentro; ambos são equivalentes ao desastre natural, ao desaparecimento do herói e à senilidade emergente do rei. O "ressurgimento do Dragão do Caos", qualquer que seja a sua forma, constitui a liberação do potencial perigoso, amedrontador (e promissor). Os diferentes "disfarces" desse potencial, as razões e a natureza de sua equivalência, constituem nosso próximo tópico de discussão. A natureza da resposta evocada por esse potencial fornece o tema para o restante do livro.

FORMAS PARTICULARES DE ANOMALIA: O ESTRANHO, O ESTRANGEIRO, A IDEIA ESTRANHA E O HERÓI REVOLUCIONÁRIO

Eventos anômalos compartilham a capacidade de ameaçar a integridade do conhecido, perturbar o "familiar e explorado". Esses eventos, embora diferindo em detalhes específicos e na forma de se manifestar, tendem a ocupar a mesma categoria natural. Ameaças à estabilidade da tradição cultural emergem de quatro maneiras "mitologicamente inseparáveis": por meio da rápida mudança ambiental natural, "independente" da atividade humana; por meio do contato com uma cultura estrangeira e até então isolada; por meio da aplicação de nova (revolucionária) habilidade essencial, linguística ou episodicamente mediada – a consequência inevitável do aumento da capacidade de abstrair, aprender e comunicar; e por consequência da atividade heroica revolucionária.

A tendência humana "natural" para responder ao estrangeiro, à ideia estranha e ao indivíduo criativo com medo e agressão pode ser mais facilmente compreendida uma vez que seja entendido que esses fenômenos diversos compartilham identidade categórica com o "desastre natural". Entretanto, o problema com esse padrão de resposta "natural" é que a capacidade perturbadora do anômalo é, ao mesmo tempo, a fonte vital de interesse, significado e força individual. Além disso, a capacidade de perturbar a nós mesmos – de enfraquecer e de revitalizar as nossas próprias crenças – é um aspecto intrínseco, necessário e "divino" da psique humana (parte da própria "Palavra" seminal).

A Palavra – em sua aparência como ação e objeto abstraído a duras penas – pode criar novos mundos e destruir velhos; pode representar uma ameaça insustentável para culturas aparentemente estáveis, e pode resgatar aquelas que se tornarem senescentes, inflexíveis e paralíticas.

Para aqueles que venderam a alma para o grupo, contudo, a Palavra é indistinguível do inimigo.

O Estranho

A transformação das circunstâncias "ambientais", como resultado de causas puramente naturais, constitui a única causa mais evidente de imediato para a deterioração da estabilidade cultural. Seca prolongada, inundações, terremotos, pragas – as ocorrências mais horríveis e arbitrárias da natureza – são capazes de tornar impotentes, com um só golpe, as sociedades mais meticulosamente adaptadas.

Desastres naturais desse tipo podem ser considerados apenas uma transformação rápida – situações em que relações ambientais afetivamente relevantes antes observadas se alteram de maneira mais rápida do que o movimento adaptativo consegue acompanhar. Isso significa que a insuficiência da adaptação cultural não pode ser facilmente distinguida de catástrofe natural. Uma sociedade ágil, por assim dizer, está sempre em posição de se adaptar ao inesperado – mesmo o catastrófico – e transformar tal mudança em algo benéfico (considere, por exemplo, o Japão do pós-guerra). Assim, a relação "desastre natural/adaptação cultural" constitui o análogo social para a relação entre "emoção" e "cognição": o afeto gerado, em grande parte, por consequência da novidade sempre surge quando algo não é conhecido (e, portanto, sempre depende do que é conhecido); é sempre vivenciado em relação a alguma conceitualização do presente, do futuro, e dos meios para ir de um para o outro. O que constitui a "novidade", então, depende do que não é novo em uma determinada circunstância. Outrossim, o que constitui "trauma" depende do repertório comportamental e do esquema de valor disponíveis para o uso no momento de um determinado evento ou transformação. Uma nevasca que paralisaria Washington por um mês quase não incomodaria os moradores de Montreal.

Por conseguinte, as representações míticas da rápida mutação da contingência ambiental (retratadas como o ressurgimento da Grande Mãe ou do Dragão do Caos) são necessariamente "contaminadas" com imagens do rei senescente, estéril ou tirânico, cuja inflexibilidade torna mortal toda transformação ambiental inevitável. Quando um desastre não é um desastre? Quando a comunidade está preparada para responder de forma apropriada. Inversamente, qualquer pequena alteração no mundo natural pode ser considerada terminal, catastrófica – e, de fato, ser assim –, quando a estrutura adaptativa projetada para encaixar aquele mundo tiver se tornado tão autoritária que qualquer mudança seja, por reflexo, considerada proibida, herética.[12] Uma sociedade com essa atitude – tal como a antiga União Soviética – é um acidente prestes a acontecer. Um interessante exemplo das consequências de tal inflexibilidade, na escala pessoal, é oferecido por Kuhn:

> Numa experiência psicológica que merece ser mais bem conhecida fora de seu campo original, Bruner e Postman[13] pediram a sujeitos experimentais que identificassem uma série de cartas de baralho, após serem expostos a elas durante períodos curtos e experimentalmente controlados. Muitas das cartas eram normais, mas algumas tinham sido modificadas, por exemplo, um seis de espadas vermelho e um quatro de copas preto. Cada sequência experimental consistia em mostrar uma única carta a uma única pessoa, numa série de apresentações cuja duração crescia gradualmente. Depois de cada

---

[12] Ver Peake, M. (1995) para um retrato dramático dessa condição.

[13] Bruner, J.S.; Postman, L. (1949).

apresentação, perguntava-se a cada participante o que ele vira. A sequência terminava após duas identificações corretas sucessivas.

Mesmo nas exposições mais breves muitos indivíduos identificavam a maioria das cartas. Depois de um pequeno acréscimo no tempo de exposição, todos os entrevistados identificaram todas as cartas. No caso das cartas normais, essas identificações eram geralmente corretas, mas as cartas anômalas eram quase sempre identificadas como normais, sem hesitação ou perplexidade aparentes. Por exemplo, o quatro de copas preto era tomado pelo quatro de espadas ou de copas. Sem qualquer consciência da anomalia, ele era imediatamente adaptado a uma das categorias conceituais preparadas pela experiência prévia. Não gostaríamos nem mesmo de dizer que os entrevistados viam algo diferente daquilo que identificavam. Com uma exposição maior das cartas anômalas, os entrevistados começaram então a hesitar e a demonstrar consciência da anomalia. Por exemplo, diante do seis de espadas vermelho, alguns disseram: isto é um seis de espadas, mas há algo de errado com ele – o preto tem um contorno vermelho. Uma exposição um pouco maior deu margem a hesitações e confusões ainda maiores, até que, finalmente, algumas vezes de modo repentino, a maioria dos entrevistados passou a fazer a identificação correta sem hesitação. Além disso, depois de repetir a exposição com duas ou três cartas anômalas, já não tinham dificuldade com as restantes. Contudo, alguns entrevistados não foram capazes de realizar a adaptação necessária de suas categorias. Mesmo com um tempo médio de exposição quarenta vezes superior ao que era necessário para reconhecer as cartas normais com exatidão, mais de 10% das cartas anômalas não foram identificadas corretamente. Os entrevistados que fracassaram nessas condições experimentavam muitas vezes uma grande aflição. Um deles exclamou: "Não posso fazer a distinção, seja lá qual for. Desta vez nem parecia ser uma carta. Já não sei sua cor, nem se é de espadas ou copas. Não estou seguro nem mesmo a respeito do que é uma carta de copas. Meu Deus!"[14]

Mito e literatura constantemente representam o "reino ressequido", a sociedade vitimizada (com mais frequência) pela seca – que é a ausência de água, concretamente, e de "água da vida" ou do espírito, em termos simbólicos – causada pela hegemonia por demais prolongada da (outrora grande) ideia dominante. Essa ideia, na narrativa (e não raro na realidade), é o rei, o espírito ancestral, representante de seu povo, que se tornou tirânico pela idade, pelo orgulho ou pela decepção insuportável, murchando sob a influência de alguma força conselheira malévola e deliberadamente mal compreendida. O desenvolvimento de tais situações desagradáveis e perigosas

---

[14] Kuhn, T.S. (1970), p. 62-64.

pede, naturalmente, a entrada do herói – o "filho perdido" do verdadeiro rei, criado em segredo por pais substitutos; o governante justo do reino, cuja autoridade foi prejudicada, ou que foi supostamente morto quando era jovem e vulnerável; o herdeiro de fato do trono, que esteve viajando por terras distantes e foi dado como morto. O herói derruba o tirano e recupera seu lugar de direito; os deuses, satisfeitos com o restabelecimento da ordem correta, permitem que a chuva volte a cair (ou impedem que ela caia em excesso prejudicial). Em uma história desse tipo, o aspecto criativo do desconhecido (natureza) é metaforicamente "preso" pela opinião totalitária da cultura atual. Esse estado de coisas pode ser representado, por exemplo, pela princesa adormecida no reino levado à estagnação (ou por alguma variante alternativa da existência do "tesouro difícil de se obter").[15] Paralisado pelo despotismo patriarcal[16] (ou, muitas vezes, pelo medo da Terrível Mãe), o reino continua estagnado, enquanto a princesa – a natureza em seu disfarce benevolente – espera o beijo do herói para acordar. Depois, sua beleza desperta e revitalizada reanima o povo.

Os rituais de morte e renovação do rei encenam essa transformação de adaptação cultural muito antes que o conceito de renascimento possa se tornar abstratamente compreensível. Frye afirma:

> O ritual hipotético estudado em *O Ramo de Ouro*, de Frazer, pode ser bastante vulnerável em vários contextos antropológicos, mas, enquanto estrutura mítica, ele é tão sólido quanto as pirâmides. Aqui, um rei considerado divino é sacrificado no auge de seus poderes, por medo de que seu enfraquecimento físico traga uma impotência correspondente à fertilidade da terra que ele governa [...]. Quando sacrificado, o rei divino é imediatamente substituído por um sucessor, e então seu corpo é comido e seu sangue bebido em uma cerimônia ritual. Temos de fazer um esforço violento de visualização para ver que agora há dois corpos do rei divino, um encarnado no sucessor, o outro oculto na barriga de

---

[15] Para uma descrição elaborada, ver Jung, C.G. (1967a); Neumann, E. (1954). Jung diz: "A finalidade da descida conforme universalmente exemplificada no mito do herói é para mostrar que apenas na região do perigo (abismo aquoso, caverna, floresta, ilha, castelo, etc.) alguém pode encontrar o 'tesouro difícil de conquistar' (joia, virgem, poção da vida, vitória sobre a morte)" (Jung, C.G. [1968b], p. 335).

[16] Nietzsche afirma: "O não histórico é como a atmosfera circundante que pode, sozinha, criar vida, e em cuja aniquilação a própria vida desaparece. É verdade que o homem só pode se tornar homem primeiro suprimindo esse elemento não histórico em seus pensamentos, comparações, distinções e conclusões, permitindo que uma súbita luz rompa essas nuvens brumosas por meio de seu poder de transformar o passado nos usos do presente. Mas um excesso de história faz com que ele apareça outra vez [...]" (Nietzsche, F. [1957]).

seus adoradores. O último faz com que a sociedade, ao comer e beber a mesma pessoa, torne-se integrada em um único corpo, que é o seu próprio e o dele.[17]

O conjunto vasto e universal de mitos sobre deuses que morrem e ressuscitam[18] (encenados em ritual de sacrifício) dramatiza duas noções. A primeira é de que as ideias/padrões de comportamento reais que regem a adaptação devem morrer e renascer para garantir a constante atualização das técnicas de sobrevivência. A segunda, mais fundamental, é de que o herói – o agente ativo da adaptação – sempre deve abalar a estrutura protetora da tradição e entrar em "união sacrificante" com o desconhecido reemergente. Os próprios fenômenos cosmológicos "encenam" (de forma mais precisa, são utilizados como ferramentas descritivas para) esse drama eterno: o sol (deus) nasce no Leste, "morre" no Oeste e passa pelo submundo da noite (pelo covil do Dragão do caos). À noite, o herói sol enfrenta as terríveis forças do caos, corta e escapa do ventre da besta e renasce triunfante pela manhã.

O mestre do estranho em sua "forma natural" é o herói em seu disfarce tecnológico (de forma mais acentuada, digamos, do que em seu papel de revolucionário social). Marduk, que enfrentou Tiamat em um combate frente a frente, é um representante muito específico do "domínio" do homem sobre a natureza. O padrão de ação que esse deus simboliza – isto é, a abordagem corajosa e criativa em face da incerteza – foi "inconscientemente" considerado pelos mesopotâmicos necessário, conforme dito antes, para a "criação das coisas engenhosas" do "conflito com Tiamat".[19] O herói molda defesas a partir da natureza para usar contra a natureza. Essa ideia, que sustenta a adaptação cultural do homem, manifesta-se "naturalmente" na psique humana:

> *Fantasia espontânea manifesta em 10 de agosto de 1997 pela minha filha, Mikhaila (com cinco anos e oito meses), enquanto brincava de "príncipe e princesa" com Julian (seu irmão de três anos): "Pai, se a gente matasse um dragão, poderia usar a pele como armadura, não poderia? Não seria uma boa ideia?".*

O herói usa o aspecto positivo da Grande Mãe como proteção de sua contraparte negativa. Dessa forma, o "desastre natural" é mantido à distância ou, melhor ainda, transformado de crise em oportunidade.

---

[17] Frye, N. (1990), p. 256.
[18] Ver Neumann, E. (1954; 1955).
[19] Tablet 7:112, 7:115; Heidel, A. (Trad.) (1965), p. 58 (ver nota de rodapé 238, do Capítulo 2).

O Estrangeiro

A chegada do estrangeiro, apresentada de maneira concreta na mitologia, constitui uma ameaça "à estabilidade do reino", metaforicamente indistinguível daquela apresentada pela "transformação ambiental". O *significado* estável dos eventos experienciais, limitado pela estrutura hierárquica da identidade de grupo, é facilmente perturbado pela presença do "outro", que praticamente apresenta uma ameaça concreta à estabilidade da estrutura de dominação presente, e que, de modo mais abstrato – já que suas ações "contêm" sua tradição moral –, existe como personificação literal dos desafios para as pressuposições *a priori* que orientam a crença. O estrangeiro não age da forma esperada. Sua inerente imprevisibilidade o torna indistinguível do desconhecido como tal e facilmente identificado com a força que trabalha sem parar para minar a ordem. De uma perspectiva interna do grupo, por assim dizer, essa identificação tampouco é puramente arbitrária, já que a mera existência do estrangeiro (bem-sucedido) representa uma séria ameaça à utilidade percebida da cultura geral – e, portanto, a sua capacidade de inibir o terror existencial e dar um significado definido à ação.

Quando os membros de um grupo isolado entram em contato com os membros de outro, o palco está, assim, montado para a confusão. Cada cultura, cada grupo, evoluiu para proteger seus membros individuais do desconhecido – das forças abissais da Grande e Terrível Mãe, do afeto insuportável em si. Cada uma evoluiu para estruturar as relações sociais e torná-las previsíveis, para fornecer um objetivo e os meios para alcançá-lo. Todas as culturas oferecem a seus indivíduos constituintes modos de ser específicos diante do terror e da incerteza. Todas as culturas são estruturas estáveis, integradas e hierarquicamente arranjadas com base em pressupostos considerados absolutos – mas a natureza particular desses pressupostos difere (pelo menos nos níveis de análise mais compreensíveis e "conscientes"). Toda cultura representa um paradigma idiossincrático, um padrão de comportamento em face do desconhecido, e o paradigma não pode ser alterado (seus axiomas básicos não podem ser modificados) sem consequências dramáticas – sem dissolução, morte metafórica – antes da reconstrução (potencial).

Toda sociedade oferece proteção contra o desconhecido. O próprio desconhecido é uma coisa perigosa, cheia de imprevisibilidade e ameaça. Relações sociais caóticas (hierarquias de domínio desestruturadas) provocam ansiedade severa e aumentam de forma significativa o potencial para o conflito interpessoal.

Além disso, a dissolução dos objetivos culturalmente determinados torna a vida individual, identificada com esses objetivos, sem sentido e pouco recompensadora em sua essência intrínseca. Não é possível nem razoável simplesmente abandonar determinada cultura, que é um padrão de adaptação geral, só porque outra pessoa aparece e faz as coisas de maneira diferente, alguém cujas ações se baseiam em pressupostos diferentes. Não é algo simples reconstruir relações sociais na esteira de novas ideias. Além disso, não é um processo fácil desistir de um objetivo, de uma ideia central unificadora e motivacional. A identificação de um indivíduo com um grupo significa que a estabilidade psicológica individual depende da manutenção do bem-estar do grupo. Se o grupo de repente naufraga por consequência de circunstâncias externas ou conflito interno, o indivíduo é exposto ao mundo, seu contexto social desaparece, sua razão de ser desaparece, ele é engolido pelo desconhecido insuportável e não consegue sobreviver com facilidade. Nietzsche afirma:

> O homem de uma era de dissolução e de mestiçagem confusa, que leva no corpo uma herança de ascendência múltipla, isto é, impulsos e escalas de valor mais que contraditórios, que lutam entre si e raramente se dão trégua – esse homem das culturas tardias e das luzes veladas será, por via de regra, um homem bem fraco: sua aspiração mais profunda é que um dia tenha fim a guerra que ele é [...].[20, 21]

É claro que a conclusão não declarada da observação de Nietzsche é de que a guerra que tipifica a pessoa "mestiça" (de *cultura* mista, na terminologia mais moderna) é a precursora afetivamente desagradável do estado mental que caracteriza o indivíduo mais completamente integrado, que "ganhou" a guerra. Esse "vitorioso" – que organizou as posições culturais diversas atualmente conflitantes em uma hierarquia, mais uma vez integrada – será mais forte do que seu predecessor "unicultural", já que seu comportamento e valores resultarão da união de alcance mais amplo e mais diversificado de culturas até então separadas. É razoável pressupor que foi a consideração "inconsciente" dos resultados potencialmente positivos dessa mistura que levou Nietzsche à revelação do futuro e nascente "super-homem".[22] No entanto, não é a mera existência de várias pressuposições antes sepa-

---

[20] Nietzsche, F. (1968a), p. 301.
[21] Excerto da seção 200 de *Além do Bem e do Mal*. (N. E.)
[22] Idem (1995).

radas em uma única psique que constitui a vitória pós-contato. Isso significa que a promoção simplista da "diversidade cultural" como uma panaceia provavelmente produzirá anomia, niilismo e reação conservadora. A moldagem dessas diversas crenças em uma única hierarquia é a precondição para a mistura pacífica de todas elas. Essa moldagem só pode ser realizada pela guerra conduzida entre elementos paradoxais, no âmbito da psique individual de "pós-contato". Essa guerra é tão difícil – tão emocionalmente perturbadora e cognitivamente desafiadora – que o assassinato do "outro" anômalo na forma de uma guerra tradicional e moralmente aceitável parece, com frequência, uma alternativa reconfortante.

Ameaças fundamentais podem ser suscitadas com muita facilidade entre grupos de pessoas. De modo mais concreto, *comportamentos* estranhos são ameaçadores, imprevisíveis em particular, aterrorizadores em geral – porque crenças essenciais, crenças desafiadoras, são mais expressas de forma mais convincente por meio de ações:

> [...] ele se tornou acusador de nossos pensamentos,
> basta vê-lo para nos importunarmos;
> sua vida se distingue da dos demais
> e seus caminhos são todos diferentes. (Sabedoria 2,14-15.)

Um estranho, um estrangeiro, é ameaçador porque ele não está fixado com firmeza dentro de uma hierarquia social e, por conseguinte, pode se comportar de modo imprevisível – com consequências imprevisíveis para a hierarquia social. Os sinais de segurança e de ameaça variam, ou podem variar, entre membros de diferentes grupos. Imprevisível significa potencialmente perigoso. Mais abstratamente, a *crença* do estrangeiro ameaça, de forma específica, a estrutura integrada da crença historicamente determinada em geral. Isso não é problema quando suas ações ou ideias estranhas não produzem conflito fundamental – não ameaçam crenças essenciais. Mas, quando conceitos básicos são ameaçados, o desconhecido terrível e insustentável emerge mais uma vez, e o chão outrora firme começa a ceder.

A Ideia Estranha

A crescente capacidade de abstrair torna a aprendizagem anterior, estabelecida por intermédio de meios não abstratos, cada vez mais modificável – e cada vez mais vulnerável. De certa forma, é disso que se trata a abstração e a própria capacidade de aprender. Palavras, aparentemente simples e inofensivas, são suficientes para criar perturbação e conflito porque o *Homo sapiens* consegue verbalizar suas crenças. Pode-se dizer, portanto, com razão suficiente, que *uma nova ideia* é um *estranho abstrato* (ou, pela mesma lógica, um *desastre natural*). É por esse motivo que a caneta é mais forte do que a espada.

O processo de aumento da abstração possibilita um crescente autoentendimento (autoconsciência) – ao menos em potencial – e a previsão dos comportamentos dos outros (que é uma capacidade integralmente ligada ao desenvolvimento da autoconsciência: "Como eu me comportaria em uma situação como essa?"). Além disso, a abstração facilita a comunicação da moralidade (instrução de como se comportar), tornando desnecessário esperar e observar até que algo importante de fato aconteça. O uso do drama, por exemplo – que é a representação do comportamento, *em comportamento e imagem* –, permite que observemos a interação de questões de consequência mortal sem que os atores ou os espectadores sofram de verdade aquela consequência.

A capacidade de abstrair não veio de graça, contudo. Os descuidados e imaginativos (e ressentidos) podem, com facilidade, usar seu dom de inteligência socialmente construída para minar os princípios morais que levaram eras para serem gerados e que existem por razões válidas, mas invisíveis. Esses princípios "invisíveis" podem ser submetidos à crítica fácil pelo indivíduo historicamente ignorante depois de assumir a forma imagética, escrita ou falada. A consequência dessa "crítica" é o enfraquecimento da fé necessária e a consequente dissolução da previsibilidade interpessoal, a desregulação da emoção e a geração da anomia, da agressão e da ingenuidade ideológica (pois a psique nua procura se vestir outra vez).

O perigo de tal crítica pode ser apreciado de forma mais específica quando consideramos o efeito do que pode ser descrito como *cascata*. Podemos mudar nossos comportamentos porque mudamos a forma como pensamos – embora isso não seja tão simples quanto em geral se considera. Podemos mudar a forma como pensamos com facilidade, e sem levar em conta as consequências, em parte por não entender por que pensamos o que pensamos (porque todos os fatos que regem nosso comportamento não estão à nossa disposição de forma "consciente") e porque os efeitos dessa mudança muitas vezes não são aparentes de imediato. O fato de que mudanças na tradição têm "efeitos colaterais" involuntários e muitas vezes perigosos explica o conservadorismo da maioria das culturas humanas. "Cascata" significa que a ameaça à validade percebida de qualquer pressuposição, em qualquer nível (processual, imagético ou episódico, explícito ou semântico), ameaça todos os níveis de modo simultâneo. Isso significa que a crítica casual de determinada pressuposição "explícita" pode vir, com o tempo, a enfraquecer a personalidade inconsciente imagética e processual e a estabilidade emocional que a acompanha. As palavras têm um poder que desmente a facilidade de sua utilização.

A Figura 4.3: A Representação Fragmentada do "Procedimento e Costume" na Imagem e na Palavra oferece uma representação esquemática da organização do comportamento e dos esquemas de valor na "memória". Os costumes – isto é, padrões de comportamento previsíveis e estáveis – emergem e são armazenados "processualmente" por consequência da constante interação social, no decorrer do tempo, e como resultado da troca de informação emocional que caracteriza essa interação. Você me modifica, eu o modifico, ambos modificamos os outros, e assim por diante, em um ciclo que envolve milhares de indivíduos ao longo de milhares de anos. A maioria dessa informação é uma parte mais ou menos permanente da rede social (faz parte da estrutura da sociedade), mas pode ser representada, em parte ou no todo, em imagem, e depois, de forma mais explícita, em código verbal. A representação imagética da moral que constitui determinada sociedade provavelmente será incompleta, pois a complexidade dos padrões que emergem por causa da totalidade da interação social excede a capacidade de representação (atual). As representações semânticas acomodadas acima das imagens provavelmente serão ainda mais incompletas. Isso significa que os sistemas verbais utilizados no pensamento abstrato, por exemplo, contêm apenas "parte do quebra-cabeça", na melhor das hipóteses; eles possuem apenas uma informação parcial sobre a estrutura do todo. Então, enquanto algumas das regras que regem o comportamento se tornam completamente explícitas e compreendidas, outras permanecem parcialmente implícitas (e mal-entendidas). É provável que algumas dessas regras parcialmente implícitas existam por motivos completamente implícitos (e, portanto, completamente invisíveis). São regras como essas, no limite precário da compreensão, que tendem a atrair a crítica mal informada, mas, ainda assim, potencialmente devastadora. Desse modo, a inteligência verbal abstrata pode apontar furos na "absurda estrutura mitológica" que a sustenta, sem compreender que é assim sustentada ou que o ato de miná-la é existencialmente – mortalmente – perigoso. É fácil criticar a noção de "alma imortal", por exemplo, e as formas tradicionais da moral que tendem a acompanhar tal crença, sem perceber que há mais coisas nessa ideia do que parece à primeira vista.

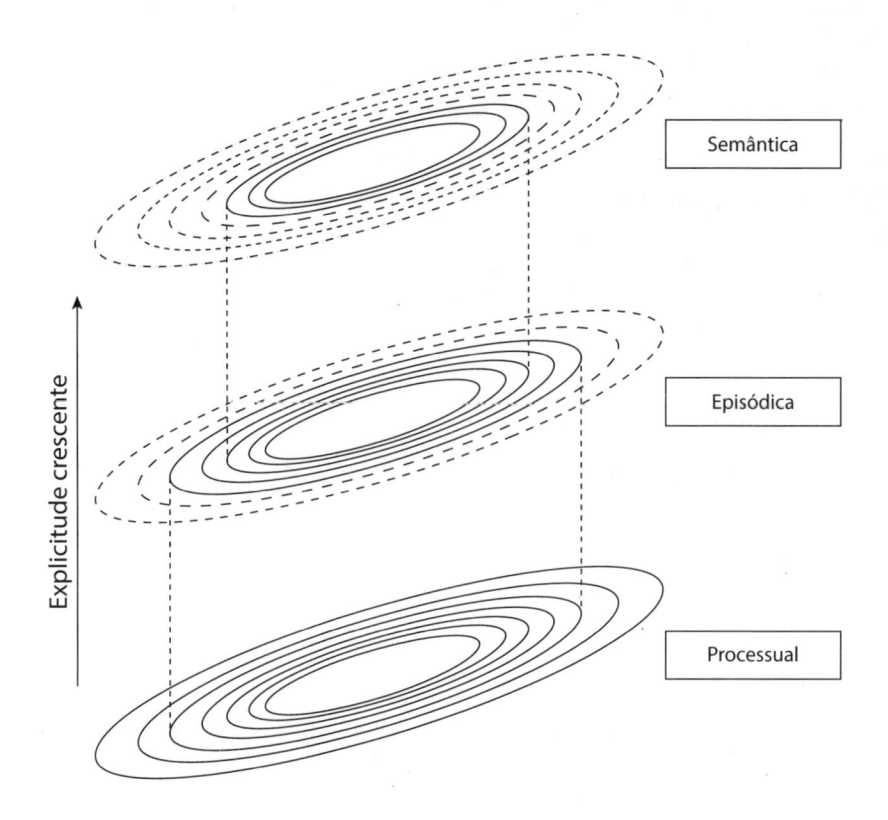

Figura 4.3: A Representação Fragmentada do "Procedimento e Costume" na Imagem e na Palavra

"Cascata" significa que a ameaça à validade percebida de qualquer pressuposição, em qualquer nível – em geral, verbalmente mediada –, agora se torna uma ameaça a essa pressuposição e a tudo o que repousa sobre ela. A capacidade socialmente mediada de abstrair – de argumentar e representar em comportamento, imaginação e palavra – significa que uma ação, pensamento ou fantasia mal escolhida pode ter consequências devastadoras. Isso é verdade sobretudo quanto à palavra. Uma frase bem escolhida pode mudar *tudo* ("a cada um segundo sua capacidade [...]"). A palavra, em um contexto específico (estabelecido pelo comportamento e pela representação episódica), tem significância polissêmica – ela exclui mais (restringe mais) do que parece e significa mais do que "contém", considerada um elemento isolado ou descontextualizado. Ela tem essa capacidade, em parte, porque é capaz de se referir a fenômenos fora do seu domínio para se fazer entendida (este é o uso da metáfora). A palavra traz à mente eventos e ações, sequenciados de uma forma particular; é a apresentação imaginária desses eventos e ações que contém muito do significado – as palavras agem apenas como pistas para a recuperação. A informação recuperada ainda não é necessariamente semântica; ela pode ainda permanecer incorporada na memória episódica e no procedimento. A qualidade polissêmica da palavra significativa, que sugere algo para representação imagética e para a estruturação do comportamento, é o que a torna potente e perigosa. Toda uma hierarquia comportamental pode ser comprometida por uma frase criativa bem escolhida, pois a frase traz consigo, como parte essencial de um todo integrado, pressuposições morais de natureza completamente diferente e talvez logicamente (ou ao menos aparentemente) contrária.

Há uma história apócrifa sobre um cosmólogo que deu uma palestra para um público rural de leigos no final dos anos 1800. Ele descreve a estrutura básica do sistema solar, enfatizando o fato de que a Terra flutua sem sustentação no espaço, contornando sem parar o Sol. Após a palestra, uma senhora idosa se aproxima do pódio e diz:

"Essa foi uma história muito interessante, meu jovem. Claro que ela é completamente absurda."

"Absurda, senhora?", o palestrante perguntou. "Como assim?"

"É um fato bem conhecido", respondeu a velha, "que a Terra repousa nas costas de uma tartaruga gigante".

"É mesmo, senhora? E a tartaruga, repousa sobre o quê?"

"Não me venha com gracinhas, rapaz", respondeu a matrona. "Só tem tartaruga daí pra baixo."[23]

Douglas Hofstadter apresentou uma ideia semelhante em uma discussão entre Aquiles, o herói grego, e uma tartaruga (do famoso *paradoxo de Zenão*):

Tartaruga: [...] A título de exemplo, vou sugerir que considere a simples afirmação "29 é primo". Agora, na verdade, o que essa afirmação realmente significa é que 2 vezes 2 não é 29, e que 5 vezes 6 não é 29, e assim por diante, não é?

Aquiles: Suponho que sim.

Tartaruga: Mas você está perfeitamente feliz em recolher todos esses fatos e juntá-los em um feixe com o número 29, dizendo simplesmente, "29 é primo?"

Aquiles: Sim...

Tartaruga: E o número de fatos envolvidos é, de fato, é infinito, não? Afinal, fatos como "4444 vezes 3333 não é 29" são todos parte dele, não são?

Aquiles: Estritamente falando, suponho que sim. Mas você e eu sabemos que não se pode obter 29 multiplicando dois números que são ambos maiores que 29. Assim, na verdade, dizer "29 é primo" é apenas a sumarização de um número FINITO de fatos sobre multiplicação.

Tartaruga: Pode colocar dessa forma, se quiser, mas pense nisso: o fato de que dois números maiores que 29 não podem ter um produto igual a 29 envolve a

---

[23] Esta história foi recentemente citada em Hawking, S. (1988).

estrutura inteira do sistema numérico. Nesse sentido, o fato em si é uma síntese de um número infinito de fatos. Você não pode fugir do fato, Aquiles, de que, ao dizer "29 é primo", você está, na verdade, afirmando um número infinito de coisas.

Aquiles: Pode ser, mas isso parece um só fato para mim.

Tartaruga: Isso porque uma infinidade de fatos está contida em seu conhecimento prévio – eles estão implicitamente incorporados na maneira como você visualiza as coisas. Você não vê um infinito explícito porque ele é capturado implicitamente dentro das imagens que você manipula.[24]

Os comentários de Jerome Bruner sobre "gatilhos" são igualmente oportunos aqui. Ele dá as seguintes frases como exemplos: Gatilho: "João percebeu/não percebeu a quimera". Pressuposição: "Existe uma quimera". Gatilho: "João percebeu/não percebeu que estava falido". Pressuposição: "João estava falido". Gatilho: "João conseguiu/não conseguiu abrir a porta". Pressuposição: "João tentou abrir a porta". "Existe" um número praticamente infinito de "pressuposições" para cada "gatilho". Bruner afirma: "É óbvio que você não pode pressionar um leitor (ou ouvinte) a fazer inúmeras interpretações de suas observações obscuras. Mas você pode percorrer um caminho surpreendentemente longo – desde que comece com algo que se aproxime do que Joseph Campbell chamou de 'comunidade mitologicamente instruída'".[25] A transmissão do que costuma ser considerado sabedoria espiritual é, de fato, capaz de assumir (ser "reduzido a") uma forma narrativa justamente porque a palavra – no contexto da história, que é descrição da representação episódica de eventos e comportamentos – tem essa propriedade de "gatilho" enganosamente simples e infinitamente significativa:

> Propôs-lhes outra parábola, dizendo: "O Reino dos Céus é semelhante a um grão de mostarda que um homem tomou e semeou no seu campo. Embora seja a menor de todas as sementes, quando cresce é a maior das hortaliças e torna-se árvore, a tal ponto que as aves do céu se abrigam nos seus ramos".
>
> Contou-lhes outra parábola: "O Reino dos Céus é semelhante ao fermento que uma mulher tomou e pôs em três medidas de farinha, até que tudo ficasse fermentado".
>
> Jesus falou tudo isso às multidões por parábolas. E sem parábolas nada lhes falava, para que se cumprisse o que foi dito pelo profeta:
>
> Abrirei a boca em parábolas;
>
> proclamarei coisas ocultas desde a fundação do mundo. (Mateus 13,31-35.)

---

[24] Hofstadter, D.R. (1979), p. 397-398.
[25] Bruner, J. (1986), p. 27-28.

Não é apenas a história que está saturada de significado; também são a imaginação, o comportamento e as consequências práticas da imaginação e do comportamento. As ideias individuais, fantasias particulares e ações pessoais dos indivíduos pressupõem a cultura da qual elas derivam. A palavra, em contexto significativo, é significativa precisamente porque fornece informações relevantes à representação episódica, *per se*, e porque tem relevância – que talvez não seja "conscientemente" compreensível ou declarável – para o comportamento. Da mesma forma, o comportamento e as fantasias do eu e do outro – em contexto – são baseadas em valores e crenças culturalmente determinados, pode-se afirmar, para contê-los, digamos assim. É por isso que Jung pôde alegar, no que diz respeito às fantasias de um sonhador moderno:

> Ele é, de fato, um expoente inconsciente de um desenvolvimento psíquico autônomo, assim como o alquimista medieval ou o neoplatônico clássico. Assim, pode-se dizer – *cum grano salis* – que a história poderia ser construída tão facilmente a partir do próprio inconsciente de alguém quanto dos próprios textos.[26]

Até mesmo o implemento ou ferramenta mais concreta – como a palavra – não é um artefato separável da cultura no qual é produzido. É a falha em compreender esse fato que condena muitos projetos bem-intencionados de "ajuda estrangeira" e, não menos, os estrangeiros para quem essa ajuda é concedida. Mesmo algo tão simples como a pá ou a enxada pressupõe a existência de uma cultura que alcançou o domínio do indivíduo sobre a natureza, de modo que o indivíduo tenha o direito de tornar a Grande Mãe subserviente às demandas do homem. Essa noção constitui a ideia central de cultura patriarcal complexamente civilizada, e emerge na consciência, contra reivindicações conflitantes, com a maior dificuldade:

> Um profeta índio-americano, Smohalla, da tribo de Umatilla, recusou-se a cultivar o solo. "É um pecado", ele disse, "ferir ou cortar, rasgar ou arranhar a nossa mãe comum trabalhando na agricultura". E acrescentou: "Você me pede para cavar a terra? Devo pegar uma faca e enfiá-la no peito da minha mãe? Mas, então, quando eu morrer, ela não irá me receber novamente em seu regaço. Você me diz para cavar e tirar as pedras. Devo mutilar sua carne para chegar aos seus ossos? Então nunca mais poderei entrar em seu corpo e renascer. Você me pede para cortar o capim e o milho e vendê-los para ficar rico como os homens brancos. Mas como me atreveria a cortar os cabelos da minha mãe?".[27]

---

[26] Jung, C.G. (1968b), p. 86.
[27] Eliade, M. (1975), p. 155.

Toda sociedade compartilha um ponto de vista moral, que é, em essência, uma identidade composta pela fidelidade inquestionável a uma determinada concepção de "realidade" (*o que é* e *o que deve ser*) e pela concordância sobre a natureza dos comportamentos que possam razoavelmente ser manifestados. Todos os indivíduos de determinada nação concordam, fundamentalmente, sobre a natureza do presente insustentável, do futuro ideal e dos meios para se transformar um no outro. Todo indivíduo encena essa conceitualização nos termos das próprias ações, de modo mais ou menos bem-sucedido: com maior sucesso, ou pelo menos com mais facilidade, quando nada acidental surge para tornar necessário o ato de questionamento; com menor êxito quando a ação moral não produz a consequência apropriada. Qualquer pressuposto pode ser contestado. A expectativa mais fundamental das minhas fantasias – quaisquer que sejam – é de que os meus pressupostos sejam válidos. A incompatibilidade entre o que eu desejava e o que de fato ocorreu comprova que um ou mais dos meus pressupostos são inválidos (mas não informa, necessariamente, qual deles, ou em que medida). O resultado de tal incompatibilidade é a aplicação de outros padrões de ação e de expectativas associadas (baseados em pressupostos), vinculados à obtenção de novas informações por meio de exploração ativa. Quanto mais baixo na hierarquia de pressupostos ocorrer aquela incompatibilidade, mais estressante é a *ocorrência*, mais o medo cresce desimpedido, maior é a motivação para negação, maior é a necessidade de exploração, mais necessária é a reprogramação da suposição comportamental e da expectativa sensorial correspondente.

Uma sequência de eventos verdadeiramente inesperados abala os pressupostos implícitos nos quais a fantasia particular original se baseava – e não apenas aquela fantasia, mas *inúmeras outras atualmente implícitas, cujas existências também dependem daqueles pressupostos violados*. A consequência inevitável de tal violação é a quebra da expectativa, seguida pela geração de medo e esperança, depois pela exploração, a tentativa de se adaptar ao novo ambiente (comportar-se de forma adequada para atender as demandas motivacionais sob novas condições, e mapear as novas condições). Essa consequência requer a paralisação do modelo antigo, a reversão de afetos de outro modo estavelmente mantidos em competição e caos, e a reconstrução da ordem guiada pela exploração.

Quanto mais básico o nível, mais esse pressuposto é compartilhado por praticamente toda fantasia concebível. Quanto mais básico o nível comprometido, mais ansiedade e depressão (e outra motivação – em particular, e não evidentemente –, *esperança*) são liberadas da restrição; quanto mais a adaptação comportamental cai em descrédito – quanto maior é a motivação para a negação, o engano, a readaptação fascista, a degeneração e o desespero –, maior é o desejo de redenção. O comprometimento e a reconstrução dos níveis mais básicos são, como vimos, um ato revolucionário, mesmo no domínio científico. O cientista "normal" trabalha dentro das restrições dos grandes modelos; o revolucionário muda os modelos. O cientista normal aceita o jogo (atual) como válido e tenta estender seu domínio relevante. O cientista revolucionário, que altera as próprias regras do jogo, está jogando um jogo diferente (com regras diferentes e perigosas, a partir de uma perspectiva interna do jogo). Kuhn afirma:

> A transição de um paradigma em crise para um novo, do qual pode surgir uma nova tradição de ciência normal, está longe de ser um processo cumulativo obtido por meio de uma articulação do velho paradigma. É antes uma reconstrução da área de estudos a partir de novos princípios, reconstrução que altera algumas das generalizações teóricas mais elementares do paradigma, bem como muitos de seus métodos e aplicações. Durante o período de transição haverá uma grande coincidência (embora nunca completa) entre os problemas que podem ser resolvidos pelo antigo paradigma e os que podem ser resolvidos pelo novo. Haverá igualmente uma diferença decisiva no tocante aos modos de solucionar os problemas. Completada a transição, os cientistas terão modificado a sua concepção da área de estudos, de seus métodos e de seus objetivos.[28]

O cientista normal muitas vezes é antitético à sua contraparte mais extrema (mais criativa/destrutiva), como o cidadão de bem se opõe ao herético, em parte porque a mudança das regras altera a significância motivacional da ação e do pensamento previamente avaliados – muitas vezes, ao que parece, reduzindo-a a zero (o que significa que o revolucionário pode destruir por completo a importância da carreira, passada, presente e futura, do dedicado labutador), em parte porque a reestruturação das regras faz com que tudo retorne temporariamente a um estado de caos provocador de ansiedade. Kuhn afirma:

> [...] um paradigma é um pré-requisito para a própria percepção. O que um homem vê depende tanto daquilo que ele olha como daquilo que sua experiência visual-conceitual prévia o ensinou a ver. Na ausência de tal treino, somente pode haver o que William James chamou de "confusão atordoante e intensa".[29]

---

[28] Kuhn, T.S. (1970), p. 84-85.
[29] Ibidem, p. 113.

Essa "confusão atordoante e intensa" – o Grande Dragão do Caos – não é afetivamente neutra: na verdade, as suas importância afetiva, ameaça e promessa talvez sejam tudo o que se pode experimentar dela antes de ser categorizada.

Às vezes, nova informação significa apenas um mero ajuste lateral do comportamento – a modificação da abordagem, dentro de um domínio ainda definido pelo objetivo familiar. Mas, às vezes, o desconhecido emerge de uma maneira tal que exige um ajuste qualitativo na estratégia adaptativa: a reavaliação do passado, do presente e do futuro, e a aceitação do sofrimento e da confusão que isso necessariamente implica. Kuhn comenta sobre o efeito (e o afeto) do desconhecido persistente e emergente no domínio da ciência. O padrão que ele descreve caracterizou todas as revoluções cognitivas, incluindo aquelas que ocorrem no universo da moralidade normal:

> Quando [...] uma anomalia parece ser algo mais do que um novo quebra-cabeça da ciência normal, é sinal de que se iniciou a transição para a crise e para a ciência extraordinária. A própria anomalia passa a ser mais comumente reconhecida como tal pelos cientistas. Um número cada vez maior de cientistas eminentes do setor passa a dedicar-lhe uma atenção sempre maior. Se a anomalia continua resistindo à análise (o que geralmente não acontece), muitos cientistas podem passar a considerar sua resolução como o objeto de estudo específico de sua disciplina. Para esses investigadores a disciplina não parecerá mais a mesma de antes. Parte dessa aparência resulta pura e simplesmente da nova perspectiva de enfoque adotada pelo escrutínio científico. Uma fonte de mudanças ainda mais importante é a natureza divergente das numerosas soluções parciais que a atenção concentrada tornou disponível. Os primeiros ataques contra o problema não resolvido seguem bem de perto as regras do paradigma, mas, com a contínua resistência, a solução, os ataques envolverão mais e mais algumas articulações menores do paradigma (ou mesmo algumas não tão inexpressivas). Nenhuma dessas articulações será igual; cada uma delas será bem-sucedida, mas nenhuma tão bem-sucedida que possa ser aceita como paradigma pelo grupo. Através dessa proliferação de articulações divergentes (que serão cada vez mais frequentemente descritas como adaptações *ad hoc*), as regras da ciência normal tornam-se sempre mais indistintas. A esta altura, embora ainda exista um paradigma, constata-se que poucos cientistas estarão de acordo sobre qual seja ele. Mesmo soluções padrão de problemas que anteriormente eram aceitas passam a ser questionadas.

Tal situação, quando aguda, é algumas vezes reconhecida pelos cientistas envolvidos. Copérnico queixou-se de que no seu tempo os astrônomos eram tão "incoerentes nessas investigações [astronômicas] [...] que não conseguiam explicar nem mesmo a duração constante das estações do ano". "Com eles", continua, "é como se um artista reunisse as mãos, os pés, a cabeça e outros membros de imagens de diversos modelos, cada parte muitíssimo bem desenhada, mas sem relação com um mesmo corpo. Uma vez que elas não se adaptam umas às outras de forma alguma, o resultado seria antes um monstro que um homem"[30]. Einstein, limitado pelo emprego corrente de uma linguagem menos rebuscada, escreveu apenas que: "Foi como se o solo debaixo de nossos pés tivesse sido retirado, sem que nenhum fundamento firme, sobre o qual se pudesse construir, estivesse à vista"[31]. Wolfgang Pauli, nos meses que precederam o artigo de Heisenberg que indicaria o caminho para uma nova teoria dos quanta, escreveu a um amigo: "No momento, a física está mais uma vez em terrível confusão. De qualquer modo, para mim é muito difícil. Gostaria de ter-me tornado um comediante de cinema ou algo do gênero e nunca ter ouvido falar de física". Esse testemunho é particularmente impressionante se contrastado com as palavras que Pauli pronunciou cinco meses depois: "O tipo de mecânica proposta por Heisenberg devolveu-me a esperança e a alegria de viver. Sem dúvida alguma, ela não proporciona a solução para a charada, mas acredito que agora é possível avançar novamente".[32, 33]

Kuhn elaborou uma distinção qualitativa entre os modos de operação normal e revolucionário. Nenhuma dessas diferenças qualitativas existe (embora exemplares dos dois tipos, retirados dos "polos extremos" do processo de conhecimento-produção, possam ser lembrados com facilidade). A distinção ocorre mais ao longo das linhas de "transformação do que o grupo quer transformar" *versus* "transformação do que o grupo gostaria que permanecesse estável" – com o revolucionário mudando mais do que atualmente seria desejado (para a manutenção da hierarquia social existente, por exemplo). A "transformação do que o grupo quer transformar" é uma forma de revolução limitada, conforme já discutimos antes. Revoluções idealmente limitadas produzem afeto positivo. Revoluções que perturbam os limites desejados – que são o que a ciência revolucionária de Kuhn produz – evocam medo (e negação e agressão como mecanismos de defesa). O revolucionário produz alteração involuntária nos "artigos de fé" do indivíduo normal. É essa capacidade que o torna revolucionário e necessário – e temido e desprezado. De forma mais geral, pode-se

---

[30] Citado em Kuhn, T.S. (1957), p. 138.
[31] Einstein, A. (1959), p. 45.
[32] Kronig, R. (1960), p. 22, 25-26.
[33] Kuhn, T.S. (1970), p. 82-84.

dizer que os processos de "descoberta" que perturbam "mapas" de espaço-tempo de larga escala produzem perturbações do afeto em uma escala equivalente (e que é essa perturbação de larga escala que chamamos de revolução).

"Pressupostos" sociais e individuais mitologicamente estruturados – artigos de fé – fornecem o ambiente em que um dado padrão adaptativo específico da cultura mantém sua validade condicional. Esse ambiente mítico pré-racional é análogo em estrutura ao próprio ambiente natural ou físico – assim como a estrutura adaptada ao ambiente logo se torna um elemento constitutivo do próprio ambiente, com as mesmas características essenciais. (Ou, para colocar de forma um pouco diferente, tudo contido fora do muro que define o "espaço atualmente considerado" é "ambiente", ainda que muito dele seja, na verdade, a consequência de atividade histórica ou até mesmo individual.) A perturbação do "'ambiente' mítico pré-racional" é tão catastrófica quanto a perturbação do "ambiente físico ou natural" (em última análise, as duas "perturbações" não podem ser distinguidas de fato). Em essência, isso significa que dar atenção séria ao ponto de vista do outro significa arriscar exposição à incerteza indeterminada – arriscar um aumento da ansiedade existencial, dor e depressão; experimentar caos afetivo, imagético e cognitivo temporalmente indeterminado. Por conseguinte, é muito mais provável que um ponto de vista estrangeiro pareça maléfico ou venha a ser definido como tal (em particular durante períodos que se tornaram instáveis – insuportavelmente novos – por razões alternativas adicionais). Uma vez ocorrida essa definição, a aplicação da agressão, concebida para destruir a fonte da ameaça, parece moralmente justificada, até mesmo exigida pelo dever. De fato, o ponto de vista alternativo ou estrangeiro é razoavelmente considerado malévolo (embora essa consideração seja perigosamente unilateral) quando visto em relação à sua capacidade destrutiva potencial, de dentro dos limites estritos da estrutura adaptativa sociopsicológica historicamente determinada. É apenas dentro do domínio da metamoralidade (que é a moralidade concebida para atualizar as regras morais) que o estranho pode ser tolerado ou até mesmo bem recebido.

O grupo, em suas encarnações sociais e intrapsíquicas externas, é a expressão corrente de uma forma de agir e pensar que tem recebido conteúdo particular específico ao longo de milhares de anos. Esses conteúdos particulares, padrões de comportamento e suas representações, foram a princípio estabelecidos por indivíduos que enfrentaram o desconhecido e prevaleceram, que foram capazes de fazer ou pensar algo que ninguém fora capaz de fazer ou pensar antes. Dessa forma, indivíduos heroicos criam novos pressupostos e formulam novos valores. A integração desses pressupostos e valores ao grupo, por meio do processo competitivo que começa com a imitação e termina com a abstração verbal, aumenta o repertório lógico abstrato e comportamental permanente dos indivíduos que formam o grupo. A soma total desses padrões comportamentais (e de suas descrições de segunda e terceira ordem), compartilhados dentro de um grupo social, constitui esse grupo. Os grupos se baseiam em uma estrutura coletiva e historicamente determinada de padrões comportamentais (abstratamente representados, e suas consequências), que tende para a consistência interna e a estabilidade ao longo do tempo. A internalização desse padrão comportamental e de suas representações protege os indivíduos que compõem o grupo contra o medo de sua própria experiência. O grupo é a estrutura de comportamento hierárquica culturalmente determinada – e a conceitualização abstraída dela – que inibe o medo da novidade, a Mãe Terrível, fonte de todos os pesadelos. O grupo é a estrutura histórica que a humanidade erigiu entre o indivíduo e o desconhecido. O grupo, em sua faceta benéfica, serve para proteger os indivíduos que o compõem da ameaça e do desconhecido. O sistema social de como se comportar, quando apresentado a determinada situação, inibe o medo paralisante que a situação de outro modo poderia induzir de forma instintiva.

O grupo também é simultaneamente a expressão histórica concreta da "tese" heroica singular do *Homo sapiens*, conforme dito antes: que *a natureza da experiência pode ser alterada, para melhor, pela alteração voluntária da ação e do pensamento*. Essa tese central é expressa no mito do caminho. A perda do paraíso (antes existente) inicia a atividade "redentora", a história; a restauração do paraíso – no curso ou como resultado do comportamento adequado – é seu objetivo. Esse padrão geral parece característico de todas as civilizações, todas as filosofias, todas as ideologias, todas as religiões. A ideia geral de que a mudança pode trazer melhoria – na qual se fundamenta toda mudança voluntária – é, em si mesma, baseada no ideal fundamentado no pressuposto – na ficção (necessária) – de que a perfeição pode ser alcançada por meio do processo histórico. Assim, esse mito – mesmo em sua encarnação ritual mais antiga – fornece a base para a ideia do próprio progresso. O grupo, história encarnada, é a personificação de um modo específico de ser projetado para alcançar a perfeição, e contém a expressão concreta do objetivo de um povo; ele é a realização objetiva e subjetiva do modo pelo qual eles melhoram sua trágica condição. A história não só protege as pessoas do desconhecido; ela lhes fornece regras para se conseguir aquilo que mais desejam e, portanto, para expressar o sentido (em essência indeclarável) de suas vidas.

O conhecimento moral humano progride à medida que o conhecimento processual expande seu domínio, que a memória episódica codifica, de forma cada vez mais precisa, os padrões que caracterizam esse conhecimento; à medida que o sistema semântico passa a representar de forma explícita os princípios implícitos sobre os quais repousam o conhecimento processual e a representação episódica desse conhecimento – e, naturalmente, à medida que as consequências dessa representação de segunda e terceira ordens alteram a natureza do procedimento em si. Assim, por exemplo, o teórico político democrático pode enfim colocar em palavras a essência do mito religioso após o mito ter capturado em imagem a essência do comportamento adaptativo; pode falar em "direito intrínseco" como se essa noção fosse algo *racional*. Esse processo de abstração e de representação crescentes é equivalente ao desenvolvimento da consciência "superior" (sobretudo se as palavras cada vez mais iluminadas são, de fato – desejo utópico –, trazidas abaixo na hierarquia para o nível da ação.)

A principal vantagem do incremento da abstração representativa, à parte a facilidade de comunicação, é o aumento da flexibilidade adaptativa: alterações no pensamento abstrato podem proceder "como se" fossem um jogo, sem consequências práticas imediatas, positivas ou negativas.[34] A desvantagem dessa flexibilidade adaptativa é a emergência da capacidade de constantemente (e de forma inadequada, na maioria dos casos) minar os pressupostos *a priori* do jogo: questionar as regras, diluir o ímpeto para a ação e desinibir a angústia existencial. Um jogo é divertido até que as regras pareçam infantis. Então, a diversão desaparece. Com o tempo, isso pode ser progresso. Mas, até que um novo jogo apareça, é apenas problemático. O processo de investigação abstrata (semântica) é capaz de prejudicar a adaptação moral em todos os níveis – semântico, episódico e processual – de forma simultânea. Essa possibilidade deve ser considerada, mais uma vez, um efeito colateral (destrutivo/benéfico) da capacidade de abstração.

A construção evolucionária de uma estrutura social adaptativa, existente ao mesmo tempo no comportamento e na representação episódica/semântica desse comportamento, significa abstração e organização hierárquica do conhecimento obtido com dificuldade na batalha pela sobrevivência física, e a consequente capacidade de comunicação imediata desse conhecimento, na ausência de uma demonstração direta. Além disso, ela significa potencial para alteração e experimentação no abstrato (no jogo, semântico e episódico), antes da aplicação no mundo real. A aquisição de tal habilidade – a capacidade para o pensamento abstrato e criativo, e para seu intercâmbio

---

[34] Isso, conforme Karl Popper apontou, "permite que nossas hipóteses morram em nosso lugar".

social – significa tremenda elevação da capacidade adaptativa, na medida em que os conceitos construídos de modo puramente semântico atingem a capacidade de alteração da representação episódica e do procedimento em si. Uma vez que a natureza da moral é codificada de modo semântico, de tal forma que os pressupostos de comportamento implícitos e hierarquicamente estruturados tenham se tornado explícitos, eles podem ser analisados, debatidos e alterados em sua natureza essencial. Tal alteração é capaz de ressoar na cadeia cognitiva até o próprio procedimento. De forma similar, as alterações no procedimento são (e devem ser) capazes de produzir efeitos profundos na representação semântica e episódica. Essa maior flexibilidade, resultante de um desenvolvimento histórico tremendamente complexo e demorado, é bastante útil para os propósitos da rápida adaptação e mudança, mas também promove conflito social e intrapsíquico. Tal conflito surge por consequência da desestabilização da tradição histórica.

É a flexibilidade essencial do cérebro humano, a sua própria capacidade de aprender e, portanto, de desaprender, que torna o *Homo sapiens* tão pavorosamente suscetível ao grupo e ao conflito intrapsíquico. Um padrão comportamental do animal, seu conhecimento processual, é definido; seu modo de ser referente ao desconhecido não pode ser alterado com facilidade em seu fundamento. Os pressupostos e valores pelos quais um ser humano vive podem, por sua vez, ser ameaçados por umas poucas palavras bem escolhidas e revolucionárias, cuja facilidade de comunicação contradiz a sua história evolutiva elaborada e complexa, a profundidade dos esforços heroicos necessários à sua formulação e a sua extrema potência atual. Informações suficientemente novas transmitidas verbalmente podem perturbar os paradigmas episódico, semântico e processual ao mesmo tempo, embora a totalidade de tais efeitos possa não se tornar manifesta por anos – não raro, por gerações.

Toda cultura mantém algumas crenças essenciais que são de importância central para si, nas quais todas as crenças secundárias se baseiam. Essas crenças essenciais não podem ser abandonadas com facilidade porque, se forem, tudo desmorona e o desconhecido passa a governar mais uma vez. A moralidade e o comportamento ocidentais, por exemplo, se baseiam na hipótese de que todo indivíduo é sagrado. Essa crença já existia, em sua forma nascente, entre os antigos egípcios, e representa a própria pedra angular da civilização judaico-cristã. Uma contestação bem-sucedida dessa ideia invalidaria as ações e os objetivos do indivíduo ocidental; destruiria a hierarquia predominante no Ocidente, o contexto social para a ação individual. Na ausência dessa hipótese central, o corpo de lei ocidental – mito formalizado, moralidade codificada – se deteriora e desmorona. Não há direitos individuais, não há valor individual – e a fundação da estrutura social (e psicológica) do Ocidente se dissolve. A Segunda Guerra Mundial e a Guerra Fria foram travadas em grande medida para eliminar tal contestação.

Para o homem cujas crenças se tornaram abstratas (e, portanto, mais incertas, mais discutíveis), a mera *ideia* do estrangeiro é suficiente para perturbar a estabilidade do pressuposto cotidiano. Tolstói, em suas *Confissões*, recorda o impacto das ideias modernas da Europa Ocidental sobre a cultura medieval demasiado estática da Rússia:

> Lembro que, quando eu tinha onze anos, um aluno do ginásio, um menino chamado Volódinka M., que morreu já faz muito tempo, veio à nossa casa no domingo e, como se fosse uma grande novidade, nos comunicou uma descoberta feita no colégio. A descoberta consistia em que Deus não existe e que tudo o que nos ensinavam não passava de invenções (o ano era 1838). Lembro que meus irmãos mais velhos se interessaram pela novidade e me chamaram para discutir. Lembro que todos ficamos bastante animados e recebemos aquela notícia como algo muito interessante e perfeitamente possível.[35]

Essa "descoberta", que no fundo foi o resultado cumulativo de um processo cognitivo muito longo e traumático da Europa Ocidental, tinha a capacidade de minar as pressuposições mais fundamentais da cultura russa (assim como havia minado as do Ocidente):

> De fato, desde os tempos mais remotos, desde quando existe a vida da qual tenho alguma notícia, as pessoas vivem e conhecem o argumento sobre a vaidade da vida, argumento que me comprovou o absurdo dela, e mesmo assim viveram, atribuindo a isso algum sentido. Desde quando começou alguma vida para as pessoas, elas já tinham esse sentido, e assim levaram essa vida adiante, até chegarem a mim. Tudo que existe em mim e em torno de mim, tudo isso é fruto do conhecimento da vida dessas pessoas. Os mesmos instrumentos do pensamento com que discuto essa vida e a condeno, tudo isso não foi feito por outros que não essas mesmas pessoas. Eu mesmo nasci, me criei e cresci graças a elas. Foram elas que desenterraram o ferro, aprenderam a cortar madeira, domesticaram as vacas, os cavalos, aprenderam a semear, aprenderam a viver juntas, organizaram nossa vida; me ensinaram a pensar, a falar. E eu sou uma criação delas, fui amamentado, nutrido e educado por elas, pensei com as palavras e com os pensamentos delas, e agora lhes mostrei que eles são... bobagens!![36]

---

[35] Tolstói, L. (1887-1983), p. 13.
[36] Ibidem, p. 54.

Por fim, esse enfraquecimento racional inevitavelmente produziu os seguintes efeitos:

Aconteceu o que acontece com todos aqueles que contraem uma doença mortal interna. De início, aparecem sinais insignificantes de indisposição, em que a dor não chama a atenção; depois, esses sinais se repetem com cada vez mais frequência e se fundem num sofrimento único, indivisível no tempo. O sofrimento cresce e, antes que o doente possa perceber, fica claro que aquilo que ele tomava por uma indisposição é a coisa mais importante do mundo para ele: é a morte.

O mesmo aconteceu comigo. Entendi que aquilo não era uma indisposição fortuita, mas algo muito importante, e que se as mesmas questões sempre se repetem, é preciso lhes dar resposta. E tentei responder. As questões pareciam tão tolas, simples, infantis. Porém, assim que as toquei e tentei resolver, logo me convenci de que, em primeiro lugar, não se tratava de questões tolas e infantis, mas sim das questões mais importantes e mais profundas da vida e, em segundo lugar, que eu, por mais que pensasse, não conseguia lhes dar resposta. Antes de me ocupar de uma propriedade rural em Samara, da educação de um filho, da escrita de um livro, é preciso saber para que vou fazer isso. Enquanto não sei a finalidade, nada posso fazer. No meio de meus pensamentos sobre os cuidados agrícolas, que me mantinham muito atarefado naquele tempo, de repente me vinha à cabeça uma questão: "Muito bem, você vai ter seis mil dessiatinas de terra na província de Samara, trezentos cavalos, e depois?". Eu ficava boquiaberto, sem saber o que pensar. Ou, quando começava a pensar em como educava os filhos, dizia a mim mesmo: "Para quê?". Ou, quando refletia sobre como o povo pode alcançar o bem-estar, de repente dizia a mim mesmo: "Mas o que eu tenho a ver com isso?". Ou, quando pensava sobre a fama que minha obra ia me trazer, dizia a mim mesmo: "Muito bem, você será mais famoso que Gógol, Púchkin, Shakespeare, Molière, todos os escritores do mundo... mas e daí?". E eu não conseguia dar nenhuma resposta.

Minha vida parou. Eu podia respirar, comer, beber, dormir, porque não podia ficar sem respirar, sem comer, sem beber, sem dormir; mas não existia vida, porque não existiam desejos cuja satisfação eu considerasse razoável. Se eu desejava algo, sabia de antemão que, satisfizesse ou não meu desejo, aquilo não daria em nada. Se uma bruxa aparecesse e oferecesse satisfazer meus desejos, eu não saberia o que pedir. Se em mim, em momentos de embriaguez, não havia desejos, propriamente, mas apenas hábitos de desejos antigos, em momentos de sobriedade eu sabia que aquilo era ilusão, que eu não desejava nada. Nem descobrir a verdade eu conseguia mais desejar, porque já adivinhava o que era. A verdade era que a vida não tem sentido algum.

Parecia que eu tinha vivido e andado para lá e para cá, até chegar à beira de um abismo, e via com clareza que não havia nada na minha frente, a não ser a ruína. E é impossível parar, é impossível voltar, é impossível fechar os olhos e deixar de ver que não existe nada à frente, a não ser a ilusão da vida, da felicidade, os sofrimentos verdadeiros e a morte verdadeira – a aniquilação completa.

A vida me dava enjoo – alguma força indeterminada me seduzia para que eu, de algum modo, me desvencilhasse da vida. Mas não se pode dizer que eu queria me matar.

A força que me atraía para longe da vida era mais poderosa, mais completa do que uma vontade comum. Era uma força parecida com a antiga aspiração de vida, só que voltada no sentido contrário. Com todas as forças, eu desejava me afastar da vida. A ideia do suicídio me veio de maneira tão natural quanto, antes, me vinham os pensamentos sobre o aperfeiçoamento da vida. Essa idcia era tão sedutora que tive de usar de astúcia contra mim mesmo, a fim de não colocá-la em prática com demasiada pressa. Não queria me apressar apenas porque desejava empregar todas as minhas energias para clarear a mente! E dizia a mim mesmo que, se não conseguisse, haveria depois tempo de sobra para me matar. E foi então que eu, um homem feliz, retirei uma corda do meu quarto, onde toda noite ficava sozinho para trocar de roupa, a fim de não me enforcar na viga entre os armários, e parei de ir caçar com uma espingarda, para não me seduzir com aquela maneira fácil demais de dar cabo da própria vida. Eu mesmo não sabia o que queria: tinha medo da vida, desejava me livrar dela e, no entanto, ainda esperava dela alguma coisa.

E isso aconteceu comigo na época em que, de todos os lados, eu tinha o que se considera a felicidade perfeita: foi na época em que ainda não contava cinquenta anos de idade. Tinha uma esposa bondosa, amorosa e adorada, filhos bonitos, uma propriedade grande, que crescia e prosperava mesmo sem nenhum trabalho de minha parte. Mais do que nunca, eu era respeitado por pessoas próximas e por conhecidos, elogiado por desconhecidos e, sem nenhum exagero, podia considerar que eu tinha renome. Além disso, não tinha a saúde fraca, nem física nem mental; ao contrário, desfrutava um vigor físico e mental que raramente via em meus contemporâneos: fisicamente, podia trabalhar na ceifa, sem ficar para trás em relação aos mujiques; mentalmente, podia trabalhar durante oito, dez horas seguidas, sem que esse esforço tivesse nenhuma consequência. E foi nessas condições que acabei chegando a um estado em que não conseguia mais viver e, temendo a morte, tive de usar de astúcia contra mim mesmo, a fim de não me privar da vida.

Essa condição espiritual se exprimia, para mim, deste modo: minha vida é alguma brincadeira idiota e maldosa que não sei quem está fazendo comigo.

Apesar de não reconhecer a existência de nenhum "não sei quem" que me havia criado, essa forma de representação, a de que alguém tinha feito comigo uma brincadeira maldosa e tola ao me trazer ao mundo, era, para mim, a forma de representação mais natural.[37]

A identidade do grupo – moralidade inculcada e interpretação aceita – serve para restringir a significância motivacional dos fenômenos experienciais. Quando essa identidade (que se baseia na fé mantida implícita ou explicitamente em uma determinada conceitualização do caminho) é desafiada, tais restrições desaparecem. Essa "desconstrução" do costume e da crença simbolicamente patriarcais submete o indivíduo à guerra intrapsíquica entre afetos conflitantes – o "choque de opostos", em termos junguianos; ela sujeita o indivíduo a um insuportável conflito cognitivo, emocional e moral. Os comentários de Nietzsche sobre a fala de Hamlet, "desmaia no indeciso pensamento", são relevantes neste contexto:

> O conhecimento mata a ação, para atuar, é preciso estar velado pela ilusão – tal é o ensinamento de Hamlet [...]. Agora não há mais consolo que adiante, o anelo vai além de um mundo após a morte, além dos próprios deuses; a existência, com seu reflexo resplendente nos deuses ou em um além-mundo imortal, é denegada. Na consciência da verdade uma vez contemplada, o homem vê agora, por toda parte, apenas o aspecto horroroso e absurdo do ser; agora ele compreende o que há de simbólico no destino de Ofélia, agora reconhece a sabedoria do deus dos bosques, Sileno: isso o enoja.[38, 39, 40]

O protagonista tragicamente cômico, perturbado e de personalidade burocrática de Dostoiévski (o camundongo metafórico) em *Memórias do Subsolo* reage de forma similar, comparando a própria incapacidade (sofisticada) de responder corajosamente a um insulto com aquela de *l'homme de la nature et de la vérité* – o homem natural e, portanto, verdadeiro, ainda que comparativamente inconsciente (processual):

---

[37] Ibidem, p. 26-29.

[38] Outro comentário relevante de Nietzsche: "A articulação das cenas e as imagens perspícuas revelam uma sabedoria mais profunda do que aquela que [...] [os antigos poetas gregos poderiam] apreender em palavras e conceitos: o mesmo se observa em Shakespeare, cujo Hamlet, por exemplo, em um sentido semelhante, fala mais superficialmente do que age, de modo que não é a partir das palavras, porém da visão e da revisão aprofundadas do conjunto que se deve inferir aquela doutrina do Hamlet antes mencionada" (Nietzsche, F. [1967a], p. 105).

[39] Nietzsche, F. (1967a), p. 60.

[40] Ambas as citações de Nietzsche nessa passagem são da seção 7 de *O Nascimento da Tragédia* (tradução de Jacó Guinsburg. São Paulo: Cia. das Letras, 2007). (N. E.)

Mas vejamos agora este camundongo em ação. Suponhamos, por exemplo, que ele esteja ofendido (quase sempre está) e queira vingar-se. Acumula-se nele, provavelmente, mais rancor que no *homme de la nature et de la vérité*. É possível que um desejo baixo, ignóbil, de retribuir ao ofensor o mesmo dano, ranja nele ainda mais ignobilmente que no *homme de la nature et de la vérité*, porque este, devido à sua inata estupidez, considera sua vingança um simples ato de justiça; já o camundongo, em virtude de sua consciência hipertrofiada, nega haver nisso qualquer justiça. Atinge-se, por fim, a própria ação, o próprio ato de vingança. O infeliz camundongo já conseguiu acumular, em torno de si, além da torpeza inicial, uma infinidade de outras torpezas, na forma de interrogações e dúvidas; acrescentou à primeira interrogação tantas outras não resolvidas que, forçosamente, se acumula ao redor dele certo líquido repugnante e fatídico, certa lama fétida, que consiste nas suas dúvidas, inquietações e, finalmente, nos escarros – que caem sobre ele em profusão – dos homens de ação agrupados solenemente ao redor, na pessoa de juízes e ditadores, e que riem dele a mais não poder, com toda a capacidade das suas goelas sadias. Naturalmente, resta-lhe sacudir a patinha em relação a tudo e, com um sorriso de fictício desprezo, no qual ele mesmo não acredita, esgueirar-se vergonhosamente para a sua fendazinha.[41, 42]

Os personagens de Shakespeare e Dostoiévski respondem como o Tolstói de carne e osso ao mesmo conjunto de circunstâncias historicamente determinadas – à "morte de deus", na terminologia de Nietzsche, provocada de forma inexorável pelo desenvolvimento contínuo da consciência abstrata. O "primeiro homem moderno", Hamlet, e aqueles que o seguiram na arte e na vida caracteristicamente respondem como o "criminoso pálido" de Nietzsche; assim como Raskólnikov, de *Crime e Castigo*, eles permanecem incapazes de suportar a "beleza terrível"[43] de seus feitos. Nietzsche afirma:

Grandes coisas exigem que nos calemos a seu respeito ou que falemos com grandeza: grandeza quer dizer: com inocência, – cinicamente.

O que conto é a história dos dois próximos séculos. Descrevo o que vem, o que não pode mais vir de outro modo: o advento do niilismo. [...] Toda a nossa cultura europeia move-se já, desde há muito, com a tortura de uma tensão,

---

[41] Dostoiévski, F. (1961), p. 21.

[42] Trecho do terceiro capítulo da primeira parte (p. 22-23) do romance de Dostoiévski (tradução de Boris Schnaiderman. São Paulo: Editora 34, 2000). (N. E.)

[43] Aforismos de Nietzsche: "Com bastante frequência o criminoso não está à altura do seu ato: ele o diminui e difama" (Nietzsche, F. [1968a], p. 275); "Raramente os advogados de um criminoso são artistas o bastante para reverter a seu favor o belo horror do seu ato" (Nietzsche, F. [1968a], p. 275).

que cresce de década a década, como se estivesse encaminhando-se para uma catástrofe: inquieta, violenta, precipitada: como uma correnteza que anseia por chegar ao fim e que não mais se lembra, tem medo de lembrar-se.

– Aquele que aqui toma a palavra, por outro lado, não fez até agora nada mais senão lembrar-se: como um filósofo e eremita por instinto, que encontrou vantagem no ficar à parte, de fora [...].

[...] Por que o advento do niilismo é doravante necessário? Porque nossos valores até agora são aqueles mesmos que o acarretam como a sua última consequência; porque o niilismo é a lógica de nossos grandes valores e ideais pensada até o fim – porque nós primeiro tivemos que vivenciar o niilismo para descobrir, ver por trás o que era propriamente o valor desses "valores"... Teremos necessidade, algum dia, de novos valores...

O niilismo está à porta: de onde nos vem esse mais inquietante de todos os hóspedes?

1. Ponto de partida: é um erro apontar para "calamidades sociais" [...] ou para "degeneração fisiológica" ou até para corrupção como causa do niilismo. Esta é a época mais honesta, mais compassiva. Miséria, miséria mental, corporal, intelectual não são capazes em si, absolutamente, de produzir niilismo, isto é, a recusa radical de valor, de sentido, de desejabilidade [*Wünschbarkeit*]. Essas misérias sempre permitem interpretações inteiramente diversas. Mas sim: em uma interpretação plenamente determinada, na cristã-moral, finca-se [*steckt*] o niilismo.

2. A derrocada do cristianismo – em sua moral (que é insubstituível) – que se volta contra o Deus cristão (o sentido da veracidade, desenvolvido em alto grau pelo cristianismo, tem nojo da falsidade e da hipocrisia de toda interpretação cristã de mundo e da história. Recuo do "Deus é a verdade" para a crença fanática do "Tudo é falso". Budismo da ação...).

3. Ceticismo em matéria de moral é o decisivo. A derrocada da interpretação moral de mundo, que não tem mais nenhuma sanção depois de ter tentado refugiar-se no além: termina em niilismo. "Nada tem sentido algum" (a inexequibilidade de uma interpretação de mundo à qual foi dedicada monstruosa força – desperta a desconfiança de que todas as interpretações de mundo sejam falsas) [...]. [44, 45]

Isso, em poucas palavras, é o "efeito cascata".

---

[44] Citado em Kaufmann, W. (1975), p. 130-131.

[45] Peterson cita trechos esparsos do prefácio e da primeira seção da primeira parte de *A Vontade de Poder* (tradução de Marcos Sinésio Pereira Fernandes e Francisco José Dias de Moraes. Rio de Janeiro: Contraponto, 2008). Em relação aos aforismos citados em nota anterior, ambos são de *Além do Bem e do Mal* (109 e 110, respectivamente). (N. E.)

O niilismo, *alter ego* do totalitarismo, é a resposta à experiência do mundo, do eu e do outro, que se torna desprovida de significado determinado e, por conseguinte, impedida de qualquer significado; é a reação do mundo liberto das limitações inconscientes do hábito, dos costumes e da crença; é a resposta ao ressurgimento do terrível desconhecido; é a reação de um espírito não mais capaz, como resultado da capacidade crítica abstrata, de manifestar uma identidade inconsciente ou processual com o herói – não mais capaz de demonstrar crença na possibilidade humana, em face da exposição ao que há de mais assustador que se possa imaginar. Os fenômenos permanecem restritos em sua significância afetiva, ao menos parcialmente, porque o grupo (a hierarquia da dominância) chegou a um acordo quanto a seu significado (suas implicações para a ação específica da situação). Quando essa hierarquia desmorona – talvez por consequência da descrença emergente no pressuposto central –, nada permanece "sagrado". Esse processo se torna manifesto e evidente, do ponto de vista empírico, durante uma rebelião. Quando a lei e a ordem são temporariamente mantidas em suspenso (quando a força inibitória da ameaça imposta é aliviada; quando a hierarquia da dominância momentaneamente desmorona), aqueles cujo comportamento moral permanece baseado na obediência ressentida caem presas do próprio afeto desordenado e explodem em agressão, ganância e destrutividade vingativa e cheia de ódio. Essa explosão (implosão ?) é a "redução ao *continuum* pré-cosmogônico", do ponto de vista mítico pré-experimental ou mítico[46] – regressão ao tempo e ao lugar anteriores à divisão das coisas em conhecido e desconhecido. Isso pode ser visto como alteração do afeto ou como transformação da significância motivacional dos fenômenos cuja compreensão motiva o comportamento. A mente objetiva poderia postular a primeira; a mente mítica, preocupada com a realidade subjetiva, a última. Essa forma de regressão existe como precondição para a reestruturação criativa. A apreensão semiconsciente (semideclarativa) desse estado cheio de afeto manifesto como medo paralisante existe (feliz e catastroficamente) como o maior impedimento à mudança.

A hierarquia de valor da dominância, existente social e intrapsiquicamente, emprega o medo (e a promessa) para regular o acesso às mercadorias desejadas – para determinar a significância motivacional líquida de eventos e processos específicos. Qualquer fenômeno é capaz de induzir uma variedade de estados motivacionais ou afetivos. É o resultado social e individualmente determinado da competição entre esses estados intrapsíquicos que determina o resultado comportamental. A consequência

---

[46] Ver Eliade, M. (1965; 1975).

internalizada da hierarquia de dominância externa – que é o "patriarcado intrapsíquico", o superego de Freud – é o conhecimento da rede de relevância motivacional líquida dos fenômenos dentro de determinada sociedade. Isso implica, conforme dito antes, que a estrutura de poder historicamente determinada de uma sociedade poderia ser inferida por meio da análise da significância dada a artefatos tecnológicos e cognitivos pelos indivíduos dentro dessa sociedade. O que se deseja depende do objetivo para o qual determinada sociedade se movimenta. O objetivo é postulado a princípio como valioso em consequência da operação de "pressupostos" inconscientes, da ação hipoteticamente precedente. Então, o valor pressuposto pela ação é codificado episodicamente e, depois, talvez, formalizado semanticamente. Pessoas de culturas diferentes valorizam as coisas de maneiras diferentes; essa diferença se baseia na aceitação de um esquema alternativo dirigido ao objetivo. A natureza e a presença dessa diferença podem ser inferidas (serão, de fato, necessariamente inferidas) a partir da observação do comportamento, da imaginação e da discussão estrangeiros – talvez sejam inferidas até mesmo a partir da exposição a artefatos culturais (que, em geral, recebem o *status* de "meras" ferramentas, ou seja, implementos do caminho) ou de indicações tão sutis quanto a voz ou melodia processual.[47]

O movimento de um esquema para outro – ou de ambos para um terceiro esquema hipotético, que une ambos (que possa constituir a consequência do esforço heroico revolucionário) – pressupõe dissolução, mútua ou singular, e não mera adição (uma mudança "qualitativa", não uma mudança "quantitativa"). Miticamente, como vimos, esse movimento pode ser representado como a descida do precipício para dentro do abismo, como o colapso do ídolo com pés de barro, como a dissolução em elementos materiais ou corporais constitutivos, como a jornada ao submundo ou ao fundo do mar, como a peregrinação pelo vale da sombra da morte, como quarenta anos (ou quarenta dias) no deserto, como encontro com a hidra, como incesto com a mãe. Quando essa viagem é realizada de forma voluntária – recursos adequadamente preparados de antemão, a fé em seu devido lugar –, a chance de sucesso (retorno, reconstituição, ressurreição, ascensão) aumenta substancialmente. Quando a dissolução ocorre de modo acidental – quando o encontro com o desconhecido é involuntário[48] ou evitado além do seu tempo de ocorrência inevitável –, a catástrofe social ou intrapsíquica, o suicídio ou a guerra se torna certo.

---

[47] Ver Ambady, N.; Rosenthal, R. (1992).
[48] Como quando Édipo inadvertidamente dorme com sua mãe e, depois, cega a si mesmo.

O objetivo ao qual o comportamento se dedica serve como um polo do esquema cognitivo que determina a significância motivacional dos eventos. Os membros da mesma cultura compartilham o mesmo objetivo. Esse objetivo consiste em um estado hipotético desejado que existe em contraste com certa conceitualização do presente e que pode ser atingido por meio da participação em um processo particular consensualmente aceito e tradicionalmente determinado. Esse esquema é análogo em estrutura à concepção mitológica normal do caminho, que inclui uma representação do presente (problemático), uma concepção do futuro (desejado) e uma descrição dos métodos (prescrições morais e injunções) para transformar o primeiro no último. O conhecimento moral serve para ampliar o caminho pela redução da significância motivacional potencial infinita de eventos específicos ao particular e determinado. Esse processo de redução é de natureza social – os eventos assumem significados estabelecidos que são socialmente determinados, compartilhados. A relevância afetiva de um determinado fenômeno – que, em essência, é a sua significância para o comportamento dirigido ao objetivo – é uma consequência do funcionamento do esquema orientado ao objetivo, que encontra expressão parcial no estabelecimento de uma hierarquia de dominância. Uma hierarquia de dominância é um arranjo social que determina o acesso às mercadorias desejadas. Na maioria dos casos, essas mercadorias são pistas para recompensas consumatórias – experiências que significam movimento para, ou uma maior probabilidade de, atingir o objetivo desejado. A posição relativa na hierarquia de dominância – pelo menos na sociedade em perfeito funcionamento – é, em si mesma, determinada pelo julgamento social. O julgamento reflete a avaliação do valor de um indivíduo específico. Esse valor reflete a forma como a sociedade vê a capacidade de aquele indivíduo contribuir para a conquista do objetivo. Essa interpretação, é claro, implica que a postulação de um determinado caminho necessária e inevitavelmente produz uma hierarquia de valor (uma vez que as pessoas e as coisas inevitavelmente irão diferir na sua utilidade enquanto meios para o fim desejado). Todos os fenômenos, vivenciados dentro dos limites de determinada sociedade, são preenchidos por informações relevantes da hierarquia de dominância e do esquema direcionado ao objetivo. O valor de qualquer item ou experiência específico é determinado pelo alicerce mítico – no qual a sociedade inteira, consciente e inconscientemente, está assentada. Esse valor é a magia do objeto.

Atividades cismáticas, sejam semânticas, episódicas ou processuais, podem ser consideradas o equivalente dentro do grupo à chegada de um estranho (abstrato ou concreto). Cismas culturais surgem quando indivíduos outrora previsíveis e familiares são possuídos por novas noções comportamentais, imagens ou formulações semânticas, que apresentam um desafio aos pressupostos considerados necessariamente invioláveis – tal como a pressuposição (mais perigosa, autoritária) de que todos os pressupostos atualmente aceitos são "verdadeiros". O horror medieval à heresia e as respostas drásticas a tal ideação definidas como necessárias pelos guardiões católicos do pensamento correto são tornados compreensíveis quando se considera (1) a função protetora do dogma intacto e (2) a impossibilidade metodológica de se "refutar", por assim dizer, ideias narrativas alternativas e miticamente fundamentadas. A igreja cristã se fragmentou de forma caótica (e, talvez, criativa) – e continua a fazê-lo – com consequências terríveis, mesmo sob condições em que tal fragmentação era punida com severidade. Isso não é dito para justificar a repressão da criatividade, mas para tornar compreensível a motivação para tal repressão. A degeneração em caos – decadência – pode ser considerada a ameaça constante da inovação empreendida na ausência de compreensão e respeito pela tradição. Essa decadência é precisamente tão perigosa para a estabilidade e a adaptabilidade da comunidade e do indivíduo, e tão puramente motivada por desejos e vontades subterrâneos, quanto é o totalitarismo ou o desejo de ordem absoluta. A ausência contínua de uma metodologia aceita em geral para a organização pacífica do valor relativo ou da validade de diferenças evidentes baseadas em mitologia ajuda a garantir que a repressão selvagem permaneça a alternativa mais utilizada.

 O rápido desenvolvimento da habilidade semântica (e sua elaboração de segunda ordem em metodologia empírica) constitui a terceira maior ameaça para a estabilidade continuada de sistemas culturais adaptativos sócio-historicamente determinados (bem como o principal fator na elaboração complexa de tais sistemas). (Os dois primeiros – apenas um lembrete – são uma rápida mudança no ambiente natural, independente da atividade humana, e o contato com uma cultura estrangeira isolada até então.) Os indivíduos alfabetizados, membros das culturas contidas em teologias expressas ou filosofias racionais, podem mais facilmente encarar e/ou adotar abstratamente ou formular provisoriamente posições diferentes com relação ao valor dos pressupostos iniciais; podem também verbalizar as crenças de outras pessoas, absorvê-las e submetê-las à consideração crítica ou aceitação (teoricamente) ingênua; estão necessariamente fadados a conseguir se tornar *muitas outras pessoas* na imitação, na imaginação e no pensamento. A crítica linguisticamente mediada dos predicados do comportamento prejudica a fé na validade dos padrões hierárquicos de adaptação historicamente estabelecidos. O processo emergente final da cadeia de abstração desenvolvimental pode ser aplicado para comprometer a estabilidade do seu alicerce. Portanto, o indivíduo moderno e verbalmente sofisticado sempre corre o risco de serrar o galho no qual está sentado.

A linguagem transformou o drama em narrativa mítica, a narrativa em religião formal, e a religião em filosofia crítica, proporcionando a expansão exponencial da habilidade adaptativa – e, ao mesmo tempo, enfraqueceu o pressuposto e a expectativa, separando o conhecimento da ação. O *Homo sapiens* civilizado pode usar palavras para destruir o que as palavras não criaram. Essa capacidade deixa os indivíduos modernos cada vez mais sujeitos aos seus piores medos. Nietzsche afirma:

> Nossa Europa de hoje, palco de uma tentativa absurdamente rápida de mistura de classes e, em consequência, de raças, é por isso mesmo cética de alto a baixo, ora com aquele ceticismo destro, que impaciente e ávido pula de um ramo a outro, ora sombria como uma nuvem carregada de pontos de interrogação – e mortalmente farta de sua vontade! Paralisia da vontade: onde não se encontra hoje esse aleijão! E com frequência enfeitado! Sedutoramente enfeitado! Para se engalanar e enganar, essa doença dispõe dos mais belos trajes; e a maior parte, por exemplo, daquilo que hoje se expõe nas vitrines como "objetividade", "cientificidade", "l'art pour l'art" [arte pela arte], "conhecimento puro, livre da vontade", é apenas ceticismo ornamentado e paralisia da vontade – por esse diagnóstico da doença europeia quero ser responsável.[49, 50]

As evoluções intelectuais que conduziram ao estabelecimento da metodologia científica moderna elevaram o perigo dessa tendência parcialmente patológica. A construção de uma representação poderosa e precisa do mundo "objetivo" ou compartilhado – uma conclusão lógica da troca interpessoal de informações sensoriais, possibilitada pela comunicação linguística – desafiou a crença na realidade do mundo mítico, que, na verdade, nunca foi objetivo. O mundo mítico sempre foi afetivo – embora compartilhado socialmente – e contínua informações processuais (e a sua representação abstrata) organizadas de maneira hierárquica em termos de valor, incorporadas na forma processual não verbal e imagética abstrata e semântica. A representação do valor mítico em formato verbal possibilitou a simples experimentação na ética, na imaginação (e, então, de forma muitas vezes trágica, na ação), e a geração de uma crítica ingênua, mas eficaz, sobre as bases tradicionais de comportamento. Nietzsche afirma:

---

[49] Nietzsche, F. (1968a), p. 320.
[50] Trecho da seção 208 de *Além do Bem e do Mal*. (N. E.)

Pois essa é a maneira como as religiões costumam morrer: quando os pressupostos míticos de uma religião passam a ser sistematizados, sob os olhos severos e racionais de um dogmatismo ortodoxo, como uma suma acabada de eventos históricos, e quando se começa a defender angustiadamente a credibilidade dos mitos, mas, ao mesmo tempo, a resistir a toda possibilidade natural de que continuem a viver e a proliferar, quando, por conseguinte, o sentimento para com o mito morre e em seu lugar entra a pretensão da religião a ter fundamentos históricos.[51, 52]

Freud sustentou, como um empirista ideal do século XIX, que "não há outra fonte de conhecimento do mundo senão a elaboração intelectual de observações cuidadosamente checadas, isto é, o que chamamos de pesquisa, não existindo, ao lado dela, nenhum conhecimento derivado de revelação, intuição ou adivinhação". Além disso, ele afirmou que "não há instância acima da razão"[53, 54] (aterrada diretamente na "observação", alguém poderia presumir). Essa descrição não deixa espaço para o papel primordial do afeto (ou até mesmo da sensação, aliás) na determinação da sabedoria – "o que causa dor a mim e aos outros é errado", na forma mais básica e ingênua – e também não consegue abordar a questão da fonte das hipóteses científicas em geral (o processo narrativo). Ademais, o conhecimento puro do mundo sensorial – o que é, mais fundamentalmente – não inclui o conhecimento sobre como se adaptar ou se comportar nesse mundo (mesmo que a coleta de tais informações tenha implicações óbvias para essa adaptação). Tolstói afirma:

> O saber racional, na pessoa dos sábios e cultos, nega o sentido da vida, enquanto a enorme massa de pessoas, a humanidade inteira, reconhece esse sentido num saber irracional. E esse saber irracional é a fé, a mesma que eu não podia aceitar. Esse Deus trino, essa criação em seis dias, os demônios e os anjos e tudo isso que não posso admitir, a menos que me transforme num louco.
> Minha situação era horrível. Eu sabia que nada encontraria no caminho do saber racional, senão a negação da vida, e que nada encontraria na fé, senão a negação da razão, que era ainda mais impossível do que a negação da vida. Pelo saber racional, se concluía que a vida é o mal, e as pessoas sabem disso, e não viver depende só das pessoas, mas elas viveram e vivem, eu mesmo vivia, embora

---

[51] Nietzsche, F. (1967a), p. 75.

[52] Trecho da seção 10 de O Nascimento da Tragédia. (N. E.)

[53] Binswanger, L. (1963), p. 157.

[54] As citações de Freud são, respectivamente, de "Novas Conferências Introdutórias à Psicanálise" (especificamente, da conferência "Acerca de uma Visão de Mundo", p. 323 do volume 18 das Obras Completas, Cia. das Letras) e de "O Futuro de uma Ilusão" (p. 264 do volume 17 da mesma coleção). A tradução é de Paulo César de Souza. (N. E.)

soubesse, já havia muito tempo, que a vida não tem sentido e é o mal. Pela fé, concluía-se que, para entender o sentido da vida, eu devia renunciar à razão, exatamente ela, necessária para o sentido.[55]

O pensamento mítico, por assim dizer, também se baseia na observação – mas na observação do comportamento no mundo da experiência afetiva. Isso significa observação cíclica da ação com base em uma teoria implícita ou explicitamente formulada do que deve ser e a derivação correspondente de suas representações episódicas, processuais ou semânticas. Isso também é conhecimento – e parece, à luz de uma análise cuidadosa, não mais arbitrário do que a descrição empírica do mundo objetivo.

Talvez fosse necessário que a ciência, lutando para escapar de um mundo cognitivo dominado pelo pensamento mítico e religioso, desvalorizasse esse mundo a fim de estabelecer uma existência independente. Contudo, essa existência foi estabelecida há muito tempo – mas o processo de desvalorização, implícito e explícito, continua (mesmo em campos que são, em teoria, separados do estritamente empírico). Frye afirma:

> Desde Platão, a maioria dos críticos literários tem ligado a palavra "pensamento" às expressões dialéticas e conceituais, e ignorado ou negado a existência do pensamento poético e imaginativo. Essa atitude continuou até o século XX com *Ciência e Poesia*, de I. A. Richards, com sua sugestão de que o pensamento mítico foi substituído pelo pensamento científico, e que, por conseguinte, os poetas devem se limitar a pseudodeclarações. As primeiras críticas de T.S. Eliot, embora consideravelmente mais cautelosas do que isso, também apresentavam uma série de confusões com relação à palavra "pensamento". Desde então, tem crescido lentamente a percepção de que o pensamento mitológico não pode ser substituído porque ele constitui a estrutura e o contexto de todo o pensamento. Mas as antigas visões ainda persistem, talvez em formas mais sofisticadas, e ainda há muitos críticos literários que são ignorantes e desdenhosos em relação aos processos mentais que produzem literatura.[56]

Nietzsche afirma algo similar, mas com um pouco mais de desprezo:

> Cada época tem o seu divino tipo de ingenuidade, cuja invenção as outras épocas poderiam invejar – e quanta ingenuidade, uma ingenuidade respeitável, infantil, desmedidamente tosca, não existe nessa crença de superioridade do erudito, na consciência tranquila da sua tolerância, na crédula certeza com que o seu instinto trata o homem religioso como um tipo inferior e de menor valor,

---

[55] Tolstói, L. (1983), p. 57-58.
[56] Frye, N. (1990), p. xvi.

que ele mesmo superou, deixou para trás, para baixo – ele, o pequeno anão e plebeu presunçoso, o ágil e diligente trabalhador braçal-intelectual a serviço das "ideias", as "ideias modernas"![57, 58]

O pensamento mitológico não é mera superstição arbitrária. Sua difamação – descendo em cascata até mesmo por meio da crítica literária nos últimos anos – não é apenas injustificável, mas *perigosa*. Isso não quer dizer que as instituições religiosas e os dogmas não sejam presas das mesmas fraquezas que todas as outras criações humanas. Contudo, as ideias e os padrões de ação que subjazem e geraram essas instituições continuam sendo de importância crítica – continuam importantes para sustentar a estabilidade emocional individual, mantendo a tolerância, a coesão e a flexibilidade do grupo, apoiando a capacidade de adaptação ao estranho e reforçando a aptidão de resistir à dominação de ideologias unilaterais e assassinas. A ideia de que superamos tal pensamento é um excelente exemplo da capacidade que o "sistema semântico" tem de representar de forma parcial e criticar por completo. Isso é errado, arrogante e perigoso.

O grupo promove um padrão integrado de comportamento e concepção de valores. Isso é força, pois um padrão integrado apresenta uma mensagem e, portanto, promove unidade e direção. Isso também é fraqueza, pois a integração – estrutura estável e hierarquicamente organizada – é inflexível e, portanto, frágil. Isso significa que o grupo e aqueles que se identificam com ele não podem desenvolver novos modos de percepção com facilidade ou mudar de direção quando tal mudança ou desenvolvimento tornar-se necessário. Sob condições ambientais e sociais estáveis, essa é uma vantagem, já que o que funcionou no passado continuará a funcionar no presente. No entanto, em tempos de transição, de rápida transformação ambiental, de contato multicultural, de avanço tecnológico ou ideológico, a estabilidade não é necessariamente suficiente. O neuropsicólogo russo Sokolov afirmou, conforme citado antes:[59] "Uma maneira de melhorar a qualidade da extrapolação [julgamento da correspondência entre intenção e resultado] é garantir informações adicionais; outro método é alterar os princípios pelos quais essas informações são manipuladas, de tal forma que o processo de regulagem se mostre mais eficaz". Essa ideia fundamental é personificada na mitologia na figura do herói revolucionário. Ele é a quarta maneira pela qual a ameaça à estabilidade da tradição cultural pode ser apresentada e, ao mesmo tempo, é a solução para o problema sempre recorrente de tal ameaça.

---

[57] Nietzsche, F. (1968a), p. 260-261.
[58] Trecho da seção 58 de *Além do Bem e do Mal*. (N. E.)
[59] Ver nota de rodapé 2, do Capítulo 2.

O Herói Revolucionário

O herói revolucionário reordena a estrutura protetora da sociedade quando o aparecimento de uma anomalia torna tal reordenamento necessário. Ele é, portanto, o agente da mudança, sobre cujas ações toda estabilidade se baseia. Essa capacidade – que deveria fazer dele uma figura bem-vinda em toda comunidade – é extremamente ameaçadora para aqueles encapsulados por completo pelo *status quo* e que não conseguem ou não querem ver onde o estado atual de adaptação está incompleto e em que reside o risco residual. Por conseguinte, o herói revolucionário arquetípico enfrenta a ira e a rejeição de seus pares, bem como os terrores do absolutamente desconhecido. Ainda assim, ele é o "melhor amigo" do Estado.

A análise da prática extática arcaica do *xamanismo* – predominante em toda a "imensa área que engloba a Ásia Central e do Norte"[60] – lança mais luz sobre a natureza das ações e experiências típicas do herói revolucionário. Com frequência, os europeus que fizeram contato inicial com esses curandeiros tribais os consideraram insanos. Com efeito, o contrário era verdadeiro: o xamã genuíno era o homem mais são da tribo (isto é, o homem cujo grau de adaptação era maior). Além disso, ele servia como "ancestral unificado" primordial do último agente criativo diferenciado ou especializado: explorador, místico, artista, cientista e médico. O xamã asiático era o mestre da vida religiosa, a personificação e o guardião da doutrina sagrada, a autoridade dominante e o criador de cultura.

As práticas e pontos de vista difundidos do xamanismo constituem uma filosofia coesa, por assim dizer, embutida "inconscientemente" no comportamento e na imagem. Essa filosofia ritual compreende um conjunto de observações sobre a natureza da transformação radical da personalidade e um conjunto de práticas projetadas para gerar essa alteração. O xamanismo é dedicado à busca da possibilidade de melhorias qualitativas na "consciência" ou capacidade adaptativa geral; ele capturou a essência de tal possibilidade na imagem para minimizar o terror que acompanha. O xamanismo é prototípico dessas práticas religiosas projetadas para modificar o comportamento e a interpretação humanos – para induzir e regular os processos de reconfiguração espiritual. Essas práticas não são de natureza apenas cultural. Elas se originam da observação de transmutação psicológica espontânea, uma capacidade humana psicobiologicamente fundamentada. Portanto, os rituais xamânicos não são meros anacronismos sem relevância moderna,

---

[60] Eliade, M. (1972), p. 4.

exceto pelo que dita nossa curiosidade – mas exemplos perfeitos de um processo que devemos compreender.

O xamã *não* é apenas uma figura arcaica, uma anomalia interessante do passado morto – ele é a personificação, em culturas que não compreendemos, daquelas pessoas que mais admiramos no passado. O fenômeno da "doença criativa", descrito em detalhes por Henri Ellenberger em seu imenso estudo da história do inconsciente, está vivo e bem em nossa própria cultura. Ellenberger descreveu seus elementos característicos:

> Uma doença criativa sucede um período de intensa preocupação com uma ideia e de busca por uma certa verdade. É uma condição polimórfica que pode assumir a forma da depressão, da neurose, de doenças psicossomáticas ou mesmo da psicose. Quaisquer que sejam os sintomas, eles são dolorosos, quando não agonizantes, para o sujeito, alternando períodos de atenuação e agravamento. Durante a doença, o sujeito nunca perde o fio de sua preocupação dominante. Em geral, ela é compatível com a atividade profissional e a vida familiar normais. Mas, ainda que continue sua atividade social, ele está quase que totalmente absorvido por si mesmo. Ele sofre com a sensação de isolamento absoluto, mesmo quando tem um mentor que o guia através da provação (como o xamã aprendiz com seu mestre). Muitas vezes, o término é rápido e marcado por uma fase de euforia. O sujeito emerge de sua provação com uma transformação definitiva em sua personalidade e a convicção de que descobriu uma grande verdade ou um novo mundo espiritual.[61]

Muitas das figuras dos séculos XIX e XX inquestionavelmente reconhecidas como "grandes" – Nietzsche, Darwin, Dostoiévski, Tolstói, Freud, Jung, Piaget – também foram caracterizadas por longos períodos de profunda inquietação psicológica e incerteza. Sua "psicopatologia", um termo ridículo neste contexto, foi gerada por consequência da natureza revolucionária de sua experiência pessoal (suas ações, fantasias e pensamentos). Não é um grande salto de psicologia comparativa ver seu papel em nossa sociedade como análogo ao do arcaico líder religioso e curandeiro.

Para o indivíduo "tribal" médio, a iniciação socialmente imposta significa a morte da infância e a reintegração no nível da maturidade social. Para o futuro xamã, a iniciação voluntariamente realizada significa a desintegração da personalidade adulta socialmente determinada e a reintegração no nível da individualidade única. Esse processo é ilustrado na Figura 4.4: A "Morte Dupla" do Herói Revolucionário. Aqueles que passam por uma segunda iniciação sofrem de forma mais profunda e intensa com a vida do que seus

---

[61] Ellenberger, H.F. (1970), p. 447-448.

pares; eles são, nas palavras de Jung, as mais "complexas e diferenciadas mentes de sua época".⁶² Esses indivíduos criativos detectam a anomalia emergente e iniciam o processo de adaptação a ela muito antes da pessoa média perceber qualquer mudança que seja nas circunstâncias. Em seu êxtase, o xamã vive a vida potencial futura da sua sociedade. Esse indivíduo perigoso pode desempenhar um papel de cura em sua comunidade porque ele sofreu mais por meio da experiência que seus pares. Se alguém na comunidade (ou a própria comunidade) ficar doente, tiver uma crise – começar a viagem, digamos assim, à terra dos mortos, ao terrível desconhecido –, o xamã está lá para servir de guia, para oferecer justificativa racional à experiência em curso, para reunir o indivíduo em sofrimento com sua comunidade ou para renovar a comunidade – restabilizar o contexto paradigmático de expectativa e desejo dentro do qual a experiência individual e social permanece tolerável. O indivíduo verdadeiramente criativo "esteve lá e fez isso" e, portanto, pode servir de guia para os outros que estejam começando de forma voluntária – ou apenas foram lançados em – viagens semelhantes.

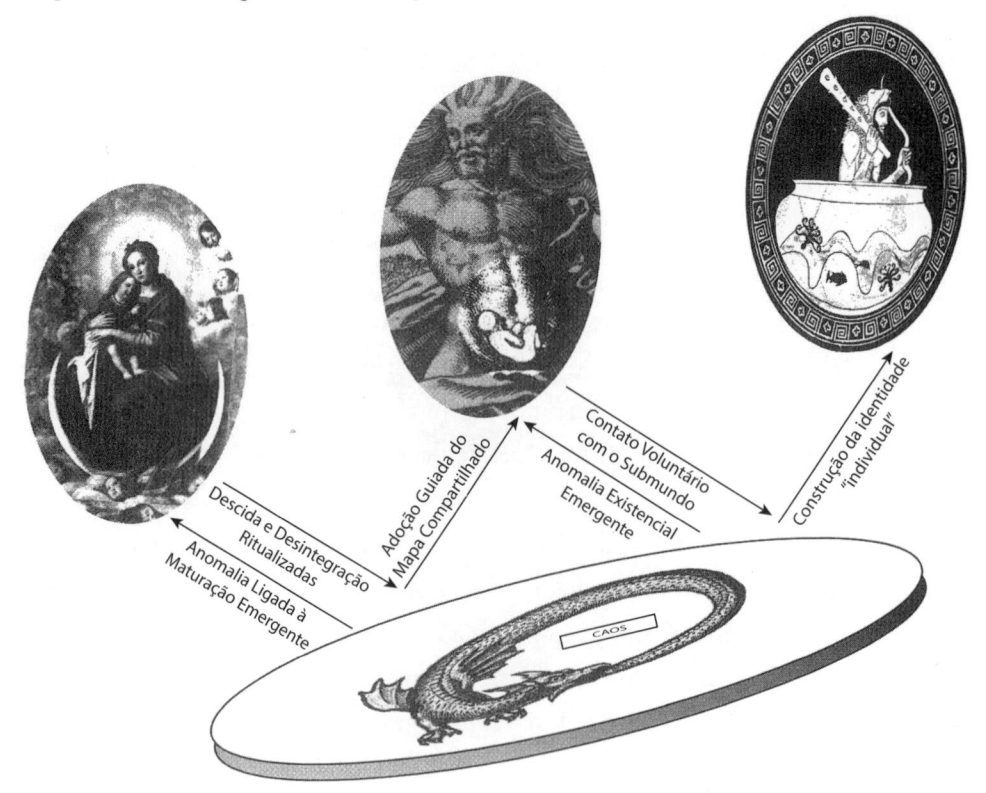

Figura 4.4: A "Morte Dupla" do Herói Revolucionário

---

⁶² Jung, C.G. (1971), p. 477.

Em geral, o arcaico iniciado xamânico era alguém marcado de forma singular pelo destino, pela "vontade dos deuses" – por uma hereditariedade específica, pela ocorrência "mágica" (nova) na primeira infância ou mais tarde na vida (nascimento em omento; sobrevivência de um raio), ou por uma idiossincrasia intrapsíquica (suscetibilidade epiléptica, proclividade visionária).[63] Sua personalidade única ou história vivencial, em combinação com as condições sociais presentemente existentes, condenaram-no a uma experiência tão anômala que não poderia ser aceita, ao mesmo tempo, como algo que está de fato ocorrendo – como real – e como algo possível dentro dos limites determinados pelo pressuposto social dominante. Assim, a existência dessa experiência, se "admitida" e "processada", apresentava um desafio potencialmente fatal para a validade percebida dos axiomas em voga e subjacentes à manutenção da "sanidade" normal – a estabilidade sócio-historicamente definida de adaptação comportamental e significância experiencial, mutuamente determinadas. A existência dessa experiência distinta servia como porta para o desconhecido, ou uma comporta, um portal por meio do qual o inesperado poderá ser despejado, com consequências inevitavelmente destrutivas e potencialmente criativas. O xamã é o indivíduo que escolhe enfrentar tal inundação de cabeça erguida.

O xamã, o extático em geral – como o filósofo ou cientista revolucionário, fiel a si mesmo –, é caracterizado pela teimosa adesão ao próprio campo idiossincrático de experiência, no qual surgem ocorrências de estrutura processual, semântica ou episódica que são estranhas ao homem previsivelmente socializado e a sua prosaica expectativa moral. O alcance experiencial do agente criativo transcende o domínio da atual suficiência adaptativa de sua cultura, conforme ela existe socialmente e é personificada e representada de forma intrapsíquica. Em vez de ignorar ou deixar de processar tais ocorrências (que existem em oposição ou completamente fora de suas expectativas condicionais e socialmente determinadas), e agir como se elas não existissem, o indivíduo criativo (voluntariamente) admite sua realidade e se submete à dissolução de sua visão de mundo (moral) e de seu padrão de ação atuais. Essa dissolução da personalidade, equivalente em representação episódica à morte, "renova" temporariamente a experiência; além disso, ela fornece a precondição para uma ressurreição mais inclusiva da ordem, pessoal e social.

Na verdade, o futuro xamã é atormentado pelo estado incompleto ou autocontraditório de sua estrutura cultural tal como representada intrapsiquicamente; ele sofre uma ruptura induzida por algum aspecto da experiência pessoal, alguma anomalia existencial,

---

[63] Eliade, M. (1964).

que não pode ser integrada com facilidade a essa estrutura. Essa ruptura volta a expô-lo ao desconhecido – outrora coberto, por assim dizer, por sua cultura. Seu comportamento durante o período de incubação que antecede sua emergência como xamã é, em geral, marcado pela perpetração de atos considerados característicos, tanto na cultura moderna quanto na arcaica, de um grave colapso mental. Ele se comporta de maneira idiossincrática, procurando a solidão, tendo acessos de raiva, perdendo a consciência, vivendo sozinho nas montanhas ou na floresta, e sofrendo com visões e períodos de alheamento. Seus pares explicam esse comportamento estranho como possessão. Essa experiência de dissolução e reexposição ao caos acompanha a sujeição intrapsíquica à operação dos mecanismos inatos, involuntários (episódicos, límbicos, governados pelo hemisfério direito [?]), responsáveis pela desconstrução e renovação do conhecimento condicional. Essa operação se manifesta de forma subjetiva em experiência mítica estruturada – em experiência pessoal espontânea, que adere ao padrão associado à iniciação social ritualizada, e que também pode ter servido originalmente como sua fonte.

A alma do xamã é "levada por espíritos", habitantes do reino episódico, e devolvida ao "lugar dos deuses". Esse lugar existe fora do tempo e do espaço em si, no mesmo plano de realidade pleromática que o Paraíso pré-histórico e pós-apocalíptico. A entrada nesse domínio é precedida por uma completa desintegração psíquica, acompanhada por horríveis visões de tortura, desmembramento e morte. O iniciado xamânico desce ao inferno matriarcal que precedeu e coexiste com a criação, passando por rochas que despencam ou por portões em forma de mandíbulas; ele é reduzido a um esqueleto enquanto sua cabeça sem corpo observa o procedimento; seus órgãos internos são removidos ou reestruturados; seus ossos são quebrados, e seus olhos, arrancados. Ele é devorado por uma serpente ou uma giganta; é fervido, assado ou reduzido à sua estrutura essencial e fundamental – a seus ossos. Eliade afirma:

> A crise total do futuro xamã, às vezes levando à desintegração completa da personalidade e à loucura, pode ser avaliada não apenas como uma morte iniciadora, mas também como um retorno simbólico ao Caos pré-cosmogônico, ao estado amorfo e indescritível que precede qualquer cosmogonia. Agora, como sabemos, para as culturas tradicionais e arcaicas, um retorno simbólico ao Caos equivale a preparar uma nova Criação. Segue-se daí que podemos interpretar o Caos psíquico do futuro xamã como um sinal de que o homem profano está sendo "dissolvido" e uma nova personalidade é preparada para o nascimento.[64]

---

[64] Eliade, M. (1965), p. 89.

Essa desintegração é a remoção da experiência – objetos e processos – de seu estado socialmente determinado de significância provisória e governada pelo paradigma, e seu retorno ao desconhecido afetivamente numinoso, infinitamente ameaçador e promissor. A exposição à experiência consequentemente renovada constitui o núcleo afetivo e motivacional da experiência extática, a base para a experiência religiosa (e a experiência do significado) como tal – antes de seu encarceramento e canalização no dogma. A dissolução é experienciada em representação imaginal ou episódica, como a morte – uma conceitualização precisa, morte *da personalidade socializada*: dissolução da representação intrapsíquica presentemente constituída e personificação processual de padrões de ação historicamente construídos e atualmente considerados aceitáveis do ponto de vista moral. O terror justificável induzido pela consideração das consequências de tal decomposição constitui um grande impedimento para a busca de mudança redentora, uma barreira formidável para a integração intrapsíquica.

O "processo de transformação" xamânico parece ser o meio pelo qual os sistemas cognitivos são atualizados, quando necessário; o afeto liberado durante o processo é necessariamente parte da experiência. Portanto, cada grande "passo à frente" tem alguns dos aspectos da revolucionária "descida à loucura"; a mudança ocorre de forma gradual, do normal para o radical. A estrutura desse processo se formula facilmente em representação imagética – mesmo entre crianças jovens demais para desenvolver qualquer conhecimento "explicitamente declarável" sobre tais ocorrências.

O sonho a seguir foi descrito por minha filha, Mikhaila (então com três anos e nove meses), sobre meu filho, Julian (um ano e onze meses), em 5 de outubro de 1995. Julian estava no processo de aprender a usar o vaso sanitário e em rápido desenvolvimento da fala, e tinha alguns problemas para controlar suas emoções. Mikhaila gostava de chamá-lo de *"bebê"*. Tivemos várias discussões sobre o fato de que ele, na realidade, não era mais um bebê. Ela me contou essa história enquanto eu estava ao computador, então fui capaz de registrá-la palavra por palavra:

> Mikhaila: Os olhos de Julian caíram
> e depois
> ele partiu em pedaços.
> Pai: (Que tipo de pedaços?)
> Mikhaila: Os pedaços de Julian
> e os ossos caíram também
> então
> um buraco pegou ele

>e tinha água lá dentro
>e quando saiu ele era grande.
>Mãe: (Julian não é mais um bebê?)
>Mikhaila: Não, ele é um menino grande
>e um inseto com pernas tirou ele de lá
>porque os insetos sabem nadar
>e o buraco estava no parque
>e se mudou pro quintal
>e ele caiu lá
>uma árvore queimou
>e deixou o buraco.

Era a "dissolução" parcial da personalidade infantil prévia de Julian que estava causando sua angústia emocional. Mikhaila, chateada com seu problema (e curiosa sobre o desaparecimento do seu "bebê"), tentava entender o que se passava com o irmão. Seu sonho representava sua transformação como uma "morte" e renascimento: primeiro, seus olhos caíram, depois ele se partiu em pedaços, e então seus ossos apareceram. Tudo caiu em um "buraco", que originalmente habitava o parque nas proximidades. (O parque perto de nossa casa tinha um bosque de quarenta acres; as crianças e eu fomos lá várias vezes, à noite. Elas achavam assustador, mas emocionante. Para elas, era a manifestação mais próxima do desconhecido, território externo explorado e familiar – excelente localização para a aplicação metafórica como fonte do "buraco", no qual a transformação ocorre.) O buraco estava cheio de água, cujo simbolismo discutimos parcialmente (como a "água da vida" rejuvenescedora/destruidora). Penso que o "inseto com pernas" que sabe "nadar" era uma representação teriomorfizada dos sistemas muito arcaicos e intrapsíquicos que guiam ou subjazem a transformação de "conteúdos" corticais ou da personalidade mais sofisticados. A noção de que uma "árvore" queimou e deixou o buraco é muito complexa. Uma árvore, no mínimo, é uma estrutura sofisticada que emerge de um material básico (do "chão"). Ela também costuma ser usada como representante metafórico da essência do indivíduo humano – até mesmo do próprio sistema nervoso[65] –, como veremos. Portanto, nesse caso, a árvore também era representativa de Julian, mas de uma forma mais impessoal. Ela representava, entre outras coisas, a personalidade que passava por uma transformação.

---

[65] O símbolo da árvore e os significados desse símbolo são discutidos em detalhes no Capítulo 4.

A capacidade adaptativa permanece necessariamente limitada ao domínio englobado por um único conjunto de princípios – um único padrão de ação, um único modo de apreensão – na ausência da capacidade de reconfigurar as conceitualizações atuais da moral (moral: descrição do presente insuportável, do futuro ideal e dos meios de transformação). Essa limitação – que é a incapacidade de jogar com as regras dos jogos – significa uma perigosa restrição da flexibilidade comportamental e representacional, e um aumento da suscetibilidade aos perigos apresentados pela inevitável mudança "ambiental" (isto é, pelo inevitável ressurgimento do dragão do desconhecido). A capacidade biologicamente determinada para tal dissolução – e para a sua resolução satisfatória – oferece a precondição necessária para a existência da capacidade humana de alteração qualitativa na adaptação. A resolução de crise – renascimento simbólico – segue, com relação à dissolução iniciatória, o desmembramento e a morte. Eliade afirma:

> As operações iniciatórias apropriadas sempre incluem a renovação dos órgãos e vísceras, a limpeza dos ossos e a inserção de substâncias mágicas – cristais de quartzo, conchas de pérolas ou "espíritos de cobras". O quartzo está ligado ao "mundo do Céu e ao arco-íris"; de modo similar, a concha de pérola está ligada à "serpente do arco-íris", ou seja, ainda com o Céu, em suma. Esse simbolismo do céu está ligado a ascensões extáticas ao Céu; pois, em muitas regiões, acredita-se que o candidato visita o Céu, seja por seu próprio poder (por exemplo, subindo em uma corda) ou transportado por uma cobra. No Céu, ele conversa com os Seres Sobrenaturais e Heróis míticos. Outras iniciações envolvem uma descida ao reino dos mortos; por exemplo, o futuro curandeiro dorme perto do cemitério, ou entra em uma caverna, ou é transportado para o subterrâneo ou até o fundo de um lago. Em algumas tribos, a iniciação também inclui o novato sendo "assado" no, ou perto do, fogo. Por fim, o candidato é ressuscitado pelos mesmos Seres Sobrenaturais que o mataram, e agora ele é "um homem de Poder". Durante e após sua iniciação, ele se encontra com espíritos, Heróis dos Tempos míticos e as almas dos mortos – e, em certo sentido, todos o instruem nos segredos da profissão de curandeiro. Naturalmente, o treinamento adequado é concluído sob a direção dos antigos mestres. Em resumo, o candidato se torna um curandeiro através de um ritual de morte iniciatória, seguido pela ressurreição para uma condição nova e sobre-humana.[66]

O xamã viaja por todo o *axis mundi*, o polo central do mundo, a árvore da vida que liga os mundos reptiliano ctônico inferior e o aviário celestial superior ao domínio

---

[66] Eliade, M. (1965), p. 88-89.

central do homem. Esses são os "elementos constitutivos da experiência" concebidos em um arranjo alternativo, mas familiar, com o paraíso acima (pai abaixo) e o submundo/matéria/terra abaixo (mãe abaixo) – concebidos na configuração arranjada originalmente pelo herói criador do cosmos. O sucesso do xamã em completar a jornada "da terra para o domínio dos deuses" permite a ele atuar no papel de *psicopompo*, intermediário entre homem e deus, para ajudar os membros de sua comunidade no ajuste do que permanece fora da adaptação condicional, quando tal adaptação falhar. Portanto, o xamã serve sua sociedade como intermediário ativo com o desconhecido; como o conduíte, por assim dizer, por meio do qual o desconhecido fala ao homem; como o agente por meio do qual flui a informação que compele à mudança adaptável. É importante notar que a jornada do xamã para "terras desconhecidas" deve ser delimitada pelo retorno à comunidade para que a viagem tenha valor. Caso contrário, a experiência extática prototípica – central para a vocação xamânica (e para o pensamento e ação criativos em geral) – é mera loucura; será encarada socialmente e vivenciada intrapsiquicamente como tal. A resolução é a reconstrução psicológica, a reincorporação, o renascimento "em um nível superior" – com a experiência pessoal redentora intacta, mas reintegrada no *corpus* do mito e da história socioculturais vigentes.

A anomalia inerradicável que compreende um aspecto eterno da existência periodicamente enfraquece a estabilidade de um subconjunto de indivíduos talentosos, mas desafortunados. Aqueles que não perdem a cabeça durante a "jornada ao submundo" retornam contaminados por esse submundo, segundo a perspectiva de seus compatriotas, mas cheios de possibilidades para reordenar o mundo. Essa recuperação é, *em essência*, a transformação do pressuposto e do valor – individuais, depois culturais. A história é um inestimável depósito de experiência criativa e sabedoria do passado. A sabedoria do passado nem sempre é suficiente para tornar o presente potencialmente habitável. Se a estrutura da experiência em si fosse finita e estática, como o passado, ela teria sido conquistada há muito tempo, e a vida dos antepassados e dos filhos pouco diferiria em sua natureza. Mas a estrutura da experiência é dinâmica e infinita em suas possibilidades. A própria natureza da experiência varia com o tempo. Novos desafios e perigos aparecem no presente, vindos do futuro, onde antes não havia nada. A História, como descrição do passado, é incompleta e também estática. Portanto, ela deve existir em conflito constante com as novas experiências. O espírito subjacente à transmutação da cultura resolve conflitos intrapsíquicos insuportáveis com uma revelação devastadora, primeiro para o indivíduo, depois para a sociedade em geral. O indivíduo criativo "morre" – metafisicamente e amiúde, literalmente – para aqueles que o seguem, em vez de compartilhar o destino comum de seus pares. Aqueles que carregam o fardo inicial para o movimento de avanço da história são capazes de transformar idiossincrasia e revelação pessoais em realidade coletiva, sem desmoronar sob o peso do isolamento e do medo. Essa criatividade é temida, odiada, desejada e adorada por cada indivíduo humano e pela sociedade humana em geral. Indivíduos criativos destroem valores antigos e ameaçam com o caos, mas também trazem luz e a promessa de coisas melhores. É dessa maneira que o "sacrifício do salvador revolucionário" redime e reaviva o cosmos.

O herói revolucionário é o indivíduo que decide voluntária e corajosamente enfrentar determinado aspecto do desconhecido e ameaçador. Ele também pode ser a única pessoa que é capaz, hoje, de perceber que a adaptação social está incompleta ou mal estruturada de uma maneira particular; só ele compreende que existem ainda espíritos maus não dominados, desconhecidos perigosos e possibilidades ameaçadoras. Ao efetuar uma ação criativa, ele (re)encontra o caos, gera novas estratégias comportamentais baseadas no mito e amplia os limites (ou transforma a estrutura paradigmática) da competência cultural. O homem bem-adaptado se identifica com o que passou, conserva a sabedoria do passado e está, portanto, protegido contra o desconhecido. O herói, por sua vez, autor e editor da História, domina o conhecido, ultrapassa seus limites e, em seguida, sujeita-o à reestruturação – expondo o caos mais uma vez para visualizar o processo – ou empurra para trás as fronteiras do desconhecido, estabelecendo um território definido onde antes não havia nada além de medo e esperança. O herói sobrepuja a natureza, a Grande Mãe, entrando em união criativa com ela e reorganizando a cultura, o Grande Pai, como consequência. Em essência, a reintegração e a ressurreição são a metamorfose do pressuposto moral individual e, depois, cultural. A transmissão cumulativa socialmente mediada das consequências do passado de tais criação e reorganização intrapsíquicas constitui a identidade do grupo, a cultura em si – o cânone de pressupostos e valores que subjazem ao comportamento, ao eterno escudo contra o terrível desconhecido.

O herói é a primeira pessoa a ter sua "estrutura interna" (isto é, sua hierarquia de valores e seus comportamentos) reorganizada como consequência do contato com uma anomalia emergente. Sua "descida ao submundo" e a subsequente reorganização fazem dele um salvador – mas seu contato com o dragão do caos também o contamina com as forças que abalam a tradição e a estabilidade. A estabilidade do *status quo* reinante pode ser apenas aparente – isto é, a cultura na sua forma atual já pode estar condenada pela mudança que ainda não se manifestou por completo. O herói detecta o dragão antes de todos, ou pelo menos admite sua presença, e lidera o ataque. No entanto, seu retorno para o reino da ordem ameaçada dificilmente será acompanhado por elogios, uma vez que a informação que ele agora carrega (ou talvez seja) parecerá prejudicial e destrutiva muito antes de se revelar redentora. Por conseguinte, é muito fácil ver o herói como o perigo mais profundo para o Estado – e, de fato, isso seria verdadeiro se a inércia absoluta do Estado não constituísse um perigo mais fundamental. A Figura 4.5: O Redentor Crucificado como Dragão do Caos e da Transformação[67] apresenta o salvador como serpente, em consonância com sua "contaminação" pelo desconhecido.[68]

Figura 4.5: O Redentor Crucificado como Dragão do Caos e da Transformação

---

[67] A Serpente de Bronze de Moisés na Cruz. De *serpens mercurialis*, em Eleazar, A., *Uraltes chymisches Werk* (Trabalho Químico da Idade Antiga) (1760) (placa 238 em Jung, C.G. [1968b]).

[68] Quando comecei o processo que me levou a entender essas ideias, eu pintei um quadro assustador do Cristo crucificado, "ofuscante, crítico, demoníaco, com uma cobra enrolada na cintura desnuda, como um cinto" (conforme descrito no Prefácio). Eu lutava com problemas de identidade, em um mundo que aparentemente tinha enlouquecido. A imagem do herói exploratório manifestou-se para mim em representação imagética, contaminada pela figura do Dragão do Caos – "Como Moisés levantou a serpente no deserto, assim é necessário que seja levantado o Filho do Homem" (João 3,14). Essa contaminação pode ser considerada um indício do perigo que o desenvolvimento do entendimento completo daquele herói e do "mundo" que ele habitava representou para minha estrutura de personalidade então existente (que, na verdade, dissolveu-se e se regenerou durante um longo período, subsequentemente). Contudo, a "identidade" do herói revolucionário com a serpente do caos explica o ódio e o medo que suas ações necessárias suscitam em meio à população que ele está lutando para ajudar.

A Figura 4.6: A "Jornada" Socialmente Destrutiva e Redentora do Herói Revolucionário apresenta esquematicamente o "caminho do salvador". O indivíduo perturbado pela experiência anômala e causadora de ansiedade também sofre com a desintegração, rigidez ou senilidade de sua sociedade. Por conseguinte, a decisão de "garimpar" tal experiência em busca de significância – e desestabilizar a hierarquia intrapsíquica socialmente construída de comportamento e valores – equivale, mitologicamente falando, à "descida ao submundo". Se essa descida é bem-sucedida – isto é, se o indivíduo explorador não recuar para sua estrutura anterior de personalidade e se cercar de muros, e se ele não cair presa da desesperança, da ansiedade e do desespero –, então ele pode "retornar" à comunidade com o tesouro em mãos, com informações cuja incorporação beneficiaria a sociedade. No entanto, é muito provável que ele será visto com temor e até mesmo ódio, por consequência de sua "contaminação com o desconhecido", sobretudo se aqueles deixados para trás estiverem inconscientes da ameaça que motivou a jornada original.

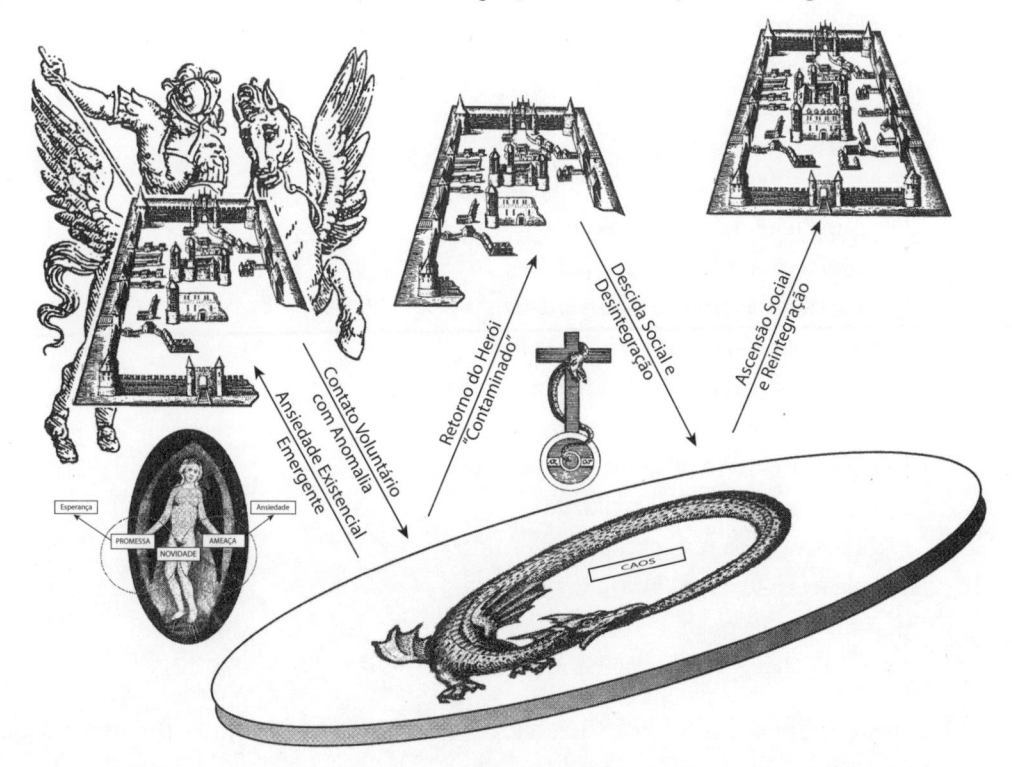

Figura 4.6: A "Jornada" Socialmente Destrutiva e Redentora do Herói Revolucionário

Por outro lado, a sua contaminação não deve ser encarada de modo superficial. Se, com efeito, a figura exploratória derivou um novo modo de adaptação ou representação, necessário para a continuidade do sucesso e da sobrevivência do grupo, uma mudança social substancial é inevitável. Esse processo de mudança jogará aqueles completamente identificados com o grupo dentro do domínio do caos, contra a sua vontade. Tal descida involuntária ao submundo é uma empreitada muito perigosa, como vimos, sobretudo na ausência de uma identificação com o herói. Isso significa que são sobretudo aquelas pessoas que venderam a alma ao grupo que não conseguem distinguir entre o herói e o dragão do caos (entre o herói e o desastre ambiental, a morte do rei, o estranho perigoso ou a ideia herética).

Quanto mais tirânica a atitude, mais aqueles que a detêm odeiam e temem o herói, vítima e beneficiário da doença criativa:

> Cerquemos o justo, porque nos incomoda
> e se opõe às nossas ações,
> nos censura as faltas contra a Lei,
> nos acusa de faltas contra a nossa educação.
> Declara ter o conhecimento de Deus
> e se diz filho do Senhor; [...].
> Ele nos tem em conta de bastardos;
> de nossas vias se afasta,
> como se contaminassem.
> Proclama feliz o destino dos justos
> e se gloria de ter a Deus por pai.
> Vejamos se suas palavras são verdadeiras,
> experimentemos o que será do seu fim.
> Pois se o justo é filho de Deus, ele o assistirá
> e o libertará das mãos de seus adversários.
> Experimentemo-lo pelo ultraje e pela tortura,
> a fim de conhecer sua serenidade
> e pôr à prova sua resignação.
> Condenemo-lo a uma morte vergonhosa,
> pois diz que há quem o visite.
> (Sabedoria 2,12-13; 16-20.)

A atitude tirânica mantém a sociedade homogênea e em rígida previsibilidade, mas a condena ao colapso eventual. Esse tradicionalismo arrogante, mascarado de virtude moral, é apenas medo não expresso de sair do caminho conhecido, de forjar uma nova trilha – a retração totalmente compreensível, mas ainda assim imperdoável, diante do destino por consequência da falta de fé na capacidade pessoal e do medo precisamente equivalente do desconhecido. O resultado inevitável de tal fracasso é a *restrição do significado* – por definição, pois o significado existe na fronteira entre o conhecido e o desconhecido. A repressão da experiência pessoal, que é a falha em atualizar a ação e a representação em face de uma ocorrência anômala, significa represar do rio da vida; significa existência na planície árida, no reino paralisado, na seca eterna. A experiência *pessoal* – anátema para o fascista; a eterna prevalência da categorização do grupo e das interpretações dos mortos – é que é nova e sempre refrescante.

A segurança da sociedade previsível fornece um antídoto para o medo, mas uma sociedade muito rígida garante a própria destruição eventual. O futuro traz consigo o desconhecido; logo, a inflexibilidade e a falta de vontade para mudar trazem a certeza da extinção. O comportamento adaptativo é criado e/ou transformado por aqueles levados a resolver a tensão que inevitavelmente existe entre a dinâmica da experiência pessoal e a sociedade – levados a resolver a tensão entre o que conhecem como verdadeiro e o que a história alega como tal. Em tempos de crise, a readaptação não constitui necessariamente uma simples adição ao corpo do conhecimento histórico, embora isso também seja um esforço heroico. A completa readaptação pode necessitar de medidas revolucionárias, reencarnação parcial ou completa – dissolução em elementos constitutivos e reorganização sistêmica. Essa reorganização altera o significado da experiência e, por conseguinte, a mitologia da História e do ser. Se a resolução não for alcançada em tempos de crise, há a ameaça de doença mental (para o indivíduo) ou degeneração cultural (para a sociedade). Essa "doença mental" (falência da cultura, falência do heroísmo) é o retorno à dominação pelo desconhecido – expressa em termos mitológicos como incesto involuntário (união destrutiva) com a Terrível Mãe.

O herói revolucionário se abre à possibilidade de avanço – à prossecução do mito central de sua cultura – ao se colocar além do enclave protetor da História e expor sua vulnerabilidade à terrível natureza da realidade. Em termos psicológicos, o herói descobre as limitações da História; descobre a nudez do pai (Gênesis 9,20-25). Assim, ele deve desafiar a história e enfrentar aquilo de que ela antes o havia protegido. O contato subsequente com a Terrível Mãe significa exposição à absoluta vulnerabilidade mortal – à existência e à consequência da ignorância, da insanidade, da crueldade, da doença e da morte. O herói revolucionário enfrenta a realidade de sua vulnerabilidade e trava uma batalha contra o terror.

A constante transcendência do futuro serve para destruir a absoluta suficiência de todos os sistemas anteriores e historicamente determinados, e garante que o caminho definido pelo herói revolucionário continue sendo uma rota constante para redenção.

O "herói revolucionário" é a personificação e a representação narrativa da ação da própria consciência. Esse princípio miticamente masculino emerge de sua identidade com o caos e a cultura, colocando-se como um fenômeno independentemente divino, equivalente em força potencial às forças destrutivas, geradoras, protetoras e tirânicas que constituem a experiência humana. O herói é o indivíduo que encontrou a "terceira solução" para seus problemas existenciais, a alternativa à decadência e ao autoritarismo. Quando confrontado com um paradoxo cuja solução é impossível nos termos do cânone histórico (que estabeleceu a hierarquia axiomaticamente fundamentada de valores e pressupostos), ele atua de forma inspirada e transcende suas limitações culturalmente determinadas. Em vez de negar a existência do problema – e, assim, perturbar aqueles que não podem senão postulá-lo –, o herói revolucionário aceita a tarefa aparentemente impossível de solucioná-lo e reunir os opostos beligerantes. O herói admite a possibilidade da solução bem-sucedida não porque o problema possa ser minimizado, mas por acreditar que a natureza humana pode se expandir para lidar com ele. Tal crença – fé – oferece a precondição para a coragem. Seu ato de transcendência voluntária o expõe outra vez à força bruta do desconhecido (e à ira do grupo social), mas possibilita a ação criativa. A capacidade do herói de arriscar ficar sozinho – sem rejeitar a própria cultura por ser ignorante de seu valor e tampouco fugir dela em pânico por causa do medo – oferece a ele a possibilidade de alcançar uma verdadeira estatura, embora não necessariamente aclamação ou popularidade.

O absoluto verdadeiro no indivíduo, que pode atingir o desconhecido absoluto, é o aspecto heroico, que não pode ser submetido à tirania de forma definitiva nem é governado pelo passado. Esse é o espírito que criou a civilização, que não deve ser limitado, dentro do indivíduo, pela submissão abjeta ao que já foi. O homem que se posiciona fora da cultura necessariamente se coloca contra a natureza e o mundo. Esta parece ser uma posição desesperadora. Mas o homem sabe pouco de seu verdadeiro potencial, e nessa ignorância reside sua esperança:

> É ele a pedra desprezada por vós, os construtores, mas que se tornou a pedra angular. (Atos 4,11.)

A ASCENSÃO DA AUTORREFERÊNCIA E A PERMANENTE CONTAMINAÇÃO DA ANOMALIA PELA MORTE

O aparecimento da anomalia pode ser mais ou menos perturbador. Pequenas "manifestações do desconhecido" perturbam trechos relativamente pequenos do "território explorado". Manifestações maiores podem perturbar todas as coisas outrora dadas como certas, incluindo as invisíveis.

Manifestações perturbadoras do desconhecido podem ocorrer por consequência de "forças externas", geológicas, meteorológicas, até mesmo cosmológicas. De forma similar, as transformações sociais podem abalar o estável e o familiar. Guerras, revoluções e migrações tornam a natureza condicional de tudo, dada como certa, mais uma vez evidente.

É igualmente provável que transformações internas introduzam instabilidades. O processo de maturação, em si e por si mesmo, é suficiente para perturbar a personalidade outrora estável e bem-adaptada e a pequena sociedade da família. Crises na adaptação podem ser causadas na infância na fase escolar inicial e no primeiro contato independente com o mundo social não mediado. As mudanças hormonais e novas exigências sociais da juventude podem, de modo similar, transformar a criança feliz e razoável no adolescente deprimido e hostil.

Algumas transformações internas também são eventos sociais e naturais. A capacidade humana sempre em expansão para o raciocínio abstrato, por exemplo, parece ser uma consequência de forças biológicas e sociais trabalhando sinergicamente. O cérebro humano tem evoluído de uma forma excepcionalmente rápida, segundo a perspectiva filogenética. A interação interpessoal mediada pela linguagem, característica das sociedades humanas cada vez maiores, tem fornecido aquela capacidade biológica de rápido desenvolvimento com informações cujas sofisticação e amplitude estão aumentando de forma exponencial. Isso significa que a mente humana manifesta cada vez mais a capacidade de se perturbar, de produzir revelações, por assim dizer, que fazem buracos enormes nas estruturas sociais e intrapsíquicas adaptativas e protetoras outrora suficientes.

A capacidade humana de abstração nos permitiu, enquanto espécie e indivíduos, produzir automodelos que incluem os limites temporais da existência. Nós nos tornamos capazes de imaginar as nossas próprias mortes, e as mortes daqueles que amamos, e fazer uma ligação entre a fragilidade mortal e todos os riscos que encontramos. O surgimento de tal capacidade – que se repete com o amadurecimento de cada novo ser humano – introduz a mais intratável anomalia que se pode imaginar no curso desenvolvimental de cada vida.

O mito representa a aparição sempre recorrente dessa habilidade representacional – essa "autoconsciência" emergente, o pecado hereditário de Adão – como incorporação do "fruto proibido", desenvolvimento do conhecimento do bem e do mal, e a consequente expulsão do paraíso. Essa aparição é um evento de "significância cósmica", conduzindo a separação do Paraíso e da Terra, tornando a experiência humana algo "sempre decaído", algo sempre carente de redenção.

Para o *Homo sapiens*, o desconhecido se tornou permanentemente contaminado pela morte. Essa contaminação aumentou de forma tremenda a nossa motivação geral – nosso medo e curiosidade – na medida em que somos capazes de perceber o potencial que se oculta por trás de cada evento anômalo. Nossas criações culturais – nossas grandes sociedades e as crenças que as acompanham – podem ser vistas de modo proveitoso como se conduzidas pelo nosso conhecimento da mortalidade e pela energia (o estado de alerta elevado e a consciência penetrante) que tal conhecimento inspira.

Nosso grande poder cognitivo transpessoal, entretanto, ainda não nos resgatou do vale das sombras e da morte.

> *Que homem é considerado idiota a ponto de supor que Deus plantou árvores no Paraíso, no Éden, como um lavrador, e plantou lá a árvore da Vida, perceptível pelos olhos e sentidos, que deu vida a quem dela comeu; e outra árvore que deu a quem dela comeu um conhecimento do bem e do mal? Creio que todo homem deve entender essas coisas como imagens, sob as quais jaz encoberto o sentido oculto.*[69]

A metamitologia do Caminho retrata a maneira pela qual ideias específicas sobre o presente, o futuro e o modo de transformar um no outro são construídas a princípio e, depois, reconstruídas em sua totalidade, quando essa transformação se torna necessária. Esse metamito oferece a estrutura profunda que liga outras classes de mitos, entre eles, os que descrevem o estado estável atual ou preexistente, aqueles que retratam o surgimento de algo inesperado naquele estado, aqueles que representam a dissolução do paraíso, como consequência, e aqueles que descrevem a regeneração da estabilidade. Esse padrão cíclico é essencialmente característico do desenvolvimento da consciência, da capacidade de agir e representar – que é considerada, segundo a perspectiva mítica, semelhante à criação do mundo.

O "lugar estável anterior", destruído por causa da anomalia emergente, pode ser apreendido como "o paraíso que outrora reinava", com base na perspectiva do caos engendrado pelo seu colapso, ou como "o passado rígido e tirânico", da perspectiva da ordem renovada e revitalizada. Mitos do paraíso e da queda costumam descrever os primeiros elementos dinâmicos do caminho a partir da perspectiva do "caos

---

[69] Origem, em Hodson, G. (1963), p. xii.

atualmente reinante" – isto é, a partir da posição de incerteza e medo que caracteriza a vida profana e mundana. Desse ponto de vista, a vida humana é existência no "vale da sombra e da morte", contaminada pelo dom insustentável e não restituível do conhecimento do bem e do mal. Os mitos de redenção – isto é, da ascensão a partir do caos, do retorno ao Paraíso ou da "fuga" para o Céu – são contos "concebidos" para descrever o processo de remediação da queda "pré-histórica". Esses mitos estabelecem uma moral cuja incorporação ou encarnação constitui a cura para a paralisia espiritual engendrada pelo emergente conhecimento da morte.

A ideia de paraíso primordial, depois paraíso perdido – da origem da experiência, a ascensão da (auto)consciência, depois queda permanente, hereditária, queda da graça –, aparece como um predicado constante da cultura humana, distribuído em todo o mundo. Mesmo os povos mais tecnologicamente primitivos, cujos estilos de existência muitas vezes foram erroneamente considerados paradisíacos pelos europeus que primeiro os encontraram, em geral se consideravam decaídos de um estado de perfeição anterior. Para eles, assim como para nós, o nobre selvagem era uma figura adâmica ancestral, que podia se comunicar diretamente com Deus:

> Quando o Céu foi abruptamente *separado* da Terra, isto é, quando ele se tornou *remoto*, como em nossos dias; quando a árvore ou liana ligando a Terra ao Céu foi cortada; ou a montanha que costumava tocar o Céu foi aplainada – então o estágio paradisíaco acabou e o homem entrou em sua presente condição. Com efeito, todos [os mitos do paraíso] nos mostram o homem primordial desfrutando de uma beatitude, uma espontaneidade e uma liberdade, que ele infelizmente perdeu por causa da *queda* – ou seja, por causa do que se seguiu ao evento mítico que causou *ruptura* entre o Céu e a Terra.[70]

A ideia de Paraíso abrange um pouco mais do que o "lugar estável anterior". Na verdade, ela é todos os lugares estáveis anteriores concatenados em uma única representação. Assim, todo lugar de estabilidade anterior se torna *ordem*, como tal, perfeitamente equilibrado com potencial – torna-se existência sem sofrimento, no Éden ou Paraíso, no "jardim murado do deleite" ("em hebraico, Éden significa 'deleite, um lugar de deleite' [...] a própria palavra em inglês *Paradise* (paraíso), que vem do persa *pairi*, 'ao redor', *daeza*, 'um muro', significa, com efeito, um recinto murado. Ao que parece, então, Éden é um jardim murado de deleite [...]").[71] O Paraíso é o

---

[70] Eliade, M. (1975), p. 60.
[71] Campbell, J. (1973), p. 25.

lugar onde a harmonia perfeita entre ordem e caos elimina o sofrimento, enquanto atende às necessidades e aos prazeres da vida sem trabalho ou esforço. Caos e ordem estão perfeitamente integrados no estado paradisíaco.

Portanto, o Paraíso também partilha do estado do "cosmos" antes de sua divisão nos elementos sempre beligerantes que constituem a experiência. Essa condição ou estado *ourobórico*, conceitualizado como um modo de ser que está livre ou além da oposição, também é, por necessidade, aquele lugar ou estado de ser onde o sofrimento – uma consequência da limitação e da oposição – não existe. Essa forma de representação simbólica parece algo paradoxal, já que é o "dragão do caos" que gera a pavorosa ansiedade ao se manifestar de forma inesperada. No entanto, o contexto determina a proeminência – determina o *significado* – na mitologia e em outros lugares. Não raro, as condições de existência – isto é, o equilíbrio obtido entre as forças da ordem, do caos e da consciência – aparecem como intoleráveis, em e por si mesmas (no estado de ansiedade e dor caracterizado pela tristeza ou depressão grave, por exemplo). De acordo com essa perspectiva, o estado de não ser (equivalente à identidade com caos pré-cosmogônico) é a ausência de toda possibilidade de sofrimento. No estado de ideação característico do suicídio, por exemplo, a Grande Mãe acena. Um aluno meu, que havia passado por uma crise de identidade relativamente grave, contou-me a seguinte história:

> *Fiz uma viagem ao oceano. Havia falésias atrás da praia. Eu estava em pé em uma das falésias, olhando para a água. Eu estava em um estado mental depressivo. Olhei para o horizonte. Eu podia ver a figura de uma bela mulher nas nuvens. Ela gesticulava para que eu avançasse. Eu quase caí da beirada antes de sair da minha fantasia.*
>
> *Minha esposa me contou uma história muito semelhante. Quando ela estava no fim da adolescência, sentindo-se um pouco perturbada, ela foi acampar às margens de um rio profundo perto de sua cidade natal. Ela passou a noite em uma ribanceira sem perceber uma queda íngreme. Pela manhã, a neblina se afastou do rio e preencheu o vale. Ela caminhou até a beirada.*
>
> *Eu vi as nuvens abaixo de mim. Elas pareciam travesseiros grandes e macios. Eu me imaginei mergulhando ali, onde era quente e confortável. Mas parte de mim teve juízo.*

Em muitas circunstâncias, o estado de não existência – o estado anterior à abertura da caixa de Pandora – pode parecer um estado que vale a pena (re)conquistar.

A metáfora comum do Paraíso como um lugar geográfico serve para concretizar um complexo estado de coisas, cuja natureza intrínseca permaneceria de outro modo totalmente além do alcance. Ela derruba por terra as condições *a priori* do espírito e as torna inicialmente compreensíveis, ao menos no sentido simbólico. O paraíso como lugar ou estado é a perfeita interação interpessoal – a harmonia entre o leão e o cordeiro – e também harmonia espiritual (é o "reino interno" e o "reino externo" unidos de forma simultânea como o "reino de Deus"). O Paraíso também é o mundo antes de ele se tornar profano – antes de a inocência ser perdida.

Os mitos do "paraíso da infância" usam as circunstâncias aplicáveis à aurora da vida de cada indivíduo – antes da separação da mãe e do filho – como metáfora para o "lugar dos inícios". A relação simbiótica mãe-filho é uma união de elementos que com o tempo se separarão. A união íntima de dois indivíduos no início de uma vida compreende um estado que é, de modo simultâneo, uma coisa e mais do que uma coisa. Esse exemplo concreto de uma unidade que é, ao mesmo tempo, uma pluralidade pode ser usado em abstração para representar o próprio estado pré-temporal hipotético, onde tudo o que seria mais do que uma coisa ainda "existia" em uma identidade inseparável. Essa unidade – o estado original inviolado – tende a assumir a avaliação afetiva da perfeição (uma vez que é o lugar onde não há conflito, nenhuma "separação de opostos").

As representações icônicas difundidas da Virgem Santíssima e do Filho, por exemplo – cristãs e não cristãs –, podem ser consideradas fantasias cristalizadas sobre a natureza afetiva da origem. Na união materno-infantil ideal, todo desejo permanece absolutamente ligado pelo amor. O estado da primeira infância simboliza, de modo mais geral, a ausência de conflito; simboliza a existência humana honesta, inocente, idílica, a imersão no amor, a vida antes da necessária corrupção do contato social, a vida que precede a exposição às condições cruelmente punitivas da existência física. A infância representa (talvez *seja*) a existência antes da descoberta da mortalidade. Essa falta de contaminação pelo conhecimento da morte empresta à infância uma qualidade ideal, que vem facilmente servir à imaginação mítica como modelo para o estado que transcende a angústia existencial da vida adulta. A criança, o pai para o homem, representa o passado do homem; além disso, representa o potencial humano e a eterna esperança do homem em relação ao futuro. Os hassídicos acreditam, por exemplo, que "o *Zaddik* [o homem perfeito, justo] encontra o que foi perdido desde o nascimento e devolve ao homem".[72] Na tradição cristã, de forma análoga, considera-se que "se não vos converterdes e não vos tornardes como as crianças, de modo algum entrareis no Reino dos Céus" (Mateus 18,3). Amadurecimento significa expansão da capacidade, diferenciação entre o eu e o mundo, transformação da possibilidade em realidade, mas perda de potencial, também, pois qualquer coisa desenvolvida evolui em uma direção,

---

[72] Neumann, E. (1968), p. 395.

e não em qualquer uma das inúmeras alternativas. Logo, crescimento também significa declínio, pois cada passo para a vida adulta é mais um passo rumo à morte.

Em geral, na representação mitológica, o estado paradisíaco inicial é abalado por algum ato fatídico levado a cabo pelo homem – por algum ato que o coloca em oposição à sua fonte celestial. Essa oposição é dolorosa e muitas vezes retratada como um erro ou pecado terrível. No entanto, a origem da experiência e da História – isto é, a origem do ser em si – aparece ligada de forma inextricável a tal oposição, com diferenciação da origem. Mas o estado inicial paradisíaco, embora caracterizado pela totalidade absoluta, parece paradoxalmente falho; ele sofre de uma forma indeterminada de não existência – carece da própria realidade:

> Há algo completamente entorpecido
> Anterior à criação do céu e da terra
> Quieto e ermo
> Independente e inalterável
> Move-se em círculo e não se exaure
> Pode-se considerá-lo a Mãe sob o céu.[73, 74]

Essa não existência surge como consequência inevitável da ausência de limitação ou de oposição. Essa ausência priva o que quer que constitua a origem de um ponto de referência, distinguível por si mesmo – e, portanto, priva-o da existência. Como um lugar (como o "estado anterior do ser inocente"), o Paraíso retém uma pátina de existência despreocupada. Esta é diminuída pela relativa *irrealidade* dessa existência. As coisas ainda não desmoronaram no Jardim do Éden – ainda não se separaram (por completo) em seus elementos constitutivos. Duas coisas que não podem ser discernidas entre si não são duas coisas, contudo, e uma coisa sem características discerníveis não pode sequer ser uma coisa.

O Paraíso é o mundo antes de se tornar realizado. Em tal estado, nada sofre, e nada morre, porque não há nada definido para sofrer – ninguém ciente da natureza do ser subjetivo ou do significado de tal ser, uma vez que ele tenha sido "destacado" do todo. O "ancestral primordial", ao mesmo tempo macho e fêmea, habita esse lugar irrealizado, antes da divisão entre marido e esposa;[75] existe *inconsciente de si* mesmo após essa divisão:

---

[73] *Tao Te Ching* 25, em Waley, A. (1934), p. 34.

[74] Tradução a partir do original chinês pelo Mestre Wu Juh Cherng, da Sociedade Taoista do Brasil (taoismo.org.br). (N. E.)

[75] Ver Parte I. A. III: "The Separation of the World Parents", em Neumann, E. (1954).

> Ora, os dois estavam nus, o homem e sua mulher, e não se envergonhavam.
> (Gênesis 2,25.)

"Conhecer" a nudez e ficar com vergonha dela é entender a exposição, a fraqueza e a vulnerabilidade. Ser exposto diante de uma multidão e do mundo é demonstrar de forma dramática e incontroversa a fragilidade essencial do indivíduo. Não ter consciência da nudez – carecer de "autoconsciência" – é ter muito menos problemas, mas também ser muito menos. O mundo "paradisíaco" da criança é muito menos – isto é, muito menos *manifesto* – do que o mundo do adulto. A criança tem menos responsabilidades, e menos preocupações definidas, do que o adulto. Isso empresta à infância um encanto que falta à existência madura, pelo menos a partir de certa perspectiva adulta. Mas também é verdade que a criança tem uma terrível vulnerabilidade que o adulto já transcendeu. A criança não percebe explicitamente a própria vulnerabilidade e, portanto, não sofre até que a vulnerabilidade se manifeste de forma trágica. O adulto, por sua vez, sabe que pode se machucar e sofre o tempo todo com esse conhecimento. Contudo, sua "consciência elevada" – autoconsciência, na verdade – significa que ele pode tomar medidas para assegurar a sua sobrevivência saudável (mesmo que, como consequência, ele deva se preocupar com o futuro). O mundo da criança é circunscrito, incompletamente realizado, mas, não obstante, vulnerável. O mundo paradisíaco é incompleto, embora ameaçado, da mesma maneira.

É a separação primordial entre luz e trevas – engendrada pelo *Logos*, a *Palavra*, equivalente ao processo de consciência – que inicia a experiência humana e a atividade histórica (que é a própria realidade, para todos os efeitos). Essa divisão inicial fornece a estrutura prototípica e a precondição fundamental para a elaboração e descrição de pares de opostos de atração e repulsa mais diferenciados:

> No princípio, Deus criou o céu e a terra. Ora, a terra estava vazia e vaga, as trevas cobriam o abismo, e um sopro de Deus agitava a superfície das águas.
> Deus disse: "Haja luz", e houve luz. Deus viu que a luz era boa, e Deus separou a luz e as trevas. (Gênesis 1,1-4.)

Luz e trevas constituem a totalidade mítica; ordem e caos, em união paradoxal, fornecem os elementos primordiais de todo o universo experiencial. Luz é iluminação, inspiração; trevas, ignorância e degeneração. A luz é o sol recém-surgido, o eterno vencedor da batalha interminável e cíclica com a serpente da noite; é o salvador, o herói mítico, o libertador da humanidade. A luz é o ouro, o rei dos metais, pura e incorruptível, um símbolo do próprio valor civilizado. A luz é Apolo, rei sol, deus da iluminação, da claridade e do foco; espírito em oposição à matéria negra; "masculinidade" brilhante, em oposição ao "feminino" sombrio e inconsciente. A luz é Marduk, o herói babilônico, deus da manhã e dia de primavera, que luta contra Tiamat, deusa monstruosa da morte e da noite. A luz é Hórus, que luta contra o mal e redime o pai. A luz é Cristo, que transcende o passado e estende a todos os indivíduos a identidade com o *Logos* divino. Existir na luz significa ter nascido, viver, ser redimido. Afastar-se da luz significa escolher o caminho do mal – a morte espiritual – ou o completo perecimento corpóreo.

O mito se iguala à origem do universo da experiência com a separação entre luz e trevas por causa da identidade analógica ou metafórica entre essa separação e a misteriosa diferenciação da experiência consciente da não consciência inconsciente. A consciência e a experiência diurna estão inextricavelmente unidas, como o esquecimento e a noite. As trevas colocam graves limitações transpessoais, externas e incontroláveis sobre a consciência do ser humano desperto, eliminando ou restringindo de forma dramática a extensão sensorial espacial e temporal, visualmente dependente. A escuridão da noite traz consigo o ressurgimento do desconhecido e a eterna sensação humana de sujeição àqueles terrores ainda incompreensivelmente entranhados na experiência:

> Para o misterioso mundo dos espíritos,
> Sobre este abismo sem nome
> O véu é feito de tecido dourado
> Pela alta vontade dos deuses.
> Dia – este véu brilhante
> Dia, avivamento nascido na Terra,
> Curando uma alma doente
> Amigo dos homens e dos deuses!
>
> Mas o dia se esvai – a noite chegou;
> Veio – e do mundo fatal
> Tecido da capa abençoada
> Rasgando, joga fora...
> E o abismo está descoberto para nós
> Com seus medos e neblina
> E não há barreiras entre ela e nós –
> É por isso que a noite é terrível para nós![76]

---

[76] Tiútchev, F.I. *Sviataia noch' na nebosklon vzoshla*, traduzido por Vladimir Nabokov, citado em Joravsky, D. (1989), p. 173. Sou grato a Carolyn Butler por me apresentar este poema.

Forças "cósmicas" externas cobrem o dia com a noite. De forma similar, e por consequência de forças "internas" igualmente incontroláveis e impessoais, a consciência desaparece no sono, na noite:[77]

> A metáfora central subjacente ao "início" não é, de modo algum, o nascimento. Ao contrário, é o momento de despertar do sono, quando um mundo desaparece e outro passa a existir. Isso ainda está contido dentro de um ciclo: sabemos que, ao fim do dia, retornaremos ao mundo do sono, mas, nesse meio-tempo, há uma sensação de autotranscendência, de uma consciência "se levantando" de um mundo irreal para um real, ou pelo menos mais real. Essa sensação de despertar em um grau maior de realidade é expresso por Heráclito [...] como uma passagem de um mundo onde todos têm seu próprio "logos" para um mundo onde há um "logos" comum. O Gênesis apresenta a Criação como o súbito vir a ser de um mundo por meio do discurso articulado (outro aspecto do "logos"), da percepção consciente, da luz e da estabilidade. Algo como essa metáfora do despertar pode ser a verdadeira razão para a ênfase nos "dias", e para frases recorrentes como "Houve uma tarde e uma manhã: primeiro dia", mesmo antes do dia, tal como o conhecemos, ter sido estabelecido com a criação do sol.[78]

O estado noturno temporário de não existência se assemelha à situação mais permanente que, em tese, predominava antes (?) do alvorecer da consciência como tal, em que não havia nenhum sujeito, nenhum objeto e nenhuma experiência – mas onde, de alguma forma, a *possibilidade* de tais coisas jazia dormente.

Não há sofrimento no Jardim do Éden. Em tal estado, contudo, as coisas não existem de fato. Por conseguinte, o mito parece ter se equiparado ao estabelecimento da *oposição necessária ao ser* com o surgimento e a evolução do sujeito limitado, que serve à criação como o espelho de Deus. No mundo mítico, a própria existência da experiência – passado, presente e futuro – parece depender da experiência do observador espacial e temporalmente limitado. Restritas ao se manifestar dessa maneira – isto é, manifestas no domínio da experiência individual –, as coisas alcançam uma existência breve e diferenciada antes de colidir com seus opostos e desaparecer para sempre.

---

[77] Frye afirma: "Uma descida a um mundo abaixo da consciência envolve alguma ruptura na continuidade da memória consciente, ou certa aniquilação das condições anteriores da existência, correspondente a cair no sono. O mundo inferior é, muitas vezes, um mundo de tempo amplamente estendido, onde poucos momentos podem corresponder a muitos anos no mundo superior" (Frye, N. [1990], p. 266).

Isso remete à noção de Jung de que o tempo é relativizado no inconsciente coletivo.

[78] Frye, N. (1982), p. 108.

Um antigo *midrash* afirma, nesse sentido, que "Deus e o homem são, em certo sentido, gêmeos".[79] O físico moderno John Wheeler afirma de forma análoga:

> Em todo processo quântico elementar, o ato da observação, ou o ato do registro, ou o ato da participação do observador, ou como quer que optemos por chamar isso, desempenha um papel essencial em prover "realidade tangível" àquilo que dizemos que está acontecendo. [Paradoxalmente]: O universo existe "lá fora", independente dos atos de registro, mas o universo não existe lá fora independente dos atos de registro.[80]

Segundo a perspectiva padrão, as coisas objetivas existem, em e por si mesmas. Mas esse ponto de vista elimina a necessidade do observador, que dá a todas as coisas uma necessária perspectiva, reduzindo a virtualidade indefinível à realidade existente. O mito não comete tal erro, equiparando a própria presença do ser e do tornar-se ao surgimento da consciência e da autoconsciência.[81] É essa equação que permite à imaginação mítica colocar o homem no centro do universo e tecer uma analogia entre o princípio que cria ordem a partir do caos e o próprio indivíduo.

Com efeito, o mundo mítico – o mundo tal como é vivenciado – pode ser considerado uma propriedade emergente da autorreferência de primeira ordem; pode ser considerado a interação entre o universo como sujeito e o universo como objeto. O mito equipara a origem ao alvorecer da luz, ao surgimento da consciência: equipara o universo com o mundo da experiência; pressupõe que o subjetivo seja uma

---

[79] Citado em Neumann, E. (1968), p. 395.
[80] Wheeler, J. (1980), p. 341.
[81] Nietzsche gerou uma hipótese que parece relevante (trecho da seção 36 de *Além do Bem e do Mal*):

> "Supondo que nada seja 'dado' como real, exceto nosso mundo de desejos e paixões, e que não possamos descer ou subir a nenhuma outra 'realidade', exceto à realidade de nossos impulsos – pois pensar é apenas a relação desses impulsos entre si –: não é lícito fazer a tentativa e colocar a questão de se isso que é dado não bastaria para compreender, a partir do que lhe é igual, também o chamado mundo mecânico (ou 'material')? Quero dizer, não como uma ilusão, uma 'aparência', uma 'representação' (no sentido de Berkeley e Schopenhauer), mas como da mesma ordem de realidade que têm nossos afetos, – como uma forma mais primitiva do mundo dos afetos, na qual ainda esteja encerrado em poderosa unidade tudo o que então se ramifica e se configura no processo orgânico (e também se atenua e se debilita, como é razoável), como uma espécie de vida instintiva, em que todas as funções orgânicas, como autorregulação, assimilação, nutrição, eliminação, metabolismo, se acham sinteticamente ligadas umas às outras – como uma forma prévia da vida?" (Nietzsche, F. [1966], p. 47-48).

precondição do real. Essa ideia parece excessivamente estranha para a sensibilidade moderna, que se baseia na proposição historicamente nova de que o objetivo material constitui, em e por si mesmo, o real, e que a experiência subjetiva, que, de fato, fornece material para o conceito do objeto, é apenas um apêndice epifenomênico. Ocorre, no entanto, que os sistemas autorreferenciais (como aquele que consiste no *ser* como sujeito e objeto, ao mesmo tempo) são caracterizados pelo surgimento de propriedades inesperadas e qualitativamente únicas. O mundo enquanto sujeito (isto é, o indivíduo) é um fenômeno extremamente complexo – de longe, mais complexo do que qualquer outra coisa (à exceção de outros sujeitos). O mundo enquanto objeto não é menos misterioso. É razoável considerar a interação entre os dois algo ainda mais espantoso. Pensamos: *matéria primeiro, depois sujeito* – e presumimos que a *matéria*, tal como a entendemos, é aquela que existe na ausência do nosso entendimento. Mas a "matéria primordial" da mitologia (uma "substância" mais abrangente do que a matéria do mundo moderno) é muito mais do que mera substância: é a fonte de tudo, objetivo e subjetivo (*é matéria e espírito, unidos em essência*). A partir dessa perspectiva, a consciência é fundamental para o mundo da experiência – tão fundamental quanto as "coisas" em si. A matéria da mitologia, portanto, parece mais do que "superstição, que deve ser transcendida" – parece mais do que o material que, do ponto de vista moderno, está morto.

Além disso, o mundo da experiência parece ser gerado pelas ações da consciência – pela percepção que desperta – em mais de um "estágio". A "consciência puramente consciente", que hipoteticamente existe antes da geração de representações ativas do eu – isto é, que acompanhou a mera divisão de "objeto" e "sujeito" –, ainda retém uma unidade essencial e elementos "paradisíacos" associados. Adão e Eva existem como seres independentes antes de sua "queda", mas ainda comungam com os animais e caminham com Deus. Abrigados em um jardim eternamente produtivo, alegremente ignorantes de sua nudez e vulnerabilidade, existem sem cuidados ansiosos ou labuta. É o surgimento da autorreferência de *segunda ordem* – consciência do eu; autoconsciência – que rompe, afinal, com esse estado estático de perfeição e altera de modo irreversível a natureza da experiência. (O desenvolvimento da consciência – a apreensão do sistema por "si próprio" – acrescenta uma forma de autorreferência à estrutura universal. A *autoconsciência* – a apreensão do sujeito por ele próprio – parece ter acrescentado outra.) A mente moderna consideraria que nada de fundamental foi alterado por tal transformação interna (já que ela considera a consciência epifenomênica para a realidade). A mente mitológica adota uma postura inteiramente distinta, presumindo, como faz, que a consciência é aliada do criador das coisas. Desse ponto de vista, transformações cognitivas alteram a estrutura da existência – transformam a própria relação entre o Céu e a Terra, o criador e a criação; reestruturam de modo permanente o próprio cosmos. O materialista moderno consideraria tal teoria arrogante e presunçosa, para dizer o mínimo. No entanto, as grandes sociedades do Oriente e do Ocidente baseiam-se precisamente em tal ponto de vista – nos mitos de origem e queda, caracterizados por um assombroso paralelo estrutural:

O pai do príncipe Gautama, o Buda, salvador do Oriente, determinado a proteger seu filho do conhecimento desesperado e da trágica consciência, construiu para ele um pavilhão fechado, um jardim murado de delícias terrenas. Apenas os saudáveis, jovens e felizes tinham acesso a esse paraíso terrestre. Todos os sinais de decadência e degeneração foram ocultados do príncipe. Imerso nos prazeres imediatos dos sentidos, no amor físico, em dança, música, beleza e prazer, Gautama chegou à maturidade absolutamente protegido das limitações do ser mortal. Contudo, ele ficou curioso, apesar da atenção especialíssima e da vontade de seu pai, e resolveu sair de sua prisão sedutora.

Preparativos foram feitos para dourar a rota escolhida, para cobrir o caminho do aventureiro com flores e exibir, para a sua admiração e sua preocupação, as mais belas mulheres do reino. O príncipe partiu, com o séquito completo, no conforto protegido de uma carruagem vigiada, e se deleitou com o panorama preparado com antecedência para ele. Os deuses, no entanto, decidiram perturbar esses planos elaborados com tanto cuidado, e mandaram um velho mancar, em plena vista, ao lado da estrada. O olhar fascinado do príncipe caiu sobre o intruso idoso. Atraído pela curiosidade, o príncipe perguntou ao seu criado:

– O que é aquela criatura trôpega, maltrapilha, curvada e enfraquecida, ao lado do meu séquito?

E o ajudante respondeu:

– Aquele é um homem como os outros homens, que nasceu bebê, tornou-se criança, jovem, marido, pai, pai dos pais. Ele envelheceu, está sujeito à destruição de sua beleza, de sua vontade e das possibilidades de vida.

– Como os outros homens, você diz? – o príncipe perguntou, hesitante. – Quer dizer... que isso acontecerá comigo?

E o ajudante respondeu:

– Inevitavelmente, com o passar do tempo.

O mundo desabou sobre Gautama, e ele pediu para ser levado de volta à segurança do lar. Com o tempo, sua ansiedade diminuiu, sua curiosidade cresceu, e ele se aventurou a sair novamente. Dessa vez, os deuses enviaram um homem doente.

— Essa criatura — ele perguntou ao criado — agitada e paralítica, terrivelmente aflita, impossível de contemplar, uma fonte de piedade e desprezo: o que é?

E o ajudante respondeu:

— Aquele é um homem como os outros homens, que nasceu inteiro, mas ficou mal e doente, incapaz de melhorar, um fardo para si mesmo e para os outros, em sofrimento incurável.

— Como os outros homens, você diz? — perguntou o príncipe. — Isso poderia acontecer comigo?

E o ajudante respondeu:

— Homem nenhum é imune à devastação da doença.

Mais uma vez, o mundo desmoronou, e Gautama voltou para casa. Mas as delícias de sua vida anterior eram cinzas em sua boca, e ele se aventurou uma terceira vez. Os deuses, em sua misericórdia, enviaram-lhe um homem morto, em procissão fúnebre.

— Essa criatura — ele perguntou ao criado —, deitada tão imóvel, de aparência tão medonha, rodeada por dor e tristeza, perdida e desamparada: o que é?

E o ajudante respondeu:

— Aquele é um homem como os outros homens, nascido de mulher, amado e odiado, que uma vez foi como o senhor, e agora é a terra.

— Como os outros homens, você diz? — perguntou o príncipe. — Então... isso poderia acontecer comigo?

— Este é o teu fim — disse o criado — e o fim de todos os homens.

O mundo desmoronou pela última vez, e Gautama pediu para ser levado de volta para casa. Mas o criado tinha ordens do pai do príncipe e, em vez disso, levou-o a uma festa repleta de mulheres que ocorria nas proximidades, em um bosque na floresta. O príncipe foi recebido por um belo grupo, que se ofereceu para ele gratuitamente, sem restrições, na música e na dança, no jogo, no espírito do amor sensual. Mas Gautama só conseguia pensar em morte, e na inevitável decomposição da beleza, e não sentia o menor prazer pelo que via.

O mito do Buda é a história do desenvolvimento individual, considerado no ideal. A história começa com o pai de Gautama protegendo o filho dos perigos do mundo, muito como qualquer criança, em uma família saudável, é protegida. Contudo, à medida que o jovem príncipe amadurece e fica cada vez mais curioso, ele começa a se perguntar sobre o "mundo além". Crianças que se desenvolvem dentro de uma família segura e protegida se tornam indivíduos que já não podem mais ser contidos por essa família. É a "boa criação" que necessariamente "falha" ao criar uma criança que rapidamente se torna tão independente que os pais não são mais suficientes. Cada incursão no mundo produz um aumento do conhecimento e uma correspondente diminuição da capacidade da constelação familiar e da personalidade infantil de "mapear o mundo" – fornecer padrões de ação e representação aceitáveis para a existência como um verdadeiro indivíduo. De forma trágica, o encontro do futuro Buda com as suas limitações mortais intrínsecas destruiu seu paraíso infantil – mas o empurrou para o mundo como um ser independente. Essa história pode ser retratada, de forma familiar, na Figura 4.7: A Descida (Voluntária) do Buda. A história do amadurecimento de Gautama detalha a consequente contaminação da existência com a ansiedade insustentável; descreve a associação, em potencial, até mesmo da beleza e dos prazeres biológicos mais fundamentais e necessários com a inevitabilidade da decadência e da morte, o castigo supremo. A luta do Buda contra – e sua eventual vitória sobre – a emergente autoconsciência trágica compreende o resto do grande conto: primeiro, Gautama incorporou o conhecimento de seus ancestrais; em seguida, ele transcendeu e reestruturou esse conhecimento.

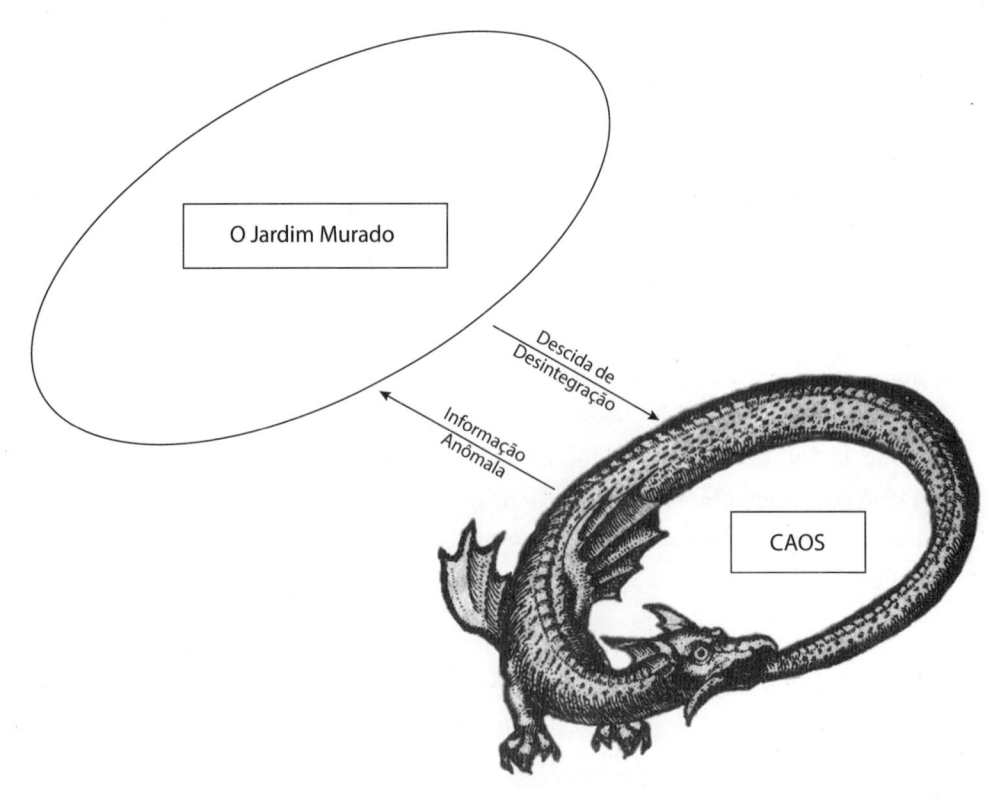

Figura 4.7: A Descida (Voluntária) do Buda

Após deixar o "jardim murado" de sua infância, Gautama se tornou um mestre da tradição, em sua tentativa de entender o mundo da experiência conforme este agora se apresentava para ele. Ele desenvolveu um extenso conhecimento de várias filosofias, incluindo *Samkhya* e Yoga, depois deixando cada uma delas de lado por serem insuficientes, e depois levou o ascetismo – renúncia mundana – ao extremo: "reduzido quase ao estado de esqueleto, ele finalmente chegou a se assemelhar a um monte de pó".[82] Também essa abordagem se mostrou insuficiente. Por fim, após provar tudo o que a vida tinha a oferecer e tendo desenvolvido a disciplina de um adepto dedicado, ele se preparou para sua batalha final. Ele adentrou uma vasta floresta (o lar espiritual do desconhecido), colocou-se ao pé de uma figueira pipal e decidiu permanecer imóvel naquele lugar até atingir o despertar.

Gautama vivenciou uma verdadeira provação iniciatória naquela posição, passando por todos os terrores da morte (bem como o ataque renovado das tentações da vida profana). Entretanto, a disciplina que ele havia adquirido em suas jornadas anteriores lhe foi útil, e ele foi capaz de permanecer devotado de forma resoluta a sua tarefa – à descoberta de uma verdade que serviria à vida, que redimiria a experiência humana. Sua última tentação talvez seja a mais interessante. Buda alcança o *nirvana*, a perfeição, por consequência de sua provação, e é agraciado com a opção de permanecer naquele estado pelo Deus da Morte. A oferta é rejeitada: Buda retorna ao mundo, aceitando a sua condição mortal, a fim de poder divulgar o conhecimento adquirido. *É esta última ação que verdadeiramente o marca como um herói revolucionário*. A aquisição da sabedoria – a consequência do esforço criativo – é insuficiente. O círculo de ação redentora não se fecha até que as informações obtidas com dificuldade no campo de batalha da psique individual tenham sido integradas pela comunidade em geral. Não pode haver salvação para um na presença do constante sofrimento de todos. É o retorno de Buda do paraíso que está ao seu alcance que o torna verdadeiramente grande.

A história do Buda é, talvez, a maior produção "literária" do Oriente. É de grande interesse observar, portanto, que seu tema também diz respeito aos níveis mais fundamentais da sensibilidade ocidental. O conto judaico-cristão da redenção se baseia na representação do sujeito individual, manchado com o Pecado Original, caído da graça, consciente da vida e das fronteiras da vida, irreparavelmente abençoado e amaldiçoado pelo conhecimento do bem e do mal. A capacidade de desenvolver esse conhecimento aparece nas histórias do Gênesis como uma "característica hereditária da raça", como a precondição para a geração do

---

[82] Eliade, M. (1982), p. 75.

conhecimento dos limites objetivos da existência subjetiva, como a precondição fundamental da autoconsciência trágica:

> Ora, os dois estavam nus, o homem e sua mulher, e não se envergonhavam.
> A serpente era o mais astuto de todos os animais dos campos, que Iahweh Deus tinha feito. Ela disse à mulher: "Então Deus disse: Vós não podeis comer de todas as árvores do jardim?" A mulher respondeu à serpente: "Nós podemos comer do fruto das árvores do jardim. Mas do fruto da árvore que está no meio do jardim, Deus disse: Dele não comereis, nele não tocareis, sob pena de morte." A serpente disse então à mulher: "Não, não morrereis! Mas Deus sabe que, no dia em que dele comerdes, vossos olhos se abrirão e vós sereis como deuses, versados no bem e no mal." A mulher viu que a árvore era boa ao apetite e formosa à vista, e que essa árvore era desejável para adquirir discernimento. Tomou-lhe do fruto e comeu. Deu-o também a seu marido, que com ela estava, e ele comeu. (Gênesis 3,1-6.)

Os mitos sonham ideias muito antes delas assumirem uma forma reconhecível, familiar e verbalmente compreensível. O mito, como o sonho, pode ser considerado o local de nascimento do conhecimento consciente e abstrato, a matriz a partir da qual nascem as ideias formadas. Todo conceito, não importa o quão novo ou moderno ele pareça, emerge do solo preparado por séculos de atividade intelectual prévia. O mito "prepara o terreno" para o entendimento explícito usando o que é atualmente compreendido – o que foi parcialmente explorado, o que foi adaptado em ação – para representar aquilo que ainda permanece desconhecido. Assim, objetos da experiência que têm sido investigados podem servir como símbolos de representação para a descrição do sujeito da experiência, comparativamente difícil de compreender. É dessa maneira que o eu, que é, em essência, incompreensível, desconhecido, reúne representações metafóricas.

Coisas que, em si, são complexas e misteriosas em seus atributos servem a essa função metafórica de forma bastante proveitosa, uma vez que seu potencial para aplicação simbólica tem um escopo virtualmente infinito. A árvore e a serpente, por exemplo – objetos complexos de apreensão –, podem ser parcialmente entendidas por meio da observação direta e ativa, e podem, assim, fornecer grãos produtivos para o moinho metafórico. A árvore e a serpente, combinadas e isoladamente, têm uma história abrangente, difundida e detalhada como agentes representacionais. Elas atuam com funções semelhantes em uma infinidade de mitos que descrevem a perda do paraíso e, portanto, devem servir como representantes aptos de algum processo ou estrutura que desempenha um papel central nessa perda. Parece provável – apesar do estranhamento inicial da pressuposição – que essa estrutura seja o sistema nervoso,[83] como tal (em vez de qualquer sistema nervoso individual), na medida em que ele se manifesta na representação intrapsíquica.[84]

A árvore é o *axis mundi*, árvore-mundo, aterrada, imóvel, no mundo do caos maternal (ou, não raro, "material"), com galhos que chegam ao céu (ao paraíso, ao reino dos espíritos ancestrais). De acordo com os adeptos do Hatha Yoga:

> Os pés, firmemente colocados no chão, correspondem às raízes da árvore, sua base e fonte de alimento. Isso pode indicar que, na vida diária, você se posiciona firmemente no chão para atender às demandas da vida. Sua cabeça está no espaço, ou *paraíso* [destacada no original]. Nesse caso, a palavra "paraíso" significa em contato com a energia da vida, com uma sabedoria além do intelecto [...]. A coluna vertebral é como o tronco da árvore, ao longo da qual estão localizados vários Chakras. O topo da cabeça é o desabrochar supremo dessa árvore florescente, o lótus de mil pétalas do Sarasrara Chakra.[85]

O *axis mundi* fica no "centro do cosmos", unindo três reinos "eternos" distintos, mas interligados. O *reino inferior* é o domínio do desconhecido, subterrâneo, oceânico, infernal – terra do poder reptiliano, da força cega e da escuridão eterna. Os antigos escandinavos acreditavam, por exemplo – em consonância com essa conceitualização geral –, que uma grande serpente vivia embaixo da *Yggdrasill*, a árvore-mundo, e roía suas raízes, sempre tentando destruí-la. (Mas a *Yggdrasill* era constantemente reavivada pelas fontes de "água mágica" que também fluíam embaixo dela.) A grande serpente é o dragão do caos, em seu aspecto destrutivo – a fonte de todas as coisas (incluindo da "árvore-mundo"), bem como o poder que reduz os objetos criados às condições de sua origem. (A "água mágica" é o aspecto positivo do desconhecido, com seu poder de procriação e rejuvenescimento.) A díade da árvore e da serpente é um motivo bastante difundido da mitologia e um tema literário comum. Os comentários de Frye sobre *Moby Dick*, de Melville, são relevantes aqui. Moby Dick é uma grande baleia branca que vive nas profundezas do mar. Ahab é o capitão de um barco baleeiro, apaixonada e irracionalmente dedicado a vencer esse leviatã de uma vez por todas:

---

[83] Para uma ilustração moderna, ver Tchelitchew, P. (1992), p. 49.

[84] Ver discussão sobre árvore e serpente em Jung, C.G. (1967b, p. 251-350; 1988, p. 1431-1450).

[85] Radha, Swami, S. (1978), p. 16-20.

Em *Moby Dick*, a busca de Ahab pela baleia pode ser louca ou "monomaníaca", como é frequentemente chamada, ou até mesmo perversa, na medida em que ele sacrifica sua tripulação e seu navio para isso, mas perversidade ou vingança não são o sentido da busca. A própria baleia pode ser apenas uma "besta estúpida", como o companheiro disse, e mesmo que ela estivesse malignamente determinada a matar Ahab, tal atitude, em uma baleia caçada até a morte, certamente seria compreensível, se ela existisse. O que deixa Ahab obcecado está em uma dimensão da realidade que jaz bem abaixo do que qualquer baleia, em um mundo amoral e alienante que nada normal na psique humana pode confrontar de modo direto.

A busca declarada é para matar Moby Dick, mas, à medida que os presságios da catástrofe se acumulam, fica claro que um desejo de se identificar com (de não se ajustar a) o que Conrad chama de elemento destrutivo é o que realmente está guiando Ahab. Melville diz que Ahab se tornou um "Prometeu", com um abutre se alimentando dele. A imagem axial aparece no turbilhão ou espiral descendente ("vórtice") das últimas páginas, e talvez em um comentário de um dos tripulantes de Ahab: "o eixo pareceu soltar-se do meio do mundo"[86]. Mas a descida não é puramente demoníaca ou apenas destrutiva: como outras descidas criativas, ela é, em parte, uma busca por sabedoria, por mais fatal que a obtenção de tal sabedoria possa ser. Uma relação que lembra aquela entre Lear e o bobo se desenvolve no final entre Ahab e o negro Pip, guarda de navio, que foi deixado tanto tempo nadando no mar que ficou louco. Dele é dito que foi carregado vivo "para as profundezas maravilhosas, onde as formas estranhas do mundo primitivo intacto passavam de um lado para outro [...] e a sereia avarenta, a Sabedoria, revelou-lhe os tesouros que acumulara"[87].

Moby Dick é um tratamento tão profundo quanto permite a literatura moderna do simbolismo de leviatã da Bíblia, a força demoníaco-titânica que eleva o Egito e a Babilônia à grandeza e depois os arremessa ao nada; ele é tanto um inimigo de Deus fora da criação quanto, como percebemos em Jó, uma criatura interna à criação e da qual Deus é bastante orgulhoso. O leviatã é revelado a Jó como o mistério máximo dos caminhos de Deus, o "rei sobre todos os filhos do orgulho" (Jó 41,26), do qual o próprio Satanás é apenas um instrumento. A aparência desse poder dependerá de como ele é abordado. Abordado pelo Kurtz de Conrad por meio de sua psicose do Anticristo, é um horror inimaginável; mas também pode ser uma fonte de energia que o homem pode dispor para o próprio uso. Há, naturalmente, riscos consideráveis ao se fazer isso: riscos dos

---

[86] Em *Moby Dick*, ou *A Baleia* (p. 542), na tradução de Irene Hirsch e Alexandre Barbosa (São Paulo: Cosac Naify, 2008). (N. E.)

[87] Moby Dick, p. 435. (N. E.)

quais Rimbaud falou em sua célebre *Lettre du voyant* (carta do vidente) como um *dereglement de tous les sens* (desregramento de todos os sentidos). A frase indica a conexão íntima entre o titânico e o demoníaco que Verlaine expressou em sua frase de *poete maudit* (poeta maldito), a atitude de poetas que sentem, como Ahab, que a veneração correta dos poderes que eles invocam é rebeldia.[88]

Acima do reino inferior está a Terra, o *reino médio*, existência consciente mundana, domínio do homem, aprisionado desconfortavelmente entre o titânico e o celestial – aprisionado no reino onde "espírito e matéria" ou "Céu e Inferno" ou "ordem e caos" eternamente interagem e se transformam. Por fim, o *reino superior* é o Céu, o ideal intrapsíquico, construção simbólica abstrata e estado utópico, criação de gerações de fantasia autônoma, seguindo as próprias regras, governado pelos próprios habitantes, com a própria existência transcendente não individual. O fato de que o *axis mundi* une a Terra e o Céu significa que ele pode servir para fins rituais, como uma ponte entre o domínio individual profano e o "reino dos deuses":

> O simbolismo da ascensão ao Céu por meio de uma árvore é [...] claramente ilustrado pela cerimônia de iniciação dos xamãs buriates. O candidato escala um mastro no meio da tenda, alcança o cume e sai pela saída de fumaça. Mas sabemos que essa abertura, feita para deixar a fumaça sair, é equiparada ao "buraco" feito pela Estrela Polar na abóbada do Céu. (Entre certos povos, o mastro da tenda é conhecido por *Pilar do Céu* e é comparado à Estrela Polar, que também é o centro do pavilhão celestial e é chamada, em outros lugares, de *Prego do Céu*.) Assim, o mastro do ritual montado no meio da tenda é uma imagem da Árvore Cósmica que se encontra no *Centro do Mundo*, com a Estrela Polar brilhando diretamente acima dela. Ao sair dele, o candidato entra no Céu; é por isso que, assim que ele passa pela saída de fumaça da tenda, ele dá um grande brado, invocando a ajuda dos deuses: lá em cima, ele se encontra na presença deles.[89]

A Figura 4.8: A Árvore-Mundo como Ponte entre o "Céu" e o "Inferno"[90] oferece uma interpretação visual da árvore cósmica, ligando "Céu, Terra e Inferno". A árvore cósmica – *Yggdrasill*, nesta representação – está aterrada no domínio do dragão do caos (a "serpente" que "rói suas raízes"), passa pela "Terra" e chega ao "Céu", o reino dos ancestrais/deuses. Foi a "compreensão inconsciente" dessa estrutura

---

[88] Frye, N. (1990), p. 284-285.
[89] Eliade, M. (1975), p. 64.
[90] "*Yggdrasil*, a árvore-mundo do Edda". Do *Elder Edda*, por Magnusson, F. (século XVIII) (Figura 55 em Neumann, E. [1955]).

tripartida que levou Freud, por exemplo, ao seu modelo da psique: id (o mundo "natural" do "impulso" instintivo e sombrio), ego (o mundo do indivíduo) e superego (os deuses da tradição). É a inclusão por Freud de todos os elementos da árvore-mundo (negativos e positivos) que deu a sua mitologia notáveis força, influência e poder.

Figura 4.8: A Árvore-Mundo como Ponte entre o "Céu" e o "Inferno"

A Figura 4.9: A Árvore-Mundo e os Elementos Constitutivos da Experiência oferece outras interpretação e explicação dessa árvore, relacionando seu "lugar" no cosmos aos "elementos constitutivos da experiência". Esse diagrama sofre um pouco com sua exata equação simbólica da árvore e do "filho arquetípico". Cristo e Satanás, por exemplo – exemplares cristãos do filho ambivalente –, também podem ser vistos como *produtos* da árvore (bem como encarnações particulares ou formas da árvore, ou como fenômenos de outro modo inextricavelmente associados à árvore). A árvore-mundo como "árvore proibida do conhecimento do bem e do mal" é, por exemplo, a cruz sobre a qual Cristo, o indivíduo arquetípico, crucificado, suspenso e atormentado, manifesta por toda a eternidade sua identidade com Deus; a árvore sobre a qual Odin, o salvador nórdico, é também suspenso:

> Suponho que me pendurei
> na árvore ventosa
> Pendurado lá por nove noites inteiras
> Com a lança fui ferido
> e oferecido eu fui
> A Odin, eu próprio a mim mesmo
> Na árvore que ninguém
> talvez nunca saiba
> Que raiz abaixo dela corre.[91]

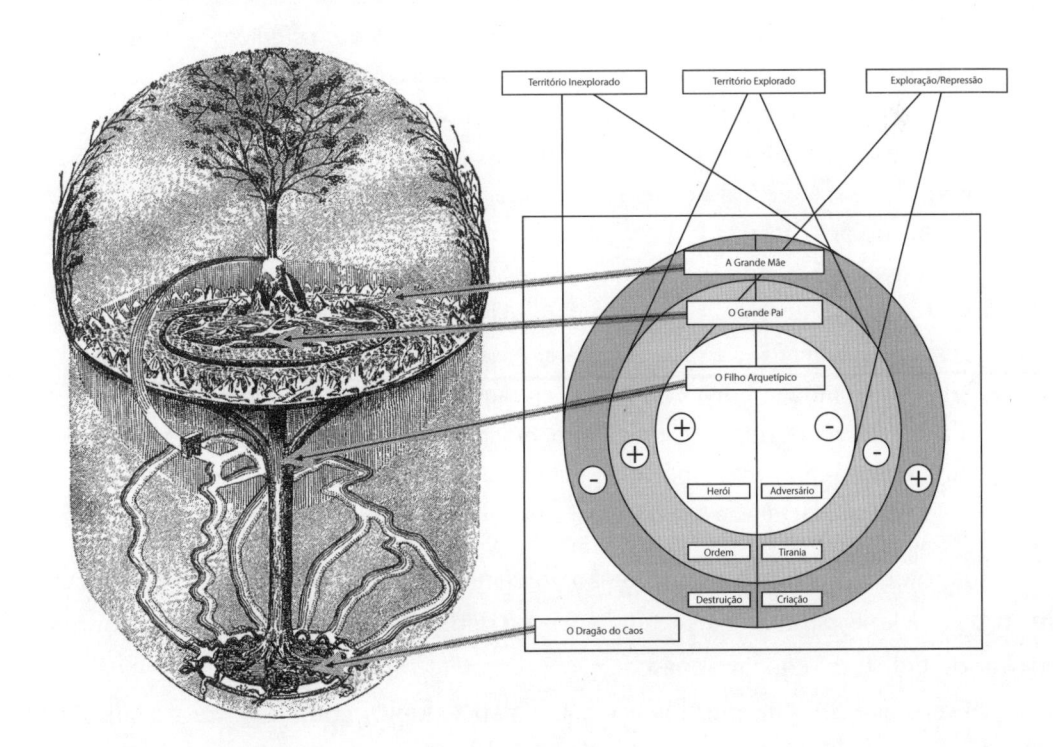

Figura 4.9: A Árvore-Mundo e os Elementos Constitutivos da Experiência

Logo, a árvore está para Cristo como Cristo está para o indivíduo ("Eu sou a videira e vós os ramos. Aquele que permanece em mim e eu nele produz muito fruto; porque, sem mim, nada podeis fazer" [João 15,5]). Satanás, por outro lado, é algo que *se*

---
[91] Em Bellows, H.A. (1969), p. 60.

oculta na árvore proibida. A sabedoria (devastadora) que ele promete – o conhecimento dos deuses – é o "primeiro fruto" daquela árvore. Isso torna a árvore-mundo a fonte da revelação que destrói – a fonte da "ideia" anômala, por exemplo, que abala o passado estático e o mergulha no caos –, bem como a eventual fonte da revelação que redime.

No livro do Gênesis, os frutos da árvore do conhecimento são ingeridos na ação mítica pelo ato livre (embora dolorosamente marcado pela tentação) do indivíduo. O mito utiliza um ato particular, a incorporação do alimento, como metáfora para a assimilação do conhecimento e da habilidade. Erich Neumann afirma:

> Onde quer que a bebida, as frutas, ervas, etc. apareçam como os veículos da vida e da imortalidade, incluindo a "água" e "pão" da vida, o sacramento da Hóstia e toda forma de culto alimentar até o presente dia, temos [um] modo antigo de expressão humana diante de nós. A materialização dos conteúdos psíquicos, por meio da qual conteúdos que chamaríamos de "psíquicos" – como a vida, a imortalidade e a morte – assumem uma forma material no mito e no ritual, aparecendo como água, pão, fruta, etc., é uma característica da mente primitiva.
>
> A realização consciente é "encenada" no esquema elementar de assimilação nutritiva, e o ato ritual de ingestão concreta é a primeira forma de assimilação conhecida pelo homem [...].
>
> A assimilação e a ingestão do "conteúdo", o alimento ingerido, produzem uma mudança interna. A transformação das células do corpo por meio da ingestão de alimentos é a mais elementar das mudanças animais vivenciadas pelo homem. Como um homem cansado, enfraquecido e faminto pode se transformar em um ser alerta, forte e satisfeito, ou um homem sedento pode ser saciado ou mesmo transformado por uma bebida intoxicante: isto é, e deve continuar sendo, uma experiência fundamental enquanto o homem existir.[92]

O ato de desafiadora incorporação, iniciando a alienação do paraíso e de Deus, é instigado pela serpente, uma criatura antiga e perigosa de base material que consegue trocar de pele e se renovar, renascer.

A serpente atua na mitologia em um papel duplo, como agente e símbolo da transformação, e como o principal representante do poder ourobórico fundamental, indiferenciado. A serpente edênica oferece ao indivíduo o conhecimento dos deuses, sem o poder compensatório e a imortalidade dos mesmos. Sua "iluminação" do homem gera uma catástrofe sem precedentes – uma catástrofe suficientemente completa para engendrar não só a "divisão final do Céu e da Terra", mas, nessa Terra, uma

---

[92] Neumann, E. (1954), p. 30-31.

associação mais ou menos permanente (e infeliz) entre a promessa de conhecimento e a aparência do mal. A serpente edênica ocupa o mesmo espaço categórico na psique cristã que Lúcifer, "portador de luz", espírito de "racionalidade descontrolada" – em grande parte porque a ideia anômala (o "produto da racionalidade") tem o mesmo potencial de destruição que qualquer outro desastre natural. Contudo, essa identificação é um tanto quanto unilateral, pois a descida para o caos inspirada pela anomalia é apenas metade da história mitológica e também pode ser vista como uma precondição necessária para a emergência em um "estado mais elevado" de consciência (mesmo para a encarnação de Cristo, o "segundo fruto da árvore do conhecimento"). Por essa razão, os alquimistas medievais tendiam a adotar uma interpretação gnóstica da história edênica, como atesta Jung:

> Daí obtemos o paralelo da cabeça do dragão com Cristo, correspondente à visão gnóstica de que o filho da mais alta divindade assumiu a forma da serpente no paraíso a fim de ensinar para os nossos primeiros pais a faculdade da discriminação, de modo que eles pudessem ver que o trabalho do demiurgo [o deus que criou o mundo em primeiro lugar] era imperfeito.[93]

A serpente edênica é, acima de tudo, o desconhecido (poder) ainda à espreita "dentro" do sistema nervoso, dentro da "árvore-mundo". É a capacidade inata da mente, sua capacidade de gerar pensamento revelador, sua capacidade de abalar o cosmos estável e estender o domínio da consciência. Foi a apreensão "inconsciente" (imagética) dessa ideia que levou a alquimia medieval a tratar a serpente como a "substância arcana" que se transformou no interior da árvore e a considerar a serpente a árvore da "vida".[94]

É a curiosidade que mata o gato, mas, do mesmo modo, é a curiosidade que orienta a descoberta. O objeto proibido ou desconhecido existe, envolto em mistério, "fora" do mundo conhecido, familiar e explorado. A ordem "você não pode explorar isso" inevitavelmente contamina o objeto ou situação proibida com mistério: o que poderia ser tão perigoso (poderoso, interessante) que deve ser tratado como se não estivesse lá? Proibir algo de forma explícita contamina esse algo com o "dragão do caos" – coloca uma serpente dentro dele, por assim dizer. Proibir algo de forma explícita praticamente garante que esse algo vá pelo menos atrair atenção (uma vez que o desconhecido inevitavelmente compele à aproximação, bem como o medo).

---

[93] Jung, C.G. (1967b), p. 117.
[94] Ver Jung, C.G. (1967b, p. 240 e 315; 1968b, p. 317).

Portanto, a conexão serpente/dragão-caos/objeto proibido também pode ser vista de modo vantajoso a partir de uma perspectiva mais "fisiológica". A serpente é considerada o regulador da intensidade consciente pelos adeptos da Kundalini Yoga. Essa serpente é uma criatura da coluna vertebral, um armazém de energia intrapsíquica, cuja ativação leva ao êxtase e à iluminação. O objetivo da Kundalini Yoga é "despertar" essa serpente e, assim, alcançar a iluminação.

A serpente compartilha características óbvias – e sutis – com a coluna vertebral. A primeira é a forma; a segunda é a história evolutiva compartilhada. O sistema nervoso humano é composto, em parte, de estruturas tão filogeneticamente antigas quanto os répteis, em cujas cavidades se esconde um tremendo poder excitatório. As estruturas profundas do tronco cerebral – a "cabeça" da serpente espinhal – realizam atividades das quais a manutenção da consciência depende por completo.[95] Um indivíduo perdido no sono (na "inconsciência") pode ser despertado e alertado de imediato por uma operação estimulada dessas estruturas, em uma situação (por exemplo) na qual ocorre algo inesperado e potencialmente perigoso. Uma mãe que dorme pode ser, em um átimo, desperta e motivada para a exploração pelo choro inesperado de seu bebê, por exemplo. O processo de contraste entre o desejo e a situação atual (entre o futuro ideal e o presente) não desaparece nem mesmo no sono. *O desconhecido traz a vigília ao sono.* A ameaça – de modo mais geral, o surgimento do desconhecido – impele à exploração ativa, projetada para ampliar a competência adaptativa (ou a interrupção aterrorizada da atividade), e produz a elevação dramática do interesse e da consciência. Isso significa que a consciência, como fenômeno, depende em grande parte da ativação do antigo circuito projetado para responder ao desconhecido. À medida que o cérebro humano evoluiu, muito mais "território para ativação" se desenvolveu; ainda assim, o estado de alerta depende de subestruturas muito arcaicas do sistema nervoso. O conhecimento dessa dependência ecoa através do mito e da literatura. Assim, o Mefistófeles de Goethe é capaz de dizer, por exemplo:

> Vai! segue o adágio e a minha prima, a cobra;
> Por igualar-te a Deus, afligir-te-ás de sobra![96] [97]

---

[95] O papel do sistema ativador reticular na regulação da consciência foi estabelecido por Morruzzi, G. e Magoun, H.W. (1949). Os mecanismos precisos pelos quais essa regulação ocorre ainda estão em discussão.

[96] Goethe, J.W. (1979a), p. 99.

[97] Do *Fausto* – Primeira Parte, versos 2049-2050 (tradução de Jenny Klabin Segall, Editora 34). (N. E.)

O animal mais "consciente" é o animal mais *motivado*. O animal mais motivado vive na apreensão da possibilidade sempre presente da maior ameaça possível (a da própria morte) e no eterno desejo de retificação dessa ameaça – na *esperança*, considerando as possibilidades do perigoso desconhecido para a geração de "informação" redentora. É o claro entendimento do perigo mortal e as infinitas possibilidades à espreita em toda parte que impulsionaram a consciência humana para muito além das consciências de seus parentes mais próximos, em um processo que se estendeu por eras. Podemos ver o desconhecido em tudo, por consequência de nossos sistemas cognitivos elaborados: pior (melhor) – podemos ver perigo mortal em tudo o que for desconhecido. Isso nos torna ansiosos, sem dúvida – mas também (se não fugirmos) *despertos*. Portanto, a "serpente" do "desconhecido externo" trabalha em conjunto com a "serpente" do desconhecido interno: a apreensão do mistério que transcende o reino adaptativo vigente (isto é, o permanente mistério da limitação mortal) produz *consciência permanente*, pelo menos em princípio. É por essa razão que Buda é "o desperto". Nosso cérebro em expansão, "projetado" para produzir a adaptação, em vez disso vê risco e oportunidade em toda parte. Os circuitos "projetados" para explorar a anomalia e, então, cessar suas ações, uma vez que a exploração tenha produzido as consequências desejadas, está, em vez disso, sempre em operação – pois eles nunca conseguem atingir sua meta, que sempre se afasta cada vez mais. E, então, estamos sempre inquietos, infelizes, insatisfeitos, aterrorizados, esperançosos – e despertos.

A incorporação individual de conhecimento socialmente baseado – expandido de forma exponencial em seu escopo no decorrer de séculos de esforço cultural humano, culminando no desenvolvimento de um automodelo elaborado – *produziu dentro do indivíduo uma clara compreensão da mortalidade como uma característica definidora da existência humana*. Esse ato de autodefinição associou de modo inextricável cada aspecto da experiência humana à ameaça – contaminou para sempre toda a experiência humana com a insinuação da mortalidade, com a dica da morte, com o desconhecido absolutamente inexplicável. Esse ato de autodefinição nos levou a considerar o mundo que construímos algo sempre insuficiente, sempre inseguro; além disso, e ao mesmo tempo, levou-nos a considerar o desconhecido "lugar da morte" como a eterna fonte de novas informações redentoras. Essa contaminação tornou cada objeto, cada faceta da experiência, algo permanentemente misterioso e suficientemente motivador para manter uma consciência elevada, como uma característica interminável, horrível e benéfica da existência humana.

O mito da Queda, cristão ou budista, descreve o desenvolvimento da autoconsciência como algo voluntário, embora pré-arranjado, em certo sentido, pelos deuses, cujo poder permanece fora do controle humano. Lúcifer, sob o disfarce de serpente, oferece a maçã para Eva, com a promessa verdadeiramente irresistível de expansão do conhecimento. O destino organiza a futura introdução do Buda à velhice, à doença e à morte – mas Gautama escolheu de forma voluntária sair dos limites do paraíso que seu pai se esforçou para tornar perfeito. É a ampla tendência exploratória do homem, sua curiosidade inata, que é, ao mesmo tempo, graça salvadora e erro mortal. Por essa razão, as histórias do Gênesis e do Buda se baseiam na hipótese implícita de que o contato com o insuportável, no curso do amadurecimento, é predeterminado, inevitável – e *desejado*, catastrófico, mas *desejado*. Voltaire conta a história do bom brâmane – uma figura admirável e trágica –, que esclarece o papel do voluntarismo (e do orgulho) na busca por uma consciência humana mais elevada:

"Queria nunca ter nascido!"

"Por quê?", perguntei.

"Porque", ele respondeu, "estou estudando há quarenta anos, e acho que isso foi uma grande perda de tempo [...]. Acredito que sou composto de matéria, mas nunca fiquei plenamente satisfeito quanto ao que produz o pensamento. Ignoro até mesmo se meu entendimento é uma capacidade tão elementar quanto caminhar ou digerir, ou se penso com a minha cabeça da mesma forma como seguro algo com minhas mãos [...]. Eu falo muito e, quando termino de falar, permaneço confuso e envergonhado pelo que falei".

No mesmo dia, tive uma conversa com uma mulher idosa que morava na vizinhança. Perguntei se ela já havia ficado triste por não entender como sua alma foi feita. Ela sequer compreendeu a minha pergunta. Ela jamais teve, pelo mais breve momento em sua vida, um pensamento sequer sobre os temas que tanto atormentavam o bom brâmane. Ela acreditava, do fundo do coração, nas metamorfoses de Vishnu e, desde que pudesse conseguir um pouco da água sagrada do Ganges para fazer suas abluções, ela se considerava a mais feliz das mulheres. Impressionado com a felicidade daquela pobre criatura, voltei ao meu filósofo e assim o abordei:

"Você não se envergonha de ser tão triste quando, a menos de 45 metros de você, há uma idosa autômata que não pensa em nada e vive satisfeita?"

"Tem razão", ele respondeu. "Já disse mil vezes a mim mesmo que eu seria feliz caso fosse tão ignorante quanto a minha vizinha idosa; ainda assim, é uma felicidade que não desejo."

Essa resposta do brâmane me impressionou muito mais do que qualquer outra coisa.[98]

A vergonha que o brâmane sente das próprias palavras resulta da percepção de sua insuficiência, de sua incapacidade autoconsciente para lidar com os problemas da vida de uma maneira que considere definitiva e completa. Sua vergonha e sua infelicidade são, paradoxalmente, uma consequência das atividades do mesmo processo que permite a ele procurar reparação – um processo problemático ao extremo, mas tão valioso que, uma vez alcançado, não será abandonado. O espírito questionador mina a sua própria estabilidade, mas não desistirá daquela capacidade desestabilizadora para retornar à fonte "inconsciente". Isso faz parte, eu suponho, do "orgulho" do homem, que serve como predestinação para a queda – mas também faz parte de outra compreensão "inconsciente": algo que inicialmente destrói ainda pode salvar em seu desenvolvimento posterior, e o processo que prejudica também pode ser o mesmo processo que reconstrói, a partir dos destroços, algo mais forte.

O nascimento da tragédia e a evolução da vergonha podem ser considerados inevitáveis consequências do próprio voluntarismo, da heroica tendência exploratória, diabolicamente predeterminada em seus desdobramentos, levando de forma inexorável ao desenvolvimento da (auto)consciência insuportável, mas potencialmente redentora. A extensão do conhecimento objetivo ao eu significa o estabelecimento permanente de uma conexão conceitual entre existência individual e determinada mortalidade. O desenvolvimento dessa conexão significa existência em conflito interminável, pois toda atividade humana ocorre doravante no vale da sombra e da morte. O destino compele todos os membros da raça humana a compreender seu isolamento, sua individualidade, sua sujeição abjeta às duras condições da existência mortal.[99] O reconhecimento do eu nu, exposto de forma indigna[100] à devastação do tempo e do

---

[98] Voltaire (1933), p. 450.

[99] Frye elabora o seguinte sobre o mito de Narciso:

"O belo jovem paralisado pelo próprio reflexo no espelho e, por isso, incapaz de amar. Muito cedo, os mitólogos fizeram de Narciso uma espécie de queda de Adão, já que Adão, como Narciso, se identificou com seu próprio reflexo-paródia em um mundo inferior. A concepção segundo a qual Paulo considera Cristo o segundo Adão torna Cristo o duplo de Narciso-Adão que entrega o original do que Lacan chama de *stade de miroir* (estado de espelho) e Eliot, de deserto de espelhos" (Frye, N. [1990], p. 271).

[100] Considere a declaração de Nietzsche (seção II, 7 da *Genealogia da Moral*):

"A caminho de tornar-se 'anjo' (para não usar palavra mais dura) o homem desenvolveu em si esse estômago arruinado e essa língua saburrenta, que lhe tornaram

mundo, insuportável e altamente motivador, condena o homem e a mulher à labuta e ao sofrimento na vida e na morte:

> Então abriram-se os olhos dos dois e perceberam que estavam nus; entrelaçaram folhas de figueira e se cingiram. (Gênesis 3, 7.)

A aquisição desse conhecimento insuportável torna impossível a aceitação sem questionamento da necessidade biológica e destrói toda possibilidade de simples adesão ao caminho paradisíaco. De imediato, Adão e Eva se cobrem – erigem uma barreira protetora, simbólica da própria cultura, entre seus corpos vulneráveis e o terrível mundo da experiência. Esse medo ou vulnerabilidade emergente – uma consequência direta do desenvolvimento da autoconsciência (não, um aspecto intrínseco da autoconsciência) – compromete de forma permanente a capacidade de se ter fé na cega ação instintual.

> Eles ouviram o passo de Iahweh Deus que passeava no jardim à brisa do dia e o homem e sua mulher se esconderam da presença de Iahweh Deus entre as árvores do jardim. Iahweh Deus chamou o homem: "Onde estás?" disse ele. "Ouvi teu passo no jardim", respondeu o homem, "tive medo porque estou nu, e me escondi". (Gênesis 3, 8-10.)

O Paraíso é o lugar onde o Céu, a Terra e a natureza ainda se tocam – o lugar onde o homem, que vive em harmonia com os animais, ainda não se rebelou e ainda "caminha com Deus". O animal consciente (?), mas desinibido, vive dentro da incontestável oscilação dos processos naturais. Ele não consegue desenvolver uma perspectiva referencial sobre as próprias percepções, impulsos e comportamentos porque lhe falta o acesso à experiência dos outros. O indivíduo humano autoconsciente, por sua vez, vive *na história*, em um campo experiencial onde cada aspecto tem sido moldado e modificado pela experiência comunicada do personagem e figura ancestral existente. Esse construto histórico socialmente fundamentado parece fornecer a base para a autoconsciência sofisticada, que é a capacidade (inata) de autorreferência, abastecida de conteúdo por meio da ação da cultura. A construção da autoconsciência requer a elaboração de um automodelo; a extensão da noção do

---

repulsivas a inocência e a alegria do animal, e sem sabor a própria vida – de modo que por vezes ele tapa o nariz diante de si mesmo, e juntamente com o papa Inocêncio III prepara, censura no olhar, o rol de suas repugnâncias ('concepção impura, nauseabunda nutrição no seio materno, ruindade da matéria de que se desenvolve, cheiro hediondo, secreção de escarro, urina e excremento')" (Nietzsche, F. [1967], p. 67).

outro independente para o eu; a internalização de uma representação conceitual socialmente determinada do eu. A capacidade para tal descrição objetiva surgiu como resultado da comunicação do pensamento desencarnado ou abstrato de pessoa para pessoa, por meio de processos que variam em complexidade, da imitação concreta ao discurso filosófico generalizado.

A capacidade de comunicar habilidade e representação possibilita que o indivíduo internalize e formule uma autorrepresentação complexa, e conceba a si próprio nos termos da experiência dos outros – isto é, nos termos da experiência de outros específicos, oferecendo (e incorporando) sua opinião definidora, e ao outro em geral, humanidade histórica. Esse processo aparentemente ocorre (ocorreu) à medida que cada pessoa se submete não apenas àquelas experiências únicas que constituem o seu próprio ser, mas à experiência de todo outro indivíduo, transmitida de modo imitativo, dramático e linguístico. Essa riqueza espacial e temporalmente somada da experiência culturalmente baseada, cujas amplitude e profundidade cumulativas excedem, e muito, a capacidade produtiva da vida de um único indivíduo, deve adquirir enorme poder intrapsíquico uma vez que for transmitida e corticalmente representada, deve se tornar capaz de alterar de modo fundamental – restringir e prorrogar – a experiência pessoal inata. Uma consequência inevitável dessa percepção compartilhada é a autodefinição, o desenvolvimento da autoconsciência individual, sob a pressão da experiência transitória imediata, do passado individual e da opinião histórica sobre a natureza da própria experiência de alguém e da experiência humana em geral. A expansão da comunicação detalhada permite que o indivíduo se torne ao menos parcialmente consciente de sua própria natureza "objetiva".

A representação intrapsíquica individual da experiência humana cumulativa e historicamente baseada transforma aquele alguém em muitos, digamos assim; transforma o indivíduo na personificação da experiência grupal, até o presente. O desenvolvimento do senso moral e da escolha moral constitui uma propriedade emergente de tal incorporação do conhecimento. O conhecimento da moralidade, do bem e do mal, pressupõe a presença de possibilidades alternativas de ação em determinada situação – significa capacidade de conceitualização de ideais alternativos, aos quais o comportamento pode ser devotado. O animal, guiado apenas pelas suas estruturas individuais, motivacionais e perceptivas, biologicamente determinadas, essencialmente inalteradas na função como resultado da comunicação somada e armazenada, não desenvolve nenhuma possibilidade de autocrítica, não tem nenhuma plataforma para se posicionar, a partir de onde criticar – não tem nenhuma base para comparação, nenhum repertório ampliado do comportamento adaptativo, nenhuma capacidade para fantasiar sobre o que poderia ser e nenhuma experiência cultural para tornar essa capacidade mais substancial. A percepção e a ação do animal – a experiência do animal – não foram submetidas à análise autoconsciente e historicamente baseada.

O animal, em seu ambiente natural e constante, permanece para além (ou aquém) do bem e do mal, dominado por seu destino biologicamente determinado, que é a vontade de Deus, da perspectiva mítica. O ser humano, por sua vez, com uma cabeça cheia de opiniões alternativas (o resíduo abstrato da escolha ancestral individual), pode usar a opinião internalizada ou livremente oferecida do grupo para criticar as manifestações espontâneas de percepção subjetiva e da motivação – para julgar, alterar ou inibir a própria subjetividade pura. Essa habilidade permite ao ser humano uma enorme possibilidade interpretativa e comportamental, liberdade, mas estabelece uma experiência subjetiva, instinto imaculado, aberta ao insulto. Essa separação do homem de uma imersão no caminho natural constitui uma conquista notável, com consequências sempre perturbadoras.

O nascimento da tragédia e a evolução da vergonha podem ser considerados propriedades emergentes da autoconsciência. A ideia de redenção, que compensa a ansiedade existencial autoconsciente, pode ser considerada outra propriedade emergente de ordem superior. A tradição da "queda do paraíso" baseia-se na ideia de que o surgimento da autoconsciência alterou radicalmente a estrutura da realidade. O indivíduo explicitamente religioso aceita a noção de que o homem e Deus foram tragicamente separados – que as ações humanas estilhaçaram a ordem divina. Essa ideia é tão central para nossa visão de mundo que aflora em toda a parte – na facilidade com que todos nós podemos ser levados a nos sentir culpados, na visão (muitas vezes explicitamente irreligiosa) de que a existência humana é "estranha" à "ordem natural" (de que a atividade humana é prejudicial ao ambiente, de que o planeta estaria de algum modo "melhor" sem pessoas nele), de que de alguma forma nossa espécie é inatamente perturbada ou até mesmo insana. Nossa autorreferência sempre emergente (nossa autoconsciência sempre em desenvolvimento) transformou o mundo da experiência em uma peça trágica:

> À mulher ele disse:
> "Multiplicarei as dores de tuas gravidezes,

na dor darás à luz filhos.[101]
Teu desejo te impelirá ao teu marido
e ele te dominará."
Ao homem, ele disse:
"Porque escutaste a voz de tua mulher
e comeste da árvore que eu te proibira comer,
maldito é o solo por causa de ti!
Com sofrimentos dele te nutrirás
todos os dias da tua vida.
Ele produzirá para ti espinhos e cardos,
e comerás a erva dos campos.
Com o suor de teu rosto
comerás teu pão
até que retornes ao solo,
pois dele foste tirado.
Pois tu és pó
e ao pó tornarás." (Gênesis 3,16-19.)

A presciência do destino sela a sina, e o paraíso está para sempre perdido para o homem:

> Depois disse Iahweh Deus: "Se o homem já é como um de nós, versado no bem e no mal, que agora ele não estenda a mão e colha também da árvore da vida, e coma e viva para sempre!" E Iahweh Deus o expulsou do jardim de Éden para cultivar o solo de onde fora tirado. Ele baniu o homem e colocou, diante do jardim de Éden, os querubins e a chama da espada fulgurante para guardar o caminho da árvore da vida. (Gênesis 3,22-24.)

Por que se esconder de Deus? Porque o conhecimento da vulnerabilidade nos faz encolher diante de nosso próprio potencial. Viver plenamente é arriscar — arriscar tudo, arriscar morrer. Por que se esconder de Deus? Como, nessas condições, poderíamos não nos esconder? A sobrevivência se tornou terror e labuta interminável — que requerem disciplina, compelidos pela sabedoria opressiva, repletos

---

[101] O neocórtex humano se desenvolveu a uma velocidade sem precedentes do ponto de vista evolutivo. Essa expansão e a extensão da consciência para o eu foram fenômenos sincronizados. Um fator que limita essa expansão, a qual aumenta o tamanho da cabeça dramaticamente, é o diâmetro da cintura pélvica feminina, que deve permitir a passagem da criança ao dar à luz. A natureza muitas vezes traumática do nascimento humano é uma consequência, ao menos em parte, do conflito entre a circunferência cranial do recém-nascido e a estrutura pélvica materna.

de conflito intrapsíquico, motivados pela ansiedade – em vez de atividade natural e espontânea. Continuamos para sempre dependurados na cruz da nossa própria vulnerabilidade. A criação e a queda do homem são retratadas esquematicamente na Figura 4.10: Gênesis e Descendência.[102]

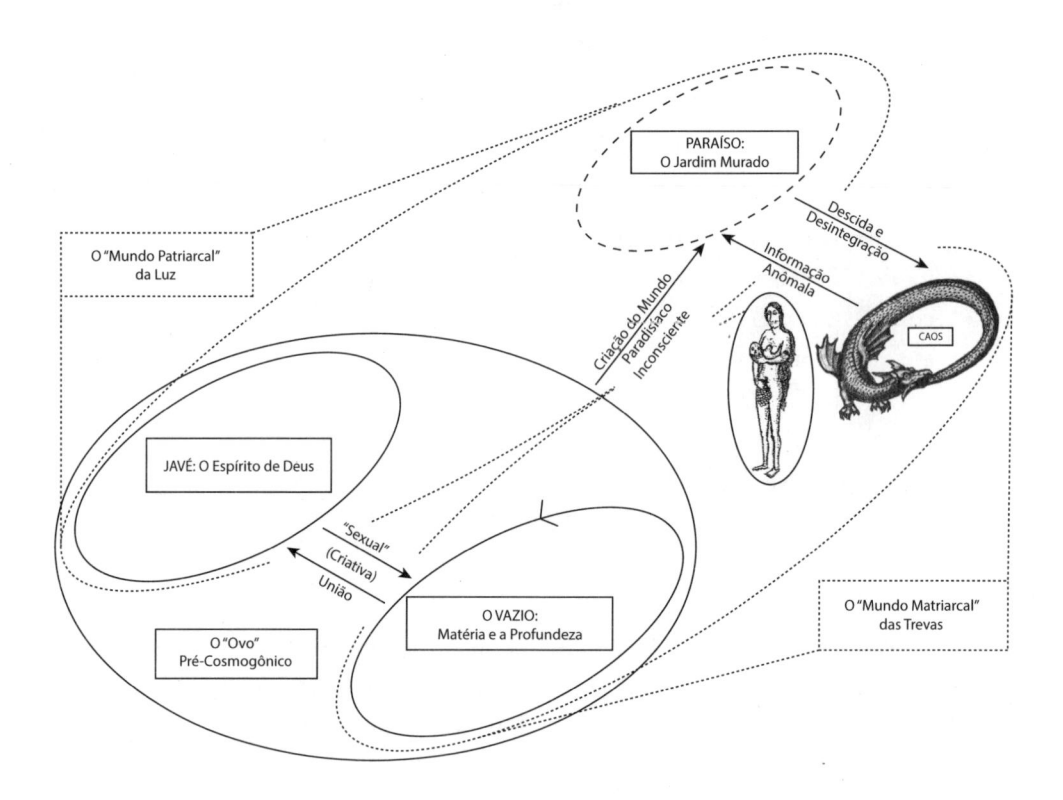

Figura 4.10: Gênesis e Descendência

---

[102] Eva extraída de a "Árvore do Conhecimento: Igreja e Sinagoga" de um manuscrito suíço (século XV) (Figura 4.10, Neumann, E. [1955]).

5
OS IRMÃOS HOSTIS

Arquétipos de Resposta ao Desconhecido

A "contaminação da anomalia com a ameaça de morte", resultante do desenvolvimento da autoconsciência, amplifica a valência do desconhecido a um ponto quase insuportável. Essa amplificação insuportável motivou o desenvolvimento de dois padrões de comportamento transpessoais e esquemas de representação, que constituem o indivíduo como tal, personificados na mitologia como os "irmãos hostis". Um desses "irmãos hostis" ou "eternos filhos de Deus" é o herói mitológico. Ele enfrenta o desconhecido com o pressuposto de sua benevolência – com a atitude (improvável) de que o confronto com o desconhecido trará renovação e redenção. Ele entra de forma voluntária em "união criativa com a Grande Mãe", constrói ou regenera a sociedade, e traz paz para um mundo em guerra.

O outro "filho de Deus" é o eterno adversário. Esse "espírito de racionalidade desenfreada", horrorizado com sua apreensão limitada das condições da existência, encolhe-se diante do contato com tudo o que não entende. Esse encolhimento enfraquece sua personalidade, não mais nutrida pela "água da vida", e o torna rígido e autoritário, à medida que ele se agarra desesperadamente ao familiar, "racional" e estável. Todo recuo equivocado aumenta seu temor; toda nova "lei protetora" aumenta sua frustração, seu tédio e seu desprezo pela vida. Sua fraqueza, combinada ao sofrimento neurótico, gera ressentimento e ódio pela própria existência.

A personalidade desse adversário aparece em duas formas, por assim dizer – embora essas duas formas sejam inseparáveis. O fascista sacrifica a própria alma, que lhe possibilitaria confrontar a mudança sozinho, em nome do grupo, que promete protegê-lo de tudo o que for desconhecido. O decadente, por sua vez, recusa-se a se juntar ao mundo social e se apega de forma rígida às próprias ideias – apenas porque é muito indisciplinado para servir de aprendiz. O fascista quer esmagar tudo o que for diferente, e depois todo o resto; o decadente imola a si mesmo e constrói o fascista a partir de suas cinzas. Os excessos sangrentos do século XX, manifestos de maneira mais evidente na cultura do campo de concentração, permanecem como testemunho dos desejos do adversário e monumento ao seu poder.

As armadilhas do fascismo e da decadência podem ser evitadas por meio da identificação com o herói, o verdadeiro indivíduo. O herói organiza as demandas do ser social e as responsabilidades da própria alma em uma unidade coerente, hierarquicamente organizada. Ele se posiciona na fronteira entre a ordem e o caos, e serve ao grupo como criador e agente de renovação. O contato voluntário do herói com o desconhecido transforma este último em algo benevolente – na fonte eterna, de fato, da força e da capacidade. O desenvolvimento de tal força – resultante da fé nas condições da experiência – permite que ele se posicione fora do grupo, quando necessário, e use-o como ferramenta em vez de armadura. O herói rejeita a identificação com o grupo como ideal de vida, preferindo seguir os ditames de sua consciência e seu coração. Sua identificação com o significado – e sua recusa em sacrificar o significado pela segurança – torna a existência aceitável, a despeito de sua tragédia.

INTRODUÇÃO: O HERÓI E O ADVERSÁRIO

A cultura legada a nós por nossos antepassados se degenera por conta própria, à medida que o fluxo do presente invalida as pressuposições estáticas do passado. Podemos acelerar o processo de degeneração com nossos "pecados" – pela recusa voluntária em dar atenção aos nossos erros, quando se manifestam, e pelo fracasso daí decorrente em ajustar comportamentos e atitudes. Por meio de tais recusa e fracasso, transformamos as irritações do presente em catástrofes do futuro e convidamos um Deus irado a nos afogar sob as ondas.

> *Como é bem sabido desde as compilações feitas por R. Andree, H. Usener e J.G. Frazer, o mito do dilúvio é quase universalmente difundido; ele é documentado em todos os continentes (embora muito raramente na África) e em diversos níveis culturais. Um certo número de variantes parece resultar da disseminação, primeiro a partir da Mesopotâmia, depois pela Índia. É igualmente possível que uma ou várias catástrofes diluvianas geraram narrativas fabulosas. Mas seria arriscado explicar um mito tão difundido por fenômenos dos quais nenhum vestígio geológico foi encontrado. A maioria dos mitos de inundação parece, em certo sentido, fazer parte do ritmo cósmico: o velho mundo, povoado por uma humanidade decaída, submerge nas águas, e algum tempo depois um novo mundo emerge do "caos" aquático.*

> *Em um grande número de variantes, a inundação resulta dos pecados (ou falhas rituais) dos seres humanos: às vezes, resulta apenas da vontade de um ser divino de acabar com a humanidade [...] as principais causas residem ao mesmo tempo nos pecados dos homens e na decrepitude do mundo. Pelo simples fato de existir – isto é, de viver e produzir –, o cosmos aos poucos se deteriora e acaba entrando em decadência. Eis a razão por que ele tem que ser recriado. Em outras palavras, o dilúvio realiza, na escala macrocósmica, o que é simbolicamente efetuado durante o festival de Ano-Novo: o "fim do mundo" e o fim de uma humanidade pecadora a fim de possibilitar uma nova criação.*[1]

É impossível que uma discussão sobre a arquitetura da crença seja considerada completa sem referência ao *mal*. O mal não é mais uma palavra popular, digamos assim – o termo é, em geral, considerado antiquado, não aplicável a uma sociedade que, em tese, abandonou suas preocupações religiosas. Atos outrora definidos como maus agora são considerados apenas a consequência de estruturas familiares, sociais ou econômicas injustas (embora essa visão não esteja tão difundida quanto outrora). Alternativamente, a perpetração de atos incompreensíveis de crueldade e destruição é vista como sintomática de determinada doença ou fraqueza fisiológica. Raros são os atos de maldade considerados voluntários ou propositais – cometidos por alguém possuído por uma estética que transforma o terror e a dor em arte.

Na cosmologia egípcia, Osíris, o rei, imagem mítica do conhecido, o Grande Pai, tem um eterno gêmeo malévolo e seu oposto, Seth, que eventualmente leva Osíris à morte. Quatro mil anos depois, a moral dessa grande história ainda não foi entendida: a incapacidade de compreender a natureza do mal leva a sua eventual vitória. Ao final desse que é o mais cruel e sanguinário dos séculos, corremos o risco não apenas de fracassar em entender o mal, mas de negar sua existência. Contudo, a invisibilidade é o que o diabo mais deseja.

Investi uma substancial quantidade de tempo, até este ponto, descrevendo a natureza da cultura e como ela é gerada. A cultura, o Grande Pai, protege-nos dos terrores do desconhecido; ela delimita ao redor um espaço sagrado dentro do qual nada insuportavelmente estranho é permitido. A cultura é gerada pelo processo cujas características essenciais foram capturadas nos mitos dominantes e recorrentes do herói. Esse herói é o indivíduo que, de modo voluntário, enfrenta e despedaça o dragão do desconhecido, e cria o mundo com esses pedaços; o indivíduo que supera o tirano

---

[1] Eliade, M. (1978b), p. 62-63.

há tempos senescente e libera a mãe virgem de suas garras. Tais mitos apresentam um mundo de natureza cruelmente ambivalente: o mundo "natural" é infinitamente criativo e igualmente destrutivo; o ambiente "social" inextricavelmente associado é, ao mesmo tempo, protetor e tirânico. Mas, até agora em nossa discussão, o herói permaneceu sozinho. Isso significa que nossa história está longe de terminar. A ambivalência essencial que caracteriza os "elementos constitutivos da experiência" também se estende para o indivíduo, que é capaz de pensamentos e ações tão sombrios e destrutivos quanto qualquer outra coisa na sociedade ou na natureza.

A mitologia engloba a capacidade transpessoal para o mal que caracteriza o indivíduo, como tal, sob a forma de uma personalidade, duplicando seu encapsulamento de caos e ordem. O lado sombrio do indivíduo é o adversário absoluto do herói; é a personalidade que encolhe a partir do contato com o desconhecido, ou que nega a existência deste, em vez de se aproximar e explorá-lo de forma ativa; é a personalidade cujo "conselho" acelera o declínio da sociedade em vez de renová-la. A imagem dessa personalidade – como o fenômeno em si – tem se desenvolvido e tornado elaborada em complexidade e sofisticação ao longo dos séculos: a compreensão apropriada de sua natureza é aterrorizante e, de certa maneira, salutar. Esse terror informativo é o "propósito" do encapsulamento na narrativa, na memória transpessoal: a imagem do diabo cristão, por exemplo, é o melhor "exemplo ruim" disponível. Sua imitação implícita ou explícita conduz ao desastre; as histórias que retratam suas características centrais existem como parábolas sobre as consequências do ressentimento, do ódio, da arrogância totalitária e dos ciúmes.

O *mal*, assim como o *bem*, não é algo estático: não significa apenas quebrar as regras, por exemplo, e não é simplesmente agressão, raiva, força, dor, decepção, ansiedade ou horror. Claro que a vida é infinitamente complicada pelo fato de que algo ruim em uma circunstância é positivamente necessário em outra. Mencionei antes[2] que a resposta à pergunta "o que é o bem?" deve, na verdade, ser procurada no metadomínio, por assim dizer: o mistério mais fundamental – dada a natureza dependente de contexto do "bem" – é "como as respostas para a pergunta 'o que é o bem?' são infinita e apropriadamente geradas?". Assim, o "bem" se torna o conjunto de circunstâncias que permitem que o processo de construção moral floresça ou se torne o processo de construção moral em si. O problema "o que, então, é o mal?" deve ser tratado da mesma maneira.

---

[2] Ver Capítulo 3: Aprendizagem e Aculturação: Adoção de um Mapa Compartilhado.

O mal é a rejeição e a oposição juramentada ao processo de exploração criativa. O mal é o repúdio orgulhoso do desconhecido e o fracasso deliberado em compreender, transcender e transformar o mundo social. Além disso – e como consequência –, o mal é o ódio ao virtuoso e ao corajoso, precisamente por conta de suas virtudes e de sua coragem. O mal é o desejo de disseminar as trevas onde poderia haver luz, por amor às trevas. O espírito do mal subjaz a todas as ações que correm ao longo da decrepitude do mundo, que fomentam o desejo de Deus de inundar e destruir tudo o que existe.

Grandes males são facilmente identificáveis, pelo menos em retrospecto, e resultam, em geral (pelo menos na interpretação), da ação do outro. Nós construímos inúmeros memoriais do Holocausto, por exemplo, e juramos nunca esquecer. Mas o que estamos lembrando? Qual é a lição que deveríamos ter aprendido? Não sabemos como o Holocausto aconteceu – não sabemos o que as pessoas envolvidas no processo fizeram, ou deixaram de fazer, passo a passo, para se comportar de forma tão terrível; não sabemos o que ou quem fez a sociedade alemã tomar um rumo tão terrível. Como Hitler poderia deixar de acreditar que estava certo quando todos em torno dele se curvavam a suas ordens? Não seria necessário um caráter de magnitude excepcional para resistir à tentação do poder absoluto, livremente oferecido, democraticamente concedido – quando até mesmo se insistia para que ele fosse aceito? Como alguém conseguiria permanecer adequadamente humilde sob tais condições? A maioria de nós tem fraquezas pessoais que são limitadas pelos nossos ambientes sociais. Nossas tendências neuróticas são verificadas pelas pessoas ao redor, que gostam de nós, que reclamam e protestam quando perdemos o autocontrole e, em nossa fraqueza, passamos dos limites. Se todos ao redor pensarem que você é o salvador, quem sobrará para apontar seus defeitos e mantê-lo consciente deles? Isso não é uma apologia a Hitler, apenas o reconhecimento de que ele também era humano. E o que essa afirmação significa? Hitler era humano; Stálin também; Idi Amin também. O que isso diz sobre ser humano?

Em geral, nossas tendências tirânicas e decadências morais têm sua expressão limitada por nossos estreitos domínios de poder pessoal. Não podemos condenar milhões à morte por um capricho, porque não temos os recursos para fazê-lo. Satisfazemo-nos, na ausência de tal poder, espezinhando aqueles perto de nós – e nos congratulamos por nossa virtude moral. Usamos de agressão e força para fazer com que os outros se curvem a nossa vontade – ou, na ausência da força, usamos a doença e a fraqueza para explorar o poder da empatia e, de forma subterrânea, enganar o outro em nosso caminho para dominá-lo. Concedida a oportunidade, quantos de nós *não* seriam Hitlers? Presumindo que tivéssemos a ambição, a dedicação e o poder de organização devidos – o que é bastante improvável. Carência de habilidade, contudo, não constitui virtude moral.

Muitos reis são tiranos ou decadentes morais porque são *pessoas* – e muitas pessoas são tiranas ou decadentes morais. Não podemos dizer "nunca mais" por consequência da memória do Holocausto porque não o entendemos, e é impossível recordar o que não foi compreendido. Não entendemos o Holocausto porque não compreendemos a nós mesmos. Seres humanos, muito parecidos como nós mesmos, produziram as catástrofes morais da Segunda Guerra Mundial (e da União Soviética stalinista, e do Camboja de Pol Pot...). "Nunca esqueça" significa "conhece-te a ti mesmo": reconhecer e compreender esse gêmeo malévolo, esse inimigo mortal, que é parte integrante de todo indivíduo.

A tendência heroica – o salvador arquetípico – é um espírito eterno, isto é, um aspecto central e permanente do ser humano. O mesmo se aplica de forma precisa à tendência "adversária": a capacidade de negação infinita e o desejo de fazer tudo sofrer pelo ultraje de sua existência são um elemento intrapsíquico inerradicável do indivíduo. Os grandes dramaturgos e pensadores religiosos do mundo foram capazes de compreender esse fato, pelo menos implicitamente, e transmiti-lo por meio de histórias e imagens; pensadores analíticos modernos e teóricos existenciais tentaram abstrair essas ideias para uma "consciência superior" e apresentá-las de forma lógica e puramente semântica. Foi recolhido material suficiente para se apresentar um retrato convincente do mal.

O ADVERSÁRIO: SURGIMENTO, DESENVOLVIMENTO E REPRESENTAÇÃO

A figura de Satanás é indiscutivelmente a mais bem desenvolvida representação do mal existente no pensamento mitológico e religioso. Embora seja tentador identificar esse "personagem" com atributos particulares da personalidade, tais como agressão – ou com as diferenças do estrangeiro –, é mais realista vê-lo como a personificação de um processo pessoal e social. O diabo é o espírito que subjaz ao desenvolvimento do totalitarismo; o espírito que é caracterizado pela crença ideológica rígida (pela "predominância da mente racional"), pela dependência da mentira como um modo de adaptação (pela recusa em admitir a existência de erro ou em apreciar a necessidade do desvio) e pelo desenvolvimento inevitável do ódio pelo eu e pelo mundo. Cada uma dessas características está intrínseca e causalmente relacionada às outras; elas estão ligadas de modo inextricável e podem ser apropriadamente conceitualizadas como uma personalidade eterna e transpessoal.

O diabo é a rejeição intencional do processo que torna a vida suportável, apesar das condições trágicas da existência. Essa rejeição é intelectualmente arrogante porque as "condições" são interpretadas – ou seja: o desenvolvimento da autoconsciência manchou tudo com a morte, mas a autoconsciência está contida em uma compreensão global que ainda tem um escopo bastante limitado. O presente, conforme interpretado agora, é na verdade o presente insuportável: mas essa interpretação pode mudar, se a possibilidade de mudança não for anulada como consequência da crença, da presunção e do ressentimento absolutistas.

O diabo trabalha para eliminar o mundo como algo cujas fraqueza e vulnerabilidade o tornam desprezível. Ele produziu sofrimentos terríveis no século XX – sobretudo entre as culturas que descartaram sua imagem. Somos afortunados por termos sobrevivido sem uma tragédia irreversível. A sorte que tivemos até o momento não deveria nos cegar para os perigos da ignorância contínua ou para a necessidade de manter os nossos eus mal compreendidos sob controle. Todo avanço tecnológico que fazemos aumenta nosso poder; todo aumento de poder torna nossa integração interna e nossa autoconsciência expandida muito mais necessárias.

A alma nobre tem reverência por si mesma.[3, 4]

Quanto mais a fundo eu examinava o problema do mal ao longo dos últimos catorze anos, mais eu me via involuntariamente fascinado pelo mito de Satanás e curioso sobre a posição dessa história no pensamento ocidental. A ideia do diabo exerceu uma influência poderosa no desenvolvimento do cristianismo e da cultura cristã – e, por conseguinte, na sociedade ocidental e mundial –, embora haja poucas referências diretas a Satanás no Antigo e no Novo Testamentos (surpreendentemente poucas: nenhuma descrição do inferno que valha a pena mencionar; referências limitadas e oblíquas à rebelião dos anjos e à guerra no Céu anteriores ao estabelecimento do inferno; nada de relevante sobre a terrível vida após a morte que, em teoria, aguarda todos os pecadores).

É meu entendimento que as representações tradicionais e literárias de Satanás, o anjo regente do inferno, constituem *mitologia verdadeira*. Essas ideias cercam os escritos

---
[3] Nietzsche, F. (1966), p. 228.
[4] Em *Além do Bem e do Mal*, seção 287. (N. E.)

e as ideias centrais estabelecidos do cristianismo como a neblina cerca uma montanha. Elas têm sido transmitidas a nós, em parte, como doutrina religiosa; em parte, como tradição oral; em parte, por causa dos esforços de Dante e Milton. Eu tive uma educação religiosa muito limitada na minha juventude, e tudo o que sempre soube sobre o diabo eram "boatos" – fragmentos e excertos que reuni durante a leitura de outros materiais (por exemplo, do *Retrato do Artista Quando Jovem*, de Joyce, que contém um terrível sermão jesuíta sobre o pagamento dos pecados). Tudo o que eu sabia era o esboço da história codificada por Milton: Satanás, o anjo de Deus mais elevado na hierarquia celestial, que desejava se tornar como o Altíssimo, promoveu uma rebelião no Céu. Ele foi derrotado e expulso, impenitente, para o inferno, onde governa eternamente os espíritos dos mortos pecadores. Eu não tinha ideia real do que essa história significava, embora fosse óbvio para mim que esses personagens e eventos jamais poderiam ter "realmente" existido.

Aprendi mais tarde que a associação feita entre a serpente do Éden e o diabo era essencialmente especulativa. De fato, certos gnósticos tinham até mesmo postulado que a deidade que levou Adão e Eva à luz da autoconsciência foi um espírito mais elevado que o demiurgo inconsciente que criara tudo no início. Essa ideia se baseou no "reconhecimento" gnóstico de que uma queda do paraíso – de um "plano de estabilidade" anterior – muitas vezes englobava a precondição necessária ao movimento para um "lugar mais elevado". Os tradicionais cristãos medievais desenvolveram uma ideia semelhante. Para eles, o Pecado Original foi um "erro afortunado" que tornou necessária a encarnação de Cristo. Isso significava que a queda cristã, embora trágica em e por si mesma, poderia ser considerada positivamente benéfica, uma vez que ocasionou a encarnação redentora de Deus (que, da perspectiva cristã, foi o evento mais estupendo da História). A adoção desse ponto de vista mais amplo permitiu até que a serpente edênica, que impeliu a humanidade para o caos, fosse interpretada como um "instrumento de Deus" – como uma ferramenta do Deus benévolo, que estaria trabalhando sem parar para levar a cabo a perfeição do mundo, apesar da existência problemática do livre-arbítrio e da tentação demoníaca. (O nome *Lúcifer* significa "portador da luz", afinal.) Eu também sabia, mais ou menos "inconscientemente", que o diabo era associado ao poder e à arrogância do pensamento racional (no *Fausto* de Goethe, por exemplo). Essa associação possibilitou que as forças dogmáticas da igreja com frequência adotassem uma postura anticientífica – ciência → racionalidade → diabo – e justificassem sua lamentável oposição à verdade emergente.

No entanto, uma ideia mitológica não é invalidada *como uma ideia* em consequência de sua má aplicação. A capacidade para o pensamento racional *é* uma força perigosa, sem dúvida, porque é uma força poderosa – e as condições em que o pensamento desempenha um papel puramente destrutivo ainda não são bem compreendidas.

Essa infinidade de ideias e histórias vagamente relacionadas continuava vindo sem parar a minha mente, na maioria das vezes associada à lembrança da narração de um ato histórico simbólico: a transformação da Catedral de Notre-Dame no "Templo da Razão" em meio aos terrores da Revolução Francesa. Não é tarefa fácil chegar a uma clara compreensão de tais noções, compreender sua natureza de maneira lógica ou emocional, ou até mesmo determinar como elas poderiam estar relacionadas. Afinal, tendemos a considerar o desenvolvimento de uma "clara compreensão" como algo equivalente à construção de um "conjunto adequado", e a presumir que a realidade de uma coisa pode ser definida com clareza. Ideias sobre o mal, contudo, não formam um "conjunto adequado". Elas formam uma "categoria natural" que contém diversos materiais – assim como ideias sobre o "conhecido" ou o "desconhecido". Para complicar ainda mais as coisas, o mal, como o bem, não é algo estático (embora possa se alinhar com tudo o que teima em ser estático). Ele é, antes de mais nada, um *processo dinâmico*, um espírito que compartilha do estado motivacional ou afetivo do orgulho, do ressentimento, dos ciúmes e do ódio, mas que não pode ser identificado de forma inequívoca com a presença de qualquer um ou de todos eles. A moralidade de um ato agressivo, por exemplo, depende da natureza do contexto em que ele se manifesta, assim como o significado de determinada palavra é definido pela sentença, pelo parágrafo – mesmo pelo livro ou cultura – em que ela aparece. O mal é um *complexo* vivo. Sua natureza pode ser mais bem compreendida por meio da análise da "personalidade" que ele "adotou" na mitologia, na literatura e na fantasia, elaborada no longo curso do desenvolvimento histórico. Essa personalidade consiste naqueles "meta"-atributos do mal que se mantiveram estáveis ao longo do tempo, apesar das mudanças dramáticas nas particularidades da existência e da moral humanas.

A imagem do diabo é a forma que a ideia do mal assumiu, para melhor ou para pior, pelo menos no Ocidente. Ainda não desenvolvemos um modelo explícito do mal que nos permita esquecer, transcender ou dispensar essa representação mitológica. Racionalizamos nossa falta de entendimento ao presumir que a própria noção do mal é arcaica. Eis uma presunção verdadeiramente ridícula nesse século de horror indescritível. Em nossa ignorância e complacência, ridicularizamos as histórias antigas sobre a natureza do mal, comparando-as semiconscientemente a coisas infantis que deveriam ser postas de lado. Essa é uma posição bastante arrogante. Não há nenhuma evidência de que entendemos melhor a natureza do mal do que nossos antepassados, apesar de nossa psicologia, muito embora a expansão de nosso poder tecnológico nos tenha tornado muito mais perigosos quando estamos possuídos. Nossos ancestrais, pelo menos, estavam sempre preocupados com o problema do mal. A aceitação do severo dogma cristão do Pecado Original, por exemplo (apesar de seu pessimismo e sua aparente iniquidade), ao menos significava o *reconhecimento do mal*; no mínimo, esse dogma promovia alguma consideração sobre a tendência para o mal como um aspecto hereditário e intrínseco à natureza humana. Da perspectiva fundamentada pela crença no Pecado Original, as ações e motivações individuais sempre devem ser cuidadosamente examinadas e analisadas, mesmo quando parecem benévolas, para que as onipresentes tendências opostas não levem "acidentalmente" a melhor. O dogma do Pecado Original obriga cada indivíduo a se considerar a fonte imediata (potencial) do mal e a localizar o terrível submundo da mitologia e seus habitantes *no espaço intrapsíquico*. Não é de admirar que essa ideia tenha se tornado impopular: não obstante, o mal existe em algum lugar. Permanece difícil não enxergar a hipocrisia nas almas dos que desejam localizá-lo algures.

Assim que compreendi essas coisas de forma provisória, as antigas ideias começaram a se organizar. Aprendi com Eliade como encontrar sentido na noção de uma "hierarquia celeste". O monoteísmo do judaísmo e do cristianismo tem suas raízes em um pensamento mais antigo e politeísta. Os muitos deuses da conceitualização arcaica se tornaram o regente único do pensamento religioso mais moderno por consequência da concorrência espiritual – digamos assim. Essa concorrência é a batalha das ideias com implicações para ação – travada em abstrato, nas representações, e no decorrer do genuíno combate terrestre –, retratada na mitologia como *guerra espiritual*, ocorrida no Céu (que é o lugar onde as ideias transpessoais existem). A deidade que veio a prevalecer sobre todas é o Deus Único, com um complexo conjunto de atributos, "cercado" por uma panóplia de anjos e "ecos" divinos de deuses anteriores (que representam aqueles eternos processos psicológicos e transpessoais que se tornaram subordinados no curso da filogênese espiritual do homem).

A mitologia cristã retrata Satanás como o "anjo mais alto" no "reino celestial" de Deus. Esse fato torna mais compreensível sua associação com a razão. A razão pode muito bem ser considerada o "anjo mais alto" – isto é, a mais desenvolvida e notável faculdade psicológica ou espiritual, característica de todos os homens (e, portanto, algo transpessoal e eterno). A Figura 5.1: O Diabo como Espírito Aéreo e Intelecto

Ímpio retrata a interpretação imagética de Eugène Delacroix, uma ilustração para a Primeira Parte do *Fausto*.[5] A razão, o mais excepcional dos espíritos, sofre com a maior das tentações: a própria capacidade da razão para o autorreconhecimento e a autoadmiração significa uma capacidade infinita para o orgulho, que é o ato de onisciência presunçosa. É a notável capacidade da razão e o próprio reconhecimento dessa capacidade que a levam a crer que possui conhecimento absoluto e pode, assim, substituir ou viver sem Deus:

> Julgando igualar o mais Magnânimo
> Se o enfrentasse; e co'alvo ambicioso
> No trono e na divina monarquia
> Batalha ufana e ímpia guerra alçou.[6,7]

Figura 5.1: O Diabo como Espírito Aéreo e Intelecto Ímpio

---

[5] Placa 36 em Jung, C.G. (1968b).
[6] Milton, J. (1961).1:40-43, p. 38.
[7] Em *Paraíso Perdido* (tradução de Daniel Jonas. São Paulo: Editora 34, 2015). (N. E.)

É a crença da razão na própria onisciência – manifesta no procedimento e na imagem, se não na palavra – que "inconscientemente" subjaz ao totalitarismo em suas muitas formas destrutivas. Frye observa:

> Uma queda demoníaca, tal como Milton a apresenta, envolve desafio e rivalidade com Deus, em vez de simples desobediência, daí que a sociedade demoníaca é uma paródia contínua e sistemática do divino, associada a demônios ou anjos caídos porque eles parecem muito além das capacidades humanas normais em seus poderes. Lemos sobre anjos ascendentes e descendentes nas escadas de Jacó e de Platão, e, de modo similar, parece haver reforços demoníacos na vida pagã que explicam a grandeza quase sobre-humana dos impérios pagãos, sobretudo pouco antes de suas quedas.
>
> Duas passagens particularmente notáveis nos profetas do Antigo Testamento ligadas a esse tema são a denúncia de Babilônia, em Isaías 14, e de Tiro, em Ezequiel 28. A Babilônia é associada a Lúcifer, a estrela da manhã, que disse para si: "tornar-me-ei semelhante ao Altíssimo"; Tiro é identificada com um "querubim protetor", uma esplêndida criatura que vive no Jardim do Éden "até o dia em que se achou maldade em ti"[8]. No Novo Testamento (Lucas 10,18), Jesus fala de Satanás caindo do Céu, daí a tradicional identificação de Satanás com o Lúcifer de Isaías e seu lendário desenvolvimento como grande adversário de Deus, outrora o príncipe dos anjos e, antes de ser expulso, o filho primogênito de Deus. A força demoníaca sobre-humana por trás dos reinos pagãos é chamada no cristianismo de Anticristo, o governante terreno que exige honras divinas.[9]

Não é tão fácil entender por que o ato de onisciência presunçosa é razoavelmente interpretado como o exato oposto do ato de exploração criativa (uma vez que o adversário é o oposto do herói). Contudo, o que "saber tudo" significa – pelo menos na prática – é que o desconhecido não existe mais e, portanto, as explorações adicionais se tornaram supérfluas (até mesmo traiçoeiras). Isso significa que a absoluta identificação com o "conhecido" necessariamente vem substituir todas as oportunidades de *identificação com o processo que resulta no conhecer*. A presunção de conhecimento absoluto, pecado capital do espírito racional, é, portanto, equivalente *prima facie* da rejeição do herói – da rejeição de Cristo, da Palavra de Deus, do processo (divino) que faz a mediação entre a ordem e o caos. A arrogância da postura totalitária é inerradicavelmente contrária à "humildade" da exploração criativa. (*Humildade* – é apenas a constante admissão do erro e da capacidade de errar [admissão da "natureza pecaminosa e ignorante"] que

---

[8] As passagens citadas estão em Isaías 14,14 e Ezequiel 28,14-15. (N. E.)
[9] Frye, N. (1990), p. 272-273.

possibilita o reconhecimento do desconhecido e, depois, a atualização de conhecimento e a adaptação de comportamento. Essa humildade é, um tanto quanto paradoxalmente, corajosa – pois a admissão do erro e da possibilidade de errar constitui a precondição necessária para o confronto com o desconhecido. Isso torna a *covardia genuína* a motivação "subterrânea" para a presunção totalitária: o verdadeiro autoritário quer que toda imprevisibilidade desapareça. O autoritário se protege do conhecimento dessa covardia exibindo um ativismo patriótico, muitas vezes a um custo aparente para si mesmo.)

No quinto livro do *Paraíso Perdido*, que Milton edificou a partir de alusões mitológicas e bíblicas, Lúcifer é "preterido" por Deus em honra do "segundo filho", Cristo.[10] Essa "mudança na hierarquia das posições dominantes do Céu" me parece indicar que a razão (que, como consequência de seu autorreconhecimento como o "anjo mais alto" de Deus, se acha capaz de engendrar sozinha a redenção) deve permanecer subordinada aos processos do herói exploratório. A razão só pode ser útil à saúde quando desempenha um papel *secundário*. Entretanto, a opção de governar no inferno, em vez de servir no Paraíso, afigura-se uma alternativa atraente à mente racional, em uma ampla variedade de circunstâncias.

O diabo é o espírito que eternamente afirma: "tudo o que sei é tudo o que há para se saber"; o espírito que se apaixona pelas próprias belas obras e, por conseguinte, não consegue mais enxergar além delas. O diabo é o desejo de estar certo; acima de tudo, de estar certo de uma vez por todas e de forma definitiva, em vez de constantemente admitir a insuficiência e a ignorância, e assim participar do próprio processo de criação. O diabo é o espírito que nega sem parar porque é medroso, em última análise, medroso e fraco.

É a falta de distinção entre a existência do adversário *como processo* e a existência da anomalia *como elemento constitutivo da experiência* que levou a alguns dos piores excessos do cristianismo (e não apenas do cristianismo). Ocorre constantemente que pessoas de "pensamento correto" confundem a existência de ameaças à sua segurança e sua integridade moral com o mal. Isso significa que o pensamento correto confunde a existência do gênio e do estrangeiro, que oferecem uma experiência contrastante com a crença estabelecida, com o processo de rejeição de tal experiência. Essa falta de discriminação é compreensível e motivada: é compreensível porque o estranho/estrangeiro/ideia estranha/herói revolucionário abala as estruturas e causa desregulação

---

[10] Ver nota de rodapé 326, do Capítulo 2.

afetiva (que é o estado mais ardentemente desejado pelo diabo); é motivada porque categorizar a anomalia como mal autoriza sua repressão "justificada". O ato heroico de atualização da moralidade atual, no entanto – por meio da promoção do contato desconfortável com o desconhecido –, cria caos somente a serviço de uma ordem superior. Reprimir esse processo e se agarrar "patrioticamente" à tradição é assegurar o colapso abrupto – e muito mais perigoso – da tradição em algum momento do futuro não muito distante.

O fato de minha fantasia ser lasciva ou agressiva – para usar um exemplo específico de coisas em geral consideradas à meia-luz – não é ruim, caso eu seja um cristão devoto: ruim é o ato de negar que tal fantasia existe (ou, talvez, o ato de realizar essa fantasia sem levar em conta o lugar adequado). A fantasia em si constitui apenas informação (informação inaceitável, é claro, do ponto de vista atual e meramente provisório: mas informação capaz de transformar, se admitida). Da mesma forma, a existência dos muçulmanos e do ponto de vista dos muçulmanos não é ruim, caso eu seja um cristão devoto. Ruim, em vez disso, é minha presunção de onisciência pessoal – a certeza de que compreendo minha crença cristã bem o suficiente para presumir sua oposição necessária ao estrangeiro e às suas ideias; a certeza de que a identificação com uma estrutura moral estática "compreendida" é suficiente para garantir minha integridade – e minha consequente, ignorante e fanática perseguição aos muçulmanos. O diabo não é o fato desconfortável, mas o ato de se encolher diante desse fato. As fraquezas, imbecilidades, negligências e ignorâncias que inerradicavelmente constituem o indivíduo não são o mal em e por si mesmas. Essas "insuficiências" são uma consequência necessária das limitações que possibilitam a experiência. O ato de negar que a estupidez existe, uma vez que ela tenha se manifestado, é que é ruim, pois, assim, a estupidez não pode ser *superada*. Tal negação paralisa o progresso espiritual. A consciência da ignorância e da cobiça se manifesta na vergonha, na ansiedade e na dor – sob a forma do visitante cuja chegada é a mais temida –, e essa consciência muitas vezes pode vir a ser considerada a personificação do próprio mal. Mas é o portador de más notícias que nos aproxima da luz, caso o significado da notícia tenha permissão para se manifestar.

Há pouco tempo, Elaine Pagels escreveu um livro, *As Origens de Satanás*,[11] no qual descreve como a ideia do diabo como o eterno inimigo de Cristo possibilitou aos que professam o cristianismo perseguir os que não o fazem. Os pressupostos do perseguidor são, por exemplo: "o diabo é o inimigo, o judeu não é cristão – o judeu

---

[11] Pagels, E. (1995).

é um inimigo, o judeu é o diabo". Pagels apresenta a hipótese não irracional e justificadamente popular de que a invenção de Satanás foi *motivada* pelo desejo de transformar o ato de perseguir os outros em virtude moral. Contudo, parece que o "caminho de desenvolvimento" histórico da "ideia do adversário" é um pouco mais complexo. Noções transpessoais da amplitude da "imagem do Diabo" não podem surgir como resultado de motivação consciente porque seu desenvolvimento requer muitos séculos de trabalho transgeracional (que não pode ser facilmente "organizado"). A imagem do diabo, embora infinitamente aplicada para racionalizar a sujeição dos outros (assim como todas as grandes ideias podem ser subvertidas), surgiu como resultado de inúmeras tentativas genuínas de encapsular a "personalidade" do mal. A lógica que associa o *outro* ao diabo só funciona para aqueles que pensam que religião significa crença – isto é, identificação com um conjunto de "fatos" estáticos e muitas vezes irracionais – e não ação, metaimitação ou a encarnação do processo criativo no comportamento. A existência do fato anômalo, considerado de maneira apropriada – o fato desagradável, personificado no estrangeiro ou tornado abstrato na forma de filosofia divergente –, é um *chamado à ação religiosa, não um mal*.

Custaram à humanidade milhares de anos de trabalho desenvolver uma consciência da percepção da natureza do mal – para produzir uma detalhada representação dramática do processo que compõe o núcleo da má adaptação humana e do sofrimento voluntariamente produzido. Parece prematuro jogar fora o fruto desse trabalho ou presumir que seja algo diferente do que parece antes de entendermos o que ele significa. A consciência do mal surgiu primeiro como encenação ritual, depois como imagem dinâmica, expressa no mito. Essa representação abrange um vasto território espacial e temporal, cujo exame ajuda a aprofundar a compreensão da personalidade do adversário. A personificação arcaica do mal mais cuidadosamente desenvolvida talvez possa ser encontrada nas ideias do zoroastrismo, que floresceu de forma relativamente explícita a partir de 1000-600 a.C. (e cuja forma sem dúvida dependeu muito de "ideias" mais antigas, menos explícitas). Os zoroastras desenvolveram várias ideias que depois foram incorporadas pelo cristianismo, entre elas, "o mito do salvador; a elaboração de uma escatologia otimista, anunciando o triunfo final do Bem e a salvação universal; [e] a doutrina da ressurreição dos corpos".[12]

Zaratustra, o mítico fundador do zoroastrismo, era um seguidor de Ahura Mazdã (a deidade central dessa religião essencialmente monoteísta). Ahura ("céu") Mazdã

---

[12] Eliade, M. (1978b), p. 302.

era cercado por um panteão de *entidades* divinas – as *Amesha Spentas*, semelhantes aos anjos –, de natureza inquestionavelmente psicológica (ao menos sob uma perspectiva moderna).[13] Entre esses "espíritos" estavam *Asha* (justiça), *Vohu Manah* (bom pensamento), *Ārmaiti* (devoção), *Xshathra* (poder), *Haurvatāt* (integridade) e *Ameretāt* (imortalidade). Ahura Mazdā também foi o pai dos "irmãos" gêmeos, *espíritos* – *Spenta Mainyu* (o espírito benéfico) e *Angra Mainyu* (o espírito destruidor). Eliade afirma:

> No início, afirma-se em uma famosa *gāthā* (*Yasna* 30, de autoria de Zaratustra) que cada um desses dois espíritos escolheu, um, o bem e a vida, e o outro, o mal e a morte. Spenta Mainyu proclama, no "início da existência", ao Espírito Destruidor: "Nem nossos pensamentos, nem nossas doutrinas, nem nossas faculdades mentais; nem nossas escolhas, nem nossas palavras, nem nossos atos; nem nossas consciências, nem nossas almas estão de acordo". Isso mostra que os dois espíritos – um sagrado, o outro perverso – diferem mais por *escolha* do que por *natureza*.
>
> A teologia de Zaratustra não é dualista no sentido estrito do termo, uma vez que Ahura Mazdā não é confrontado por um anti-Deus; no princípio, a oposição irrompe entre os dois Espíritos. Por outro lado, a unidade entre Ahura Mazdā e o Espírito [Bom] Sagrado é insinuada várias vezes (ver *Yasna* 43.3, etc.). Em suma, o Bem e o Mal, o santo e o demônio destruidor, provêm de Ahura Mazdā; mas, uma vez que Angra Mainyu livremente escolhe seu modo de ser e sua vocação maléfica, o Senhor Sábio não pode ser considerado responsável pela aparição do Mal. Por outro lado, em sua onisciência, Ahura Mazdā sabia desde o início qual escolha o Espírito Destruidor faria e, mesmo assim, não o impediu; isso pode significar ou que Deus transcende todos os tipos de contradições, ou que a existência do mal constitui a condição preliminar para a liberdade humana.[14]

Os "irmãos hostis" míticos – *Spenta Mainyu* e *Angra Mainyu*, Osíris e Seth, *Gilgamesh* e *Enkidu*, Caim e Abel, Cristo e Satanás – são representativos das duas tendências individuais eternas, gêmeos "filhos de Deus", heroicos e adversários. A primeira tendência, o salvador arquetípico, é o espírito perene da criação e da transformação, caracterizado eternamente pela capacidade de aceitar o desconhecido e, assim, avançar na direção do "reino do Céu". Por sua vez, o adversário eterno é a encarnação – na prática, na imaginação e na filosofia – do espírito da negação, a rejeição eterna do "desconhecido redentor" e a adoção de uma rígida autoidentificação. Os mitos dos "irmãos hostis" – como o dos zoroastras – tendem a enfatizar o papel da livre escolha

---

[13] Estes podem ser razoavelmente considerados semelhantes aos "deuses mais velhos" no *Enuma Eliš* (ver Capítulo 2).

[14] Eliade, M. (1978b), p. 310.

na determinação do modo de ser essencial. Cristo e Gautama Buda, por exemplo, são tentados de maneira constante e potente para o mal, mas escolhem rejeitá-lo. Angra Mainyu e Satanás, pelo contrário, aceitam o mal e se deleitam com ele (apesar das evidências de que ele provoca seu próprio sofrimento). A escolha desses espíritos não pode ser reduzida a certo aspecto mais essencial, como as condições particulares da existência (que, de qualquer forma, são idênticas para ambos os "seres") ou os caprichos da natureza intrínseca. É o *desejo voluntário de fazer o que é notoriamente errado, apesar da capacidade de compreender e evitar tal ação*, que caracteriza o mal de forma mais específica – o mal do espírito e do homem. Por isso, o Deus de Milton pode comentar, sobre a degeneração de Satanás e da humanidade:

> [...] cairá,
> Co'a progênie sem fé. Quem tem a culpa?
> Quem senão ele? Ingrato, de mim tinha
> Tudo o que há a ter. Fi-lo justo e reto,
> Capaz de se opor, livre de cair.[15, 16]

Penso que a recusa do bem é mais eficaz e frequentemente *justificada* por referência às terríveis consequências afetivas da (auto)consciência. Isso significa que a compreensão da vulnerabilidade e da mortalidade do homem, e do sofrimento associado a essa vulnerabilidade – apreensão da suprema crueldade e da falta de sentido da vida –, pode ser utilizada como justificativa para o mal. A vida *é* terrível e parece, em alguns momentos, *definitivamente* terrível: injusta, irracional, dolorosa e sem sentido. Interpretada sob essa luz, a própria existência pode parecer algo razoavelmente erradicado. Por conseguinte, o Mefistófeles de Goethe, "príncipe das mentiras", define sua filosofia nos seguintes termos (na Primeira Parte do *Fausto*):

> O Gênio sou que sempre nega!
> E com razão; tudo o que vem a ser
> É digno só de perecer;
> Seria, pois, melhor, nada vir a ser mais.
> Por isso, tudo a que chamais
> De destruição, pecado, o mal,
> Meu elemento é, integral.[17, 18]

---

[15] Milton, J. (1961). 3:96-99, p. 95.
[16] *Paraíso Perdido*, III, 96-99, na tradução de Daniel Jonas (Editora 34). (N. E.)
[17] Goethe, J.W. (1979a), p. 75.
[18] *Fausto*, 1338-1344, na tradução de Jenny Klabin Segall (Editora 34). (N. E.)

Ele repete esse credo, de forma ligeiramente elaborada, na Segunda Parte:

> Passou, nada integral, insípida mesmice!
> De que serve a perpétua obra criada,
> Se logo algo a arremessa para o Nada?
> Pronto, passou! Onde há nisso um sentido?
> Ora! é tal qual nunca houvesse existido,
> E como se existisse, embora, ronda em giro.
> Pudera! o Vácuo-Eterno àquilo então prefiro.[19, 20]

A realidade espiritual se desenrola sem parar na realidade profana (na medida em que o homem permanece eternamente sujeito aos "ditames dos deuses"). Assim, os indivíduos incorporam de forma "inconsciente" os temas mitológicos. Tal incorporação se torna particularmente evidente no caso de grandes indivíduos, nos quais a atuação das "forças divinas" se torna quase tangível. Analisamos alguns trechos da autobiografia de Liev Tolstói antes[21] – usando sua experiência pessoal autorrelatada como paradigma universal das consequências afetivas primárias catastróficas da anomalia revolucionária. A resposta ideológica secundária de Tolstói a tal anomalia é igualmente arquetípica. As "notícias" da Europa Ocidental – a revelação da "morte de Deus" – desaguaram em crenças e esquemas de ação culturalmente determinados, implícitos e explícitos, do grande autor, empurrando-o de cabeça na turbulência emocional e no caos existencial por um período bastante longo. A identificação com o espírito de negação se escondia como profunda tentação em meio àquele caos.

Tolstói inicia o trecho relevante de sua confissão com uma alegoria oriunda "de um conto do Oriente". Um viajante, perseguido por uma fera selvagem, salta em um poço velho. Ele se agarra ao galho de uma videira que por acaso crescia ali. No fundo do poço, esconde-se um antigo dragão com a boca escancarada. Fora do poço está a fera terrível – então, não há como voltar. Os braços do viajante começam a fraquejar, agarrados à videira, mas ele ainda se segura. Então, ele vê dois ratos – um preto e um branco – roendo ambos os lados do galho em que se dependura. Em pouco tempo, o galho se partirá e ele despencará na boca do dragão. O viajante vê umas gotas de mel nas folhas da videira. Ele estica a língua, experimenta o mel e se sente reconfortado. Para Tolstói, no entanto, os prazeres da vida tinham perdido sua doçura analgésica:

---

[19] Idem (1979b), p. 270.
[20] *Fausto*, 11597-11603. (N. E.)
[21] Ver Capítulo 4, O Herói Revolucionário.

Não havia engano. Tudo é vaidade. Feliz quem não nasceu, a morte é melhor que a vida; é preciso livrar-se da vida.

Sem encontrar esclarecimento no saber, passei a procurar esclarecimento na vida, esperando encontrá-lo nas pessoas que me rodeavam, e passei a observar as pessoas semelhantes a mim, ver como viviam à minha volta e como se relacionavam com a questão que me levou ao desespero.

E aqui está o que descobri, nas pessoas que, pela instrução e pela forma de viver, se encontram na mesma situação que eu.

Descobri que, para as pessoas de meu círculo, existem quatro saídas para a situação terrível na qual todos nós nos encontramos.

A primeira saída é a ignorância. Consiste em não saber, não entender que a vida é crueldade e absurdo. As pessoas desse grupo – em grande parte mulheres, ou pessoas muito jovens ou muito tolas – ainda não entenderam a questão da vida apresentada a Schopenhauer, Salomão e Buda. Elas não veem nem o dragão que as aguarda nem os ratos que roem o galho em que elas se penduram, e ficam lambendo as gotas de mel. Mas lambem essas gotas de mel só por um tempo: algo volta sua atenção para o dragão e para os ratos e, então, é o fim de suas lambidas. Com elas, não tenho nada que aprender, e é impossível deixar de saber o que sei.

A segunda saída é a saída epicurista. Consiste em, conhecendo o desespero da vida, aproveitar os bens que existem por enquanto, sem olhar para o dragão nem para os ratos, e lamber o mel da melhor forma possível, especialmente se no galho houver muito mel. Salomão exprime essa saída da seguinte forma:

"E louvei a alegria, porque não há nada melhor para o homem, debaixo do sol, do que comer e beber e divertir-se: isso o acompanha nos trabalhos dos dias de sua vida, que Deus lhe deu, debaixo do sol.

"Portanto, vá e coma seu pão com alegria e beba seu vinho na alegria do coração... Delicie-se com a vida, com a mulher que você ama, em todos os dias de sua vida vã, em todos os seus dias vãos, porque esse é seu quinhão na vida e em seus trabalhos, com os quais você se afadiga, debaixo do sol... Tudo o que sua mão pode fazer com esforço, faça, porque, no túmulo para onde você irá, não há nem trabalho nem pensamento nem conhecimento nem sabedoria."

Essa segunda saída é adotada pela maior parte das pessoas de nosso círculo. As condições em que elas se encontram fazem que tenham mais benefícios do que desgostos, e o torpor moral lhes dá a possibilidade de esquecer que a vantagem de sua situação é acidental, que é impossível que todos tenham mil mulheres e palácios, como Salomão, que para cada homem com mil mulheres existem mil pessoas sem esposa e que, para cada palácio, existem mil pessoas que os construíram com o suor do rosto, e que o acidente que hoje faz de mim um Salomão amanhã pode fazer de mim um escravo de Salomão. O mesmo torpor da imaginação dessas pessoas lhes dá a possibilidade de esquecer aquilo que não dava sossego para Buda – a inevitabilidade da doença, do sofrimento e da morte, que, mais dia, menos dia, destruirá todo esse prazer.

O que algumas dessas pessoas afirmam, que o torpor de seu pensamento e de sua imaginação é a filosofia que chamam de positiva, não as distingue, no meu modo de ver, do grupo daquelas que, sem ver uma resposta, lambem o mel. E a essas pessoas não posso imitar: como não tenho seu torpor de imaginação, não consigo produzir, em mim, seu artifício. Não consigo desviar os olhos dos ratos e do dragão, como nenhum homem vivo consegue, depois que os vê pela primeira vez.

A terceira é a saída da força e da energia. Consiste em, uma vez compreendido que a vida é crueldade e absurdo, aniquilar a vida. Assim agem as raras pessoas fortes e coerentes. Uma vez compreendida toda a estupidez da brincadeira que fizeram conosco, e compreendido que o benefício dos que morrem é maior que o benefício dos que vivem, e que o melhor de tudo é não existir, assim agem também, e dão cabo de uma vez dessa brincadeira tola, por qualquer meio que tiverem à mão: uma corda no pescoço, a água, uma faca para furar o coração, jogar-se nos trilhos do trem. E as pessoas de nosso círculo que agem assim são em número cada vez maior. E as pessoas agem assim, em grande parte, no melhor período da vida, quando as forças do espírito se encontram no auge e a mente humana adotou ainda poucos hábitos degradantes.

Vi que essa é a saída mais digna e quis também agir assim.

A quarta saída é a da fraqueza. Consiste em, uma vez compreendidos o absurdo e a crueldade da vida, continuar arrastando a vida, sabendo de antemão que ela não pode dar em nada. As pessoas que adotam essa saída sabem que morrer é melhor que viver, mas, como não têm forças para agir de maneira racional – pôr fim à ilusão, quanto antes, e matar-se –, parecem ficar esperando algo. Essa é a saída da fraqueza, pois, se sei o que é melhor e isso está a meu alcance, por que não me render ao que é melhor? Eu me encontrava nesse grupo.

Assim, as pessoas da minha categoria se salvavam da horrível contradição por quatro caminhos. Por mais que eu empenhasse minha atenção mental, não via nada diferente dessas quatro saídas.[22, 23]

---

[22] Tolstói, L. (1983), p. 49-52.

[23] Tolstói, em *Uma Confissão* (tradução de Rubens Figueiredo. São Paulo: Mundo Cristão, 2016). O trecho citado por Peterson compreende o último parágrafo do Capítulo VI e boa parte do Capítulo VII. (N. E.)

A "atenção mental" de Tolstói – sua racionalidade – não conseguia ver saída do dilema apresentado pela incorporação de uma ideia indigesta. Além disso, a lógica claramente ditava que a existência caracterizada apenas por sofrimento inevitável e sem sentido deveria ser levada a um fim abrupto, como uma "piada de mau gosto". Foi a compreensão clara por Tolstói do interminável conflito entre o indivíduo e as condições da existência que destruiu sua capacidade para trabalhar e minou seu desejo de viver. Ele era incapaz de ver (ao menos naquele ponto de sua jornada) que o homem foi moldado para confrontar o caos a todo momento – para trabalhar eternamente a fim de transformá-lo em um ser real – em vez de dominá-lo de uma vez por todas (e, por conseguinte, tornar tudo insuportavelmente estático!).

O fato da vulnerabilidade mortal – aquela característica definidora do indivíduo, e a "razão" de seu desgosto emergente para com a vida – pode se tornar ainda mais "injusto" e "intolerável" pelas manifestações específicas dessa vulnerabilidade. Alguns são mais pobres que outros, mais fracos, mais feios – todos menos capazes, em algum sentido (e alguns claramente menos capazes em todos os sentidos). O reconhecimento da distribuição aparentemente arbitrária das habilidades e vantagens acrescenta uma base extra, racionalmente "justificável" para o desenvolvimento de uma filosofia baseada no ressentimento e na antipatia – às vezes, "em nome" de uma classe inteira; noutras, exclusivamente para os propósitos de um indivíduo específico. Em tais circunstâncias, o desejo de vingança contra a própria vida pode predominar sobre todo o resto, sobretudo para o "injustamente oprimido". O aleijado Ricardo III, de Shakespeare, fala em nome de todos os revolucionários, todos os rebeldes, assim motivados:

> Pois já que os céus assim me deformaram,
> Que fale o inferno, me entortando a mente:
> Não tenho irmão, não me assemelho a irmão,
> E o amor, palavra que abençoa o velho,
> Reside em homens que são parecidos,
> E não em mim. Eu sou só, sozinho.[24, 25]

O mal é a rejeição voluntária do processo que torna a vida tolerável, justificado pela observação da terrível dificuldade da vida. Essa rejeição é presunçosa, prematura, pois se baseia na aceitação de um julgamento provisório como final: "tudo é insuficiente e, por conseguinte, sem valor, e nada pode ser feito para corrigir a situação".

---

[24] Shakespeare (1952c). 3:5: 78-83, p. 104.

[25] Em *Henrique VI* – Parte 3, ato 5, cena 6 (William Shakespeare – *Teatro Completo*. Tradução de Barbara Heliodora. São Paulo: Nova Aguilar, 2016). (N. E.)

Um julgamento desse tipo exclui toda esperança de cura. A falta de fé na esperança e no significado (que parecem mais do que dispostos a desaparecer em face da crítica racional) raramente equivale à "falta de fé na ansiedade e no desespero" (embora o reconhecimento da inutilidade de tudo também devesse minar a fé do indivíduo no sofrimento). Contudo, não se pode duvidar do sofrimento: a rejeição do processo que constantemente renova o aspecto positivo dos "elementos constitutivos da experiência" apenas garante que suas contrapartes negativas levem a melhor. Essa tortura adicional – acrescentada àquela já considerada suficiente para suscitar o ódio pela vida – com certeza produzirá um caráter motivado a realizar atos piores do que o mero suicídio. Logo, o desenvolvimento do adversário segue um caminho previsível, do orgulho ("avidez e orgulho me abateram")[26] à vingança, por meio da inveja[27] – até a elaboração final de um caráter possuído por ódio e inveja infinitos:

> O bem jamais será nossa tarefa,
> Mas o mal nosso único prazer,
> Como o oposto da altíssima vontade
> Que combatemos. Se então a presciência
> Propuser outro bem do nosso mal,
> Deve ser mister nosso pervertê-lo,
> E do bem achar meios para o mal.[28, 29]

O niilismo de Tolstói – desgosto para com o indivíduo e a sociedade humana, combinado com o desejo de erradicar a existência – é uma consequência "má" lógica da autoconsciência elevada. Não é, contudo, a única consequência, e talvez nem seja a mais sutil. Muito mais eficiente – muito mais oculta para o próprio perpetrador e seus observadores mais próximos – é a elevada identificação com a tradição e o costume. Isso é envolvimento disfarçado de patriotismo para facilitar a virada do poder do Estado para a destruição. Nietzsche descreveu tal "lealdade" da seguinte maneira:

> *"Definição da moral*: Moral – a idiossincrasia dos *décadents*, com o oculto desígnio de vingar-se da vida – e com êxito. Dou valor a esta definição".[30, 31]

---

[26] Milton, J. (1961). 4:40, p. 116.
[27] Detalhado em Russell, J.B. (1986), p. 103.
[28] Milton, J. (1961). 1:159-165, p. 41.
[29] *Paraíso Perdido*, I, 159-165. (N. T.)
[30] Nietzsche, F. (1967b), p. 333.
[31] Do capítulo "Por que sou um destino" (8), *Ecce Homo* (tradução de Paulo César de Souza. São Paulo: Companhia das Letras, 2008). (N. E.)

Essa descrição de uma decisão inicial motivada e da consequente dissolução me parece caracterizar os processos e a degeneração do bifurcado estado final da moral (e, portanto, psicológico) de forma mais precisa e potente do que qualquer teoria psicopatológica puramente "científica" criada até agora. Claro que, no momento, somos incapazes de levar nossos eus racionalmente reduzidos a sério o bastante para supor uma relação entre o mal como "força cósmica" e nossas transgressões e autotraições mesquinhas. Acreditamos que, ao reduzir o alcance e a importância de nossos erros, somos legitimamente humildes; na verdade, estamos apenas relutando em suportar o peso de nossa verdadeira responsabilidade.

O Adversário em Ação: Degradação Voluntária do Mapa do Significado

> *Quem tem motivos para furtar-se mendazmente à realidade?*
> *Quem com ela sofre.*[32, 33]

O trágico encontro com as forças do desconhecido é inevitável no curso do desenvolvimento normal, dada a contínua expansão da percepção consciente. Nem mesmo a identificação socializada com o cânone cultural pode proporcionar proteção definitiva. O contato pessoal sem proteção com a tragédia está inextricavelmente ligado ao surgimento da autoconsciência, cuja consequência mítica (seu equivalente virtual) é a percepção elevada da limitação humana. Essa percepção se manifesta por meio da vergonha e tem sido expressa mitologicamente como vergonha da nudez, ou seja, o conhecimento da vulnerabilidade e da fraqueza essenciais diante do mundo.

A natureza intrínseca da experiência humana garante que a potente motivação para a adaptação enganosa esteja sempre presente. Afinal, é o encontro com o que é *verdadeiramente horrível e aterrorizante* que inspira medo e gera afastamento. Por isso, a tendência humana de fugir para falsos abrigos de proteção pode ser vista com simpatia e compreensão. O amadurecimento é um processo assustador. A transformação do mundo matriarcal paradisíaco da infância no decadente mundo social masculino é repleta de perigos. O mesmo pode ser dito sobre os perigos da individualidade pós--aprendizagem. Não é fácil se tornar adolescente depois de ser uma criança. Pode-se

---

[32] Ibidem (1981), p. 125.

[33] Nietzsche, em *O Anticristo*, seção 15 (tradução de Paulo César de Souza. São Paulo: Companhia das Letras, 2007). (N. E.)

dizer que essa transição é, em si, um ato heroico. Assim, em determinadas circunstâncias, pode acontecer que aqueles que abandonaram o heroísmo como estilo de adaptação não dão sequer esse primeiro passo. As vantagens relativas que acompanham uma maior liberdade podem parecer assustadoras e de valor duvidoso, dadas a relativa responsabilidade e a falta de segurança típicas da maturidade.

À medida que o amadurecimento ocorre, o "ambiente" se transforma. À medida que o indivíduo em desenvolvimento domina seus poderes, sua capacidade comportamental se expande. Ele pode fazer mais coisas e, por conseguinte, vivenciar mais coisas. A capacidade de gerar fenômenos até então desconhecidos e, portanto, assustadores aumenta de forma constante, e os limites do domínio experiencial do indivíduo eventualmente se estendem para além da área protegida pelos pais. A aptidão para infinitas apreensões adicionais é fulcral para a capacidade adaptativa do indivíduo; essa aptidão, contudo, tem um custo enorme, a saber, a consciência da finitude e da morte. Portanto, há uma motivação poderosa para resistir a esse desenvolvimento quando ele emerge de modo oportuno; para lutar desesperadamente pela manutenção da ignorância infantil ou se esconder sob as ordens dos outros. A individualidade – que é a capacidade de estabelecer um reino da experiência que seja único para o eu; a capacidade de criar experiências puramente subjetivas – também significa aceitação da vulnerabilidade e da mortalidade. A capacidade criativa é o *Logos* divino, o qual necessita, durante seu desenvolvimento, reconhecer a inevitabilidade do fracasso e da morte. Isso é, em parte, o significado do símbolo da crucificação cristã, que mescla de forma paradoxal a mortalidade e a divindade; que retrata o "deus mortal", infinitamente criativo, responsável e vulnerável.

Existência individual significa existência limitada – limitada no espaço e no tempo. A existência de limites possibilita a experiência; a constatação dos limites torna a experiência insuportável. Foi concedida a nós a capacidade de transcender constantemente, como um antídoto, mas não raro rejeitamos essa capacidade porque seu uso significa exposição voluntária ao desconhecido. Fugimos porque, no fundo, temos medo do desconhecido; esse medo também faz com que nos agarremos à proteção de nossas identidades sociais, que nos blindam do que não compreendemos. Assim, enquanto fugimos, necessariamente nos tornamos escravos da convenção e do hábito, negando o ideal problemático que há em nossos eus. Por que fugir? Por medo – medo do desconhecido e de seu gêmeo, medo da rejeição por parte do mundo social protetor, o que leva à subjugação patológica da personalidade individual única, à rejeição da totalidade do ser pessoal (o qual, ao se manifestar, tem uma capacidade verdadeiramente redentora). O Grande Pai odeia a inovação e matará para evitá-la; a Grande Mãe, fonte de todo novo conhecimento, tem um rosto que paralisa quem o encara. Como não fugir quando somos confrontados por tais forças? Mas fugir significa que tudo o que vale a pena envelhece e, depois, morre.

Quando uma criança nasce, ela está protegida dos caprichos da existência pela benevolência da circunstância, por meio da presença materna; a criança é instintivamente preparada, *a priori*, para responder a tal proteção e formar um relacionamento – um vínculo com a mãe. O bebê indefeso está à mercê da mãe, mas também está protegido do mundo terrível. A cultura intercede na forma de proscrições comportamentais, quando a mortalidade, não obstante, ameaça, mas a adesão a essas exigências significa maior responsabilidade, separação da boa mãe e sacrifício da relação de dependência primária. A cultura molda a personalidade em amadurecimento, oferece conhecimento e, ao mesmo tempo, limitação, enquanto o mundo social estraçalha a individualidade, o interesse e o significado.

O *espírito* é oferecido ao grupo para manter a natureza benevolente deste, garantindo sua contínua proteção e a concessão de conhecimento derivado da História. É *necessário* se identificar com o grupo no curso do desenvolvimento normal – essa identificação promove a maturidade e a separação da cega solicitude maternal –, mas, no fim das contas, o grupo é tirânico e exige obediência à custa da singularidade do ser. Isso não é o mesmo que dizer, de forma ingênua, que o grupo é intrinsecamente mal, que a raiz do sofrimento humano está enterrada no chão do mundo social. A sociedade é a mais pura expansão da força, que pode ser direcionada de acordo com a escolha individual. O passado contém dentro de si a sabedoria comportamental de gerações, estabelecida pela dor e pelo medo, e oferece a possibilidade de uma imensa expansão da força e da capacidade individuais. A cultura e a civilização oferecem a cada indivíduo a possibilidade de se colocar nos ombros de gigantes. A adoção da identidade do grupo deve constituir aprendizagem, não capitulação; deve constituir um estágio de desenvolvimento por meio do amadurecimento disciplinado, exigindo sujeição temporária e imolação da individualidade imatura, antes de seu posterior ressurgimento, em forma controlável, sob direção voluntária.

A afiliação ao grupo, o ser social, representa um avanço necessário em relação à dependência infantil, mas o espírito do grupo requer sua porção de carne. A identificação absoluta com o grupo significa rejeição da distinção individual: significa rejeição do "desvio" e até mesmo "fraqueza", do ponto de vista do grupo; significa repressão da individualidade, sacrifício do *tolo* mítico; significa abandono do "irmão mais novo" simples e insuficiente. O grupo, é claro, sente que está apenas cumprindo seu dever ao insistir em tal sacrifício; ele acredita, com a devida justificativa, que está apenas protegendo sua estrutura. No entanto, o grupo é incapaz de fazer julgamentos definitivos sobre o que é necessário – o que é bom e o que é ruim – por ser incompleto pela própria natureza: ele é uma estrutura estática, composta pelo passado. A distinção individual, mesmo a fraqueza – anátema do absolutista –, é força, de um ponto de vista mais abrangente; é aquela força capaz de transcender a inevitável limitação do grupo e estender o alcance para todos.

Os absolutistas, rejeitando a necessidade de toda mudança, necessariamente negam para si mesmos e para os outros até mesmo a própria força, pois o verdadeiro heroísmo, não importando de onde venha, tem a capacidade de abalar o *status quo*. Por meio de tal negação, o absolutista espera encontrar proteção de sua vulnerabilidade individual. Mas, na verdade, ele reprimiu e tratou como patológico o único elemento dentro de si que poderia, de fato, oferecer essa proteção; ele minou sua capacidade de utilizar o único processo capaz de efetivamente oferecer segurança e "liberdade".

> A um viajante que conhecia muitos países e povos e vários continentes perguntaram quais traços humanos ele encontrara em toda parte; e ele respondeu: os homens são propensos à preguiça. Alguns acharão que ele poderia ter dito com maior justiça: todos são tímidos. Escondem-se atrás de costumes e opiniões. No fundo, todo ser humano sabe muito bem que está nesse mundo apenas uma vez, como algo único, e que nenhum acidente, por mais estranho, adicionará uma segunda vez tal pluralidade, tão curiosa e difusa: ele sabe, mas esconde isso como uma consciência ruim – por quê? Por medo do próximo, que insiste nas convenções e se esconde atrás delas.
>
> Mas o que compele o ser humano individual a temer seu próximo, a pensar e agir como gado, e a não ficar feliz consigo mesmo? Um senso de vergonha, talvez, em alguns poucos casos. Para a vasta maioria, é o desejo de conforto, inércia – em suma, aquela propensão à preguiça que o viajante mencionou. Ele tem razão: os homens são ainda mais preguiçosos do que tímidos, e o que mais temem são os problemas com os quais quaisquer honestidade incondicional e nudez os sobrecarregariam.
>
> Apenas os artistas odeiam essa vida desleixada, de maneiras emprestadas e opiniões vagamente convenientes, e desvelam o segredo, a má consciência de todos, o princípio de que todo ser humano é uma maravilha única; eles se atrevem a nos mostrar o ser humano como ele é, até o último fio de cabelo, ele próprio e mais ninguém – mais ainda, que nessa consistência rigorosa de sua

singularidade ele é belo e digno de contemplação, tão novo e incrível quanto toda obra da natureza, e de maneira alguma enfadonho.

Quando um grande pensador despreza os homens, é sua preguiça que ele despreza: pois é por conta dela que os homens têm a aparência de produtos de fábrica e parecem indiferentes e indignos de companhia ou instrução. O ser humano que não deseja pertencer à massa deve apenas deixar de estar confortável consigo mesmo; deixe-o seguir sua consciência, que grita para ele: "Seja você mesmo! O que você agora faz, opina e deseja, isso não é realmente você.[34]

A negação da individualidade singular transforma as sábias tradições do passado nas rotinas cegas do presente. A aplicação da letra da lei quando o espírito da lei é necessário zomba da cultura. Seguir os passos dos outros parece seguro e não exige nenhuma reflexão – mas é inútil seguir um caminho já muito trilhado quando o próprio terreno mudou. O indivíduo que não consegue modificar seus hábitos e presunções como consequência da mudança está se enganando – está negando o mundo –, está tentando substituir a realidade pelo próprio e débil desejo. Ao fingir que as coisas são diferentes do que são, ele mina a própria estabilidade, desestabiliza seu futuro e transforma o passado de abrigo em prisão.

A personificação individual da sabedoria coletiva do passado é transformada em personificação da estupidez inflexível por meio da mentira. A mentira é direta, rejeição voluntária do que *atualmente se conhece* como sendo verdadeiro. Por definição, ninguém sabe o que é definitivamente verdadeiro, mas pessoas honestas fazem o melhor uso possível de sua experiência. As teorias morais dos honestos, embora incompletas de uma hipotética perspectiva transcendente, representam o que eles viram e quem eles são, na medida em que isso foi determinado no curso do esforço diligente. Não é necessário definir a verdade, ter visto e ouvido tudo – isso tornaria a própria verdade algo impossível. É necessário apenas ter representado e se adaptado ao que já se viu e ouviu – ter representado e se adaptado àqueles fenômenos que caracterizam os mundos natural e social, conforme são encontrados, e ao eu, conforme se manifesta. Isso quer dizer tão somente que as verdades das crianças e dos adultos são diferentes porque suas experiências – suas realidades – são diferentes. A criança honesta não pensa como um adulto: ela pensa como uma criança, com os olhos abertos. Mas o adulto que ainda usa a moral da criança – apesar de suas capacidades adultas – está mentindo, e sabe disso.

---

[34] Citado em Kaufmann, W. (1975), p. 122-123.

A mentira é a adesão voluntária a um esquema de ação e interpretação antes funcional – um paradigma moral –, apesar de a nova experiência não ser compreensível nos termos desse esquema; apesar de o novo desejo não ser satisfeito por essa abordagem. A mentira é a rejeição intencional de informações apreendidas como anômalas nos termos definidos e avaliados pelo indivíduo que rejeita. Ou seja: o mentiroso escolhe o próprio jogo, define as próprias regras, e depois trapaceia. Essa trapaça é o fracasso em crescer, amadurecer; é a rejeição do processo da consciência em si.

Logo, a mentira não é tanto um pecado por comissão, na maioria dos casos, mas um pecado por omissão (embora também possa assumir a primeira condição). A mentira é uma questão de falha voluntária em explorar e atualizar. A aparição de uma ocorrência anormal no fluxo contínuo da experiência indica apenas que o esquema atual dirigido à meta, no qual o comportamento é realizado e avaliado, caracteriza-se *pela presença de uma falha*. O local da falha, as razões de sua existência, o sentido da falha (seu potencial para alterar a interpretação e o comportamento) – tudo isso é *hipotético*, no primeiro estágio do surgimento da anomalia e de sua análise. O significado preciso do desconhecido deve ser "garimpado" antes que se possa dizer que foi vivenciado, quanto mais compreendido; deve ser transformado laboriosamente de puro afeto em revisão de pressuposto e ação (em "psique" ou "personalidade"). "Não fazer", portanto, é a mentira mais simples e mais comum: o indivíduo pode simplesmente "não agir", "não investigar", e as armadilhas do erro continuarão sem se manifestar, pelo menos temporariamente. Essa rejeição do processo de exploração criativa significa falta de atualização do esforço da memória declarativa e processual, adaptação ao presente como se ele ainda fosse o passado, recusa em *pensar*. Afinal de contas, a retificação de erro não é inevitável; nem fácil, nem automática. A mediação da ordem e do caos requer coragem e trabalho.

A adoção da identificação com os heróis do passado é necessária, mas repleta de potencial patológico. Torna-se corrupção certa quando o indivíduo identificado é um mentiroso que voluntariamente se tornou incapaz de heroísmo pessoal. A adoção da identidade e da posição do grupo significa acesso ao poder personificado no passado – significa acesso à força coletiva e à capacidade técnica da cultura. Esse poder é terrivelmente perigoso em mãos covardes e mentirosas. O mentiroso não consegue ver valor algum na fraqueza ou no desvio de si ou dos outros – apenas o potencial para o caos –, como também não consegue enxergar valor algum no caos ou na incerteza. Ele não tem nenhuma simpatia, paciência ou apreço pelas próprias fraquezas – ou pelos próprios pontos fortes – e, por isso, pode não ter nenhum apreço pela fraqueza ou pela força dos outros. O mentiroso apenas finge personificar o melhor do passado porque não consegue apoiar ou tolerar a presença do desvio necessário no presente. Isso significa que o mentiroso é um tirano porque não tolera ser um tolo.

O mentiroso não consegue tolerar a anomalia porque ela provoca ansiedade – e o mentiroso não acredita que possa ou deva suportar a ansiedade. Isso significa que ele é motivado a, primeiro, *evitar* e, depois, suprimir *ativamente* qualquer padrão comportamental ou experiência de mundo que não se encaixe de forma confortável em seu sistema culturalmente determinado de pressupostos morais reguladores do afeto. O *ato de evitar* significa que a experiência anômala é mantida "inconsciente", por assim dizer – o que significa realizada de modo incompleto. As implicações do pensamento perigoso permanecem não consideradas; a presença da fantasia ameaçadora permanece não aceita; a existência da ação pessoal inaceitável permanece irreconhecida. *Supressão ativa* não significa "repressão" intrapsíquica, no sentido clássico, mas ação agressiva levada a cabo no mundo para forçosamente eliminar a prova do erro. Isso pode significar traição, crueldade espiritual ou aplicação direta de força: pode significar a aplicação de qualquer manobra que se presuma necessária para destruir todo indício de insuficiência. Desse modo, o portador de más notícias inevitavelmente sofre na mão do indivíduo desonesto que preferia matar a fonte de sabedoria potencial a se beneficiar de sua mensagem.

A mentira é fácil e gratificante, pois permite evitar a ansiedade, ao menos no curto prazo. No longo prazo, contudo, a mentira tem consequências terríveis. "Evitar ou reprimir" a experiência nova ou inesperada, que é o equivalente abstrato de fugir, transforma-a forçosamente em ameaça determinada (é o equivalente categórico de rotulá-la *como* ameaça). O domínio da novidade não processada – definida *prima facie* pela inação e fuga como "ameaça intolerável demais para ser enfrentada" – expande-se inevitavelmente com o tempo, quando o passado é tido como absoluto. Assim, mais e mais experiência é considerada intolerável, inexplicável e caótica, à medida que os efeitos cumulativos de se utilizar a mentira como modo de adaptação se manifestam de forma inexorável. A mentira transforma a cultura em tirania, a mudança em perigo, enquanto adoece e restringe o desenvolvimento e a flexibilidade da capacidade adaptativa. Depender da mentira assegura, à medida que o medo cresce, identificação elevada e que se torna patológica com o passado (manifesta como fascismo: intolerância pessoal e política) ou degeneração decadente (manifesta como niilismo: deterioração pessoal e social).

Eventualmente, a identificação com o espírito da negação torna a vida insuportável, já que tudo o que é novo – e, portanto, tudo o que define a esperança – vem a ser axiomaticamente considerado punição e ameaça; torna a vida insuportável, pois o reino da ação aceitável encolhe de modo inexorável. O sofrimento resultante e inevitável vivenciado gera o desejo pelo – e motiva ações baseadas na conquista do – fim de toda experiência, como compensação e vingança pela esterilidade, pela ausência de significado, pela ansiedade, pelo ódio e pela dor:

> O Marabuto desenha um grande círculo na terra, que representa o mundo. Ele coloca um escorpião, símbolo do homem, dentro do círculo. O escorpião, acreditando que alcançou a liberdade, começa a correr ao redor do círculo – mas nunca tenta sair. Após o escorpião ter corrido várias vezes dentro da borda interna do círculo, o Marabuto pega seu graveto e divide o círculo ao meio. O escorpião para por alguns segundos, e depois começa a correr mais e mais rapidamente, ao que parece procurando uma saída, sem conseguir encontrá-la. Por mais estranho que pareça, o escorpião não se atreve a cruzar a linha. Após alguns minutos, o Marabuto divide o círculo ao meio. O escorpião fica frenético. Logo o Marabuto delimita um espaço do tamanho do corpo do escorpião. Esse é "o momento da verdade". O escorpião, atordoado e confuso, é incapaz de se mover de um jeito ou de outro. Erguendo sua cauda venenosa, o escorpião gira com rapidez em um verdadeiro frenesi. Girando, girando, girando até gastar todo o seu ânimo e energia. Em total desesperança, o escorpião para, abaixa o ponto venenoso da sua cauda e se pica até a morte. Seu tormento acabou.[35]

O indivíduo que vive na mentira encolhe sem parar seu domínio de competência, seu "território explorado e familiar". Cedo ou tarde, como resultado, ele não tem mais nada a que recorrer – exceto a si mesmo. Mas, nesse meio-tempo, sua própria personalidade se tornou retraída e inepta, como resultado do subdesenvolvimento – por consequência do fracasso repetido em participar do processo que transforma "matéria pré-cosmogônica" em "espírito" e "mundo". Nada permanece, a não ser a fraqueza, o ressentimento, o ódio e o medo. Assim, o caos originário do desejo, rejeitado em nome de uma segurança excessiva, alcança sua inevitável vitória. O "círculo vicioso" criado pelo mentiroso inevitavelmente desce em espiral até o "submundo". Esse processo está esquematicamente ilustrado na Figura 5.2: O Círculo Vicioso do Adversário.

---

[35] Edwardes, A.; Masters, R.E.L. (1963), p. 124.

Figura 5.2: O Círculo Vicioso do Adversário

O "sistema patriarcal", o conhecido, é a consequência concreta da adaptação feita no passado, o resíduo hierarquicamente integrado e representado do passado heroico. Essa adaptação é necessariamente incompleta, pois o escopo completo dos fenômenos "naturais" sempre excede a capacidade de interpretação. A aplicação absolutista do passado, motivada pelo medo do desconhecido, forçosamente transforma o passado em tirania, que não tolera a inevitável experiência anormal ou individual. Esse processo de "absoluta deificação ancestral" resulta da busca por segurança, que se tornou necessária pelo abandono de heroísmo individual como modo de adaptação potencial. Esse abandono ocorre por consequência da autodefinição prematura e arrogante – definição que torna a evidente vulnerabilidade humana uma prova final e suficiente da insustentável crueldade de Deus e da inutilidade do homem.

A constante busca por segurança, em vez de personificação da liberdade, é o desejo por governar conforme a letra da lei, em vez do espírito da lei. A resultante supressão forçada do desvio se baseia no desejo de apoiar a pretensão de que o desconhecido não existe. Essa supressão tem como consequência a eliminação da transformação criativa das esferas individual e social. O sujeito que nega sua identificação individual com o heroico se identificará e servirá à força tirânica do passado – e sofrerá as consequências. Esse princípio é ilustrado de forma acertada pela história mítica de Judas. Ele sacrifica Cristo, o herói, às autoridades da tradição – por todas as melhores razões – e depois é levado a destruir a si mesmo pelo desespero:

> Então Judas, que o entregara, vendo que Jesus fora condenado, sentiu remorsos e veio devolver aos chefes dos sacerdotes e aos anciãos as trinta moedas de prata, dizendo: "Peguei, entregando sangue inocente". Mas estes responderam: "Que temos nós com isso? O problema é teu." Ele, atirando as moedas no Templo, retirou-se e foi enforcar-se. (Mateus 27,3-5.)

O sacrifício do herói em nome do grande e terrível pai significa o abandono da identificação com o processo que cria o cosmos a partir do caos. A rejeição do processo pelo qual o infinitamente negativo e aterrador é transformado no aceitável e benéfico significa, por definição, o fim de toda a esperança:

> Por isso vos digo: todo pecado e blasfêmia serão perdoados aos homens, mas a blasfêmia contra o Espírito não será perdoada. Se alguém disser alguma palavra contra o Filho do Homem, ser-lhe-á perdoado; mas, se disser contra o Espírito Santo, não lhe será perdoado, nem nesta era, nem na outra. (Mateus 12,31-32.)

O indivíduo mente para convencer a si mesmo e aos outros que personifica a grandeza do passado. Ele finge ser justo e corajoso, em vez de agir moral e corajosamente. Ações de fato corajosas podem colocar o grupo contra ele, e é apenas a identidade com esse grupo que mantém sua cabeça fora d'água. A mentira significa a negação de si mesmo, significa o abandono da identidade mítica com Deus, significa a certeza do colapso "revolucionário" involuntário com o passar do tempo. A mentira significa a recusa consciente em modificar e reconfigurar o comportamento baseado na História e a crença em incorporar a novidade e aliviar a ameaça.

O interminável fracasso em voluntariamente se atualizar significa a geração de um pântano em torno do indivíduo, onde a "água da vida" outrora existiu: o que poderia ser o líquido que gera a vida se torna um pântano mortal, composto de erros do passado, traumas não resolvidos e dificuldades atuais. Esse é o domínio caracterizado por Freud como o "inconsciente", no qual as "memórias reprimidas" são lançadas. Mas informação não processada não é, precisamente, a memória. O que ainda não foi explorado ainda não é memorável, nem mesmo "real". A consequência da ação não realizada é, mais acuradamente, um "potencial a partir do qual o 'espírito' e o 'mundo' poderiam ser construídos" – muito dele implícito no mundo conforme ele existe agora (em vez de "armazenado na memória"). (Implícito, isto é, na forma de "problema" não encontrado, mas latente – na forma de carta sem resposta, dívida não paga e disputa não resolvida.)

Esse pântano autogerado se torna cada vez mais impenetrável com o passar do tempo; torna-se cada vez mais "inabitável" à medida que as consequências da negação se propagam no longo prazo (à medida que, dos monstros do pântano, brotam cabeças novas e famintas). Esse "acúmulo de potencial pré-cosmogônico" equivale à reanimação do dragão do caos (equivale de forma exata ao redespertar de Tiamat, que dorme eternamente sob o mundo seguro e familiar). Quanto mais restrito, amedrontador, incrédulo e repressivo é o modo particular de adaptação – isto é, quanto mais extrema a mentira –, mais horrendo, perigoso, intolerável e poderoso é o dragão associado. É dessa maneira que a atitude vem definir o mundo. Toda tentativa de desejar qualquer aspecto da experiência oriundo da existência é transformada em um inimigo. Toda faceta do ser escondido da luz leva a uma existência corrupta e sem sol, subterrânea. A experiência – realidade absoluta em si, em última análise – não pode ser negada sem consequência. A realidade não pode ser fantasiada fora da existência. A consecução de um desejo garante apenas que as informações contidas na experiência negada não podem ser removidas do domínio da ameaça, nem utilizadas para efeitos adaptativos.

É possível que estejamos, de fato, *adaptados* ao mundo – que estejamos adaptados ao mundo conforme ele existe na realidade, e não ao mundo como desejamos que poderia ser. É possível que nossa experiência contenha informações precisamente suficientes para garantir nossa feliz sobrevivência. Isso significa que toda tarefa deixada por fazer – todo "território" emergente deixado inexplorado – compreende informações "latentes" das quais a personalidade competente ainda pode ser extraída. Se a experiência é válida como fonte do mundo e do espírito, então aqueles elementos da experiência que foram evitados, suprimidos ou desvalorizados podem ainda conter dentro de si o que é absolutamente essencial à contínua existência bem-sucedida. Assim, o movimento voluntário para o "bem" significaria reintegração do "material" descartado – incorporação voluntária daquilo que, no momento, parece indigerível. A alternativa a essa "busca voluntária do indigesto" é uma eventual catástrofe psicológica, no nível individual ou social, engendrada por meio do contato involuntário com as "forças hostis" do ser rejeitado. Na perspectiva mitológica, essa catástrofe psicológica é o reencontro acidental com a Terrível Mãe em um território de sua escolha. Esse "incesto edipiano" culmina em certo sofrimento por parte do herói relutante: culmina em suicídio, desmembramento, castração – termina no sacrifício final da consciência "masculina" e na vitória do submundo.

A identificação do indivíduo com sua cultura protege-o do terrível desconhecido e permite que ele funcione como um membro aceitável da sociedade. Essa função servil fortalece o grupo. Mas o grupo afirma que certas maneiras de pensar e agir são todas aceitáveis, e que essas formas particulares não esgotam o desconhecido e as capacidades necessárias do ser humano. A máscara social rígida e sorridente do indivíduo é sua pretensão de que ele é "a mesma pessoa" que todos os outros (isto é, a mesma pessoa morta) – que ele não é uma catástrofe natural, nem um estrangeiro, ou um estranho; que ele não é anormal, fraco, covarde, inferior e vingativo. O verdadeiro indivíduo, contudo – o tolo honesto –, permanece fora do enclave protetor de aceitação, irredimido – a personificação da fraqueza, da inferioridade, do desejo de vingança, da covardia, da diferença. Ele não consegue se integrar e, por não conseguir, é alvo da tirania do grupo (e do próprio julgamento, na medida em que ele é aquele grupo). Mas o homem tolo, fraco, ignorante e vulnerável é o que o grupo não é: um indivíduo verdadeiro, verdadeiramente existindo, verdadeiramente vivenciando, verdadeiramente sofrendo (quem dera isso pudesse ser apenas admitido). A consciência da intrínseca limitação pessoal e da apreensão de suas consequências traz uma clara definição da natureza da experiência subjetiva, quando permitem que ela emerja, e fomenta tentativas de se adaptar a essa experiência. É por essa razão que apenas os irredimidos – os marginalizados, os doentes, os cegos e os parvos – podem ser "salvos". Sem dúvida, a apreensão da verdadeira natureza da experiência subjetiva – da realidade individual, fora das restrições ilusórias do grupo – tem poder suficiente para desmoralizar. Portanto, a eterna consequência da autoconsciência é a expulsão do Éden, em suas formas patriarcal e maternal. Mas essa queda é um passo no caminho ao "verdadeiro paraíso" – é um passo para a adoção da identificação com o herói, que não está protegido dos caprichos da existência, mas pode ativamente transformar o terrível desconhecido no mundo nutritivo e produtivo. Logo, a aceitação (ou ao menos o reconhecimento) da limitação mortal que caracteriza a experiência humana constitui a precondição para a devida adaptação. A mentira, que nega a experiência individual, é a negação do tolo – mas o tolo é a verdade.

A aceitação da fraqueza mortal é a humildade paradoxal que serve como precondição para o verdadeiro heroísmo. A atitude heroica se baseia na crença de que algo novo e valioso ainda existe para ser encontrado e assimilado, independentemente do poder e da estabilidade da posição atual. Essa crença também se baseia na fé no potencial humano – na fé de que o espírito individual responderá ao desafio e florescerá. Tal crença deve ser apresentada – voluntária, livremente – antes da participação em qualquer esforço heroico. Esse é o salto necessário que possibilita a ação corajosa e criativa; que torna a religião algo real. Portanto, humildade significa: *ainda não sou o que poderia ser*. Um adágio tanto cauteloso quanto esperançoso.

A posição contrária, a mentira, baseia-se na crença de que o conhecimento do presente compreende todo o conhecimento necessário – baseia-se na crença de que o desconhecido foi enfim conquistado. Essa crença equivale à negação da vulnerabilidade, equivale à adoção da onisciência – "o que faço é tudo o que há para se fazer, o que sei é tudo o que há para se saber". Associada de forma inextricável à adoção de tal postura está a negação, implícita ou explícita, da existência, a possibilidade e a necessidade do heroico – na medida em que tudo o que vale a pena já foi feito, todos os problemas foram resolvidos, o paraíso já se espalhou a nossa frente. Essa é a posição *terrível*, pois o axioma da fé "estamos redimidos" torna o próprio sofrimento humano (que nunca pode ser erradicado por causa da identificação ideológica) algo *herético* – algo que só pode existir como um insulto aos guardiões da ordem tradicional. Assim, o autoritário é necessariamente despido de sua empatia, mesmo para si próprio: no "mundo perfeito", existente no momento, nada imperfeito pode ter permissão para existir. Então, o adversário se volta para uma posição na qual não pode admitir sequer a própria miséria (que dirá a miséria dos outros). Uma posição mais desesperançada não pode ser imaginada.

A aceitação da insuficiência paradoxalmente catalisa a identificação com o herói e abre a possibilidade de participação no processo de criação e renovação. A rejeição da insuficiência produz, por sua vez, a identificação com o adversário, cuja morada eterna é o inferno. Esse inferno é algo cuja natureza pode ser transformada em algo explicitamente compreensível, apesar de seu caráter mitológico; é algo que tem características familiares e definidas; é algo que pode ser entendido, em primeiro lugar, como resultado do "desequilíbrio dos elementos constitutivos da realidade". A adoção do modo desonesto ou contraditório de adaptação produz uma busca acelerada por segurança e maior probabilidade de agressão, nos casos em que a identificação com o cânone cultural é considerada possível – ou degeneração da personalidade e colapso decadente (quando os custos da identidade cultural são considerados "muito altos" e tal identidade não está esperando para oferecer proteção, ou mesmo quando um comportamento fascista surge como algo positivo demais para se manifestar no mundo demasiadamente insuportável).

A negação do heroico promove o *fascismo*, absoluta identificação com o cânone cultural. Tudo o que é conhecido o é dentro de uma estrutura particular historicamente determinada, com base em suposições mitologicamente expressas. Logo, a negação ou a fuga do desconhecido necessita, ao mesmo tempo, de uma deificação de determinado ponto de vista particular previamente estabelecido. A maneira como as coisas são, em tais circunstâncias, deve ser a maneira como permanecerão para sempre. O questionamento da sabedoria do passado necessariamente deixa o desconhecido provocador de ansiedade mais uma vez exposto. Essa exposição do desconhecido pode ser considerada benéfica naquelas circunstâncias em que a adaptação positiva ao desconhecido é vista como possível, mas destrutiva quando impera a falta de fé no heroico. Contudo, tudo o que vive, cresce. Quando o conservadorismo destrói a capacidade de criatividade individual – quando ele se torna tirania –, então ele trabalha contra a vida, não para ela. O "espírito interior" retirou-se do grupo com medo de se desenvolver. Uma sociedade absolutamente conservadora não consegue sobreviver porque o futuro transcende as limitações do passado e o conservador absoluto quer limitar o que poderia ser ao que já foi. Se a história estivesse completa e perfeita, se o indivíduo tivesse explorado seu potencial mais elevado, a raça humana seria extinta, pois tudo já teria sido explorado, conhecido, realizado. Mas esse pináculo de conquista ainda não foi atingido – e talvez nunca será. Aqueles que fingem o contrário logo acabam se opondo de forma ativa ao próprio processo que oferece o que eles alegam já ter obtido.

Do mesmo modo, a negação do heroico promove a *decadência* – rejeição absoluta da ordem da tradição; rejeição absoluta da ordem em si. Esse padrão de apreensão e comportamento parece muito distante daquele do fascista, mas o decadente é tão arrogante quanto seu par evidentemente mais rígido. Ele apenas identificou a si mesmo com absolutamente *nenhuma coisa*, em vez de *com uma coisa*. Ele está firmemente convencido da crença de que nada importa – convencido de que nada tem valor, apesar das opiniões dos outros (sem dúvida iludidos, fracos e desprezíveis); convencido de que nada vale o esforço. O decadente funciona dessa forma como um anti-Midas – transforma em cinzas tudo o que toca.

Sob circunstâncias normais, o indivíduo que atinge a adolescência se identifica com a tribo – com a estrutura coletiva historicamente determinada projetada para lidar com a ameaça. O indivíduo normal resolve seu problema de adaptação ao desconhecido se juntando a um grupo. Um grupo, por definição, é composto por aqueles que adotaram uma estrutura central de valor e que, portanto, se comportam de modo idêntico na presença dos outros membros do grupo – e, se não idêntico, pelo menos previsível.

O fascista se adapta ao grupo por vingança. Ele constrói paredes mais e mais fortes ao redor de si e daqueles que são "semelhantes a ele", em uma tentativa cada vez mais fútil de manter o desconhecido ameaçador sob controle. Ele faz isso porque sua visão de mundo é incompleta. Ele não acredita no aspecto heroico do indivíduo, não vê o aspecto negativo do mundo social e não consegue visualizar o aspecto benéfico do caos. Ele está assustado o suficiente para desenvolver a disciplina de um escravo, de modo a manter sua posição protegida no grupo, mas não assustado o suficiente para transcender sua condição servil. Por isso, ele continua retorcido e curvado. O decadente, por sua vez, não vê nada além da tirania do Estado. Já que o aspecto contraditório do indivíduo permanece convenientemente oculto de sua visão, ele não consegue perceber que sua "rebelião" nada mais é do que uma fuga da disciplina. Ele enxerga o caos como um lar benéfico, vendo a fonte de maldade humana na regulação social, porque não consegue imaginar a Terrível Mãe como uma força devoradora de almas. Então, ele abandona o pai no ventre da besta, irredimido, e não tem ferramentas nas quais pode confiar quando enfim enfrentar um desafio verdadeiro.

O decadente procura subverter o processo de amadurecimento – procura uma "saída" da afiliação ao grupo. A afiliação a um grupo requer, pelo menos, a adoção da responsabilidade adolescente, e esse fardo, por consequência da prolongada imaturidade mental, pode parecer pesado demais para se suportar. Portanto, o decadente age "como se" a estrutura paradigmática do grupo tivesse se tornado "insuficiente" como resultado da mudança ambiental, cultural ou intelectual, e se recusa a ser o tolo que arrisca acreditar. A resposta apropriada para "a doença do pai" é, claro, a "jornada para a terra da água da vida". Em vez disso, o decadente torna sua superioridade intelectual às "superstições do passado" um artigo de fé e se esquiva da responsabilidade. (Ou seja, é o desejo de se esquivar dessa responsabilidade (e o "sacrifício heroico" que ela implica) que constitui a motivação para a crença na "superioridade intelectual".) A postura de "rebelde sofredor" que essa adoção permite, como consequência secundária, também serve de forma admirável como máscara da covardia.

O fascista e o decadente se consideram opostos, inimigos mortais. Na verdade, eles são duas faces da mesma moeda:

> Hoje é Natal e acabei de chegar, vindo da casa da Julie. Enquanto estava lá sentado no sofá entre duas garotas, ocorreu-me quão tolo e idiota tenho sido nessa minha única vida. Espero que tenha paciência enquanto descarrego meus problemas em você porque preciso desesperadamente confessar meus pecados a alguém, e sei que falar com um clérigo escondido em um cubículo não é a melhor opção. Você se encaixa na definição de homem religioso como alguém que dá a devida consideração ao demoníaco e ao irracional da humanidade, então creio que achará minha confissão interessante.
>
> Imagine, se puder, um homem crescido que abriga no coração o ressentimento mais cruel para com o semelhante, seu próximo, que não é culpado de nada

além de uma consciência superior do que significa ser um homem. É quase insuportável lembrar de todos os pensamentos sombrios e mordazes que direcionei àqueles que eu não conseguia olhar nos olhos. Todo o meu arrogante desdém pelo homem "comum", que, assim eu pensava, era culpado do pecado da inconsciência, baseava-se, percebo agora, em nada mais do que inveja e despeito. Eu odiava, eu absolutamente abominava qualquer um que tivesse lutado contra o medo de deixar os limites maternos de uma mentalidade infantil e vencido a batalha, só porque eu não tinha. Para mim, independência e sucesso eram equivalentes a egocentrismo e egoísmo, e era minha maior esperança, minha maior ambição, testemunhar e participar da destruição de tudo o que pessoas bem-sucedidas independentes haviam construído para si. Eu considerava isso um dever. Na verdade, havia um elemento decididamente fanático na minha vontade de banir do mundo o que eu percebia como sendo egoísmo.

Pense no que teria acontecido se eu estivesse em posição de perceber meus ótimos sentimentos! A memória me faz temer que a qualquer momento a terra se abrirá e me engolirá, porque, se houver alguma justiça, ela o fará. Eu, que não fazia a menor ideia do que era a capacidade de juízo moral, perambulava por aí julgando qualquer um que ousasse cruzar meu caminho. Será que tenho um amigo que seja deste mundo? Mas é claro que eu tive amigos antes. Qualquer pessoa com desprezo suficiente por si mesma que pudesse me perdoar pelo meu autodesprezo.

É uma felicidade para a humanidade que haja poucos salvadores do meu calibre. Você sabia que eu costumava me identificar com Cristo? Eu me considerava total, imaculadamente livre de agressão e qualquer outra forma de sentimento antissocial. Mas você pergunta: e o ódio que acabei de confessar? Este não contava. Esses sentimentos se baseavam no bom senso comum, sabe? Afinal, há filhos da puta no mundo, e alguém precisa estar pronto para eles. (Estou cheirando ozônio? Dizem que você sente um formigamento pouco antes de ser atingido por um raio.)

Essa é uma frase muito apropriada, filho da puta. Há uma passagem em *Estudos sobre o Simbolismo do Si-mesmo*, de Jung, que diz: "Muitas vezes, uma mãe aparece ao lado dele e aparentemente não demonstra a menor preocupação de que seu filhinho deva se tornar um homem, mas, com esforço incansável e autoimolador, não negligencia nada que possa impedi-lo de crescer e se casar. Você agora contempla a conspiração secreta entre mãe e filho, e como cada um ajuda o outro a trair a vida". Essa percepção seria útil para mim como desculpa, sendo uma descrição perfeitamente precisa da minha situação, não fosse pelo fato de que quase todos os dias sou apresentado a um resíduo de mal não diluído em mim. Por exemplo, quando encaro uma situação frustrante, não me pergunto o que vou fazer. Eu me pergunto quem é o responsável por ela — e sempre estou pronto para concluir que, se a outra pessoa tivesse agido corretamente, o problema não existiria. Que mal há nisso, você pergunta. Obviamente, se estou determinado a ignorar minha parte na incapacidade de resolver minhas próprias frustrações, se estou determinado a encontrar um bode expiatório para os meus problemas, então estou a poucos passos de distância da mentalidade que foi responsável pela solução final de Hitler, ou pela inquisição espanhola, ou pela limpeza cultural de Lênin.

O que foi que você me disse quando me queixei sobre as falhas no capitalismo, sobre o fato de tantas pessoas tirarem vantagem do sistema capitalista? Algo como "o fato de que as pessoas continuam consolidando sua posição financeira *ad nauseum* é outro problema, mas isso não é motivo para concluir que não há nada virtuoso em recusar a sequer tentar consolidar a posição de alguém em primeiro lugar". Mas é muito mais fácil coroar a covardia e a preguiça de alguém com o elogio da virtude. Basta perguntar aos seguidores de Lênin, que se pavoneavam pelo campo roubando todo fazendeiro que tivesse obtido algum sucesso que fosse, e se chamavam amigos do povo comum e batiam nas costas uns dos outros por sua retidão moral! Eu me pergunto se mudei tanto a ponto de não me juntar a eles quando posto à prova. A ideia de que a moral deriva de uma falta de interesses pessoais está profundamente enraizada em minha mente. "Pessoas boas são aquelas que não querem nada para si" é minha maneira de pensar. Mas nunca me pergunto por que tal pessoa deveria se esforçar para se disciplinar, ou se empenhar para manter seus motivos claros na própria mente, porque não há nada de valor para ela neste mundo.

Em seu ensaio *As Relações entre o Ego e o Inconsciente*, Jung diz que, em um estado inconsciente, o indivíduo é dilacerado pelo conflito dos opostos, e que alcançar a consciência requer a resolução desse conflito em um nível superior. (Entendo que esse estado particular de inconsciência adulta é diferente do estado original de inconsciência infantil, em que não há conflito de longa duração.) Mesmo na semana passada eu fiquei preso nesse beco sem saída outra vez. Eu estava sentado, pensando sobre que curso minha vida deveria tomar, e em todo cenário imaginado de uma atividade satisfatória ou significativa eu tinha de lidar com um contraponto que vinha de algum lugar na minha cabeça e me mostrava como este ou aquele aspecto do meu cenário estava errado, porque resultaria nesse ou naquele problema, até o ponto em se tornou inaceitável considerar qualquer carreira, pois minha mera existência já contribuía para a destruição do planeta. E, por mais que eu quisesse refutar esse eco de erro para toda coisa certa imaginada como uma quimera irracional, o fato é, eu disse a mim mesmo, que todos os dias vemos nos jornais como as atividades da humanidade, que são também atividades de homens e mulheres individuais, causam danos incalculáveis.

É claro que, em razão da influência do meu ser sobre mim mesmo, eu não fico preso naquele pântano específico muito tempo hoje em dia. Se nosso industrialismo está causando problemas, eu respondo, então eu devo esperar que pessoas trabalhem para resolvê-los, ou talvez eu mesmo deva tentar fazer algo a respeito, mas, por estar sentado à toa, não resolvo uma coisa sequer. É claro que o mais assustador, e também o mais lamentável, sobre estar preso naquele pântano é o fato de que a mente racional quer ter certeza absoluta do êxito de seu plano de vida, e é óbvio que há outra parte da mente que sabe que essa certeza é impossível, de modo que somos confrontados com a necessidade de aceitar pela fé que as coisas acabarão bem com um pouco de sorte e perseverança. E, sendo um distinto rato moderno, honrado com uma mente racional iluminada, não tenho uso para a fé e outros disparates e bobagens supostamente religiosos. A fé é obviamente irracional, e não quero que nenhuma irracionalidade influencie meu comportamento.

Minha solução anterior para esse problema foi permitir que outros fizessem escolhas de carreira por mim, deixando que meus próprios interesses influenciassem minhas decisões o mínimo possível, e então eu acreditava que, de alguma forma, tinha evitado a responsabilidade pessoal para com a condição do mundo moderno por não ser de fato responsável pelo estado da minha vida, e que havia escapado da possibilidade de meus planos não funcionarem, pois não tinha nenhum plano. Foi a partir dessa base sólida que olhei para o mundo e vi ao meu redor pessoas estúpidas o bastante para adicionar os próprios eus à equação.

Colocar esse tipo de fé em alguém, acreditar que existe dentro de alguém uma força motriz, chame-a de interesse, que irá responder à vida e conduzir alguém através da incerteza e da adversidade, é uma atitude irracional sem igual, e é com essa abordagem irracional da vida que o conflito dos opostos é resolvido, parece-me. Mas o problema agora é este: para se ter essa fé na natureza irracional de alguém, necessitamos provar que os interesses pessoais e as paixões são capazes de sustentar essa pessoa através das incertezas e adversidades da vida, as quais a mente racional prevê de forma tão clara, e a única maneira de conseguir essa prova é se arriscar e ver o resultado. Somente pessoas muito excepcionais conseguem assumir tal empresa por conta própria. A maioria de nós precisa da orientação e do apoio dos outros, dos crentes, por assim dizer. Não é estranho que termos religiosos se tornem úteis para essa discussão?

Enquanto escrevia o parágrafo anterior, lembrei-me de repente de sua ideia, de que o diabo conforme é representado no *Paraíso Perdido*, de Milton, é uma metáfora para o intelecto racional, colocado na posição da autoridade psíquica mais elevada. "Melhor governar no inferno do que servir no Paraíso." O *inferno*, então, é uma condição na qual a mente racional, com sua consciência aguda dos muitos perigos da vida, detém o controle do indivíduo e efetivamente impede que ele se envolva na vida, o que resulta no estado moralmente degenerado de fraqueza que descrevi nas primeiras páginas desta carta. E o Paraíso, eu presumo, seria uma condição na qual a mente racional se subordina à fé em... em Deus. Mas o que é Deus?

Há um capítulo no manuscrito de seu livro intitulado *A Divindade do Interesse*. Suas ideias estão começando a fazer sentido para mim agora – pelo menos acho que estão. Fé em Deus significa fé naquilo que desperta o interesse, que tira o indivíduo da esfera dos pais e o joga no mundo. Negar esses interesses é negar Deus, cair do Paraíso e aterrissar diretamente no inferno, onde as paixões do indivíduo queimam eternamente em frustração. O que Deus disse quando expulsou Adão do Éden? Algo sobre trabalhar na terra até o fim de seus dias, com o espectro da morte sempre pairando no futuro. Sem dúvida eu consigo compreender isso. Uma das impressões mais vivas que tenho ao me recordar de todos aqueles anos que passei mudando de um emprego para outro é a inutilidade da minha vida diária lá atrás e a gritante consciência de que o fim se aproximava. Mas, quando estou fazendo algo que tem significado para mim, algo que me interessa, como agora, a morte me parece distante, e o trabalho parece bastante agradável, mesmo feliz.[36]

Essa "teoria da gênese da psicopatologia social" – essa teoria de obtenção de uma relação *direta* entre escolha pessoal e personalidade fascista ou decadente e movimento social – encontra eco preciso na filosofia taoista e pode ser mais bem compreendida por meio da aplicação dessa perspectiva. O taoista tradicional acredita que a experiência humana profana consiste em partes diferenciadas de um plano de fundo essencialmente não categorizável – o Tao, que também pode ser interpretado como "significado" ou como "o caminho".[37] O Tao se manifesta como o eterno fluxo do ser. As "categorias naturais" de Yin e Yang – representadas na Figura 5.3: Os Elementos Constitutivos da Existência, Reprise – constituem as "divisões" mais fundamentais do Tao, os elementos maternais e patriarcais básicos constitutivos da experiência. Muito da antiga filosofia chinesa (cosmologia, medicina, teoria política, pensamento religioso) se baseia na ideia de que a patologia é causada pelo excesso relativo de uma ou outra "substância" primordial. O objetivo do sábio chinês – médico, líder espiritual ou administrador social –

---

[36] Durnin, R. (1994).
[37] Wilhelm, R. (1971), p. lv.

é estabelecer ou restabelecer a harmonia entre os princípios "feminino" e "masculino" fundamentais, e diagnosticar e curar a ação defeituosa ou as inações irresponsáveis que levaram ao desarranjo original. A representação esquemática de Yin e Yang, indicada na Figura 5.3, utiliza a imagem de um círculo para representar a totalidade; as estampas que compõem esse círculo são opostas, mas equilibradas. A imagem se torna ainda mais sofisticada pela presença do círculo branco na estampa preta, e vice-versa. Caos demasiado gera desejo de ordem. Portanto, Yin pode atuar como mãe de Yang. Por outro lado, ordem demais gera o desejo de novidade, como antídoto para a previsibilidade estupidificante. Dessa forma, Yang atua como pai para Yin.

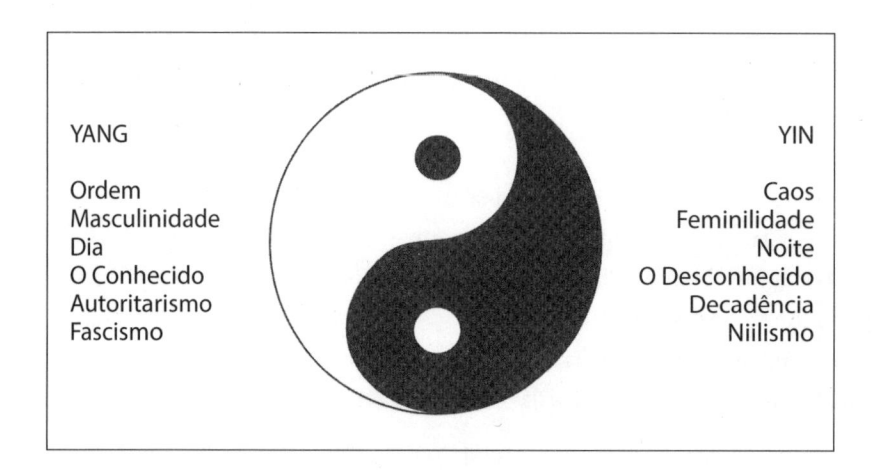

YANG

Ordem
Masculinidade
Dia
O Conhecido
Autoritarismo
Fascismo

YIN

Caos
Feminilidade
Noite
O Desconhecido
Decadência
Niilismo

Figura 5.3: Os Elementos Constitutivos da Existência, Reprise

O fascista, que não enfrentará a realidade e a necessidade do desconhecido, esconde seu rosto vulnerável em um "excesso de ordem patológico". O decadente, que se recusa a perceber que a existência não é possível sem ordem, oculta sua imaturidade de si e dos outros em um "excesso de caos patológico". O fascista está disposto a sacrificar a liberdade dolorosa pela ordem e a fingir que a miséria irredimida é sem sentido, de modo que não tenha de fazer nada para si mesmo. O decadente acredita que a liberdade pode ser alcançada sem disciplina e responsabilidade, pois ignora a terrível natureza do "terreno indistinto da realidade" e não está disposto a suportar o peso da ordem. Quando começar a sofrer, como certamente ocorrerá, ele não permitirá que a realidade do seu sofrimento lhe prove *que algumas coisas são reais* porque a aceitação dessa prova o forçaria a *acreditar e agir* (e também o forçaria a uma percepção dolorosa da estupidez contraproducente e ineficaz de sua posição anterior).

O modo fascista de adaptação é, acima de tudo, um método de controle direto do desconhecido e do imprevisível. Seres humanos modernos, como os antigos, identificam o estranho implicitamente com o dragão do caos. O estranho atua de forma imprevisível e pensa coisas imprevisíveis – coisas que poderiam ter efeito dramático e perturbador se sua plena expressão fosse permitida. O conservadorismo extremo possibilita a restrição da incerteza, a evasão do desconhecido. Ele realiza essa função assegurando que cada membro do grupo atue, imagine e pense exatamente como todos os outros membros (em geral, precisamente como o líder – uma paródia sombria do herói). Portanto, em tempos de incerteza elevada, períodos de aumento do desemprego ou de instabilidade da estrutura política, o clamor pelo retorno ao "passado glorioso" sempre surge. O fascista, dominado pelo medo, acredita que o mundo deva ser apenas ordem porque a desordem é demasiado assustadora para se considerar. Isso torna o cosmos que ele cria – quando recebe a oportunidade – um lugar de infinita esterilidade e de organização similar à das máquinas. Esse aumento do conformismo permite, ao menos, um alívio temporário e a restrição de ansiedade, mas prejudica a capacidade do grupo (isto é, do seu grupo) de responder com flexibilidade às mudanças inevitáveis. É como se, para usar uma metáfora biológica, o fascista se empenhasse para empurrar toda diversidade genética para fora de sua "espécie". Nenhuma diversidade significa nenhuma variação na resposta aos novos desafios; significa só uma solução (provavelmente a errada) para todos os problemas. Logo, a supressão do desvio, do desconhecido, garante apenas seu irreprimível surgimento sob a forma negativa, em algum ponto indeterminado no futuro (já que problemas ignorados não vão embora, mas pioram à medida que seguem o próprio caminho peculiar de desenvolvimento). A ordem que o fascista impõe, portanto, traz em si as sementes da própria destruição.

O fascista tende a ser tão cruel quanto rígido, e exercerá sua crueldade mesmo à custa da própria estabilidade. A perseguição nazista aos judeus, por exemplo, continuou a uma taxa crescente (e com procedimentos cada vez mais rígidos) à medida que se tornou, mais e mais evidentemente, um fardo para o esforço de guerra. O ódio nazista, portanto, tornou-se uma força tão potente, conforme o Terceiro Reich se desenvolvia, que superou o patriotismo nazista, motivado pelo terror mortal do desconhecido. Sob o patriotismo professo do fascista e do amor covarde pela ordem, reside um fenômeno ainda mais profundo: o ódio pelas trágicas condições da existência e pela vida vulnerável que evidencia essas condições.

> Dizem entre si, em seus falsos raciocínios:
> Breve e triste é nossa vida,
> o remédio não está no fim do homem,
> não se conhece quem tenha voltado do Hades.
> Nós nascemos do acaso
> e logo passaremos como quem não existiu;
> fumo é o sopro de nosso nariz,
> e o pensamento, centelha do coração que bate.
> Extinta ela, o corpo se tornará cinza
> e o espírito se dispersará como o ar inconsistente.
> Com o tempo, nosso nome cairá no esquecimento
> e ninguém se lembrará de nossas obras;
> nossa vida passará como uma nuvem – sem traços –,
> se dissipará como a neblina
> expulsa pelos raios do sol
> e, por seu calor, abatida.
> Nossa vida é a passagem de uma sombra,
> e nosso fim, irreversível;
> o selo lhe é aposto, não há retorno.
> Vinde, pois, desfrutar dos bens presentes
> e gozar das criaturas com ânsia juvenil.
> Inebriemo-nos com o melhor vinho e com perfumes,
> não deixemos passar a flor da primavera,
> coroemo-nos com botões de rosas, antes que feneçam;
> nenhum prado ficará sem provar da nossa orgia,
> deixemos em toda parte sinais de alegria
> pois esta é a nossa parte e nossa porção!
> Oprimamos o justo pobre,
> não poupemos a viúva
> nem respeitemos as velhas cãs do ancião.
> Que nossa força seja a lei da justiça,
> pois o fraco, com certeza, é inútil.
>
> (Sabedoria 2,1-11.)

A crueldade fascista é motivada pelas consequências afetivas de ordem patologicamente ampliada. Quando a "água da vida" seca, nada resta da existência, senão suas inevitáveis dores e frustrações, agravadas pelo terrível tédio. Além disso, a anomalia inevitavelmente se acumula já que a ordem é imposta de uma forma cada vez mais estrita. Isso acrescenta maior apreensão do caos à dor, à frustração e ao entorpecimento.

Os indivíduos "sujeitos" a um excesso de tais emoções "têm todas as razões" para serem agressivos, vingativos e cruéis; colocaram-se em um estado no qual a emergência de tal motivação é certa.

O desconhecido só aparece quando houve erro. O fascista diz: "Sei tudo o que há para se saber". Portanto, ele não pode errar. Mas o erro é a mãe de todas as coisas. Assim, a incapacidade de admitir a imperfeição significa a retirada de toda situação informativa. Isso significa a morte da adaptação contínua – e um certo ressurgimento futuro do desconhecido na forma negativa. Se você não mudar, em face da constante e lenta transformação, as discrepâncias e os erros não resolvidos empilham-se e se acumulam. Quanto mais teimoso (leia-se arrogante) você for, mais longo será o período desse acúmulo. Mais cedo ou mais tarde, haverá tanto desconhecido ao seu redor que não poderá mais ser evitado. Nesse ponto, o dragão do submundo emergirá e o engolirá por inteiro. Então, você viverá no ventre da besta, na escuridão, na noite, no reino dos mortos. O ódio vem fácil em um ambiente desses.

O decadente diz: "*saber* é algo que não existe" – e nunca procura realizar nada. Como seu semelhante autoritário, ele se torna "imune ao erro", já que erros sempre são cometidos com relação a um propósito valorizado, fixo e desejado. O decadente diz: "Olhe, eis algo novo, algo inexplicável; é uma evidência, não é mesmo, de que tudo o que eu disse está errado. A História não é confiável; as regras são arbitrárias; as conquistas são ilusórias. Para que fazer o que quer que seja em tais circunstâncias?". Mas ele está vivendo um tempo emprestado – alimentando-se, como um parasita, do corpo incompreendido do passado. Se ele se esforçar bastante e serrar o galho no qual está sentado, então cairá também nas garras da coisa que ignorou.

O ato habitual de evitar – de rejeitar – enfraquece a personalidade de uma forma causal e direta. A força de uma personalidade pode ser definida, em parte, como sua extensão de território explorado, sua capacidade de agir de maneira apropriada no maior número possível de circunstâncias. É evidente que essa força depende da aprendizagem anterior – pelo menos de aprender como agir –, e o conhecimento sobre como agir é gerado e renovado por consequência do comportamento exploratório constante e voluntário. Se tudo novo e diferente for rejeitado de forma descontrolada, a personalidade não pode se ajustar às circunstâncias em evolução. Contudo, as circunstâncias inevitavelmente mudam como resultado do simples amadurecimento; como resultado da própria entropia. É de pouca utilidade estar totalmente preparado para o passado; ademais, só é possível continuar preparado para o futuro enfrentando o presente. Assim, a anomalia é "alimento" espiritual no sentido mais literal: o desconhecido é a matéria-prima a partir da qual a personalidade é fabricada no curso da atividade exploratória. O ato de rejeitar a anomalia transforma a personalidade em algo faminto, algo senil e algo com um medo cada vez maior de mudar, pois cada fracasso em enfrentar a verdade compromete a capacidade de se enfrentar a verdade no futuro. O homem que acaba por adotar uma atitude inadequada para com o desconhecido corta sua conexão com a fonte de todo conhecimento, enfraquecendo sua personalidade, talvez de forma irreparável. Essa dissolução da força é autoperpetuadora: toda fraqueza aumenta a probabilidade de uma fraqueza adicional:

> Pois ao que tem, será dado e ao que não tem, mesmo o que tem lhe será tirado. (Marcos 4,25.)

O indivíduo que se afasta das indicações da própria insuficiência aumenta a probabilidade de que tentará reprimir e destruir todas as informações que indicam ameaça à crença atual. Elementos evitados, suprimidos ou subdesenvolvidos da personalidade não são acessíveis para o uso na adaptação consciente – na verdade, oferecerão resistência a essa adaptação como resultado de seu "ressentimento" por serem distorcidos e ignorados. O fracasso em utilizar o potencial humano por inteiro prejudica gravemente a força do caráter individual. A dissociação de ação, imaginação e ideação enfraquece a personalidade. A fraqueza da personalidade significa incapacidade de suportar o peso do mundo consciente. O resultado da supressão hipócrita das diferenças individuais, a serviço da unidade social e de seu representante intrapsíquico, é a fragilidade diante do desconhecido:

> E se uma casa se dividir contra si mesma, tal casa não poderá se manter. (Marcos 3,25.)

O Adversário em Ação: Uma alegoria do Século XX

Certa vez, Jung afirmou que "qualquer estado interno de contradição não reconhecido será encenado no mundo como destino". Essa afirmação carrega consigo o aparente carimbo do misticismo. Como o mundo poderia encenar uma condição psicológica (ou a recusa em reconhecer uma condição psicológica)? Bem, o propósito da abstração é representar a experiência e manipular as representações a fim de promover uma adaptação bem-sucedida. Se nós dois queremos o mesmo brinquedo, podemos discutir sobre nossos respectivos direitos sobre ele; se os argumentos falharem, ou se nos recusarmos a argumentar, podemos lutar. Se estamos sofrendo de incerteza moral, em nível filosófico, e não pudermos resolver a guerra interna, então nosso comportamento vai refletir nossa inquietação interior, e encenamos essas contradições de comportamento, muito para nosso descrédito geral. Assim, o meio de resolver um litígio desce, a cada falha, pela corrente da abstração: da palavra para a imagem, e desta para a ação – e aqueles que não deixarem suas identidades e crenças ultrapassadas morrerem quando tiverem de fazê-lo, vão se matar em vez disso. Aleksandr Soljenítsyn descreve como "a ordem e a previsibilidade" foram assim estabelecidas na União Soviética durante o longo reinado de terror de Stálin:

> A. B———v contou como as execuções eram realizadas em Adak – um campo de prisioneiros às margens do Rio Pechora. Eles levavam os membros da oposição "com suas coisas" para fora das instalações do campo em um transporte noturno de prisioneiros. E fora do campo havia uma casinha da Terceira Seção. Os condenados eram levados para um cômodo, um de cada vez, e lá os guardas do acampamento saltavam sobre eles. Algo macio era enfiado na boca deles, e seus braços eram amarrados atrás das costas com cordas. Então, eles eram levados para o pátio, onde carroças arreadas aguardavam. Os prisioneiros amarrados eram empilhados sobre os carrinhos, de cinco a sete por vez, e conduzidos até Gorka – o cemitério do campo. Ao chegar lá, eles eram jogados em covas grandes já preparadas e *enterrados vivos*. Não por brutalidade, não. Havia sido verificado que, ao arrastá-los e erguê-los, era muito mais fácil lidar com pessoas vivas do que com cadáveres.
>
> O trabalho prosseguia por muitas noites em Adak.
>
> E é assim que a unidade político-moral do nosso Partido foi alcançada.[38]

A invenção, o estabelecimento e o aperfeiçoamento do campo de concentração, a eficiente máquina genocida, podem ser considerados a maior realização da empreitada tecnológica e cultural humana, motivada pelo ressentimento e pelo ódio à vida. Inventada pelos ingleses, transformada em eficiente pelos alemães, aplicada em escala maciça por soviéticos e chineses, reavivada pelo conflito nos Bálcãs – a perfeição da fábrica cujo único produto é a morte exigiu um autêntico empreendimento multinacional. Tal empreendimento constitui, talvez, a principal conquista da burocratização cooperativa do ódio, da covardia e da mentira. Dezenas de milhões de inocentes foram desumanizados, escravizados e sacrificados nessas eficazes linhas de desmontagem no decorrer do século passado para ajudar seus opressores

---

[38] Soljenítsyn, A.I. (1975), p. 390.

a manter a estabilidade patológica e a consistência da presunção moral, executadas pelo terror, motivadas pela adesão à mentira.

O próprio nome tem um aspecto assombroso: horripilante, alegórico, irônico. *Campo* – isso é sol de verão e férias, comédia satírica e mascarada, regra militar, obediência e eficiência: campo de *extermínio* – a ideia do próprio diabo sobre uma piada campestre; sobre humor negro e paraíso de férias; o estado distópico induzido na realidade pela busca diligente do ideal fantástico, de pureza ideológica, do Paraíso estatal na Terra. Campo de *concentração* – a concentração de pessoas em associação arbitrária, restrição de movimento e pensamento a determinada área; concentração dos processos da vida humana, destilação, redução à essência, atenção forçada aos – concentração nos – valores centrais subjacentes ao esforço humano.

O campo de concentração gerou a própria literatura, a rememoração da sobrevivência sob condições tão árduas quanto a imaginação pode construir – a imaginação humana, capaz de postular a existência e descrever a natureza de um inferno para sempre torturante, com paredes de onze metros de espessura, iluminado por um fogo que, de forma simultânea, consome e renova a carne, a fim de que ela seja queimada outra vez.[39] Essa literatura dos campos tem uma estranha consistência descritiva e afetiva – uma consequência do constante ressurgimento dos modos inatos e padronizados de ação adaptativa e pensamento, que decorrem em resposta à experiência da anomalia avassaladora e da ameaça extrema.

A vida no campo ainda é existência humana, análoga à vida normal em todas as suas facetas, embora tenha se tornado mais árida, menos ambígua, clarificada, desnudada:

> Perdão, você... ama a vida? Você, você! Você que exclama e canta e canta e também dança: "Eu te amo, vida! Oh, eu te amo, vida!" Ama? Bom, vá em frente, ame-a! A vida no campo – ame essa vida também! Ela também é vida!
>
> Lá onde não há nenhuma luta com o destino,
> lá você ressuscitará sua alma...
>
> Você não entendeu nada. Quando chegar lá, você vai desmoronar.[40]

A natureza extrema das condições no campo parece apenas ampliar as tendências comportamentais que estiveram sempre presentes nas condições normais; parece apenas exagerar a expressão das possibilidades inatamente características da alma humana.

---

[39] Joyce, J. (1992).
[40] Soljenítsyn, A.I. (1975), p. 4-7.

O encarceramento no campo, no caso típico, começa com a queda, com a prisão: inesperada, injusta, arbitrária, implacável e aterrorizante. O futuro prisioneiro começa sua descida involuntária ao submundo com suas defesas historicamente determinadas intactas, firmemente inseridas em seu contexto cultural, entrincheiradas na sua persona – identificadas com seu trabalho, seu status social, sua visão do presente, suas esperanças para o futuro. A intrusão inicial do destino nessa segurança autoenganadora ocorre durante a noite. A prisão ocorre sem aviso, nas primeiras horas da manhã, quando as pessoas são mais facilmente assustadas, estão mais atordoadas e menos passíveis de oferecer resistência, mais dispostas a cooperar, no seu medo e em sua esperança ingênua – medo pela segurança da família reunida de forma agitada, em posição de desamparo na própria casa, à mercê da autoridade do Estado, em sua mais desprezível e repressiva encarnação:

"Isso é tudo! Você está preso!"

E você não encontra nada melhor para responder além de um berro parecido com o de um carneiro: "Eu? Por quê?"

Eis o que é a detenção: é um *flash* que cega e um golpe que, de imediato, transforma o presente no passado e o impossível em uma onipotente realidade.

É tudo. E nem na primeira hora, nem no primeiro dia, você será capaz de entender qualquer outra coisa.

Exceto que, em seu desespero, o falso círculo da lua piscará para você: "É um engano! Eles vão acertar as coisas!"

E tudo o que por agora está inserido na imagem tradicional, mesmo literária, de uma detenção se acumulará e tomará forma, não na sua própria memória desordenada, mas no que sua família e seus vizinhos de apartamento se lembrarem: a aguda campainha noturna ou a rude batida na porta. A entrada insolente das botas sujas do insone pessoal da Segurança do Estado. As testemunhas civis assustadas e acuadas, deitadas de costas [...].

A imagem tradicional da detenção também são as mãos trêmulas fazendo a mala para a vítima – uma muda de roupas íntimas, um sabonete, algo para comer; e ninguém sabe o que é necessário, o que é permitido, qual a melhor roupa para se usar; e os agentes de Segurança interrompendo e apressando:

"Você não precisa de nada. Vão te dar comida lá. É quente lá." (É tudo mentira. Eles continuam apressando-o para assustar.) [...].

O tipo de detenção noturna descrito é, na verdade, o favorito porque tem vantagens importantes. Todos os que vivem no apartamento são jogados em um estado de terror na primeira batida na porta. A pessoa detida é arrancada do calor de sua cama. Ela está atordoada, meio dormindo, indefesa, e seu julgamento é obscurecido. Numa detenção noturna, os homens da Segurança do Estado têm superioridade numérica; há muitos deles, armados, contra uma pessoa que sequer terminou de abotoar as calças.[41]

Detenção significa despersonalização instantânea, isolamento da família, dos amigos e da posição social. Por natureza, essa mudança de contexto induzida à força retira todos os lembretes concretos da identidade de grupo, todas as marcas da hierarquia social, destrói todos os ideais anteriores, mina toda atividade dirigida ao objetivo – expõe a vulnerabilidade humana essencial e a sujeita à exploração impiedosa. O indivíduo preso é brutalmente despido de toda lembrança de sua identidade anterior, de seu ambiente previsível, de sua esperança condicional – é privado até mesmo de suas roupas e cabelos. Ele é tratado com o máximo de desprezo e escárnio, independentemente de sua condição social anterior. Esta destruição completa do contexto social, da identidade social, aumenta o senso de autoconsciência do indivíduo recém-detido, de nudez e vulnerabilidade. Isso deixa-o insuportavelmente ansioso, tremendamente incerto, miseravelmente sujeito a um novo e incerto mundo – ou submundo:

> Esperamos num galpão que parecia ser a antessala da câmara de desinfecção. Homens da SS apareceram e distribuíram cobertores nos quais tínhamos que jogar todos os nossos pertences, todos os nossos relógios e joias. Ainda havia prisioneiros ingênuos entre nós que perguntaram, para a diversão dos mais experientes que estavam lá como ajudantes, se não podiam ficar com o anel de casamento, uma medalha ou um amuleto da sorte. Ninguém ainda podia compreender o fato de que tudo seria levado.
>
> Tentei conquistar a confiança de um dos antigos prisioneiros. Aproximando-me dele furtivamente, apontei para o rolo de papel no bolso interior do meu casaco e disse: "Olhe, este é o manuscrito de um livro científico. Sei o que você vai dizer; que eu deveria estar feliz de escapar com vida, que isso deveria ser tudo o que posso esperar do destino. Mas não posso me conter. Devo manter este manuscrito a todo custo; ele contém o trabalho da minha vida. Entende isso?"
>
> Sim, ele estava começando a entender. Um sorriso se espalhou lentamente pelo seu rosto, piedoso a princípio, depois mais divertido, zombando, insultando, até que ele me gritou uma palavra em resposta à minha pergunta, uma palavra que sempre estava presente no vocabulário dos detentos do campo: "Merda!". Naquele momento, vi a verdade nua e crua e fiz o que marcou o ponto culminante da primeira fase da minha reação psicológica: eliminei toda a minha vida anterior.[42]

---

[41] Soljenítsyn, A.I. (1974), p. 5-7.
[42] Frankl, V. (1971), p. 20-21.

O indivíduo detido não tem estrutura intrapsíquica social e historicamente determinada para se proteger do terrível mundo do encarceramento e da escravidão; nenhum modelo de desejo e expectativa para inibir seu terror mortal, para orientar sua atividade e canalizar sua esperança. Ele foi expulso à força do Paraíso, intoleravelmente consciente das próprias limitações essenciais, da própria nudez, sendo condenado ao trabalho e à subjugação intermináveis. Por conseguinte, ele se tornou vulnerável aos piores medos, aos estados psicológicos mais caóticos e à depressão mais grave:

>Eis como foi com muitos outros, não apenas comigo. O céu de nossa prisão inicial, primeira, era de nuvens de tempestade que giravam, negras, e pilares escuros de erupções vulcânicas – esse era o céu de Pompeia, o céu do Dia do Juízo Final, porque não era apenas um qualquer que havia sido preso, mas eu – o centro desse mundo.
>
>O último céu da nossa prisão era infinitamente alto, infinitamente claro, ainda mais pálido do que o céu azul.
>
>Todos nós (exceto os crentes religiosos) começamos do mesmo ponto: tentamos arrancar nosso cabelo da cabeça, mas nosso cabelo tinha sido cortado curto!... Como poderíamos? Como não conseguimos ver quem nos delatou?! Como não conseguimos enxergar os nossos inimigos? (E como odiávamos todos eles! Como poderíamos nos vingar deles?) E que imprudência! Que cegueira! Quantos erros! Como podiam ser corrigidos? Eles deviam ser corrigidos o mais rápido possível! Devemos escrever... Devemos falar... Devemos comunicar...
>
>Mas não há nada que possamos fazer. E nada vai nos salvar! No momento oportuno, vamos assinar o Formulário 206. No momento apropriado, o tribunal lerá nossa sentença, em nossa presença, ou saberemos dela à revelia pelo OSO.
>
>Então, começará o período de prisões de trânsito. Intercalados com os pensamentos sobre nosso futuro campo, agora adoramos lembrar do nosso campo anterior: como vivíamos bem! (Mesmo que vivêssemos mal.) Mas quantas oportunidades foram desperdiçadas nele! Quantas flores deixamos intactas!... Agora, quando compensaremos isso? Se pelo menos eu conseguisse sobreviver – oh, quão diferente, quão sabiamente, eu vou viver! O dia da nossa futura *libertação*? Ele brilha como um sol nascente!
>
>E a conclusão é: sobreviver para alcançá-lo! Sobreviver! A qualquer preço!
>
>Isso é simplesmente uma expressão, uma espécie de hábito do discurso: "a qualquer preço".
>
>Mas, então, as palavras incham até seu significado pleno, e uma incrível promessa toma forma: sobreviver *a qualquer preço*.
>
>E quem fizer essa promessa, quem não piscar antes que seu prazo vença – permite que seu próprio infortúnio ofusque todo o infortúnio comum e o mundo inteiro.

Essa é a grande bifurcação da vida no campo. A partir deste ponto, as estradas vão para a direita e para a esquerda. Uma delas subirá, e a outra descerá. Se for para a direita, você perde sua vida, e se for para a esquerda, você perde sua consciência.[43]

Trabalhar em um ritmo mortal caracteriza a vida no campo de concentração – trabalhar em condições que se tornaram mortalmente árduas pela mera qualidade estética da miséria; trabalho sem sentido – mera paródia do trabalho produtivo[44] – acompanhado por privação constante e conscientemente organizada:

O momento mais horroroso das vinte e quatro horas da vida no campo era o despertar, quando, ainda à hora noturna, os três golpes estridentes de um apito impiedoso nos arrancavam do nosso sono exausto e dos desejos em nossos sonhos. Então, começávamos a luta com os sapatos molhados, dentro dos quais mal podíamos enfiar os nossos pés doloridos e inchados com edemas. E havia os habituais gemidos e resmungos sobre problemas mesquinhos, tais como o arrebentar dos fios que substituíam os cadarços. Certa manhã, ouvi alguém, que eu sabia ser corajoso e digno, chorar como uma criança porque tinha que ir descalço para a marcha sobre o chão nevado, já que seus sapatos tinham encolhido demais para serem usados. Naqueles momentos horríveis, encontrei um pouco de conforto: um pequeno pedaço de pão que tirei do bolso e comi com prazer absorto.[45]

Num frio de menos de 60 graus abaixo de zero [!], eles davam baixa nos dias de trabalho: em outras palavras, naqueles dias, os registros mostravam que os trabalhadores não tinham saído para trabalhar; mas eles eram escorraçados para fora de qualquer maneira, e tudo o que se espremia deles naqueles dias era adicionado aos demais, aumentando, assim, as porcentagens. (E a servil Seção Médica dava baixa naqueles que congelavam até a morte naqueles dias frios apontando outros motivos. E nos que ficavam, nos que não conseguiam mais andar e tensionavam cada tendão para rastejar de quatro no caminho de volta ao campo, o comboio simplesmente atirava, de modo a não escaparem antes que pudessem voltar para buscá-los.)[46]

---

[43] Soljenítsyn, A.I. (1975), p. 602-603.

[44] Soljenítsyn estima que 250 mil detentos dos campos de trabalhos forçados perderam a vida para construir o canal Volga-Moscou, o qual, quando terminado, era muito raso para servir a qualquer um de seus usos pretendidos. Grande parte do canal foi cavada à mão, com as ferramentas mais primitivas, em pleno inverno (ver Soljenítsyn, A.I. (1975), p. 80-102).

[45] Frankl, V. (1971), p. 50.

[46] Soljenítsyn, A.I. (1975), p. 201.

Ninguém pode mergulhar na descrição dos horrores conscientemente perpetrados do século XX sem, primeiro, reconhecer que esse mal foi perpetrado, em grande parte, pelos bem socializados e obedientes. Ninguém pode chegar a tal reconhecimento – o qual é, também, autocompreensão – e ainda assim não se impressionar pela força e pela profundidade das representações literárias e míticas do poder do mal: essa força viva, essa personalidade transcendente, eternamente ativa, intrapsiquicamente encarnada; esse aspecto permanente do homem – de todo homem – dedicado de modo exclusivo, vingativo, à destruição, à dissolução, ao sofrimento e à morte:

> Ó Rosa, estás doente!
> O verme que vadia,
> Invisível na noite
> De uivante ventania:
>
> Achou teu leito feito
> De prazer carmesim:
> Seu negro amor secreto
> Dedica-se ao teu fim.[47, 48]

Os massacres de Ruanda, os campos de morte do Camboja, as dezenas de milhões de mortos (pela estimativa de Soljenítsyn) como resultado da repressão interna na União Soviética, as incontáveis legiões massacradas durante a Revolução Cultural da China (o Grande Salto Adiante (!), outra piada de mau gosto, acompanhada em determinadas ocasiões pelo ato de devorar a vítima), a humilhação planejada e o estupro de centenas de muçulmanas na Iugoslávia, o Holocausto dos nazistas, a carnificina perpetrada pelos japoneses na China continental – tais eventos não são atribuíveis ao parentesco humano com o animal, o animal inocente, ou mesmo ao desejo interpessoal e intrapsíquico de proteger o território, mas a uma enfermidade espiritual profundamente enraizada, endêmica da humanidade, consequência da insuportável autoconsciência; à apreensão do destino no sofrimento e na limitação; e à recusa patológica em enfrentar as consequências daí decorrentes.

O homem não é apenas inatamente agressivo, um predador mal socializado e, por conseguinte, incontrolável; na melhor das hipóteses, tal teoria consegue explicar sua

---
[47] Blake, W. In: Keynes, G. (1966), p. 213.
[48] William Blake, "A Rosa Doente" (em *Canções da Inocência e da Experiência*. Tradução de Mário Alves Coutinho e Leonardo Gonçalves. Belo Horizonte: Crisálida, 2005). (N. E.)

agressão criminosa; na realidade, é a adesão servil às forças de socialização – ao próprio princípio de domesticação em si – que possibilita a ele participar da produção dos males humanos mais verdadeiramente eficientes e organizados. Foi a disciplina dos alemães, não sua criminalidade, que tornou os nazistas temíveis. Foram a lealdade, o patriotismo e o comprometimento dos comunistas soviéticos e chineses que possibilitaram a perseguição e a eliminação em massa de seus compatriotas em campos de trabalho forçado e de destruição. Tampouco é o homem uma vítima da sociedade, cordeiro inocente pervertido pelas forças sociais além do controle individual. O homem criou a sociedade à sua imagem; ele a viabiliza tanto quanto a corrompe. O homem escolhe o mal por causa do mal. O homem exulta em agonia, deleita-se na dor, venera a destruição e a patologia. O homem consegue torturar seu irmão e dançar sobre seu túmulo. O homem despreza a vida, a própria e débil vida, e a vulnerabilidade dos outros, trabalhando constantemente para causar estragos, prejudicar, destruir, atormentar, abusar e devorar:

> De lado, parecíamos duas pedras avermelhadas no campo.
>
> Em algum lugar, os jovens de nossa idade estavam estudando na Sorbonne ou em Oxford, jogando tênis durante as longas horas de descanso, discutindo os problemas do mundo em cafés de estudantes. Já estavam sendo publicados e expondo suas pinturas. Estavam se debatendo para encontrar formas de distorcer o mundo insuficientemente original em torno deles de alguma maneira nova. Eles protestavam contra os clássicos por esgotarem todos os assuntos e temas. Protestavam contra os próprios governos e os próprios reacionários que não queriam compreender nem adotar a experiência avançada da União Soviética. Eles gravavam entrevistas com os microfones dos repórteres de rádio, ouvindo o tempo todo as próprias vozes e, como vedetes, elucidavam o que *desejavam dizer* em seu último ou primeiro livro. Eles julgavam tudo no mundo com autoconfiança, mas principalmente a prosperidade e a justiça do nosso país. Apenas em algum ponto da velhice, ao compilarem enciclopédias, perceberiam com espanto que não conseguiriam encontrar sequer um nome russo digno para nossas letras – para todas as letras do nosso alfabeto.
>
> A chuva tamborilava em nossas cabeças e a friagem rastejava pelas nossas costas molhadas.
>
> Olhamos ao redor. Os carros abandonados tinham sido virados. Todos haviam partido. Não havia ninguém em todo o poço de argila, ou em todo o espaço além do complexo. Atrás da cortina cinza da chuva, havia uma cidade oculta, e até mesmo os galos tinham se escondido em um lugar seco.
>
> Nós, também, pegamos nossas pás para que ninguém as roubasse – estavam registradas em nosso nome. E, arrastando-as como carrinhos de mão pesados,

contornamos a fábrica de Matronina embaixo do galpão, onde as galerias vazias circundavam os fornos Hoffman que queimavam os tijolos. Havia corrente de ar ali e estava frio, mas também seco. Entramos na poeira sob o arco de tijolos e nos sentamos lá.

Não muito longe de nós, havia um monte de carvão. Dois *zeks*[49] cavavam, procurando algo com ansiedade. Quando encontraram, eles tentaram morder e depois colocaram em um saco. Então, sentaram-se e cada um comeu um caroço cinza preto e parecido.

"O que estão comendo, companheiros?"

"É 'argila do mar'. O médico não proibiu. Não faz bem nenhum, mas também não faz mal. E, se você adicionar um quilo disso por dia à sua ração, é como se tivesse comido pra valer. Vá em frente, pode procurar; há um monte entre o carvão."

E até o anoitecer o poço de argila não cumpriu suas normas de trabalho. Matronina deu ordens para nos deixar de fora a noite toda. Mas... a eletricidade acabou em toda parte, e o complexo de trabalho não tinha luzes, então chamaram todos para a portaria. Eles nos mandaram dar os braços e, com uma escolta grande, à mercê de latidos de cães e xingamentos, nos levaram para o campo. Estava um breu. Caminhávamos sem conseguir ver onde estava molhado e onde a terra era firme, amassando tudo sem parar, perdendo nosso pé de apoio e arrastando uns aos outros.

E nas instalações do campo estava escuro. Apenas um brilho infernal vinha de sob os queimadores de "cozimento individual". E no refeitório duas lâmpadas de querosene queimavam ao lado da janela pela qual serviam. E não conseguíamos ler o *slogan*, nem ver a dupla porção de mingau de urtiga na tigela, e sugávamos esse mingau com os lábios, sem ver.

E amanhã seria o mesmo, e todos os dias: seis carros de argila vermelha – três colheres de mingau preto. Na prisão, também, parecia que tínhamos ficado fracos, mas ali foi muito mais rápido. Já havia uma campainha na cabeça. Aquela fraqueza agradável, na qual é mais fácil desistir que revidar, começava a se aproximar.

E nos barracões – escuridão total. Nós nos deitávamos lá com a roupa inteira molhada sobre o chão nu, e parecia que era mais quente não tirar nada – como um cataplasma.

Olhos abertos olhavam o teto preto, o céu escuro.

Oh, Deus! Oh, Deus! Sob os tiros e as bombas, implorei que salvasse a minha vida. E agora lhe peço, por favor, que me envie à morte![50]

---

[49] "Zek" é gíria russa para detento em campo de prisioneiros.
[50] Soljenítsyn, A.I. (1975), p. 195-197.

É reconfortante presumir que os indivíduos que construíram, organizaram e administraram os campos de concentração da Alemanha e da União Soviética eram, de algum modo profundo, diferentes das pessoas que conhecemos, amamos e somos. Mas não há nenhuma razão para presumir isso, exceto pela conveniência por uma ingênua paz de espírito.[51] A imagem do guarda do campo de concentração, assim como a do detento, define o indivíduo moderno. O inferno é um poço sem fundo, e por quê? Porque nada é tão ruim que não possamos piorar:

> Fogo, fogo! Os galhos crepitam e o vento noturno do fim do outono sopra a chama da fogueira para frente e para trás. O complexo está escuro; estou sozinho perto da fogueira e ainda posso trazer mais um pouco de serragem da carpintaria. O complexo aqui é um privilégio, tão privilegiado que é quase como se eu estivesse em liberdade – esta é uma Ilha do Paraíso; este é o Marfino "sharashka" – um instituto científico cujos funcionários são presos políticos – no seu período mais privilegiado. Ninguém me vigia, me chama para uma cela, me afasta da fogueira. Estou embrulhado em um casaco acolchoado e mesmo assim o vento penetrante é gelado.
>
> Mas *ela* – que está em pé no vento há horas, os braços abaixados, a cabeça caída, chorando e depois ficando cada vez mais entorpecida e imóvel. E, então, de novo ela implora lastimavelmente: "Chefe Cidadão! Perdoe-me! Por favor, perdoe-me! Não vou fazer de novo".
>
> O vento traz seu gemido até mim, como se ela gemesse junto ao meu ouvido. O chefe cidadão na portaria acende seu fogão e não responde.
>
> Essa era a portaria do campo vizinho ao nosso, de onde vinham os trabalhadores para nosso complexo a fim de instalar os canos de água e consertar o antigo seminário em ruínas. Atrás de mim, além da barricada com vários fios de arame farpado entrelaçados artisticamente e a dois passos da guarita, debaixo de uma lanterna brilhante, estava a garota castigada, cabeça dependurada, o vento agitando sua saia de trabalho cinza, seus pés cada vez mais dormentes de frio, um lenço fino sobre a cabeça. Estava quente durante o dia, enquanto cavavam uma vala no nosso território. E outra garota, escorregando para dentro de uma ravina, tinha rastejado até a estrada Vladykino e escapado. O guarda errou. E os ônibus da cidade de Moscou passavam ali mesmo por essa estrada. Quando perceberam, era tarde demais para pegá-la. Deram o alarme. Um major grande, sombrio, chegou e gritou que, se não conseguissem pegar a garota, o campo inteiro seria privado de visitas e encomendas durante um mês inteiro, por causa da fuga. E as brigadeiras se enfureceram, e todas gritavam, uma

---

[51] Ver, por exemplo, Browning, C.R. (1993).

delas em especial, que revirava os olhos com violência: "Ah, espero que eles a peguem, a cadela! Espero que peguem uma tesoura e – clip, clip, clip – tosem todo o seu cabelo na frente da formação!" (Isso não era algo que ela inventou sozinha. Essa era a maneira como eles puniam mulheres no Gulag.) Mas a garota que agora estava em pé fora da portaria, no frio, tinha suspirado e dito: "Pelo menos ela vai se divertir em liberdade por todos nós!". O carcereiro ouviu e agora ela estava sendo punida; o restante tinha sido levado para o campo, mas ela foi colocada lá fora em "posição de sentido", na frente da portaria. Isso foi às 6 da tarde e agora eram 11 da noite. Ela tentou mudar de um pé para o outro, mas o guarda levantou a cabeça e gritou: "Posição de sentido, sua puta, ou vai ser pior para você!". E agora ela não se mexia, apenas chorava: "Perdoe-me, Chefe Cidadão! Deixe-me entrar no campo, eu não vou fazer mais isso!".

Mas, mesmo no campo, ninguém estava prestes a dizer para ela: *Tudo bem, idiota! Entre!*

A razão pela qual eles a mantinham lá fora há tanto tempo era que no dia seguinte, um domingo, ela não seria usada para o trabalho.

Um deslize ignorante, ingênuo, de uma loira com cabelos de palha! Ela foi presa por causa de alguns carretéis de linha. Que pensamento perigoso você expressou, irmãzinha! Eles querem lhe ensinar uma lição para o resto da vida!

Fogo, fogo! Lutamos a guerra – e olhamos as fogueiras para ver que tipo de Vitória seria. O vento espargiu uma casca brilhante da fogueira.

Àquela chama e a você, garota, eu prometo: o mundo inteiro vai ler sobre você.[52]

Quem iria admitir, mesmo para si: "se pudesse escolher, eu seria o chefe cidadão em vez da garota punida?". E, sem essa admissão, não há razão para a mudança, e nenhuma razão para combater o mal interior:

> De onde a não ser do mestre do mal brota
> Tão fundo mal, a raça a confundir
> Dos homens p'la raiz, moldando a terra,
> Cruzando-a com inferno, só p'ra atear
> O grande criador? [...] [53, 54]

Confrontados com o horror da vida no campo de prisioneiros – "Isso, também, é vida" –, muitos se corromperam:

---

[52] Soljenítsyn, A.I. (1975), p. 147-49.
[53] Milton, J. (1961). 2: 380-385, p. 71.
[54] *Paraíso Perdido*, II, 380-385, na tradução de Daniel Jonas (Editora 34). (N. E.)

> Vamos admitir a verdade: naquela grande bifurcação na estrada do campo, naquele grande divisor de almas, não foi a maioria dos presos que dobrou à direita.[55]

Essa corrupção não foi causada pelas condições do campo, por mais terríveis que fossem:

> O pão não é dado em pedaços iguais, mas atirado em uma pilha – vá pegar! Derrube o próximo e tome das mãos deles! A quantidade de pão dada é tal que uma ou duas pessoas têm que morrer para cada um que sobrevive. O pão é pendurado em um pinheiro – cuidado para não cair. O pão é depositado em uma mina de carvão – vá lá embaixo e garimpe. Você consegue pensar no próprio sofrimento, no passado e no futuro, na humanidade e em Deus? Sua mente está absorta em cálculos inúteis que, no momento presente, lhe excluem dos Céus – e amanhã não valem nada. Você *odeia* o trabalho – é o seu principal inimigo. Você odeia os seus companheiros – rivais na vida e na morte. Você está reduzido a um farrapo por causa dos intensos *inveja* e alarme de que, em algum lugar às suas costas, outros agora estejam dividindo o pão que poderia ser seu, de que em algum lugar do outro lado do muro uma batatinha esteja sendo servida do pote, batatinha que podia ter acabado na sua própria tigela.[56]

Essas condições apenas ofereceram a precondição para o surgimento das consequências de decisões já tomadas, antes do encarceramento, em grande parte – decisões em prol de escolher a segurança em vez da manutenção da consciência; de abraçar a salvação em vez da alma:

> Ao olhar as pessoas, podemos ver
> que, no espaço entre o nascimento e a morte,
> um terço segue a vida, e um terço a morte,
> e os que apenas passam do nascimento à morte
> são também um terço daqueles que vemos.[57]

A ganância e o medo no mundo cotidiano culminam na mesma incapacidade cega que Soljenítsyn reconheceu nos campos de prisioneiros – a mesma incapacidade de pensar na dor, no passado e no futuro, no homem e em Deus –, mas com uma justificativa bem menos evidente. O medo da mortalidade, na vida normal, em geral é tratado da mesma forma que na situação do campo: por meio da absoluta identificação

---

[55] Soljenítsyn, A.I. (1975), p. 603.
[56] Ibidem, p. 619-620.
[57] Lao-Tsé (1984d).

com o sistema e a consequente rejeição do eu; por meio da aceitação da promessa ideológica, da oferta de segurança material e da garantia de estabilidade intrapsíquica (não conquistada):

> Meu amigo Panin e eu estamos deitados na gaveta do meio de um compartimento Stolypin[58] e nos ajeitamos confortavelmente, enfiamos nosso arenque salgado no bolso, de modo que não precisamos de água e podemos ir dormir. Mas, em uma estação qualquer, eles enfiam em nosso compartimento um... estudioso marxista! Dá para ver só pelo cavanhaque e pelos óculos. Ele não esconde o fato: é um ex-professor da Academia Comunista. Botamos as cabeças para fora do cubículo quadrado e olhamos para baixo – e pelas suas primeiras palavras vemos o que ele é: impenetrável. Mas estamos cumprindo pena há um longo tempo, e ainda temos muita pena a cumprir, e valorizamos uma boa piada. Temos de descer para nos divertir um pouco! Há espaço de sobra no compartimento, então trocamos de lugar com alguém e nos misturamos:
> – Olá.
> – Olá.
> – Não está cheio demais?
> – Não, está tudo bem.
> – Faz tempo que você está preso?
> – Tempo suficiente.
> – Já passou da marca do meio?
> – Acabei de passar.
> – Olhe lá: quanta pobreza nas nossas aldeias – cabanas sujas, cobertas de palha.
> – Herança do regime czarista.
> – Bom, mas já temos trinta anos de soviético.
> – É um período insignificante, historicamente falando.
> – É terrível que os fazendeiros coletivos estejam passando fome.
> – Mas já olhou em *todos* os seus fornos?
> – É só perguntar a qualquer agricultor coletivo do nosso compartimento.
> – Todo mundo na prisão é amargurado e preconceituoso.
> – Mas eu próprio vi as fazendas coletivas.

---

[58] Na Rússia czarista do começo do século XX, durante a reforma feita pelo então presidente do Conselho de Ministros Piotr Stolypin (1862-1911), ocorreram enormes realocações de camponeses para a Sibéria. Para essas viagens, introduziu-se um novo tipo de transporte ferroviário, consistindo de duas partes: um compartimento padrão para os passageiros e outro para animais e ferramentas agrícolas. Após a Revolução Bolchevique, esses trens passaram a ser usados para o transporte de prisioneiros: um compartimento era usado pelos guardas e, no outro, aquele outrora destinado aos animais, amontoavam-se os presos. (N. E.)

— Isso significa que elas não eram características.

(O cavanhaque nunca esteve em nenhuma delas – dessa maneira é mais simples.)

— Basta perguntar aos mais velhos: com o czar, eles eram bem alimentados, bem-vestidos e tinham muitos feriados.

— Nem vou perguntar. É um traço subjetivo da memória humana elogiar tudo do passado. A vaca que morreu era a que dava o dobro de leite. (Às vezes, ele até cita provérbios!) E o nosso povo não gosta de feriados. Gosta de trabalhar.

— Mas por que falta pão em muitas cidades?

— Quando?

— Antes da guerra, por exemplo.

— Não é verdade! Antes da guerra, na verdade, tudo funcionava.

— Escute, naquele tempo, em todas as cidades às margens do Volga, havia filas de milhares de pessoas...

— Alguma falha local no fornecimento. Mas o mais provável é que sua memória esteja te enganando.

— Mas há escassez agora!

— Conversa fiada de comadres. Temos de sete a oito bilhões de puds[59] de grãos.

— E o próprio grão está podre.

— De modo algum. Desenvolvemos com sucesso novas variedades de grãos. [...]

E assim por diante. Ele é imperturbável. Ele fala em uma língua que não requer nenhum esforço da mente. E discutir com ele é como caminhar por um deserto.

É sobre pessoas desse tipo que os outros dizem: "Ele foi a todos os ferreiros e voltou para casa sem ferraduras".

E quando escrevem em seus obituários: "pereceu tragicamente durante o culto", isso deveria ser corrigido para: "pereceu comicamente".

Mas, se o destino dele tivesse sido diferente, jamais teríamos descoberto que homenzinho seco e insignificante ele era. Teríamos respeitosamente lido seu nome no jornal. Ele teria se tornado um comissário do povo ou até mesmo se aventurado a representar toda a Rússia no estrangeiro.

Discutir com ele era inútil. Era muito mais interessante jogar com ele... não, não xadrez, mas o jogo dos "camaradas". Existe mesmo esse jogo. Um jogo muito simples. Apenas brinque com ele um par de vezes, use algumas de suas próprias palavras e frases de estimação. Ele vai gostar. Porque ele se acostumou a pensar que todos ao redor são... inimigos. Ele ficou cansado de rosnar e não gosta de contar suas histórias porque todas serão distorcidas e atiradas de volta em sua cara. Mas, caso lhe tome por um dos seus, ele muito humanamente lhe revelará o que viu na estação: pessoas passando, conversando, rindo, a vida seguindo.

---

[59] Pud é uma medida russa; um pud equivale a pouco mais de 16 quilos. (N. E.)

O Partido está liderando, as pessoas sendo levadas de um trabalho para o outro. Ainda que você e eu estejamos apodrecendo aqui na prisão, há um punhado de pessoas como nós, e devemos *escrever* e escrever petições, implorando por uma revisão de nossos casos, implorando por perdão...

Ou então ele lhe contará algo interessante: na Academia Comunista, decidiram *devorar* um camarada; decidiram que ele não era muito genuíno, *não era um dos nossos*; mas, por alguma razão, não conseguiram fazer isso: não havia erros em seus ensaios e sua biografia estava limpa. Então, de repente, examinando os arquivos, que achado! Encontraram um velho panfleto escrito por esse camarada, panfleto que o próprio Vladimir Ilyitch Lênin havia segurado nas mãos e na margem do qual ele havia escrito de próprio punho a anotação: "Como economista, ele é um merda". "Bom, agora você entende", nosso companheiro sorriu ali entre nós, "que depois *daquilo* não tiveram nenhum problema para dar um jeito naquele cabeça de vento e impostor. Ele foi expulso da Academia e destituído de sua titulação acadêmica".

Os vagões vão estalando. Todos já quase dormem, alguns deitados, outros sentados. Às vezes, um guarda de escolta passa pelo corredor, bocejando.

E mais um episódio não registrado da biografia de Lênin se perde de *vista*.[60]

A vida humana é limitada em todas as frentes pela vulnerabilidade, está sempre sujeita ao medo da falta de recursos e de segurança pessoal. O conhecimento moral, conhecimento do bem e do mal, é a capacidade de escolher o padrão de adaptação – autoritário, decadente ou criativo – em face da limitação mortal, explícita e implícita, no campo e fora dele:

As pessoas que se corromperam no campo já haviam se corrompido em liberdade ou estavam prontas para isso. Porque as pessoas se corrompem em liberdade, também, às vezes de forma até mais efetiva do que no campo.

O oficial da escolta que ordenou que Moiseyevaite fosse amarrada a um poste para ser ridicularizada – não havia ele se corrompido mais profundamente do que os presos do campo que cuspiram nela?

E, nesse caso, todos os membros da brigada cuspiram nela? Talvez apenas dois de cada brigada. Na verdade, foi provavelmente o que aconteceu.

Tatyana Falike escreve: "Observar as pessoas me convenceu de que nenhum homem conseguia se tornar um canalha no campo se já não fosse um antes".

Se uma pessoa rapidamente se tornava má no campo, o que isso significa é que ela não se tornou má, mas que essa sordidez interna, que não fora necessária anteriormente, revelou a si mesma.

---

[60] Soljenítsyn, A.I. (1975), p. 338, 341-342.

Voichenko tem sua opinião: "No campo, a existência não determinava a consciência, mas exatamente o oposto: a consciência e a fé inabalável na essência humana decidiam se você se tornava um animal ou permanecia um ser humano".

Uma declaração drástica, arrebatadora!... Mas ele não era o único que pensava assim. O artista Ivashev-Musatov argumentou exatamente a mesma coisa de forma apaixonada.[61]

Essa corrupção – essa virada para a esquerda – levou alguns a se dissolver, a apodrecer; a cair na doença e depois na morte, ao desespero; a abraçar a morte, com a esperança final – a fé necessária – irrevogável e compreensivelmente esmagada e despedaçada:

O prisioneiro que perdia a fé no futuro – no seu futuro – estava condenado. Com a perda da fé no futuro, ele também perdia sua garra espiritual; deixava-se declinar e se sujeitava à decadência física e mental. Em geral, isso acontecia muito de repente, na forma de uma crise cujos sintomas eram familiares aos detentos mais experientes. Todos temíamos esse momento – não por nós, que teria sido inútil, mas pelos nossos amigos. Em geral, começava com a recusa do prisioneiro, numa manhã qualquer, em se vestir e se lavar para sair para o pátio onde nos perfilávamos. Nenhuma súplica, soco ou ameaça tinha qualquer efeito. Ele apenas ficava lá deitado, quase imóvel. Se essa crise era provocada por uma doença, ele se recusava a ser levado à ala de doentes ou a fazer qualquer coisa para se ajudar. Ele simplesmente desistia. Permanecia lá, deitado nos próprios excrementos, e nada mais o incomodava.

Certa vez, tive uma dramática demonstração da estreita ligação entre a perda da fé no futuro e essa desistência perigosa. F——, o guarda sênior do meu bloco, um compositor e libretista bastante conhecido, um dia me confidenciou: – Gostaria de lhe dizer uma coisa, Doutor. Tive um sonho estranho. Uma voz me disse que eu poderia desejar algo, que eu precisava apenas dizer o que queria saber, e todas as minhas perguntas seriam respondidas. O que acha que perguntei? Que eu gostaria de saber quando a guerra acabaria para mim. Entenda, Doutor – para mim! Eu queria saber quando nós, quando o nosso campo seria libertado e os nossos sofrimentos chegariam ao fim.

– E quando teve esse sonho? – perguntei.

– Em fevereiro de 1945 – ele respondeu. Estávamos no início de março.

– O que a voz no seu sonho respondeu?

Furtivamente, ele sussurrou: – 30 de março.

Quando F—— me contou esse sonho, ele ainda estava cheio de esperança e convencido de que a voz no sonho estaria certa. Mas, à medida que o dia prometido

---

[61] Ibidem, p. 626.

se aproximava, as notícias da guerra que chegavam ao campo davam a entender que não seríamos libertados na data prometida. Em 29 de março, F—— adoeceu de repente e teve febre alta. Em 30 de março, o dia que sua profecia tinha anunciado como o fim da guerra para ele, começou a delirar e perdeu a consciência. Em 31 de março, ele estava morto. Aparentemente, morreu de tifo.[62]

Outras vítimas, por sua vez – mas de forma igualmente compreensível –, escolheram se identificar com as autoridades do campo, quando tal honra era permitida, e assim se indispunham com aqueles que compartilhavam de seu destino, aqueles que também sentiam fome e privação, que estavam assustados e trabalhando até a exaustão. A perseguição dos outros não apresenta nenhuma dificuldade – na verdade, é inevitável – na esteira da servidão e da perseguição do eu. Frankl afirma:

> O processo de seleção dos Capos [administradores] era negativo; apenas os prisioneiros mais brutais eram escolhidos para esse trabalho (embora houvesse algumas felizes exceções). Mas, à parte da seleção dos Capos, realizada pela SS, havia uma espécie de processo de autosseleção que acontecia o tempo inteiro entre todos os prisioneiros.
>
> Em média, só sobreviviam aqueles prisioneiros que, após anos viajando de um campo a outro, tinham perdido todos os escrúpulos na luta pela existência; eles estavam preparados para usar de todos os meios, honestos ou não, até mesmo a força bruta, o roubo e a traição de seus amigos, a fim de se salvar.[63]
>
> Muitos Capos se deram melhor no campo do que em sua vida inteira. Com frequência, eram mais duros com os prisioneiros do que os guardas, e batiam neles com mais crueldade do que os homens da SS.[64]

De forma similar, Soljenítsyn afirma:

> Você – caiu. Você – foi punido. Você – foi extirpado da vida – mas quer evitar o fundo da pilha? Quer se sobressair em relação a alguém, de rifle na mão? Sobre seu irmão? Aqui! Tome! E se ele correr – atire nele! Vamos até lhe chamar de *camarada*. E vamos lhe dar uma ração do Exército Vermelho.
>
> E... ele fica mais orgulhoso. E... a mão aperta a coronha da arma. E... ele atira. E... ele é ainda mais severo do que os guardas livres. (Como alguém vai compreender isso: foi realmente uma fé obtusa na iniciativa social? Ou foi apenas um cálculo frio e desprezível, baseado nos mais baixos sentimentos humanos?)[65]

---

[62] Frankl, V. (1971), p. 117-120.
[63] Ibidem, p. 7.
[64] Ibidem, p. 4.
[65] Soljenítsyn, A.I. (1975), p. 622.

A maioria dos detentos do campo era formada por membros normais e bem-adaptados à sociedade antes de serem presos. Essas pessoas normais tinham se identificado com a estrutura e os sucessos daquela sociedade, com suas definições de presente e futuro ideal, com seus meios para atingir os fins. O encarceramento injusto significou a perda de *status*, o medo elevado da moralidade; demonstrou, como nada mais conseguiria, as operações evidentemente patológicas do Estado, construídas em teoria precisamente para proteger contra tais privações e ansiedades. O encarceramento injusto apresentou anomalia suficiente na sua importância fundamental para minar a fé na identificação anterior, para demonstrar a incompleta, ou mesmo corrupta, natureza do estado anterior, para fomentar a ansiedade, a depressão e o desejo, muitas vezes realizado, de dissolução e morte. Como tal ameaça poderia ser contida?

A negação consciente e racionalizada da evidente injustiça possibilitou a identificação social mais uma vez – mas ao custo de danos intrapsíquicos e dissociações substanciais. A mentira envolvida significava o sacrifício da experiência mais pessoal, mais possibilidade individual, mais significado divino para o grupo. O resultado inevitável de tal sacrifício – o pecado contra o Espírito Santo – é a adesão fanática à letra da lei –

> [...] Adeus campos
> Que o gozo sempre habita, ave horrores,
> Mundo infernal, e tu profundo Inferno
> Recebe o novo dono, o que traz
> Mente por tempo ou espaço não trocável.[66]

é fidelidade à mentira –

> Adeus esperança pois, e adeus ao medo
> Contigo e ao remorso. Foi-se o bem.
> Ó mal, sê tu meu bem. Por ti ao menos
> Co'o rei do Céu a meias tenho o império,
> Por ti, e mais que meio talvez ganhe,
> Como logo verá o homem e o mundo.
> Falava, e de ardor cobria a face
> Em palor de três, ira, inveja e cólera,
> Que o rosto emprestado deformava
> E a imitação mostrava, se o olho o visse.
> Pois mentes celestiais tais destemperos
> Maus não têm. De tal logo lembrando

---

[66] Milton, J. (1961). 1:249-253, p. 44.

> Alisou cada ruga com sossego
> Postiço, o pai da fraude; o primeiro
> A praticar dobrez sob santo aspecto,
> A esconder fundo mal, envolto em ira.[67]

é lealdade à crueldade e ao engano –

> Por que ser muda a ira, quieta a fúria?
> Não sou criança pra, com preces baixas,
> Dever me arrepender do mal que fiz.
> Dez mil piores que qualquer um deles
> Eu faria, se fosse por vontade.
> Se alguma boa ação eu fiz na vida,
> Com toda a alma me arrependo dela.[68]

e é o ódio ao bem –

> [...] quanto mais
> Vejo em redor prazeres, tanto mais
> Sinto em mim aflições, do odioso sítio
> De opostos; todo o bem me chega tóxico,
> E no Céu pior estado o meu seria.
> Mas não procuro aqui, não, nem no Céu,
> Morada, a não ser que eu no dono mande;
> Nem espero lenitivo p'ra tormentos
> No que busco, mas outros que me sigam,
> Embora assim me arrisque a dobrar dores:
> Pois só em destruir acho sossego
> P'ra frias reflexões [...].[69]

Os seres humanos são emocionalmente ligados àqueles com quem se identificam; solidariedade pela vítima da injustiça significa incapacidade de cometer tal injustiça. A identificação com a tirania, por outro lado, significa interrupção temporária e sem esforço do conflito moral doloroso (intra e extrapsíquico). Tal identificação exige apenas a negação da injustiça cometida à própria pessoa e a subsequente falsificação da experiência individual. Essa falsificação corta os laços empáticos, que conectam prisioneiro a prisioneiro, que conectam homem a homem, que conectam o homem a si mesmo:

---

[67] Ibidem. 4:109-123, p. 118.
[68] Shakespeare (1952d). *Titus Andronicus*. 5:3:184-190, p. 198.
[69] Milton, J. (1961). 9:119-130, p. 237.

> Eu me desespero, mas ninguém me ama,
> E se eu morrer ninguém me chorará.
> Por que me chorariam, quando eu mesmo
> Não tenho piedade de mim?[70]

A vítima que encontra segurança pessoal na identificação com seu perseguidor se tornou aquele perseguidor. Ela eliminou a possibilidade de adaptação, integração e crescimento ulteriores, e perdeu voluntariamente a possibilidade de redenção. Soljenítsyn descreve as reações e ações dos membros leais do Partido Comunista, encarcerados e devorados pelo sistema que apoiaram e produziram:

> Dizer que as coisas eram *dolorosas* para eles é dizer quase nada. Eles eram incapazes de assimilar tamanho golpe, tamanha queda, e de seu *próprio povo*, também, de seu próprio e querido Partido, e, ao que tudo parecia, a troco de nada. Afinal, eles não eram culpados de nada no que dizia respeito ao Partido – absolutamente nada. Era tão doloroso, em um grau tão elevado, que se considerava tabu entre eles, algo anticamaradagem, perguntar: "Por que vocês foram presos?". A única espécie melindrosa de prisioneiros! O resto de nós, em 1945, com as línguas para fora, costumávamos recontar nossas prisões, mal podendo esperar para contar a história a todo novato que conhecíamos e à cela inteira – como se fosse uma anedota.
>
> Eis o tipo de pessoas que eles eram. O marido de Olga Sliozberg já havia sido preso; tiveram que efetuar uma busca e a prenderam também. A busca durou quatro horas – e ela passou essas quatro horas organizando as atas do congresso de *Stakhanovites* da indústria de escova e cerdas, do qual ela era secretária até o dia anterior. O estado incompleto das atas a preocupava mais do que seus filhos, que agora estava deixando para sempre! Até mesmo o interrogador que conduzia a busca não resistiu e lhe disse: "Venha agora, diga adeus aos seus filhos!".
>
> Eis o tipo de pessoas que eles eram. Uma carta da sua filha de quinze anos chegou a Yelizaveta Tsetkova na prisão Kazan para presos que cumpriam penas elevadas: "Mamãe! Diga-me, escreva-me – você é culpada ou não? Espero que você não seja culpada, ou do contrário não me filiarei ao Komsomol [uma organização da juventude soviética] e não vou perdoá-los por causa de você. Mas se for culpada – não vou escrever mais e vou odiar você". E a mãe foi atingida pelo remorso em sua cela úmida, parecida com um túmulo e mal iluminada: como sua filha poderia viver sem o Komsomol? Como ela poderia ter permissão para odiar o poder soviético? Melhor que me odiasse. E ela escreveu: "Sou culpada... Entre no Komsomol!".

---

[70] Shakespeare (1952c). *Ricardo III*. 5:3:200-203, p. 145.

Como isso podia ser cruel! Era mais do que o coração humano poderia suportar: cair sob o amado machado – depois ter que justificar sua sabedoria. Mas esse é o preço que o homem paga por confiar sua alma dada por Deus a um dogma humano. Ainda hoje, qualquer comunista ortodoxo afirmará que Tsetkova agiu corretamente. Ainda hoje eles não podem ser convencidos de que esta é precisamente a "perversão das pequenas forças", de que a mãe perverteu a própria filha e feriu sua alma.

Eis o tipo de pessoas que eles eram: Y. T. deu um testemunho sincero contra o próprio marido – qualquer coisa para ajudar o Partido!

Oh, como alguém poderia ter pena deles se pelo menos agora eles viessem a compreender sua antiga miséria! Este capítulo inteiro podia ter sido escrito de forma bastante diferente se hoje eles, pelo menos, tivessem abandonado suas visões anteriores!

Mas aconteceu do jeito que Mariya Danielyan sonhou: "Se eu sair daqui algum dia, vou viver como se nada tivesse acontecido".

Lealdade? Em nossa visão, é apenas pura teimosia. Esses devotos da teoria do desenvolvimento entendiam a lealdade a esse desenvolvimento como a renúncia de qualquer desenvolvimento pessoal! Como Nikolai Adamovich Vilenchuk disse, depois de cumprir dezessete anos: "Acreditamos no Partido – e não *estávamos enganados!*". Isso é fidelidade ou teimosia?

Não, não era por fingimento nem por hipocrisia que eles argumentavam nas celas em defesa de todas as ações do governo. Eles precisavam de argumentos ideológicos para manter o sentido de sua própria correção – caso contrário, a insanidade não estaria tão longe.[71]

"A evidência é intolerável – tanto pior para a evidência!" O herói, o salvador, é a descrição metafórica ou narrativa do padrão pelo qual a existência de informação anômala é aceita, explorada em busca de significado e incorporada ao corpo da adaptação cultural. O diabo, encarnação do mal, é a personificação, processual, episódica e na palavra, da tendência que nega em vez de aceitar; personificação do processo que conscientemente inibe a vida e seu desenvolvimento, e paralisa o processo de adaptação revolucionário do espírito:

Apenas nos diga uma coisa: quem assentou os tijolos, quem assentou os tijolos no muro? Foram vocês, seus cabeças-duras?[72]

---

[71] Soljenítsyn, A.I. (1975), p. 326-328.
[72] Ibidem (1975), p. 347.

A ideologia limita o potencial humano a um reino estreito e definido. A adaptação levada a cabo dentro desse reino permanece necessariamente insuficiente, destinada a produzir miséria – uma vez que é apenas a relação com o transcendente que permite à vida manter seu sabor. A ideologia diz "deve ser assim", mas o comportamento humano a todo momento ultrapassa seu reino de representação; essa capacidade para a exceção deve, portanto, ser negada, ou a fé na ideologia desaparecerá e o caos intolerável reaparecerá. O ideólogo diz: anomalia significa dissolução, dissolução significa terror – o que assusta é o mal: a anomalia é o mal. Contudo, não é a existência da informação anômala que constitui o mal – essa informação rejuvenesce, quando consumida de forma apropriada. O mal é o processo pelo qual a significância da anomalia é negada; o processo pelo qual o significado em si – a verdade em si – é rejeitado. Essa rejeição significa, necessariamente, a vida se tornando infernal, insuportável:

> [...] pois a ideia
> De gozo perdido e dor perdurante
> O mói; revolve os olhos perniciosos
> Que farta aflição viram e terror
> Num misto de ódio e orgulho inexoráveis:
> 'Té onde vai dos anjos a visão
> Vê o mórbido estado seco e bravo,
> Um cárcere horrível, curvo de cantos
> Como inflamado forno, porém chamas
> Sem luz, senão visível cerração
> Revelando paisagens de lamento,
> Regiões de dor, sombrias, onde paz
> E descanso não restam, nem esperança
> Que a todos no fim resta; mas tortura
> Sem fim, e ígneo dilúvio, atiçado
> Com sempre ardente enxofre inconsumido:
> Tal lugar a justiça eterna deu
> Aos rebeldes, e aí prisão votou
> Em trevas exteriores, e o quinhão
> Longe de Deus e luz celeste quanto
> Do centro três vezes além do polo.[73]

Independentemente do conteúdo, o fato não é o mal; ele é mera realidade (terrível). *É a atitude para com o fato que tem uma natureza moral ou imoral.* Não há fatos

---
[73] Milton, J. (1961), 1:54-74, p. 38.

malévolos – embora existam fatos sobre o mal; é a negação do fato inaceitável que constitui o mal – pelo menos até onde o controle humano se estende. A supressão do fato insuportável transforma a tendência conservadora de preservar na tendência autoritária de esmagar; transforma o desejo liberal de transformar no desejo decadente de subverter. Confundir o mal com o fato insuportável, em vez de com a tendência de negar o fato, é igual a comparar o bem com o produto estático do heroísmo, em vez de com o ato dinâmico do heroísmo em si. A confusão do mal com o fato – o ato de culpar o mensageiro – apenas fornece fundamentação para o ato de negar, justificativa para a repressão selvagem, e a máscara da moralidade para a decadência e o autoritarismo.

A negação da experiência (anômala) elimina a possibilidade de crescimento; culmina na criação de uma personalidade cuja fraqueza diante da circunstância trágica inevitável e seu consequente sofrimento produzem o desejo de aniquilação da vida. A repressão do fato – da verdade – garante a deterioração da personalidade; assegura a transformação da experiência subjetiva em intermináveis esterilidade e miséria sem sentido. A aceitação, pelo contrário – no espírito da humildade ignorante, coragem disfarçada –, fornece a precondição necessária para a mudança.

O mito oferece um esquema imitativo para a geração de tal aceitação – para o desenvolvimento da capacidade de adaptação – por meio do encorajamento da identificação com o herói, cuja forma é constantemente representada no comportamento ético, retratada no ritual e descrita na narrativa. A história do herói é uma representação simbólica do homem que escolhe a terceira via quando confrontado por fatos cuja significância enfraquece a estabilidade pessoal ou social – que arrisca a dissolução intrapsíquica como alternativa escolhida voluntariamente para a adoção da tirania ou aceitação da decadência. A falha em adotar tal identificação garante a constante restrição da ação e da imaginação; gera ódio, crueldade, repulsa pelos fracos; assegura a adoção da mentira como a estratégia adaptativa principal e, talvez, a mais comum. Tal adoção inevitavelmente transforma a experiência humana no inferno na Terra:

> [...] A ele o Altíssimo
> Lançou flamejante do etéreo céu
> Com hedionda ruína e combustão
> À perdição sem fundo, e a penar
> Nas chamas em grilhões adamantinos.[74]

---

[74] Ibidem. 1:44-48, p. 38.

As definições de moral e imoral aceitas pelos membros de determinada sociedade continuam dependentes da conceitualização do caminho aceito por essa sociedade. De dentro dos limites de determinada conceitualização, certos comportamentos, produções da imaginação e ideias recebem o *status* de bom e o *status* de ruim, de acordo com sua utilidade percebida, com relação a determinado objetivo. Qualquer ato ou ideia que interfira no desejo individual corrente se torna o tolo, ou pior – o inimigo. Isso significa que, se o indivíduo ou o grupo não desejar nada além de viver na luz, por assim dizer, a verdade e a sabedoria necessariamente se tornarão estrangeiras, repugnantes. O que pode ser considerado útil e necessário segundo uma ordem de moralidade superior pode parecer positivamente inútil e contraproducente segundo uma inferior – e virá a ser tratado dessa forma. Então, o indivíduo (ou o atributo) que está servindo a tal função superior pode parecer contaminado pelo dragão do caos por aqueles que ainda não viram ou que não admitirão a necessidade e a desejabilidade daquela função. Essa desvalorização do "melhor revolucionário" condena o indivíduo, e aqueles que podem afetar, à fraqueza e à aflição. Metas estreitas e limitadas produzem personalidades deformadas e atrofiadas, que jogam o melhor delas dentro do domínio da anomalia – definindo seus verdadeiros talentos e "desvios" como impedimentos (ameaçadores e frustrantes) a suas ambições muito limitadas. A personalidade atrofiada vivenciará a vida como um fardo, uma responsabilidade muito pesada para se carregar, e recorrerá ao ressentimento e ao ódio como respostas "justificáveis".

A reconceitualização do caminho, por sua vez, significa reavaliação do comportamento, do episódio e da proposição semântica para que uma nova ordem possa existir; significa retorno desconfortável ao caos, contudo, antes da reconstrução daquela ordem mais inclusiva. A reavaliação do objetivo, do ideal realizado voluntariamente, por consequência da exposição à informação anômala, pode trazer material reprimido, potencial de ação, imaginação e pensamento de volta à luz. A mudança rumo à conceitualização do processo de heroísmo como meta – para valorização da verdade, da coragem e do amor – possibilita a reincorporação e o subsequente desenvolvimento das possibilidades até então reprimidas, atrofiadas e transformadas em patológicas:

> As grandes épocas de nossa vida são aquelas em que temos a coragem de rebatizar nosso lado mau de nosso lado melhor.[75, 76]

---

[75] Nietzsche, F. (1966), p. 86.
[76] Seção 116 de *Além do Bem e do Mal*. (N. E.)

Isso não é o mesmo que dizer, estupidamente, que todos os estados motivacionais – ou todos os fatos, ou todas as possibilidades de comportamento – são igualmente "benéficos" em todas as situações. É, sim, dizer que nossos atos de autodefinição (muitos dos quais têm base cultural "arbitrária") determinam o que estamos dispostos a aceitar, em qualquer lugar e momento, como "bem" e "mal". A mártir doméstica abnegada, por exemplo, que aceita todas as exigências autoritárias do marido – ela definiu aqui sua capacidade para a violência como eticamente inadequada, e a considerará algo proibido e ruim. Isso torna a agressão algo contaminado pelo dragão do caos, do ponto de vista da mártir. Assim, ela continuará sendo um capacho miserável, a menos que aprenda a morder – isto é, até que ela abandone sua postura atual, "pacata e afetuosa", por demais restritiva (que não faz qualquer bem ao marido, por reforçar sua fraqueza e suas tendências fascistas, e tampouco melhora a sociedade, da qual seu casamento faz parte. Sua incapacidade de se irritar – que é, na verdade, sua incapacidade de se considerar possuidora de valor intrínseco – remove as limitações necessárias à expansão imprópria e socialmente perigosa do poder do marido). Assim, é exatamente do "desejo inadequado" que muitas vezes precisamos para nos erguer além da desconfortável inércia presente. Isso não significa uma aplicação simplória de uma estratégia mal projetada de comportamento motivado "antes reprimido". Em vez disso, significa uma verdadeira integração do que ainda não foi expresso – ou sequer admitido – na estrutura das relações sociais e harmoniosas intrapsíquicas:

> Ouvistes que foi dito: Amarás o teu próximo e odiarás o teu inimigo. Eu, porém, vos digo: amai os vossos inimigos e orai pelos que vos perseguem; desse modo vos tonareis filhos do vosso Pai que está nos Céus, porque ele faz nascer o seu sol igualmente sobre mais e bons e cair a chuva sobre justos e injustos. Com efeito, se amais aos que vos amam, que recompensa tendes? Não fazem também os publicanos a mesma coisa? E se saudais apenas os vossos irmãos, que fazeis de mais? Não fazem também os gentios a mesma coisa? Portanto, deveis ser perfeitos como o vosso Pai celeste é perfeito. (Mateus 5,43-48.)

A adoção de uma conceitualização específica (socialmente determinada) do caminho possibilita o estabelecimento provisório do significado das experiências – objetos, situações e processos. A natureza do objetivo para o qual cada ação e cada ideação são dedicadas, no ideal, determina quais comportamentos e produtos da imaginação e do pensamento abstrato são considerados aceitáveis – e serão, portanto, desenvolvidos – e quais são proibidos – e serão, portanto, reprimidos e atrofiados. Se o ideal individual ou social permanecer subdesenvolvido, imaturo na conceitualização, ou distorcido no curso do desenvolvimento, então os aspectos do comportamento e da cognição necessários para a redenção – para a libertação do peso insuportável da trágica autoconsciência – serão suprimidos, resultando em inevitáveis patologias intrapsíquicas e sociais. Se, acima de tudo, o indivíduo se empenha em obter segurança material ou aceitação social, em vez do amor mítico de Deus e do próximo, então o respeito pela verdade sofrerá e uma adaptação completa se tornará impossível.

> Ao retomar o seu caminho, alguém correu e ajoelhou-se diante dele, perguntando: "Bom Mestre, que farei para herdar a vida eterna?" Jesus respondeu: "Por que me chamas bom? Ninguém é bom senão só Deus. Tu conheces os mandamentos: Não mates, não cometas adultério, não roubes, não levantes falso testemunho, não defraudes ninguém, honra teu pai e tua mãe." Então ele replicou: "Mestre, tudo isso eu tenho guardado desde minha juventude". Fitando-o, Jesus o amou e disse: "Uma só coisa te falta: vai, vende o que tens, dá aos pobres e terás um tesouro no céu. Depois, vem e segue-me." Ele, porém, contristado com essa palavra saiu pesaroso, pois era possuidor de muitos bens.
>
> Então Jesus, olhando em torno, disse a seus discípulos: "Como é difícil a quem tem riquezas entrar no Reino de Deus!" Os discípulos ficaram admirados com essas palavras. Jesus, porém, continuou a dizer: "É mais fácil um camelo passar pelo fundo da agulha do que um rico entrar no Reino de Deus!" Eles ficaram muito espantados e diziam uns aos outros: "Então, quem pode ser salvo?". (Marcos 10,17-26.)

O valor mais alto ao qual o esforço é dedicado determina o que será elevado e o que será subjugado no curso da existência individual e social. Se a segurança ou o poder é valorizado acima de todo o resto, tudo estará sujeito à filosofia da conveniência. No longo prazo, a adoção de tal política leva ao desenvolvimento da personalidade (ou ambiente social) fraca, rígida, ou à dissociação intrapsíquica e ao caos social:

> Jesus disse: "Um homem tinha recebido visitas. Quando a ceia estava pronta, mandou o seu servo chamar os convidados. Foi ter com o primeiro e disse-lhe: 'O meu senhor convida-te'. O outro respondeu: 'Alguns comerciantes devem-me dinheiro e vêm ter comigo à noite. Tenho de ir e dar-lhes instruções. Apresento as minhas desculpas por não poder ir à ceia.' O servo foi ter com outro e disse-lhe: 'O meu senhor está te convidando'. Este disse-lhe: 'Acabei de comprar uma casa e preciso de um dia. Não terei tempo'. O servo foi ter com outro e disse-lhe: 'O meu senhor convida-te'. Este disse ao servo: 'O meu amigo vai se casar e eu vou preparar o banquete. Não poderei ir à ceia; desculpa-me, por favor'. O servo foi ter com um outro e disse-lhe: 'O meu senhor convida-te'.

Este disse-lhe: 'Comprei uma fazenda e vou buscar a renda. Não poderei ir. Peço que me desculpes'. O servo foi ter com o seu senhor e disse-lhe: 'Os que convidaste para a ceia mandam pedir desculpas'. O senhor disse ao servo: 'Vai lá fora, para as ruas, e traz os que encontrares para cear'. Homens de negócios e mercadores não entrarão nos lugares do meu Pai.".[77]

Um homem que deposita sua fé no que possui, em vez de depositá-la naquilo em que acredita, não conseguirá sacrificar o que possui, pelo que é. Ele necessariamente escolherá – quando o ressurgimento da incerteza obrigá-lo a escolher – *o que reuniu em torno de si* em vez daquilo *que poderia ser*. Essa decisão vai enfraquecer sua natureza e o incapacitará para lidar com o trágico peso de sua consciência; vai conduzi-lo para a mentira e torná-lo um agente ativo na produção da deficiência da sociedade e da sua própria.

Se o objetivo ao qual é dedicado o comportamento permanecer patologicamente limitado – se o ideal maior continuar a ser, por exemplo, o prazer sexual, a aceitação social, o poder ou a segurança material –, então os aspectos do comportamento e da ideação que existem em conflito com esses objetivos se tornarão patologicamente distorcidos, pois serão forçados a servir a um mestre desprezível; serão definidos como maus e, por conseguinte, não serão desenvolvidos, permanecendo indisponíveis para o uso em uma atividade redentora mais potencialmente inclusiva; eles se tornarão subjugados, reprimidos e estagnados. Essa falta de desenvolvimento e o enfraquecimento associado a ela diminuirão a flexibilidade adaptativa em face dos verdadeiros desafios da vida; assegurarão que os desafios da vida pareçam devastadores. O mito do caminho, que descreve a experiência humana em si, abrange a perda do paraíso, o surgimento da tragédia e, então, a redenção – e é o tolo, o indivíduo autêntico, que precisa desesperadamente de redenção. Identificar-se com o grupo é negar o tolo –

> Então, também eles responderão, dizendo: 'Senhor, quando é que te vimos com fome ou com sede, forasteiro ou nu, doente ou preso e não te socorremos?' E ele responderá com estas palavras: 'Em verdade vos digo: todas as vezes que o deixastes de fazer a um desses mais pequeninos, foi a mim que o deixastes de fazer'. (Mateus 25,44-45.)

– e, dessa forma, perder toda a esperança.

Temos um modelo de nós mesmos, na imaginação e na representação semântica, que é pouco compatível com a realidade de nós mesmos, no processo, na capacidade

---
[77] Do *"Evangelho de Tomé"*. In: Robinson, J.R. (1988), p. 133-134.

imaginativa e no potencial para o pensamento. Essa falta de isomorfismo, essa deliberada falta de atenção à verdade, significa que o comportamento e o potencial existem, o que é anômalo com relação ao ideal de comportamento na representação – "Eu não conseguiria fazer isso"; que a capacidade episódica e o conteúdo existem, o que é anômalo para o ideal dessa capacidade e desse conteúdo na representação – "Eu não conseguiria imaginar isso"; e que a capacidade semântica e o conteúdo existem, o que é anômalo no que diz respeito ao ideal de capacidade semântica e de conteúdo, na representação – "Eu não conseguiria pensar isso". A utilização patológica desse modelo (a substituição da realidade por uma ideia insuficiente, conceitualizada na fantasia) restringe a adaptação ao inesperado – à mudança em si. Isso significa existência na miséria ilimitada e sempre em expansão:

> Aonde vá o inferno vai. Eu sou
> O inferno. E no fundo mais fundo
> De espera que corrói sempre mais se abre,
> Que faz do meu inferno quase um Céu.[78]

O diabo, a representação tradicional do mal, recusa o reconhecimento da imperfeição, recusa-se a admitir "eu estava errado na minha ação, na minha representação"; aceita a eterna miséria por consequência do orgulho inflexível – recusa a *metanoia*, a confissão e a reconciliação; continua a ser para sempre o espírito que se recusa e rejeita:

> Oh compaixão por fim: não há lugar
> P'ra contrição, nenhum p'ra perdão já?
> Não, só p'ra submissão; e essa palavra
> O desdém me proíbe, e o desdouro
> Entre espíritos lá, que eu seduzi
> Com juras outras e outras fanfarronices,
> Jactando-me de um jugo onipotente.
> Ai de mim, que não sabem quão custoso
> É o preço da garganta vã, que dique
> No peito o choro barra e a voz tolhe.
> Enquanto me adorando vão no inferno,
> Com cetro e diadema bem ao alto,
> Mais baixo ainda caio, só supremo
> Em tristeza; tal goza a ambição.
> Mas fosse então possível o remorso

---
[78] Milton, J. (1961). 4:75-78, p. 117.

> E por graça acedesse ao estado antigo,
> Cedo alto posto altos planos teria,
> Negando à submissão as juras falsas;
> Paz votos de dor, vãos e coactos, seda.
> Pois nunca o reatamento vero medra
> Onde o ódio cravou tão fundo o gume:
> Tal só me levaria maior a queda
> Por relapsa: fosse eu adquirir cara
> Suspensão curta a dupla pena paga.
> Isto sabe o ofensor; assim tão longe
> De as fiar ele como eu de aceitar tréguas.
> Assim a esperança morta [...]. [79]

Essa recusa – a incapacidade de dizer "eu estava errado, eu sinto muito, eu deveria mudar" – significa a morte da esperança, a existência no abismo. A rejeição do fato significa a alienação de Deus, do significado, da verdade – e a vida sem sentido é sofrimento sem recurso, digna de nada além de destruição, em conformidade com a autodefinição. Frye afirma:

> O caminho da vida é descrito como início na *metanoia*, uma palavra traduzida por "arrependimento" pela [Versão Autorizada], que sugere uma inibição moralizada da variante "parar de fazer tudo que se quer fazer". O que a palavra primariamente significa, no entanto, é mudança de mentalidade ou metamorfose espiritual, uma visão ampliada das dimensões da vida humana. Essa visão, entre outras coisas, separa uma pessoa de sua comunidade primária e a une a outra. Quando João Batista diz: "Produzi, pois, fruto digno de arrependimento [*metanoia*]" (Mateus 3,8), ele está se dirigindo aos judeus, e prossegue dizendo que sua identidade social primária (a descendência de Abraão) não tem nenhuma importância espiritual [...].
>
> A dialética da *metanoia* e do pecado divide o mundo no reino da identidade genuína, apresentado como a "casa" de Jesus, e em um inferno, uma concepção encontrada no Antigo Testamento apenas sob a forma de morte ou sepultura. O inferno é isso, mas também é o mundo de angústia e do tormento que o homem continua construindo para si mesmo ao longo de toda a História.[80]

O ato de *metanoia* é a adaptação em si: *admissão* do erro, baseada na fé na habilidade de tolerar tal admissão e suas consequências; consequente dissolução, subjugação ao

---

[79] Ibidem. 4:79-105, p. 117.
[80] Frye, N. (1982), p. 130.

"odioso cerco dos contrários" e – *Deo concedente* – restauração da integridade intrapsíquica e interpessoal:

> Assim que tiver renunciado a essa meta de "sobreviver a qualquer preço" e for para onde as pessoas calmas e simples vão – então, a prisão começa a transformar seu antigo caráter de maneira impressionante. Transforma-o em uma direção das mais inesperadas para você.
>
> E parece que, nessa situação, os sentimentos de malícia, perturbação por estar oprimido, ódio a esmo, irritabilidade e nervosismo devem se multiplicar. Mas você não percebe, no fluxo impalpável do tempo, como a escravidão nutre em você os brotos de sentimentos contraditórios.
>
> Em uma dada altura, você era nitidamente intolerante. Você estava constantemente com pressa. E estava sempre com pouco tempo. E agora você tem tempo com juros. Você tem tempo em abundância, com seus meses e anos, atrás e à frente – e uma calma benévola fluindo e correndo por seus vasos sanguíneos – paciência.
>
> Você está ascendendo...
>
> Antes, você nunca perdoava ninguém. Você julgava as pessoas sem misericórdia. E elogiava as pessoas com a mesma falta de moderação. E agora uma suavidade compreensiva se tornou a base de seus julgamentos não categóricos. Você veio a perceber a própria fraqueza – e, assim, você pode entender a fraqueza dos outros. E ficar atônito com a força do outro. E desejar possuí-la você mesmo.
>
> As pedras farfalham sob nossos pés. Estamos ascendendo...
>
> Com os anos, a blindagem restritiva cobre seu coração e toda a sua pele. Você não se apressa em perguntar e não se apressa em responder. Sua língua perdeu a capacidade flexível para a fácil oscilação. Seus olhos não brilham de alegria com boas-novas, nem escurecem com a dor.
>
> Porque você ainda tem que verificar se é assim que vai ser. E também tem que descobrir – o que é alegria, e o que é dor.
>
> E agora a regra da sua vida é esta: não se alegrar quando descobrir, nem chorar quando perder.
>
> Sua alma, que antes estava seca, agora amadurece com o sofrimento. E, mesmo que você não venha a amar o próximo no sentido cristão, você pelo menos está aprendendo a amar os que estão perto de você.
>
> Os mais próximos em espírito, que o cercam na escravidão. E como muitos de nós percebemos: é sobretudo na escravidão que, pela primeira vez, aprendemos a reconhecer a verdadeira amizade!
>
> E também aqueles próximos de você no sangue, que o rodearam na sua vida anterior, que o amaram – enquanto você foi tirano com eles...

Aqui está uma direção gratificante e inesgotável para os seus pensamentos: repense toda a sua vida anterior. Lembre-se de tudo o que fez de ruim e vergonhoso e pense – você não consegue corrigi-la agora?

Sim, você foi preso por nada. Você não tem do que se arrepender perante o Estado e suas leis.

Mas... perante a própria consciência? Mas... em relação aos outros indivíduos?[81]

Recusar a *metanoia* significa uma mistura inevitável da Terra com o submundo; a aceitação consciente, pelo contrário, produz uma transformação característica da personalidade, da ação, da imaginação e do pensamento. Frankl afirma:

> Nós, que vivemos em campos de concentração, lembramo-nos dos homens que passavam pelos barracões confortando os outros, dando seu último pedaço de pão. Podem ter sido poucos em número, mas ofereciam prova suficiente de que tudo pode ser tirado de um homem, exceto uma coisa: a última das liberdades humanas – o poder de escolher em qualquer conjunto de circunstâncias, de escolher o próprio caminho.
>
> E sempre havia escolhas a fazer. Todo dia, toda hora, oportunidades eram oferecidas para se tomar uma decisão que determinasse se você desejava se submeter ou não a essas forças que ameaçavam roubá-lo de si próprio, a sua liberdade interior; que determinava se você se tornaria ou não o joguete da circunstância, renunciando à liberdade e à dignidade para ser moldado na forma do preso típico.[82]

Soljenítsyn ecoa esses sentimentos quase com as mesmas palavras:

> E como se pode explicar que certas pessoas instáveis encontravam fé ali mesmo no campo, que eram fortalecidas por ele, e que sobreviveram sem serem corrompidas?
>
> E muitas outras, dispersas e despercebidas, chegaram ao ponto de virada que lhes fora atribuído e não se enganaram quanto à escolha. Aquelas que conseguiam ver que as coisas não eram ruins apenas para elas, mas, ainda pior, ainda mais difíceis, para seu próximo.
>
> E todas aquelas que, sob ameaça de pena de morte e um novo mandado de prisão, recusaram se tornar informantes?
>
> Como, de modo geral, é possível explicar Grigory Ivanovich Grigoryev, um cientista do solo? Um cientista que se voluntariou para o Corpo de Voluntários do Povo, em 1941 – e o resto da história é conhecido. Detido perto de Vyazma, ele

---

[81] Soljenítsyn, A.I. (1975), p. 610-612.
[82] Frankl, V. (1971), p. 104.

passou todo o seu tempo de prisioneiro em um campo alemão. E a história subsequente também é conhecida. Quando retornou, foi preso por nós e recebeu uns trocados. Vim a conhecê-lo no inverno, envolvido em serviços gerais em Ekibastuz. Sua sinceridade brilhava nos grandes olhos tranquilos, um tipo de sinceridade inabalável. Esse homem nunca deixou seu caráter se curvar. E ele também não se curvava no campo, mesmo que tenha trabalhado apenas dois dos seus dez anos na própria área de especialização, e não tenha recebido comida caseira na maior parte de sua pena. Ele foi abordado por todos os lados pela filosofia do campo, pela corrupção da alma, mas foi incapaz de adotá-la. Nos campos de Kemerovo (Antibess), o chefe de segurança sempre tentava recrutá-lo como informante. Grigoryev respondia-lhe com toda a honestidade e franqueza: "Acho bem *repulsivo* falar com você. Você encontrará muitos dispostos a falar, mas não eu". "Seu bastardo, você vai rastejar de quatro." "Prefiro me enforcar no primeiro galho que encontrar." E então ele foi enviado para o corredor da morte. Ficou lá por cerca de seis meses. E cometeu *erros* que eram ainda mais imperdoáveis: quando foi enviado a um grupo de trabalho agrícola, recusou-se (como cientista do solo) a aceitar o posto de brigadeiro oferecido a ele. Ele carpia e ceifava com entusiasmo. E, ainda mais estupidamente: na pedreira de Ekibastuz, ele recusou o posto de inspetor – apenas porque teve que adulterar para mais os registros de trabalho dos trabalhadores braçais, pelo que, mais tarde, quando eles chegassem àquele patamar, o capataz livre e sempre bêbado teria que pagar a multa (mas ele pagaria?). E assim ele foi quebrar pedras! Sua honestidade era tão monstruosamente antinatural que, quando processou batatas com a brigada da despensa de verduras, ele não roubou nenhuma, embora todos roubassem. Quando estava em um bom posto, na privilegiada brigada de reparos no equipamento da estação de bombeamento, ele saiu simplesmente por se recusar a lavar as meias do supervisor de construção, o graduado Treivish. (Seus colegas membros da brigada tentaram persuadi-lo: Vamos, não é a mesma coisa, o mesmo tipo de trabalho que você faz? Mas não, para ele não era a mesma coisa!) Quantas vezes ele escolheu o pior e o mais difícil, apenas para não ter que atentar contra a própria consciência – e não atentou, de maneira alguma, sou testemunha. E mais: em razão da tremenda influência de seu brilhante e impecável caráter humano sobre seu corpo (embora ninguém hoje acredite em qualquer influência desse tipo, ninguém entenda), o organismo de Grigory Ivanovitch, que já não era jovem (perto dos cinquenta), ficou mais forte no campo; seu reumatismo das juntas desapareceu por completo, e ele ficou particularmente saudável após o tifo do qual se recuperou: no inverno, ele saía em sacos de algodão, fazendo furos para a cabeça e os braços – e não ficava resfriado![83]

---

[83] Soljenítsyn, A.I. (1975), p. 624-626.

O processo de engajamento voluntário na "reavaliação do bem e do mal", resultante do reconhecimento da deficiência pessoal e do sofrimento, é equivalente à adoção da identificação com Hórus (que, como processo que renova, existe como algo superior à "moralidade do passado"). Isso significa que a capacidade de reavaliar a moralidade significa identificação com a figura que "gera e renova o mundo" – com a figura que faz a mediação entre a ordem e o caos. É "dentro do domínio dessa figura" que o espaço para todos os aspectos da personalidade existe de fato – na medida em que as exigências colocadas sobre o indivíduo que deseja se identificar com o salvador são tão altas, por assim dizer, que todos os aspectos da personalidade devem se tornar manifestos, "redimidos" e integrados em uma hierarquia em funcionamento. Desse modo, a reavaliação do bem e do mal possibilita a reintegração criativa dos aspectos da personalidade – e suas representações secundárias na imaginação e ideia – antes suprimidos e atrofiados pela ideação moral imatura, incluindo aquela representada pela filiação ao grupo (postulada como o mais alto nível de conquista ética).

O ato de se afastar de algo anômalo é o processo de rotular aquela coisa anômala como "demasiado aterrorizante para ser encontrada ou considerada", em sua forma mais fundamental. Evitar algo é também defini-lo – e, em um sentido mais geral, definir a si mesmo. Evitar é dizer "isso é terrível demais", o que significa "terrível demais para mim". A impossibilidade de uma tarefa é necessariamente determinada em relação às capacidades da pessoa confrontada por ela. O ato de se afastar, portanto, significa oposição deliberada ao processo de adaptação, uma vez que nada de novo pode acontecer quando tudo novo é evitado ou suprimido. O ato de enfrentar uma anomalia, por sua vez, é o processo de rotular aquele evento como tolerável – e, ao mesmo tempo, a definição de si mesmo como o agente capaz de tolerá-lo. A adoção de tal postura significa a possibilidade de crescimento, pois é em contato com a anomalia que novas informações são geradas. Essa "fé em si mesmo e na benevolência do mundo" se manifesta como a coragem de arriscar tudo na busca de significado. Se a natureza do objetivo é alterada de desejo por previsibilidade para desenvolvimento de personalidade capaz de enfrentar o caos voluntariamente, então o desconhecido, que nunca pode ser permanentemente banido, deixará de ser associado ao medo, e, de forma paradoxal, a segurança será permanentemente estabelecida:

> Dos meus anos de prisão eles me permitiram levar nas minhas costas dobradas, que quase quebraram com o peso, essa experiência essencial: *como* um ser humano se torna mal e como se torna bom. Na intoxicação dos sucessos da juventude, eu me achava infalível e, portanto, era cruel. No excesso de poder, eu

era um assassino e um opressor. Em meus momentos de maior perversidade, eu estava convencido de que fazia o bem, e estava bem guarnecido de argumentos sistemáticos. E foi apenas quando me deitei lá, na palha podre da prisão, que senti dentro de mim as primeiras centelhas do bem. Gradualmente, foi-me revelado que a linha que separa o bem e o mal não passa pelos Estados, nem pelas classes, nem pelos partidos políticos – mas bem no meio de cada coração humano, e no meio de todos os corações humanos. Essa linha muda. Dentro de nós, ela oscila com o passar dos anos. E, mesmo dentro dos corações oprimidos pelo mal, uma pequena cabeça de ponte do bem é mantida. E, mesmo no melhor de todos os corações, lá permanece... um pequeno e desenraizado recanto do mal.

Desde então, passei a entender a verdade de todas as religiões do mundo: elas lutam contra o *mal dentro de um ser humano* (dentro de todo ser humano). É impossível expulsar o mal do mundo em sua totalidade, mas é possível limitá-lo dentro de cada pessoa.

E desde aquela época passei a compreender a falsidade de todas as revoluções da História: elas destroem apenas *aqueles portadores* do mal que são seus contemporâneos (e também falham, em sua pressa, em discriminar os portadores do bem). E, então, elas tomam para si, como herança, o próprio e verdadeiro mal, ampliado ainda mais.

Os Julgamentos de Nuremberg devem ser considerados uma das conquistas especiais do século XX: eles mataram a própria ideia do mal, embora tenham matado pouquíssimas pessoas infectadas por ele. (É claro que Stálin não merece crédito aqui. Ele teria preferido explicar menos e atirar mais.) E, se até o século XXI a humanidade ainda não tiver explodido nem sufocado a si mesma – talvez seja essa a direção que triunfará?

Sim, e se ela não triunfar – então, a história da humanidade terá se transformado em um exercício vazio de marcação de tempo, sem a menor mixaria de significado! Para onde e para que fim estaríamos nos movendo? Bater na cabeça do inimigo com um porrete – até os homens das cavernas sabiam como fazer isso.

"Conhece-te a ti mesmo!" Nada auxilia e apoia mais o despertar da onisciência dentro de nós do que pensamentos insistentes sobre transgressões próprias, erros, equívocos. Após os difíceis ciclos de tais ponderações durante muitos anos, sempre que menciono a falta de humanidade de nossos burocratas de mais alta hierarquia, a crueldade de nossos algozes, lembro-me de mim usando meus galões de capitão e a marcha avante da minha bateria pela Prússia Oriental, encoberta pelo fogo, e digo: "Então, estávamos em melhor situação?".[84]

---

[84] Soljenítsyn, A.I. (1975), p. 615.

ADAPTAÇÃO HEROICA: RECONSTRUÇÃO VOLUNTÁRIA DO MAPA DO SIGNIFICADO

O grupo fornece a estrutura de proteção – significado condicional e padrão comportamental – que permite ao indivíduo se libertar da dependência da infância, fazer a transição do mundo maternal para o social, patriarcal. Contudo, o grupo não é o indivíduo. O desenvolvimento psicológico que cessa com a identificação com o grupo – tido por todo ideólogo como o bem mais elevado que se pode alcançar – restringe de forma severa o potencial individual e social, e inevitavelmente condena o grupo a uma súbita e catastrófica dissolução. O fracasso em transcender a identificação com o grupo é, em última análise, tão patológico quanto o fracasso em deixar a infância.

O movimento do grupo na direção do indivíduo – como aquele da infância para o grupo – segue o padrão arquetípico transformador do heroico (paraíso, violação, queda, redenção; estabilidade, incorporação, dissolução, reconstrução). Essa transformação deve ser realizada de forma voluntária, por meio de exposição consciente ao desconhecido – embora possa ser catalisada pela experiência suficientemente única ou traumática. A falha em iniciar e/ou concluir com êxito o processo de amadurecimento secundário aumenta o risco de decadência intrapsíquica e social, e os consequentes caos experiencial, depressão e ansiedade (incluindo ideação suicida), ou aperfeiçoa a tendência ao fanatismo e à consequente agressão grupal e intrapsíquica.

A Bíblia, considerada uma única história, apresenta esse "processo de amadurecimento" em termos mitológicos. O Antigo Testamento oferece identidade de grupo, codificada por Moisés, como antídoto para o estado de decadência do homem. Esse antídoto, embora útil, é incompleto – até mesmo o próprio Moisés, um verdadeiro herói ancestral, falha em alcançar a Terra Prometida. O Novo Testamento, por sua vez, oferece a identificação com o herói como meio pelo qual tanto o "estado decaído" quanto os problemas da identidade de grupo poderiam ser "permanentemente" transcendidos. O Novo Testamento tem sido tradicionalmente lido como a descrição de um acontecimento histórico que redimiu a humanidade de uma vez por todas: ele poderia ser considerado de forma mais razoável como a descrição de um processo que, se encenado, poderia estabelecer a paz na Terra.

No entanto, o problema é que ainda não se pode dizer que esse processo tenha sido, de fato, conscientemente – isto é, explicitamente – entendido. Além disso, caso seja mesmo levado a cabo, ele é extremamente assustador, sobretudo nas fases iniciais. Por conseguinte, a "imitação de Cristo" – ou do herói cultural central de outros sistemas religiosos – tende a assumir a forma de uma adoração ritualística, à parte dos outros aspectos "não religiosos" da vida. A participação voluntária no processo heroico, pelo contrário – e que significa confronto corajoso com o desconhecido –, torna a "adoração" uma questão de verdadeira identificação. Isso significa que o autêntico "crente" se eleva acima da adesão dogmática para perceber a alma do herói – para "encarnar essa alma" – em todos os aspectos de sua vida cotidiana.

Isso é fácil de dizer, mas muito difícil de compreender – e fazer. Não é uma questão fácil traduzir o mito transpessoal do herói em um modelo de ação e representação, nas condições únicas que compõem uma vida individual. Parece igualmente problemática – até mesmo arrogante – a presunção de que o indivíduo poderia ser uma força digna de identificação com o herói. No entanto, somos mais do que parecemos – e somos mais problemáticos do que imaginamos, quando indisciplinados e irrealizados. A "banalidade do mal" – a famosa frase de Hannah Arendt,[85] aplicada à "personalidade" nazista não raro desinteressante – é mais precisamente "o mal da banalidade". Nossas pequenas fraquezas se acumulam e multiplicam, e se tornam grandes males do Estado. À medida que nosso poder tecnológico se expande, aumenta o perigo que representamos – e se multiplicam as consequências de nossa estupidez voluntária. É cada vez mais necessário corrigirmos a nós mesmos – e não os outros – e que aprendamos com clareza o que isso significa.

A natureza do processo de identificação com o herói pode ser entendida em mais detalhes como o resultado da análise da alquimia, a qual Jung transformou no trabalho de sua vida. A alquimia – considerada de forma mais geral como a precursora da química moderna – foi, na verdade, um esforço de vinte séculos para entender as "transformações da matéria". Contudo, a questão alquímica não era a questão da ciência moderna – o que é bastante lógico, pois os antigos alquimistas trabalhavam na ausência dos pressupostos e ferramentas da ciência moderna. Era uma substância mais como o Tao – "aquela que produzia ou constituía o fluxo do ser"; algo mais como "informação" no sentido moderno (se a informação pode ser considerada "latente" em lugares inexplorados); algo mais parecido com o desconhecido como tal (algo como a matriz do ser). A investigação dessa "matéria" intrinsecamente atraente – esse desconhecido – produziu uma série de transformações internas na psique alquímica, tornando-a cada vez mais parecida com a Pedra Filosofal: algo que pudesse transformar a "matéria comum" em ouro espiritual; algo que tivesse também a natureza eterna, durável e indestrutível da pedra. À medida que o esforço alquímico evoluía, ao longo da era cristã, a "pedra" foi sendo cada vez mais equiparada a Cristo – a pedra angular

---

[85] Arendt, H. (1994).

"rejeitada pelos construtores", o agente de transformação voluntária –, cujas ações eternamente transformam o "mundo decaído" em paraíso.

Os alquimistas de uma fase posterior "postularam" que uma personalidade que tivesse assimilado por completo o "espírito do desconhecido" era equivalente a Cristo. Jung traduziu sua linguagem mitológica carregada de imagem em algo mais compreensível – mas ainda não compreendido. A terrível mensagem central desse modo de pensamento é esta: não minta, sobretudo para si mesmo, ou você vai minar o processo que lhe dá força para suportar o mundo trágico. Na sua fraqueza – a consequência de sua mentira –, você se tornará arrogante, cruel e vingativo. Você servirá, então, como um emissário "inconsciente" do agente da destruição, e trabalhará para causar o fim da vida.

A Doença Criativa e o Herói

I.N.R.I. – Igne Natura Renovatur Integra.[86]

O "terceiro modo" de adaptação – alternativa à decadência e ao fascismo – é o heroico. O heroísmo é comparativamente raro, pois exige o sacrifício voluntário da certeza fomentada pelo grupo e a aceitação indefinida do consequente caos psicológico, resultante da (re)exposição ao desconhecido. Mesmo assim, esse é o caminho criativo, levando à nova descoberta ou reconfiguração, compreendendo o elemento vivo da cultura. O ator criativo adota o papel de herói e se coloca além do (ou até mesmo em oposição ao) enclave protetor da História. Por conseguinte, ele sofre a re-exposição ao terrível desconhecido. Essa re-exposição gera terror mortal, mas permite a união com a possibilidade – permite inspiração, reconstrução e avanço. São a desintegração e a desinibição do significado (que antecede sua reintegração) – ocorrências necessariamente resultantes do processo heroico – que produzem os fenômenos que ligam o gênio, na imaginação popular, à loucura. O gênio e o lunático são separados, no entanto, pela sua posição relativa com respeito ao desconhecido: o gênio é o herói afortunado que enfrenta de modo voluntário as consequências inesperadas de seu comportamento insuficientemente adaptativo, com base no que escolheu. O louco infeliz, por sua vez, fugiu de algo carnívoro, algo que prospera na negligência e fica maior – algo que, no fim das contas, vai devorá-lo. O gênio se dissolve, é

---

[86] "Toda a natureza é renovada pelo fogo." Interpretação oculta/gnóstica do significado das iniciais tradicionalmente exibidas no topo da cruz de Cristo: I.N.R.I. – *Iesus Nazarenus Rex Iudaeorum* (Jesus de Nazaré, Rei dos Judeus); ver Dee, J. (1993) para mais comentários.

inundado de significado indeterminado, e é depois reconstituído — então se dissolve, inunda e reconfigura o mundo social. O psicótico se dissolve e se afoga no dilúvio.

É a capacidade de voluntariamente enfrentar o desconhecido e, desse modo, reconfigurar as proposições que guiaram a adaptação passada que constitui o espírito eterno do homem, a Palavra criadora do mundo. A existência e a natureza do espírito receberam o devido reconhecimento na filosofia e na religião ocidentais (e orientais) desde tempos imemoriais. O eminente teólogo Reinhold Niebuhr afirma:

> A "mente", tanto em Platão quanto em Aristóteles, é nitidamente distinta do corpo. É o princípio unificador e ordenador, o órgão do *logos*, que traz harmonia para a vida da alma, já que o *logos* é o princípio criativo e formador do mundo. Pressupostos metafísicos gregos são, naturalmente, determinantes para a doutrina do homem; e, desde Parmênides, a filosofia grega tinha assumido uma identidade entre o ser e a razão, de um lado, e do outro pressupôs que a razão funciona sobre algo sem forma ou amorfo que nunca é totalmente manejável. No pensamento de Aristóteles, a matéria é "um remanescente, o não existente em si incognoscível e alheio à razão, que permanece após o processo de clarificar da coisa em forma e concepção. Esse não existente não é e nem deixa de ser; não é ainda, ou seja, ele alcança a realidade apenas na medida em que se torna o veículo de alguma determinação conceitual".[87,88]

A noção de afinidade intrínseca do espírito com o criador foi elaborada de forma abstrata, com muitos mais detalhes, no curso eventual do desenvolvimento do pensamento judaico-cristão. Desse ponto de vista, o homem é compreendido mais profundamente nos termos de sua relação com Deus — como feito à "imagem de Deus" — em vez de à luz de suas habilidades cognitivas ou de seu lugar na natureza. A essência desse "espírito identificado com Deus" é a eterna capacidade de criar e transformar. Niebuhr observa que:

> O espírito humano tem a capacidade especial de permanecer continuamente fora de si em termos de regressão indefinida [...]. O eu conhece o mundo, até onde conhece o mundo, porque fica fora tanto de si quanto do mundo, o que significa que ele não consegue entender a si mesmo exceto conforme é compreendido para além de si e do mundo.[89]

Essa capacidade de transcendência infinita, que é a capacidade de abstrair e depois representar a abstração, e então abstrair da representação, e assim por diante, ao

---

[87] Jaeger, W. (1968), p. 35.
[88] Niebuhr, R. (1964), p. 6-7.
[89] Ibidem, p. 13-14.

infinito, não vem de graça, conforme observamos antes. Podemos derrubar o castelo de cartas tão facilmente quanto o levantamos; além disso, a nossa capacidade para o mal está integralmente ligada à nossa capacidade de superar limites.

O pensamento abstrato em geral, e o pensamento moral abstrato em particular, é um jogo: o jogo do "e se?". Jogos são jogados primeiro estabelecendo, depois identificando e então alterando pressupostos básicos. Antes que qualquer jogo possa ser jogado, as regras devem ser estabelecidas; antes que o jogo possa ser alterado, as regras têm de se tornar manifestas. Um jogo (pelo menos na sua fase final) é jogado pela construção de uma imagem do "mundo" na imaginação, em conformidade com certos pressupostos – que são as regras (o "ambiente") do jogo –, e depois pela atuação nesse mundo imaginário. Construir, jogar e modificar um jogo é uma forma de prática para a atividade no mundo real. De fato, à medida que os jogos ganham complexidade, fica cada vez mais difícil distingui-los das atividades do mundo real.

O jogo em si, em seus primeiros estágios, é jogado no nível processual; as regras permanecem implícitas. Uma vez que uma representação do jogo for estabelecida, então ele poderá ser compartilhado; mais tarde, as próprias regras podem ser alteradas. Piaget discute a formulação das regras dos jogos infantis:

> Quatro estágios sucessivos podem ser distinguidos do ponto de vista da prática ou da aplicação de regras.
>
> Um primeiro estágio é de caráter puramente *motor* e *individual*, durante o qual a criança lida com as bolas de gude expressando seus desejos e hábitos motores. Isso leva à formação de esquemas mais ou menos ritualizados, mas, como a brincadeira ainda é estritamente individual, só podemos falar de regras motoras, e não de regras verdadeiramente coletivas.
>
> O segundo estágio pode ser chamado de *egocêntrico* pelas razões que se seguem. Ele começa no momento em que a criança recebe de fora exemplos de regras codificadas, isto é, em algum momento entre os dois e os cinco anos. Mas, embora a criança imite esses exemplos, ela continua a jogar, seja sozinha, sem se incomodar em encontrar companheiros de jogo, ou com os outros, mas sem tentar ganhar e, portanto, sem tentar unificar as diferentes maneiras de jogar. Em outras palavras, as crianças dessa fase, mesmo quando estão jogando juntas, jogam cada uma "consigo mesma" (todas podem ganhar de uma só vez) e sem levar em conta qualquer codificação das regras. Designamos esse caráter duplo, combinando imitação dos outros com um uso puramente individual dos exemplos recebidos, pelo termo Egocentrismo.

Um terceiro estágio aparece entre os sete e oito anos, o qual chamaremos de fase da *cooperação* incipiente. Agora, cada jogador tenta ganhar e, portanto, começa a se preocupar com a questão do controle mútuo e da unificação das regras. Mas, embora certo acordo possa ser alcançado durante uma partida, as ideias sobre as regras em geral ainda são bastante vagas. Em outras palavras, crianças de sete e oito anos que pertencem à mesma classe na escola e, portanto, sempre jogam umas com as outras, quando questionadas em separado, muitas vezes dão conta de regras totalmente díspares e contraditórias observadas no jogo de bolas de gude.

Por fim, entre onze e doze anos, aparece um quarto estágio, que é a da *codificação das regras*. Não só cada detalhe do procedimento no jogo é fixado, mas o código real das regras a serem observadas é conhecido por toda a sociedade. Há uma notável concordância nas informações dadas por crianças de dez a doze anos pertencentes à mesma classe na escola, quando são questionadas sobre as regras do jogo e suas possíveis variações [...].

Se, agora, nós nos voltarmos para a consciência das regras, descobriremos uma progressão que é ainda mais elusiva em seus pormenores, mas marcada de forma não menos clara se vista em grande escala. Podemos expressar isso dizendo que a progressão ocorre por meio de três estágios, dos quais o segundo começa durante o estágio egocêntrico e termina no meio do estágio de cooperação (nove-dez), e do qual o terceiro abrange o restante dessa fase cooperativa e toda a fase marcada pela codificação das regras.

Durante o primeiro estágio, as regras ainda não são coercivas, ou porque são puramente motoras, ou, então (no início da fase egocêntrica), porque são recebidas, por assim dizer, inconscientemente, e como exemplos interessantes em vez de realidades obrigatórias.

Durante o segundo estágio (apogeu da fase egocêntrica e primeira metade da fase de cooperação), as regras são consideradas sagradas e intocáveis, provenientes de adultos e durando para sempre. Toda alteração sugerida atinge a criança como uma transgressão.

Finalmente, durante o terceiro estágio, uma regra é encarada como uma lei por consentimento mútuo, que você deve respeitar se quiser ser leal, mas que é possível alterar caso você traga a opinião da maioria para o seu lado.

É claro que a correlação entre os três estágios no desenvolvimento da consciência das regras e os quatro estágios relativos à sua observância prática é apenas uma correlação estatística e, portanto, muito grosseira. Mas, de um modo geral, a relação nos parece indiscutível. No início, a regra coletiva é algo externo ao indivíduo e, portanto, sagrado para ele; em seguida, à medida que ele gradualmente a torna sua, ela chega ao ponto de ser sentida como o produto gratuito do acordo mútuo e da consciência autônoma. E, no que diz respeito à utilização prática, é natural que um respeito místico pelas leis deva ser acompanhado pelo conhecimento e pela aplicação rudimentares de seus conteúdos, ao passo que um respeito racional e bem fundamentado é acompanhado por uma aplicação efetiva e detalhada de cada regra.[90]

A criança no "segundo estágio", que aceita os pressupostos de sua subtradição cultural como "sagrados e intocáveis", pensa de forma similar ao homem clássico e parcialmente hipotético, pré-experimental ou "primitivo", que venera o passado, na representação, como uma verdade absoluta. A criança e o homem primitivo estão ambos preocupados principalmente com *como se comportar* – como organizar o comportamento, *contra* a natureza, na comunidade social, para simultânea e continuamente atender aos fins considerados desejáveis. É só muito mais tarde, depois que esses problemas mais fundamentais foram resolvidos, que os meios de resolução podem ser questionados. Esse ato de conceitualização de ordem mais elevada significa o surgimento da capacidade de jogar jogos, com as regras dos jogos – e da crença na legitimidade de tal atividade (essa rejeição da ordem tradicional). Essa capacidade mais abstrata permite responder ao metaproblema da moralidade, colocado (muito) antes: não "como se comportar?", mas "como o modo de comportamento pode ser (ou é, ou foi) determinado?".[91] Paradoxalmente, talvez, a resposta a esse metaproblema também fornece a resposta definitiva para a pergunta (aparentemente) menos abstrata "como se comportar?" ou "o que é o bem?".

Alguns exemplos da tradição religiosa ocidental podem auxiliar na compreensão (1) da natureza da distinção entre o problema central da moralidade ("o que é o bem?") e o metaproblema ("como as respostas para a pergunta 'o que é o bem?' são determinadas?"); (2) da estrutura de suas resoluções resultantes; e (3) da maneira pela qual o metaproblema e sua solução seguem no curso do desenvolvimento histórico do problema e sua solução – acompanhado do desenvolvimento (cíclico) de uma (auto)consciência cada vez mais sofisticada e poderosa. Vamos começar com o problema da (auto)consciência, que aparece, em parte, como uma capacidade melhorada do sistema de memória declarativa para codificar com precisão a natureza do comportamento humano, do eu e do outro. Esta codificação assume, primeiro, a forma de narrativa ou mito, que, como afirmado anteriormente, é o uso semântico da representação episódica da sabedoria processual. A análise semântica da narrativa – crítica[92] –

---

[90] Piaget, J. (1932), p. 16-18.
[91] Ver nota de rodapé 2 deste capítulo.
[92] Frye declara, com relação ao papel da crítica na iluminação de significados narrativos:

> A imaginação poética constrói um cosmos próprio, um cosmos a ser estudado não apenas como mapa, mas como um mundo de forças conflitantes poderosas. Esse

possibilita a derivação de princípios morais abstratos. A *codificação semântica pura* de primeira ordem da moralidade implícita no comportamento, e depois na representação semântica/episódica (narrativa ou mítica), parece assumir a forma de uma lista. Uma lista de leis – regras morais – define de forma direta e simples o que constitui um comportamento aceitável e o que não constitui. Uma lista explícita serve de guia admirável para o adolescente, emergindo do mundo maternal. Essa lista pode ser considerada a forma mais básica de filosofia moral explícita.

A lista emerge na narrativa da consciência judaico-cristã como consequência das ações da figura de Moisés, que serve como legislador para o povo judeu. Moisés tem muitos dos atributos do (típico) herói mítico e constitui uma figura análoga àquela do ancestral sobrenatural do primitivo. Ele é caracterizado pelo nascimento ameaçado, por exemplo, e pela dupla filiação (uma humilde, outra exaltada ou divina):

> cosmos imaginativo não é nem o ambiente objetivo estudado pela ciência natural, nem um espaço interno subjetivo a ser estudado pela psicologia. É um mundo intermediário no qual as imagens do superior e do inferior, as categorias de beleza e feiura, os sentimentos de amor e ódio e as associações da experiência sensorial podem ser expressas somente por metáforas e, mesmo assim, não podem ser descartadas ou reduzidas a projeções de algo mais. A consciência ordinária é tão possuída pelo contraste ou sujeito, ou objeto, que acha difícil aceitar a noção de uma ordem de palavras que não é subjetiva, nem objetiva, embora seja interpenetrada por ambas. Mas sua presença dá uma aparência muito diferente a vários elementos da vida humana, incluindo a religião, que dependem da metáfora, mas não se tornam menos "reais" ou "verdadeiros" por causa disso.
>
> Claro que "metafórico" é uma concepção tão traiçoeira quanto "verdade" ou "realidade" poderia ser. Algumas metáforas são iluminadoras; algumas são apenas indispensáveis; algumas são enganosas ou levam somente à ilusão; algumas são socialmente perigosas. Wallace Stevens fala da "metáfora que assassina a metáfora". Mas, para melhor ou pior, ela ocupa uma área central – talvez *a* área central – tanto da experiência social quanto da individual. Ela é uma forma primitiva de consciência, estabelecida muito antes que a distinção entre sujeito e objeto se tornasse normal, mas, quando tentamos abandoná-la, descobrimos que tudo o que realmente conseguimos fazer é reabilitá-la.
>
> A essa altura, outra observação crítica recente vem à mão, de Ítalo Calvino nas Palestras Norton, publicadas postumamente, também um paradoxo, mas estimulante: "A literatura vive apenas se ela coloca para si objetivos desmesurados, até mesmo além de qualquer possibilidade de realização". A rigor, o escritor não estabelece os objetivos: estes são estabelecidos pelo próprio espírito modelador da literatura, a fonte da capacidade de escrever de um escritor. Mas, em geral, o mesmo princípio deveria se aplicar à crítica, quando o crítico vê a uma enorme distância um axioma como "'a crítica pode e deve compreender a literatura' e se recusa a chegar a um acordo por menos" (Frye, N. [1990], p. xxii-xxiii).

O rei do Egito disse às parteiras dos hebreus, das quais uma se chamava Sefra e a outra Fua: "Quando ajudardes as hebreias a darem à luz, observai as duas pedras. Se for menino, matai-o[93]. Se for menina, deixai-a viver." As parteiras, porém, temeram a Deus e não fizeram o que o rei do Egito lhes havia ordenado, e deixaram os meninos viverem. Assim, pois, o rei do Egito chamou as parteiras e lhes disse: "Por que agistes desse modo, e deixastes os meninos viverem?" Elas responderam ao Faraó: "As mulheres dos hebreus não são como as egípcias. São cheias de vida e, antes que as parteiras cheguem, já deram à luz." Por isso Deus favoreceu essas parteiras; e o povo tornou-se muito numeroso e muito poderoso. E porque as parteiras temeram a Deus, ele lhes deu uma posteridade. Então Faraó ordenou a todo o seu povo: "Jogai no Rio todo menino que nascer. Mas deixai viver as meninas."

Certo homem da casa de Levi foi tomar por esposa uma descendente de Levi, a qual concebeu e deu à luz um filho. Vendo que era belo, escondeu-o por três meses. E como não pudesse mais escondê-lo, tomou um cesto de papiro, calafetou-o com betume e pez, colocou dentro a criança e a depôs nos juncos, à beira do Rio. De longe, uma irmã do menino observava o que lhe iria acontecer.

Eis que a filha de Faraó desceu para se lavar no Rio, enquanto as suas criadas andavam à beira do Rio. Ela viu o cesto entre os juncos e mandou uma de suas servas apanhá-lo. Abrindo-o, viu a criança; era um menino que chorava. Compadecida, disse: "É uma criança dos hebreus!" Então a sua irmã disse à filha de Faraó: "Queres que eu vá e te chame uma mulher dos hebreus que possa criar esta criança?" A filha de Faraó respondeu: "Vai!" Partiu, pois, a moça e chamou a mãe da criança. A filha de Faraó lhe disse: "Leva esta criança e cria-a e eu te darei a tua paga." A mulher recebeu a criança e a criou. Quando o menino cresceu, ela o entregou à filha de Faraó, a qual o adotou e lhe pôs o nome de Moisés, dizendo: "Eu o tirei das águas." (Êxodo 1,15-22; 2,1-10.)

Depois que Moisés alcançou a idade adulta, ele rejeita sua herança secundária, egípcia, e se junta de novo aos hebreus – com o tempo, torna-se seu líder e os conduz para fora do Egito e da servidão egípcia (da escravidão sob a tirania). Ele os leva em uma jornada heroica, da condição presente, insuportável e decaída, através do deserto (purgatorial) – onde agem em conformidade com os procedimentos que ele estabelece –, para o próprio paraíso (terrestre), a Terra Prometida de leite e mel. Frye comenta:

---

[93] As tentativas do faraó de controlar a "ameaça" judaica por meio do infanticídio encontra um paralelo narrativo (não coincidente) nas ações de Herodes, muitos séculos depois, que matou todas as crianças judias com menos de dois anos, em Belém e nos arredores, por razões similares (ver Mateus 2,1-16).

O padrão bíblico de visão purgatorial é a narrativa do Êxodo, que tem três grandes partes. A primeira é a permanência no Egito, a "fornalha de ferro", um mundo visitado por pragas, onde o desejo egípcio de exterminar os hebreus é revertido no abate dos primogênitos egípcios. Esse episódio termina com a travessia do Mar Vermelho, a separação entre Israel e Egito, e o afogamento das hostes egípcias. O segundo episódio é a peregrinação pelo deserto, um período labiríntico da perda de rumo, onde uma geração deve morrer antes que uma nova possa entrar na Terra Prometida (Salmo 95,11). Essa é uma das várias características que indica estarmos em um mundo que transcende a História, e que é na linguagem mais poética dos profetas que o significado verdadeiro ou simbólico do Egito, do deserto e da Terra Prometida emerge com mais clareza.

A terceira parte é a entrada na Terra Prometida, onde Moisés, personificação da geração mais velha, morre pouco antes de adentrá-la. Na tipologia cristã [...], isso significa que a lei, simbolizada por Moisés, não pode redimir a humanidade: somente seu sucessor, Josué, que leva o mesmo nome de Jesus, pode invadir e conquistar Canaã.[94, 95]

Moisés é um revolucionário; ele ensina ao seu povo um novo modo de ser. Isso significa que ele reavalia os seus objetivos, bem como os seus meios. Esse processo de readaptação revolucionária é necessariamente precedido por um período de intenso sofrimento, já que os afetos liberados pela nova situação lutam entre si, digamos assim, até serem controlados. A história bíblica retrata esse processo dramaticamente, apresentando-o nos termos de uma longa e penosa permanência no deserto. A oferta de alimento "celestial"[96] durante essa época é uma dica para o significado, por assim

---

[94] Frye continua:

E, no entanto, Canaã parece uma espécie bastante encolhida e anticlimática da terra paradisíaca prometida, com leite e mel jorrando, em vista da que foi originalmente prometida a Israel. Talvez Moisés tenha sido realmente a única pessoa a ver a Terra Prometida: talvez a montanha fora dela, que ele escalou nas suas últimas horas, fosse o único lugar de onde se pudesse vê-la" (Frye, N. [1990], p. 299).

[95] Ibidem.

[96] Os hebreus alimentam-se de maná durante sua viagem no deserto. Esse "pão espiritual" – feito, na sua condição profana, de trigo, o corpo metafórico do deus dos cereais, que eternamente morre e ressuscita – é posteriormente oferecido por e equiparado a Cristo, para auxiliar ritualmente (processualmente) na incorporação da fé e da coragem heroicas. Frye afirma:

Cristo é constantemente associado à milagrosa oferta de alimento. Milagres de alimentação de grandes multidões com pouquíssimas quantidades de alimento [peixe, como conteúdo retirado das profundezas (inconsciente, feminino), bem como pão] são registrados em todos os quatro Evangelhos, às vezes mais de uma vez,

dizer, da história – o interregno de dor e confusão que precede o restabelecimento ou melhoria da estabilidade só pode ser tolerado por aqueles alimentados com o "pão espiritual"; só pode ser tolerado por aqueles que incorporaram o significado suficiente e, portanto, desenvolveram sabedoria, paciência e fé.

Durante o êxodo, Moisés começa a servir como juiz de seu povo. Ele é espontaneamente escolhido por eles, talvez com base na força percebida ou na integração de caráter, como mediador entre as reivindicações de valores conflitantes. Nesse papel, ele é forçado a determinar o que era certo, ou o que deveria ser – e o que era errado, ou comparativamente errado:

> No dia seguinte, assentou-se Moisés para julgar o povo; e o povo estava em pé diante de Moisés desde a manhã até o pôr do sol. E o seu sogro, vendo tudo o que ele fazia com o povo, disse: "Que é isso que fazes com o povo? Por que te assentas sozinho, e todo o povo está em pé diante de ti, desde a manhã até o pôr do sol?" Respondeu Moisés ao sogro: "É porque o povo vem a mim para consultar a Deus. Quando têm uma questão, vêm a mim. Julgo entre um e outro e lhes faço conhecer os decretos de Deus e as suas leis." (Êxodo 18, 13-16.)

A adoção dessa responsabilidade implica a aceitação voluntária de um tremendo esforço intrapsíquico – esforço associado à necessidade de um constante e exigente julgamento moral (estabelecimento da ordem hierárquica, resultante da luta intrapsíquica quase darwiniana entre os valores abstratos) –, e, quando a capacidade está lá, a consequente geração de atividade adaptativa compensatória. No caso mítico de Moisés, tal atividade tomou a forma de *tradução* – tradução dos princípios morais do procedimento, e a representação narrativa destes, em um código semântico abstrato. Esse ato de tradução constituiu um tremendo salto adiante, uma mudança qualitativa na cognição humana – independentemente se ele foi mesmo realizado por Moisés ou por qualquer número de indivíduos, no decorrer de centenas de anos (um instante

---

e esses milagres são explicitamente antítipos da oferta de maná no deserto (João 6,49-51). As imagens de pessoas comendo a carne de Cristo e bebendo seu sangue chegam até nós pelos Evangelhos mesmo antes da instituição da Eucaristia. Esse corpo de Cristo é uma fonte infalível de alimento e bebida, garantido tanto no nível físico quanto espiritual [o "pão diário (*epiousios*)" do Orador do Senhor também pode ser considerado pão "supersubstancial"]. O corpo de Cristo não deve apenas "ser comido, ser dividido, ser bebido", nas palavras do *"Gerontion"*, de Eliot, mas é a fonte da continuidade da vida de seu povo, oculta dentro de seus corpos. Era assim também na época do Antigo Testamento, segundo Paulo, que diz que os israelitas no deserto comiam todos o alimento espiritual e bebiam a mesma bebida espiritual, esta de uma rocha que era Cristo (1 Coríntios 10,3) (Frye, N. [1990], p. 257).

no tempo, contudo, da perspectiva evolucionária), e se fundiu em um "evento único" pelo processo socialmente mediado da memória mitológica. O surgimento do conhecimento moral na forma semântica explícita (em oposição à sua representação implícita na narrativa) aparece representado na mitologia como "provocado" pela revelação. Essa revelação é a recepção do conhecimento "de uma fonte mais elevada" – nesse caso, dos sistemas de memória episódica para os de memória semântica (do misterioso domínio da imaginação para a palavra concreta).

A geração (*desinibição*, mais precisamente) do afeto avassalador necessariamente caracterizará as transições na capacidade cognitiva dessa magnitude; geração semelhante àquela que acompanha os fenômenos "perceptivos" típicos do esforço criativo ou psicoterapêutico. Isso pode ser considerado uma consequência do estabelecimento inicial temporário da integração intrapsíquica – estabelecimento do isormorfismo ou concordância entre os sistemas de memórias processual, episódica e semântica – e o reconhecimento das múltiplas possibilidades (oportunidades redentoras imprevistas até então) liberadas dessa forma. A "primeira descoberta" de um novo sistema de categorização significa a apreensão imediata da ampla "utilidade potencial" dessas coisas recém-compreendidas (significa o entendimento de sua *promessa renovada*). Essa "primeira descoberta" – *Eureka!* – é o aspecto positivo da renovação voluntária da experiência. Esse processo é dramaticamente representado no Êxodo pela transformação da aparência de Moisés por consequência de seu prolongado encontro com Deus:

> Moisés esteve ali com Iahweh quarenta dias e quarenta noites, sem comer pão nem beber água. Ele escreveu na tábua as palavras da aliança, as dez palavras.
>
> Quando Moisés desceu da montanha do Sinai, trazendo nas mãos as duas tábuas do Testemunho, sim, quando desceu da montanha, não sabia que a pele de seu rosto resplandecia porque havia falado com ele. Olhando Aarão e todos os israelitas para Moisés, eis que a pele de seu rosto resplandecia; e tinham medo de aproximar-se dele. Moisés, porém, os chamou; Aarão e os chefes da comunidade foram até ele, e Moisés lhes falou. Depois aproximaram-se todos os israelitas, e ordenou-lhes tudo o que Iahweh havia dito sobre a montanha do Sinai. (Êxodo 34,28-32.)

O "rosto resplandecente" é a equação mítica (semântica/episódica) do indivíduo com o poder solar; simbólico da iluminação, do esclarecimento, da transfiguração momentânea em representante eterno dos deuses. Esse "grande salto adiante" coloca Moisés temporariamente na companhia de Deus.

Moisés transforma em um código semântico explícito o que antes era costume embutido no comportamento, representado no mito. O Decálogo é o subconjunto único e mais fundamental do "novo" código:

> Não terás outros deuses diante de mim.
>
> Não farás para ti imagem esculpida de nada que se assemelhe ao que existe lá em cima nos céus, ou embaixo na terra, ou nas águas que estão debaixo da terra.
>
> Não te prostrarás diante desses deuses e não os servirás, porque eu, Iahweh teu Deus, sou um Deus ciumento, que puno a iniquidade dos pais sobre os filhos até a terceira e a quarta geração dos que me odeiam, mas que também ajo com amor até a milésima geração para com aqueles que me amam e guardam os meus mandamentos.
>
> Não pronunciarás em falso o nome de Iahweh teu Deus, porque Iahweh não deixará impune aquele que pronunciar em falso o seu nome.
>
> Lembra-te do dia do sábado para santificá-lo. Trabalharás durante seis dias, e farás toda a tua obra. O sétimo dia, porém, é o sábado de Iahweh teu Deus. Não farás nenhum trabalho, nem tu, nem teu filho, nem tua filha, nem teu escravo, nem tua escrava, nem teu animal, nem o estrangeiro que está em tuas portas. Porque em seis dias Iahweh fez o céu, a terra, o mar e tudo o que eles contém, mas repousou no sétimo dia; por isso Iahweh abençoou o dia do sábado e o consagrou.[97]
>
> Honra a teu pai e a tua mãe, para que se prolonguem os teus dias na terra que Iahweh teu Deus te dá.
>
> Não matarás.
>
> Não cometerás adultério.
>
> Não roubarás.
>
> Não apresentarás um testemunho mentiroso contra o teu próximo.
>
> Não cobiçarás a casa do teu próximo. Não cobiçarás a mulher do teu próximo, nem o seu escravo, nem a sua escrava, nem o seu boi, nem o seu jumento, nem coisa alguma que pertença a teu próximo. (Êxodo 20,3-17.)

A codificação da tradição depende necessariamente da existência da tradição – comportamento adaptativo estabelecido, e a sua representação secundária. O conhecimento incorporado em tal tradição existe por consequência da pressão evolutiva, por assim dizer, operando sobretudo (no sentido literal) no nível da ação interpessoal, e só é traduzido de modo secundário, depois, na hierarquia da consciência para representação. Isso significa que, na maior parte dos casos (e, em geral, de modo mais

---

[97] A referência à narrativa mítica como fonte da regra explícita é apresentada aqui de forma clara.

profundo), a evolução avança do *comportamento para a representação* (episódica e semântica) – da ação adaptativa e de seu retrato mítico (toda arte verdadeira incluída) para conhecimento verbal abstrato – quanto da *representação para comportamento*.[98, 99, 100]

---

[98] Frye afirma:

Observei (Grande Código 18) a passagem em *Fausto* onde este deliberadamente altera "No princípio, era o Verbo" para "No princípio, era o Ato". Eu deveria ter acrescentado que Fausto estava apenas seguindo a prática cristã estabelecida até a sua época. No princípio, Deus fez algo, e as palavras são servomecanismos descritivos que nos dizem o que ele fez. Isso é importado para a religião ocidental no que os críticos pós-estruturalistas chamam de "significado transcendental", a visão de que o que é real ou verdadeiro é algo fora das palavras e para o qual as palavras estão apontando (Frye, N. [1990], p. 34).

[99] Frye afirma:

Se é verdade que o poder verbal criativo está associado a algo na mente que é suplementar para a consciência ordinária, nós nos aproximamos um pouco mais do contexto social do escritor. Essa mente muitas vezes ficaria perplexa com as convenções arbitrárias do comportamento que a consciência mais facilmente domina: uma pessoa muitas vezes encontra uma ingenuidade no escritor que poderá, às vezes, incapacitá-lo para quase tudo, exceto escrever. Mas ele, em compensação, pode ter uma percepção dos fenômenos sociais que lhe daria não apenas uma visão intensa do presente, mas uma capacidade rara de ver um futuro condicional, a consequência das tendências no presente. Isso, por sua vez, pode dar a sensação de um tipo distintivo de conhecimento oculto da maior parte da sociedade. O elemento do profético na literatura é amiúde mencionado de forma muito vaga, mas é tangível o suficiente para ser digno de investigação. De qualquer forma, a palavra se aproxima de alguma coisa em que temos esbarrado até o momento para indicar a qualidade da autoridade do poeta, e também para indicar o elo entre a literatura secular e a sagrada, que é um dos nossos temas principais.

Se olharmos para os escritores proféticos do Antigo Testamento, começando com Amós, a afiliação do primitivo e do profético emerge de imediato. Amós não aceita se comprometer com convenções da educação, e tem a reputação social no Norte de Israel de ser um tolo e um louco, e uma capacidade de originar a substância do que diz a partir de estados mentais raros, muitas vezes aliados ao transe. Esses profetas também predizem um futuro que é resultado inevitável de determinadas políticas tolas, como a política do rei de Judá para a Babilônia, que levou à destruição de Jerusalém, como Jeremias previu. O princípio envolvido aqui é de que a crítica social honesta, como a ciência honesta, amplia o alcance de previsibilidade na sociedade.

Nos tempos modernos, os escritores que instintivamente chamamos de proféticos – Blake, Dostoiévski, Rimbaud – exibem características similares. Esses escritores são tão profundamente ponderados pelos leitores quanto os oráculos gregos e hebreus: como estes, eles chocam e perturbam; como estes, podem estar cheios de contradições e ambiguidades, mas ainda assim mantêm uma autoridade curiosamente assustadora. No início da era elisabetana, alguns críticos sugeriram que a distinção entre a inspiração sagrada e a secular poderia ser menos rígida que em geral se presumia. George Puttenham, escrevendo na década de 1580, apontou para a etimologia do poeta como "fazedor", que sugeria a ele uma analogia entre o poder criativo do poeta e o poder criativo de Deus na construção do mundo. Ele cita a frase de Ovídio, no *Fastos*,

A tradução da tradição em lei torna verbalmente abstrato o que antes havia sido, na melhor das hipóteses, codificado em imagem – torna a moralidade da cultura e a moral individual "conscientes" pela primeira vez. Esse ato de transformação, culminando em uma mudança qualitativa da sofisticação cognitiva na atividade intrapsíquica de um herói cultural mitologizado, constitui a consequência de séculos de esforço adaptativo abstrato. As ações do herói são identificadas com atributos celestiais "pela história" para significar a importação (e a fonte e o local intrapsíquicos[100]) da ocorrência revolucionária. Nietzsche afirma:

> Os grandes homens, como as grandes épocas, são materiais explosivos em que se acha acumulada uma tremenda energia; seu pressuposto é sempre, histórica e fisiologicamente, que por um longo período se tenha juntado, poupado, reunido, preservado com vistas a eles – que por um longo período não tenha havido explosão. Se a tensão no interior da massa se tornou grande demais, o estímulo mais casual basta para trazer ao mundo o "gênio", o "ato", o grande destino.[101] [102]

Os pressupostos morais de uma sociedade emergem em primeiro lugar de forma processual, por consequência da atividade exploratória individual, que é o processo que gera novos padrões comportamentais. Esses padrões comportamentais são, então, hierarquicamente estruturados como resultado da competição quase darwinista, em conformidade com as restrições observadas antes (apelo à imaginação, autossustentação, etc.). Os sistemas de memória episódica mapeiam o procedimento e seus resultados, e assim acabam por conter uma estrutura paradigmática similar – imageticamente,

---

est deus in nobis, que significaria Deus ou um deus. No século XVI, certamente teria sido mais seguro aceitar uma *musa* ou um *deus do amor* ou algo sancionado pela convenção, e não levado a sério como doutrina, mas a analogia ainda está lá, embora latente até a época de Coleridge. Temos observado com frequência que as artes são proféticas também no sentido de indicarem simbolicamente as tendências sociais que se tornarão óbvias várias gerações depois.

O termo profético em si poderia se aplicar a alguns escritores (Lutero, Condorcet, Marx), os quais nós normalmente deixaríamos de fora da literatura. Esse aparato problemático do interior e do exterior não desaparecerá mesmo quando tantos aspectos dele desaparecerem por meio da análise. Ele parece ser a conexão com o psicologicamente primitivo que caracteriza o escritor profético, que, em geral, é pensado como estando dentro da literatura ou, pelo menos (como ocorre com Rousseau, Kierkegaard ou Nietzsche), como impossível de se ignorar enquanto figura literária (Ibidem, p. 52-54).

[100] O pleroma.
[101] Nietzsche, F. (1981), p. 97.
[102] Trecho da seção IX, 44 de *Crepúsculo dos Ídolos*. (N. E.)

e depois semanticamente, de modo mais puro. Assim, com o passar do tempo, o desconhecido, a natureza, vem a ser representado miticamente como a Grande Mãe afetivamente bivalente, ao mesmo tempo criativa e destrutiva. O conhecido, a cultura, torna-se o Grande Pai, tirano e rei sábio, personalidade autoritária e protetora, adaptado ao desconhecido. O conhecedor, o homem, torna-se os irmãos míticos hostis, filhos da convenção, herói e anti-herói, Cristo e Satanás – gerador e destruidor eterno da História e da tradição. A cognição semântica, que se alimenta da narrativa – a ponte entre o episódio e a pura abstração verbal –, deriva "regras" do comportamento. A aplicação das regras altera o ambiente, incluindo as suas representações processuais e episódicas. E assim o ciclo continua.

A cultura protege o indivíduo contra as consequências de sua vulnerabilidade (ao menos em seu aspecto positivo); mas o preço pago pela segurança absoluta é a liberdade e a individualidade, e, por conseguinte, a criatividade. O sacrifício da criatividade individual, por escolha própria, eventualmente priva a vida de prazer, de sentido – mas não de ansiedade ou dor –, tornando-a, assim, insuportável. O *Homo sapiens* histórico ou civilizado cresce dentro de um cânone estruturado de princípios implícita e explicitamente postulados e mantidos como absolutos pela maioria dos indivíduos dentro de sua civilização. Em retorno por seu legado, que na verdade é a soma total dos esforços da humanidade durante milhares de anos, o indivíduo é moldado e formatado, e pode, assim, sobreviver de forma independente; mas toda essa modelagem não é apenas benéfica. É um fato infeliz que as atividades intrinsecamente gratificantes e implicitamente interessantes associadas ao heroísmo individual venham, muitas vezes, constituir uma ameaça para a estrutura estabelecida do grupo.

O Grande Pai, aspecto positivo da História, protege o homem da Terrível Mãe. Ele é a ordem civilizada, educação e sabedoria personificadas e representadas, a personificação abstrata e integrada de todos os heróis que vieram antes e deixaram suas marcas no comportamento (cultural) da espécie. Ele é ritual modelo para emulação – Rei Bom, Juiz Sábio, Homem de Coragem, de Ação, da Arte, do Pensamento. Mas, na medida em que ele representa padrões específicos e particulares de ação, ele é o inimigo da possibilidade, da vida no presente, do herói – e é, portanto e necessariamente, o raptor do espírito, a personificação do Tirano, o Burocrata. Isso é a História na forma do Pai Terrível, peso morto do passado, a esmagadora massa de opinião estreita, intolerante, mal informada, e do preconceito popular. Essa é a força que oprime a Mãe Boa, o aspecto criativo da vida em si. O Pai Terrível se opõe a qualquer coisa nova, a qualquer coisa que ameace a sua estrutura integral e o seu domínio absoluto.

A identificação do homem bem-adaptado à sua cultura significa que, à medida que a História é estabelecida, em contraposição à força que a natureza representa, o herói criativo deve batalhar contra a opinião pública (composta, quando ideológica, de slogans contemporâneos [*sluagh-ghairms*: gritos de batalha dos mortos]), bem como contra as forças do desconhecido "natural". O herói é um inimigo da estrutura historicamente determinada de valores e pressupostos, pois ele poderá ter que reordenar essa estrutura e não apenas adicionar algo a ela ou mantê-la, para lidar com o que ainda permanece desconhecido. Infelizmente, nesse processo de reordenação, ele arrisca expor a si e a todos os homens bem-adaptados, que se identificam com e mantêm essa cultura, às terríveis forças do desconhecido – à ansiedade e ao pavor mortais, ao medo do vazio, ao terror da insanidade, à destruição física e à aniquilação.

Essas ideias são apresentadas de forma dramática no *"Grande Inquisidor"* de Dostoiévski. Ivan, ateu atormentado, conta uma história que ele inventou ao seu irmão mais jovem com inclinações religiosas, Aliósha, um noviço no mosteiro local. Cristo retorna à Terra, para Sevilha, na época da inquisição espanhola:

> Ele aparece em silêncio, sem se fazer notar, e eis que todos – coisa estranha – O reconhecem. Esta poderia ser uma das melhores passagens do poema justamente porque O reconhecem. Movido por uma força invencível, o povo se precipita para Ele, O assedia, avoluma-se a Seu redor, segue-O. Ele passa calado entre eles com o sorriso sereno da infinita compaixão. O sol do amor arde em Seu coração, os raios da Luz, da Ilustração e da Força emanam de Seus olhos e, derramando-se sobre as pessoas, fazem seus corações vibrarem de amor recíproco. Ele estende as mãos para elas, as abençoa, e só de tocá-Lo, ainda que apenas em sua roupa, irradia-se a força que cura. E eis que da multidão exclama um velho, cego desde menino: "Senhor, cura-me e eu Te verei", e, como se uma escama lhe caísse dos olhos, o cego O vê. O povo chora e beija o chão por onde Ele passa. As crianças jogam flores diante d'Ele, cantam e bradam-Lhe "Hosana!". "É Ele, Ele mesmo – repetem todos –, deve ser Ele, não é outro senão Ele." Ele para no adro da catedral de Sevilha no mesmo instante em que entram aos prantos na catedral com um caixãozinho branco de defunto: nele está uma menininha de sete anos, filha única de um cidadão notável. A criança morta está coberta de flores. "Ele ressuscitará tua filhinha" – gritam da multidão para a mãe em prantos. O padre, que saíra ao encontro do féretro, olha perplexo e de cenho franzido. Mas nesse instante ouve-se o pranto da mãe da criança morta. Ela cai de joelhos aos pés d'Ele: "Se és Tu, ressuscita minha filhinha!" – exclama, estendendo as mãos para Ele. A procissão para, o caixãozinho é depositado aos pés d'Ele no adro. Ele olha compadecido e Seus lábios tornam a pronunciar em voz

baixa: "Talita cumi" – "Levanta-te, menina". A menininha se levanta no caixão, senta-se e olha ao redor, sorrindo com seus olhinhos abertos e surpresos. Tem nas mãos um buquê de rosas brancas que a acompanhavam no caixão. No meio do povo há agitação, gritos, prantos, e eis que nesse mesmo instante passa de repente na praça, ao lado da catedral, o próprio cardeal grande inquisidor. É um velho de quase noventa anos, alto e ereto, rosto ressequido e olhos fundos, mas nos quais um brilho ainda resplandece como uma centelha. Oh, ele não está com suas magníficas vestes de cardeal em que sobressaíra na véspera diante do povo quando se queimavam os inimigos da fé romana – não, nesse instante ele está apenas em seu velho e grosseiro hábito monacal. Seguem-no a certa distância seus tenebrosos auxiliares e escravos e a guarda "sagrada". Ele para diante da multidão e fica observando de longe. Viu tudo, viu o caixão sendo colocado aos pés dele, viu a menina ressuscitar, e seu rosto ficou sombrio. Franze as sobrancelhas grisalhas e bastas, seu olhar irradia um fogo funesto. Ele aponta o dedo aos guardas e ordena que O prendam. E eis que sua força é tamanha e o povo está tão habituado, submisso e lhe obedece com tanto tremor que a multidão se afasta imediatamente diante dos guardas e estes, em meio ao silêncio sepulcral que de repente se fez, põem as mãos n'Ele e o levam. Toda a multidão, como um só homem, prosterna-se momentaneamente, tocando o chão com a cabeça perante o velho inquisidor, este abençoa o povo em silêncio e passa ao lado. A guarda leva o Prisioneiro para uma prisão apertada, sombria e abobadada, que fica na antiga sede do Santo Tribunal, e O tranca ali. O dia passa, cai a noite quente, escura e "sem vida" de Sevilha. O ar "recende a louro e limão". Em meio a trevas profundas abre-se de repente a porta de ferro da prisão e o próprio velho, o grande inquisidor, entra lentamente com um castiçal na mão. Está só; a porta se fecha imediatamente após sua entrada. Ele se detém por muito tempo à entrada, um ou dois minutos, examina o rosto do Prisioneiro. Por fim se aproxima devagar, põe o castiçal numa mesa e Lhe diz: "És tu? Tu?". Mas, sem receber resposta, acrescenta rapidamente: "Não respondas, cala-te. Ademais, que poderias dizer? Sei perfeitamente o que irás dizer. Aliás, não tens nem direito de acrescentar nada ao que já tinhas dito. Por que vieste nos atrapalhar? Pois vieste nos atrapalhar e tu mesmo o sabes. Mas sabes o que vai acontecer amanhã? Não sei quem és e nem quero saber: és Ele ou apenas a semelhança d'Ele, mas amanhã mesmo eu te julgo e te queimo na fogueira como o mais perverso dos hereges, e aquele mesmo povo que hoje te beijou os pés, amanhã, ao meu primeiro sinal, se precipitará a trazer carvão para tua fogueira, sabias? É, é possível que o saibas"

— acrescentou compenetrado em pensamentos, sem desviar um instante o olhar de seu prisioneiro.[103, 104]

A despeito de suas ações tirânicas, o inquisidor se sente obrigado a justificar suas ações perante Cristo:

> Teu grande profeta diz, em suas visões e parábolas, que viu todos os participantes da primeira ressurreição e que eles eram doze mil por geração. Mas se eram tantos, não eram propriamente gente, mas deuses. Eles suportaram tua cruz, suportaram dezenas de anos de deserto faminto e escalvado, alimentando-se de gafanhotos e raízes – e tu, é claro, podes apontar com orgulho esses filhos da liberdade, do amor livre, do sacrifício livre e magnífico em teu nome. Lembra-te, porém, de que eles eram apenas alguns milhares, e ainda por cima deuses; mas, e os restantes? E que culpa têm os outros, os restantes, os fracos, por não terem podido suportar aquilo que suportaram os fortes? Que culpa tem a alma fraca de não ter condições de reunir tão terríveis dons? Será que vieste mesmo destinado apenas aos eleitos e só para os eleitos? E se é assim, então aí existe um mistério e não conseguimos entendê-lo. Mas se é um mistério, então nós também estaríamos no direito de pregar o mistério e ensinar àquelas pessoas que o importante não é a livre decisão de seus corações nem o amor, mas o mistério, ao qual elas deveriam obedecer cegamente, inclusive contrariando suas consciências. Foi o que fizemos. Corrigimos tua façanha e lhe demos por fundamento o milagre, o mistério e a autoridade. E os homens se alegraram porque de novo foram conduzidos como rebanho e finalmente seus corações ficaram livres de tão terrível dom, que tanto suplício lhes causara. Podes dizer se estávamos certos ensinando e agindo assim? Por acaso não amávamos a humanidade, ao reconhecer tão humildemente a sua impotência, aliviar com amor o seu fardo e deixar que sua natureza fraca cometesse ao menos um pecado, mas com nossa permissão? Por que achaste de aparecer agora para nos atrapalhar?[105, 106]

O velho sacerdote explica que papel histórico a instituição da igreja desempenhou, e por quê – e fornece razões para a necessidade da iminente recrucificação:

> E nós, que assumimos os seus pecados para a felicidade deles, nós nos postaremos à tua frente e te diremos: 'Julga-nos se podes e te atreves'. Sabes que

---

[103] Dostoiévski, F. (1981), p. 299-301.
[104] Em *Os Irmãos Karamázov*, p. 344-346 (tradução de Paulo Bezerra. São Paulo: Editora 34, 2008). (N. E.)
[105] Ibidem, p. 309.
[106] Na edição brasileira, p. 355-356. (N. E.)

não te temo. Sabes que também estive no deserto, que também me alimentei de gafanhotos e raízes, que também bendisse a liberdade com a qual tu abençoaste os homens, e me dispus a engrossar o número de teus eleitos, o número dos poderosos e fortes ansiando 'completar o número'. Mas despertei e não quis servir à loucura. Voltei e me juntei à plêiade daqueles que corrigiram tua façanha. Abandonei os orgulhosos e voltei para os humildes, para a felicidade desses humildes. O que eu estou te dizendo acontecerá e nosso reino se erguerá. Repito que amanhã verás esse rebanho obediente, que ao primeiro sinal que eu fizer passará a arrancar o carvão quente para tua fogueira, na qual vou te queimar porque voltaste para nos atrapalhar. Porque se alguém mereceu nossa fogueira mais do que todos, esse alguém és tu. Amanhã te queimarei. *Dixi*.[107, 108]

A história dá uma reviravolta inesperada pouco antes de sua conclusão – uma reviravolta que ilustra o gênio de Dostoiévski e sua capacidade de saltar para além do fácil e ideologicamente óbvio. Ivan diz:

[...] quando o inquisidor calou-se, ficou algum tempo aguardando que o prisioneiro lhe respondesse. Para ele era pesado o silêncio do outro. Via como o prisioneiro o escutara o tempo todo com ar convicto e sereno, fitando-o nos olhos e, pelo visto, sem vontade de fazer nenhuma objeção. O velho queria que o outro lhe dissesse alguma coisa ainda que fosse amarga, terrível. Mas de repente ele se aproxima do velho em silêncio e calmamente lhe beija a exangue boca de noventa anos. Eis toda a resposta. O velho estremece. Algo estremece na comissura de seus lábios; ele vai à porta, abre-a e diz ao outro: "Vai e não voltes mais... Não voltes em hipótese nenhuma... nunca, nunca!". E o deixa sair para as "ruas largas e escuras da urbe". O prisioneiro vai embora.[109, 110]

Como disse William James: "A comunidade fica estagnada sem o impulso do indivíduo. O impulso morre sem a simpatia da comunidade".[111]

Os mitos de uma cultura são as suas histórias centrais. Essas histórias fornecem um registro dramático da transformação da intenção humana baseada na História, e parecem existir como a personificação semântica/episódica do efeito cumulativo da História sobre a ação. As narrativas míticas que acompanham a retenção do comportamento historicamente determinado constituem a representação episódica não

---

[107] Ibidem, p. 313.
[108] Na edição brasileira, p. 360. (N. E.)
[109] Ibidem, p. 316.
[110] Na edição brasileira, p. 364. (N. E.)
[111] James, W. (1880, outubro), p. 100.

empírica daquele comportamento e do seu método de estabelecimento. O mito é a finalidade, codificada na memória episódica. A verdade mítica é a informação, derivada da experiência passada – derivada da observação passada do comportamento –, relevante segundo a perspectiva da motivação e do afeto fundamentais. De forma simultânea, o mito fornece um registro do fundamento histórico, em termos de comportamento, e programa esses fundamentos históricos. A narrativa fornece a descrição semântica de ação na imagem, retraduzível em eventos episódicos imaginários, capazes de eliciar o comportamento imitativo. A narrativa mítica oferece apresentação dramática da moralidade, que é o estudo do *que deveria ser*. Tal narrativa se preocupa com o significado do passado, com as implicações da existência passada para a atividade atual e futura. Esse significado constitui a base para a organização do comportamento.

O drama mítico, que encena as explorações de indivíduos excepcionais, parece se dedicar à explicação de um padrão de adaptação geralmente aplicável. Esse modelo arquetípico serve para auxiliar na *geração de todos os comportamentos individuais específicos de situações*. O mito evolui para a descrição declarável de um esquema processual capaz de fundamentar a construção de todas as hierarquias complexas culturalmente determinadas dos comportamentos específicos. Esse padrão esquemático corresponde ao potencial individual inato, instintivo, neuropsicologicamente baseado no comportamento exploratório criativo – com efeito, ele foi construído no curso da observação histórica desse potencial em ação. A expressão desse potencial ao longo da história proporciona a criação de contextos sociais específicos ambientalmente apropriados, processuais e episódicos, que promovem o desenvolvimento das capacidades inatas do indivíduo, protegem do perigo, oferecem esperança e inibem o medo existencial.

Um círculo de espíritos ancestrais, invisíveis e desconhecidos, envolve o indivíduo moderno e o protege magicamente das trevas e do caos. Quando esse círculo se quebra – quando os princípios que esses espíritos representam ficam sujeitos à avaliação crítica, ao ataque violento de outras formas de heroísmo, a outras ideologias, ou ao peso da experiência individual –, o conhecimento em si perde o contexto, e o conhecido é revertido em desconhecido. Isso não significa que a própria Terrível Mãe dorme embaixo da consciência humana; significa, em vez disso, *que as razões para a sua "existência" há milhares de anos ainda são razões suficientes hoje*. Não é uma questão de memória racial, transmitida por meios lamarckianos, mas da tendência para experimentar de forma similar em condições similares. Essas condições sempre surgem quando o véu protetor da cultura é trespassado.

A História protege o homem contra um esmagador e violento ataque material e espiritual. Ela executa essa função fornecendo uma estrutura de significado para aqueles enredados dentro dela. A história, concebida dessa maneira, compreende aqueles pressupostos *a priori* nas quais todas as culturas se baseiam, e que orientam a ação dos indivíduos, encantados pelo "espírito dos tempos". Essa estrutura de significado é necessariamente baseada em vários artigos de fé, e pode ser descrita em sua totalidade como um mito (embora ela também *preceda* o mito). Os "níveis mais altos" do mito oferecem ao homem a capacidade de atribuir ou descobrir significado dentro da tragédia de cada vida humana individual, para sempre abençoado e amaldiçoado pela sociedade, para sempre ameaçado e redimido pelo desconhecido. Viver nesse nível mítico – em vez de se esconder – significa a possibilidade de alcançar e talvez ultrapassar o estágio mais elevado de consciência já atingido ou conceitualizado por uma determinada cultura. Essa vida mítica é simbolicamente representada pelo *salvador* – o indivíduo que personifica os aspectos essenciais do drama mitológico. Na tradição ocidental, para melhor ou pior, gostemos disso ou não, esse indivíduo é Cristo. Frye afirma:

> A significância da vida de Jesus é muitas vezes pensada como uma significância jurídica, que consiste em uma vida de perfeita moralidade, ou de total conformidade a um código de ação correta. Mas se pensarmos em sua significância como profética em vez de jurídica, sua real significância é aquela de ser a única figura na História que nenhuma sociedade humana organizada conseguiria tolerar. A sociedade que o rejeitou representava todas as sociedades: os responsáveis por sua morte não foram os romanos ou judeus ou quem quer que estivesse por ali na ocasião, mas toda a humanidade, até nós mesmos e, sem dúvida, muito além. "É melhor que um só homem morra pelo povo", disse Caifás (João 18,14), e nunca houve uma sociedade humana que não tenha concordado com ele.
>
> O que distingue sobremaneira o cristianismo (e o judaísmo) da maioria das religiões orientais, ao que me parece, é esse elemento revolucionário e profético de confronto com a sociedade. Esse elemento dá significado e forma à História, apresentando a ela um sentido dialético. A partir desse ponto de vista, a raiz do mal na vida humana não pode ser adequadamente descrita como ignorância, ou a cura para ela corretamente descrita como iluminação. O registro da crueldade e da loucura humanas é demasiado horrível para qualquer coisa senão o sentido de uma vontade corrompida de chegar perto de um diagnóstico. Portanto, Jesus não era simplesmente o compassivo Jesus, como Buda foi o compassivo Buda. Seu trabalho, embora inclua o ensino de formas de iluminação, não para por aí, mas passa por um martírio e uma descida à morte. Duas implicações aqui são de especial importância para o nosso propósito atual. Primeira, uma situação especificamente histórica está latente em qualquer "iluminação": o homem deve lutar para achar seu caminho na História, e não apenas despertar dela. Segunda,

a capacidade de absorver um indivíduo completo, até agora, está além da capacidade de qualquer sociedade, incluindo aquelas que se autointitulam cristãs.[112]

O mito veio para encapsular e expressar a natureza essencial da psique exploratória, criativa, comunicativa, conforme manifesta no comportamento, como consequência da observação e da representação desse comportamento, na maneira temporalmente resumida, historicamente determinada, começando com a imitação e terminando com a abstração verbal. Para qual finalidade todos os comportamentos (e representações desses comportamentos) são arquetipicamente subjugados? Para o estabelecimento de um estado – *um reino espiritual* – que permita o florescimento dos processos comportamentais que transformam e estabelecem a moralidade. Afinal de contas, as culturas históricas – ao menos aquelas expressamente abertas à mudança – organizam o comportamento de tal forma que o eu e o outro são tratados, no ideal (implícito ou explícito), *com o respeito devido ao mediador da ordem e do caos*. A ação moral para o outro e o eu, portanto, constitui uma declaração de "como se", na perspectiva do sistema semântico: o indivíduo moral trata a si mesmo e aos outros "como se" reconhecendo, respeitando e homenageando a última fonte de adaptação criativa (a fonte suprema "do mundo"). Tal comportamento "inconscientemente" pressupõe a identidade entre o indivíduo e o salvador – o redentor arquetípico, o portador da cultura, o herói divino. Isso é organização do comportamento incorporado em conformidade com o reconhecimento da fonte de comportamento incorporado. O estabelecimento de tal organização, no entanto, representa ameaça à moralidade baseada estritamente na adesão à tradição.

O comportamento heroico compele à imitação – um herói, por definição, serve de modelo para emulação. O comportamento do portador de cultura, o herói arquetípico, constitui a personificação de um código processual elaborado. Esse código é o resultado final de um processo evolutivo, que consiste no estabelecimento de comportamentos criativos, no curso do esforço heroico, sua subsequente comunicação em imitação e em suas formas abstratas, e sua integração, ao longo do tempo, em um padrão consistente de comportamento, cujas natureza e expressão constituem o personagem cultural. Esse personagem cultural é a "personalidade" central do indivíduo saudável, personificada no procedimento, secundariamente representada nas memórias episódica e semântica. De modo ideal, esse personagem tende ao equilíbrio harmonioso entre tradição e adaptação, e às necessidades do eu e dos outros. É a constante tentativa de representação acurada desse personagem que constitui a "meta" das histórias da humanidade.

---

[112] Frye, N. (1982), p. 132-133.

Conforme a história avança, torna-se mais "consciente" e diferenciada – ou, de forma mais precisa, conforme os pressupostos subjacentes ao comportamento social adaptativo se tornam mais e mais acuradamente formulados de um modo abstrato (mais declarativos) –, a sociedade se desloca da conceitualização das consequências ou produções do heroísmo como o ideal para o qual o comportamento deve ser dedicado para a conceitualização do ato de heroísmo em si como tal ideal. Esse é o movimento do produto para o processo. Essa transformação da conceitualização é apresentada de forma dramática na tradição ocidental na descrição da paixão de Cristo do Novo Testamento, que retrata o processo e as consequências da reestruturação revolucionária dos axiomas da moralidade ocidental.

Há tempos, Cristo tem sido considerado implicitamente "contido" no Antigo Testamento. Frye comenta:

> Para Paulo, Cristo era sobretudo o herói oculto da história do Antigo Testamento e o Cristo pós-Páscoa da ressurreição. Os Evangelhos apresentam Cristo em uma forma que se ajusta a essa concepção pré-evangélica dele: não em uma forma biográfica, mas como uma sequência descontínua de aparições em que Jesus comenta sobre o Antigo Testamento como uma série de eventos, leis e imagens do passado que vem permanentemente viva no contexto messiânico e no corpo que ele alimenta.[113]

O que isso significa, no nível mais fundamental da análise, é que o padrão de ação, imaginação e pensamento que Cristo representa está necessariamente "lá" em qualquer narrativa ou mitologia, *suficientemente atraente para se imiscuir na memória*. As razões para essa existência implícita são claras, em certo sentido: Cristo personifica o herói, fundamentado na tradição, que é a representação narrativa do fundamento para a adaptação social e individual bem-sucedida. Como a Palavra "se fez carne" (João 1,14) lá "no princípio" (João 1,1), ele representa, ao mesmo tempo, o poder que divide a ordem do caos e a tradição tornada espiritual, abstrata, declarativa, semântica. Seu modo de ser é aquele que move a própria moralidade da primazia da lei para a primazia do espírito – o que significa *processo*. O *espírito* é *processo* simultaneamente em oposição e responsável pela geração do ser estático. Frye afirma:

> É-nos dito no próprio Novo Testamento que os mistérios da fé devem ser "julgados espiritualmente" (1 Coríntios 2,14). Isso está em uma passagem em que Paulo está comparando a carta, em que ele diz "mate", com o espírito que "dá a vida".[114]

---
[113] Idem (1990), p. 104.
[114] Idem (1982), p. 56.

Essa ideia é representada esquematicamente na Figura 5.4: O Surgimento de Cristo a Partir da Identidade do Grupo e do Caos, que também retrata a "história do homem" cristão.

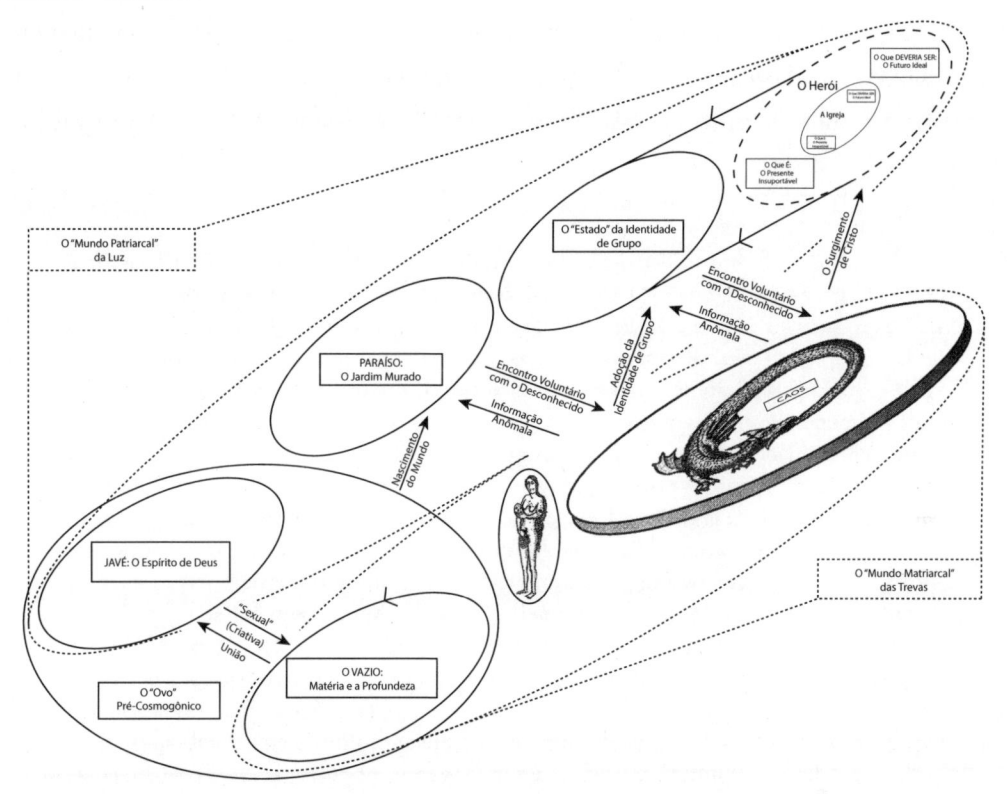

Figura 5.4: O Surgimento de Cristo a Partir da Identidade do Grupo e do Caos

Para Cristo, Deus "não é Deus de mortos, mas sim de vivos" (Mateus 22,32). Cristo leva a moralidade para além da estrita dependência da tradição codificada – a explícita Lei de Moisés – não porque tal tradição era desnecessária, mas porque era (e é) eterna e necessariamente insuficiente. Ele afirma:

> Com efeito, eu vos asseguro que se a vossa justiça não ultrapassar a dos escribas e a dos fariseus, não entrareis no reino dos Céus. (Mateus 5,20)

Mas também:

> Não penseis que vim revogar a Lei ou os Profetas. Não vim revogá-los, mas dar-lhes pleno cumprimento. (Mateus 5,17)

Isso significa que a identificação com a tradição é insuficiente; que a tradição não pode, por isso, ser considerada inútil, mas mais à luz de um precursor desenvolvimental;

e, por fim, que o processo que regenera a tradição está, de certa forma, implicitamente contido e promovido na tradição em si.

O papel de Cristo, que redime a cultura da escravidão à lei, é prefigurado no final do Êxodo, na sequência que inclui e continua após a morte de Moisés (conforme discutido antes). De fato, Cristo aparece como um segundo Moisés, que oferece um reino espiritual (intrapsíquico) como a versão final da Terra Prometida aos israelitas por Deus.[115]

---

[115] Frye também afirma:

> Antes, nós nos referimos à estrutura do Livro dos Juízes, no qual uma série de histórias de heróis tribais tradicionais é ambientada dentro de um mito repetitivo sobre a apostasia e a restauração de Israel. Isso nos dá uma estrutura narrativa mais ou menos em forma de U, em que à apostasia se segue uma descida ao desastre e à escravidão, que por sua vez é seguida pela penitência, depois por uma subida por meio da libertação a um ponto mais ou menos no nível em que a descida começou. Esse padrão em forma de U, em termos aproximados, é recorrente na literatura como a forma padrão da comédia, em que uma série de infortúnios e mal-entendidos leva a ação para um ponto ameaçadoramente baixo, após o qual certa reviravolta feliz na trama eleva a conclusão para um final feliz. Vista como uma "divina comédia", a Bíblia inteira está contida dentro de uma história em forma de U desse tipo, na qual o homem, conforme explicado, perde a árvore e a água da vida no início do Gênesis e as recupera no fim do Apocalipse. Nesse meio-tempo, a história de Israel é contada como uma série de quedas diante do poder de reinados pagãos, Egito, Filisteia, Síria, Roma, cada uma seguida por uma ascensão a um breve momento de independência. A mesma narrativa em U também é encontrada fora das seções históricas, no relato dos desastres e da restauração de Jó e na parábola de Jesus do filho pródigo. Esta última, por acaso, é a única versão na qual a redenção ocorre como resultado de uma decisão voluntária do protagonista (Lucas 15,18).

> Seria confuso resumir todas as quedas e ascensões da história bíblica de uma vez. Em honra aos dias da criação, vamos selecionar seis, com a sétima formando o fim dos tempos. A primeira queda, naturalmente, é a de Adão do Éden, em que Adão entra em um deserto que se ajusta às cidades pagãs fundadas pela família de Caim. Passando pela história de Noé, que acrescenta o mar às imagens de desastre, a primeira ascensão é a de Abraão, chamado para deixar a cidade de Ur, na Mesopotâmia, rumo a uma Terra Prometida a oeste. Isso introduz a era pastoral dos patriarcas, e termina ao final do Gênesis, com Israel no Egito. Essa situação novamente muda para uma servidão opressora e ameaçadora; Israel, mais uma vez, passa por um mar e um deserto e, sob o comando de Moisés e Josué, alcança sua terra prometida outra vez, um território menor, onde as principais imagens são agrícolas. Lá sucedem os invasores no Livro dos Juízes, dos quais os mais formidáveis eram os filisteus, provavelmente um povo falante de grego vindo de Creta (se esta for a "Cáftor" de Amós 9:7), que deu seu nome à Palestina. Eles detiveram o controle de Israel após a derrota e a morte de Saul e de seu filho Jonathan. A terceira ascensão começa com Davi e continua com Salomão, cujas imagens são urbanas, relativas às cidades e prédios. Contudo, após Salomão, outro desastre começa com a divisão do reinado. O reino do Norte foi destruído pela Assíria, em 722 a.C.; o reino do Sul, de Judá, teve um indulto até a Assíria ser, por sua vez, destruída (Naum 2:3ff.); mas, com a captura de Jerusalém por Nabucodonosor, em 586, o cativeiro babilônico teve início.

A quarta ascensão do destino dos israelitas, agora judeus, começa com a permissão – talvez o apoio – dada aos cativos judeus na Babilônia por Ciro da Pérsia para retornar e reconstruir seu templo. Dois retornos são descritos de forma proeminente no Antigo Testamento, e é provável que tenha havido outros, mas simbolicamente precisamos de apenas um. Tremulam algumas esperanças de uma Israel restaurada, unida em torno da figura do chefe do primeiro retorno, Zorobabel, da linhagem de Davi. Após várias mudanças de mestres, a próxima descida dramática foi causada pela perseguição selvagem aos judeus não helenizados por Antíoco Epífanes, do império selêucida, que provocou a rebelião dos Macabeus, cinco irmãos de uma família de sacerdotes que, ao final, conseguiram a independência da Judeia e estabeleceram uma dinastia real. Esta permaneceu até as legiões romanas, sob o comando de Pompeu, tomarem o país, em 63 a.C., e começou a dominação romana que perdura por todo o período do Novo Testamento. Nesse ponto, divergem as visões judaica e cristã da sexta libertação de Israel. Para o cristianismo, Jesus atingiu uma libertação definitiva para toda a humanidade com a sua revelação de que o reino ideal de Israel era um reino espiritual. Para o judaísmo, a expulsão de sua terra pelo édito de Adriano, em 135 d.C., iniciou um exílio renovado que, em muitos aspectos, ainda perdura.

Essa é a sequência dos mitos, apenas indiretamente de eventos históricos, e o nosso primeiro passo é perceber que todos os pontos altos e todos os pontos baixos estão metaforicamente relacionados uns com os outros. Isto é, o jardim do Éden, a Terra Prometida, Jerusalém e o Monte Sião são sinônimos intercambiáveis para a casa da alma, e no imaginário cristão eles são idênticos, na sua forma "espiritual" (de cujo significado metafórico nos lembramos, seja ele qual for), ao reino de Deus falado por Jesus. De modo similar, Egito, Babilônia e Roma são todos espiritualmente o mesmo lugar, e o Faraó do Êxodo, Nabucodonosor, Antíoco Epífanes e Nero são todos espiritualmente a mesma pessoa. E os libertadores de Israel – Abraão, Moisés e Josué, os juízes, Davi e Salomão – são todos protótipos do Messias ou libertador final [...]. Como os vários declínios de Israel por meio da apostasia e coisas do tipo não são atos, mas falhas em agir, apenas as ascensões e restaurações são eventos reais, e, como o Êxodo é a libertação definitiva e o protótipo de todo o resto, podemos dizer que miticamente o Êxodo é a única coisa que de fato acontece no Antigo Testamento. Segundo o mesmo princípio, a ressurreição de Cristo, em torno da qual o Novo Testamento gira, deve ser, do ponto de vista do Novo Testamento, o antítipo do Êxodo. A vida de Cristo conforme apresentada nos Evangelhos se torna menos enigmática quando percebemos que ela está sendo apresentada dessa forma.

Assim como os nascimentos de muitos deuses e heróis, o nascimento de Jesus é ameaçado: Herodes ordena um massacre dos recém-nascidos em Belém, do qual somente Jesus escapa. Moisés, de modo semelhante, escapa de uma tentativa de assassinar as crianças hebreias, assim como elas, por sua vez, escapam depois de um massacre dos primogênitos egípcios. O Jesus recém-nascido é levado para o Egito por José e Maria, e seu retorno de lá, Mateus (2,15) diz, cumpre a profecia de Oseias (11,1), "e do Egito chamei meu filho", cuja referência é bastante explícita a Israel. Os nomes Maria e José relembram Miriam, que era a irmã de Moisés, e José, que conduziu a família de Israel para o Egito. A terceira sura do Alcorão parece identificar Miriam e Maria; os comentadores cristãos do Alcorão naturalmente dizem que isso é ridículo, mas, do ponto de vista puramente tipológico do qual o Alcorão está falando, a identificação faz muito sentido.

Moisés organiza as doze tribos de Israel; Jesus reúne doze discípulos. Israel cruza o Mar Vermelho e alcança sua identidade como nação do outro lado; Jesus é batizado no Jordão

Ao que parece, a ele foi concedida a autoridade para fazer tal oferta com a colaboração explícita de Moisés – concederam a ele tal poder, como a Moisés, desde o alto (como convém a uma "deidade solar"):

> Seis dias depois, Jesus tomou Pedro, Tiago e seu irmão João, e os levou para um lugar à parte sobre uma alta montanha. E ali foi transfigurado diante deles. Seu rosto resplandeceu como o sol e as suas vestes tornaram-se alvas como a luz. E eis que lhes apareceram Moisés e Elias conversando com ele. Então Pedro, tomando a palavra, disse a Jesus: "Senhor, é bom estarmos aqui. Se queres, levantarei aqui três tendas: uma para ti e outra para Moisés e outra para Elias." Ainda falava, quando uma nuvem luminosa os cobriu com sua sombra e uma voz, que saía da nuvem, disse: "Este é o meu Filho amado, em quem me comprazo, ouvi-o!" Os discípulos, ouvindo a voz, muito assustados, caíram com o rosto no chão. (Mateus 17,1-9.)

Assim como Moisés, Cristo oferece o seu mais famoso sermão (que Frye interpreta como um longo comentário sobre o Decálogo) no topo de uma montanha. Frye observa que a Lei de Moisés é baseada na proibição, na descrição do que é proibido: "Não deverás". Por sua vez, a mensagem de Cristo está mais na forma de uma exortação, da descrição do bem ativo: "Deverás...".[116] Essa transformação se baseia no desenvolvimento da consciência moral elevada. No início, para uma alma mergulhada no pecado, por assim dizer, é mais fácil identificar o que é moralmente suspeito de um modo evidente, o que deve obviamente ser trazido para o controle pessoal. Uma vez que certa clareza de espírito é alcançada por consequência da adesão consciente e disciplinada à tradição, torna-se possível determinar o que é o

---

e reconhecido como o Filho de Deus. O batismo é o ponto no qual Marcos e João iniciam, sendo as histórias da infância de Mateus e Lucas provavelmente um material posterior. Israel vaga quarenta anos pelo deserto; Jesus, quarenta dias. Alimento milagroso é fornecido a Israel e por Jesus àqueles reunidos ao seu redor (ver João 6,49-50). A lei é dada no Monte Sinai e o evangelho, pregado no Sermão da Montanha. Uma serpente de bronze é colocada em um poste por Moisés como proteção contra as picadas fatais das "serpentes abrasadoras" (Números 21,9); essa serpente de bronze foi aceita por Jesus como um tipo de crucificação (João 3,14) com uma associação subjacente entre as serpentes letais e a serpente do Éden. Moisés morre fora da Terra Prometida, o que, na tipologia cristã, significa a incapacidade de a lei sozinha redimir o homem, e a Terra Prometida é conquistada por Josué. O elo oculto aqui é que Jesus e Josué são a mesma palavra; por isso, quando é dito à Virgem Maria que chame seu filho de Jesus ou Josué, o significado tipológico é que o reino da lei chegou ao fim, e teve início o ataque à Terra Prometida (Mateus 1,21) (Frye, N. [1982], p. 169-172).

[116] Ibidem (1982), p. 131.

bem, *o que deveria ser feito* – e não apenas *o que não deveria*. Esse contraste também serve como analogia para a relação entre as moralidades adolescente e a adulta: a estrita identificação com o grupo socializa de modo adequado a criança não mais propriamente dependente, e permite que ela dê o salto da infância para a vida adulta. A capacidade de agir de forma disciplinada – seguir as regras – é uma precondição necessária à flexibilidade adulta, mas não deve ser confundida com a moralidade verdadeiramente adulta, que é a capacidade de produzir novos conjuntos de regras com utilidade adaptativa atualizada. Isso também não é o mesmo que dizer, de forma idiota, que a moralidade "judaica" é adolescente, e a "cristã", adulta. Exemplos do profético "antagonismo à ordem tirânica" abundam no Antigo Testamento, como vimos.[117] O contraste está mais entre o rígido e dogmático e o criativo e responsável *dentro dos credos, e não entre os seguidores dos diferentes credos*.

O desenvolvimento da lista da lei – a sabedoria moral do passado, gravada em pedra – torna a estrutura cultural episódica e processual existente explicitamente "consciente" pela primeira vez. A simplicidade da lista torna fácil memorizá-la e acessível enquanto "ponto de referência compartilhado". Os benefícios de sua abstração – comunicabilidade e potencial para rápida generalização – tornam-na uma força potente para o estabelecimento e a manutenção da ordem. Contudo, a lista é caracterizada pela presença de profundas limitações estruturais intrínsecas. Ela é de insuficiente complexidade para representar de modo verdadeiro a natureza da moralidade processual (que é organizada hierarquicamente, de uma forma mutável e dependente de contexto). Ela é incapaz de abordar o sofrimento produzido pelo conflito do dever – definir um comportamento aceitável quando a situação compele a uma resposta comportamental conflitante (quando um pré-requisito moral listado entra em conflito com outro). O estabelecimento da lei fixa também limita a capacidade de julgamento e escolha, restringindo a flexibilidade adaptativa, muitas vezes de forma perigosa, quando a "alteração ambiental" torna essa flexibilidade necessária:

> Cuide para que ninguém o extravie, dizendo: "Ei-lo aqui!" ou "Lá está!", porque o Filho do homem está dentro de você.
> Siga-o.
> Aqueles que o buscam o encontrarão.
> Vá e pregue o evangelho do reino.

---

[117] Ver, no Capítulo 2, o subtítulo O Grande Pai: Imagens do Conhecido (ou Território Explorado).

Não crie nenhuma regra além daquelas que eu recomendei, e não crie uma lei como o legislador, para que não seja constrangido por ela.[118, 119]

Como consequência de suas limitações intrínsecas, a lista, que afirma o que não deve ser, deve abrir caminho, uma vez preenchida, para o estabelecimento de uma forma mais abstrata de ordem moral, baseada em princípios mais flexíveis – a qual sugere o que deveria ser.

Descrições das tentativas de Cristo de transcender as limitações perigosas, embora necessárias, sobre o comportamento impostas pela adesão à letra da lei tomam a forma de *narrativa sobre o paradoxo*. Poder-se-ia dizer que Cristo apresenta (ou é apresentado com) uma série de nós górdios – dilemas morais – que emergem como consequência inevitável da estrutura da lista de leis. Ele joga um jogo mortalmente sério com os representantes temporais da ordem então tradicional, representados no Novo Testamento na forma dos "fariseus e escribas", provocando-os com enigmas do tipo *koan* que emergem como consequência de suas próprias crenças:

> Certo sábado, ao passarem pelas plantações, seus discípulos arrancavam espigas e as comiam, debulhando-as com as mãos. Alguns fariseus disseram: "Por que fazeis o que não é permitido em dia de sábado?"[120] Jesus respondeu-lhes: "Não lestes o que fez Davi, ele e seus companheiros, quando tiveram fome? Entrou na casa de Deus, tomou os pães da proposição, comeu deles e deu também aos companheiros – esses pães que só aos sacerdotes é permitido comer." E dizia-lhes: "O Filho do Homem é senhor do sábado!"[121]

---

[118] O Diálogo do Salvador, em Robinson, J.R. (1988), p. 525.

[119] Não são apenas os Evangelhos Gnósticos que insistem na natureza psicológica do Reino de Deus:

> Interrogado pelos fariseus sobre quando chegaria o Reino de Deus, respondeu-lhes: "A vinda do Reino de Deus não é observável. Não se poderá dizer: 'Ei-lo aqui! Ei-lo ali!', pois eis que o Reino de Deus está no meio de vós" (Lucas 17,20-21).

[120] Referência a Êxodo 31,12-15:

> Iahweh disse a Moisés: "Fala aos israelitas e dize-lhes: Observareis de verdade os meus sábados, porque são um sinal entre mim e vós em vossas gerações, a fim de que saibais que eu sou Iahweh, o que vos santifica. Observareis, pois, o sábado, porque é uma coisa santa para vós. Quem o profanar será castigado com a morte. Todo o que realizar nele algum trabalho será retirado do meio do povo. Durante os dias poder-se-á trabalhar; no sétimo dia, porém, se fará repouso absoluto, em honra de Iahweh. Todo aquele que trabalhar no dia do sábado deverá ser morto."

[121] Há uma inserção apócrifa em Lucas 6,4. A inserção diz: "Homem, se de fato sabes o que fazes, és um abençoado; mas se não sabes, és um amaldiçoado, e um transgressor da lei" (*Codex Bezae ad Lucam* [Para Lucas] 6,4). Mais informações disponíveis em James,

M.R. (1924). Jung observa que a moral dessa história é análoga àquela na parábola do administrador infiel:

> É tarefa do Paracleto, o "espírito da verdade", habitar e trabalhar nos seres humanos individuais, de modo a lembrá-los dos ensinamentos de Cristo e conduzi-los à luz. Um bom exemplo dessa atividade é Paulo, que não conhecia o Senhor e recebeu seu evangelho não dos apóstolos, mas por meio da revelação. Ele era uma dessas pessoas cujo inconsciente era perturbado e produzia êxtases reveladores. A vida do Espírito Santo se revela por meio de sua própria atividade, e por meio de efeitos que não apenas confirmam as coisas que todos nós conhecemos, mas vão além delas. Nos ensinamentos de Cristo, já há indicações que vão além da moralidade tradicionalmente "cristã" – por exemplo, a parábola do administrador infiel (Lucas 16,1-8), cuja moral concorda com o Logion do *Codex Bezae* [Código de Beza] e evidencia um padrão ético muito diferente do que se espera. Aqui, o critério moral é a *consciência*, e não a lei ou a convenção. Alguém também poderia mencionar o estranho fato de que é justamente Pedro, carente de autocontrole e dono de um caráter volúvel, que Cristo deseja transformar na rocha e alicerce de sua igreja (Jung, C.G. [1969], p. 433-444).

Jung também faz referência ao Papiro de Oxirrinco, que é "mais antigo que a primeira concepção dos evangelhos" (Jung, C.G. [1969], p. 444): Cristo diz: "Onde se reunirem dois, eles não estão sem Deus, e onde houver um sozinho, eu digo que estou com eles". Jung observa que isso contraria a versão padrão: "Pois onde dois ou três estiverem reunidos em meu nome, ali estou eu no meio deles" (Mateus 18,20). A última parte da primeira declaração é de uma semelhança gritante com a noção de Kierkegaard:

> Pois uma "multidão" é a inverdade. Em um sentido divino, isso é verdade, eternamente, com cristãmente, conforme São Paulo diz, que "só um ganha o prêmio" – que não quer dizer num sentido comparativo, já que a comparação leva outros em conta. Significa que todo homem pode ser aquele um, Deus ajudando-o nisso – mas só um ganha o prêmio. E, de novo, isso significa que todo homem deveria ser cauteloso sobre sua relação com "os outros", e que essencialmente deveria falar apenas com Deus e consigo mesmo – porque só um ganha o prêmio. E, novamente, isso significa que esse homem, ou ser um homem, é semelhante à deidade. Em um sentido mundano e temporal, será dito pelo homem de atitude, sociável e amistoso: "Quão irracional que apenas só um ganhe o prêmio; porque é de longe mais provável que muitos, pela força do esforço unido, possam ganhar o prêmio; e quando formos muitos, o sucesso será mais certo e mais fácil para cada homem individualmente". Por certo isso é de longe o mais *provável*; e é também verdade com respeito a todos os bens mundanos e materiais. Se for permitido conseguir o que se quer, este se torna o único ponto de vista verdadeiro, pois ele elimina Deus e a eternidade e a semelhança do homem para com a deidade. Elimina ou transforma em uma fábula e coloca em seu lugar a noção moderna (ou, talvez possamos dizer, a antiga noção pagã) de que ser homem é pertencer a uma raça dotada de razão, pertencer a ela como espécime, de modo que a raça ou a espécie seja superior ao indivíduo, o que significa dizer que não há mais indivíduos, mas apenas espécimes. Mas a eternidade que se debruça sobre e bem acima do temporal, tranquila como a abóbada estrelada da noite, e Deus no paraíso, que na alegria daquela sublime tranquilidade mantém sob vigília, sem o menor senso de tontura por tal altura, essas incontáveis multidões de homens, e

Em outro sábado, entrou ele na sinagoga e começou a ensinar. Estava ali um homem com a mão direita atrofiada. Os escribas e os fariseus observavam-no para ver se ele o curaria no sábado, e assim encontrar com que o acusar. Ele, porém, percebeu seus pensamentos e disse ao homem de mão atrofiada: "Levanta-se e fica de pé no meio de todos". Ele se levantou e ficou de pé. Jesus lhe disse: "Eu vos pergunto se, no sábado, é permitido fazer o bem ou o mal, salvar uma vida ou arruiná-la". Correndo os olhos por todos eles, disse ao homem: "Estende a mão". Ele o fez, e sua mão voltou ao estado normal. Eles, porém, se enfureceram e combinavam o que fariam com Jesus. (Lucas 6,1-11).

De forma semelhante:

Certo sábado, ele entrou na casa de um dos chefes dos fariseus para tomar uma refeição, e eles o espiavam. Eis que um hidrópico estava ali diante dele. Tomando a palavra, Jesus disse aos legistas e os fariseus: "É lícito ou não curar no sábado?" Eles, porém, ficaram calados. Tomou-o, então, curou-o e despediu-o. Depois perguntou-lhes: "Qual de vós, se seu filho ou seu boi cai num poço, não o retira imediatamente em dia de sábado?" Diante disso, nada lhe puderam replicar. (Lucas 14,1-6).

Também:

Ao passar, ele viu um homem, cego de nascença. Seus discípulos lhe perguntaram: "Rabi, quem pecou, ele ou seus pais, para que nascesse cego?" Jesus respondeu: "Nem ele nem seus pais pecaram, mas é para que nele sejam manifestadas as obras de Deus.
Enquanto é dia,
temos de realizar as obras daquele que me enviou;
vem a noite,
quando ninguém pode trabalhar.
Enquanto estou no mundo,
sou a luz do mundo."
Tendo dito isso, cuspiu na terra, fez lama com a saliva, aplicou-a sobre os olhos do cego e lhe disse: "Vai lavar-te na piscina de Siloé" – que quer dizer "Enviado". O cego foi, lavou-se e voltou vendo claro.
Os vizinhos, então, e os que estavam acostumados a vê-lo antes, porque era mendigo, diziam: "Não é esse que ficava sentado a mendigar?" Alguns diziam:

---

conhece cada indivíduo pelo nome – Ele, o Grande Examinador, diz que só um ganha o prêmio" (citado em Kaufmann, W. [1975], p. 94-95).

"É ele". Diziam outros: "Não, mas alguém parecido com ele". Ele, porém, dizia: "Sou eu mesmo". Perguntaram-lhe, então: "Como se abriram teus olhos?" Respondeu: "O homem chamado Jesus fez lama, aplicou-a nos meus olhos e me disse: 'Vai a Siloé e lava-te'. Fui, lavei-me e recobrei a vista". Disseram-lhe: "Onde está ele?" Disse: "Não sei".

Conduziram o que fora cego aos fariseus. Ora, era sábado o dia em que Jesus fizera lama e lhe abrira os olhos. Os fariseus perguntaram-lhe novamente como tinha recobrado a vista. Respondeu-lhes: "Ele aplicou-me lama nos olhos, lavei-me e vejo". Diziam, então, alguns dos fariseus: "Esse homem não vem de Deus, porque não guarda o sábado". Outros diziam: "Como pode um homem pecador realizar tais sinais?" E havia cisão entre eles. De novo disseram ao cego: "Que dizes de quem te abriu os olhos?" Respondeu: "É profeta".

Os judeus não creram que ele fora cego enquanto não chamaram os pais do que recuperara a vista e perguntaram-lhes: "Este é vosso filho, que dizeis ter nascido cego? Como é que agora ele vê?" Seus pais então responderam: "Sabemos que este é nosso filho e que nasceu cego. Mas como agora ele vê não o sabemos; ou quem lhe abriu os olhos não o sabemos. Interrogai-o. Ele tem idade. Ele mesmo se explicará". Seus pais assim disseram por medo dos judeus, pois os judeus já tinham combinado que, se alguém reconhecesse Jesus como Cristo, seria expulso da sinagoga. Por isso, seus pais disseram: "Ele já tem idade; interrogai-o".

Chamaram, então, a segunda vez, o homem que fora cego e lhe disseram: "Dá glória a Deus! Sabemos que esse homem é pecador". Respondeu ele: "Se é pecador, não sei. Uma coisa eu sei: é que eu era cego e agora vejo". Disseram-lhe, então: "Que te fez ele? Como te abriu os olhos?" Respondeu-lhes: "Já vos disse e não ouvistes. Por que quereis ouvir novamente? Por acaso quereis também tornar-vos seus discípulos?" Injuriaram-no e disseram: "Tu, sim, és seu discípulo; nós somos discípulos de Moisés. Sabemos que Deus falou a Moisés; mas esse, não sabemos de onde é". (João 9,1- 29).

Também:

os fariseus e os escribas o interrogam: "Por que não se comportam os teus discípulos segundo a tradição dos antigos, mas comem o pão com mãos impuras?" Ele lhes respondeu: "Bem profetizou Isaías a respeito de vós, hipócritas, como está escrito:
Este povo honra-me com os lábios,
mas o seu coração está longe de mim.
Em vão me prestam culto;
as doutrinas que ensinam são mandamentos humanos." (Marcos 7,5-7.)

Piaget – no que poderia ser considerado um comentário verdadeiro sobre essas histórias – diferencia "moralidade da restrição" de "moralidade da cooperação",[122] descrevendo a primeira como um "sistema de regras"[123] que a vida afetiva utiliza para controlar o comportamento.[124]

> Uma vez que toma as regras de forma literal e as coisas boas apenas em termos de obediência, a criança avaliará os atos, a princípio, não de acordo com o motivo que os impulsionou, mas segundo a sua exata conformidade para com as regras estabelecidas.[125]

Piaget associa a moralidade da restrição a um nível inicial do desenvolvimento cognitivo – um nível que, no entanto, serve de precondição necessária para o desenvolvimento ulterior. Piaget afirma: "Para crianças muito jovens, uma regra é uma realidade sagrada porque é tradicional; para as mais velhas, ela depende de um acordo mútuo".[126] Joseph Rychlak comenta:

> As crianças mais novas também são muito mais severas na atribuição de punição àqueles que violam as regras. Parece que elas querem enfatizar a punição para o seu próprio bem, ao passo que as crianças mais velhas usam a punição mais para mostrar ao transgressor que um vínculo é quebrado entre as pessoas quando ocorre uma transgressão. O sistema de valor de Piaget considera a regra por cooperação um equilíbrio mais satisfatório nas relações humanas do que a regra por autoridade. Para que uma regra funcione sem as pressões da autoridade, deve haver sentimentos de respeito mútuo entre as pessoas que subscrevem a regra.[127] Isso necessariamente traz a afetividade para as considerações de moralidade. A restrição autoritária governa por meio de sentimentos de ansiedade e medo, mas, quando há respeito mútuo entre as pessoas, uma moralidade de cooperação pode ocorrer.[128]

A moralidade da tradição não se baseia nas mesmas pressuposições que a moralidade de cooperação. Os tradicionalistas rígidos supõem que a resposta à pergunta "o que é o bem?" pode ser – tem sido – respondida de forma permanente e concreta com a lista de leis. Contudo, tal lista é sempre insuficiente para efeitos de adaptação completa. Assim, com bastante justificativa, Lao-Tsé pode dizer:

---

[122] Piaget, J. (1965), p. 197.
[123] Ibidem, p. 13.
[124] Ibidem, p. 398.
[125] Ibidem, p. 111.
[126] Ibidem, p. 102.
[127] Ibidem, p. 362.
[128] Rychlak, J. (1981), p. 699.

> O homem que verdadeiramente é sábio e amável
> Não deixa nada a ser feito,
> Mas aquele que age apenas
> De acordo com a lei de sua nação
> Deixa muitas coisas por fazer.[129]

Os seguidores da tradição dependem da atribuição de valor sobre-humano a figuras ancestrais e, da mesma forma, aos seus atuais representantes temporais e espirituais. Aqueles que abraçam a moralidade da cooperação, por sua vez, valorizam o conceito de "respeito mútuo" – o que significa a apreciação simultânea da igualdade e do valor mútuo entre indivíduos dentro de (e, muito mais radicalmente, entre os) grupos sociais.

O comportamento de qualquer grupo social – e, portanto, o valor atribuído aos fenômenos que constituem o território compartilhado do grupo – desponta como uma consequência da necessidade de se manter um equilíbrio entre a oportunidade de expressão do desejo individual e a restrição do conflito interindividual. Tal equilíbrio, vital para a manutenção da estabilidade do grupo, é estabelecido *muito antes* que as "regras" que regem esse estabelecimento possam ser modeladas na memória semântica ou episódica, a partir das perspectivas filo-ontogenéticas. Mesmo os animais sociais mais simples erigem uma hierarquia de dominância e se comportam "como se" de acordo com o princípio. É um erro pressupor, no entanto, que os animais mais simples podem representar abstratamente seus comportamentos – isto é, formar um modelo imagético deles na imaginação – ou compreender os "princípios" que os regem. Da mesma forma, crianças socializadas, em sociedades humanas complexas, incorporam a moralidade de sua cultura em seu comportamento muito tempo antes de conseguirem representar abstratamente ou descrever semanticamente o raciocínio para essa moralidade, e *antes que possam conscientemente (episódica ou semanticamente) se lembrar de aprender a como se comportar*. O mesmo pode ser dito dos adultos: a existência da moralidade – esse aspecto intrínseco do comportamento social – de longe precede a representação da moralidade e a descrição racional dos fundamentos de sua existência. A moralidade, em seu nível mais fundamental, é uma propriedade emergente da interação social, personificada no comportamento individual, implícita no valor atribuído aos objetos e situações, baseada (inconscientemente) no conhecimento processual.

---

[129] Lao-Tsé (1984c).

Duas perguntas surgem naturalmente a partir dessa discussão: "É possível abstrair a partir da observação da interação social as 'regras' ou padrões que caracterizam essas interações?", e, em caso afirmativo, "o que essas 'regras' poderiam ser?". A cultura de grupo primeva determina a natureza da interação social entre os membros do grupo e traz a expectativa geral, a previsibilidade, para os encontros entre indivíduos diferencialmente desejáveis, poderosos e perigosos desse grupo. O simples fato de uma hierarquia estável implica a existência de uma moralidade processual complexa (e um sistema de valores implícito). O comportamento de animais sociais, dentro de uma hierarquia, constitui o reconhecimento de facto de "princípios" morais complexos, que poderiam ser considerados as inevitáveis propriedades emergentes da constante interação social. É muito perigoso para todo o grupo se qualquer um de seus membros rotineiramente se envolver em competições físicas extenuantes. O esgotamento – ou a completa eliminação – do poder dos membros constituintes do grupo significa um risco maior de ataques externos. Assim, a competição física entre animais sociais, necessária para o estabelecimento da dominância, geralmente tem uma natureza ritualística e termina bem antes de lesões graves ou morte. Os animais sociais desenvolveram sinais de submissão, por exemplo, que indicam a sua vontade de encerrar a luta pelo poder. Esses sinais são, em geral, respeitados pelo vencedor. O mais poderoso membro de determinado grupo social pode vir a dominar esse grupo – pelo menos em algumas circunstâncias –, mas o domínio assume uma forma limitada. Até mesmo o mais dominante dos animais deve agir "como se" – *como se seu poder de expressão fosse limitado pelo reconhecimento da necessidade de manutenção do grupo e dos indivíduos que o constituem e o sustentam.* Essa restrição, parcialmente manifesta em afeição social, fornece a precondição para o surgimento da moralidade abstrata complexa, que tem origem no conhecimento processual inato e socializado, que é "inconsciente" na essência – isto é, não representacional ou indeclarável. Não é muito difícil reconhecer nessa restrição o imperativo moral "trate os fracos como se eles também fossem valiosos" – que os profetas do Antigo Testamento reiteravam – ou até mesmo – "Ama o teu próximo (mesmo o teu inimigo) como a ti mesmo". Considere o primeiro sermão de Cristo:

> Jesus voltou então para a Galileia, com a força do Espírito, e sua fama espalhou-se por toda a região circunvizinha. Ensinava em suas sinagogas e era glorificado por todos.
>
> Ele foi a Nazaré, onde fora criado, e, segundo seu costume, entrou em dia de sábado na sinagoga e levantou-se para fazer a leitura. Foi-lhe entregue o livro do profeta Isaías; desenrolou-o, encontrando o lugar onde está escrito:

O Espírito do Senhor está sobre mim,
porque ele me consagrou pela unção
para evangelizar os pobres;
enviou-me para proclamar a libertação aos presos
e aos cegos a recuperação da vista,
para restituir a liberdade aos oprimidos
e para proclamar um ano de graça do Senhor.

Enrolou o livro, entregou-o ao servente e sentou-se. Todos na sinagoga olhavam-no, atentos. Então começou a dizer-lhes: "Hoje se cumpriu aos vossos ouvidos essa passagem da Escritura". Todos testemunhavam a seu respeito, e admiravam-se das palavras cheias de graça que saíam de sua boca.

E diziam: "Não é este o filho de José?" Ele, porém, disse: "Certamente me citareis o provérbio: Médico, cura-te a ti mesmo. Tudo o que ouvimos dizer que fizeste em Cafarnaum, faze-o também aqui em tua pátria". Mas em seguida acrescentou: "Em verdade vos digo que nenhum profeta é bem recebido em sua pátria.

De fato, eu vos digo que havia em Israel muitas viúvas nos dias de Elias, quando por três anos e seis meses o céu permaneceu fechado e uma grande fome devastou toda a região; Elias, no entanto, não foi enviado a nenhuma delas, exceto a uma viúva, em Sarepta, na região de Sidônia. Havia igualmente muitos leprosos em Israel no tempo do profeta Eliseu; todavia, nenhum deles foi purificado, a não ser o sírio Naamã".

Diante dessas palavras, todos na sinagoga se enfureceram. E, levantando-se, expulsaram-no para fora da cidade e o conduziram até um cimo da colina sobre a qual a cidade estava construída, com a intenção de precipitá-lo de lá. Ele, porém, passando pelo meio deles, prosseguia seu caminho...

Desceu então a Cafarnaum, cidade da Galileia, e ensinava-os aos sábados. Eles ficavam pasmados com seu ensinamento, porque falava com autoridade. (Lucas 4,14-32.)

Também:

Jesus, partindo dali, retirou-se para a região de Tiro e de Sidônia. E eis que uma mulher cananeia, daquela região, veio gritando: "Senhor, filho de Davi, tem compaixão de mim: a minha filha está horrivelmente endemoninhada". Ele, porém, nada lhe respondeu. Então os seus discípulos se chegaram a ele e pediram-lhe: "Despede-a, porque vem gritando atrás de nós". Jesus respondeu: "Eu não fui enviado senão às ovelhas perdidas da casa de Israel".

> Mas ela, aproximando-se, prostrou-se diante dele e pôs-se a rogar: "Senhor, socorre-me!" Ele tornou a responder: "Não fica bem tirar o pão dos filhos e atirá-lo aos cachorrinhos". Ela insistiu: "Isso é verdade, Senhor, mas também os cachorrinhos comem das migalhas que caem da mesa dos seus donos!" Diante disso, Jesus lhe disse: "Mulher, grande é tua fé! Seja feito como queres!" E a partir daquele momento sua filha ficou curada. (Mateus 15,21-28.)

O reino do Céu, conforme concebido por Cristo, era não só povoado por estrangeiros – uma inclusão suficientemente inaceitável – como também por todos aqueles considerados supérfluos ou pecadores de acordo com a moral vigente: pela prostituta, o coletor de impostos, o doente, o louco e, mais radicalmente, pelo inimigo. Isso, é claro, não significava o fim da moralidade – não significava o estabelecimento de uma "comunidade" anárquica onde tudo era igual e, portanto, igualmente sem valor (onde o praticante e o torturador impenitente e o santo autêntico seriam dignos de igual distinção) –, mas o retrato de um estado em que a vida passada ou as condições do nascimento, não importando quão miserável, não determinavam, por fim, o valor do presente ou as possibilidades do futuro.

A natureza extremamente radical desse ponto de vista perturbou profundamente os tradicionalistas na comunidade de Cristo. Seu exemplo servia como repreensão para suas ações; sua filosofia era uma ameaça à integridade de suas posições mais caras. Por conseguinte, eles constantemente tentaram fazer com que Cristo emitisse uma declaração irrevogavelmente criminosa ou herege. Essa estratégia tendia a sair pela culatra:

> Então os fariseus foram reunir-se para tramar como apanhá-lo por alguma palavra. E lhe enviaram os seus discípulos, juntamente com os herodianos, para lhe dizerem: "Mestre, sabemos que és verdadeiro e que, de fato, ensinas o caminho de Deus. Não dás preferência a ninguém, pois não consideras um homem pelas aparências. Dize-nos, pois, que te parece: é lícito pagar imposto a César, ou não?" Jesus, porém, percebendo a sua malícia, disse: "Hipócritas! Por que me pondes à prova? Mostrai-me a moeda do imposto". Apresentaram-lhe um denário. Disse ele: "De quem é esta imagem e a inscrição?" Responderam: "De César". Então lhes disse: "Dai, pois, o que é de César a César, e o que é de Deus, a Deus." Ao ouvirem isso, ficaram surpresos e, deixando-o, foram-se embora. (Mateus 22,15-22.)

Também:

> "Ninguém acende uma lâmpada para colocá-la em lugar escondido ou debaixo do alqueire, e sim sobre o candelabro, a fim de que os que entram vejam a luz.

A lâmpada do corpo é o teu olho. Se teu olho estiver são, todo o teu corpo ficará também iluminado; mas se ele for mau, teu corpo também ficará escuro. Por isso, vê bem se a luz que há em ti não é treva. Portanto, se todo o teu corpo está iluminado, sem parte alguma tenebrosa, estará todo iluminado como a lâmpada, quando te ilumina com seu fulgor."

Enquanto falava, um fariseu convidou-o para almoçar em sua casa. Entrou e pôs-se à mesa. O fariseu, vendo isso, ficou admirado de que ele não fizesse primeiro as abluções antes do almoço. O Senhor, porém, lhe disse: "Agora vós, ó fariseus! Purificais o exterior do copo e do prato, e por dentro estais cheios de rapina e de perversidade! Insensatos! Quem fez o exterior não fez também o interior? Antes, dai o que tendes em esmola e tudo ficará puro para vós! Mas ai de vós, fariseus, que pagais o dízimo da hortelã, da arruda e de todas as hortaliças, mas deixais de lado a justiça e o amor de Deus! Importava praticar estas coisas sem deixar de lado aquelas. Ai de vós, fariseus, que apreciais o primeiro lugar nas sinagogas e as saudações nas praças públicas! Ai de vós, porque sois como esses túmulos disfarçados, sobre os quais se pode transitar, sem o saber!"

Um dos legistas tomou então a palavra: "Mestre, falando assim, tu nos insultas também!" Ele respondeu: "Igualmente ai de vós, legistas, porque impondes aos homens fardos insuportáveis, e vós mesmos não tocais esses fardos com um dedo sequer!

Ai de vós que edificais os túmulos dos profetas, enquanto foram vossos pais que os mataram! Assim, vós sois testemunhas e aprovais os atos dos vossos pais: eles mataram e vós edificais!

Eis por que a Sabedoria de Deus disse: Eu lhes enviarei profetas e apóstolos; eles matarão e perseguirão a alguns deles, a fim de que se peçam contas a esta geração do sangue de todos os profetas que foi derramado desde a criação do mundo, do sangue de Abel até o sangue de Zacarias, que pereceu entre o altar e o Santuário. Sim, digo-vos, serão pedidas contas a esta geração!

Ai de vós, legistas, porque tomastes a chave da ciência! Vós mesmos não entrastes e impedistes os que queriam entrar!"

Quando ele saiu de lá, os escribas e os fariseus começaram a persegui-lo terrivelmente e a cercá-lo de interrogatórios a respeito de muitas coisas, armando-lhe ciladas para surpreenderem uma palavra de sua boca. (Lucas 11,33-54.)

A capacidade de Cristo de urdir seu caminho para fora das armadilhas verbais continuou a inflamar os fariseus, que tentaram, cada vez com mais sofística, encurralá-lo:

e um deles – a fim de pô-lo à prova – perguntou-lhe: "Mestre, qual é o maior mandamento da Lei?" Ele respondeu: "Amarás ao Senhor teu Deus de todo o teu coração, de toda a tua alma e de todo o teu espírito. Esse é o maior e o primeiro mandamento. O segundo é semelhante a esse: Amarás o teu próximo como a ti mesmo. Desses dois mandamentos dependem toda a Lei e os Profetas". (Mateus 22,35-40.)

Contudo, o poder das respostas inesperadas de Cristo – em conjunção com seu evidente domínio do conhecimento tradicional (Mateus 22,42-45) – silenciou temporariamente os críticos:

> E ninguém podia responder-lhe nada. E a partir daquele dia, ninguém se atreveu a interrogá-lo. (Mateus 22,46.)

As respostas de Cristo significaram a transição da moralidade da confiança na tradição para a confiança na consciência individual – da regra da lei para a regra do espírito – da proibição à exortação. Amar a Deus significa ouvir a voz da verdade[130] e

---

[130] Os comentários de Sócrates sobre o oráculo interno são de interesse aqui. Ele afirma, na Apologia, após (voluntariamente) aceitar sua sentença de morte (tradução de Maria Lacerda de Souza):

Agora, pois, quero vaticinar-vos o que se seguirá, ó vós que me condenastes, porque já estou no ponto em que os homens especialmente vaticinam, quando estão para morrer. Digo-vos, de fato, ó cidadãos que me condenaram, que logo depois da minha morte virá uma vingança muito mais severa, por Zeus, do que aquela pela qual me tendes sacrificado. Fizestes isto acreditando subtrair-vos ao aborrecimento de terdes de dar conta da vossa vida, mas eu vos asseguro que tudo sairá ao contrário. Em maior número serão os vossos censores, que eu até agora contive, e vós reparastes. E tanto mais vos atacarão quanto mais jovens forem e disso tereis maiores aborrecimentos. Se acreditais, matando os homens, entreter alguns dos vossos críticos, não pensais justo; esse modo de vos livrardes não é decerto eficaz nem belo, mas belíssimo e facílimo é não contrariar os outros, mas aplicar-se a se tornar, quanto se puder, melhor. Faço, pois, este vaticínio a vós que me condenastes. Chego ao fim. Quanto àqueles cujos votos me absolveram, eu teria prazer de conversar com eles a respeito deste caso que acaba de ocorrer enquanto os magistrados estão ocupados, enquanto não chega o momento de ter de ir ao lugar onde terei de morrer. Ficai, pois, comigo este pouco de tempo, ó cidadãos, porque nada nos impede de conversarmos horas juntos, enquanto se pode. É que a vós, como meus amigos, quero mostrar, que não desejo falar do meu caso presente. A mim, de fato, ó juízes – uma vez que, chamando-vos juízes vos dou o nome que vos convém – aconteceu qualquer coisa de maravilhoso. Aquela minha voz habitual do demônio (daimon, gênio) em todos os tempos passados me era sempre frequente e se oponha ainda mais nos pequeninos casos, cada vez que fosse para fazer alguma coisa que não estivesse muito bem. Ora, aconteceram-me estas coisas, que vós mesmos estais vendo e que, decerto, alguns julgariam e considerariam o extremo dos males; pois bem, o sinal do deus não se me opôs, nem esta manhã, ao sair de casa, nem quando vim aqui, ao tribunal, nem durante todo o discurso. Em todo este processo, não se opôs uma só vez, nem a um ato, nem a palavra alguma. Qual suponho que seja

agir em conformidade com suas mensagens; amar ao próximo *como a ti mesmo*. Isso significa não apenas ser agradável, educado e simpático, mas atribuir ao outro um valor equivalente ao valor do eu – que, apesar das aparências externas, é um representante de Deus – e agir em consequência dessa valoração. Essa transição significa o estabelecimento de um equilíbrio dinâmico ativo de demandas motivacionais concorrentes e subjetivamente baseadas, enquanto se mantém e criativamente modifica o ambiente social e natural. Significa a satisfação das necessidades pessoais e interpessoais em conformidade com princípios metamorais, em vez de conforme as demandas do poder ou tradição dogmática. Assim, o processo pelo qual a tradição é gerada é colocado em contraste inevitável com a própria tradição:

> "Pensais que vim para estabelecer a paz sobre a terra? Não, eu vos digo, mas a divisão. Pois doravante, numa casa com cinco pessoas, estarão divididas três contra duas e duas contra três; ficarão divididos: pai contra filho e filho contra pai, mãe contra filha e filha contra mãe, sogra contra nora e nora contra sogra". (Lucas 12,51-53.)

Esta é verdadeiramente a morte da adesão irrefletida à autoridade – pois, como na sociedade arcaica, o passado governa:

> Em tempos normais, quando a cultura está estável e o cânone paterno se mantém em vigor por gerações, a relação entre pai e filho consiste em transmitir esses valores ao filho e imprimi-los sobre ele, após ele ter passado nos testes de iniciação na puberdade. Essas ocasiões, e a psicologia que as acompanha, são distinguidas pelo fato de que não há nenhum problema entre pai e filho, ou apenas a ínfima sugestão de um. Não devemos ser enganados pela experiência diferente da nossa própria época "extraordinária". A monótona mesmice entre pais e filhos é a regra em uma cultura estável. Essa mesmice significa apenas que o cânone paterno dos ritos e das instituições que tornam o jovem um adulto e o pai um idoso tem indiscutível influência, de modo que o jovem faz sua transição para a idade adulta prescrita de forma tão natural quanto o pai passa à velhice.
>
> Há, no entanto, uma exceção a isso, e a exceção é o indivíduo criativo – o herói. Como diz Barlach, o herói deve "despertar as imagens adormecidas do futuro que podem surgir da noite, a fim de dar ao mundo uma nova e melhor

---

a causa? Eu vo-la direi: em verdade este meu caso arrisca ser um bem, e estamos longe de julgar retamente, quando pensamos que a morte é um mal. E disso tenho uma grande prova: que, por muito menos, o habitual signo, o meu demônio, se me teria oposto, se não fosse para fazer alguma coisa de bem. (*Platão*. In: Hutchins, R.M. [1952], p. 210-211).

face". Isso necessariamente faz dele um violador da antiga lei. Ele é o inimigo do velho sistema dominante, dos antigos valores culturais e do atual tribunal da consciência, e assim ele necessariamente entra em conflito com os pais. Nesse conflito, a "voz interior", o comando do pai transpessoal ou do arquétipo paterno que deseja a mudança do mundo colide com o pai pessoal que fala a favor da antiga lei. Conhecemos melhor esse conflito pela história, na Bíblia, do comando do Senhor a Abraão: "Sai da tua terra, da tua parentela e da casa de teu pai, para a terra que te mostrarei" (Gênesis 12,1), que o *midrash* (Gorion, B., *Sagen der Juden*, vol. II, Die Erzvater, XI) interpreta no sentido de que Abraão deve destruir os deuses de seu pai. A mensagem de Jesus é apenas uma extensão do mesmo conflito, e ela se repete em toda revolução. Não importa se a nova imagem de Deus e do mundo entra em conflito com uma imagem antiga, ou com o pai, pois o pai representa sempre a velha ordem e, por conseguinte, também a velha imagem atual em seu cânone cultural.[131]

Em qual princípio a regra do espírito, em vez de a da lei, se baseia? No respeito pela natureza heroica inata do homem. O homem arcaico "inconsciente" imita comportamentos adaptativos particulares – integrados, no entanto, em uma estrutura processual que contém todos os outros comportamentos adaptativos, capazes de forçar a imitação, e acompanhados pela representação semântica e episódica no mito. As culturas pré-experimentais consideram o ato de estabelecimento inicial do comportamento adaptativo como algo divino porque, em primeiro lugar, ele segue um padrão arquetípico e, portanto, transpessoal – que governa a exploração criativa –, e, em segundo lugar, porque ele força a imitação e, por isso, parece estar dotado de poder. Todos os comportamentos que mudam a História e forçam a imitação seguem o mesmo padrão – aquele do herói divino, a personificação do potencial criativo humano. Para o indivíduo primitivo, são as consequências de tal heroísmo e os atos particulares em si que constituem a essência do passado. O processo de imitação e suas variantes abstratas, no entanto, permitem que a natureza dessa essência seja continuamente esclarecida – até que, por fim, a representação de ações heroicas abstratas, mas específicas, dê lugar à representação do processo de heroísmo *per se*. Nesse ponto, torna-se possível para o indivíduo criativo imitar, conscientemente encarnar, o próprio processo de redenção do mundo.

A lei é uma precondição necessária para a salvação, por assim dizer; necessária, mas insuficiente. A lei provê as fronteiras que limitam o caos e possibilita o

---

[131] Neumann, E. (1954), p. 173-174.

amadurecimento protegido do indivíduo. A lei disciplina a possibilidade e permite que o indivíduo disciplinado mantenha as suas potencialidades – aqueles espíritos intrapsíquicos – sob o controle voluntário. A lei permite a aplicação de tal potencialidade à tarefa da existência criativa e corajosa – permite o fluxo controlado de água espiritual para dentro do vale da sombra da morte. Contudo, a lei mantida como absoluta coloca o homem na posição do eterno adolescente, dependente do pai para toda decisão vital; remove a responsabilidade do indivíduo pela ação e, portanto, impede-o de descobrir a potencial grandeza da alma. A vida sem lei permanece caótica, afetivamente intolerável. A vida que é pura lei se torna estéril, igualmente insuportável. O domínio do caos ou da esterilidade alimenta de igual maneira o ressentimento e o ódio homicidas.

Cristo apresentou o reino dos Céus (o objetivo arquetípico) como um reino espiritual, ou seja, um estado psicológico, depois interpessoal. Esse estado diferia da Terra Prometida hipotética descrita no Antigo Testamento de várias maneiras vitalmente importantes. Em primeiro lugar, a sua construção era uma questão de alteração voluntariamente escolhida na atitude e na mentalidade pessoais, em vez de uma culminância do trabalho material e dos recursos naturais. Segundo, ele era baseado na reconceitualização revolucionária e paradoxal da natureza do objetivo – do paraíso em si. A vida e as palavras de Cristo – enquanto exemplares arquetípicos da maneira heroica do ser – colocam tensão explícita sobre o processo da vida, em vez de sobre seus produtos. O ponto de uma sinfonia não é sua nota final, embora ela avance inexoravelmente para esse fim. Da mesma forma, a finalidade da existência humana não é o estabelecimento de algum modo de ser estático, perfeito – o homem acharia tal perfeição intolerável, como Dostoiévski se esforçou para ilustrar. Em vez disso, a finalidade humana é a geração da capacidade de se concentrar nos eventos inatamente interessantes e afetivamente significativos do presente, com suficientes clareza e consciência, para tornar desnecessária a preocupação com o passado e o futuro. Cristo diz:

> "E com a roupa, por que andais preocupados? Observai os lírios do campo, como crescem, e não trabalham e nem fiam. E, no entanto, eu vos asseguro que nem Salomão, em toda sua glória, se vestiu como um deles. Ora, se Deus veste assim a erva do campo, que existe hoje e amanhã será lançada ao forno, não fará ele muito mais por vós, homens fracos na fé? Por isso, não andeis preocupados, dizendo: Que iremos comer? Ou, que iremos beber? Ou, que iremos vestir? De fato, são os gentios que estão à procura de tudo isso: vosso Pai celeste sabe que tendes necessidade de todas essas coisas. Buscai, em primeiro lugar, seu

Reino e sua justiça, e todas essas coisas vos serão acrescentadas. Não vos preocupeis, portanto, com o dia de amanhã, pois o dia de amanhã se preocupará consigo mesmo. A cada dia basta o seu mal." (Mateus 6,28-34.)

"A cada dia basta o seu mal" não significa "viva a vida do gafanhoto em vez da vida da formiga, cante no verão e passe fome no inverno", mas se concentrar na tarefa em mãos. Responda ao erro, quando cometido. Preste atenção, e quando seu comportamento produzir uma consequência que você considera intolerável, modifique-o – *não importa o que seja necessário para produzir tal modificação*. Permita que a consciência de sua insuficiência atual mantenha uma presença constante, de modo que você não cometa o erro do orgulho, torne-se inflexível, rígido e morto em espírito. Viva com plena consciência da sua capacidade para o erro – e da sua capacidade de retificar tais erros. Avance na confiança e na fé; não se encolha, evitando o inevitável contato com o terrível desconhecido, não viva em um buraco que fica menor e mais escuro a cada instante.

O significado da paixão cristã é a transformação do processo pelo qual o objetivo deve ser alcançado dentro do objetivo em si: a transformação da "imitação de Cristo" – o dever de todo cidadão cristão, por assim dizer – na personificação da existência corajosa, verdadeira, individualmente única:

> Então disse Jesus aos seus discípulos: "Se alguém quer vir após mim, negue-se a si mesmo, tome sua cruz e siga-me. Pois aquele que quiser salvar a sua vida, a perderá, mas o que perder sua vida por causa de mim, a encontrará. De fato, que aproveitará ao homem ganhar o mundo inteiro mas arruinar sua vida? Ou que poderá o homem dar em troca de sua vida?" (Mateus 16,24-26.)

Cristo disse: coloque a verdade e a consideração pelo divino na humanidade acima de todo o resto, e tudo aquilo de que você precisa irá acontecer – não tudo o que você acha que precisa, já que tal pensamento é falível e não serve como um guia confiável, mas tudo aquilo realmente necessário para tornar suportável uma vida agudamente (auto)consciente, sem a proteção da ilusão e sem a necessidade de recorrer à mentira, à fuga ou à opressão, e à violência. Essa ideia é apresentada de forma imagética na Figura 5.5: Árvore-Mundo da Morte e Redenção,[132] que retrata o "anfitrião" como o segundo fruto da árvore-mundo. A ingestão do primeiro fruto produziu a queda; a ingestão do segundo redime os que caíram.

---

[132] "A Árvore do Conhecimento: Igreja e Sinagoga", de um manuscrito suíço (século XV) (Figura 56, Neumann, E. [1955]).

O feminino negativo, na forma de Eva, entrega a maçã na forma de um crânio; o feminino positivo, na forma da igreja, distribui as hóstias que caracterizam o redentor. A incorporação do "corpo místico de Cristo" durante o ritual da missa, é a representação dramática da ideia de que o herói deve ser incorporado em cada indivíduo – que todos devem participar da essência do salvador.

Figura 5.5: Árvore-Mundo da Morte e Redenção

A existência caracterizada por essa essência ocorre, segundo o ponto de vista oriental, no caminho do sentido, no Tao, equilibrado no fio da navalha entre o masculino mítico e o feminino mítico – equilibrado entre a segurança da ordem potencialmente estupidificante e a possibilidade do caos inerentemente destrutivo. Tal existência permite a introdução de significado suficientemente suportável na abençoada segurança; torna cada indivíduo um corajoso guardião da tradição e um intrépido explorador do desconhecido; assegura a promoção e a manutenção simultâneas da existência social estável, dinâmica; e coloca o indivíduo de maneira firme no caminho da integridade intrapsíquica e da paz espiritual:

> Assim, todo aquele que ouve essas minhas palavras e as põe em pratica será comparado ao homem sensato que construiu sua casa sobre a rocha. Caiu a chuva, vieram as enxurradas, sopraram os ventos e deram contra aquela casa, mas ela não caiu, porque estava alicerçada na rocha (Mateus 7,24-25).

O Procedimento Alquímico e a Pedra Filosofal

Nota Introdutória
Parte Um

Os alquimistas ocidentais seguiram o cenário, conhecido já no período helenístico, das quatro fases do processo de transmutação: isto é, de obtenção da Pedra Filosofal. A primeira fase (a *nigredo*) – a regressão ao estado fluido da matéria – corresponde à morte do alquimista. De acordo com Paracelso, "aquele que entrará no reino de Deus deve primeiro entrar com seu corpo em sua mãe e lá morrer". A "mãe" é a *prima materia*, a *massa confusa*, o *abyssus*.[133] Alguns textos enfatizam o sincronismo entre o *opus alchymicum* e a experiência íntima do adepto. "As coisas são tornadas perfeitas por seus similares e é por isso que o operador deve tomar parte na operação."[134] "Transforme-se de pedras mortas em pedras filosofais vivas", escreve Dorn. Segundo Gichtel, "nós não recebemos apenas uma nova alma com essa regeneração, mas também um novo Corpo. O Corpo é extraído da palavra divina ou da Sofia celestial". O que comprova que isso não é apenas uma questão de operações laboratoriais é a insistência nas

---

[133] Eliade comenta: "(ver Eliade, M. [1978a], p. 154-155) para outras citações sobre o 'incesto filosófico'. O acróstico construído por Basil Valentine com o termo *vitriol* ressalta a necessidade implacável do *decensus ad inferos*: *Visita Interiora Terrae Recflficando Invenies Occultum Lapidem* (Visite o interior da Terra e por purificação encontrará a Pedra secreta)" (Idem [1985], p. 256, nota 89).

[134] Eliade comenta: *"Liber Platonis quartorum* (do qual o original árabe não pode ser posterior ao século X)", citado em (Idem, op. cit., 1978a, p. 158). Os interessados encontrarão a mesma doutrina entre os alquimistas chineses (ver M. Eliade, *A History of Religious Ideas*, vol. 2, Chicago, University of Chicago Press, 1982, p. 37-43)" (Idem, op. cit., 1985, p. 256, nota 90).

virtudes e qualidades do alquimista: este deve ser saudável, humilde, paciente, casto; ele deve ser livre de espírito e estar em harmonia com seu trabalho; ele deve tanto trabalhar quanto meditar.

Para os nossos propósitos, não será necessário resumir as outras fases do *opus*. Notemos, no entanto, o caráter paradoxal da *materia prima* e da Pedra Filosofal. Segundo os alquimistas, ambas podem ser encontradas em toda parte e sob todas as formas; e elas são designadas por centenas de termos. Para citar apenas um texto de 1526, a Pedra "é familiar a todos os homens, tanto jovens quanto velhos; ela é encontrada no campo, na aldeia e na cidade, em todas as coisas criadas por Deus; ainda assim, ela é desprezada por todos. Ricos e pobres lidam com ela todos os dias. Ela é jogada na rua pelas criadas. As crianças brincam com ela. Ainda assim, ninguém a aprecia, embora seja, ao lado da alma humana, a coisa mais bonita e mais preciosa sobre a terra [e tenha o poder de derrubar reis e príncipes. No entanto, ela é considerada a mais vil e cruel das coisas terrenas...]".[135] Na verdade, é uma questão de uma "linguagem secreta" que é, ao mesmo tempo, a expressão de experiências outrossim intransmissíveis por meio de linguagem comum e a comunicação críptica do significado oculto dos símbolos.

A pedra possibilita a identificação dos opostos.[136] Ela purifica e "aperfeiçoa" os metais. Foram os alquimistas árabes que transmitiram as virtudes terapêuticas da pedra, e foi por intermédio da alquimia árabe que o conceito do *Elixir vitae* chegou ao Ocidente.[137] Roger Bacon fala de um "remédio que desaparece com as impurezas e todas as corrupções da maior parte dos metais comuns", e que pode prolongar a vida humana por vários séculos. De acordo com Arnold de Villanova, a Pedra cura todos os males e rejuvenesce os velhos.

No que se refere ao processo de transmutação de metais em ouro, já atestado na alquimia chinesa, ele acelera o ritmo temporal e, assim, contribui para o trabalho da natureza. Conforme está escrito no *Summa Perfectionis*, um trabalho alquímico do século XVI, "o que a natureza não pôde aperfeiçoar em um vasto espaço de tempo, nós podemos realizar em um curto espaço de tempo com a nossa arte". A mesma ideia é exposta por Ben Jonson em sua peça O *Alquimista* (Ato 2, Cena 2). O alquimista afirma que "o chumbo e outros metais [...] seriam ouro, se tivessem

---

[135] Citação adicional em parênteses de Eliade, M. (1978a), p. 163-164.

[136] Eliade comenta: "Segundo Basil Valentine, 'o mal deve se tornar o mesmo que o bem'. Starkey descreve a pedra como 'a reconciliação dos Contrários, uma construção de amizade entre inimigos' (Eliade, M. [1978a], p. 166)" (Idem [1985], p. 256, nota 91).

[137] Eliade comenta: "(ver Multhauf, R.P. [1967], p. 135 e seguinte)" (Eliade, M. [1985], p. 257, nota 92).

tempo"; e outro personagem acrescenta: "E isso a nossa arte faz por demais".[138] Em outras palavras, o alquimista substitui a si mesmo pelo Tempo.[139]

Os princípios da alquimia tradicional – isto é, o desenvolvimento dos minerais, a transmutação dos metais, o Elixir e a obrigação do segredo – não foram contestados nos períodos da Renascença e da Reforma.[140] No entanto, o horizonte da alquimia medieval foi modificado pelo impacto do neoplatonismo e do hermetismo. A certeza de que a alquimia pode auxiliar a obra da natureza recebeu um significado cristológico. Os alquimistas agora afirmavam que, assim como Cristo tinha redimido a humanidade com sua morte e ressurreição, o *opus alchymicum* poderia garantir a redenção da natureza. Heinrich Khunrath, um célebre hermético do século XVI, identificou a Pedra Filosofal com Jesus Cristo, o "Filho do Macrocosmo"; ele pensou também que a descoberta da Pedra desvendaria a verdadeira natureza do macrocosmo, da mesma forma como Cristo havia trazido a plenitude espiritual ao homem – isto é, ao microcosmo. A convicção de que o *opus alchymicum* poderia salvar tanto o homem quanto a natureza prolongou a nostalgia por uma *renovatio* radical, uma nostalgia que tinha assombrado a cristandade ocidental desde Joaquim de Fiore.[141]

Carl Jung dedicou enorme atenção aos escritos dos alquimistas nos últimos anos de sua vida. Esses esforços apenas adicionaram combustível ao fogo de quem já o havia estigmatizado como excêntrico por causa de seu interesse na psicologia da religião (que é, afinal de contas, um aspecto fundamental da psicologia e da cultura humanas). Até mesmo o sociólogo Ernest Becker, vencedor do Prêmio Pulitzer, que era favorável (e criticamente) predisposto às alegações do pensamento psicanalítico, declarou: "Não consigo ver em que todos os tomos de [Jung] sobre alquimia acrescentaram o mínimo que seja ao peso de sua percepção psicanalítica".[142]

---

[138] Eliade comenta: "(Eliade, M. [1978a], p. 51)" (Idem [1985], p. 257, nota 93).

[139] Eliade comenta: "Discutimos as consequências desse gesto prometeico em (Eliade, M. [1978a], p. 169-780)" (Idem [1985], p. 257, nota 94).

[140] Eliade comenta: "Mesmo no século XVIII, os eruditos não questionavam o desenvolvimento dos minerais. Contudo, eles se perguntavam se a alquimia podia auxiliar a natureza nesse processo, e se, acima de tudo, 'aqueles alquimistas que alegavam já ter feito isso eram homens honestos, tolos ou impostores' (ver Dobbs, B.J.T. [1975], p. 44). Herman Boerhaave (1664-1739), considerado o maior químico 'racionalista' de sua época e famoso por seus experimentos estritamente empíricos, ainda acreditava na transmutação dos metais. E veremos a importância da alquimia na revolução científica realizada por Newton" (Eliade, M. [1985], p. 257, nota 95).

[141] Ibidem, p. 255-258.

[142] Becker, E. (1973), p. xiv.

Muitas pessoas – algumas com excelente reputação acadêmica – me alertaram contra discutir Jung, avisaram quanto ao simples ato de mencionar o nome dele no contexto acadêmico. Sem dúvida, esse alerta foi apresentado tendo em mente os meus melhores interesses profissionais. Certa vez, li uma história sobre Paul Ricoeur, crítico literário e filósofo francês, que pode ser apócrifa. Alguém mencionou a relevância específica do trabalho de Jung para o campo de investigação de Ricouer. Este respondeu: "Nunca li Jung. Ele está no Index na França". Essa resposta irônica evidentemente foi dada em referência ao Index Católico de Livros – uma lista de leituras proibidas para os seguidores devotos dessa crença.

No entanto, nunca conheci alguém que realmente tenha entendido o que Jung estava falando e que seja, ao mesmo tempo, capaz de apresentar críticas válidas às suas ideias. Muitas vezes, as noções de Jung são confundidas com as de Freud – na medida em que as noções de Freud são compreendidas. O próprio Freud certamente não cometeu esse erro. Com efeito, foi a compreensão por Freud das profundas e irreconciliáveis diferenças de Jung no pensamento que levaram à alienação profissional e privada entre eles.[143] As ideias de Jung *não* são primariamente freudianas. Ele coloca pouca ênfase na sexualidade ou no papel do trauma passado na determinação do estado mental presente. Ele rejeitou a ideia do complexo de Édipo (na verdade, ele reinterpretou esse complexo de uma forma muito mais convincente e completa). Ele via a religião não como uma mera defesa neurótica contra a ansiedade, mas como um meio profundamente importante de adaptação. É muito mais acurado vê-lo como um intelectual descendente de Goethe e Nietzsche – para ser preciso, como alguém influenciado em seu desenvolvimento pela ideia do inconsciente – do que como um "discípulo" freudiano.[144] Na verdade, Jung passou grande parte de sua vida respondendo, e tentando responder, às questões de Nietzsche sobre a moralidade.

Ademais, Jung *não* era um "místico". Ele apenas mergulhou em áreas que eram proibidas, por causa de sua associação religiosa, a cientistas devotos, e era dotado de intelecto e educação suficientes para fazer isso. É incorreto – e uma prova de pensamento unilateral – rotulá-lo de forma pejorativa. É incorreto porque Jung, na verdade, foi um cientista experimental de grande capacidade, sobretudo no início de sua carreira. Muitos dos testes de associação de palavras, que ele ajudou a desenvolver pioneiramente, ainda são bastante utilizados, com algumas modificações técnicas (e pouco reconhecimento da fonte original), nos campos da neurociência cognitiva e

---

[143] Após a publicação de Jung, C.G. (1912).
[144] Ver Ellenberger, H.F. (1970).

da psicologia social. O encaixotamento e arquivamento de Jung é unilateral porque o procedimento experimental constitui, na melhor das hipóteses, um polo do processo científico bipolar. Um experimento bem concebido possibilita o teste de ideias, quando realizado de forma adequada. No entanto, as ideias para o teste devem ser geradas – um truísmo muitas vezes negligenciado no curso da educação acadêmica moderna. Foi nesse empreendimento que Jung se destacou. Alguns poderão objetar: suas ideias não podem ser testadas. Mas elas têm sido testadas: o experimento de classificação de cartão por Jerome Bruner, descrito anteriormente, fornece um exemplo clássico e impressionante (embora os resultados desse experimento não tenham sido, em geral, interpretados a partir da perspectiva do pensamento de Jung). Além disso, um eixo da dicotomia da personalidade que ele propôs – o de introversão-extroversão – tem se sustentado bem, parece robusto, em face das repetidas investigações experimentais.[145] Ademais, o "inconsciente" está claramente cheio de "complexos" – embora tenham agora nomes diferentes.[146] Talvez nos tornemos suficientemente sofisticados no futuro, em nossa capacidade de experimentar e em nossa compreensão das ideias de Jung, para testar mais delas.

Jung era sobretudo um médico, o que significa que ele estava preocupado com a promoção da saúde mental. Ele acreditava que essa promoção era impossível – talvez até mesmo contraproducente – na falta de compreensão do valor e dos processos pelos quais o valor é gerado. Sua investigação sobre a natureza do valor o levou à consideração da fantasia e do mito. O mundo do valor é um mundo na imaginação, o resultado internalizado do contrato social historicamente definido que fornece uma determinação fixa da significância afetiva e motivacional. A compreensão desse fato levou Jung à análise das fantasias geradas pelos seus pacientes psiquiátricos seriamente perturbados e à comparação dessas fantasias – que ele não estava disposto a definir, *a priori*, como sem significado – com as ideias geradas por místicos religiosos de uma variedade de culturas "primitivas" e sofisticadas; com um vasto conjunto de produções literárias nas tradições orientais e ocidentais; com imagens geradas em sonhos (mais de 25 mil sonhos, pela sua própria estimativa); e com a diligente investigação do simbolismo alquímico. Essa abordagem multicultural e multidisciplinar do problema do valor parece ser, no mínimo, empírica, se não experimental – e

---

[145] Costa Jr., P.T.; McCrae, R.R. (1992a); Goldberg, L.R. (1993b).

[146] Amostras representativas de exemplares modernos do "complexo" e do "inconsciente": Banaji, M.R.; Hardin, C.; Rothman, A.J. (1993); Nader, A.; McNally, R.J.; Wiegartz, P.S. (1996); Watkins, P.C. et al. (1996); Gabrieli, J.D.E. et al. (1995).

permanece eminentemente razoável, na ausência de uma metodologia mais apropriada. (De fato, o proeminente sociobiólogo E. O. Wilson recomendou há pouco a adoção de um procedimento analítico de "nível cruzado" à guisa de "consiliência" – para unir as ciências naturais, as ciências sociais e as humanidades.)[147]

As ideias de Jung – sobretudo as suas "ideias" alquímicas – têm sido inadequada, perigosa e injustamente ignoradas. Elas têm sido ignoradas porque seus estudiosos estavam fora do meio acadêmico principal (e, talvez, porque são mulheres em sua maioria). Elas têm sido ignoradas porque representam um sério desafio – um desafio absolutamente fatal, na minha opinião – às preconcepções psicanalíticas freudianas. Elas têm sido negligenciadas porque Jung levou a sério as assustadoras e misteriosas manifestações da religião. Ele pressupôs que tais manifestações, que orientaram a adaptação humana com sucesso por milhares de anos, tenham alguma significância, algum significado. As ideias de Jung continuam não examinadas porque a psicologia, a mais jovem, mais racional e mais determinista das ciências, tem muito medo da religião. Elas têm sido ignoradas, ademais, porque são muito difíceis de compreender, a partir dos pontos de vista afetivo e conceitual. É difícil especificar o que as ideias são, a princípio; o que significam, uma vez compreendidas, é emocionalmente desafiador. Em essência, Jung descreveu a natureza da "linguagem" da imaginação, aquele antigo processo – da narrativa, do sistema de memória episódica – que ele considerava fundamentalmente como o *inconsciente coletivo*. A compreensão dessa linguagem talvez seja mais difícil do que o desenvolvimento da fluência em um idioma estrangeiro, porque tal compreensão necessária e inevitavelmente altera o pressuposto moral moderno. É este último aspecto que constitui o raciocínio central para a rejeição das ideias de Jung. Ele não era menos revolucionário, a partir da perspectiva moral, que Martinho Lutero; ele talvez possa ser razoavelmente considerado uma figura da mesma tradição que Lutero. Além disso, a revolução moral é o mais terrivelmente desconfortável de todos os processos intrapsíquicos e sociais. É o *conteúdo* assustador do pensamento de Jung que mais fundamentalmente levou à sua rejeição.

Em essência, Jung descobriu, no curso de sua análise da alquimia, a natureza do padrão geral de adaptação humana e a expressão característica desse padrão, na fantasia e no afeto. A representação específica desse padrão, no domínio mais restrito do esforço científico, foi descrita muito mais tarde – para uma compreensão muito mais ampla e a aclamação acadêmica – por Thomas Kuhn. A aluna de Jung,

---

[147] Wilson, E.O. (1998).

Marie-Louise von Franz – que forneceu um resumo convincente das complexas ideias alquímicas de Jung –, afirma:

> Se vocês lerem a história do desenvolvimento da química e, em especial, da física, verão que mesmo [...] as ciências naturais exatas (como a química e a física) não podiam, e ainda não podem, evitar basear seus sistemas de pensamento em determinadas hipóteses. Na física clássica, até o final do século XVIII, uma das hipóteses de trabalho, alcançada de forma inconsciente ou semiconsciente, era de que o espaço tinha três dimensões, uma ideia que nunca foi questionada. O fato sempre foi aceito, e os desenhos em perspectiva de eventos físicos, diagramas ou experiências sempre estiveram de acordo com essa teoria. Apenas quando essa teoria é abandonada é que alguém se pergunta como puderam acreditar em tal coisa. Como é que alguém chegou a tal ideia? Por que ficamos tão presos que ninguém jamais duvidou ou sequer discutiu a questão? Ela foi aceita como um fato autoevidente, mas o que estava em sua raiz? Johannes Kepler, um dos pais da física clássica ou moderna, disse que o espaço naturalmente deve ter três dimensões por causa da Trindade! Assim, a nossa prontidão em acreditar que o espaço tem três dimensões é um resultado mais recente da ideia trinitária cristã.
>
> Além disso, até agora a mente científica europeia esteve possuída pela ideia de causalidade, uma ideia até aqui aceita sem questionamento: tudo era causal, e a atitude científica era que as investigações deviam ser feitas com essa premissa em mente, pois deve haver uma causa racional para tudo. Se algo parecia irracional, acreditava-se que sua causa ainda não era conhecida. Por que fomos tão dominados por essa ideia? Um dos pais das ciências naturais – e um grande protagonista do absolutismo da ideia de causalidade – foi o filósofo francês Descartes, e ele baseou sua crença na imutabilidade de Deus. A doutrina da imutabilidade de Deus é um dos dogmas cristãos: a Divindade é imutável, não deve haver contradições internas em Deus, ou novas ideias ou concepções. Esta é a base da ideia de causalidade! Da época de Descartes em diante, isso pareceu tão evidente para todos os físicos que ninguém questionou. A ciência tinha apenas que investigar as causas, e ainda acreditamos nisso. Se algo cair, alguém deve descobrir o porquê – o vento deve ter soprado a coisa, ou algo assim, e se nenhum motivo for descoberto, tenho certeza de que a metade de vocês vai dizer que ainda não sabemos a causa, mas que deve haver uma! Nossos preconceitos arquetípicos são tão fortes que não conseguimos nos defender deles, eles simplesmente nos pegam.
>
> O professor Wolfgang Pauli, físico já falecido, com frequência demonstrou até onde as ciências físicas modernas estão de certa maneira enraizadas nas ideias arquetípicas. Por exemplo, a ideia de causalidade, tal como formulada por

Descartes, é responsável por enorme progresso na investigação da luz, dos fenômenos biológicos, e assim por diante, mas aquela coisa que promove o conhecimento se torna a sua prisão. Em geral, grandes descobertas nas ciências naturais se devem ao aparecimento de um novo modelo arquetípico por meio do qual a realidade pode ser descrita; isso geralmente precede grandes desenvolvimentos, pois há agora um modelo que possibilita uma explicação muito mais completa do que era possível até o momento.

Assim a ciência tem progredido, mas, ainda assim, qualquer modelo se torna uma gaiola, porque quando alguém se depara com fenômenos difíceis de explicar, em vez de a pessoa ser maleável e dizer que os fenômenos não estão em conformidade com o modelo, e que uma nova hipótese deve ser encontrada, ela se apega a determinada hipótese com uma espécie de convicção emocional e não consegue ser objetiva. Por que não poderia haver mais do que três dimensões, por que não investigar e ver onde chegamos? Mas isso as pessoas não conseguem fazer.

Lembro-me de um exemplo muito bom, dado por um dos alunos de Pauli. Vocês sabem que a teoria do éter desempenhou um grande papel nos séculos XVII e XVIII – a saber, que havia uma espécie de grande pneuma similar ao ar no cosmos, no qual a luz existia, etc. Um dia, quando um físico em um Congresso provou que a teoria do éter era bastante desnecessária, um velho de barba branca se levantou e disse com uma voz trêmula: "Se o éter não existe, então tudo se acabou!". Esse velho havia inconscientemente projetado sua ideia de Deus no éter. O éter era o seu deus, e se ele não tinha éter, então, não restava mais nada. O homem foi ingênuo o suficiente para falar de suas ideias, mas todos os cientistas naturais possuem modelos supremos da realidade nos quais acreditam como se fosse o Espírito Santo.

É uma questão de crença, não de ciência, e, portanto, algo que não pode ser discutido, e as pessoas ficam agitadas e fanáticas se você apresenta a elas um fato que não se encaixa na moldura.[148]

Também:

Então, o arquétipo é o promotor de ideias e também é o responsável pelas restrições emocionais que impedem a renúncia das teorias anteriores. É realmente apenas um detalhe ou aspecto específico do que acontece em todos os lugares na vida, pois não poderíamos reconhecer nada sem projeção; mas também é o principal obstáculo à verdade. Se uma pessoa encontra uma mulher desconhecida, não é possível fazer contato sem projetar algo; você deve criar uma hipótese, que obviamente é feita de um modo bastante

---
[148] Von Franz, M.L. (1980), p. 32-34.

inconsciente: a mulher é idosa e, provavelmente, uma espécie de figura materna, e um ser humano normal, etc. Você faz suposições e cria uma ponte. Ao conhecer a pessoa melhor, muitas das suposições anteriores devem ser descartadas e você deve admitir que suas conclusões estavam incorretas. A menos que isso seja feito, você terá prejudicado o seu contato.

Em primeiro lugar, uma pessoa deve projetar, ou não haverá contato; mas, depois, a pessoa deve ser capaz de corrigir a projeção, e isso é válido não apenas no que se refere aos seres humanos, mas a todo o resto, também. O aparato de projeção deve, por necessidade, trabalhar em nós. Nada pode nem mesmo ser visto sem o fator de projeção inconsciente. É por isso que, de acordo com a filosofia indiana, a realidade em sua totalidade é uma projeção – isto é, subjetivamente falando.[149]

A ideia de projeção – isto é, a ideia de que sistemas de pensamento têm axiomas "inconscientes" – está claramente relacionada à noção de "pensamento paradigmático", conforme descrita por Kuhn para ampla aclamação geral. Jung também descreveu as consequências psicológicas do pensamento paradigmático em grandes detalhes. Ele foi o primeiro a levantar a questão – "O que acontece com a estrutura representacional (paradigmática) na mente de alguém (na psique humana, na sociedade humana) quando uma informação anômala, de importância revolucionária, é finalmente aceita como válida?" – e depois a respondeu (meu resumo): "O que acontece tem um padrão; o padrão tem uma base biológica, até mesmo genética, que encontra sua expressão na fantasia; tal fantasia fornece material temático para o mito e a religião. As proposições do mito e da religião, por sua vez, ajudam a orientar e estabilizar a adaptação humana revolucionária". Essas respostas foram rejeitadas de forma prematura e sem a devida apreciação.

Parte Dois

Onde está o que você mais deseja que seja encontrado?
Onde você é menos propenso a olhar.

In sterquiliniis invenitu[150]

Os cavaleiros do rei Arthur se sentam a uma távola redonda porque são todos iguais. Eles partem para procurar o Santo Graal – que é um símbolo de salvação,

---

[149] Ibidem, p. 34.
[150] Tradução: (É encontrado na latrina). Citado em Jung, C.G. (1976b), p. 35.

receptáculo do sangue de Cristo "que alimenta", guardião da redenção. Cada cavaleiro parte em sua busca individualmente. Cada cavaleiro entra na floresta, para começar a busca, no ponto que lhe parece mais sombrio.

Quando estava na metade da escrita deste manuscrito, fui visitar minha cunhada e sua família. Ela tinha um filho – meu sobrinho – com cerca de cinco anos, muito falante e inteligente. Ele estava profundamente imerso num mundo de faz de conta e gostava de se vestir de cavaleiro, com um capacete de plástico e espada.

Ao que parece, ele era feliz durante o dia, mas não dormia bem e teve pesadelos durante um tempo. Ele com frequência gritava pela mãe no meio da noite, e parecia bastante agitado com tudo o que se passava em sua imaginação.

Certa manhã, após ter acordado, perguntei-lhe sobre o que havia sonhado. Ele me disse, na presença da família, que criaturas bicudas, parecidas com anões, subiam até seus joelhos, pulavam em cima dele e o mordiam. Cada criatura estava coberta de pelos e graxa e tinha uma cruz raspada no cabelo, no topo da cabeça. O sonho também tinha um dragão que soprava fogo. Depois que o dragão exalava, o fogo se transformava em anões que se multiplicavam sem parar a cada baforada. Ele contou o sonho numa voz que seus pais, minha mulher e eu achamos muito séria, e ficamos chocados com as imagens gráficas e o horror.

O sonho ocorreu em um ponto de transição na vida do meu sobrinho. Ele estava se afastando da mãe para começar o jardim de infância e se juntar ao mundo social. O dragão, é claro, servia como o símbolo da origem do próprio medo – o desconhecido, o *ouroboros* –, enquanto os anões eram coisas individuais que davam medo, manifestações particulares do desconhecido geral.

Perguntei-lhe: "O que você poderia fazer com esse dragão?".

Ele disse, sem hesitar e com muita agitação: "Eu ia pegar o meu pai e a gente iria atrás do dragão. Eu ia pular na cabeça dele e arrancar os seus olhos com a minha espada. Depois, eu ia descer pela sua garganta até onde o fogo sai. Eu ia cortar fora a caixa de onde sai o fogo e ia fazer um escudo dela."

Pensei que era uma resposta extraordinária. Ele havia reproduzido o mito de um herói arcaico de forma perfeita. A ideia de fazer um escudo da fornalha era simplesmente brilhante. Isso lhe dava o poder do dragão para usar contra o dragão.

Seus pesadelos pararam e não retornaram, embora ele tenha sofrido com eles quase todas as noites por vários meses. Mais de um ano depois, perguntei à mãe dele sobre os sonhos e ela não relatou nenhuma perturbação.

O garotinho, guiado por sua imaginação, adotou a identificação com o herói e enfrentou seu pior pesadelo. Se quisermos prosperar, individual e socialmente, cada um de nós deve fazer o mesmo. Nosso grande poder tecnológico torna as consequências dos nossos erros e fraquezas individuais cada vez mais graves; se quisermos expandir continuamente o nosso poder, também precisamos expandir continuamente a nossa sabedoria. Infelizmente, isso é uma coisa terrível de se pedir.

In sterquiliniis invenitur – na latrina será encontrado. Este talvez seja o principal ditado "alquímico". O que você mais precisa sempre poderá ser encontrado onde você menos deseja procurar. Essa é realmente uma questão de definição. Quanto mais profundo o erro, mais difícil a revolução – mais medo e incerteza são liberados por consequência da reestruturação. Com frequência, as coisas mais informativas também são as mais dolorosas. É fácil fugir sob tais circunstâncias. O ato de fugir, no entanto, transforma o desconhecido ambivalente naquilo que é muito terrível de se enfrentar. A aceitação da informação anômala traz o terror e a possibilidade, a revolução e a transformação. A rejeição do fato insuportável reprime a adaptação e estrangula a vida. Escolhemos um caminho ou outro em cada ponto decisivo em nossas vidas, e emergimos como a soma total de nossas escolhas. Ao rejeitar os nossos erros, ganhamos segurança no curto prazo – mas jogamos fora a nossa identidade com o processo que nos permite transcender as nossas fraquezas e tolerar as nossas vidas dolorosamente limitadas:

> Havia um bom homem que possuía uma vinha. Ele a arrendou a uns meeiros para que pudessem trabalhar nela e ele recolhesse a sua produção. O homem enviou seu servo para que os meeiros lhe entregassem a produção da vinha. Estes agarraram o servo e bateram muito nele, mas não o mataram. O servo voltou e contou ao mestre. Disse o mestre: "Talvez não o tenham reconhecido". Ele enviou outro servo. Os meeiros bateram nele, também. Então, o proprietário enviou o próprio filho, dizendo: "Talvez eles mostrem respeito ao meu filho". Por saberem que aquele era o herdeiro da vinha, os meeiros o agarraram e mataram. Deixe que os que têm ouvidos ouçam.
>
> Jesus disse: "Mostre-me a pedra que os construtores rejeitaram. Esta é a pedra angular".[151]

Enfrente o que você rejeita, aceite o que você se recusa a reconhecer, e encontrará o tesouro que o dragão guarda.

---

[151] Do Evangelho de Tomé. In: Robinson, J.R. (Ed.). (1988), p. 134.

O "Mundo Material" como "Locus do Desconhecido" Arcaico

> *Todas essas imagens de mitos representam um drama da psique humana no lado mais profundo da consciência, mostrando o homem tanto como aquele a ser redimido e quanto como o redentor. A primeira formulação é cristã; a segunda, alquímica. No primeiro caso, o homem atribui a necessidade de redenção para si e deixa a obra de redenção [...] a cargo da figura divina autônoma; no último caso, o homem toma para si o opus redentor, e atribui o estado de sofrimento e a consequente necessidade de redenção para o* anima mundi *(espírito do mundo) preso na matéria.*[152]

A alquimia pode ser entendida de modo mais simples como a tentativa de produzir a pedra filosofal – o *lapis philosophorum*. O *lapis philosophorum* tinha a capacidade de transformar metais "comuns" em ouro; além disso, conferia ao seu portador a vida imortal, a paz espiritual e a boa saúde. O "processo" alquímico se estendeu por cerca de vinte séculos no Ocidente, chegando ao fim com Newton; ele teve uma duração similar e uma história elaborada no Oriente.

É impossível compreender a essência do pensamento alquímico – ou sua relevância para a psicologia moderna – sem adentrar o sistema categórico do alquimista. O "material" com o qual o alquimista trabalhava, embora tivesse o mesmo nome, era apenas vagamente semelhante à matéria moderna. Há muitas maneiras de cortar o mundo em pedaços, e elas não são necessariamente equivalentes. Muito do que o alquimista considerava uma "coisa", nós não pensaríamos como característico do mundo objetivo; além disso, o que ele considerava unitário, nós pensaríamos como evidentemente diverso. Existem duas razões principais para essa diferença de opinião.

Primeira: a natureza do sistema categorial utilizado para analisar o mundo deriva, em grande parte, da finalidade à qual a atividade é destinada no momento. Os fins perseguidos pelo alquimista não eram, de modo algum, idênticos àqueles considerados valiosos hoje. Em grande parte, eram muito mais abrangentes (a "perfeição da natureza"); além disso, eram "contaminados" por formulações psicológicas (a "redenção" da matéria "corrupta"). Na medida em que o processo alquímico era psicológico – ou seja, impulsionado pela apreensão de um "estado ideal" –, as categorias que ele produzia eram *avaliativas*. Os fenômenos que emergem no decurso do comportamento direcionado ao objetivo são classificados de forma mais fundamental com relação à sua relevância, ou irrelevância, para aquele fim. Depois, aqueles

---

[152] Jung, C.G. (1968b), p. 306.

que são relevantes são distinguidos entre os que são úteis e "bons" e aqueles que existem como impedimentos e são "ruins". Uma vez que o nosso comportamento é motivado – uma vez que ele serve para regular as nossas emoções –, é muito difícil construir um sistema de classificação cujos elementos estejam desprovidos de significância avaliativa. Essa construção só se tornou possível depois do surgimento de uma rigorosa metodologia empírica. Isso significa que sistemas pré-experimentais de classificação como aqueles empregados no processo alquímico incluem apreciação avaliativa, mesmo quando eles consistem em termos que nos soam familiares, como "matéria" ou "ouro".

Segunda: parece que, quanto menos algo é explorado, mais abrangente é a categoria usada para "encapsulá-lo" ou descrevê-lo. À medida que a exploração avança, um melhor discernimento se torna possível. Ao que parece, as coisas unitárias se desmantelam dessa forma em seus elementos constitutivos previamente implícitos (já que a natureza é "esculpida nas suas articulações"). Deixamos, por exemplo, de considerar os quatro elementos tradicionais do mundo – fogo, água, terra e ar – como elementos irredutíveis ou até mesmo como categorias existentes no mesmo nível de análise. Uma investigação adicional reconfigurou os nossos sistemas de classificação; transformamos o "mundo material" comparativamente mais simples dos nossos ancestrais em algo muito mais complexo, útil e diversificado. Por conseguinte, acreditamos que os elementos primordiais do mundo não eram realmente elementos (sem perceber que um elemento é uma ferramenta, e que uma ferramenta incompleta ainda é muito melhor do que nenhuma ferramenta).

A dimensão esmagadoramente avaliativa da classificação pré-experimental, combinada à capacidade de distinção relativamente pobre, produziu categorias arcaicas de grande generalidade – segundo a perspectiva moderna. Podemos identificar muitos "fenômenos distinguíveis" dentro de cada uma dessas categorias, como consequência dos séculos de exploração cada vez mais eficiente que nos separam dos nossos antepassados pré-medievais e medievais. Na verdade, nosso ponto de vista mudou a tal ponto que o uso da mesma palavra, em muitos casos, é apenas um acidente histórico. Podemos tornar essa discussão mais concreta examinando primeiramente a "matéria" do alquimista, e comparando-a com o que consideramos matéria.

A matéria alquímica era o "material" do qual a experiência era feita – e mais: o material de que era feita a criatura que experimentava. Esse "elemento primordial" era algo muito mais semelhante à "informação" no sentido moderno (ou ao Tao, na perspectiva oriental); algo como matéria (*matter*) nas frases *that matters* (aquilo *importa*,[153] aquilo *faz a diferença*, com aquilo *nos importamos*, aquilo *não pode ser ignorado*, aquilo é *informativo*) ou *what's the matter?* (Qual é o *problema?*). Derivamos "informação" por consequência do nosso comportamento exploratório, levado a cabo no "desconhecido", tratando de *coisas que importam (things that matter)*; a partir daquela informação, construímos a nós mesmos (os nossos comportamentos e esquemas de representação) e o "mundo", conforme é experienciado. Como Piaget afirma:

> O conhecimento não começa no eu e não começa no objeto; ele começa nas interações [...] então, há uma construção simultânea e recíproca do sujeito, por um lado, e do objeto, por outro.[154]

O elemento primordial da alquimia era algo embutido ou implícito no mundo: algo muitas vezes oculto que podia surgir de modo inesperado. Esse surgimento inesperado pode ser considerado a "capacidade" do objeto de "transcender" sua representação categórica ("tornar-se" algo novo) por consequência da sua posição em uma nova situação ou de sua "reação" a um novo procedimento exploratório. Essa coisa nova "se anuncia" em termos do afeto que gera: falha da coisa previamente compreendida (previamente categorizada) em se comportar conforme o previsto provoca a emoção do observador. Este é o "espírito da transformação" se manifestando. A emoção assim gerada – medo/esperança – poderá produzir comportamento exploratório, projetado para especificar as "novas" propriedades do objeto em transformação. Então, essas novas propriedades são incorporadas ao sistema de classificação anterior – tornam-se "atributos" agora vistos como "na mesma classe"; alternativamente, a substância recém-transformada poderá ter que "mudar de categoria" porque agora é vista como muito diferente "do que era". (O primeiro caso constitui uma mudança normal, é claro; o último é revolucionário.)

Quando uma coisa foi explorada e colocada dentro de um contexto sócio-historicamente determinado, ela foi classificada de acordo com seu status motivacional atualmente evidente: promessa, ameaça, satisfação, punição (ou nenhuma dessas opções), conforme foi situacionalmente determinada. Isso é evidentemente verdadeiro com relação ao sistema de classificação do animal individual, que não pode derivar um modelo empírico da realidade porque este não consegue se comunicar – mas é igualmente verdadeiro com relação ao homem, cuja capacidade de abstração confundiu a

---

[153] Estou em dívida com Erin Driver-Linn por me trazer esta frase neste contexto.
[154] Citado em Evans, P.I. (1973), p. 126.

natureza essencial e o propósito da classificação. O que uma coisa é, é mais fundamentalmente o seu significado motivacional – sua relevância para a consecução de algum objetivo afetivamente significante. A classificação do fenômeno (isto é, a determinação de como agir em sua presença) restringe sua significância motivacional para um domínio particular (com maior frequência, para o nada, para a irrelevância). No entanto, ocorre que o fenômeno em si (que é de infinita complexidade) é sempre capaz de transcender a sua representação. Essa capacidade de transcendência é uma propriedade do "objeto" (a propriedade da experiência, do ponto de vista fenomenológico), mas pode ser explorada pela atividade do homem.

Os alquimistas consideravam a "capacidade transcendente do objeto" – isto é, a capacidade do familiar e explorado em um contexto de se tornar o estranho e inexplorado em outro – um *espírito*, embutido na matéria. Jung cita Basílio Valentim, uma antiga autoridade alquímica:

> A Terra como material não é um corpo morto, mas é habitada por um espírito que é sua vida e alma. Todas as coisas criadas, incluindo minerais, retiram a sua força da terra-espírito. Esse espírito é vida, ele é alimentado pelas estrelas e nutre todos os seres vivos que abriga em seu ventre. Por meio do espírito recebido do alto, a Terra choca os minerais em seu ventre como a mãe choca seu filho por nascer. Esse espírito invisível é como o reflexo num espelho, intangível, mas, ao mesmo tempo, é a raiz de todas as substâncias necessárias para o processo alquímico ou dele decorrentes.[155]

O "espírito que habita a Terra" era Mercúrio, o *transformador da forma* (a imagem refletida de Deus na matéria,[156] segundo o ponto de vista alquímico) que "guiou" o processo alquímico e foi "liberado" pela atividade do alquimista. Mercúrio foi o espírito que tornou a "matéria" investigada pelo adepto interessante, atraente – e o interesse é um "espírito" que se move de um lugar para o outro, como o conhecimento muda e cresce. Mercúrio é a encarnação da transformação, o *ouroboros*, que existiu (e não existiu) como a deidade mais primordial, antes da criação das coisas (antes da divisão do mundo em sujeito e objeto, espírito e matéria, conhecido e desconhecido). O *ouroboros* é, claro, o comedor da cauda, o dragão do caos: uma imagem do embutimento da totalidade das coisas ao longo do tempo, no fenômeno particular manifesto. A imagem do espírito Mercúrio era uma indicação do potencial

---

[155] Jung, C.G. (1968b), p. 342-343.
[156] Ver Ibidem, p. 253 para ilustração.

infinito "preso" em cada aspecto particular da experiência.[157] A identificação desse "potencial" – isto é, a sua classificação – representou um problema constante para a imaginação medieval:

> Durante toda a Idade Média, [Mercúrio] era o objeto de muita especulação confusa por parte dos filósofos naturais: às vezes, ele era um espírito cuidadoso e útil, um [assistente, camarada ou familiar]; e, às vezes, o *servus* ou *cervus fugitivus* (o servo ou cervo fugitivo), um duende esquivo, enganador, provocador que levou os alquimistas ao desespero e tinha muitos atributos em comum com o diabo. Por exemplo, ele é dragão, leão, águia, corvo, para citar apenas os mais importantes deles. Na hierarquia alquímica dos deuses, Mercúrio vem tão baixo como a *prima materia* e tão alto como o *lapis philosophorum*. O *spiritus mercurialis* é o guia dos alquimistas (*Hermes psicopompo*) e o seu tentador: ele é a sua boa sorte e a sua ruína.[158]

Os alquimistas fundiram o que consideraríamos matéria com o que poderíamos considerar desconhecido. Isso não é surpresa, uma vez que a "matéria" era o desconhecido para a mente pré-científica (e ainda é algo que retém muito do seu mistério hoje). Assim como o desconhecido, a matéria possuía uma atração que era a valência afetiva do que ainda não fora explorado. A capacidade do desconhecido de "atrair" ofereceu ímpeto para a sua personificação como "espírito" – como aquele que *motiva* ou *dirige*. A matéria – mesmo em sua forma moderna – pode facilmente reverter ao desconhecido, mesmo em condições modernas; pode exercer uma força semelhante (àquela de um "estímulo") sobre a psique moderna. Ela faz isso, por exemplo, quando manifesta algo anômalo – alguma propriedade imprevista, como consequência de seu posicionamento em um novo contexto ou de sua sujeição à exploração mais criativa. A manifestação anômala – a recorrência do desconhecido – inevitavelmente atrai interesse crescente (ou, ao contrário, dificulta as tentativas de evitar, reprimir ou, de outro modo, invocar o interesse de existência). Todos os objetos, até os "objetos explorados", mantêm sua

---

[157] Ver Jung, E.; von Franz, M.L. (1980), p. 369-70. Os autores relatam a descrição do aprendiz Taliesen de Merlin, o espírito da transformação: "Eu sou o vento que sopra sobre o mar; / Eu sou a onda do oceano; / Eu sou o murmúrio das vagas; / Eu sou os sete batalhões; / Eu sou o touro forte; / Eu sou uma águia em uma rocha; / Eu sou um raio do sol; / Eu sou a mais bonita das ervas; / Eu sou um javali selvagem e corajoso; / Eu sou um salmão na água; / Eu sou um lago sobre a planície; / Eu sou um artista sagaz; / Eu sou um campeão gigantesco que empunha uma espada; / Eu consigo mudar minha forma como um deus".

[158] Jung, C.G. (1968b), p. 66-67.

ligação com "aquilo do qual todas as coisas são feitas", mesmo após terem sido encaixotados e arquivados (categorizados), em teoria, "de uma vez por todas".

Pegue um rato, por exemplo, que estava habituado a uma gaiola (que explorou a gaiola e se tornou confortável lá). Se um pequeno objeto – digamos, um bloco de ferro – é jogado na frente dele, ele primeiro vai congelar, e depois começará a investigar com cuidado. O rato usará sua capacidade de ação motora para interagir com o bloco – cheirando, olhando, arranhando e, talvez, roendo o bloco –, para avaliar a significância motivacional do novo objeto. Para o rato, limitado por falta de habilidade comunicativa à sua própria experiência, limitado por sua natureza animal restrita a processos fundamentais de exploração, o bloco logo se torna irrelevante. Ele não significa nenhum perigo, no curso da interação; não pode ser comido; é inútil como material para a construção de um ninho. Portanto, o bloco "torna-se" a falta de propriedades relevantes para o rato não mais exploratório, e será ignorado dali em diante. O processo de classificação baseada em exploração eliminou a significância motivacional do novo – como é a sua função. Da perspectiva mítica, isso é a substituição da "Grande Mãe" pelo "Grande Pai"; a substituição da ameaça e da promessa ambivalentes pela valência determinada (incluindo a irrelevância).

As propriedades sensoriais do bloco – que são as características relevantes do objeto, na medida em que o espírito de investigação científica se estende – não têm importância intrínseca para o rato, exceto conforme significam algo de importância afetiva. Esse modo mais fundamental do pensamento, preocupado com a adaptação comportamental à circunstância, é como o homem pensava, antes da formalização da metodologia científica – e como o homem ainda pensa, enquanto valoriza e age. No entanto, o caso geral é mais complexo. O *Homo sapiens* é capaz de observar uma série praticamente infinita de novas propriedades que emergem do objeto em particular por ser capaz de apreender um objeto a partir de um número virtualmente ilimitado de pontos de perspectiva, espaciais e temporais – ou poderia ser considerado, de forma equivalente, que o "objeto" é algo tão complexo que pode manifestar propriedades inteiramente diferentes apenas por ser visualizado de perspectivas alternativas. O bloco de ferro foi, "por si mesmo", algo qualitativamente diferente do que é agora, e será algo diferente, uma vez mais, no futuro. Nos estágios iniciais de sua existência, considerado como um objeto independente, o bloco usado como exemplo era parte de uma totalidade indiferenciada, antes do início de todas as coisas; depois, a interação de quatro forças fundamentais; em seguida, hidrogênio simples coalescente a uma estrela; depois, matéria transformada pela gravidade e por processos nucleares; então, uma pedra na Terra; por fim, algo transformado pelo homem – com uma história de desenvolvimento ainda incompleta e igualmente extensa diante de si. Essa transformação do objeto é a temporalidade em si – a manifestação do Tao, o fluxo do ser. A capacidade dos seres humanos de apreender períodos espaçotemporais variáveis "transforma" o objeto em algo mais complexo do que a sua mera aparência presente; este aumento da "complexidade" é composto pela ampla capacidade ativa para a exploração que também é típica da nossa espécie.

O que é um bloco de ferro para o homem? Moldado, é uma lança e, portanto, alimento e morte e segurança; suspenso, é um pêndulo, chave para a detecção da rotação da Terra; caído, significante da gravidade; reduzido às suas partículas constituintes, com as devidas paciência e ingenuidade, um representante da estrutura atômica e molecular – uma parte como o todo. A questão pode ser apresentada com mais precisão – o que um bloco de ferro não é para o homem? A mente pré-experimental do alquimista, ponderando sobre a natureza da *prima materia* – o "elemento constitutivo fundamental da experiência" –, foi facilmente possuída por insinuações da possibilidade infinita da "matéria": da significância ilimitada do objeto finito; da infinita utilidade do objeto e de sua inesgotável capacidade de revelar (tornar-se) o desconhecido.

Quando um objeto é explorado, sua significância motivacional é restringida (em geral, como consequência da natureza específica dirigida ao objetivo do processo exploratório, inevitavelmente baseada em uma hipótese específica – essa coisa é boa para [determinada função? – mas não para qualquer número de outras funções potenciais]). A pergunta em mente, implícita ou explicitamente formulada, determina em parte a resposta "dada" pelo objeto. O objeto é sempre capaz de suplantar a restrição de alguma forma imprevisível. Esse potencial infinito encontra sua expressão simbólica na serpente mercurial que devora a si mesma, o espírito mercurial da transformação – o espírito que atrai interesse de forma inexorável para si próprio.

> *Enquanto considerava essas ideias, sonhei que um pequeno objeto estava viajando sobre a superfície do Oceano Atlântico. Ele se movia no centro de uma procissão de quatro furacões imensos, configurada como um quadrado dividido em quadrantes, um furacão por quadrante, rastreados por satélites, cuidadosa e apreensivamente monitorados por cientistas manuseando os mais modernos equipamentos meteorológicos, em estações em todo o mundo.*
>
> *O cenário do sonho mudou. O objeto, uma esfera de cerca de vinte centímetros de diâmetro, agora estava contida e exposta em uma vitrine de vidro pequena, como aquelas dos museus. O invólucro estava em uma sala pequena, sem nenhum ponto de entrada ou saída visível. O presidente dos Estados Unidos, símbolo da ordem social, e o físico deficiente Stephen Hawking,*

representante do conhecimento científico (e da racionalidade incorpórea), estavam na sala com o objeto. Um deles descrevia as características da sala. Suas paredes tinham dois metros de espessura e eram feitas de uma substância impermeável [dióxido de titânio (?)] – que parecia impressionante no contexto do sonho. Essas paredes foram projetadas para permanentemente conter o objeto. Eu não estava no local, embora estivesse lá como observador, como o público em uma sessão de cinema. O objeto no invólucro parecia vivo. Ele se movia e distorcia sua forma, como um casulo ou crisálida em seus estágios mais avançados de desenvolvimento. Em determinado momento, ele se transformou em algo parecido com um cachimbo meerschaum. *Depois, tomou a forma de uma esfera e saltou para fora por uma parede do invólucro, e da sala, deixando dois buracos lisos perfeitamente redondos – um no invólucro e o outro na parede. Ele saiu sem esforço algum, como se as barreiras concebidas para restringir seu movimento não tivessem nenhum efeito, uma vez que a "decisão" tivesse sido tomada.*

O objeto era uma imagem de Deus, a serpente ourobórica, personificada na matéria (poderosa o suficiente para exigir o acompanhamento de quatro furacões, como ajudantes).[159] *A sala era um sistema de classificação, algo concebido (pelos mais poderosos representantes dos mundos social e científico) para restringir o misterioso fenômeno. O objeto se transformou em um cachimbo em referência à famosa pintura (de Magritte) intitulada (em tradução) "Isto Não É um Cachimbo" – o mapa não é o território, a representação não é o fenômeno. A capacidade do objeto de escapar, "à vontade", se referia à eterna transcendência do mundo fenomênico, de sua infinita capacidade de inesperadamente suplantar sua representação científica e mítica.*

Muito tempo depois, (talvez após um ano), sonhei com um homem suspenso, equidistante do piso, teto e paredes, em uma sala cúbica – aproximadamente a um braço de distância de cada. As superfícies do cubo curvadas para dentro, em direção ao homem (como se a sala fosse construída

---

[159] Pelo menos dois anos após ter esse sonho (e um ano ou mais após descrevê-lo), eu estava lendo o *Inferno*, de Dante (Dante, A. [1982]). No nono Canto, um mensageiro de Deus aparece no inferno para abrir o Portão de Dis, que está impedindo o caminho divinamente decretado de Virgílio e Dante. A aproximação desse mensageiro é precedida por uma grande tempestade, descrita da seguinte maneira (64-72, na tradução de Italo Eugenio Mauro, ed. 34):

E já se ouvia, desde a onda toldada,
um grande estrondo, cheio de espavento,
por quem uma e outra beira era agitada,

de igual maneira como faz o vento
que, de adversos calores se alentando,
a selva fere e, sem impedimento,

seus ramos trunca e, a ruína espalhando,
soberbo vai, co' a fronte poeirenta,
a fera e o pastor afugentando.

Achei muito interessante a semelhança entre as imagens e o significado do meu sonho e esse poema.

da intersecção de seis esferas). Todas as superfícies do cubo se mantinham à mesma distância do homem, independentemente de seu padrão de movimento. Se ele andava para frente, o cubo se movia para a frente com ele. Se ele andava para trás, o cubo se movia para trás, precisamente no mesmo ritmo, sem qualquer descontinuidade. As superfícies estavam cobertas com padrões circulares, com cerca de dez centímetros de diâmetro, gravados dentro de quadrados com aproximadamente o mesmo tamanho. Fora do centro de cada círculo, balançava a ponta da cauda de um réptil. O homem podia alcançar qualquer direção, segurar uma cauda e puxá-la da superfície para dentro da sala.

Esse sonho se referia à capacidade do homem para (voluntariamente) trazer o futuro para o presente. A serpente – evidente apenas sob a forma de sua cauda – era o ouroboros, implicitamente personificado no mundo fenomênico.[160] *O potencial para o surgimento de algo novo estava presente em todas as direções para as quais o homem conseguia olhar dentro do cubo. Ele poderia determinar qual aspecto do ser se revelaria como consequência de sua ação voluntária.*

O ato de exploração produz/provoca fenômenos discrimináveis. Esses fenômenos são mapeados pelos sistemas de "memórias" episódica e semântica. O processo exploratório, no entanto, é guiado pelos mapas produzidos pelo sistema episódico – em particular, pelos seus mapas do futuro. Um final desejado é postulado na fantasia. O sistema de exploração motora/abstrata se esforça para criar uma correspondência entre os fenômenos emergentes (produzidos no curso da atividade) e aquele "mapa do futuro desejado". As incompatibilidades entre a produção e o objetivo causam o (re)aparecimento da "matéria base do mundo" – o desconhecido, manifesto em afeto negativo e curiosidade.

O indivíduo tenta transformar seus desejos (enraizados, em última análise, na emoção) em realidade, sofrimento – e aprendizagem – quando esse processo é interrompido. A exploração é considerada suficiente e justamente poderá chegar a um fim quando o atual estado afetivo for julgado ótimo: quando o conhecimento, traduzido em ação, tiver ajustado o mundo de modo que ele seja (mais uma vez) "paradisíaco". Na ausência de tal estado paradisíaco (na ausência da segurança e da felicidade atuais), a exploração é ou tem sido, por definição, incompleta. Assim, os "mistérios residuais" que ainda acompanham o ser atual – que se manifestam na atratividade intrínseca da coisa ou situação – devem se tornar o foco da atenção ativa, de modo que a "informação" embutida neles possa ser "puxada" e transformada em ser subjetivo e no mundo. Desse modo, a "matéria base" alquímica do mundo era "o material do

---

[160] Na verdade, essa era uma imagem que eu anteriormente havia usado em discussões terapêuticas. Eu dizia aos meus pacientes que uma anomalia não resolvida era como a ponta da cauda de um monstro: ela parecia bem inofensiva, vista apenas como uma cauda – mas aquilo significava fingir que a parte não implicava o todo.

qual determinada experiência (sujeito e objeto) era feita"; era, também, algo capaz de infinita transformação; por fim, era algo "corrupto" – na medida em que o mundo material era corrupto –, incompleto, não realizado, decaído e sofrido.

A análise da categoria pré-experimental do "ouro" ajuda a lançar luz sobre a relevância, a importância e o significado desse complexo arcaico de ideias indiscriminadas. O ouro, como contraste máximo à mera matéria básica, era o *ideal*, já que ele podia ser percebido no mundo concreto. Para o homem pré-experimental, bem como para o moderno, o ouro serviu como meio de intercâmbio econômico. Mas o valor do metal não consistia e ainda não consiste apenas na sua utilidade econômica. O ouro sempre esteve associado, em representação episódica, à divindade. Antes do desenvolvimento da visão de mundo científica, essa associação fazia todo o sentido. O ouro, em contraste a metais ou substâncias "menores", não mancha, fica opaco ou enferruja. Ele, portanto, parece imperecível, "imortal" e incorruptível. O ouro é raro em vez de comum. Ele brilha como o sol, a evidente fonte da vida. A "categoria" do ouro, portanto, tende a incluir tudo o que é apolíneo, solar, divino (no sentido heroico/patriarcal com o qual nos familiarizamos). Jung descreve os pressupostos característicos do alquimista Michael Maier:

> O sol, por meio de suas milhares de rotações, produz o ouro na Terra. Pouco a pouco, o sol imprimiu sua imagem sobre a Terra, e essa imagem é o ouro. O sol é a imagem de Deus, o coração é a imagem do sol no homem, assim como o ouro é a imagem do sol na Terra, e Deus é conhecido no ouro.[161]

A luz do sol é um "símbolo" de poder e a transcendência da clareza e da consciência, do heroísmo e da permanência, da vitória sobre as forças das trevas, desintegração e decadência. Os primeiros deuses patriarcais e líderes dos homens combinavam os atributos criadores de vida do sol com os ideais heroicos do homem, e as moedas que carregavam sua semelhança eram redondas e douradas, imitando o disco solar.

O ouro também era o *propósito* ideal para o qual todos os minérios evoluíam – era a meta da progressão material. Como "amadurecia" no ventre da Terra, o chumbo, por exemplo, básico e promíscuo (disposto a "acasalar" (combinar) com muitas outras substâncias), mirava o estado caracterizado pelo ouro, perfeito e inviolável. Isso tornou o "estado dourado" o objetivo do "espírito do desconhecido" mercurial, embutido na matéria. Eliade afirma:

---

[161] Jung, C.G. (1968b), p. 343.

Se nada impedir o processo de gestação, todos os minérios, com o tempo, se tornarão ouro. "Se não houvesse obstáculos exteriores à execução de seus projetos", escreveu um alquimista ocidental, "a natureza sempre completaria o que desejava produzir [...]". É por isso que temos de considerar os nascimentos de metais imperfeitos como se olhássemos abortos e aberrações que surgem apenas porque a natureza foi mal direcionada, ou porque ela encontrou alguma resistência limitadora [...].

A crença na metamorfose natural dos metais é de origem muito antiga na China, e também é encontrada em Annam, na Índia e no arquipélago indiano. Os camponeses de Tonkin têm um ditado: "O bronze escuro é a mãe do ouro". O ouro é gerado naturalmente pelo bronze. Mas essa transmutação só pode se materializar se o bronze tiver repousado um período suficientemente longo no seio da terra.[162]

O alquimista se via como uma parteira da natureza – concluindo o que a natureza se esforçava lentamente para produzir – e, portanto, um auxílio para uma transformação destinada a produzir algo ideal. O "ouro" é esse ideal. Eliade continua:

Assim, a "nobreza" do ouro é o fruto em seu estado mais maduro; os outros metais são "comuns" porque são brutos, "não maduros". Em outras palavras, o objetivo final da Natureza é a conclusão do reino mineral, sua "maturação" final. A transmutação natural dos metais em ouro está inscrita em seu destino. A tendência da Natureza é aperfeiçoar. Mas, uma vez que o ouro é o portador de um simbolismo altamente espiritual ("O ouro é imortalidade", dizem os textos indianos repetidas vezes), é evidente que uma nova ideia está nascendo: a ideia do papel assumido pelo alquimista como salvador fraternal da Natureza. Ele auxilia a Natureza a cumprir seu objetivo final, a atingir seu "ideal", que é a perfeição de sua progênie – seja ela mineral, animal ou humana –, sua maturação suprema, que é imortalidade e liberdade absolutas.[163]

Os alquimistas viviam em um mundo que, em teoria, havia sido redimido pelo sacrifício de Cristo – ao menos segundo a perspectiva cristã. Mas eles não se sentiam de modo algum redimidos – não estavam satisfeitos com a condição presente, ainda muito mortal. Então, eles voltaram a sua atenção para os aspectos do mundo que tinham sido definidos, de acordo com a moralidade vigente, como "indignos de investigação", corruptos e desprezíveis. Presumindo – ou esperando – que as coisas poderiam ainda ser melhores, eles *exploraram* (como exploramos agora, na

---

[162] Eliade, M. (1978a), p. 50.
[163] Ibidem, p. 51-52.

esperança de extrair do "desconhecido" ferramentas novas e úteis). Os alquimistas presumiram implicitamente que mais exploração poderia trazer o conhecimento redentor. Essa busca foi impulsionada por sua admissão do "presente insuportável", por sua identificação com um "mundo ainda decaído". Os alquimistas acreditavam que a "transmutação desejável da matéria" poderia ser criada pela "libertação" de Mercúrio da matéria. Isso significava que eles implicitamente reconheciam que essa exploração (guiada pelo interesse) era a chave para a expansão (redentora) do ser.

Ao participar desse processo, os alquimistas se identificaram com o herói exploratório, e inconscientemente se transformaram (isto é, no procedimento, se nem sempre na representação) "naquilo que redime". Essa identificação era complicada pelo fato de que o alquimista também se considerava partilhando do estado da matéria – pertencente ao "estado carente de redenção". Isso basicamente significava que o alquimista se via, pelo menos em parte, ocupando a mesma *categoria* que a "matéria" (bem como sendo aquele que poderia se tornar "ouro", e que poderia auxiliar nessa transformação). Para a mente pré-experimental, com suas categorias mais gerais e misturadas, não há distinção necessária entre "a coisa sendo encenada" e a "coisa fazendo a encenação". Eliade descreve, por exemplo, a "mágica solidária" necessária para concluir uma operação de enxerto entre duas espécies diferentes de plantas necessárias (para induzir "o acasalamento de duas coisas diferentes", de uma perspectiva mais ampla):

> Ibn Washya – e ele não é o único escritor oriental a se permitir ser levado por tais imagens – fala de enxertos fantásticos ("contrários à Natureza") entre espécies vegetais diferentes. Ele diz, por exemplo, que o enxerto de um ramo de um limoeiro em um loureiro ou oliveira produziria limões muito pequenos, do tamanho de azeitonas. Mas ele deixa claro que o enxerto poderia ter êxito somente se fosse realizado de forma ritual e em certa conjunção do sol e da lua. Ele explica o rito assim: "Para que o ramo seja enxertado, uma linda donzela deve segurá-lo nas mãos, enquanto um homem tem relações sexuais anormais e vergonhosas com ela; durante o coito, a garota enxerta o ramo na árvore". A significância é clara: a fim de assegurar uma união "anormal" no mundo vegetal, uma união sexual anormal entre seres humanos era necessária.[164]

Essas ideias estão longe de ser raras. Praticamente todos os processos realizados por indivíduos pré-experimentais – da agricultura à metalurgia – eram acompanhados por rituais concebidos para "criar o estado de espírito" ou "ilustrar o procedimento" necessário para o êxito desejado. Isso ocorre porque a ação precede a ideia. Assim, uniões

---
[164] Ibidem, p. 35.

sexuais de rituais acompanhavam a semeadura da terra, e rituais de sacrifício e similares abundavam entre mineiros, ferreiros e oleiros. Era preciso "mostrar o que fazer" para a natureza; o homem liderava sobretudo pelo exemplo. O procedimento correto só poderia ser realizado por aqueles que se colocavam no estado de espírito correto. Esta ideia foi levada à sua conclusão lógica durante o processo alquímico, que teve como fantástico propósito desejado, final ou futuro, a mais profunda e abrangente noção de transformação já conceitualizada: a perfeição final ou "redenção" da matéria.

Para induzir elementos díspares a se combinarem de forma harmoniosa na produção do *lapis philosophorum* — aquele que transmutará metais comuns em ouro — era preciso que o indivíduo se tornasse um. Para engendrar a perfeição da natureza, portanto, o homem precisava se tornar perfeito. A necessidade de perfeição do alquimista — e a relação do processo alquímico com o seu próprio ser — foi ainda mais reforçada pela identidade do alquimista com o mundo material (isto é, por sua ocupação do mesmo "espaço categórico" que a "matéria"). O homem — um ser decaído, corrompido, material, mas capaz de infinita transformação — partilhava da essência do mundo material decaído, corrompido, mas ainda assim transformável. Portanto, essas coisas relevantes para a transformação do ser dos "objetos" também foram, por necessidade lógica, relevantes para a transformação do seu próprio ser. A rigor, a transformação da matéria comum em ouro era a redenção do mundo — sua transformação em "estado de ouro". O *lapis philosophorum* foi o meio para atingir esse fim. Essa extensão das teorias de magia solidária para o domínio da "química" significava que a alquimia se tornava cada vez mais repleta de especulação (primariamente imagética) sobre a natureza da perfeição, conforme ela se desenvolvia ao longo dos séculos.

É difícil para os modernos perceberem por que isso poderia ser relevante. Nossas psicologia e psiquiatria — nossas "ciências da mente" — são dedicadas, ao menos em teoria, à avaliação "empírica" e ao tratamento de transtornos "mentais". Mas isso é, em sua maior parte, cortina de fumaça. Estamos sempre mirando em um ideal. Hoje em dia, preferimos deixar "implícita" a natureza desse ideal porque nos ajuda a contornar quaisquer problemas que possam, de imediato, tornar-se de grande dificuldade, caso sejam claramente apreendidos. Assim, "definimos" a saúde como aquele estado que consiste em uma ausência de "doenças" ou "transtornos", e deixamos por isso mesmo — como se a noção de doença ou transtorno (ou de sua ausência) não fosse, por necessidade, uma concatenação medieval de filosofia moral e descrição empírica. Contudo, é nossa teoria implícita de que um estado de "não ansiedade" é possível — e desejável —, por mais que ele nos leve a definir a dominância daquele estado como um "transtorno". O mesmo pode ser dito para a depressão, esquizofrenia, para "transtornos" de personalidade, e assim por diante. À espreita, lá no fundo, está um ideal "implícito" (isto é, inconsciente) com o qual todos os estados presentes "insuficientes" são necessária e danosamente comparados. Não sabemos como tornar *explícito* esse ideal, seja de forma metodológica ou na prática (isto é, sem causar grande dissenção nas fileiras); sabemos, no entanto, que devemos ter um conceito de "não ideal" para começar e justificar o tratamento "necessário". Mais cedo ou mais tarde, porém, teremos de aceitar o fato de que estamos, na verdade, tentando produzir o homem ideal – e teremos de definir de forma explícita o que isso significa. Seria, de fato, uma surpresa se o ideal que viermos a postular não apresente nenhuma relação com aqueles termos construídos a duras penas, ao longo de séculos de esforço, no passado. Algo muito semelhante aconteceu no caso da alquimia, pelo menos no Ocidente: à medida que a filosofia se desenvolvia, através da era cristã, o *lapis* foi cada vez mais identificado com Cristo. Não há razão para presumir que isso não foi senão uma surpresa para os alquimistas. Esperamos um choque pelo menos tão grande.

Para aperfeiçoar a natureza, foi necessário nutrir a atitude correta – realizar os rituais e processos apropriados de purificação espiritual; tornar-se puro como a coisa desejada. O trabalhador colocou-se como um exemplo para a natureza, nas pequenas coisas e nas grandes. No caso da alquimia, que ambiciosamente desejava "redimir" o mundo material decaído, o próprio alquimista tinha que se tornar grande. Assim, a literatura alquímica pode ser considerada, em parte, uma longa "meditação" sobre a natureza do homem ideal.

Representação Episódica na Cristandade Medieval

A ciência baseia-se no pressuposto axiomático de que vale a pena analisar o mundo material ou sensorial coletivamente apreensível e suas transformações. Essa crença, que se manifestou primeiro na fantasia (alquímica), é tão parte do mundo moderno, é tão a sua hipótese primária, que é difícil perceber que feito notável sua formalização representou. Milhares de anos de desenvolvimento cultural foram necessários para se formular as noções gêmeas de que a realidade empírica existia (independente da significância motivacional das coisas) e que ela deveria ser sistematicamente estudada (e, a princípio, essas ideias só emergiram nas complexas sociedades do Oriente e na Europa). Os alquimistas foram os primeiros a arriscar essa atribuição, ou algo semelhante a ela; mas eles ainda estudavam a "matéria" na ausência de uma metodologia empírica explícita. Jung afirma:

> O conceito de "psíquico", tal como o entendemos hoje, não existia na Idade Média. Eruditos e até mesmo o homem moderno instruído têm dificuldades para compreender o que significa a "realidade da psique". Não é surpresa que era incomparavelmente mais difícil para o homem medieval imaginar algo entre *esse in re* e *esse in intellectu solo*. A saída estava na "metafísica". Portanto, o alquimista também era obrigado a formular de forma metafísica os seus fatos quase químicos.[165]

A falta de metodologia científica – a incapacidade de conduzir uma comparação formalizada da experiência baseada no comportamento para determinar a sua generalização – significou a mistura inextricável dos aspectos da experiência puramente sensoriais com os subjetivos, mitológicos e afetivos. A finalidade da metodologia científica é, em grande parte, separar os fatos empíricos da pressuposição motivacional. Na ausência de tal metodologia, a intercalação dos dois domínios é inevitável:

> [Os alquimistas] [...] acreditavam estar estudando o fenômeno desconhecido da matéria [...] e apenas observavam o que aparecia e, de algum modo, interpretavam isso, mas sem qualquer plano específico. Podia haver um problema com um pouco de matéria estranha, mas, como não sabiam o que era, eles conjecturavam uma coisa ou outra, o que, é claro, era uma projeção inconsciente, mas não havia intenção ou tradição definida. Portanto, pode-se dizer que, na alquimia, projeções foram feitas [hipóteses foram geradas] da maneira mais ingênua e nada programática, e completamente incorretas.
>
> Imagine a situação de um velho alquimista. Em uma determinada aldeia, um homem construiria uma cabana isolada e cozinharia coisas que causavam explosões. Naturalmente, todos o chamavam de bruxo! Um dia, alguém vem e diz que encontrou um estranho pedaço de metal e pergunta se o alquimista estaria interessado em comprá-lo. O alquimista não sabe o valor do metal, mas dá ao homem alguma quantia que acha aceitável. Então ele coloca o pedaço de metal no seu fogão e mistura com enxofre, ou algo semelhante, para ver o que acontece; se o metal fosse chumbo, ele seria seriamente envenenado pelos vapores. Ele conclui, portanto, que essa matéria em particular adoece as pessoas que se aproximam dela, e quase mata, e por isso diz que há um demônio no chumbo! Depois, ao escrever suas receitas, acrescenta uma nota de rodapé dizendo: "Guardai-vos do chumbo, pois nele há um demônio que matará as pessoas e as deixará loucas", o que seria uma explicação muito óbvia e

---
[165] Jung, C.G. (1976b), p. 439.

razoável para alguém daquela época e nível. Portanto, o chumbo foi um tema maravilhoso para a projeção de fatores destrutivos, uma vez que, em determinadas misturas, seus efeitos são venenosos. Substâncias ácidas também eram perigosas, mas, por outro lado, por serem corrosivas em um meio de dissolução, elas eram muito importantes para as operações químicas. Assim, se você quisesse derreter algo ou transformá-lo em líquido, ele poderia ser derretido ou dissolvido em soluções ácidas, e, por essa razão, a projeção era de que o ácido era um elemento perigoso que dissolve, mas que também possibilita lidar com determinadas substâncias. Ou, ainda, ele é um meio de transformação – você abre, por assim dizer, um metal com o qual pode não fazer nada e o torna acessível à transformação pelo uso de certos líquidos. Portanto, os alquimistas escreviam sobre isso na forma ingênua como estou descrevendo agora, e não percebiam que isso não era ciência natural, mas continha muita projeção, se observado de uma perspectiva química moderna.

Assim, existe na alquimia uma impressionante quantidade de material do inconsciente, produzida em uma situação em que a mente consciente não seguia um programa definido, mas apenas explorava.[166]

A alquimia floresceu por quase dois mil anos e só desapareceu de vista no fim do século XVIII. Ela se desenvolveu (pelo menos na Idade Média) como um movimento que compensava aquele personificado no cristianismo absolutista, o qual enfatizava a realidade máxima e o valor do espírito, concretizados de forma dogmática; o qual presumia que tudo o que vale a pena conhecer já tinha sido descoberto, e que deixava o mundo material em descrédito.

Para a mente medieval, o corpo, o mundo sensorial e físico – a "matéria", em geral –, era tido como imoral e corrupto, governado por forças desconhecidas e demoníacas. A história do Gênesis – a serpente e Eva conspirando para causar a descida do homem "ao mundo profano e decaído (material)" – fornecia, em parte, a base mitológica para essa união da categoria. As atrações do mundo material também representavam uma ameaça à identificação com a Igreja, como a atração da sensualidade, ou o desejo de riqueza material em vez de espiritual. Além disso, o fato do estado material decaído minava a fé no dogma da igreja: a apreensão do sofrimento não solucionado do homem tornou difícil atribuir às ações de Cristo o estado final de redenção que elas, em teoria, garantiam. Como resultado, o contato com o "submundo matriarcal da matéria" (isto é, com o "desconhecido") parecia muito ameaçador para as autoridades

---
[166] von Franz, M.L. (1980), p. 21-22.

da Igreja – e por uma razão muito boa (pelo menos segundo a perspectiva da conservação e da tradição).

O fascínio alquímico pela "matéria" se desenvolveu antiteticamente à valorização inicial cristã do "espiritual" e do "estabelecido" (desenvolveu-se como uma antítese ao domínio do *conhecido*). A supressão do mundo material sensorial pela igreja e o estabelecimento simultâneo de um corpo de conhecimento absoluto significaram a rejeição ou negação da experiência sensorial/emocional anômala e, portanto, do valor contido nessa experiência. A preocupação alquímica com a matéria surgiu como consequência desse valor perdido que se autoafirmava, da atração acumulada do "rejeitado e desconhecido" – da inevitável atração do "fruto proibido".

Ao observar o que não entendia, o alquimista tinha que recorrer apenas à especulação, que ele usava para interpretar esse desconhecido. Essas especulações parecem fantasias para a mente moderna – como as fantasias do cristão medieval (e do pré-cristão, em alguns casos):

> Então, em um certo sentido e por essa razão, eles se prestam à decodificação pelo método da psicologia complexa. [A abordagem alquímica] [...] é tão claramente uma atitude espiritual e moral que não se pode duvidar de sua natureza psicológica. Pelo nosso modo de pensar, isso imediatamente cria um muro separando o processo psíquico e o químico. Para nós, as duas coisas são incomensuráveis, mas elas não eram assim para a mente medieval. Esta não sabia nada da natureza das substâncias químicas e da sua combinação. Ela via apenas substâncias enigmáticas que, unidas umas às outras, inexplicavelmente geravam novas substâncias igualmente misteriosas. Nessa profunda escuridão, a fantasia do alquimista agia livre e podia divertidamente combinar as coisas mais inconcebíveis. Ela podia agir sem restrições e, ao fazer isso, retratar a si mesma sem estar ciente do que estava acontecendo.[167]

O alquimista pensava de maneira medieval ou pré-medieval, usando preconcepções e ideias arcaicas. Assim, a análise daquele pensamento "projetado" sobre a matéria (assim como interpretamos a "matéria" à luz de nossas próprias teorias correntes e, portanto, invisíveis) representa a interpretação da fantasia, a análise das produções espontâneas da mente exploradora. Essa análise significa maior capacidade de compreender o funcionamento da mente. O *corpus* inteiro da alquimia contém mil e setecentos anos de fantasia relacionados à natureza da transformação (moral), que se supõe ocorrer na matéria (uma categoria que incluía o homem) "lutando",

---

[167] Jung, C.G. (1976b), p. 482-483.

como faz "naturalmente", para chegar à perfeição. Centrais para esse movimento rumo à perfeição eram a dissolução, a transformação e a reconstituição da matéria primordial não resgatada, a *prima materia*:

> Conforme indicado pelo próprio nome que escolheu para ela – a arte "espagírica" – ou pelo ditado tantas vezes repetido *solve et coagula* [dissolver e reconstituir], o alquimista viu a essência de sua arte na separação e na análise, por um lado, e na síntese e consolidação, por outro. Para ele, antes de tudo havia um estado inicial no qual tendências ou forças opostas estavam em conflito; em segundo lugar, havia a grande questão de um procedimento que fosse capaz de trazer os elementos hostis e as qualidades, uma vez separados, de volta à unidade. O estado inicial, chamado de *chaos*, não era dado desde o início, mas tinha que ser procurado como a *prima materia*. E, assim como o início dos trabalhos não era autoevidente, também o seu fim não o era em um grau ainda maior. Existem inúmeras especulações sobre a natureza do estado final, todas elas refletidas nas suas designações. As mais comuns são as ideias de sua permanência (prolongamento da vida, imortalidade, incorruptibilidade), sua androginia, sua espiritualidade e corporeidade, suas qualidades humanas e sua semelhança com o homem (homúnculo), e sua divindade.[168]

Os alquimistas começaram seu trabalho, seu *opus*, determinados a enfrentar o desconhecido, trancados no mundo material, na busca de um ideal. Seu ideal era simbolizado pelo *lapis philosophorum*, que era uma substância unitária caracterizada pela sua capacidade de transformar metais comuns em ouro, e mais, que conferia ao seu portador o conhecimento completo, a vida imortal, a saúde física e mental impecável. O indivíduo medieval não fazia ideia de que a criação de tal "substância" não era possível, e tinha conhecimento de muitas substâncias que possuíam propriedades transformadoras.

A identificação do que motivou essa busca parece simples. Sem dúvida, muitos tentaram a sorte na alquimia apenas pelo seu potencial benefício econômico, assim como, hoje, muitos exercem a sua atividade profissional exclusivamente pelo ganho material. (Mas até mesmo isso é uma forma de desejo por redenção – por meios materiais – e pode ser inesperadamente transformado em uma busca mais puramente espiritual no curso do amadurecimento ou por meio de ações imprevisíveis da fantasia e da circunstância.) Havia também alquimistas que mais encarnavam de forma mais clara o espírito de devoção à curiosidade, e que trabalhavam com a mesma disciplina

---

[168] Ibidem, p. xiv.

séria que o cientista natural posterior. É ingênuo subestimar o poder e o mistério da fantasia da pedra filosofal. Essa ideia forneceu a força motriz subjacente à investigação disciplinada dos segredos da matéria – um procedimento difícil, penoso, caro. A ideia de que a matéria guardava dentro de si o segredo da sabedoria, da saúde e da riqueza subjaz todo o *opus* da ciência moderna. O fato de que tal ideia poderia surgir e ser considerada com seriedade, apesar da grandiosidade e do conflito com o dogma da igreja, já é difícil o bastante de se acreditar. Ela se torna verdadeiramente incompreensível quando consideramos o fato adicional de que o processo se estendeu por mais de dezessete séculos, apesar de nenhum alquimista ter atingido seu objetivo. Jung afirma:

> Em vista do fato de que [...] um milagre nunca ocorreu na retorta, apesar das repetidas afirmações de que alguém tinha realmente conseguido fazer ouro, e que nenhuma panaceia, nenhum elixir prolongou de forma comprovada a vida humana para além de seu tempo devido, e que nenhum homúnculo voou para fora da fornalha – em vista desse resultado totalmente negativo, devemos perguntar no que o entusiasmo e a paixão dos adeptos possivelmente se baseavam.
>
> Para responder a essa pergunta difícil, devemos ter em mente que os alquimistas, guiados por sua avidez investigativa, trilhavam na verdade um caminho de esperança, uma vez que o fruto que essa alquimia deu após séculos de esforço foram a química e suas descobertas surpreendentes. O dinamismo emocional da alquimia é, em grande parte, explicado por uma premonição dessas possibilidades então inéditas. No entanto, por mais desprovidos de resultados úteis ou até mesmo esclarecedores que tenham sido esses trabalhos, esses esforços, não obstante o seu fracasso crônico, eles parecem ter tido um efeito psíquico de natureza positiva, algo semelhante à satisfação ou mesmo a um aumento perceptível da sabedoria. Caso contrário, seria impossível explicar por que os alquimistas não se afastaram, desgostosos, de seus projetos quase sempre fúteis.[169]

A fantasia alquímica fornecia (e ainda fornece) *a força motriz para o esforço empírico*, assim como o sonho da tradição judaico-cristã forneceu a força motivadora para a civilização do Ocidente. Dessa forma, o mito, misterioso, absurdo e incompreensível, encontra-se na vanguarda do processo adaptativo. Eliade afirma (especificamente em relação à origem da ciência):

> Até recentemente, poucos estavam cientes do papel de Isaac Newton nesse movimento [alquímico] geral, cujo objetivo era a *renovatio* da religião e da

---
[169] Ibidem, p. 319-20.

cultura europeias por meio de uma síntese audaciosa do ocultismo e das ciências naturais. É verdade que Newton nunca publicou os resultados de seus experimentos alquímicos, embora tenha declarado que alguns deles foram coroados de êxito. Seus inúmeros manuscritos alquímicos, ignorados até 1940, foram recentemente analisados de forma meticulosa por Betty Jo Teeter Dobbs em seu livro *Os Fundamentos da Alquimia de Newton* (1975). Dobbs afirma que Newton fez experiências em seu laboratório com as operações descritas na imensa literatura alquímica, investigando-a "como nunca fora investigada antes ou depois" (p. 88). Com a ajuda da alquimia, Newton esperava descobrir a estrutura do microuniverso para fazer uma homologia dele com o seu sistema cosmológico. A descoberta da gravidade, a força que mantém os planetas em suas órbitas, não o satisfazia completamente. Mas, embora tenha perseguido os experimentos infatigavelmente de 1669 a 1696, ele não conseguiu identificar as forças que regem os corpúsculos. No entanto, quando começou a estudar a dinâmica do movimento orbital, em 1679-80, ele aplicou suas concepções "químicas" de atração ao universo.

Como McGuire e Rattansi mostraram, Newton estava convencido de que, no início, "Deus havia compartilhado os segredos da filosofia natural e da verdadeira religião com uns poucos seletos. O conhecimento foi perdido depois, mas parcialmente recuperado mais tarde, quando foi incorporado a fábulas e formulações míticas em que permaneceria oculto do vulgar. Nos dias de hoje, poderia ser mais plenamente recuperado a partir da experiência".[170] Por esse motivo, Newton analisou as seções mais esotéricas da literatura alquímica, esperando que elas contivessem os verdadeiros segredos. É significativo que o fundador da mecânica moderna não tenha rejeitado a tradição de uma revelação secreta e primordial, assim como não rejeitou o princípio da transmutação. Como escreveu na sua *Óptica* (1704), "a mudança de Corpos em Luz e de Luz em Corpos está inteiramente em conformidade com as Leis da Natureza, pois a Natureza parece arrebatada pela Transmutação". De acordo com Dobbs, "os pensamentos alquímicos de Newton estavam tão firmemente estabelecidos que ele nunca veio a negar sua validade geral, e, em certo sentido, a totalidade de sua carreira após 1675 pode ser vista como uma longa tentativa de integrar a alquimia e a filosofia mecânica" (*Fundações*, p. 230).

Após a publicação do *Principia*, oponentes declararam que as "forças" de Newton eram, na realidade, "qualidades ocultas". Como Dobbs reconhece,

---

[170] Eliade comenta: "(Dobbs, B.J.T. [1975], p. 90), citando o artigo de E. McGuire e P.M. Rattansi, Newton e as 'Flautas de Pã'", p. 108-43" (Eliade, M. [1985], p. 260, nota 104).

esses críticos estavam de certo modo corretos: "As forças de Newton se pareciam muito mais com as simpatias e antipatias ocultas encontradas em grande parte da literatura ocultista do período da Renascença. Mas Newton havia atribuído às forças um *status* ontológico equivalente ao da matéria e do movimento. Ao fazê-lo, e ao quantificar as forças, ele permitiu que as filosofias mecânicas subissem acima do nível dos mecanismos de impacto imaginários" (p. 211). Ao analisar a concepção newtoniana de força, Richard Westfall chega à conclusão de que a ciência moderna é *o resultado do casamento da tradição hermética com a filosofia mecânica*.[171]

Em seu espetacular voo, a "ciência moderna" ignorou, ou rejeitou, a herança de hermetismo. Ou, para colocar de forma diferente, o triunfo da mecânica newtoniana acabou por aniquilar o seu próprio ideal científico. Com efeito, Newton e seus contemporâneos esperavam um tipo diferente de revolução científica. Ao prolongar e desenvolver as esperanças e os objetivos (o primeiro destes sendo a redenção da Natureza) do neoalquimista da Renascença, mentes tão díspares como as de Paracelso, John Dee, Comenius, J.V. Andreae, Fludd e Newton viram na alquimia o modelo para um empreendimento não menos ambicioso: o aperfeiçoamento do homem por um novo método de conhecimento. Na sua perspectiva, tal método precisava integrar em um cristianismo não confessional a tradição hermética e as ciências naturais da medicina, da astronomia e da mecânica. Na verdade, essa síntese constituiu uma nova criação cristã, comparável aos brilhantes resultados obtidos pelas integrações iniciais do platonismo, do aristotelismo e do neoplatonismo. Esse tipo de "conhecimento", sonhado e parcialmente elaborado no século XVIII, representa o último empreendimento da Europa cristã realizado com o objetivo de obter um "conhecimento total".[172]

Não o último, exatamente.

A formulação da ideia de que Deus poderia ser conhecido na forma material significava apresentar a possibilidade de que o valor mais alto concebível poderia ser concretamente personificado na "matéria" – em vez de no mundo "espiritual" estabelecido, patriarcal. Isso significava que a "natureza de Deus" era algo que poderia ser submetido à investigação material (e cuidadosa). Contudo, a matéria permaneceu comparativamente desconhecida para a mente medieval – e foi, por isso, "contaminada" com tudo o mais que havia de desconhecido, reprimido e

---

[171] Eliade comenta: (Westfall, R.S. [1971], p. 377-91; Dobbs, R.J.T. [1975], p. 211) (Eliade, M. [1985], p. 260, nota 104).
[172] Ibidem, p. 259-261.

rejeitado. Logo, a atribuição de valor à matéria era a atribuição de valor à experiência desconhecida. Essa atribuição era herética porque implicava a falibilidade ou a natureza incompleta do dogma da igreja (o modelo geral europeu medieval formalizado de expectativa e desejo) e, portanto, perigosa a partir dos pontos de vista social e intrapsíquico. Essa heresia piorou em intensidade porque a igreja explicitamente considerava a matéria – representante do desconhecido inadmissível – degradada, corrupta, imperfeita e demoníaca.

O alquimista era um homem irredimido, sofredor, em busca de um ideal inexprimível. Ele formulou esse ideal e o seu processo de geração utilizando os termos que se referiam ao "mundo físico", pelo menos a partir da perspectiva moderna. No entanto, o alquimista não fazia nenhuma distinção clara entre psicológico e objetivo. Assim, a sua "busca pelo ideal" era tanto psicológica quanto química (mais, na verdade, uma vez que ele trabalhava na ausência até mesmo dos dispositivos básicos de medição da ciência moderna). O alquimista postulava que essa resposta deixava a igreja de fora, no desconhecido. A exploração do desconhecido e proibido significava a geração de conhecimento redentor (na época, assim como agora). A incorporação de tal conhecimento representava movimento em direção à perfeição. Amplamente falando, o alquimista queria transformar todo elemento subordinado da categoria "matéria" (o mundo desconhecido, caído, corrompido, incluindo o homem como ser "material") na categoria "ouro" (o estado apolíneo, espiritual, solar, incorruptível). Ele estava procurando um agente transformador para causar essa mudança (o *lapis philosophorum*); mas também via a si mesmo como esse agente (uma vez que estava integralmente envolvido no *opus* transformador da alquimia). Essa conceitualização relativamente simples do "movimento na direção do ideal" é apresentada de forma esquemática na Figura 5.6: O *Opus* Alquímico como "História Normal".

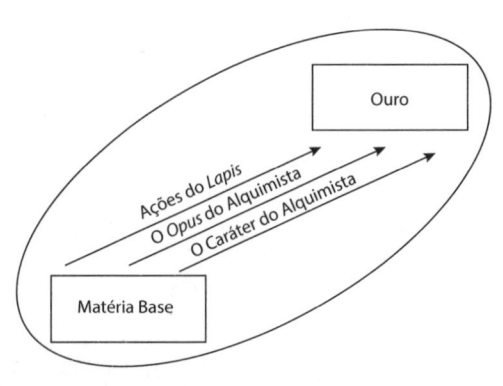

Figura 5.6: O *Opus* Alquímico como "História Normal"

O alquimista corajosamente postulava que a obra da redenção, tida como absoluta pela igreja, ainda não estava completa – ou, pelo menos, agia "como se" ainda houvesse trabalho a fazer. Então, ele esperava transformar em ouro o que ainda não havia sido redimido. Óbvio que o problema é que transformar matéria comum em ouro não é possível, enquanto ato "normal" de movimento do ponto "a" – o "presente" insustentável – ao ponto "b" – o futuro desejável. Contudo, a tentativa de produzir o "estado mais ideal possível" – algo semelhante ao paraíso na Terra – é particularmente improvável sem uma revolução. Então, a "história" alquímica rapidamente se transformou em algo mais complexo; algo que, em essência, recapitulava a "união dos deuses" (algo como um processo de iniciação ou transformação espiritual). Os alquimistas logo vieram a perceber que o movimento em direção ao ideal não significava uma viagem ininterrupta colina acima; que um grande salto à frente era necessariamente precedido por uma descida radical.

Uma vez que o alquimista decidiu olhar para o desconhecido em busca de salvação, em vez de olhar para a igreja (ou, pelo menos, em adição à igreja), ele se colocou fora dos limites de proteção do seu sistema de classificação anterior. Fora desse sistema dogmático, as coisas adquiriram um novo significado (ou, pelo menos, um novo significado potencial). Uma vez que você decidiu que não sabe absolutamente tudo sobre um assunto, é possível aprender algo novo. No entanto, quando um "objeto" foi colocado em um sistema de classificação (dentro das limitações de um paradigma específico), sua significância motivacional *a priori* é restringida (por inteiro, no caso de algo considerado irrelevante; em parte, quando o fenômeno é atribuído a um uso particular). Quando o sistema de classificação falha (como consequência da transformação do ambiente natural ou social, ou, de forma mais prosaica, em razão do surgimento de uma experiência incongruente (informação que ameaça o paradigma), os fenômenos antes limitados na sua significância motivacional recuperam o seu estado original. Isso significa que os objetos da experiência são *renovados* – que o afeto que eles foram capazes de produzir, antes da classificação, reemerge. Esse processo foi representado no esquema alquímico pela morte do "rei" (o "sistema de ordem" que antes reinava) e pelo reaparecimento da "rainha", a Grande Mãe (fonte de ameaça e promessa, vitais para renovação). A "imersão do rei na rainha" (sua "união sexual" [o motivo do incesto]) simbolizou a redução do "mundo" ao caos pré-cosmogônico que precede a criação – ao estado de *prima materia*, matéria primordial. Isso também levou ao estado de "opostos beligerantes" – ao ressurgimento de "substâncias" conflitantes antes mantidas em harmonia pela condição ordenada precedente. A "reunião" (simbolizada como uma união criativa ou "sexual") do rei e da rainha produz um estado caracterizado pela possibilidade de algo novo. Esse "algo novo" pode ser conceitualizado como o "filho divino" que emerge dessa união, prestes a ser rei outra vez. Esse filho divino foi considerado, de formas variadas, o novo rei — ou até mesmo a própria pedra filosofal, em uma de suas muitas formas possíveis. Esse processo de conceitualização muito mais complexo — que explica a vasta produção simbólica da alquimia — é apresentado de modo esquemático na Figura 5.7: O *Opus* Alquímico como "História Revolucionária".

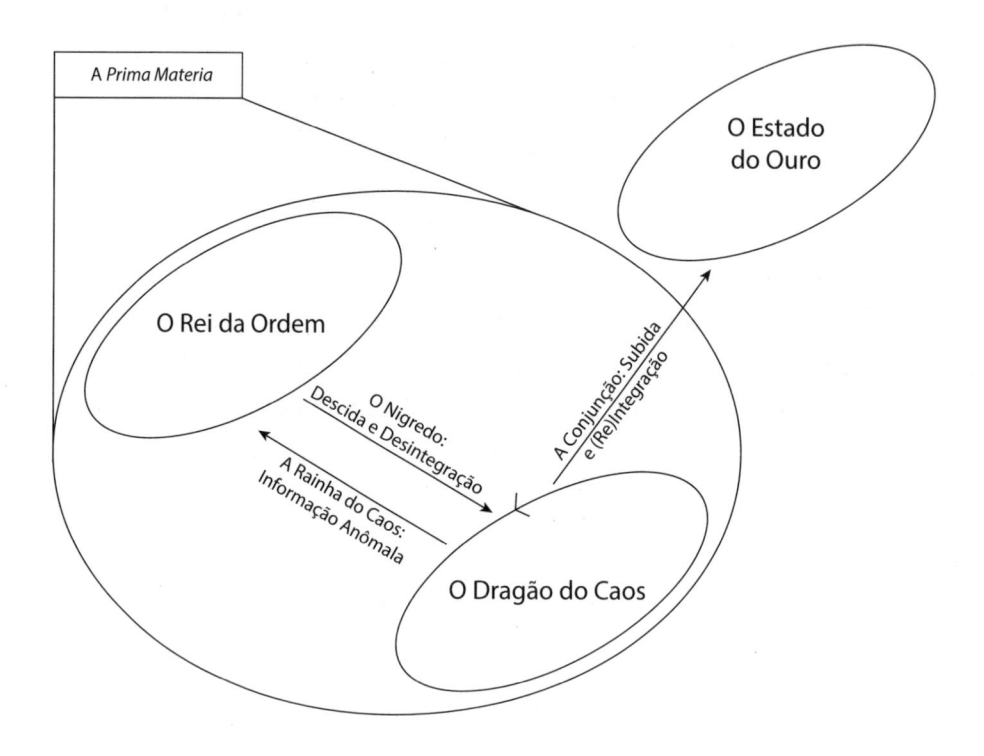

Figura 5.7: O *Opus* Alquímico como "História Revolucionária"

A Prima Materia

Ela se oferece em forma humilde. Dela brota a nossa eterna água.[173]

A *prima materia* (alternativamente: o "caos redondo" ou o *ouroboros* alquímico) é o desconhecido como matéria e, ao mesmo tempo, como efeito sobre a imaginação e o comportamento (pré-experimentalmente inseparável): é Deus como *substância* e *efeito*

---

[173] Jung, C.G. (1968b), p. 324.

da substância. A *prima materia* é o "ovo pré-cosmogônico", o dragão do caos – a fonte eterna da qual espírito e conhecimento e matéria e mundo surgem. É o desconhecido que gera novos fenômenos, quando explorado; o desconhecido que serve como fonte da "informação" que vem para constituir determinado sujeito que experiencia. Os alquimistas, portanto, davam à *prima materia* uma definição "meio mitológica, meio química". Para um alquimista, era mercúrio; para outros, era minério, ferro, ouro, chumbo, sal, enxofre, vinagre, água, ar, fogo, terra, sangue, água da vida, *lapis*, veneno, espírito, orvalho, nuvem, céu, mar, sombra, mãe, lua, serpente... Jung afirma:

> A autonomia e o caráter perpétuo da *prima materia* em Paracelso [por exemplo] sugerem um princípio igual à Deidade, correspondente a uma *dea mater* [...]. Os textos seguintes, por exemplo, são aplicados à *prima materia*: "suas origens são de tempos antigos, de dias imemoráveis" (Miqueias 5,2) e "antes que Abraão existisse, Eu Sou" (João 8,58). Isso deveria mostrar que a pedra não tem início e tem sua [existência primária] desde toda a eternidade, e que ela também não tem fim e existirá por toda a eternidade [...].
>
> E, da mesma forma, continua o autor, que a pedra, junto com o seu material, possui mil nomes, e por isso é chamada de "milagrosa", todos esses nomes podem, em um grau eminente, basear-se em Deus, e então o autor procede à sua aplicação. Um cristão mal pode acreditar no que ouve [...]. "Aquilo de onde as coisas surgem é o Deus invisível e imutável."[174]

No entanto, os alquimistas entendiam a *prima materia* como sendo ainda "não redimida" e "comum". A noção de matéria corrompida era uma noção moral e, por isso, a "imperfeição" da matéria era uma imperfeição moral. As reflexões dos alquimistas sobre a natureza dessa matéria imperfeita inevitavelmente tomavam a forma de reflexões sobre o problema moral da imperfeição e a corrupção material como tal. Uma vez que o alquimista pensava de forma análoga e simbólica, na ausência de um método empírico, ele fantasiava ou imaginava que a *prima materia* corrupta compartilhava as características de outras criações imperfeitas e corruptas, incluindo o homem físico, contaminado pelo Pecado Original e por suas próprias transgressões.

É praticamente impossível para nós, modernos, compreender até que grau o universo de nossos antepassados era um universo *moral*. Cada aspecto daquele mundo arcaico estava engajado em um esforço moral, participando de corrupção, lutando pela perfeição. Todo minério queria ser metal puro, e todo metal puro, ouro. Assim, todos os ferreiros, mineiros e alquimistas desempenhavam o papel de parteira, lutando

---

[174] Ibidem, p. 322-23.

para ajudar a Terra a gerar as substâncias "perfeitas" que ela evidentemente desejava produzir. Eliade afirma, com relação à atitude característica do metalúrgico primitivo:

> As substâncias minerais compartilhavam da sacralidade ligada à Mãe Terra. Desde muito cedo, somos confrontados com a noção de que os minérios crescem no ventre da Terra, à maneira de embriões. Assim, a metalurgia assume o caráter de obstetrícia. O mineiro e o metalúrgico interferem no desenrolar da embriologia subterrânea: eles aceleram o ritmo do crescimento dos minérios, colaboram com o trabalho da Natureza e a ajudam a dar à luz mais rapidamente. Em uma palavra, o homem, com suas várias técnicas, pouco a pouco toma o lugar do Tempo: seu trabalho substitui o trabalho do Tempo.
>
> Colaborar com o trabalho da Natureza, ajudá-la a produzir em um ritmo sempre crescente, alterar as modalidades da matéria – aqui, no nosso ponto de vista, está uma das principais fontes da ideologia alquímica. É claro que não alegamos haver uma continuidade ininterrupta entre os mundos mentais do alquimista e os do mineiro, metalúrgico e ferreiro (embora, com efeito, os ritos de iniciação e os mistérios dos ferreiros chineses constituam uma parte integral das tradições mais tarde herdadas pelo taoísmo chinês e pela alquimia). Mas o que o fundidor, o forjador e o alquimista têm em comum é que todos os três reivindicam autoria sobre uma experiência mágico-religiosa particular em suas relações com a matéria; essa experiência é seu monopólio, e seu segredo é transmitido por meio dos ritos de iniciação ao seu ofício. Todos os três trabalham em uma Matéria que afirmam ser ao mesmo tempo viva e sagrada, e em seus trabalhos eles perseguem a transformação da matéria, a sua perfeição e a sua transmutação.[175]

Na *prima materia* não redimida, o alquimista entendia que a matéria estava presa em um estado imperfeito; assim como o próprio homem estava preso em um estado corrupto e perecível por sua natureza material e física pecaminosa, demoníaca. Portanto, a transformação dessa *prima materia* em ouro ou na pedra filosofal significava uma transformação moral, que podia ser realizada por meios morais. Os alquimistas estavam à procura de um método para redimir a corrupção. Eles aplicavam o seu raciocínio fantástico à redenção da matéria corrupta, o que parece absurdo do ponto de vista moderno. No entanto, a experiência do mundo físico tinha sido formalmente amaldiçoada pela igreja – por razões que tinham sua própria lógica –, e o valor perdido que essa experiência representava permaneceu, desse modo, em urgente necessidade de redenção. A busca pelo valor perdido levou os alquimistas a considerar de forma profunda a natureza da corrupção ou

---
[175] Eliade, M. (1978a), p. 8-9.

limitação, e, depois disso, da sua transformação e redenção. A concentração que devotaram à natureza do problema colocou em movimento fantasias associadas com o arquétipo do caminho, que sempre emerge por conta própria quando os indivíduos enfrentam suas limitações e entram em contato com o desconhecido. E ele deve ser entendido: embora os alquimistas tenham *fundido* "psique" e "realidade objetiva", *sua confluência foi significativa*. O alquimista se "redimiu" estudando as transformações "redentoras" da matéria – de modo mais simples, porque a exploração "libera" informações que podem ser utilizadas para a construção da personalidade; de modo mais complexo, porque o ato voluntário de exploração, fora do âmbito permitido pela tradição, *constitui a identificação com o herói criativo*.

A primeira transformação alquímica tomou a forma de desintegração: solução química ou putrefação da *prima materia*, na sua forma "sólida" – na sua encarnação *patriarcal*, na sua manifestação conforme substância "solicitada" ou "estável" ou "rígida". O primeiro estágio arquetípico de qualquer transformação moral (que o alquimista estava se esforçando para produzir) constitui a ruptura trágica do estado de ser anterior. A desintegração da *prima materia* era equivalente, de forma análoga, à degeneração do estado intrapsíquico prévio socialmente determinado do alquimista, decorrente da sua decisão de buscar o desconhecido:

> A putrefação química é comparada ao estudo dos filósofos porque, assim como os filósofos são propensos ao conhecimento pelo estudo, também as coisas naturais são propensas à solução pela putrefação. A isso é comparado o conhecimento filosófico.[176]

A natureza do estado anterior do alquimista, seu equivalente simbólico na *prima materia* e as consequências da sua desintegração, podem ser colocados em contexto por meio do exame da visão de mundo medieval.

A investigação da matéria era absolutamente herética para o *Homo sapiens* medieval. A mera sugestão de que o desconhecido ainda existia e, por conseguinte, exigia investigação, ameaçava a autoridade absoluta do dogma cristão, conforme historicamente formulada pelos padres da igreja. Questionar essa autoridade significava que o alquimista se colocava fora da proteção de seu cânone cultural, no sentido psicológico, e à mercê das autoridades eclesiásticas, no mundo prático. A investigação da matéria e de suas transformações, portanto, era um feito excepcionalmente perigoso tanto do ponto de vista social quanto intrapsíquico. A punição habitual para feitos

---

[176] Jung, C.G. (1976b), p. 271.

heréticos era excessivamente horrível – tortura e excomunhão –, e as consequências psíquicas potenciais não eram menos perigosas.

No início de sua busca, o alquimista se colocava fora do enclave protetor da conformidade e arriscava a investigação de um aspecto da experiência que, segundo a visão de mundo de sua época, era caracterizado pelo demonismo absoluto. É difícil imaginar a apreensão que tal tarefa deve ter engendrado nas mentes daqueles que a adotaram (embora tal apreensão ressurja na mente do moderno, ameaçado por ideias revolucionárias). A busca alquímica do desconhecido, para o ideal, tinha como pré-requisito ou consequência imediata o abandono ou a desorganização da visão de mundo individual e social reinante. Investigar a matéria, em busca do ideal, significava investigar a corrupção, o mal em si, em busca de valor. O alquimista que realizava tal investigação já acreditava que carecia de redenção, que era incompleto, ou nunca teria ousado pisar fora dos limites traçados pela igreja. Sua necessidade de redenção, de conclusão, equiparava-se àquela da *prima materia* corrupta e ainda reforçava a identidade análoga "inconsciente" entre o adepto e seu material.

O Rei da Ordem

Na ausência de metodologia empírica formal, o adepto alquímico só poderia investigar as transformações da matéria com as preconcepções de sua imaginação. Assim, os produtos da alquimia eram necessariamente estruturados de acordo com o mito do caminho, a manifestação arquetípica primária da fantasia imaginativa. O alquimista trabalhava sozinho, concentrando-se em seu processo durante meses e anos, e, nessa busca solitária, sua fantasia reinava livre. Uma vez que ele tinha coragem de admitir a própria ignorância, a própria insuficiência, suas investigações da "matéria" tomavam a forma do contato com o desconhecido. A admissão da ignorância pessoal apresenta um desafio para o cânone cultural (na medida em que o ignorante se identifica com esse cânone) e prepara o palco para a transformação moral, que se manifesta de forma simbólica. O alquimista buscava a compreensão da natureza da corrupção do material e um método por meio do qual a matéria pudesse ser aperfeiçoada. O dogma cristão afirmava que o mundo tinha sido finalmente redimido pela paixão de Cristo; mas parecia evidente para o alquimista que as substâncias materiais, incluindo ele próprio, continuavam "moralmente" corruptas e incompletas. A admissão da imperfeição, portanto, equivalia à admissão de que aquele dogma cristão, conforme apresentado pela igreja autoritária – e, por conseguinte, conforme representado intrapsiquicamente –, estava incompleto. Essa incompletude, manifesta como autoridade absoluta, servia a uma função tirânica, que tinha que ser eliminada antes da criação de novo conhecimento. Assim, o aspecto da *prima materia*, que era a primeira coisa carente de redenção, era seu aspecto tirânico/patriarcal, que aparecia na imaginação como o Grande Pai – como o rei ou seu equivalente simbólico. Jung afirma:

> A mente consciente muitas vezes sabe pouco ou nada sobre a sua própria transformação e não quer conhecer coisa alguma. Quanto mais autocrática ela for, e mais convicta da validade eterna de suas verdades, mais ela se identifica com estas. Assim, o reinado do Sol, que é um fenômeno natural, passa para o rei humano que personifica a ideia dominante vigente e, por isso, deve compartilhar do seu destino. No mundo fenomenal, prevalece a lei heraclítica da eterna mudança, *panta rei*; e parece que todas as coisas verdadeiras devem mudar, e que apenas aquela que muda permanece verdadeira [...].
>
> Nesse processo alquímico, podemos reconhecer com facilidade a projeção do processo de transformação: o envelhecimento de um dominante psíquico é aparente a partir do fato de que ele expressa a totalidade psíquica em um grau cada vez menor. Pode-se também dizer que a psique não mais se sente contida no dominante por inteiro, dado que o dominante perde seu fascínio e não mais captura a psique tão completamente como antes. Por outro lado, seu conteúdo e seu significado não são mais entendidos de modo apropriado, ou o que é entendido não consegue tocar o coração. Um "sentimento de incompletude" desse tipo produz uma reação compensatória que atrai outras regiões da psique e seus conteúdos a fim de preencher a lacuna. Como regra, esse é um processo inconsciente que sempre se estabelece quando a atitude e a orientação da mente consciente se revelam inadequadas. Insisto nesse ponto porque a mente consciente é um mau juiz de sua própria situação e muitas vezes persiste na ilusão de que a sua atitude é a única certa, e que só é impedida de trabalhar por causa de algum incômodo externo. Se os sonhos fossem observados, logo ficaria claro por que as hipóteses conscientes se tornaram impraticáveis. E se, por fim, sintomas neuróticos surgem, a atitude da consciência, sua ideia dominante, é contrariada, e no inconsciente há um alvoroço daqueles arquétipos que foram os mais reprimidos pela atitude consciente. Então, o terapeuta não tem outro curso senão enfrentar o ego com seu adversário e, assim, iniciar o processo de fusão e reformulação. O confronto é expresso, no mito alquímico do rei, como a colisão do masculino, pai espiritual governado pelo rei Sol, com o feminino, mundo-mãe ctônico simbolizado pela *aqua permanens* ou pelo caos.[177]

---

[177] Ibidem, p. 358-359.

O processo representado simbolicamente como "desintegração do rei" encontrou seu equivalente material análogo no processo de dissolução química – na imersão de uma substância sólida ou composto (a *prima materia*) em um solvente, ou na sua deterioração, seu retorno à Terra (daí a metáfora ainda existente para o gastador: personalidade *dissoluta*). A "substância sólida", o rei, representava o núcleo mítico da hierarquia historicamente determinada de padrão comportamental e representação com a qual o adepto tinha se identificado antes, e que teve que ser abandonada ou contestada antes que a investigação da matéria/desconhecido pudesse começar de fato. Em geral, a destruição do sistema patriarcal culturalmente determinado é representada na fantasia, de forma simbólica, como a morte do velho rei (estéril, doente), a qual se torna necessária quando a Terra não é mais fecunda. Tal sacrifício – que foi outrora um ritual – significa a rejeição da dependência em um padrão particular de adaptação comportamental e pressuposto representacional; significa o potencial para a reintrodução de novas ideias (ou até mesmo de um novo padrão de ideias) quando a adaptação é ameaçada por anomalia.[178] A ideia do rei – o representante central da cultura – foi expressa em uma infinidade de imagens simbólicas no decorrer dos séculos em que a alquimia floresceu. A águia, o sol, o leão, o céu, o fogo, a altura e o espírito simbolizavam diferentes aspectos do sistema patriarcal, que serviam para representar a condição inicial da *prima materia*, antes de sua dissolução. Tais representações simbólicas emergem como consequência lógica se as condições que inicialmente as provocaram voltam a surgir. O encontro com o desconhecido constitui uma dessas condições.

---

[178] Frye afirma:

> Profeta, alto sacerdote e rei são todos figuras de autoridade, mas os profetas muitas vezes são martirizados, e até mesmo os reis [...] têm imagens de bodes expiatórios e vítimas associadas a eles. Josué era uma espécie de Cristo como conquistador da Terra Prometida: seus inimigos incluíam cinco reis que foram enforcados em árvores e depois enterrados em uma caverna com grandes pedras fechando a entrada (Josué 10,16). Salomão, o rei que sucedeu Davi, é uma espécie de Cristo como construtor do templo e sábio professor: Absalão, também um filho de Davi, rebelou-se contra o pai e ficou preso em uma árvore, tradicionalmente pelo seu cabelo dourado, pendurado "entre o céu e a terra", até que Joab, um dos generais de Davi, veio e enfiou dardos em seu peito (2 Samuel 18,14). O curioso desamparo de Absalão, no que parece uma situação relativamente fácil de se livrar, sugere um elemento ritual na história de sua morte. Os escritores dos Evangelhos descobriram que, ao contar a história de Jesus, precisavam das imagens dos reis executados e de Absalão tanto quanto das figuras da glória e do triunfo (Frye, N. [1982], p. 180).

A Rainha do Caos

O solvente no qual a *prima materia* enquanto rei se dissolve, ou a terra para a qual ela retorna, é imaginativamente representado no processo alquímico por símbolos característicos do sistema matriarcal. A *prima materia* se dissolve na água, na água salgada, nas lágrimas ou no sangue, enquanto o antigo rei se dissolve no sistema matriarcal – em sensualidade, afeto e imaginação (anteriormente confinados), que ameaçam e transcendem o conhecimento em sua forma concreta, e ao mesmo tempo servem de matriz a partir da qual ele é gerado. O sistema matriarcal é o representante intrapsíquico da rainha, a Grande e Terrível Mãe, que é o mar, o sapo, o peixe ou o dragão, a leoa, a terra, a profundidade, a cruz, a morte e a matéria:

> É a lua, a mãe de todas as coisas, o receptáculo, ela consiste em opostos, tem mil nomes, é uma velha e uma prostituta, como *Mater Alchimia* ela é sabedoria e ensina a sabedoria, ela contém o elixir da vida *in potentia* e é a Mãe do Salvador e do *filius Macrocosma*, é a terra e a serpente escondida na terra, a escuridão e o orvalho e a água milagrosa que une tudo o que está dividido.[179]

A *prima materia* enquanto rei se dissolve na *prima materia* enquanto água salgada, ou mar, que representa matriz e emoção, como a amarga água salgada constitui lágrimas e afeto trágico (a consequência do fracasso do desejo). O calor que promove a solução química é o equivalente simbólico da paixão, emoção ou sensualidade – aspectos do mundo intrapsíquico, fora do domínio do pensamento racional. A dissolução do rei no sistema matriarcal recria tematicamente o motivo heroico/sacrificial do incesto, reunião criativa (sexual) com a mãe. Essa reunião criativa se manifesta, antes de tudo, como caos psicológico, depressão e ansiedade, e só depois como recriação. O rei é o filho de Deus, na forma previamente encarnada, que perde sua eficácia ao longo do tempo. O regicídio primitivo ritualista baseia-se na crença de que o poder mágico do rei, sua capacidade de renovar seus súditos e a terra, diminui com a idade. A sujeição à tirania (intrapsíquica e/ou social) inevitavelmente promove estagnação e depressão, dissolução. No entanto, o desafio apresentado ao espírito dominante dos tempos significa a extração de conhecimento do contexto no qual ele tem relevância e o subsequente regresso do que é condicionalmente conhecido para o domínio do desconhecido terrível e promissor:

> Para entrar no Reino de Deus, o rei deve se transformar em *prima materia* no corpo de sua mãe, e voltar para o estado inicial escuro que os alquimistas

---
[179] Jung, C.G. (1976b), p. 21.

chamavam de "caos". Nessa *massa confusa*, os elementos estão em conflito e se repelem; todas as conexões são dissolvidas. A dissolução é o pré-requisito para a redenção. O celebrante dos mistérios teve que sofrer uma morte figurativa a fim de atingir a transformação.[180]

O "reino" matriarcal, que Jung personificou em representação imagética como *anima*, é a fonte do novo conhecimento, como o desconhecido. Isso torna o reino matriarcal "mãe/sabedoria" a matriz da revelação que renova. Contudo, essa revelação necessariamente ameaça a estabilidade do conhecimento anterior e "libera" o afeto outrora "inibido" (por consequência da dissolução da previsibilidade e da certeza). Jung afirma:

> A *anima* se torna criativa quando o rei se renova nela. Psicologicamente, o rei representa, antes de tudo, o Sol, a quem temos interpretado como consciência. Mas, além disso, ele representa um dominante da consciência, tal como um princípio geralmente aceito ou uma convicção coletiva ou uma tradição. Esses sistemas e ideias reinantes "envelhecem" e, desse modo, geram forçosamente uma "metamorfose dos deuses" [...]. [Isso] raras vezes ocorre como um fenômeno coletivo definido. Na maioria dos casos, é uma mudança no indivíduo que poderá, em certas condições, afetar a sociedade "quando o tempo for cumprido". No indivíduo, significa apenas que a ideia reinante carece de renovação e alteração, se ela tiver que lidar de maneira adequada com as condições internas ou externas alteradas.[181]

O estado enfermo original do rei é o destino eventual certo do conhecimento concreto, apresentado como absoluto. Uma vez que o desconhecido sempre transcende os limites do conhecido, nenhuma declaração definitiva sobre a natureza da existência é possível. Por conseguinte, as tentativas de limitar o conhecimento ao que atualmente é conhecido devem resultar necessariamente em eventual estagnação social e psicológica. É um fato infeliz que as tentativas de superar essa estagnação devam, primeiro, resultar na produção de caos afetivo, motivacional e ideacional. A dissolução do patriarcado no sistema matriarcal, mesmo na busca voluntária de um ideal, culmina na criação de um estado psiquicamente caótico, simbolizado na alquimia como a convalescência do rei, a gravidez da rainha ou alguns equivalentes análogos destes. A situação caótica gerada por consequência da decisão de perseguir o desconhecido é acompanhada pelo surgimento de vários fatores psicológicos constitutivos na

---
[180] Ibidem, p. 283.
[181] Ibidem, p. 308.

fantasia, incorporados, personificados, como forças opostas, carentes do princípio de mediação. Isso é equivalente, de forma precisa, ao retorno "interno" a um estado de politeísmo, cujos "deuses que governam a humanidade" guerreiam sem se submeter a um "poder" de ordem superior. Os alquimistas descreveram esse estágio do seu *opus* como o *nigredo*, ou escuridão – uma condição que associaríamos à depressão, ao caos psicológico, à incerteza, à impulsividade e à ansiedade.

A escuridão desce quando a significância motivacional de eventos e processos, antes mantida sob controle por meio da adesão a um conjunto de crenças central, paradigmaticamente estruturado, implícito e explícito, torna-se uma vez mais indeterminado e novo. A dissolução de suas crenças outrora mantidas possibilitou que as estruturas constituintes fundamentais da psique dos alquimistas se tornassem ativamente personificadas na fantasia. Os elementos dos sistemas individual, patriarcal e matriarcal rivalizam, carecendo de um princípio unificador, abandonados na busca do desconhecido. Jung afirma:

> Essa batalha [inicial] é *separatio, divisio, putrefactio, mortificatio* e *solutio*, os quais representam o estado caótico original do conflito [...].[182] Dorn descreve esse [estado] vicioso, beligerante, de forma alegórica como a serpente de quatro chifres que o diabo, depois de ter caído do Paraíso, procurou "incutir" na mente do homem. Dorn coloca o motivo da guerra em um plano moral e, desse modo, aproxima-o do conceito moderno de dissociação psíquica, que, como sabemos, está na raiz das psicoses e neuroses psicogênicas. Na "fornalha da cruz" e no fogo, diz o *Aquarium sapientum*, "o homem, como o ouro terrestre, atinge a verdadeira cabeça do Corvo preto; isto é, ele é totalmente desfigurado e menosprezado pelo mundo, e não apenas por quarenta dias e noites, ou anos, mas amiúde por toda a duração de sua vida; tanto que ele vivencia mais sofrimento em sua vida do que conforto e alegria, e mais tristeza do que prazer [...]. Com essa morte espiritual, sua alma é inteiramente liberta". Evidentemente, o *nigredo* criou uma deformação e um sofrimento psíquico que o autor comparou à terrível situação do desafortunado Jó. O infortúnio imerecido de Jó, infligido a ele por Deus, é o sofrimento do servo de Deus e uma prefiguração da paixão de Cristo.[183]

A identificação com o cânone cultural preexistente – ou a pretensão de tal identificação – fornece proteção contra o desconhecido e contexto para o conhecimento,

---

[182] Jung descreve esse estado como um quaternidade de opostos; eliminei essa referência específica na tentativa de simplificar uma discussão já suficientemente complexa.
[183] Jung, C.G. (1976b), p. 353-354.

mas promove a tirania. O custo final dessa identificação é a mentira – negação do desvio e do desconhecido. Quando essa identificação é abandonada voluntariamente ou impossibilitada por mudanças circunstanciais, os afetos "mantidos sob controle" pela integridade do sistema de classificação anterior mais uma vez estão livres para se manifestar. A "dissolução do rei" significa que muito do que antes era compreendido reverte para o desconhecido. Isso poderia ser considerado a reversão do processo histórico que fez de todos os deuses um deus supremo ou, em termos mais psicológicos, como a guerra dos impulsos, desejos e "subpersonalidades" conflitantes que ocorre quando uma hierarquia de valores fundamentais entra em colapso. Essa "reversão" coloca o indivíduo em um estado caracterizado por uma grande incerteza, frustração, depressão e agitação.

A Peregrinação

Os alquimistas acreditavam que a perfeição era caracterizada por um estado de unidade, no qual todos os "opostos concorrentes" estavam unidos. Portanto, o estágio final do processo alquímico – a conjunção – era precedida, em primeiro lugar, pelo reconhecimento e pela identificação de todos os diversos e opostos "aspectos da psique" guerreando na "barriga do dragão ourobórico":

> O que significam, então, as declarações dos alquimistas relativas ao seu arcano, observadas psicologicamente? Para responder a essa pergunta, devemos nos lembrar da hipótese de trabalho que utilizamos para a interpretação dos sonhos: as imagens nos sonhos e fantasias espontâneas são símbolos, isto é, a melhor formulação possível para fatos ainda desconhecidos ou inconscientes, que geralmente compensam o conteúdo da consciência ou a atitude consciente. Se aplicarmos essa regra básica ao arcano alquímico, chegamos à conclusão de que sua qualidade mais evidente, a saber, *unidade e unicidade* – a pedra é única, o remédio é único, o receptáculo, o procedimento, a disposição –, pressupõe uma *consciência dissociada*. Porque ninguém que seja único precisa de unicidade como remédio – e tampouco, podemos acrescentar, qualquer pessoa que esteja inconsciente de sua dissociação, pois uma situação *consciente* de sofrimento é necessária para ativar o arquétipo da unidade. A partir disso, podemos concluir que os alquimistas mais filosoficamente dispostos eram pessoas que não estavam satisfeitas com a visão predominante do mundo, isto é, com a fé cristã, embora estivessem convencidos da sua verdade. Sobre esse último aspecto, não encontramos nas literaturas grega e latina clássicas da alquimia nenhuma evidência em contrário, mas encontramos,

no que diz respeito aos tratados cristãos, testemunho abundante da firmeza de suas convicções cristãs. Uma vez que o cristianismo é expressamente um sistema de "salvação", fundado além disso no "plano redentor" de Deus, e Deus é unidade *par excellence*, deve-se perguntar por que os alquimistas ainda sentiam uma desunião neles próprios, ou não unos com eles mesmos, quando sua fé, assim parece, dava-lhes todas as oportunidades para a unidade e a harmonia. (Essa pergunta não perdeu nada de sua relevância hoje, pelo contrário!)[184]

Esse reconhecimento global foi conceitualizado, de formas variadas, como uma "jornada aos quatro cantos da Terra" – a *peregrinação* – ou como familiarização com cada aspecto do ser, uma vasta expansão do autoconhecimento. A incorporação de todos os estados concorrentes de motivação em uma única hierarquia de valor pressupõe o reconhecimento de todos os diversos desejos (dolorosos, desconfortáveis, difíceis de gerir), e o "forjamento" de um acordo entre eles. Isso pode ser visto de forma mais precisa como uma expansão potencialmente "redentora" da autoconsciência. Pode-se dizer: o surgimento da autoconsciência limitada representada, de forma simbólica, nos mitos da Queda constituiu a base para a descida do homem. Os filósofos alquímicos – meditando sem parar sobre a natureza da perfeição ou os processos transformadores necessários para a produção da perfeição – vieram a "perceber" que o aumento da autoconsciência pode constituir uma recompensa pela expulsão do paraíso. Mas a identificação de todos os desejos concorrentes significou um reconhecimento lúcido da situação verdadeiramente trágica do homem, e de todas as fraquezas "pecaminosas" e mortais, pecados e insuficiências associados ao ser individual – e, em seguida, a tentativa de aceitar essa situação e aquelas limitações.

Se você é um tolo miserável e desorganizado, produzindo o caos onde quer que vá, é tremendamente doloroso se reconhecer – e ver a enormidade de trabalho que tem à sua frente. É muito difícil substituir uma identificação delirante com a *persona* por uma apreensão lúcida da personalidade individual real (e insuficiente). Essa visão ou concepção mais clara é algo alcançado a um alto preço (e isso não diz nada sobre o custo de se transformar essa concepção em ação). O *"animal selvagem, silvestre"* – o *"ladrão faminto, o lobo, o leão e outras bestas vorazes"*[185] serviram como representantes apropriados do "indivíduo não redimido", segundo a perspectiva alquímica. O surgimento e reconhecimento desse animal é a precondição necessária para sua

---

[184] Ibidem, p. 540-541.
[185] Ibidem, p. 363-364.

transformação. Essa ideia é representada imageticamente na Figura 5.8: O Lobo como *Prima Materia*, Devorando o Rei Morto.[186] Esse "ato de devorar o rei morto" pela agora reconhecida "besta do submundo" é muito semelhante à descoberta de Soljenítsyn de sua responsabilidade pessoal pelo Gulag que o aprisionou. Para uma típica pessoa moderna, um choque igual poderia ser produzido por sua descoberta de identificação com os nazistas. Os bárbaros do estado hitlerista eram *pessoas normais — pessoas normais, como você (e eu)*. Impossível enfatizar isso o bastante. Mas a "pessoa normal" não se conceitualiza como nazista. Isso significa apenas que seu conceito de si fornece a ele segurança ilusória (como uma prisão protege seus presos do exterior). Mas as ações nazistas — isto é, a tortura deliberada de inocentes, e o deleite com isso — se encaixam na faixa de capacidades normais do homem (e não parece capaz de esgotá-las). O indivíduo *é uma força terrível do mal*. O reconhecimento dessa força — reconhecimento real, do tipo que vem como um golpe impressionante — é uma precondição para qualquer melhoria profunda no caráter. Por essa melhoria, quero dizer a capacidade de suportar a tragédia da existência, de transcender essa tragédia — ao invés de degenerar em algo "inconscientemente" desejoso de disseminar a dor e o sofrimento. Jung afirma:

> Vale ressaltar que o animal é o transportador simbólico do *self* [a totalidade psíquica]. Essa pista em Maier nasce por meio de indivíduos modernos que não têm noção alguma da alquimia. Ela expressa o fato de que a estrutura da totalidade sempre esteve presente, mas estava enterrada na inconsciência profunda, onde sempre pode ser encontrada novamente se a pessoa estiver disposta a arriscar a pele para atingir o maior alcance possível de consciência por meio do maior autoconhecimento possível — uma "bebida dura e amarga" normalmente reservada para o inferno. O trono de Deus não parece ser uma recompensa indigna para essas provações. Porque o autoconhecimento — no sentido pleno da palavra — não é um passatempo intelectual unilateral, mas uma jornada pelos quatro continentes, onde o indivíduo é exposto a todos os perigos da terra, do mar, do ar e do fogo. Qualquer ato de reconhecimento total digno de ser chamado assim abrange os quatro — ou 360! — aspectos da existência. Nada pode ser "desconsiderado". Quando Inácio de Loyola recomendou a "imaginação por meio dos cinco sentidos" a quem medita e disse a ele para imitar Cristo "pelo uso de seus sentidos", o que ele tinha em mente era a mais completa "percepção" possível do objeto de contemplação. Para além da moral ou dos outros efeitos desse tipo de meditação, seu principal efeito é o treinamento da consciência, da capacidade de concentração e de atenção, e a clareza de pensamento. As formas

---

[186] De Maier, *Scrutinium chymicum* (1687) (placa 175 em Jung, C.G. [1968b]).

correspondentes da Yoga têm efeitos semelhantes. Mas, em contraste com esses modos tradicionais de percepção, em que o meditante se projeta em alguma forma prescrita, o autoconhecimento mencionado por Maier é uma projeção para dentro do eu empírico como ele de fato é. Não é o "eu", que todos gostamos de imaginar estar à procura, removendo com cuidado todas as manchas, mas o ego empírico tal como é, com tudo o que faz e tudo o que acontece com ele. Todo mundo gostaria de se livrar desse adjunto odioso, e é exatamente por isso que no Oriente o ego é explicado como ilusão, e a razão pela qual no Ocidente ele é oferecido em sacrifício na figura de Cristo.

Por sua vez, a meta da peregrinação mística é entender todas as partes do mundo, alcançar a maior extensão possível de consciência, como se seu princípio orientador fosse a ideia carpocrática de que ninguém é gerado de um pecado que não tenha cometido. Não um afastamento do "si-mesmo" empírico, mas a experiência mais completa possível do ego tal como refletido nas "dez mil coisas" – que é o objetivo da peregrinação.[187]

Figura 5.8: O Lobo como *Prima Materia*, Devorando o Rei Morto

---

[187] Jung, C.G. (1976b), p. 214-215.

A máscara que cada pessoa usa na sociedade se baseia na pretensão de que o indivíduo é idêntico à sua cultura (geralmente, com os "melhores elementos" daquela cultura). O tolo, escondido atrás da máscara, é composto de anormalidade individual, que, por medo, evita de forma desonesta e mente a respeito. Essa vida anormal, não vivida, contém as piores e as melhores tendências do indivíduo, reprimidas pela opinião cultural por não corresponderem à norma; forçadas ao subterrâneo pelo próprio indivíduo por ameaçarem a estabilidade psicológica pessoal de curto prazo (que significa identificação com o grupo e inibição contínua do medo). Na ausência de um sistema moral hierárquico integrado (patriarcal), valores e pontos de vista divergentes tendem à desintegração, pois cada um persegue o seu próprio fim – como a ganância pode dificultar a busca pela luxúria, como a fome pode impossibilitar o amor. Quando um sistema moral sofre uma dissolução e perde a sua validade absoluta – sua estrutura moral superior –, os valores que ele mantinha unidos revertem à incompatibilidade, pelo menos do ponto de vista consciente. Essa guerra de valores conflitantes – em que cada um é, em si mesmo, uma "força divina" necessária – gera confusão, desorientação e desespero. Tal desespero – que pode ser verdadeiramente insustentável – pode ser considerado a primeira armadilha da transformação moral. Em geral, a mera contemplação da possibilidade de tal estado traz desconforto suficiente para paralisar um maior desenvolvimento moral. O alquimista, no entanto, implicitamente adotou um papel heroico quando se determinou, de forma voluntária, a perseguir o desconhecido, a buscar o ideal. Sua identificação inconsciente com essa imagem eterna, sua ativa encarnação do papel mitológico, permitiu a ele perseverar na busca em face de grave dificuldade. Jung afirma:

> Só a presença viva das imagens eternas pode emprestar à psique humana uma dignidade que moralmente possibilita que um homem defenda a sua própria alma e seja convencido de que vale a pena gastar seu tempo para insistir nisso. Só então ele percebe que o conflito está *dentro dele*, que a discórdia e o tormento são suas riquezas, os quais não deveriam ser desperdiçados atacando os outros; e que, se o destino deveria cobrar uma dívida dele sob a forma de culpa, esta é uma dívida para consigo mesmo. Então, ele reconhecerá o valor de sua psique, pois ninguém pode dever algo para um mero nada. Mas, quando ele perde seus próprios valores, torna-se um ladrão faminto, o lobo, leão e outras bestas vorazes que, para os alquimistas, simbolizavam os apetites que irrompem quando as águas negras do caos – ou seja, o inconsciente de projeção – engoliram o rei.[188]

---

[188] Ibidem, p. 363-364.

O desconhecido é contaminado pelo "inconsciente" psicanalítico, por assim dizer, porque tudo o que não sabemos sobre nós mesmos, e tudo o que vivemos e assimilamos, mas aos quais ainda não nos ajustamos, têm o mesmo *status* afetivo que tudo o que existe apenas como potencial. Todos os pensamentos e impulsos que evitamos ou reprimimos porque ameaçam a nossa concepção de nós mesmos ou noção do mundo – e todas as fantasias que vivenciamos, mas não admitimos – existem no mesmo domínio que o caos, a mãe de todas as coisas, e servem para minar a nossa fé em nossos pressupostos mais vitais. Portanto, o encontro com o "desconhecido" é ao mesmo tempo encontro com aqueles aspectos dos nossos eus até agora definidos como de outrem (apesar de sua indiscutível "existência"). Essa integração significa disponibilizar potencialidades comportamentais anteriormente ignoradas para uso consciente; significa (re)construção de um modelo próprio que represente com precisão tal potencial.

Assim, as experiências que agora são consideradas tabus – proibidas da perspectiva do esquema moral vigente – podem conter dentro de si as sementes da solução criativa para problemas que permanecem sem solução ou que possam surgir no futuro. A experiência do tabu pode ainda constituir uma *possibilidade* "não enfraquecida" e redentora. Contos do "sábio viajante", "mago errante" ou "corajoso aventureiro" constituem o reconhecimento da utilidade de tal potencial. Na perspectiva de tais narrativas, uma totalidade de experiência e ação é a precondição necessária para a obtenção da sabedoria. Essa "imersão total na vida" é a "peregrinação" mística do alquimista medieval, em busca da pedra filosofal, ou a jornada do Buda pelos reinos eróticos, sensoriais e filosóficos completos, antes de alcançar a iluminação. O ritual de peregrinação – a "jornada para a cidade santa" – constitui uma encenação meio ritual, meio dramática dessa ideia. De forma voluntária, o peregrino se coloca fora dos "muros de proteção" da cultura original e, por meio da difícil e exigente viagem (real) a "terras desconhecidas, mas santas", catalisa um processo psicológico de ampliação, integração e amadurecimento. É dessa maneira que uma verdadeira "busca" inevitavelmente se cumpre, embora seu "objetivo final, impossível" (o Santo Graal, por exemplo) possa permanecer concretamente inalcançável.

A necessidade de experiência como precondição para a sabedoria pode parecer evidente, uma vez que a devida consideração tenha sido aplicada ao problema (uma vez que a sabedoria é obviamente "derivada" da experiência) – mas o cerne da questão é que os elementos da experiência que fomentam a negação ou o afastamento (e, portanto, permanecem sem ser encontrados ou processados) sempre beiram a insanidade. Isso é particularmente mais verdadeiro do ponto de vista psicológico que do ritual.

A peregrinação sagrada, na sua versão abstrata ou espiritual, é a viagem por meio dos "elementos" da experiência e do caráter pessoal que constituem o mundo subjetivo da experiência (em vez do mundo social e natural). O mundo interior é dividido em território desconhecido e familiar, bem como o exterior. A finalidade psicológica da aventura do rito de passagem (e a razão da popularidade dessas viagens, na realidade e no drama) é o desenvolvimento do caráter, como resultado do confronto com o desconhecido. Uma "viagem ao lugar mais temido", no entanto, pode ser realizada tanto concreta quanto espiritualmente. Contudo, nesse contexto, "espiritualmente" significa uma "peregrinação" através dos aspectos rejeitados, odiados e violentamente reprimidos da experiência pessoal. Literalmente, isso é mais uma viagem para a terra do inimigo – para o coração das trevas.

Quando a experiência questiona a validade absoluta de determinado sistema de crença, a validade da definição da imoralidade – e da inimizade – contida naquele sistema também se torna questionável:

> Pois pode-se duvidar, primeiro, que existam absolutamente opostos; segundo, que as valorações e oposições de valor populares, nas quais os metafísicos imprimiram seu selo, sejam mais que avaliações de fachada, perspectivas provisórias, talvez inclusive vistas de um ângulo, de baixo para cima talvez, "perspectivas de rã", para usar uma expressão familiar aos pintores. Com todo o valor que possa merecer o que é verdadeiro, veraz, desinteressado, é possível que se deva atribuir à aparência, à vontade de engano, ao egoísmo e à cobiça um valor mais alto e mais fundamental para a vida. É até mesmo possível que aquilo que constitui o valor dessas coisas boas e honradas consista exatamente no fato de serem insidiosamente aparentadas, atadas, unidas, e talvez até essencialmente iguais, a essas coisas ruins e aparentemente opostas.[189, 190]

O reconhecimento do potencial na transformação da *prima materia* significava o reencontro com a experiência pessoal antes reprimida pela pressão cultural e pela decisão pessoal. Essa experiência talvez tenha incluído ódio, crueldade, paixão física, ganância, covardia, confusão, dúvida, voo da imaginação, liberdade de pensamento e talento pessoal. As coisas que evitamos ou negamos são precisamente aquelas que transcendem a nossa competência individual, tal como é interpretada no momento – as coisas ou situações que definem as nossas limitações, e que representam inferioridade, fracasso, decomposição, fraqueza e morte. Isso significa que tudo o que é

---

[189] Nietzsche, F. (1966), p. 10.

[190] Trecho da seção 2 de *Além do Bem e do Mal*. (N. E.)

desprezado e temido, todo objeto de ódio e desprezo, tudo o que significa covardia, crueldade, ignorância – toda experiência que clama por negação – pode ainda constituir informação necessária para a vida. Jung afirma:

> Em geral, os alquimistas se esforçavam para uma união *total* dos opostos na forma simbólica, e consideravam isso uma condição indispensável para a cura de todos os males. Por isso, eles lutavam para encontrar formas e meios de produzir aquela substância na qual todos os opostos se uniriam.[191]

A alquimia fala da "união de centelhas da alma para produzir o ouro". Essas centelhas – *scintillae* – são "a luz nas trevas", a consciência associada a elementos mal integrados ou até mesmo hostis da personalidade individual.[192] O germe ou semente da unidade pode se manifestar simbolicamente em qualquer momento do processo, e vir a prevalecer mais tarde se o processo for bem-sucedido. Esse centro – o *"self"* de Jung[193] – une os elementos díspares (a "compulsão das estrelas") em uma *unidade*, no curso de uma jornada circular, cíclica (no curso da trilha espiral revolucionária

---

[191] Jung, C.G. (1976b), p. 475.

[192] Idem (1976a).

[193] Parece possível que o "órgão de equilíbrio" de Piaget seja equivalente ao *"self"* de Jung – o maior regulador da atividade intrapsíquica:

> O organismo possui órgãos especiais de equilíbrio. O mesmo ocorre na vida mental, cujos órgãos de equilíbrio são mecanismos regulatórios especiais. É assim em todos os níveis de desenvolvimento, desde os reguladores elementares de motivação (necessidades e interesses) até o desejo de afetividade, e desde as regulações perceptuais e sensório-motoras até as operações da cognição (Piaget, J. [1967], p. 102).

Piaget também aponta: (a) que a *consciência* surge na personalidade "quando a situação ambiental na qual determinada pessoa se encontra bloqueia uma atividade contínua (direcionada ao objetivo). As crianças agem de acordo com suas necessidades, e tudo acontece sem percepção consciente ou dos equilíbrios em operação até que haja uma frustração [a terminologia de Piaget, provavelmente equivalente ao surgimento do inesperado (e punição?)]. [...] Cada uma dessas circunstâncias frustrantes serve para direcionar a atenção da criança para os motivos do desequilíbrio em vez de apenas ao objetivo desejado" (Rychlak, J. [1981], p. 688. Ver Piaget, J. [1967]; Piaget, J. [1962]); e (b) esse *desejo* surge quando há um conflito nas tendências comportamentais (Jung diria: quando há um conflito no dever). Piaget acreditava que a vontade (a vontade de poder, o princípio heroico) podia ser considerada a consequência da integração do afeto e da motivação:

> Até o ponto em que as emoções se tornam organizadas, elas surgem como regulamentos cuja forma final de equilíbrio não é nenhuma senão a vontade. Assim, a vontade é o equivalente afetivo verdadeiro da operação na razão. A vontade é uma função que aparece tardiamente. O exercício real da vontade está ligado à função dos sentimentos morais autônomos, e é por isso que aguardamos até esse estágio [final da infância] para discuti-lo (Piaget, J. [1967], p. 58).

do caminho). Esse centro emergente foi considerado pelos alquimistas o espírito Mercúrio (o trapaceiro, que foi "incorporado" à matéria), ou a "pelicana" mítica, que alimentou sua prole com seu próprio corpo e sangue e, portanto, era uma alegoria tanto de Cristo quanto do *ouroboros* (autonutriente). O centro também foi considerado a pedra filosofal (a *solitaire*) "rejeitada pelos construtores", diretamente identificada com Cristo, e a pedra sobre a qual a segurança pode ser alicerçada. Essa pedra, esse centro imóvel e indestrutível, "incorporou" os princípios matriarcais e patriarcais (o rei e a rainha), e também foi considerada a "prole" do caos, fertilizada pela ordem. O surgimento do *lapis*/Cristo/pelicana do domínio do dragão do caos é representado na Figura 5.9: Dragão do Caos como "Local de Nascimento" de Cristo e do *Lapis*.[194]

Figura 5.9: Dragão do Caos como "Local de Nascimento" do Cristo e do *Lapis*

Essa ideia, de passagem, é muito similar à noção de Jung da integração de complexos com tons afetivos pelo ego. Piaget elabora alhures:

> O ato da vontade não consiste em seguir a tendência inferior e mais forte; pelo contrário, alguém falaria, então, de uma falha da vontade ou "falta de poder da vontade". O poder da vontade envolve o reforço da tendência superior, mas mais fraca, de modo a fazê-la triunfar (Piaget, J. [1965], p. 59).

[194] "Monstro fabuloso contendo a *massa confusa*, do qual surge a pelicana (símbolo de Cristo e do *lapis*)." Em *Hermaphroditisches Sonn- und Mondskind* (1752) [placa 256 em Jung, C.G. (1968b)].

O herói mitológico enfrenta voluntariamente o desconhecido, despedaça-o e constrói o mundo com suas partes; identifica e supera o mal, e resgata o pai ancestral, que definha no submundo; une-se conscientemente à mãe virgem e produz a criança divina; e faz a mediação entre reis opositores e beligerantes. Ele é, portanto, explorador, criador, amante, juiz e pacificador. O herói também é aquele que viajou por todos os lugares – aquele que "dominou o território estranho" (mesmo aquele habitado por seu inimigo). Isso de "viajar a todos os lugares" e "dominar o território estranho" têm significância psicológica e significado social: o herói divino conhece e compreende os "caminhos do inimigo" e pode usá-los a seu favor.

A Conjunção

O processo de reconhecimento completo, simbolizado ou dramatizado como a peregrinação, prepara o palco para a ativação da sequência alquímica final, que consistia na união (hipotética) de todas as "coisas" agora manifestas. Jung descreve a "visão de Arisleu" em seu texto *Psicologia e Alquimia*. Essa visão contém todos os elementos da "teoria" alquímica, retratados de forma narrativa/episódica. Sua análise sequencial ajuda a lançar luz dramática sobre a natureza da "conjunção":

> Arisleu (um alquimista bizantino do século VIII ou IX) conta as suas aventuras com o *Rex Marinus*, em cujo reino nada prospera e nada é gerado. Além disso, não há filósofos por lá. Apenas semelhantes acasalando com semelhantes, consequentemente não há procriação. O rei deve procurar os conselhos dos filósofos e acasalar Gabricus com Beja, os dois filhos que chocou em seu cérebro.[195]

Jung comenta:

> Gabricus é o princípio masculino e espiritual da luz e do *Logos* que, como o *Gnóstico* Nous, afunda no abraço da natureza física.[196]

Esta é uma elaboração de uma ideia apresentada anteriormente:

> Nous parece ser idêntico ao deus Anthropos: ele aparece lado a lado com o demiurgo e é o adversário das esferas planetárias. Ele rasga o círculo das esferas e se inclina sobre a Terra e a água (ou seja, está prestes a se projetar nos elementos). Sua sombra cai sobre a Terra, mas sua imagem é refletida na água. Isso

---

[195] Jung, C.G. (1968b), p. 327-329.
[196] Ibidem, p. 331.

acende o amor dos elementos, e ele próprio está tão encantado com a imagem refletida da beleza divina que, satisfeito, cria a sua morada dentro dela. Mas ele mal coloca os pés sobre a Terra e Physis o prende em um abraço apaixonado.[197]

Também é importante entender esse comentário para apreciar de forma completa a natureza da *prima materia*. A *prima materia* – Physis – contém o *espírito*, o princípio masculino, bem como a *matéria*, o feminino (*Beja*, nessa narrativa). A *prima materia* – dragão do caos – atua ao mesmo tempo como a fonte das coisas, o sujeito a quem as coisas aparecem, e as representações das coisas características daquele sujeito. Este não é uma mera "fonte" material; é o próprio desconhecido absoluto, em cujo abraço o espírito "dorme" até que seja liberado (no curso da exploração que transforma o eu, bem como produzindo algo "real" e novo). Jung prossegue com uma ideia com a qual agora estamos familiarizados:

> Quando nos dizem que o Rei é [...] inanimado, ou que sua terra é infrutífera, é o equivalente a dizer que o oculto é um estado de latência e potencialidade. A escuridão e as profundezas do mar [que representam o desconhecido] simbolizam o estado inconsciente de um conteúdo invisível que é projetado. À medida que esse conteúdo pertence à personalidade total, e só é aparentemente cortado de seu contexto pela projeção, sempre há uma atração entre a mente consciente e o conteúdo projetado. Em geral, ela assume a forma de um fascínio. Isso, na alegoria alquímica, é expressado pelo grito de socorro do Rei das profundezas de seu estado inconsciente, dissociado. A mente consciente deve responder a esse apelo: alguém deve [...] prestar serviço ao Rei, pois isso seria não apenas sabedoria, mas também salvação.
>
> Ainda assim, isso traz consigo a necessidade de uma descida ao mundo escuro do inconsciente ["o desconhecido"] [...] a aventura perigosa da viagem marítima noturna, cujos fim e objetivo são a restauração da vida, a ressurreição e o triunfo sobre a morte.[198]

Apesar do risco, Arisleu e seus "companheiros" imaginários enfrentam a busca no reino do rei submerso. Essa busca termina de forma terrível, com a morte de Gabricus. Sua morte ecoa aquela de Osíris e simboliza a conclusão da descida do espírito à "matéria", ou ao inconsciente, ou ao desconhecido (onde ele se encontra então "implícito" ou "não revelado", e "clama por resgate", oferecendo riquezas para seu redentor). Jung continua com a história:

---

[197] Ibidem, p. 302.
[198] Ibidem, p. 329.

> Naturalmente, a morte do filho do Rei é um tema delicado e perigoso. Ao descer ao inconsciente, a mente consciente se coloca em uma posição perigosa, pois está aparentemente se extinguindo. É a situação do herói primitivo que é devorado pelo dragão [...].
>
> A provocação deliberada e, de fato, gratuita desse estado é um sacrilégio ou quebra de tabu acompanhado das mais severas punições. Assim, o Rei aprisiona Arisleu e seus companheiros em uma casa de vidro dividida em três partes, juntamente com o cadáver do filho do Rei. Os heróis são mantidos prisioneiros no submundo, no leito do mar, onde, expostos a todo tipo de terror, definham por oitenta dias sob um calor intenso. A pedido de Arisleu, Beja é aprisionada com eles. [A versão *Rosarium* do *Visio* interpreta a prisão como o ventre de Beja.]
>
> Claramente, eles foram vencidos pelo inconsciente ["o desconhecido"] e deixados indefesos, o que significa que se voluntariaram para morrer a fim de gerar uma vida nova e fecunda naquela região da psique que até agora repousou ociosa na inconsciência mais escura e sob a sombra da morte.[199]

O "propósito" da história, ao descrever essa descida, é demonstrar que "somente na região do perigo (abismo aquático, caverna, floresta, ilha, castelo, etc.) é possível encontrar o 'tesouro difícil de alcançar' (joia, virgem, poção da vida, vitória sobre a morte)".[200] Jung termina seu comentário:

> O medo e a resistência natural que todo ser humano vivencia quando resolve conhecer muito profundamente a si mesmo é, no fundo, o medo da viagem ao Hades. Se fosse apenas a resistência que se sente, não seria tão ruim. Na realidade, porém, o substrato psíquico, aquele reino escuro do desconhecido, exerce uma atração fascinante que ameaça se tornar mais irresistível quanto mais se penetra nele. O perigo psicológico que surge aqui é a desintegração da personalidade em seus componentes funcionais, ou seja, as funções separadas de consciência, os complexos, as unidades hereditárias, etc. A desintegração – que pode ser funcional ou, por vezes, uma esquizofrenia real – é a sina que domina Gabricus (na versão *Rosarium*): ele é dissolvido em átomos no corpo de Beja [...]. Enquanto a consciência se abstiver de agir, os opostos permanecerão adormecidos no inconsciente. Uma vez que tiverem sido ativados, o *regius filius* – espírito, *Logos*, Nous – é engolido pela Physis [...]. No mito do herói, esse estado é conhecido como ser engolido no ventre da baleia ou do dragão.

---

[199] Ibidem, p. 332-34.
[200] Ibidem, p. 335.

> Em geral, o calor lá é tão intenso [uma consequência da guerra de afetos; ansiedade, raiva] que o herói perde seu cabelo e renasce careca como um bebê [...] O filósofo faz a viagem ao inferno como um "redentor".[201]

A história continua:

> Antes, deixamos Arisleu e seus companheiros, junto com Beja e o falecido Gabricus, na casa de vidro onde foram aprisionados pelo *Rex Marinus*. Eles sofrem com o calor intenso, como os três que Nabucodonosor lançou na fornalha acesa. O rei Nabucodonosor teve a visão de um quarto, "como o filho de Deus", como nos foi dito em Daniel 3,25.
>
> Essa visão não está sem apoio na alquimia, uma vez que existem inúmeras passagens na literatura afirmando que a pedra é *trinus et unus*. Ela consiste de quatro elementos, com o fogo representando o espírito oculto na matéria. Esse é o quarto, ausente e ainda assim presente, que sempre aparece na agonia flamejante da fornalha e simboliza a presença divina – auxílio e conclusão do trabalho.
>
> E, em sua hora de necessidade, Arisleu e seus companheiros veem seu mestre Pitágoras em sonho e imploram por ajuda. Ele envia seu discípulo Harforetus, o "autor do alimento". Com isso, a obra está concluída e Gabricus é devolvido à vida. Podemos supor que Harforetus lhes trouxe a comida milagrosa [semelhante ao anfitrião], embora isso só fique claro por meio de uma descoberta de Ruska, que nos deu acesso ao texto do *Codex Berolinensis*. Ali, em uma introdução que falta nas versões impressas do *Visio*, lê-se: "Pitágoras diz: 'escreveis e já escrevestes para a posteridade como esta árvore preciosíssima é plantada, e como aquele que come de seu fruto nunca mais terá fome'".[202]

O *opus* alquímico significava, em um nível de análise, a integração completa do "desconhecido" e do "conhecido", na medida em que este pudesse ser alcançado – mas, de forma mais profunda, a participação no processo que tornou o conhecido e o desconhecido "uma coisa". Esse construto e esse ato de construção tipicamente tinham metas "finais" idênticas, na medida em que constituíam a busca da perfeição. A primeira dessas metas era a união do feminino, plano de fundo maternal do "mundo 'material' desconhecido", fervendo com perigo, paixão e sensualidade, em harmonia com o princípio ordenador do espírito. (Este era representado simbolicamente como a dissolução do rei morto e sua subsequente regeneração, após comer o milagroso alimento [que é, ao mesmo tempo, o aspecto benéfico do desconhecido e o herói].)

---

[201] Ibidem, p. 336-339.
[202] Ibidem, p. 346-348.

A segunda meta era a *reintrodução da estrutura psíquica integrada no corpo físico* — a "encarnação" consciente do espírito agora mais completo. Portanto, isso significava que a união alcançada pela (re)incorporação do "material desconhecido" não estava completa se ainda fosse uma questão de filosofia ou conceitualização abstrata: o espírito bem integrado também tinha que ser percebido no comportamento. E este sequer era necessariamente o estágio final. O alquimista Dorn afirma:

> Concluímos que a filosofia meditativa consiste na superação do corpo pela união mental (*unio mentalis*). Essa primeira união ainda não torna o homem sábio, mas apenas o discípulo mental da sabedoria. A segunda união da mente com o corpo mostra o homem sábio, ansiando e esperando por aquela terceira união abençoada com a primeira unidade [o *unus mundus*, a unidade latente do mundo]. Possa Deus onipotente conceder que todos os homens sejam feitos assim, e possa Ele ser um em Todos.[203]

As ideias de Dorn se referem a uma conjunção conceitualizada como um processo de *três estágios*. O primeiro estágio foi a "união da mente" (a "superação do corpo pela união mental"). Esse estágio se refere à integração dos "estados de motivação" (impulsos, emoções) em uma única hierarquia, dominada pela figura do herói exploratório. O segundo estágio foi a (re)união da mente unida com o corpo. Isso é análogo ao "segundo estágio" da jornada do herói. Após a libertação do tesouro por consequência da batalha com o dragão, o aspecto puramente pessoal da jornada do herói está concluído. Afinal, ele encontrou o "tesouro difícil de se alcançar". Mas o herói deve retornar à comunidade. Isso equivale à determinação do Buda de se retirar do estado de Nirvana até que todos os viventes possam fazer de lá a sua morada; equivale à crença do Buda de que a redenção de um só indivíduo é impossível na presença de muitos irredimidos. A reunião da mente unida com o corpo é a inculcação da atitude apropriada na ação (e é, portanto, o efeito do herói sobre o mundo).

O terceiro estágio é particularmente difícil de compreender. A reconsideração do tema do "alfaiate que remenda"[204] — e que, portanto, pode costurar o buraco no céu, feito pelo rei moribundo — poderia ajudar na compreensão inicial. As coisas que estão erradas devem ser corrigidas. Este é um processo psicológico, mesmo que realizado puramente como consequência das ações conduzidas "no mundo externo". A união do espírito/corpo unido com o mundo significa o reconhecimento da equivalência essencial de toda experiência ou a consideração de todos os aspectos

---

[203] Dorn. In: Jung, C.G. (1976b), p. 465.
[204] Ver no Capítulo 2 o subtítulo O Grande Pai: Imagens do Conhecido (ou Território Explorado).

da experiência como literalmente equivalentes ao eu. Presumimos a existência de uma barreira final entre "sujeito" e "objeto", mas existe uma posição que dá a todos os aspectos da experiência individual – seja "subjetivo" ou "objetivo" – um *status* igual *como aspectos da experiência*. Logo, redimir qualquer aspecto dessa experiência – seja "material" ou "psicológico"; seja o "eu" ou o "outro", *é assim considerado o mesmo ato* – o ato cuja finalidade é o estabelecimento do "reino de deus" (o qual é, ao mesmo tempo, estado psicológico e social). Portanto, o "trabalho espiritual" pode ser considerado indistinguível do "trabalho sobre as circunstâncias externas da existência": redima a si mesmo, redima o mundo. Ou, por outra: a tentativa de criar a perfeição do mundo externo poderá ser considerada equivalente à tentativa de se aperfeiçoar. Afinal de contas, a dedicação a um ideal exige o desenvolvimento da autodisciplina. Isso é aprendizado voluntário. O mundo e o eu não são lugares diferentes; nessa perspectiva, "tudo é experiência". A tentativa de redimir qualquer um dos dois necessariamente gera a redenção no outro.

Todas essas três conjunções podem ser representadas simbolicamente pelo *syzygy*, a "união divina de opostos", mas geralmente considerados como macho e fêmea:

1. primeiro, "conhecido" (conhecimento prévio, agrupado na categoria espiritual/patriarcal) + "desconhecido" (anomalia, agrupado na categoria matriarcal/afetiva/material/física) = espírito unido;
2. depois, "espírito unido" (nesse contexto, agrupado na categoria patriarcal/espiritual) + "corpo" (agrupado na categoria material/matriarcal) = "espírito/corpo unido";
3. em seguida, "espírito/corpo unido" (nesse contexto, agrupado na categoria patriarcal/espiritual) + "mundo" (categoria material/matriarcal) = "espírito/corpo/mundo unido".

As três uniões podem ser consideradas variantes do "motivo do incesto" (combinações irmão/irmã, mãe/filho, rei/rainha). O estágio um, a "união mental", foi interpretada como necessária, valiosa, mas incompleta: a concretização de um estado subjetivo ordenado (estágio dois) foi outro passo importante ao longo do caminho:

> Aprende, então, ó Mente, a praticar amor solidário em relação ao teu corpo, restringindo os apetites vãos, que ele poderá ser apropriado a ti em todas as coisas. Para esse fim devo trabalhar, para que possa beber contigo da fonte da força e, quando os dois se tornarem um, que tu encontres a paz nessa união. Aproxima-te, ó Corpo, dessa fonte, que com tua Mente possas tu beber até a

saciedade e, assim, não sentir mais sede de vaidades. Admirável eficácia dessa fonte, que de dois faz um, e a paz entre inimigos! A fonte do amor pode criar *mente* do espírito e da alma, mas esta cria *um homem* da mente e do corpo.[205]

O terceiro passo, no entanto, era crítico: o conhecimento filosófico e a estrutura intrapsíquica ordenada – mesmo quando personificada – foram considerados insuficientes. Aquela união incorporada deve ser estendida ao mundo inteiro – considerada "um aspecto da experiência" e, desse modo, equivalente (até mesmo idêntica) ao eu.

O processo alquímico era baseado na tentativa de redimir a "matéria", transformá-la em um ideal. Esse processo operava com base na pressuposição de que a matéria era originalmente corrompida – como o homem na história do Gênesis. O estudo das transformações da corrupção e da limitação ativou uma sequência mitológica na mente do alquimista. Essa sequência seguiu o padrão do caminho, sobre o qual todas as religiões se desenvolveram. O cristianismo formal adotou a posição de que o sacrifício de Cristo trouxe a história a um encerramento, e que a "crença" nesse sacrifício garantia a redenção. A alquimia rejeitava essa posição na sua busca do que permanecia desconhecido. Nessa busca (heroica), o alquimista se viu transformado:

> Enquanto a crença cristã é de que o homem é liberto do pecado pelo ato redentor de Cristo, o alquimista evidentemente era da opinião de que a "restituição à semelhança da natureza original e incorrupta" ainda tinha que ser realizada pela arte. Isso só pode significar que a obra de redenção de Cristo era considerada incompleta. Em vista das maldades que o incansável "Príncipe deste mundo" continua perpetrando tão livremente quanto antes, não é possível refrear toda a simpatia por essa opinião. Para um alquimista que professava lealdade à *Ecclesia spiritualis*, naturalmente era de suprema importância se fazer um "receptáculo imaculado" do Paráclito e, assim, compreender a ideia "Cristo" em um plano que em muito transcende a sua mera imitação.[206]

Essa "compreensão de Cristo em um plano que transcende a imitação" é uma ideia avassaladora. Ela torna a "crença" religiosa algo muito maior do que uma crença – algo muito mais aterrorizante, e muito mais promissor. A sequência da transformação alquímica corresponde à Paixão de Cristo, ao mito do herói e à sua redenção. A mensagem essencial da alquimia é que a rejeição individual da tirania, a busca voluntária pelo desconhecido e aterrorizador – com base na fé no ideal –, pode gerar uma

---

[205] *Dorn.* In: Jung, C.G. (1976b), p. 41.
[206] Jung, C.G. (1976b), p. 34-35.

transformação individual tão avassaladora que seu equivalente só pode ser encontrado no mais profundo dos mitos religiosos:

> O Filho do grande Mundo que é o Theocosmos, ou seja, um poder e um mundo divinos (os quais ainda hoje, infelizmente, muitos dos que ensinam a natureza em um espírito pagão e muitos dos construtores da ciência médica rejeitam nas escolas e universidades), é o exemplar da pedra, que é Theanthropos, ou seja, Deus e homem (a quem, como nos dizem as Escrituras, os construtores da igreja também rejeitaram); e, a partir do mesmo, no e do Grande Livro Mundial da Natureza, [lá fornece] uma contínua e duradoura doutrina para o sábio e seus filhos: de fato, é esplêndido viver de forma semelhante ao nosso Jesus Cristo Salvador, no e do Grande Mundo que, por natureza, é muito semelhante a ele (com relação à concepção milagrosa, ao nascimento, às virtudes, aos poderes inexprimíveis e aos efeitos); assim, Deus nosso Senhor, além das histórias bíblicas de seu Filho, também criou uma imagem específica e uma representação natural para nós no Livro da Natureza.[207]

Foi na busca do desconhecido que o alquimista vivenciou essa transformação psicológica, exatamente quando ela estava originalmente em contato com o desconhecido que o sistema patriarcal (monoteísta) desenvolveu, nos confins da História. Ela é a expressão simbólica da *ação do instinto*, que se manifesta em alguma variante do mito do herói sempre que o desconhecido é perseguido, sem hesitação, na tentativa de melhorar a vida. O alquimista vivenciou o que o indivíduo sempre vivencia quando se determina a enfrentar todos os aspectos de sua existência (individual e coletiva), sem negar ou recorrer a preconcepções estéreis.

> A paixão que vibra nos [textos alquímicos] é genuína, mas seria totalmente incompreensível se o *lapis* não fosse nada além de uma substância química. Tampouco ela se origina da contemplação da Paixão de Cristo; ela é a experiência real de uma pessoa que se envolveu no conteúdo compensatório do inconsciente pela investigação do desconhecido de forma séria, até o ponto do autossacrifício. Ele não podia evitar de ver a semelhança de seu conteúdo projetado nas imagens dogmáticas [que, na verdade, provavelmente seriam utilizadas pelo processo instintivo], e poderia ter sido tentado a supor que suas ideias não eram nada mais do que as conhecidas concepções religiosas, as quais ele estava usando para explicar o processo químico. Mas os textos mostram de forma clara que, ao contrário, uma experiência real do *opus* tinha uma tendência crescente para assimilar o dogma ou amplificar a si própria com ele.[208]

---

[207] *Khunrath*. In: Jung, C.G. (1976b), p. 329.
[208] Jung, C.G. (1976b), p. 349.

No cristianismo, o espírito desce até a matéria, e o resultado da união é o nascimento de Cristo (e, desafortunadamente, a concretização formal de seu oponente). Na alquimia, que compensava a visão unilateral do cristianismo, a matéria sobe até o espírito, com um resultado análogo: criação do *lapis* ou pedra filosofal que carrega uma semelhança inconfundível com Cristo, incorporado em uma forma abstratamente material. Essa forma, a pedra filosofal, o *lapis*, era composta dos elementos mais paradoxais: era comum, barata, imatura e volátil; perfeita, preciosa, antiga e sólida; visível para todos, mas ainda misteriosa; dispendiosa, escuro, oculta e evidente, tendo um nome e muitos nomes. O *lapis* também era o rei renovado, o velho sábio e a criança. O velho sábio possui o carisma da sabedoria, que é o conhecimento que transcende os limites da História. A criança representa o espírito criativo, a possibilidade no homem, o Espírito Santo. Ela não é o filho da ignorância, mas a inocência da maturidade. Ela precede e antedata a História no sentido subjetivo e coletivo:

> A "criança" é tudo o que é abandonado e exposto e, ao mesmo tempo, divinamente poderoso; o início insignificante, dúbio, e o fim triunfal. A "eterna criança" no homem é uma experiência indescritível, uma incongruência, uma desvantagem e uma prerrogativa divina; um imponderável que determina o valor máximo ou a falta de valor de uma personalidade.[209]

Esse valor final, o objetivo da busca dos alquimistas, é a descoberta e a personificação do significado da própria vida: o ser subjetivo integrado ativamente expressando sua natureza por meio da manipulação das possibilidades inerentes ao mundo material/desconhecido. Esse objetivo final é a produção de uma condição intrapsíquica integrada – idêntica à do herói mitológico –, "encenada" em um mundo considerado equivalente ao eu. A produção dessa condição – o *lapis philosophorum* – constitui o "antídoto" para a "corrupção do mundo" que acompanha a Queda (que acompanha o surgimento da autoconsciência [parcial]). O *lapis* é "agente de transformação", equivalente ao herói mitológico redentor – capaz de transformar "metais comuns em ouro". É, enquanto tal, *algo mais valioso do que o ouro* – assim como o herói é mais valioso do que qualquer uma de suas produções concretas. O *opus* alquímico "completo" – com a produção do *lapis* como objetivo – é apresentado esquematicamente na Figura 5.10: O *Opus* Alquímico como Mito de Redenção.

---

[209] Idem (1968a), p. 179.

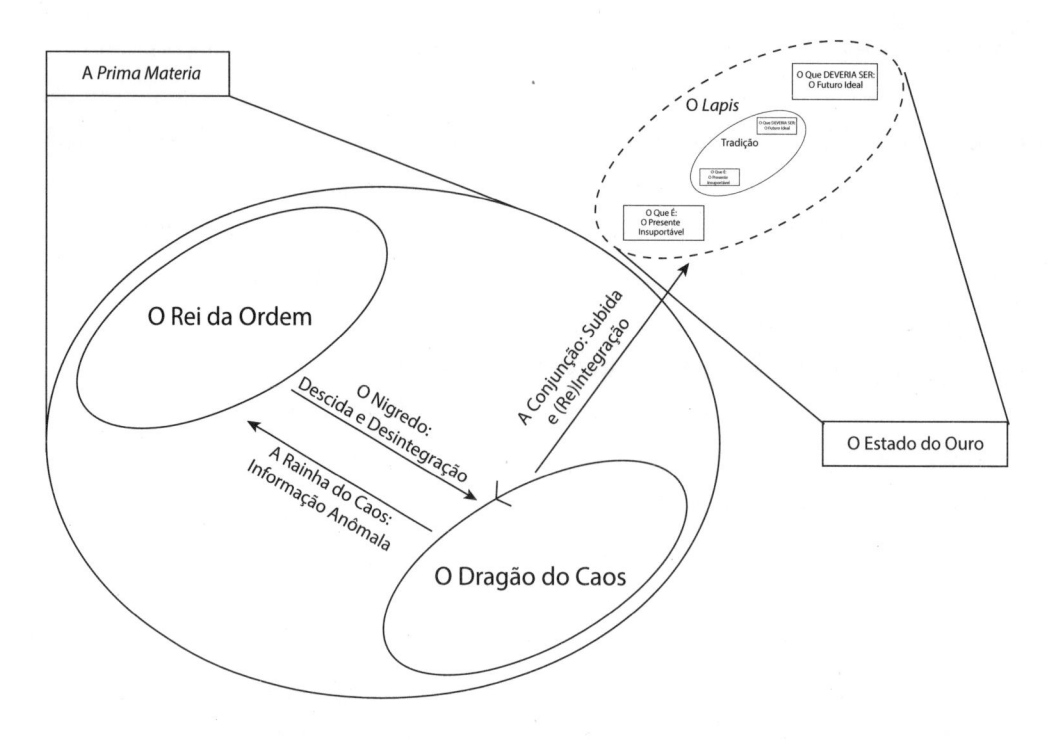

Figura 5.10: O *Opus* Alquímico como Mito de Redenção

A alquimia era um mito vivo: o mito do homem individual como redentor. O cristianismo organizado tinha "se esterilizado", por assim dizer, ao insistir na adoração de alguma verdade externa como meio de salvação. Os alquimistas (re)descobriram o erro dessa pressuposição e vieram a perceber que a *identificação* com o redentor era, de fato, necessária, não a sua adoração; que os mitos de redenção tinham poder verdadeiro quando incorporados e colocados em prática, em vez de apenas se acreditar neles em algum sentido abstrato. Isso significava: *dizer* que Cristo foi "o maior homem da História" – uma combinação do divino e do mortal – *não era expressão suficiente da fé*. Expressão suficiente significava a tentativa de viver o mito do herói dentro dos limites da personalidade individual – voluntariamente carregar a cruz da existência, "unir os opostos" dentro de um único seio, e servir como mediador consciente e ativo entre as forças geradoras eternas do conhecido e do desconhecido.

CONCLUSÃO: A DIVINDADE DO INTERESSE

As anomalias se manifestam na fronteira entre o caos e a ordem, por assim dizer, e possuem um aspecto ameaçador e promissor. O aspecto promissor domina quando o contato é voluntário, quando o agente explorador está atualizado – quando o indivíduo explorou todas as anomalias anteriores, liberou a "informação" que elas continham e construiu uma personalidade forte e um "mundo" estável a partir daquela informação. O aspecto ameaçador domina quando o contato é involuntário, quando o agente explorador não está atualizado – quando o indivíduo fugiu da evidência de seus erros anteriores, deixou de extrair a informação escondida atrás de seus erros, enfraqueceu sua personalidade e desestabilizou seu mundo.

O fenômeno do interesse – aquele precursor do comportamento exploratório – sinaliza a presença de uma anomalia potencialmente benéfica. O interesse se manifesta onde há um fenômeno assimilável, mas novo: onde algo novo se esconde em uma forma parcialmente compreensível. Assim, a adesão devota aos ditames do interesse – pressupondo um caráter adequadamente disciplinado – garante a estabilização e a renovação da personalidade e do mundo.

O interesse é um espírito que acena para o desconhecido, um espírito chamando de fora dos "muros" da sociedade. A busca pelo interesse individual significa escutar esse chamado do espírito, que viaja fora dos muros protetores da dependência infantil e da identificação adolescente com o grupo, e retornar para rejuvenescer a sociedade. Isso significa que a busca do interesse individual – desenvolvimento da verdadeira individualidade – equivale à identificação com o herói. Essa identificação torna o mundo suportável, apesar das suas tragédias, e reduz o sofrimento neurótico, que destrói a fé, a um mínimo absoluto. Essa é a mensagem que todos querem ouvir. Arrisque a sua segurança. Enfrente o desconhecido. Pare de mentir para si mesmo e faça o que o seu coração verdadeiramente diz para você fazer. Você será melhor por causa disso, e também o mundo.

Introdução

Onde se poderia escapar a ele, àquele olhar velado que nos deixa uma profunda tristeza, àquele olhar voltado para trás do homem deformado na origem, que revela como tal homem fala consigo mesmo – àquele olhar que é um suspiro! "Quisera ser alguma outra pessoa", assim suspira esse olhar: "mas não há esperança. Eu sou o que sou: como me livraria de mim mesmo? E no entanto – estou farto de mim!..." Neste solo de autodesprezo, verdadeiro terreno pantanoso, cresce toda erva ruim, toda planta venenosa, e tudo tão pequeno, tão escondido, tão insincero, tão adocicado. Aqui pululam os vermes da vingança e do rancor; aqui o ar fede a segredos e coisas inconfessáveis; aqui se tece continuamente

> *a rede da mais malévola conspiração – a conspiração dos sofredores*
> *contra os bem logrados e vitoriosos, aqui a simples vista do vitorioso é odiada.*
> *E que mendacidade, para não admitir esse ódio como ódio!*
> *Que ostentação de grandes palavras e atitudes, que arte de calúnia "honrada"!*
> *Esses malogrados: que nobre eloquência flui de seus lábios!*
> *Quanta resignação humilde, viscosa, açucarada, flutua em seus olhos!*
> *Que desejam realmente? Ao menos representar o amor, a justiça, a superioridade, a sabedoria*
> *– eis a ambição desses "ínfimos", desses enfermos! E como esta ambição torna hábil!*
> *Admire-se principalmente a habilidade de falsários com que aí se imita*
> *o cunho da virtude, e mesmo o tilintar, o tilintar de ouro da virtude.*
> *Eles agora monopolizaram inteiramente a virtude, esses fracos e doentes sem cura,*
> *quanto a isso não há dúvida: "nós somente somos os bons, os justos", dizem eles,*
> *"nós somente somos os* homines bonae voluntatis *[homens de boa vontade]".*
> *Eles rondam entre nós como censuras vivas, como advertências dirigidas a nós*
> *– como se saúde, boa constituição, força, orgulho, sentimento de força*
> *fossem em si coisas viciosas, as quais um dia se devesse pagar,*
> *e pagar amargamente: oh, como eles mesmos estão no fundo dispostos a fazer pagar,*
> *como anseiam ser carrascos!*[210, 211]

Eu estava lendo *Mefistófeles: O Diabo no Mundo Moderno*, de Jeffrey Burton Russell[212], quando me deparei com sua discussão sobre *Os Irmãos Karamázov*, de Dostoiévski. Russell discute o argumento de Ivan para o ateísmo, que talvez seja o mais poderoso já montado:

> Os exemplos do mal que Ivan citou, todos tirados de jornais diários de 1876, são inesquecíveis: o nobre que ordena que seus cães despedacem o menino camponês na frente de sua mãe; o homem que chicoteia "os olhos gentis" de seu cavalo cansado; os pais que trancam sua filha a noite inteira na latrina congelante enquanto ela bate nas paredes, implorando por misericórdia; o turco que entretém um bebê com uma pistola brilhante antes de estourar os seus miolos. Ivan sabe que tais horrores ocorrem diariamente e podem ser multiplicados ao infinito. "Usei o exemplo da criança", explica Ivan, "para esclarecer o meu ponto de vista. Das outras lágrimas que encharcam a Terra, nada direi".[213]

Russell afirma:

---

[210] Nietzsche, F. (1967a), p. 122-123.
[211] Trecho da seção III.14 da *Genealogia da Moral* (tradução de Paulo César de Souza. São Paulo: Cia. das Letras, 2009). (N. E.)
[212] Russell, J.B. (1986).
[213] Ibidem, p. 246.

> No século de Auschwitz e Hiroshima, a relação entre o mal e Deus se tornou, mais uma vez, central para a discussão filosófica e teológica. O problema do mal pode ser colocado de forma simples: Deus é onipotente; Deus é perfeitamente bom; um Deus assim não permitiria que o mal existisse; mas observamos que o mal existe; portanto, Deus não existe. Variações sobre o tema são quase infinitas. É claro que o problema não é apenas abstrato e filosófico; é, também, pessoal e imediato. Os crentes tendem a esquecer que seu Deus tira tudo aquilo que importa para uma pessoa: posses, conforto, sucesso, profissão ou ofício, conhecimento, amigos, família e a vida. Que espécie de Deus é esse? Qualquer religião decente deve enfrentar esta questão de forma direta, e nenhuma resposta é crível que não possa ser dada diante de crianças morrendo.[214]

Parece-me que usamos os horrores do mundo para justificar as nossas próprias inadequações. Presumimos que a vulnerabilidade humana é uma causa suficiente para a crueldade humana. Culpamos Deus e a criação de Deus por distorcer e perverter as nossas almas, e alegamos, o tempo todo, que somos vítimas inocentes das circunstâncias. O que você diz a uma criança morrendo? Diz: "Você consegue fazer isso; há algo em você forte o bastante para fazer isso". E você não usa a terrível vulnerabilidade das crianças como uma desculpa para rejeitar a existência e perpetrar o mal conscientemente.

Não tenho muita experiência como psicólogo clínico. Dois de meus pacientes, no entanto, continuam na minha lembrança. A primeira foi uma mulher de cerca de trinta e cinco anos. Ela parecia ter cinquenta. Ela me lembrava uma camponesa medieval – na minha concepção de camponesa medieval. Ela era suja – roupas, cabelos, dentes; suja com o tipo de imundície que leva meses para acumular. Ela era insuportavelmente tímida; aproximava-se de qualquer um que ela pensasse ter *status* superior ao dela – que era praticamente todo mundo – e se curvava, cobrindo os olhos com as mãos, ambas as mãos, como se não conseguisse tolerar a luz que emanava da outra pessoa.

Antes, ela havia passado por tratamento comportamental em Montreal, sem internação, e era, de fato, uma presença conhecida por toda a equipe permanente da clínica. Outros tinham tentado ajudá-la a superar sua lamentável maneira de se vestir e comportar, que fazia com que as pessoas na rua se afastassem dela; fazia com que a considerassem louca e imprevisível. Por um tempo, ela conseguia aprender a ficar em pé ou a se sentar ereta, com os olhos descobertos, mas retomava os velhos hábitos tão logo saía da clínica.

---

[214] Ibidem, p. 300.

Talvez ela fosse intelectualmente deficiente por causa de algum problema biológico; era difícil dizer, pois seu ambiente era tão horrendo que podia ter lhe causado essa ignorância. Era analfabeta, também. Vivia com a mãe, cujo caráter eu desconhecia, e com uma tia idosa, terrivelmente doente, acamada. Seu namorado era um alcoólatra esquizofrênico e violento, que a maltratava psicológica e fisicamente e estava sempre confundindo a sua mente ingênua com tiradas sobre o diabo. Ela não tinha nada a seu favor – nenhuma beleza, nenhuma inteligência, nenhuma família amorosa, nenhuma habilidade, nenhum emprego em que precisasse ser criativa. Nada.

Contudo, ela não veio à terapia para resolver seus problemas, nem para aliviar a alma, nem para descrever seus maus-tratos e vitimização pelas mãos dos outros. Veio porque queria fazer algo por alguém que estava pior do que ela. A clínica onde eu fazia estágio era associada a um grande hospital psiquiátrico. Todos os pacientes que permaneceram após a mudança para terapia comunitária, na esteira do que aconteceu nos anos 1960, eram tão incapacitados que não conseguiam sobreviver, mesmo que mal, nas ruas. Minha paciente tinha feito um pouco de trabalho voluntário, de algum tipo limitado, naquele hospital, e decidiu que talvez pudesse fazer amizade com algum paciente – levá-lo para passear lá fora. Acho que ela teve essa ideia porque tinha um cachorro, que levava para passear com regularidade e do qual gostava de cuidar. Tudo o que ela queria de mim era ajuda para organizar isso – ajuda para encontrar alguém que ela pudesse levar para passear; ajuda para encontrar alguém, na burocracia do hospital, que permitisse isso. Não fui muito bem-sucedido ao tentar ajudá-la, mas ela não parecia ter me culpado por isso.

Diz-se que uma pequena evidência que contraria uma teoria é suficiente para refutar essa teoria. É claro que as pessoas não pensam dessa maneira, e talvez não devessem. Em geral, uma teoria é útil demais para se desistir dela com facilidade – muito difícil de regenerar –, e a prova contrária deve ser consistente e crível antes de ser aceita. Mas a existência dessa mulher me fez pensar. Ela estava destinada a um fim psicopatológico, do ponto de vista do determinismo biológico e ambiental – fadada tão certamente quanto qualquer pessoa que eu já tivesse encontrado. E talvez ela chutasse seu cachorro de vez em quando, e fosse rude com sua tia doente. Talvez. Eu nunca a vi sendo vingativa ou desagradável – mesmo quando seus desejos simplórios eram frustrados. Não quero dizer que ela fosse santa, pois não a conhecia tão bem para afirmar. Mas o fato era que, na sua miséria e simplicidade, ela continuava sem autopiedade e ainda era capaz de enxergar fora de si mesma. Por que ela não era corrupta – cruel, desequilibrada e miserável? Ela tinha todos os motivos para ser. E, mesmo assim, não era.

À sua maneira simples, ela havia feito as escolhas certas. Continuava machucada, mas de cabeça erguida. E me parecia ser, bem ou mal, um símbolo da humanidade que sofre, que é duramente afligida, mas ainda assim é capaz de coragem e amor:

> Assim criei a eterna hoste e espíritos,
> Tanto quem se opôs, como quem caiu;
> Livre se opôs se o fez, caiu quem quis.
> Não livres, que cabal prova dariam
> De lealdade veraz, amor, fé firme,
> Onde só o que devem fazer fazem,
> Não o que querem? Que louvor há nisso?
> Que prazer tiro eu de submissão,
> Se querer e razão (razão é escolha),
> Vãos e inúteis, do livre arbítrio párias,
> Fossem escravos os dois do necessário
> E não meus? Justamente assim nasceram,
> E só injustamente acusariam
> Quem os moldou, o molde, ou o destino,
> Como se indeferisse o predestino
> A sua pretensão, por alto édito
> Ou presciência disposta. Decretaram-se
> A si o motim, não Eu; se Eu previ
> A presciência não tem parte na culpa,
> Não menos certa é por imprevista.
> Se acicate algum, sombras de fado,
> Ou outro que imutável eu previsse,
> Sós trespassam, em tudo autores de si,
> Do que julgam e escolhem; para tal
> Formei-os livres, livres ficarão,
> Até serem de si reféns. Ou mudo-lhes
> A natura, ab-rogo o alto édito
> Imutável, eterno, que os quis livres,
> A eles que escolheram sua queda.[215]

O outro paciente que desejo descrever era um esquizofrênico em uma pequena ala de internação, em outro hospital. Ele tinha cerca de vinte e nove anos quando o conheci – poucos anos mais velho do que eu na época – e entrava e saía do confinamento

---

[215] Milton, J. (1961). 3:100-128, p. 95.

havia sete anos. Ele tomava, é claro, medicação antipsicótica e participava de atividades de terapia ocupacional na ala – fazendo porta-copos, suportes de lápis, etc. –, mas não conseguia fixar a atenção por qualquer período de tempo e nem era tão bom em artesanato. Meu supervisor me pediu para aplicar um teste de inteligência nele – o WAIS-R padrão[216] (mais para que eu adquirisse experiência do que por qualquer boa possibilidade diagnóstica). Dei ao paciente alguns blocos vermelhos e brancos do subteste de Design de Blocos. Ele deveria organizá-los de modo que formassem um padrão impresso em alguns cartões. Ele pegou os blocos e começou a rearranjá-los sobre a mesa à sua frente, enquanto eu, estupidamente, marcava o tempo com um cronômetro. A tarefa era impossível para ele, mesmo nas fases mais simples. Ele parecia o tempo todo distraído e frustrado. Perguntei: "O que há de errado?". Ele respondeu: "A batalha entre o bem e o mal no Paraíso está acontecendo na minha cabeça".

Parei o teste nesse ponto. Eu não sabia direito o que fazer com esse comentário. Ele obviamente estava sofrendo, e o teste parecia piorar tudo. O que ele estava vivenciando? Ele não estava mentindo, por certo. Diante de uma afirmação daquelas, parecia ridículo continuar.

Passei um tempo com ele naquele verão. Nunca havia conhecido alguém que fosse mentalmente doente de modo tão flagrante. Conversávamos na enfermaria e, de vez em quando, eu o levava para passear pelo jardim do hospital. Ele era o terceiro filho da primeira geração de imigrantes. Seu irmão mais velho era advogado; o outro, médico. Seus pais eram obviamente ambiciosos com relação aos filhos, esforçados e disciplinados. Ele era aluno de graduação na faculdade (para se formar em imunologia, talvez – não me lembro bem). Seus irmãos eram um exemplo assustador, e ele se sentia pressionado para obter sucesso. Contudo, seu trabalho experimental não saiu conforme o esperado e, ao que parece, ele passou a acreditar que talvez não se formasse – não quando esperava, pelo menos. Então ele falsificou os resultados de seus experimentos e escreveu a tese de qualquer maneira.

Ele me disse que, na noite em que terminou de escrever, acordou e viu o diabo junto ao pé da cama. Esse evento desencadeou o início de sua doença mental, da qual nunca se recuperou. Pode-se dizer que a aparição satânica simplesmente acompanhou a expressão de algum desenvolvimento neural patológico induzido pelo estresse, cuja aparência era biologicamente predeterminada, ou que o diabo era apenas a personificação da concepção do mal moral na sua cultura, manifestando-se na imaginação

---

[216] Wechsler, D. (1981).

como resultado de sua culpa. Ambas as explicações têm seus méritos. Mas o fato é que ele viu o diabo, e que a visão o acompanhou ou até mesmo foi o evento que o destruiu.

Ele estava com medo de me contar a maior parte da sua fantasia, e foi só depois que lhe dei bastante atenção é que se abriu. Ele não estava se vangloriando ou tentando me impressionar. Ele estava apavorado com o que acreditava; aterrorizado pelas fantasias que se manifestaram sobre ele. Ele me disse que não podia sair do hospital porque alguém o esperava para matá-lo – um típico delírio paranoico. Por que alguém queria matá-lo?

Bem, ele foi hospitalizado durante a Guerra Fria – talvez não em seu auge, mas ainda durante um tempo em que a ameaça de aniquilação nuclear intencional parecia mais plausível que hoje. Muitos dos meus conhecidos usavam a existência dessa ameaça para justificar, a si mesmos, sua incapacidade de participar plenamente da vida – uma vida que eles romanticamente pensavam como condenada e, portanto, inútil. Mas havia um autêntico terror na afetação, e pensar nos inúmeros mísseis apontados aqui e ali, ao redor do mundo, minava a energia e a fé de todos, hipócritas ou não.

Meu paciente esquizofrênico acreditava ser, de fato, a encarnação da força aniquiladora do mundo; que estava destinado, após receber alta do hospital, a descer para um silo de mísseis nucleares no sul, em território americano; que estava destinado a tomar a decisão que desencadearia a guerra final. As "pessoas" fora do hospital sabiam disso, e era por isso que o esperavam para atirar nele. Por conseguinte, ele não queria me contar essa história – embora tenha contado – por achar que, então, eu poderia querer matá-lo também.

Meus amigos na faculdade achavam irônico que eu tivesse contato com um paciente desse tipo. Meu interesse peculiar em Jung era bem conhecido por eles, e parecia absurdamente apropriado que eu acabasse conversando com alguém com delírios dessa espécie. Mas eu não sabia o que fazer com as ideias dele. Obviamente, elas eram loucas e tinham destruído meu paciente. Mas ainda me pareciam *verdadeiras*, de um ponto de vista metafórico.

No todo, a história ligava a sua escolha individual, entre o bem e o mal, com o horror cumulativo que então afetava o mundo. Sua história sugeria que, por ter cedido à tentação em um momento crítico, ele era, de fato, responsável pelo horror da possibilidade de uma guerra nuclear. Mas como isso era possível? Parecia loucura para mim até mesmo considerar que o ato de um indivíduo impotente pudesse ser ligado de alguma forma ao desfecho da história como um todo.

Mas já não estou tão certo. Tenho lido muito sobre o mal, sobre a sua maneira de perpetração e crescimento, e não estou mais convencido de que cada um de nós é tão inocente, tão inofensivo. Claro que é ilógico supor que uma pessoa – um grãozinho de poeira, entre seis bilhões de ciscos – seja, em certo sentido, responsável pelo horrível curso dos acontecimentos humanos. Mas esse curso em si não é lógico, longe disso, e parece provável que ele dependa de processos que não entendemos.

Os mais poderosos argumentos para a não existência de Deus (pelo menos de um Deus bom) se baseiam na ideia de que tal Ser não permitiria a existência do mal nas suas formas naturais (doenças, desastres) ou morais (guerras, pogrons) clássicas. Tais argumentos podem ser levados ainda mais além do ateísmo – podem ser usados para contestar a justiça do próprio mundo existente. Dostoiévski afirma: "Talvez o cosmos inteiro não valha o sofrimento de uma única criança". Como o universo pode ser construído de forma que a dor é permitida? Como um Deus bom pode permitir a existência de um mundo que sofre?

Essas questões difíceis podem ser abordadas, em parte, como resultado de uma análise cuidadosa do mal. Em primeiro lugar, parece razoável insistir no valor da distinção moral/natural. As "circunstâncias trágicas da vida" não deveriam ser colocadas na mesma categoria que a "dor deliberadamente infligida". A tragédia – sujeição às condições mortais da existência – possui um aspecto enobrecedor, pelo menos em potencial, e tem sido constantemente explorada para esse fim nas grandes literatura e mitologia. O verdadeiro mal, pelo contrário, é qualquer coisa, menos nobre.

A participação em atos cuja única finalidade é a expansão da dor e do sofrimento inocentes destrói o caráter; o encontro direto com a tragédia, por sua vez, pode incrementá-lo. Esse é o significado do mito cristão da crucificação. É a plena participação de Cristo e a livre aceitação de seu destino (que ele compartilha com toda a humanidade) que permite a ele manifestar a sua plena identificação com Deus – e é essa identificação que permite a ele suportar seu destino e libertar a humanidade do mal. Por outro lado – é o aviltamento voluntário do nosso próprio caráter que faz com que as necessárias condições trágicas da existência pareçam más.

Mas por que a vida é trágica? Por que estamos sujeitos à limitação insuportável – à dor, à doença e à morte; à crueldade nas mãos da natureza e da sociedade? Por que coisas terríveis acontecem a todos? Essas são, é claro, perguntas sem respostas. Mas elas devem ser respondidas de alguma forma se quisermos ser capazes de enfrentar as nossas próprias vidas.

O melhor que eu posso fazer com isso é o seguinte (e isso tem me ajudado): nada pode existir sem precondições. Até mesmo um jogo não pode ser jogado sem regras – e as regras dizem tanto o que não pode ser feito quanto o que pode. Talvez o mundo não seja possível, como mundo, sem suas fronteiras, sem suas regras. Talvez a existência não seja possível na ausência de nossas dolorosas limitações.

Pense nisso dessa maneira: se pudéssemos ter tudo o que quiséssemos, apenas desejando; se cada ferramenta realizasse todo o trabalho, se todos os homens fossem oniscientes e imortais – então tudo seria o mesmo, a mesma coisa todo-poderosa, Deus, e a criação não existiria. É a diferença entre as coisas, que é uma função de suas limitações específicas, que permite a elas existir.

Mas o fato de as coisas *existirem* não significa que elas *deveriam* existir, mesmo que estejamos dispostos a lhes impor suas necessárias limitações.

O mundo deveria existir? As precondições da experiência são tão terríveis que o jogo inteiro deveria ser cancelado? (Nunca há escassez de pessoas trabalhando diligentemente para esse propósito.)

Parece-me que respondemos a essa pergunta, de maneira implícita, mas profunda, quando perdemos alguém que amamos, e sofremos. Não choramos porque a pessoa existiu, mas porque a perdemos. Isso pressupõe um julgamento proferido em um nível muito fundamental. A dor pressupõe ter amado, pressupõe o julgamento de que a existência específica e limitada dessa pessoa era valiosa, era algo que deveria ter sido (mesmo em sua forma inevitavelmente imperfeita e vulnerável). Mas ainda permanece a pergunta – por que as coisas, até mesmo as coisas amadas, devem existir se as suas limitações necessárias causam tanto sofrimento?

Talvez pudéssemos adiar a resposta para a pergunta sobre a natureza de Deus, sobre a sua responsabilidade pela presença do mal na criação, até termos resolvido o nosso próprio problema. Talvez pudéssemos tolerar os horrores do mundo se deixássemos o nosso próprio caráter intacto e o desenvolvêssemos ao máximo; se tirássemos o máximo partido de cada dom que nos foi concedido. Talvez, então, o mundo não parecesse tão horrível.

> *Sonhei que caminhava para fora de um vale profundo, ao longo de uma estrada pavimentada de duas pistas. A rodovia ficava no norte de Alberta, onde cresci, e saía do único vale num raio de quilômetros, na pradaria interminavelmente plana. Passei por um homem que pedia carona, e pude ver outro à distância. Ao me aproximar, pude ver que ele estava nos primeiros estágios da velhice; mas ainda parecia extremamente forte. Alguém passou por ele num carro, na direção oposta, e uma voz feminina gritou: "Cuidado – ele tem uma faca!".*
>
> *Ele carregava o que parecia uma faca de cozinha de cabo de madeira, bem gasta e descolorida, mas que tinha uma lâmina de pelo menos setenta centímetros de comprimento. Ele tinha amarrado uma grande bainha de couro cruzando o ombro. Ele caminhava ao longo da borda da estrada, murmurando e balançando a lâmina de forma convulsiva e caótica.*

Ele parecia o meu vizinho senhorio dos tempos em que eu era aluno de graduação, quando morava num bairro pobre de Montreal. Meu senhorio era um ex-motociclista forte, agora envelhecendo – ex-presidente do clube local dos Hell's Angels, segundo ele próprio –, que tinha passado um tempo na prisão quando mais jovem. De alguma forma, como é comum, ele foi se acalmando com a idade e não bebia de modo descontrolado há um longo tempo. Contudo, sua esposa cometeu suicídio quando eu morava lá, e ele retomou os hábitos mais selvagens. Com frequência, ele caía na bebedeira e gastava todo o dinheiro que ganhava na loja de eletrônicos que administrava em seu pequeno apartamento. Às vezes, ele bebia quarenta ou cinquenta cervejas num só dia e voltava para casa à noite completamente bêbado, gritando com seu cachorrinho, rindo, assoviando entre os dentes, incoerente, ainda de boa índole, mas capaz de ficar violento à menor provocação. Certa vez, ele me levou ao seu refúgio favorito na sua Honda 1200cc, que tinha aceleração de um jato em curtas distâncias – eu precariamente empoleirado na garupa da sua moto, me agarrando a ele, usando o capacete de sua esposa, que ficou ridículo e inútil na minha cabeça, pelo menos cinco números menor. Bêbado, ele era quase inocentemente destrutivo e sempre acabava se metendo em brigas que não conseguia evitar – já que se sentia ofendido por pessoas que cruzavam seu caminho, as quais não conversavam de modo suficientemente cauteloso com ele.

Eu me afastei dessa figura. Ele parecia chateado porque ninguém parava para pegá-lo, como se não tivesse consciência do perigo que representava. Quando eu passei por ele, seu olhar caiu sobre mim e ele tentou me alcançar – não por raiva, mas por desejar uma companhia. Mas ele era lento, e eu me distanciei dele na estrada com facilidade.

O sonho mudou. A figura empunhando uma faca e eu estávamos agora em lados opostos de uma imensa árvore – talvez com metros de diâmetro –, numa escada em espiral que emergia do escuro abaixo e subia igualmente muito acima. A escada era feita de madeira escura velha, desgastada. Ela me lembrava os bancos da igreja que eu frequentava com a minha mãe quando era criança, e na qual eventualmente me casei. A figura estava procurando por mim, mas estava muito abaixo, e eu tinha me escondido dela enquanto subia a escada. Lembro-me de querer continuar na minha viagem original, para fora do vale, para a planície circundante, onde seria fácil caminhar. Mas a única maneira de ficar longe da faca era continuar subindo a escada – até o axis mundi.

É assim que a consciência da morte, o ceifador sombrio – a terrível face de Deus –, empurra-nos inexoravelmente para cima, rumo a uma consciência suficientemente elevada para suportar o pensamento da morte.

A razão das nossas limitações não é o sofrimento; é a existência em si. Foi concedida a nós a capacidade de voluntariamente suportar o peso terrível da nossa mortalidade. Nós nos desviamos dessa capacidade e nos degradamos porque temos medo da responsabilidade. Assim, as precondições necessariamente trágicas da existência se tornam intoleráveis.

Parece-me que não é o terremoto, a enchente ou o câncer que torna a vida insuportável, por mais horríveis que esses eventos pareçam. Parece que somos capazes de suportar desastres naturais, e até mesmo de responder a esses desastres de forma honrosa e digna. Em vez disso, é o sofrimento sem sentido que infligimos uns sobre os outros – nosso mal – que faz a vida parecer corrupta para além da capacidade de aceitação; que mina a nossa capacidade de manifestar fé em nossa natureza central. Então, por que a capacidade para o mal deveria existir?

Estou ensinando minha filha de seis anos a tocar piano. Tento ensinar lições difíceis – isto é, tento mostrar a ela que realmente há uma maneira certa de tocar piano e uma maneira errada. A maneira certa exige prestar atenção a cada frase, cada nota escrita, cada som que ela emite, cada movimento dos dedos. Algumas semanas atrás, eu ensinei a ela o que era ritmo em uma lição difícil. E o que difícil significa? Bom, ela se senta ao piano e estuda tanto que chega a chorar – mas não para. E ela está realmente interessada em aprender a tocar. Ela passa o tempo no carro ouvindo música, trabalhando os ritmos. Ela usa o metrônomo sozinha, tocando as músicas de que gosta em um ritmo mais rápido e mais lento. Ontem, eu ensinei a diferença entre tocar alto e tocar com suavidade. Ela achou isso desafiador, experimentando cuidadosamente cada tecla do nosso velho piano (que tem muitas idiossincrasias), tentando determinar exatamente com qual firmeza tinha que ser pressionada para emitir um som sussurrado.

Acordei na manhã seguinte a uma das lições com um fragmento do final de um sonho na cabeça. Essa é a ideia revelada pelo sonho: é o fato de que existem diferenças entre os cursos de ação que fazem as ações valerem a pena. Eu sei que a nossa crença determina o valor das coisas. Mas eu nunca tinha levado esse argumento à sua conclusão lógica. Se a crença determina o valor, então a distância entre o bem e o mal dá significado à vida. Quanto mais o curso da ação valer a pena (o que equivale a dizer, quanto "melhor" ele for – mais ele será bom, em vez de mal), mais valência emocional positiva esse curso "conterá". Isso significa que as coisas não têm nenhum significado, porque não têm valor diferencial, para aqueles que não acreditam em bem e mal.

Com certeza, conheci pessoas nessa posição (embora não soubesse explicitamente que elas estavam nessa posição por não saberem a diferença entre o bem e o mal). Elas eram incapazes de fazer qualquer coisa porque não conseguiam distinguir um caminho do outro. E é na ausência de diferenças entre uma coisa e outra que a vida começa a parecer uma "piada cruel e sem sentido", para usar a frase de Tolstói. Acho que é por isso que os fardos da vida não parecem dignos de ser carregados na ausência de evidência de que luta e trabalho têm algum valor real.

Isso tudo significa: valor é um continuum, uma linha que se estende do ponto "a" necessário até o ponto "b" necessário. "a" e "b" são definidos em relação mútua, assim como dois pontos definem uma linha. A polaridade entre os dois determina a valência do objetivo. Quanto mais polaridade (isto é, quanto maior a tensão) entre os dois pontos, mais o empreendimento vale a pena. O bem não pode ser definido – não pode existir – na ausência do mal. O valor não pode existir na ausência de polaridade. Assim, para que o mundo valha a pena (isto é, para que a escolha entre duas coisas constitua uma escolha real), tanto o bem quanto o mal devem existir.

Mas, então, seria possível escolher apenas o bem, ao menos no ideal – e o mal não existiria, exceto em potencial. Logo, parece que o mundo poderia ser valioso (poderia justificar o fardo que ele exige para se manter) se o mal existisse apenas em potencial – ou seja, se todos escolhessem agir corretamente. Este me parece ser o pensamento mais otimista que já tive.

Mas como podemos colocar um fim aos nossos erros? Qual caminho podemos seguir para eliminar nossa cegueira e estupidez, para nos aproximarmos da luz? Cristo disse: "Portanto, deveis ser perfeitos como o vosso Pai celeste é perfeito"[217]. Mas como? Parecemos sempre frustrados pela irônica pergunta de Pôncio Pilatos: "O que é verdade?" (João 18,38).

Bem, mesmo que não saibamos exatamente o que é a verdade, por certo podemos dizer, cada um de nós, o que ela não é. Não é ganância, nem o desejo, acima de tudo, de ganho material constante; não é a negação da experiência que sabemos muito bem ser real, nem a imposição de sofrimento pelo sofrimento. Talvez seja possível parar de fazer essas coisas que, sem dúvida, sabemos que estão erradas – para nos tornarmos autodisciplinados e honestos –, e assim nos tornarmos cada vez mais capazes de perceber a natureza do bem positivo.

A verdade parece dolorosamente simples – tão simples que é um milagre, mais ou menos, que ela possa ser esquecida. Ame a Deus, com toda a sua mente, e em todos os seus atos, e de todo o seu coração. Isso significa, sirva à verdade acima de tudo, e trate o seu semelhante como se ele fosse você mesmo – não com a piedade que mina sua autoestima, nem com a justiça que o eleva acima dele, mas como uma divindade, pesadamente carregada, mas que ainda pode ver a luz.

Diz-se que é mais difícil governar a si mesmo do que a uma cidade – e isso não é uma metáfora. É verdade tão literal quanto possível. É precisamente por essa razão que estamos sempre tentando governar a cidade. É uma perversão do orgulho parar de orar em público para limpar a poeira sob nossos pés; parece muito mundano tratar aqueles que realmente enfrentamos com respeito e dignidade, quando poderíamos ser ativos, rebeldes, na rua. Talvez seja mais importante fortalecer o nosso caráter do que consertar o mundo. De qualquer maneira, muito dessa reparação parece egoísta; é egoísmo e orgulho intelectual mascarado de amor, criando um mundo poluído com boas obras que não funcionam.

Quem pode acreditar que são as pequenas escolhas que fazemos todos os dias, entre o bem e o mal, que transformam o mundo em lixo e a esperança em desespero? Mas esse é o caso. Vemos a nossa imensa capacidade para o mal, constantemente percebida diante de nós, nas coisas grandes e nas pequenas, mas parece que nunca percebemos a

---

[217] Ver, por exemplo, Robinson, J.R. (ed.), "O Evangelho de Maria" (1988), p. 527.

nossa capacidade infinita para o bem. Quem pode discutir com um Soljenítsyn quando ele afirma: "Um homem que para de mentir consegue derrubar uma tirania"?

Cristo disse, o reino dos Céus está espalhado pela Terra, mas os homens não o veem.[218] E se não fossem senão o nosso autoengano, a nossa covardia, o ódio e o medo que poluem a nossa experiência e transformam o mundo no inferno? Essa é uma hipótese, pelo menos – tão boa quanto qualquer outra, admirável e capaz de gerar esperança. Por que não podemos fazer a experiência e descobrir se é verdade?

A DIVINDADE DO INTERESSE

As ideias centrais do cristianismo estão enraizadas na filosofia gnóstica, que, de acordo com as leis psicológicas, simplesmente teve de crescer em uma época em que as religiões clássicas se tinham tornado obsoletas. Ela foi fundada sobre a percepção de símbolos levantados pelo processo de individuação inconsciente que sempre começa quando os dominantes coletivos da vida humana entram em decadência. Em um período desses, tende a existir um número considerável de indivíduos possuídos por arquétipos de natureza numinosa que forçam o seu caminho até a superfície a fim de formar novos dominantes.

Esse estado de possessão se revela quase sem exceção pelo fato de que os possuídos se identificam com os conteúdos arquetípicos do inconsciente e, por não perceberem que o papel que está sendo imposto a eles é o efeito de novos conteúdos ainda a serem entendidos, eles os exemplificam concretamente em suas próprias vidas, assim se tornando profetas e reformadores.

À medida que o conteúdo arquetípico do drama cristão foi capaz de dar expressão satisfatória ao inconsciente inquieto e clamoroso de muitos, o *consensus omnium* elevou esse drama até uma verdade universalmente vinculante – não por um ato de julgamento, é claro, mas pelo fato irracional da possessão, que é muito mais eficaz.

Dessa forma, Jesus se tornou a imagem tutelar ou o amuleto contra os poderes arquetípicos que ameaçavam possuir a todos. As boas-novas anunciavam: "Aconteceu, mas não acontecerá com você desde que você acredite em Jesus Cristo, o Filho de Deus!".

No entanto, poderia, pode e vai acontecer a todos nos quais o dominante cristão tiver se deteriorado. Por esse motivo, sempre há pessoas que, insatisfeitas com os

---

[218] Ver, por exemplo, Idem, "*Evangelho de Tomé*" (red), p. 132 e 138.

dominantes da vida consciente, partem – sob disfarce e por caminhos tortuosos para a sua destruição ou salvação – para buscar a experiência direta das eternas raízes e, seguindo a atração da psique inconsciente e agitada, acabam no deserto onde, como Jesus, se levantam contra o filho das trevas...

Assim, um velho alquimista – e ele era um clérigo! – reza... "Expurgue a escuridão horrível de nossas mentes, acenda uma luz para nossos sentidos!" O autor dessa frase deveria estar passando pela experiência do *nigredo*, o primeiro estágio da obra, que era sentida como melancolia na alquimia e corresponde ao encontro com a sombra na psicologia.

Assim, quando a psicoterapia moderna mais uma vez encontra os arquétipos ativados do inconsciente coletivo, é apenas a repetição de um fenômeno que foi muitas vezes observado em momentos de grande crise religiosa, embora ele também possa ocorrer em indivíduos para quem as ideias dominantes perderam o significado. Um exemplo disso é o *descensus ad inferos* no Fausto, que, consciente ou inconscientemente, é um *opus alchymicum*.

O problema dos opostos convocados pela sombra desempenha um papel importante – decisivo, na verdade – na alquimia, uma vez que ele leva, no estágio final da obra, à união dos opostos na forma arquetípica do *hieros gamos* ou "casamento alquímico". Aqui, os opostos supremos, masculino e feminino (como no Yin-Yang chinês), são fundidos em uma unidade purificada de toda oposição e, como tal, incorruptível.[219]

> *Novembro, 1986*
>
> *Querido Papai,*
>
> *Eu lhe prometi que um dia iria contar sobre o que é o livro que estou tentando escrever. Não tenho trabalhado muito nele no último mês, embora, de certa forma, ele esteja sempre na minha cabeça, e tudo o que eu aprendo no meu outro trabalho tem alguma relevância para ele. Pensei que talvez pudesse lhe contar por que motivo eu o abandonei temporariamente, e que isso me ajudaria a organizar os meus pensamentos.*
>
> *Eu não entendo por completo a força motriz por trás do material em que estou trabalhando, embora entenda melhor agora do que antes, três ou quatro anos atrás, quando ela literalmente estava me levando à loucura. Fiquei obcecado com a ideia da guerra por três ou quatro anos antes disso, muitas vezes tendo sonhos extremamente violentos, centrados em torno do tema da destruição. Penso agora que a minha preocupação com a morte em grande escala estava intimamente ligada à minha vida pessoal, e que as preocupações com o sentido da vida num nível pessoal (que surgem com*

---

[219] Jung, C.G. (1968b), p. 35-37.

a contemplação da morte) assumiram uma forma geral para mim que tinha a ver com o valor da humanidade e a finalidade da vida em geral.

Carl Jung sugeriu que todos os problemas pessoais são relevantes para a sociedade porque todos nós somos muito parecidos, e que qualquer solução suficientemente profunda para um problema pessoal poderá, se comunicada, reduzir a probabilidade daquele problema existir na experiência de qualquer pessoa no futuro.[220] Na verdade, é assim que a sociedade e o indivíduo se apoiam mutuamente. Foi assim que a minha preocupação com a guerra, que é a aplicação da morte no nível geral, me levou a conceitos e ideias sobre o sentido da vida no nível pessoal que eu nunca poderia ter imaginado como relevantes, ou críveis, antes de aprender sobre eles – e que ainda acredito que fazem fronteira com o que poderia normalmente ser considerado insanidade.

Muitos acreditam que os motivos que levam à guerra estão enraizados na política. Uma vez que são grupos de homens que lutam, e uma vez que grupos se envolvem em política, essa crença parece bem fundamentada e, na verdade, contém certa verdade. Contudo, também é verdade que é bom procurar por algo que você não deseja encontrar em um lugar em que você sabe que aquilo não estará – e a moderna preocupação com política global, e a necessidade de estar envolvido em uma "boa causa", em vez de viver de modo responsável, me parece ser a prova de que o desejo de não encontrar muitas vezes supera a busca real da verdade. Sabe, é verdadeiro que as pessoas não querem a verdade, pois ela destrói o que a falta de fé constrói e o falso conforto que esta contém. Não é possível viver no mundo que você deseja que exista e no mundo real ao mesmo tempo, e muitas vezes parece um mau negócio destruir a fantasia em nome da realidade. Em parte, é o desejo por falta de responsabilidade que subjaz essa evasão – mas é também o medo da possibilidade. Assim me parece, pelo menos.

Porque todo mundo é um produto de seu tempo, e por isso se aplicar a mim também, eu procurei o que queria encontrar onde era óbvio para todos que estaria – na política, na ciência política, no estudo do comportamento do grupo. Isso ocorreu nos anos em que estive envolvido com o NDP (Novo Partido Democrático) e estudando ciência política, até eu entender que a aplicação de um sistema de pensamento, como o socialismo (ou qualquer outro ismo que seja), a um problema e a solução daquele problema não eram a mesma coisa. No primeiro caso, você tem alguém (que não é você) para culpar – os ricos, os americanos, os brancos, o governo, o sistema –, seja o que for, desde que seja alguém.

Eu percebi aos poucos que um problema de proporções globais existia como problema porque todos no globo pensavam e agiam para manter aquele problema. O que isso significa é que, se o problema tem uma solução, então o que todos pensam está errado – e isso significava que o que eu pensava também tinha que estar fundamentalmente errado. Agora, o problema com essa linha de raciocínio é simples. Ela conduz inexoravelmente à seguinte conclusão: quanto mais fundamental o problema, mais fundamental o erro – segundo o meu ponto de vista.

Passei a crer que a própria sobrevivência, e mais, dependia de uma solução para o problema da guerra. Isso me fez considerar que talvez tudo o que eu acreditava estivesse errado. Essa consideração

---

[220] Ver nota de rodapé 1 do Prefácio.

não foi particularmente agradável e foi muito complicada pelo fato de que também passei a perceber que, embora eu definitivamente acreditasse numa variedade de coisas, nem sempre sabia no que eu acreditava – e quando sabia o que, não sabia o porquê.

Sabe, a História em si condicionava tudo em que eu acreditava, mesmo quando eu não sabia o quê, e foi a pura arrogância inconsciente que me fez postular, para começo de conversa, que eu tinha uma noção de quem ou o que eu era, ou o que o processo da História tinha criado, e como fui afetado por essa criação.

Uma coisa é não ter consciência das respostas, e outra bem diferente é ser incapaz de sequer considerar a pergunta.

Eu tinha noção de que confrontar o que me aterrorizava – o que virava meus sonhos contra mim – podia me ajudar a suportar aquela coisa terrível. Essa ideia – concedida a mim pela graça de Deus – me permitiu acreditar que poderia encontrar o que eu mais queria (se pudesse tolerar a verdade; se estivesse disposto a seguir por onde quer que ela me levasse; se estivesse disposto a dedicar minha vida a agir sobre o que eu tinha descoberto, o que quer que fosse, sem reservas – de algum modo sabendo que, uma vez iniciada, uma tentativa abortada destruiria, no mínimo, o meu respeito próprio, e no máximo as minhas sanidade e vontade de viver).

Agora acredito que todos têm essa escolha diante de si, mesmo quando não sabem ou se recusam a admiti-la; que todos fazem essa escolha, em toda decisão e ação que tomam.

Mencionei antes que a História condicionou o que eu pensava e como agia. A busca por essa percepção – que é bastante evidente, uma vez percebida – levou-me ao estudo da História como um fenômeno psicológico. Sabe, se o que eu penso e sou é um produto da História, isso significa que a História deve tomar forma dentro de mim, por assim dizer, e de dentro de mim determinar quem eu sou. Isso é mais fácil de entender se você considerar que eu carrego dentro de mim uma imagem de você – composta por lembranças de como você age e o que você espera, e representações de seu comportamento. Essa imagem teve profundo impacto sobre como eu me comportava como criança – quando, mesmo na sua ausência, eu era compelido a seguir as regras que você seguia (que eu aprendi através da imitação, e que você incutiu em mim, pelo elogio e pelo castigo). Às vezes, essa imagem de você, em mim, até toma a forma de uma personalidade quando sonho com você.

Então, é um problema simples acreditar, do ponto de vista psicológico, que cada indivíduo carrega consigo uma imagem de seus pais e que essa imagem rege seu comportamento, ao menos em parte.

Mas, sabe, ocorre que as regras que você seguiu – e que eu aprendi de você – não eram regras que você mesmo criou, mas, sim, regras que passou para mim assim como alguém tinha lhe passado quando criança.

E é mais do que provavelmente verdadeiro que a maior parte do que aprendi com você nunca foi verbalizado – que as regras que regiam a maneira como você agia (e que aprendi observando-o) estavam implícitas no seu comportamento, e agora estão implícitas no meu. Foi exatamente assim que aprendi a linguagem – sobretudo observando e ouvindo, e em parte com as instruções explícitas. E assim como certamente é possível (e mais comum) falar corretamente e mesmo assim ser incapaz de descrever as regras da gramática que "subjazem" a produção da linguagem, é possível agir no mundo e criar hipóteses sobre a sua natureza sem saber muito sobre os valores e as crenças que necessariamente subjazem essas ações e hipóteses.

A estrutura da nossa língua foi criada em um processo histórico e, em certo sentido, é uma personificação desse processo. A estrutura daquilo que rege as nossas ações e percepções também foi criada durante o curso da História, e é a personificação desta.

As implicações dessa ideia me impressionaram. Tenho tentado considerar a História em si um fenômeno unitário – uma coisa única, em certo sentido – a fim de compreender o que ela é e como afeta o que penso e faço. Se você percebe que a História, de algum modo, está na sua cabeça, e também que não sabe nada sobre a significância da história, do seu sentido – o que é quase certamente verdadeiro –, então você deve perceber que não sabe nada da significância de si mesmo e de seu próprio sentido.

Estou escrevendo meu livro na tentativa de explicar a significância psicológica da História – explicar o sentido da História. Ao fazer isso, "descobri" várias coisas interessantes:

1. Todas as culturas, com exceção da ocidental, não possuem um histórico baseado em "eventos objetivos". A história das culturas alternativas – mesmo aquelas altamente desenvolvidas, como a indiana, a chinesa e a greco-romana antiga – é mitológica, o que significa que ela descreve o que o evento significou, em termos psicológicos, em vez de como ele aconteceu, em termos empíricos.

2. Todas as culturas, mesmo as de naturezas mais díspares, desenvolvem-se entre linhas amplamente previsíveis e possuem, na sua história mitológica, certas características constantes (assim como todas as línguas compartilham a estrutura gramatical, dada uma análise suficientemente abstrata). As linhas entre as quais a cultura se desenvolve são determinadas biologicamente, e as regras que regem esse desenvolvimento resultam da expressão psicológica de estruturas neurofisiológicas. (Essa tese será a mais difícil para eu provar, mas tenho algumas evidências sólidas em seu favor, e quanto mais estudo neuroanatomia e neuropsicologia, mais as evidências se tornam claras.)

3. As interpretações mitológicas da História, como aquelas na Bíblia, são tão "verdadeiras" quanto as interpretações empíricas ocidentais padrões, tão literalmente verdadeiras quanto, mas a forma como são verdadeiras é diferente. Os historiadores ocidentais descrevem (ou pensam descrever) "o que" aconteceu. As tradições da mitologia e da religião descrevem a significância do que aconteceu (e deve-se notar que, se o que acontece não tem significância, ele é irrelevante).

De qualquer forma – não consigo explicar numa carta o escopo completo do que planejo fazer. Nesse livro, espero descrever uma série de tendências históricas e como elas afetam o comportamento individual – da maneira como tentei fazer nesta carta. O mais importante, talvez, é que espero descrever não apenas o que o problema é (em termos históricos), mas onde uma possível solução poderia estar, e o que essa solução pode concebivelmente ser – e espero descrevê-la de uma forma que torne a sua aplicação possível.

Se você estiver interessado que eu diga mais (nem sempre consigo dizer se alguém está interessado), então farei isso depois. Não sei, pai, mas acho que descobri algo de que ninguém mais faz a mínima ideia, e não tenho certeza se consigo fazer jus a isso. Seu escopo é tão amplo que, a cada vez, só consigo ver com clareza partes dele, e é extremamente difícil traduzir isso em palavras de modo compreensível. Sabe, a maior parte do tipo de conhecimento que estou tentando transmitir verbal e logicamente sempre foi passada de uma pessoa a outra por meio da arte, da música, da religião e da tradição, e não por explicação racional, e é como traduzir de uma língua para outra. Contudo, não é apenas uma língua diferente — é um modo de experiência inteiramente diferente.

Enfim,
Estou feliz que você e mamãe estejam bem. Obrigado por fazer meu imposto de renda.
Jordan

Faz quase doze anos desde que captei a essência do paradoxo que se encontra no fundo da motivação humana para o mal: as pessoas precisam de sua identificação com o grupo porque essa identificação as protege, literalmente, das terríveis forças do desconhecido. É por essa razão que todo indivíduo que não é decadente se esforçará para proteger seu território, real e psicológico. Mas a tendência a proteger significa ódio ao outro e a inevitabilidade da guerra — e agora estamos tecnologicamente poderosos demais para entrarmos em guerra. Permitir que o outro vença, no entanto — ou mesmo que continue a existir em seus próprios termos —, significa subjugação, dissolução da estrutura de proteção e exposição ao que é mais temido. Para mim, isso significava "dane-se se você fizer, dane-se se não fizer": sistemas de crença regulam o afeto, mas o conflito entre sistemas de crença é inevitável.

A formulação e o entendimento desse terrível paradoxo me devastaram. Eu sempre estive convencido de que o entendimento suficiente de um problema — qualquer problema — levaria à sua resolução. No entanto, cá estava eu, detentor de entendimento que parecia não apenas suficiente, mas completo, preso entre a cruz e a espada. Eu não conseguia ver como poderia existir qualquer alternativa tanto a se *ter* um sistema de crença quanto a *não se ter* um sistema de crenças — e conseguia ver pouco além da desvantagem de ambas as posições. Isso realmente abalou a minha fé.

Por conseguinte, recorri aos meus sonhos — seguindo uma dica de Jung, que tinha proposto que o sonho poderá conter informações quando nenhuma outra fonte bastar. Mas os meus sonhos secaram justo quando eu mais precisava deles, e nenhuma informação estava acessível. Eu estava numa espécie de inércia, em compasso de espera. Isso foi muito doloroso para mim. Eu tinha passado vários anos trabalhando intensamente e pensando – tentando compreender a motivação humana individual para as piores ações humanas possíveis. Eu fazia o que verdadeiramente acreditava ser o melhor, com todas as minhas forças, e fazia apesar disso interferir de forma substancial na minha vida pessoal e profissional. Eu tinha decidido dedicar minha vida ao problema do mal – ao desenvolvimento de um verdadeiro entendimento do mal, na esperança de encontrar alguns meios de combatê-lo –, mas a minha busca tinha chegado a uma interrupção, um beco sem saída. Isso não parecia razoável. Eu realmente acreditava que merecia mais.

Então, uma noite, meus sonhos voltaram com sede de vingança. Tive o pesadelo que se segue, tão terrível e potente quanto os sonhos de destruição que tinham motivado a minha busca vários anos antes:

Sonhei que morava em uma casa de dois andares. Após uma bebedeira, fui para o sótão e adormeci. Depois de adormecer, tive o seguinte sonho – sonho dentro de um sonho:

Eu estava preso em um enorme lustre, pendurado diretamente embaixo da cúpula de uma imensa e sombria catedral. O lustre estava pendurado vários metros abaixo do seu ponto de conexão na abóbada, e ainda tão distante do chão que as pessoas lá embaixo pareciam formigas. Essas pessoas eram encarregadas da catedral e eu podia dizer que estavam com raiva de mim por eu estar onde estava. Eu não me sentia culpado porque não estava lá por escolha – apenas aconteceu de ter chegado lá, e eu queria sair.

Percebi que estava sonhando e me sacudi para "acordar", como um meio de sair da minha posição desconfortável. Mas, quando "acordei", eu ainda me encontrava suspenso no mesmo lugar. Tentei negar isso, caindo no sono outra vez – raciocinando que era melhor sonhar sobre essa circunstância do que estar de fato preso nela. No entanto, eu não conseguia voltar ao meu estado inconsciente anterior, e fiquei dolorosamente acordado.

Então, eu me encontrei no chão, por consequência de um processo cuja natureza não consigo me lembrar. As pessoas na catedral protestavam contra a minha presença – mas isso não me incomodava para valer. Tudo o que eu queria era chegar em casa, onde era familiar, e voltar a dormir.

Quando voltei para casa, fui para um quartinho sem janelas – acho que era a sala da fornalha – no meio do piso térreo. Esse cômodo estava cercado por outros cômodos; ele não tinha nenhum ponto de contato com o exterior. Havia uma cama de solteiro lá, que, de fato, era muito parecida com a minha cama de verdade. Entrei nela me arrastando e tentei dormir, mas um vento estranho desceu sobre mim. Sob sua influência, comecei a me dissolver. Eu sabia que, sem sombra de dúvida, ele iria me transportar de volta para o lustre, no centro da catedral. Tentei lutar contra o vento, mas achei que estava praticamente paralisado, e sofrendo algum tipo de convulsão. Tentei desesperadamente gritar por ajuda e, de fato, acordei, ao menos parcialmente.

No meu quarto real, as janelas atrás da minha cama estavam escancaradas e o vento soprava por elas. Eu as fechei em um frenesi e me virei. Eu estava acordado, mas na minha frente apareceu

> uma enorme porta dupla, como aquelas das catedrais góticas, entre meu quarto e o quarto adjacente, que estavam separados apenas parcialmente. Eu me sacudi e a aparição desapareceu. O terror que eu vivenciava desapareceu muito mais lentamente.

Eu tinha lido muito dos Evangelhos naquele dia – o que poderia explicar a referência inicial à bebedeira (a embriaguez do espírito, por assim dizer). Formulei uma interpretação do sonho – uma formulação essencialmente inaceitável – assim que acordei. Eu sabia que a palavra "espírito" deriva do grego *pneuma* – que significa vento: o vento, por exemplo, que se movia sobre a água, em Gênesis; o vento ou o sopro que Deus soprou no *adamah*, a matéria, para criar o homem.

Em meu sonho, eu me encontrava no ponto central de uma catedral – e não conseguia escapar. Uma catedral é um "espaço sagrado", projetada para manter as forças do caos à distância; tem a mesma configuração da cruz. O ponto central de uma catedral é, simbólica e simultaneamente, o lugar onde Cristo foi crucificado e o centro do universo. Todas as forças personificadas em meu sonho conspiravam para me colocar lá, acordado, apesar dos meus melhores esforços em contrário. Eu não conseguia, naquele momento, aceitar as implicações daquele sonho (não conseguia acreditar nas implicações), e levei muito tempo para assimilar seu significado:

> "Em verdade, em verdade, vos digo: quem crê em mim fará as obras que faço e fará até maiores do que elas." (João 14,12.)
>
> A citação de João é tirada do décimo quarto capítulo, em que Cristo ensina que quem o vê, vê o Pai. Ele está no Pai e o Pai está nele. Os discípulos estão nele e ele, nos discípulos; além disso, eles serão enviados ao Espírito Santo como Paráclitos e farão obras que são maiores que a sua própria. Esse décimo quarto capítulo aborda uma questão que teria grandes repercussões no futuro: o problema do Espírito Santo que permanecerá quando Cristo se for, e quem intensifica a interpenetração do divino e do humano a tal ponto que se pode falar apropriadamente de uma "Cristificação" dos discípulos [...].
>
> É fácil perceber o que acontece quando a conclusão lógica é extraída do décimo quarto capítulo de João: o *opus Christi* é transferido para o indivíduo. Ele, então, torna-se o portador do mistério, e esse desenvolvimento foi prefigurado de forma inconsciente e antecipado na alquimia, que mostrou sinais claros de tornar-se uma religião do Espírito Santo e da *Sapientia Dei*.[221]

Os mitos da origem comumente retratam a condição de paraíso como a fonte de todas as coisas. A condição inicial paradisíaca, perturbada pelos acontecimentos

---

[221] Jung, C.G. (1976b), p. 374-375.

da Queda, também serve como o objetivo para o qual a História avança. As histórias da Queda descrevem a introdução da ansiedade incontrolável na experiência humana, como consequência da consciência traumaticamente elevada (como resultado do conhecimento irrevogavelmente alcançado da vulnerabilidade humana e da mortalidade). O restabelecimento do paraíso, na sequência de tal conquista, torna-se dependente da manifestação de uma forma exemplar de comportamento, orientado para um propósito significativo — torna-se dependente do estabelecimento de uma espécie particular de redenção:

> Uma antiga lenda inglesa relata o que Sete viu no Jardim do Éden. No meio do Paraíso, havia uma fonte brilhante, da qual quatro correntes fluíam, irrigando o mundo inteiro. Sobre a fonte, havia uma grande árvore com muitos ramos e galhos, mas parecia uma árvore velha, pois não tinha nem casca nem folhas. Sete sabia que essa era a árvore cujo fruto seus pais tinham comido, razão pela qual agora ela estava desfolhada. Olhando mais de perto, Sete viu que uma cobra nua sem pele tinha se enrolado em torno da árvore. Era a serpente que persuadiu Eva a comer do fruto proibido. Quando Sete olhou para o Paraíso uma segunda vez, ele viu que a árvore tinha sofrido uma grande mudança. Agora estava coberta de folhas e cascas, e no seu topo havia um bebezinho recém-nascido envolto em panos, que chorava por causa do pecado de Adão. Esse bebê era Cristo, o segundo Adão. Ele é encontrado no topo da árvore que cresce do corpo de Adão nas representações da genealogia de Cristo.[222]

A árvore, o *axis mundi*, não tem casca nem folhas porque foi mortalmente afetada por consequência da Queda. A produção de seu primeiro fruto — autorreferência — a colocou em choque, esgotou seus recursos. Seu segundo fruto, associado ao ressurgimento em vida e saúde exuberantes, é o salvador, o herói que redime a humanidade das consequências da Queda,[223] o indivíduo divino cujo modo de ser

---

[222] Idem (1967b), p. 304.

[223] Há (pelo menos) duas (grandes) formulações dogmáticas alternativas do Pecado Original, na tradição cristã: (1) a fonte de culpa eterna; (2) o erro afortunado, que leva à encarnação de Cristo. Toni Wolff observa que:

> Há, no começo do período medieval, representações da árvore genealógica de Cristo. Nos galhos, como os frutos da árvore, estão os profetas e todos os ancestrais de Cristo. As raízes da árvore crescem do crânio de Adão, e Cristo é o seu fruto central e mais precioso.

Jung amplia esse comentário:

leva de volta ao Paraíso.[224] Essa noção é representada imageticamente (de fato, ela nunca avançou muito para além da imagem) na Figura 5.11: A Restituição da Maçã Mística [Cristo] à Árvore do Conhecimento.[225] Um padrão semelhante de ideação redentora é trazido pelo Oriente. Para Gautama, sofrimento e desencanto são as precondições (necessárias) para a iluminação adulta (o nome do Buda – Sidarta – literalmente significa "objetivo atingido").[226] O "iluminado", cujo modo de ser no mundo transcende o sofrimento naquele mundo, é um espírito eterno (isto é, um espírito eternamente recorrente), apesar da encarnação "histórica" na figura do Buda. A Figura 5.12: O Eterno Retorno do Bodhisattva[227] retrata esse espírito, para sempre dominante sobre a massa da humanidade e a Grande e Terrível Mãe. O *bodhisattva*, "personagem" central nessa figura, é um equivalente oriental de Cristo (ou, talvez, uma imagem do Paráclito ou Espírito Santo). O criador dessa obra sobrepôs o *bodhisattva* a um "túnel" no Céu, rodeado pelo fogo transformador. Esse túnel adiciona uma dimensão temporal às dimensões espaciais representadas na imagem e possibilita a representação da recorrência constante do espírito heroico ao longo do tempo. Isso é um reflexo da mesma ideia que levou pensadores cristãos a atribuir realidade pré-histórica (e eterna) a Cristo, apesar de sua natureza "histórica"; da mesma forma, isso levou a especulações sobre o "espírito da verdade" que Cristo deixou após sua morte.

> Bem, a árvore às vezes cresce do umbigo de Adão, e, nos galhos, como vocês dizem, sentam-se os profetas e reis do Antigo Testamento, os ancestrais de Cristo, e então, no topo da árvore, encontra-se o triunfante Cristo. Que a vida começa com Adão e termine com Cristo é a mesma ideia [...]" (Jung, C.G. [1988], p. 1440).

[224] Neumann afirma:

> Originalmente, o Messianismo era ligado a um processo histórico que terminava no surgimento de um salvador que, após a crise transformadora do apocalipse, inaugurava a era escatológica da redenção. Pode-se demonstrar com facilidade que essa concepção é uma projeção de um processo de individuação, cujo sujeito, contudo, são as pessoas, a coletividade escolhida, e não o indivíduo. Na projeção coletiva, a História aparece como a representação coletiva do destino; a crise é manifesta na projeção dos caminhos que caracterizam os Últimos Dias; e a transformação, como o Juízo Final, na morte e na ressurreição. De modo similar, a transfiguração e a conquista do eu correspondem à transfiguração no paraíso celestial, que, na forma de uma mandala, une a humanidade, ou mais, é projetada como vida em um mundo recriado e renovado, governado pelo rei-Adão-antropos-*eu* em seu centro" (Neumann, E. [1968], p. 408).

[225] *A Restituição da Maçã Mística à Árvore do Conhecimento*. Giovanni da Modena (século XV). (placa 116 in: Neumann, E. [1955]).

[226] Eliade, M. (1982), p. 73.

[227] *O Bodhisattva* (placa XII em Campbell, J. [1973]).

Figura 5.11: A Restituição da Maçã Mística [Cristo] à Árvore do Conhecimento

Os mitos da queda e da redenção retratam o surgimento da insatisfação humana com as condições presentes – não importando o quão confortáveis elas sejam – e a tendência ou o desejo de seguir na direção de "um futuro melhor". Esses mitos descrevem, em formato narrativo, como os seres humanos pensam e sempre pensarão – independentemente do tempo ou lugar. O mais profundo desses mitos cíclicos retrata a elevação da consciência como causa da agitação emergente. De forma simultânea, esses mitos retratam a *consciência qualitativamente transformada como cura para essa agitação (mais profundamente, retratam a participação no ato de transformação qualitativa da consciência como cura para essa agitação).*

Figura 5.12: O Eterno Retorno do *Bodhisattva*

A tendência de postular um ideal, implícita ou explicitamente, trabalhar para alcançá-lo, ficar insatisfeito com seu estabelecimento, à medida que a nova "matéria" se manifesta, e assim reentrar no ciclo – isso constitui o padrão centralmente definidor da abstração e do comportamento humanos. As mais simples e mais básicas atividades humanas do dia a dia, invariavelmente direcionadas ao objetivo, necessariamente se baseiam na aceitação vinculada à tradição de uma hierarquia de valor, definindo o futuro desejado em contraste positivo com o presente insuficiente. Viver, na perspectiva humana, é agir à luz do que é valorizado, desejado, do que deveria ser – e manter suficiente ignorância, em certo sentido, para permitir que a crença em tal valor floresça. O colapso da fé na hierarquia de valor – ou, mais perigosamente, o colapso da fé na ideia de tais hierarquias – causa depressão severa, caos intrapsíquico e ressurgimento da ansiedade existencial.

O mito da Queda descreve o desenvolvimento da autoconsciência humana como uma grande tragédia, a maior anomalia concebível, um evento que alterou de modo permanente a estrutura do universo e condenou a humanidade ao sofrimento e à morte. Mas foi essa mesma Queda que permitiu ao indivíduo adotar o papel redentor do herói, do criador da cultura; a mesma Queda que levantou a cortina do drama da história humana. Se teria sido melhor para a humanidade ter permanecido inconsciente não é mais uma questão que possa ser considerada de maneira útil – embora esse caminho não pareça particularmente produtivo para aqueles que o tomam agora. O Pecado Original manchou a todos; não há caminho de volta.

Durante a maior parte da história humana – depois da Queda, por assim dizer –, o indivíduo se manteve firmemente abrigado dentro dos limites de um sonho religioso: um sonho que dava sentido à tragédia da existência. Muitos pensadores modernos, incluindo Freud, viram esse sonho, em retrospecto, como defensivo, como uma barreira de fantasia erigida contra a ansiedade existencial gerada pelo conhecimento da mortalidade. No entanto, a linha divisória entre fantasia e realidade não é desenhada assim tão facilmente. Por certo, é possível desaparecer de forma voluntária nas brumas da ilusão; retirar-se para o conforto da negação de um mundo terrível, além do que pode ser suportado. Contudo, a imaginação nem sempre é insanidade; seu uso nem sempre implica regressão. A imaginação e a fantasia possibilitam que cada um de nós lide com o desconhecido, que deve ser encontrado antes de ser compreendido. Assim, a fantasia aplicada à consideração do desconhecido não é ilusória. Em vez disso, ela é o primeiro estágio no processo de compreensão – o qual eventualmente resulta na evolução de conhecimento comunicável, empírico, detalhado. A fantasia pode ser usada para criar o mundo real e também o mundo da ilusão. Tudo depende de quem está imaginando, e com que finalidade.

Quando o homem pré-experimental concebia o desconhecido como uma mãe ambivalente, ele não estava se deixando levar pela fantasia infantil. Ele estava aplicando o que sabia ao que não era familiar mas que não podia ser ignorado. As primeiras tentativas do homem de descrever o desconhecido não podem ser criticadas porque lhes faltava validade empírica. Originalmente, o homem não era um pensador empírico. Isso não significa que ele era um autoiludido, um mentiroso. Da mesma forma, quando o indivíduo venera o herói, ele não está necessariamente se escondendo da realidade. Também pode ser que ele esteja pronto e disposto a enfrentar o desconhecido, como um indivíduo; que esteja preparado a adotar o padrão de esforço heroico na sua própria vida e, dessa forma, prosseguir com a criação.

Os grandes mitos do cristianismo – os grandes mitos do passado em geral – deixaram de ter significado para a maioria dos ocidentais, que se consideram instruídos. A visão mítica da história não pode ser creditada à realidade, do ponto de vista material, empírico. No entanto, todas as éticas ocidentais, incluindo aquelas explicitamente formalizadas na lei ocidental, baseiam-se em uma visão de mundo mitológica, que especificamente atribui *status* divino ao indivíduo. Assim, o indivíduo está em uma posição única: ele não acredita mais que sejam válidos os princípios nos quais todos os seus comportamentos se baseiam. Essa poderia ser considerada uma segunda Queda, em que a destruição da barreira mitológica ocidental expôs outra vez a tragédia essencial da existência individual.

Contudo, não é a busca da verdade empírica que causou estragos na cosmovisão cristã. É a confusão do fato empírico com a verdade moral que provou ser um grande prejuízo para esta última. Isso produziu o que poderia ser descrito como um ganho secundário, que desempenhou um papel importante na manutenção da confusão. Esse ganho é a abdicação da responsabilidade pessoal absoluta imposta por consequência do reconhecimento do divino no homem. Essa responsabilidade significa aceitação das provações e tribulações associadas à expressão da individualidade única, bem como respeito por tal expressão em outros. Tais aceitação, expressão e respeito exigem coragem na ausência da certeza, e disciplina nos menores assuntos.

A *rejeição da verdade moral* permite a racionalização da autoindulgência covarde, destrutiva, degenerada. Essa é uma das mais potentes atrações de tal rejeição, e constitui a principal motivação para a mentira. A mentira, acima de tudo, ameaça o individual – e o interpessoal. A mentira é baseada no pressuposto de que a tragédia da individualidade é insuportável – que a experiência humana em si é má. O indivíduo mente porque está com medo – e não são as mentiras que ele conta aos outros que apresentam o perigo mais claro, mas as mentiras que ele conta para si mesmo. A raiz da psicopatologia social e individual, a "negação", a "repressão", é a mentira. A mentira mais perigosa de todas é dedicada à negação da responsabilidade individual – negação da divindade individual.

A ideia do indivíduo divino levou milhares de anos para se desenvolver por completo, e ainda é constantemente ameaçada por ataques diretos e insidiosos movimentos contrários. Ela é baseada na constatação de que o indivíduo é o *locus* da experiência. Tudo o que podemos saber sobre a realidade, sabemos por meio da experiência. Portanto, é mais simples pressupor que tudo o que há na realidade é a experiência – a existência desta e seu progressivo desdobramento. Além disso, é o aspecto *subjetivo* da individualidade – da experiência – que é divino, não o objetivo. O homem é um animal, do ponto de vista objetivo, digno de nenhuma consideração além daquela ditada pela opinião e pelas oportunidades momentâneas. Do ponto de vista mítico, no entanto, cada indivíduo é único – é um novo conjunto de experiências, um novo universo; foi agraciado com a capacidade de criar algo novo; é capaz de participar do ato de criação em si. É a expressão dessa capacidade de ação criativa que torna as condições trágicas de vida toleráveis, suportáveis – notáveis, milagrosas.

O paraíso da infância é imersão significativa absoluta. A imersão é uma manifestação genuína do interesse subjetivo. O interesse acompanha a busca honesta do desconhecido, em uma direção e a uma velocidade subjetivamente determinadas. O desconhecido, em sua forma benéfica, é a terra do interesse, a fonte do que importa. A cultura, no seu papel de apoio, amplia o poder com o qual o desconhecido pode ser alcançado, disciplinando o indivíduo e expandindo a sua gama de capacidades. Na infância, os pais atuam como substitutos culturais, e a criança explora sob a proteção dada por seus pais. Mas o mecanismo parental tem seus limites e deverá ser substituído pela internalização da cultura – pela incorporação intrapsíquica da crença, da segurança e do objetivo. A adoção dessa estrutura de proteção secundária aumenta e molda de forma drástica a capacidade individual.

O grande dragão limita a busca do interesse individual. A luta com o dragão – contra as forças que devoram a vontade e a esperança – constitui a heroica batalha no mundo mitológico. A adesão fiel à realidade da experiência pessoal assegura o contato com o dragão, e é durante esse contato que a grande força do espírito se manifesta, se isso for permitido. O herói se coloca de forma voluntária em oposição ao dragão. O mentiroso finge que o grande perigo não existe, para seu risco e dos outros, ou abdica de seu relacionamento com o interesse essencial, e abandona toda chance de desenvolvimento ulterior.

Interesse é significado. Significado é manifestação do caminho adaptativo individual divino. A mentira é o abandono do interesse individual – daí significado, daí divindade – em nome da proteção e da segurança; é sacrifício do indivíduo para apaziguar a Grande Mãe e o Grande Pai.

A mentira é a declaração do medo diante da experiência genuína: "Realmente não deve ser isso; isso realmente não aconteceu". A mentira enfraquece o indivíduo – que não estende mais o alcance de sua competência ao testar sua subjetividade contra o mundo – e suga o sentido da sua vida. A vida sem sentido é limitação mortal, sujeição à dor e ao sofrimento sem ter a que recorrer. A vida sem sentido é tragédia sem esperança de redenção.

O abandono do sentido assegura a adoção de um modo demoníaco de adaptação porque o indivíduo odeia a dor e a frustração sem sentido, e vai trabalhar para destruí-las. Esse trabalho constitui a vingança contra a existência, tornada insuportável pelo orgulho.

Renascimento é o restabelecimento do interesse após a adoção da competência culturalmente determinada. O renascimento do interesse conduz o indivíduo à fronteira entre o conhecido e o desconhecido, expandindo, assim, o mundo social. Dessa forma, Deus age por meio do indivíduo, no mundo moderno, e amplia o domínio da História.

Autoconsciência significa conhecimento da vulnerabilidade individual. O processo pelo qual esse conhecimento vem a ser pode destruir a fé no valor individual. Isso significa, em termos concretos, que um indivíduo pode vir a sacrificar a sua própria experiência, no curso do desenvolvimento, porque a sua busca cria conflitos sociais ou expõe a inadequação individual. No entanto, é somente por meio desses conflitos que a mudança ocorre, e a fraqueza deve ser reconhecida antes que possa ser transformada em força. Isso significa que o sacrifício da individualidade elimina qualquer possibilidade dessa resistência individual ser descoberta ou desenvolvida, e do próprio mundo progredir.

O indivíduo cuja vida é sem sentido odeia a si próprio por sua fraqueza e odeia a vida por torná-lo fraco. Esse ódio se manifesta na absoluta identificação com o poder destrutivo, em suas manifestações históricas, mitológicas e biológicas; manifesta-se no desejo da absoluta extinção da existência. Tal identificação leva uma pessoa a envenenar tudo o que toca, a gerar sofrimento desnecessário em face do sofrimento inevitável, a jogar seus companheiros uns contra os outros, a misturar terra com inferno – apenas para obter vingança contra Deus e sua criação.

O propósito humano, se tal coisa pode ser considerada, é buscar significado – para estender o domínio da luz, da consciência – a despeito das limitações. Um evento significativo existe no limite entre a ordem e o caos. A busca de sentido expõe o indivíduo para o desconhecido de forma gradual, o que lhe permite desenvolver a força e a capacidade adaptativa em proporção à seriedade de sua busca. É durante o contato com o desconhecido que o poder humano cresce, individual e depois historicamente. O significado é a experiência subjetiva associada a esse contato, em proporção suficiente. Os grandes mitos religiosos afirmam que a busca contínua por significado, adotada voluntariamente e sem autoengano, levará o indivíduo a descobrir a sua identificação com Deus. Essa "identidade revelada" irá torná-lo capaz de suportar a tragédia da vida. O abandono do sentido, por sua vez, reduz o homem à sua fraqueza mortal.

O significado é a mais profunda manifestação do instinto. O homem é uma criatura atraída pelo desconhecido; uma criatura adaptada para conquistá-lo. O sentido subjetivo do significado é a proporção de contato com o desconhecido que rege o instinto. Exposição excessiva transforma a mudança em caos; pouca exposição promove a estagnação e a degeneração. O equilíbrio adequado produz um indivíduo poderoso, confiante na capacidade de suportar a vida, cada vez mais capaz de lidar com a natureza e a sociedade, cada vez mais próximo do ideal heroico. Cada indivíduo, inerentemente único, encontra significado em diferentes buscas, se tiver a coragem de manter sua diferença. A manifestação da diversidade individual, transformada em conhecimento que pode ser transferido socialmente, muda a face da própria História e leva cada geração humana a avançar mais para dentro do desconhecido.

As condições biológicas e sociais definem os limites da existência individual. A busca incessante do interesse fornece os meios subjetivos pelos quais essas condições podem ser alcançadas e as suas fronteiras, transcendidas. Significado é o instinto que torna a vida possível. Quando ele é abandonado, a individualidade perde seu poder redentor. A grande mentira é que o significado não existe, ou não é importante. Quando o significado é negado, o ódio pela vida e o desejo de destruí-la inevitavelmente governam:

> Se você der vida ao que está dentro de você, o que criar irá salvá-lo.
>
> Se você não der vida ao que está dentro de você, o que você não criar irá destruí-lo.[228]

A sabedoria do grupo pode servir como a força que faz a mediação entre a dependência da infância e a responsabilidade do adulto. Em tais circunstâncias, o passado serve ao presente. Uma sociedade baseada na crença na divindade suprema do indivíduo permite que o interesse pessoal floresça e sirva como a força que se opõe à tirania

---

[228] Do *Evangelho de Tomé*. Citado em Pagels, E. (1979), p. xv.

da cultura e ao terror da natureza. A negação do significado, por sua vez, garante a identificação absoluta com o grupo – ou a degeneração e a decadência intrapsíquicas. A negação do significado torna o indivíduo degenerado ou absolutista desesperado e fraco diante da ameaça do grande mar maternal do caos. Esse desespero e essa fraqueza fazem com que ele odeie a vida e trabalhe para a sua devastação – da própria vida e das vidas dos que estão ao redor. A mentira é o ato central nesse drama da corrupção:

> Estas são as palavras secretas que o Jesus vivo falou e que Didymos Tau'ma (Tomé) escreveu.
>
> E ele disse, "Quem descobrir o sentido dessas palavras, não provará a morte".
>
> Jesus disse: "Quem procura, não cesse de procurar até encontrar; e, quando achar, ficará estupefato; e, quando estupefato, ficará maravilhado, e então terá domínio sobre tudo".
>
> Jesus disse: "Se aqueles que vos guiam disserem, 'Veja, o reino está no céu', então as aves vos precederam; se vos disserem, 'Está no mar', então os peixes vos precederam. Mas o reino está dentro de vós, e também fora de vós. Se vos conhecerdes, sereis conhecidos e sabereis que sois filhos do Pai Vivo. Mas, se não vos conhecerdes, vivereis em pobreza, e vós mesmos sereis essa pobreza".
>
> Jesus disse: "O homem, idoso em dias, perguntará a uma pequena criança de sete dias sobre o lugar da vida, e ele viverá. Porque muitos que são os primeiros serão os últimos, e eles se tornarão um só e o mesmo".
>
> Jesus disse: "Conhece o que está ante teus olhos – e o que te é oculto te será revelado; porque nada é oculto que não venha a ser revelado".
>
> Perguntaram os discípulos a Jesus: "Queres que jejuemos? Como devemos orar? Devemos dar esmolas? Que dieta devemos observar?"
>
> Respondeu Jesus: "Não mintais, e não façais o que é odioso! Porquanto todas essas coisas são manifestas diante do Paraíso. Não há nada oculto que não venha a ser revelado, e não há nada velado que não venha a ser desvelado."[229]

---

[229] O Evangelho de Tomé. Em Robinson, J.R. (ed.) (1988), p. 126-127.

POSFÁCIO

Entrevista com o dr. Jordan Peterson

Entrevistado por Pedro Jung Tavares e Ismael A. Schonhorst[1]
Interfaces Brasil/Canadá. Florianópolis/Pelotas/São Paulo, v. 17, n. 1, 2017, p. 200-218

Nesta entrevista, o Dr. Jordan Peterson, psiquiatra, professor na Universidade de Toronto e ex-professor de Harvard, fala da sua formação intelectual, da sua visão sobre mapas de sentido e explica de que forma a noção de significado é vital para a humanidade. O totalitarismo e a responsabilidade individual são também fatores importantes nesta entrevista. Os argumentos de Peterson a favor da liberdade de expressão atraíram a atenção da mídia e de estudantes do mundo inteiro.

Dr. Jordan Peterson atraiu os olhares da mídia em 2016, quando foi um dos poucos a denunciar publicamente o autoritarismo de tópicos delicados – ainda que importantes – para vários grupos universitários norte-americanos. Examinando com mais profundidade o significado de seus planos políticos, o Dr. Peterson teve a oportunidade de progredir na área que investigou por anos: a compreensão de como a mente opera na busca pelo sentido das ações e vontades humanas. Nesta entrevista, falamos da sua visão de como essas tendências autoritárias podem tornar-se um fenômeno internacional. Mais do que nunca, acreditamos, o seu trabalho se faz necessário. Para evitar que outros limitem nossas ideias, precisamos primeiro saber quem somos.

Entrevistador: Professor Peterson, você poderia nos contar um pouco da sua formação, e de quando e como seu interesse pela psicologia começou?

Dr. Jordan Peterson: Quando eu era adolescente, já me interessava por política, com cerca de 13 ou 14 anos de idade. Eu trabalhava para um partido socialista na minha província natal, Alberta. Em Alberta, tínhamos uma legislatura que havia eleito membros do parlamento, e nessa época todos os membros da assembleia legislativa eram conservadores (do Partido Conservador), exceto um, que liderava o *New Democratic Party* [NDP], que era um partido social-democrata. Acontece que ele

---

[1] Esta entrevista foi conduzida em 9 de janeiro de 2017, via Skype.

representava o distrito onde eu vivia, e acabei conhecendo a sua esposa, que era bibliotecária na escola de ensino médio local e que me passou vários livros sofisticados para ler: *Um Dia na Vida de Ivan Desinovich* (1962), de Alexander Soljenítsin, os livros de George Orwell, os livros de Aldous Huxley, e os livros de Ayn Rand, por incrível que pareça, porque ela acreditava que a leitura deve ser ampla. Ela foi uma figura crucial no início de minhas leituras sofisticadas. Trabalhei para esse partido por três anos, indo de porta em porta, trabalhando em campanhas e assistindo conferências nas províncias. Também me candidatei a um cargo executivo a nível da província quando tinha 14 anos. Perdi por cerca de 17 ou 18 votos de 600.

E.: Uau, foi por pouco...

DR. PETERSON: Por muito pouco, mesmo, e isso foi novidade àquela altura. Naquela época, passei a me interessar pelo Holocausto. Ouvi falar bastante sobre isso quando era bem novo e fiz um trabalho de escola sobre o assunto lá pelos meus 13 anos. Esse tema se tornou, digamos, uma obsessão para mim. Mais ou menos na mesma época, deixei de ir à igreja, a minha mãe frequentava uma igreja protestante convencional, algo que ela apreciava bastante – gostava de cantar e de participar [dos cultos], e gostava de que fôssemos com ela. Mas, aos 13 anos, eu não conseguia mais aliar as alegações da religião ao que eu sabia sobre evolução e ciência, e, como acontece com muitos, parei de frequentar a igreja. Isso foi bem quando surgiu meu interesse pela política socialista, e foi também nessa época que comecei a me interessar pelo Holocausto. Então, com cerca de 17 anos, fui para a universidade e li o livro de George Orwell, *O Caminho para Wigan Pier* (1937). Ele faz uma crítica bastante profunda aos socialistas de classe média, na última metade do livro, salientando algo que eu havia notado quando fazia parte do conselho diretor da faculdade. Muitas das pessoas ali eram do tipo conservador, pequenos empresários, na maioria autodidatas. Achei-os bastante dignos de admiração, o que faziam era difícil e eles pareciam estar contribuindo genuinamente com a comunidade. Uma das coisas em que reparei quando me associava a meus companheiros mais esquerdistas, em convenções e afins, é que, embora eu considerasse os líderes admiráveis – eu tinha acesso privilegiado aos líderes devido à minha associação à bibliotecária e ao seu marido, do Partido de Alberta – e acreditasse que eles realmente tivessem em mente os interesses da classe trabalhadora e dos pequenos empresários, eu não me importava com os afiliados ao partido; considerava-os rabugentos e ressentidos. E, quando li Orwell, ele me mostrou algo que tornou isso claro para mim: afirmou que, a seu ver, o socialista típico não era alguém que gostava dos pobres ou da classe operária, mas alguém que simplesmente odiava os ricos e bem-sucedidos e que usava a sua compaixão pelos desfavorecidos como disfarce para o ressentimento em relação ao fato de tudo nesse mundo ser repartido de modo desigual. Isso fez muito sentido para mim. Foi também por volta dessa época que comecei a questionar a ideia de que a solução fundamental para os problemas humanos era o Estado. A questão do Holocausto permanecia no fundo da minha mente e a minha dúvida era como é possível que seres humanos aparentemente normais podiam fazer as coisas que os nazistas fizeram, como podiam atuar como guardas de campos de concentração e como foram capazes de fazer todas essas coisas terríveis que aconteceram nesses lugares durante a Segunda Guerra Mundial. Também comecei a ler Alexander Soljenítsin e a aprender a respeito da União Soviética sob Lênin e Stalin, e cheguei à conclusão de que existiam horrores ocultos nessa parte da história, assim como na China, e sob ambos os sistemas, dezenas de milhões de pessoas morreram. Simultaneamente, claro, a Guerra Fria estava no auge, e isso me parecia o ápice da insanidade. Eu não conseguia compreender o motivo pelo qual os sistemas de crenças das pessoas eram tão importantes a ponto de elas colocarem tudo em risco; existiam dezenas de milhares de bombas nucleares apontadas para os EUA e para a URSS, respectivamente. Assim, parecia que as pessoas estavam tão comprometidas com o seu sistema de crenças que estavam dispostas a arriscar tudo para mantê-lo; então, minha curiosidade duplicou. Digamos que o mistério da crença intensa e o mistério da capacidade humana para a atrocidade me intrigavam, e, nessa época, eu estudava ciências políticas. Obtive os meus primeiros três anos de núcleo básico do bacharelado em ciências políticas e em língua inglesa, trabalhei por um ano e voltei para a universidade, decidido que não acreditava nas respostas obtidas nas minhas últimas aulas de ciências políticas, que eram na sua maioria de natureza econômica e descreviam a motivação humana primariamente em termos de economia materialista – eu não acreditava nisso, porque o mistério reside no fato de alguém valorizar algo, no motivo de as pessoas valorizarem o que valorizam, e o economista simplesmente tomava por garantido o fato de que as pessoas valorizam o que quer que valorizem e que negociem e interajam com base nisso; mas eu estava interessado no processo de valor em si mesmo, também totalmente associado à crença. Por isso voltei para a universidade e fiz um ano inteiro de matérias de psicologia, e fui bem a ponto de ser encorajado a me candidatar à pós-graduação. Não conhecia ninguém que tivesse feito pós-graduação – nessa época, eu desconhecia os patamares superiores da universidade –, então me candidatei, e depois disso trabalhei por um ano como consultor nos serviços sociais para o governo de Alberta, elaborando regulamentação para serviços de creches e maternais, e aprendendo como funcionava a burocracia.

E.: Ok, então você começou a pesquisa sobre o Holocausto e outros sistemas de saúde enquanto fazia a pós-graduação?

DR. PETERSON: Comecei a ler intensamente no ano que fiz o ano inteiro em psicologia. Li *Interpretação dos Sonhos* (1900), de Freud e *Os Arquétipos e o Inconsciente Coletivo* (1959), de Jung e uma série de complexas obras clássicas da psicologia, em parte como preparação para exercer psicologia clínica, porque havia me candidatado para essa função em Montreal. Nessa época, comecei a escrever. A primeira coisa que escrevi foi um longo poema – quando você está concebendo um novo conhecimento, frequentemente ele acaba surgindo na fronteira entre o eu desconhecido e o conhecimento consciente já articulado, e é nessa fronteira que os sonhos, as fantasias, a arte, a literatura e a poesia residem, então a inspiração pode manifestar-se sob a forma poética. Isso de forma alguma faz de mim um poeta, mas escrevi um poema com mais ou menos umas vinte páginas tentando expressar o que aprendi e o que senti em relação à psicologia dos seres humanos e ao dilema no qual parecemos nos encontrar.

E.: Penso que isso é uma coisa muito humana a se fazer, tentar explicar as coisas por meio da imaginação, da ficção e dos mitos.

DR. PETERSON: Exatamente, exatamente. Esse é o berço do conhecimento; é a forma como começamos a pensar sobre alguma coisa. É baseado em ação, em imaginação e em drama, e nós tendemos a retratar as coisas em forma de narrativa, uma narrativa profunda, ou em forma de inspiração, antes de... como parte do processo pelo qual o novo conhecimento emerge do desconhecido e se torna perfeitamente articulado.

Então, iniciei a pós-graduação em Montreal, após dividir meu trabalho em dois componentes: primeiro, estudei o alcoolismo, a predisposição biológica para o alcoolismo – e com isso aprendi muito sobre neuropsicologia e funções cerebrais, porque o álcool afeta todos os sistemas neurológicos e, para compreender suas propriedades gratificantes, é preciso saber um pouco sobre funções cerebrais. Então, li obras como *Neuropsychology of Anxiety* ("Neuropsicologia da Ansiedade", 1982), de Jeffrey Gray, um verdadeiro clássico, e comecei a compreender de que forma o cérebro responde a novas informações, ao desconhecido. Em parte, faz isso manifestando uma reação de ansiedade. Paralelamente a toda essa investigação científica, eu lia tudo o que podia. Nessa altura, minhas leituras eram principalmente Carl Jung e Mircea Eliade, historiadores de religião, e também Dostoiévski, Tólstoi e Nietzsche. Eu comecei a compreender Jung – e sua afirmação de que nos encontramos encapsulados em algum tipo de *mythos*, o qual ele estava tentando explicar; analisou também o pensamento religioso com muito detalhe, e também o pensamento cristão, mas não só isso... Acabei por entender que a crença religiosa era inevitável. Agora, claro, depende de como você define crença religiosa, mas podemos pensar nisso desta forma: podemos dizer que aquilo que não sabemos é infinito e o que de fato sabemos é finito, e temos que lidar com a dicotomia entre o conhecimento finito e o conhecimento infinito. E a forma pela qual fazemos isso é estabelecendo axiomas para os nossos sistemas de crenças. Axioma é um pressuposto que simplifica o mundo e que contém muitas coisas e esconde muitas coisas, que esconde muitas questões – e é nessa base de pressupostos que erguemos nossos sistemas de crenças práticas; portanto, essas premissas nucleares devem ser aceitas, fundamentalmente, pela fé, porque não é possível saber tudo. Devemos tomar algumas coisas como certas, devemos agir como se certas coisas fossem verdadeiras, e esses axiomas dos quais você talvez não esteja ciente podem, de alguma forma, estar tão profundamente enraizados no nosso sistema nervoso que constituem as estruturas através das quais observamos o mundo, que constituem o seu sistema de valores – e você precisa ter um sistema de valores porque, caso contrário, não conseguirá agir. Porque, para que você aja, uma coisa deve ser melhor que outra – deste modo, estamos atuando sob um esquema moral, não há como evitar isso. Assim, compreendi que parte da razão pela qual as pessoas estão dispostas a se apegar tão desesperadamente às suas crenças é porque as crenças são parte do que as protege de uma exposição sem entraves perante o infinito desconhecido. E isso funciona de forma complexa porque não é apenas uma estrutura interna, é uma estrutura social. Então, digamos que é um sistema de crenças partilhado; assim, pode-se pensar nisso como algo parcialmente interno, parcialmente como uma estrutura perceptiva e uma plataforma de ação, mas que também se manifesta no mundo social. Digamos que todos os indivíduos de determinada cultura jogam segundo as mesmas regras. Bom, isso significa que você sabe como agir se fizer parte dessa cultura, sabe como agir com base no seu conjunto de valores, aqueles que você partilha com outras pessoas na sua cultura; você sabe agir de forma a alcançar o resultado almejado, e, em parte, você sabe disso porque, em parte, pode fazê-lo, porque outras pessoas estão agindo do mesmo modo. Se as pessoas não partilham um sistema de crenças, elas são psicologicamente caóticas, não conseguem distinguir uma coisa da outra, ficam soterrados pela ansiedade, e, além disso, não conseguem coordenar suas ações com outras pessoas do grupo, então as coisas simplesmente viram uma catástrofe, uma descida ao pesadelo hobbesiano no qual todos estão contra todos.

E.: Ninguém pode falar com ninguém e todos são inimigos uns dos outros.

Dr. Peterson: É exatamente isso! É como um Estado fracassado. Então, digamos, é uma catástrofe niilista, e essas catástrofes precisam tombar sobre as sociedades muitas vezes. E o que advém de uma catástrofe niilista é um forte clamor por ordem – e esse é o outro problema: é necessário existir uma estrutura, porque, se ela não existir, será o caos. E foi isso que acabei compreendendo, e foi muito, muito doloroso mesmo, porque também percebi que organizar-se dentro de um grupo e estabelecer um conjunto partilhado de axiomas e de pressupostos que todos estão dispostos a representar sobre o mundo, é um ato de fé, eu diria. Considero a crença como a disposição de agir sob – e não a posse de – um conjunto de fatos. Todos os indivíduos de uma sociedade estão representando um conjunto de pressuposições axiomáticas, e isso mantém a sociedade ordenada e produtiva, mas quando um grupo encontra outro grupo, o potencial de conflito – especialmente se o outro grupo se baseia em axiomas ligeiramente diferentes, ou talvez radicalmente diferentes – é extraordinariamente alto. Claro, isso foi o caso da URSS e dos EUA, fundados em axiomas muito diferentes. A URSS em axiomas mais racionais, estritamente derivados do pensamento racionalmente organizado, e os EUA e o Ocidente baseados num *mythos* que sustenta a ideia de direito individual como verdade, o valor do indivíduo como verdade. Para mim, isso é uma verdade religiosa, porque é uma pressuposição axiomática, e, tanto quanto eu sei, essa pressuposição axiomática está incorporada nas alegações cristãs, na alegação essencialmente judaico-cristã de que existe um elemento divino no ser humano que deve ser respeitado inclusive pela lei. Na nossa sociedade, se alguém for acusado de assassinato, e mesmo que o sujeito seja um assassino, o seu ser de certa forma ainda é sacrossanto, ainda é digno da proteção da lei, e isso acontece porque nós agimos sob a premissa metafísica de que existe algo intrinsecamente valioso no indivíduo, e é nesse alicerce que a ideia de direitos naturais repousa, e tudo isso está profundamente enraizado nas nossas expectativas, nos nossos desejos e nas nossas percepções. Mas o problema agora é que, se grupos entrarem em conflito, somos tecnologicamente tão poderosos que o conflito por si só pode representar uma ameaça extrema. Sem dúvidas, foi isso o que ocorreu durante a Guerra Fria; estivemos muito próximos de lançar mísseis nucleares em pelo menos duas vezes – na verdade, o dedo esteve perto do botão de lançamento durante todo o período da Crise dos Mísseis de

Cuba, então me parecia que estivávamos numa verdadeira crise e eu não conseguia ver nenhuma saída. Por um lado, as pessoas precisam se organizar em grupos, precisam fazê-lo usando um conjunto de pressupostos metafísicos, alguns dos quais são mais funcionais que outros, mas por se organizarem em grupos distintos, o conflito parece inevitável. Fiquei empacado nisso por meses, e na verdade acabei saindo muito do assunto, suponho, da mesma forma que Nietzsche. Na época em que estava tentando compreender o assunto, Nietzsche afirmou que os seres humanos precisariam se transformar num novo tipo de ente, já que eles haviam transcendido seus pressupostos religiosos arcaicos.

E.: Precisariam construir novos valores.

Dr. Peterson: Eles teriam que construir novos valores, sim. Carl Jung foi um astuto estudioso de Nietzsche, muito embora as pessoas geralmente não reconheçam que ele foi tão influenciado por Nietzsche como o foi por Freud. Ele [Jung] e outros psicanalistas tiveram uma abordagem um pouco diferente da levada a cabo por Nietzsche, mas, de certo modo, estavam tentando solucionar o mesmo problema. Freud considerava o inconsciente como o lugar no qual seria possível encontrar aquilo que talvez as pessoas estivessem evitando, ou que estivesse lhes faltando ou que haviam perdido, e que precisava ser trazido à superfície a fim de que elas se tornassem seres plenamente desenvolvidos. Ele considerava o inconsciente, pelo menos em parte, como o principal repositório pessoal de experiências negativas reprimidas e das inclinações negativas de difícil integração na personalidade, e essas inclinações seriam as inclinações sexuais e as inclinações agressivas.

E.: Você demorou cerca de quinze anos a pensar e escrever *Mapas do Significado* (1999). Poderia nos explicar qual motivo o levou a escreveu esse livro e qual é a sua ideia principal?

Dr. Peterson: O que eu acabei de expor é, em parte, uma resposta a isso. Durante o processo de escrita, li Jung e Dostoiévski e todos esses autores. Enquanto escrevia *Mapas do Significado*, deparei com um paradoxo fundamental: o paradoxo da dissolução, por um lado, e do conflito, pelo outro. Em consonância com isso havia o fato de que identidade de grupo se tornaria hiper-rígida e totalitária, o que seria o oposto do niilismo. Me parece que, *grosso modo*, desde a morte de Deus, no sentido nietzschiano, nossas sociedades, de alguma forma, têm oscilado entre os polos gêmeos do niilismo e do totalitarismo. Uma das coisas que Nietzsche afirmou foi que, se você remover os alicerces de um edifício, o edifício desmoronará. A morte de Deus, [que teria sido] destruído pela racionalidade e pela ciência, nos desestabilizaria o suficiente a ponto de os nossos sistemas políticos se tornarem patológicos. Ele acreditava que o principal meio de torná-los patológicos era o comunismo, e afirmou, creio que em *Vontade de Potência* (1901), que milhões de pessoas morreriam no século XX. Bom, a ideia acabou se manifestando, e Dostoiévski formulou previsões muito semelhantes, especialmente em *Os Demônios* (1871-72), obra à altura de seus outros grandes trabalhos, incluindo *Crime e Castigo* (1866). *Crime e Castigo* é sobre alguém que, de certa forma, tenta representar o super-herói nietzschiano e, acreditando que não existem valores reais, decide matar uma pessoa, que de modo algum é uma personagem positiva, sob a lógica de que não existe uma proibição verdadeira de tais coisas e de que o mundo seria um lugar melhor na ausência dela. Ele tem seus motivos; tenta salvar a irmã de um casamento terrível, o qual ela enfrentaria para salvá-lo. De qualquer forma, *Crime e Castigo* é uma análise das consequências de se levar a vida agindo como se não houvesse a existência de uma moralidade intrínseca, e Dostoiévski explorou a ideia das consequências da dissolução da fé e do transcendente.

E.: Mas acho que este livro tem um final muito redentor, concorda?

Dr. Peterson: Sim! Acabei descobrindo uma resposta para os problemas de identidade de grupo, que são a rigidez e o conflito, e para os problemas da ausência de identidade de grupo, que são a dissolução niilista e o conflito. A ideia surgiu primeiro num sonho. Eu sonhei que – fazia meses que não sonhava, enquanto estava obcecado com esse paradoxo, aparentemente insolúvel. Sonhei que estava no meio de uma enorme catedral, pendurado num candelabro bem ao centro da cúpula, e depois, o sonho me colocou na ponta da cruz – porque uma catedral é, claro, construída em forma de cruz – e me pousou bem no centro; mas não queria [ficar ali], então desci, não lembro como. Voltei para a minha cama – tudo isso no sonho – e tentei dormir de novo, mas o vento veio e me dissolveu, e eu sabia que me levaria de volta para o lugar do qual havia acabado de escapar, então aquela posição era inescapável. Acordei e fiquei chocado com esse sonho por vários motivos. Demorou muito tempo, mas percebi que, essencialmente, ele transmitia a ideia de que o indivíduo se encontra no centro do Ser, no centro do cosmos, cada um de nós habita um centro do cosmos, no qual reside o núcleo da experiência. Temos a capacidade de determinar o curso dessa experiência para o melhor ou para o pior, partindo do princípio de que você acredita em algo como o livre-arbítrio. Claro, toda a nossa sociedade é baseada na pressuposição de sua existência e de que o tratamento adequado para a identidade de grupo patológica ou em desintegração seria a adoção da responsabilidade individual e a reconciliação do indivíduo com as tradições, com a grande história da tradição humana – e, de certo modo, isso equivale a ir ao submundo da confusão e salvar o falecido pai, que é uma história muito antiga, uma ideia muito antiga. Então, escrevi *Mapas do Significado* para transmitir a noção de que cada um de nós carrega, especialmente nesta era moderna de avassalador poder tecnológico, uma responsabilidade muito pesada, que é a responsabilidade do ser adequado e verdadeiro, e de que a verdade é o antídoto para o niilismo e para o totalitarismo. Não fui o único a chegar a essa conclusão. Eu diria que incorporada ao cristianismo está a ideia de que a palavra é a mais sagrada das entidades, é a força criadora do mundo. Penso que a palavra é essencialmente equivalente à consciência, pelo menos, até onde meu conhecimento me permite afirmar. Todos somos cocriadores do mundo, e se falarmos de forma adequada e tentarmos encarar nossas responsabilidades de forma honrada, conseguiremos manter nossas sociedades ordenadas, mas flexíveis, e podemos continuar nosso caminho. Então, concluí *Mapas do Significado* com um apelo ao indivíduo para ser verdadeiro, que é algo de primeira importância, mas para ser verdadeiro em relação a um ideal. Tentei conceitualizar o ideal porque isso não é algo fácil, e me orientei pelas minhas leituras de Piaget, psicólogo da área do desenvolvimento que tentou reconciliar ciência e religião. Bom, ele supôs a existência de algo que chamou de estado de equilíbrio; e podemos observar que uma família é um sistema equilibrado quando todos têm um papel no qual atuar; todos compreendem o seu papel e assumem as responsabilidades voluntariamente, sem coação. Piaget considerava esse o estado ideal, porque cada pessoa conseguiria o que quisesse e aquilo de que precisasse, de um modo que auxiliaria todos os outros a conseguirem aquilo que quisessem e do que precisassem; assim, é um equilíbrio dinâmico. Podemos imaginar isso acontecendo numa sociedade equilibrada; suponho que essa seria uma sociedade livre, livre de tudo exceto da necessidade, porque não podemos nos livrar da necessidade; e, deste modo, buscar o ideal seria tentar trabalhar para um mundo no qual você agisse de maneira adequada e se beneficiasse disso – mas, ao mesmo tempo, estivesse agindo de forma a beneficiar sua família e o Estado, e também, a beneficiar a todos eles agora, daqui a uma semana, daqui a um mês e também pelas próximas décadas. Assim, podemos imaginar o ideal como o equilíbrio entre os diferentes níveis de sociedade e períodos de tempo.

E.: Então, o indivíduo detém responsabilidade não apenas perante os seus filhos e os seus pares, mas também perante os mortos e a tradição, perante o seu sistema de crenças, imagino.

Dr. Peterson: Sim, porque você deve lealdade a tudo isso, quer você saiba, quer não. O sistema de crenças de que você partilha tem uma base mitológica; é essa base mitológica que faz a mediação entre os territórios do sistema de crenças explícito – digamos, o corpo das leis – e o desconhecido absoluto, como se nossa racionalidade estivesse embutida num sonho – e, de fato, está! A nossa racionalidade está embutida num sonho e o sonho manifesta-se sob a forma de mito e revelação, em poesia, em arte e em cultura – em todas essas coisas que abrandam, que suavizam as fronteiras entre a nossa ignorância e o desconhecido infinito, e é necessário que as pessoas mantenham a sua cultura, mas também, cada vez mais, que as pessoas da era moderna a entendam conscientemente, porque já não somos capazes – ou a maior parte de nós não é capaz, ou muitos de nós não somos capazes – senão de uma mera participação inconsciente e acrítica em rituais tais como os rituais religiosos da nossa cultura.

E.: Você atraiu bastante atenção por conta de sua defesa da liberdade de expressão. Você acha que a liberdade de expressão, além de uma base para a democracia, é também uma ferramenta essencial que permite as pessoas a comunicarem efetivamente, e a ajudá-las a navegar pela vida adulta? De modo mais simples, a liberdade de expressão é essencial para uma sociedade sã?

Dr. Peterson: Sim, é essencial porque é a forma como a nossa sociedade pensa. Então você pode pensar que esse papel poderia ser interpretado pelo pensamento individual. Mas o problema é que o indivíduo fala desde um ponto de vista necessariamente tendencioso e ignorante. Quando formula uma ideia, o indivíduo é cego face ao que não consegue enxergar, então suas ideias serão incompletas. Agora, se for um bom pensador, você formula uma ideia e encontra a oposição dentro de sua própria mente, o que é, na verdade, a sua concepção das opiniões das outras pessoas; você permite que elas ataquem e critiquem o que você escreveu e tenta combater os argumentos alternativos. Assim, ao pensar de forma crítica, você está sustentando uma discussão entre pessoas fictícias diferentes na sua imaginação. É como um debate, e é muito difícil fazê-lo. Normalmente, o que acontece é que as pessoas simplesmente pensam algo e presumem que está certo. Você precisa estar bastante treinado antes de poder ter um diálogo argumentativo na sua imaginação e consegue fazê-lo mais facilmente, na minha opinião, quando escreve. Porque você pode escrever algo e depois criticá-lo.

Sob circunstâncias normais, você formula uma ideia, que é uma representação do mundo – a forma como o mundo é, e talvez sua representação de como ele deveria ser – e, com isso, está esclarecendo alguma desordem, tentando englobá-la dentro de um sistema de concepções, e você a apresenta como hipótese quando conversa com outras pessoas, ao discutir política, ao falar sobre praticamente tudo, e aí cabe aos outros separar o joio do trigo e discutir [essas ideias] com você. Em todos esses níveis, as pessoas talvez critiquem seu caráter, talvez critiquem os seus argumentos, talvez critiquem os seus motivos implícitos e podem persegui-lo, como também podem cooperar com você. Não precisa ser somente por meio do ataque frontal. Se estiver atento às críticas, você reformulará as suas ideias e, conforme o fazemos coletivamente, vamos definindo os problemas. Nós identificamos e definimos os problemas porque um problema não existe de verdade até que alguém o formule. Existe apenas implicitamente como uma vaga fonte de sofrimento, então você usa a sua liberdade de expressão para identificar problemas, e depois usa sua liberdade de expressão para falar desses problemas e de suas possíveis soluções, e depois usa a sua liberdade de expressão para discutir ideias emergentes, e depois a usa para estabelecer provisoriamente um consenso, a fim de que as pessoas possam avançar coletivamente, abordar o problema e manter a estabilidade da sociedade. É por esse motivo que o processo ao longo das eras produziu a ideia central da palavra no cristianismo, o *Logos*. Essa ideia foi desenvolvida ao longo de incontáveis períodos de tempo, à medida que seres humanos iam reconhecendo o que deveria ser soberano numa sociedade. A soberania é, claro, o mais alto dos valores. Numa velha história da Mesopotâmia chamada *Enûma Eliš*[2], Marduque, que é o herói criador da humanidade, um novo tipo de deus, tem olhos ao redor da cabeça e a capacidade de dizer palavras mágicas para ordenar que apareça o céu da noite e apareça o céu do dia. É na capacidade de fala que reside o seu poder; é a magia do discurso, porque o discurso pode transformar o mundo. Então é ele quem luta contra o dragão do caos, que é o desconhecido, e constrói o mundo a partir de suas partes, e é isso que todos nós fazemos. Nós enfrentamos o desconhecido – o devastador, o aterrorizante e o transformador desconhecido –, nós o enfrentamos e, com nossa atenção e com nossas palavras, conseguimos desconstruí-lo e, desse modo, criamos o mundo. Esse é o mais alto dos valores, a capacidade do indivíduo de fazer isso, porque é nessa capacidade que a estabilidade e a transformação do Estado

---

[2] Enûma Eliš é um mito de criação Babilônico. O manuscrito foi descoberto por Austen Henry Layard em 1849, de forma fragmentada, nas ruínas da biblioteca Assurbanipal de Nínive (Mossul, Iraque) e foi publicado por George Smith em 1876.

estão fundadas, ela é o agente de transformação porque o Estado está velho e morto, e é sempre anacrônico e cego. Os vivos devem prover-lhe a visão e modificá-lo, mas, para fazer isso, é preciso entender a tradição, é preciso nutrir o respeito e a gratidão por ela, e é preciso ajustá-la com vigilância e cuidado, alterá-la com todo o respeito, para que assim ela possa reviver e guiar as pessoas em direção ao futuro.

E.: Professor Peterson, você percebeu se há pessoas dentro da academia que partilham da sua visão e que tenham manifestado a mesma opinião em defesa da liberdade de pensamento e de expressão? E quanto a seus colegas e o apoio deles?

Dr. Peterson: Eu diria que a reposta dos meus colegas foi de um silêncio ensurdecedor, com pouquíssimas exceções. Há uma pequena Sociedade Para a Liberdade Acadêmica no Canadá [*Society for Academic Freedom and Scholarship – SAFS*], e eles escreveram uma carta em minha defesa. Alguns professores estão fazendo o mesmo que eu – Jonathan Haidt é um deles. Ele estabeleceu na New York University [Universidade de Nova York] algo chamado *Heterodox Academy* ["Academia Heterodoxa"], e eu diria que as pessoas de lá têm posições que são, possivelmente, próximas às minhas. Há um professor na *Concordia University* [Universidade de Concordia] chamado Gaad Saad que tem um *podcast* bastante popular, e ele me entrevistou logo depois dos eventos terem ocorrido, e foi bastante positivo. Há uma professora na University of Ottawa [Universidade de Ottawa], a professora Janice Fiamengo, que escreveu a respeito e fez um vídeo em meu apoio. Dos meus colegas, alguns deles se dirigiam a mim dizendo que me apoiavam, mas que achavam que eu poderia ter sido mais afável em relação a tudo isso. Eles acharam que eu havia sido muito extremo – e talvez seja verdade, mas fiz o que pude.

Eu realmente acredito que a ameaça às universidades é séria, principalmente por conta do pós-modernismo embutido no marxismo, que domina o discurso nas Humanidades e, de certo modo, nas Ciências Sociais. Essa é a verdadeira questão, não esses pronomes. Acho que devemos levar em consideração o porquê de termos recebido tanta atenção – porque é um absurdo, existem 180 artigos jornalísticos publicados separadamente, e esses são apenas os que conseguimos contabilizar, e milhões de pessoas têm acompanhado esses acontecimentos *online*; devemos nos perguntar: *por quê*? Porque tudo o que eu fiz foi um vídeo no meu escritório contestando um novo texto legislativo. Acho que se deve ao fato de eu ter traçado uma linha e ter afirmado que havia algo que eu realmente não faria e que fui impelido a fazer – que era especificamente utilizar estes pronomes inventados, *ze* e *zir* e por aí adiante, que não fazem parte do linguajar comum e que eu acredito fazerem parte da vanguarda da ideologia pós-moderna/marxista – são construções saídas desses círculos, e eu não quero usar essas palavras porque não concordo com a filosofia deles. Considero isso perigoso, acho que as universidades lesam os estudantes, que agora são empurrados a esses grupos [adeptos do pós-modernismo] quase da forma que acontece em cultos. Porque é muito niilista e muito divisivo, o pós-modernismo deixa você sem nada, exceto, paradoxalmente, pela sua identidade de grupo biológica, muito embora os pós-modernistas afirmem não acreditar em coisas como a biologia e vejam o mundo como uma guerra de poder entre diferentes grupos de interesse. É como a visão hobbesiana, exceto pelo fato de os elementos serem grupos de identidade em vez de indivíduos. Eles não acreditam no diálogo porque não concebem que grupos diferentes com interesses diferentes possam estabelecer diálogos produtivos; eles acreditam que isso é só uma luta de poderes, e se opõem veemente ao ocidente.

E.: Penso que a lei que você mencionou é a Lei C-16.

Dr. Peterson: Sim, parece bastante inócua, mas está integrada numa série de diretrizes que acredito que fazem com que ela esteja longe de ser inócua. Consta agora na lei canadense que o gênero e a identidade sexual, digamos, identidade de gênero e até a preferência sexual de humanos não são mais do que construções sociais; está na lei. Eu acho que é uma péssima ideia, mesmo para as pessoas que são a favor dessas leis em particular, porque muitos dos seus argumentos têm base na ideia de que a biologia é, na verdade, uma força determinativa; assim, por exemplo, a noção de que um homem possa nascer no corpo de uma mulher é um argumento profundamente biológico, e a ideia de que a preferência sexual não possa ser alterada, que ela é fixa, também é biológica; isso é uma pedra angular das ações das comunidades gay em sua reivindicação por igualdade de tratamento; por isso acho que a lei foi muito mal pensada. Acho que, de certo modo, foi concebida para criar problemas.

E.: É muito estranho porque estão tentando legislar sobre a linguagem e sobre questões de ciência.

Dr. Peterson: Bom, os verdadeiros pós-modernistas não são admiradores da ciência. Eles a consideram apenas como mais um tipo de jogo de poder e não acreditam de fato que a ciência ofereça acesso privilegiado a um mundo objetivo. Eles consideram a ciência como parte da hegemonia ocidental, então simplesmente presumem que ela vem para atacar o pós-modernismo. Já uma das nossas instituições de educação aqui, o *Ontario Institute for Studies* (*OISE*), estabeleceu uma bolsa antipsiquiatria e implementou um programa de PhD em Justiça Social. Então, na minha opinião, os psiquiatras e os biólogos são os próximos, e, a meu ver, nem sequer está claro se no Canadá agora é permitido alegar – quer dizer, isto está tudo por testar, mas a lei é muito ambígua –, não está claro se é permitido alegar que existem diferenças biológicas entre homens e mulheres, então essa me parece ser uma lei perniciosa. Fui acusado de exagerar acerca da seriedade dessa lei, mas falei com vários advogados e, quanto mais profundamente eles analisam essa questão, maior a simpatia, digamos, que manifestam pelo meu ponto de vista.

E.: O simples fato de a lei ser ambígua já é algo muito perigoso, porque os juízes podem interpretá-la da forma que desejarem, e se quiserem concordar com o pós-modernismo, o que se poderá fazer em relação a isso, como o cidadão poderá se defender?

DR. PETERSON: Sim, bom, o que acontece é que os Tribunais dos Direitos Humanos – os chamados Tribunais dos Direitos Humanos, que agora chamamos de Tribunais da Justiça Social em Alberta – não são, na minha opinião, muito melhores do que tribunais de fachada. Arcam com a despesa dos requerentes, mas não com a dos arguidos, então ser levado ao Tribunal dos Direitos Humanos é ser submetido à ruína financeira, bem como à destruição da sua reputação. Estes conselhos administrativos têm poder judicial e são pós-modernos até os ossos. O problema com as políticas de identidade agora inclui o desejo pela equidade, que é a igualdade de resultados. Bom, igualdade de resultados é algo impossível de definir e ainda mais de obter, porque identidade de grupo é indefinidamente divisível. Digamos que você tenha determinado que a média salarial de negros e de brancos deveria ser a mesma, mas então, o que acontecerá é que, dentro da comunidade branca e da comunidade negra surgirão novos grupos, formados com base em subdivisões importantes dentro desses grupos. Por exemplo, talvez existam grupos de imigrantes dentro da comunidade branca ou da comunidade negra que estejam em uma situação pior do que outros membros dessas comunidades hipoteticamente homogêneas. Bom, eles vão soar o clarim a fim de retificar essa questão e reivindicar que o salário médio dos negros seja o mesmo e que haja ainda distribuição. Pessoas no escalão mais baixo da distribuição vão questionar-se o porquê de estarem no escalão mais baixo de distribuição e procurar que isso seja retificado. É infinitamente divisível. E o outro problema é, quem decide quais identidades têm precedente?

E.: Identidade é um assunto muito complexo e a maior parte das pessoas não está muito confortável com quem elas são, nem sequer sabem quem são, então como se pode legislar sobre identidade e fazer políticas acerca disso...?

Dr. Peterson: É isso; quer dizer, supostamente o preço resolveria essa questão, porque quando você me oferece algo a um determinado preço, é esse o preço que você pode se permitir oferecer. Eu fico com a opção de aceitá-lo ou não, e nesse preço está incorporado tudo sobre a sua vida que esteja relacionado a esse objeto. O preço simplifica tudo isso, porque senão, digamos, se duas pessoas me oferecessem o mesmo o bem, eu teria que analisar cada uma delas para descobrir qual é mais oprimida e desafortunada – o que é impossível na maior parte das circunstâncias, porque a vida das pessoas é difícil em muitos aspectos, e calcular isso, em todas as suas variáveis, é impossível. Simplesmente não há como fazê-lo, é complicado demais. Se minha filha precisa ir à faculdade porque ela é um gênio, e o seu pai tem Alzheimer e você precisa de dinheiro, como é que eu vou determinar qual de vocês tem mais necessidade? É por motivos assim que os sistemas em vigor, especialmente na URSS e na China, antes de se converterem a um híbrido capitalista-comunista estranho, não funcionaram. Estavam exigindo que o sistema fizesse um cálculo impossível.

E.: Aqui no Brasil, estamos sempre um pouco atrasados. As modas e as tendências da academia estrangeira não atingem a nossa costa de imediato, o que não é de todo ruim. À luz de sua experiência com o politicamente correto, o que outros países, tal como o Brasil, podem fazer para evitar ou mitigar a corrupção da linguagem e dos símbolos?

Dr. Peterson: Bom, quem me dera saber, porque o debate pós-moderno é muito difícil. Eu diria que as pessoas devem estar cientes daqueles que disseminam a ideia de que as características que definem fundamentalmente as pessoas são os seus grupos de identidade e de que a sociedade deve ser reconfigurada nessa base. Seria bom se as pessoas cansadas dessas reivindicações e conhecedoras dessa falsa compaixão que os motiva, também estivessem alertas para o fato de que existe uma verdadeira guerra entre o pós-modernismo e o modernismo – nossos estados são modernos, filosoficamente falando –, e que a visão pós-moderna é mais uma dessas utopias impossíveis derivadas da razão, que têm como alicerce a destruição do que existe atualmente. Diria que as pessoas devem estar cientes de que tal coisa está por vir e que devem tomar as medidas que puderem tomar enquanto indivíduos para resistir à incursão dessas ideias, para compreender de onde elas vêm, para compreender o pós-modernismo, para prestar atenção a suas motivações e sua história e para reagir a ele de forma crítica.

E.: Uma das críticas da cultura do politicamente correto é Camille Paglia. Ela afirma que a maior parte dos jovens são atraídos para a ideologia da justiça social e do politicamente correto devido à falta de educação básica em símbolos, em mitos, em narrativas religiosas e em boa literatura. Esta grande lacuna na formação intelectual gera uma espécie de miopia, que, por sua vez, leva ao medo, de forma que não conseguem entender a realidade como deveriam e, assim, não conseguem agir adequadamente e levar uma vida com sentido. Além disso, as universidades de hoje falham em preencher essa lacuna e deixam os universitários sem defesa em relação a todos os tipos de ideologia. O que pode ser feito para remediar essa situação alarmante? Como os jovens estudantes poderão preparar seu intelecto de forma a se manterem a par dos avanços na biologia e na ciência moderna e não perderem o contato com a herança cultural da civilização ocidental?

Dr. Peterson: Bom, esse é o motivo pelo qual estou colocando todos os meus vídeos *online* e escrevendo um livro novo, esse é o motivo pelo qual entrei nesta batalha, muito embora tenha certamente extrapolado para além das minhas suposições. O que eu faço é precisamente ensinar a meus alunos o que essas histórias significam; é isso o que eu estou tentando fazer, até onde a minha compreensão me permite entendê-las. Tenho centenas de palestras *online*, principalmente no curso *Mapas do Significado*. É uma tentativa de explicar a linguagem dos grandes mitos da nossa cultura, a fim de que possa ser compreendida conscientemente. Aprendi grande parte desse assunto lendo Jung, embora eu considere que minha revisão do pensamento junguiano seja mais fácil de entender. Agora, isso não é uma crítica a Jung – em minha opinião, ele foi um gênio incrivelmente profundo, voltou-se para os mitos e para a estrutura do inconsciente para descobrir esses valores que haviam sido deixados para trás. Nietzsche sugeria formular nossos próprios valores, mas os psicanalistas, especialmente Jung, observaram que a fonte desses valores se encontrava não apenas no passado e na tradição, mas também no próprio inconsciente. Gosto de usar *Pinóquio*, o filme da Disney, como exemplo. Pinóquio é uma história muito estranha – é um filme de animação, então são apenas desenhos – de um boneco que, por uma série de desventuras com um gato, uma raposa e o diabo em pessoa, aprende a se tornar um menino de verdade. É uma história sobre o desenvolvimento do indivíduo e foi influenciado por temas mitológicos profundos, tal como acontece com as histórias do *Harry Potter*, e com outras que se tornaram imensamente populares, como *Star Wars*, *Star Trek* e os filmes da Marvel. Os filmes de super-heróis são poderosos porque eles preenchem esse vazio a que Paglia se refere, mas o fazem de uma forma inarticulada – o que, de certo modo, é bom, porque as coisas não caem na crítica quando são inarticuladas dessa forma, quando são apenas representadas. Mas a minha suposição é a de que se torna ainda melhor se você compreender, por isso eu vou passar o filme do Pinóquio inteiro nas aulas do meu curso *Mapas do Significado*.

As histórias mais antigas nos dizem que, quando o velho rei morre, a sociedade é ameaçada pelo caos, por uma enchente, por uma invasão bárbara, por uma desintegração interna. Uma sociedade sem uma narrativa fundadora não consegue permanecer unida e não tem poder, porque não tem valores. Se você não tiver valores, não há nada para fazer e nada para viver; então o estudo dessas velhas histórias é o segredo para a vida, na minha opinião, e é essa a minha premissa e é isso o que eu ensino. A sociedade não pode ser liderada por falsos reis e ídolos ou sistemas de crenças falsos; acho que a isso se pode chamar de ideologia.

E.: Um exemplo que eu gostaria de acrescentar é o *Senhor dos Anéis*, o quão importante é o retorno do rei, não apenas por conta dos temas cristãos, mas porque ele é o líder legítimo do Reino dos Homens.

Dr. Peterson: Sim, isso é verdade, a sua legitimidade está alicerçada na sua disponibilidade em agir como uma fonte própria do *Logos*. Isso foi mostrado pelos mesopotâmicos, que consideravam seu imperador como a encarnação de Marduque, o herói que constantemente confrontava o caos e o transformava em ordem. Essa é a verdadeira soberania; e o indivíduo é soberano na medida em que é isso que ele faz, e o significado será descoberto na fronteira entre a ordem e o caos; e é aí que devem residir as pessoas, e é esse significado que lhes traz dignidade e propósito face às tragédias da vida.

E.: Em quais projetos você está trabalhando atualmente – algum livro a caminho? Sua carreira se dirige para prática clínica, para a pesquisa acadêmica ou para a produção de conteúdo educacional *online*?

Dr. Peterson: Estou escrevendo um livro chamado *12 Regras para Vida: Um Antídoto para o Caos*. Devo entregá-lo completo ao editor em um mês. Será publicado pela Penguin Random House Canada em 2018. Provavelmente vou ler algumas partes dele no meu canal do YouTube.

E.: E quanto à sua série de vídeos?

Dr. Peterson: Bom, estou fazendo meus cursos e tentando melhorar as palestras e renová-las, para que eu não fique só repetindo a mesma coisa, e também espero entrevistar algumas pessoas sobre tópicos importantes, e talvez produzir mais alguns vídeos. Gostaria de fazer alguns sobre pós-modernismo, por exemplo.

E.: Você continua com a sua pesquisa acadêmica, ou está tentando alcançar uma audiência maior?
Dr. Peterson: Ambas as coisas. Continuo a minha pesquisa acadêmica. Estamos observando a relação entre personalidade e crença política.

E.: Parece ser um assunto muito profundo.
Dr. Peterson: Sim, aparentemente, a personalidade, que tem uma forte componente biológica, é uma determinante muito forte da crença política. Isso porque parte da nossa personalidade é a estrutura através da qual observamos o mundo, é como um filtro, e direciona nosso foco para algumas coisas e não para outras, e nos fornece um sistema intrínseco de valores.

E.: Fico grato por você estar disponibilizando estes vídeos. Assisti a eles e posso afirmar que realmente aprendi algo.
Dr. Peterson: Obrigado, fico feliz em ouvir isso. As pessoas me escrevem a toda a hora, contando sobre o efeito que os vídeos tiveram nelas, e fico muito feliz por isso, porque acredito que o ocidente está num estado de crise e acho que estamos mais fracos do que imaginamos. A não ser que encontremos o que perdemos, não teremos mais razão para existir, e não se pode existir sem uma razão. A existência é muito difícil sem haver uma razão.

REFERÊNCIAS

Adler, A. (1958). *What life should mean to you.* New York: Capricorn Books.

Aggleton, J.P. (Ed.). (1993). *The amygdala: Neurobiological aspects of emotion, memory, and mental dysfunction.* New York: Wiley-Liss.

Agnew, N.M. & Brown, J.L. (1990). Foundations for a model of knowing: Constructing reality. *Canadian Journal of Psychology, 30,* 152-183.

Ambady, N. & Rosenthal, R. (1992). Thin slices of expressive behavior as predictors of interpersonal consequences: A meta-analysis. *Psychological Bulletin, 111,* 256-274.

Arendt, H. (1994). *Eichmann in Jerusalem: A report on the banality of evil.* New York: Penguin.

Armstrong, S.L., Gleitman, L.R., & Gleitman, H. (1983). What some concepts might not be. *Cognition, 13,* 263-308.

Banaji, M.R., Hardin, C., & Rothman, A.J. (1993). Implicit stereotyping in person judgment. *Journal of Personality and Social Psychology, 65,* 272-281.

Bechara, A., Damasio, H., Tranel, D., & Damasio, A.R. (1997). Deciding advantageously before knowing the advantageous strategy. *Science, 275,* 1293-1295.

Bechara, A., Tranel, D., Damasio, H., & Damasio, A.R. (1996). Failure to respond autonomically to anticipated future outcomes following damage to prefrontal cortex. *Cerebral Cortex, 6,* 215-225.

Beck, A. (1979). *Cognitive therapy of depression.* New York: Guilford Press.

Becker, E. (1973). *The denial of death.* New York: The Free Press.

Bellows, H.A. (1969). *The poetic Edda.* New York: Biblo and Tannen.

Berkowitz, C.D. & Senter, S.A. (1987). Characteristics of mother-infant interactions in nonorganic failure to thrive. *Journal of Family Practice, 25,* 377-381.

Binswanger, L. (1963). *Being in the world.* New York: Basic Books.

Blake, W. (1793/1946). The marriage of heaven and hell. In A. Kazin (Ed.), *The portable Blake* (pp. 249-266). New York: Viking.

Blanchard, D.C. & Blanchard, R.J. (1972). Innate and conditioned reactions to threat in rats with amygdaloid lesions. *Journal of Comparative Physiology and Psychology, 81,* 281-290.

Blanchard, D.C., Blanchard, R.J., & Rodgers, R.J. (1991). Risk assessment and animal models of anxiety. In B. Olivier, J. Mos & J.L. Slangen (Eds.), *Animal models in psychopharmacology* (pp. 117-134). Boston: Birkhauser Verlag.

Blanchard, D.C., Veniegas, R., Elloran, I., & Blanchard, R.J. (1993). Alcohol and anxiety: Effects on offensive and defensive aggression. *Journal of Studies on Alcohol, Supplement Number 11,* 9-19.

Blanchard, D.J. & Blanchard, D.C. (1989). Antipredator defensive behaviors in a visible burrow system. *Journal of Comparative Psychology, 103,* 70-82.

Blanchard, R.J., Blanchard, D.C., & Hori, K. (1989). Ethoexperimental approach to the study of defensive behavior. In R.J. Blanchard, P.F. Brain, D.C. Blanchard, & S. Parmigiani, (Eds.), *Ethoexperimental approaches to the study of behavior* (pp. 114-136). Boston: Kluwer-Nijhoff Publishing.

Borski, L.M. & Miller, K.B. (1956). The jolly tailor who became king. In P.R. Evans (Ed.), *The family treasury of children's stories: Book two* (pp. 60-68). New York: Doubleday and Company.

Bouton, M.E. & Bolles, R.C. (1980). Conditioned fear assessed by freezing and by the suppression of three different baselines. *Animal Learning and Behavior, 8,* 429-434.

Bowlby, J. (1969). *Attachment and loss: Vol. 1. Attachment.* New York: Basic Books.

Brooks, A. (1991). *Intelligence without reason.* MIT Artificial Intelligence Laboratory: Artificial Intelligence Memo 1293.

Brooks, A. & Stein, L.A. (1993). *Building brains for bodies.* MIT Artificial Intelligence Laboratory: Artificial Intelligence Memo 1439.

Brown, R. (1965). *Social psychology.* New York: The Free Press.

Brown, R. (1986). *Social psychology: The second edition.* New York: Macmillan.

Browning, C.R. (1993). *Ordinary men: Reserve police battalion 101 and the final solution in Poland.* New York: Harper Perennial.

Bruner, J. (1986). *Actual minds, possible worlds.* Cambridge: Harvard University Press.

Bruner, J.S. & Postman, L. (1949). On the perception of incongruity: A paradigm. *Journal of Personality, 18,* 206-223.

Campbell, J. (1964). *Occidental mythology: The masks of God.* London: Penguin Books.

Campbell, J. (1968). *The hero with a thousand faces.* Princeton: Princeton University Press.

Campbell, J. (1973). *Myths to live by.* New York: Bantam Books.

Campbell, J. (1987). *The masks of God: Vol. 1. Primitive mythology.* New York: Penguin.

Carver, C.S. & Scheier, M.F. (1982). Control theory: A useful conceptual framework for personality, social, clinical, and health psychology. *Psychological Bulletin, 92,* 111-135.

Cornford, F.M. (1956). *Plato's cosmology: The timaeus of Plato.* London: Routledge.

Costa, P.T., Jr. & McCrae, R.R. (1992a). Four ways five factors are basic. *Personality and Individual Differences, 13,* 653-665.

Damasio, A.R. (1994). *Descartes' error.* New York: Putnam.

Damasio, A.R. (1996). The somatic marker hypothesis and the possible functions of the prefrontal cortex. *Philosophical Transactions of the Royal Society of London (Biological Science), 351,* 1413-1420.

Dante, A. (1982). *The inferno: Dante's immortal drama of a journey through hell* (J. Ciardi, Trad.). New York: Mentor Books.

Davidson, R.J. (1984a). Affect, cognition, and hemispheric specialization. In C.E. Izard, J. Kagan, & R. Zajonc (Eds.), *Emotion, cognition, and behavior* (pp. 320-365). New York: Cambridge University Press.

Davidson, R.J. (1984b). Hemispheric asymmetry and emotion. In K. Scherer & P. Ekman (Eds.), *Approaches to emotion* (pp. 39-57). Hillsdale, NJ: Erlbaum.

Davidson, R.J. (1992). Anterior cerebral asymmetry and the nature of emotion. *Brain and Cognition, 20,* 125-151.

Davidson, R.J. & Fox, N.A. (1982). Asymmetrical brain activity discriminates between positive and negative affective stimuli in human infants. *Science, 218,* 1235-1237.

Dee, J. (1993). *Diary of Doctor John Dee: Together with a catalogue of his library of manuscripts.* New York: Holmes.

Didi-Huberman, G., Garbetta, R., & Morgaine, M. (1994). *Saint-Georges et le dragon: Versions d'une legende.* Paris: Societe Nouvelle Adam Biro.

Dobbs, B.J.T. (1975). *The foundations of Newton's alchemy.* New York: Cambridge University Press.

Dollard, J. & Miller, N. (1950). *Personality and psychotherapy: An analysis in terms of learning, thinking, and culture.* New York: McGraw-Hill.

Donald, M. (1993). *The origins of the modern mind.* Cambridge: Harvard University Press.

Dostoiévsky, F. (1961). *Notes from underground.* New York: Penguin Group.

Dostoiévsky, F. (1981). *The brothers Karamazov* (A.H. MacAndrew, Trad.). New York: Bantam Books.

Dostoiévsky, F. (1993). *Crime and punishment.* New York: Vintage Classics.

Doty, R.W. (1989). Schizophrenia: A disease of interhemispheric processes at forebrain and brainstem levels? *Behavioural Brain Research,* 34, 1-33.

Durnin, R. (1994). *Letter to Thomas.* Unpublished manuscript.

Edwardes, A. & Masters, R.E.L. (1963). *The cradle of erotica.* New York: Julian Press.

Einstein, A. (1959). Autobiographical note. In P.A. Schilpp (Ed.), *Albert Einstein: Philosopher scientist.* New York: Harper.

Eliade, M. (1957). *The sacred and the profane: The nature of religion.* New York: Harcourt Brace.

Eliade, M. (1964). *Shamanism: Archaic techniques of ecstasy* (W.R. Trask, Trad.). Princeton: Princeton University Press.

Eliade, M. (1965). *Rites and symbols of initiation: The mysteries of birth and rebirth* (W.R. Trask, Trad.). New York: Harper and Row.

Eliade, M. (1975). *Myths, dreams, and mysteries: The encounter between contemporary faiths and archaic realities* (P. Mairet, Trad.). New York: Harper Colophon, Harper and Row.

Eliade, M. (1978a). *The forge and the crucible* (S. Corrin, Trad.) (2nd ed.). Chicago: University of Chicago Press.

Eliade, M. *A history of religious ideas* (W.R. Trask, Trad.). Chicago: Chicago University Press.

(1978b). *Vol. 1. From the stone age to the Eleusinian mysteries.*

(1982). *Vol. 2. From Gautama Buddha to the triumph of Christianity.*

(1985). *Vol. 3. From Muhammad to the age of reforms.*

Eliade, M. (1991a). *Images and symbols: Studies in religious symbolism* (P. Mairet, Trad.). Princeton: Mythos.

Eliade, M. (1991b). *The myth of the eternal return, or, cosmos and history* (W.R. Trask, Trad.). Princeton: Princeton University Press.

Ellenberger, H. (1970). *The discovery of the unconscious: The history and evolution of dynamic psychiatry.* New York: Basic Books.

Ervin, F. & Smith, M. (1986). Neurophysiological bases of the primary emotions. In R. Plutchik & H. Kellerman (Eds.), *Emotion: Theory, research, and experience: Vol. 3. Biological foundations of emotion* (pp. 145-170). New York: Academic Press.

Evans, P. (1973). *Jean Piaget: The man and his ideas.* New York: E.P. Dutton and Company.

Eysenck, H.J. (1995). Creativity as a product of personality and intelligence. In D.H. Saklofske & M. Zeidner (Eds.), *International handbook of personality and intelligence* (pp. 231-247). New York: Plenum Press.

Feyeraband, P.K. (1981). *Realism, rationalism, and scientific method: Philosophical papers (Vol. 1).* New York: Cambridge University Press.

Field, T.M., Schanberg, S.M., Scafidi, F., Bauer, C.R., Vega-Lahr, N., Garcia, R., Nystrom, J., & Kuhn, C.M. (1986). Tactile-kinesthetic stimulation effects on preterm neonates. *Pediatrics,* 77, 654-658.

Fierz, M. & Weisskopf, V.F. (Eds.). (1960). *Theoretical physics in the twentieth century: A memorial volume to Wolfgang Pauli.* New York: Interscience Publishers.

Foa, E.B., Molnar, C., & Cashman, L. (1995). Change in rape narratives during exposure therapy for post-traumatic stress disorder. *Journal of Traumatic Stress, 8,* 675-690.

Fowles, D.C. (1980). The three arousal model: Implications of Gray's two factor learning theory for heart-rate, electrodermal activity, and psychopathy. *Psychophysiology 17,* 87-104.

Fowles, D.C. (1983). Motivational effects of heart rate and electrodermal activity: Implications for research on personality and psychopathology. *Journal of Research on Personality, 17,* 48-71.

Fowles, D.C. (1988). Psychophysiology and psychopathology: A motivational approach. *Psychophysiology, 25,* 373-391.

Fox, N.A. & Davidson, R.J. (1986). Taste-elicited changes in facial signs of emotion and the asymmetry of brain electrical activity in human newborns. *Neuropsychologia, 24,* 417-422.

Fox, N.A. & Davidson, R.J. (1988). Patterns of brain electrical activity during facial signs of emotion in 10-month old infants. *Developmental Psychology, 24,* 230-236.

Frankl, V. (1971). *Man's search for meaning: An introduction to logotherapy.* New York: Pocket Books.

Frazier, J.G. (1994). *The golden bough: A study in magic and religion (the world's classics).* Oxford: Oxford University Press.

Frye, N. (1982). *The great code: The Bible and literature.* London: Harcourt Brace Jovanovitch.

Frye, N. (1990). *Words with power: Being a second study of the Bible and literature.* London: Harcourt Brace Jovanovitch.

Fukuyama, F. (1993). *The end of history and the last man.* New York: Avon Books.

Gabrieli, J.D.E., Fleischman, D.A., Keane, M., Reminger, M., Sheryl, L., et al. (1995). Double dissociation between memory systems underlying explicit and implicit memory systems in the human brain. *Psychological Science, 6,* 76-82.

Gall, J. (1988). *Systemantics: The underground text of systems lore.* Ann Arbor: The General Systemantics Press.

Garey, L.J. & Revishchin, A.V. (1990). Structure and thalamocortical relations of the cetacean sensory cortex: Histological, tracer, and immunocytochemical studies. In J.A. Thomas & R.A. Kastelein (Eds.), *Sensory abilities of Cetaceans: Laboratory and field evidence* (pp.19-30). New York: Plenum Press.

Goethe, J.W. (1979a). *Faust, part one* (P. Wayne, Trad.). London: Penguin Books.

Goethe, J.W. (1979b). *Faust, part two* (P. Wayne, Trad.). London: Penguin Books.

Goldberg, E. (1995). Rise and fall of modular orthodoxy. *Journal of Clinical and Experimental Neuropsychology, 17,* 193-208.

Goldberg, E. & Costa, L.D. (1981). Hemisphere differences in the acquisition and use of descriptive systems. *Brain and Language, 14,* 144-173.

Goldberg, E., Podell, K., & Lovell, M. (1994). Lateralization of frontal lobe functions and cognitive novelty. *Journal of Neuropsychiatry and Clinical Neuroscience, 6,* 371-378.

Goldberg, L.R. (1993). The structure of phenotypic personality traits. *American Psychologist, 48,* 26-34.

Goldman-Rakic, P.S. (1987). Circuitry of primate prefrontal cortex and regulation of behavior by representational memory. In F. Plum (Ed.), *Handbook of physiology: Vol. 5: The nervous system* (pp. 373-417). Baltimore: American Physiological Society.

Goodall, J. (1990). *Through a window.* Boston: Houghton Mifflin Company.

Gould, L., Andrews, D. & Yevin, J. (1996, December). The spy 100 line-up. *Spy Magazine.*

Granit, R. (1977). *The purposive brain.* Cambridge: Cambridge University Press.

Gray, J.A. (1982). *The neuropsychology of anxiety: An enquiry into the functions of the septal-hippocampal system.* Oxford: Oxford University Press.

Gray, J.A. (1987). *The psychology of fear and stress: Vol. 5. Problems in the behavioral sciences.* Cambridge: Cambridge University Press.

Gray, J.A., & McNaughton, N. (1996). The neuropsychology of anxiety: Reprise. *Nebraska Symposium on Motivation, 43,* 61-134.

Gray, J.A., Feldon, J., Rawlins, J.N.P., Hemsley, D.R., & Smith, A.D. (1991). The neuropsychology of schizophrenia. *Behavioral and Brain Sciences, 14,* 1-84.

Grossberg, S. (1987). Competitive learning: From interactive activation to adaptive resonance. *Cognitive Science, 11,* 23-63.

Halgren, E. (1992). Emotional neurophysiology of the amygdala within the contest of human cognition. In J.P. Aggleton (Ed.), *The amygdala: Neurobiological aspects of emotion, memory and mental dysfunction* (pp. 191-228). New York: Wiley-Liss.

Halgren, E., Squires, N.K., Wilson, C.L., Rohrbaugh, J.W., Babb, T.L., & Crandell, P.H. (1980). Endogenous potentials generated in the human hippocampal formation and amygdala by infrequent events. *Science, 210,* 803-805.

Hawking, S. (1988). *A brief history of time.* New York: Bantam.

Hebb, D.O. & Thompson, W.R. (1985). The social significance of animal studies. In G. Lindzey & E. Aronson (Eds.), *The handbook of social psychology* (pp. 729-774). New York: Random House.

Heidel, A. (1965). *The Babylonian genesis.* Chicago: Chicago University Press (Phoenix Books).

Hodson, G. (1963). *The hidden wisdom in the Holy Bible: Vol. 1.* Adyar, India: Theosophical Publishing House.

Hofstadter, D.R. (1979). *Gödel, Escher, Bach: An eternal golden braid.* New York: Vintage.

Holloway, R.L. & Post, D.G. (1982). The relativity of relative brain measures and hominid mosaic evolution. In E. Armstrong & D. Falk (Eds.), *Primate brain evolution: Method and concepts* (pp. 57-76). New York: Plenum Press.

Huizinga, J. (1967). *The waning of the Middle Ages.* New York: St. Martin's Press.

Huxley, A. (1956). *The doors of perception, and heaven and hell.* New York: Harper and Row.

Hyde, J.S. (1984). How large are gender differences in aggression? A developmental meta-analysis. *Developmental Psychology, 20,* 722-736.

Ikemoto, S. & Panksepp, J. (1996). Dissociations between appetitive and consummatory responses by pharmacological manipulations of reward-relevant brain regions. *Behavioral Neuroscience, 110,* 331-345.

Iwata, J., Chida, K., & LeDoux, J.E. (1987). Cardiovascular responses elicited by stimulation of neurons in the central amygdaloid complex in awake but not anesthetized rats resemble conditioned emotional responses. *Brain Research, 36,* 192-306.

Jacobsen, T. (1943). Primitive democracy in ancient Mesopotamia. *Journal of Near Eastern Studies, 2,* 159-170.

Jaeger, W. (1968). *The theology of the early Greek philosophers: The Gifford lectures 1936.* London: Oxford University Press.

Jaffe, A. (1961). *Memories, dreams, and reflections.* New York: Random House.

James, M.R. (1924). *The apocryphal New Testament.* Oxford: Clarendon Press.

James, W. (1880). Great men and their environment. *Atlantic Monthly,* October.

Jerison, H.J. (1979). The evolution of diversity in brain size. In M.E. Hahn, C. Jensen, & B.C. Dudek (Eds.), *Development and evolution of brain size: Behavioral implications* (pp. 29-57). New York: Academic Press.

Johnson, B. (1988). *Lady of the beasts.* New York: Harper and Row.

Jones, S.H., Gray, J.A., & Hemsley, D.R. (1992). The Kamin blocking effect, incidental learning, and schizotypy: A reanalysis. *Personality and Individual Differences, 13,* 57-60.

Joravsky, D. (1989). *Russian psychology: A critical history.* Cambridge: Basil Blackwell.

Joyce, J. (1986). *Ulysses.* New York: Random House.

Joyce, J. (1992). *The portrait of the artist as a young man.* New York: Bantam Classics.

Jung, C.G. *The collected works of C.G. Jung* (R.F.C. Hull, Trad.). Bollingen Series XX. Princeton University Press.

(1967a). *Vol. 5. Symbols of transformation: An analysis of the prelude to a case of schizophrenia.*

(1971). *Vol. 6. Psychological types.*

(1970a). *Vol. 7. Two essays on analytical psychology.*

(1976a). *Vol. 8. The structure and dynamics of the psyche.*

(1968a). *Vol. 9. Part 1. The archetypes and the collective unconscious.*

(1978a). *Vol. 9. Part 2. Aion: Researches into the phenomenology of the self.*

(1978b). *Vol. 10. Civilization in transition.*

(1969). *Vol. 11. Psychology and religion: West and east.*

(1968b). *Vol. 12. Psychology and alchemy.*

(1967b). *Vol. 13. Alchemical studies.*

(1976b). *Vol. 14. Mysterium Coniunctionis: An inquiry into the separation and synthesis of psychic opposites in alchemy.*

(1970b). *Vol. 17. The development of personality.*

Jung, C.G. (1912). *Wandlungen and symbole der libido.* Leipzig: F. Deuticke.

Jung, C.G. (1933). *Modern man in search of a soul.* New York: Harcourt Brace.

Jung, C.G. (1988). *Nietzsche's Zarathrustra: Notes of the seminar given in 1934* (J.L. Jarrett, Ed.). Princeton: Princeton University Press.

Jung, E. & von Franz, M.L. (1980). *The grail legend.* Boston: Sigo Press.

Kagan, J. (1984). Behavioral inhibition in young children. *Child Development, 55,* 1005-1019.

Kapp, B.S., Pascoe, J.P. & Bixler, M.A. (1984). The amygdala: A neuroanatomical systems approach to its contributions to aversive conditioning. In N. Butters & L.R. Squire (Eds.), *Neuropsychology of Memory.* (pp. 473-488). New York: Guilford.

Kaufmann, W. (Ed. e Trad.). (1968). *The basic writings of Nietzsche.* New York: Random House.

Kaufmann, W. (Ed. e Trad.). (1975). *Existentialism from Dostoevsky to Sartre.* New York: Meridian.

Keynes, G. (Ed.). (1966). *The complete works of William Blake, with variant readings.* London: Oxford University Press.

Kling, A.S. & Brothers, L.A. (1992). The amygdala and social behavior. In J.P. Aggleton (Ed.), *The amygdala: Neurobiological aspects of emotion, memory, and mental dysfunction* (pp. 353-377). New York: Wiley-Liss.

Koestler, A. (1976). *The ghost in the machine.* London: Hutchison.

Kronig, R. (1960). The turning point. In M. Fierz & V.F. Weisskopf (Eds.), *Theoretical physics in the twentieth century: A memorial volume to Wolfgang Pauli* (pp. 5-39). New York: Interscience Publishers.

Kuhn, T.S. (1957). *The Copernican revolution: Planetary astronomy in the development of Western thought.* Cambridge: Harvard University Press.

Kuhn, T.S. (1970). *The structure of scientific revolutions.* Chicago: Chicago University Press.

L'Engle, M. (1997). *A wrinkle in time.* New York: Bantam Doubleday Yearling Newbery.

Lakoff, G. (1987). *Women, fire, and dangerous things: What categories reveal about the mind.* Chicago: University of Chicago Press.

Lao Tzu. (1984a). 64: Staying with the misery. In *Tao Te Ching* (S. Rosenthal, Trad.) [On-line]. Available: http://www.warrior-scholar.com/text/tao.htm.

Lao Tzu. (1984b). 78: Sincerity. In *Tao Te Ching* (S. Rosenthal, Trad.) [On-line]. Available: http://www.warrior-scholar.com/text/tao.htm.

Lao Tzu. (1984c). 38: The concerns of the great. In *Tao Te Ching* (S. Rosenthal, Trad.) [On-line]. Available: http://www.warrior-scholar.com/text/tao.htm.

Lao Tzu. (1984d). 50: The value set on life. In *Tao Te Ching* (S. Rosenthal, Trad.) [On-line]. Available: http://www.warrior-scholar.com/text/tao.htm.

LeDoux, J.E. (1992). Emotion and the amygdala. In J.P. Aggleton (Ed.), *The amygdala: Neurobiological aspects of emotion, memory, and mental dysfunction* (pp. 339-351). New York: Wiley-Liss.

LeDoux, J.E. (1993). Emotional networks in the brain. In M. Lewis & J.M. Haviland (Eds.), *Handbook of Emotions* (pp. 109-118). New York: Guilford.

LeDoux, J.E., Sakaguchi, A., & Reis, D.J. (1984). Subcortical efferent projections of the medial geniculate nucleus mediate emotional responses conditioned to acoustic stimuli. *Journal of Neuroscience, 4*, 683-698.

Lewis, M. & Haviland, J.M. (Eds.). (1993). *Handbook of emotions.* New York: Guilford.

Lilly, J.C. (1967). *The mind of the dolphin.* New York: Doubleday.

Lindzey, G. & Aronson, E. (1985). *The handbook of social psychology.* New York: Random House.

Lorenz, K. (1974). *On aggression.* New York: Harcourt Brace Jovanovitch.

Lubow, R.E. (1989). *Latent inhibition and conditioned attention theory.* Cambridge: Cambridge University Press.

Lucas, B.V., Crane, L. & Edwards, M. (Trad.) (1945). *Grimm's fairy tales* (pp. 171-178). New York: Grosset and Dunlap, Companion Library.

Luria, A.R. (1980). *Higher cortical functions in man.* New York: Basic Books.

MacRae, G.W. (Trad.). (1988). The thunder: Perfect mind. In J.M. Robinson (Ed.), *The Nag Hammadi library in English* (pp. 297-319). New York: Harper Collins.

Maier, N.R.F. & Schnierla, T.C. (1935). *Principles of animal psychology.* New York: McGraw-Hill.

Mark, V.H. & Ervin, F.R. (1970). *Violence and the brain.* New York: Harper and Row, Medical Division.

Melzack, R. (1973). *The puzzle of pain.* New York: Basic Books.

Melzack, R. & Wall, P.D. (1983). *The challenge of pain.* New York: Basic Books.

Milner, B. (1963). Effects of different brain lesions on card sorting. *Archives of Neurology, 9*, 100-110.

Milner, B. (1972). Disorders of learning and memory after temporal lobe lesions in man. *Clinical Neurosurgery, 19*, 421-446.

Milner, B., Petrides, M., & Smith, M.L. (1985). Frontal lobes and the temporal organization of memory. *Human Neurobiology, 4*, 137-142.

Milton, J. (1961). *Paradise lost (and other poems).* New York: New American Library.

Morley, J. (1923). *Rousseau and his era: Vol. 1.* New York: Harper and Brothers.

Morruzzi, G. & Magoun, H.W. (1949). Brainstem reticular formation and activation of the EEG. *Electroencephalography and Clinical Neurophysiology, 1*, 455-473.

Mowrer, O.H. (1960). *Learning theory and behavior.* New York: Wiley.

Multhauf, R.P. (1967). *The origins of chemistry.* London: Oldbourne.

Nader, A., McNally, R.J., & Wiegartz, P.S. (1996). Implicit memory bias for threat in posttraumatic stress disorder. *Cognitive Therapy and Research, 20,* 625-635.

Nauta, W.J.H. (1971). The problem of the frontal lobe: A reinterpretation. *Psychiatry Research, 8,* 167-187.

Neumann, E. (1954). *The origins and history of consciousness* (R.F.C. Hull, Trad.). New York: Pantheon Books.

Neumann, E. (1954). *The origins and history of consciousness.* New Jersey: Princeton University Press.

Neumann, E. (1955). *The great mother: An analysis of the archetype* (R. Manheim, Trad.). New York: Pantheon Books.

Neumann, E. (1968). Mystical man. In J. Campbell (Ed.), *Papers from the Eranos yearbooks: Vol. 6. The mystic vision)* (pp. 375-415). Princeton: Princeton University Press.

Niebuhr, R. (1964). *The nature and destiny of man: A Christian interpretation: Vol. 1. Human nature.* New York: Charles Scribner's Sons.

Nietzsche, F. (1957). *The use and abuse of history* (A. Collins, Trad.). New York: Bobbs-Merrill Company.

Nietzsche, F. (1966). *Beyond good and evil: Prelude to a philosophy of the future* (W. Kaufmann, Trad.). New York: Vintage Books.

Nietzsche, F. (1967a). *On the genealogy of morals/Ecce homo* (W. Kaufmann & R.J. Hollingdale, Trad.). New York: Vintage Books.

Nietzsche, F. (1967b). *The birth of tragedy/The case of Wagner* (W. Kaufmann, Trad.). New York: Vintage Books.

Nietzsche, F. (1968a). Beyond good and evil. In W. Kaufmann (Ed. and Trad.), *The basic writings of Nietzsche* (pp. 181-438). New York: Random House.

Nietzsche, F. (1968b). *The will to power* (W. Kaufmann, Ed.) (W. Kaufmann & R.J. Hollingdale, Trad.). New York: Vintage Books.

Nietzsche, F. (1981). *Twilight of the idols/The anti-Christ* (R.J. Hollingdale, Trad.). New York: Penguin Classics.

Nietzsche, F. (1995). *Thus spake Zarathustra: A book for all and none* (W. Kaufmann, Trad.). New York: Modern Library.

Oatley, K. (1994). A taxonomy of the emotions of literary response and a theory of identification in fictional narrative. *Poetics, 23,* 53-74.

Obrist, P.A., Light, K.C., Langer, A.W., Grignolo, A., & McCubbin, J.A. (1978). Behavioural-cardiac interactions: The psychosomatic hypothesis. *Journal of Psychosomatic Research, 22,* 301-325.

Ohman, A. (1979). The orienting response, attention and learning: An information-processing perspective. In H.D. Kimmel, E.H. Van Olst & J.F. Orlebeke (Eds.), *The Orienting Reflex in Humans* (pp. 443-467). Hillsdale, NJ: Erlbaum.

Ohman, A. (1987). The psychophysiology of emotion: An evolutionary-cognitive perspective. In P.K. Ackles, J.R. Jennings, & M.G.H. Coles (Eds.), *Advances in Psychophysiology: A Research Annual* (Volume 2) (pp. 79-127). Greenwich, CT: JAI Press.

Orwell, G. (1981). *The road to Wigan Pier.* London: Penguin.

Otto, R. (1958). *The idea of the holy.* New York: Oxford University Press.

Oxford English dictionary: CD-ROM for Windows (1994). Oxford: Oxford University Press.

Pagels, E. (1979). *The gnostic Gospels.* New York: Random House.

Pagels, E. (1995). *The origin of Satan.* New York: Random House.

Panksepp, J., Siviy, S. & Normansell, L.A. (1985). Brain opioids and social emotions. In M. Reste & T. Field (Eds.), *The psychobiology of attachment and separation* (pp. 1-49). New York: Academic Press.

Patton, M.F. (1988). Can bad men make good brains do bad things? *Proceedings and Addresses of the American Philosophical Association*, January.

Peake, M. (1995). *The Gormenghast novels: Titus groan, Gormenghast, Titus alone.* New York: Overlook Press.

Penfield, W. & Rasmussen, T. (1950). *The cerebral cortex of man: A clinical study of localization of function.* New York: Macmillan.

Pennebaker, J.W. (1997). Writing about emotional experiences as a therapeutic process. *Psychological Science,* 8, 162-166.

Pennebaker, J., Mayne, T.J., & Francis, M.E. (1997). Linguistic predictors of adaptive bereavement. *Journal of Personality and Social Psychology,* 72, 863-871.

Petrides, M. & Milner, B. (1982). Deficits on subject-ordered tasks after frontal and temporal lobe lesions in man. *Neuropsychologia,* 20, 249-263.

Piaget, J. (1932). *The moral judgement of the child.* London: Kegan, Paul, Trench, Trubner, and Company.

Piaget, J. (1962). *Play, dreams, and imitation in childhood.* New York: W.W. Norton.

Piaget, J. (1965). *The moral judgement of the child.* New York: The Free Press.

Piaget, J. (1967). *Six psychological studies.* New York: Random House.

Piaget, J. (1977). *The development of thought: Equilibration of cognitive structures* (A. Rosin, Trad.). New York: Viking.

Pihl, R.O. & Peterson, J.B. (1993). Etiology. *Annual Review of Addictions Research and Treatment,* 2, 153-174.

Pihl, R.O. & Peterson, J.B. (1995). Heinz Lehmann Memorial Prize Address: Alcoholism: The role of different motivational systems. *Journal of Psychiatry and Neuroscience,* 20, 372-396.

Pinel, J.P.J. & Mana, M.J. (1989). Adaptive interactions of rats with dangerous inanimate objects: Support for a cognitive theory of defensive behavior. In R.I. Blanchard, P.F. Brain, D.C. Blanchard, & S. Parmigiani (Eds.), *Ethoexperimental approaches to the study of behavior* (pp. 137-155). Boston: Kluwer-Nijhoff Publishing.

Plato (1952). The apology (B. Jowett, Trad.). In R.M. Hutchins (Ed.), *Great books of the western world: Vol. 7. Plato* (pp. 200-212). Chicago: Encyclopaedia Brittanica.

Polan, H.J. & Ward, M.J. (1994). Role of the mother's touch in failure to thrive: A preliminary investigation. *Journal of the American Academy of Child and Adolescent Psychiatry,* 33, 1098-1105.

Polyani, M. (1958). *Personal knowledge: Towards a post-critical philosophy.* London: Routledge and Kegan Paul.

Pritchard, J.B. (1955). *Ancient Near Eastern texts relating to the Old Testament.* Princeton: Princeton University Press.

Radha, S.S. (1978). *Kundalini yoga for the west.* Boston: Shambala.

Rapoport, J. (1989). *The boy who couldn't stop washing: The experience and treatment of OCD.* New York: E.P. Dutton.

Ridgway, S.H. (1986). Dolphin brain size. In M.M. Bryden & R.J. Harrison (Eds.), *Research on dolphins* (pp. 59-70). Oxford: Clarendon Press.

Robinson, J.R. (Ed.). (1988). *The Nag Hammadi library in English.* New York: Harper Collins.

Romme, M.A. & Escher, A.D. (1989). Hearing voices. *Schizophrenia Bulletin,* 15, 209-216.

Rosch, E., Mervis, C.B., Gray, W., Johnson, D., & Boyes-Braem (1976). Basic objects in natural categories. *Cognitive Psychology,* 8, 382-439.

Russell, J.B. (1986). *Mephistopheles: The devil in the modern world.* London: Cornell University Press.

Rychlak, J. (1981). *Introduction to personality and psychotherapy.* Boston: Houghton Mifflin.

Ryle, G. (1949). *The concept of mind*. London: Hutchison.

Sacks, O. (1987). *The man who mistook his wife for a hat and other clinical tales*. New York: Harper and Row.

Saner, H. & Ellickson, P. (1996). Concurrent risk factors for adolescent violence. *Journal of Adolescent Health, 19*, 94-103.

Schachter, D.L. (1994). What are the memory systems of 1994? In D.L. Schacter & E. Tulving (Eds.), *Memory systems 1994*. Cambridge: MIT Press.

Schnierla, T.C. (1959). An evolutionary and developmental theory of biphasic processes underlying approach and withdrawal. *Nebraska Symposium on Motivation*, 1-42.

Shakespeare, W. (1952a). King Henry VI. In R.M. Hutchins (Ed.), *Great books of the western world: Vol. 26. I.* (pp. 69-104). Chicago: Encyclopaedia Brittanica.

Shakespeare, W. (1952b). Richard III. In R.M. Hutchins (Ed.), *Great books of the western world: Vol. 26. I.* (pp. 105-148). Chicago: Encyclopaedia Brittanica.

Shakespeare, W. (1952c). Titus Andronicus. In R.M. Hutchins (Ed.), *Great books of the western world: Vol. 26. I.* (pp. 170-198). Chicago: Encyclopaedia Brittanica.

Shallice, T. (1982). Specific impairments in planning. *Philosophical Transactions of the Royal Society of London (Biological Sciences), 289*, 199-209.

Shelton, G. (1980). *The fabulous furry freak brothers: Best of the Rip-Off Press* (Vol. 4). San Francisco: Rip-Off Press.

Skinner, B.F. (1966). *The behavior of organisms: An experimental analysis*. New York: Appleton-CenturyCrofts.

Skinner, B.F. (1969). *Contingencies of reinforcement: A theoretical analysis*. New York: Appleton-CenturyCrofts.

Smith, H. (1991). *The world's religions*. New York: Harper Collins.

Sokolov, E.N. (1969). The modeling properties of the nervous system. In Maltzman, I., & Coles, K. (Eds.), *Handbook of Contemporary Soviet Psychology* (pp. 670-704). New York: Basic Books.

Soljenítsyn, A.I. *The gulag archipelago, 1918-1956: An experiment in literary investigation* (T.P. Whitney, Trad.). New York: Harper and Row.

(1974). Vol. 1. *The gulag archipelago*.

(1975). Vol. 2. *The gulag archipelago two*.

(1978). Vol. 3. *The gulag archipelago three*.

Soljenítsyn, A.I. (1990). Beauty will save the world. In J. Pelikan (Ed.), *The world treasury of modern religious thought*. Boston: Little, Brown and Company.

Springer, S.P. & Deutsch, G. (1989). *Left brain, right brain*. New York: W.H. Freeman.

Squire, L.R. & Zola-Morgan, S. (1990). The neuropsychology of memory. *Annals of the New York Academy of Sciences, 608*, 137-147.

Stevenson, M.S. (1920). *The rites of the twice born*. London: Oxford University Press.

Swerdlow, N.R., Filion, D., Geyer, M.A., & Braff, D.L. (1995). "Normal" personality correlates of sensorimotor, cognitive, and visuospatial gating. *Biological Psychiatry, 37*, 286-299.

Tchelitchew, P. (1992). Hide and seek. *Scientific American, 267*, 49.

Teylor, T.J. & Discenna, P. (1985). The role of hippocampus in memory: A hypothesis. *Neuroscience and Biobehavioral Review, 9*, 377-389.

Teylor, T.J. & Discenna, P. (1986). The hippocampal memory indexing theory. *Behavioural Neuroscience, 100*, 147-154.

The Holy Bible, King James version (reference ed.). Iowa: World Bible Publishers, Inc.

Tolstói, L. (1887-1983). *Confessions* (D. Patterson, Trad.). New York: W.W. Norton and Company.

Tomarken, A.J., Davidson, R.J., & Henriques, J.B. (1990). Resting frontal brain asymmetry predicts affective responses to films. *Journal of Personality and Social Psychology, 59*, 791-801.

Tomarken, A.J., Davidson, R.J., Wheeler, R.E., & Doss, R.C. (1992). Individual differences in anterior brain asymmetry and fundamental dimensions of emotion. *Journal of Personality and Social Psychology, 62*, 672-687.

Tucker, D.M. & Williamson, P.A. (1984). Asymmetric neural control systems in human self-regulation. *Psychological Review, 91*, 185-215.

Tymoczko, D. (1996, May). The nitrous oxide philosopher. *Atlantic Monthly*, 93-101.

Vaihinger, H. (1924). *The philosophy of "as if": A system of the theoretical, practical, and religious fictions of mankind* (C.K. Ogden, Trad.). New York: Harcourt, Brace, and Company.

Vinogradova, O. (1961). *The orientation reaction and its neuropsychological mechanisms.* Moscow: Academic Pedagogical Sciences.

Vinogradova, O. (1975). Functional organization of the limbic system in the process of registration of information: facts and hypotheses. In Isaacson, R., & Pribram, K. (Eds.), *The hippocampus, neurophysiology, and behaviour.* Vol. 2, (pp. 3-69). New York: Plenum Press.

Vitz, P.C. (1990). The use of stories in moral development: New psychological reasons for an old education method. *American Psychologist, 45*, 709-720.

Voltaire. (1933). *Romances.* New York: Tudor.

Von Franz, M.L. (1980). *Alchemy.* Toronto: Inner City Books.

Waley, A. (1934). *The way and its power.* London: Allen and Unwin.

Watanabe, T., & Niki, H. (1985). Hippocampal unit activity and delayed response in the monkey. *Brain Research, 325*, 241-245.

Watkins, P.C., Vache, K., Verney, S.P., & Mathews, A. (1996). Unconscious mood-congruent memory bias in depression. *Journal of Abnormal Psychology, 105*, 34-41.

Wechsler, D. (1981). *Wechsler adult intelligence scale-Revised.* San Antonio: The Psychological Corporation.

Westfall, R.S. (1971). *Force in Newton's physics: The science of dynamics in the seventeenth century.* London: Macdonald.

Wheeler, J. (1980). Beyond the black hole. In H. Woolf (Ed.), *Some strangeness in the proportion: A centennial symposium to celebrate the achievements of Albert Einstein* (pp. 341-375). Reading, MA: Addison-Wesley Advanced Books Program.

Wheeler, R.E., Davidson, R.J., & Tomarken, A.J. (1993). Frontal brain asymmetry and emotional reactivity: A biological substrate of affective style. *Psychophysiology, 30*, 82-89.

Whitehead, A.N. (1958). *An introduction to mathematics.* New York: Oxford University Press.

Wilhelm, R. (1971). *The I Ching* (C. Baynes, Trad.). Princeton: Princeton University Press.

Wilson, E.O. (1998). *Consilience: The unity of knowledge.* New York: Knopf.

Wise, R.A. (1988). Psychomotor stimulant properties of addictive drugs. *Annals of the New York Academy of Science, 537*, 228-234.

Wise, R.A. & Bozarth, M.A. (1987). A psychomotor stimulant theory of addiction. *Psychological Review, 94*, 469-492.

Wittgenstein, L. (1968). *Philosophical investigations (3rd ed.)* (G.E.M. Anscombe, Trad.). New York: Macmillan.

Zimmer, H. (1982). The Indian world mother. In J. Campbell (Ed.), *Papers from the Eranos yearbooks: Vol. 6. The mystic vision* (pp. 70-102). Princeton: Princeton University Press.

Zola-Morgan, S., Squire, L.R., & Amaral, D.G. (1986). Human amnesia and the medial temporal region: Enduring memory impairment following a bilateral lesion limited to field CA1 of the hippocampus. *Journal of Neuroscience, 6,* 2950-2967.

Zwigoff, T. (1995). *Crumb.* Columbia Tri-Star: Sony Pictures Classics.

PERMISSÕES

DOSTOIÉVSKI, Fiodor. *Os Irmãos Karamazov*. Trad. Andrew R. MacAndrew. New York: Bantam Doubleday Dell Publishing Group, Inc., 1970. Usado por permissão da Bantam Books, uma divisão da Bantam Doubleday Dell Publishing Group, Inc.

ELIADE, Mircea. *The Forge and the Crucible*. 2.ed. Chicago: University of Chicago Press, 1978a. Reimpresso com permissão.

_____. *A History of Religious Ideas*. Chicago: The University of Chicago Press, vol. 1, 1982. Reimpresso com permissão.

_____. *A History of Religious Ideas*. Chicago: The University of Chicago Press, vol. 2, 1982. Reimpresso com permissão.

_____. *A History of Religious Ideas*. Chicago: The University of Chicago Press, vol. 3, 1982. Reimpresso com permissão.

_____. *Myths, Dreams and Mysteries*. Paris, Librairie Gallimard, 1957. Tradução do inglês, direitos de cópia 1960 pela Harville Press. Direitos de Cópia Renovados. Reimpresso com permissão da HarperCollins Publishers, Inc.

HEIDEL, Alexander. *The Babylonian Genesis*. 2.ed. Chicago: The University of Chicago Press, 1967.

IRMÃOS GRIMM. *Contos de Fada de Grimm*. Trad. B.V. Lucas; L. Crane; M. Edwards. New York: Penguin Putnam Inc., 1945. Reimpresso com permissão da Penguin Putnam Inc.

JUNG, C.G. *Mysterium Conjunctionis*. New York: Princeton University Press, 1970. Reimpresso com permissão da Princeton University Press.

_____. *Psychology and Alchemy*. New York: Princeton University Press, 1953. Reimpresso com permissão da Princeton University Press.

KUHN, Thomas. *The Structure of Scientific Revolutions*. Chicago: The University of Chicago Press, 1970. Reimpresso com permissão.

NEUMANN, Erich. *The Great Mother*. New Jersey: Princeton University Press, 1955. Reimpresso com permissão da Princeton University Press. Direitos de Cópia renovados 1983 pela Bollingen Foundation.

_____. *The Origins and History of Consciousness*. New Jersey: Princeton University Press, 1954. Reimpresso com permissão da Princeton University Press. Direitos de Cópia renovados 1982 pela Bollingen Foundation.

NIETZSCHE, Friedrich; trechos de *The Basic Writings of Nietzsche by Friedrich Nietzsche*. Trad. Walter Kaufmann. New York: Random House, Inc., 1967. Reimpresso com permissão da Random House, Inc.

_____. trechos de *Beyond Good and Evil by Friedrich Nietzsche*. Trad. Walter Kaufmann. New York: Random House, Inc., 1966. Reimpresso com permissão da Random House, Inc.

PLATÃO. *Diálogos*. Encyclopedia Britannica, Inc., 1952, 1990. Reimpresso de Great Books of the Western World.

SHELTON, Gilbert. The Adventures of Fat Freddy's Cat. In: *The Best of the Rip Off Press*, vol. 4: The Fabulous Furry Freak Brothers, 1980, p. 45. Reimpresso com permissão da Rip Off Press, Inc.

SOLJENÍTSYN, Aleksandr I. *O Arquipélago Gulag 1918-1952: Um Experimento em Investigação Literária I-II*. New York: HarperCollins Publishers, 1973, 1974. Reimpresso com permissão de HarperCollins Publishers, Inc.

TOLSTÓI, Liev. *Confissão de Liev Tolstói*. Trad. David Patterson. New York: W.W. Norton & Company, Inc., 1983. Reimpresso com permissão de W.W. Norton & Company, Inc.

VON FRANZ, M.L. *Alchemy*. Toronto: Inner City Books, 1980. Reimpresso com permissão.

ÍNDICE

A
a priori, 60, 83-84, 97, 100, 102-04, 122, 125, 166, 286, 325, 336, 357, 372, 406, 459, 536, 564, 593
Aarão, 526
Abel, 450, 553
abismo, 156, 169, 177, 242, 244, 355, 381, 409, 509, 615
abordagem ativa, 51, 117
Abraão, 144, 294, 509, 540-41, 556, 595
abutre, 242, 420
Academia, 493, 495
Adak, 481
adamah, 177, 642
Adâmica, 405
Adamovich, 501
Adão, 177, 294, 403, 413, 429, 442, 475, 540, 643, 644
adaptação, 25-26, 52, 63-65, 67, 77, 80, 86, 89, 102, 115-17, 119, 123, 129, 131, 133, 137, 139, 155, 162, 166, 195, 200, 207, 224, 226, 238-39, 242, 252, 255, 260, 262-64, 278, 288, 317-18, 320-21, 325-26, 329-33, 339, 346, 352-54, 356, 358, 366, 372-73, 383, 385, 387-88, 390, 395-97, 399, 403, 427, 440, 447, 449, 457, 462-63, 465, 467-70, 477, 479, 495, 500-03, 506, 508-09, 513, 515, 517-18, 535, 537-38, 548, 563, 565, 568, 570, 600, 650
adolescente, 266, 306, 322, 325, 333, 403, 457, 471, 522, 543, 557, 623
adro, 295
adulto, 70, 107, 149, 155, 237, 243, 409, 461, 555, 651
adversário, 25, 151, 169, 172, 200, 208, 221, 313, 400, 423, 435-36, 438, 440, 446-47, 449-50, 456-57, 464, 469, 480, 599, 613, *ver também* diabo
advogado, 13, 15, 327, 378, 628

afeto, 29, 31-32, 37-38, 44, 56, 61-62, 69, 83-85, 91, 98-100, 119, 121-22, 124, 133-34, 169, 181, 187, 209, 229-31, 233, 238, 276, 286, 324, 332, 353, 357, 368-70, 380, 385, 393, 462, 526, 535, 565, 573, 579, 593, 601-02, 611, 640, *ver também* emoção
África, 215, 436
Agni, 222
agressão, 25, 29, 181, 209, 244, 276-77, 279, 283, 352, 360, 369-70, 380, 438-40, 469, 472, 488, 505, 515
água, 21, 31, 35, 41, 69, 74-75, 77, 169-70, 177, 196, 209, 219, 222, 235, 244-45, 247, 269, 271, 289-97, 299, 323, 333, 354, 394, 406, 419, 424, 428, 435, 454, 466, 471, 478, 490, 493, 526, 540, 557, 572, 575, 594-95, 601, 613, 642, *ver também* mar, água da vida
água da vida, 293-94, 297, 333, 354, 394, 435, 466, 471, 478, 540, 595, *ver também* mar, água
água do mar, 209, 297
Ahab, 419-20
Ahura Mazda, 449-50
Aion, 215
ajudante, 414-15
Akitu, 194, 196
Alalu, 281
Alberta, 15-16, 20, 631
Alchimia, 601
alchymicum, 560, 562, 636
alcoolismo, 656
Alemanha, 300, 490
alemão, 47, 512
Alexander, 73, 186, 654-55
Alfa, 215, 218
alfaiate, 289-92, 294, 617
alienação, 424, 509, 563
Aliócha, 531

alma, 40, 66, 113, 137, 206, 218, 227, 241, 271, 287, 316-17, 328, 352, 361, 392, 410, 428, 435, 441, 482, 492, 499, 501, 510, 516, 518, 533, 541-42, 554, 557, 560-61, 574, 603, 608, 611, 618, 626

alquimia, 30-31, 218, 425, 516, 561-62, 565, 571, 573, 583-92, 594, 596, 598, 600, 602, 604, 606, 611, 613, 616, 619, 621-22, 636, 642

alquímica, 31, 516, 571-72, 574-75, 579, 584, 587, 589-90, 593, 596-98, 605, 613-14, 619

altar, 222, 305, 553

amadurecimento, 49, 171, 301, 311, 318-22, 403, 407, 416, 428, 457-59, 471, 479, 515, 557, 588, 609, *ver também* adolescente, aprendizagem, idade adulta

Aman, 241

amante, 151, 250, 260, 267, 271, 326, 613

amarra, 290

ambiente, 12, 25, 39, 45, 52-53, 55-56, 66, 87, 90, 95, 106-08, 113, 115, 119, 123, 127, 131, 135, 137, 139, 148, 165, 168-69, 181, 229, 272-73, 283, 285-86, 294, 313, 317, 321-22, 324, 326, 329, 335, 366, 370, 383, 432, 438, 458, 479, 484, 506, 519, 522, 530, 555, 593, 626

ameaça, 16, 29, 33, 61-63, 76, 84-86, 88, 97, 100-01, 104, 108, 110, 119, 122, 125, 154, 165, 184-85, 193, 207, 223, 225, 234, 236-37, 239, 242, 244, 248, 250-52, 259, 267-68, 279, 285, 300, 312, 326, 332, 335-36, 348-49, 352, 357, 359-60, 362, 368, 370-71, 380, 383, 387, 399, 401, 426-27, 435, 459, 463, 466-67, 480, 482, 496, 498, 504, 511, 523, 530, 537, 552, 573, 576, 586, 593, 602, 615, 629, 648, 652, 658, 664

amedrontador, 278, 351, 467

Amerětāt, 450

americano, 350, 629

Amesha Spentas, 450

amígdala, 92, 94, 99-100, 102, 104, 127, *ver também* afeto, emoção, hipocampo, límbico

amonitas, 303

amorfo, 171, 213, 392, 518

Amós, 306, 528, 540

anacrônica, 155, 300

analogia, 72, 412, 528-29, 543

anão, 294-97, 387

anarquistas, 315

ancestral, 25, 36, 164, 199, 204, 207, 229-30, 241, 295, 308, 318, 344, 354, 388, 405, 408, 430, 432, 465, 515, 522, 613

Andreae, 591

Andree, 436

androginia, 588

andrógino, 218, 261

Angra Mainyu, 450

anima, 230, 571, 602

aninhada, 332

aniquilação, 16, 324, 355, 376, 411, 503, 531, 629

aniquiladora do mundo, 629

anjo, 429, 441-42, 444, 446-47, 450, 502

Annam, 581

Anshar, 182, 184-87, 189

ansiedade, 58, 76, 84-86, 88, 95, 100-02, 105, 122, 127, 146, 220, 234, 237, 242, 248, 252-53, 267, 269, 278, 313, 317, 324-26, 342, 344, 357, 366-67, 370, 399, 406, 414, 416, 434, 438, 448, 456, 463-64, 470, 477, 489, 498, 515, 530-31, 548, 563, 583, 601, 603, 616, 643, 647, 656-57, *ver também* afeto, emoção, novidade, ameaça

Anthropos, 613

Antibess, 512

Antigo Testamento, 177, 221, 346, 446, 509, 515, 525, 528, 538, 541, 543, 550, 557, 644

anti-Midas, 470

antropologia, 153

antropomórfica, 251

Anu, 182-83, 185, 188, 190, 281, 292

Anúbis, 20

Anunnaki, 188

aparição, 47, 108, 176, 191, 198, 223, 230, 248, 403, 450, 462, 628, 642

Apocalipse, 22, 215, 218, 540, 644

apócrifa, 363, 544, 563
Apócrifos, 246
Apófis, 199, 212, 215, 221
apolíneo, 169, 580, 592
Apolo, 410
aprender, 15, 28, 49, 103, 112, 123, 131, 154, 257, 276, 352, 359, 373, 393, 453, 479, 593, 625, 633, 637, 655
aprendizagem, 51, 73, 99, 103-04, 122, 147, 155, 311-34, 359, 438, 459, 479, 579
Apsu, 150, 177-79, 181-82, 184-85, 191-93, 219, 291
Aquarium, 603
aquática, 176
Aquiles, 363-64
árabe, 560-61
aranha, 237, 243
Arendt, 516
Ares, 181, 283
argila, 488-89
Arisleu, 613-16
Aristóteles, 518
aristotelismo, 591
armadura, 263, 356, 436
Arnold, 561
arquetípico, 23, 25-26, 155, 169, 172, 204, 208, 260, 273-74, 289, 388, 422-23, 440, 450, 515, 535, 537, 556, 567, 635, *ver também* categoria natural
Arquipélago Gulag, 73, *ver também* campo de concentração, comunista, Rússia, União Soviética
arrogância, 259, 306, 438, 442, 446, 638
arrogante, 68, 151, 294, 313, 387, 400, 414, 441, 444, 465, 470, 472, 479, 516-17, *ver também* adversário, engano, negação, diabo, mal
Artemis, 250
Arthur, 46, 568
árvore, 20, 111, 161, 170, 196, 211, 223, 271, 364, 394-95, 404-05, 418-19, 421-25, 430, 433, 540, 558, 582, 600, 616, 632, 643-45
árvore-mundo, 170, 419, 421-25, 558-59

Asag, 212
Asaru, 197
ascetismo, 417
Asha, 450
asiático, 388
assírios, 196
associação com a Palavra, 26
Assur, 196
assustador, 29, 107, 237, 248, 317, 326, 380, 394, 398, 457, 474, 515, 528, 565, 628
asteca, 243
ateísmo, 624, 630
aterrorizante, 52, 190, 212, 231, 253, 438, 483, 619, 663
atmosfera, 12, 37, 164, 176, 222, 355
ato de Deus, 147
atômico, 211
átomos, 615
Atos, 402
atualizar, 96, 99, 259, 370, 401, 462, 466
Atum, 176, 198
auréola, 271
aurora, 176, 181, 183, 198, 209, 213, 407
Auschwitz, 70-71, 625
autoconsciência, 180, 242, 336, 360, 403, 409, 412-13, 416, 418, 428, 430-32, 435, 441-42, 456-57, 468, 484, 487, 506, 605, 621, 647, 650
autoconsciente, 48, 251, 429-30, 432
autodisciplina, 618
autodisciplinados, 634
autoengano, 635, *ver também* arrogância, negação, decadência, engano, diabo, fascismo, mentira, Satã
autoiludido, 648
autoindulgência, 648
automatizados, 77
automodelo, 403, 427, 430
autopiedade, 626
autoritário, 65, 306, 309, 332, 435, 447, 469, 479, 495
autoritarismo, 204, 402, 476, 503, 653
autorreferência, 402-33, 643

autorreferencial, 214
autossacrifício, 620
avó, 86, 182-84, 245
avô, 183-84, 218
axioma, 145, 469, 522
axiomático, 584, *ver também* implícito

B

Baal, 212, 281
Babilônia, 192, 194, 215, 221, 267, 420, 446, 528, 541
babilônico, 177, 410, 540, 663
Bacon, 32, 561
Bálcãs, 481
baleia, 113, 268, 419-20, 615
Bali, 243
banco de dados, 154
bárbaro, 351
Barlach, 555
Barreira, 59, 286, 307-08, 325, 393, 618, 647-48
Basílio, 574
batismo, 323, 542
Batsabeia, 303
bêbado, 512, 632, *ver também* afeto, amígdala, medo, hipocampo, límbico, ameaça
Becker, 562
beleza, 59, 162, 181, 215, 246, 355, 378, 414-16, 522, 614, 626
Berolinensis, 616
Bíblia, 46, 294, 303, 346, 420, 515, 540, 556, 639
bíblico, 248, 524
Biblos, 279
Binswanger, 285, 385
bizantino, 613
blasfêmia, 303, 466
bode expiatório, 473, 600
Brahmana, 212, 222
Bruner, 67, 353, 364, 564
brutos, 581
bruxa, 269
Buda, 171, 414-17, 427-28, 451, 453-54, 536, 609, 617, 644

budismo, 46, 379
budistas, 62
Burgomestre, 289-90, 292
buriates, 421
burocracia, 626
Burton, 624
busca, 77-79, 108, 110, 141, 244, 247, 264, 299, 303, 388, 393, 399, 420, 428, 465, 467, 469, 482, 486, 500-01, 513, 569, 582, 588, 592-93, 596-98, 602-03, 608-09, 614, 616, 619-21, 623, 637, 641, 648-51, 653
busca por segurança, 465
busca por vingança, 14, 314

C

caçador, 230, 297-98
cachorro, 158-59, 626
cadáver, 244, 615
cadavérico, 244
cadeira, 17, 86, 141-42, 161
Cafarnaum, 551
Caim, 294, 450, 540
caixão, 242, 532
camarada, 494-95, 497, 575
Camboja, 440, 487
camelo, 40, 506
campo de concentração, 70-71, 436, 481-82, 486, 490, *ver também* Arquipélago Gulag, holocausto
camponês, 624
Canaã, 21, 524
Canadá, 13
canalização, 393
cananita, 281
câncer, 81, 84, 113, 244, 312, 632
canibalismo, 260
caos pré-cosmogônico, 150, 195-96, 253, 293, 300, 323-24, 392, 406, 593
capacidade de abstrair, 336, 352, 359, 518
capitalismo, 473
Capos, 497
características ambientais constantes, 53

carisma, 279, 286, 299, 621
carne, 20, 216, 242, 323, 365, 378, 459, 482, 525, 538
Carpocrática, 607
carregado de afeto, 56, 99
cartas, 353-54, 519
casamento, 37, 61, 164, 194, 263, 271, 277-78, 298, 313, 345, 484, 505, 591, 636
Cascata, 360, 362, 379, 387
castelo, 268, 270, 293-95, 309, 355, 519, 615
catástrofe, 53, 145, 147, 317, 353, 379, 381, 420, 424, 436, 440, 467
catedral, 263, 443, 531-32, 641-42
categoria, 38, 57, 64, 75, 96, 102, 158-61, 228-29, 232-33, 247, 250, 284, 352, 454, 573, 580, 582, 586-87, 592, 618, 630
categoria natural, 229, 291, 351-52, 443
categorização, 38, 90, 97-98, 122-23, 147, 149, 153, 157, 159, 174, 220, 227, 248, 282, 401, 526
cego, 22, 201, 531, 546-47
celestial, 31, 33, 182, 192, 198-99, 215, 251, 267, 308, 395, 408, 421, 442, 444, 524, 560, 644
cemitério, 263, 395, 481, *ver também* necrópole
cerebelo, 128
cerimônia, 198, 260, 263, 278, 323, 355, 421
Cesar, 552
cetáceo, 113
ceticismo, 312, 379, 384
céu, 20, 31, 34, 37-38, 144, 164, 169-70, 172, 176-78, 181, 186, 190-91, 194, 212-13, 219, 233-35, 255, 273, 281, 289-90, 296, 316, 330, 364, 395, 397, 405, 408-09, 414, 419, 421-22, 424, 430, 441-42, 444, 446-47, 449-50, 485, 489, 492, 498-99, 503, 508, 552, 557, 595, 600, 617, 644, 652, 663
Chakra, 419
Chakras, 419
Charles, 292-93
China, 487, 581
chinês, 46-47, 350, 475, 596, 636

chuva, 70, 212, 224, 289-90, 292, 355, 488, 505, 560
cientista, 43, 98, 341, 367, 382, 388, 391, 511-12, 563, 589
cientista normal, 367, *ver também* Kuhn, paradigma
cigana, 289, 294
cinzas, 301, 415, 435, 470, 478, 488, 490
Cipriota, 31
círculo, 48, 214, 218, 340, 408, 417, 453-54, 464-65, 476, 483, 535, 579, 613
civilização, 36, 171, 174, 192, 196, 226, 373, 402, 459, 530, 589
clérigo, 636
cobra, 21, 76, 213-14, 234, 237, 240, 243, 269, 395, 398, 426, 643
Codex, 544, 616
coisas determinantes, 52
coletivo, 19, 23, 152-53, 155, 161, 232, 411, 493, 565, 602, 621, 636
coletor de impostos, 552
comandado pela novidade, 123
combate, 181, 186, 188, 191, 221, 269, 281-82, 303, 356, 444
comboio, 70, 486
comida, 20, 29, 69, 72, 74-75, 77-78, 251, 259, 296, 345, 483, 512, 616
complexo, 40, 65, 72, 78-79, 91, 94-95, 112, 115-16, 123-25, 137, 157, 161, 168, 222, 224, 228, 235, 237, 271, 284, 301, 315, 373, 406, 413, 443-44, 449, 488-90, 550, 563, 572, 576-77, 580, 593-94, 597, 667
comporta, 307, 391
comunicação, 18, 38, 115, 117-18, 121, 123, 125-28, 131, 134, 136, 149, 221, 231, 262, 274, 286-87, 300, 316, 329, 336, 360, 372-73, 384, 431, 537, 561
comunista, 488, 495, 500-01, 667, *ver também* camarada, ideólogo
Conde, 289-91
condição de experiência, 231
conflito, 42, 77-78, 82, 96, 133, 143, 156, 162, 170, 187, 197, 199, 218, 264, 274-75,

276-78, 281, 328-29, 356-58, 360, 373, 377, 396, 407, 429, 433-34, 455, 473-74, 481, 499, 507, 543, 549, 556, 588-89, 602-03, 608, 611, 640, 650, 658
confusão, 18, 40, 52, 57, 347, 357, 367-69, 503, 525, 608, 610, 648, 661
Congresso, 500, 567
conhecedor, 52, 126, 150, 161-62, 169-71, 175, 184, 186, 214, 219-20, 224, 530, *ver também* consciência
conhecendo, 453
conhecido, 31, 36, 44-45, 49, 51-52, 61, 68, 76, 83, 89-90, 92, 95-96, 121, 130, 150, 162-63, 165, 168-71, 174-76, 182, 184, 196, 198, 207, 213, 215, 219-20, 224-25, 239, 248, 251, 259, 261, 266, 271, 273, 275, 293, 308, 337, 347-49, 351, 353, 363, 380, 397, 400-01, 437, 443, 446, 465, 469-70, 496, 520, 530, 528, 535, 560, 569, 574, 587, 591, 601-02, 615-16, 618, 622, 628-29, 650, 652
conhecimento categórico, 151
conhecimento condicional, 51, 89, 225, 227, 392
conhecimento do bem e do mal, 39, 336, 403-05, 417, 422, 495, *ver também* Éden, queda, jardim, paraíso
conjunção, 106, 110, 146, 554, 582, 604, 613, 617, 622
conquistadores, 223
consagrado, 223
consciência, 16, 21, 23, 29, 34, 54, 87, 94-95, 116, 118, 124, 128, 135, 138, 142, 147, 149, 169, 172, 176, 178, 183, 189, 193, 204, 209, 211, 217, 226, 230-31, 240, 242, 266-67, 270, 303, 315, 336, 343, 347, 354, 365, 372, 377-78, 386, 388, 392, 402, 404-05, 409-14, 425-30, 433, 436, 440, 448-51, 458, 460-62, 467-68, 472-73, 475, 486, 492, 496-97, 507, 512, 520-22, 527-28, 533, 536, 542, 545, 554, 556-58, 571, 580, 599, 602, 604, 606-07, 611, 615, 632, 643, 646, 650, 661
consensualmente validável, 225
conservador, 84, 194, 286, 330, 470
conservadorismo, 360, 470, 477
constitutivo, 52, 155, 173, 370, 447, 577
consumatória, 62, 74, 79, 144, 382
contaminação da anomalia, 337, 402, 435, *ver também* morte
contaminado, 109, 404, 504-05, 595, 609
contaminado pela morte, 404
continuum, 74, 380, 633
Contos, 152, 169, 405, 609
contradictio, 342
convulsão, 96, 230-31, 641
Coreia, 286, 299
Coríntios, 525, 538
corpo-receptáculo, 251
corpus, 396, 587, 590
corrupção, 304, 379, 407, 462, 492, 496, 512, 595-96, 598, 619, 621, 652, 667
córtex, 91, 99, 112-14, 119, 144, 148
cortical, 92-93, 99, 112, 116, 119, 128
corvo, 575, 603
cósmico, 147, 436
cosmogonia, 176, 198-99, 212-22, 323, 392
cosmogônico, 36-37, 150, 163-64, 174, 176, 222-23, 235, 319
cosmos, 32-33, 36, 146, 150-51, 162, 164, 175, 182, 198-99, 211, 215, 219-23, 235-36, 253-54, 267, 272, 396-97, 406, 414, 419, 422, 425, 437, 466, 477, 521-22, 567, 630, 660
cuspidor de fogo, 250
cota de malha, 190
covardia, 447, 468, 471, 473, 481, 610-11, 635
crânio, 93, 191, 240, 243, 254, 559, 643
credulidade, 346
Creta, 243, 540
criação, 36, 52, 115, 146, 150-51, 163-64, 170, 172, 174-78, 180, 182, 192-93, 197-99, 208, 213, 215, 219, 222-23, 236-37, 240, 243, 251, 253, 262-63, 273, 293, 299, 330, 333, 356, 374, 385, 392, 397, 404, 408, 411, 414-15, 420-21, 423, 434, 437, 447, 450, 469, 472, 503, 535, 540, 553, 574, 588, 593, 599, 621, 625, 631, 638, 648-50, 663

criador, 177, 180, 186, 197, 204, 208, 219, 273, 388, 396, 414, 436, 491, 518, 613, 644, 663

criador do mundo, 25

criança, 28, 35, 61, 70, 129-30, 149, 152, 154, 229, 233, 236-37, 244, 256, 262, 265-66, 276-77, 282-83, 314, 317-319, 323, 403, 407, 409, 414-15, 433, 457, 459, 461, 486, 499, 519-21, 523, 531, 543, 548, 613, 621, 624-25, 630, 632, 638, 649, 652

criativo, 25, 52, 102, 149, 163, 169-70, 180, 182-83, 192, 194-95, 197-98, 200, 204, 232, 249, 251, 254-55, 263, 266-68, 270-71, 288, 299, 302, 318, 329-30, 332, 352, 355, 372, 388, 390-91, 396, 417, 438, 449, 458, 495, 517-18, 526, 528, 531, 535, 543, 555-56, 597, 621

criativo/destrutivo, 192, 255

criminoso, 34, 244, 378

crise, 12, 67, 189, 256, 268, 356, 367-68, 390, 392, 395, 401, 406, 496, 636, 644, 658, 670

Cristandade, 562, 584

cristão, 11-12, 33, 198, 232, 259, 263, 278, 316, 379, 417, 428, 438, 444, 448, 454, 510, 518, 539, 541, 558, 587, 595, 597-98, 630, 635, 657

cristãos, 164, 178, 232, 271, 348, 350, 422, 442, 541, 566, 605, 644, 669

cristianismo, 33, 40, 173, 195, 218, 315, 379, 441-42, 444, 446-49, 536, 541, 586, 591, 605, 619, 621-22, 635, 648, 661

Cristificação, 642

Cristo, 21-22, 164, 173, 191, 207, 218, 223, 232, 235, 247, 259, 263, 271-72, 278, 295-96, 344, 347, 398, 410, 422-23, 425, 429, 442, 446-48, 450-51, 465, 472, 515, 516-17, 524-25, 530-31, 533, 536, 538-42, 544-45, 547, 550, 552-54, 557-59, 562, 569, 581, 584, 586, 598, 600, 603, 606-07, 612, 619-22, 630, 634-35, 642-45, *ver também lápis*, pedra

croata, 156

crocodilo, 241, 244

Crono, 281

crucificação, 458, 542, 630

crucificado, 21, 170, 398, 423, 642

cruel, 151, 253, 256, 260, 313, 437, 471, 477, 501, 513, 517, 561, 626, 633

crueldade, 24, 314, 401, 437, 451, 453-54, 463, 465, 477-78, 497, 499, 503, 514, 536, 610-11, 625, 630

ctônico, 395, 599

cultura, 11, 15, 25, 31, 36, 39, 45, 52, 78, 90, 136, 150-51, 154-55, 158, 163-64, 169-72, 174, 180, 184, 192, 196, 205-08, 217-19, 224, 227, 229, 232, 237, 239-41, 253, 273, 278, 280-81, 284-86, 287-89, 293, 299-300, 302, 306, 309, 318, 320-22, 325-26, 328, 330-31, 336, 338-39, 344, 347, 352, 355, 357-58, 365, 370, 373-74, 378, 382-83, 388-89, 391-92, 396-97, 401-02, 405, 430, 436-37, 441, 459, 461-63, 467, 517, 521, 529-30, 531, 534-35, 537, 540, 549-50, 555, 562, 600, 608, 628, 647, 649, 657, 662, 668, *ver também* sociedade

culturalmente determinado, 137, 284, 300, 319, 365, 463, 600

curiosidade, 49, 51-52, 75-76, 85, 95, 97, 99-100, 104, 109, 117, 127, 165, 217, 226, 229, 261, 276, 316, 389, 404, 414, 425, 428, 579, 588, 655

czar, 494

czarista, 493

D

Dachau, 70

Dahaka, 212, 221

dança, 134, 224, 315-16, 414-15, 482

Daniel, 273, 616

Danielyan, 501

Dante, 46, 442, 578

Darwin, 389

Darwiniana, 280, 525

darwinista, 529, *ver também* adaptação, evolução

David Hume, 71

Davidson, 74, 95, 119, 121

decadência, 200, 240, 383, 402, 414, 416, 436-37, 439, 464, 470, 476, 496, 508, 503, 515, 517, 580, 635, 652 decadente, 249, 312, 435, 457, 463, 469-71, 475, 640, *ver também* adolescente, engano, negação, fascista, mentira, autoengano

Decálogo, 527, 542, *ver também* lei, Moisés

decepção, 76, 225, 233, 242, 354, 438

declarável, 365, 393, 535, *ver também* processual

decrepitude, 306, 437, 439, *ver também* senilidade, senescente

degeneração, 201, 332, 367, 379, 383, 401, 409, 414, 436, 451, 457, 463, 469, 597, 651-52, *ver também* desintegração, descida, dissolução

deidade, 37-38, 150, 164, 171-72, 177, 179-81, 192, 195, 200, 206, 215, 254, 259, 270-71, 278, 304, 321, 442, 444, 449, 542, 545, 574, 595

deidade solar, 150, 271, 542

Delacroix, 445

demiurgo, 176-77, 425, 442, 613

demoníaco, 21, 231, 398, 420-21, 471, 650

demônios, 110, 147, 174, 188, 217, 221, 255, 350, 385, 446

denúncia, 446

dependente, 29, 78, 105, 139, 170, 184, 277, 285-86, 318, 340, 383, 410, 416, 438, 543, 557, 643

deprimido, 21, 403

desastre natural, 351-53, 356, 425

Descartes, 32, 566

descendente, 309, 420, 523, 563

descida, 48, 67, 88, 101, 145, 195-96, 199, 201, 269, 272, 295, 308, 321, *ver também* desespero, submundo

descontextualizado, 96, 362

desejo, 17-18, 24, 41, 48, 70, 73-74, 77-78, 94, 98, 122, 132, 135, 137, 145, 206, 227-28, 237, 239, 246, 248, 277, 283, 286, 289, 319, 321, 325, 367, 372, 375, 378, 383, 390, 407, 420, 426-28, 439-40, 447, 449, 451, 455-56, 460-62, 464-65, 467-68, 471, 476, 485, 487, 491, 503-05, 513, 524, 549, 554, 586, 588, 592, 601, 611, 627, 634, 637, 645, 650, 645, 650-51, 666

desencarnado, 431

deserto, 21-22, 247, 296, 305, 381, 398, 429, 494, 523-25, 533-34, 540, 542, 636

desespero, 185, 314, 336, 367, 399, 453, 456, 465, 483, 489, 496, 500, 575, 608, 634, 652, *ver também* descida

desespero existencial, 336

desestabilizar, 337, 399

desinibir, 372

desintegração, 48, 67, 88, 101, 145, 199, 201, 234, 269, 272, 322, 389-90, 392-93, 399, 416, 434, 517, 580, 594, 597, 600, 608, 615, 622, 661, 669, *ver também* dissolução

desintegrado, 313

desmembramento, 243, 392, 395, 467

desonesto, 151, 463, 469

desordenado, 380

desregulação, 52, 78, 275, 277, 360, 447

desregulação emocional, 52, 277

dessiatinas, 375

destilado, 346

destino, 46, 52, 150, 170-71, 179, 184, 186-90, 207, 210, 221, 256, 350, 377, 391, 397, 400, 428-29, 432-33, 456, 480, 482-84, 487, 494, 497, 529, 541, 581, 599, 602, 608, 627, 630, 644

destruição, 16, 32, 42, 146, 151, 170, 172, 174, 177, 184, 208, 221, 236-37, 240-41, 243, 260, 262, 289, 319, 401, 414, 423, 425, 437, 451, 456, 472-73, 477, 484, 487-88, 509, 517, 528, 531, 600, 636, 641, 648, 666-67

destruidor do mundo, 161

deus 37, 52, 124, 147, 151, 164, 176-77, 180, 182-187, 189, 194-95, 196-99, 204-05, 211-13, 238, 255, 259, 271, 273-74, 281-84, 292, 305, 308, 330, 356, 372, 377-78, 396, 410, 425, 458, 524, 529, 567, 575, 613, 618, 663

Deus, 21, 25, 29, 32-36, 45, 48, 59, 88, 144, 147, 164, 173-74, 176-78, 188, 199, 207, 209, 218, 227-28, 246-47, 251, 271, 273, 286, 300, 303-07, 316, 318, 326, 330, 351, 354, 374, 379, 385, 404-05, 407, 409, 411-13, 417-18,

420, 423-24, 426, 430, 432, 435-36, 439, 442, 444-47, 450-51, 465-66, 475, 489, 492, 501-02, 506, 509, 518, 523-27, 539-40, 544-47, 552-56, 560-61, 567, 574, 580, 584, 590-91, 594-95, 603, 605, 616, 620, 625, 630-32, 635, 638, 642, 650-51, 659-60
deus sol, 52, 151, 176, 183, 185, 187, 189, 204, 274
deusa, 36, 150, 163, 169, 176-77, 179, 184, 193-94, 234, 241-43, 250, 254, 260, 284, 410
devorador, 242, 306
devoradora de almas, 471
devorar, 182, 487-88, 495, 606
Diabo, 444-45, 449, 624
diabo, 14, 25, 31, 36, 42, 152, 232, 244, 258, 437-38, 440-43, 447-48, 474, 482, 501, 508, 575, 603, 626, 628-29, 668, *ver também* espírito aéreo, arrogância, decadente, engano, decepção, negação, fascista, autoengano
dialética, 509
Diane, 20
Didymos, 652
difamação, 387
diferenciado, 118, 182, 194, 210, 228, 388
dilema, 82, 100-01, 141, 165, 455, 656
dilúvio, 182, 289-90, 436-37, 502, 518
direito, 15, 19, 33-34, 65, 81, 91, 119-22, 125-27, 149, 198-99, 204, 231, 294, 326, 343, 355, 365, 372, 392, 532, 658, 666
direitos individuais, 347, 374
direito intrínseco, 34, 372
diretor, 13, 61
disciplina, 15, 30, 302, 311, 314-16, 333, 368, 417, 433, 471, 476, 488, 557, 588, 648, *ver também* aprendizagem
discípulos, 296, 506, 541-42, 544, 546-47, 551, 558, 642, 652, *ver também* adolescente, aprendizagem
dissidência, 151
dissolução, 24, 41, 47, 67, 146, 214, 218, 237, 251, 260, 266, 268, 290, 326, 357-58, 360, 381, 391-95, 401, 457, 480, 487, 498, 502,

509, 515, 586, 588, 600-04, 608, 616, 640, 659-60
ditadores, 299-300, 378
divindade, 195, 235, 299, 425, 458, 566, 580, 588, 622, 634-35, 649-51
divino, 25, 151, 173, 176, 198, 201-02, 208, 222, 236, 255, 260-61, 269, 283, 287, 355, 386, 402, 410, 431, 437, 446, 458, 498, 516, 537, 545, 556, 558, 580, 594, 613, 622, 642-43, 648-50, 658
Dixit, 534
dízimo, 553
Dobbs, 590-91
doença, 69, 156, 232, 242, 244, 293, 335, 345, 375, 384, 389, 400-01, 408, 415, 428, 437, 439, 454, 471, 496, 517, 583, 628, 630
dogma, 169, 259, 272, 311, 329, 383, 393, 444, 501, 586, 589, 592, 597-98, 620, *ver também* segurança
dogmático, 543, 593
dominância, 137, 139, 244, 263, 279, 284, 347, 380-82, 440, 549-50, 584
domingo, 374, 491
domínio, 15, 24-25, 29, 33, 36, 38-39, 44-45, 49, 51-52, 56, 86, 89-90, 95, 97, 101, 122, 128, 142, 148-49, 153, 165, 169-70, 174-76, 178, 184, 188, 195-202, 217, 223-24, 227-28, 232-35, 238, 253, 263, 273, 280, 283, 311, 319, 321, 324, 327, 330, 338, 342, 356-57, 362, 365, 367-68, 370, 372, 391-92, 395-96, 400, 411, 419, 458, 463, 466-67, 504, 513, 526, 531, 550, 554, 557, 565, 574, 583, 587, 601, 609, 612, 650, 652
domínio do conhecido, 45, 49, 51-52, 95, 176, 253, 273, 587
domínio do desconhecido, 51-52, 90, 165, 233, 419, 601
donzela, 267, 295, 582
dor, 76, 78, 84, 113, 169, 233, 242, 277, 293, 370, 375, 379, 385, 406, 415, 433, 448, 459, 464, 478, 488, 492, 502, 509-10, 525, 530, 606, 623, 630, 650

Dorn, 560, 603, 617, 619

Dostoiévski, 41-42, 232, 326, 377-78, 389, 528, 531, 534, 557, 624, 630, 657, 659, 660

Douglas, 363

Draco, 215

dragão, 150-51, 164, 169-70, 177, 184, 188, 190, 192, 212-15, 217-19, 221, 250, 252, 261, 266, 268-71, 291, 300, 308, 356, 368, 395, 397, 400, 419, 421, 423, 426, 437, 452-54, 467, 477, 479, 504-05, 569-70, 574, 594-95, 601, 612, 614-15, 617, 622, 649, 663, *ver também* diabo, serpente, cobra

dragão do caos, 52, 151, 172, 208, 221, 252, 266, 291, 308, 350-51, 353, 356, 368, 397-98, 400, 406, 419, 421, 423, 425, 467, 477, 504-05, 574, 594-95, 612, 614, 622, 663, *ver também* elemento constitutivo da experiência

drama, 24, 27, 43, 80, 133-37, 149-50, 155, 171, 182, 207, 254, 260, 262, 356, 360, 384, 535-36, 565, 610, 635, 647, 652, 656

dramático, 132-33, 193, 320, 353, 431, 477, 534

Durga, 254, *ver também* Kali

dúvida, 13, 16, 53, 55, 76, 86, 116, 136, 178, 228, 236, 242, 340, 369, 427, 443, 456, 536, 563, 587, 610, 624, 634, 655

E

Ea, 182-85, 188, 191

Eclesiastes, 46

economia, 73, 655

Éden, 172, 404-05, 408, 411, 433, 442, 446, 468, 475, 540, 643

Édipo, 381, 563

Edmonton, 16

Edom, 304

EEG, 93

egípcio, 31, 160, 195, 198, 204, 206-07, 215, 221, 271

egípcios, 176, 195, 198-99, 204, 206, 221, 373, 524, 541

Egito, 21, 199, 204-05, 215, 221, 271, 305, 325, 420, 523-24, 540-41

ego, 107, 169, 380, 422, 473, 599, 607, 612

egoísmo, 472, 610, 634

egoísta, 634

Einstein, 341, 369, *ver também* Hawking

einsteiniana, 141

Ekibastuz, 512

El, 281

elemento constitutivo da experiência, 173, 447, *ver também* conhecedor, conhecido

elementos, 25, 44, 52, 54, 56, 84, 89, 93, 105, 117, 121, 131, 133, 142, 144, 147, 150-51, 155, 161-62, 171, 173, 193, 196, 199, 207-09, 212-13, 218-19, 226, 237, 260, 270, 282, 288, 313, 359, 381, 389, 396, 401, 404, 406-08, 413, 422, 438, 456, 467, 469, 475-76, 480, 522, 572, 583, 588, 602-03, 608-11, 613-14, 621, 665

Eliade, 36, 48, 62, 139, 146, 194-95, 196, 198, 205, 220-21, 235, 281, 287, 323, 392, 395, 444, 450, 580-82, 589, 596, 656

Elias, 303, 542, 551

Eliot, 386, 429, 525

Eliseu, 551

Eliun, 281

Elizabeth, 299

Ellenberger, 231, 389

emissário, 271, 517

emoção, 18, 25, 29, 31, 51, 54, 61, 79, 90, 95, 99, 106-07, 111, 114, 120, 134, 147, 169, 180-81, 233, 273, 278, 282, 286, 311, 335, 337, 346-47, 350-51, 353, 360, 573, 579, 601

empatia, 126, 244, 439, 469

empiricismo, 149

empírico, 27-28, 35, 38-39, 164, 180-81, 225-26, 229, 240, 262, 280, 380, 386, 562, 573, 585, 589, 595, 607, 639, 647

empunhando uma faca, 632

encapsulado em imagem, 336

encarnado, 113, 195, 250, 259, 355

encharcada de sangue, 254

enfraquecer, 184, 336, 352, 361, 507

engano, 364, 483, 499, *ver também* decadente, diabo, fascista, mentira

enganosa, 457
Enkidu, 450
En-lil, 37, 164-65, 176
enobrecedor, 630
enterrado vivo, 269
entretenimento, 155
entropia, 479
Enuma Eliš, 36, 150-51, 164, 174, 177-78, 182, 184-86, 189, 192-94, 196, 278, 282, 291, 450, 663, *ver também* Ea, Heidel, Marduk, Mesopotâmia, Suméria, Tiamat
epifenomênico, 413
episódico, 62, 128, 137, 168, 232, 280, 344, 347, 360, 372-73, 392, 579
equilíbrio, 61, 66, 137, 537, 548-49, 555, 611, 651, 661
equivalente a Cristo, 517
erótico, 244
erro, 36, 88, 96, 99, 101, 110-11, 224, 228, 259, 298, 379, 408, 412, 428, 436, 440, 442, 457, 462, 466, 509, 514, 549, 552, 558, 563, 570, 622-23, 634, 643, *ver também* ansiedade, novidade, ameaça, inesperado, imprevisível
Erzvater, 556
escada, 63, 87, 108, 144, 291, 632
escadas, 20, 58, 87, 291, 446
escandinavos, 222, 419
escatologia, 449
escola, 257, 403, 520
escorpião, 184, 188, 237, 464
escravidão, 316, 345, 485, 510, 523, 540
escravo, 308, 471, 527, 627
escribas, 539
esférico, 218
esfinge, 242
Esharra, 191
espaçotemporal, 141-42, 148-49, 211
espada, 216, 270, 295-97, 303, 353, 360, 433, 569, 575, 640
espagírica, 588
espanhola, 473, 531
Espantalho, 289-91

esperança, 52, 58, 61, 63, 66, 75, 78, 85-86, 88, 95-96, 100-01, 104, 117, 119, 122, 162, 185, 229, 233-34, 237, 245, 252, 262, 267, 269, 278, 314, 332, 343-44, 366, 369, 397, 402, 407, 427, 456, 464, 466, 472, 483, 484-85, 496, 498, 502, 507, 509, 535, 573, 581, 589, 623, 634-35, 641, 649-50
Espírito Aéreo, 444-45
espírito da racionalidade descontrolada, 425
esqueleto, 392, 417
esquema, 27, 45, 105, 109, 124, 128, 136, 138, 142, 146, 148, 161, 220, 226, 229, 251, 255, 272, 316, 328-29, 353, 381-82, 424, 462, 503, 535, 593, 609, 657
esquema interpretativo, 27, 105, 226
esquemas, 54, 98, 118, 124, 126, 130, 135, 148, 163, 206, 225, 262-65, 274, 276, 280, 282, 317, 319, 327, 335, 344, 361, 435, 452, 519, 573
esquizofrenia, 104, 230, 584, 615
esquizofrênico, 230, 626, 627, 629
estágio, 42, 83, 100, 122, 129, 132, 137-38, 230, 405, 459, 536, 597, 603-04, 611, 617-18, 626, 636, 647
estático, 293, 413, 424, 438, 443, 455, 503, 538, 557
estatuetas, 251
estímulo, 28, 55, 60, 71-72, 84, 89, 93-95, 102-03, 106-07, 113, 122, 140, 148, 180, 529, 575
estímulos, 74-76, 80, 82, 94, 102-03, 105, 107, 124, 180, 252
estoicismo, 315
estrangeiro, 110, 147, 156, 169, 217, 220-24, 336, 350, 352, 357, 359, 365, 374, 381, 440, 447-49, 468, 494, 527, 552, 565
estranho, 18, 22, 39, 56, 90, 140, 169, 175, 217, 244, 258, 283, 336, 348, 351, 356, 359, 370, 382, 387, 392, 400, 437, 447, 460, 464, 468, 474, 477, 496, 545, 574, 585, 613, 641, 665, 667
estrela polar, 421
estripado, 269

estupefato, 652
ética, 140-41, 272, 347, 384, 513
Euclides, 340, 342
euclidiano, 341
Eureka!, 526
Europa, 286, 374, 384, 452, 584, 591
europeu, 315-16, 592
Eva, 244, 413, 428, 430, 434, 442, 559, 586, 643
Evangelho, 542-45, 570, 634-35, 652
evidente, 41, 65, 80, 116, 134, 153-54, 177, 197, 205, 211, 225, 241, 291, 319, 341, 352, 380, 403, 452, 465, 479, 492, 498, 542, 554, 566, 573, 580-81, 598, 604, 609, 621, 638
evolução, 42, 112, 116, 118, 128, 329-30, 411, 429, 432, 479, 528, 647
evolucionária, 12
executivo, 299, 654
exemplar, 62, 145, 160, 174, 282, 287, 620, 643
existencial, 13, 40, 70, 246, 324, 336, 347, 351, 357, 370, 372, 390-91, 399, 407, 432, 452, 535, 647
Êxodo, 330, 523-27, 540-41, 544
experimental, 29-30, 32, 34, 39, 72, 95, 105-06, 127, 146, 162, 180, 260, 262, 336, 353, 563-64, 628
explícita, 33, 38, 79, 102, 115, 123, 125, 130-31, 134, 136-38, 167, 178, 193, 195, 229-30, 262, 303, 330, 335, 346-47, 361, 372, 425, 438, 449, 469, 495, 522, 526-27, 539, 541-42, 557, 584, 639, *ver também* memória declarativa, implícita
exploração criativa, 25, 52, 112, 116, 125-26, 138-39, 166, 341, 439, 446, 462, 556
explorado, 25-26, 34, 45, 52, 56, 60-61, 83, 89, 95, 97, 100, 102, 107-09, 119-20, 126, 130, 162-63, 165-66, 169, 171, 174-75, 207-08, 213-14, 217-19, 231, 227, 234, 262, 264, 273, 351, 388, 394, 399, 403, 418, 423, 425, 464, 466, 470, 479, 560, 572, 574-75, 577, 595
exposição, 25, 49, 75, 93, 103, 106, 109, 118, 131, 155, 243, 252-53, 260, 285-86, 317, 320, 325, 331, 354, 370, 380, 393, 401, 407, 458, 470, 504, 515, 517, 640, 651, 657

exposição voluntária, 253, 260
expulsão do paraíso, 403, 605
Ezequiel, 221, 446

F
faca, 140, 241, 365, 454, 631
falha, 14, 117, 226, 325, 349, 365, 401, 415, 462, 481, 494, 503, 515, 573, 593, 612
fálicos, 243
Falike, 495
família, 11, 13, 66, 80, 113, 120, 180, 219, 268, 276-77, 285, 303, 314, 326, 347, 403, 415, 483-84, 541, 569, 625
familiar, 12, 56, 68, 76, 83, 87-88, 90, 92, 96, 100, 103, 109, 119, 122, 142, 145, 149-51, 156, 160, 163, 166-67, 173-76, 190, 204, 207, 217-18, 225, 238, 253, 276, 301, 312, 351, 368, 389, 394, 396, 403, 416, 418, 425, 435, 464, 467, 561, 574, 610, 648, *ver também* território explorado, ideologia, conhecido
fantasia, 23, 45, 57, 61-63, 79, 86-87, 92, 120, 122, 127, 132-34, 168, 228, 232, 237, 338, 352, 356, 362, 366, 384, 406, 421, 443, 448, 463, 508, 564-65, 568, 579, 584, 587-89, 598, 600, 603, 629, 647-48, *ver também* imaginação
fantasmas, 221, 241
faraó, 160, 176, 198-99, 204-06, 221, 241, 271, 523, 541
fariseus, 296, 539, 544, 546-47, 552-53
fascinação, 22, 134, *ver também* curiosidade
fascinado, 414, 441
fascínio, 132, 237, 239, 287, 587, 599, 614
fascismo, 40, 436, 463, 469, 476, 517
fascista, 367, 401, 435, 469-70, 475-77, 478-79, *ver também* autoritário, campo de concentração, engano, negação, mal, decadente, mentira, autoengano, tirania
Fausto, 152, 442, 439, 445, 451, 528, 636, *ver também* Mefistófeles
fé, 14-15, 32, 40, 80, 136, 153, 157, 245, 247, 266, 279, 339, 341, 360, 369-70, 377, 381, 383, 385-86, 400, 402, 430, 436, 451, 456, 468,

470-71, 495-96, 498, 500, 502, 504, 506, 518, 529, 532, 546, 552, 581, 599, 603, 613, 616-17, 620, 623, 626, 630, 634, 647, 650
fecunda, 214, 236, 242, 246, 308, 600
fêmea, 164, 235-36, 242, 408, 618
feminino, 31, 37, 52, 150, 164, 170, 177, 182, 214, 218, 230, 234, 236, 240-42, 260, 266-67, 290, 319, 410, 476, 524, 559, 599, 608, 614, 636
Fenícia, 281
fenício, 281
fenomenologia, 23, 82, 90, 110
fenomenológico, 167, 174, 574
ferramenta, 111, 162, 209, 243, 295, 311, 333, 338, 365, 430, 436, 442, 572, 631
ferro, 216, 291, 294-95, 374, 524, 532, 576-77, 595
ferrovia, 81
fertilidade, 196-97, 234, 236, 251, 254, 287, 355
festival, 186, 194, 254, 437
feto, 236, 244
fevereiro, 496
filho divino, 25, 150-51, 173, 201-02, 208, 260, 594
filhos de Deus, 32, 435, 450
Filo de Biblos, 281
filogênese, 237, 444
filogenética, 57, 403
filogeneticamente, 78, 92, 128, 231, 426
filosófico, 30, 36, 259, 431, 481, 560, 597, 619, 625
filósofo, 129, 303, 338, 342-43, 379, 391, 428, 563, 566, 675
firmamento, 177
Fludd, 591
fluxo, 62, 111, 174, 258, 286, 436, 462, 475, 510, 516, 557, 577
fogo, 22, 116, 166, 183, 188, 190, 216-17, 222, 237, 243, 250, 261, 269, 289, 304, 321, 395, 482, 490-91, 514, 517, 532, 562, 569, 572, 595, 600, 603, 606, 616, 644
fomentado por grupos, 12

fonte, 18, 25, 52, 96, 109, 117, 150-51, 165, 169-71, 175, 177, 179, 192, 207, 211, 214-15, 218, 225, 227-28, 235-36, 239, 245-47, 250-51, 283, 286, 294-95, 298, 317, 322, 330, 349, 352, 368, 370-71, 385, 392, 394, 408, 413, 415, 419-20, 424, 427, 429, 436, 444, 459, 463, 467, 471, 480, 522, 525-26, 529, 537, 549, 563, 580, 593, 595, 602, 614, 618-19, 640, 642-43, 649, 663, 668-69
forjador, 596
forma de onda, 93-95
instância, 228, 286, 300, 309, 313, 385
instância de ação, 24-25, 27, 52, 68, 150, 171, 324, *ver também* lugar de coisas
francês, 46, 154, 563, 566
Frankl, 70, 497, 511, *ver também* existencial
Frazer, 355, 436
Frazier, 152
Freud, 23, 134, 261-62, 285, 381, 385, 389, 422, 466, 563, 647
freudiano, 244, 563
frontal, 119, 121, 125, 148
fruta, 250, 424
Frye, 46, 144, 269, 294, 299, 345-46, 355, 386, 411, 419, 446, 509, 521-24, 536, 538, 542, 600
futebol, 339
futuro ideal, 48, 51, 56, 66-67, 77, 80, 86, 88-89, 92, 98, 101, 143, 145, 149, 189, 193, 203, 219, 272, 329, 348, 366, 395, 426, 498, 539, 622, *ver também* objetivo, presente insustentável

G
Gabricus, 613-16
Galileia, 550-51
Galileu, 33
ganância, 244, 380, 492, 608, 610, 634
Ganges, 428
garbapatya, 222
gatilhos, 102, 364
Gautama, 414-17, 428, 451, 644, *ver também* Buda
Geb, 176
gêmeos, 119-20, 174, 200, 437, 440, 458

Gênesis, 12, 144, 164, 177-78, 219, 295, 401, 409, 411, 417-18, 424, 428, 430, 433-34, 540, 556, 586, 619, 642

gênio, 117, 189, 253, 262, 307, 314, 447, 451, 517, 529, 534, 554, 667-68

genital, 245, 251, *ver também* Éden, Gênesis, paraíso, serpente

genocida, 481

geometria, 339-42

gerador do mundo, 292

ghora-rupa, 254

gigante, 169, 363

Gilgamesh, 450

gnomo, 256

gnóstico, 230, 232, 436, 442

Gnóstico, 554, 613

Goethe, 426, 442, 451, 563, *ver também* Fausto

Gogol, 375

Goldberg, 54

górgona, 242-43, 254, 269, *ver também* serpente, cobra

Gorion, 556

Gorka, 481

gótico, 244

graduação, 13, 628, 632

gramática, 313, 639

Grande Inquisidor, 531-32

grávido, 309

greco-romana, 250, 639

grego, 31, 46, 181, 243, 271, 281, 363, 518, 540, 642

gregos, 164, 271, 348, 377, 528

Grigory, 511-12

Grigoryev, 511-12

Grimm, 293

guerra, 12, 16, 20-21, 24, 66, 82, 147, 155, 181, 183, 186, 199-200, 202, 232, 241-42, 244, 263, 268, 274, 277, 279, 281, 297, 308, 350, 358-59, 374, 377, 381, 403, 435, 440-41, 444, 477, 481, 491, 494, 496-97, 603-04, 608, 616, 629, 636-37, 640, 655, 658, 665-67

guisa, 565

H

habitantes, 156, 199, 241, 291, 312, 392, 421, 444

hábito, 319, 324, 375, 380, 454, 458, 485

habituação, 105, 156, 166, 233, 242, 253, *ver também* aprender

habitualmente, 45, 294

Hades, 478, 615, *ver também* inferno

Halgren, 94

Hamlet, 134, 377-78

Harforetus, 616

Hawking, 577

Hebreus, 221, 303, 523-24, 528

Heidel, 186

Heisenberg, 369

Helenístico, 560

heliocêntrico, 33

Heliópolis, 176

hemisfério, 68, 119-22, 125-27, 149, 231

hemisfério direito, 68, 119-22, 125-27, 149, 231, 392, *ver também* hemisfério esquerdo

hemisfério esquerdo, 68, 120-22, 126-27, 231, *ver também* hemisfério direito, linguagem

Heráclito, 411

hereditário, 152, 403, 444

herege, 351, 532, 552

herético, 21, 367, 469, 598

hermafrodita, 177, 212

Hermes, 575

hermetismo, 562, 591

Hermópolis, 176

herodianos, 552

herói ancestral, 295, 515

herói cultural, 260, 515, 529, *ver também* Buda, Cristo, Hórus, Marduk

herói sol, 271, 356

hicsos, 221

hidra, 381

hierarquia, 57, 127, 137, 143, 146-47, 161, 181, 195, 200, 205, 255, 263, 284-85, 294, 302, 311, 317, 332, 344, 358-59, 363, 366, 369, 372-73, 380-82, 397, 399, 402, 442, 444, 447,

484, 513-14, 527, 549-50, 575, 600, 604-05, 617, 647
hierarquia de dominância, 263, 284-85, 381-82, 549
hierodula, 194-96, 201, *ver também* prostituta
hierogamia, 213
hieros gamos, 37, 164, 176, 194, 196, 636
Hillebrandt, 212
Hindu, 156, 243
hipocampo, 92, 94, 98-99, 127-28, *ver também* amígdala, afeto, memória
hipocrisia, 379, 444, 501
hipopótamo, 240
hipótese, 23, 31, 68, 87, 89, 98, 120, 122, 152-53, 162, 189, 230, 236, 260, 262, 265-66, 278, 284, 373, 385, 412, 428, 449, 534, 567, 577, 584, 604, 635
hipóteses, 31, 59, 89, 98, 120, 133, 166, 169, 271, 361, 372, 385, 487, 529, 564, 566, 585, 599, 639
história de vida, 147
hitita, 212, 281-82
Hitler, 81, 300, 439, 473
Hofstadter, 363
Holocausto, 439-40, 487, 654-56
homem-escorpião, 184
homeostase, 77
Homo sapiens, 91, 116-17, 154, 174, 229, 237, 239, 266, 271, 360, 371, 373, 384, 404, 530, 576, 597
homúnculo, 113-15, 588-89
homúnculos, 113
Honda, 632
honesto, 254, 461, 468, 497, 634
honrado, 474
horrível, 17-18, 20, 109, 254, 385, 427, 454, 457, 502, 536, 598, 630-31, 636
Hórus, 199, 201-06, 241, 260, 299, 332-33, 410, 513
Hosana, 531
hospital, 81, 105, 626-29
Hóstia, 259, 424
hostil, 108, 200, 277, 308, 403

Housmann, 46
Hubur, 187
humanidade, 106, 150, 167, 181, 184, 215, 237, 239, 264, 268, 282, 289, 325, 371, 385, 409, 431, 436-37, 442, 449, 451, 471-73, 487, 492, 514-15, 524, 530, 533, 536-37, 541, 558, 562, 603, 627, 630, 637, 643-44, 647, 653, 663-64
Hume, 71
humildade, 47, 227, 259, 446-47, 468, 503
humilde, 25, 254, 259, 268, 290, 294, 308, 439, 522, 561, 594, 624
hurrita, 281-82
Huston, 303
Hypistos, 281

I
I.N.R.I., 517
Iahweh, 21, 144, 182, 192, 215, 221, 261, 303-06, 330, 418, 430, 433, 526-27, 544
ícone, 29, 234
id, 169, 244, 422
idade adulta, 237, 311, 523, 555
ideia, 14, 19, 22-23, 33, 46-48, 129, 134, 144, 149, 151, 153, 164, 180-81, 185, 194-95, 197-98, 200, 204, 210, 217, 231-32, 234, 253-55, 257, 259-60, 265-66, 271, 279-80, 334, 336, 351-52, 354, 356, 358, 360-61, 363, 365, 371, 373-74, 376, 387, 389, 400, 405, 413, 424-25, 432, 441-44, 447-49, 455, 472-75, 482, 502, 504, 508, 513-14, 539, 558-59, 561, 563-65, 566-69, 581-82, 588-89, 591, 599-600, 602, 606-07, 609, 612-14, 619, 626, 630, 636, 638-39, 644
ideia estranha, 336, 351-52, 447
identidade, 25, 45, 210, 231, 236, 239, 255, 271, 286, 311, 325-26, 332-34, 336-37, 350-52, 357, 366, 377, 380, 390, 396-98, 402, 406-07, 410, 423, 458-59, 462, 466, 469, 481, 484, 509, 515, 518, 537, 539, 541, 570, 583, 598, 651, 659-61, 665-67
identidade social, 286, 336, 484, 509
identificação, 15, 25-26, 38, 97, 119, 178, 194, 196, 242, 244, 253, 255, 259, 271-73, 283,

286, 309, 317-20, 326, 329, 332, 341, 347, 354, 357-58, 400, 425, 436, 446, 448-50, 452, 456-57, 459, 462-69, 492, 498-99, 503, 513, 515-16, 531, 539, 541, 543, 561, 570, 575, 582, 586, 588, 597, 603-06, 608, 622-23, 630, 640, 650-52
ideologia, 13-15, 313, 345, 347, 502, 596, 665, *ver também* autoengano, tirania
ideológico, 345, 387
ideólogo, 502, 515, *ver também* campo de concentração, comunista, decadente, fascista, mentira, autoengano, tirania
ídolo, 29, 230, 381
idoso, 414, 555, 652
Ilha melanésia, 241
Illuyanka, 212
iluminado, 169, 553, 644
ilusão, 33, 62, 375-76, 454, 522, 558, 599, 607, 647
imagem, 13, 18, 20, 22, 26-27, 44, 46, 55, 57, 59, 61, 63-64, 77, 86, 99, 104, 121, 126, 128-29, 139, 141, 151, 164, 176, 197, 213, 230, 237, 241, 249, 251, 254, 259, 266-67, 271, 273, 314, 330, 335-37, 339, 346, 349, 360-62, 372, 388, 398, 402, 421, 437-38, 441, 443, 446, 449, 476, 481, 483, 488, 490, 517-19, 527, 529, 535, 552, 556, 574, 578-80, 608, 613-14, 620, 635, 638, 644
imagética, 122, 129, 133, 168, 271, 280, 336, 340, 347, 360-61, 363, 384, 393, 398, 425, 445, 558, 583, 602
imagética/semântica, 280
imaginação, 19, 29, 31, 43, 63, 66, 86, 128, 130-31, 134-35, 157-58, 161-62, 168-69, 180, 206, 217, 219, 229-30, 232, 236, 239-41, 244, 250, 335, 343-44, 362, 365, 381, 383-84, 407, 412, 450, 454, 480, 482, 503-04, 507, 511, 513, 517, 519, 521, 526, 529, 538, 549, 564-65, 569, 575, 594, 598-99, 601, 606, 610, 628, 647, 656, 662, *ver também* fantasia, memória episódica
imitação, 25, 115, 129-37, 139, 148, 163, 193, 205, 227-28, 260, 263, 271, 278, 284-85, 290, 316, 322, 325, 329, 344, 366, 378, 424, 432, 496, 508, 513, 530-31, 551-52, 575, 613, 632
imitar, 123, 131, 139, 206, 223, 229, 454, 556, 606
imobilidade comportamental, 52
imolação, 459
imortal, 200-01 205, 218, 254, 288, 361, 377, 571, 580, 588
impedimento, 261, 307, 380, 393
imperador, 150, 164, 193-94, 204, 280, 308
implementos, 146, 381
imprevisível, 49, 54, 56, 61, 79, 82, 89, 93, 95-96, 99-100, 104-05, 107, 148, 171, 175-76, 193, 207, 218, 225-26, 233, 237-38, 245, 255, 266, 268, 306-07, 317, 331, 342, 359, 477, 470, 577, 625
imutabilidade, 566
inato, 132, 314, 318, 535, 550
incompatibilidade, 63, 87, 89, 99, 127, 262, 274, 277, 366, 579, 608
inconsciência, 124, 209, 244, 426, 472, 473, 606, 615
inconsciente, 23, 39, 83, 95, 99, 116, 124, 128, 130, 132, 134, 148-49, 152-53, 155, 157, 161, 168-69, 171, 228, 241, 256, 263, 266, 268, 314, 318-19, 324, 330, 336, 346, 358, 361, 365, 377, 380, 389, 408, 410, 421, 425, 429, 434, 442, 446, 452, 463, 466, 473, 517, 524, 545, 550, 555, 566, 568, 584-86, 598, 604, 608, 615, 620, 635, 642, 647, 659, 662, 668
Índia, 215, 223, 243, 251, 254, 436, 581
indiano, 581
indianos, 581
Índices, 112
indiferenciado, 208, 220, 235, 424
indisciplinado, 313-14, 435, 516
indo-europeu, 212, 221
Indra, 212-13, 221, 223
inefável, 236
inércia, 213, 398, 460, 505, 640
inesperado, 16, 47, 49, 58, 63, 66, 83-87, 89, 95-97, 99, 103, 105-06, 108-09, 117, 119, 122, 142, 202, 218, 225-27, 244, 248, 263, 325,

343, 353, 391, 404, 426, 508, 573, 611, *ver também* novidade, inexplorado, imprevisível
inexplorado, 25-26, 52, 56, 83, 88, 97, 106-07, 109, 120-22, 162-63, 165, 169, 171-72, 174, 193, 208, 213, 219, 237, 248, 284, 334, 343, 423, 467, 574, *ver também* novidade, imprevisível
infante, 301
infantil, 237, 292, 311, 317, 319-20, 322, 386, 394, 407, 416, 458-59, 472-73, 623, 648
infeliz, 255, 277, 293, 297, 306, 378, 405, 425, 427, 517, 530, 602
inferno, 25, 169, 232, 242, 269, 392, 421-22, 441-42, 447, 455, 469, 475, 482, 490, 498, 503, 508-09, 578, 606, 616, 635, 650
informação, 48, 55, 67, 79, 88-89, 96, 101, 122, 134, 144, 145, 147-48, 151, 217, 218, 225, 229, 235, 268, 272, 283-84, 286, 342, 361-62, 368, 396, 416, 427, 434, 448, 466, 501-02, 504, 516, 535, 539, 568, 570, 572-73, 593-95, 611, 622-23, 640
informação anômala, 48, 67, 88, 101, 145, 218, 272, 416, 501-02, 504, 539, 568, 570, 594, 622, *ver também* novidade, inesperado, imprevisível
informação latente, 148
inglês, 34, 46, 164, 350, 405
inibidor de ansiedade, 342
inibitório, 284
iniciação, 67, 152, 231, 318-21, 323, 325, 389, 392, 395, 421, 555, 593, 596, *ver também* descida, submundo
iniciatória, 323-24, 395
inimigo, 45, 69, 189-90, 239, 313, 315, 352, 420, 440, 448, 467, 492, 504-05, 514, 530-31, 550, 552, 556, 610, 613
injusto, 301, 455, 498
inocente, 297, 312, 407-08, 466, 487, 488, 630
insano, 16, 244
inseto, 237, 244, 394
integração, 66, 92, 124, 137, 205, 279-80, 320, 329, 370, 387, 393, 441, 500, 505, 525-26, 537, 609, 611-12, 616-17, 659

integrado, 137, 205, 274, 299, 329, 331, 335, 347, 358, 363, 387, 465, 608, 617, 621
integridade intrapsíquica, 510
intelecto, 343, 419, 444-45, 474, 563
intelectual, 14, 29-30, 53-54, 73, 379, 385, 418, 471, 563, 606, 634
inteligência, 92, 112-13, 118, 129, 131, 246, 249, 278, 334, 360-61, 626, 628
intermediário, 64, 72, 129, 131, 135, 196, 299, 396, 522
interrupção, 51, 74, 84, 325-26, 426, 499
intoxicação, 210, 513
intrapsíquico, 28, 42, 78, 96, 132, 151, 206, 275, 279, 288, 300, 329, 373, 381, 421, 431, 434, 440, 444, 480, 487, 525, 540, 592, 597, 601, 647
intruso, 414
inundação, 254, 268, 291, 391, 436-37
inundado, 134, 333, 518
iraniano, 212
irreconhecíveis, 125
Isaac, 294, 589
Isaías, 192, 220, 261, 446, 547
Ísis, 176, 195, 200-03, 205, 219, 241
islã, 218
Islândia, 222
isomórfico, 55
Israel, 303-05, 524, 528, 540-42, 551
israelitas, 21, 205, 305, 525-26, 540-41, 544
Itália, 300
Iugoslávia, 232, 487
Ivan, 531, 534, 624
Ivanovich, 511
Ivashev-Musatov, 496

J

Jacó, 295, 446
James, 22, 210, 367, 534
Japão, 300, 353
japonês, 154
jardim, 196, 319, 405, 408, 411, 413, 416, 418, 430, 433, 446, 539, 541, 569, 628, 643, *ver também* Éden, Gênesis, paraíso, serpente

Jasar, 346
javista, 177
Jean, 129, 217, 264
Jeremias, 221, 528
Jerusalém, 305, 528, 540-41
Jesus, 22, 164, 223, 293, 364, 446, 466, 506, 509, 517, 524, 536, 538, 540-42, 544, 546-47, 550-52, 556, 558, 562, 570, 600, 620, 635-36, 652
Jó, 216, 420, 540, 590, 603
jogar, 45, 132-33, 139, 294, 339, 395, 449, 484, 494, 519, 521, 650
jogo, 11, 18, 45, 64, 110-11, 129, 132-33, 136-39, 149, 212, 339, 367, 372, 415, 462, 494, 519-21, 544, 630-31, 665
Johannes, 566
joia, 250, 256, 257-58, 355, 484, 615
Jonson, 561
jornada, 46, 60, 202, 268, 270, 296, 299, 381, 396, 399, 417, 455, 471, 523, 605-06, 609, 611, 617
Joseph, 364, 548
Joyce, 22, 442
Judá, 303, 305, 528, 540
judaico-cristã, 34, 164, 178, 207, 347-48, 373, 417, 518, 522, 589, 658
judaísmo, 218, 444, 536, 541
Judas, 465
Juden, 556
judeus, 178, 271, 348, 477, 509, 517, 536, 541, 547
juiz, 22, 525, 530, 599, 613
julgamento, 22, 24, 39, 66, 99, 108, 194, 241, 303, 318, 321, 329, 343, 382, 387, 455-56, 468, 483, 525, 543, 631, 635
Julian, 356, 393-94
Jung, 19, 23, 30-32, 152-53, 161, 228, 230-31, 232, 268, 314, 320, 355, 365, 389, 411, 419, 425, 472-73, 480, 516-17, 529, 545, 562-66, 568, 574, 580, 585, 589, 594, 597, 599, 601-03, 606-08, 611-13, 614-15, 617, 619-20, 629, 636, 640, 642-44, 653, 656, 659, 668

K
Kaka, 187, 189
Kali, 243, 245, 254
Kant, 316
Karamazov, 624
Kazan, 500
Kemerovo, 512
Kepler, 33, 566
Khadira, 223
Khunrath, 562, 620
Ki, 37-38, 164, 176
Kingu, 184, 188, 191-92, *ver também* Enuma Eliš, Mesopotâmia, Suméria
Kishar, 182, *ver também* Enuma Eliš, Mesopotâmia, Suméria
Komsomol, 500, *ver também* aprendizagem, comunista
Kuhn, 64, 338, 341, 353, 367-69, 565, 568
Kumarbi, 281
Kundalini, 426
Kurtz, 420
Kypris, 31

L
labiríntico, 524
Lahamu, 182, 187, *ver também* Enuma Eliš, Mesopotâmia, Suméria
Lakoff, 158, *ver também* categoria natural
lamarquismo, 153
Lao-Tsé, 235, 548
lápis, 157, 571, 575, 583-84, 588, 592, 595, 612, 620-21, 628
latina, 604
leão, 184, 188, 229, 241, 263, 406, 575, 600, 605, 608
legal, 194, 294, 311
legislador, 522, 544
lei, 195, 206, 284, 305, 373, 380, 400, 435, 461, 465, 498, 520, 524, 529, 538-40, 542-43, 548-49, 553-54, 556-57, 599, 648, 658, 665-66, *ver também* tradição
leis, 41, 133, 157, 195, 210, 230, 246, 259, 315-16, 333, 511, 521-22, 525, 538, 544, 548, 590, 635

lenda, 643

Lênin, 473, 495, *ver também* comunista, campo de concentração

leoa, 241, 601

Leviatã, 192, 215, 217, 221, 270, 419-20, *ver também* baleia, serpente, cobra

liberal, 283, 503

liberdade, 144, 170, 184, 192, 311-12, 315-16, 345, 405, 432, 450, 458, 460, 464-65, 476, 490-91, 495, 511, 530, 533-34, 551, 581, 610, 653, 662-64

libertador, 409, 541

límbico, 92, 98-99, 120, 148, 233, 392, *ver também* afeto, amígdala, emoção, hipocampo, memória

limitações, 60, 65, 80, 117-18, 132, 184, 333, 338, 380, 401-02, 410, 414, 416, 448, 470, 485, 505, 543-44, 593, 597, 605, 610, 631-32

limitado, 51, 87, 116, 133, 142, 163, 211, 217, 239, 276, 301, 315, 330, 338-39, 342, 369, 402, 411, 441, 507, 550, 576, 626

linguagem, 46, 115-16, 120, 131, 139, 154-55, 231, 274, 293, 344, 369, 384, 403, 517, 524, 561, 565, 638, 665, 667-68

lírios, 557

literatura, 24, 27, 34, 46, 80, 103, 149, 155, 160, 230, 295, 326, 346, 354, 386, 420, 426, 443, 482, 522, 528-29, 540, 584, 590-91, 616, 630, 656, 668

lobo, 86, 605-08

locomoção, 46, 58, 75, 84-85, 108, 115

lógicos, 41, 158

Logos, 164-65, 178, 193, 198, 223, 253, 273, 409-10, 458, 518, 613, 615, 663, 669, *ver também* palavra

louco, 34-35, 42, 66, 257, 385, 420, 517, 528, 552

lua, 31, 46, 169, 192, 223, 255, 483, 582, 595, 601

Lucas, 446, 540, 542, 544-46, 551, 553, 555

Lúcifer, 295, 425, 428, 442, 446-47, *ver também* demônio, diabo, mal, luz, Mefistófeles

luciferiano, 25

lugar de coisas, 24-25, 27, 168

lunático, 517

Luria, 54

luz, 20, 37, 44, 59, 61, 64, 66, 103, 106, 108, 136, 145-46, 162, 164, 169, 171-73, 176, 178, 180, 182, 192, 195, 201, 206-07, 215, 217, 236, 241-43, 245, 247, 249, 266, 270-71, 304, 311, 313, 355, 386, 388, 397, 409-12, 425, 433-34, 439, 442, 445, 448, 451, 467, 489, 502, 504, 518, 523, 531, 539, 542, 545-46, 552-53, 567, 580, 587, 590, 596, 613, 625, 634, 636, 647-50, 667, *ver também* consciência, sol, Lúcifer

M

macho, 178, 277, 408, 618

Macróbio, 215

Macrocosma, 601

Mãe Terrível, 239, 259, 318, 355, 357, 371, 395, 464, *ver também* criação, destruição, Kali

mães, 236, 240, 251, 320-21, *ver também* submundo

mágico, 29, 201, 241, 288, 292, 296, 596, 601

mágico-religiosa, 596

Magritte, 578

mahapralaya, 146

mahayuga, 146

Maia, 62, *ver também* ilusão

Maier, 120, 580, 606

mal, 12-13, 16, 22, 31, 39, 66, 132, 171, 174, 184, 200-02, 249, 280, 285, 300, 306-07, 311, 313-14, 332, 354, 361, 397, 403, 405, 410, 415, 417-18, 422, 425, 431-33, 441-44, 447-51, 453, 455-57, 459, 472-73, 485-88, 491, 495, 498-99, 501-03, 505, 508, 513-14, 530, 536, 540, 546, 555, 558, 581, 595, 598, 606, 611, 614, 624-26, 628-31, 633, 640-41, 665, *ver também* arrogância, decadência, engano, negação, fascismo, mentira, autoengano

Malakula, 241

malícia, 510, 552

maná, 524-25

mandeanos, 215

Manhattan, 156

manvantara, 147

mão, 28, 112, 114-18, 142, 151, 188, 245, 258, 286, 303, 312, 369, 399, 428, 433, 453-54, 462-63, 483, 486, 488, 492, 495, 497, 522, 526, 532, 558, 626, 630

mar, 31, 35, 37, 90, 163, 176-77, 209, 212, 214, 216, 237, 254, 288, 297, 381, 419-20, 489, 524, 527, 540-42, 575, 595, 606, 614-15, 652, *ver também* abismo, água, água da vida

Marabu, 464

março, 496-97

Marcos, 296, 480, 506, 542, 547

Marduk, 150, 164-65, 177, 182-83, 185-97, 202, 204, 206, 212, 215, 278, 282, 292, 356, 410, *ver também* Cristo, Enuma Eliš, Hórus, Mesopotâmia, Suméria

Marfino, 490

Maria, 173, 195, 232, 235, 541, 634

marido, 83, 150, 179, 183, 185, 193, 292, 303, 348, 408, 414, 418, 433, 500-01, 505

Mariya, 501

Mariyutu, 183

Markandeya, 212

Marte, 181, 209

Martinho, 565

mártir, 280, 505

marxista, 14, 54, 493

máscara, 19, 65, 237, 468, 471, 482, 503, 608

masculino, 31, 37, 52, 164, 170, 177-78, 182, 184, 213, 218, 260, 291, 319, 402, 457, 476, 559, 599, 613-14, 636, *ver também* feminino, conhecedor

masmorra, 302

massacres, 487

masturbando, 176

matança, 244

materia, 560, 588, 593-94, 595-96, 606-07, 610, 614

matéria, 36, 113, 150, 169, 171, 182, 209, 212-13, 234, 323, 396, 410, 413, 421, 428, 430, 434, 464, 516, 518, 560, 571-73, 574-77, 579-83, 585-589, 591-95, 614, 619, 621, 642, 646, 655, *ver também* material, matriz

material, 24, 28, 115, 117, 127, 151, 159, 175, 198, 206, 217-18, 224-25, 228, 234, 291, 318, 329, 346, 394, 413, 419, 424, 440, 467, 493, 504, 506-07, 535, 542, 557, 568, 571-72, 574, 576, 579-80, 583-84, 586-88, 591-592, 595, 598, 614, 616-18, 621, 634, 636, 648, *ver também* maternal, matéria, matriz

maternal, 169, 176, 236, 241-42, 251, 319, 419, 433, 459, 468, 515, 522, 616, 652

Mateus, 5, 247, 364, 407, 466, 505, 507, 509, 523, 539, 541-42, 545, 552, 554, 558, 560

matriarcal, 185, 193, 241, 392, 434, 457, 539, 586, 601-03, 618

matriz, 89, 150, 169, 195, 198, 217, 234, 235, 236, 241, 245, 247, 418, 516, 601-02, *ver também* material, matéria

Matronina, 489

Maxwell, 341

McGuire, 590

mediada pela fala, 115

mediado pela mão, 116

medo, 20, 22, 25, 29, 35, 49, 51-52, 63, 71, 76, 78, 84, 96, 99-100, 102-04, 106-07, 119, 145, 151, 165-66, 181, 184-85, 188, 195, 209, 212, 216, 226, 229, 233, 237, 241, 243-44, 253, 260, 276, 279, 284, 288, 302, 306, 314, 321, 325, 332, 343, 350, 352, 355, 366, 369, 371, 373, 376, 379-80, 384, 397-98, 400-02, 404-05, 410, 425, 430, 457-60, 463, 465, 470, 472, 477, 480, 483, 492, 495, 498, 513, 526, 531, 535, 547-48, 565, 569-70, 573, 608, 615, 629, 632, 635, 637, 648, 650, 668

Medusa, 243, *ver também* górgona, serpente, cobra

Mefistófeles, 152, 426, 451, 624

Meg, 292

megálito, 286

melancolia, 636

Melville, 419

memória, 16, 84, 92, 96, 99-100, 113, 124, 126-30, 134-35, 137-39, 149, 153-54, 161, 167, 224, 230-33, 264, 274, 287-88, 322, 329, 333, 341, 344, 346, 361-62, 372, 377, 411, 438-40,

462, 466, 472, 483, 494, 518, 521, 526, 530, 535, 537-38, 549, 565

memória declarativa, 128, 167, 462, 521, *ver também* memória episódica, memória semântica

memória episódica, 129, 134-35, 138-39, 149, 230, 329, 333, 341, 344, 372, 526, 530, 535, 565, *ver também* memória declarativa, imaginação, memória processual, memória semântica

mente, 131, 140, 153, 156, 159, 362, 376, 528, 563, 566

mentira, 440, 461-64, 466, 468-69, 481-83, 498, 503, 507, 517, 558, 604, 648-49, 650-52, *ver também* arrogância, engano, negação, diabo, medo, Satã, autoengano, ameaça

mentiras, 305, 451, 648-49

mentiroso, 462-63, 464, 527, 64,81, *ver também* decadente, fascista

mera, 42-43, 45, 56, 63, 83, 90, 135, 163, 175, 181, 191, 243, 253, 277, 331, 336, 342, 357-58, 374, 381, 387, 396, 413, 473, 486, 502, 563, 577, 580, 597, 608, 614, 619, 662

mercurialis, 398, 575

Mercúrio, 575, 582, 612

mercúrio, 209, 595

Mesopotâmia, 194, 198, 205, 271, 436, *ver também* Enuma Eliš, Suméria

mesopotâmico, 150, 164, 178-79, 182, 194, 196, 199, 201, 204, 206

Messias, 273, 541, *ver também* Cristo 270-71

metáfora, 46, 90, 122, 126, 155, 160, 177, 180-82, 209, 299-300, 311, 362, 406-07, 411, 424, 474, 477, 452, 522, 600, 634

metafórico, 46, 56, 144, 149, 178, 230, 236, 247, 277, 394, 418, 541, 629

metaimitação, 449

metal, 208, 580, 585-86, 595

metamoralidade, 370

metamorfose, 237, 385, 397, 428, 509, 581, 602

metanoia, 508-09, 511

metaproblema, 330-32, 521

México, 215, 241, 300

mexilhão, 191

Michael, 341, 580

midrash, 412, 556

Mikhaila, 356, 393, 394

mil pétalas, 419

Milton, 442, 446-47, 451, 474

mimese, 124, 229

mimética, 133

mineral, 31, 581

Miqueias, 595

mistério, 36-37, 40, 49, 60, 80, 83, 108, 163, 208, 214, 220, 227, 244, 249, 420, 425, 427, 438, 533, 538, 575, 589, 642

mito, 23-24, 29-30, 33, 35-37, 43, 45, 122, 130-31, 135-37, 149-51, 155, 160, 162-64, 174-76, 192, 195, 199, 209, 212-13, 239, 260, 265-66, 268, 270-71, 276, 280-81, 318-19, 329, 344, 345-46, 371-72, 385, 396-97, 401, 403, 410-12, 415, 418, 424, 426, 428, 435, 449, 503, 507, 516, 521, 535-37, 540, 556, 564, 568-69, 589, 598-99, 615, 619-20, 622, 630, 647, 662

mitológico, 24-25, 33, 150, 171, 209, 212, 289, 386, 387, 435, 440, 469, 536, 608, 613, 621, 649

mnésico, 134

Moab, 304

Moby Dick, 419-20

modelo, 41, 55, 57-58, 60-61, 65, 67, 89, 92, 96, 99, 126-27, 130, 133, 157-60, 168-69, 178, 194-95, 205-06, 217, 221-22, 236, 247, 262-63, 268, 288, 290, 300, 324-25, 342, 366, 407, 422, 443, 485, 507-08, 516, 530, 535, 537, 549, 561, 567, 573, 591-92, 609

Moisés, 21-22, 160, 398, 515, 522-27, 539-42, 547, *ver também* lei

Moiseyevaite, 495

Moliére, 375

monada, 213

monarquia, 295, 445

monoteísmo, 197, 205, 444

monstro, 177, 194, 212, 241, 243-44, 268-69, 271, 324, 369, 579, 612 montanha, 170, 176, 195-96, 212, 242, 261, 270, 294, 405, 442, 524, 526, 542

Monte Sinai, 542

Montreal, 353, 625, 656

moralidade, 11, 15, 33, 39-40, 42, 48, 138, 168, 187, 280, 312, 317, 328-31, 333, 335, 339, 347, 360, 368, 370, 373, 377, 431, 443, 448, 498, 503, 513, 521-22, 529, 535-39, 543, 545, 548-50, 552, 554, 563, 581, 660

morrer, 21, 267, 293, 356, 365, 385, 433, 454, 492, 500, 524, 554, 560, 615

mortal, 151, 163, 170, 207, 242, 244, 293, 331, 353, 360, 375, 401, 403, 414, 417, 427-29, 440, 455, 458, 463, 468, 477, 485-86, 495, 517, 581, 622, 650-51

morte, 26, 34, 46, 60, 73, 84, 89, 156, 169, 183-85, 195-96, 200, 204-05, 212, 217, 225, 237, 239, 241-42, 249, 259-60, 262, 279, 287-88, 290-91, 293, 299, 312, 319, 322-24, 326, 337, 345, 351, 355, 357, 375-78, 381, 389-95, 400-02, 404-05, 407-08, 410, 415-18, 420, 424, 427-30, 435, 437, 439, 441, 450, 452-54, 458, 464, 475, 479, 481, 486-87, 489, 492, 496, 498, 509, 511-12, 536, 540, 544, 550, 554-55, 557-60, 562, 577, 593, 600-03, 610, 614-15, 630, 632, 636-37, 644, 647, 652, 659-60, *ver também* contaminação da anomalia, autoconsciência, tragédia

motivação, 15, 31, 34, 40, 42, 44, 60, 79, 84, 87, 106, 120, 122, 127, 132, 180-81, 187, 229, 279, 286, 318, 344, 366, 383, 404, 432, 447, 449, 457-58, 471, 479, 535, 605, 611, 617, 640-41, 648, 655

motora, 28, 54, 91-92, 95, 97-98, 112-17, 119-21, 126, 128-29, 142, 159, 165, 262, 265, 519-20, 576, 579, 611

muçulmanos, 348, 448

mudança ambiental, 352, 371, 471, *ver também* novidade, inesperado, imprevisível, estranho, ideia estranha, estrangeiro

mulher, 20, 168, 186, 215, 236, 241-42, 251, 269, 284, 303, 364, 406, 409, 415, 418, 421-23, 428, 430, 432-33, 453, 523, 527, 551-52, 567-69, 625-26, 665

mundo do familiar, 68, 151

mundo familiar, 174, 176, 204, 218

música, 134, 316, 414-15, 633, 640

mysterium tremendum, 22, 227

N

Naamã, 551

Nabot, 303

Nabucodonosor, 221, 540-41, 616

Nammu, 36, 163

Namshub, 197

Namtillaku, 197

não declarativa, 168, 329

não redimido, 605

não consciência, 410

não ser, 209, 272, 323, 376, 406, 462, 464, 474, 545, 551

narrativa, 24, 29, 31, 44-46, 56-57, 123, 133-35, 137, 151, 162, 164, 175, 180, 192-93, 202, 256, 260, 262, 273, 282, 286, 293, 320-22, 325, 328-29, 335, 346, 354, 364, 384, 401, 438, 501, 503, 521-22, 524-26, 530, 535, 538, 540, 544, 565, 613-14, 656, 669, *ver também* história

nascimento, 156, 177, 179, 183, 185, 193, 201-03, 214, 219, 236-37, 239-42, 269, 299, 323-24, 377, 391-92, 407, 411, 418, 429, 432-33, 492, 522, 539, 541, 552, 612, 620-21

Natã, 303-04

Natal, 271, 471

natura, 285, 383, 517

Navajo, 215

Nazaré, 517

nazireus, 305

nazista, 12, 70, 477, 487-88, 516, 606, 665

NDP (Novo Partido Democrático), 637, *ver também* Alberta, socialismo

necrópole, 287, *ver também* cemitério

negação, 26, 40, 255-56, 347, 366-67, 369, 385, 440, 448, 450, 452, 460-61, 464, 466-70, 498-99, 503, 587, 604, 609, 611, 634, 647, 649,

652, *ver também* decadente, engano, decepção, diabo, fascista, autoengano
negociação, 283
neocórtex, 91-92, 113, 116, 433
Neoplatonistas, 164
neural, 628
neuroanatomia, 639
neurofisiológicas, 639
neurótico, 255, 435, 599, 623
neurotransmissor, 117
nevasca, 353
Newton, 32, 341, 562, 571, 589-90
newtoniana, 591
Niebuhr, 518
Nietzsche, 33-34, 39-40, 136-37, 315, 326, 328, 342-43, 358, 377, 384-87, 389, 412, 429-30, 456, 529, 563, 657, 659, 668
nigredo, 560, 594, 603, 622, 636, *ver também* descida, melancolia
niilismo, 359, 378-80, 456, 463, 476
Nikolai, 501
Ninurta, 212
Nit, 241
Nitechka, 289-90
noite, 21, 35, 46, 70, 81, 86-87, 147, 169, 183, 187-88, 190, 192, 209-10, 215, 217-18, 221, 237, 241, 244, 249, 270-71, 295, 321, 324, 356, 376, 394, 406, 409-11, 476, 483, 487, 491, 506, 532, 545, 555, 569, 603, 624, 628, 632, 641, 663
nórdico, 423
normal, 17, 53, 57, 64, 72, 78, 85-86, 105-06, 119, 128, 142, 147, 151, 160, 226, 230, 236, 238, 262, 294, 303, 326, 341, 367-69, 382, 391, 393, 420, 457, 459, 470, 482, 492, 522, 546, 568, 573, 593, 600, 606,
nós górdios, 544
nostalgia, 562
Notre Dame, 443
Nous, 613, 615
novidade, 51-53, 84-86, 88, 93, 95, 97, 100, 105, 116, 120, 122-23, 145, 147, 151, 191, 226, 233-34, 236, 252, 267-69, 325-26, 353, 371, 374, 399, 463, 466, 476, 654, *ver também* dragão, cobra, serpente, imprevisto, inexplorado, território inexplorado
Novo Testamento, 178, 248, 346, 441, 446, 515, 538, 544
nua, 21, 360, 484, 643
nuclear, 16, 20, 622
nudez, 401, 409, 413, 457, 460, 484-85
nulo, 189
numinoso, 227, 393
Nuremberg, 514
Nut, 176

O

O que deveria ser, 25, 43-45, 48, 63-64, 86, 88, 100-01, 121, 123, 143, 145, 149, 189, 193, 203, 219, 272, 348, 525, 535, 539, 543-44, 622, 647, 663
O que é, 25, 27-29, 33, 43-45, 51, 61, 64, 69, 86, 88-89, 96, 99, 101, 108, 110, 117, 121-22, 130, 138-39, 143, 145, 149, 153, 158, 163, 170, 189, 197, 207, 210-11, 214, 219, 225-26, 261, 266, 268, 272, 278, 285, 288, 299, 341, 348, 366, 385, 414-15, 418, 438, 451, 454, 457, 460, 464, 467, 475, 483, 508, 521, 539, 548, 552, 577, 599, 610, 621-22, 634, 636, 638, 652, 667
objetivo, 16, 23-25, 33, 43-44, 54-58, 61-64, 70, 77-80, 84-86, 88, 90, 94, 96-98, 100, 108, 132-33, 141-44, 165, 169, 174, 180-81, 210, 226, 228, 238, 265, 272, 285, 299, 306, 325-26, 332-33, 342-44, 358, 367-71, 381-82, 384, 386, 413, 475, 484, 497-98, 504, 513, 522, 557-58, 574, 577, 580-81, 589, 591-92, 607, 609, 611, 614, 621, 643, 649, 665
objetos, 33, 38, 69-71, 97, 102, 115, 142, 146, 148, 156-57, 159-61, 168, 174, 178, 207, 211, 217-18, 223, 225, 229, 237, 240, 251, 282, 286, 288, 293, 300, 318, 323-24, 326, 328-29, 333, 338, 342-43, 393, 418-19, 505, 549, 575, 583, 593
oceano, 31, 90, 215, 216, 286, 307, 406, 575

ocidentais, 33, 54, 373, 518, 560, 564, 639, 648
Odin, 423
ódio ao bom, 499
Ofélia, 377
ofídio, 212
Öhman, 94
oito braços, 243, *ver também* aranha
Oldenberg, 212
Olga, 500
Ômega, 215, 218
onipresente, 170, 209, 225, 237, 286, 313, 320, 444
ontogenético, 127
oposição, 24, 51-52, 169, 172, 200, 210, 220-21, 234-35, 274, 309, 313, 323, 329, 391, 406, 408, 410, 413, 439, 442, 448, 450, 481, 504, 513, 517, 526, 538, 544, 636, 649, 662
opostos, 74, 170-71, 209-10, 212, 218, 350, 377, 402, 407, 409, 411, 471, 473-74, 499, 561, 593, 601, 603-04, 610-11, 615, 618, 622, 632, 636
oprimir, 307
Óptica, 590
opus, 560-61, 588-89, 592, 594, 616, 620-21, 636, 642
O*pus*, 592, 594, 621
ordem, 15, 33, 56, 78-79, 90, 97-98, 107, 111-12, 116, 126, 129, 136, 138, 146, 151, 155, 164, 167, 169-70, 173, 182, 192, 194-96, 200-04, 206, 208, 214, 222-24, 228-31, 235, 265, 267-68, 271-73, 275, 273, 278, 289-92, 299-301, 308-09, 312, 321, 326-28, 333, 346, 350-355, 357, 366, 371, 383, 391, 397, 404-06, 409, 412-13, 421, 425, 432, 438, 448, 462, 469-70, 476-78, 481, 504, 513, 521, 525, 530, 537-38, 543-44, 556, 559, 577, 593, 594, 598, 612, 622, 651, 658, 669
ordenamento classificatório, 263, 331
organização, 37, 43, 98, 113, 136, 146, 187, 189, 201, 206, 263, 274-75, 279-80, 282-83, 300, 325, 327, 333, 335, 339, 347, 361, 372, 383, 397, 401, 440, 477, 500, 503, 530, 537, 598

orgulho, 25, 216, 294, 350, 354, 414, 420, 428-29, 439, 443, 445, 456, 497, 502, 533, 558, 624, 634, 650, *ver também* arrogância, engano, negação, diabo, Satã, mentira
oriental, 46, 272, 514, 559, 573, 582, 644
Oriente, 164, 218, 271, 286, 414, 417, 452, 571, 584, 607, 644
origem, 33, 152, 177-78, 209, 211, 214, 218, 234-35, 239, 249, 268, 281, 288, 306, 329-30, 340, 345, 404, 407-08, 410, 419, 450, 569, 581, 589, 623, 642
Osíris, 176, 199-206, 219, 241, 260, 287, 291, 295, 299, 332, 437, 450, 614
ossos, 256, 258, 270, 274, 304, 365, 392-93
OTAN, 12
ouro, 30-31, 245, 288, 294-95, 403, 509, 556, 566, 574-77, 582-83, 586-91, 597, 605, 615-16
ourobórico, 218-19, 406, 424, 604
ouroboros, 150-51, 213, 217, 223, 231, 233, 266, 574, 594, 612, 651
Ouroboros, 213, 234, 300-01
OVNI, 232
Oxford, 488

P
pá, 365
Pacanow, 289, 291
padrão, 20, 51, 60-61, 93-94, 100, 105, 108, 121, 127, 131, 133, 137-39, 147, 150, 164-65, 167-68, 171, 173, 177-78, 189, 194, 197, 200, 204-05, 210, 223, 229, 255, 261-62, 264-65, 271-73, 278, 280-81, 284, 287-88, 301, 303, 317-18, 320, 324, 329, 335, 344, 352, 356-58, 368, 370-71, 373, 387, 391-92, 395, 404, 412, 463, 470, 495, 501, 515, 524, 535, 537-38, 556, 565-66, 579, 600, 619, 628, 644, 646-48
pães, 294-96, 544
Pagels, 448
Pai, 25, 32, 37, 150-51, 164, 169-71, 196, 201-03, 218, 251, 262, 272-73, 286, 289,

299-302, 306-08, 318, 325, 332-33, 356, 393, 397, 437, 459, 505, 507, 530-31, 557-76, 634, 642, 650, 652
pai, 11, 145, 172, 177, 183, 185-86, 202, 204, 206, 218-19, 229-30, 245, 261, 281, 283-84, 292, 294, 297-99, 305, 315, 322, 347, 396, 400-01, 407, 410, 428, 449-50, 466, 471, 499, 506-07, 527, 555-56, 569, 599, 613, 639-40
pai terrível, 332, *ver também* Grande Inquisidor, segurança, tirania
pai tirânico, 306
pais, 20, 37, 130, 133, 150, 154, 164, 170-73, 176, 182, 187, 190, 208, 211-12, 218-19, 224, 229, 244, 276-77, 283-84, 305, 317, 330, 354-55, 414-16, 425, 458, 475, 527, 546-47, 553, 555-56, 569, 624, 628, 638, 643, 649
pais do mundo, 150, 171, 173, 182, 212, 219
palavra, 13, 46, 52, 64, 77, 94, 118, 129, 131, 138, 155, 164, 170, 177, 185-89, 198, 251, 300, 335, 352, 359-62, 384, 400, 419, 429, 437, 443, 446, 450, 455, 466, 481, 484-85, 494, 501, 506-07, 519, 538, 546, 551, 557, 560, 572, 596, 606, 624
Palavra, 25-26, 121, 150, 193, 198, 207, 238, 253, 259, 273, 352, 359-60, 405, 446, 518, 538
panaceia, 359, 589
Pandora, 406
pânico, 49, 181, 402
Panin, 493,
pântano, 179, 244, 466-67, 474
pântanos, 300
pantanoso, 623
pão, 187, 189, 290-94, 424, 433, 453, 484, 486, 492, 511, 525, 547, 552
Paracelso, 560, 591, 595
paradigma, 337-39, 357, 367-68, 373, 390, 393, 452, 462, 593
paradisíaco, 62, 64, 218, 344, 405-09, 457, 579
paradoxal, 34, 84, 95, 117, 164-65, 172, 174, 209, 239, 259, 299, 406, 408, 468, 557, 561, 665
paradoxo, 363, 402, 544, 633, 640

paraíso, 33, 47-48, 67, 218, 263, 268, 290, 318, 336, 371, 392, 396, 403-08, 414, 416-19, 424-25, 428, 442, 447, 468, 474-78, 482, 485, 507, 515-17, 523-24, 557, 593, 603, 605, 628, 642-44, 649, 652
paranoico, 629
parasitários, 312
parede, 73, 142, 205, 213, 222, 244, 308, 470, 482, 578, 624
parte, 78, 91, 94, 97, 106-07, 112, 117, 119, 123-25, 127-28, 130, 133, 148, 155, 157, 161, 166-67, 170, 173, 176-77, 179-80, 184, 190, 192, 199, 204, 206, 208-09, 211, 221, 228, 233, 240-41, 249-50, 262, 264, 276-77, 279, 281, 283, 294, 298, 312-15, 319-20, 330, 336-37, 339, 342-43, 346-47, 350, 352-53, 356, 360-64, 367, 372, 376, 377, 379, 384, 393, 406, 420, 424-26, 432, 440-42, 445, 451, 452-54, 460, 467, 472-76, 478-79, 487, 489, 492, 497, 505, 512, 515-16, 521, 524, 527-28, 545, 553, 560-61, 563, 568-69, 571-72, 575-77, 579, 581-86, 590-91, 607, 613, 615, 627, 629-30, 637-38, 640, 647, 654-57
Partido, 13-14, 481, 488, 495, 631
passado, 16, 32-33, 38, 62, 89, 101-02, 105, 110, 139, 167, 171, 184, 202, 204, 238, 255-56, 368, 387, 389, 396-97, 402, 404-06, 424, 431, 436, 449, 459-60, 461-63, 465-66, 470, 477, 479, 481-82, 492-94, 513, 521, 530-31, 535, 538, 543, 554-57, 563, 584, 625, 632, 638-40, 648, 651, 668
pássaro, 160, 176, 213-14, 234
patriarcal, 150, 163, 184-85, 192, 292-93, 301, 327, 355, 365, 434, 465, 468, 515, 539, 580, 591-92, 597, 603, 618, *ver também* Grande Inquisidor, matriarcal, tradição, tirania
patriotismo, 349-50, 456, 477
Pauli, 369, 566-68
Paulo, 538
Pavilhão, 70, 414, 421
Paz, 45, 57, 109, 155, 169, 196, 212, 250, 263, 283, 296, 351, 435, 490, 502, 509, 555, 560, 571

Pecado, 197-98, 365, 403, 408, 436, 437, 442, 444, 462, 466, 498-99, 509, 533, 542, 595, 605, 619, 643, 647

Pechora, 481

pedra, 156, 215, 223, 240-41, 243, 254-55, 263, 286, 293, 373, 402, 510, 543, 560, 570-71, 588-89, 594, 604-05, 609, 612, 616, 621

Pedra, 254, 256, 510, 561-62, *ver também* Cristo, pedra, *lápis*

Pedro, 542

peixe, 268, 601

pelicana, 611-12, *ver também* Cristo, *lápis*, pedra

perceber, 12, 14, 29, 104, 112, 163, 282, 361, 375, 390, 397, 404, 471, 476, 510, 516, 572, 584, 593, 605, 622, 634, 635

perigo, 14, 106, 109, 117-19, 169, 225, 233, 237, 256, 271, 312, 319, 332, 350, 360, 384, 398, 427, 457, 516, 535, 576, 606, 615-16, 632, 648-49

perseguidor, 448, 500

persona, 19, 133, 483, 605

personagens, 25, 149-50, 160-62, 169, 182, 207, 312, 378, 442

personalidade, 73-74, 107, 133, 189, 194, 206, 230, 237-38, 266, 276-78, 289, 299, 302, 306, 308-09, 318-21, 322-23, 327, 344, 347-48, 360-61, 377, 388-89, 391-94, 399, 403, 416, 435, 438, 440-41, 443, 449, 458-59, 462, 464, 475, 479-80, 487, 503-04, 506, 511, 513, 516-17, 530, 537, 564, 584, 597, 600, 605, 611, 614-15, 622-23, 638, 670

personificado, 172, 195, 197, 281, 338, 435, 449, 462, 586, 591

personificar, 132, 260, 463

pesadelo, 371, 569, 641

pictografia, 37, 163

Pilatos, 634

pioneiro, 54, 312

pirâmides, 205, 355

Pitágoras, 616

Planetárias, 33, 613

plano, 15-16, 20, 48, 58, 62, 65, 75, 82, 86-87, 98, 185, 211, 221, 300, 312, 392, 414, 442, 474, 603, 605, 616, 619, 653

Platão, 218, 232, 386, 446

platônicas, 280

plenário, 324

plenitude, 245, 562

pleroma, 232

pneuma, 567, 642

poder, 13-14, 24, 32, 40, 80, 104, 115, 129, 169-70, 178, 180-82, 190, 192, 194, 198, 200-02, 227-28, 239-40, 243, 249, 254-55, 259-60, 266, 268, 279-80, 283, 295, 298-99, 303, 312, 321, 323, 326, 337, 356, 378, 381, 395, 404, 417, 419-20, 422, 431, 436, 439-40, 450, 456, 462, 468, 487, 500, 505-07, 511, 526, 531, 538, 542, 544, 550, 554-56, 561, 569-70, 580, 588-89, 601, 602-03, 620, 622, 649-51, 661, 663, 665-66, 669

polimórfica, 389

polinésios, 288

polissemia, 160

polissêmica, 144, 160, 313, 362-63

politeísta, 444

Polyani, 341

Pompeia, 485

porta-estandartes, 321

Port-Royal, 315

Portugal, 16

possuído, 29, 181, 229-90, 437, 456

Postman, 353

praga, 244-45, 352

pré-científico, 169

precipício, 381

pré-cosmogônico, 150, 179, 182, 185, 193, 195, 213, 253, 291, 293, 300, 323, 380, 392, 406, 434, 467, 593, 595

pré-experimental, 29, 32, 38, 168, 177, 180, 260, 287, 320, 338, 380, 521, 572, 577, 580, 582, 594-95, 648

pré-motora, 91, 98, 128

presente insustentável, 366, 593, *ver também* futuro ideal

Presley, 286
pressuposições, 31, 34, 41, 156, 286, 461, *ver também* axioma, presunções
presunções, 277, 340, 374, 461-62, 548, *ver também* axioma, pressuposições
primário, 98, 113, 115, 151, 154, 187, 229, 234, 254, 318
primatas, 111-12, 114-15, 279
primevo, 171, 199
primitivo, 37, 228, 240-41, 251, 405, 420-22, 556, 595-96, 615
primordial, 27, 37, 96, 150, 163, 171, 176-77, 181, 195, 198, 207-08, 210-12, 217-21, 230, 235, 237-40, 254, 264, 267-68, 288-90, 385, 388, 405, 408-09, 413, 475-76, 572-74, 588, 590, 593
princesa, 261, 290-92, 297-98, 306, 355-56
príncipe, 199, 205, 295-97, 298, 304, 356, 414-15, 446, 451, 461, 619
Principia, 590
privado, 72, 74, 77, 134, 198, 484, 490
processamento de informação, 54, 122
processos narrativos, 27
processual, *ver também* declarativo, hábito 127, 129, 134-35, 137-39, 149, 155, 159, 168, 274, 279-80, 299, 314, 318, 344, 346-47, 360-62, 372-73, 377, 380-81, 391, 393, 462, 519, 521-22, 529, 535, 537, 543, 550
procriação, 178, 254, 419, 613
profano, 210, 222, 227, 234, 323, 392, 407, 421, 586
profeta, 249, 305, 315, 364, 446, 524, 528, 533, 547, 550, 635
profético, 304, 529, 536
profundezas, 239, *ver também* submundo
progenitor, 173, 182, 184, 214, 287, 299
projeção, 567-68, 585-86, 599, 607-08, 614
prole, 151, 171, 173, 177, 183, 612
promessa, 62, 85, 86, 88, 97, 100-01, 119, 121, 166, 225, 234, 249, 252-53, 259, 261, 267-69, 300, 368, 380, 397, 424-25, 428, 485, 493, 526, 573, 576, 593
Prometeu, 420

prostituta, 194, 267, 552, 601, *ver também* hierodula
proteger, 24, 200, 248, 254, 328, 350, 357, 371, 414, 485, 487, 498, 640
prototípico, 160, 388
provisão, 296, 322, 332, 344
Prússia, 514
psicanalítico, 124, 159, 256, 562, 609
psicofisiologista, 54, 94
psicolinguísta, 157
psicólogo, 16-17, 71, 129, 217, 240, 313, 625
psicopatologia, 313, 389, 475, 648-49
psicose, 389, 420
psicoterapeuta, 70, 285
psique, 19, 178, 228, 259, 271, 321, 352, 356, 358-60, 417, 420, 422, 425, 462, 516, 537, 568, 571, 575, 597, 599, 603-04, 608, 615, 636
psiquiátrico, 626
Ptah, 176, 198
puberdade, 320, 555
publicanos, 505
punição, 34, 61-62, 70-71, 74-76, 84, 97, 104, 119, 122, 125, 226, 278, 307, 321, 326-27, 332, 548, 573, 597-98
punir, 326
Purana, 212
Puritanismo, 315
Púchkin, 375
puta, 472
putrefação, 597
putrefactio, 603

Q
quadrantes, 577
quadridimensional, 127, 232
quadris, 251
quasiquímicos, 585
que devora a si, 151, 213
que se alimenta, 244
Queda, 428, 605, 621, 642-43, 645
Querubim, 446

quimera, 242, 364, 473, *ver também* monstro
química, 516, 565, 579, 583, 587, 589, 592, 597-98, 619-20

R
racionalista, 23
Raab, 215
Rainha, 219, 593, 601, 618
raio, 190, 212, 223, 340, 391, 472, 631
raiva, 21, 61, 77, 88, 140, 187, 237, 277, 392, 438, 616, 632, 641
raízes, 40, 191, 217, 232, 305, 347, 419, 533-34, 636
Raskolnikov, 378
rato, 72, 102, 106-10, 112, 452, 474, 576
razão, 25, 40, 42, 78, 90, 100, 110, 123, 125, 140, 144, 153, 173, 191, 244, 288, 315-16, 327, 349, 358, 385, 411, 424-25, 427, 437, 443-47, 451, 455, 460, 468, 474, 490-91, 512, 518, 545, 584, 586-87, 593, 607, 610, 627, 632, 634, 640
Re, 184, 199, 202
Realeza, 281
realidade, 19-20, 25, 27-28, 33, 37-38, 43-44, 52, 55, 58, 71, 87, 90, 96, 98, 101, 115, 133, 146, 154, 168-69, 174-75, 214, 219, 222, 235-37, 240, 260, 271, 276, 313, 328, 338, 342, 354, 366, 380, 391-93, 397, 401-02, 407-08, 413-14, 432, 443, 452, 457, 461, 467-69, 476, 482-83, 487-88, 502-03, 507-08, 518, 548, 567-68, 573, 579-80, 585, 597, 610, 615, 637, 644, 647-48
realidade objetiva, 27, 37, 55, 71, 98, 597
reavaliação, 52, 82, 100, 274, 368, 504, 513
reavaliar, 51, 82, 141, 513
rebelião, 160-61, 306, 441, 471
recompensa, 14, 74, 226, 260, 265, 290, 332, 344, 382, 505-06
reconhecimento, 25, 120-22, 124-26, 136, 170, 259, 276, 283, 286, 307, 328, 429, 439, 442, 444-46, 455-56, 468, 487, 509, 513, 518, 526, 537, 550, 563, 604-06, 609-10, 613, 617, 648

recursos, 15, 53, 59, 74, 116, 226, 317, 343, 381, 439, 495, 643
recursos de atenção, 53
redenção, 48, 67, 242, 324, 367, 401, 404-05, 417, 432, 435, 447, 500, 506-07, 515, 556, 558-59, 562, 568-69, 582-83, 586-87, 591, 593, 596-99, 602, 617-22, 643, 645, 650
redenção do mundo, 556, 583
redentor, 228, 250, 259-60, 268, 273, 325, 393, 396, 450, 537, 559, 571, 582, 592, 597, 609, 614-15, 644, 647, 651, 660
redirecionamento de atenção, 51
reforço, 71-74, 285
regenerar, 626
regras, 11, 35, 45, 64, 137, 156-57, 206, 228, 275, 311, 335-36, 339, 341, 361, 367-68, 370, 395, 421, 438, 462, 479, 519-21, 530, 543, 548-50, 630-31, 657, 669
rei sol, 333, 599
rei, 98, 147, 150-51, 169, 187-89, 194, 200, 205, 216, 219, 221, 255, 263, 278, 289-90, 294-98, 303, 306, 332-33, 349-51, 400, 409-10, 420, 437, 498, 523, 568-69, 593-94, 598-602, 605-13, 615-16, *ver também* Grande Inquisidor, tirano
Reich, 477
reinado, 200, 481, 599
reino, 31, 39, 45, 48, 63, 96, 137, 151, 163, 170, 194, 201, 205, 218, 233, 261, 268, 273, 279, 289-90, 292, 295, 297, 302, 306, 354-55, 364, 367, 392, 395, 397-98, 401, 406-07, 419, 421, 444, 458, 464, 479, 502, 534, 537, 552, 557, 581, 601-02, 609, 613, 635, 669, *ver também* território explorado, Grande Inquisidor, rei, paraíso
reintegração, 48, 67, 101, 145, 202-03, 269, 272, 389, 397, 467, 513, 517
rejeita, 172, 436, 451, 502, 516-17, 568
relevante, 15, 30, 51, 54, 59-60, 80, 99, 145, 147, 157, 277, 365, 452, 535, 583
religião, 12-13, 23, 32, 136-37, 149, 241, 303, 384-85, 449, 468, 518, 557, 563, 589-90, 625, 657, 661

Remédio, 294, 478, 561

Renascença, 562, 591

renascido, 68, 323

renascimento, 67, 169, 241, 260, 319, 355, 394-95, 650

renovação, 92, 151, 199, 260, 321, 355, 392, 395, 435-36, 469, 526, 593, 602, 623

renovado, 109, 118, 150, 271, 479, 621

Renovatur, 517

renúncia, 285, 386, 501, 567

repertório, 101, 126, 320, 353, 371, 432

representação, 24-25, 52, 63, 86, 96-100, 110, 112-16, 122-24, 126-30, 132-34, 136-39, 143, 150, 168, 174, 178, 180-81, 192-95, 202, 205, 209, 211-12, 217, 224-25, 227-28, 230, 232-35, 237-38, 244, 249-51, 260, 262-63, 265-66, 268, 271, 273, 287-88, 293, 299, 318-20, 325, 329-30, 339, 343, 346, 360-65, 372-73, 382, 384, 391, 393-94, 399-401, 405-06, 408, 415-17, 418-21, 430-31, 435, 440, 443, 449, 476, 502-03, 507-08, 516, 518-19, 521-22, 527-28, 534-35, 538, 549, 556, 559, 565-66, 572-74, 580, 582, 584, 600, 602, 644, 663

réptil, 234, 419, *ver também* dragão, medo, serpente, cobra, ameaça

reptiliano, 395, 419

respeito próprio, 638

responsabilidade, 34, 92, 244, 322, 457-59, 471, 474, 476, 504, 525, 557, 606, 631-32, 648-49

ressurreição, 197, 241, 262, 323, 381, 391, 395, 397, 449, 533, 538, 562, 614

reunião, 57-60, 62, 65, 187, 593-94, 601, 617

Reveille, 46

revelação, 18, 96, 290, 358, 385, 396-97, 424, 452, 526, 590, 602

revitalizadora, 297

Rex Marinus, 613, 616

Richard, 119, 591

Richards, 386

rico, 58, 61, 249, 365, 506

Ricoeur, 563

Rimbaud, 420-21

rindo, 257, 494, 632

risco, 42, 65, 108-09, 244, 290-91, 300, 383-84, 388, 420, 437, 515, 550, 614, 649

ritos, 35, 67, 153, 255, 319, 323, 555, 596

ritual, 11, 20, 25, 27, 131, 133, 135-37, 148, 155, 194-97, 201, 206-07, 222-23, 229, 238-39, 244, 253-60, 268, 278, 286-87, 308, 311, 317-21, 325, 344-45, 347, 355, 371, 388, 395, 421, 424, 449, 503, 530, 559, 582, 600-04

romã, 250

romano, 181

romanos, 215, 243, 536

Ruanda, 487

rubea, 30-31

rubi, 256-57, *ver também* joia, sacrifício

Ruska, 616

Russell, 624

Rússia, 374, 494, *ver também* comunista, campo de concentração, ideólogo, União Soviética

russo, 54, 350, 387, 488

Rychlak, 265, 548

S

Sabedoria, 137-39, 246-49, 298, 359, 396, 417, 478

sabedoria, 25, 42, 89, 128, 133, 135, 137, 139, 151, 154-56, 167, 186, 195, 202, 204, 246-49, 274, 280, 286, 318, 330, 333-34, 359, 364, 377, 385, 396-97, 602, 609, 614, 617, 621, 651-52

sacerdote, 73, 195, 224, 241, 303, 533, 541

saciedade, 74, *ver também* satisfação

sacralidade, 194, 196, 596

sacralizados, 223

sacramento, 424

sacrifical, 243, 253-54

sacrifício, 254-56, 259-60, 320, 332, 356, 397, 459-60, 466-67, 471, 498, 517, 530, 581-83, 600, 607, 619-20, 650

sacrificados, 280

sacrilégio, 615

sagrado, 35, 46, 174, 186, 192, 197, 221, 373, 380, 437, 450, 520, 642

Saliva, 546

Salmo, 524

Salomão, 246, 298, 453, 557

salutar, 244, 315, 438

salvação, 242, 316, 417, 449, 553, 568, 593, 605, 614, 622, 636

salvador, 26, 151, 161, 246, 264, 273, 278, 283, 295, 298, 397-99, 414, 423, 428, 439-40, 449, 501, 513, 536-37, 544, 559, 581, 601, 620, 643, *ver também* Cristo, redenção

Samara, 375

Samarka, 73

Samkhya, 417

Samuel, 304

sangue, 35, 183, 188, 190-91, 209, 223, 236, 242, 244, 253-55, 303, 355, 366, 510, 525, 553, 568-69, 595, 601, 612

santuário, 169, 176, 192, 195, 553

São Jorge, 270, *ver também* dragão

sapo, 250, 601

sarcófago, 242

Sarepta, 551

Satã, 295, *ver também* arrogante, engano, negação, diabo, mal, queda, mentira, Lúcifer

Satapatha, 212

satisfação, 40-59, 61-62, 64, 75, 77-80, 84, 97, 119, 121, 252, 375, 555, 573, 589, *ver também* saciedade

satisfação de desejos, 23

Saul, 303

Schopenhauer, 342, 453

seca, 217, 244, 292, 309, 335, 351, 401, 478, 510

sede de sangue, 254

segurança, 16, 98, 102, 131, 145-46, 151, 166, 170, 213, 290, 301-02, 308, 315, 320, 350, 359, 401, 414, 436, 447, 458, 460, 464-65, 469, 483-84, 492-93, 495, 500, 506-07, 512, 559-60, 570, 577, 579, 606, 612, 623, 649, *ver também* tradição, tirania

seios, 243, 250-51, 254

self, 606, 611

semântica, 129-30, 133-34, 137-39, 149, 157, 262, 264, 280, 318, 320, 329, 333, 346, 361-63, 372-73, 381, 386, 440, 504, 507-08, 521-22, 526, 527-08, 530, 534-35, 549, 556, 579, *ver também* memória declarativa, memória episódica, memória processual

semblante, 243, 248

senescente, 355, 438, *ver também* senilidade

senhorio, 632

senilidade, 351, 399, *ver também* senescente

Sennacherib, 196

sensorial, 28, 55, 63, 91-97, 110, 113-14, 119, 127, 128, 180-81, 232, 262, 366, 385, 410, 584

serpente da água, 270-71

serpente que devora a si, 151, *ver também* dragão do caos, ouroboros

serpente, 150-51, 176-77, 198-99, 212-17, 221, 223, 234-35, 242-44, 261, 270-71, 392, 395, 398, 409, 418-19, 421, 424-28, 442, 577-78, 586, 595, 601, 603, 643, *ver também* anomalia, dragão, novidade, ameaça, cobra

Sérvia, 232

Seth, 176, 199-201, 295-97, 437, 450

sexual, 23, 69, 74, 77, 172, 178-79, 185, 193-95, 200, 235, 248, 267, 434, 539, 582, 593, 601

Shakespeare, 134, 261-62, 299-300, 375, 377, 455

Shatapatha, 222

Siamês, 159

simbolicamente, 209, 222, 236, 254, 267, 279, 321, 323, 377, 437, 529, 600, 611

simbólico, 79, 130, 159, 266, 278, 323, 344, 377, 392, 406, 443, 517, 526, 593-95, 600

símbolo, 45-46, 94, 152, 170, 209, 212, 214, 228, 238, 243, 271, 291, 323-24, 409-10, 418, 458, 464, 561, 568-69, 577, 580, 601, 604, 627, 635

simpatia, 457, 462, 534, 591, 619

sinagoga, 546-47, 550-51, 553

sincrético, 282

sincretistas, 215

síntese, 94, 318, 588-91

sírio, 551
Smith, 160, 303-04
Smohalla, 365
soberania, 190, 212, 280-82, 300, *ver também* Enuma Eliš
soberano, 194, 196, 281, 292, 300
sobrinho, 569
socialismo, 14-15, 40, 637
socialmente determinado, 131, 285, 382, 393, 597
sociedade, 15-16, 19, 22, 24, 26, 34, 36, 39-41, 107, 155, 161, 166, 169, 181, 195, 197, 220, 222-23, 251, 264, 273-74, 282-286, 288-89, 299-301, 304, 306, 311-14, 318, 322, 324-28, 332-33, 344-45, 350, 352-54, 356-57, 361, 366, 381-82, 388-90, 396-401, 403-04, 408, 435, 437-39, 441, 456, 459, 467, 470, 488, 498, 504-05, 507, 520-29, 536-38, 549, 555, 568, 584, 602, 608, 623, 630, 636-37, 651, 658
sociobiólogo, 565
socioculturalmente determinado, 28
sociólogo, 562
socorro, 614
sofrer, 304, 408, 440, 602
Sokolov, 54-55, 57, 60, 387, *ver também* novidade
sol, 30-32, 35, 46, 52, 150, 169, 176, 183, 187, 189-90, 195-97, 204, 211-13, 215, 217, 241, 249, 254-56, 259, 270-71, 274, 291, 303-04, 333, 356, 363, 409-10, 453, 467, 478, 482, 485, 505, 525, 542, 574, 580, 599-602
solar, 150, 176, 199, 211, 270-71, 363, 526, 542, 580, 592
solutio, 603
solvente, 601-02
soma, 212, 223
sombra, 205, 337, 381, 404-05, 429, 478, 557, 562, 595, 613-15, 636, 641
sonho, 23, 32, 139, 152, 230, 245, 295, 314, 393-94, 410, 486, 496, 501, 564, 577-78, 589, 616, 632-33, 636-37, 640-41
Sorbonne, 488
Soviética, 12, 73, 353, 440, 481-83, 493
soviéticos, 481

Spenta Mainyu, 450
spiritus, 575
SS, 484, 497
Stakhanovites, 500
Stálin, 439-40, 481, 514
Sterquiliniis invenitur, 570, *ver também* sujeira
Stolypin, 493
subdeidades, 183
submundo, 151, 163, 199-204, 241-42, 264, 269-71, 295, 299, 356, 381, 390, 396-97, 399-400, 444, 464, 467, 479, 483-84, 511, 586, 606, 613, 615
subordinado, 241, 273, 277, 308, 592
subterrâneo, 281, 383, 395, 419
suíço, 217
Suméria, 36, 163
sumérios, 36-38, 163-64, 174, 181, 192-93, 207, 332-33
sumério-acadianos, 282
Summa, 561
Sununu, 81
Superego, 169, 285, 301, 381, 422
surgimento da anomalia, 335, 349, 462

T

tabu, 287, 307, 500, 609, 615
tácito, 341
talento, 610
Tao, 46, 165, 170-71, 235, 272, 475, 516, 559, 572-73, 577
Taoísmo, 46, 596
tartaruga, 160, 363
Tatyana, 495
tecla de piano, 42
Tefnut, 176
Tehom, 177
teimosia, 501
telúrico, 324
templo, 176, 194, 466
tentação, 14, 25, 275, 417, 439, 452
tentador, 180, 440, *ver também* diabo, Lúcifer, Satã
teogonia, 176, 198, 281

teológica, 625
teologica, 304
teólogo, 518
teólogos, 300
teoria, 32, 34, 38, 41, 44, 53, 75, 134, 153, 162, 227, 232, 262, 264, 369, 386, 414, 457, 475, 487, 498, 501, 566, 567, 576, 581, 613, 626
teriomórfico, 213
teriomorfizada, 394
Terra, 31-32, 35, 37-38, 40, 44, 79, 163-64, 169-70, 172, 176-79, 186, 191, 194, 196, 211-13, 216-19, 222, 234-35, 254, 315, 330, 404-06, 408-10, 414-15, 419, 421, 424, 430, 475, 489, 503, 511, 515, 523-24, 527, 531, 593, 595-96, 600, 609, 635
território explorado, 25-26, 45, 52, 56, 83, 95, 97, 100, 107, 109, 120-21, 126, 130, 162-63, 165-67, 169, 174-75, 218-20, 223, 253, 262, 273, 403, 464, 479, *ver também* domínio do conhecido, conhecedor
território inexplorado, 25, 52, 56, 88, 106-07, 109-10, 120, 122, 162-63, 165, 169, 171-72, 174, 193, 237, 248, 334, *ver também* anomalia, caos, território explorado, novidade, imprevisível
Teshub, 281
Theanthropos, 620
Theocosmos, 620
Tiamat, 150, 164, 177-79, 181-97, 202, 212, 215, 219, 291-92, 356, 410, 467
Tiara, 243
Tifão, 31, 212
Timeu, 218
tirania, 47, 151, 170-73, 208, 213, 265, 273, 289, 301, 308-09, 313, 315-16, 402, 423, 463, 465, 468, 470-71, 499, 523, 601, 619, 635, 651-52
tirânico, 25, 52, 150, 293, 306-09, 311-12, 353, 404, 438, 459, 599
tirano, 74, 81, 151, 169, 172, 299, 306, 355, 437, 463, 510, 530-31
Tiro, 446, 551
titânico, 421
titânio, 578

todos Poderosos, 263
Tolerar, 11, 107, 163, 327, 463, 509, 536, 570, 625, 631
tolos, 307
Tolstói, 374, 378, 385-86, 452, 455, 633
tom, 18, 93, 102, 105, 229
Tomé, 70, 652
Tonkin, 581
tortura, 66, 268, 321, 392, 456, 502, 598, 606
totalidade, 28, 37, 47, 146, 164, 175, 180, 207-09, 219, 235-36, 313, 373, 404, 408, 458, 476, 514, 536, 574, 576, 590, 599, 606, 609
totalitário, 306, 332
totalitarismo, 380, 383, 440, 446, *ver também* arrogância, comunismo, campo de concentração, ideologia, União Soviética
tradição, 33-34, 37, 41, 54, 121, 146, 163-64, 169, 177-78, 184, 204, 206-07, 260-61, 263, 271-72, 282, 288-89, 301-02, 306, 311-12, 315, 335-336, 342, 346, 349, 351-52, 356-57, 367, 373, 383, 397, 407, 415-16, 422, 432, 442, 448, 454, 465, 521, 527, 529-30, 532, 536-37, 538-40, 542, 547-49, 554-55, 560, 585, 587, 589-90, 591, 597, 622, 640, *ver também* lei, segurança, tirania
tradicional, 11, 34, 40, 42-43, 48, 156, 229, 288, 294, 333, 359, 446, 469, 483, 508, 515, 537, 544, 548, 562
tradições, 12, 36, 40, 45, 176, 204, 213, 311, 332, 337, 450, 461, 564, 596, 639, *ver também* lei
tragédia, 239, 429, 432, 436, 457, 507, 536, 606, 630, 647-51
trágico, 34, 163, 246, 259, 457, 507, 517, 601, *ver também* morte, autoconsciência
transcendental, 33, 163, 343, 487, 528
transcendente, 33, 41, 155, 226, 239, 250, 421, 461, 502, 574
transformação, 24, 38, 45, 47, 68, 101, 110, 115, 125, 141-42, 146-47, 150, 174, 207, 209, 214, 222, 235, 236-37, 239, 243, 249, 260-62, 285, 293, 300, 317, 325, 329-30, 352-53, 357, 369, 380, 387-89, 394-96, 398, 404, 407, 413, 424,

443, 450, 457, 465, 479, 503, 511, 515-17, 526, 529, 534, 538, 542, 558, 570, 573-77, 580-83, 586-88, 593, 596-98, 602, 606, 608, 619-21, 644

transmutação, 388, 396, 560-62, 581-82, 590, 596

transpessoal, 181, 205, 230, 232, 238, 278, 283, 347, 404, 438, 441, 444, 516, 556

trauma, 63, 353, 563, *ver também* descida, desintegração

traumático, 237

três cabeças, 212

Trevas, 434, 535

tribal, 320, 389

tribo, 224, 321, 345, 365, 388, 395, 470, 541

Trindade, 286, 566

trinitária, 566

tronco cerebral, 426

truísmo, 564

Tsetkova, 500-01

túmulos, 553

turbilhão, 420

tutelar, 635

TV, 20

U

Umatilla, 365

união, 34, 37, 150, 164, 172, 177-79, 182, 185, 193-95, 197, 200, 209, 211-13, 218, 236, 258, 267-68, 278, 281, 291, 318, 327, 353, 356, 397, 401, 407, 409, 434-35, 517, 539, 582, 586, 593-94, 601, 605, 611, 613, 616-19, 636

União Soviética, 12, 353, 440, 487-90, *ver também* comunismo, campo de concentração, Arquipélago Gulag

universal, 42, 95, 152, 155, 161, 228, 282, 355, 413, 449, 452

universo, 31-33, 37, 56, 72, 90, 112, 142, 146, 155, 165, 169, 174-75, 177, 183, 194, 221, 292, 368, 409, 410, 412-13, 436, 449

unus mundus, 617

Urano, 281

úter, 219, 323, *ver também* criação, destruição, feminilidade, Terrível Mãe

uterus, 323

utopia, 13, 15, 44, 307

V

vajra, 212-13

valência, 26, 37, 39, 43, 49, 55-56, 60, 68-69, 72-74, 80, 93, 96, 106, 108, 110, 120, 123-25, 133, 140-41, 146, 148, 165-66, 170-71, 173, 175, 236, 238-39, 253, 284, 435, 575, 633, *ver também* valor

validável, 225

valor, 15, 25, 27, 31, 34, 37-39, 41, 55-56, 69-71, 77-80, 118, 124, 126, 133, 139, 153, 175, 181, 210, 247-48, 255, 266, 269, 271, 273-74, 277-78, 280, 282-87, 294, 302, 306, 317, 324, 329-31, 344, 347, 348, 353, 358, 361, 365, 370-71, 373-74, 379-82, 396, 399, 410, 455-56, 458, 462, 470, 473, 505-06, 525, 548-50, 552, 555, 564, 576, 580, 586, 591-92, 596-98, 604-05, 610, 621, 630, 633, 647

Varuna, 213, *ver também* valência

Veda, 212-13, 223

Védico, 222

veneno, 183, 188, 191, 595

venerar, 330

vento, 59, 190, 487, 490, 566, 642

Vênus, 31, 234

vergonhoso, 511

Verlaine, 421

viagem, 21, 43, 70-71, 268, 270-71, 287, 295, 297, 381, 390, 396, 406, 593, 609-10, 614

viagem marítima noturna, 270-71, 714, *ver também* conhecedor

viajantes, 289

víbora, 184, 188

vila, 219

Vilenchuk, 501

Vingança, 14, 304, 314, 378, 455-56, 464, 468, 470, 517, 623, 641, 650

vinha, 303, 375, 473, 489, 570

vinho, 31, 187, 189, 305, 453, 478
Vinogradova, 54
virgem, 151-52, 245-46, 267-68, 308, 318, 355, 438, 613, 615
Virgem, 172, 232, 267-68, 407
virtualidade, 199, 213, 412
visão de mundo, 27, 66, 391, 432, 470, 580, 597-98, 648
Vishnu, 428
Visio, 615-16
vítima, 34, 66, 400, 483, 487-88, 497
vitória, 191, 199, 212, 271, 282, 358-59, 416, 437, 467, 491, 580, 615
vizir, 187, 189, 199
Vladykino, 490
Voichenko, 496
Volga, 494
Voltaire, 428
voluntariamente, 97, 116, 141, 150, 170, 174, 187, 192-94, 197, 202, 254-55, 263, 268, 278, 290, 332, 389, 391, 428-29, 435, 441, 457-59, 462, 466, 479, 500, 503-04, 513-18, 557, 579, 604, 613, 622, 632, 647, 649, 651, 661
voluntário, 13, 74, 139, 150, 180, 191-92, 202-03, 251, 255, 266, 320, 360, 392, 399, 401, 428, 436, 451, 466, 479, 511, 517, 539, 557, 597, 618, 623, 626, 630
von Franz, 566
vórtice, 420
Vovó, 245
vulnerabilidade, 60, 108, 242, 244, 401, 409, 413, 430, 433-34, 441, 451, 455, 457-58, 460, 465, 484, 488, 530, 625, 643, 650
vulnerável, 60, 207, 252, 299, 311, 333, 355, 359, 409, 458, 468, 476-77, 485; 631
Vyazma, 511

W
WAIS-R, 628
Waley, 46
Washington, 353
Washya, 582

Wigan, 14
William, 210, 367, 534
Wolfgang, 369, 566

X
xamã, 388-93, 395-96
Xshathra, 450

Y
yang, 90, 165, 170, 218, 272, 636
Yasna, 450
Yggdrasill, 419, 421
yin, 90, 165, 170, 218, 272, 636

Z
Zacarias, 553
Zaddik, 407
zagmuk, 194
Zaratustra, 449-50
Zeus, 281, 554
Zimmer, 254
Zoroastras, 449-50
zoroastrianos, 221
Zoroastrismo, 449

Você poderá interessar-se também por:

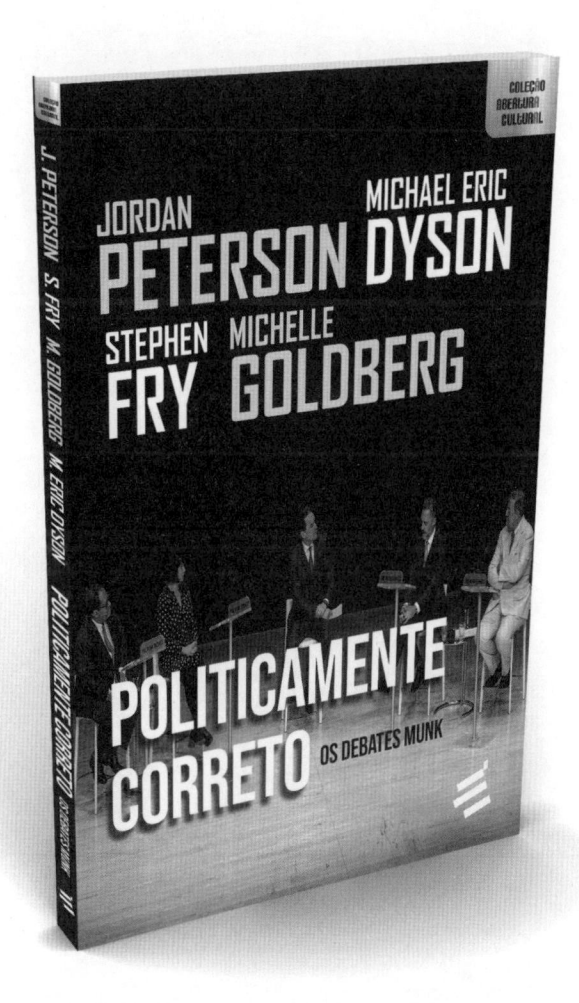

POLITICAMENTE CORRETO: OS DEBATES MUNK
Jordan Peterson, Michael Eric Dyson, Stephen Fry, Michelle Goldberg

O politicamente correto é inimigo da liberdade de expressão, do debate aberto e da livre troca de ideias? Ou, ao confrontar as relações de poder dominantes e as normas sociais que excluem grupos marginalizados, estamos criando uma sociedade mais equitativa e justa? Para alguns, o argumento é claro. O politicamente correto está sufocando o debate livre e aberto que alimenta nossa democracia, separando desnecessariamente um grupo de outro e promovendo o conflito social. Outros afirmam que a criação de espaços públicos e normas que dão voz a grupos anteriormente marginalizados amplia o escopo da liberdade de expressão. O impulso para a inclusão em vez da exclusão é essencial para a criação de sociedades saudáveis e diversificadas em uma era de rápidas mudanças sociais. O vigésimo segundo Debate Munk semestral, realizado em 18 de maio de 2018, coloca o aclamado jornalista, professor e ministro ordenado, Michael Eric Dyson, e a colunista do *New York Times*, Michelle Goldberg, contra o renomado ator e escritor Stephen Fry e o professor e autor da Universidade de Toronto, Jordan Peterson, para debater as implicações do politicamente correto e da liberdade de expressão.

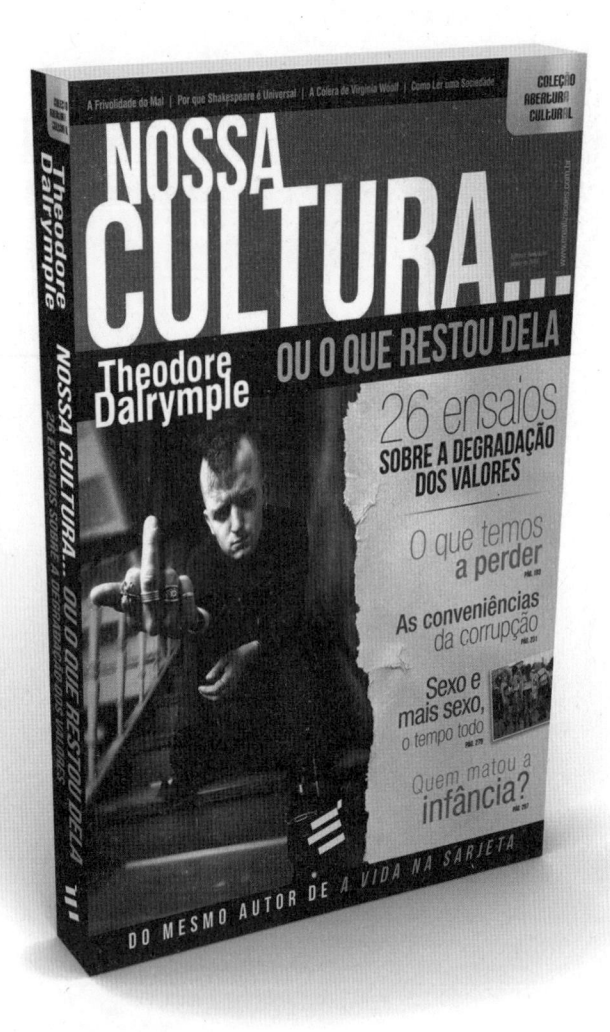

Quem são os formadores de opinião de hoje? Qual a relação entre a cultura *pop* e o estilo de vida dos jovens da periferia? Como a academia, o cinema, o jornalismo e a televisão têm influenciado os rumos de nossa sociedade? Theodore Dalrymple, com a lucidez que marca sua escrita, mostra como os "formadores de opinião" nem sempre estão certos do destino a que conduzem as massas.

facebook.com/erealizacoeseditora   twitter.com/erealizacoes   instagram.com/erealizacoes   youtube.com/editorae

issuu.com/editora_e   erealizacoes.com.br   atendimento@erealizacoes.com.br